《联合国国际货物销售合同公约》
适用评释

（修订版）

高旭军　著

上海人民出版社

本书得到同济大学涉外法治人才培养基地建设经费资助

修订版作者自序

　　《〈联合国国际货物销售合同公约〉适用评释》第一版出版于 2017 年 10 月。在将第一版书稿交给出版社时,便与出版社表达了出版修订版的意愿。2019 年年初着手修订准备工作,一方面,让学生协助收集整理我国法院和仲裁机构适用《联合国国际货物销售合同公约》(下文简称《公约》)解决涉外货物买卖合同纠纷的判例和仲裁裁决;另一方面,着手研究国外学者在这一领域的最新研究成果、相关司法判例和仲裁裁决。2019 年 10 月正式动笔对本书第一版进行修改,这一工作持续了近四年的时间,直到 2023 年 5 月底本书修订版才正式定稿。

一、撰写修订版的动因

　　或许读者会问:自 2017 年 10 月本书第一版出版以来,尽管发生了许多足以改变世界发展轨迹的国际事件,但《公约》在这一期间并没有发生任何变化。实际上,自联合国国际货物销售合同会议于 1980 年 4 月 11 日通过《公约》以来,虽然缔约国数量从最初的 18 个增加到了目前的 94 个,但缔约国并没有对《公约》101 条条款进行过任何修改,为什么还要撰写本书的修订版呢? 这里有多方面的原因,其中最重要的因素有以下几点:

　　第一,在本书第一版中存在着一些"质量瑕疵"。例如,在第一版第 319 页中论述第 14 条和第 55 条关系时,第一版持绝对优先适用第 55 条的观点,经过深入研究,笔者发现这一观点过于绝对,是否优先适用第 55 条,不仅取决于缔约国国内法是否承认此类未明确货物价格合同的效力，还取决于相关的国家在加入《公约》时是否对第二部分行使了保留权。又如，在第一版第 338 页分析《公约》第 58 条第 3 款的适用问题时，第一版将该款规定的排除买方检验权区分为"约定排除"和"因与约定的交货程序相冲突而排除"两种类型，但进一步的研究表明：这一解释并不十分符合该款的立法原意。再如，在论述第 52 条所规范的卖方提前交货或多交付货物时买方所能采取的救济措施时，笔者在第一版中认为买方行使拒绝收取货物的权利应该受第 86 条规定的限制，也即如果买方有意退还货物，他必须根据当时情况采取合理的措施，保全货物，甚至暂时提取货物。但在深入探究第 52 条和第 86 条的调整对象后，笔者改变了原来的看法，认为：第 86 条的规范对象与第 52 条的完全不同，第 86 条的规范对象是"买方已收到的货物"（第 1 款）或"已送达目的地并交给买方处置的货物"（第 2 款），而第 52 条第 1 款意义上的"提前交付"是第 30 条意义上的"交付"，即使在卖方提前交付时，相关的货物既没有被"买方收到"，也没有被"送达目的地并交给买方处置"；因此，买方行使本款下的拒绝权，不受第 86 条规定的约束。在第一版中还存在着不少类似的"质量瑕疵"。

第二，第一版未涉及一些与《公约》密切相关的法律问题。例如，在 2019 年 5 月的某一天我给本科生上完《国际经济法》课后，两位学生询问，《公约》第 79 条的免责规定是否能够适用于"艰难情形"（hardship）？其中一位学生告诉我：他之所以提出这一问题，是因为他代表同济大学法学院参加"贸仲杯"国际商事模拟仲裁庭比赛，这是其中的一个模拟辩题，而在第一版中找不到相关的答案。

第三，愧对广大读者对本书第一版的支持和肯定。尽管存在着以上"质量瑕疵"和缺陷，本书得到了我国一线实务专家的肯定。不少北京、上海、广东等地负责审理涉外商事合同纠纷的法官、仲裁员均通过不同途径向我传达了他们对本书内容的肯定，认为这对于他们适用《公约》解决涉外商事合同纠纷具有极高的参考价值。此外，本书还得到了国内读者的广泛好评，在京东中国人民大学出版社自营网店上，读者给予本书的好评度高达 100%，在当当中国人民大学出版社自营网店上，读者给予本书的好评率也高达99.7％。其中一个京东会员给予了本书较高的评价,他认为:"国际法律规范对于中国的影响会变得越来越大,而法律和规则的适用问题,则会给我们提出越来越多的新问题和新考验。这本书聚焦于联合国国际货物销售合同公约这项国际规范,对于其一百零一条规定进行了详细的理论和实践解读,并就法律适用的相关问题进行了深入的探讨,是一部内容丰富值得研读的专业书籍。"(https://item.jd.com/12219575.html)另外,豆瓣上也有读者认为"正如作者所言,这是一部打通学术界与实务界、填补中文世界空白的CISG Restatement"(https://book.douban.com/subject/30812162/)。读者的肯定表明本书还是有着较大的实用价值。同时,笔者也觉得自己有义务对第一版进行更新,消除其中的瑕疵,方对得起读者的信任。

第四,本书还是一本很好的教学参考书。自2018年以来,笔者给同济大学法学院的本科生和研究生开设了一门《国际商事合同法》的选修课,教学的内容便是分析《公约》核心条款的适用问题,主要采用讨论课的形式,要求学生根据条款的文义探究相关条款的调整对象、适用条件和法律后果等问题;同时给学生指定了一些中英文参考资料,要求学生阅读,本书第一版是其中重要的中文阅读资料。本书也深受学生的欢迎。

当然,如上所述,在笔者将第一版书稿交给出版社时便有意在适当的时候撰写本书修订版。作为国际经济法领域的学者,笔者的一个愿望便是写出一本经得起时间考验的专业书,并定期对它进行更新。

二、修订版的特点

本书修订版保留了第一版的体例和逻辑结构。与第一版相比,修订版的篇幅和字数有大幅度的增加,第一版大约有51万字,修订版则有90余万字。本书并不是在第一版的基础上简单地增加字数和篇幅,相反,修改比例高达95％;可以说,笔者重新撰写了本书。在修订版中笔者尽力通过"修理"消除了第一版中存在的"质量瑕疵",补充阐述了第一版中忽略的问题。除此之外,修订版还有以下几方面的特点:

第一,在每一部分、章或节的具体条款前,对该部分、章或节所涉及的条款的调整对象等进行概括性论述。以第三部分第二章第三节"有关卖方违约时的补救措施"为例，该新增部分简要介绍了调整对象，如第 45 条系统地列举了买方所能采取的所有救济措施，第 46 条则规范了买方的实际履行请求权和要求卖方交付替代货物或修理瑕疵货物的权利；然后笔者剖析了本节条款与第 25 条、第 26 条、第 72 条、第 73 条、第 75 条和第 76 条等条款之间的关系。这一部分论述不仅可以使读者迅速了解该部分、章或节的所有条款，而且可以帮助读者深刻体会《公约》的系统性。

第二，每一条款均有特定的调整对象，可用于解决某一特定的合同问题。为此，本书修订版更加注重通过分析每一条款的文义解释来梳理其调整对象，查明其所要解决的实际问题，在此基础上，探究其适用条件及法律后果等问题。在学界或实务界对某一条款的阐释存在争议时，再辅以历史解释法、上下文解释法、比较解释法等予以论证说明。

第三，分析了大量的适用《公约》解决国际货物销售合同纠纷的案例，尤其是我国国际经济贸易仲裁委员会的相关仲裁裁决。之所以分析案例，是因为法院或仲裁机构在适用《公约》条款解决纠纷时必须对相关条款的调整对象、核心概念、适用条件、法律后果等进行解释。所以，分析案例不仅可以查明不同国家法院或仲裁机构对同一条款的解释是否相同，而且可以验证笔者通过文义解释得出的结论是否符合《公约》的原意。

第四，附带探究《公约》及其条款的诞生历史，以查明国际社会制定国际公约的规律。就《公约》而言，其之所以得到众多国家的认同、成为规范国际货物买卖合同的最重要的国际公约，是因为在缔约国国内法规定不一致时，《公约》同时考虑到了不同国家的利益诉求。这主要体现在以下几个方面：首先，通过"原则＋例外"等立法技术将缔约国国内法中的不同规定容纳在同一条款中。例如，第 28 条前半句授予守约方"实际履约请求权"，这便接受了大陆法系国家中"契约必须遵守"原则，而后半句的例外便吸收了普通法系国家判例法中确定的通过支付损害赔偿金来补偿守约方利益的传统。其次，放弃对分歧较大、无法达成共识的概念进行统一的定义,而将它们留给各缔约国国内法进行界定。例如根据《公约》第1条第1款的规定,判断《公约》是否适用于某一货物买卖合同争议的一个客观标准是:合同当事人的"营业地"是否处在不同的国家,但《公约》并没有对"营业地"这一概念进行界定。再次,对于某些不能为部分国家接受的原则性规定,允许缔约国行使保留权。例如,《公约》允许缔约国对第1条第1款b项确定的"当国际私法规则导致某一缔约国法律适用"的规定、第11条确定的"合同形式自由原则"等行使保留权。可以说,求同存异是《公约》得以成功制定的一个重要因素。

由于本人是一个平凡的学者,文中难免出现错误,恳请各位读者批评指正。

高旭军　博士　教授

德国洪堡学者

中国欧洲学会欧洲法律研究分会副会长

中国国际经济贸易仲裁委员会仲裁员

上海国际经济贸易仲裁委员会(上海国际仲裁中心)仲裁员

上海市高级人民法院特聘教授

上海外国语大学贤达经济人文学院/商学院教授

于同济大学法学院

2025年5月8日

第一版作者自序

经过 5 年多的不断探究和辛勤笔耕,《〈联合国国际货物销售合同公约〉适用评释》一书终于定稿了。当我靠坐在办公椅上,静静地翻看这 40 多万字的书稿时,一股由衷的轻松和喜悦涌上心头,多年的努力终于收获硕果;同时,也不由得思绪万千。借此序言向读者倾吐,也期待与读者交流。

一、初衷

撰写《〈联合国国际货物销售合同公约〉适用评释》的念头起源于我的留德经历。在德国,对任何一部法规,许多不同的知名学者和法官均会撰写相应的"评注",如《宪法评注》《民法典评注》《有限责任公司法评注》等。这些"评注"的核心内容就是对相关法律的条款进行逐条分析和解释,借此探究并解决在适用每一条款审理相关案件过程中存在的种种疑难法律问题。在这一过程中,"评注"会总结并归纳德国学界对同一条款或概念的不同观点,作者本人也会对这些观点进行评论并解释;此外,"评注"还会列举并分析德国法院尤其是德国联邦最高法院在其判决中对同一条款和概念所作的解释。因此,从这种"评注"中,人们可以学到分析、解释法律条款的方法,从而掌握适用法律条款解决实际问题的技能。在德国,这些"评注"是连接法学教学界和司法实务界的重要纽带,是所有法学专业学生、学者、法官、检察官和律师的必备参考书,通过"评注"他们可以了解和掌握德国法学界和司法界对某一法律条款或法律概念的不同观点。更重要的是,在保证"同一条款、同一解释，相同案件、相同判决"方面，"评注"也起着重要的作用。因为法官在其撰写的判决书中必须介绍目前学界和司法界对相关概念的种种解释，如果法官有意突破现已得到公认的解释或定义，则必须具备充分的理由，并进行完备的论证。自从 2002 年到同济大学工作以来，笔者就一直有意参考德国上述"法律评注"的书写模式，撰写一部专门探究解决我国法律解释和适用问题的法律评注，《中国公司法评注》是计划中的一个选项，但最终将《〈联合国国际货物销售合同公约〉适用评释》作为首选，是因为以下几方面的特殊缘由：

第一，教材脱离司法实践。我进入同济大学法学院/中德学院工作以后，主讲《国际贸易合同法理论与实务》这一硕士研究生课程。在讲授这一课程的过程中，我发现一个重要现象：我国目前的多数教材脱离了具体的法律法规，只是空洞地论述相关的概念和学术理论。绝大多数教材不仅没有提及相关法律中的重要法条，而且没有对这些法条进行分析和解释，也没有论及法院在司法实践中对相关条款的解读。

第二，法科生缺乏运用法条的实践能力。我国法学专业的学生分析和解释法条的能力十分欠缺，适用法律解决实际问题的能力不足更是不言自明。需要说明的是，这是全国法科生的普遍现象，并不局限于同济大学法学院的学生。因为在我们招收的硕士研究生中，只有小部分学生来自同济大学，绝大部分学生则来自全国其他知名高校的法学院。这些学生已经完成了四年本科法学教育，理应是合格的"初级法律人"。但在上课时，当我让学生分析某一具体的法条，例如说明适用《联合国国际货物销售合同公约》（下文简称《公约》）第 1 条应具备的前提条件时，绝大多数学生对此感到十分茫然，无从下手。

这两种现象引起我的深思：在我国四年本科法学教育中，我们的学生已经学过了"文义解释法、历史解释法、上下文解释法、比较解释法"等法条解释规则，为什么他们不能学以致用呢？究其原因，应该是在我们的教学中缺乏对学生进行相关能力的训练；另外，在当今我国浩如烟海的法学书籍中，没有按照德国"法律评注"模式撰写的著作，在法学教材中也基本上没有涉及具体法律条款的解释和适用，即使在"模拟法庭"或"法律诊所"教学中,也是侧重事实和辩诉经过,不重视法条分析。

可见,法科生们在传统的课堂上几乎没有学习或锻炼解释法律、适用法律解决问题这一技能的途径。因此,笔者在5年前决定着手撰写本书,希望能够为学生提供一个运用传统法律解释方法来分析、解读法律条款的实例范本。之所以选择《公约》作为突破口,一方面是因为笔者多年讲授《国际贸易合同法理论与实务》这一课程,对《公约》的内容比较熟悉,而且收集了众多的德文和英文的参考资料;另一方面是因为合同法是最基础、最具实用价值的部门法,掌握了合同法条款的分析方法,便可运用于解释民法、刑法或任何其他部门法,毕竟任何法律法规的解释方法都是一样的。

二、特点

本书既是对自己十多年来教授《国际贸易合同法理论与实务》研究生课程心得的总结,也是自己十余年来研究《公约》的一个阶段性成果。本书是在参阅大量中外文献的基础上撰写而成的。目前国内类似的著作有张玉卿撰写的《国际货物买卖统一法——联合国货物买卖合同公约释义》和李巍撰写的《联合国国际货物销售合同公约评释》;西方学者的著作更多,例如德国学者 Schlechtriem/Schwenzer 撰写的《联合国国际货物销售统一法公约评注》(*Kommentar zum Einheitlichen UN-Kaufrecht—CISG*)、美国学者 John O. Honnold 撰写的《1980年联合国公约下的国际货物销售统一法(1999年第三版)》(*Uniform Law for International Sales under the 1980 United Nations Convention*)、加拿大学者 Jacob S. Ziegel 于1981年撰写的《加拿大关于国际货物销售合同公约的统一法会议报告》(*Report to the Uniform Law Conference of Canada on Convention on Contracts for the International Sale of Goods*)等。所有这些著作均为本书的撰写提供了大量的素材,开拓了笔者的视野。与上述著作相比,本书有以下特点:

第一,在形式上为每条评注的内容均设置了二级目录。该二级目录是根据每一条款核心内容的逻辑结构和核心概念设计的。因此,这些目录不仅反映了每一条款的法律要求,还体现了相关评注内容。这样既方便读者理解条款的含义，也方便读者查阅关于这些条款的分析和解释。

第二，在解读《公约》每一条款的含义时，笔者首先采用的方法，是在1969年《维也纳条约法公约》和国际司法实务中广泛采用的"文义解释法"。在采用此种方法对某一条款或概念难以得出合情合理的解释时，笔者才补充采用"历史解释法""上下文解释法""比较解释法"等。所以，笔者希望通过本书向读者介绍适用法律解释方法解释法律条款的实例，希望借此帮助读者尤其是法学专业的学生逐步掌握并提高独立解释法律、适用法律解决问题的能力。

第三，在对《公约》的每一条款进行分析论述的过程中，笔者不仅参考引用了西方国家知名学者和联合国国际贸易法委员会秘书处对相关条款和概念的解释，还参考了西方国家法院或仲裁机构所作判决或裁决中对同一条款和概念的解释。但是，本书绝对不是仅仅介绍西方国家学者的研究成果，而是在所有存在争议的问题上，均表明了笔者自己的态度并说明了理由。

第四，《公约》本身是不同法律传统和文化碰撞、妥协的产物。为了查明每一条款、每一法律概念的真实含义并作出符合逻辑的解释，笔者不仅查阅了1980年在维也纳举行的外交会议的讨论资料，还尽可能查明了它们在英美法系、大陆法系和苏联法系中的含义、交易习惯和传统。

三、意义

《〈联合国国际货物销售合同公约〉适用评释》一书的出版应该具有一定的现实意义。一方面，它可以在一定程度上丰富我国在《公约》研究方面的学术成果；另一方面，我国已经是一个世界贸易大国，也是发生涉外贸易纠纷最多的国家之一，本书的出版应该可以在一定程度上促进涉外贸易纠纷的顺利解决。在解决所有此类纠纷时，我们必须使用国际通用的"法言法语"与其他国家进行交流和沟通，而国际上通用的"法言法语"便是：根据相应的国际公约规定，确定违约行为、分清责任，并追究违约者的法律责任，保护守法者的合法权益。在这一过程中,关键的问题是必须根据国际公认的解释规则对相关国际公约的规定作出符合公约制定者原意的解释。本书便是由此完成的一本著作。对《公约》按照国际公认的解释规则进行解释,不但有利于我国法科生更好地理解《公约》的规定,而且有助于他们学会并掌握法律解释的方法,同时,还可以帮助我国从事涉外经贸业务的工作者准确地运用《公约》解决纠纷。除此之外,它对于解释、适用我国《合同法》也有一定的参考意义,这是因为《公约》对我国《合同法》的制定影响深远。有鉴于此,笔者有意用文字将自己多年来研究《公约》的心得和教学体会记录下来,并将它们介绍给有兴趣研究《公约》的各位人士。

四、谢辞

在本书的撰写和出版过程中,我得到了许多人的帮助。我要感谢我的学生为本书所做的校对工作,他们分别是博士研究生余烨、龙杰、王娟和硕士研究生汪藜、韩亮、李紫晗、余晓睿、谭喆慧、郝美满等。对他们所做的工作我深表感谢。让我的学生成为我论著的第一批读者,这是我多年来养成的研究和写作习惯。这应该是一个不错的习惯,它不仅可以减轻我的校对负担,还可以让学生从中获得研究的技能和方法。一举两得!

由于本人是一个平凡的学者,文中难免出现错误,恳请各位读者批评指正。

高旭军　博士　教授
同济大学法学院/中德学院
2017 年 7 月 12 日星期三

目　录

第一部分　适用范围和总则

第一章　适用范围

第二章　总　则

第四部分　最后条款

第一部分　适用范围和总则

（3）与《公约》缔约国的关联性（第 1 款）

这是指国际货物销售合同必须与《公约》缔约国存在一定的关联性。这种关联性既可以体现为"合同当事人的营业地所在国为《公约》的缔约国"，也可以体现为"某一缔约国法律的适用"。本条通过第 1 款规定的两个选项明确列明了这两项适用条件。但根据这一款的规定，它们并不是必须同时具备的两个条件。本款 a 项和 b 项之间的"或"字表明：只要具备其中任何一项条件，就满足了与《公约》缔约国具有关联性的要求。下文分别探究 a、b 两项要件的内涵、法律功能和在缔约国行使保留权时《公约》的适用。

第一，a 项要件的内涵。a 项规定的适用条件为"这些国家是缔约国"。根据其字面意义，它无疑是指：合同双方当事人的营业地所在国都必须是《公约》的缔约国。那么，究竟在哪些条件下，一个国家才属于《公约》的缔约国呢？纵观《公约》的规定，它主要取决于以下几个因素：其一，相关的国家是否完成了《公约》第 91 条、第 92 条等条款明确规定的签字、批准、加入等程序，以及第 99 条规定的 12 个月生效等待期是否已经结束。只有已经履行上述条款规定的审批手续和加入程序的国家，而且《公约》第 99 条规定的等待期已经届满时，该国才成为《公约》的缔约国。其二，相关的缔约国是否根据《公约》第 92 条规定对《公约》第二部分或第三部分作出了保留声明，即声明保留部分的《公约》条款对它没有约束力。如果一个国家作出了以上保留，那么，尽管它已经加入了《公约》，而且《公约》也已经对它生效，但是，它并不是《公约》第二部分或第三部分的缔约国。例如，丹麦、芬兰、挪威、瑞典在批准、接受《公约》时行使了第 92 条授予的保留权，它们声明：《公约》将不适用于营业地位于丹麦、芬兰、挪威、瑞典的双方当事人之间货物销售合同及其订立。①这样一来，如果在 20 世纪 90 年代，一家设在丹麦境内的公

---

① Status：United Nations Convention on Contracts for the International Sale of Goods(Vienna, 1980) (CISG)，https://uncitral.un.org/en/texts/salegoods/conventions/sale_of_goods/cisg/status，访问时间：2021 年 12 月 24 日。

司与营业地位于德国的公司签订一份货物销售合同,法院就并不能将《公约》整体适用于以上合同,即使在这里已经具备了《公约》第 1 条第 1 款 a 项规定的适用条件。其三,相关的缔约国是否根据《公约》第 93 条规定作出了保留声明。根据第 93 条规定,如果一个缔约国由两个或两个以上的领土单位组成,则该国可以声明《公约》适用于其所有的领土单位或仅仅适用于其中一个或若干个领土单位。这也会影响到该国相关的领土单位是否属于《公约》的缔约国。例如,某一缔约国有 A、B、C 三个不同的领土单位,而且根据规定作出了《公约》仅仅适用于 A 和 B 两个领土单位的声明。如果营业地位于 C 领土单位的进口商与德国的出口商签订贸易合同,其他缔约国的法院会认为进口商的营业地并不位于缔约国境内。这一条款与我国也有密切的联系。香港和澳门是我国领土不可分割的组成部分,它们均是我国的特别行政区。但香港和澳门原受英国和葡萄牙的殖民统治,中国政府分别于 1997 年和 1999 年对香港、澳门恢复行使主权。当时,英国和葡萄牙均不是《公约》的缔约国,因而《公约》也不适用于香港和澳门。恢复行使主权后,我国对《公约》是否适用于香港和澳门没有作出明确的声明。我国政府分别在 1997 年和 1999 年向联合国秘书长提交了一个文件,文件中列明了我国加入并对我国生效的国际协定,说明这些国际协定也适用于香港特区和澳门特区,但在这两个清单中并不包括《公约》。由此,西方国家学者和法院对《公约》是否适用于香港特区和澳门特区有着不同的看法。①

第二,b 项要件的内涵。b 项要件确定了“国际私法规则导致某一缔约国法律的适用”的原则。这究竟是什么意思呢？根据国际合同法学界和司法界的一致看法,这里的“国际私法规则”是指:受理合同争议的法院或仲裁机构所在国的国内冲突规则。②如果根据该国冲突规则

---

① Clayton P. Gillette/Steven D. Walt, *The UN Convention on Contracts for the International Sale of Goods: Theory and Practice*, p. 34.

② Schlechtriem/Ferrari, *Kommentar zum Einheitlichen UN-Kaufrecht—CISG*, 7. Aufl. 2019, S. 72; UNCITRAL, *Digest of Case Law on the United Nations Convention on the International Sale of Goods*, p. 6.

的指引应当适用某一缔约国的法律，那么，便适用《公约》，而不是适用该被指引的缔约国的国内法。司法实践也肯定了这一点。在俄罗斯联邦高级仲裁法院于1998年2月审理的保加利亚卖方和俄罗斯买方之间的货物销售合同纠纷中，卖方以买方没有支付货款为由向法院起诉，要求买方赔偿因没有支付货款而给卖方造成的损失。虽然合同中约定适用俄罗斯法，但俄罗斯上述法院最终判定应该适用《公约》审理双方的合同争议，因为俄罗斯是《公约》的缔约国。①

绝大多数国家的冲突规定均允许合同当事人自行选择适用于其合同的法律，所以，他们可以直接约定适用《公约》或者选择适用某一《公约》缔约国的法律。例如，我国《涉外民事关系法律适用法》第3条原则上确认了意思自治原则，据此，当事人依照法律规定可以明示选择涉外民事关系适用的法律。欧盟于2008年颁布的《有关合同之债的法律适用条例》第3条第1款和1986年颁布的《海牙国际货物买卖合同法律适用公约》第7条也均确认了合同双方自行选择适用法律的权利。但是，有些国家对当事人的选择权进行了一定的限制，《美国法律冲突重述二》便是如此。据此，只有在合同双方选择的法律与当事人或交易有实质性联系，或当事人的选择有另外的合理基础时，法院才采用当事人选择的法律。②如果当事人没有作出这样的选择，那么，就应当根据法院所在国的冲突规则确定适用于其合同的法律。如果被确定适用的是一个《公约》缔约国的法律，那么，通常情况下《公约》便适用于相关的合同。

第三，a项和b项要件的法律功能。仔细分析，a项和b项具有不同的法律功能。a项要件限制了《公约》的适用范围，因为它要求合同双方当事人的营业地所在国必须是《公约》的缔约国。如果双方当事人

---

① Information Letter No. 29 of the High Arbitration Court of the Russian Federation, Russian Federation, 16 February 1998, http://www.unilex.info/cisg/case/365，访问时间：2021年11月1日。

② Clayton P. Gillette/Steven D. Walt, *The UN Convention on Contracts for the International Sale of Goods：Theory and Practice*, p. 36.

的营业地所在国均不是《公约》的缔约国，那么，《公约》就不适用于他们之间的合同。即使只有一方当事人的营业地不在《公约》缔约国境内，也是如此。b项要件则扩大了《公约》的适用范围。因为根据这一要件，即使双方当事人的营业地所在国均不是《公约》的缔约国，但如果他们在合同中约定适用某一缔约国的法律，那么，《公约》同样适用于他们之间的合同。①正是因为b项要件具有扩大《公约》适用范围的功能，因而有些成员国对此持反对态度。所以，《公约》第95条允许成员国在加入时对此作出"不受本项规定约束"的声明。到2008年为止，中国、俄罗斯联邦的车臣共和国、圣文森特和格林纳丁斯（Saint Vincent and the Grenadines）、新加坡、斯洛伐克和美国，均根据第95条规定对第1条第1款b项规定的条件作出了保留声明。德国也作了有限制的保留，即对于那些声明不适用第1条第1款b项的国家，德国也不适用这一款项。②

第四，行使保留权时《公约》适用。由上可知，因为《公约》第95条允许缔约国对第1条第1款b项进行保留，所以在部分缔约国行使这一保留权时，《公约》的适用变得更加复杂。在本项规定中，《公约》采用了"如果国际私法规则导致*某一缔约国*法律的适用"这样的表述，却并没有对其中"***某一缔约国***"进行界定。根据其字面意思，它应当既包括对第1条第1款b项规定行使保留权的缔约国，也包括没有对此宣告保留的缔约国。这样就产生了一个问题：在不具备本款a项条件却具备b款适用条款时，至少可能出现以下几种不同的情形：①受理争议的法院所在国为《公约》缔约国，该国也没有对《公约》第1条第1款b项宣告保留。在审理相关的合同争议中，该国法院根据其本国冲突规范的指引最终适用了行使以上保留权的缔约国的法律；②基本情况与①相同，但该法院根据本国冲突规范的指引最终适用了没有行使保留权

---

① Schlechtriem/Ferrari, *Kommentar zum Einheitlichen UN-Kaufrecht—CISG*, 7. Aufl. 2019, S. 71.

② UNCITRAL, *Digest of Case Law on the United Nations Convention on the International Sale of Goods*, p. 14.

的缔约国的法律;③受理争议的法院所在国为《公约》缔约国,但该国对本项规定宣告了保留,该国法院根据该国冲突规范的指引最终适用了行使保留权的缔约国的法律;④大致情况与③相同,该国法院根据其本国冲突规范的指引最终适用了没有行使保留权的缔约国的法律。

在这四种情况下,相关法院是否都应当适用《公约》呢?对上述情形①,一般认为应当适用《公约》。因为它满足了《公约》第1条第1款b项规定的适用条件,而且宣告保留行为仅仅对行使保留权缔约国的法院有约束力。①在情形②中,在具备本项适用前提条件下,毫无疑问也应当适用《公约》。在情形③和④中,即使也具备了第1条第1款b项规定的适用条件,法院均不应当适用《公约》,因为法院受其本国宣告保留行为的约束。②

(4) 显示性(第2款)

本条第2款规定了这一适用条件。所谓"显示性"是指:"当事人营业地在不同国家这一事实"必须在双方谈判过程中或签订合同时显示出来,并为双方所认知。它之所以成为另一个适用条件,是因为本款规定:如果这一事实没有被显示和认知,那么,应当"忽略"这一事实。言下之意是:即使双方当事人的营业地在客观上处于不同的国家,但《公约》依然视作当事人的营业地并不处于不同的国家。这样,自然不具备适用《公约》的条件。③有些西方学者将这一适用条件称为"显示原则"。

在某些情况下,这一适用条件对于确定《公约》是否适用于合同起着重要的作用。最常见的情况为,营业地处在外国的一方合同当事人委托一家位于内国的公司作为其代理人,委托该公司代为与处于内国的另一方合同当事人进行谈判并签署合同。而且,该代理人在这一过

---

① Schlechtriem/Ferrari, *Kommentar zum Einheitlichen UN-Kaufrecht—CISG*, 7. Aufl. 2019, S. 74.

② Clayton P. Gillette/Steven D. Walt, *The UN Convention on Contracts for the International Sale of Goods: Theory and Practice*, p. 39.

③ See Joseph Lookofsky, *The 1980 United Nations Convention on Contracts for the International Sale of Goods*, Kluwer Law International, the Hague, 2000, p. 36.

程中没有向该处于内国的当事人透露它仅仅是营业地位于另一国公司的代理人。即使不是通过代理人谈判和签订合同，也可能出现本款规范的情形。例如，"道勤贸易有限公司"的营业地位于美国，其业务人员在中国出差时住宿在北京某酒店。该业务员用酒店的传真机给中国南京的一家榨油厂发了一份传真，声称"道勤贸易有限公司"可提供优质美国大豆10万吨，价格以芝加哥土产交易所当日收盘价为准，传真信件的抬头上留有该酒店的地址、电话和传真号码等信息。南京榨油厂立即电复"道勤"公司接受要约，合同成立。在以上情形下，由于不具备本款规定的"显示性"，故即使已经具备了本条规定的其他适用条件，依然不适用《公约》。这时，应当根据法院地所在国的国际私法规则确定合同的法律。

2.2　负面的适用条件(第3款)

所谓负面的适用条件是指：在审查相关的合同是否适用《公约》时无需考虑的因素。本条第3款主要从当事人国籍、当事人或合同的民事或商业性质方面规范了此类负面适用条件。

（1）国籍因素

《公约》之所以将国籍因素作为一个负面的适用条件，主要是基于以下两方面的原因：一是国籍在国际贸易中并不重要，重要的是货物必须从一国售往另一国；二是在人们的潜意识中，国籍应是判断一项贸易是否属于国际贸易的一个标准。据此，只有发生在本国人和外国人之间的贸易才属于国际贸易。为避免发生此种误解，《公约》才明确将此列为不予考虑的负面要件。

（2）当事人或合同的民事或商事性质

《公约》之所以将当事人的"商事"性质或合同的"商事"性列为负面的适用条件，是因为有些国家的国内法将法律主体区分为民事主体和商事主体(商人)，由此产生民事合同和商事合同，并且为它们制定了不同的法律规定，德国和法国就是如此。而在另一些国家的国内法中，没有作出这种分类。意大利就是其中的一个代表。为了避免引起冲突，《公约》没有对此作出统一的规定，而将这个问题交给各个成员国自行根据其国内法进行规范。①

可见,在确定《公约》的适用时,合同双方当事人是否拥有同一国家或不同国家的国籍、当事人是否为商人、所涉及的合同是否为商事合同,均无关紧要。只要具备了上文提及的正面适用条件,即使一当事人为非缔约国公民,或合同的双方当事人拥有同一国家的国籍,《公约》依然可以适用。

3. 结论

综上所述,《公约》第 1 条规定了四个正面适用条件,它们分别是货物销售合同、国际性、与《公约》缔约国的关联性和显示性。只有相关的销售合同同时具备上述条件,《公约》才能得以适用。相反,合同当事人的国籍等并不影响《公约》的适用。当然,本条仅仅是《公约》101 个条款中的一条。《公约》是否最终适用于某一具体的国际货物买卖合同,还必须结合第 92 条等条款进行分析。

第 2 条 《公约》适用的排除

Article 2

This Convention does not apply to sales:

(a) of goods bought for personal, family or household use, unless the seller, at any time before or at the conclusion of the contract, neither knew nor ought to have known that the goods were bought for any such use;

(b) by auction;

(c) on execution or otherwise by authority of law;

(d) of stocks, shares, investment securities, negotiable instruments

---

① Erik Jayme, in C. M. Bianca(Author), Michael Joachim Bonell, *Bianca-Bonell Commentary on the International Sales Law.* p. 33; Schlechtriem/Ferrari, *Kommentar zum Einheitlichen UN-Kaufrecht—CISG*, 7. Aufl. 2019, S. 68.

or money；

　　（e）of ships，vessels，hovercraft or aircraft；

　　（f）of electricity.

译文

　　本《公约》不适用于以下销售：

　　（a）为供私人、家人或家庭使用而购买的货物（原译文为："购供私人、家人或家庭使用的货物的销售"），除非卖方在订立合同前的任何时候或订立合同时不知道而且没有理由应该知道这些货物的此种用途（原译文为："这些货物是为了上述用途而购买的"）；

　　（b）经由拍卖而进行的销售（原译文为："经由拍卖的销售"）；

　　（c）因强制执行令或其他法院措施而进行的销售（原译文为："根据法律执行令状或其他令状的销售"）；

　　（d）有关（新增）公债、股票、投资证券、流通票据或货币的销售；

　　（e）有关（新增）船舶、船只、气垫船或飞机的销售；

　　（f）有关（新增）电力的销售。

目录

正文

1. 调整对象

本条的调整对象依然是《公约》的适用范围。它在具备《公约》第1条规定的适用条件情况下,通过列举六项不适用《公约》的货物销售进一步限定了《公约》的适用范围。仔细分析,本条采用了三种不同的排除标准,它们分别是购买目的(a项),特定的买卖方式(b项和c项)以及特定种类的货物买卖(d项、e项、f项)。符合这些标准的货物销售,即使具备《公约》第1条规定的适用条件,也不受《公约》的调整。

2. 将购买目的作为排除适用的标准(a项)

本条a项规定《公约》不适用于"为供私人、家人或家庭使用而购买的货物,除非卖方在订立合同前的任何时候或订立合同时不知道而且没有理由应该知道这些货物的此种用途"。可见,本项规定将购买目的作为排除适用的标准。而且,它不仅将消费者销售排除在《公约》的适用范围之外,同时规定了此类销售依然适用《公约》的例外情形。

2.1 消费者销售通常不适用《公约》

本条a项将为特定目的而进行的国际货物销售排除在《公约》的适用范围之外。这主要体现在本项前半句即本《公约》不适用于"为供私人、家人或家庭使用而购买的货物"中。学界将这种排除适用的情形称为消费者销售①。这是有道理的,因为在绝大多数情况下,进行此类交易的通常是出国游客。他们在国外旅游的过程中或回国前,均会在当地商店为自己或家人购买一些手表、相机、化妆品、服装、鞋等。这些游客无疑属于这些产品的消费者。当然,在目前电子商务十分发达的情况下,人们即使不出国旅游,也可以通过国外购物网如"美国亚马逊"等为其家人购买外国商品。无论是通过出国旅游还是通过国外网店购买,购买者均是相关产品的消费者。由此也可以看出,本项规定的适用

---

① 张玉卿:《国际货物买卖统一法——联合国货物买卖合同公约释义》,第23页。Schlechtriem/Ferrari, *Kommentar zum Einheitlichen UN-Kaufrecht—CISG*,7. Aufl. 2019,S. 81.

主体仅仅是指自然人,它不包括法人或者非法人的公司或其他社会团体。《公约》之所以将此类消费者交易排除在其适用范围以外,有两方面的原因:一是因为这类消费者买卖数量在国际贸易总量中所占的比重不大,规模不大;二是为了避免与交易发生地所在国的国内法冲突。在目前,各国均制定有各自的消费者权益保护法,各国消费者权益保护法不仅适用于本国的消费者,而且适用于来自其他国家的消费者。[①]

应当指出,并非所有的消费者销售均排除《公约》的适用。根据本条规定,排除《公约》对于消费者销售的适用,应当同时具备以下两个条件:其一,相关的销售属于消费者销售;其二,卖方知道或没有理由不知道这属于消费者销售。

（1）相关的买卖属于消费者销售

究竟何种买卖属于消费者销售呢? 第 2 条 a 项中规定了相应的判断标准,即当事人购买货物是不是为了"私人、家人或家庭使用"。如果是,便属于消费者销售;反之,则不是。例如,某位游客在德国旅游时买了一架徕卡相机供自己使用,此项交易便构成本项下消费者销售;但是,如果该游客是一位职业摄影师,而且照相是其谋生的手段,那么,其购买相机便不是为了私用,而是为了商用。这便不属于消费者销售。

仔细分析,a 项规定了"私人使用""家人使用"或"家庭使用"不同种类的消费者销售。从字面意思上分析,"私人使用"等同于购买者自己使用。但是,一般认为,这一定义过于狭窄,即使购买者购买货物并不是为了给自己使用,而是为了以后将该货物送给其私人好友,也属于消费者销售。[②]本项规定将"家人使用"或"家庭使用"与"私人使用"等同起来。如何理解这里的"家人"呢? 国际合同法学界认为,应当对"家人"进行广义的解释:家人不仅包括直接的家庭成员,而且包括国内家庭法中的亲属和姻亲。此外,还包括所有社会学意义上的与家庭有关

---

① Joseph Lookofsky, J. Herbots editor/R. Blanpain general editor, *International Encyclopaedia of Laws-Contracts*, Suppl. 29(December 2000), p. 38.

② Schlechtriem/Ferrari, *Kommentar zum Einheitlichen UN-Kaufrecht—CISG*, 7. Aufl. 2019, S. 82.

系的人。①

(2) 卖方知道或没有理由不知道消费者销售的性质

排除《公约》适用的另一前提条件是:在订立合同之前或之时卖方知道或没有理由不知道相关的买卖属于消费者销售。这一条件蕴含在a项"……除非卖方在订立合同前的任何时候或订立合同时不知道而且没有理由应该知道这些货物的此种用途"这一规定中。这一"除外条款"的本意是指:在具备除外条款规定的条件时,消费者销售依然适用《公约》,从而构成本项规定的正常情况下排除《公约》适用的例外情形。从中可以推导出:卖方"知道或没有理由不知道"买方采购的货物属于消费者销售,是排除《公约》适用的另一条件。《公约》作出这样的规定,也是合理的。因为在买方进行消费者销售时,自然知道自己的购买目的,但卖方通常不知道买方的购买目的。如果在这种情况下将此种买卖依然视为消费者销售,并排除《公约》的适用,对卖方有失公允;但是如果买方将其购买目的告知卖方,这便属于没有任何争议的消费者销售,此时排除《公约》的适用则对双方都比较公平。在这里存在着两个有待澄清的问题:何为"卖方知道或者没有理由不知道"? 卖方何时"知道或者没有理由不知道"?

第一,"卖方知道或者应该知道"的内涵。何为"卖方知道或者没有理由不知道"? 它在本质上是指,买方的购买目的应该具有被卖方所"认知"的性质。值得注意的重要问题是:在什么条件下,买方的购买目的才能被卖方所认知呢? 答案还是应从"不知道而且没有理由应该知道"这一表述中寻找。这至少包括以下两种情形:其一,买方在购买前或购买时将其购买目的告诉了对方。在这种情形下,卖方自然"知道"了这一点。其二,在签订买卖合同之前或之时,虽然买方没有明确告知其采购目的,但卖方应该可以从第三方或者其他种种迹象中得出结论:买方采购的货物是为了自用或家用的,而不是商用。这种迹象包括:买

---

① Schlechtriem/Ferrari, *Kommentar zum Einheitlichen UN-Kaufrecht—CISG*, 7. Aufl. 2019, S. 83.

方购买的商品数量有限、在购买时进行了试用,或者买方给商家留下了其公司的名片、告知了对方职业或寄送货物的地址等。从此种迹象中,卖方应该可以推断出采购物品的用途。例如,如果买方告知卖方买一个相机送给自己的女儿,卖方便应该知道这属于私用;反之,如果告知卖方为自己的摄影公司选购一个高级相机,基本上可以认为这属于商用。如果买方要求卖方将货物邮寄至公司地址,同样也可以推定,这种销售的目的是商用。①

第二,认知"消费者销售"的时间点。由上可知,一起销售是否属于消费者销售,关键是看采购货物的目的,即是自用的还是商用的。但在现实生活中,经常会出现购买时计划的用途和后来的实际用途发生变化的情况。例如,一位职业摄影师在德国旅行时购买了一架徕卡照相机,在购买时告知卖方这是给其女儿的礼物。但回国后,他改变了主意,决定将它交给自己开设的照相馆使用。如此一来,同一货物的采购目的发生了变化。这时就产生了一个问题:究竟应当以哪一时间点的购买用途作为判断标准?选择不同的时间点显然会影响到《公约》的适用。就上述案例而言,如果以前一时间点为依据,则属于家用,因而不适用《公约》;而如果以后一时间点为依据,则属于商业,不属于消费者销售,故《公约》对此有约束力。对于这一问题,"……除非卖方在订立合同前的任何时候或订立合同时不知道而且没有理由应该知道这些货物的此种用途"的规定间接规范了这一问题。根据这一规定,相关的销售是否属于本项规定的情形,仅仅取决于"卖方在订立合同前的任何时候或订立合同时"是否知道或者应当知道购买者的用途。既然如此,判断购买者购买货物的目的也应当以这一时刻为依据。西方国家的司法判例也确认这一点。例如,在奥地利最高法院于1997年2月审理的奥地利卖方和瑞士买方之间的兰博基尼汽车合同争议中,瑞士买方是为其个人使用目的而签订该销售合同的,但由于卖方拒绝履行交付义务,买方最终以

① Schlechtriem/Ferrari, *Kommentar zum Einheitlichen UN-Kaufrecht—CISG*, 7. Aufl. 2019, S. 83.

更高的价格从第三者那里购买了同一款汽车,并要求卖方赔偿损失。在该案中,奥地利最高法院最终判定:由于买方是为"个人使用"而购买汽车的,故根据《公约》第2条a项规定,不适用《公约》。而且本项规定中的"购买用途"是指进行签订合同时告知的用途,而不是此后的实际用途。①

由上可知,如果某一销售属于本项意义上的消费者销售,而且卖方在订立合同前/时也知道这一性质,那么《公约》便不适用于该消费者销售。

2.2 例外情形下消费者销售依然适用《公约》

由上可知,根据本条a项规定,在具备以上条件时,《公约》不适用于相关的合同。但仔细分析a项规定,便能发现,它除了确定以上不适用《公约》的通常情形以外,还规定了适用《公约》的例外情形。本项"……除非卖方在订立合同前的任何时候或订立合同时不知道而且没有理由应该知道这些货物的此种用途"明确规定了这一例外。据此分析,即使买方购买相关的商品是为了供个人或家人使用的,但如果"卖方在订立合同前或订立合同时不知道而且没有理由应该知道"买方的上述购买目的,那么,相关的交易便依然适用《公约》规定。这种排除也是合理的,因为卖方如果在签订合同时或前不知道这属于消费者销售,那么,便会将它视为正常的商业交易,这时自然应该适用《公约》规定。

多国的司法判例也肯定了以下例外情形。例如,德国斯图加特地区高等法院于2008年3月审理了一家拉脱维亚公司(买方)和一家德国专业汽车经销商(卖方)之间的二手车销售合同争议。在本案中,由于德国卖方交付的二手车没有重新喷漆,而且存在着其他瑕疵,故买方要求德国卖方支付赔偿金,双方由此发生争议。在是否适用《公约》问题上,德国法院驳回了本案应排除《公约》适用的请求。因为双方当事人的营业地位于不同的缔约国,而且卖方有合理的理由相信:买方是为了公司业务而签订该合同的。因为在进行法庭口头听证前,买方从未告知卖方其购车是为了供其员工个人使用。所以,这里不具备《公约》

---

① Oberster Gerichtshof,Austria,11 February 1997,www.unilex.info/cisg/case/283,访问时间:2022年1月1日。

第 2 条 a 项规定的排除《公约》适用的前提条件。[1]

3. 将特定的买卖方式作为排除适用的标准(b 项和 c 项)

本条还明确排除了通过两类特殊方式进行的国际货物销售,它们分别是通过"拍卖"或者"执行法院强制执行令或其他法院措施"而签订货物销售合同,本条 b 项和 c 项明确规定了这种例外。

3.1　拍卖

拍卖通常是指由拍卖机构在一定的时间和地点,按照一定的程序规则,通过公开竞价的方法,将出卖人的财物售给出价最高的竞拍人的一种商品交易方式。本款中的"拍卖"既包括公权力机构组织的拍卖,又包括私人拍卖。

所谓的公权力机构组织的拍卖,包括由法院或政府机构对没收物品组织的拍卖。[2]它们首先是指法院采取的强制执行令,也包括在破产清算程序中法院采取的强制拍卖或出售债务人的资产或部分业务的措施。除此之外,它们还包括债权人出售其扣押的物品,强制执行人出售其设备地产,或者破产管理人出售破产财产等。当然,它们必须是根据法院的判决进行的。[3]

所谓的私人拍卖则是指:由私人投资者设立的拍卖机构组织的拍卖。德国联邦法院也认为:本项中的拍卖不包括此种拍卖。在其于2002 年 10 月审理的一起德国卖方和荷兰买方之间的蔬菜买卖合同纠纷中,卖方是在德国注册的一家农产品营销组织,它于 1996 年 10—12月之间组织了多起蔬菜拍卖会。荷兰买方参与了这些拍卖会,并购买了价值 10 万马克的蔬菜。由于买方没有支付全部货款,双方由此发生纠纷。在是否适用《公约》问题上,德国联邦法院判定:尽管双方当事人

---

① Oberlandesgericht Stuttgart, Germany, 31 March 2008, www.unilex.info/cisg/case/1317,访问时间:2022 年 1 月 1 日。

② 高旭军:《〈联合国国际货物销售合同公约〉适用评释》,中国人民大学出版社2017 年版,第 15 页。

③ Schlechtriem/Ferrari, *Kommentar zum Einheitlichen UN-Kaufrecht—CISG*, 7. Aufl. 2019, S. 86.

的营业地位于不同的缔约国,符合《公约》第1条规定的适用条件,但是由于此销售是通过拍卖进行的,故根据《公约》第2条 b 项的规定,依然不适用《公约》。[1]但是,通过商品交易会而签订的合同依然适用《公约》,因为它属于促使双方订立合同的一种特殊方式。

3.2 排除适用的理由

《公约》之所以不适用于上述两类买卖,有多方面的原因:第一,无论是拍卖还是执行法院强制措施,在相当部分国家中,它们均属于国内法的调整对象,而且不同国家在这方面的规定有着较大的差异,《公约》难以将各国的不同规定统一起来。[2]第二,在许多国家中,还有不少私法拍卖机构和公法拍卖机构,这些机构均制定有自己的规则,它们也有自己独特的习惯。[3]

4. 将特定种类的货物作为排除适用的标准(d 项、e 项、f 项)

本条还明确排除了特定种类的货物的销售合同适用《公约》的可能性。如果国际货物销售合同的标的涉及本条 d 项、e 项、f 项列举的货物,那么《公约》也同样不适用于相关的合同。具体而言,有三类货物的销售不受《公约》的约束。

4.1 有价证券和支付手段

本条 d 项明确列举了不适用《公约》的有价证券和支付手段。这里的有价证券主要包括:公债、股票、投资证券、流通票据。但国际合同法学界的主流观点认为,这里的有价证券并不包括跟单货物销售(documentary sales)中的单据、[4]不可转让的单据(non-negotiable document, Rektapapiere)。所以,合同的标的如果涉及抵押单据(mortgage deed)、提单、汇票等,依然受《公约》约束。因为在这些交易中,买卖标的并不

---

① Bundesgerichtshof, Germany, 2 October 2002, www. unilex. info/cisg/case/915,访问时间:2022 年 1 月 1 日。

② Bamberger/Roth/Saenger, Art. 2, Rdn. 7.

③ Herer, 2. Aufl. Art. 2, Rn. 2.3.

④ UNCITRAL, *Digest of Case Law on the United Nations Convention on the International Sale of Goods*, p. 18.

仅仅是这些单据,还包括与单据相关的货物。①同样,仅仅具有历史价值或者艺术价值的有价证券也受《公约》的调整。

本项中的"支付手段"不仅包括国内的法定支付手段,还包括国外的法定支付手段。与有价证券相同,仅仅具有艺术价值或历史价值的支付手段不在排除适用的范围。②

《公约》之所以将有价证券和支付手段排除在其适用范围之外,主要原因是:有价证券和支付手段的交易均受各国国内强制性规范的约束,排除适用可避免《公约》规定和成员国国内法发生法律冲突。③

4.2 水上航行器和空中飞行器

本条 e 项将水上航行器和空中飞行器也排除在《公约》的适用范围之外。值得关注的问题是,如何界定水上航行器和空中飞行器的内涵。

第一,"水上航行器"的内涵。e 项对此进行了明确的列举,它包括"船舶、船只、气垫船"。但国际合同法学界一致认为:一方面,这里的列举并不是穷尽的;另一方面,人们应当对"船舶、船只、气垫船"进行广义的解释,它们是指能够在水中长期行驶的水上航行器,既包括在内河中航行的航行器,也包括在海中行驶的航行器。④但是,对于 e 项中的水上航行器是否仅仅指规模较大的船舶或船只这一问题,学界有不同的看法。部分学者对此持肯定态度,他们认为:这里的"船舶、船只、气垫船"仅仅是指体型排水量较大的航行器。因此,如果销售仅仅涉及体型很小的水上航行器,则受《公约》的约束。⑤但是,也有学者反对上述看法,他们认为:无论水上航行器是大是小,它们均不受《公约》约束。⑥笔

---

① 张玉卿:《国际货物买卖统一法——联合国货物买卖合同公约释义》,第 26 页。

② Schlechtriem/Ferrari, *Kommentar zum Einheitlichen UN-Kaufrecht—CISG*, 7. Aufl. 2019, S. 88.

③ Schlechtriem/Ferrari, *Kommentar zum Einheitlichen UN-Kaufrecht—CISG*, 7. Aufl. 2019, S. 88.

④ Schlechtriem/Ferrari, *Kommentar zum Einheitlichen UN-Kaufrecht—CISG*, 7. Aufl. 2019, S. 89.

⑤ Enderlein/Maskow/Strohbach, Art. 2 Anm. 7.2;Herber, 2. Aufl. Art. 2 Rn. 33.

⑥ Audit, Vente Internationale, S. 30;Honnold, Rn. 54;参见张玉卿:《国际货物买卖统一法——联合国货物买卖合同公约释义》,第 27 页。

者认同后一观点。无论从《公约》的谈判历史资料中,还是从 e 项的字面意思中,均找不到支持前一观点的依据。另外,部分学者以水上航行器是否具有运输功能为标准来确定《公约》的适用。他们认为 e 项中的"船舶、船只、气垫船"仅仅限于那些具有运输功能的水上航行器,而不适用不具备这一功能的水上航行器。这样,如果合同的标的仅仅涉及具有运动功能的水上航行器,如划艇、橡皮艇、独木舟、赛艇、划桨小船,那么,它们就受《公约》的约束。由此类推,如果销售一艘已经失去功能的军用潜艇也应当接受《公约》的调整。①

第二,"空中飞行器"的内涵。上述分析也同样适用于空中飞行器。e 项的空中飞行器包括各种各样的、大大小小的具有运输功能的飞行器。正因此,飞机模型、卫星、空间站、火箭等不属于 e 项意义上的航空器,有关这些航空器的买卖依然可以受《公约》的约束。另外,e 项意义上的"水上航行器和空中飞行器"应当是指已经完成各种生产工序和检查工序、可以交付的航行器或飞行器,而不包括航行器或飞行器的部件。因此,合同买卖的标的如果是发动机等零部件,它们依然受《公约》的调整。②

《公约》制定者之所以将水上航行器和空中飞行器排除在其适用范围之外,是因为各成员国均制定了各自的规范水上航行器和空中飞行器性质认定和注册等的法律法规,而且在它们之间有很大的不同,《公约》难以协调、统一各成员国的不同态度。③

4.3　电力

f 项明确将有关电力的买卖排除在《公约》的适用范围外。排除的

---

① Enderlein/Maskow/Strohbach,Art. 2 Anm. 7.2;Pilz,Internationales Kaufrecht,§ 2 Rn. 52;UNCITRAL,*Digest of Case Law on the United Nations Convention on the International Sale of Goods*,p. 18.

② UNCITRAL,*Digest of Case Law on the United Nations Convention on the International Sale of Goods*,p. 18.

③ 参见张玉卿:《国际货物买卖统一法——联合国货物买卖合同公约释义》,第27 页。

原因是供电合同中通常规定了特别的交易条件,而《公约》规则并不适合规范这些条件。①在有关煤气、石油或核电站所用的核能燃烧棒的销售合同中,它们也规定了特别条件,但是这些合同依然受《公约》的约束。②这并不令人奇怪,因为它们依然属于广义上的货物,本条也没有明确排除《公约》对这些货物的适用。

第3条　《公约》对混合合同的适用

Article 3

(1) Contracts for the supply of goods to be manufactured or produced are to be considered sales unless the party who orders the goods undertakes to supply a substantial part of the materials necessary for such manufacture or production.

(2) This Convention does not apply to contracts in which the preponderant part of the obligations of the party who furnishes the goods consists in the supply of labour or other services.

译文

(1) 应将有关供应尚待制造或生产的货物的合同视为销售合同(语序调整),除非订货方自己提供了这种制造或生产所需的重要部分的材料(原译文为:"订购货物的当事人保证供应这种制造或生产所需的大部分重要材料")。

(2) 本《公约》不适用于供货方的(删除"绝"字)大部分义务为提供劳务(原文为:"供应劳力")或其他服务的合同。

---

① UNCITRAL, *Digest of Case Law on the United Nations Convention on the International Sale of Goods*, p. 18.

② Schlechtriem/Ferrari, *Kommentar zum Einheitlichen UN-Kaufrecht—CISG*, 7. Aufl. 2019, S. 108; UNCITRAL, *Digest of Case Law on the United Nations Convention on the International Sale of Goods*, p. 18.

目录

正文

1. 调整对象

本条规定主要用来规范《公约》是否适用于混合合同的问题。这里的混合合同是指在相关的合同中,不仅规定了卖方提供货物的义务,而且同时规定了买方应当提供生产货物所需的原材料或者卖方提供劳务或服务的义务。本条共分两款,它们分别在第1条和第2条的基础上进一步限定了《公约》的适用范围。其中,第1款规范了《公约》是否适用于规定了提供材料义务和供货义务的这类混合合同,第2款则调整了《公约》是否适用于包含提供劳务服务和供货义务的这类混合合同。换句话说,本条将《公约》的适用范围扩大到那种除了规范交付货物义务以外还涉及其他义务的合同。

2. 含提供原材料义务的销售混合合同(第1款)

2.1　规范对象

在国际贸易实务中,经常存在下列情形:买方预先向卖方订购货物,卖方根据订购合同安排生产或制造产品。在生产或制造出成品后,卖方再将产品交给买方。本书将此种合同称为"订货合同"。在这种根据"订货合同"进行生产和交易的实践中,订货方经常会按照约定向生产方提供生产或制造产品所需的材料。这种合同形式在我国进出口贸易中十分常见,其中的典型代表是我们俗称的"来料加工贸易合同" (Processing)。因为根据这种合同,国外的订货方通常会向国内的生产商提供特定的原材料、辅料、零部件、元器件、配套件和包装物料,然后生产商将生产出来的产品再销售给国外的订货方。本条第1款一方面规范了适用《公约》的情形及其适用条件,也同时规范了不适用《公约》的例外情形。

2.2　适用《公约》的正常情形及其适用条件

本款"应将有关供应尚待制造或生产的货物的合同视为销售合同,除非订货方自己提供了这种制造或生产所需的重要部分的材料"这一句不仅规定了适用《公约》的正常情形,而且规范了其适用条件。

（1）适用《公约》的正常情形

双方当事人签订的订购合同原则上受《公约》的约束,本款中"应将有关供应尚待制造或生产的货物的合同视为销售合同"这一表述确定了这一原则。此处的"有关供应尚待制造或生产的货物的合同视为销售合同"无疑是指订货合同,而不是指现货销售合同。与后一类合同相比,订货合同的特点是:在签订合同时,供货方还没有可以交付的货物,这些货物还有待于生产商的生产或制造。而本款中"应将……视为销售合同"这一规定的实际意思是指:《公约》应当适用于此类合同。可见,《公约》将订货合同和现货销售合同等同起来。

（2）此类"销售混合合同"适用《公约》的前提条件

尽管本款原则上确定了订货合同受《公约》调整的原则,但它同时规定了此类合同适用于《公约》的前提条件,即"订货方没有提供为这种制造或生产所需的重要部分的材料",这一适用条件蕴含在本款"……除非订货方自己提供了这种制造或生产所需的重要部分的材料"这一规定中。仔细分析,这一条件又包括两种不同的情形:其一,订货方根本没有向对方提供任何原材料;其二,订货方向对方提供了为这种制造或生产所需的部分原材料,但依然没有达到本款规定的"重要部分的材料"程度。无论属于哪一种情形,《公约》均不适用。但在以上适用条件中,还应当探究"……材料"和"重要部分"两个关键概念,因为其内涵的界定,也会对《公约》的适用产生决定性的影响。下文分别就此进行论述。

第一,"……材料"(materials)。这里的"材料"无疑是指生产或制造产品所必需的原材料。这一点在国际合同法学界不存在争议。问题是:它是否包括订货方提供的计划、指示、图纸和专有技术等? 订货方向供货方提供生产产品所需的指示、图纸等,这在国际贸易实务中也比较常见。在来料加工合同中,买方通常会向卖方提供此类指示、图纸,并要求卖方照此制造货物。在这种情况下,如果本款中的"材料"不包括指示、图纸,那么,它便不会对《公约》的适用产生影响;反之,则有影响。对于这一问题,国外学者认为:无论是计划、指示,还是图纸和专有技术,均不属于本款意义上的"材料"。①但在国际司法实践中,则存在不同的做法。在法国法院审理的一起案件中,法院认为"设计说明"属于一种生产产品所必需的"材料",因而作出了排除《公约》适用的决定;②而在瑞士法院和德国法院分别审理的两起案件中,它们均作出了与此相反的判决。据此,订货方提供的"设计说明"不属于本款意义上的"材料"③。

第二,"重要部分"(a substantial part)。由上可知,影响《公约》适用的另一适用条件是订货方为制造或生产合同产品而提供的材料是否达到这里的"a substantial part"标准。如果达到这一标准,相关的合同便不受《公约》约束;反之,则受《公约》调整。在这里主要探究两个问题:其一,《公约》官方中译本将英文版中"a substantial part"一词翻译成"大部分",这一翻译是否准确? 如果不准确,应当翻译成什么? 其二,这里的"a substantial part"仅仅是指原材料的数量,还是指其价值?

对于第一个问题,《公约》没有对"a substantial part"这一概念进行

---

① Bamberger/Roth/Saenger,Art. 3,Rn. 4.

② Cour d'appel Chambéry,France,25 May 1993,www.unilex.info/cisg/case/29,访问时间:2022 年 1 月 1 日。

③ Handelsgericht des Kantons Zürich,Switzerland,10 February 1999,www.unilex.info/cisg/case/484;Oberlandesgericht Frankfurt am Main,Germany,17 September 1991,www.unilex.info/cisg/case/8,访问时间:2022 年 1 月 1 日。

统一的定义,《公约》制定者认为:应将其内涵交由法院或仲裁机构在具体的案件中根据具体情况作出具体的解释。这也对这一概念的翻译和解释带来了困难。但将"a substantial part"翻译为"大部分",这显然并不十分确切。一方面,根据《朗文当代高级英语辞典》的解释,"substantial"的中文意思为:"大量的、客观的、重大的、重要的、主要部分的"。①相应的德文概念为"einen wesentlichen Teil",它的中文意思也为"本质的、重要的"。②无论根据英文概念还是根据德文概念,我们均无法将它翻译成"大部分"。比较恰当的中文译文应该是"重要的",也即"重要部分的材料"。另一方面,国外学者一般认为"a substantial part"应当低于一半,其理由是本条第2款在相对应的地方使用了"the preponderant part"一词。这两个概念的区别不仅仅反映在用词上,而且反映在它们的语义上:前者是指数量不足一半,而后者应是指数量在一半以上。③有些学者甚至认为:即使订货方提供了15%的原材料,也达到了本款中有关"a substantial part"的要求。④国外的司法判例也确定了这一点。在德国慕尼黑地区高等法院于1999年12月审理的意大利卖方和德国买方之间的窗户生产设备销售合同纠纷案中,卖方必须根据买方提供的图纸生产设备,买方也提供了制造设备的一些工具。在卖方延迟交付货物时,德国买方宣告解除合同,双方由此发生纠纷。在是否适用《公约》问题上,德国上述法院判定:买方提供的图纸和个别生产工具,无论在价值上还是在功能上,均没有达到《公约》第3条第1款的"重要部分"的程度。⑤在汉语中,"大部分"是一个形容数量多少的副词,其语

---

① 《朗文当代高级英语辞典》,商务印书馆1998年版,第1541页。

② 潘再平主编:《新德汉词典》,上海译文出版社1999年版,第1343页。

③ Enderlein/Maskow/Strohbach, Art. 3 Anm. 3; Clayton P. Gillette/Steven D. Walt, *The UN Convention on Contracts for the International Sale of Goods: Theory and Practice*, p. 47.

④ Bamberger/Roth/Saenger, Art. 3, Rn. 4; Honnold, Rn. 59.

⑤ Oberlandesgericht München, Germany, 3 December 1999, Window production plant case, Court of Appeal Munich, 03 December 1999—23 U 4446/99, CISG-online 585,访问时间:2022年1月1日。

义是指超过一半。可见,现有中文《公约》文本将"a substantial part"译成"大部分"并不准确,比较确切的翻译应当是"重要部分"。但无论如何,如果订货方提供的原材料超过了生产材料的一半,那么,《公约》便不再适用于这样的合同。

对于第二个问题即这里的"a substantial part"仅仅是指原材料的数量,还是指其价值,《公约》没有统一的规定。西方学者对此存在不同的看法。部分学者认为:在判断一方当事人提供的材料是否构成本款意义上的"重要部分"时,不应仅仅考虑材料的价值,而且同时应考虑材料的数量。[①]在有些仲裁实践中则主要考虑数量计算法。例如,在匈牙利工商协会仲裁庭于1995年裁决的一起案件中就是如此。[②]但另有学者认为:货物的数量或重量虽然也很重要,但在判断其交付的材料是否构成本款意义上的"重要部分"时,应当仅仅参照货物的价值,即其提供材料的价值在货物总价值中所占的比重。[③]那么,在上述两种观点中,究竟哪种观点是成立的呢? 首先,"重要部分"应当是指买方提供材料的数量或重量在生产成品所需的所有材料中的比重。例如,买方向卖方订购了价值100万美元的服装。为完成这一生产任务,卖方共需要采购100吨棉花,而买方提供了其中的50吨。从这一角度分析,上述第一种观点是成立的。其次,后一种观点也应是正确的。尽管买方也提供了生产合同产品所需的材料,但人们并不总能在所有的案件中"从数量或重量"上将它与生产同一产品所需的其他材料进行比较。例如,合同的标的物为轿车,买方提供了生产轿车所需的发动机,生产轿车的其他零部件由卖方自己生产或采购。这时,人们自然无法将两者从数

---

① Winship, Scope, S. 1—24.

② Arbitration—Arbitration Court attached to the Hungarian Chamber of Commerce and Industry, Hungary, 5 December 1995, www. unilex. info/cisg/case/181,访问时间: 2022年1月3日。

③ John O. Honnold, *Uniform Law for International Sales under the 1980 United Nations Convention*, 3rd ed. (1999), pp. 56—62. Reproduced with permission of the publisher, Kluwer Law International, the Hague,见 http://www. cisg. law. pace. edu/ cisg/biblio/ho3.html,访问时间:2015年5月21日。

量或重量上进行比较,而比较它们的价值是唯一可取的办法。可见,上述两种方法均具有可行性。法院和仲裁机构应当根据具体的案情决定采取何种方法。①

根据以上分析,我们可以得出如下结论:"订货合同"等同于普通的"销售合同",此类合同通常情况下受《公约》的约束。但《公约》的适用离不开以下条件:或者订货方没有向卖方提供原材料,或者订货方提供了原材料,但其提供的价值还没有达到本款意义上的"重要部分"程度。

2.3　不适用《公约》的例外情形

本款"……除非订货方自己提供了这种制造或生产所需的重要部分的材料"这一句话不仅规范了订货合同适用《公约》的前提条件,它同样规范了此类合同不适用《公约》的例外情形:即如果订货方向卖方提供了生产所需的原材料,而且其提供的数量已经达到了本款规定的"重要部分"的程度,那么,便不适用《公约》。《公约》将此种情形排除在其适用范围之外是有道理的,因为在满足以上除外条款规定时,相关的合同更应该属于来料加工合同,而不应该属于货物销售合同。

3. 含提供劳务或服务的销售混合合同(第2款)

3.1　规范对象

在国际贸易实践中,还会经常出现这样的合同:卖方不仅有义务向买方提供机器设备等货物,而且承担为买方安装机器设备、维护设备和培训员工等义务。在我国改革开放初期,我国企业整套进口生产电冰箱、电视机或汽车的流水线设备时,相关的合同中通常会同时规定卖方的以上两类义务。客观地说,这不是一种单纯的供货合同,而是一种供货和提供劳务或服务相结合的混合合同。这些合同是否在《公约》的调整范围内? 第3条第2款规范了这一问题。本款不仅规范了此类合同不适用《公约》的正常情形及其前提条件,而且规范了适用《公约》的例外情形。

---

① Clayton P. Gillette/Steven D. Walt, *The UN Convention on Contracts for the International Sale of Goods: Theory and Practice*, p. 47.

3.2 不适用《公约》的正常情形及其前提条件

根据该款"本《公约》不适用于供货方的大部分义务为提供劳务或其他服务的合同"的规定,我们可以得出这样的结论:即《公约》原则上不适用于此类混合合同。仔细分析,排除《公约》适用,应当具备以下两个条件:其一,供货义务和提供劳务或服务的义务是否规定在同一份合同内;其二,供货方提供劳务或服务的义务必须达到本款规定的"大部分"的程度。

(1)规定在同一合同内

排除《公约》适用于此类合同的第一个条件是:供货义务和提供劳务或服务义务必须规定在同一份合同之内。①本款"供货方的大部分义务为提供劳务或其他服务的合同"这一表述蕴含了这一条件。因为这里的"合同"不可能是指两份合同,而只能是指同一份合同。这意味着,如果上述两类义务分别规定在两份不同的合同中,则供货合同受《公约》管辖,而提供劳务或服务的合同受国内法管辖。②

(2)卖方提供的服务或劳务达到"大部分"的程度

排除《公约》适用的另外一个条件是:供货方提供劳务或服务的义务必须达到本款规定的"大部分"程度。一旦达到这一程度,相关的合同便不受《公约》约束。在这里有必要探究两个问题:第一,现有《公约》官方中译本将英文中本款的"the preponderant part"翻译成"绝大部分",这一翻译是否准确? 第二,"大部分"的确切中文含义是什么?

第一,现有官方翻译的准确性问题。我国《公约》官方中译本将英文版的"the preponderant part"翻译成"绝大部分"。这一翻译显然是不准确的。根据《朗文当代高级英语辞典》的解释,"preponderant"中文意思应该为"占优势的"③;根据 Merriam-webster 字典的解释,其意思为

---

① 参见张玉卿:《国际货物买卖统一法——联合国货物买卖合同公约释义》,第27页。

② Schlechtriem/Ferrari, *Kommentar zum Einheitlichen UN-Kaufrecht—CISG*, 7. Aufl. 2019, S. 96.

③ 《朗文当代高级英语辞典》,第1180页。

"greater in number，force，or importance"①。无论是从上述中文翻译，还是从英文解释中，我们都不能得出这样的结论，即"preponderant"的中文意思为"绝大部分"。因为即使一方在数量上仅仅占有相对优势，他也能成为"占优势"的一方。而上述英文解释也表明，"preponderant"的本意是指：一方在数量上、力量或重要性方面比另一方占优。如果这样，应将这一概念翻译成"大部分"。从其他文本的《公约》看，这一翻译也比较确切。在《公约》德文本中，相关的表述为"überwiegend"②，其中文意思为"大多数的""占优势的""压倒的"。③有鉴于此，本书将采用"大部分"这一表述。

第二，界定"大部分"的标准。由上可知，供货方承担的提供劳务或其他服务的义务是否构成本条第2款意义上的"大部分义务"？这成为影响《公约》是否适用于混合合同的一个决定性因素。这样一来，关键问题是：如何界定"大部分"或"大部分义务"的内涵？毫无疑问，应当通过对货物的售价和劳务或服务的报酬进行比较来查明这一点。国际合同法学界的一致看法是：这里的"大部分"应当是指签订合同时约定的劳务或服务报酬占到合同总价的50%以上④。如果卖方所支付的劳务报酬或服务报酬达到了上述标准，则《公约》不适用于相关的合同。德国一家法院正是基于这一原因拒绝将《公约》适用于一货物销售合同的。因为在这一合同中，卖方除了应当提供货物以外，而且应当提交一份书面的市场调研报告，而后者的报酬超过了合同总价的50%；进行市场调研并提交报告显然属于服务。⑤

---

① 见 http://www.merriam-webster.com/dictionary/preponderant，访问时间：2014年5月12日。

② Schlechtriem/Ferrari，*Kommentar zum Einheitlichen UN-Kaufrecht—CISG*，7. Aufl. 2019，S. 92.

③ 潘再平主编：《新德汉词典》，第1203页。

④ Bianca/Bonell/Khoo，Art. 3，Anm. 2.3；Witz/Salger/Loranz，Art. 3，Rn. 4；UNCITRAL，*Digest of Case Law on the United Nations Convention on the International Sale of Goods*，2016，p. 20.

⑤ UNCITRAL，*Digest of Case Law on the United Nations Convention on the International Sale of Goods*，2016，p. 20.

但是，无论在理论界还是在实务界，人们均认为：上述价值比较并不是确定供货方提供劳务义务或服务义务是否构成"大部分"的唯一标准。由于情况的复杂性，并不是所有合同都能够十分清楚地规定劳务或服务的报酬和货物的价格，所以应当综合考虑签订合同时的所有情况、合同的目的、当事人的意愿，来分析、判断供货方的义务是否达到了第2款中"大部分"的要求。①这些看法是有道理的，但这并不排除上述价值比较法是判断劳务或服务价值是否达到"大部分"的主要方法。

3.3　适用《公约》的例外情形

本款"本《公约》不适用于供货方的大部分义务为提供劳务或其他服务的合同"这一表述不仅规范了混合合同不适用于《公约》的正常情形，而且规范了适用《公约》的例外情形：即如果供货方提供劳务或其他服务没有达到本款规定的"大部分义务"时，相关的混合合同便受《公约》约束。在法国法院审理的一起案件中，法院则确认《公约》对此类合同有约束力。因为根据这一合同，一方当事人的义务不仅包括提供货物，而且包括提供拆除一旧废弃仓库的服务，但是后一服务的酬金不足合同总价的 25%。②

第 4 条　不属于《公约》规范的法律问题

Article 4

This Convention governs only the formation of the contract of sale and the rights and obligations of the seller and the buyer arising from such a contract. In particular, except as otherwise expressly provided in this Convention, it is not concerned with:

(a) the validity of the contract or of any of its provisions or of any

---

① Czerwenka, *Rechtsanwendungsprobleme*, S. 144; Staudinger/Magnus, Art. 3, Rn. 21.

② UNCITRAL, *Digest of Case Law on the United Nations Convention on the International Sale of Goods*, 2016, p. 20.

usage;

(b) the effect which the contract may have on the property in the goods sold.

译文

本《公约》仅适用于销售合同的订立和买卖双方因此(原译文为："卖方和买方因此种合同")而产生的权利和义务。尤其是,除非本《公约》另有明文规定,它不涉及以下事项(原译文为："本公约除非另有明文规定,与以下事项无关"):

(a) 合同(删除"的效力")或其任何条款的效力,或任何惯例的效力;

(b) 合同对所售货物所有权可能产生的影响。

目录

正文

1. 调整对象

在国际货物销售合同的签订和履行过程中,尤其在双方发生争议时,通常会涉及许许多多法律问题,例如,合同的订立、双方当事人的权利和义务、合同的效力、延迟交货、交货数量短缺或货物存在着质量瑕疵、买方延迟支付货款或没有支付货款、合同下货物的所有权何时发生转移等。《公约》是否规范所有此类问题呢？本条明确规范了这一问题。本条共有两句,其中第一句明确从正面限定了《公约》的适用范围,即《公约》仅仅规范合同的订立和双方当事人的权利和义务。这表明:在这两类问题上,《公约》的规定优先于国内法的规定适用于相关的合同。本条第二句则从反面限定了这一点,即《公约》尤其不适用于"合同或其任何条款的效力,或任何惯例的效力""合同对所售货物所有权可能产生的影响"。应当指出的是:本句的列举不是穷尽的。《公约》之所以将这些事项排除在其适用范围之外,是因为不同的成员国在这些事项上的规定有较大的差异,而且很难达成共识。①下文将分别评析本条两句规定涉及的适用问题。

2. 属于《公约》调整的事项(第1句)

《公约》第4条第1句列举了两项明确属于《公约》调整的事项,即"销售合同的订立"和买卖双方因此而产生的"权利和义务"。从字面意思上看,这里的列举应该是穷尽的,因为该句中的"仅"字清楚地表明了这一点。但从《公约》的全文看,这种列举并不是穷尽的,国际合同法学界和司法界也持这种观点。②所以,下文将《公约》的调整事项分为明示调整的事项和默示调整的事项,并分别予以论述。

2.1 明示调整的事项

根据本条第一句的明确规定,明示为《公约》调整的法律事项有合同的订立和双方当事人的权利和义务。那么,何谓"合同的订立"和双方当事人的"权利和义务"呢？

第一,合同的订立。在这里合同订立等同于合同的成立或签订。对于合同的订立,《公约》仅规范了订立合同的客观要求,第23条原则

① UNCITRAL，*Digest of Case Law on the United Nations Convention on the International Sale of Goods*，2016，p. 24.

② Schlechtriem/Ferrari，*Kommentar zum Einheitlichen UN-Kaufrecht—CISG*，7. Aufl. 2019，S. 8；Bundesgerichtshof，Germany，9 January 2002，www. unilex. info/cisg/case/766；Tribunale di Vigevano，Italy，12 July 2000，www.unilex.info/cisg/case/387,访问时间:2022年1月3日。

性地规定了这一点。据此,合同于对要约作出的承诺生效时订立。由此分析,只要一方当事人向另一方当事人发出一个要约,该要约已经产生了法律效力,另一方当事人也向该要约人发出了承诺,该承诺也已经生效,那么,合同便已经成立。但合同订立不等于合同的生效。该合同是否有效订立,合同的条款是否有效,都将在下文论述。

第二,双方当事人的权利和义务。《公约》意义上的双方当事人的"权利和义务",主要是指双方当事人因销售合同的生效而各自获得的对对方拥有的初始请求权,以及在一方违约时而获得的向对方提起赔偿救济的权利。在这方面,重要的《公约》条款是第30条至第65条。这些条款主要规定了卖方承担的交付货物及转移其所有权的义务、买方接收货物和支付货款的义务,以及买卖双方因此而获得的权利。除此之外,还包括规范救济手段的条款。

2.2　默示调整的事项

除了以上《公约》明示规范的事项以外,《公约》的其他条款还调整着本条未列举的其他事项,我们将它们称为"默示调整的事项"。这样的事项有:

第一,举证责任。第79条第1款明确规定在未履行义务的当事人有意引用第79条规定主张免责时,他必须证明其"不履行是由于某种非他所能控制的障碍造成的,而且没有任何合理的理由期待他能在签订合同时考虑到这一障碍,或能避免或克服它或其后果"。德国联邦法院也认为:举证责任属于《公约》规范的事项,《公约》第79条第1款明确规定了这一点。另外,第2条a项也默示确认了这一点。①除此之外,根据《公约》第7条第2款的规定,《公约》也可能适用于那些没有明确提及的事项。因为该款明确规定,"凡本《公约》未明确规定的属于《公约》范围的问题,应按照本《公约》所依据的一般原则来解决"。一般认为:在举证责任分摊方面存在着以下构成《公约》存在基础的一般法

---

① Bundesgerichtshof, Germany, 9 January 2002, www. unilex. info/cisg/case/766,访问时间:2022年1月2日。

律原则:有意引用法律条款主张其合法权益的当事人必须证明在相关的合同争议中已经具备了适用该条款的前提条件;有意主张例外的当事人必须证明已经在事实上具备了构成例外的前提条件。基于以上一般法律原则,德国奥尔登堡地区高等法院在其于 2007 年 12 月审结的案件中作出判决:如果一方当事人有意根据《公约》第 3 条第 2 款证明《公约》不适用于争议合同,他必须提供证据证明这一点。①

第二,合同的解释。《公约》第 8 条十分明确地规范了合同的解释规则,这显然既不属于合同的订立,也与双方当事人基于合同而产生的权利和义务无关。

第三,合同的修改。合同修改显然不属于合同的订立,也不涉及由合同产生的权利和义务,但《公约》第 29 条明确规定了合同的修改方式。

另外,司法实务界还认为:如果一方当事人对应交付货物的质量或对另一方当事人的偿付能力发生了误判,依然应当优先适用《公约》的规定,因为《公约》第 50 条、第 71 条对这些事项作出了明确的规定。②可见,《公约》调整的法律事项并不仅仅限于第 4 条第 1 句列举的两个。

3.《公约》不涉及的事项(第 2 句)

第 4 条第 2 句明确列举了不受《公约》约束的事项,这些事项有:(a)合同或其任何条款的效力,或任何惯例的效力;(b)合同对所售货物所有权可能产生的影响。同样,这里的列举也不是穷尽的,本句中"尤其"两字表明了这一点。因此,除了这些明示排除适用的事项以外,还存在一些默示排除适用的事项。下文分别予以分析。

3.1 明示排除的事项

如上所述,明示排除适用的法律事项有两类:(a)合同或其任何条款的效力,或任何惯例的效力;(b)合同对所售货物所有权可能产生的

---

① Oberlandesgericht Oldenburg, Germany, 20 December 2007, https://cisg-online.org/files/cases/7563/fullTextFile/1644_77433781.pdf,访问时间:2022 年 1 月 2 日。

② UNCITRAL, *Digest of Case Law on the United Nations Convention on the International Sale of Goods*, 2016, p. 24.

影响。关键的问题是如何理解这些事项。

（1）合同的效力

由上可知，《公约》仅仅规范了签订合同所需的形式要件，它没有涉及合同的效力问题。相反，《公约》将这一问题让渡给受理争议的法院，它应当根据其所在国的国际私法规则所确定适用的国内法来解决。那么，何谓合同效力？《公约》没有对此进行统一的定义。一般认为合同效力是指：根据所适用国内法的规定，合同是否对当事人产生法律效力。如果具有法律效力，合同便产生法律约束力。与此相关的问题是：哪些因素将导致合同的无效？导致合同无效的因素，主要有以下三类：其一，当事人无权利能力和行为能力。根据国际合同法学界的主流观点，《公约》意义上的合同效力主要涉及当事人的权利能力和行为能力，缺乏这种能力便会影响合同的效力。[①]其二，合同违反相关国家的强制性法规和善良风俗。[②]各国国内法一般会规定这种合同的法律效力，例如，我国《民法典》第 153 条规定："违反法律、行政法规的强制性规定的民事法律行为无效。但是，该强制性规定不导致该民事法律行为无效的除外。违背公序良俗的民事法律行为无效。"第 154 条则规定："行为人与相对人恶意串通，损害他人合法权益的民事法律行为无效。"德国《民法典》第 134 条也规定："如果法律行为违反法律规定的禁令，则法律行为无效，除非法律另有不同的规定。"[③]其三，代理合同。在现实中，合同一方当事人通常会委托第三人代为进行谈判或签订合同，这同样会引发合同效力的问题。但这一问题同样应当依据国内法来处理。[④]

总之，根据本句 a 项规定，《公约》不规范合同的效力问题，相关的合同是否无效应该根据法院地所在国国际私法规则所指引适用的国内

---

① Audit, Vente Internationale, S. 31；Witz/Salger/Loranz, Art. 4, Rn. 8.

② Herber, 2. Aufl., Art. 4. Rn. 9, 15.

③ Palandt：Buergerliches Gesetzbuch, S. 118.

④ UNCITRAL, *Digest of Case Law on the United Nations Convention on the International Sale of Goods*, 2016, p. 25.

法来予以查明。美国、意大利、德国等国的司法判决也已经证明了这一点。[1]应强调的是:a 项排除《公约》对合同效力的管辖并不是绝对的。实际上,《公约》的个别条款如第 11 条也规范了合同的效力问题。根据这一条的规定,销售合同无需以书面形式订立或证明,在形式方面也不受任何其他条件的限制。而合同的形式在部分国家的国内法中,是一个与合同效力相关的问题。我国 1981 年《经济合同法》第 3 条、1985 年《涉外经济合同法》第 7 条、1987 年《技术转让合同法》第 9 条均规定,合同必须采用书面形式。

(2)合同条款的效力

由上可知,国际货物销售合同会因为违反国内法中的强制性法律规定或者善良风俗而被宣告无效。即使符合国内法的规定,也会因为违约而被宣告无效。以《公约》规定为例,只要一方当事人的行为构成了第 25 条意义上的根本违约,对方当事人便可以根据《公约》第 49 条或第 64 条规定宣告合同无效。在这种情况下,便产生了这样一个问题:该合同中所有条款是否均随之而无效?《公约》第 4 条第 2 句 a 项间接规范了这一问题,即它不调整"任何条款的效力"问题。由此可见,与合同效力一样,在合同无效时,其中的条款是否有效,同样应当依据成员国的国内法来判定。实际上,成员国国内法一般会对此类问题进行明确的规定。以我国《民法典》为例,第 507 条规定,合同无效、被撤销或者终止的,不影响合同中独立存在的有关解决争议方法的条款的效力。阿根廷国家商业法院也在其审理的案件中判定:合同的法院选择条款、仲裁条款、和解协议是否有效,不受《公约》调整,相反应该根据法院地法来进行判断。[2]

(3)一般交易条件(AGB)或格式条款

在国际贸易实务中,一方当事人经常会使用未与对方协商的、由

---

① UNCITRAL, *Digest of Case Law on the United Nations Convention on the International Sale of Goods*, 2016, p. 25.

② Camara Nacional de los Apelaciones en lo Comercial, Argentina, 14 October 1993, www.unilex.info/cisg/case/45,访问时间:2022 年 1 月 2 日。

其单方面事前拟定的、在订立合同时提供给对方的合同条款,它们通常打印在合同的反面。德国《民法典》第 305 条将它称为一般交易条件(Allgemeine Geschäftsbedingungen)①,英美法国家则将相应的概念称为一般交易条款(General Terms and Condition),我国《民法典》第 496 条则将此称为格式条款。在国内法中,此类条款并不一定有效。那么,如何认定国际货物买卖合同中此类条款的效力呢? 尤其是当合同整体有效时,此类条款是否也随之有效? 对于这一问题,学界一般认为,应当根据国内法的规定来对这些一般交易条件进行审查、确定其效力。②国际司法实践中大致有以下两种处理方法:

第一,根据法院地所在国的国际私法规则所指引适用的法律来分析判断此类条款的效力。奥地利最高法院便持这一观点。在其于2000 年 9 月审理的德国卖方和奥地利买方之间的黑石墓碑销售合同纠纷中,该合同采用了德国卖方的一般交易条件,其主要内容为:如果发现卖方交付的货物存在质量问题,买方须在交付货物后的 24 小时内通知卖方,并且卖方有权选择修理瑕疵货物、交付替代货物或退还货款,买方无权留置货款。但由于交付的货物中存在着通过目检难以发现的瑕疵,故在交付货物的数周以后,买方才发现这些瑕疵,故拒绝支付货款,双方由此发生争议。在合同中的一般交易条件是否有效这一问题上,奥地利上述法院判定:应当适用相应的国内法即德国法来进行判断。③

第二,根据《公约》有关合同订立的条款来分析此类条款的效力。在荷兰阿纳姆地区法院于 2004 年 3 月审理的德国卖方和荷兰买方之间的植物营养土销售合同争议中,卖方仅仅交付了部分货物,买方要求卖方赔偿损害,双方由此发生争议。荷兰买方向阿纳姆地区法院起诉,

---

① Bürgerliches Gesetzbuch(BGB),https://www.gesetze-im-internet.de/bgb/__305.html,访问时间:2022 年 1 月 2 日。

② Stoll,*International privatrechtliche Fragen*,S. 512.

③ Oberster Gerichtshof, Austria, 7 September 2000, www.unilex.info/cisg/case/473,访问时间:2022 年 1 月 2 日。

但德国卖方辩称:该法院没有管辖权。因为其合同中的一般交易条件规定:合同争议不是由阿纳姆地区法院管辖,而是由卖方所在地的法院审理。对于这一条款的效力,荷兰法院认为应当根据法院地国际私法规则所指引的实体法来进行审查,而该实体法便是《公约》,其中第11条、第二部分规范合同订立的条款和第8条规范解释当事人行为的条款均规范了一般交易条件是否构成合同的一个组成部分。法院主要根据《公约》第14条(要约)、第18条(承诺)规定,审查双方当事人发出的要约和承诺信件中是否提及卖方所附的一般交易条款。由于卖方在谈判函件中从未提及其印在要约反面的一般交易条件,故法院最终判定:卖方的一般交易条件不构成合同的一个组成部分,因而无效。①我国国际经济贸易仲裁委员会持同样的观点。在其仲裁庭仲裁的我国公司和澳大利亚公司之间的合同纠纷中,申请人认为争议合同的准据法为《公约》,而被申请人认为是双方当事人约定的《中纺购买羊毛和毛巾一般交易条款》。我国仲裁庭审查了该案中三份《订购确认单》中的"特别条款"约定,"所有其他条款和条件,依据1990年7月1日《中纺购买羊毛和毛巾一般交易条款》",据此而裁定:双方当事人已经明确地将上述一般交易条款纳入该案合同中,因而对双方有约束力。②

笔者认为,实践中的两种观点都有一定的道理。首先,《公约》中确实没有规范一般交易条款的规则。所以,根据第4条第2句a项规定,确实应当适用有关国家的实体法来判断此类条款的效力。其次,如果提供一般交易条款的一方当事人在谈判过程中明确告知了对方此类条款的存在和主要内容,对方也对此表达了确认,此时,一般交易条件的内容自然便成为要约和承诺的组成部分。所以,完全可以根据《公约》第二部分规定来考查它们是否成为合同的一个有效组成部分。

---

① Rechtbank Arnhem, the Netherlands, 17 March 2004, https://iicl.law.pace.edu/cisg/case/netherlands-march-17-2004-rechtbank-district-court-sluiter-ellwood-ii-et-al-v, 访问时间:2022年1月2日。

② 中国国际经济贸易仲裁委员会:《〈联合国国际货物销售合同公约〉在中国仲裁的适用》,法律出版社2021年版,第22页。

（4）惯例的效力

在国际贸易实务中,存在着许多国际性贸易惯例,例如,国际商会编撰的《国际贸易术语解释通则》(Incoterms® 2020)、《托收统一规则》、《见索即付保函统一规则》等。此外,还有区域性的惯例。例如,在德语区木材交易中流行着以下德国惯例:如果卖方交付的木材存在着"不相符性",买方必须在交付货物后的14天之内通过书面方式详细告知卖方"不相符性"的性质,否则,他将失去索赔的权利;[①]而在奥地利的木材交易中也存在着类似的惯例:据此,买方必须在卖方交货后的7天内以书面方式通知卖方"不相符性"的性质,否则便失去了索赔的权利。[②]如果买卖双方在合同中约定采用此类惯例,便会产生以下三个相关的问题:约定的惯例是否对当事人有约束力呢? 它是否有效? 它与《公约》又存在着何种法律关系?

第一,根据《公约》第9条规定来判断惯例对当事人的约束力。尽管《公约》第4条明确规定其不涉及惯例的效力,但第9条明确规范了在哪些前提条件下相关的合同及其当事人受惯例约束的问题。所以,应就该条的规定来分析判断某惯例是否适用于合同。国外的司法判决也确认了这一点。奥地利最高法院在其于2000年3月审理的德国卖方和奥地利买方之间的木材销售合同纠纷中便持这一观点。在该案中,买卖双方已经存在着多年的合作关系,双方也签订了多份木材销售合同,而且在以前的采购确认单中卖方多次指出应当适用德国木材交易惯例:即如果卖方交付的木材存在着"不相符性",买方必须在交付货物后的14天之内详细告知卖方"不相符性"的性质,否则,他将失去索赔的权利。在争议合同中,买方没有在14天的期间内履行上述通知义务,卖方因此而拒绝赔偿。而奥地利买方则认为:德国当地的惯例不能适用于由《公约》管辖的国际货物销售合同。对于这一争议,奥地利最

[①]　Oberster Gerichtshof, 21 March 2000, www.unilex.info/cisg/case/478,访问时间:2022年1月3日。

[②]　Oberster Gerichtshof, Austria, 15 October 1998, www.unilex.info/cisg/case/386,访问时间:2022年1月3日。

高法院判定:尽管根据《公约》第4条的规定,它不涉及惯例的效力,但第9条明确规范了惯例的适用。只要具备该条规定的适用条件,惯例便适用于合同,便对双方当事人有约束力。根据第9条第2款的规定,只要一个惯例在国际贸易中被广为人知,而且经常被遵从,即使为地方性惯例,也对合同具有约束力。而德国上述木材交易惯例已经具备了以上条件,故对双方当事人有效。①

第二,惯例的效力。这是指在买卖双方约定某一具体的惯例时,该惯例是否会因为违反国内法中的强制性规定而无效。这意味着,应当对双方约定的惯例进行内容审查,以查明它是否与国内法中的强制性规定相冲突。如果存在此种冲突,那么,尽管双方已经约定适用某惯例,它也因此而失去约束力。②可见,判断某惯例是否有效的法律依据不是《公约》,而是国内法。实际上,本条第2句a项的规定也明确规定了这一点。

第三,约定惯例与《公约》的关系。在合同中约定适用某一惯例时,它究竟与《公约》间存在着何种关系呢?《公约》没有明确规定这一点。但从系统性角度分析,它们之间存在着以下几方面的关系:其一,这是第6条确定的"意思自治原则"的具体体现。在双方约定适用某一惯例时,如果该惯例规范的事项与《公约》规范事项重合,而且不同,则优先适用惯例。其二,惯例并不是国际私法上的准据法,约定适用并不排除《公约》的适用。我国国际经济贸易仲裁委员会也持这一观点。在其仲裁庭于2012年7月仲裁审理的案件中,双方约定适用2000年版《国际贸易术语解释通则》,我国仲裁庭认为:此通则并不是一个完整的法律体系,故此项约定并不排除《公约》的适用。③

(5)对货物所有权所产生的影响

第4条第2句b项十分明确地规定,它不适用于合同对所售货物

---

① Oberster Gerichtshof, 21 March 2000, www.unilex.info/cisg/case/478,访问时间:2022年1月3日。

② Pilz, *Internationales Kaufrecht*, § 2 Rn. 141.

③ 中国国际经济贸易仲裁委员会:《〈联合国国际货物销售合同公约〉在中国仲裁的适用》,第23页。

所有权可能产生的影响。问题是,何为"合同对所售货物所有权可能产生的影响"? 它是指合同下货物所有权的转移问题,具体地说,是合同下货物的所有权何时从卖方转移给买方的问题。①《公约》之所以不规范这一问题,是因为部分国家国内法对此的规定各不相同,而且它们很难就此达成合意。例如,有些国家的法律规定,在双方签订合同时,货物所有权已经发生了转移,法国和英国就是如此;而在另一些国家,法律不仅要求双方当事人签订货物销售合同,而且要求双方当事人就货物所有权的转移达成合意,并进行了具体的交付行为,德国和奥地利就是这样。②

第 4 条第 2 句 b 项中的"合同对所售货物所有权可能产生的影响"不仅仅是指货物所有权的转移,而且它还包括合同中货物所有权保留条款的效力。③这意味着:如果双方在合同中约定了卖方对合同下货物拥有留置权,这一条款是否有效? 这同样不属于《公约》调整,相反,应当根据相关国家的国内法来进行分析判断。同样,在国际货物销售的履行过程中,卖方是否有权行使上述保留权,也应当根据相关国家的国内法规定进行审查。

3.2 默示排除的事项

如上文所述,《公约》第 4 条第 2 句的列举并不是穷尽的。因此,除了为本句列举的事项以外,还有许多法律问题不属于《公约》的调整范围。这些事项主要有以下几类:程序问题,即法院或仲裁机构在审理国际货物销售合同争议时涉及的程序问题④,合同一方当事人的代理人

---

① UNCITRAL, *Digest of Case Law on the United Nations Convention on the International Sale of Goods*, 2016, p. 25.

② Schlechtriem/Ferrari, *Kommentar zum Einheitlichen UN-Kaufrecht—CISG*, 7. Aufl. 2019, S. 138.

③ UNCITRAL, *Digest of Case Law on the United Nations Convention on the International Sale of Goods*, 2016, p. 25.

④ Bundesgericht, Switzerland, 11 July 2000, www.unilex.info/cisg/case/794,访问时间:2022 年 1 月 3 日。

及其效力问题①、诉讼时效问题②、合同的转让问题③、抵销④、债的承认问题⑤、合同对第三方的效力问题⑥、共同债务人问题⑦以及侵权赔偿请求权问题⑧等。对于所有这些《公约》没有涉及的事项,都应当根据相关国家的国内法予以分析判断。

4. 法律适用有争议的事项

在国际贸易实践中,人们会遇到各种各样的问题,这也会使得法律适用问题变得更加复杂、困难。因此,无论在国际合同法学界还是在实务界,对于某些事项的法律适用问题都存在争议,合同未约定支付货款的货币和举证责任就是其中的两个。第一,合同未约定支付货款的货币问题。在国际货物销售实践中,时常会发生合同中没有明确约定支付货款的货币问题。对于这一问题,有些法院认为,这时应适用国内法,而不是《公约》⑨;但有的法院则判定,这时应根据《公约》第57条的规定作出判决,即应当用支付所在地的货币支付货款。⑩

---

① Pilz, NJW 2000, 553, 556.

② LG Hamburg, 26. 9. 1990, www.unilex.info/cisg/case/7,访问时间:2022 年 1 月 3 日。

③ Pilz, NJW 2000, 553, 556; CLOUT case No. 124[Bundesgerichtshof, Germany, 15 February 1995] (see full text of the decision).

④ Oberlandesgericht München, Germany, 9 July 1997, www.unilex.info/cisg/case/252,访问时间:2022 年 1 月 3 日。

⑤ Oberlandesgericht Hamm, Germany, 23 June 1998, www.unilex.info/cisg/case/448,访问时间:2022 年 1 月 3 日。

⑥ [Federal] Northern District for Illinois, USA 28 March 2002, www.unilex.info/cisg/case/746,访问时间:2022 年 1 月 3 日。

⑦ Landgericht München, Germany, 25 January 1996, www.unilex.info/cisg/case/192,访问时间:2022 年 1 月 3 日。

⑧ [Federal] Southern District Court for New york, 10 May 2002, www.unilex.info/cisg/case/739,访问时间:2022 年 1 月 3 日。

⑨ Oberster Gerichtshof, 22 October 2001, www.unilex.info/cisg/case/764; Tribunal Cantonal du Valais, Switzerland, 30 June 1998, www.unilex.info/cisg/case/369,访问时间:2022 年 1 月 3 日。

⑩ Kammergericht Berlin, Germany, 24 January 1994, www.unilex.info/cisg/case/46,访问时间:2022 年 1 月 3 日。

第二,举证责任问题。在举证责任方面,同样存在两种不同的做法。部分学者①和仲裁机构②认为,这不属于《公约》的管辖范围,故应该适用国内法予以解决。但大部分学者③则持相反的看法,他们认为:《公约》间接地规范了举证责任问题。因为《公约》十分明确地规定了举证规定,第79条第1款就是这样的条款。

第5条　对人身死亡或伤害责任的排除适用

Article 5

This Convention does not apply to the liability of the seller for death or personal injury caused by the goods to any person.

译文

本《公约》不适用于卖方因货物对任何人造成的死亡或伤害而承担的责任(原译文为:"对于货物对任何人所造成的死亡或伤害的责任")。

目录

1. 调整对象
2. 明示排除适用的事项:人身伤害赔偿请求权
3. 默示管辖事项:财产损害赔偿请求权

正文

1. 调整对象

卖方交付的货物经常会引发各种人身死亡或伤害事故。例如,卖

---

① Huber, Art. 42, Rn. 22.

② ICC, 6653/1993, CISG-Online 71, www.unilex.info/cisg/case/36, www.unilex.info/cisg/case/46,访问时间:2022年1月3日。

③ Achilles, Art. 4 Rn. 15; Herber, 2. Aufl. Art. 4 Rn. 22; Schlechtriem/Ferrari, *Kommentar zum Einheitlichen UN-Kaufrecht—CISG*, 7. Aufl. 2019, S. 148.

方交付的烟花爆竹经常会炸伤燃放者或路人；当合同下的货物为汽车时，也经常会因为刹车失灵而造成人身死亡或伤害事故。在发生此类事故时，卖方是否应当根据《公约》承担法律责任呢？本条专门规范了这一问题。据此，《公约》不涉及因卖方出售的货物对任何人造成的死亡或伤害责任。这在实际上将此种责任交给相关国家的国内法来进行规范。《公约》之所以作出这样的规定，是因为上述问题均属于产品质量问题，而且各成员国对产品责任问题均制定有自己的法律，排除《公约》的适用可以防止《公约》有关产品质量的规定与成员国的产品责任法发生矛盾、冲突。①排除适用的后果是：《公约》将不适用于这些事项，取而代之的是相关国家的国内法规定。

2. 明示排除适用的事项：人身伤害赔偿请求权

根据对本条字面意思的分析，我们可以得出以下三方面的结论：其一，本条明确排除适用的仅仅是人身伤害责任，本条中的"死亡或伤害"这一表述表明了这一点；其二，本条意义上的"受损害当事人"并不局限于买方，还包括任何第三方，本条中的"任何人"一词表明了这一点；其三，《公约》排除管辖的事项仅仅是人身损害，而不是财产损失，因为"死亡或伤害"显然不包括财产损失。②除此以外，值得探究的还有两个问题：何为本条意义上的"人身伤害责任"？ 是否所有的人身伤害责任均不受《公约》的管辖？ 下文就此分别进行分析：

第一，"人身伤害责任"的内涵。这里的人身伤害责任显然包括本条明示的人的"死亡或人身伤害责任"。对于"死亡"这一概念比较清楚，关键是如何理解本条中的"人身伤害"。一般认为，应当对这一概念作广义的解释：它不仅是指因为使用货物而对肉体造成的任何伤害，而且包括精神上的损害。当然，究竟何为"人身伤害"？ 卖方是否应当对此承担责任？ 这并不属于《公约》的调整对象，相反，它取决于适用于争

---

① Schneider, S. 33.

② Handelsgericht des Kantons Zürich, Switzerland, 26 April 1995, www.unilex. info/cisg/case/166,访问时间：2022 年 1 月 3 日。

议的国内法的具体规定。①

第二，"人身伤害责任"的限定。是否所有的"人身伤害责任"均不受《公约》的管辖？答案是否定的。本条明确规定了排除《公约》管辖的前提条件，即在人身伤害和所出售货物之间必须存在因果关系，本条中"因货物……造成的"这一表述，清楚地表明了这一点。属于这种人身伤害责任有：洗澡时因热水器漏电而造成的死亡或人身伤害责任、因使用说明有误而引发的人身伤害责任等。可见，排除《公约》适用的一个重要条件是：在人身伤害和使用所出售货物之间必须存在因果关系。那么，我们是否可以从中得出一个结论：在相关的人身伤害不是由使用货物造成时，就一定应当适用《公约》规定呢？少数学者持这一观点。他们认为：如果不存在上述因果关系，例如，相关的人身伤害不是由货物的使用造成的，而是由运送货物的卡车所造成的，便不具备排除适用的条件，故这种情形依然受《公约》管辖。②这一观点是值得商榷的。如果相关的人身伤害不是由货物引起的，那么，它很可能与国际货物销售合同没有任何关系。我们再以上文提及的运送货物的卡车撞伤了第三人为例，如果撞人发生在卖方交货以前，不论运输任务是由卖方自己承担还是由独立的运输公司承担，都必须由承担运输任务的人或公司对该第三者承担法律责任。其间发生的任何责任显然应当适用卖方所在国国内法调整，因为这属于卖方责任区间的行为。如果发生在卖方将货物交付给约定的承运人后至承运人将货物交付给买方之前，则属于承运人的责任范围，《公约》并不规范承运人的责任。如果发生在承运人将货物交付给买方之后，同样如此，此时显然应当适用买方所在国的法律或适用事故发生地所在国的法律。

3. 默示管辖事项：财产损害赔偿请求权

根据本条的字面意思，其排除适用的仅仅是由货物造成的人身损害及其引发的产品责任。在这里便产生了这样一个问题：如果卖方交

---

① Staudinger/Magnus，Art. 5，Rn. 5.

② Staudinger/Magnus，Art. 5，Rn. 6；Witz/Salger/Loranz/Lorenz，Art. 5，Rn. 2.

付的货物引起了财产损害,这究竟受《公约》还是国内法管辖呢? 对此学界和实务界有以下三种不同的观点:

第一,仅仅受《公约》调整。本条仅仅排除《公约》对于人身死亡或伤害赔偿责任的适用,意味着:它依然适用因货物而引起的财产损害赔偿责任。国际法学界也认为:因货物造成财产损害而引发的合同赔偿请求权仅仅受《公约》的调整,即使是因货物质量瑕疵而引发的货物损害,同样如此。[①]这一观点也是成立的,因为这种请求权通常是与卖方交付了与合同规定不相符的货物有关,这通常属于《公约》第35条等的调整范围。此种赔偿请求权在国际贸易实务中是十分常见的。例如,按照合同规定,卖方有义务向买方销售一种具有腐蚀性的化学品,且须将该化学品存放在密封的容器里。如果卖方交付的容器有缝隙,该化学品因此而泄漏,便会损坏买方仓库的地板和仓库中的其他货物。再如,因卖方销售电冰箱的漏电瑕疵引发火灾,烧毁了买方的厂房,等等。

第二,优先适用《公约》,补充适用国内法。由货物引起的财产损害责任原则上受《公约》调整。但这离不开一个重要的前提条件,即买方必须根据《公约》第39条等条款的规定将货物不符合合同规定的情形及时通知卖方;同时,他必须证明在财产损害与卖方提交的货物之间存在着因果关系。如果买方没有履行上述通知义务,未能证明上述因果关系,那么,应当适用相关国家的国内法予以解决。[②]

第三,《公约》并不一定排除国内产品责任法的适用。另外一些学者认为:《公约》并不绝对排除国内产品责任法的适用,因为它对因货物瑕疵而造成的财产损害赔偿问题并没有规定一个周密的、完善的解决方案。[③]当然,这一问题究竟如何解决,没有统一的答案,受理争议的内国法院或仲裁庭应当在个案中根据具体的情况作出决定。

---

① Kritzer, *Guide to Practical Application*, S. 95.

② Handelsgericht des Kantons Zürich, Switzerland, 26 April 1995, www.unilex. info/cisg/case/166,访问时间:2022年1月3日。

③ Schlechtriem/Ferrari, *Schlechtriem Kommentar zum Einheitlichen UN-Kaufrecht—CISG*, 7. Aufl. 2019, S. 158.

第 6 条　当事人通过约定排除《公约》的适用

Article 6

The parties may exclude the application of this Convention or，subject to article 12，derogate from or vary the effect of any of its provisions.

译文

双方当事人可以排除本《公约》的适用（原译文为："不适用本公约"），或在第 12 条规定的条件下，减损本《公约》的任何规定或改变其效力。

目录

正文

1. 调整对象

本条赋予了合同当事人选择排除《公约》适用或减损《公约》的任何条款或改变其效力的权利。这表明：《公约》十分尊重当事人的"意思自治"这一国际合同法的基本原则。①由此我们也可以得出结论：《公约》

---

① Bundesgerichtshof，Germany，4 December 1996，www. unilex. info/cisg/case/ 273，访问时间：2022 年 1 月 3 日。

不具有强制适用的效力。尽管如此,《公约》不仅仅是联合国国际贸易法委员会向成员国推荐的一个合同法范本,而且是一部有效的国际协定。在合同当事人没有排除《公约》适用,并且具备了其规定的适用条件时,《公约》就适用于他们之间的合同。尽管如此,当事人还是可以根据本条规定通过约定排除或限制《公约》的适用。下文将就赋予合同当事人排除《公约》适用的选择权、对当事人行使选择权的限制、行使选择权的形式和选择适用《公约》四个方面进行论述。

2. 赋予当事人排除《公约》适用的选择权

本条首先赋予了合同当事人自行约定是否选择适用《公约》的权利。具体分析,《公约》赋予了当事人排除适用全部或部分《公约》的选择权。

第一,排除全部《公约》适用的选择权。本条前半句规定,"双方当事人可以排除本《公约》的适用"。这里的"本《公约》"显然是指《公约》整体。据此,合同双方当事人有权选择不适用整个《公约》。即使在符合《公约》第1条等条款规定的适用条件下,当事人依然可以决定排除《公约》的适用。

第二,排除部分《公约》适用的选择权。本条并没有明确规定合同当事人是否拥有排除部分《公约》适用的选择权。但国际合同法学界一般认为:本条赋予了当事人这一权利。①笔者认同这一观点。因为在本条后半句有关"减损本《公约》的任何规定或改变其效力"的规定中已经蕴含了这一授权。所谓"减损本《公约》的任何规定或改变其效力"是指:合同当事人约定不适用《公约》的某些条款,或者更改甚至重新拟定《公约》的部分条款。②而排除部分条款的适用或更改、修订部分条款的内容并不一定排除《公约》其他条款的适用。所以,这后半句实质上赋予了合同当事人选择部分适用《公约》的权利。

---

① UNCITRAL, *Digest of Case Law on the United Nations Convention on the International Sale of Goods*, 2016, p. 33.

② 参见张玉卿:《国际货物买卖统一法——联合国货物买卖合同公约释义》,第50页。

合同当事人必须通过明确的意思表示行使本条授予的选择权。如果缺乏这样明确的意思表示,而且同时具备规定的适用条件,《公约》就自动适用于他们之间的合同。

3. 对当事人行使选择权的限制

本条虽然赋予了合同当事人以上选择权,但同时对当事人行使这一选择权进行了以下两方面的限制:

第一,不得减损第12条的规定。对于第一类选择权的行使,《公约》没有规定任何限制。但是,对于第二类选择权的行使,《公约》设置了限制性条件。这一限制规定在本条后半句有关"在第12条规定的条件下,减损本《公约》的任何规定或改变其效力"中。那么,这一限制究竟是什么意思呢? 它在本质上是指:当事人行使第二类选择权必须符合《公约》第12条规定的条件。第12条赋予了成员国一项重要权利:成员国可以根据《公约》第96条的规定通过发布声明而对《公约》第11条、第29条或者其他允许当事人以书面以外的其他方式签订销售合同、对合同进行修改、协议终止合同、发出要约、承诺或其他意思表示的条款行使保留权。因此,"在第12条规定的条件下……"蕴含的限制便是:如果一个缔约国根据以上规定作出了此种保留,而且一方当事人的营业地恰好位于该缔约国境内,那么,双方当事人便不得通过行使本条的选择权减损这些条款或改变其效力。[1]例如,甲国对《公约》第11条行使了保留权,故该国只承认书面合同。那么,在营业地设在甲国的贸易公司与其他缔约国的公司签订货物贸易合同时,即使双方通过合同约定排除《公约》第11条的适用,此种约定也属无效,因为它违反了本条规定的以上限制。可见,《公约》设置这一限制的目的是防止当事人通过行使本条规定的选择权而规避那些行使保留权的国家中有关合同形式等的强制性规定。[2]

---

[1] UNCITRAL, *Digest of Case Law on the United Nations Convention on the International Sale of Goods*, 2016, p. 33.

[2] Staudinger/Magnus, Art. 6, Rn. 52.

第二,不得减损《公约》中的其他强制性条款。除了第12条规定的限制之外,国际合同法学界还认为:合同当事人不得减损《公约》中那些具有国际公法性质的条款或改变这些条款的效力,例如属于此类条款的有第89—101条。[1]这一观点是成立的,因为这些条款规范的主体是国际公法上的主体即主权国家,而不是私法上的主体即国际货物销售合同的当事人。另外,还有观点认为:当事人也不能排除《公约》第4条[2]、第7条[3]、第28条[4]的适用。笔者赞同这一观点,因为这些条款规范的内容决定了这一点:第4条和第28条规范了《公约》和缔约国国内法的关系,并将相关的问题交于国内法规范;而第7条则规范了《公约》的解释问题,尽管合同当事人和其聘请的律师均有权对《公约》进行解释,但该条的指向对象主要是审理争议的法官或仲裁员。对于这样的问题,当事人自然不能排除适用。

4. 行使选择权的形式

本条对合同当事人行使选择权的方式没有作出明确的规定。在国际贸易的实践中,大致可分为明示和默示两种方式。

4.1　明示行使选择权的形式

所谓"明示行使选择权的形式"是指当事人可以明确表示:《公约》或其中的哪些条款将不适用于他们之间的合同。当事人无疑可以通过此种方式排除《公约》的适用。在实践中又有下列两种明示方式:

其一,在明示排除《公约》适用的同时,约定了适用于其合同的准据法。在采用这种方式时,当事人既可以在主合同中作此明确约定,也可以在合同附件,如一般交易条件或格式条款中作此约定。当然,在后者时,其生效离不开一个重要前提:即这种一般交易条件或格式条款是合

①　UNCITRAL, *Digest of Case Law on the United Nations Convention on the International Sale of Goods*, 2016, p. 33.

②　Bianca/Bonell/Bonell, Art. 6, Anm. 3.4.

③　Bianca/Bonell/Bonell, Art. 6, Anm. 2.

④　UNCITRAL, *Digest of Case Law on the United Nations Convention on the International Sale of Goods*, 2016, p. 33.

同的一个有效组成部分。①当然,在有些国家如德国和瑞士②,当事人不必在合同中作出排除《公约》适用的选择,即使在诉讼程序启动后,他们依然可以作出此种选择。在当事人作出此种选择情况下,在大多数国家适用于争议的法律是当事人选择的法律。但在部分国家中,最终适用的是根据法院所在国的国际私法规则确定的法律。③

其二,在明示排除《公约》适用时,没有约定适用于其合同的法律。④这也属于明示排除《公约》适用的方式。如果当事人作出此种排除,究竟应适用哪一法律解决相关的合同争议? 这时,通常由审理争议的法院根据法院所在国的国际私法规则确定适用法。

4.2　默示排除《公约》适用的方法

所谓"默示排除《公约》适用的方法"是指:合同当事人没有作出明确排除《公约》适用的约定,但有迹象表明,他们不愿选择《公约》作为适用于其合同的法律。《公约》没有明确规定此种排除方式,但是国际合同法学界⑤和司法界⑥的主流观点认为:只要合同当事人排除《公约》适用的意思是清楚的、真实的,便可以通过这种方式排除《公约》的适用。尽管《公约》中没有任何文字支持这种观点,但笔者依然认同这种观点。因为《公约》的制定历史表明了这一点。在讨论《公约》草案的外交会议上,有国家代表提出了这样的建议:只有在有"明示"约定的情况

---

　①　BGH. 9. 1. 2002, CISH-Online 651; Pilz, IHR 2002, 2, 6.

　②　Oberlandesgericht Köln, Germany, 26 August 1994, www. unilex. info/cisg/case/66; Handelsgericht Kanton Zürich, 10 February 1999, www.unilex.info/cisg/case/484,访问时间:2022 年 1 月 3 日。

　③　UNCITRAL, *Digest of Case Law on the United Nations Convention on the International Sale of Goods*, p. 33.

　④　Bamberger/Roth/Saenger, Art. 6, Rn. 3; UNCITRAL, *Digest of Case Law on the United Nations Convention on the International Sale of Goods*, p. 33.

　⑤　Audit, *Vente Internationale*, S. 38; Bamberger/Roth/Saenger, Art. 6, Rn. 2; Witz/Salger/Loranz/Lorenz, Art. 6, Rn. 2.

　⑥　UNCITRAL, *Digest of Case Law on the United Nations Convention on the International Sale of Goods*, 2016, p. 34.

下,才可以排除《公约》的全部或部分适用。但这一建议遭到了大多数与会代表的反对,这些代表坚持在《公约》草案中纳入"默示排除"的表述。尽管《公约》的最终版本删去了"默示排除"的表述,但这仅仅是因为制定者担心这样的文字会鼓励审理争议的法院:即使在没有充分理由的情况下,它也会作出排除《公约》整体适用的决定。①所以,人们不能仅仅基于《公约》没有对"默示排除"作出任何规定这一事实,就得出"禁止默示排除"的结论。这已经得到国际商事仲裁和成员国的司法实践普遍认同。默示排除《公约》适用的方法很多,大致可以区分为以下几类:

第一,选择适用非缔约国的法律。这是指,合同当事人没有明确排除《公约》的适用,但是他们约定:如果发生争议,将适用某一非《公约》成员国的法律。这是一种典型的、没有争议的默示排除适用法。②

第二,选择适用某一缔约国的法律。这是指:当事人没有明确作出排除《公约》适用的约定,但是他们约定:某一缔约国的法律将适用于其合同。对于这种选择是否具有默示排除《公约》适用的作用,实务界有不同的看法。一种观点认为:这也间接地排除了《公约》的适用,否则,这种选择没有任何实际意义。但更多的仲裁裁决和法院判决持完全相反的观点,即这样的约定并不一定排除《公约》的适用。③笔者支持后一观点。因为根据许多《公约》缔约国的国内法规定,《公约》也是该国法律的一个组成部分。在这种情况下,如果合同约定适用某一缔约国法律如德国法,这依然意味着合同当事人可能选择适用《公约》。另外,根据《公约》第 1 条第 1 款 b 项规定,如果根据国际私法规则的指引导致某一缔约国法律的适用,依然适用《公约》。那么,这种选择究竟怎样才能排除《公约》的适用呢? 这主要取决于当事人在约定中是否明确指明将适用

---

① UNCITRAL, *Digest of Case Law on the United Nations Convention on the International Sale of Goods*, 2016, p. 34.

② UNCITRAL, *Digest of Case Law on the United Nations Convention on the International Sale of Goods*, 2016, p. 34.

③ UNCITRAL, *Digest of Case Law on the United Nations Convention on the International Sale of Goods*, 2016, p. 34.

某一缔约国的"国内法"。如果其约定没有特别指明这一点,则没有排除《公约》的适用;反之,则被认为排除了《公约》的适用。例如,如果当事人双方约定适用德国《民法典》或中国《民法典》,这就属于直接指明"适用缔约国的国内法"的情形,从而排除了《公约》的适用。如果双方当事人仅仅约定适用"德国法"或"中国法",则没有排除《公约》的适用。西方国家的司法判例也确认了这一点。例如,在奥地利最高法院于2007年7月审理的奥地利卖方和德国买方之间的汽车销售合同纠纷中,奥地利卖方使用了其格式条款。据此,"卖方将根据《奥地利消费者保护法》(ABGB)向任何作为消费者的买方提供担保,而对于商人则根据《奥地利商法典》(HGB)的规定向买方提供担保",德国买方接受了该条款。奥地利最高法院据此作出判决:《公约》不适用于本合同争议,至少不适用于合同中的质量担保责任,相反应当适用格式条款中指明的奥地利法。①

第三,选择解决争议的法院。如果当事人通过协议选择了解决其争议的法院或仲裁机构,有可能意味着他们默示地排除了《公约》的适用。但仅仅选择解决争议的机构并不等同于此种默示排除。②西方国家的司法判例确认了这一点。

首先,仅仅选择缔约国法院并不等于默示排除。德国斯图加特地区高等法院便持这一观点。它于2008年3月审理了一家拉脱维亚公司(买方)和一家德国专业汽车经销商(卖方)之间的二手车销售合同纠纷。合同采纳了德国卖方的标准条款,其中规定:合同争议由德国法院管辖,德国上述法院判决:选择解决争议的法院并不排除《公约》的适用。由于双方当事人的营业地位于不同的缔约国,故满足了《公约》第1条规定的适用条件,故应当适用《公约》。③

---

① Oberster Gerichtshof, Austria, 4 July 2007, www.unilex.info/cisg/case/1229, 访问时间:2022年1月3日。

② Schlechtriem/Ferrari, *Schlechtriem Kommentar zum Einheitlichen UN-Kaufrecht—CISG*, 7. Aufl. 2019, S. 178.

③ Oberlandesgericht Stuttgart, Germany, 31 March 2008, www.unilex.info/cisg/case/1317, 访问时间:2022年1月3日。

其次，仅仅选择非缔约国法院也不足以证明当事人有排除《公约》适用的意图：因为选择非缔约国的法院并不意味着选择了该国的法律，但有证据证明当事人有意适用法院地法的除外。

第四，在事实上依据国内法进行辩护。在已经具备适用《公约》所有条件的情况下，当事人仅仅依据国内法提起诉讼，这是否意味着当事人已经默示地排除了《公约》的适用？对此西方国家法院有以下两种不同的做法：

其一，视为双方默示排除《公约》的适用。法国上诉法院便持这一观点，在其于 2005 年审理的法国卖方和突尼斯买方之间的除草剂销售合同纠纷中，由于卖方交付的产品不符合合同规定，不具有同类产品的通常用途，买方要求卖方承担赔偿责任，双方由此发生争议。在是否适用《公约》问题上，法国法院最终裁定：双方当事人尽管均知道争议合同的国际性，但在起诉和诉讼过程中，均仅仅依据法国法进行辩论，这视为双方默示排除了《公约》的适用。[1]

其二，视为没有排除《公约》的适用。意大利帕多瓦法院便持这一观点。在其于 2004 年 4 月审理的奥地利卖方和意大利买方之间的农产品销售合同纠纷中，由于买方未支付特定数量的费用和利息，双方发生纠纷，奥地利卖方因此而向意大利法院提起诉讼。在诉讼中双方各自以本国法为依据进行辩论，意大利法院判定：以上事实还不足以证明双方当事人有用某一国内法取代《公约》，因而排除《公约》适用的意图。由于双方当事人营业地在不同的缔约国，而且双方也没有排除《公约》的适用，故应当适用《公约》解决双方的争议。[2]

笔者以为，仅仅凭双方当事人以国内法为依据进行辩论，还不足以证明：双方当事人有默示排除《公约》适用的合意，应该综合考虑案件其他因素予以分析判断。

---

① Cour de cassation，France，25 October 2005，www.unilex.info/cisg/case/1064，访问时间：2022 年 1 月 3 日。

② Tribunale di Padova，Italy，25 February 2004，www.unilex.info/cisg/case/972，访问时间：2022 年 1 月 3 日。

第五,选择适用《国际贸易术语解释通则》。在国际贸易实践中,当事人有可能约定适用《国际贸易术语解释通则》。但选择适用《国际贸易术语解释通则》,并不意味着默示排除《公约》的适用。因为《国际贸易术语解释通则》仅仅涉及国际货物买卖合同中的部分条款,而且它也不属于准据法。①所以,即使当事人选择《国际贸易术语解释通则》,还是依然可以适用《公约》的规定。

5. 选择适用《公约》

如上所述,根据本条明确授权,合同当事人可以自由选择适用全部或部分《公约》。但是,《公约》没有明确规定:在不具备《公约》规定的适用条件的情况下,当事人是否有权选择适用《公约》。1964年《国际货物销售合同成立统一法公约》第4条便明确进行了这样的授权。一般认为:《公约》中没有加入类似的条款并不必然意味着禁止当事人选择适用《公约》;而且,根本没有必要在《公约》中加入这样的条款。因为《公约》已经赋予当事人充分的意思自治权,根据这一权利,他们完全可以在不具备条件的情况下选择适用《公约》。解决争议的法院或仲裁机构是否承认这种选择则是另外一个问题。②在通常情况下,应当由法院或仲裁机构根据适用的国内法来审查当事人的这种选择是否有效。

---

① 中国国际经济贸易仲裁委员会:《〈联合国国际货物销售合同公约〉在中国仲裁的适用》,第23页。

② UNCITRAL, *Digest of Case Law on the United Nations Convention on the International Sale of Goods*, 2016, p. 34.

第二章　总　则

概　述

　　总则这一章共包括七条，它们规范着适用于《公约》所有条款的共性问题。其中前两条确定了解释原则：它们分别涉及《公约》的解释原则(第7条)、一方当事人声明或其他行为的解释(第8条)，规范了适用于合同的贸易惯例和习惯做法的效力问题(第9条)，另有两条分别对《公约》的两个基本概念即"营业地"(第10条)和"书面"(第13条)进行了界定，最后两条则确认了"合同形式自由原则"(第11条)及《公约》对这一原则的限制、缔约国的保留权及其效力(第12条)。与第一章的六个条款一样，本章的七个条款对《公约》的所有条款均具有约束力。

第7条　解释《公约》的原则

Article 7

　　(1) In the interpretation of this Convention, regard is to be had to its international character and to the need to promote uniformity in its application and the observance of good faith in international trade.

　　(2) Questions concerning matters governed by this Convention which are not expressly settled in it are to be settled in conformity with

the general principles on which it is based or，in the absence of such principles，in conformity with the law applicable by virtue of the rules of private international law.

译文

（1）在解释本《公约》时，既（新增）应考虑其国际性，还应考虑到促进其适用的统一性（新增）和在国际贸易中（原译文为："上"）遵守诚信原则的需要。

（2）凡本《公约》未明确规定（原译文为："解决"）的属于《公约》规范的问题，应按照本《公约》所依据的一般原则来解决，在没有一般原则的情况下，则应按照国际私法规则所指引适用的法律（原译文为："国际私法规定适用的法律"）来解决。

目录

正文

1. 调整对象

根据《公约》序言的规定，制定《公约》的一个重要目的是：消除国际贸易中的法律障碍，促进国际贸易的发展。要实现这一目的，离不开对《公约》条款的统一解释和适用。但国际上并不存在一个统一的国际商事法院来负责《公约》的解释适用。相反，主要由各国法院和仲裁机构来适用《公约》解决合同争议；由于各国有着不同的法律制度和法律文化，这样可能出现同一个《公约》条款在不同国家有各种不同解释的现象。另外，尽管《公约》对国际货物销售合同关系制定了比较完整的规则，但它仅仅规范合同的订立和双方当事人从中而产生的权利和义务，换言之，《公约》中还存在着一些法律漏洞，如果任由各国法院或仲裁机构适用本国法去弥补这些缺陷，这显然会更大程度扩大各国在适用和解释《公约》条款方面的差异。如果不采取措施防范这种现象，不仅制定《公约》的目的无法实现，反而会使得国际货物销售缺乏安全性，合同当事人试图在不同国家的法院之间选择对自己有利的法院。所有这些最终都会严重影响《公约》的权威和形象。本条正是为了防止出现这种现象而采取的规范措施。本条共分两款。其中第 1 款规范了解释《公约》时应该遵从的一般原则，而第 2 款则规定了空缺填补规则。

2. 解释《公约》时应遵从的原则（第 1 款）

根据本款的字面意思，本款规范了法院或仲裁机构在解释《公约》时所应遵从的三个一般原则：国际性原则、促进适用的统一性原则和国际贸易中的诚信原则。下文分别就此进行论述。

2.1 国际性原则

本款有关"在解释本《公约》时，既应考虑其国际性"的规定确定了这一解释原则。这一原则有两方面的含义：其一，它要求缔约国法院或仲裁机构在对《公约》条款进行解释时，必须从《公约》本身的角度出发对相关条款进行解释，而不应该从国内法的角度对它进行解释。①这一

---

① Schlechtriem/Ferrari, *Kommentar zum Einheitlichen UN-Kaufrecht—CISG*, 2019，S. 188.

要求是合情合理的,因为《公约》与国内法有很大的不同。绝大多数国家均有统一的国内合同法,相关的法律概念和表述也能够清晰地反映立法者的意图。而《公约》本身是不同国家的法律规定和法律传统妥协的结果,妥协的目的是制定统一的国际货物销售合同法。正因为此,本条第1款不仅禁止争议审理机构根据国内法、国内法律概念或者理解来解释《公约》,而且禁止采用国内法律解释标准来解释《公约》。其二,在《公约》的本国语言翻译语义不明时,应该参照《公约》的中文文本、阿拉伯语文本、俄语文本、西班牙语文本等六种官方翻译文本,尤其参照英文本和法文本,因为英语和法语是维也纳外交会议的工作语言,而各国与会代表一直是用英语就《公约》草案进行谈判的。瑞士联邦最高法院也持这一观点,在其于2003年11月审理的瑞士卖方和德国买方之间的二手洗衣设备销售合同纠纷中,卖方于7月交付了货物,买方分别于8月和9月通知卖方货物存在着各种瑕疵,瑞士卖方没有进行修理,要求对方支付货款,而买方以货物存在瑕疵为由拒绝支付货款,双方由此发生纠纷,双方当事人对买方是否履行了《公约》第39条第1款意义上的通知义务发生争议,瑞士联邦最高法院也将德语版《公约》第39条第1款与英语版和法语版第39条第1款的文字进行比较,以确认买方发出的指出"不相符性"的通知必须对相关的"不相符性"进行多么具体、详细的描述,才视为已经履行了本款下的通知义务。①

2.2 适用统一性原则

适用统一性原则是指员国法院在解释、适用《公约》时应该注重《公约》的统一适用。本款中"还应考虑到促进其适用的统一性"这一句确定这一原则。这一原则实际上包含两方面的要求:其一,各成员国学者和法院在对《公约》条款进行解释时,应该努力找出为多数其他国家学者和法院所接受、认同的解释;其二,各成员国法院在根据《公约》规定审理案件时,应该考虑引用并接受为多数其他成员国法院在其审结

---

① Bundesgericht, Switzerland, 13 November 2003, https://cisg-online.org/files/cases/6766/fullTextFile/840_19602533.pdf,访问时间:2022年1月4日。

的判例中对同一条款所作的解释。①如果每个成员国的学者和法院都能遵循这两方面的要求，那么，就能逐步实现《公约》的统一适用。

《公约》的国际性原则和适用统一性原则并不矛盾；相反，它们是同一枚硬币的正反两面，因而它们是相辅相成、不可分离的。国际性原则要求各国法院从国际公约的角度对《公约》条款进行解释，这样无疑有益于促进《公约》的统一适用；而如果真的实现了《公约》的统一适用，那么，就能维持《公约》的国际性。

2.3　诚信原则

本条第 1 款还强调：在解释《公约》时，应该注意维护"国际贸易中遵守的诚信原则"。与此相关，存在着两个值得探究的问题：这里的诚信原则对成员国法院和仲裁机构提出了哪些解释要求？它是否仅仅适用于《公约》的解释？

第一，诚信原则蕴含的解释要求。

根据本款的字面意思，这一原则的指向对象是成员国法院或仲裁机构、律师，他们在解释《公约》时应该遵循这一原则。它大致蕴含了两方面的解释要求：一方面，人们必须尊重《公约》的本意并作出客观的解释，他们不得为了私利故意作出偏离《公约》本意的解释。这种行为显然有违诚信原则。另一方面，在人们已经知道其他缔约国对某一条款已有符合《公约》本意的解释时，就应该采用该解释，否则便有违诚信原则。

第二，诚信原则的适用范围。

对于本原则的适用范围有两种不同的看法：一种看法认为，它仅仅适用于《公约》的解释，②而另一种观点则认为，它不仅适用于《公约》的解释，而且还约束买卖双方当事人，是《公约》用来平衡当事人利益的工具，借以在处理合同双方当事人关系时实现实质性的公平。③

---

① UNCITRAL, *Digest of Case Law on the United Nations Convention on the International Sale of Goods*, 2016, p. 42; Kritzer, Guide to Practical Application, S. 109.

② 高旭军：《〈联合国国际货物销售合同公约〉适用评析》，第 47 页。

③ Schlechtriem/Ferrari, *Kommentar zum Einheitlichen UN-Kaufrecht—CISG*, 2019, S. 202.

笔者认为这两种观点并不矛盾,都是成立的。就第 7 条第 1 款中的诚信原则而言,它确实适用于《公约》的解释,故仅仅对法官或仲裁员产生约束力。但是《公约》其他条款也明示或默示地规定了这一原则同样约束买卖双方当事人,例如,第 16 条第 2 款 b 项规定:如果受要约人有理由信赖相关要约是不可撤销的,并且他也因此而采取了行动,那么,相关的要约便是不可撤销的,《公约》在这里是基于诚信原则而对要约人的撤销权进行限制的,因为受要约人通常是基于要约人的言行而相信要约是不可撤销的。①除此之外,《公约》第 21 条第 2 款、第 29 条第 2 款、第 37 条、第 40 条、第 46 条、第 47 条第 2 款、第 64 条第 2 款、第 82 条、第 85—88 条均确定了这一原则。②这些条款中诚信原则显然规范了双方当事人之间的权利和义务关系,正因此,国际商事合同法界认为:诚信原则构成了本条第 2 款意义上的《公约》存在基础的一般法律原则。

3. 解释《公约》的方法

由上可知,本条第 1 款明确规定了解释《公约》的三项原则,但却没有明确规定解释《公约》所应该适用的方法。1969 年《维也纳条约法公约》第 31 条至第 33 条规定了解释国际公约时所应遵循的原则,由于《公约》本身的国际性,故应该适用《维也纳条约法公约》规定的方法解释其条款的内涵。仔细分析《维也纳条约法公约》第 31、32 条,它们大致规定了以下几种解释方法。

3.1　字面意思解释法

字面意思解释法又称文义解释法,是指根据法律条文所用语言的通常含义来查明该条文的内容。《维也纳条约法公约》第 31 条第 1 款"条约应**依其用语⋯⋯所具有之通常意义**,善意解释之"③明确规定了这一方法。尽管《公约》中相当数量的法律概念来源于某一成员国的国内法,但是,在对这些概念进行解释时,还是应该从《公约》的角度查明

① 详见本书第 16 条第 2 款部分之详细论述。

② 详见本书相关条款中之论述。

③ 《维也纳条约法公约》,http://www.npc.gov.cn/wxzl/gongbao/2000-12/07/content_5003752.htm,访问时间:2022 年 1 月 4 日。

其语义,而不是根据这些概念来源国的语义来进行解释。德国联邦最高法院在其判决中强调:必须根据《公约》的字面意思对其条款进行解释,只有在有重要的、正当的理由时,解释才可以偏离其字面意思。①

在对《公约》进行解释时,还涉及一个问题:《公约》有六种不同语言的官方文本,它们分别为阿拉伯语、汉语、英语、法语、俄语和西班牙语。根据规定,这六种语言的《公约》文本应该具有同样的约束力。如果这六种文本的文字表述有差异,就会产生解释上的差异、适用上的不一致。为此,在解释一种语言文本的某一条款时,应该参照其他五种语言文本尤其是英语和法语文本中对同一概念的翻译和解释,因为英语和法语是 1980 年在维也纳举行的外交会议上起草《公约》的工作语言,而英语更是谈判用语。如果存在一个为多国接受的翻译或解释,那么,其他国家也应该尊重这一得到多国认同的翻译或解释。②

3.2 上下文解释法

上下文解释法又称为系统解释法,是指对《公约》的某一条款进行解释时,不仅应该分析该条款的内容,而且应该探究《公约》中其他与此存在密切联系的条款的含义。③《维也纳条约法公约》第 31 条第 1 款"条约应依其用语**按其上下文**……所具有之通常意义,善意解释之"规定了这一解释法。④这种解释法是十分科学的、必要的,因为《公约》是由 101 个条款组成的,这些不同条款共同组成了《公约》这一系统性文件。因此,《公约》中所有条款的内容应该是相互补充、没有矛盾的。如果人们根据字面意思解释法对其中的某一条款进行解释,但据此得出的结论是——该条款的内容与其他条款的内容存在明显的矛盾,那么

① Schlechtriem/Ferrari, *Kommentar zum Einheitlichen UN-Kaufrecht—CISG*, 2019, S. 204.

② Bundesgericht, Switzerland, 13 November 2003, https://cisg-online.org/files/cases/6766/fullTextFile/840_19602533.pdf,访问时间:2022 年 1 月 4 日。

③ Staudinger/Magnus, Art. 7, Rn. 34.

④ 《维也纳条约法公约》,http://www.npc.gov.cn/wxzl/gongbao/2000-12/07/content_5003752.htm,访问时间:2022 年 1 月 4 日。

就必须采用上下文解释法,分析与此条款相关的内容,以查明该条款的真实含义。应该强调的是:根据《维也纳条约法公约》第31条第2款和第3款,这里的上下文不仅包括《公约》的条款,而且还包括《公约》的序言、缔约国之间因缔结《公约》所签订的与此有关之任何协定、缔约国签署的与此有关的所有文书,还包括缔约国在《公约》生效后对其条款所作的解释。

3.3　立法目的解释法

立法目的解释法是指以立法目的作为根据解释法律内涵的一种方法。依据在于法律的目的。《维也纳条约法公约》第31条第1款"条约应依其用语按其上下文并**参照条约之目的及宗旨**所具有之通常意义,善意解释之"规定了这一解释法。[①]这一方法也是十分科学的,因为各缔约国之所以共同制定某一国际公约,显然是为了实现特定的目的,而且通常会在国际公约的序言部分阐明其目的。例如制定《公约》的一个宗旨便是:"消除各缔约国之间存在妨碍国际贸易法律障碍,借以促进国际贸易的顺利发展。"据此分析《公约》的每一条款都应该有利于实现这一宗旨,如果对某一条款的文义的解释得出了相反的结论,那么,该解释便是错误的,不成立的。

3.4　立法历史解释法

《维也纳条约法公约》第32条规定了立法历史解释法,"……所获结果显属荒谬或不合理时,为确定其意义起见,得**使用解释之补充资料,包括条约之准备工作及缔约之情况在内**"。[②]据此分析,这是指通过查阅《公约》某一条款的产生历史、立法资料、修改稿等来查明其真实意思。这是一种补充性解释方法。只有在根据前述解释方法得出的结论比较荒谬或不合理时,才采用这一方法。

就《公约》而言,查明每一条款的产生历史比较容易,因为与其他国

[①]　《维也纳条约法公约》,http://www.npc.gov.cn/wxzl/gongbao/2000-12/07/content_5003752.htm,访问时间:2022年1月4日。

[②]　《维也纳条约法公约》,http://www.npc.gov.cn/wxzl/gongbao/2000-12/07/content_5003752.htm,访问时间:2022年1月4日。

际公约不同,联合国国际贸易法委员会(UNCITRAL)秘书处收藏并保存了《公约》产生过程中所有会议的资料和其他文档,任何人均可查阅这些资料和文档。①

3.5　在《公约》存在两种以上语言文本时的比较解释法

《维也纳条约法公约》第33条第3款规定了这一解释方法,"……除依第一项应以某种约文为根据之情形外,倘比较作准约文后发现意义有差别而非适用第三十一条及第三十二条所能消除时,应采用顾及条约目的及宗旨之最能调和各约文之意义"。②这实际上是指:在同一国际公约有多种语言文本时,假定在不同语言文本中存在着语义上的差异,那么,便应该比较不同语言的文本的语义,同时考虑该公约的目的和宗旨对相关的条款进行解释,以查明哪一语言文本的语义更符合制定者的原意。就《公约》而言,这一解释法要求受理争议的机构不仅将其本国的《公约》文本与六种官方语言译本进行比较,而且要求它对不同成员国法院适用《公约》同一条款的司法判例进行比较,以查明同一条款的哪一种解释为多数缔约国法院或仲裁机构所认同。这同样属于一种辅助性的解释方法。人们在使用上述解释方法对某一条款进行解释却依然无法消除理解上的困惑时,可以采用这一方法。

在以上五种解释方法中,根据《维也纳条约法公约》第31条第1款等的规定,前三种是并列的,即在解释《公约》任何一个条款时都应该同时采用此三种方法;后两种解释方法则是补充性的,仅仅在根据前三种方法得不出合理的解释结果时才可以采用。从各国解释《公约》的司法实践看,各国大致采取以上方法对《公约》进行解释。

4.《公约》法律漏洞填补方法(第2款)

本条第2款规范了法律漏洞的填补办法。这里的法律漏洞是指属于《公约》的调整范围,但《公约》却没有明确规范的事项。通过本款规

---

① 参见其官方网站:https://uncitral.un.org/en/texts/salegoods,访问时间:2022年1月4日。

② 《维也纳条约法公约》,http://www.npc.gov.cn/wxzl/gongbao/2000-12/07/content_5003752.htm,访问时间:2022年1月4日。

定相应的法律漏洞填补规则是必要的,因为《公约》本身是不同缔约国妥协的结果,所以在《公约》中无疑存在着上述属于《公约》调整,但《公约》却没有作出规范的事项。例如,《公约》第81条规范了在合同被宣告无效时退回货物的问题,但却没有具体规定退回货款的履行地点。而对于买方支付合同价款的义务而言,《公约》第57条对履约地点作了详细的规定。对于此种《公约》内部存在的法律空缺,本款规定了"适用一般法律原则"和"按照国际私法规则所指引适用的法律"两种填补方法,下文分别就此进行分析。

4.1 一般法律原则

根据本条第2款的规定,如果合同中出现了《公约》没有明确规定的事项,应该首先适用《公约》所依据的一般法律原则来予以解决,本款后半句中"……**在没有一般原则的情况下**,则应按照国际私法规则所指引适用的法律"明确表明了"一般法律原则"的优先适用性。那么在《公约》中有哪些作为《公约》存在基础的一般法律原则呢? 得到多数国家司法机构和学者公认的一般法律原则有:[①]

第一,源于《公约》第6条的当事人意思自治原则。据此,当事人可以自由约定合同的内容,自由约定《公约》是否适用于其合同。

第二,源于《公约》第7条的诚信原则。据此,如果一方当事人已经明确宣告他将不履行合同义务,他就无需再发出宣告合同无效的声明,尽管《公约》明确要求发出此种声明,但在此种情况下,坚持要求发出此种声明便违反诚信原则;有些法院还判定滥用诉讼程序也构成违反诚信原则。

第三,禁止反悔原则(Estoppel),它禁止一方当事人提出与其先前声明或行为相悖的事实。这一原则有两方面的目的:其一,防止当事人提出与其声明和行为相反的事实;其二,保护对方当事人的利益,防止他受到不公正的待遇。

第四,合同相对性原则(the doctrine of privity of contract)。这是

---

① UNCITRAL, *Digest of Case Law on the United Nations Convention on the International Sale of Goods*, 2016, p. 44.

指合同只对缔约当事人具有法律约束力，对此外的第三人不产生法律约束力。尽管本《公约》没有明确规定这一原则，但它也是本《公约》赖以存在的一般法律原则。

第五，合同形式自由原则，这一原则来源于《公约》第 11 条，据此，当事人可以选择书面、口头等形式签订贸易合同。

第六，支付货币义务履行地原则。相当数量的法院还认为，支付货币义务履行地原则也是《公约》赖以存在的一般法律原则。据此，在确定卖方因提供不符合合同规定的货物而须支付赔偿款的支付地点时，可以类比适用《公约》第 57 条规定将卖方的营业地作为赔偿款的支付地，尽管第 57 条仅仅规定，货款应该在卖方营业地支付。

除此之外，学界还认为下列原则也是《公约》赖以存在的基础：同时履行合同义务原则（源于《公约》第 58 条）、无条件自动付款原则（源于《公约》第 59 条）、宣告合同无效作为最后救济手段原则（源于《公约》第 49 条和第 64 条）、充分赔偿原则（源于《公约》第 74 条）[1]、减少损害原则（源于《公约》第 77 条）、商事习惯或惯例约束力原则（源于《公约》第 9 条）、债权人延迟支付时要求支付利息原则（源于《公约》第 78 条）等。[2]

4.2　国际私法规则所指引适用的法律

"按照国际私法规则所指引适用的法律"是本条第 2 款规定的第二个替代性的法律漏洞的弥补方法。根据本款规定，采用这一方法的前提条件是不存在《公约》据以制定的一般法律原则。

应该注意的是：这里所指的"国际私法规则所指引适用的法律"并不一定是指法院地国内法，其真实含义是受理争议的法院应该根据其本国的国际私法规则确定适用于合同争议的法律，瑞士、德国、法国、荷兰、俄罗斯等国法院和仲裁机构均持以上观点。[3]通过这种方式确定的法律有

---

① Huber, Peter, *Some Introductory Remarks on the CISG*, p. 234.

② Schlechtriem/Ferrari, *Kommentar zum Einheitlichen UN-Kaufrecht—CISG*, S. 155.

③ UNCITRAL, *Digest of Case Law on the United Nations Convention on the International Sale of Goods*, 2016, pp. 43, 49.

可能是法院地法,也可能是第三国的法律。最重要的国际私法规则有:当事人自己约定适用于合同的法律、与合同的签订和履行存在最密切联系所在地的法律等。不论这些国际私法规则所指引适用的法律是法院地所在国法律还是第三国法律,受理争议的法院都应该予以适用。

第8条 解释当事人声明和行为的规则

Article 8

(1) For the purposes of this Convention statements made by and other conduct of a party are to be interpreted according to his intent where the other party knew or could not have been unaware what that intent was.

(2) If the preceding paragraph is not applicable, statements made by and other conduct of a party are to be interpreted according to the understanding that a reasonable person of the same kind as the other party would have had in the same circumstances.

(3) In determining the intent of a party or the understanding a reasonable person would have had, due consideration is to be given to all relevant circumstances of the case including the negotiations, any practices which the parties have established between themselves, usages and any subsequent conduct of the parties.

译文

(1) 为本《公约》的目的,在对一方当事人所作的声明和其他行为进行解释时,应依照其意思进行,而且该意思是另一方当事人已知道或者不可能不知道的(原译文为:"一方当事人所作的声明和其他行为,应依照他的意旨解释,如果另一方当事人已知道或者不可能不知道此一意旨")。

(2) 如果上一款规定不适用,在对一方当事人所作的声明和其他行为进行解释时,应按照一个与另一方当事人具有同等资格、通情达理的人处于相同情况下应有的理解来进行(语序调整)。

(3) 在确定一方当事人的意思(原译文中为"意旨")或一个通情达理的人应有的理解时,应适当地考虑到与事实有关的一切情况,包括谈判情形、当事人之间已经(新增)确立的任何习惯做法、惯例以及此后所进行的任何行为。

目录

正文

1. 调整对象

《公约》第7条规范了《公约》条款本身的解释规则,而本条则规范了对合同一方当事人所作声明或其他行为的解释规则。本条共包括三款,其中第 1 款首先确认了查明当事人主观意愿的解释规定,第 2 款则规定了查明"通情达理的人"理解这一客观解释规则,而第 3 款则列举了进行上述查明时所要考虑的因素。可见,本条三款分别从三个不同的方面规范了合同当事人声明和其他行为的解释规则,其最终目的是查明合同的真实内容,消除争议。本条规定十分必要,因为在合同谈判、签订和履行过程中,双方当事人会作出一定的行为,如发出要约、接受要约,要求提供样品、质量检验证书,对交付货物的质量或数量提出异议等。这些声明或行为可能是通过打电话、发传真或发送电子邮件等方式作出的,也可能是通过邮寄等方式作出的。它们究竟表达了什么意思呢? 通过对这些声明和行为进行解释查明当事人的意思,对于确定合同是否订立,查明合同的内容,十分重要。

　　本条规定的解释规则不仅适用于两个当事人分别作出的声明或行为,而且适用于双方当事人声明或行为包含在一个文件例如书面合同中的情形,因为在《公约》看来,这种合同中已经蕴含了合同双方当事人的要约和承诺,因而也体现了他们的合意。①另外,国际法学界和实务界一致认为本条规定的解释规则具有排他性,即它排除了争议受理机构引用其国内法的解释规则来解释当事人声明或其他行为意思的可能性,它们只能根据本条的规定来进行解释。②解释这些声明和行为的目的是确定合同是否已经签订、合同的内容究竟是什么,进而确认哪一方的行为违反了合同规定。

1.1　确定合同的订立、修改或解除

　　如上所述,在签订合同和履行过程中,双方当事人均会发出一些声明或作出其他行为,借以表达特定的信息,借此一方有可能表达与对方签订合同的意愿,也可能传达对已经签订的合同进行修改的意思,或者

---

　　①　UNCITRAL, *Digest of Case Law on the United Nations Convention on the International Sale of Goods*, 2016, p. 54.

　　②　UNCITRAL, *Digest of Case Law on the United Nations Convention on the International Sale of Goods*, 2016, p. 54.

发出意欲解除合同的想法。但一方当事人所作的某一行为可能引起对方的误解,从而引发纠纷。例如,甲方向其所有客户寄送了一份产品清单,上面列明了每一产品的价格,客户乙收到这份清单,马上回复说采购100万元的产品,甲方予以拒绝。甲方认为自己寄送产品清单仅仅是一个要约邀请,而乙方则认为甲方的行为已经构成了要约。

本条规定的解释规则适用于当事人所作的任何行为,借以查明合同是否已经签订、修改合同或解除。

1.2 确定合同的内容

尽管本条字面意思上仅仅提及对"声明"和"行为"的解释,而没有提及对"合同"的解释,但是,国际合同法学界一致认为:本条也适用于对"合同"内容进行的解释。[①]当然,合同的内容主要是通过对《公约》第14条下的要约和第18条下的承诺等行为进行解释确认的,但是,这并不排除本条在确定合同内容时的适用。因为合同也是通过当事人的交付货物、支付货款、接收货物等行为来履行的,而这里履行行为也能反映合同的内容。而且,从本条第1款有关"依照……另一方当事人已知道或者不可能不知道的"的意思解释对方当事人的"声明和其他行为"的规定中,可以引申出一项一般性义务,即"在一方当事人履行合同义务时,必须考虑到对方当事人的利益",这也是作为《公约》一般法律原则的诚信义务对合同双方当事人的要求。德国科隆地区高等法院在其于2007年7月审理的德国卖方和奥地利买方之间的计算机控制的气缸铣头销售合同争议中也肯定了这一义务。[②]由此,这也成为第7条第2款意义上的构成《公约》存在基础的具有法律漏洞弥补功能的一般法律原则。

适用本条解释、确定合同的内容,与解释一方当事人的声明和行为有着本质的区别,后者是为了查明相关当事人的真实意思表示,而前者是为了查明双方当事人之间的合意,因为只有他们之间达成了合意,其

---

① Schlechtriem/Schmidt-Kessel, *Kommentar zum Einheitlichen UN-Kaufrecht—CISG*, 2019, S. 230.

② Oberlandesgericht Köln, Germany, 2 July 2007, https://cisg-online.org/files/cases/7729/fullTextFile/1811_12151240.pdf,访问时间:2022年1月4日。

合意才能成为合同的内容。而解释确定合同的内容是为了查明一方当事人的履行行为是否符合合同的规定。

2. 根据当事人意思进行解释的规则（第1款）

本条第1款确定了对一方当事人的声明或行为进行解释的两个解释规则：其一，根据该当事人本人的主观意思进行解释；其二，根据另一方当事人已知道或者不可能不知道的意思进行解释，本条第1款"在对一方……进行解释时，应依照其意思进行，而且该意思是另一方当事人已知道或者不可能不知道的"后半句明确规定了以上两个规则。在本质上，它是通过分析双方当事人对同一声明或行为的理解来查明他们之间是否存在合意的。从审查合同是否订立的角度出发，这种解释方法是十分合理的。因为合同是否签订取决于双方当事人之间是否存在合意，而是否存在合意又取决于双方当事人对同一声明或行为是否有着相同的理解。从另一角度分析，上述两个规则也限定了本款的适用范围，即如果一方当事人通过其声明或行为表达了意思，但另一方当事人对此不知道或不可能知道，那么，就不适用本款规定。

2.1 一方当事人意思的查明

根据本款的字面意思，在对一方当事人的声明或其他行为进行解释时，"应依照其意思进行"，这就要求法院或仲裁机构必须首先查明一方当事人所作声明或行为的真实主观意思。即使当事人没有采取任何客观措施记载其真实主观意思，法院也应该努力查明。但这一原则并不要求法院对当事人进行深入的心理学调查，以查明当事人内心的真实想法；相反，法院主要应该通过解释当事人所发声明或所作的其他行为的含义来查明当事人的真实意图；如果合同规定已经十分清楚，法院就应该以合同字面所反映的客观意思作为当事人的真实意思；即使当事人事后宣称说其真实意思与合同文字中透露的意思不同，法院也应该仅仅采信合同文本中透露的意思，而不应该考虑当事人事后宣称的意思。所以，德国、瑞士等国法院均认为：当事人必须将其真实意思通过某种方式表达出来，法院在根据本款规定查明当事人真实意思时，仅需考虑通过其声明或行为表达出来的意图，而无需考虑当事人从未透露或事后透露的主观意图。①

本款并没有规定查明当事人的真实意思的方法。但本条第 3 款规定了查明此种意思所应考虑的因素。法院、仲裁机构必须通过分析第 3 款中列举的种种现象和事实,来查明并确定该当事人的意思。尽管如此,查明的主要依据为该当事人作出声明的字面意思。

2.2 对方当事人知道或不可能不知道

查明了一方当事人通过其声明或行为所表达的真实意思,法院才仅仅完成任务的一半,本条第 1 款还要求法院查明对方当事人是否"知道或不可能不知道"这一意思。因为如上所述,该当事人的"知道或不可能不知道"决定着本款是否适用的问题。

与此相关的问题是:如何查明该当事人"知道或不可能不知道"这一"主观事实"?《公约》并没有规定判定"对方当事人知道或不可能不知道"的客观标准。笔者认为对方当事人真实意思应该通过其声明或行为的透露程度来判断,如果对方当事人的真实意思已经清楚而明确地通过其声明或行为表达出来,那么,无论他宣称自己知道与否,就应该推定他知道这一点。至于"不可能不知道",根据其字面意思,这应该是指:尽管该当事人声称不知道,但根据案件中所提供的事实,他显然应该知道他方当事人的意思。德国联邦最高法院也持这一观点,该法院于 2007 年 11 月审理的德国卖方和希腊买方之间高质量玻璃瓶销售合同纠纷,双方于 1997 年 12 月签了合同,合同规定德国卖方将制造上述玻璃瓶,并提供给希腊买方,以便后者交付给其在俄罗斯的客户。在希腊买方的建议下双方于 1998 年 5 月修改了合同,主要修改内容是提高了玻璃瓶的售价,同时卖方应该给买方的一家关联企业支付特定数额的咨询费,在卖方交付货物后,买方发现卖方少付了咨询费。在判决中,德国联邦最高法院判定:根据第 8 条第 1 款,卖方"知道或不可能不知道"买方建议修改合同的真实意思,即向俄罗斯客户隐瞒玻璃瓶的真

---

① UNCITRAL, *Digest of Case Law on the United Nations Convention on the International Sale of Goods*, 2016, p. 55.

实售价,因为买方职员在提出合同修改建议时明确告知德国卖方,要求德国卖方支付咨询费的目的在于:将卖方因为提高售价而多收取那一部分价款返回给买方。①

此外,德国学者认为该当事人"知道或不可能不知道"与德国法中"重大过失(grobe Fahrlaessigkeit)"同义,这具体意味着,在对对方当事人的真实意思有疑虑,而且仅需通过一个简单的询问就能澄清时,无论他是否进行了此种询问,都可以推定具备了本款中的"不可能不知道"。②从西方国家的司法和仲裁实践看,由于第8条第1款要求法院或仲裁机构通过分析当事人的主观意图来查明声明或行为的真实意思,而在大多数合同纠纷中,基于利益考虑合同双方当事人均会否认知道对方当事人的主观意图。所以,第1款的实际作用非常有限,这样便具备了适用本条第2款的条件,法院或仲裁机构可以根据第2款规定的客观标准来查明当事人通过其声明或其他行为所要表达的真实意思(详见下文论述)。③

本款并不是唯一使用"不可能不知道"这一表述的地方,《公约》第35条第3款、第40条、第42条第1款和第2款a项均有同样的表述。这些表述的法律意义在于:在另一方当事人应该知道却声称不知道时,他是否应该承担违反谨慎义务的法律责任? 当然,这一问题不属于《公约》的调整范围,而是应由法院根据其国内法进行分析判断。另外一个有意思的问题是:对第1款中"不可能不知道"的认定标准是否应该比对第2款中的"通情达理的人"的认定标准提出更高的要求? 西方部分学者认为应该高于后者,因为在国际贸易实务中该另一方当事人不仅必须具备必要的外语知识和能力,而且必须具备从事国际贸易所需的

---

① Bundesgerichtshof, Germany, 27 November 2007, www.unilex.info/cisg/case/ 1345,访问时间:2022年1月4日。

② Schlechtriem/Schmidt-Kessel, *Kommentar zum Einheitlichen UN-Kaufrecht— CISG*, 2019, S. 237.

③ UNCITRAL, *Digest of Case Law on the United Nations Convention on the International Sale of Goods*, 2016, p. 55.

专业知识,或者他必须聘请具备这种知识和能力的人。①所以,如果在相关的争议案件中,即使一方当事人在事实上不具备这种知识和能力,那么,也应该视为他已经具备了"不可能不知道"的要件。

2.3 举证责任

在诉讼过程中,重要的问题是谁应该承担举证责任证明另一方当事人"知道或者不可能不知道"这一事实。在国际商事合同诉讼中,通常也适用"谁主张谁举证"的举证规则,据此,另一方当事人必须提供证据证明他"不知道"或"不可能知道"对方当事人的真实主观意思这一事实。而发出声明的一方当事人则必须提供证据证明该另一方当事人"知道"或"不可能不知道"这一点。

3. 根据"通情达理的人"理解进行解释的规则(第 2 款)

根据本条第 2 款的字面意思,它主要规范了两个问题,即适用本款的前提条件和在具备这些条件情况下查明当事人声明或其他行为真实主观意思的解释规则。本款前半句规定了其适用条件,即"在本条第 1 款的规定不适用时",后半句规定了此时应该适用的解释规则,即"应按照一个与另一方当事人**具有同等资格、通情达理的人处于相同情况下**应有的理解来解释"。国际学界和实务界通常将本款规定的解释规则称为客观解释规则。②这一观点是成立的。比较而言,第 1 款查明的是声明者本身的主观意思以及对方当事人是否知道前者的意思。两者都具有很大的主观性,尤其是如果当事人承认自己的主观意思或知道对方的意思将会对他产生严重的不利后果,那么,他可能会"声称"他不知道这一点。而本款中的"通情达理的人"显然不是合同当事人,而是一位中立的第三者,他的理解和解释应该更具客观性。因此美国、德国和荷兰的法院将此称为"理性解释"。③适用本款过程中遇到的重要问题是如

---

① Staudinger/Magnus,Art. 8,Rn. 13.

② Schlechtriem/Schmidt-Kessel,*Kommentar zum Einheitlichen UN-Kaufrecht— CISG*,2019,S. 239.

③ UNCITRAL,*Digest of Case Law on the United Nations Convention on the International Sale of Goods*,2016,p. 55.

何界定本款中的"通情达理的人""同等资格"和"处于相同情况下"。

3.1　"通情达理的人"的界定

《公约》没有对"通情达理的人"这一概念进行定义,但应该从以下两个方面来对这一概念进行界定。一方面,他是一个虚拟的、抽象的人。[1]也即在我们现实生活中并不真实存在这样一位具体的"通情达理的人"。如果法院试图找出这样一位"通情达理的人",并据此推测其理解,这样的做法是不可取的。另一方面,此种"通情达理的人"又是在我们日常生活中无处不在的人,他通常是指在国际贸易中具备相关领域专业知识的专业人士。[2]但是,在国际贸易诉讼实践中,这一条款并不要求法院去征询这样的专业人士对一方当事人声明或行为的理解;相反,这一表述是授予法官或仲裁员一定的自由裁量权,他可以裁量一位通情达理的专业第三方对同一声明或行为是如何理解的。在司法实践中,该"通情达理的人"通常便是审理争议的法官或仲裁员。德国联邦最高法院也持这一观点,在上文提及的德国联邦最高法院审理的德国卖方和希腊买方之间高质量玻璃瓶销售合同纠纷中,主审法院认为:基于买方职员提供的有关修改合同的建议的证据资料,一个如果"通情达理的人"处在卖方的地位也会得出这样的结论——卖方应该按照修改后的合同支付咨询费,但在事实上他却少付了这一费用。[3]德国慕尼黑地区高等法院在其2009年1月审理的德国卖方和意大利买方之间的金属天花板材料的销售合同中采用同样的方法查明"通情达理的人"的理解,该案的一个核心争议点是卖方使用的关于争议由德国法院管辖的一般交易条件(AGB)是否成为合同的一个组成部分。德国上述法院判定:由于《公约》没有规范一般交易条件的效力问题,所以,应该根据《公约》第8条第1款、第2款规定的解释规则来查明以上问题,根据以

---

① Bianca/Bonell/Farnsworth,Art. 8,Anm. 2.4;另参见李巍:《联合国国际货物销售合同公约评释》,第49页。

② Junge,Vorausflage,Rn. 7.

③ Bundesgerichtshof,Germany,27 November 2007,www.unilex.info/cisg/case/1345,访问时间:2022年1月4日。

上两个条款，如果卖方有意将其使用的一般交易条件有效纳入合同，他必须将该一般交易条件寄送给对方或以其他方式让对方了解其内容，而且应该告知对方他有意将该一般交易条件纳入合同。而在该案中，已经满足了以上条件，因为在双方的谈判过程中，德国卖方已经明确告知意大利买方其提供的一般交易条件应该约束合同，此外，卖方还为买方复印该交易条件的摘要，而且买方没有提出任何反对意见便在该复印件上签字。这些均表明：买方不仅"知道或不可能不知道"卖方的真实意图，而且如果一个"通情达理的人"处在其位置上，也会理解卖方的意图。①

3.2 "同等资格的人"的界定

这里的"同等资格"应该是指将一方当事人的声明或行为收受方的专业素质与虚构的"通情达理的人"的素质比较，即该"通情达理的人"应该与上述声明收受方具有相同的专业素质。这一专业素质不仅包括教学背景如学历和所学专业，而且包括工作经验，对贸易所涉行业的熟悉程度和外语能力。例如，声明收受方是一位从事国际贸易大宗商品交易的职业经理人，而且已经有了10年以上的职业经验。这时法院应该假设的"通情达理的人"应该是一位从事同样业务、拥有同样丰富职业经验的人，而不是一位刚刚入行的新手，或者是一位专门从事电子产品交易的商人。

3.3 "处于相同情况下"的界定

这里的"处于相同情况"应该是指上述"通情达理的人"与声明收受方一样了解和熟悉谈判过程、交易习惯、合同内容，在具体争议中，面对对方当事人所作出的同样声明或同样行为时，"通情达理的人"会如何理解相关声明或行为的意思。此外，他同样应该熟悉双方当事人进行谈判和签订合同时国际市场上争议产品的价格行情和其他事项。

3.4 本款解释规则在实务中的应用

本款规定的按照"通情达理的人"的理解进行解释的规则在法院或

---

① Oberlandesgericht München，Germany，14 January 2009，www.unilex.info/cisg/case/1496，访问时间：2022年1月4日。

仲裁机构解决合同争议中起到了重要作用,在双方当事人对合同的签订、产品质量或其他事项发生争议时,经常会适用本款规定的解释规则,以查明当事人行为所表达的意思。在瑞士法院审理的一起案件中,买方向卖方发出以特定价格条件购买特定数量货物的要约中,发出要约的信件同时要求卖方出具相应的发票,卖方回复表示接受。后来,双方对合同是否签订发生争议,买方声明在其要约中没有表达受要约约束的意思,所以他发出的信件并不构成要约,因此双方还没有签订合同。但瑞士法院没有采信该当事人的主张,法院认为:如果一个"具有同等资格、通情达理的人"收到该要约信件时,会从买方提出的出具发票的要求中推定买方有受其要约约束的意思。在瑞士另一家法院审理的一起案件中,买卖双方签订了一份机器设备销售合同,合同规定交付的设备必须符合质量要求;双方当事人最终对合同质量条款有着不同的理解;法院判定应该适用本款规定的解释规则来查明买方签订合同这一行为所表达的意思;法院查明:买方是一个机器设备专家,在谈判时他已经被告知卖方提供的并不是一台新机器,而是一台 10 年以前生产的旧机器,尽管该机器确实不符合最新的技术标准,但法院依然判定一个"具有同等资格、通情达理的人"应该会接受一台存在技术缺陷的机器,因为在谈判过程中卖方已告知其机器所存在的这些缺陷。法院也据此驳回了买方提出的赔偿请求。[①]

可见,查明"通情达理的人"的理解十分重要:它不仅关系到相关的合同是否已经签订,而且关系到合同中双方当事人的权利和义务问题。至于如何查明该第三方的理解,应该同样适用本条第 3 款规定的方法。

4. 查明当事人真实意思和"通情达理的人"理解时应考虑的因素 (第 3 款)

本条第 3 款明确规定了法院或仲裁机构查明一方当事人的主观真实意思或一个"通情达理人"的客观理解所应考虑的因素,即"应适当地

---

① UNCITRAL, *Digest of Case Law on the United Nations Convention on the International Sale of Goods*, 2016, p. 55.

考虑到与事实有关的一切情况,包括谈判情形、当事人之间已经确立的任何习惯做法、惯例以及此后所进行的任何行为"。这表明:在法院或仲裁机构进行上述查明确定时,不能进行主观武断推测,相反必须以"与事实有关的一切情况"为基础,这些情况包括"谈判情形""当事人之间确立的任何习惯做法""惯例"和当事人"此后所进行的任何行为"等。由上可知,本款列举了法院进行调查时所应依据的事实因素,但是,这里的列举并不是穷尽的,本款中的"包括"和"此后所进行的任何行为"等表述明确表明了这一点。

4.1 "谈判情形"

在法院进行以上查明时,首先要考虑双方当事人为签订合同而进行的谈判和双方为合同签订交换各自资料时的情形。为此法院应该分析审查当事人提供的与谈判或合同签订有关的所有书面证据、口头证据或其他证据,从中查明声明人或行为人的真实主观意思,或者查明合同中为什么对一些争议的问题没有进行明确的规定。从国外的司法实践看,例如,通过审查这些资料,法院查明了在争议合同没有明确约定用美元(USD)还是加拿大元(CAD),或加拿大元(CAD)还是澳大利亚元(AUD)支付货款时,没有明确规定的支付货款应用的货币问题,或者在查明争议合同为什么约定卖方对交付货物可以行使的所有权保留的问题,必须查阅双方的谈判或签订合同前后的资料,因为双方通常会在谈判过程中已有约定提及这些事项。[1]客观地说,通过审查谈判资料,不仅有助于查明声明者或行为者的真实意思,而且有助于查明发生争议的原因,进而确定哪一方违反了合同义务。法国国际商事仲裁院于 2003 年仲裁了意大利卖方和美国买方之间的时装买卖销售纠纷,本合同属于长期独家销售合同,该合同规定,意大利卖方可以分批交付货物,而买方应该在合同订立后的 15 天内通过信用证方式支付货款。其间,意大利卖方要求涨价,而美国买方不同意,并拒绝开出信用证,而且

---

[1] Schlechtriem/Schmidt-Kessel, *Kommentar zum Einheitlichen UN-Kaufrecht—CISG*, 2019, S. 243.

至卖方设置的支付宽限期届满时美国买方依然未支付货款,于是意大利卖方宣布终止合同,并要求买方赔偿损失。在该案中,其中的一个争议点是:美国买方在事实上有一次通过普通电汇支付了货款,而且意大利卖方也接受了该项支付,这是否意味着双方已经将原合同中的信用证支付方式修改为用电汇支付? 仲裁庭根据《公约》第8条第3款审查了双方提供的谈判资料,这些资料表明:意大利卖方一再强调必须用信用证付款方式,而且合同中也专门规定了这一点,所以,从卖方偶然一次例外地接受普通电汇付款这一事实中,买方还不能合理地相信:意大利卖方有永远放弃信用证付款方式的意图。①

在审查与"谈判情形"相关的资料时,涉及的一个问题是在这里是否应该适用"口头证据规则"("parol evidence rule")。所谓的"口头证据规则"是指:如果在双方当事人通过谈判达成了口头协定,最后一致同意签订书面合同,那么,这一规则便禁止一方当事人引用谈判中达成的、与书面合同相矛盾的口头协议作为证据来支持其主张。②对于这一问题西方国家实务界有不同的看法,部分法院认为本款规定的考虑"谈判情形"要求并不禁止法院在查明当事人声明或其他行为的意思时适用口头证据规则,美国上诉法院就持这一态度。而美国更多的法院则持相反的观点,认为"口头证据规则"不能适用于由《公约》规范的合同,因为本条第3款明确要求法院调查包括谈判在内的所有导致合同签订的情况,据此,法院必须调查此前达成的任何协议。③笔者支持前一观点,在适用本款规定查明当事人的真实意思时,依然可以适用口头证据规则。因为在第8条第3款和"口头证据规则"之间并没有矛盾,第8

---

① Court of Arbitration of the International Chamber of Commerce, France, 2003 (Arbitral award in case No. 11849), www.unilex.info/cisg/case/1160,访问时间:2022年1月5日。

② UNCITRAL, *Digest of Case Law on the United Nations Convention on the International Sale of Goods*, 2016, p. 56.

③ UNCITRAL, *Digest of Case Law on the United Nations Convention on the International Sale of Goods*, 2016, p. 56.

条第 3 款要求法院审查谈判资料,并不是让法院在发现以前口头协议与现有书面合同存在矛盾时用此前的协议来推翻现有的合同,仅仅是让法院通过审查谈判资料来查明合同中规定不明确的、存在争议的事项,如果当事人在此前的协议中对这些"规定不明确的、存在争议的事项"有明确的约定,法院自然可以用以前的协议来补充现有的合同。

4.2 "当事人之间确立的任何习惯做法"

在法院查明本条第 1 款中当事人的真实意思和第 2 款中"通情达理的人的理解"时,根据本条第 3 款的规定,法院或仲裁机构还应该考虑"当事人之间确立的任何习惯做法"。何为这里的"习惯做法"呢?《公约》对此没有进行界定。从本款的字面意思看,构成对双方均有约束力的习惯做法至少应该包括以下几方面的要素:第一,是一种为双方当事人认同并接受的行为,本款中"双方当事人"这一表述表明了这一点;第二,是一种交易行为,例如,一方当事人直接给对方当事人发出订单,对方当事人在收到订单后直接发货;第三,不是一次性的行为,而是一种在相当长的时期内不断重复发生的行为,偶然进行的法律行为并不构成这里的"习惯做法";①第四,双方当事人之间必须已经开展了一定时间的业务合作,如果双方当事人刚刚开始贸易交往,他们之间便不可能存在上述"习惯做法"。只有在他们之间已经开展了一定时间的业务往来,而且已经建立起了具有互信的合作关系之后,他们之间才会形成特定的"习惯做法"。②但是,这里的"一定时间"究竟是 5 个月还是 1年,或者 2 年? 这应该没有统一的客观标准,应当根据具体的案情进行具体分析。当然,在具体的案件中是否存在本款意义上的"习惯做法",应该综合考虑上述四方面的因素进行分析判断。仅仅具备上述一种或两种因素,还不足以证明在相关的当事人之间已经确立了"习惯做法"。

在国际贸易实务中常见的交易习惯有:在卖方收到买方的订单后,卖方没有给买方发送任何回复,而是直接向买方发送订单中列明的货

---

① AG Dursburg, 13. 04. 2000, CISG-Online 659.

② Staudinger/Magnus, Art. 9, Rn. 13.

物,在卖方收到买方对已交付货物质量的异议后应该立即寄送替代货物,或者双方当事人通过电话确定合同的内容,一般交易条件构成合同的一个组成部分。①此类"习惯做法"之所以广泛应用,是因为目前跨国公司众多,而在同属一个跨国公司的母公司和子公司之间,或姊妹公司相互之间经常存在着长期的供货关系。当然,在它们之间是否确实存在着此类交易习惯,还是应该根据有关当事人之间的合作历史、谈判情形和合同履行情况予以分析评估。

4.3　"惯例"

"惯例"是指为某一行业的国际贸易参与者所自觉遵从的、规范交易过程的规则,或者为某一地区交易市场的贸易参与者所自觉遵守的、规范交易过程的规则。一般认为这里的惯例不仅包括国际惯例如《国际贸易术语解释通则》,而且包括区域性或地方性惯例,如奥地利木材交易惯例、不来梅棉花市场交易惯例、维也纳农产品市场交易惯例等。②

如果双方在合同中约定采用某一惯例,那么法院或仲裁机构应该审查该惯例所包括的规则和内容。这自然有助于它们查明当事人的真实意思。

4.4　"任何行为"

根据本款规定,在查明当事人通过其声明或行为表达的意思时,还应该考虑当事人"此后所进行的任何行为"。这些的"任何行为"究竟包括哪些内容呢? 它首先是指当事人履行合同义务的行为,例如接受货物、支付货款。在奥地利一家法院作出的判决中,判定无论是接受货物、还是支付货款,甚至寄送发票或买方在发票上签字,均意味着相关当事人有接受对方要求的意思;其次,本款中的"任何行为"还包括当事人进行的准备履行合同义务的行为。比利时的一家法院在其判决中判定,在确定一方当事人的行为或声明是否构成第 14 条意义中的承诺

---

① UNCITRAL, *Digest of Case Law on the United Nations Convention on the International Sale of Goods*, 2016, p. 63.

② Schlechtriem/Schmidt-Kessel, *Kommentar zum Einheitlichen UN-Kaufrecht—CISG*, 2019, S. 268.

时,除了应该考察一方当事人是否实施履行合同义务的行为,如接受货物而且没有提出任何异议,还应该考察他是否实施采购原材料、开始生产合同项下货物等准备履行合同义务的行为,因为从这一行为中还能看出该当事人是否同意对方发出的要约。[①]

总之,为了在查明本条第1款中当事人的真实意思和第2款中"通情达理的人"理解时,法院应该审查所有"与事实有关的一切情况"。

第9条　商业惯例和习惯做法的效力

Article 9

(1) The parties are bound by any usage to which they have agreed and by any practices which they have established between themselves.

(2) The parties are considered, unless otherwise agreed, to have impliedly made applicable to their contract or its formation a usage of which the parties knew or ought to have known and which in international trade is widely known to, and regularly observed by, parties to contracts of the type involved in the particular trade concerned.

译文

(1) 双方当事人业已同意的任何惯例和业已(新增)确立的任何习惯做法,对双方均有约束力。

(2) 除非双方当事人(新增)另有协议,否则,应视为他们已默示地同意将下列惯例适用于其合同或合同的订立,即他们已知道或理应知道惯例,而且在国际贸易中,此种惯例已为从事特定贸易的当事人在签订该类合同时所广泛知道并经常为他们所遵守(原译文为:"对他们的合同或合同的订立适用双方当事人已知道或理应知道的惯例,而这种

[①]　UNCITRAL, *Digest of Case Law on the United Nations Convention on the International Sale of Goods*, 2016, p. 56.

惯例,在国际贸易中,已为有关特定贸易所涉同类合同的当事人所广泛知道并为他们所经常遵守")。

目录

正文

1. 调整对象

　　本条主要规范了惯例和习惯做法对合同当事人的约束力问题。本条共有两款,其中第 1 款主要规范了明示同意适用惯例和习惯做法这一问题,而第 2 款则规范了它们的默示同意问题。由此可见,本条的目的是方便合同当事人引用相关的惯例和习惯做法,从而对合同内容起到补充作用。在讨论本条适用问题以前,应该首先查明本条规定与《公约》第 4 条之间的关系,因为第 4 条明确规定:《公约》不涉及惯例的效力问题。国内有学者认为:第 9 条是第 4 条的一种例外,否则,这两条之间便存在冲突。①笔者并不认同这一观点,这两条之间并不存在冲突,因为该两条的规范对象并不完全相同。《公约》第 4 条的规范对象是"惯例的效力",并明确规定《公约》并不规范惯例是否有效问题,并将

---

① 　参见李巍:《联合国国际货物销售合同公约评释》,第 54 页。

这一问题留给法院地国的法律解决。①而《公约》第9条并不涉及惯例的效力问题;相反,它规范的问题是在相关惯例或习惯做法有效的情况下对合同当事人的约束力问题。可见,它们之间不存在任何冲突。

2. 明示同意惯例和习惯做法的约束力(第1款)

根据本条第1款的规定,无论是双方当事人"业已同意的任何惯例",还是他们之间"业已确立的任何习惯做法",均对双方当事人有约束力。下文将根据本款规定讨论本款中"惯例"的特殊性以及明示同意和默示同意两种不同的适用条件。

2.1 本款中"惯例"与第2款中惯例的差异

尽管本条第2款也规范了"惯例"的适用,但两款中的"惯例"并不完全相同,该款中的"惯例"不仅必须具有国际性,而且必须具有广泛的知名度,该款的文义十分明确地规定了这两点;而第1款中的"惯例"虽然也包括国际性、具有广泛知名度的惯例,但它同样包括地方性、不具广泛知名度的"惯例",因为第1款对"惯例"的种类或性质没有进行任何限制,或提出任何要求。西方国家的司法判决已经确认了以上观点。美国纽约南区地区法院于2002年5月审理的加拿大供货商和美国买方之间的用于生产抗凝血药物的化学品销售合同纠纷中判定:第9条第1款中的惯例也包括地方性行业"惯例",而且除非双方明确排除此类"惯例",否则将自动适用于合同。在该案中,1994年加拿大卖方向美国买方提供了该化学品的样品,并确认它将作为该化学品的供应商支持买方向美国食品药物监督管理局(FDA)申请批准将该化学品用于生产某药物;1995年,加拿大卖方向FDA发出信函,确认其是美国买方的该化学品的供应商;1995年晚些时候,加拿大卖方秘密与另一家公司签署了一份向该公司独家供应该化学品的合同,如果加拿大卖方继续向美国买方销售该化学品,则将违反该合同;当美国买方于1997年获得药品生产许可后,向加拿大卖方提交了一份采购订单,但加拿大卖方以双方之间没有订立合同为由予以拒绝。美国法院认为双方当事

---

① 详见本书第4条之论述。

人是否已经订立合同,必须根据第 9 条第 1 款双方是否已经默示同意适用美国药品制造行业的以下惯例来判断:即对要约所作的承诺不必体现为受要约人对要约所作的肯定书面回复,相反,它一般体现为供应商所作的表明在对方向美国 FDA 提出生产某批号药品的申请获得批准时将会成为其供货商的声明中,供货商同意美国买方将其作为化学品供应商向美国 FDA 提出生产特定药品的申请,而且单独向美国 FDA 发函确认其是美国买方的特定化学品的供应商,按照美国药品生产行业的惯例,这便已经构成承诺。美国上述法院据此判定:双方已经订立了合同。①

2.2　明示同意作为适用条件

根据本款"双方当事人业已同意的任何惯例和业已确立的任何习惯做法,对双方均有约束力"规定,惯例和习惯做法并不自然而然就对双方当事人产生约束力,产生约束力的前提条件是双方当事人必须已经对此表示"同意"。这里的"同意"自然是指"明示同意",即双方当事人必须一致声明他们同意将某一惯例和习惯做法适用于他们之间的合同。例如,他们将相关的惯例如 FOB 直接写进合同,就是这种明示的约定。根据《公约》第 11 条的规定,同意声明形式既可以是口头的,也可以是书面的或任何其他形式的。另外,他们既可以在合同签订时作出这种约定,也可以在合同签订后,达成此类约定。②

第一,明示同意的惯例。根据本款规定,当事人可以通过明示同意的方式将"惯例"适用于他们之间的合同。这里的"惯例"的内涵十分广泛,它不仅包括为世界各国广泛接受的惯例,而且包括单纯的国家性惯例或区域性惯例。前者如《国际贸易术语解释通则》,后者如奥地利木材交易惯例、不来梅棉花市场交易惯例、维也纳农产品市场交易惯例等。③

---

① U.S. District Court for the Southern District of New York, United States, 10 May 2002, www.unilex.info/cisg/case/739, 访问时间:2022 年 1 月 5 日。

② Staudinger/Magnus, Art. 9, Rn. 9.

③ Schlechtriem/Schmidt-Kessel, *Kommentar zum Einheitlichen UN-Kaufrecht—CISG*, 2019, S. 268.

奥地利的法院也认为，只要双方当事人之间存在着明确的约定，即使约定的惯例并不广为人知，它依然具有约束力。①

第二，明示同意的习惯做法。根据本款规定，当事人之间业已确立的任何"习惯做法"也对他们有着同样的约束力。何谓这里的"习惯做法"呢？它是指双方当事人在长期的合作关系中形成的处理相同合同事项时一直采用的程序性行为。例如，一方收到另一方订单后立即发货，或者收到对方货物瑕疵通知后立即寄送替代货物等。②

2.3 默示同意作为适用条件

国际学界和实务界一致认为本条第1款中"同意"不仅包括明示同意，而且包括默示同意。③何为这里的"默示同意"呢？一般认为这是指：尽管双方没有均发表同意使用某一惯例或习惯做法的声明，但在一方在事实上使用某一惯例或习惯做法时，另一方没有明确表示反对。例如，如果合同一方当事人习惯于采取《国际贸易术语解释通则2020》来确定双方的权利和义务，另一方从未对此表示反对，就属于这种情形。除此之外，如果在某一行业中已经存在着某一惯例，而且双方当事人均知道此惯例的存在，那么，只要双方没有明确排除此惯例的适用，此惯例依然对双方有约束力。在上文提及的美国纽约南区地区法院审理的加拿大供货商和美国买方之间的化学品买卖合同纠纷案中便涉及此类默示同意。④

3. 默示同意惯例的约束力（第2款）

本条第2款也规范了惯例适用的默示同意，本款中"应视为*他们已*

① UNCITRAL, *Digest of Case Law on the United Nations Convention on the International Sale of Goods*, 2016, p. 63.

② 详见本身第8条中"4.2"部分之论述。

③ Schlechtriem/Schmidt-Kessel, *Kommentar zum Einheitlichen UN-Kaufrecht—CISG*, 2019, S. 269; UNCITRAL, *Digest of Case Law on the United Nations Convention on the International Sale of Goods*, 2016, p. 63.

④ U.S. District Court for the Southern District of New York, United States, 10 May 2002, www.unilex.info/cisg/case/739, 访问时间：2022年1月5日。

默示地同意将下列惯例适用于其合同或合同的订立……"十分明确地表明了这一点。但如上所述,第 9 条的 1 款中的"同意适用"也包括"默示同意",那么,这两款中的"默示同意"有何区别呢?毫无疑问,它们之间是有不同的,其不同存在于本款规定的三个适用条件之中。根据本款后半句"下列惯例适用于其合同或合同的订立,即他们已知道或理应知道惯例,而且在国际贸易中,此种惯例已为从事特定贸易的当事人在签订该类合同时所广泛知道并经常为他们所遵守"的规定,适用本款规定应该具备"当事人知道或应该知道""国际性"和"知名度很高并广为遵从"这三方面的条件。

3.1　"当事人知道或应该知道"

这是成为本款意义中"默示同意适用"所必须具备的第一个条件,本款后半句中"他们已知道或理应知道惯例"这一表述证明了这一点。如何来判断当事人是否"知道或者应该知道惯例"呢?主要应该考察以下因素:该当事人是否位于流行某惯例的地区或行业或在该地区或行业开展经营活动或贸易活动,或是否与位于该地区或行业的公司经常进行贸易上的合作。在具备上述客观要素时,法院和仲裁机构就可以推定他"知道或者应该知道"该惯例的存在。①

应该注意的是根据本款规定,双方当事人**在签订合同时或之前**就知道或者应该知道惯例的存在。这意味着:如果双方或一方是在合同签订以后才知道某惯例的,那么,该惯例便不构成本款意义上的默示同意,便对双方当事人不产生约束力。但它并不要求当事人承担较高程度的谨慎义务,它主要是为了在当事人和相关惯例之间建立起足够的联系,如果一方当事人在订立合同时根本不知道某一惯例的存在,在该惯例和该当事人之间也不存在着足够的联系,由此便不能要求他受此惯例的约束。当然,该当事人必须提供证据证明:在订立合同时他不知道或不应该知道该惯例的存在。

---

①　Schlechtriem/Schmidt-Kessel, *Kommentar zum Einheitlichen UN-Kaufrecht——CISG*, 2019, S. 275.

3.2 "国际性"

相关的惯例还必须具有"国际性"这一特点,本款中"在国际贸易中"这一表述表明了这一点。这里的"国际性"并不是指惯例必须为世界各国广为认可并接受。根据西方学者的观点,即使在某一地区广为采用的区域性的惯例也具备"国际性"这一特征。①判断是否具备"国际性",关键是看相关的惯例是否适用于国际贸易,即是否适用于营业地位于不同国家的当事人之间订立的销售合同。如果某惯例仅仅适用于一国境内的贸易,便不具备"国际性"。奥地利格拉茨地区高等法院在其于1995年11月所作的判决中肯定了以上观点:尽管《公约》第9条第2款要求当事人必须知道或应该知道某一惯例,该惯例也必须在国际贸易中具有相当的知名度,而且经常被遵从,但是在某些情形下,即使一个当地的习惯,也能适用于合同;尤其是在当地商品交易所、交易会和仓库交易经常适用的惯例,只要这种惯例在当地进行的涉外销售业务中也经常得到遵守,更是如此;最后,奥地利上述法院指出:即使仅在某一特定国家适用的当地惯例,也可适用于该国当事人与他国当事人之间的销售合同,前提条件是该外国当事人经常在该国做生意,并且在其缔结的数份合同中均采用了该国的惯例。②

3.3 "知名度很高并广为遵从"

这是指相关的惯例在从事同一类货物交易的当事人之间是广为人知的,不仅如此,他们还经常根据此惯例来开展贸易活动。本款后半句中"此种惯例已为……所广泛知道并经常为他们所遵守"这一表述明确表明了这一点。由此可见,本条件并不要求相关的惯例具有世界知名度,这里的"从事同一类货物交易的当事人"间接表明了这一点。"某一类货物交易"主要是指某一行业的交易,例如木材交易业、棉花交易业、羊毛交易业。这种惯例之所以与特定的行业紧密联系在一起,是因为

---

① Schlechtriem/Schmidt-Kessel, *Kommentar zum Einheitlichen UN-Kaufrecht—CISG*, 2019, S. 275.

② Oberlandesgericht Graz, Austria, 9 November 1995, www.unilex.info/cisg/case/370, 访问时间:2022年1月6日。

它本身就是从该行业的贸易实践中发展而来的,当然,这样也能保证这些惯例在特定行业贸易中的适用。[1]同一行业中大多数贸易参与者应该熟知并遵从这些惯例,便构成了"知名度很高并广为遵从"。[2]反之,如果在同一行业中大多数从业者均不知道某惯例,那么,它不符合这一条件。

如果同时具备了以上三方面的条件,法院或仲裁机构就可以推定当事人知道某一惯例的存在,至少他们应该知道这一点。即使他们声称不知道,也是如此。本款中"应视为他们已默示地同意"这一表述,表明了这一点。

以上三个适用第2款的前提条件也间接表明了本条两款中"默示适用"的区别,即构成第2款默示适用的惯例必须同时具备"国际性"和"知名度很高并广为遵从",而第1款下的"明示适用"无此类要求。

4. 总结

在具体的国际贸易纠纷中,如果法院根据本条的规则最终得出结论:某一惯例或习惯做法适用于合同,那么,该惯例或习惯做法就成为合同的组成部分,它起着解释并确定合同的内容、填补合同空缺的作用。

第10条　营业地的认定

Article 10

For the purposes of this Convention:

(a) if a party has more than one place of business, the place of business is that which has the closest relationship to the contract and its performance, having regard to the circumstances known to or contem-

---

[1]　Honnold, Rn. 112.

[2]　Oberster Gerichtshof, Austria, 21 March 2000, www. unilex. info/cisg/case/478,访问时间:2022年1月6日。

plated by the parties at any time before or at the conclusion of the contract;

（b）if a party does not have a place of business, reference is to be made to his habitual residence.

译文

为本《公约》的目的：

（a）如果一方（新增）当事人有一个以上的营业地，则应该将那个与合同、合同的履行具有最密切联系的营业地视为其营业地（原译文为："则以与合同及合同的履行关系最密切的营业地为其营业地"）；在确定最密切联系营业地时（新增），应考虑到双方当事人在订立合同前任何时候或订立合同时所知道或所考虑（原译文为："设想"）的情况；

（b）如果一方当事人没有营业地，则以其惯常居住地为准。

目录

正文

1. 调整对象

根据《公约》第1条的规定，当事人的营业地不仅决定着销售合同是否具有国际性，同时也决定着《公约》是否适用于销售合同。本条规范了国际贸易中两种常见现象：即一方当事人同时在两个或两个以上的国家均有营业地，或均没有营业地，并规定了存在此种现象时确认该当事人营业地的基本规则。本条规定十分必要，因为目前各国均有大量跨国公司,这些公司均在很多不同的国家设有子公司或分公司;这意味着同一跨国公司在很多不同的国家均设有营业地。如果有的营业地所在国刚好与合同另一方当事人的营业地所在国相同,或是有的营业地设在没有加入《公约》的非缔约国境内,那么,《公约》便不适用于它们签订的合同。可见,在一方当事人在几个国家均有营业地时,其设在哪一国家的营业地与合同有联系,这显然会影响到《公约》的适用问题。同样,许多国家的法律并不禁止自然人直接参与国际贸易活动,他们可以以个人名义签订进出口贸易合同,这时该自然人便没有营业地。例如我国《对外贸易法》(2016 年)第 8 条规定,只要办理法定的手续,法人、其他组织或者个人都能成为对外贸易经营者。①在这两种情况下,都需要借助统一的规则来查明、确定相关当事人的营业地,而本条正是这样一条规则。本条规定与成员国国内法界定营业地规定的立法目的并不相同,后者显然是为了解决"何为营业地"这一问题,而本条则是为了解决当事人在不同国家拥有多个营业地或没有营业地时确定其营业地究竟在哪里这一问题。

2. 在不同国家同时拥有不同的营业地

如上所述,同一公司经常在不同的国家拥有若干不同的营业地,由此产生了一个问题:如果一家这样的公司与另一家公司签订一份货物销售合同,由于该公司在不同国家均设有营业地,究竟营业地在哪一个国家的公司签订了上述合同? 这是一个关系到究竟应该适用《公约》还是国内法的实际问题。为解决这一问题,本条规定了最密切联系原则、客观认定标准及其他考量因素。

2.1　最密切联系原则

根据本条 a 项规定,所谓的最密切联系原则是指在一家公司在几

---

①　《中华人民共和国对外贸易法》,1994 年 5 月 12 日第八届全国人民代表大会常务委员会第七次会议通过,2004 年 4 月 6 日第十届全国人民代表大会常务委员会第八次会议修订,根据 2016 年 11 月 7 日第十二届全国人民代表大会常务委员会第二十四次会议《关于修改〈中华人民共和国对外贸易法〉等十二部法律的决定》修正,www.npc.gov.cn/wxzl/gongbao/2017-02/21/content_2007588.htm,访问时间:2022 年 1 月 6 日。

个不同国家均有营业地的情况下,将那个"与合同、合同的履行具有最密切联系的营业地"视为《公约》意义上的营业地。适用这一原则的前提条件是:属于同一公司的、位于不同国家的分支机构具有相同的法律地位,即不管涉及的公司是母公司,还是子公司或分公司,也不论它是主营业地如总公司所在地,还是其他辅助性营业地如分公司所在地、办事处所在地,其均能构成营业地;但《公约》并没有对"营业地"和以上概念进行定义,所以,以上机构的法律地位是否平等、它们是否构成本条意义上的"营业地",均应该根据机构所在地国家的国内法予以分析查明。

2.2　查明"最密切联系的营业地"的客观认定标准

在上述众多营业地中,究竟哪一个属于本条意义上的作为合同一方当事人的"最密切联系的营业地"? 本条 a 项确定了一个判断标准,即"与合同、合同的履行具有最密切联系"。此处的"合同"是指"合同的签订"①,可见,这一规定中明确规定了合同签订地和履行地两个客观判断标准。据此分析,如果合同是在一方当事人的同一营业地签字并履行的,该营业地无疑构成了本条意义上的"最密切联系的营业地"。但是,在国际贸易实务中,合同的签订地点时常与履行地点不一致,即合同在甲国签订,但却在乙国履行,这时该如何确定本条意义上的"最密切联系的营业地"呢? 对这一问题,《公约》没有进行明确的规定。国际学术界一般认为:在这种情况下应该将合同的签订地视为该方当事人拥有的与合同有着最密切联系的营业地。②但笔者认为:通常更应该将合同的履行地视为本条意义上的"最密切联系的营业地",因为双方当事人可以选择在与双方营业地均没有关系的第三国签订合同,而合同的履行地通常与一方当事人营业地有关。

国外的仲裁裁决和司法判决也持这一观点。意大利米兰国内和国际商事仲裁院于 2001 年裁决的一起涉及意大利和俄罗斯的销售合同

---

①　Schlechtriem/Ferrari, *Kommentar zum Einheitlichen UN-Kaufrecht—CISG*, S. 199.

②　Enderlein/Maskow/Strohbach, Art. 10, Anm. 3; Herber/Czenwenka, 2. Aufl., Art. 10, Rn. 4; Pilz, Internationales Kaufrecht, §10 Rn. 81.

纠纷案,在该案中俄方当事人在俄罗斯境内外有几个不同的营业地,仲裁院根据《公约》第 10 条 a 项规定最终裁定其在俄罗斯境内的营业地与争议合同有着最密切的联系,因为货物是在俄罗斯境内按照该国标准生产的,并由俄罗斯船舶运送到意大利的。①法国科尔马上诉法院在其于 2000 年 10 月审理的一起合同纠纷案中也持同样的观点,法国一公司向其境内的一个自然人发送了一个订货单,该自然人予以确认,由此合同已经成立;但该法院最终查明该自然人是一家德国公司的代理人;在双方发生合同争议后,法国法院同样根据第 10 条 a 项规定判定:合同另一方当事人的营业地在德国,因为尽管是由该法国自然人确认法国公司发出的订单的,但他是根据德国公司发出的指示确认的,而且发票是由德国公司出具的,货物也是由德国发送的。②由此可见,实务界更趋向于将合同履行地视为本条意义上与合同"最密切的营业地"。

2.3　查明确定"最密切联系的营业地"的其他考量因素

在查明确认最密切营业地时,合同签订地和履行地并不是法院或仲裁机构应考虑的全部因素,本条 a 项后半句"在确定最密切联系营业地时,双方当事人在订立合同前任何时候或订立合同时所知道或所考虑的情况"这一表述还规定了在法院或仲裁庭查明"最密切联系的营业地"时所应该考虑的其他因素。仔细分析,本句进一步规定了仲裁机构或法院查明"最密切联系的营业地"时所应该考虑客观因素的范围要件和时间要件。

首先,"客观因素的范围要件"。"……所知道或所考虑的情况"这一表述表明,在查明"最密切联系的营业地"时,不仅要考虑合同的订立地和履行地,而且要考虑双方当事人在谈判或签订合同时"所知道或所考虑"的所有其他情况,在以上过程中告知对方当事人的营业(注册)地址、信封和信笺上印制的通讯地址或电话/传真号码等联系方式,或者

---

①　UNCITRAL, *Digest of Case Law on the United Nations Convention on the International Sale of Goods*, 2016, p. 69.

②　Cour d'appel Colmar, France, 24 October 2000, www.unilex.info/cisg/case/493,访问时间:2022 年 1 月 6 日。

合同中包含的其他信息,均属于应予考虑的客观因素。①应该强调的是:应予考虑的客观因素必须是双方共同知晓的,法院或仲裁机构无需考虑仅一方自己知道的信息。

其次,"时间要件"。所谓的"时间要件",在法院或仲裁机构查明"最密切联系的营业地"时应该考虑的客观因素仅限于"双方当事人在订立合同前任何时候或订立合同时所知道或所考虑的情况",这具体意味着对于那些在签订合同后获悉的信息或情况,法院或仲裁机构不能将它们作为确定"最密切联系的营业地"的依据。由此可见,如果一方当事人有几个不同的营业地,判断哪一营业地与合同存在最密切联系的重要标准是:在签订合同前或签订合同时,对方当事人是否知道那个与合同有关的营业地的信息。②

3. 无营业地

本条 b 项规定了当事人没有营业地时,如何来确定本条意义上的"营业地"。在国际贸易实务中,这属于例外情形,因为绝大多数国际贸易参与者是公司法人或没有法人资格的社团,如无限公司、合伙企业,它们均有营业地。唯一没有营业地的情形是自然人。③根据《公约》第 1 条规定,适用《公约》的一个重要前提条件是必须查明当事人的营业地;在自然人没有营业地的情况下,为了保证《公约》能适用于由自然人作为一方当事人订立的合同,就应该通过规定为其设定一个营业地。

本项规定为其设定的"营业地"是该自然人的"惯常居住地"。为判断某一地点是否为本项意义上的"惯常居住地",应该考虑两方面的因素:其一,必须是相关当事人在事实上的居住地。如果一方当事人长期租赁了一套房间,但从来不在那里居住,那么,该地便不符合这一条件。其二,居住时间必须达到一定的期限。据此标准,短期居住还不足以构

---

① Kritzer, *Guide to Practical Application*, S. 75;Schlechtriem/Magnus, *Internationale Rechtsprechung zu EKA und EAG*, S. 113.

② Herber/Melis, 2. Aufl. Art. 10, Rn. 7.

③ Schlechtriem/Ferrari, *Kommentar zum Einheitlichen UN-Kaufrecht—CISG*, 2019, p. 284.

成"惯常居住地"。举例来说,如果一方当事人住在某一酒店一周,而在这一周期间,他与对方当事人进行了谈判并签订了合同,那人们仍不能将其所居住的酒店视为本项意义上的"惯常居住地"。

4. 举证责任

就本款的几个核心条件而言,在一方当事人有多个营业地的情况下,如果他主张其中的某一特定的营业地为本条意义上的营业地,那么他必须证明该营业地与合同之间存在最密切的联系;如果对方当事人并不认同这一点,他必须提供相反的证据。

第11条 合同的形式

Article 11

A contract of sale need not be concluded in or evidenced by writing and is not subject to any other requirement as to form. It may be proved by any means, including witnesses.

译文

销售合同无须以书面方式订立或书面证明,在形式方面也不受任何其他要求(原译文为"条件")的限制。可以用包括人证在内的任何方法证明此种合同(句子结构稍作调整)。

目录

正文

1. 规范对象

本条的规范对象是国际货物销售合同的形式。在国际贸易实践中,至少存在书面合同、口头合同和行为合同三种形式。在实践中多数国家的国内法均对合同形式有着特定的要求,这就是所谓的要式合同。如果合同不具备法律规定的形式,相关的合同便不具有法律效力。[①]例如,英国合同法规定合同必须具有对价。我国 1985 年《涉外经济合同法》第 7 条也规定,涉外经济合同必须采用书面形式。但合同形式自由是现代合同法发展的趋势。《公约》顺应了这一趋势,确认了形式自由原则。这意味着国际贸易参与者可以采用任何一种形式签订买卖合同。但是,《公约》也向那些坚持要式合同原则的国家作了妥协,允许这些国家对这一条款作出保留。它们可以根据《公约》第 12 条和第 96 条的规定对本条规定行使其保留权。

2. 合同形式自由原则

2.1 合同形式自由作为基本原则

如上所述,本条确定了"合同形式自由原则"。这一原则具体体现在本条第一句中:"销售合同无须以书面方式订立或书面证明,在形式方面也不受任何其他要求的限制。"这一原则包含两方面的意思:其一,当事人可以采用包括书面、口头等在内的任何形式签订合同。这意味着:合同的最终文本不必体现为书面形式,当事人为签订合同而发出的要约、承诺或其他通知,也不必采用书面形式。其二,国内法中有关合同形式方面的规定不适用于国际货物销售合同,例如英国合同法中有关合同必须具有对价的规定便不能适用于营业地位于英国的商人签订的国际货物销售合同。[②]此外,美国上诉法院(第三巡回法庭)在其于

[①] 参见张玉卿:《国际货物买卖统一法——联合国货物买卖合同公约释义》,第95 页。

[②] Schlechtriem/Schmidt-Kessel,*Kommentar zum Einheitlichen UN-Kaufrecht—CISG*, 2019, p. 291;张玉卿:《国际货物买卖统一法——联合国货物买卖合同公约释义》,第 97 页。

2010 年 7 月审理的阿根廷卖方和美国买方之间的木制品销售口头合同纠纷中,美国买方仅仅支付了部分货款,卖方由此向美国法院提起诉讼,要求美国买方支付货款,赔偿损失。美国上述法院判定,在合同形式仅仅受《公约》约束时,国内法中有关合同形式的规定不适用于争议的合同。①这进一步表明:除非相关国家对本条规定行使了保留权,或者除非合同双方当事人对这些事项作出了明确的约定,否则,国内法中有关合同形式的规定便必须让位于《公约》的规定。②

2.2　适用范围

"合同形式自由原则"的适用范围十分广泛,它不仅适用于合同的签订,而且适用于合同的修改和撤销。

（1）合同的签订

"合同形式自由原则"无疑首先适用于合同的签订,本条第一句中"销售合同无须以书面方式订立或书面证明"这一表述表明了这一点。我们应该从广义的角度来理解这里的"合同的签订"。它不仅包括根据《公约》第 14 条、第 18 条要约、承诺而订立的合同,而且包括根据第 9 条第 1 款中"惯例"或"习惯做法"而订立的合同,此外,还包括没有经过要约、承诺程序而在直接的合同文本上签订而订立的合同。③如果涉及的是一种混合合同,例如,合同中同时规定了提供货物与服务的义务,则这一原则同样适用于此种合同的订立,除非相关的国家对服务合同有着特殊的形式要求。如果这样,则应该适用相关的国内法。

（2）合同的修改和撤销

根据《公约》第 29 条第 1 款的规定,双方当事人可以修改或终止他们签订的销售合同。但是该款没有明确规定修改合同的形式。根据国

---

① U.S. Court of Appeals(3rd Circuit)，United States，21 July 2010，www.unilex. info/cisg/case/1537,访问时间:2022 年 1 月 7 日。

② UNCITRAL, *Digest of Case Law on the United Nations Convention on the International Sale of Goods*，2016，p. 71.

③ Schlechtriem/Schmidt-Kessel, *Kommentar zum Einheitlichen UN-Kaufrecht—CISG*，S. 289.

际贸易法学界的主流看法，"合同形式自由原则"也适用于合同的修改。①这种观点是成立的，因为只有在双方当事人对修改的内容达成合意的情况下，已经签订并生效的合同才能成功得到修改。可见，这种就合同修改而达成的一致意见本身就是一个合同。既然如此，本条规定的"合同形式自由原则"完全可以适用于合同的修改，除非出现了《公约》第 29 条第 2 款规定的例外情形：即在双方签订的书面合同中明确规定只能通过书面协议方式对合同进行修改。②根据《公约》第 29 条第 1 款的规定，形式自由原则也同样适用于一方当事人发出的撤销合同的通知，即它可以采用任何形式向对方发出宣告合同无效的通知。

2.3 合同形式的多样性及其证明

在国际贸易实务中，双方当事人会因为各种原因而发生纠纷，而其中一个重要的争议焦点便是双方当事人之间是否签订了合同。所以，各国法院和仲裁机构有大量的适用《公约》第 11 条判断合同是否签订的判例。通过这些判例，人们可以看出国际货物销售合同具有多种多样的形式。例如，一家美国法院在一个判决中根据本条规定的合同形式自由原则判定：合同既可以通过文件、口头陈述、行为来证明，也可以通过三者的组合来证明；另一家美国法院则判定：如果有证据证明卖方和买方就购买条款进行口头对话，就可以用来证明双方当事人之间已经达成了协议；此外，荷兰、比利时和美国的法院还认为：根据本条规定，当事人的签字并不是签订合同的必要前提条件，即使没有签订，也并不影响合同的签订。③

中国法院也有适用本条规定确认合同是否签订的案例。河北省高级人民法院在其审结的中国出口商和埃及进口商发生的合同纠纷中认

---

① Enderlein/Maskow/Strohbach，Art. 10，Anm. 3；Herber/Czenwenka，2. Aufl. Art. 10，Rn. 4；Pilz，*Internationales Kaufrecht*，§ 29 Rn. 1.2.

② 详见下文第 29 条中之论述。

③ UNCITRAL，*Digest of Case Law on the United Nations Convention on the International Sale of Goods*，2016，p. 71.

定,形式发票(pro-forma invoice)①构成了双方之间的买卖合同,尽管中国出口商并没有在上面签字并加盖正式的公司印章,进口商也没有在该形式发票上签字;当然在该案中,在该形式发票上已详细地载明了货物的名称、数量、价格等交易条件,中国出口商也据此履行了交货义务,埃及进口商也支付了货款,但由于交付货物的质量有问题,引发了双方是否已经签订合同的争议。②

由此可见,在国际贸易合同纠纷司法诉讼中,法院审理的一个重要问题是在双方当事人之间是否已经签订了相应的销售合同。合同形式是丰富多样的,既可以是口头的,也可以是书面的,或者是证人证言。在采用书面形式时,当事人在合同上签字盖章,也不是签订合同的必要条件。如果不存在书面合同,那么,当事人就必须证明这种合同的存在。故此,笔者依然建议采取书面合同形式,因为并非所有的当事人都具有丰富的法律知识,平时不注意收集证据,在发生争议时,通常难以证明已经签订了买卖合同。所以,最好的办法是签订尽可能详细和具体的书面合同。

2.4　当事人自由约定合同形式原则

如上所述,本条确定了"合同形式自由原则"。但是,在这一原则的背后,实际上蕴含着有关合同形式的另一个重要原则,即"当事人自由约定合同形式原则",即合同双方当事人可以就他们之间的合同形式进行约定。但一旦双方约定采用某一特定的合同形式,那么,无论合同的签订还是修改均应采用这一形式。如果合同最终的形式与此不同,则相关的合同没有法律效力,除非双方当事人另有约定。实际上,根据本条的规定,国际贸易的参与者对合同形式有着无限的选择权,关键是双

---

①　它是在装运或交付货物之前由卖方向买方出具的一种预估发票。它通常载明了货物的种类、数量、重量、价值和运输费用以及其他重要信息。它通常起着向对方报价或方便进口方履行报关手续的作用。它不是正式发票。

②　*Geng Qunying v. ELBORSH*, The People's Supreme Court of Hebei Province [Appellate Court], 14 October 2010, http://cisgw3.law.pace.edu/cases/101014c1.html, 查阅时间:2020 年 1 月 29 日。

方当事人能否对拟采取的合同形式达成共识。当事人之间就合同形式进行的约定可以是明示的，也可以是默示的。

3. 合同形式自由原则的例外

本条规定的"合同形式自由原则"的适用并不是没有限制的，结合《公约》其他条款的规定，这一原则的适用必须符合《公约》第 12 条和第 29 条第 2 款规定的条件。①根据这些条款和第 96 条规定，成员国在批准或加入《公约》时可以对本条作出保留声明。如上所述，《公约》之所以允许缔约国对这一条款进行保留，是因为部分缔约国国内法要求合同必须采用书面形式，允许缔约国保留无疑消除了这些国家加入《公约》的障碍。到目前为止，行使这一保留权的国家有：阿根廷、智利、匈牙利、立陶宛、俄罗斯等。我国在加入《公约》时，也对本条有关"合同形式自由原则"进行了保留，但我国已于 2013 年撤回了这一保留。②

如果合同一方当事人的营业地位于一个对本条规定行使保留权的缔约国境内，会产生何种法律效果？它将导致《公约》第 11 条不能适用于该当事人订立的合同。那么，在这种情况下，究竟应该适用哪国法律？对此学界和实务界有两种不同的看法，主流观点认为：仅仅一方当事人的营业地位于某保留国境内，并不意味着必须适用该保留国的国内法，只有在法院地国际私法规则指引适用了该保留国的法律时，才应该适用该国法律；如果法院地国际私法规则最终指引适用了没有行使保留权的缔约国的法律，那么，依然应该适用《公约》第 11 条规定。在上文提及的美国上诉法院（第三巡回法庭）在其于 2010 年 7 月审理的阿根廷卖方和美国买方之间的木制品销售口头合同纠纷中，美国上述法院便持这一观点，在该案中，阿根廷根据第 12 条、第 96 条等条款对第 11 条等规定行使了保留，而美国则没有行使保留权，在这种情况下美国上诉法院（第三巡回法庭）判定：应该根据美国的冲突法规则选择

---

① 详见下文第 12 条和第 29 条中之论述。

② 中国国际经济贸易仲裁委员会：《〈联合国国际货物销售合同公约〉在中国仲裁的适用》，法律出版社 2021 年版，第 50 页。

适用于合同争议的准据法。①而另一种观点则认为：在一方当事人的营业地位于某保留权国境内时，应该适用该保留国的法律。美国新泽西州地区法院、美国佛罗里达州南部地区法院、比利时哈瑟尔特商业法院、俄罗斯联邦工商会的国际商事仲裁法庭均持这一观点。②例如，俄罗斯联邦高级仲裁法院在其于 1998 年 2 月审理的保加利亚卖方和俄罗斯买方之间的货物销售合同纠纷中也持这种观点，在该案中，俄罗斯买方未支付货款，保加利亚卖方要求俄方承担损害赔偿责任，但俄罗斯买方声称双方通过电话协商对书面合同进行了修改，根据修改后的协议，买方已经将货款付给了约定的外国银行，但该外国银行被盗，其货款也因此而失窃，并提供了国外正在进行的刑事检控程序作为证据，但俄罗斯上述法院依然判定：《公约》第 11 条、第 29 条等条款不适用于俄罗斯，因为俄罗斯并没有撤销苏联对这些条款所作的保留声明，据此，双方不得通过电话或其他非书面方式对合同进行修改。③

　　在以上两种观点中，第一种观点是不成立的，它明显违反了《公约》第 12 条规定，因为该条明确规定，"在一方当事人的营业地所在的缔约国已经根据本《公约》第 96 条规定作出了保留声明时，《公约》第 11 条等……便不再适用"。此外，如果这一观点成立，那么，在特定条件下《公约》依然会适用于营业地位于保留国的当事人签订的合同，这便使该国行使的保留权失去了任何实际意义。与此相反，第二种观点应该是成立的，因为《公约》允许缔约国对确定合同形式自由的第 11 条等宣告保留，这意味着：在涉及该国当事人签订国际货物销售合同的形式问题上，优先适用该国国内法，而第二种观点恰恰尊重了该保留

---

① U.S. Court of Appeals(3rd Circuit)，United States，21 July 2010, www.unilex. info/cisg/case/1537,访问时间：2022 年 1 月 7 日。

② UNCITRAL，*Digest of Case Law on the United Nations Convention on the International Sale of Goods*，2016，p. 72. 详见第 12 条"2"部分中之论述。

③ Information Letter No. 29 of the High Arbitration Court of the Russian Federation，Russian Federation，16 February 1998，http://www.unilex.info/cisg/case/365,访问时间：2021 年 11 月 1 日。

国国内法的优先适用。

第 12 条　缔约国的保留权及其效力

Article 12

Any provision of article 11, article 29 or Part II of this Convention that allows a contract of sale or its modification or termination by agreement or any offer, acceptance or other indication of intention to be made in any form other than in writing does not apply where any party has his place of business in a Contracting State which has made a declaration under article 96 of this Convention. The parties may not derogate from or vary the effect or this article.

译文

在一方当事人的营业地所在的缔约国已经根据本《公约》第 96 条规定作出了保留声明时,《公约》第 11 条、第 29 条和第二部分中那些允许合同当事人以除书面形式以外的任何其他形式签订、更改或终止协议的条款,或者以此种形式发出要约、承诺或其他意思表示的条款便不再适用。双方当事人既不能偏离本条规定,也不能改变其效力(原译文为:"本公约第十一条、第二十九条或第二部分准许销售合同或其更改或根据协议终止,或者任何要约、承诺或其他意旨表示得以书面以外任何形式做出的任何规定不适用,如果任何一方当事人的营业地是在已按照本公约第九十六条做出了声明的一个缔约国内,各当事人不得减损本条或改变其效力")。

目录

正文

1. 规范的对象

本条规范的主要问题是：在某成员国根据《公约》第 96 条的规定对第 11 条、第 29 条和第二部分中那些允许合同当事人以除书面形式以外的任何其他形式签订、更改或终止协议的条款、或者以这些形式发出要约、承诺或其他意思表示的条款作出保留声明时，这些条款对相关国际货物销售合同是否有约束力的问题。根据本条规定，如果某一成员国对这些条款行使了保留权，这些条款便不再适用于营业地位于该国的当事人所签订的国际货物销售合同。

本条规定本身是西方国家和苏联等社会主义国家妥协的结果。在联合国国际贸易法委员会讨论公约草案时，苏联代表提出，由于其国内法规定所有销售合同必须是书面的，而且这一规定是强制性的，所以不同意《公约》草案中有关"销售合同无须以书面方式订立或书面证明"的规定。[①]最终的《公约》文本充分考虑了双方诉求，既在第 11 条中确定了"合同形式自由原则"，又允许成员国对这一条款和其他相关的条款作出保留。

2. 保留的效果

由上可知，本条的一个实际功能是排除了《公约》第 11 条、第 29 条和第二部分中相关条款对其营业地位于保留国的当事人所签订国际货物销售合同的适用。根据本条的字面意思，排除上述条款适用的唯一条件是，相关的缔约国已经根据《公约》第 96 条的规定对第 11 条和第 29 条等条款作出了保留声明，一旦相关的国家行使了保留权，这些条款便不再适用于营业地位于保留国的当事人签订的货物销售合同。本条规定是强制性的，因为根据本条第二句的规定，双方当事人既不能偏离本条规定，也不能改变其效力。另外，应该注意的是：本条仅仅排除第 11 条、第 29 条和第二部分所属条款的适用，并不妨碍《公约》其他条款对这些保留国的适用。

---

① Honnold，Rn. 128.

但在实务中，学界和法院对于某国行使保留权是否绝对排除合同形式自由原则适用于营业地位于该保留国的当事人签订的国际货物销售合同这一问题，也有不同的看法。一种少数派观点认为：在这种情况下，应该适用该保留国的国内法，其理由是该国就这些条款作出了保留，这就意味着该国要求所有该国当事人必须采用书面形式签订货物销售合同。①相反的主流观点则认为：在这种情况下未必一定适用作出保留的国家的国内法；首先应该根据法院地的国际私法规则确定相关的准据法。笔者认同以上第一种观点。②

3. 对我国的影响

我国于 1986 年 12 月 11 日正式向联合国递交《公约》核准书，从此正式成为《公约》的缔约国。本条规定本来对我国有着重要的影响。我国当时的《涉外经济合同法》规定，合同必须以书面形式订立。这一规定显然与《公约》第 11 条不一致，所以我国在递交核准书时，声明不受《公约》第 11 条及与第 11 条内容有关的规定的约束。正因此，在相当长的时间里，我国企业与营业地在其他国家的企业之间签订的合同只能是书面的，否则，相关的合同没有法律效力。但我国已于 1999 年公布了《合同法》，同时废止了《涉外经济合同法》。1999 年《合同法》第 10 条原则上对合同形式不作要求，合同可以以各种方式成立。在这种背景下，我国对《公约》第 11 条所作的保留已经没有任何现实意义。所以，我国已于 2013 年正式通知联合国秘书长，撤回对《公约》所作"不受《公约》第 11 条及与第 11 条内容有关的规定的约束"的声明③，该撤回已正式生效。这意味着我国国际贸易参与者可以采取任何形式签订涉外贸易合同。

那么，这是否意味着我国当事人与营业地在其他国家的当事人之间的合同就根本没有必要采用书面形式呢？事实并非如此。恰恰相反，在我国的对外贸易实践中，书面合同依然是必不可少的。笔者建议

---

① Reinhard, Gert, UN-Kaufrecht, Art. 12, Rn. 3.

② 详见本书第 11 条中之论述。

③ 中国国际经济贸易仲裁委员会：《〈联合国国际货物销售合同公约〉在中国仲裁的适用》，法律出版社 2021 年版，第 50 页。

双方至少应该在通过向对方发出要约和承诺而订立合同后,再签订一份书面的合同确认书。这是因为我国相关领域的法律法规还没有根据1999年《合同法》而进行相应的修改,而且我国没有实行彻底的外汇自由兑换,比如,我国的进出口企业在申领外汇时,必须向中国银行出具书面合同,而且,在为进出口货物向我国海关履行报关手续时,也必须出具书面合同。这表明:没有书面合同,我国当事人根本无法完成相应的法定程序,也难以履行约定的合同义务。①

第13条 对"书面"概念的界定

Article 13

For the purposes of this Convention "writing" includes telegram and telex.

译文

为本《公约》的目的,"书面"包括电报和电传。

目录

1. 调整对象
2. "书面"定义的特征和具体形式
  2.1 "电报和电传"的共性特征
  2.2 "书面"的具体形式
3. 总结

正文

1. 调整对象

对于本条的调整对象,国际贸易法学界有着两种不同的认识:一种

---

① 参见李巍:《联合国国际货物销售合同公约评释》,第77页。

观点认为:这是对《公约》第11条、第29条第2款以及其他条款中"书面"这一概念的定义。①另一种观点则认为:《公约》起草者加入本条的目的并不是界定"书面"这一概念的内涵,而是帮助那些其营业地位于对第11条作出保留的国家的当事人或者在合同中直接约定采用"书面"形式的当事人,对"书面"这一概念有一个统一的认识,《公约》起草者的真实意图仅仅想表明:即使针对上述作出保留声明的国家和约定采用"书面"形式的当事人,电报和电传已经足以符合本条中"书面"要求。②

对于上述两种观点,笔者同意上述第一种观点,而不同意第二种观点。笔者并不认同第二种观点,这主要是因为:如果某一缔约国如俄罗斯对第11条和第29条第2款等条款作了保留,那么,在查明该国当事人签订的国际货物销售合同的形式是否有效问题时,并不适用本条规定,而是应该适用该保留国国内法的规定,保留国国内法通常不仅要求合同必须采用书面形式,而且通常对"书面"这一概念进行了界定。如果这些保留国的国内法没有将"电传"界定为"书面"形式,那么,本条规定就难以适用于营业地位于这些国家的当事人所签订的合同。这一原理同样适用于当事人约定的情形。如果双方当事人已经就具体的书面形式作出了约定,比如,应采用传统合同书的形式并须由双方签字盖章,这时《公约》第13条也不能适用于这种约定。只有在当事人仅仅原则性地约定"采用书面形式"时,本条才能起到补充的作用。笔者之所以同意第一种观点,是基于以下几方面的理由:首先,理由在于《公约》第11条、第12条、第29条等条款中均提及"书面"这一概念,而不同国家的合同法中对"书面"有着不同的界定,所以《公约》不对这一概念作出统一的定义,那么,便不利于实现第7条第1款提及的"促进《公约》统一适用"目的的实现。其次,尽管《公约》没有要求货物销售合同必须采用书面形式,书面形式依然是最值得倡导的合同形式之一,因为它不

① Enderlein/Maskow/Strohbach, Art. 13, Bianca/Bonell/Rajski, Art. 13, §3.1.

② Schlechtriem, Peter, Uniform Sales Law—The Experience with Uniform Sales Laws in the Federal Republic of Germany, 见 http://www.cisg.law.pace.edu/cisg/text/schlechtriem13.html,访问时间:2014年12月9日。

仅十分有利于法院或仲裁机构分清双方当事人在合同中的责任,而且有利于减轻当事人的举证责任。此外,从国际贸易的实践来看,合同的双方当事人总是通过一定的途径将其订立或修改合同的建议发给对方,或者通过传统的信件,或者通过电话、传真,或者通过现代化的电子邮件或微信,这些方式是否均属于"书面"呢？这也需要对"书面"这一概念进行统一的定义,而本条就是一个这样的条款。

2."书面"定义的特征和具体形式

本条规定:"'书面'包括电报和电传。"可见,《公约》采取了列举式的定义方法。"电报和电传"是两种被明确列举的书面形式。但可以断定:第 13 条的列举并不是穷尽的,因为本条中"包括"一词表明了这一点。

2.1　"电报和电传"的共性特征

那么,除了电报和电传以外,这里的"书面"还包括哪些交流方式呢？为了澄清这一点,我们有必要分析"电报和电传"的特征。如果我们对这两种交流方式的功能进行仔细的研究,就可以发现它们至少具有以下几方面的特征:第一,具有信息记载功能,即可以将签订或修改合同的信息记载于电报和电传的载体上。第二,具有信息传递功能,即可以将载有上述信息的载体从一方当事人传递给另一方当事人。第三,具有理解和识别功能。这是指这些信息载体能够帮助合同当事人或第三方理解和识别信息发出人的意思和要求。第四,具有信息检索和保存功能。这是指这些信息载体的持有者可以将这些载体作为文档、资料按照一定的分类保存下来,以备日后检索、查询。第五,具有证据功能。这些信息载体是某一方当事人是否发出签订或修改合同的意思表示、发出何类意思表示的重要证据。

由此,我们可以作出推论:所有具有这五方面功能的交流、通信方式,均应该属于本条意义上的"书面"。《联合国国际贸易法委员会电子商务示范法》第 6 条和《联合国国际合同使用电子通信公约》第 9 条第 2 款也规定:与纸质媒介具有同样功能的通信载体均属于"书面"形式①。

———————————

① 参见李巍:《联合国国际货物销售合同公约评释》,第 79 页。

2.2 "书面"的具体形式

由上可知,与"电报、电传"具有同样功能的通信载体均属于本条意义上的"书面";那么,除了"电报和电传",本条意义上的"书面"还包括哪些通信载体? 笔者认为应包括以下几种:第一,纸质媒介。这主要是指将有意与对方签订或修改合同的意思表示撰写在纸质媒介或类似的媒介上。这主要包括合同书和信件。这是一种最传统的书面方式。第二,传真、电子数据交换和电子邮件等数据电文。第三,QQ、微信等新型电子数据交换工具。尽管本条没有明确提及上述三类通信手段,但它们应该属于本条"书面"所涵盖的范围,因为无论是纸质媒介,还是传真、电子数据交换、电子邮件,抑或是 QQ 或微信,它们均具备信息记载、传递、理解和识别等上述五方面的功能。只要国际贸易的一方当事人使用它们传递签订或修改合同的信息,我们就应该将其视为本条意义上的"书面"形式。从国际司法实践看,已有法院判决将电子邮件和其他电子通信方式视为书面形式。埃及法院在其于 2006 年审结的一起案件中就作出了这样的判决。①除此之外,双方当事人还可以自行约定书面的形式,如果存在此种约定,那么在诉讼或仲裁中应该优先适用双方当事人约定的书面形式。奥地利因斯布鲁克地区高等法院也持这一观点,该法院在 2007 年 12 月审理了买卖双方之间的"交付和铺设钢筋的合同"纠纷,在修建一高速公路时,双方签订了长期供应和铺设钢筋的合同,其中有一个书面条款,据此,任何一方均有权对已有的委托书进行修改或者补充,但其中修改或补充意见必须得到双方的书面确认才产生法律效力;但合同签订后,钢筋的市场销售价格大幅度下降;买方因此而声称合同约定的货价应相应地下降,并因此而单方面降低了支付价款。奥地利上述法院对此判定:《公约》第 11 条中的"书面"也包括双方约定的书面形式,由于在本案中合同约定了修改或补充需经双方书面确认这一形式要件,所以,买方单方面提出的书面降价建议还

---

① UNCITRAL, *Digest of Case Law on the United Nations Convention on the International Sale of Goods*, 2016, p. 76.

不足以满足双方根据第 11 条达成的双方书面确认的要求。[1]

另外,到目前为止还未出现的、但未来可能出现的新型通信载体,只要它们具备上述五种功能,同样应该被视为"书面"形式。

3. 总结

综上所述,本条通过列举的方式对"书面"这一概念进行了定义,但这里的列举并不是穷尽的。对本条中"书面"这一概念,我们应该进行广义的解释,所有与"电报和电传"具有同样功能的通信方式,都应该被理解为本条意义上的"书面"形式。

---

[1]　Oberlandesgericht Innsbruck, Austria, 18 December 2007, https://cisg-online.org/files/cases/7653/fullTextFile/1735_70252461.pdf,访问时间:2022 年 1 月 8 日。

第二部分　合同的订立

概　述

本部分主要确立了通过要约和承诺方式订立国际货物销售合同的规则。本部分始于第 14 条,终于第 24 条,共包括 11 条,它们均从不同的角度规范了合同订立过程涉及的问题。其中前四条涉及要约,分别规范了要约的定义、生效、撤回、撤销和终止。之后五条则与承诺有关,分别规范了承诺的定义、生效、反要约、承诺期限的计算、延迟到达的承诺和承诺的撤回。最后两条则分别规范了合同生效的时间和通知送达对方的时间。《公约》以上条款不仅确认了得到国际社会普遍认同的订立合同的基本原则,也确认了国际贸易实务中广为流行的通过"要约和承诺"这一签订合同的方式。

本部分的条款并不一定对所有缔约国都有约束力,因为《公约》第 92 条第 1 款允许一个国家在签字、批准、接受、核准或加入时对这一部分规定行使保留权,声明它不受本部分规定的约束。《公约》之所以允许成员国对本部分条款作出保留声明,是因为本部分的某些条款与《国际货物买卖合同成立统一法公约》(ULF,下文简称《海牙第二公约》)的规定有冲突。如果不允许行使保留权,《海牙第二公约》的缔约国便无法加入《公约》。所以,在几个斯堪的纳维亚国家的要求下,维也纳外交会议最终决定在《公约》中加入保留条款,这样可以让那些不接受《公约》第二部分的国家也能成为公约的缔约国。[①]

实际上,丹麦、挪威、芬兰、瑞典这四个斯堪的纳维亚国家也确实对这一部分行使了保留权。当然,这几个国家正在考虑撤销其保留声明。在这些国家撤销其保留声明之前,其保留声明依然有效,并影响《公约》在这些保留国的适用。大部分司法判决认为,在这种情况下应当根据法院地所在国的国际私法规则来确定适用于合同的法律。尽管如此,

---

[①]　Schlechtriem/Schroeter, *Kommentar zum Einheitlichen UN-Kaufrecht—CISG*, 7. Aufl. 2019, S. 314.

这依然会导致两种不同的结果:其一,适用该保留国的国内法。如果根据国际私法规则的指引最终适用了该国的法律,便是如此。其二,依然适用《公约》。如果国际私法规则最终指引适用了没有行使保留权的缔约国的国内法,便是如此。因为根据《公约》第 1 条第 1 款 b 项规定,在这种情况下依然适用《公约》。当然,也有个别法院的判决拒绝根据国际私法规则查明应当适用的法律,相反,它直接适用《公约》第二部分条款所依据的一般法律原则。另外,还有部分法院则不考虑营业地位于保留国的当事人和其他缔约国当事人签订合同的特殊性而直接适用《公约》第二部分规定。①

在以上不同司法实践处理方式中,根据法院地所在国国际私法规则查明应当适用的准据法,显然是正确的。尽管《公约》没有明示规定应根据国际私法规则查明应当适用的准据法,但在第 1 条第 1 款 b 项有关"如果国际私法规则导致某一缔约国法律的适用"这一规定中已经蕴含了这样一个一般法律原则:即适用于争议合同的法律不明确时,应当首先适用法院地的国际私法规则查明相应的准据法。由此可见,某些法院拒绝适用其本国司法规则而直接适用《公约》第二部分规定,不仅违反了第 1 条第 1 款 b 项蕴含的第 7 条第 2 款意义上的一般法律原则,而且违反了第 12 条中确定的缔约国对第二部分保留时不适用《公约》规定、应该优先适用保留国国内法的规定。在实践中,那种不考虑当事人的营业地位于保留国的事实,而直接适用《公约》第二部分规定的做法,同样如此。最后,那种认为在根据国际私法规则导致适用某一非保留国国内法时应该适用《公约》的观点同样难以成立。如上文所说,《公约》允许缔约国对本部分规定行使保留权的目的是尊重该国国内法的规定。在《公约》和其国内法相冲突时,应当优先适用国内法。

---

① UNCITRAL, *Digest of Case Law on the United Nations Convention on the International Sale of Goods*, 2016, p. 79.

第14条 要 约

Article 14

(1) A proposal for concluding a contract addressed to one or more specific persons constitutes an offer if it is sufficiently definite and indicates the intention of the offeror to be bound in case of acceptance. A proposal is sufficiently definite if it indicates the goods and expressly or implicitly fixes or makes provision for determining the quantity and the price.

(2) A proposal other than one addressed to one or more specific persons is to be considered merely as an invitation to make offers, unless the contrary is clearly indicated by the person making the proposal.

译文

(1) 向一个或一个以上特定的人提出的订立合同的建议,如果足够确定并且表明要约人(原译文为:"发价人",下同)在得到承诺(原译文为"接受",下同)时承受约束的意思(原译文为:"意旨",下同),即构成要约(原译文为:"发价",下同)。如果一个建议写明了货物,而且明示或暗示地规定了货物的数量和价格或规定了确定货物数量和价格的规则(原译文为:"一个建议如果写明货物并且明示或暗示地规定数量和价格或规定如何确定数量和价格"),即为十分确定。

(2) 非向一个或一个以上特定的人发出的建议,仅应视为要约邀请(原译文为:"邀请做出发价",下同),除非提出建议的人明确地表明了相反的意思(原译文为:"意向")。

目录

正文

1. 调整对象

要约(offer)在我国的外贸实践中又称发盘、报价,它是构成合同的一个基本要素。困扰我国外贸工作者和司法工作者的一个实际问题是:在什么条件下,一方当事人发出的有意与对方签订合同的建议才能构成具有法律约束力的要约?本条专门规范了这一问题:它明确规定了一个要约的构成要件,而且分别从正反两个方面对此进行了规定。

2. 要约的定义及其构成要件(第 1 款)

本条第 1 款共有两句。第 1 句对要约进行了明确的定义。据此,它是指"向一个或一个以上特定的人提出的订立合同的建议,如果足够确定并且表明要约人在得到承诺时承受约束的意思"。第 2 句则对第 1 句中"足够确定"一词作了进一步的解释。据此,"如果一个建议写明了货物,而且明示或暗示地规定了货物的数量和价格或规定了确定货物数量和价格的规则,即为十分确定"。据此分析,本款不仅从正面界定了要约的定义,而且规定了要约的构成要件。具体地分析,本款确定了要约的以下四个要件:"订立合同的建议""交易对象的特定化""建议内容的确定性"和"表达了愿意承受约束的意思表示"。下文分别将就

121

此进行论述。

2.1 订立合同的建议

构成要约的第一个要件是：一方当事人发出的信息必须是"订立合同的建议"。《公约》对于"订立合同的建议"并没有统一定义。在国际贸易这一背景下，它是发出建议的一方当事人有意识地向对方发出的、表明愿意向对方销售或采购特定货物的意思表示。换句话说，相关的意思表示中必须包括与对方订立合同的意愿；否则，相关的建议就不能构成要约。①这一要件的功能在于排除其他种类建议成为要约的可能性。在日常生活中，人们会发出各种各样的建议，例如要求朋友一起出去旅游、钓鱼等，但这些建议显然与订立合同无关，所以也不能成为要约。

在司法实践中，应当对"订立合同的建议"这一概念作宽泛的解释。无论是我国外贸公司看到外国公司的供货信息后向对方发出的询价信件，还是在自己网站上刊登的供货信息，如"出售一级龙井绿茶，欢迎来电询问"，都应当将它们视为一种"订立合同的建议"。因为在通常情况下，只要条件合适，发出上述信息的当事人均有与对方签订合同的意愿。在一方当事人通过其分销商提供客户维护服务时，也是根据《公约》第 14 条第 1 款规定来确认谁是要约人。瑞士图尔高州法院 1995 年审理了德国卖方和瑞士买方之间的原材料销售合同纠纷。在该案中，德国卖方于 1993 年 5 月 3 日向瑞士买方发出了传真，传真十分清楚地写明了货物、价格、数量以及交货日期和提供者，卖方作为提供者的名称、地址、传真和电话号码都打印在传真信笺上。S&Co 无限公司是一家在瑞士注册的公司，它负责德国卖方产品在瑞士境内的分销和客户维护，帮助德国卖方在商业交易过程中处理订单确认书、发票和催款通知，或收取货款。后来德国卖方破产，但买方仍有部分货款没有支付，S&Co 无限公司向瑞士买方提起诉讼，要求其支付拖欠的货款。瑞士上述法院根据《公约》第 14 条第 1 款判定：德国卖方是原材料合同的

---

① 参见张玉卿：《国际货物买卖统一法——联合国国际货物买卖合同公约释义》，第 112 页。

当事人,因为其于1993年5月3日向瑞士买方发出的传真满足了第14条第1款规定的要约构成要件,而且该传真信笺上十分清楚地表明它才是原材料的提供者,构成本款意义上的要约人,而不是瑞士的S&Co无限公司。①

2.2 交易对象的特定化

构成要约的第二个要件是:上述订立合同的建议必须是向特定的交易对象发出的,本款中"向一个或一个以上特定的人提出的订立合同的建议"这一表述明确表示了这一点。交易对象特定化这一要求是合情合理的。在通常情况下,货物销售涉及货物的交付和货款的支付,为了保证交易的安全性,无论是卖方还是买方一般均会自己选择交易伙伴。选择交易伙伴的方式就是将订立合同的建议发给其选定的当事人。这一要件的作用在于:那些不是发给特定交易对象的建议不可能成为要约。实际上,本条第2款明确规定了这一点。此类建议在通常情况下仅仅属于要约邀请,只有在例外情况下才构成要约。②

从国际贸易的实践看,满足交易对象特定化这一要求并不困难,当事人至少可以通过以下两种方式来实现这一目的:其一,直接写明收件人的姓名和地址,并根据上述地址将相关的信息直接寄送特定的收件人;其二,在收件人为公司企业的情况下,可以仅仅写明公司企业的商号和地址,并将相关信息寄送至上述地址。③如果销售或采购货物的建议是以上述方式发出的,这无疑已经满足了交易对象特定化的要求。在现实生活中,也有一些外贸公司将其供货信息通过电子邮件群发给其客户名单上的所有客户,并将相关的信息直接发到这些客户的邮箱中。这是否也具备交易对象特定化的要件呢? 答案是肯定的,因为这些信息收受者本来就是公司的客户,这些信息最终分别进入了这些客

---

① CLOUT case No. 334 Obergericht des Kantons Thurgau, Switzerland, 19 December 1995, www.unilex.info/cisg/case/487,访问时间:2022年1月8日。

② 详见本条"3"中之论述。

③ Secretariat commentary on Article 14 of Draft Convention,见 http://www.cisg.law.pace.edu/cisg/text/secomm/secomm-14.html,访问时间:2014年12月10日。

户各自的邮箱。因此,即使相关的外贸公司仅仅将产品目录或广告通过邮件以群发方式发送给 50 家或更多家客户,也符合了本条规定的特定化要求。《公约》秘书处也持这一看法。[1]如果上述广告或产品目录不是发送到某一公司的邮箱,而是在马路上、广场上散发给路人,这就没有满足交易对象特定化的要求(详见下文分析)。

2.3　建议内容的确定性

由上可知,"建议内容的确定性"是"订立合同的建议"成为要约的另一要件,因为本款第 1 句明确要求,相关的建议必须"足够确定"。为了方便各国司法机关对《公约》的统一的适用,本款第 2 句对"足够确定"这一概念作出了专门的定义。据此,这是指"一个建议写明了货物而且明示或暗示地规定了货物的数量和价格或规定了确定货物数量和价格的规则"。在这一定义中,存在着下列值得辨析的表述。

(1) 标明货物及其质量

根据本条第 1 款的规定,为了符合"确定性"的要求,建议必须标明买卖的标的物即货物。如果建议中表明甲方有意采购苹果手机、手提电脑等,这便已经达到了标明货物的要求。本款没有要求订立合同的建议必须标明货物的质量。从国际贸易合同纠纷的司法实践看,货物的质量也是构成"建议内容的确定性"的一个要素。奥地利的一家法院在审理一起灰鼠毛皮质量争议案中判定,订立合同的建议标明"需提供中等或更好质量的灰鼠毛皮,已经符合了本款规定的'确定性'要求。因为一位通情达理的人如果处在建议收受人的位置,他应该会认为这样的质量描述已经十分明确"。奥地利的另一家法院则判定,如果建议中表明订购磷酸二氢铵的规格为"P 205 52％＋/－1％,最低 51％",这也足够明确地标明了货物的质量。[2]这表明:尽管本款没有将质量作为"建议内容的确定性"的一个判断标准,但它依然是其中的一个重要考

---

① Secretariat commentary on Article 14 of Draft Convention,见 http://www.cisg.law.pace.edu/cisg/text/secomm/secomm-14.html,访问时间:2014 年 12 月 10 日。

② UNCITRAL, *Digest of Case Law on the United Nations Convention on the International Sale of Goods*, 2016, p. 87.

量要素。如果建议中没有提及货物的质量，那么，该建议便不足以构成本款意义上的要约。

（2）"暗示规定"货物的数量和价格

根据本款的字面意义，本款的"建议内容的确定性"不仅仅包括：建议中明示写明货物的名称、数量和价格的情形，而且包括"暗示规定"了确定货物数量和价格的情形。本款中"规定了确定货物数量和价格的规则"便构成了此处的"暗示规定"。如何理解这一表述呢？由于这里涉及"数量"和"价格"两个不同的要素，所以，下文将分别讨论它们各自的内涵。

第一，"规定了确定货物数量的规则"内涵。根据其字面意思，它通常是指在订立合同的建议中写明了可以用来计算并确定货物数量的方法。无论建议中仅仅写明"将收购你公司今年生产的全部粮食"，还是甲向乙建议，他愿意向乙提供其一年内生产所需的所有铁矿石，还是乙向甲表明，愿意向甲采购其一年内开采的所有铁矿石，都属于"规定了确定货物数量的规则"。其他国家的司法实践也确认了此种宽松的解释方法。在一起有关天然气交易的案件中，奥地利法院认为：即使在订立合同的建议中仅仅提到"700 至 800 吨"这一数量，也已经确定了买卖的数量。在其他判决中，法院也判定：如果在订立合同的建议中载明将提供或购买"三卡车鸡蛋""20 卡车罐装浓缩番茄汁"，这也属于"规定了确定货物数量的规则"。[①]无论是上述学者的观点还是司法判例中的判定，都是正确的。因为根据这些表述中蕴含的信息，一方当事人能够算出他可以购买或出售货物的具体数量。

第二，"规定了确定货物价格的规则"内涵。顾名思义，它是指在订立合同的建议中载明了可以用来计算并确定货物价格的方法。国内外学界和司法实务界对这一概念的界定也比较宽松。无论是在订立合同的建议中写明"将以货物交付时某一特定市场的交易价格或特定交易

---

① 参见张玉卿：《国际货物买卖统一法——联合国货物买卖合同公约释义》，第 114 页。

所的收盘价计价"①,还是标明了每件皮毛的价格为"35 至 65 马克"②,都属于已经载明了"确定货物价格的规则"。可见,即使仅仅载明价格区间,也是可行的。因为货物的质量是有区别的,质量好的货物自然价格较高,质量差货物的价格则较低。上述观点或判决显然是成立的,因为通过上述列举的方式,人们确实可以查明所售货物的价格。

可见,所谓的"暗示规定"货物的数量和价格是指在当事人发出的签订合同的建议中没有直接明确地写明货物的数量和价格,却载明了一些可以用来确定货物数量、价格的线索或依据。在双方当事人已经有较长时间的合作关系时,通常会采用此种"暗示规定"表明货物的数量和价格的方式。比如,基于双方长期的交易习惯,订货方只需告知供货方所需的货物名称,供货方就能知道订货方需要购买货物的数量和愿意支付的价格。或者,如果双方已经就特定的货物买卖签订了框架协议,而且在该协议中已经详细地规定了货物的名称、数量、价格和质量等,那么,即使在后来一方当事人发出的发货通知中没有写明货物的数量、价格等,也属于本款中的"暗示规定"。在出现这种"暗示规定"的情形下,应当适用《公约》第 8 条规定的解释规则根据已知的线索查明货物的数量和价格。③

(3)"建议内容的确定性"的最低要求

如上所述,本款仅仅规定了货物、价格和数量三要素,如果相关的建议中写明了该三要素,就已经符合本款所规定的"建议内容的确定性"要求。应当指出:这里三要素仅仅是《公约》对要约内容的最低要求。因为对于一个国际货物销售合同而言,仅仅载明货物、数量和价格三方面的内容是远远不够的,合同至少还应当载明货物的质量、交付货

---

① Enderlein/Maskow/Strohbach,Art. 14,Anm. 9;另参见张玉卿:《国际货物买卖统一法——联合国货物买卖合同公约释义》,第 114 页。

② Oberster Gerichtshof, Austria OGH, 10. 11. 1994, www. unilex. info/cisg/case/110,访问时间:2022 年 1 月 9 日。

③ UNCITRAL, *Digest of Case Law on the United Nations Convention on the International Sale of Goods*, 2016, p. 87.

物的方式、时间和地点,付款的方式、时间和地点等。这也表明:这里的"确定性"并不要求建议囊括未来合同涉及的所有事项,缺少这些内容并不影响相关的建议成为法律意义上的要约,也不影响合同的生效。在合同对这些事项没有作出约定的情况下,可以适用《公约》第 31 条、第 33 条、第 57 条第 1 款和第 58 条第 1 款等条款来填补合同中的空缺,①这些条款分别规定了交货的地点、时间和付款的地点、时间。从西方国家的司法实践看,法院并没有简单而僵硬地根据本款规定的三要素来判断有关的建议是否构成要约。例如,瑞士圣加仑州商业法院在其于 1995 年 12 月审理的德国卖方和瑞士买方之间的计算机硬件设备(绘图仪)销售合同纠纷中判定:在具备《公约》第 14 条第 1 款规定的要约其他要件时,即使建议中没有载明价格,该建议也构成要约。在该案中,瑞士买方主动向德国卖方发出传真:向其订购编号为"Nr. 1847-02.12.91"的三套计算机硬件设备(绘图仪),并详细地写明了收件人及其详细地址,要求卖方尽快邮寄,但传真没有提及价格。德国卖方交付了设备,但瑞士买方以其传真没有写明价格,从而不构成第 14 条第 1 款意义上的要约,因而没有订立合同为由拒绝支付货款。但瑞士上述法院判定:除了价格以外,瑞士买方的传真已经载明了第 14 条第 1 款规定的构成要约的所有其他要件,而且从传真标明货物型号、收件人及其邮寄地址等信息看,即使在没有标明价格的情况下,瑞士买方也有强烈的与德国卖方订立合同的意愿,所以,该传真依然构成要约,由此在双方之间已经订立了合同。②德国一家法院在其判决中确认:如果要约人发出的建议中包括了几种可供对方当事人选择的货物、价格等,这同样符合本款规定的"确定性"要求。③

---

① UNCITRAL, *Digest of Case Law on the United Nations Convention on the International Sale of Goods*, 2016, p. 87.

② Handelsgericht des Kantons St. Gallen, Switzerland, 5 December 1995, www. unilex.info/cisg/case/190,访问时间:2022 年 1 月 8 日。

③ UNCITRAL, *Digest of Case Law on the United Nations Convention on the International Sale of Goods*, 2016, p. 87.

2.4 表达了愿意承受约束的意思表示

根据本款的字面意思,"表达了愿意承受约束的意思表示"是订立合同的建议成为要约的另一个要件。这句话的意思是,发出订立合同建议的人必须表明:只要受要约人表示接受要约的内容,合同即告成立,要约人也受其提出的订立合同建议的约束。由此可见,这一要件具有以下两方面的重要功能:第一,它阻止要约人随意对其发出的要约进行修改。在对方当事人对其建议表示同意后,他便失去了更改的权利;第二,在对方当事人对其建议表示同意,而且该"同意"也生效后,合同便告订立,他便应当履行合同义务。可见,要约人是否"表达了愿意承受约束的意思表示",对于判定一个"订立合同的建议"是否构成要约至关重要。事实上,在国际贸易合同纠纷中,这也是一个重要的争议点。那么,法院或仲裁机构如何才能判断要约人已经在其建议中"表达了愿意承受约束的意思表示"呢?《公约》没有规定统一的判断标准。根据学界的讨论和不同国家法院或仲裁机构的判决,大致有以下几种考量因素:

第一,根据一方当事方发出的订立合同建议的内容来进行分析判断。如果建议中设定了回复的期限,如"贵公司应该在收到发盘的10日内作出回复",或者"在10月10日以前回复本公司",便可以认定"已经表明了愿意受约束的意思"。[①]即使建议中设置的期限不是十分明确,但要约人通过其发出的建议表达了十分明确的愿以建议中提交的条件与对方签订合同的意思,司法实践也同样将它视为"已经表明了愿意受约束的意思"。例如,甲公司对乙公司发出订单说"我公司愿意订货,贵公司应立即发货",就是如此。这些做法是值得肯定的,因为在上述表述中,建议发出人已经表达了这样一个信息:发出建议的当事人已经设定了对方作出承诺的条件。只要对方接受这些条件,那么,他自然愿意承认其效力。

---

① 参见张玉卿:《国际货物买卖统一法——联合国货物买卖合同公约释义》,第118页。

第二,当建议已经具备第 14 条规定的其他要件时,用英语发出该建议。德国汉堡高等法院便持这一观点。在其审理的法国卖方和德国买方之间的番茄浓缩酱销售合同纠纷中,法国卖方向德国买方用英语发出一份销售 20 卡车番茄浓缩酱罐头的建议传真,里面还标明了价格和质量,德国买方传真回复接受。但卖方仅仅交付了一卡车货物,此后买方便宣告合同无效并要求法国卖方承担损害赔偿责任。法国卖方认为,其用英语发出的传真表明他没有受其要约约束的意思,故不构成第 14 条第 1 款意义上的要件。德国上述法院驳回了法国卖方的以上观点,因为其发出传真的内容已经足够明确,而且用 20 卡车来表示销售番茄浓缩酱罐头的数量也符合当地的习惯做法。同时,法国卖方用英语向一家德国买方发出传真十分明确地表明了"只要德国公司同意其条件,法国卖方愿受该传真约束"的意思,因为英语对买卖双方而言都是外语。①

第三,根据双方业已存在的习惯做法判断。德国另外一家法院便持这一观点。在其审理的德国卖方和韩国买方之间的货物买卖纠纷中,一家韩国公司向德国卖方发出了采购货物的建议,但德国法院根据双方之间的习惯做法判定该建议没有表达它愿受约束的意思,因而不构成第 14 条意义上的要约。因为在双方当事人之间已经形成了分两步签订合同的习惯做法:即第一步,采购方向另一方发出订货通知;第二步,双方就订货通知中没有涉及的事项达成协议。然后双方才开始履行合同。②

2.5　小结

综上所述,构成要约一般必须同时具备上述四方面的要件。在通常情况下,法院和仲裁机构也根据以上四个要件结合具体案件中的具体信息和习惯做法来分析判断一方发出的建议是否构成《公约》第 14

---

① Oberlandesgericht Hamburg, Germany, 4 July 1997, www. unilex. info/cisg/case/438,访问时间:2022 年 1 月 9 日。

② GILLETTE/WALT, *The UN Convention on Contracts for the International Sale of Goods：Theory and Practice*, 2016, p. 88.

条的要约。在有争议时,应当遵循《公约》第 8 条规定的解释规则来进行分析。[1]

3. 要约邀请(第 2 款)

本条第 2 款规定:"非向一个或一个以上特定的人发出的建议,仅应视为要约邀请,除非提出建议的人明确地表明了相反的意思。"据此本款前半句规定了要约邀请的定义,而后半句"除外条款"则规范了前半句的例外及构成例外的条件。

3.1 要约邀请的定义

要约邀请又称公众要约,根据本条第 2 款的规定,它是指那些不是向一个或几个特定的人发出的订立合同的建议。这一界定是十分必要的。在现实生活中,公司企业经常会在电视、报刊、网页上刊登各类宣传广告,或者在广场上向行人散发广告、商品目录、价格单等,或者在橱窗中陈列标明价格的商品。所有这些宣传方式有一个共同的特征:它们不是"向一个或一个以上的特定的人发出的",而是向不确定的观众、听众、行人发出的。根据本款规定,即使这些建议已经标明货物、价格和数量,它们依然不构成要约,而仅仅构成要约邀请。《公约》作出此种限制的经济学原理在于:如果将此类建议视为要约,而且所有收到此种要约的人都对此表示接受,那么,合同便告成立。而该要约人不可能备有如此充分的货源,来向每个订货人履行交货义务。

《公约》将这种向非特定人发出的订立合同的建议定义为要约邀请,它有其特有的法律功能:建议受收者无权对该建议进行承诺。因为它仅仅是邀请该收受者向发出建议的人发出一个要约,然后由他自己作出承诺与否的决定。

3.2 例外及构成例外的条件

第 2 款不仅原则上将此种不是向特定人发出的订立合同的建议视

---

[1] UNCITRAL, *Digest of Case Law on the United Nations Convention on the International Sale of Goods*, 2016, p. 86; GILLETTE/WALT, *The UN Convention on Contracts for the International Sale of Goods: Theory and Practice*, 2016, p. 80.

为"要约邀请",而且规定了这些规则的例外情形。本款后半句的"除外条款"蕴含着以下两层法律含义:其一,在具备"除外条款"规定的条件时,那些不是向特定人发出的订立合同的建议便不是要约邀请,相反,它们是《公约》第14条第1款意义上的要约,从而构成了本款前半句规则的例外。其二,"除外条款"本身也规定了构成以上例外的前提条件,即"提出建议的人明确地表明了相反的意思"。那么,这一条件中究竟具备了哪些具体要件呢?《公约》没有作出明确规定;一般认为,构成这种例外必须具备以下主观要件和客观要件。

(1)主观要件

这是指发出建议的人必须表明:其向非特定人发出的建议不是要约邀请,而是要约,本款后半句"除非提出建议的人明确地表明了相反的意思"这一表述明确表明了这一点。对于这一限定条件的内涵,学界有两种不同的看法。一种观点认为:在订立合同的建议中,如果作出此种建议的人明确地写明了货物名称、价格、数量等完整的交易条件,这就已经表明了这一意向。①相反的观点则认为:仅仅表明了完整的交易条件,还是不够的;此外,该当事人还必须明确表明:相关的建议已经构成了一个要约。如果建议中已经写明"货物将出售给第一个支付货款的人""数量有限""先到先得""愿受约束"等语句,就已经表明了他愿意将此视为要约的主观意愿②。笔者赞同第二种观点。无论是从本条两款的关系看,还是从本款的字面意思分析,后一种观点更加符合本款的原意。

(2)客观要件

这是指除了它不是向特定人发出的以外,它已经满足本条第1款

---

① 参见李巍:《联合国国际货物销售合同公约评释》,第85页。

② 参见 GILLETTE/WALT,*The UN Convention on Contracts for the International Sale of Goods:Theory and Practice*,2016,p. 88;张玉卿:《国际货物买卖统一法——联合国货物买卖合同公约释义》,第119页;Secretariat commentary on Article 14 of Draft Convention, 见 http://www.cisg.law.pace.edu/cisg/text/secomm/secomm-14. html,访问时间:2014 年 12 月 12 日。

规定的构成要求的其他所有要件,即建议必须载明货物、数量、质量和价格等交易条件。本条两款均采用了订立合同的"建议"这一表述,它们唯一的区别是相关的建议是否发给特定的人。所以,此种"公众要约"在例外情形下构成"要约"的重要客观前提条件是:它必须具备第14条第1款规定的构成要约的所有其他客观交易条件。联合国国际贸易法委员会秘书处也持这一看法。[①]

3.3 与国内法的关系

无论是英美法系国家,还是大陆法系国家,均有对此种向非特定人发出的订立合同建议的性质的相应法律规定。英美法系国家将它视为要约,而大陆法系国家则将它定性为邀请。本款规定采取了一个折中的办法,即原则上这种向非特定人发出的订立合同的建议不是要约,而仅仅是要约邀请。但在例外情形下,依然将它视为要约。可见,这一款规定本身是两大法系妥协的结果。

我国原《合同法》(1999)第15条、《民法典》第473条也采用原则和例外相结合的立法技术对要约邀请进行了规范。据此,"要约邀请是希望他人向自己发出要约的表示。拍卖公告、招标公告、招股说明书、债券募集办法、基金招募说明书、商业广告和宣传、寄送的价目表等为要约邀请。商业广告和宣传的内容符合要约条件的,构成要约"。

4. 与《公约》第55条的关系

根据本条第1款的规定,价格是要约必须具备的一个要素,发出建议的当事人必须直接写明价格,或者载明确定价格的方法。据此,没有载明价格或确定价格方法的建议就不是要约。这就意味着:双方当事人之间不可能签订没有载明价格或确定价格方法的合同。但是,《公约》第55条规定:即使在双方没有明示或暗示地规定价格或规定如何确定价格的情况下,依然可以有效订立合同。[②]从字面意思来看,第55

---

① Secretariat commentary on Article 14 of Draft Convention,见 http://www.cisg.law.pace.edu/cisg/text/secomm/secomm-14.html,访问时间:2014 年 12 月 12 日。

② 详见本书第 55 条中之论述。

条无疑承认此种没有规定价格合同的效力。这就产生了本条第 1 款和第 55 条之间关系的问题,尤其是在它们是否存在着矛盾。我们有必要分析这两个条款之间的关系。

4.1　两者之间的矛盾

应该承认:在这两款之间确实存在上述矛盾。这一矛盾的产生是基于在《公约》起草和谈判过程中,两类国家有关国内法的不同规定。一类国家的国内法承认此种不载明价格或价格确认方法要约的效力,它们自然也承认这样的合同。因此,在《公约》起草过程中,它们坚持要将这一点写进《公约》;而另一类国家的国内法仅仅承认那种载明了价格或确定价格方法的要约,所以它们反对将上述规定写进《公约》。经过反复磋商,最后达成了如下妥协结果:将第二类国家的意见融入第14 条第 1 款,将第一类国家的观点纳入第 55 条。坚持将其意见写进第55 条的国家还有另一个重要理由:即它们均根据《公约》第 92 条的规定对第二部分条款行使了保留权。因此,包括第 14 条在内的第二部分条款便不适用于这些国家;相反,在这些问题上,这些国家依然适用其国内法。①

4.2　两者之间的补充关系

尽管存在上述事实,但从另一个角度分析,第 14 条第 1 款和第55 条并不矛盾,在它们之间反而存在一种相互补充的关系。由于第14 条第 1 款规定了要约的构成要件,进而规定了合同的要件,据此,只有在要约中已经说明价格和符合其他规定的要件时,相关的合同才能订立。但该款并没有规定没有载明价格的要约、据此签订的合同是否有效。根据《公约》第 4 条 a 项的规定,此类合同或条款的效力问题应当根据有关国家的国内法来进行判断。第 55 条也没有涉及此类要约和合同的效力问题,效力问题依然应根据相关国家的国内法来判断。该条的实际意义在于,如果根据相关国家国内法的规定,此类要约和合同具有法律效力,那么可以根据该条规定的方法查明买

---

① 　Bianca/Bonell/Eoersi, *Commentary on the International Sales of Law*, p. 134.

方应当支付的价款。可见,第 55 条确实对第 14 条第 1 款起着补充作用。

从西方国家的司法实践看,有着两种完全不同的做法。一类国家的法院倾向于拒绝适用《公约》第 55 条的规定,其理由是:由于双方当事人没有明示或暗示地确定货物的价格,因此不符合第 14 条第 1 款规定的确定性要求,所以不能适用第 55 条规定。德国、瑞士、奥地利的法院和俄罗斯的国际商事仲裁委员会均持这一观点。但瑞士的另一法院却持比较开放的态度,它认为:即使要约没有载明价格或确定价格的方法,也不影响合同的效力。在这种情况下,可以适用第 55 条的规定参照同类产品的一般价格来确定买方应当支付的货款。在紧急情况下,则可以参照同类货物"当时的市场价格"来查明。①

第 15 条　要约的撤回

Article 15

(1) An offer becomes effective when it reaches the offeree.

(2) An offer, even if it is irrevocable, may be withdrawn if the withdrawal reaches the offeree before or at the same time as the offer.

译文

(1) 要约于送达受要约人(原译文为:"被发价人")时生效。

(2) 如果撤回通知先于要约或同时送达受要约人,则即使是一项不可撤销的要约,也是可以被撤回的(原译文为:"一项发价,即使是不可撤销的,得予撤回,如果撤回通知于发价送达被发价人之前或同时,送达被发价人")。

---

① UNCITRAL, *Digest of Case Law on the United Nations Convention on the International Sale of Goods*, 2016, p. 87.

目录

正文

1. 调整对象

　　本条共有两款,它们主要解决了要约的生效和撤回问题。其中第1款确认了要约到达生效原则,但并没有规范要约何时送达受要约人问题。相反,这一问题是由《公约》第 24 条规范的。而第 2 款则允许要约人在特定条件下撤回其要约。由此,该款也间接地划定了要约撤回和第 16 条下要约撤销之间的界线。任何法律条款均应当较好地平衡双方当事人的利益。本条两款就较好地发挥了此种平衡作用。第 1 款更多地考虑了受要约人的利益,因为他有权对此种生效的要约进行接受,从而与对方签订合同;而第 2 款则更多地保护了要约人的利益,因为他可以通过行使撤回权使自己不受已经发出要约的约束。另外,其撤回也没有损害受要约人的利益:在要约到达受要约人之前,他并不知晓要约的内容,因而也不存在需要得到保护的信任利益。

2. 要约的生效(第 1 款)

　　本款规定:"要约于**送达**受要约人时生效。"根据本款的字面意思,本款不仅规定了要约生效的时间点,而且规定了要约生效的前提条件,而且无论是生效的时间点还是生效条件,都与"送达"相关。下文将就此进行分析。

2.1 要约生效的时间点

关于要约的生效时间,国际上大致有两种不同的规定:其一是英美法系国家的"投邮主义",即以书信、电报等发出的时间作为生效的时间点。一旦要约人把带有要约内容的书信投入邮局信箱或把电报交到电报局发出,要约立即生效。其二是大陆法系国家的"到达主义"。这是指:只有在要约通知实际送达受要约人时,要约才产生法律效力。在这一点上,《公约》采用了大陆法系国家的做法。因为本条第 1 款规定,要约生效的时间点就是其到达受要约人之时,在此时间点之前,要约不产生法律效力。这一时间点究竟有何法律意义呢?它应当具备以下几方面的法律功能:首先,在这一时间点之前,要约人可以撤回已经发出的要约,并对其进行修改;当然,他也可以取消该项要约。其次,在这一时间点之前,受要约人不得对该要约进行承诺;即使进行承诺,也不发生法律效力。这种现象虽然比较怪异,但也是有可能出现的;例如,甲公司董事会经过讨论,决定向乙公司采购一批货物,但还没有发出通知,乙公司通过某种渠道获知了这一消息,直接向甲公司送达了承诺书。再次,在这一时间点之后,要约人不得撤回已经到达对方当事人的要约,也不得对其内容进行更改。最后,在这一时间点之后,受要约人便可以对该要约进行承诺。上述法律功能并没有被规定在本条第 1 款中,而是隐含在第 2 款规定中。

2.2 要约生效的前提条件

根据本款"要约于送达受要约人时生效"的字面意思,要约的生效离不开以下两个前提条件:发出要约通知必须得到要约人的同意、该通知必须"送达"受要约人。

第一,发出得到要约人的同意。这是指:向受要约人发出带有要约信息的通知,必须得到要约人的同意,否则,即使送达受要约人,也不产生法律效力。[①]虽然《公约》没有明确规定这一条件,但它蕴含在本款规

---

① Schlechtriem/Schroeter, *Kommentar zum Einheitlichen UN-Kaufrecht—CISG*, 7. Aufl. 2019, S. 421.

定中,因为此处的"······**送达受要约人**"无疑是指要约人自己有意向该受要约人发送要约。而现实中有可能出现非要约人未经要约人同意而向他人发出要约的情形。如上文提及的,甲公司董事会经过讨论,决定向乙公司采购一批货物,但还没有发出通知,乙公司通过甲公司张董事获知了这一消息,直接向甲公司送达了承诺书。在这种情况下,该通知显然在客观上已经送达了乙公司,但向乙公司发出要约通知显然没有得到甲公司的同意,因而即使送达,也应当视为没有"送达"。这一条件的法律意义在于:它可以有效防止对方当事人通过不正常途径获悉尚未发出的要约内容,并对此进行承诺,从而保护了要约人拥有的修改要约的权利。

第二,"送达"。它是指要约通知必须被"送达"对方当事人。如何理解这里的"送达"呢? 它仅仅是指:将要约信息口头告知对方当事人,或将它交给收件人本人,或者送至收件人的营业地或其通讯地址;在没有营业地或通讯地址时,则是指送至其居住地。这里的"送达"并不包括收受人知悉要约内容。[①]

3. 要约的撤回(第2款)

本款规定了要约的撤回问题。这里的撤回是指在要约生效以前将其收回,以便修改或取消该要约。本款不仅确认了要约的"可撤回性原则",而且规定了撤回要约的前提条件。

3.1　要约的"可撤回性原则"

本款明确确认了要约的"可撤回性原则",它具体体现在本款"即使是一项不可撤销的要约,也是可以被撤回的"这一表述中。根据这一规定和第16条第2款的规定,《公约》将要约分为"可撤销要约"和"不可撤销要约"两类。[②]但不管是"可撤销要约"还是"不可撤销要约",均是可以撤回的,本款中"即使"一词表明了这一点。如上所述,本款赋予要约人以"撤回"权,不仅有效地保护了要约人的"反悔权利",而且它也没

---

① 详见本书第24条中之论述。
② 详见本书第16条第2款中之论述。

有损害对方当事人的权益。因为在要约人撤回其要约时,对方当事人还不了解要约的内容,故也没有需要得到法律保护的信赖利益。

3.2 有效撤回的条件

尽管要约是可以被撤回的,但是要约的有效撤回必须符合本款的前半句即"如果撤回通知先于要约或同时送达受要约人"规定的撤销条件。据此分析,这里规定了以下两个条件:

第一,撤回通知的发送。既然要约人有意撤回其已经发出的要约,那么,他就必须将其撤回的意愿通知受要约人。通知的方式有很多,他既可以通过传统的信件、电传、传真发送其相关的通知,也可以通过现代化的电子邮件或其他电子数据传输设备来发送。

第二,撤回通知的及时送达。不管要约人采取何种方式寄送撤回通知,都必须将通知及时送达受要约人。这里的"及时送达"有着特定的要求,即撤回通知必须**先于要约送达受要约人**,至少它必须**与要约同时送达受要约人**。由此可见,如果撤回通知送达受要约人的时间晚于要约送达的时间,要约便已经生效。这意味着:从要约生效时起,除了第16条规定的撤销以外,要约人无权对该要约进行修改或作其他处分。即使作了处分,该处分也不具法律效力。这一条件的实际作用在于:如果要约人确实有意撤回其要约,他必须采用比寄送要约更快捷的通信手段来寄送撤回通知;否则,他很难实现其撤回目的。

与要约的送达一样,撤回通知是否送达受要约人,同样适用《公约》第24条的规定进行分析判断。

3.3 撤回的效力

要约是否被有效撤回,对合同双方当事人均有着重要的法律意义。如果要约人有效撤回其要约,那么,该要约就不产生法律效力。他既可以更改其内容,也可以取消该要约,受要约人自然也不能对这一要约进行承诺;反之,如果要约没有被有效撤回,那么,他便失去了对它的处分权。此时,受要约人掌握了主动权,他可以对此进行承诺并将它寄送给要约人,合同就对要约人产生约束力。即使要约人不满意合同的内容,他也必须履行合同义务。

第 16 条 要约的撤销

Article 16

（1）Until a contract is concluded an offer may be revoked if the revocation reaches the offeree before he has dispatched an acceptance.

（2）However，an offer cannot be revoked：

（a）if it indicates，whether by stating a fixed time for acceptance or otherwise，that it is irrevocable；or

（b）if it was reasonable for the offeree to rely on the offer as being irrevocable and the offeree has acted in reliance on the offer.

译文

（1）在订立合同之前，如果撤销通知于受要约人发出承诺通知之前送达受要约人，便可撤销要约（原译文为："在未订立合同之前，发价得予撤销，如果撤销通知于被发价人发出接受通知之前送达被发价人"）。

（2）但在下列情况下，不得撤销要约（原译文为："发价不得撤销"）：

（a）如果在要约中写明了承诺期限（原译文为："发价写明接受发价的期限"）或以其他方式表示要约是不可撤销的；或

（b）如果受要约人有理由信赖该项要约是不可撤销的，而且已基于信赖采取了行动（原译文为："已本着对该项发价的信赖行事"）。

目录

3. 可撤销性原则的例外(第 2 款)

   3.1   基于要约内容而形成的例外(a 项)

   3.2   基于信赖而形成的例外(b 项)

   3.3   适用第 2 款的法律后果

正文

1. 调整对象

与第 15 条不同,本条规范的对象是要约的"撤销",前者调整的则是"撤回"。这两个名词十分相似,仅有一字之差,但它们的含义是不同的。"撤回"是指要约人在其发出要约后至要约被送达受要约人时这段时间内所作的收回该要约的行为;"撤销"则是指在要约被送达受要约人之后至受要约人发出承诺通知之前这段时间内,要约人所作出的收回其要约的行为。但无论是撤回还是撤销,它们的目的都是使得要约人能够修改要约的内容或取消要约。由此可见,本条解决了以下两个相关的问题:在要约被送达受要约人之后,要约人是否可以收回其要约? 在哪些前提条件下他可以收回其要约? 本条共有两款,它们从不同角度对这两个问题进行了规范。其中,第 1 款确定了此类要约的可撤销性原则和撤销的前提条件,而第 2 款规定了可撤销性原则的例外情形。与第 15 条一样,本条规定也较好地平衡了要约人和受要约人的利益。在要约被送达受要约人之后,受要约人的利益在于他希望有一定的考虑时间,在该考虑时间内,要约人不得随意更改要约的内容,或收回其要约;而要约人的利益在于他依然希望不受其要约的约束,可以对已经到达的要约进行随意更改或收回。本条第 1 款更多考虑了要约人的需求,而第 2 款更好地保护了受要约人的利益。

从《公约》的立法背景看,本条也是两大法系代表经过艰苦谈判妥协的结果。在要约的撤销问题上,各国国内法有两种完全不同的规定。在受德国法影响的国家和斯堪的纳维亚国家中,其国内法均规定,要约对要约人具有强制约束力,即要约是不可撤销的;而罗马法和英美法系国家则持完全相反的观点,其国内法一般规定要约是可

以撤销的。①本条两款分别体现了上述两种不同的立法思想。其中,第
1 款采纳了英美法系国家的做法,它确立了要约可以被撤销的一般原
则;第 2 款则照顾了大陆法系国家的态度,规定了要约不可撤销的例外
情形。

2. "可撤销性原则"(第 1 款)

本条第 1 款规定,"在订立合同之前,如果撤销通知于受要约人发
出承诺通知之前送达受要约人,便可撤销要约"。由此可见,本款十
分明确地确认了要约的可撤销性原则,并规定了撤销要约的前提
条件。

2.1　确认了要约"可撤销性原则"

本条第 1 款明确确认了要约"可撤销性原则",它具体体现在本款
"……,便可撤销要约"这一表述。根据这一原则,只要符合本款规定的
撤销条件,除了属于本条第 2 款列举的例外情形外,要约人都可以收回
其已经被送达对方当事人的要约。

2.2　撤销要约的前提条件

要约人撤销其要约,必须符合法定的前提条件,根据本款前半句
"在订立合同之前,如果撤销通知于受要约人发出承诺通知之前送达受
要约人"的规定,有效撤销要约的法定条件有:发出撤销通知、撤销通知
送达对方当事人、送达不得晚于法定时间。

(1)发出撤销通知

为撤销其要约,要约人必须作出撤销要约的决定,并将这一决定通
知受要约人。要约人如果仅仅作出了撤销决定,但是并没有将其决定
通知对方,那么,他并未撤销其要约,即使受要约人是从第三方处得知
该决定的,也是如此。无论是撤销决定或者发出送达通知的决定,都应
当由要约人本人或其授权的代理人作出。当然,《公约》并没有规范授
权的效力、代理人的代理权限等问题,所以,此类问题应当适用相关国

---

① 　Schlechtriem/Schroeter, *Kommentar zum Einheitlichen UN-Kaufrecht—CISG*,
7. Aufl. 2019, S. 426.

家的国内法的规定来解决。

但是,该撤销通知必须是在合同签订以前发出的,本款中"在订立合同之前"的表述表明了这一点。这一时间要求表明:要约人必须在要约生效后、合同订立前的这段时间内行使其撤销权。[1]一旦合同订立,要约人就失去了撤销机会。国内外学者认为这一条件仅仅适用于当事人通过口头方式签订的合同。[2]笔者认为这一解释有些勉强。如果双方当事人通过口头或电话谈判达成合意,合同通常即时订立并生效。在这种情况下,要约人自然无权再撤销其要约。

(2) 撤销通知被送达对方当事人

与要约一样,撤销通知也是一个必须送达对方当事人的意思表示,本款中"如果撤销通知于……前**送达**受要约人"一词明确表明了这一点。这一表述隐含着两层意思:其一,撤销通知必须送达对方当事人,否则该通知不产生法律效力;其二,要约人必须承担撤销通知没有送达或延迟送达的风险。即使要约人在签订合同前发出了撤销通知,但由于各种原因通知没有及时送达对方当事人,而且其间对方当事人已经对其要约进行承诺,该承诺也产生了法律效力,他便必须受该合同的约束。其延迟送达撤销通知在法律上不足以对抗合同的签订,他据此拒绝履行合同义务的理由也难以成立。由于快递公司的原因而致使通知没有送达对方当事人,由此而引起的损害赔偿责任不受《公约》调整,应当适用相关国家的国内法予以解决。

(3) 送达不得晚于法定时间

要约人不仅应当将其撤销通知送达对方当事人,而且必须"于受要约人发出承诺通知之前"送达。根据这一条件,如果撤销通知于受要约人发出承诺通知之后送达,则该撤销通知就不具有法律效力。这一时间限制也隐含着两方面的功能:其一,它大大压缩了要约人能够行使

① 参见李巍:《联合国国际货物销售合同公约评释》,第94页。

② 参见李巍:《联合国国际货物销售合同公约评释》,第94页;Secretariat commentary on Article 16 of Draft Convention,见 http://www.cisg.law.pace.edu/cisg/text/secomm/secomm-16.html,访问时间:2014年12月16日。

撤销权的时间区间。实际上,要约人只能在其要约被送达对方当事人后至对方发出承诺通知前这一时间区间内行使其撤销权。其二,它设置了一个撤销禁令,即自"受要约人发出承诺通知"之时起,要约人不得撤销其要约。尽管《公约》第 18 条规定了承诺于送达时生效的法律原则,但本款规定的撤销禁令在实际上有促使合同提前签订的效果。

这一限制来源于英美普通法,它不仅适用于通过信件或电传寄送的通知,而且同样适用于通过电子邮件等现代通信设备传递的通知。[1]如何判断撤销通知是否送达,依然适用《公约》第 24 条的规定。

如果仔细分析本款规定,就能发现除了"发出承诺通知之前"这一时间点以外,本款还规定了"在订立合同之前"这一时间点。根据《公约》第 18 条结合第 23 条规定,合同于承诺通知到达要约人时成立(除第 18 条第 3 款规定的例外情形)。这表明:在时间先后顺序上,"发出承诺通知"的时间点显然要早于"订立合同"的时间点。那么,在这两个时间点之间究竟存在着何种关系呢? 根据本款的字面意义,"在订立合同之前"限定了要约人行使撤销权的期限,在这一时间点之前,他可以随时行使其撤销权。而"发出承诺通知之前"则设定了撤销通知的生效条件,在这一时间点之后送达的撤销通知不再具有法律效力。正因此,这一时间点也就在实际上阻止了要约人在受要约人发出承诺通知之后至签订合同之前撤销其要约。

2.3 撤销的法律效果

如果要约人有意撤销其要约,而且其发出撤销通知也符合本款规定的条件,那么,其撤销通知便具有法律效力。这意味着,已经送达的要约就失去了法律效力,即使受要约人对此作出承诺,也不对要约人产生约束力。如果要约人发出的撤销通知在对方当事人发出承诺后才被送达,那么,其撤销通知便不产生法律效力。在该承诺通知被送达要约

---

[1] Schlechtriem/Schroeter, *Kommentar zum Einheitlichen UN-Kaufrecht—CISG*, 7. Aufl. 2019, S. 431.

人之前,合同依然处于待订立状态,因为根据第 23 条规定,合同于承诺生效时签订。如果承诺通知因为各种原因根本没有被送达要约人,除了第 18 条第 3 款规定的例外情形以外,合同便没有签订。在这种情况下,要约人也并不永远受其要约的约束。如果要约中没有载明要约的消灭期间,根据第 18 条第 2 款的规定,该要约也在合理期限内消灭。

3. 可撤销性原则的例外(第 2 款)

本款规范了要约可撤销性原则的例外情形,本款"但在下列情况下,不得撤销要约"这一表述中十分清晰地体现了可撤销原则的例外。具体分析,本款通过 a 项和 b 项两项分别规定了两种例外情形。下文分别就此进行讨论。

3.1 基于要约内容而形成的例外(a 项)

根据本款 a 项的规定,如果要约中"写明了承诺期限或以其他方式表示要约是不可撤销的",则该要约便是不可撤销的。根据本款的文法结构,本款确定的例外情形实际上是要约人自己设定的,即要约人自己有意将其发出的要约设定为不可撤销的要约,因为无论是"写明承诺期"还是"其他方式",均不过是要约人借以表明其要约具有不可撤销性的一种方式。那么,要约通知中采用了哪些表达方式,可以认定要约人已经将其要约设定为不可撤销要约呢? 大致有以下几类:

第一,"写明了承诺期限……表示要约是不可撤销的"。"载明承诺期"是指:要约人在其发出的要约通知中明确规定了承诺期限。写出承诺期的方式很多,实践中常见的方式有:"贵公司应该在收到发盘的 10 日内作出回复",或在"在 10 月 10 日以前回复本公司""本发盘的有效期至 10 月 30 日截止"。根据本款 a 项规定,在要约中写明承诺期限,这是表示要约具有不可撤销性的一个证据。对于这一项规定,国际上存在着两种不同的看法。英美法系国家学者一般认为:要约中载明承诺期,仅仅意味着在承诺期届满时相关的要约将自动消失;而大陆法系国家学者则持相反的观点:此类承诺期已经足以表明要约在该承诺期限内是不可撤销的,即使要约人本身没有这样的意思,也是如此。存在这两种不同的观点并不奇怪,因为存在这种观点差异的根源在于英美法系和大陆法系国内法对此的规定不同。实际上,在制定《公约》的维也纳外交会议上,不同国家的代表就已经对这一问题进行了激烈的争论,目前的条文是双方妥协的结果。①客观地分析,上述两种观点均有一定的合理性。根据字面意思进行分析,对于"贵公司应当在收到发盘的 10 日内作出回复"此类承诺期,确实可以有两种不同的理解:其一,它们仅仅规定了承诺期限,相关的要约将在设定的日期届满时消失;其二,它们不仅规定了承诺期,而且规定了要约在上述承诺期限内的不可撤销性。由此可见,两种观点的本质区别在于:设定承诺期内本身是否意味着要约具有可撤销性?英美法系国家否认这一点,而大陆法系国家肯定这一点。尽管如此,这两种观点也存在着两方面的基本共识:(1)即在要约中载明的承诺期结束后,相关的要约不复存在;(2)基于要约中载明的承诺期,人们已经可以推定:要约人有愿受其发出的要约约束的意思。换句话说,这时除非有相反的证据,人们可以认为该要约在承诺期内具有不可撤销性。

第二,"以其他方式表示要约是不可撤销的"。本款 a 项还规定:要约人可以"以其他方式表示要约是不可撤销的"。实践中,要约人经常采用的"其他方式"有"实盘"(firm offer),或者直接标明不可撤销性如"至 10 月 15 日前不撤销"。

如果要约通知中包含以上表述,它们便属于不可撤销的要约。在指定的日期届满前,要约人不得撤销其要约,即使撤销,也不产生法律效力。应当强调的是:本项规定并不要求要约人必须在其发出的要约通知中十分明确地表明不可撤销性。所以,相关的要约究竟是否具有不可撤销性,必须根据具体案件中要约通知的具体内容、结合双方当事人之间的习惯做法等进行分析判断。

3.2 基于信赖而形成的例外(b 项)

本款 b 项规定,"如果受要约人有理由信赖该项要约是不可撤销

---

① Schlechtriem/Schroeter, *Kommentar zum Einheitlichen UN-Kaufrecht—CISG*, 7. Aufl. 2019, S. 433.

的,而且已基于信赖采取了行动",它便属于不可撤销要约。根据其字面意思,它主要规范了构成此类例外的前提条件。除了分析这些前提条件义务,下文还将讨论适用本项规定的典型案例和本项默示确定的一般法律原则。

(1)构成基于信赖而形成例外的前提条件

客观地分析,本款 b 项规定了构成本项例外所应具备的三个要件:其一,受要约人相信相关要约是不可撤销的;其二,受要约人基于这种信赖而采取了行动;其三,信赖和行动之间必须存在因果关系。

第一,受要约人信赖要约的不可撤销性。这是指受要约人有理由相信相关的要约是不可撤销的。究竟在何种情况下才构成本项规定中的"受要约人有理由相信"? 对此没有统一的、客观的评判标准,相反,应该根据具体案件中的具体情况予以分析。

第二,受要约人采取了行动。由于相信要约人的要约是不可撤销的,所以受要约人已经采取相应的行动。一般认为,应该对这里的"行动"作广义的解释。它不仅可以指积极的"行为",如进行投标、采购原材料、开始生产、招聘新的员工等,还可以指消极的"不作为",比如,为保证完成供货任务而拒绝承诺新的要约。[①]

第三,信赖和行动之间必须存在因果关系。这是指因为受要约人相信相关的要约具有不可撤销性,他才进行了上述行为。本项中"受要约人……基于信赖采取了行动"这一表述已经表明了这一点。

由上可见,要成为第二种不可撤销要约的典型类型,必须同时具备上述三个要件,缺少其中任何一项,相关的要约便不属于此。

(2)构成 b 项例外的典型案例

同时具有以上三个条件的案例在现实中是大量存在的,尤其是在各国政府为修建铁路、公路、桥梁、飞机场、发电站等基础建设项目而组

---

① Bamberger/Roth/Saenger,Art. 16,Rn. 5;Bianca/Bonell/Eoersi,Art. 16, Anm. 2.2.2;Enderlein/Maskow/Strohbach,Art. 16,Anm. 8;Staudinger/Magnus,Art. 16,Rn. 13.

织的招投标中,更为频繁出现。例如,如果我国南方某市有意修建一座水力发电站,故邀请各具有资质的建筑公司投标。上海某建筑公司有意投标,为制作确有依据的标书,于某年 9 月 20 日邀请欧洲某国公司发一份 1 000 吨钢材的报价单,并告知将此报价单用于南方某市水力发电站项目的招标,招标结果将于 10 月 30 日公布。欧洲公司于 9 月 25 日向该上海建筑公司发出了相应的报价,上海公司用该报价制作了标书并进行了投标。其间由于钢材的国际市场价格大幅度上涨,欧洲公司于 10 月 10 日通知上海公司撤销其报价。上海建筑公司于 10 月 30 日获悉中标,要求欧洲公司履行交货义务。

这是一个 b 项规定所指的不可撤销要约的典型案例。首先,上海公司有理由相信欧洲公司发出的要约是不可撤销的,因为它已经明确告知该欧洲公司:只有在中标时,才会与欧洲公司签订购买 1 000 吨钢材的买卖合同,而它至 10 月 30 日才知道投标结果;其次,上海公司采取了相应的行动,即利用欧洲公司的报价制作了标书,并进行了投标。上海公司正因为相信欧洲公司在 10 月 30 日以前不会撤销其要约,所以才以其报价为基础制作标书、进行投标。

(3) b 项规定确定一般法律原则

本款 b 项不仅规定了可撤销要约原则的另一种例外情形,而且确认了"诚信原则"和"禁止反言原则"。

第一,确认了"诚信原则"。《公约》第 7 条第 1 款确定的"诚信原则"仅仅适用于法官或仲裁员,但《公约》其他条款也规定了适用于合同双方当事人的"诚信原则",《公约》第 16 条第 2 款便是其中的一个条款。根据该款规定,"如果在要约中写明了承诺期限或以其他方式表示要约是不可撤销的;或如果受要约人有理由信赖该项要约是不可撤销的,而且已基于信赖采取了行动",那么,要约人便不得撤销其要约。尽管这里没有提到"诚信原则",但它无疑体现了这一原则。当要约人在其发出的要约中载明了承诺期,或他通过其他行为表明不会撤销其要约时,不撤销其要约就是诚信原则的基本要求,而撤销要约则是不诚信的行为。正因此,国际商事合同法学界和司法界一致认为:诚信原则同样也是构成《公约》基础的一般法律原则。[1]

第二,确定了"禁止反言原则"(estoppel)。本款 b 项还确认了"禁止反言",禁止要约人在自己设定承诺期限内撤回其要约,本身便是禁止要约人反悔。国外法院还认为:本项和第 29 条第 2 款规定一起确认的"禁止反言"已经构成了《公约》第 7 条第 2 款意义上的一般法律原则,所以可以扩大到合同当事人的其他"反悔行为"。奥地利维也纳联邦商会国际仲裁院便持这一观点。1994 年 6 月,该院审理了奥地利卖方和德国买方之间的轧制金属板销售合同纠纷。根据合同规定,卖方应当分批交付轧制金属板,买方如果发现货物有瑕疵,必须在卖方交付货物后立即或最晚在交付后的两个月内将瑕疵的详情通知卖方。由于奥地利卖方交付的货物存在严重的质量瑕疵,买方要求卖方承担赔偿责任,但奥地利卖方以买方未根据合同和《公约》第 38 条、第 39 条规定履行通知义务为由,拒绝承担任何赔偿责任,因为买方实际上在卖方履行交付义务后的第 6 个月才发出以上通知。但奥地利法院驳回了卖方的主张。因为在卖方收到买方逾期发出的瑕疵通知后,并没有立即指出通知已经逾期的事实,反而仍与买方保持联系,随时了解葡萄牙最终客户和比利时中间商的对产品质量的投诉情况,多次声明愿意协商解决质量问题。所有的这些行为使得买方有足够的理由相信:卖方已经放弃了引用逾期通知的事实进行抗辩的权利。而卖方最终引用逾期通知事实和《公约》第 38 条、第 39 条进行抗辩的行为违反了第 16 条第 2 款和第 29 条第 2 款确定的"禁止反言原则",法院不予采信,卖方必须承担损害赔偿责任。[2]

---

[1] UNCITRAL, *Digest of Case Law on the United Nations Convention on the International Sale of Goods*, 2016, p. 43;高旭军:《联合国国际货物销售合同公约适用评释》,中国人民大学出版社 2017 年版,第 47 页;Schlechtriem, *Kommentar zum Einheitlichen UN-Kaufrecht—CISG*, 2017, 7. Aufl. S. 202。

[2] Internationales Schiedsgericht der Bundeskammer der gewerblichen Wirtschaft-Wien, Austria, 15 June 1994, www.unilex.info/cisg/case/56,访问时间:2022 年 1 月 9 日。

3.3 适用第2款的法律后果

在本款规定的"不得撤销要约"的情况下,要约人受其要约的约束,不得撤销其要约。受要约人可以选择接受要约,从而与对方签订合同,当然也可以选择拒绝或对要求内容进行修改。在"禁止撤销"期间,即使要约人发出了撤销要约的通知,该通知也送达对方当事人,它也不产生法律效力。受要约人依然可以通过对该要约表示承诺而与对方签订合同。如果对方拒不履行合同义务,他可以采取《公约》规定的补救措施,维护其利益。

第 17 条 要约的终止

Article 17

An offer，even if it is irrevocable，is terminated when a rejection reaches the offeror.

译文

一项要约,即使是不可撤销的,于拒绝通知送达要约人时终止。

目录

1. 规范对象

2. 要约因拒绝而终止

3. 要约因其他因素而终止

4. 终止的法律效果

正文

1. 规范对象

本条主要规范了要约的终止问题,这里的终止是指使要约失去效力。根据本条规定,受要约人发出的拒绝通知将会使要约失去效力。一旦要约失去法律效力,合同自然不能订立。本条的调整对象不仅包括可撤销要约的终止，还包括不可撤销要约的终止，本条前半句"一项要约，即使是不可撤销的"这一表述，表明了这一点。

从《公约》的整体看，除了本条规定以外，实际上《公约》第 19 条也规范了对要约的拒绝。根据该条第 1 款的规定，尽管对要约表示承诺，但只要承诺对要约内容进行了实质性的修改，即构成对要约的拒绝。尽管这两条的调整对象有重合的地方，但它们的规范对象还是有着明显的区别。本条的调整对象是十分明确的拒绝，而第 19 条的规范对象却是受要约人对要约内容进行了修改的承诺，而《公约》将这种承诺视为拒绝。

2. 要约因拒绝而终止

如上所述，本条规范了要约的终止问题。在什么前提条件下，一项发出的要约才会终止呢？本条规定："一项要约，即使是不可撤销的，于拒绝通知送达要约人时终止。"据此分析，终止要约必须具备"发出拒绝通知"和"通知送达"这两个条件。

第一，发出拒绝通知。这是指受要约人可以通过向要约人发出拒绝通知的方式来终止要约。拒绝通知既可以是明示的，例如明确表明"对对方的要约不感兴趣"；也可以是暗示的，例如，在对方要约内容的基础上，对其内容进行了实质性的修改。但在考察是否属于暗示拒绝时，适用的不是第 17 条的规定，而是第 19 条的规定。[①]

对于受要约人发出的通知是否属于本条意义上的"拒绝通知"，人们必须根据《公约》第 8 条规定的解释规则来进行分析。受要约人不仅可以在其发出承诺之前发出本条意义上的拒绝通知，即使在其发出承诺通知后，也同样可以发出拒绝通知。当然，根据《公约》第 22 条的规定，它必须在该拒绝通知中表明撤回其此前发出的要约，而且该通知必须先于或至少与承诺同时到达要约人。只有这样，它才能起到终止要约的作用。[②]

---

① 详见下文第 19 条中之论述。
② 详见下文第 22 条中之论述。

第二,"通知送达"。上述拒绝通知必须送达要约人,否则该通知不发生法律效力。这与第 16 条第 1 款的规定有着很大的不同。根据该款规定,受要约人发出的承诺通知于通知发出时就产生了阻止要约人撤销其要约的效力,这在实际上采纳了英美法中的投邮主义原则。但本条规定依然采用了"送达生效原则"。至于通知是否送达了要约人,争议解决机构必须根据《公约》第 24 条的规定进行分析判断。

3. 要约因其他因素而终止

除了受要约人的拒绝能导致要约的终止外,"其他因素"同样能导致要约的终止。当然,本条没有规范此类具有终止功能的"其他因素",而是规范在《公约》的其他条款里。根据这些条款,这里的"其他因素"有以下几种:

第一,要约规定的承诺期届满(第 16 条第 2 款 a 项,第 18 条第 2 款)。如果要约中规定了承诺期,但在该承诺期届满时,受要约人没有对此作出承诺,那么,该要约于该承诺期届满时终止。即使要约中没有规定承诺期,在一段"合理的期限"届满时,如果受要约人依然没有对此表示承诺,该要约同样归于终止(第 18 条第 2 款)。

第二,要约人根据第 16 条第 1 款的规定实施了有效撤销行为。要约中规定了承诺期,要约也已经送达了受要约人,但在该受要约人发出承诺之前,要约人发出的撤销通知已经送达了该受要约人。

4. 终止的法律效果

一旦要约被有效终止,相关的要约便会失去法律效力。当然,如果双方有意继续签订合同,一方当事人就应当向对方发出新的要约。如果对方对其新要约作出承诺,合同便告订立。

第 18 条 承 诺

Article 18

(1) A statement made by or other conduct of the offeree indicating assent to an offer is an acceptance. Silence or inactivity does not in itself

amount to acceptance.

(2) An acceptance of an offer becomes effective at the moment the indication of assent reaches the offeror. An acceptance is not effective if the indication of assent does not reach the offeror within the time he has fixed or, if no time is fixed, within a reasonable time, due account being taken of the circumstances of the transaction, including the rapidity of the means of communication employed by the offeror. An oral offer must be accepted immediately unless the circumstances indicate otherwise.

(3) However, if, by virtue of the offer or as a result of practices which the parties have established between themselves or of usage, the offeree may indicate assent by performing an act, such as one relating to the dispatch of the goods or payment of the price, without notice to the offeror, the acceptance is effective at the moment the act is performed, provided that the act is performed within the period of time laid down in the preceding paragraph.

译文

（1）受要约人通过发出声明或作出其他行为表示同意一项要约，即为承诺。缄默或不作为(原译文为："不行动")本身不等于承诺。

（2）承诺于表示同意的通知送达要约人时生效。如果表示同意的通知在要约人所规定的时间内，如未规定时间，在一段合理的时间内，未曾送达要约人，则该承诺不发生效力；在确定合理时间的长度时(新增)，须适当地考虑交易的情况，包括要约人所使用的通讯方法的迅速程度。对口头要约必须立即承诺，除非当时的情况表明了相反的意思(原译文为："但情况有别者不在此限")。

（3）但是，如果根据该项要约或依照当事人之间确立的习惯做法或惯例，受要约人可以无须向要约人发出通知，而通过作出某种行为，例如与发运货物或支付价款相关的行为，来表示同意，则承诺于该项行为作出时生效,但该项行为必须在上一款所规定的期间内作出(语序稍作调整)。

目录

正文

1. 规范对象

根据《公约》第 23 条规定,合同于对要约表示承诺的通知生效时签订。由此看来,除了要约外,决定合同订立的另一关键因素便是承诺。《公约》共有五个条款规范承诺问题,本条是其中的第一条。本条共有三款,其中第 1 款主要给承诺下了定义,而第 2 款和第 3 款分别规定了书面承诺、口头承诺和行为承诺的生效时间。从本条与其他条款的关系看,本条不仅适用于一方当事人对第 14 条下要约所作的承诺,而且适用于对第 19 条下反要约所进行的承诺。当然,受要约人对要约表示同意,但同时又提出了修改建议,这究竟是构成承诺还是反要约,应当适用第 19 条来进行判断;但对反要约的回复是否构成承诺,则依然必须根据第 18 条来进行判定。除此之外,它还适用于一方当事人提出的修改或终止合同的建议。它甚至还适用于《公约》没有规范的事项,澳大利亚联邦法院便根据本条判定一个保留所有权条款是否已经被对方接受。[①]

2. 承诺(第1款)

承诺在我国外贸实务中又称"受盘"。那么,究竟何谓"承诺"呢?本款第1句对此作了如下定义:承诺是"受要约人通过发出声明或作出其他行为"对一项要约表示同意,"缄默或不作为本身不等于承诺"。据此分析,构成承诺必须具备两方面的要素:对要约表示同意、这种同意必须以某种方式表达出来。

2.1 通过行为表示"同意"(第1句)

本条没有直接对"同意"作出定义,但结合第19条的规定,可以得出结论:"同意"是指受要约人完全接受要约人在要约中提出的交易条件,或者在对要约所作的回复中没有添加或更改要约中的任何内容,也未提出任何不同的交易条件。这在实际上确认了英美合同法中的"镜像规则"(mirror-image rule),即承诺必须与要约的内容完全一致,否则,对要约的回复便不构成承诺。如果受要约人仅仅对要约中的交易条件作了轻微的变动,这是否依然属于"同意",要根据《公约》第19条第2款的规定进行分析判断。这一要件表明:在受要约人收到要约通知后,如果受要约人仅仅回复"已收到要约",或者表示"对要约内容很感兴趣",这些还不足以构成本款意义上的"同意"。[②]

应当强调的是:上述同意必需由受要约人或其授权代理人作出,而且只有他们才有权对相关的要约进行承诺。如果一方当事人同意用外语进行谈判或者接受一项外语表达的要约,那么,他必须自己承担因理解外语语义复杂性而带来的法律风险。

2.2 "同意"的表达方式

如果受要约人"同意"要约,他必须以某种方式表达出来。本款规

---

① Federal Court of Australia,Australia,28 April 1995,www.unilex.info/cisg/case/197,访问时间:2022年1月9日。

② Bianca/Bonell/Farnsworth,Art. 18,Anm. 2.1.

范了"同意"的表达方式。应该说,本款的规定是比较宽松的,因为当事人不仅可以通过"发出声明"表示"同意",而且可以通过"作出其他行为"表示"同意"。

(1)"声明"方式

受要约人可以通过发出"声明"方式表示其"同意",而作出这种"声明"的形式是多种多样的。一方面,受要约人既可以通过口头或书面方式作出此种声明,也可以通过电传、传真或电子邮件发出"声明"。①另一方面,在通常情况下,他采用哪些词语或语言表达其同意并不重要。他既可以直接在要约声明上写明"接受",也可以填写一个标准的"同意确认书",还可以在要约声明附加的"同意表格"上签字②,所有这些均构成本款意义上的"同意"。但要约人对承诺方式有特别要求的,应当遵从该特别要求。

(2)"其他行为"方式

除了通过上述"声明"表示"同意"外,受要约人还可以通过"其他行为"表示"同意"。这里的"其他行为"是指受要约人必须作出具有表示同意意思的行为。从西方国家的司法和仲裁实践看,这种"其他行为"是多种多样的,但卖方和买方表达同意的"其他行为"并不相同。

第一,卖方表示同意的"其他行为"有:为准备发货而包装货物、交付货物(包括向买方或买方的客户交付部分或全部货物)、寄送发票和装箱清单、寄送其他与货物相关的文件、开始履约准备行为如采购原材料或生产货物、告知对方发货日期、卖方接受银行担保、兑现支票等。

第二,买方表示同意的"其他行为"则包括:在订购单上签字并寄回对方当事人、告知卖方订货必需的货号、在收到卖方发出的采购确认函后不断催促对方迅速发货、买方支付货款、买方支付预付款、买方或买方的客户接受货物、为支付货款而开出信用证、向金融机构交付签字盖

---

① Schlechtriem/Schroeter, *Kommentar zum Einheitlichen UN-Kaufrecht—CISG*, S. 255.

② Schlechtriem/Schroeter, *Kommentar zum Einheitlichen UN-Kaufrecht—CISG*, S. 255.

章后的发票并要求该机构为购货提供资金。

第三，出具形式发票（pro forma invoice）。[①]一般认为，卖方出具形式发票也同样具有表达"同意"的意思。[②]斯洛伐克尼特拉地区法院在其于 2006 年 2 月审理的意大利卖方和斯洛伐克买方之间销售合同纠纷中便持这一观点。在该案中，斯洛伐克买方向意大利卖方发出了订单，在同一天意大利卖方将一张形式发票寄送给了买方，该发票标明了愿意交付的货物、数量和价格，买方接受了该发票并在该发票上签了字。卖方交付了货物，并向买方寄送了正式发票，但买方没有支付货款，双方由此发生纠纷。斯洛伐克上述法院据此判定：在卖方收到买方订单后出具的形式发票已经构成了第 18 条第 1 款意义上的承诺，该形式发票也被送达买方，故双方之间已经订立合同。[③]

第四，双方法定代表人握手同样构成承诺。奥地利因斯布鲁克地区高等法院在其于 2007 年 12 月审理的买卖双方之间"交付和铺设钢筋的合同"纠纷中便持这一观点。在本案中，由于需要修建一高速公路，双方签订了长期供应和铺设钢筋的合同，其中有一个书面条款。据此，任何一方均有权对已有委托书进行修改或者补充，但其中修改或补充意见必须得到双方的书面确认才产生法律效力。但合同签订后，钢筋的市场销售价格大幅度下降，买方因此而声称合同约定的货价应相应地下降，并因此而单方面降低了支付价款。该案的一个争议点是：双方是否于 2005 年 11 月 29 日达成了降价协议？卖方否认这一点，理由是双方仅仅达成了口头的降价协议，而原合同规定对合同的修改必须通过书面形式确认。但奥地利上述法院查明：经过双方当事人授权代

---

① 形式发票，亦称预开发票，它是一种非正式发票，是卖方对潜在的买方报价的一种形式，它通常标明了产品、单价、数量、总金额、付款方式、包装、交货期等；买方常常需要形式发票，因为他需要用它办理进口审批或用汇审批手续。

② Schlechtriem/Schroeter, *Kommentar zum Einheitlichen UN-Kaufrecht—CISG*, 7. Aufl. 2019, S. 450.

③ District Court in Nitra, Slovakia, 27 February 2006, https://iicl.law.pace.edu/cisg/case/slovak-republic-february-27-2006-krajsky-sud-regional-court-l-k-srl-v-n-sro-translation, 访问时间：2022 年 1 月 10 日。

表的艰辛谈判,双方达成了一项修改货价的协议,且双方代表通过握手对修改协议进行了确认,这也构成第 18 条意义上的承诺。双方没有马上将该口头协议用书面形式确认并不妨碍该口头协议的订立,因为证据表明双方均认为没有必要立即将该口头协议进行书面确认。此外,双方此前也通过口头协议方式对合同进行修改,而且也仅仅将部分口头修改协议用书面记录下来,即双方并没有将口头协议全部内容都以书面形式确认。①

由此可见,一方当事人可以通过很多不同行为表达其对要约内容的同意。但不论何种行为,他均应表达完全同意对方提出的交易条件的意思。

(3)"缄默或不作为"构成承诺?(第 2 句)

本款第 2 句规范了"缄默或不作为"能否构成承诺的问题。据此,"缄默或不作为本身不等于承诺"。根据这一表述的字面意义,它具有两层法律含义:其一,单纯的"缄默或不作为"不构成承诺;其二,"缄默或不作为"加上其他因素,有可能构成承诺。

第一,单纯的"缄默或不作为"不构成承诺。本款第 2 句规定原则上排除了"缄默或不作为"本身作为承诺的可能性。根据这一规定,如果要约人在其发出的要约中规定"如果你没有在收到本要约的 10 日内表示不同意见,我们认为你已经接受本要约",那么即使受要约人在 10 日内既没有进行回复,也没有对该要约采取任何其他措施,即他没有做任何事,根据本款后半句话的规定,其"缄默或不作为"也不构成同意。在司法实践中,绝大多数国家的法院也确认了这一原则。②

第二,"缄默或不作为"加上其他因素可能构成承诺。仔细分析,"单纯缄默或不作为本身不构成承诺"这一句话也意味着:如果"缄默或不作为"加上"其他因素",就有可能等同于"承诺",这里的"本身"两字

---

① Oberlandesgericht Innsbruck,Austria,18 December 2007,https://cisg-online.org/files/cases/7653/fullTextFile/1735_70252461.pdf,访问时间:2022 年 1 月 8 日。

② 参见张玉卿:《国际货物买卖统一法——联合国货物买卖合同公约释义》,第 136 页。

表明了这一点。那么，"缄默或不作为"加上哪些"因素"能够构成承诺呢？仔细分析，大致有以下几种因素：

首先，事前存在明示约定。即双方事前已经约定：如果一方当事人不在规定的期限里表示反对，即视为同意。例如，买卖双方当事人经过谈判，最终达成如下长期合作协定：买方如果不需要采购订货通知中提及的货物，必须在收到卖方订货通知的 10 日内通知卖方，如未能在上述期限内作出回复，就视为已经接受了要约。在这一示例中，双方当事人之间已经存在着"缄默或不作为等于承诺的约定"，这一约定就是上文提及的"其他因素"。在这种情况下，如果买方确实在规定的期限内没有做任何事，那么，"缄默或不作为"便等同于承诺。

其次，习惯做法。这是指在双方当事人以往长期的合作中已经形成将"缄默或不作为"视为同意的习惯做法。法国、美国、德国和比利时的司法实践已经多次确认了这一因素。例如，法国格勒诺布尔上诉法院在其 1999 年 10 月审理的西班牙卖方和法国买方之间的皮鞋合同纠纷中便持这一观点。在该案中，西班牙卖方是一家皮鞋制造商，它和法国买方之间有着多年的合作关系，而且存在着这样一种习惯做法：即它在收到法国买方的订单后并不作出任何回复，但随后依然会交付订单中订购的皮鞋。某天法国买方又向西班牙卖方寄送了订单，但卖方没有回复，于是法国买方进行了替代采购。但替代采购皮鞋的质量有问题，于是法国买方向西班牙卖方提起诉讼，要求赔偿损失。西班牙卖方声称它从未收到订单，并根据《公约》第 18 条第 1 款的规定，主张其"缄默或不作为"不等同于承诺。但法国上述法院判定：西班牙卖方无权引用第 18 条第 1 款的规定，因为它和法国买方之间存在着缄默等同于承诺的习惯做法。①

再次，惯例。这是指在双方当事人均受某第 9 条第 1 款和第 2 款意义上的惯例约束时，即使一方当事人沉默，也会被视为接受了要约。

---

① Cour d'appel, Grenoble, France, 21 October 1999, www.unilex.info/cisg/case/415, 访问时间：2022 年 1 月 11 日。

在荷兰、瑞士和比利时的司法实践中,均有此类司法判决。例如,荷兰赫托根博斯法院于1996年4月审理荷兰买方和德国卖方之间的纱线销售合同纠纷。在该案中,荷兰买方向德国卖方订购纱线,德国卖方通过传真作了肯定的答复,随后发送了一份正式的订单确认书,其中提到了德国纱线贸易商协会的格式条款。该格式条款主要规定,买方延迟支付货款时,应按照德国联邦银行规定的4‰贴现率来计算逾期货款的利息。荷兰买方延迟支付了货款,德国卖方根据格式条款提起诉讼,要求支付货款和利息。买方以其没有对该格式条款作出任何反应为由,根据第18条1款规定,没有同意该格式条款。但荷兰法院驳回了买方的主张,其理由是:该格式条款在纱线贸易中被广泛应用,已经构成了当地的行业性惯例。荷兰买方作为一个专门从事纱线贸易的商人,不可能不知道德国卖方提及的惯例。而且,双方在以前已经有过交易,由于存在着这一惯例,荷兰买方对该惯例的缄默便构成了同意。所以,买方必须按照格式条款中的规定支付逾期利息。①

一方当事人的声明或行为是否构成承诺,是否存在促使缄默构成承诺的其他因素,必须根据《公约》第8条第1款和第2款规定的解释规则进行解释,在进行解释时必须考虑包括双方为签订合同而进行的谈判、合同的签订、合同和合同的履行等各种相关因素。

3. 承诺通知的生效(第2款)

承诺何时生效是一个十分重要的问题,它不仅关系到承诺的撤回问题,而且还影响到合同的订立问题。本款便专门规范了承诺生效时间问题。本款一共有三句,其中第1句首先确认了承诺送达生效原则,而第2句和第3句则分别规定了书面承诺和口头承诺的生效情形。当然,第1句确定的"到达生效原则"既适用于书面承诺,也适用于口头承诺。下面分别就本款三句规定的内涵展开论述。

---

① Gerechtshof's-Hertogenbosch, Netherlands, 24 April 1996, www.unilex.info/cisg/case/224,访问时间:2022年1月11日。

3.1 "送达生效原则"

第2款第1句明确规定了这一原则。据此，"承诺于表示同意的通知**送达**要约人时生效"。由上可知，本款没有规范"送达"这一概念的内涵，相反，它规定在《公约》第24条中。所以，如果双方对是否送达有争议，那么，必须根据第24条的规定来判断。那么，承诺生效又有什么法律意义呢？它有两方面的法律意义。其一，它限制了受要约人对承诺的撤回权。根据《公约》第22条的规定，受要约人可以撤回其承诺，有效撤回的前提条件是他必须在承诺通知生效之前或者生效之时将撤回通知送达要约人。这意味着：一旦承诺通知产生法律效力，他便失去了撤回其承诺的机会。其二，它决定着合同的签订时间。根据《公约》第23条的规定，一旦承诺生效，合同便告订立。这表明：承诺的生效时间等同于合同的订立时间。

3.2 书面承诺的生效

如上所述，本款第2句专门规范了书面承诺的生效时间问题。"如果表示同意的通知在要约人所规定的时间内，如未规定时间，在一段合理的时间内，未曾送达要约人，则该承诺不发生效力"这一句中的通知只能是指书面承诺，因为只有书面通知才可能出现未按时送达的情形，反之，口头承诺则一般不会出现这一状况。本句是本款第1句的逻辑延伸，所以，第1句规定的"送达生效原则"自然适用于书面承诺。这意味着，如果受要约人向对方发送的是书面承诺，那么，该书面承诺便在其被送达要约人时产生法律效力。至于何为书面承诺，应当适用《公约》第13条的规定来进行分析判断。在确认"到达生效原则"的前提下，本款第2句又对这一原则设置了一个时间期限限制。仔细分析，它又包括"固定时间期限内送达限制"和"合理时间期限内送达限制"。

（1）固定时间期限内送达限制

这是指：承诺通知必须在规定的时间期限内送达，否则不产生法律效力。这一限制具体体现在"如果表示同意的通知在要约人所规定的时间内……未曾送达要约人，则该承诺不发生效力"中。可见，这一限制主要适用于要约中规定了承诺期限的情形。本款并没有具体规定此处的固定期限从哪天开始计算,相反,第20条规定了具体的计算规则。《公约》设定这样的限制是十分必要的。如上文所言,在国际贸易实践中,要约人通常会在其发出的要约中设定承诺期。例如:甲公司向乙公司发出了以特定价格采购特定数量货物的订单,要求乙公司在5月10日前发函确认。乙公司在5月20日才发出了确认函,并于5月26日将该确认函送达甲公司。如果本款第2句没有规定上述时间限制,那么就会引起当事人之间的冲突:乙公司会坚持认为其承诺已经生效,合同已经签订。因为根据本款第1句的规定,该承诺函已经被送达甲公司;但甲公司则会认为该承诺没有生效,因为它没有在其确定的期限内送达。而在本款第2句设立了这一时间限制的情况下,就不会产生冲突。因为根据这一限制,承诺通知必须在规定的承诺期内送达,否则不产生法律效力。

(2) 合理时间期限内送达限制

这是指承诺通知应当在一个"合理的时间期限内送达",否则不产生法律效力。这一限制具体体现本句"如果表示同意的通知……如未规定时间,**在一段合理的时间内,未曾送达要约人**,则该承诺不发生效力"这段文字中。这段文字不仅透露了一个明确的信息,也蕴含着一个问题。它透露的信息是:"合理时间期限内送达限制"是一个替代性措施,它仅仅适用于要约人没有规定承诺期的情形。它蕴含的问题则是:何为"合理时间期限"? 换句话说,如何确定"合理时间"的长度? 对此《公约》没有作出明确的规定,本款第2句后半句规定了法院、仲裁庭在确定"合理时间"长度时所应考虑的因素,即"交易的情况"和"要约人所使用的通讯方法的迅速程度"。"交易的情况"是指交易标的的价值或货物的种类。就价值而言,货物的价值愈高,受要约人一般需要用更多的时间来进行考虑并作出决定、发出承诺通知,这样合理时间就相对较长;反之,货物的价值愈低,他所需的时间愈短,合理时间期限也相对较短。同样,对于煤、铁矿石、土豆等大宗商品和数控机床等高技术产品,受要约人用以进行分析考虑的时间也不一样,这些均会影响到他能否在"合理的时间内"将承诺通知送达要约人。而"要约人所使用的通讯方法的迅速程度"，显然是指要约人究竟是采用电子邮件、传真，还是采取快递或一般邮递的方式发出要约的。如果他采用的是传真的方式，那么，通过传真送达要约所需的时间便是判断承诺是否在"合理时间"内送达的另一因素；如果受要约人采用快递方式寄送承诺书，便可以认定：该承诺通知没有在"合理的时间内"送达要约人，因为快递的投递速度明显慢于传真的投递速度。总之，目前还没有统一的客观标准来确定合理时间的长度，应当根据个案的特殊情形进行具体分析判断。

当然，从合同的签订过程看，尽管没有在规定期限内送达的承诺不产生法律效力，但这并不排除双方当事人在此基础上签订合同。根据《公约》第 21 条的规定，这种延迟到达的承诺依然可以产生法律效力，前提条件是要约人在收到这种延迟到达的承诺后必须立即告知对方：他承认该承诺的效力。

3.3 口头承诺的生效

本款第 3 句专门规范了口头承诺的生效问题。据此，"对口头要约必须立即承诺，除非当时的情况表明了相反的意思"。关于这一句规定，笔者主要探究口头意思表示、立即承诺和例外情形三方面的问题。

（1）口头意思表示

本句的规范对象是口头要约和与之相对应的口头承诺。笔者把它们统称为"口头意思表示"。本句中的"口头意思表示"是指，在合同双方当事人均在场的情况下一方当事人通过口头表达出来的语句。据此，买卖双方当事人为签订合同而进行的面对面交流，自然属于"口头意思表示"。除此以外，德国和瑞士的法院还认为：双方当事人能够借助技术或电子设备进行的即时口头交流，也属于"口头意思表示"，属于此类技术的有电话、视频会议等。所以，不管人们是通过 Skype、Zoom，或者是通过微信、WhatsApp 进行的即时交流，均属于口头意思表示。但是，尽管人们也可以通过电报、电传或传真传达其意思，但这不属于"口头意思表示"。因为在采用这种意思传达方式时，人们必须首先将其想表达的意思转化为文字，而且收受者在这些文字通过电子技术送达后，还需要将它们打印出来。基于同样的理由，电子邮件不属于口头表达方式。①

（2）立即承诺的原则

本款第 3 句明确规定，"对口头要约必须立即承诺"。据此分析，这一规定仅仅对受要约人作出承诺的时间点提出了明确的要求，即必须"立即承诺"。何为"立即承诺"呢？它是指受要约人在听到对方发出的口头要约后没有任何耽搁，便直接对该要约表示接受。但本句没有明确规定：受要约人立即作出的承诺何时生效？尽管如此，这一问题的答案也是非常明确的：即这里依然适用本条第 2 款第 1 句规定的"到达生效原则"。只是由于口头所作的承诺到达对方的速度十分之快，所以，对口头承诺基本适用"即时生效的原则"。换句话说，只要受要约人作出口头承诺，它便立即产生法律效力。

（3）立即承诺原则的例外情形

本款第 3 句在确认口头承诺即立即生效这一原则的同时，还通过"……除非当时的情况表明了相反的意思"这一句规定了该原则的例外。那么，这一例外究竟是什么意思呢？它显然是针对"立即承诺"的例外，即"当时的情况表明了相反的意思"的情形下，受要约人无需对口头要约进行立即承诺，而是在稍后的时间内进行承诺。由此分析，"当时的情况表明了相反的意思"实际上是指要约人在其口头发出的要约中设立了受要约人进行口头承诺的期限。例如，"你可以考虑两天，然后回复我"。既然如此，受要约人自然无需进行立即承诺，当然，他应当在上述期限内进行口头承诺。

在国际贸易实务中，经常会出现这样的例外情形。例如，参与口头谈判的一方当事人如果并没有签订合同的决定权，那么，他必须将相关的信息告诉公司负责人，或者他必须得到公司负责人签订合同的授权。这时，双方通常会约定一个承诺期。在具体的案件中是否存在着这种

---

① UNCITRAL, *Digest of Case Law on the United Nations Convention on the International Sale of Goods*, 2016, p. 95; Schlechtriem/Schroeter, *Kommentar zum Einheitlichen UN-Kaufrecht—CISG*, 7. Aufl. 2019, S. 458.

例外情形,必须根据第 8 条规定的解释规则对当事人的谈判、合同签订等相关因素进行综合分析后进行判断。[①]

4. "行为"表示承诺(第 3 款)

在国际贸易实务中,有时一方当事人在收到要约后,他有意与对方签订合同,却没有回复对方的要约,而是直接作出了履行合同的行为。这种行为是否构成承诺? 本条第 3 款规范了这一问题。据此,"受要约人可以无须向要约人发出通知,而通过作出某种行为……来表示同意"。本款不仅承认"行为"是一种有效的承诺方法,而且分别规定了其构成要件和生效的时间点。

4.1 "行为"的概念

尽管本款规定,受要约人可以通过其"行为"来表示承诺,但本款并没有对"行为"这一概念进行定义。但根据"与发运货物或支付价款相关的行为"这一规定的字面意思,"行为"首先包括发送货物和支付货款行为本身。此外,还包括:采购原材料、生产要约中指定的商品、包装货物、装运货物、开出信用证和申请用汇许可等[②],因为这些行为均与发运货物或支付货款有关。美国一家法院甚至判定:一家制药企业向美国政府部门寄送通知的行为也构成了本款意义上的承诺。因为在该通知中,该制药企业答应将会给要约人提供制药所需的原材料。另外,还有司法判例确定:木材采购商在收到采购要约后在已经砍倒的树干上做上自己的标记、买方使用收到的货物、卖方在接到要约方的支票后将该支票交付给银行并要求银行兑现支票等,这些行为均构成本款意义上的承诺。而且在将支票交付银行要求兑现时,承诺的时间点是在将支票交给银行时,而不是银行将相关款项记入受益人账户时。[③]

---

① Schlechtriem/Schroeter, *Kommentar zum Einheitlichen UN-Kaufrecht—CISG*, 7. Aufl. 2019, S. 459.

② 参见张玉卿:《国际货物买卖统一法——联合国货物买卖合同公约释义》,第 138 页。

③ UNCITRAL, *Digest of Case Law on the United Nations Convention on the International Sale of Goods*, 2016, p. 95; Schlechtriem/Schroeter, *Kommentar zum Einheitlichen UN-Kaufrecht—CISG*, 7. Aufl. 2019, S. 462.

从本质上分析,本款中的"行为"与第 1 款中的"行为"在内涵上没有区别,它们的法律语义相同。[①]

4.2　"行为"作为承诺的构成要件

虽然上述"行为"可以被视为承诺,但是,它们并不是自然而然便构成承诺的,只有在具备法定的要件时,它们才能成为有法律效力的承诺。根据本款的规定,一个行为必须具备下列要件,才能构成承诺:

(1) 要约人同意、或存在着习惯做法或惯例

本款前半句明确规定"如果根据该项要约或依照当事人之间确立的习惯做法和惯例……"。这里规定了行为构成承诺的一个重要前提条件,即要约人同意或者当事人之间已经存在此种习惯做法或惯例。

第一,要约人同意。这是指要约人自己同意对方可以通过作出行为来表示其同意。本款中"根据该项要约"这一表述蕴含了这一要件,据此要约人自己可以向对方发出此种要约。一般认为,如果要约中有下列表述:"收到订单后立即装船"或"赶快装船""请立即发货"等,便可以认为要约人同意接受对方的行为要约。

第二,当事人之间存在着的"习惯做法"或"惯例"。根据这一规定,如果双方当事人之间在长期合作过程中已经形成了通过行为表示承诺的"习惯做法"或"惯例",那么,在一方当事人作出相关的行为时,便构成承诺。对于此种"习惯做法"和"惯例",上文"2.2 第三"中已有详细论述,这里不再重复。是否有此种"习惯做法"或"惯例"适用于当事人,必须根据第 9 条的规定进行分析。

尽管这里列举了"要约人同意""习惯做法"或"惯例"三个不同的要件,但并不要求同时存在这三个要件。它们之间的连词"或"表明,在具体的个案中仅需具备三个要件中的任何一个,就足够了。另外,在实际案例中是否存在此种约定、习惯做法或惯例,争议解决机构必须根据

[①]　Schlechtriem/Schroeter, *Kommentar zum Einheitlichen UN-Kaufrecht—CISG*, S. 263.

《公约》第 8 条的规定依个案的具体情况进行具体分析。

（2）在规定的期限内作出行为

本款中"但该项行为必须在上一款所规定的期间内作出"这一句表明：本条第 2 款中有关承诺期限的规定同样适用于通过"行为"作出的承诺。这就进一步要求，一方面，如果要约中规定了期限，那么表示承诺的行为必须在规定的期限内作出；另一方面，如果要约中没有规定期限，相关的行为也必须在合理的期限内作出。这还意味着，如果表示承诺的行为是在上述期限届满后作出的，那么，该行为就不具备承诺的效力。

根据本款规定，上述两个要件是并列的，相关的行为必须同时具备上述两个要件，才能产生承诺的效力。

4.3 "行为"承诺的生效时间

本款还十分明确地规定了行为承诺的生效时间，即它"于该项行为作出时生效"。在国际贸易实务中，"行为"承诺的生效，至少有两方面的实际功能：一方面，它免除受要约人发出通知的义务。本款中"受要约人可以无须向要约人发出通知"这一表述，表明了这一点；另一方面，合同于行为作出时订立。根据《公约》第 23 条规定，合同于承诺生效时订立。所以，一旦受要约人作出本款意义上的行为，合同便立即订立。

第 19 条　反要约

Article 19

（1）A reply to an offer which purports to be an acceptance but contains additions, limitations or other modifications is a rejection of the offer and constitutes a counter-offer.

（2）However, a reply to an offer which purports to be an acceptance but contains additional or different terms which do not materially alter the terms of the offer constitutes an acceptance, unless the offeror, without undue delay, objects orally to the discrepancy or dispatches a notice to that effect. If he does not so object, the terms of the contract are the terms of the offer with the modifications contained in the acceptance.

(3) Additional or different terms relating, among other things, to the price, payment, quality and quantity of the goods, place and time of delivery, extent of one party's liability to the other or the settlement of disputes are considered to alter the terms of the offer materially.

译文

（1）一个对要约表示承诺的回复，但其中载有添加、限制或其他更改的内容（原译文为："对发价表示接受但载有添加、限制或其他更改的答复"），即为拒绝该项要约，并构成反要约。

（2）然而，一个对要约表示承诺而其中载有添加或不同条件的回复（原译文为："答复"），如所载的添加或不同条件并没有在实质上变更该项要约的条件，仍构成承诺，但要约人在不过分迟延的期间内以口头或书面方式反对这种不一致者除外（原译文为："除发价人在不过分迟延的期间内以口头或书面通知反对其间的差异外"）。如果要约人没有提出（原译文为："不做出"）这种反对，该项要约中载明的条件以及承诺通知内所载的更改条件便成为合同的条件（原译文为："合同的条件就以该项发价的条件以及接受通知内所载的更改为准"）。

（3）回复中提出的任何添加或不同条件，只要它们涉及货物价格、付款、货物质量和数量、交货地点和时间、扩大一方当事人对另一方当事人的赔偿责任范围或解决争端等（原译文为："有关货物价格、付款、货物质量和数量、交货地点和时间、一方当事人对另一方当事人的赔偿责任范围或解决争端等等的添加或不同条件"），均视为在实质上变更了要约条件。

目录

1. 规范对象

167

正文

1. 规范对象

第19条是对第18条所作的补充性规定。这一补充是十分必要的,因为第18条仅仅适用于完全接受要约交易条件的承诺,而在国际贸易实务中,还存在着大量的另外一种承诺:即受要约人在收到对方的要约后,作出了肯定的答复,但同时又对要约中的交易条件进行了修改。例如"我公司接受你的报价,但希望降价5%"。这样的回复是否属于承诺呢? 第18条并没有规范这一问题,相反,它是第19条的调整对象。本条3款从不同的方面规范了这一问题。其中,第1款明确规定,这样的回复不是承诺,而是一种反要约;第2款则规范了上一款规定的例外,即在特定的条件下,这种回复是有可能构成承诺的;而最后一款则对"实质性更改"进行了定义。

2. 带有实质性更改的回复(第1款)

本条第1款规定:"一个对要约表示承诺的回复,但其中载有添加、限制或其他更改的内容,即为拒绝该项要约,并构成反要约。"可见,本款十分清晰地对"反要约"这一概念进行了定义。据此,凡是受要约人更改了要约中提及的交易条件、但同时对要约作了肯定答复的回复,均属于反要约。可见,一个对要约的回复,即使它表面上看起来像承诺,但只要在该回复中"又提出了新的交易条件",在原则上它就不是承诺,而是反要约。这一规定是符合传统的合同法理论的,即合同是双方合意的产物。因此,承诺必须完全认同要约的内容,否则,便是不构成承诺。①值得探究的问题是:构成这种反要约应当具备哪些要件? 反要约具有何种法律效力?

2.1　构成反要约所应具备的要件

根据本款的字面意思,如果一项对要约表示承诺的"回复"具备"表达了接受要约的意思"和"更改了要约内容"两个要件,它便构成反要约。

首先,"表达了接受要约的意思"。这是指在受要约人所作的回复中必须表明:他接受要约中所提及的交易条件。本款中"对要约表示承诺的回复"明确表达了这一点。这一要件是十分必要的,因为它排除了那些单纯表达拒绝要约意思的回复成为反要约的可能性。受要约人"表达了接受要约的意思"的方式很多,例如,"我公司接受你方发出的要约""我方同意你方提出的交易条件"等。

其次,"更改了要约的内容"。这是指受要约人在其回复中对要约的内容作了更改。本款中"载有添加、限制或其他更改的内容"这一表述说明了这一点。尽管本款列举了"添加、限制或其他更改"三种因素,但在本质上,它们是一致的:无论是"添加",还是"限制",它们都"更改"了要约的内容。所以,关键的问题是,应当如何理解这里的"更改"? 本款没有对这一概念进行定义。但本条第 2 款和第 3 款根据受要约人对要约内容所作更改程度的不同而将"更改"分成"非实质性更改"和"实质性更改"两大类。对于"实质性更改",本条第 3 款进行了明确的定

---

①　Article 19：Secretariat Commentary (Closest Counterpart to an Official Commentary)，https://iicl. law. pace. edu/cisg/page/article-19-secretariat-commentary-closest-counterpart-official-commentary,访问时间:2022 年 1 月 15 日。

义。据此,如果受要约人在回复中的"更改""涉及货物价格、付款、货物质量和数量、交货地点和时间、扩大一方当事人对另一方当事人的赔偿责任范围或解决争端等",便构成"实质性更改";而"非实质性更改"则是指受要约人在回复中对要约内容所作的、没有对要约人的权益产生不利影响的修改。[①]

那么,本款中的"更改"究竟是指"非实质性更改"还是"实质性更改"呢?本款没有对此作出明确规定。但根据本条3款之间的关系看,本款的"更改"不可能是指"非实质性的更改",而只能是指"实质性更改"。因为本条第2款规范的是"非实质性的更改",[②]而第3款则是对"实质性更改"的定义。由于第1款明确规定,任何作了修改的回复都构成对要约拒绝,所以,本款意义上的回复只能是这种带有"实质性修改"的回复。这也意味着,受要约人在其回复中对要约内容进行的修改必须涉及第3款列举的因素,否则它便不是第1款的适用对象。国际贸易法学界和实务界的主流观点均认同这一点。[③]

应当指出,"表达了接受要约的意思"和"更改了要约的内容"是两个必须同时具备的要件。判断受要约人发出的回复通知是否属于反要约,必须同时考虑这两个要件,缺一不可。

2.2　反要约的法律效力

从法律角度分析,一项反要约具有双重法律效果。一方面,它构成对要约的拒绝,相关的要约将因此失去法律效力;另一方面,它本身也是一个新的要约,对方可以对它表示承诺或拒绝。

3. 带有非实质性更改的回复(第2款)

本条第2款主要规范了带有"非实质性更改"回复是否构成承诺这

[①]　高旭军:《〈联合国国际货物销售合同公约〉适用评释》,第一版,第117页。详见下文"3.3"中之论述。

[②]　详见下文论述。

[③]　UNCITRAL, *Digest of Case Law on the United Nations Convention on the International Sale of Goods*, 2016, p. 98; Schlechtriem/Schroeter, *Kommentar zum Einheitlichen UN-Kaufrecht—CISG*, 7. Aufl. 2019, S. 469.

一特殊问题。本款中"一个**对要约表示承诺**而**其中载有添加或不同条件的回复**,如所载的添加或不同条件**并没有在实质上变更该项要约的条件**"这一句话十分清楚了表明了这一点。根据本款的字面意思,它主要在三个层面对这一问题进行了规范。它首先确认了这种回复也能构成承诺这一原则,这一确认主要体现在"一个对要约表示承诺而其中载有添加或不同条件的回复,如所载的添加或不同条件并没有在实质上变更该项要约的条件,仍构成承诺"这一规定中。其次,它明确了这种回复构成承诺所必须具备的要件,本款第 1 句话明确规定了这一点。最后,本款还规定了这种承诺所带来的法律效果。在进一步分析带有"非实质性更改"的回复构成承诺必须具备的要件和法律效果之前,有必要首先探究一下第 1 款和第 2 款中"更改"的关系和"非实质性更改"的内涵。

3.1　第 1 款和第 2 款中"更改"的关系

我们如果仔细分析第 1 款和第 2 款的文字,会发现两款对"更改"的表述稍有不同。第 1 款的相关表述为"……但其中载有添加、限制或其他更改的内容",而第 2 款的相应表述则为"一个对要约表示承诺而其中载有添加或不同条件的回复"。可见,在第 2 款中,除了保留了第 1 款中"载有添加"以外,它用"载有不同条件"取代了第 1 款中的"载有限制或其他更改内容"。这是否意味着两者在语义上有差别呢? 尽管如此,答案是否定的。因为要约中内容可以统称为"交易条件",如果回复中"载有不同条件",它就已经更改了要约的内容;而如果回复中"载有限制或其他更改内容",同样也更改了要约的内容。所以,尽管这两款的用词稍有差异,但它们在本质上是相同的,即回复均修改了要约的内容。那么,相关的更改究竟属于第 1 款和第 3 款意义上的"实质性更改",还是第 2 款意义上的"非实质性更改",主要取决于它对要约的修改程度是否具备了第 3 款规定的"实质性更改"构成要件。

3.2　"非实质性更改"的内涵

如上所述,第 2 款主要规范的问题是带有"非实质性更改"的回复是否构成承诺的问题。那么何为"非实质性更改"呢? 根据本款规定,"如所载的添加或不同条件并没有在实质上变更该项要约的条件",便是"非实质性更改";如果在实质上变更了该项要约的条件,那么,它便是"实质性变更"。那么,哪些修改是"在实质上变更该项要约的条件"呢?本条第3款对此规定了判断标准。但《公约》并没有明确对"非实质性更改"这一概念进行定义。无论是国际商事合同学术界,还是司法实务界,都没有对这一概念进行界定。笔者将这一概念定义为:"受要约人在回复中对要约内容所作的、未给要约人带来任何不利影响的修改。"客观地分析,这一定义应该是符合《公约》的原意的。以下这两方面的因素表明了这一点。

第一,从本条第3款对"实质性变更"的定义中能表明:上述有关"非实质性变更"的定义是符合《公约》原意的。虽然第3款本身仅仅对"实质性更改"进行了定义,但"非实质性变更"是"实质性变更"的反义词,所以,根据第3款的定义,可以首先作出如下推论:凡是没有"涉及货物价格、付款、货物质量和数量、交货地点和时间、扩大一方当事人对另一方当事人的赔偿责任范围或解决争端等"的修改,均属于"非实质性变更"。但是,第3款仅仅中性地列举了"货物价格、付款、货物质量和数量、交货地点和时间"等因素。从理论上分析,受要约人针对这一要素提出的修改建议,有可能对要约人权益产生不利的影响,也可能产生有利的影响。例如,如果买方在卖方发出的承诺通知中提高了要约中建议的价格,显然对作为卖方的要约人更加有利,而没有不利的影响。所以,第3款中"实质性更改"的仅仅是那些对要约人权益产生不利影响的修改。[1]既然如此,那么,那些没有对要约人权益产生不利影响的修改,便是"非实质性更改"。

第二,国内外的司法和仲裁实践也均将那些没有对要约人产生不利影响的修改视为"非实质性更改",即使它们已经涉及了本条第3款列举的事项,也是如此。例如,奥地利最高法院于1997年3月审理了俄罗斯卖方和奥地利买方之间的化工产品销售合同纠纷。在前期谈判对货物质量没有达成一致意见的基础上,俄罗斯卖方向买方发出要约,该要约表明:拟出售化工产品的数量、数量调整的范围、质量和价格。

---

[1] 参见本条"4.1"中之论述。

奥地利买方回复表示,数量调整范围还可以更大一些,但没有对其中的质量和价格提出不同意见。此后不久,奥地利买方又向俄罗斯卖方发出第二个传真,表明他不同意要约中的价格和质量条款。对于合同是否订立问题,双方由此发生纠纷。奥地利最高法院判定:俄罗斯卖方向奥地利买方发出的信息已经构成了第14条第1款意思上的要约,奥地利买方向俄罗斯卖方发出了第一个回复已经构成了承诺。尽管该回复修改了货物的数量,根据本条第3款的规定应将它视为"实质性更改",但此项数量修改对俄罗斯卖方更为有利,所以,它属于"非实质性更改"。而由于奥地利买方没有对此表示反对,故合同已经订立。[①]德国巴登地区法院在1991年的判决中判定:受要约人在表示承诺的回复通知中增加了要约人对货物质量的异议期限,即在其适用的一般交易条件中规定"如果买方对交付货物提出质量异议,必须在出具发票之日起的30天内通知卖方",这属于"非实质性更改";[②]中国国际经济贸易仲裁委员会在2002年仲裁的一起案件中则裁定:如果受要约人在其回复中所作的修改与要约人没有任何关系,那么,这种修改也是"非实质性的"。在该仲裁案中,中国出口公司在其要约中设定的交易条件为"FOB, Zhang Jia Gang, China","不接受船龄超过20年的船舶"和"已付运费"等。意大利进口商在回复中表示接受,但同时删除了"不接受船龄超过20年的船舶"这句话,同时将"已付运费"改为"按租船合同支付运费"。双方基于这一修改是否构成实质性修改而对合同的签订发生争议。仲裁庭认为:在FOB条件下,进口商应当签订运输合同并支付运费。由于进口商作出的上述改动与出口商没有任何关系,所以这些修改也是"非实质性的"。[③]

[①] Oberster Gerichtshof, Austria, 20 March 1997, www. unilex. info/cisg/case/254,访问时间:2022年1月15日。

[②] Landgericht Baden-Baden, Germany, 14-08-1991, www. unilex. info/cisg/case/13,访问时间:2022年1月15日。

[③] China International Economic & Trade Arbitration Commission, Rapeseeds dregs case(10 June 2002), http://cisgw3.law.pace.edu/cases/020610c1.html,访问时间:2020年3月25日。

除此之外,司法或仲裁实践也认为下列修改属于"非实质性更改":在接受要约中报价的同时表明货物价格应当根据市场价格的涨停而进行调整、在接受要约中建议的交货时间安排的同时要求推迟交付其中一项货物、回复中仅仅修改了要约中建议的装船日期而没有修改交货日期、仅仅对运费作了修改、受要约人在回复中将要约中建议的分三批发货改成分四批发货、在回复中要求要约人在双方作出联合声明前对合同承担保密义务,或在回复中要求买方必须在特定的期间内作出拒绝接收货物的决定。①中国国际经济贸易仲裁委员会在相关的仲裁裁决中还裁定:在双方已经就终止合同的条件达成口头协议时,一方当事人要求对方起草一份正式的合同终止协议,这也属于《公约》第19条第2款意义上的"非实质性更改"。②仔细分析,在以上案例中,尽管受要约人所进行的修改涉及不同的问题,但有一个共同的特点,即它们均没有对要约人的权益产生不利影响。由此,我们可以得出这样的结论:所有未对要约人权益产生不利影响的"更改"均是"非实质性"的。当然,在少数判例中,法院甚至认为即使回复中的修改对要约人产生了不利影响,它依然属于"非实质性更改"。

据此,我们可以作出以下推论:"非实质性更改"既包括在不改变要约交易条件情况下对要约内容在个别文字或词语方面的修改,也包括对英文拼写错误或表述方式的更改,例如将 FOB 写成 Free on Board。此外,它还包括将双方当事人之间业已存在的习惯做法写入回复中。总之,无论何种更改,只要与要约相比,它没有对要约人的权利产生不利影响,均属于此类更改。

3.3 带有"非实质性更改"的回复构成承诺的前提条件

那么,上述带有"非实质性更改"的回复是否能够构成承诺呢?根

---

① UNCITRAL, *Digest of Case Law on the United Nations Convention on the International Sale of Goods*, 2016, p. 98.

② China International Economic & Trade Arbitration Commission, People's Republic of China, 1 April 1993, www.unilex.info/cisg/case/429,访问时间:2022 年 1 月15 日。

据本条第 2 款的规定,在特定条件下是存在这种可能性的。这一特定条件便是:要约人没有对此种"非实质性更改"马上表示反对,本款"要约人在不过分迟延的期间内以口头或书面方式反对这种不一致者除外"这一句中蕴含了这一条件。仔细分析,我们能够发现这一条件中包括"没有表示反对"和"在不过分延迟的期间内"两个要素。

(1)"没有表示反对"

对于受要约人所作的上述"非实质性更改",即使它没有影响到要约人的权益,要约人也是可以表示反对的,他既可以通过口头方式如当面、电话或视频等方式告知对方其不同意,也可以通过电子邮件、传真或信件等书面方式传达其反对意见。如果要约人向受要约人表达了其反对,那么,带有"非实质性更改"的回复便不能构成承诺。由此可见,这种回复构成承诺的一个必不可少的前提是:要约人不能以任何方式对这种轻微的修改表示反对。

(2)"在不过分延迟的期间内表示反对"

除了"没有表示反对"以外,本款还规定了"在不过分延迟的期间内表示反对"这一要素。这一限制的法律意义在于,它限定了要约人作出反对的时间期限,即如果要约人不同意轻微的修改,他必须在这一限定期限内表示反对。如果他没有在这一期限内表示反对,而仅仅在该期限结束后才表示反对,那么,其反对不发生法律效力。这里还存在着两个关键问题需要进行进一步探究:即如何理解"不过分迟延的期间"这一概念? 反对通知何时生效?

第一,"不过分迟延的期间"的内涵。对于这一概念,学界有不同的看法。有学者将此界定为"合理的时间内"[1];另外一些学者则认为它等同于"立即""马上";[2]而且学界认为"立即""马上"通常是指 3 个工作日内。[3]从仲裁实践看,中国国际经济贸易仲裁委员会在 2002 年 6 月 10 日裁

---

[1]　参见李巍:《联合国国际货物销售合同公约评释》,第 110 页。

[2]　高旭军:《〈联合国国际货物销售合同公约〉适用评释》,第一版,第 118 页。

[3]　Schlechtriem/Schroeter, *Kommentar zum Einheitlichen UN-Kaufrecht—CISG*, 7. Aufl. 2019, S. 484.

定的中国公司和瑞典公司的一起合同纠纷中认为:7天已经超出了"不过分迟延的期间"。[1]笔者认为,本款"不过分迟延的期间"这一表述蕴含着两个判断要约人是否在本款规定的期限内发出反对的要素:其一,要约人可以"延迟"表示其反对。假定受要约人必须在10月1日发出对方意见,根据以上规定,他可以在10月2日或3日发出对方意见。其二,其"延迟"不能"过分"。按照通常的理解,"过分"可以等同于"不合理",所以,可以参照《公约》第18条第2款规定的"合理期间"长度的考量因素来具体确定这一期限的长度。

第二,反对通知的生效时间。如果要约人对受要约人作出的轻微修改表示反对,这种反对何时生效呢?是反对通知发出时,还是反对通知送达时?国际学界的主流观点认为:它于通知发出时生效。这意味着受要约人必须承担反对通知在传递过程中丢失或延迟送达的风险。这也是公平合理的,因为这种不正常现象是由受要约人进行的修改引起的,所以,他应当承担由此带来的不确定性的不利后果。[2]

(3) 小结

综上所述,如果要约人根本没有对受要约人所作的"非实质性更改"表示反对,或者尽管他提出了反对,但该反对不是在"不过分迟延的期间"内作出的,那么,受要约人作出的带有"非实质性更改"的回复便构成了承诺。反之,它便不构成承诺。

客观地分析,本款确认的原则是与第18条的规定相矛盾的,也与英美法中的"镜像规则"相冲突,但这也是不同国家国内法规定不同的妥协结果。1964年,瑞典代表团在海牙会议上以其国内合同法的规定为基础,首次提出了《公约》应当区别对待"实质性更改"和"非实质性更改"的建议。在维也纳外交会议上,与会代表对瑞典代表团的建议进行

---

① China International Economic & Trade Arbitration Commission, Rapeseeds dregs case(10 June 2002), http://cisgw3.law.pace.edu/cases/020610c1.html,访问时间:2020年3月25日。

② Schlechtriem/Schroeter, *Kommentar zum Einheitlichen UN-Kaufrecht—CISG*, 7. Aufl. 2019, S. 484.

了激烈的争论,反对者认为:这一区分不仅会给《公约》的适用带来不安全性,而且难以实施。①但大会照顾了瑞典的这一传统做法,《公约》制定者对此作了灵活的处理,即在规定这种回复可以成为承诺的这一原则的同时,又规定了这一原则的例外,并将这一决定权交给了合同双方当事人。这也充分体现了国际贸易法中的"意思自治"原则。

3.4　"非实质性更改"的法律效果

本款最后一句"如果要约人没有提出这种反对,该项要约中载明的条件以及承诺通知内所载的更改条件便成为合同的条件"明确规范了此种带有"非实质性更改"回复的法律效果。根据以上分析,如果要约人没有提出符合以上条件的反对,那么,该带有"非实质性更改"的回复便构成承诺,它自然也成为合同的一部分内容,即更改部分内容也对双方产生约束力。反之,则不构成承诺,合同因此没有订立。

4. 实质性更改的界定(第 3 款)

如上所述,本条第 1 款中的"更改"是指"实质性更改"。第 3 款是对第 1 款所作的一个补充性规定,即它对其中的"实质性更改"这一概念进行了界定。

4.1　"实质性更改"的概括性定义

何为"实质性更改"?《公约》第 19 条第 3 款采用了列举的方式对这一概念进行界定。据此,凡受要约人在其回复中提出的修改"涉及货物价格、付款、货物质量和数量、交货地点和时间、扩大一方当事人对另一方当事人的赔偿责任范围或解决争端等",均视为"实质性变更"。应当指出的是:这里的列举并不是穷尽的,中文文本中的"等"、英文文本中的"among other things",都清楚地表明了这一点。尽管如此,我们如果仔细分析本款列举的构成"实质性更改"的事项,还是能够发现它们的共同特征:

第一,这里列举的所有因素均会影响到双方当事人的权益。无论

---

① 　Schlechtriem/Schroeter, *Kommentar zum Einheitlichen UN-Kaufrecht—CISG*, 7. Aufl. 2019, S. 470.

是价格的涨跌、数量的增减、付款时间的提前或推迟等，均会影响到双方当事人的权益，即使修改要约中的争端解决条款，也是如此。例如，在回复中将要约中的仲裁地点从上海改成巴黎，这不仅会增加一方当事人的出庭成本，而且有可能提高不熟悉巴黎仲裁规定所带来的不确定性和法律风险。

第二，本款列举的因素是中性的。如上所述，所列因素通常不利于要约人，但也可能仅仅不利于受要约人。例如，如果买方在其给卖方发出的回复中将卖方每吨苹果的报价从700美元降至600美元，这一修改显然不利于要约人，而有利于受要约人；反之，如果买方将上述报价从700美元提高到710美元，受到不利影响的并不是要约人，而是受要约人。但它们均属于对要件中提及的价格进行修改。这就产生了一个问题：构成反要约的"实质性更改"是否同时包括以上两类修改？根据本款的字面意思，应该同时包括。但笔者认为：本款下的"实质性更改"应当仅仅指那些对要约人不利的修改，而不应当包括那些对受要约人不利的修改。因为后者是由受要约人自己提出来的，他显然愿意受此种修改的约束，而此种对受要约人不利的修改通常对要约人有利，至少不会对他产生不利影响，所以没有任何理由将它也视为"实质性更改"。

所以，本款中的"实质性更改"应当是指受要约人在其对要约回复中所作的、任何能够对要约人权益产生不利影响的修改，而不包括对受要约人本身产生不利影响的修改。

4.2　司法实践中对"实质性更改"的认定

不同国家的司法或仲裁裁决也确认以上观点，这主要体现在以下两个方面：

第一，在所有判定构成第19条第3款意义上"实质性修改"的判决或裁决中，受要约人提出的修改建议均不利于要约人。在奥地利最高法院审理的德国卖方和奥地利买方之间的金属材料销售合同纠纷中，买方在向卖方发出的订货单中的报价为每千克24美元，卖方在其作出的肯定回复中将这一价格提高至每千克40美元。奥地利最高法院将卖方的回复视为第 19 条第 3 款意义上的反要约。①在德国科布伦茨上诉法院于 2002 年 10 月 4 日审理的比利时卖方和德国买方之间的混凝土板块销售合同纠纷案中，在比利时的卖方发出的要约中有运费条件：每千米收 9 马克运费。德国公司回复表示接受，同时加入"在指定建筑工地交货"条款。比利时卖方在随后发出的订购确认函中又提及"每千米收 9 马克运费"，但德国买方对此没有表示反对，双方因此而订立了合同。法院认为：无论是德国买方在回复中提出的"在指定建筑工地交货"，还是比利时卖方在确认函中提出的"每千米收 9 马克运费"，均构成第 19 条第 3 款意义上的"实质性更改"。②根据德国法院的判决，属于此类修改的还包括：卖方在回复中要求对方支付预付款或者要求对方通过信用证支付货款。③

　　除了在回复中修改货物的价格以外，也有许多涉及第 19 条第 3 款列举其他事项的判例。在修改涉及"货物质量和数量"方面，德国法院认为：受要约人在回复中改变了货物的种类或质量，减少或提高了货物的数量，均属于"实质性更改"。相关案件中涉及的修改有：买方在回复中宣称仅仅"接受未包装的培根，而不是要约中提及的包装培根"，或买方在回复中声称还要"采购其他种类的螺丝"，或者"减少了订单中订购皮鞋的数量"，或者"提高了订购玻璃试管的质量"。瑞士一家法院也判定：受要约人在回复中对订单中提及的采购"5 吨食品葡萄糖"给出"以优惠价出售 15 吨"，这已经构成"实质性更改"。比利时一家法院则认定：受要约人在其回复中将报价中"喀布尔"（"Kabul"）牌子的纺织品改成"利马"（"Lima"）牌子的纺织品，也属于此种变更。④

---

　　①　Oberster Gerichtshof，Austria，9 March 2000，www. unilex. info/cisg/case/474,访问时间：2022 年 1 月 15 日。

　　②　Appellate Court（Oberlandesgericht）Koblenz，4 October 2002，www. unilex. info/cisg/case/920,访问时间：2022 年 1 月 15 日。

　　③　Schlechtriem/Schroeter，*Kommentar zum Einheitlichen UN-Kaufrecht—CISG*，7. Aufl. 2019，S. 476.

　　④　UNCITRAL，*Digest of Case Law on the United Nations Convention on the International Sale of Goods*，2016，p. 98.

在"交货地点和时间"方面，西方国家的法院基本上一致认定：受要约人在回复中改动了交货地点和时间，均属于"实质性更改"。德国慕尼黑高院于 1995 年、美国纽约州法院于 1998 年、德国慕尼黑中院于 2002 年、墨西哥一家法院于 2004 年、新西兰法院于 2015 年的判决中，均确认了这一点。在这些案件中，涉及的改动有：将要约中的"F. O. C"改成了"Ex Works"，将交货日期从 4 月改成 6 月，将一次交清全部货物改成"分两次交付货物"，将订单中"要求于特定日期交付所有货物"改成"首批货物将于该特定日期交付，其余货物则尽快交付"。在订单中没有提及交付条件，而回复中增加交付条件如"Ex Works"，也是属于此。①

在"扩大一方当事人对另一方当事人的赔偿责任范围"方面，美国一家法院在其于 2017 年审理的判决中认定：如果受要约人在回复中提出应当在合同中增加担保条款，便属于此种情形。而荷兰和美国在 2014 年分别有一家法院在其判决中认定：如果在回复中增加了要求对方支付利息义务的条款，也属于此。②此外，学界还认为，要求增加违约金条款或者增加合同退出权、合同解除权条款，也属于此。

在"争议解决"方面，美国、荷兰、法国等国均有这样的司法判例。根据这些判例，如果在受要约人作出的回复中改变或增加了要约中的"法律适用条款""仲裁条款""法院管辖条款"，或者要求对方承担律师费的条款，均属于"实质性更改"。③部分学者认为：如果受要约人在其承诺通知中要求改变包装或寄送的方式，也属于此种"非实质性更改"④。

---

① UNCITRAL, *Digest of Case Law on the United Nations Convention on the International Sale of Goods*, 2016, p. 98; Schlechtriem, *Kommentar zum Einheitlichen UN-Kaufrecht—CISG*, 7. Aufl. 2019, S. 477.

② Schlechtriem/Schroeter, *Kommentar zum Einheitlichen UN-Kaufrecht—CISG*, 7. Aufl. 2019, S. 477.

③ UNCITRAL, *Digest of Case Law on the United Nations Convention on the International Sale of Goods*, 2016, p. 98; Schlechtriem/Schroeter, *Kommentar zum Einheitlichen UN-Kaufrecht—CISG*, 7. Aufl. 2019, S. 477.

④ Honnold, Rn. 167.

但这一观点有些过于绝对。在一起国际贸易的司法判例中,德国法院曾经将受要约人拒绝将运送的猪肉装入包装口袋中而仅仅愿意提供松散包装的行为视为"实质性更改"[1]。

在以上被判定或裁定构成"实质性更改"案例中,受要约人在其所作的回复中均提出了会对要约人产生不利影响的修改。

第二,有判决明确判定:第19条第3款意义上"实质性修改"仅仅包括那些对要约人不利的修改。例如,奥地利最高法院在上文提及的于1997年3月审理了俄罗斯卖方和奥地利买方之间的化工产品销售合同纠纷中便持这一态度。奥地利买方在其给俄罗斯卖方的回复中表示货物数量调整范围还可以更大一些。虽然这样修改涉及了货物的数量,但奥地利最高法院依然判定:此项数量修改对俄罗斯卖方更为有利,所以,它属于"非实质性更改"。由于奥地利买方没有对此表示反对,故合同已经订立。[2]

4.3 "实质性更改"的法律后果

如果受要约人对要约的更改属于实质性更改,那么,根据本条第1款的规定,相关的承诺通知便构成反要约,相关的要约也就因此而终止,但要约人可以接受或拒绝该反要约。[3]

5. 属于反要约的其他情形

除了上述列举的事项以外,在某些特殊情况下,受要约人发出的承诺也能成为反要约,最典型的情况为:受要约人没有在规定的承诺期内将承诺通知送达要约人。根据《公约》第18条第2款第1句的规定,这种承诺不产生法律效力。但这并不排除该逾期送达的承诺成为一个反要约,要约人可以决定是否对它进行承诺。

---

[1] Schlechtriem/Schroeter, *Kommentar zum Einheitlichen UN-Kaufrecht—CISG*, 7. Aufl. 2019, S. 477.

[2] Oberster Gerichtshof, Austria, 20 March 1997, www. unilex. info/cisg/case/254,访问时间:2022年1月15日。

[3] 详见本条"2.1"中之论述。

第 20 条　要约承诺期的确定

Article 20

（1）A period of time for acceptance fixed by the offeror in a telegram or a letter begins to run from the moment the telegram is handed in for dispatch or from the date shown on the letter or, if no such date is shown, from the date shown on the envelope. A period of time for acceptance fixed by the offeror by telephone, telex or other means of instantaneous communication, begins to run from the moment that the offer reaches the offeree.

（2）Official holidays or non-business days occurring during the period for acceptance are included in calculating the period. However, if a notice of acceptance cannot be delivered at the address of the offeror on the last day of the period because that day falls on an official holiday or a non-business day at the place of business of the offeror, the period is extended until the first business day which follows.

译文

　　（1）如果要约人在电报或信件中（原译文为："内"）规定了承诺期限（原译文为："期间"，下同），该期限（新增）从电报交发之时或信件中载明的日期起算；如信件中未载明日期，则从信封上所载日期起算。如果要约人以电话、电传或其他快速通信（原译文为："通讯"）方法确定了承诺期限，该期限从要约送达受要约人时起算。

　　（2）在计算承诺期限时，应将承诺期限内的正式假日或非营业日计算在内。但是，如果因为承诺期限的最后1天在要约人营业地是正式假日或非营业日，承诺通知因此而未能在该天送到要约人地址，则应将承诺期限顺延至下一个营业日（语序有所调整）。

目录

正文

1. 调整对象

　　根据第 18 条第 2 款的规定，要约人可以在其要约中设定承诺期。例如，"受要约人应当在 10 天内作出承诺"。这就产生了下列问题：这里的"10 天"内应从哪一天开始起算？如果在这"10 天"刚好碰上中国的"国庆长假"、西方国家的圣诞节，这些法定节假日是否也应当计入此类承诺期限内？本条专门规范了此种承诺期的具体计算方法。不仅如此，本条规定也有助于人们判断相关的承诺是否生效。根据第 18 条第 2 款的规定，如果承诺"通知在要约人所规定的时间内，或在一段合理的时间内，未曾送达要约人，则该承诺不发生效力"。可见，本条规定的承诺期的计算规则不仅仅有着理论意义，而且有着重要的现实意义，因为它不仅关系到承诺通知能否生效，还关系到合同能否订立。

2. 承诺期的起算（第 1 款）

　　为确定要约人设定的承诺期哪天结束，必须首先解决一个问题：该承诺期从哪一天起算？如果要约人在其发出的要约中已经明确规定承诺期起算的日期，例如，对方必须"在 3 月 10—15 日作出答复"，或者"承诺期将于本要约送达受要约人之日起算"，则上述问题并不重要。但在很多情况下，要约人仅仅指定了一个"10 日"或"1 周"的承诺期。为了确定该"10 日"或"1 周"将于哪天结束，就必须确定上述期限起算的日期。本款共分两句。该两句根据要约传送方式的快慢程度而规定了两种不同的承诺期起算规则:第1句规定了通过传统方式送达要约时的起算时间点,而第2句则规定了通过现代快速方式送达要约时的起算时间点。

2.1 通过传统方式发出要约时承诺期的起算

本款第1句规定了通过电报或信件这两种传统方法发出要约时承诺期的起算时间点。

（1）通过电报发出要约时承诺期的起算

在早期的国际贸易中,电报是主要的通信手段。要约人也经常通过电报发出要约通知。如果要约人在其发出的要约通知中设定了一个没有规定起始日期的承诺期,那么根据本款规定,就应当"从电报交发之时"起算。这里的"交发之时"在通常情况下等同于电报中载明的发报日。[1]

（2）通过信件发出要约时承诺期的起算

书面信件是传统的通讯方式,由于它具有重要的证据功能,所以也成为国际贸易参与者经常采用的交流方式。如果要约人采用这种方式发出要约通知,那么,本款为此规定了两种不同的起算方式:其一,以信件中"所载明的日期"为起算日。在信件中载明了日期时,便适用这一起算规则。此处的"信件中载明了日期"通常是要约人注明的"写信日";其二,以"信封上所载日期"为起算日。这一规则仅仅适用于"信件中未载明日期"时。此处"信封上所载日期"一般是指邮戳中载明的日期。[2]

可见,这两种起算规则并不是可以随意适用的,相反,必须优先适用上述第一种起算规则。在不具备这一规则的适用条件时,才适用第二种起算规则。《公约》的这一规定也是十分合理的,这首先是因为:信件中载明的日期通常是要约人拟定要约通知的时间,而邮戳中载明的

---

[1] Schlechtriem/Schroeter, *Kommentar zum Einheitlichen UN-Kaufrecht—CISG*, 7. Aufl. 2019，S. 500.

[2] Schlechtriem/Schroeter, *Kommentar zum Einheitlichen UN-Kaufrecht—CISG*, 7. Aufl. 2019，S. 499.

日期仅仅是投寄日期的客观证明;其次,在通常情况下,要约人不会在信封上写明日期,而是习惯于在信件的右上侧或结尾处载明写信的日期;最后,要约人还习惯保留信的复印件。同样地,受要约人通常不会保留信封,而会将信件存档。

由此可见,在确定承诺期的起算时间点时,《公约》实际上采用了"投邮主义"原则,而没有采用"送达主义"原则。其中的主要原因是,与"送达"相比,"投邮"的日期更容易确认和证明。

2.2　通过"快捷通信方法"发出要约时承诺期的起算

由于电报和书信是比较传统的通信方式,而随着现代通信技术的不断发展,国际上也产生了许多快速通信方式。这种通信方式的特点是可以快速地将信息从位于一国的一方当事人送达给位于另一国的另一方当事人,信息传递速度之快,信息一经发出基本上可以即时到达对方。仔细分析,又可以将此种"快捷通信方法"分成两类:一种具有口头交流的特征,例如,电话、电传、微信视频、瓦次普(WhatsApp)视频等;另外一种具有书面通信的特征,如传真、邮件。如果在此种通过"快捷通信方法"发送的要约通知中设置了承诺期限,该期限从哪天起算呢?本款第 2 句"如果要约人以电话、电传或其他快速通信方法确定了承诺期限,该期限从要约送达受要约人时起算"规范了这一问题。

(1)通过具有口头交流特征的快捷方式发送要约时承诺期的起算时间点

本款第 2 句明确列举了"电话、电传"这两种快捷通信方式。尽管电话不属于口头交流,但是学界和实务界在习惯上将它视为第 18 条第 2 款意义上的"口头要约",电传同样如此。①如果要约人在其通过以上方式发出的要约通知中设定了承诺期,那么根据本句规定,"该期限从要约送达受要约人时起算"。

除了列举"电话、电传"这两种通信方式以外,本句中使用了"其他快速通信方法"这一概念,但本款没有对这一概念进行定义。西方学者

---

① 　高旭军:《〈联合国国际货物销售合同公约〉适用评释》,第一版,第 110 页。

认为:它通常是指通过电子屏幕信息传递技术传递信息的方法,具体包括电脑视频会议(Skype)、微信视频、瓦次普(WhatsApp)视频,短信(SMS)、无线通讯、迷你电话网等。[1]这一观点是成立的。通信方式具有口头要约的特征,它们可以即时送达对方,因而对方可以进行即时回应。如果要约人在通过以上方式发出的要约中设定了承诺期,根据本款第2款的规定,要约通知送达对方的时间为该承诺期的起算时间。当然,如果要约人是通过口头方式发出要约的,只要其中确定了承诺期,那么,也适用同样的规则,即承诺期从口头表达要约之时起算。

(2)通过具有书面通信特征的快捷方式传送要约时承诺期的起算时间点

传真、电子邮件也是一种快捷通信方式,它们是否属于本款第2句意义上的"其他快速通信方法"呢?单纯从通信技术上分析,答案是肯定的。国外的主流观点也因此认为:应对它们适用本款第2句的规定,即承诺期从送达对方之时起算。[2]但笔者并不同意这一观点:无论是通过传真还是电子邮件发送要约通知,设备通常会自动标注发送的时间;另外,要约人也通常会在发出的要约通知中标明其撰写通知的日期,所以,它更具有与通过书信或电报发送的要约相同的特征,因此,在这里同样应该适用本款第1句规定的起算规则。这是十分必要的,因为要约人可能在10月1日已经撰写了要约通知正文,并在正文中标明了其行文的日期,但他可能在10月3日才通过传真或电子邮件发送。此时,便应当以正文中载明的日期作为起算依据。只有在正文中没有写明日期时,才适用这一自动生成的日期。

3. 假日计入承诺期(第2款)

在承诺期的起算日确定后,另一个影响承诺人是否在承诺期内作

---

[1] Schlechtriem/Schroeter, *Kommentar zum Einheitlichen UN-Kaufrecht—CISG*, 7. Aufl. 2019, S. 500.

[2] Schlechtriem/Schroeter, *Kommentar zum Einheitlichen UN-Kaufrecht—CISG*, 7. Aufl. 2019, S. 500.

出承诺的因素:是否应当将法定假日或非营业日计入承诺期? 计入与否,会对承诺的生效乃至合同的签订产生决定性的影响。以要约中规定了 10 天的承诺期为例,假定该要约于 2014 年 9 月 26 日从美国向上海的客户发出,于 2014 年 10 月 8 日才送到该客户手中。由于中国 10 月 1 日至 7 日为法定假期,如果 7 天长假被计入"10 天"的承诺期,那么,毫无疑问,受要约人所作承诺属于延迟到达。根据第 18 条第 2 款的规定,这种承诺并不产生法律效力。而它是否能够生效,完全取决于要约人的态度;反之,如果 7 天长假不被计入"10 天"的期限内,那么,受要约人就掌握了主动权,因为他已经在规定的承诺期内将承诺送达要约人。根据第 18 条第 2 款和第 23 条规定,承诺已经生效、合同已经签订。那么,这种法定假期或其他非营业日是否应当被计入承诺期呢? 本条第 2 款 2 句专门规定了这一问题,其中第 1 句规定"假日计入承诺期原则",而第 2 句则规定了这一原则的例外。

3.1　"假日"的定义

在探究本款规定的原则和例外之前,首先有必要论述本款"假日"的定义。本款采用的表述是"正式假日或非营业日"。为论述方便,笔者将它们简称为"假日"。本款没有对"假日"这一概念进行定义。但一般认为,本款中的"正式假日或非营业日"是法律规定的,企业无需营业和生产、工人和员工无需工作的法定休息日,它通常包括周末、我国的"五一"或"十一"国假、西方国家的圣诞节等。如果公司因自身安排放假或职工罢工而停止经营活动,就不属于本款中的"正式假日或非营业日",除非公司事前已经将以上停止经营活动的日期通知了对方当事人。

3.2　假日计入承诺期原则

本款第 1 句首先确定了"承诺期限内的正式假日或非营业日应被计算在内"这一原则。本条之所以作出这样的规定,是因为《公约》制定者考虑到:由于各国的文化、宗教不同,有关法定假日和非营业日的安排有很大的差异,而且即使在同一国家内的不同地区,它们的法定假日和非营业日也有较大的不同。让一国的国际贸易参与者了解并掌握其他国家的法定假日、非营业日的具体信息，比较困难。①所以，本款采用了一个比较简单的处理办法，即将法定假日或非营业日视为正常的工作日，这样，自然应当将这种假日计入要约规定的承诺期之内。

3.3 假日计入承诺期原则的例外

由上可知，本款第 1 句确认了"假日计入承诺期原则"，第 2 句明确规定了这一原则的例外。据此，在特定条件下，不得将假日计入承诺期。仔细分析，本句规定了以下两个特定条件：(1)承诺期限的最后 1 天在要约人营业地刚好是"正式假日或非营业日"。(2)承诺通知因此而未能在该天送达要约人。在同时具备这两个条件时，则应该"将承诺期限顺延至下一个营业日"。实际上，这是将要约人规定的承诺期延长了一天。

第 21 条　逾期承诺

Article 21

(1) A late acceptance is nevertheless effective as an acceptance if without delay the offeror orally so informs the offeree or dispatches a notice to that effect.

(2) If a letter or other writing containing a late acceptance shows that it has been sent in such circumstances that if its transmission had been normal it would have reached the offeror in due time, the late acceptance is effective as an acceptance unless, without delay, the offeror orally informs the offeree that he considers his offer as having lapsed or dispatches a notice to that effect.

---

① Schlechtriem/Schroeter, *Kommentar zum Einheitlichen UN-Kaufrecht—CISG*, 7. Aufl. 2019, S. 501.

译文

（1）如果要约人毫不迟延（原译文为："没有迟延地"）地用口头或书面方式将此种意见通知受要约人，逾期送达的承诺仍有承诺的效力（语序作了调整）。

（2）如果载有逾期承诺的信件或其他书面文件表明，它是在这样的情况下发出的，而且只要传递正常，它就能被及时送达要约人（原译文为："它是在传递正常、能及时送达发价人的情况下寄发的"），则该项逾期送达的承诺具有承诺的效力，除非要约人毫不迟延地用口头或书面通知受要约人：他认为其要约已经失效。

目录

正文

1. 调整对象

在国际贸易实践中，受要约人发出的承诺通知通常会因为各种原因而没有被及时地送达要约人。无论是受要约人过晚发出承诺通知，还是快递公司出现差错，抑或是现代传输设备如电子邮箱发生故障，都可能导致承诺通知没有在要约规定的期限内送达要约人。而这种逾期送达的承诺便是本条的规范对象，它主要解决了此种承诺在什么样的前提条件下生效的问题。这一规定是必要的,因为根据《公约》第18条第2款的规定,这样的承诺通知是无效的。但是,在现实生活中,许多要约人出于对其本身业务发展的考虑,愿意接受此种迟到的承诺。但第18条第2款的规定从根本上排除了要约人接受这种要约的可能性。为了解决这一问题,本条便在第18条第2款规定的基础上对这种逾期送达的承诺作出了补充规定,规范它们产生法律效力的前提条件。本条包括两款,将它们基于造成逾期送达的原因不同而分成"因受要约人原因而逾期送达的承诺"和"因他人原因而逾期送达的承诺",并将它们分别交由本条两款予以调整,前者由第1款调整,而后者则由第2款调整。

2. "因受要约人原因而逾期送达的承诺"(第1款)

本条第1款主要规范了由于受要约人的原因使承诺通知逾期送达要约人的这种现象。尽管本款没有明确规定这一点,但从它与本条第2款的关系中可以看出。由上可知,本条的调整对象是"逾期送达承诺的效力",而本条分成两款,其中第2款的调整对象是明确的,即"因他人原因而逾期送达的承诺",[①]那么,第1款的调整对象便只能是"因受要约人原因而逾期送达的承诺"。

2.1 "因受要约人原因而逾期送达的承诺"的定义

本款采用了"逾期送达的承诺"这一概念,但它实际上是指"因受要约人原因而逾期送达的承诺"。延迟送达的程度并不是判定承诺是否构成逾期送达的标准,无论是延迟1天还是1周,都已构成本款意义上的"逾期"[②]。仔细分析,此种逾期承诺又包括以下两类:

第一,受要约人在要约规定的承诺期内发出了承诺通知,但是由于他发出承诺通知的时间太晚,该承诺通知没有在规定的承诺期内送达要约人。这不仅包括受要约人发出承诺通知太晚的情形,还包括他太晚作出承诺决定的情形。

---

① 详见本条"3"部分之论述。

② Witz/Salger/Loranz/Witz, Art. 21, Rn. 9.

第二,受要约人在要约失效后进行承诺。根据上文论述,要约在规定的承诺期届满时失效,即使没有规定承诺期,它也会在合理的期限届满时失去法律效力,但这并不妨碍受要约人对这种要约进行"承诺"。如果受要约人对此种要约进行了承诺,该承诺自然不能按时到达要约人,也就无法生效。

2.2　"逾期送达的承诺"生效的前提条件

在《公约》第18条第2款确定此种承诺无效的基础上,本条第1款"如果要约人毫不迟延地用口头或书面方式将此种意见通知受要约人,逾期送达的承诺仍有承诺的效力"这一句话有条件地确认了此种承诺的效力。其中"……逾期送达的承诺仍有承诺的效力"十分明确地规定其有效性,但本款前半句规定了其生效的前提条件。据此分析,只有在同时具备以下三个条件时,此类承诺才能产生法律效力:

第一,要约人必须认同这种承诺的效力。如果要约人不承认逾期承诺的效力,它便失去了法律效力。

第二,要约人必须将其内心的认同通过某种方法表示出来。他可以以口头方式表达,也可以以书面方式表达。

第三,其表达的上述意愿必须"毫不迟延地"送达受要约人。这里又包含两个因素:其一,与《公约》第15条确定的要约生效原则、第18条第2款规定的承诺生效原则一样,要约人根据本款规定所作的认同逾期承诺效力的意思表达也必须送达受要约人,才能产生法律效力;其二,要约人必须将上述意思表达"毫不迟延"地通知受要约人,否则,逾期送达的承诺便不产生法律效力。至于"毫不迟延"的具体时间长度,《公约》没有对此进行界定。有西方学者认为,本款中"毫不迟延"所蕴含的时间长度要比第19条第2款中"不过分迟延的期间内"所指的时间长度短。因为受要约人并没有改变要约人在要约中提出的交易条件,所以,要约人没有必要对此进行重新审查、考虑。[1]这一观点是成立的,两款所采用的不同表述方法表明了这一点。第19条第2款采用的

---

[1]　Witz/Salger/Loranz/Witz, Art. 21, Rn. 5.

表述为"without undue delay"，这实际上允许有"合理的延迟"，而本款中"without delay"这一表述则根本不允许有延迟。所以，本款中要约人所享有的考虑或决定时间显然应当短于第 19 条第 2 款规定的时间。但"毫不迟延"所指的期限究竟有多长，应当在个案中根据具体的情况予以分析。德国德累斯顿高级法院在 2010 年 11 月 20 日所作的判决中认为：一周时间也属于"毫不迟延"回复的期限内。[①]而德国法兰克福高级法院在 2009 年 3 月 24 日所作的判决中则判定：如果要约人在收到预期承诺的 2 个月后再确认该承诺的效力，则显然超过了本款通过"毫不迟延"这一表述所要求的期限。[②]

由此可见，在收到逾期送达的承诺时，本款在实际上授予了要约人签订合同的选择权，他可以选择不签订合同。如果这样，他可以不做任何事项；他也可以选择与对方签订合同，如果这样，他必须毫不拖延地将这一意思通知受要约人。

3. "因他人原因而逾期送达的承诺"（第 2 款）

在现实生活中，有时即使受要约人没有过错，他已及时将承诺通知交给了快递公司，或者在承诺期内通过电子邮件发出了承诺书，但由于快递公司或网络故障等问题，承诺书依然有可能没有在规定的期限内被送达要约人。换句话说，在国际贸易实务中存在非因受要约人控制的因素而导致了逾期送达，本条第 2 款规范了这种承诺的效力问题。

3.1 "因他人原因而逾期送达的承诺"的定义

《公约》并没有对"因他人原因而逾期送达的承诺"进行定义。根据本款"……它是在这样的情况下发出的，而且只要传递正常，它就能被及时送达要约人"的规定，它应当是指传递人或传递设备等原因所导致的承诺通知逾期送达对方当事人的情形。据此分析，本款中的逾期送达具有两个特征：其一，受要约人不仅按时发出了承诺通知，而且在正

---

① Oberlandesgericht Dresden, Germany, 30 November 2010, https://cisg-online.org/files/cases/8099/fullTextFile/2183_68620142.pdf, 访问时间：2022 年 1 月 16 日。

② Oberlandesgericht Frankfurt, 24 March 2009, https://cisg-online.org/files/cases/8081/fullTextFile/2165_33453692.pdf., 访问时间：2022 年 1 月 16 日。

常情况下,承诺通知能够按时送达要约人;其二,承诺通知在事实上还没有在规定的期限或合理的期限内送达要约人,而这种延迟送达是由受要约人以外的原因造成的。相关原因很多,例如,传递人没有及时处理承诺通知、航空公司罢工、误发给第三人、网络瘫痪等。

3.2 "因他人原因而逾期送达的承诺"的法律效力

此种"因他人原因而逾期送达的承诺"是否有效?本条第2款专门规范了这一点。根据"如果载有逾期承诺的信件或其他书面文件表明……则该项逾期送达的承诺具有承诺的效力,除非要约人毫不迟延地用口头或书面通知受要约人:他认为其要约已经失效"这一规定,它原则上确定了此类承诺的有效性,同时规定这一原则的例外。

(1)"因他人原因而逾期送达的承诺"原则上有效

本款"……则该项逾期送达的承诺具有承诺的效力"这一规定十分清楚地确定了以上原则。但并非所有"因他人原因而逾期送达的承诺"都具有法律效力,只有具备本款规定的前提条件,它才能生效。根据对本款字面意思的分析,它至少应当具备以下两个条件:

第一,"逾期送达"的可知性。这里的"可知性"应当包括两方面的客体:其一,只要要约人稍加注意就可以知晓、了解承诺通知是按时发送的;其二,要约人能够了解是由于他人原因造成了承诺通知的逾期送达。其中最重要的是要约人应当能够了解第一项客体。具体地说,"逾期送达的承诺通知"中应当记载一些客观的信息,从这些信息中,要约人能够推断出:受要约人已经及时发出了承诺通知。这样的客观信息包括书面信件中载明的日期、盖在信封上的邮戳中载明的投递日期、电子邮件、电传中载明的发信日期等,或者受要约人事前已经通过电话告知要约人:他已经按时发出了承诺书,承诺书将会在承诺期内送达要约人。这里的"按时发送"承诺通知是指:受要约人不仅应当将该通知及时交付给负责传递的第三方,而且应该给该第三方留下足够的时间,使得该第三方能够按照正常的传递方式在规定的承诺期内送达要约人。例如,中国上海要约人设定的承诺期为8月1—10日,德国受要约人通过快递将承诺通知送达上海一般需要7天时间。如果受要约人在8月

2日以前发出承诺通知均属于按时发送,且该承诺通知实际上于8月13日或更晚才送达上海要约人,要约人便应当知道逾期送达是由他人原因造成的;反之,如果德国受要约人于8月5日才将承诺通知交给快递公司,那么,便不属于按时发送。如果要约人无法知晓、确定逾期送达的承诺通知是按时发送的,那么就不适用本条第2款的规定;相反,应当适用本条第1款的规定。

第二,要约人没有及时发出明示的反对。本款"除非要约人毫不迟延地用口头或书面通知受要约人:他认为其要约已经失效"这一句蕴含了这一条件。仔细分析,这一条件又包括两个可以相互替代的条件:其一,要约人没有向对方发出表示拒绝接受逾期承诺的通知。这意味着,如果要约人在收到此类逾期承诺时没有做任何事,《公约》依然将此视为接受。实际上,《公约》在这里将要约人的"缄默"或"不作为"视为承诺;其二,或者虽然他发出了拒绝通知,但其发出的通知已超出了本款规定的"毫不迟延"的期限。至于"毫不迟延"的时间长度,在上文中已有论述,这里不再赘述。

根据本款规定的字面意思,以上两个是必须同时具备的条件,缺一不可。

(2)"因他人原因而逾期送达的承诺"例外情形下无效

尽管本款规定"因他人原因而逾期送达的承诺"原则上有效,但本款"除外"表述在实际上也规定了这一原则的例外。即在满足"除外"表述规定的条件下,此类承诺依然无效。

"除外"条款规定的条件是"要约人毫不迟延地用口头或书面通知受要约人:他认为其要约已经失效"。据此分析,构成本款上的例外,应当具备以下两个条件:

其一,要约人将其拒绝决定通知了对方当事人。"要约人毫不迟延地用口头或书面通知受要约人……"这一表述表明:要约人如果有意拒绝接受该逾期承诺通知,他必须将其决定通知对方当事人。

其二,上述通知必须发生在"毫不迟延"的期限内。"毫不迟延"这一限制表明:即使要约人发出了拒绝通知,但如果他是在超出"毫不迟延"的期限后发出的,那么,其发出的通知不发生法律效力,反之,则有效。

在具备以上两个条件下,逾期承诺依然无效。但它又构成了一项新的要约,要约人可以对此进行承诺或拒绝。应当指出,即使在第 2 款规范的特殊情况下,要约人仍然拥有是否与对方签订合同的选择权:他可以选择与对方签订合同。如果这样,他无需做任何事。这是《公约》明确规定的"缄默"或"不作为"构成承诺的情形;他也可以选择不与对方签订合同。如果这样,他必须明确将这一意思通知对方。

4. 本条和《公约》第 18 条第 2 款的关系

由于《公约》第 18 条第 2 款也间接规范了预期送达承诺的效力,这就产生了一个问题:本条和第 18 条第 2 款之间究竟存在着何种法律关系?

4.1 原则和例外的关系

根据《公约》第 18 条第 2 款的规定,如果受要约人没有在规定的承诺期内或合理的期限内将其承诺通知送达要约人,则该承诺通知无效,双方当事人也没有订立合同。而根据本条的规定,在要约人"毫不迟延"地通知对方他承认这一承诺时(第 1 款),或在该要约人不作为时(第 2 款),这种逾期送达的承诺通知依然产生法律效力,双方当事人依然签订了合同。由此可见,本条规定的情形也构成了第 18 条第 2 款规定的"送达生效原则"的一个例外。

4.2 两条款在合同签订时间方面的差异

从理论上分析,人们可以将逾期送达的承诺视为一种反要约,原要约人可以对此进行承诺。许多国家的合同法也确实将逾期承诺视为反要约。联合国国际贸易法委员会的工作组也认为:应将本条第 1 款下逾期承诺视为反要约。[①]这样就会出现对同样的逾期送达承诺既可以适用《公约》第 18 条第 2 款的规定,又可以适用本条的规定的情形,并

---

① Bianca/Bonell/Farnsworth, *Commentary on the International Sales of Law*, Miland:Giufre(1987), 189—194.

由此产生并不完全相同的结果。

在适用《公约》第18条第2款时,法院应当据此判断原要约人对这一逾期承诺(反要约)的回复(承诺通知)是否生效。根据该款规定,只有在原要约人将其愿受逾期承诺约束的意思通知原受要约人时,合同才视为订立。在这里,原要约人对原受要约人发出的上述通知是对反要约的承诺,合同在该承诺通知生效之时,也即送达受要约人时订立。

而在适用本条第1款时,法院应当据此判断原要约人对已经失效的逾期承诺是否追认其效力。他追认其效力的方式是:必须将其愿受此种承诺约束的意思通知原受要约人。如果进行了此种通知,合同便告签订。可见,在适用本条的情况下,原要约人发出的通知并不是对反要约的承诺,而是对原受要约人所为承诺行为法律效力所进行的追认。因此,合同的签订时间并不是原要约人追认通知送达对方的时间,而是他发出此种通知的时间。同样的原理也适用于本条第2款,不过在这里,原要约人追认逾期承诺效力的方式是不做任何事。如果这样,合同便于承诺送达要约人时订立。

可见,在受要约人发出的承诺逾期送达要约人时,如果原要约人愿意与对方签订合同,那么,无论是适用《公约》第18条第2款的规定,还是适用本条规定,均会导致合同的签订。唯一的区别是:适用后者时签订合同的时间早于适用前者。

第22条　承诺的撤回

Article 22

An acceptance may be withdrawn if the withdrawal reaches the offeror before or at the same time as the acceptance would have become effective.

译文

如果撤回通知于承诺生效之前或同时送达要约人,则可以撤回承诺(原译文为:"接受得予撤回",并调整了语序)。

目录

正文

1. 调整对象

在受要约人发出承诺通知后,由于各种原因,他有可能改变主意,并因此想要取消已经发出的承诺。他如何才能做到这一点? 这便是本条的调整对象,也是本条所要解决的问题。

2. 承诺撤回的概念

《公约》没有直接对承诺撤回进行定义。但根据本条规定,承诺撤回是指在承诺生效以前受要约人收回其发出的承诺、以便修改或取消该承诺的行为。据此分析,承诺撤回具有两个法律特征:第一,这是一种受要约人所作的收回其已发出承诺的行为;第二,该行为必须在承诺生效以前进行。

3. 承诺撤回的前提条件

根据本条的字面意义,受要约人有权撤销自己发出的承诺,本条后半句"可以撤回承诺"这一表述表明了这一点。本条不仅确认了受要约人的这一权利,而且规范了他行使这一权利所应当具备的前提条件。据此分析,受要约人撤回其承诺,必须具备以下三方面条件。

3.1　有撤回承诺的意愿

如果受要约人计划撤回其发出的承诺,他必须有这样的意愿,并且他必须通过一定的方式将这一意愿表达出来。尽管本条没有明确规定这一条件，但"如果撤回通知……送达要约人"这一规定即蕴含了这一条件，因为受要约人发出撤回通知的前提是他有撤回承诺的意愿。受要约人表达撤回意愿的方式不受限制，他既可以采用口头方式，也可以采用书面方式。①

3.2 告知要约人

受要约人不仅应当将其撤回意愿通过一定方式表达出来，而且应当将这一意愿告知要约人。"如果撤回通知……送达要约人"这一规定明确规定了这一条件。这一要求是合情合理的。受要约人如果有撤回承诺通知的意愿，但没有告知要约人，那么，根据《公约》第18条第2款的规定，其发出的承诺于到达要约人时生效，合同也于该时已经签订。同样，受要约人有选择通知方式的自由。

3.3 撤回通知的及时送达

受要约人不仅必须将其撤回决定告知要约人，而且必须将该撤回通知及时送达要约人，本条前半句规定了这一时间条件。据此，撤回通知必须"于承诺生效之前或同时送达要约人"。这也意味着，受要约人最晚必须在这一时间点将撤回通知送达要约人，否则，承诺便产生法律效力，受要约人便因此而失去了撤回其承诺的机会。这一条件意味着，受要约人只能在发出承诺通知以后至通知送达要约人之前这一时间区间内行使其撤回权。这也表明，本条规定仅仅适用于通过书面方式订立的合同，它不适用于受要约人根据第18条第3款的规定通过"行为"表示的承诺，因为根据该款规定，此种承诺于行为作出时生效。另外，本条没有规范撤回通知何时送达要约人这一问题，而将这一问题留给了《公约》第24条规定。

根据本条的语义，只有在同时具备上述三个条件时，受要约人才能撤回其已经发出的承诺通知。

---

① Schlechtriem/Schroeter, *Kommentar zum Einheitlichen UN-Kaufrecht—CISG*, S. 292.

4. 承诺撤回的法律效果

如果受要约人进行的撤回符合上述条件,那么,承诺就不产生法律效力,即使它与撤回通知同时送达要约人,也是如此。由此,受要约人不仅可以对承诺的内容进行修改,而且可以取消整个承诺。在合同双方当事人对受要约人发出的通知是否构成本条意义上的"撤回通知"发生争议时,应当适用《公约》第 8 条规定的规则进行解释和查明。

第 23 条 合同订立的时间

Article 23

A contract is concluded at the moment when an acceptance of an offer becomes effective in accordance with the provisions of this Convention.

译文

按照本《公约》的规定,合同于对要约的承诺生效时订立(原译文为:"合同于按照本公约规定对发价的接受生效时订立")。

目录

1. 调整对象
2. 合同的订立时间
   2.1 要约中设定附带条件合同的订立时间
   2.2 待批准合同的订立时间
3. 合同的订立地点

正文

1. 调整对象

本条规范的规定对象是合同订立的时间。对这一时间作出统一规定很有必要,因为在国际贸易实务中,通常会有几个不同的时间点与合同订立有关。例如,承诺通知送达要约人的日期、双方当事人于承诺生效后在补充性成交确认书上签字的日期、该确认书送达对方的日期，以及双方在合同书上共同签字的日期等。在多数情况下，这些日期并不一致，这就产生了合同究竟在哪一天订立的问题。这不仅仅是一个理论问题，而且是一个关系到合同双方当事人权利义务的实际问题。假定"双方在合同书上共同签字的日期"为最晚的一个时间点，而且以这个时间点作为合同订立的时间，那么，在此时间点以前，合同并没有订立，双方当事人可以随时撤销其要约（反要约）或承诺，更改其内容；假定以最早的时间点即"承诺通知送达要约人的时间点"作为合同的订立时间点，那么，当事人自此时刻开始便承担了履行合同的义务，否则便会承担违约风险。

2. 合同的订立时间

本条对合同订立的时间作出了一个原则性的规定："按照本《公约》的规定，合同于对要约的承诺生效时订立。"此处"本公约的规定"无疑是指第 18 条第 2 款或者第 3 款的规定，据此，合同于承诺通知送达要约人时或者于受要约人作出表示承诺的行为时订立。但这也产生了一个问题：要约中提出附带条件合同或者必须得到政府部门批准的合同何时订立呢？《公约》没有明确规范这样的问题。下文分别就此进行简要论述。

2.1 要约中设定附带条件合同的订立时间

这是指要约人在其发出的要约中设立了附带条件，只有在出现约定的附带条件时，双方才履行合同中的义务。这在国际货物销售合同中也是经常出现的现象。

甲国 A 公司于 2020 年 2 月 1 日收到乙国 B 公司的邮件，表明有意向甲公司购买 1 000 吨水泥，要求甲公司向它提供 1 000 吨水泥的报价，因为它需要参加本省建造某高速公路的投标，并据此计算其投标报价；乙公司补充说明，它将在 3 月 1 日提交其投标报价，并且在 3 月 30 日知道投标结果。如果它未能中标，便不需要购买甲公司的水泥。2 月 20 日，甲公司向乙公司发出了销售 1 000 吨水泥的报价，乙公司当天收到该项报价，并于 3 月 1 日进行了投标。3 月 30 日乙公司获悉中标，并告知甲公司。在本案中，合同是在哪天订立的呢？是 3 月 1 日还是 3 月 30 日？根据《公约》第 18 条第 3 款结合第 23 条的规定，合同是在 3 月 1 日订立的,理由是:2020 年 2 月 1 日乙公司向甲公司发出的信件属于要约邀请;2 月 20 日,甲公司向公司发出的报价是要约,3 月 1 日甲公司以此为基础进行投标是承诺,而且该项承诺已经于"报价"行为作出时生效。至于双方在合同中达成的有关乙公司在中标时才购买的条件,是买卖合同生效的前提条件,生效条件是否出现并不影响合同的订立。这种条件是否有效,应当根据当事人的国内法来判断。

2.2　待批准合同的订立时间

待批准的合同是指:在双方当事人签订合同后,由于乙方当事人的权限或所在国的法律规定,合同是否生效还取决于第三方或政府主管部门的批准。对于这类合同,是否只有在获得批准时才签订呢? 匈牙利一家法院于 1992 年 1 月 10 日就此作出判决:即使合同的生效需要得到有关方面的批准,这也并不推迟该合同的签订时间。①这种批准是否有溯及既往的效力,还是仅仅于颁发批准证书时产生效力,都不是《公约》的调整范围,而必须根据相关国家的国内法的规定予以判断。当然,本条的上述规定并不排除当事人对合同订立时间作出另外的约定。鉴于《公约》第 6 条等条款确认的当事人"意思自治原则",尽管有上述规定,当事人仍可以另行约定合同订立的时间。

3. 合同的订立地点

本条并没有明确规定合同的订立地。尽管如此,依然有必要讨论合同的订立地问题。根据《公约》第 7 条第 2 款的规定,如果《公约》没有相应的规定,就应当适用一般法律原则或者国际私法规则所指引适用的法律,而合同的订立地对于根据国际私法规则确定准据法具有重要的作用。

尽管本条没有明确规定合同的订立地,但实际上也蕴含了确定合同订立地的规则。根据《公约》第 18 条和本条的规定,承诺于送达要约人时生效,合同也于此时订立。这就意味着:合同的订立地就是承诺送

---

①　UNCITRAL, *Digest of Case Law on the United Nations Convention on the International Sale of Goods*, 2016, p. 105.

达地；在以第 18 条第 3 款意义中的"行为"表示承诺时，合同的订立地应当是表示承诺"行为"的发生地。①澳大利亚的一家法院在其判决中也持这一看法。②

第 24 条　送达的概念

Article 24

For the purposes of this Part of the Convention, an offer, declaration of acceptance or any other indication of intention "reaches" the addressee when it is made orally to him or delivered by any other means to him personally, to his place of business or mailing address or, if he does not have a place of business or mailing address, to his habitual residence.

译文

为《公约》本部分规定的目的，如果通过口头方式将要约、承诺声明或任何其他意思表示告知收受人或通过任何其他方式将它们送交收受人本人，或送至其营业地或通讯地址，就应视为已经送达对方（原译文为："发价、接受声明或任何其它意旨表示'送达'对方，系指用口头通知对方或通过任何其它方法送交对方本人，或其营业地或通讯地址"），如收受人无营业地或通讯地址，则应将它们送交其惯常居住地。

目录

---

① Witz/Salger/Loranz/Witz, Art. 23, Rn. 6.

② UNCITRAL, *Digest of Case Law on the United Nations Convention on the International Sale of Goods*, 2016, p. 105.

正文

1. 调整对象

根据本条的字面意思,本条的调整对象是一方当事人根据本部分规定所作的意思表示何时送达对方当事人。"为《公约》本部分规定的目的"这一表述限定了本条的适用范围,即它仅仅适用于双方当事人在合同订立以前或之时所作的意思表示的达到,而不适用于合同订立以后当事人所作意思表示的送达,后者由《公约》第 27 条进行调整。那么,在"合同的订立"这一部分中,涉及了哪些意思表示呢?它不仅包括第 15 条第 1 款下要约、第 2 款中要约撤回、第 16 条第 1 款中要约的撤销和第 17 条中对要约的拒绝,还包括第 18 条第 2 款中的承诺、第 19 条中提及的对要约内容的任何更改通知、第 20 条第 1 款设立承诺期的意思表示、第 21 条第 2 款提及的对逾期送达承诺的效力的确认通知,以及第 22 条中承诺的撤回声明等。所有上述条款中涉及的意思表示的送达时间,都是根据本条规定的标准来确定的。具体分析,本条将送达方式划分为口头和其他送达方式,并分别界定了它们的送达时间。

2. 口头送达方式

本条首先提及的意思表示方式是"口头方式","如果通过口头方式将……意思表示告知收受人,就应视为已经送达对方"。由此可见,对于这种方式,本条确定了"告知送达"的原则。这意味着,告知收受人的时间,便是意思表示送达的时间。

2.1 "口头方式"的界定

尽管本条将送达方式分为了口头和其他两类,但是并没有对"口头方式"这一概念进行定义。但它应当与《公约》第 18 条第 2 款中的"口头意思表示"同义。由于在本书第 18 条"3.3"中已经对"口头意思表示"有详细论述，故这里不再界定这一概念的内涵。

2.2 "告知送达"

由上可知，本条为"口头方式"确定了"告知送达"的原则。如何理解本条这里"告知"两字，或英文版本中的"it is made orally to him"？客观地分析，"告知"有两方面的意思：其一，它是指意思表达方应当将其内心的真实意思"告诉"对方；其二，通过告诉这一行为，对方当事人应当"知道"并理解前者的意思。可见，如果发送者通过"口头方式"将其意思表示直接"告知"收受者，必须至少具备这两个条件。有趣的问题在于，是否还应满足另外一个条件：即发送者是否还必须清楚地知晓"对方当事人已经知道其意思"？答案是肯定的，因为只有在确认对方已经理解了其真实意思以后，意思表示者才能知道对方是否会同意自己提出的交易条件。因此，西方学者认为，意思表示者就对方是否理解其意思表示而向对方进行询问，是判断其意思表示是否送达对方的一个前提条件。[1]在国际贸易实务中，意思表示者的询问尤其重要。这不仅因为双方具有不同的语言和文化背景，还因为无论是使用电话还是 Skype 视频进行沟通，都有可能因为线路拥挤而使双方的语音交流经常受到干扰。根据联合国国际贸易法委员会的统计，迄今还没有发生过一起适用本条规定审理案件的判决或裁决。[2]

3. 其他送达方式

根据本条规定，除口头传递以外，一方当事人还可以采用"任何其他方式"将相关的意思表示送交收受人。相关的问题是：如何界定"任何其他方式"的内涵？如何确定相关的信息送达收受人的时间？

3.1 "任何其他方式"的内涵

《公约》没有界定"任何其他方式"的内涵。人们可以推论，它包括

---

① Witz/Salger/Loranz/Witz，Art. 24，Rn. 9.

② UNCITRAL，*Digest of Case Law on the United Nations Convention on the International Sale of Goods*，2016，p. 107.

除了口头方式以外的所有传递方式。具体地分析，它既包括传统的邮寄、信使，也包括现代的快递、电传、传真、电报、EMS、SMS、电子邮件、微信和 WhatsApp 中的信息功能等（微信和 WhatsApp 中的视频功能除外），它还包括由法院强制执行人负责传送的信息。总之，对于采用何种送达方式，《公约》没有进行任何限制，当事人享有充分的自由。

3.2　送达时间的确定

本条不仅规定当事人可以通过上述方式将信息送交对方当事人，而且界定了"送达"。如果他将详细的信息"送交收受人本人，或送至其营业地或通讯地址，就应视为已经送达对方，如收受人无营业地或通讯地址，则应将它们送交其惯常居住地"。

（1）将送达收受人时作为送达时间

从字面意思分析，本条仅仅规定了信息的"送达"，而没有规定"送达的时间"。但如果我们仔细分析，它也蕴含着确定"送达时间"的规则：即将相关信息送达"收受人本人，或送至其营业地或通讯地址"或"其惯常居住地"的时间，便是信息送达的时间。

值得讨论的问题是：本条意义上的"送达"是否以收受者了解信息的内容为必要条件？如果这样，信息"送达"的时间可能还会延后。例如，某公司办公室于 6 月 1 日签收某快件，并于当天送交至业务主管的办公室。但业务主管在外地出差，于 6 月 7 日才回到办公室，因为处理其他重要的事项，一直到 6 月 9 日才拆阅该信件。如果将"了解信息的内容"视为本条意义上的"送达"，那么，相关的信息的送达时间便为 6 月 9 日。那么，本条意义上的"送达时间"究竟是指哪一时间点呢？由于本条确认了"送达主义原则"，所以学界和司法实务界一般认为："送达主义原则"下的"送达"是指上述第一时间点，即公司签收快递的 6 月 1 日。这一观点是合理的，因为一旦信息为公司所签收，信息发送者便对此失去了影响力。它完全处在信息收受者的影响范围，他可以决定何时阅读、了解信息的内容。所以，也应当由他承担延迟了解信息内容的风险和后果。

（2）将送至当事人设置邮箱的时间作为送达时间

在现实生活中，人们通常会在其房屋前或大楼的底层设置信报箱，公司也一般会在当地的邮局里设置信箱。如果一方当事人将相关的信息投进此种信箱,是否已经构成本条意义上的送交收受者的"营业地或通讯地址"或"惯常居住地"呢?答案是肯定的。因为这些是收件人专门为收取信件而设置的装置,只要将相关的信息投入这些装置,便应当将此视为"送至营业地或通讯地址"。反之,如果没有将相关的信件投入上述装置中,而仅仅将它们投放在收件人的门槛上或其他无人照看的地方,就不符合本条规定的"送达"要求。尽管这些信件已经被投送到收件人的所在地,但它们的投放地点不是收件人指定的收取信件的地方,所以,收件人在习惯上不会查看这些地方是否有其信件,即使偶然发现,也可能会以为是废弃的文件。[①]荷兰的司法判例认为:如果一方当事人变更了其通讯地址,但没有将这一变更告知对方当事人,那么,对方当事人将信息投寄到原通讯地址,这依然构成本条意义上的"送达"。[②]

如果合同双方约定通过电子设备传递信息,而且双方均将自己设置的、接收信息的电子设备的地址告知了对方,那么,一方当事人将相关的信息送入另一方当事人指定的电子设备地址,也满足了本条规定的"送达"条件。[③]基于同样的原因,通过电传、传真发送的信息,一旦发送至收件人指定的接收装置,就已经完成了本条意义上的"送达"。

4. 结论

综上所述,本条确定了"到达主义"这一基本原则。从另一角度分析,本条实际上具有分配风险的作用,即将意思表示的延迟送达、未送达的风险在发送者和收受者之间进行分配。而确认"到达主义"原则显然有利于收受者:根据这一原则,很显然发送者必须承担上述法律风险。

[①] Bianca/Bonell/Farnsworth, Art. 24, Anm. 2.4; Honnold, Rn. 179.

[②] Arrondissementsrechtbank, Amsterdam, the Netherlands, 5 October 1994, www.unilex.info/cisg/case/124,访问时间:2022 年 1 月 16 日。

[③] Schlechtriem/Schroeter, *Kommentar zum Einheitlichen UN-Kaufrecht—CISG*, 7. Aufl. 2019, S. 536f.

第三部分　货物销售

概　述

由上可知,《公约》第二部分规范了合同的订立问题。第三部分则规范了合同订立后的履行问题。这是国际货物销售合同中最核心、最复杂的问题,因而也是《公约》最核心、最重要的内容。《公约》总共有101条,本部分便包括了其中的64条,从中也可以看出本部分内容的重要性和复杂性。具体地分析,本部分主要是从确定买卖双方的权利和义务角度来规范合同履行的,共包括五章,其中第一章确定了"一般规定"(第25—29条);第二章则规范了"卖方的义务"(第30—52条),而第三章则规范了"买方的义务"(第53—65条);尽管第四章的标题为"风险的转移"(第66—70条),它在实质上规范了应该由谁承担货物灭失或损坏的风险义务;第五章则规范了"有关卖方和买方义务的一般规定"(第71—88条)。

尽管《公约》确实没有明确规范举证责任的条款,但一般认为:在涉及本部分条款举证责任的分摊问题上,适用《公约》的规定,而不是国内法。具体地说,《公约》中已经包括了确定举证责任分摊的基本原则:无论是哪一方当事人主张他根据本部分条款拥有特定的权利,他必须提供证据证明在相关的案件中已经具备了适用相关条款的条件,而对方当事人则必须证明不具备适用该条款的条件或事实。①

根据《公约》第92条的规定,成员国可以声明它不受《公约》第三部分条款的约束;如果这样,仅仅《公约》的第二部分条款对该国有约束力。比较幸运的是,迄今为止,没有一个成员国作出此种保留声明。但是,根据《公约》第94条第1款的规定,如果两个或者两个以上的缔约国在本《公约》规范的事项上的法律规定相同或非常相似,它们可以声明本《公约》不适用于营业地在其境内的当事人之间签订的销售合同,

---

① UNCITRAL, *Digest of Case Law on the United Nations Convention on the International Sale of Goods*, 2016, p. 111.

也不适用于这些合同的订立。另外,根据该条第2款的规定,如果一个缔约国在有关本《公约》调整的事项上的法律规定与一个或一个以上非缔约国的法律规定相同或非常相似,它也可声明本《公约》不适用于营业地在这些非缔约国境内的当事人之间签订的销售合同或这些合同的订立。而且在非缔约国后来成为缔约国时依然可以声明《公约》仍然不适用于与营业地位于保留国的当事人所签订的销售合同及其订立(第94条第3款)。丹麦、芬兰、挪威和瑞典便根据本条规定行使了保留权,据此,《公约》(包括《公约》第三部分)不适用于位于这些国家或冰岛的当事人之间签订的合同。冰岛已于2002年成为《公约》的缔约国;但冰岛在加入《公约》后继续适用其与丹麦等国的上述约定。①

---

① UNCITRAL, *Digest of Case Law on the United Nations Convention on the International Sale of Goods*, 2016, p. 111.

第一章　一般规则

概　述

第一章的标题为一般规则,共包括 5 条,始于第 25 条,终于第 29 条。其中第 25 条规范了根本违约,这是一方当事人根据《公约》第 49 条第 1 款 a 项、第 51 条第 2 款、第 64 条第 1 款 a 项、第 72 条第 1 款和第 73 条第 1 款和第 2 款规定宣告合同无效的一个前提,不仅如此,它还是买方根据第 46 条第 2 款要求卖方交付替代货物的前提条件。第 26 条则规范了一方当事人宣告合同无效的程序性条件,即必须将相应的决定通知另一方当事人。第 27 条的规范对象是本部分下发送的通知在延迟或没有送达时的效力问题,而第 28 条解决的问题则是法院是否必须应当事人的请求作出实际履行的判决;第 29 条则规范合同的修改或终止问题。《公约》之所以将该 5 条纳入本部分第一章,是因为它们适用于本部分所调整的所有事项,因而是本部分其他条款的基础。

第 25 条　根本违约

Article 25

A breach of contract committed by one of the parties is fundamental if it results in such detriment to the other party as substantially to deprive him of what he is entitled to expect under the contract, unless the party in breach did not foresee and a reasonable person of the same kind in the same circumstances would not have foreseen such a result.

译文

　　如果一方当事人的违约行为如此严重地损害了另一方当事人的利益,以至于在实际上剥夺了他根据合同规定预期可以获得的权益,即为根本违约(原译文为:"一方当事人违反合同的结果,如使另一方当事人蒙受损害,以至于实际上剥夺了他根据合同规定有权期待得到的东西,即为根本违反合同"),除非违约方没有预知(原译文为:"违反合同一方并不")而且一个同等资格、通情达理的人处于相同情况下不可能预知到这一结果(原译文为:"也没有理由预知会发生这种结果")。

目录

正文

1. 调整对象

　　《公约》将违约分为根本违约和非根本违约两种。在非根本违约的情况下,当事人不能宣告合同无效,只能请求损害赔偿。[①]本条专门规

---

① 　张玉卿:《国际货物买卖统一法——联合国货物买卖合同公约释义》,第 168 页。

范了根本违约问题。但本条仅仅给"根本违约"下了一个原则性的定义，它并没有规定相应的救济措施；相反，针对"根本违约"的救济措施分散规定在《公约》的不同条款中。这些条款分别是第49条第1款、第51条第2款、第64条第1款a项、第72条第1款、第73条第1款和第2款，根据这些条款，在一方行为构成根本违约时，另一方当事人可以宣告合同无效并主张损害赔偿；此外，买方则可以根据第46条第2款要求卖方交付替代货物，守约方有权根据第70条规定在风险转移后采取法定的救济措施。可见第25条在实质上构成了连接"根本违约"与《公约》规范救济措施条款的具有交通枢纽功能的"立交桥"。《公约》制定者将第25条放在本部分的第一条，也说明：根本违约在《公约》体系中具有核心地位。下文将分别论述根本违约的定义、构成要件、典型案例类型和法律后果。

2. 根本违约的定义

根据本条规定，根本违约是指一方的违约行为严重损害了另一方当事人的利益，以至于在实际上剥夺了对方当事人根据合同所应期待获得的经济利益，而且违约方能够，且一个同等资格、通情达理的人处于相同情况下也能够预见到其违约行为的上述后果。根据这一定义进行分析，根本违约的一个重要法律特征是：它是一种违约行为。但是并非所有违约行为都属于本条意义上的根本违约。构成根本违约还必须具备本条规定的要件。

3. 根本违约的构成要件

由上可知，根本违约与一般违约不同，它有着独特的法律内涵，也会带来特殊的法律后果。为了能够理解根本违约和一般违约之间的区别，也为了提高法律适用的安全性，这里有必要澄清构成根本违约的要件。根据第25条规定的字面意思，构成根本违约必须具备违约行为、严重损害、可预知性、违约行为和损害后果之间的因果关系四方面的要件。

3.1 违约行为

构成根本违约的一个条件是一方当事人必须实施了违约行为，这一要件体现在本条"如果一方当事人的违约行为……"这一表述中。这里的违约行为内涵十分丰富。根据它与合同的关系可以分为"不履行合同义务"的违约行为和"不履行其他义务"的违约行为。以违反义务的重要性为标准,又可以将它分为"不履行主要义务"的违约行为和"不履行附属义务"的违约行为。

(1)"不履行合同义务"的违约行为和"不履行其他义务"的违约行为

顾名思义,前者是指一方当事人进行的不履行合同约定义务的行为,它包括不交付货物、交付的货物不符合合同的规定、不支付或延迟支付货款等;如果一方当事人的履约行为违反了双方当事人之间业已形成的习惯做法或贸易惯例,也属于"不履行合同义务"的违约行为,因为根据《公约》第 7 条的规定,应将此类习惯做法和贸易惯例视为合同的一个组成部分。①而"不履行其他义务"的违约行为则是指:尽管一方当事人的履约行为符合合同的规定,但却不符合国内法律规定和《公约》规定。②以国内法为例,每个国家一般均颁布了各自的《产品质量法》或《消费者权益保护法》,如果卖方交付的产品违反这些法律规定,即使它已经符合了合同的质量或规格要求,也属于"不履行其他义务"的违约行为。就《公约》而言,其许多条款也补充规定了当事人应该履行的义务,例如第 35 条第 2 款规定了交付的货物必须"适用于同一规格货物通常适用的目的"或适用于"买方在订立合同时告知对方的特定目的"。如果卖方实际交付货物违反该款规定,这也属于一种"不履行其他义务"的违约行为。③

(2)"不履行主要义务"的违约行为和"不履行附属义务"的违约行为

在国际货物买卖中,卖方必须按照合同或《公约》规定的时间和地

---

① Schlechtriem/Schroeter, *Kommentar zum Einheitlichen UN-Kaufrecht—CISG*, 7. Aufl. 2019, S. 566.

② Schlechtriem/Schroeter, *Kommentar zum Einheitlichen UN-Kaufrecht—CISG*, 7. Aufl. 2019, S. 567.

③ UNCITRAL, *Digest of Case Law on the United Nations Convention on the International Sale of Goods*, 2016, p. 114.

点交付货物,而买方则同样必须按照规定的时间和地点接收货物并支付货款,这些均是当事人应该履行的主要义务。如果当事人不履行此类义务或履行行为不符合合同和《公约》的规定,便构成了本条意义上的"不履行主要义务"的违约行为。"不履行附属义务"的违约行为是指一方当事人实施的除了"不履行主要义务"之外的其他违约行为。这里的"附属义务"是指从合同约定的主要义务中衍生出来的附属义务,这样的义务有:不得分批发货义务、提供信息义务、保护经营秘密和商标义务、限制货物使用范围义务、禁止再进口合同下货物的义务等。①

当然,并非所有上述违约行为都属于本条意义上的根本违约,它们还必须具备本条规定的其他要件,才能构成根本违约。

3.2 严重损害

当事人的违约行为必须产生了严重的损害后果,这是构成根本违约的另外一个要件。这一要求具体体现在"如此严重地损害了另一方当事人的利益,以至于在实际上剥夺了他根据合同规定预期可以获得的权益,即为根本违约"这一表述中。仔细分析,本句主要对"严重损害"这一概念进行了界定。在深入讨论这一概念以前,有必要首先查明"损害"这一概念的内涵。

(1)"损害"

一般认为,人们应该对它进行广义的解释。首先,它包括损坏(damages)和损失(loss),因为《公约》第 74 条中也使用了这两个概念;《公约》的诞生历史也表明这一点,因为 1975 版的《公约》草案中提到:"损害"等同于由违约行为造成的合同价值损失或货币损失。②其次,这里的损害并不仅仅是指已经发生的损害,它也包括未来将会发生的损害。在实务中,无论是卖方没有按时交货,还是交货数量短缺或存在质

---

① 详见下文论述。

② Schlechtriem/Schroeter, *Kommentar zum Einheitlichen UN-Kaufrecht—CISG*, 7. Aufl. 2019,S. 570.

量瑕疵,均会给对方造成经济损害;买方没有支付货款或未按时支付货款,也同样如此。最后,这里的"损害"还包括因违约行为而给对方当事人已经造成的或未来将会产生的其他不利影响,此类不利影响包括:损害对方的声誉、限制对方的经营、使对方失去客户和销售机会或引发争议等。[1]可见,这里的损害在实际上等同于另一方当事人失去了从合同中应该获得的权益。

(2)"严重损害"

本条中的"损害"并不是指一般的损害,而仅仅是指"严重损害"。究竟何为"严重损害"? 本条对此作出了原则性定义,它是指一方的违约"以至于在实际上剥夺了他(另一方当事人)根据合同规定预期可以获得的权益"。根据这一表述的字面意思,它似乎确定了一个主观判断标准,即原则上确定了守约方失去预期利益这一标准,而守约方的预期利益究竟有哪些,这应该取决于守约方的主观诉求。但客观分析,本句实际上确定了"合同"这一客观标准,它具体体现在"……根据合同规定预期可以……"中。这进一步表明:损害是否达成严重程度并不是由受害方根据其主观感觉来判断的,而是根据合同规定这一客观标准来判断的。这一标准也是公平的、合理的。因为合同内容并不是由卖方或买方单意志确定的,而是双方协商合意的结果。因此,所谓的严重损害是指:因为违约行为,守约方根本无法实现其从合同中应得的预期利益,或者其能够获得的此种利益受到了实质性的贬损。而对于哪些是守约方应该获得的预期利益,必须在具体的案例中根据具体的合同条款结合风险转移规则予以分析。国际司法或仲裁实践主要是根据违约行为的种类来判断其是否造成了"严重损害"的,大致分析,如果一方当事人有以下一种违约行为,便可以认定其行为"在实际上剥夺了他(另一方当事人)根据合同规定预期可以获得的权益"。

第一,未履行合同的主要义务而造成的损害。既然合同规定是判

---

[1] 中国国际经济贸易仲裁委员会:《〈联合国国际货物销售合同公约〉在中国仲裁的适用》,法律出版社 2021 年版,第 67 页。

断损害是否达成严重程度的客观标准,那么,合同中有许多条款,人们又应该依据什么来进行上述判断呢? 主要的标准应该是:任何一方当事人没有履行其应该履行的主要合同义务。这一客观标准也同样是公平合理的。因为任何一方当事人的最大期望和利益便是对方必须按照合同规定履行其义务,而一方当事人的未履行合同义务的行为显然会影响对方当事人的利益。但是能够构成本条意义上"严重损害"的并不是指那种轻微的损害,而是指实质性损害。而能够造成此种损害的显然应该是一方当事人未履行其主要合同义务的行为。在该当事人承担的众多义务中,究竟哪一个构成其主要义务,应该在具体的案例中综合考量具体情况来分析判断未履行义务在所涉合同中的地位。西方国家的司法实践也肯定了以上观点,例如德国策勒地区高等法院于 1995 年5 月审理了德国卖方和埃及买方之间的一台印刷机械设备销售合同纠纷。合同规定德国卖方应该分两批交付该设备的九个部件,其中第一批交付 6 个部件,第二批交付 3 个部件,埃及买方也应该分两批支付货款。埃及买方支付了 6 个部件的货款,但德国卖方仅仅交付了 6 个部件中的 3 个,在合同规定的交货期届满以后,买方设立了一个长达 11天的宽限期,要求卖方在该期限内交付货物剩余的部件;但在该宽限期结束后,卖方建议交付其他类型的设备,买方拒绝且宣告合同无效,并要求德国卖方赔偿损失。德国上述法院支持埃及买方的诉讼请求,判定德国卖方的行为已经构成根本违约,埃及买方有权根据《公约》第 49 条第 1 款的规定宣告合同无效。[①]在美国密歇根州西区地区法院于 2001 年 12 月审理的希腊卖方和美国买方之间的生产塑料园艺盆的热成型衬里设备销售合同纠纷中,美国买方没有支付货款,美国上述法院判定:这已经构成《公约》第 25 条意义上的根本违约。[②]中国国际经济贸易仲裁委员会在其于 2005 年 5 月审理的中国卖方和美国

① Oberlandesgericht Celle, Germany, 24 May 1995, www.unilex.info/cisg/case/122,访问时间:2022 年 1 月 18 日。

② U.S. District Court, Western District of Michigan, United States, 17 December 2001, www.unilex.info/cisg/case/732,访问时间:2022 年 1 月 18 日。

买方之间帽子销售合同纠纷中作出了同样的裁决。①同样，在合同规定买方应该以信用证方式支付货款时，如果买方拒绝开出信用证，这同样剥夺了卖方从合同中应该获得的预期利益，澳大利亚昆士兰州最高法院、中国国际经济贸易仲裁委员会均在相似的案件中作出了此类判决（裁决）。②

从此类案例中，我们可以推论：在通常情况下，如果一方当事人仅仅没有履行一小部分合同义务，便不构成根本违约。多国的司法判决或仲裁裁决已经充分地证明了这一点。③

第二，因一方当事人毫无理由宣告将不履行其合同义务而给对方造成的损害，即将一方当事人在合同履行期间是否声明他将不履行其合同义务作为评判标准。如果他作出了此类声明，而且其声明也没有任何事实和法律依据，那么，便被认为会给对方造成严重的损害。德国法院、俄罗斯仲裁机构均在相关的案件中确认了这一点。例如在德国慕尼黑地区高等法院于 2004 年 9 月审理的意大利卖方和德国买方之间的皮革销售合同纠纷中，德国买方通过其在意大利的代理人与意大利卖方签订了订购皮革的销售合同，用于制作家具，合同约定分批交货和分批付款。在双方履行了部分义务后，双方对于货款的支付发生纠纷，意大利卖方在事实上已经交付了部分货物，但以德国买方在意大利的代理人无权签订合同为由拒绝交付剩余的皮革，德国上述法院据此判定：意大利卖方有关德国买方在意大利的代理人没有代理权的主张不成立，其宣布不履行合同义务的声明剥夺了买方从合同中有权获得

---

① China International Economic and Trade Arbitration Commission, People's Republic of China, 10 May 2005, www.unilex.info/cisg/case/1036,访问时间：2022 年 1 月 18 日。

② Supreme Court of Queensland, Australia, 17 November 2000, www.unilex. info/cisg/case/472, China International Economic and Trade Arbitration Commission, People's Republic of China, 4 February 2002, https://cisg-online.org/files/cases/7363/abstractsFile/1443_71325713.pdf,访问时间：2022 年 1 月 17 日。

③ UNCITRAL, *Digest of Case Law on the United Nations Convention on the International Sale of Goods*, 2016, p. 114.

的利益,因而构成根本违约。①

当事人宣布不履行其合同义务与上文的"未履行合同的主要义务"有着本质的区别,前者是指:在合同规定的履约期届满以前一方当事人告知对方当事人自己将不会履行合同义务;而后者则是指:在合同规定的履约期届满后一方当事人依然没有履行其合同义务的违约行为。

第三,一方的违约行为致使对方无法实现合同目的,即以违约行为是否致使对方无法实现其合同目的作为评判标准。如果一方当事人因对方的违约行为而无法实现其合同目的,便构成了本条意义上的严重损害。中国国际经济贸易仲裁委员会便认同以上标准。在其仲裁庭于2006年审理的一个案件中,卖方交付的货物是一种肉类微波解冻设备,根据合同规定,买方购买货物的目的是用于冷冻肉的微波解冻,测试证明:该设备具有解冻功能,但是在同时放入设备的冷冻肉块大小不一时,尽管依然能够解冻,但存在着解冻不均匀问题。中国仲裁庭据此裁定:尽管卖方交付的货物有瑕疵,但不能据此认为合同规定的目的完全不能实现,因为如果买方把冷冻肉切成一样的大小,合同目的依然能够实现。②

第四,未履行合同的附属义务而造成的损害。在某些特殊情况下,一方当事人未履行附属义务的行为也能给对方造成严重的损害。这种特殊情形通常是指:合同中十分明确地规定了某一特定的附属义务,而且双方均知道履行该附属义务对某一方当事人十分重要,在这种情况下,违反该附属义务便剥夺了一方当事人从合同中有权获得的预期利益。中国国际经济贸易仲裁委员会在2016年审理的一起设备销售合同纠纷中裁定:卖方违反合同约定的"不得分批发货的规定"构成根本违约。在该案中,买卖合同十分明确规定卖方必须一次性交付组成设

---

① Oberlandesgericht München,Germany,15 September 2004,www.unilex.info/cisg/case/1088,访问时间:2022年1月17日。

② 中国国际经济贸易仲裁委员会:《〈联合国国际货物销售合同公约〉在中国仲裁的适用》,法律出版社2021年版,第68页。

备的所有部件,不得分批发货(partial shipments are not allowed)。在合同履行过程中,买方也多次向卖方重申、反复强调:不允许分批发货,例如,2013 年 8 月 13 日,买方发邮件告知卖方"如果设备分批发货,我们这边享有的退税将会很难办理,领导让我转告无论如何不能分批发货"。但卖方依然违反合同规定分批装运了合同下的货物。中国仲裁庭最终裁定:这已经构成了根本违约。因为这种履行方式对买方非常重要,这关系到能否享有退税待遇,而且这是买方根据合同有权期待得到的,而违反这一附属义务则使得买方这一期待落空。[①]国外法院也有类似的判决。例如,德国法兰克福地区高等法院在 1991 年 9 月审理的一起意大利卖方和德国买方之间的皮鞋销售合同纠纷案中判定:卖方违反合同中有关独家经销的规定,擅自将合同下的皮鞋在商品博览会上展出的行为构成根本违约。该皮鞋是按照德国买方的要求设计的,且该设计中带有德国买方的专有商标;合同中约定意大利卖方只能按照买方提供的设计制造皮鞋,而且其制造的皮鞋只能供买方独家销售;在合同履行过程中,意大利卖方不经德国买方的同意便将此款皮鞋放在不同的商品博览会上展示,而且在得到买方警告后依然如此,这便构成根本违约,尽管它仅仅违反了次要义务。其理由是意大利卖方的展示会使公众相信卖方也销售该款皮鞋,这也使得买方对卖方以后是否会遵守合同约定产生了严重的怀疑。[②]瑞士阿尔高州商事法院也在其于 1997 年 9 月审理的瑞士买方和德国卖方之间的餐具销售合同纠纷中判定:即使卖方没有违反交付货物义务,其违反独家委托销售条款的行为同样能够构成根本违约,因为此种违约能够对买方利益造成实质性的损害。[③]

---

① 中国国际经济贸易仲裁委员会:《〈联合国国际货物销售合同公约〉在中国仲裁的适用》,法律出版社 2021 年版,第 72 页。

② Oberlandesgericht Frankfurt a. M., Germany, 17 September 1991, www.unilex. info/cisg/case/8,访问时间:2022 年 1 月 17 日。

③ Handelsgericht des Kantons Aargau, Switzerland, 26 September 1997, www. unilex.info/cisg/case/404,访问时间:2022 年 1 月 17 日。

应该强调的是,违反附属义务通常不会给对方造成严重的损害,但如果合同中十分明确地规定了某一特定的附属义务,而且履行某一附属义务对某一方当事人十分重要,双方均知道履行该附属义务的重要性,在这种情况下,违反该附属义务便剥夺了一方当事人从合同中有权获得的预期利益。

第五,卖方交付货物不符合买方所在国或进口国的食品安全或质量法规而造成的损害。在卖方交付的货物不符合买方所在国或进口国的食品安全或质量法规时,货物可能被没收或禁止销售,这同样会给买方造成严重的损害。但这是否构成本条意义上剥夺买方依据合同所应该获得的预期利益,取决于卖方是否被告知了买方所在国或进口国的相关规范。在德国联邦最高法院审理的瑞士卖方和德国买方之间的新西兰贻贝销售合同纠纷中,瑞士卖方交付的新西兰贻贝的镉含量最终超过了德国卫生部公布的建议镉含量最高食用标准,德国买方因此认为这并不属于完全安全,因而宣告解除合同,要求退货,同时拒绝支付货款。但德国联邦最高法院没有支持德国买方的主张,其理由是德国买方在谈判过程中并没有告知瑞士卖方德国卫生部的镉建议最高含量标准,合同中也没有规定这一点,而且瑞士本国也不适用相同的标准,故瑞士卖方的行为并不构成根本违约。[1]而德国另一法院则在另一案件中判定卖方的此类行为剥夺了买方从合同中有权获得的预期利益,因为卖方应该知道此类禁令。德国特里尔州法院在其审理的意大利卖方和德国买方之间的葡萄酒销售合同纠纷中,便持这一观点。在该案中,德国买方拒绝支付货款,因为意大利卖方交付的葡萄酒中被掺入了水,这违反了德国政府根据欧盟指令颁布的禁令,并因此而被强制销毁。德国特里尔州法院支持了德国买方的主张,因为意大利也是欧盟成员国,也应该知道欧盟的相关禁令。[2]

---

[1] Bundesgerichtshof, Germany, 8 March 1995, www.unilex.info/cisg/case/108, 访问时间:2022年1月18日。

[2] Landgericht Trier, Germany, 12 October 1995, www.unilex.info/cisg/case/185, 访问时间:2022年1月18日。

在以上五类严重损害的评判标准中,无论是一方当事人未履行其主要合同义务,还是无理由宣告其将不履行合同义务,或者一方当事人的违约行为致使对方无法实现其合同目的,在本质上是相同的,其分歧仅仅在于视角的不同。前两者是从违约行为的性质角度去分析,而后三者是从违约行为所造成的后果去考虑。比较独特的是未履行合同的附属义务而造成的损害,在这种情况下,双方均履行了交货、付款等主要义务,所以,认定此违约行为造成严重损害需要有特别的理由。同样,货物不符合买方所在国或进口国食品卫生安全或质量标准,也是一种特殊的违约行为,自然也会给买方造成严重损害,但这是否属于本条意义上的严重损害,取决于买方是否告知卖方其所在国或进口国相关的法律规定。如果买方没有告知,那么即使货物无法销售或被销毁,也没有剥夺买方有权从合同中应该获得的预期利益。

3.3　可预知性

除了违约行为、严重损害这两个要件以外,构成根本违约还必须具备"可预知性"这一要件。这里的可预知性是指:违约方或具有同等资格的"通情达理"第三者应该预知到了该违约行为所产生的后果。这款后半句"除非违约方没有预知而且一个同等资格、通情达理的人处于相同情况下不可能预知到这一结果"中蕴含了这一要件。据此分析,可预知性针对的对象既不是违约行为本身,也不是违约的原因,而是违约行为所产生的损害后果。另外,本句规定了违约方的主观可预知性和通情达理人的客观可预见性。下文便分别论述这两个主客观可预知性的内涵及它们之间的关系,此外还将讨论应该预知的时间点和具备这一要件时的法律效果问题。

(1)主观和客观可预知性

尽管本条没有规定明确将"可预知性"分成主观和客观两类,但是,参照本书对第 8 条的论述,这里依然把"违约方可预知性"作为主观可预知性,而将"一个同等资格、通情达理的人的可预知性"视为客观可预知性。

第一,主观可预知性。主观判断标准是指违约者本人是否能够预知其行为会给对方带来十分严重的不利后果。应该指出的是：在判断违约方的主观可预知性时，重要的考量因素并不仅仅是在仲裁或诉讼过程中，违约方宣称他是否预知其违约行为所带来的后果，更重要的判断因素是如果违约者是一个诚实理性的人，而且他也拥有与一个处于相同情况下"同等资格、通情达理的人"一样的认识能力，他是否会预知其违约行为的后果。因此，在违约方否认其可预知性时，关键是他能否提供证据证明这一点。如果合同中已经十分明确地规定：卖方必须按时交货，而且卖方也从谈判中知道"按时交付货物"对买方十分重要；那么，即使卖方否认预知延迟交货给对方造成的严重损害，也不能据此判定这里不具备违约方的可预知性。因为如果违约方是一个诚实理性的人，而且他也拥有正常的认识能力，他显然应该能够预知其行为所带来的后果。

第二，客观可预知性。这是指"一个同等资格、通情达理的人处于相同情况下"的可预知性。在这里实际上适用了《公约》第8条第2款中规定的客观标准，据此，本条意义中的第三者通常是指：一位与违约方同样熟悉某一类型产品或某些类型产品的国际价格行情、国际贸易规则和惯例的人。如果他实施了同样的违约行为，他是否能够预知其行为会给对方带来十分严重的不利后果。在通常情况下，这一标准会十分方便、简易。因为如果合同中约定的产品是供特定节日销售的，如圣诞节，那么一个通情达理的第三方显然知道延迟交货会使买方失去在圣诞节前将产品投入市场的机会，买方就无法实现其合同目的，因而会受到严重的损失。

第三，主观和客观可预知性之间的关系。此处的关系是指在两者之间究竟是并列关系还是可以相互取代的关系。西方学者认为：它们之间是相互取代的关系，在具备其他两个构成要件时，只要再具备任何一个可预知性，便足以构成第25条下的根本违约。[1]笔者并不认同这

---

① Schlechtriem/Schroeter, *Kommentar zum Einheitlichen UN-Kaufrecht—CISG*, 7. Aufl. 2019, S. 583.

一观点。它们之间应该是并列的关系,本条中文文本中的"而且"、英文文本中的"and"都表明:在相关的案件中,必须同时具备这两个可预知性。在通常情况下,两者不会产生矛盾,因为如上所述,本条中的主观可预知性并不是指违约方在庭审中提出的主张,而是指面对同样的事实证据时一位具有正常认知能力人的应知。这样,通情达理的第三方的预知结果应该与诚实违约者的预知结果是一样的。

(2) 应该预知的时间点

在可预知性这一要件方面,还有一个值得探究的问题:本条意义上的可预知性究竟是指在哪一时间点? 具体地说,违约方和通情达理的第三方究竟应该在签订合同时,还是在违约行为进行时预知违约行为将会产生的严重后果? 由于可预知性是构成根本违约的一个重要要件,这一问题同样也关系到相关的违约行为是否属于根本违约问题。对这一问题有两种完全不同的看法。主流观点认为:应该是指合同签订这一时刻。[1]相反的观点则认为:违约方实施违约行为这一时刻是一个决定性的时间点。[2]笔者认同第一种观点。如上所述,判断相关违约行为是否会造成严重后果的客观标准是合同条款或约定。既然如此,在合同签订这一时刻,双方当事人都应该知道自己的违约行为会给对方带来哪些不利后果。德国法院和中国国际经济贸易仲裁委员会在各自于 1997 年审结和裁决的案件中确认:本条判断可预知性的时间点是签订合同的时间。[3]所以,合同签订这一时间点是判断是否具备可预知性的关键时间点。

(3) 可预知性要件的法律效果和举证责任

对于可预知性要件的法律功能存在着不同的认识。部分学者认

---

① 李巍:《联合国国际货物销售合同公约评释》,第 130 页;Schlechtriem/Schroeter, *Kommentar zum Einheitlichen UN-Kaufrecht—CISG*, 7. Aufl. 2019, S. 586, Staudinger/Magnus, Art. 25, Rn. 19。

② Honnold, Rn. 183.

③ UNCITRAL, *Digest of Case Law on the United Nations Convention on the International Sale of Goods*, 2016, p. 114.

为:可预知性作为一个主观判断标准,具有减轻违约方责任的功能,如果违约方没有预见到其行为的严重后果,那么对方当事人不得宣告合同无效,或不得要求补充履行合同。[1]这一观点显然是错误的,因为它完全不符合《公约》制定者的立法本意。根据本条字面意思分析:如果违约方无法预知,而且一个通情达理的第三方也无法预知违约行为的严重后果,那么相关的行为便不是根本违约;反之,便属于根本违约。所以,主观性判断标准仅仅是本条规定的一个标准,而不是决定性的标准,它与客观标准一起决定着相关的违约行为是否构成根本违约,并由此决定着违约方是承担根本违约责任,还是非根本违约责任。它本身没有减轻违约方所应承担责任的功能。

在诉讼或仲裁过程中,如果违约方主张:他没有预知而且通情达理的第三方也不能预知其违约行为造成的严重后果,那么他必须提供证据证明这一点;如果他无法证明这一点,那么便可以推定:违约方和上述第三方能够预知特定的违约行为会给另一方造成严重的损害后果。[2]

3.4 违约行为和损害后果之间的因果关系

在一方当事人的违约行为和对方当事人所遭受的损害后果之间必须存在着因果关系。本条前半句中"一方当事人违反合同的结果……使另一方当事人蒙受损害"这一表述包括了这一条件。这意味着:在一方当事人有违约行为,而另一方当事人也刚好遭受损害时,如果损害并不是由该违约行为引起的,那么并不构成本条意义上的根本违约。在国际贸易实务中,这样的情形也是可能发生的。例如,虽然卖方交付的货物存在质量瑕疵,但买方是因仓库失火而遭受重大损失。在这里,买方的损失是由火灾引起的,而不是由产品质量瑕疵造成的,故卖方并不构成本条意义上的根本违约。如果违约方认为对方当事人的损害不是由其违约行为引起的,他必须提供证据证明这一点,否则便可以认定在

---

[1]　Achilles,Art. 25 Rn. 13;Enderlein/Maskow/Strohbach,Art. 25 Anm. 4.1.

[2]　中国国际经济贸易仲裁委员会:《〈联合国国际货物销售合同公约〉在中国仲裁的适用》,第 72 页。

相关的案件中已经具备了相应的因果关系。

3.5 小结

综上所述,判断在一起国际货物销售合同纠纷中是否存在着根本违约,关键是考察在该纠纷中是否存在着本条规定的四个要件,即是否存在着违约行为,该行为是否造成了严重的损害后果,违约方在签订合同时是否能够预知这样的后果,严重损害这一后果是否是由该违约行为引起的。如果同时具备这四个要件,那么,便存在着本条意义上的根本违约。在国际商事司法和仲裁实践中,已经形成了卖方和买方根本违约的典型案例类型。笔者将在第49条和第64条中分别予以详细论述。

4. 根本违约的法律后果

本条并没有规定根本违约会产生哪些法律后果。结合《公约》其他条款的规定,如果一方当事人的行为构成了根本违约,会产生以下法律后果:第一,对方当事人可以根据《公约》第25条结合第49条第1款a项和第64条第1款a项、第51条第2款、第72条第1款或第73条第1款和第2款宣告合同无效。第二,买方还可以根据第46条第2款的规定要求卖方交付替代货物。第三,根据第70条的规定,卖方的根本违约行为会对《公约》第67条、第68条和第69条这三条规范风险转移的条款的适用产生影响。上述几种法律后果并不相互冲突,即使当事人宣告合同无效,也并不影响他采取其他救济手段。

第26条 宣告合同无效的声明

Article 26

A declaration of avoidance of the contract is effective only if made by notice to the other party.

译文

只有将宣告合同无效的声明通知对方当事人(原译文为"宣告合同无效的声明,必须向另一方当事人发出通知"),方始有效。

目录

正文

1. 调整对象

在一方当事人的违约行为构成《公约》第 25 条意义上的根本违约时，对方当事人可以根据第 49 条第 1 款、第 51 条第 2 款、第 64 条第 1 款 a 项、第 72 条第 1 款等的规定宣告合同无效。本条的调整对象便是宣告合同无效声明的生效问题。对此，本条确定了一个基本原则：有意终止合同的一方当事人必须发出宣告合同无效的声明，而且必须将其声明通知对方当事人。《公约》对宣告合同无效的声明进行统一规范，十分必要，因为宣告合同无效是所有救济手段中对合同关系和双方当事人影响最大的一种。本条调整的问题是：上述宣告合同无效的声明如何才能产生法律效力？

2. 宣告合同无效的声明及其生效条件

根据本条的字面意义，本条规范了"宣告合同无效"声明的生效条件。在进一步论述"宣告合同无效"声明的生效条件之前，有必要首先厘清本条涉及的核心概念的内涵。

2.1　基本概念

本条涉及的基本概念有宣告合同无效和宣告合同无效声明。

（1）宣告合同无效的定义及其法律特征

《公约》并没有直接对"宣告合同无效"这一概念进行定义。从《公约》第 25 条、第 49 条、第 51 条、第 64 条、第 72 条等规定中可以看出，宣告合同无效是指合同的一方当事人在对方当事人的行为构成根本违约的情形下,通知对方宣告合同无效,从而使自己不再受合同约束的法律行为。根据这一定义进行分析,宣告合同无效具有以下法律特征:其一,它是守约方单方面作出的行为;其二,以对方当事人的根本违约行为为前提条件;其三,它具有使本已生效的合同失去法律效力的作用。

我国《民法典》中没有"宣告合同无效"这一概念。从其内涵来看,我国《民法典》第 563 条等条款规定的"解除合同"与其同义,因为根据《民法典》第 566 条的规定,我国《民法典》上的解除合同不仅具有终止合同履行的效力,而且具有要求恢复原状、赔偿损失和采取其他补救措施的功能。这与"宣告合同无效"产生的法律后果相同。

(2)宣告合同无效声明

宣告合同无效声明是守约方根据《公约》规定发出的、声称解除合同并不再履行合同义务的宣告。具体地分析,相关当事人首先在其内心或内部作出了宣告合同无效的决定,而宣告合同无效声明便是该当事人通过一定的方式将其内心的决定表达出来,以便相对方能够获悉其内心的决定。

2.2 宣告合同无效声明生效的前提条件

在具备哪些前提条件下,一方当事人发出的宣告合同无效的声明才能产生法律效力? 不仅本条规范了这一问题,《公约》第 49 条、第 64 条、第 71 条、第 72 条和第 73 条同样规范了这一问题。客观分析,这些条款共同组成了一个规范宣告合同无效声明效力的规范体系。后面五条分别限定了合同当事人宣告合同无效的权利,而第 26 条则直接规定了生效条件。下文将根据这些条款的规定探究宣告合同无效声明的生效条件问题。

(1)拥有宣告合同无效的权利

宣告合同无效声明产生法律效力的第一重要条件是:进行此种宣告的当事人必须拥有宣告合同无效的权利。第 26 条并没有涉及这一问题,但《公约》第 49 条、第 64 条、第 72 条和第 73 条调整了这一问题。根据这些条款的规定,在具备如下条件时,一方当事人才获得了宣告合同无效的权利：

第一，另一方当事人的行为构成了第 25 条意义上的根本违约(第 49 条第 1 款 a 项、第 64 条第 1 款 a 项、第 72 条第 1 款、第 73 条第 1 款和第 2 款)。在德国科布伦茨地区高等法院于 1997 年 1 月审理的荷兰卖方和德国买方之间的纺织品销售合同纠纷中，德国买方以荷兰卖方交付的纺织品具备"不相符性"为由宣告合同无效，德国上述法院驳回了买方的主张，其理由是只有"不相符性"构成了《公约》第 49 条第 1 款 a 项意义上的根本违约时，德国买方才有权解除合同；而在该案中纺织品的"不相符性"还不构成根本违约，因为荷兰卖方能够而且愿意消除该"不相符性"，而德国买方没有理由拒绝卖方的努力。①

第二，另一方当事人未在合同规定的期限内履行合同义务，而且在守约方额外设定的履约宽限期内依然没有履行其合同义务，或宣布不会在该宽限期内履行其义务(第 49 条第 1 款 b 项、第 64 条第 1 款 b 项)。

尽管从以上条款的文义分析，这些条款并没有直接规范守约方发出的宣告合同无效声明的生效问题，但它们也间接规范了这一问题，因为只有根据这些条款的规定一方当事人有权宣告合同无效时，该当事人发出的声明才会产生效力；相反，如果他无此权利，即使他依然宣告合同无效，其发出的声明也不产生法律效力。不仅如此，其行为还会构成拒绝履行合同义务，对方当事人也因此而获得了第 49 条、第 64 条、第 73 条或第 74 条等条款中规定的宣告合同无效和主张损害赔偿的权利。②可见，拥有宣告合同无效权是相关声明生效的重要前提条件。但一方当事人是否拥有此种权利，并不是根据第 26 条规定进行分析，而是必须根据第 49 条、第 64 条、第 72 条和第 73 条规定来判断。

---

① Germany 31 January 1997 Appellate Court Koblenz(*Acrylic blankets case*)，http://cisgw3.law.pace.edu/cases/970131g1.html，访问时间：2020 年 12 月 31 日。

② Schlechtriem/Schroeter, *Kommentar zum Einheitlichen UN-Kaufrecht—CISG*，7. Aufl. 2019，S. 619.

应该指出的是,在一方当事人有权宣告合同无效时,他可以直接行使这一权利,无需首先向法院或仲裁机构提起确认之诉,即请求争议解决机构确认涉及的合同已经没有法律效力。在西班牙法院于 2007 年 12 月审理的德国卖方和西班牙买方之间的合同纠纷中,德国卖方主张:在宣告合同无效时,买方必须首先向法院提出一个确认合同无效的诉请,这是《公约》第 26 条规定的宣告合同无效的前提条件,但西班牙法院驳回了卖方的观点,认为只要具备宣告合同无效的条件,便可独自发出这一通知。①

（2）向违约方发出宣告合同无效的声明

第 26 条"只有将宣告合同无效的声明通知对方当事人,方始有效"规定了这一条件。据此,只有在有权解除合同的当事人向对方发出"宣告合同无效的声明"时,合同才被解除;反之,如果他没有发出这一声明,则合同依然有效。由此,本条确定了合同不会自动解除的原则,即使已经具备了第 26 条、第 49 条第 1 款、第 64 条第 1 款等规定的解除条件,也是如此。尽管本条规定十分简单,但是,实际上《公约》对于通知的形式、内容、收受对象和发出通知的期限均有相应的要求,下文分别进行论述。

第一,通知的形式。《公约》本身对声明的形式没有作出明确规定。所以,除了在那些根据《公约》第 12 条和第 96 条规定对合同等形式作出保留的国家,买方可以通过任何形式来发出此种通知,无论是通过传真还是口头或者信使发出,都是有效的形式。②另外,《公约》也不要求在发给对方的宣告合同无效的信件中加上"声明"或"通知"等文字。当然,如果双方当事人对通知形式有约定,则必须采用这一约定的形式。多国法院或仲裁机构的判决或裁决均确认了形式自由原则。例如,奥地利最高法院在于 2001 年 7 月审理的计算机零部件销售合同纠纷中

---

① Spain 27 December 2007 Appellate Court Navarra(*Case involving machine for repair of bricks*),http://cisgw3.law.pace.edu/cases/071227s4.html,访问时间:2020 年 12 月 31 日。

② 有关口头和书面的定义参见本书第 11 条中之论述。

便判定：即使买方没有专门发出宣告合同无效的声明，但买方向法院提起损害赔偿之诉，这同时构成第 26 条意义上的通知。①澳大利亚联邦法院在其于 1995 年所作的判决中持相同的观点：一方当事人在其向法院提交的索赔请求中宣告合同无效，这也是一种符合第 26 条规定的通知形式。②中国国际经济贸易仲裁委员会认同通知形式自由这一原则，在 2016 年仲裁的一个设备销售合同纠纷中，买方通过电子邮件发送了宣告合同无效的通知，卖方认为这不符合合同约定的联系方式，而且发送至卖方的邮箱也不是合同规定的正式文件通知邮箱，故宣告合同无效的通知无效。中国仲裁庭驳回了卖方的主张，因为尽管买方宣告合同无效通知发送至的卖方邮箱不是合同规定的正式文件通知邮箱，但双方事实上一直通过该邮箱就合同履行问题进行沟通和磋商，而且在双方进行邮件沟通时，有时用英语进行交流，有时则用中文，从来没有同时使用英语和中文进行交流，也从来没有按照合同规定以书面、通过航空挂号信方式寄送正式文件，这表明双方已经在事实上根据《公约》第 29 条第 2 款的规定对合同中的联系方式进行了修改，所以，卖方无权引用合同条款主张发送至其邮箱的声明无效。③

第二，通知的内容。由于发出宣告合同无效声明的通知，是守约方解除合同、采取相应救济措施的前提条件，该通知的内容是否明确地表达了其宣告合同无效的意思，是争议双方在诉讼或仲裁中的一个重要争议点。那么，本条中的通知究竟应该包括哪些内容？本条没有明确规定这一点。在实践中存在着"明示宣告合同无效通知"和"暗示宣告合同无效通知"，它们在内容方面有着较大的差异。

首先，"明示宣告合同无效"的通知。这是指通知内容十分清楚而

---

① Austria 5 July 2001 Supreme Court（*Intel Pentium computer parts case*），www. unilex.info/cisg/case/905，访问时间：2020 年 12 月 31 日。

② UNCITRAL，*Digest of Case Law on the United Nations Convention on the International Sale of Goods*，2016，p. 118.

③ 中国国际经济贸易仲裁委员会：《〈联合国国际货物销售合同公约〉在中国仲裁的适用》，第 74 页。

明确地表达了终止合同的意思；如果当事人在其发出的通知中直接引用《公约》的相关条款、采用"宣告合同无效"或"解除合同"表达了其决定终止合同、不愿继续受合同约束的意思，便属于此类通知。例如，买方在其发出通知中宣布：鉴于卖方未交付货物的根本违约行为，我方根据《公约》第 49 条第 1 款的规定宣告合同无效。这样的明示通知无疑满足了本条对于宣告合同无效通知在内容上的要求。

其次，"暗示宣告合同无效"的通知。学界和实务界一致认为：即使守约方发出的通知中没有引用《公约》的相关条款、没有采用"宣告合同无效"等表述，但如果已经明确地表达了其决定终止合同的意思，这同样满足了本条对于宣告合同无效通知在内容上的要求。[①]这便属于"暗示宣告合同无效"的通知。从司法实践看，如果守约方发出的通知中明确表达了以下信息，依然构成本条"将宣告合同无效的声明通知了对方当事人"：

其一，买方发出的退货或拒绝接收货物通知。例如："因无法使用瑕疵货物而将这些瑕疵货物交给卖方处置"，"买方拒绝接收货物并要求卖方退回货款，或者取消订单"。[②]中国国际经济贸易仲裁委员会也肯定了此种解除合同的通知，在其仲裁庭于 2009 年审理的印刷机销售合同纠纷案中，因为卖方交付的货物存在严重瑕疵，买方向卖方发送了传真，提出了"退货或换货"的要求，对于此传真是否构成《公约》第 26 条意义上的通知，双方持不同看法。中国仲裁庭裁定：该通知符合第 26 条规定，因为"退货"是商人直接宣告合同无效的习惯用语，虽然"换货"没有解除合同的意思，但"换货"有赖于卖方的配合，如果卖方不同意换货，买方则依然坚持"退货"。[③]

---

①　UNCITRAL，*Digest of Case Law on the United Nations Convention on the International Sale of Goods*，2016，p. 118.

②　France 27 May 2008 Court of Appeals Rennes(*Brassiere cups case*)，http://cisgw3.law.pace.edu/cases/080527f1.html，访问时间：2020 年 12 月 31 日。

③　中国国际经济贸易仲裁委员会：《〈联合国国际货物销售合同公约〉在中国仲裁的适用》，第 76 页。

其二,通知中表达了无意继续履行合同的意思并同时提出了其他要求或设定了其他条件。中国国际经济贸易仲裁委员会在其于2007年仲裁的光盘刻录设备销售合同纠纷中裁定:被申请人律师给对方发出的律师函已经构成了《公约》第26条意义上的通知,因为该律师函明确告知对方:由于申请人的行为表明他已无意履行合同,被申请人已采取减损措施,并要求申请人赔偿其委托人所遭受的损失。①奥地利地区高等法院在其于2004年7月审理的德国卖方和奥地利买方之间的建筑设备销售合同纠纷中判定:卖方向对方发出的设定了收取货物的截止期限,并且表明如果买方再不履行合同义务将提出索赔要求或终止合同的信件,已经属于《公约》第26条意义上的宣告合同无效的通知。②

其三,买方发出的表明拒绝对方的履约行为而且要求卖方退回货款的通知。德国卡斯鲁厄地区高等法院在其于2002年12月审理的瑞士卖方和德国买方之间的机械设备销售合同纠纷案中持这一态度。根据合同规定,瑞士卖方应该根据德国买方的要求制造设备,此后德国买方在卖方营业地对相应的设备进行了检验;在卖方交付后,德国买方又进行了一次检测,两次检测结果均表明设备没有达到合同规定的质量要求,但瑞士卖方拒绝收回已经交付的设备,而且拒绝对设备进行升级;于是德国买方在其向瑞士卖方寄出的信件中表明:拒绝对方的履约行为,并要求卖方退回货款。这一信件已经构成了《公约》第26条意义上的通知。③

其四,表明将不履行合同并告知将采取司法或仲裁救济措施。中

① 中国国际经济贸易仲裁委员会:《〈联合国国际货物销售合同公约〉在中国仲裁的适用》,第75页。

② Oberlandesgericht Graz, Austria, 29 July 2004, www.unilex.info/cisg/case/2009,访问时间:2022年1月20日。

③ Oberlandesgericht Karlsruhe, Germany 19 December 2002, https://cisg-online.org/files/cases/6743/abstractsFile/817_14423582.pdf,访问时间:2022年1月20日。

国国际经济贸易仲裁委员会便认同这一考量标准。在 2013 年仲裁的钢管销售合同纠纷中，被申请人于 6 月 29 日向申请人发出的邮件中表示将不履行合同；在申请人多次与被申请人联系无果后于 7 月 24 日以电子邮件方式告知对方："你方应该在 7 月 25 日前给我方一个解决方案，否则我方将在中国仲裁。"尽管 7 月 24 日的邮件中没有提及解除合同，但由于被申请人已经表明了不履行合同的态度，所以，中国仲裁庭裁定：申请人于 7 月 24 日发出的邮件构成了《公约》第 26 条意义上的通知。在磷酸一铵销售合同纠纷中，合同约定采用 FOB 术语，但买方一直未派船前来接收货物，在多次协商无果后，卖方于 8 月 14 日给买方发出邮件并表明：由于买方未按照合同规定指定船只接收货物，将停止对合同的一切谈判，并将处理存放在港口的货物；这一邮件同样符合了《公约》第 26 条的规定。[①]

　　可见，在守约方发出的通知中，他必须表达终止合同的意思，而表达这一意思的方式是多种多样的，无论在收到卖方的催缴货款通知后"买方书面告知卖方拒绝履行支付货款义务"，还是通知中不仅要求卖方退还货款，而且写上"the glass is full"或"受够了（enough is enough）"，都已经十分清晰地表达了这一意思。[②]反之，如果买方仅仅告知卖方：在某一价格争议解决之前，暂时停止发货，这便没有明确表明终止合同的意思。在俄罗斯联邦国际商事仲裁院仲裁的一个俄罗斯买方和塞浦路斯卖方之间分批交货合同争议中，塞浦路斯卖方已经交付了首批货物，而俄罗斯买方仅仅支付了该批货物的部分货款，在卖方要求买方支付剩余货款时，买方回复说：由于合同下货物在俄罗斯境内进入收获季节期间价格大幅度下跌，故买方拒绝以原定合同价格接受货物，在双方就价格达成新的协议之前，我们要求你停止发货。买方认为他已经据此宣告合同无效，卖方并不认同。仲裁院支持卖

---

　　① 　中国国际经济贸易仲裁委员会：《〈联合国国际货物销售合同公约〉在中国仲裁的适用》，第 75 页。

　　② 　UNCITRAL, *Digest of Case Law on the United Nations Convention on the International Sale of Goods*, 2016, p. 118.

方的观点，因为这一通知不具备《公约》第 26 条所要求的终止合同的"确定性"。①另外，如果守约方仅仅直接进行替代采购或将瑕疵货物退回给卖方，而没有就此进行任何解释说明，也不构成第 26 条意义上的通知。②

第三，向合同对方当事人发出通知。根据本条"宣告合同无效的声明通知对方当事人"的规定，本条下的通知必须向合同相对人发出，才具有法律效力。这里的"合同相对人"不仅包括对方当事人本人，而且包括其授权代理人和合同债权受让人。德国法院在其判决中认为：如果已将合同权利转让给第三方，那么，宣告合同无效的通知必须向该第三方发出。③

另外本条中"……通知对方当事人"不仅包括直接通知，而且还包括委托第三方送达的间接通知。此处的"委托第三方送达"不仅是指传统的邮政送达、快递送达，而且包括法院或仲裁送达，即一方当事人在其向法院或仲裁庭提交的赔偿请求中宣告合同无效。将这种方式视为间接方式是合理的，虽然这种载有赔偿请求的通知并不是直接交付给对方当事人的，而是通过法院或仲裁机构转交的；但是将此种给法院提交的赔偿请求视为向对方当事人发出的通知，也是成立的；因为按照诉讼程序或仲裁程序规定，法院和仲裁机构有必要将这些请求转送给对方当事人。但是，如果仅仅通过报纸、新闻发布会或在其官方网页上发布或刊登宣告合同无效的公告，并不符合发送对方当事人的要求，因为它并不是发给特定对象的④。

第四，声明必须在规定的期限内发出。守约方不仅必须向对方当

---

① Russia 22 October 1998 Arbitration proceeding 196/1997，http://cisgw3.law. pace.edu/cases/981022r1.html，访问时间：2020 年 12 月 31 日。

② Oberlandesgericht Bamberg，Germany，13 January 1999，www.unilex.info/ cisg/case/504；Landgericht Frankfurt a.M.，Germany，16 September 1991，www.unilex. info/cisg/case/3，访问时间：2022 年 1 月 20 日。

③ UNCITRAL，*Digest of Case Law on the United Nations Convention on the International Sale of Goods*，2016，p. 118.

④ Bianca/Bonell/Date-Bah，Art. 26，Anm. 3.3.

事人发出宣告合同无效声明的通知,而且他必须"在规定的期限内"发出上述通知。《公约》第 26 条没有明确规定这一期限,但第 49 条第 2款和第 64 条第 2 款规定了守约方发出这一通知的期限,据此守约方必须在"知道或者理应知道对方违约行为后的一段合理时间内"发出宣告合同无效的声明。这表明:如果守约方在上述期限内没有发出上述通知,他就失去了宣告合同无效的权利;或者即使发出了此类通知,该通知也不产生法律约束力。①

2.3　声明的生效

根据《公约》第 27 条的规定,上述通知的生效并不以送达对方当事人为前提条件,相反,在这里实际上适用了英美法系中的"投邮主义生效"原则。据此,在一方当事人发出宣告合同无效的通知这一时刻起,相关的通知便应该产生了法律效力。

由上可知,任何一方当事人宣告合同无效,必须具备以上两方面的前提条件,这样,相关的声明才产生法律效力。但是买方宣告合同无效除了必须具备以上两个前提条件以外,还必须满足《公约》第 82 条规定的条件,即他必须能够按照实际收到货物时的原状归还货物,否则,他便原则上失去了宣告合同无效的权利。②

3. 发出通知义务的例外

如上所述,一方当事人向对方发出相应的通知,这是其宣告合同无效声明产生法律效力的一个重要条件,这一条件不仅隐含在本条字面意思中,而且本条的诞生历史也证明了这一点。1964 年的《海牙第一公约》规定的是"自动无效原则",即只要一方当事人的行为构成根本违约,合同便于根本违约行为发生时自动失效。众所周知,《海牙第一公约》是《公约》的基础。在就《公约》进行谈判的过程中,上述"自动无效原则"受到许多专家的批评,因为这一原则显然过分考虑了守约方的利益,而没有考虑到突然宣告合同无效也会给违约方带

---

① 详见第 49 条和第 64 条部分的论述。
② 详见第 82 条之论述。

来严重的后果,最后《公约》制定者接受了专家组的建议:为了保护违约方的利益,只有向违约方发出宣告合同无效的声明,合同才能因为宣告而无效。①

由此可见,守约方向违约方发出宣告合同无效的通知,这是《公约》确定的基本原则。值得探究的问题是:是否存在着适用这一原则的例外情形,即在特殊情况下,守约方是否无需发出这样的通知,而合同依然被宣告为没有法律效力? 德国慕尼黑地区高等法院在其审理的意大利卖方和德国买方之间的皮革销售合同纠纷中确认了这一例外,在该案中,意大利卖方十分明确地宣告他将不履行合同义务,德国上述法院据此判定:在这种情况下,守约方就没有必要再向违约方发出宣告合同无效的声明,而合同依然已经被解除,解除日期为违约方宣布不履行合同义务之日。②从表面上看,德国法院的上述判决违反了本条的规定,但笔者依然认同德国法院的上述观点。如上所述,本条设置"通知义务"的目的是保护违约方,让他知道守约方解除合同的决定;而在上述例外情形下,无论守约方是否发出宣告合同无效的通知,违约方都应该知道合同将不会得到履行。另一方面,根据《公约》第7条第1款规定的诚信原则,违约方也不得以守约方没有履行本条规定的通知义务来反驳守约方提出的合同已经宣告无效的主张。

4. 宣告合同无效的法律后果

如果守约方发出宣告合同无效的通知,而且通知的发出符合《公约》规定的上述条件,那么通知就产生法律效力,同时,已经生效的合同也因此而失去法律效力,当事人从此不再受该合同的约束。另外,守约方还可以采取第45条或第64条等条款规定的其他救济措施。

---

① Schlechtriem/Schroeter, *Kommentar zum Einheitlichen UN-Kaufrecht—CISG*, 7. Aufl. 2019, S. 618.

② Oberlandesgericht München, Germany, 15 September 2004, www.unilex.info/cisg/case/1088,访问时间:2022年1月20日。

第 27 条 发送生效原则

Article 27

Unless otherwise expressly provided in this Part of the Convention, if any notice, request or other communication is given or made by a party in accordance with this Part and by means appropriate in the circumstances, a delay or error in the transmission of the communication or its failure to arrive does not deprive that party of the right to rely on the communication.

译文

除非《公约》本部分条款另有明文规定,一方当事人按照本部分规定以适合当时情况的传递方式向对方当事人(原译文中无"对方当事人")发送任何通知、要求或其他通信(原译文为:"通知"),如果它们在传递过程中发生延误或错误,或未能送达,这并不剥夺该当事人基于对上述通知的信赖而产生的权利(原译文为:"并不使该当事人丧失依靠该项通知的权利")。

目录

4.2　适当的传递方式

5. 法律后果

正文

1. 调整对象

本条的主要调整对象为合同双方当事人在履行合同的过程中向对方作出的意思表示的生效问题。在合同签订的过程中,为了实现签订合同的目的,双方当事人均会向对方作出要约、承诺等意思表示,根据《公约》第 15 条第 1 款和第 18 条第 2 款等规定,对于所有这些意思表示均适用"到达主义原则"。在合同履行过程中,也会遇到需要与对方沟通的各种问题,例如告知对方承运人到达装运港的时间、告知卖方收到的货物数量短缺或存在质量瑕疵等;为此一方当事人也会向另一方发出相应的通知。本条解决的问题便是:这些通知何时产生法律效力?如果因传递过程发生意外而没有送达对方当事人或延迟送达,谁应该承担相应的法律风险?下文将根据本条规定讨论相关的适用问题。

2. 适用范围

这是指本条适用于哪些意思表示?本条前半句即"除非《公约》本部分条款另有明文规定,一方当事人按照本部分规定以适合当时情况的传递方式向对方当事人发送任何通知、要求或其他通信"限定了本条的适用范围。据此分析,本条是从正反两方面限定了本条的适用范围。

2.1　正面确定适用范围

本条适用于一方当事人按照本部分规定向另一方当事人发送的所有意思表示,它既包括"任何通知、要求",也包括任何"其他通信"(下文将它们简称为"信息")。"本部分规定"始于《公约》第 25 条,终于第 88 条。所以,只要不属于例外情形,任何一方当事人根据这些条款向另一方当事人发送的信息,都是本条的调整对象。具体地分析,无论是买方根据第 39 条规定发出的告知卖方货物存在"不相符性"的通知、买方根据第 43 条规定告知卖方第三方对合同下货物主张权利的通知、买方在卖方违约时根据第 45 条第 1 款 b 项规定提出的索赔要求和第 46 条规定提出的实际履约要求,还是买方根据第 50 条规定提出的减价要求、根据第 47 条和第 63 条规定设置额外履约宽限期的通知,或者任意一方根据第 49 条、第 64 条、第 72 条和第 73 条规定发出的宣告合同无效的通知以及根据第 78 条规定向违约方提出的支付利息要求等,都属于本条的调整范围。由此分析,本条的适用范围具有以下两方面的特征:

第一,对于信息的内容没有限制。一方向另一方发送信息的内容可以涉及合同履行中的各个方面,它既可以为:卖方告知对方特定的货物已装船(第 32 条第 1 款)或合同下的货物已经被特定化(第 67 条第 2 款),也可以是:收到货物与合同的规定不相符(第 39 条),或如果不能提供充分的履约保证,将宣告合同无效的通知(第 72 条),或自己将出售保全货物(第 88 条第 1 款)。另外,这些信息的名称无关紧要,无论它们是叫已装船通知,还是叫催告告知信或警告等,都属于本条的调整对象。

第二,仅仅适用于书面形式。对于本条是否同时适用于书面形式和口头形式,《公约》没有明确规定。"任何通知、要求或其他通信"本身是一种中性表达,它们均应该同时包括书面和口头两种形式,但国外学者和司法判例认为本条规定仅仅适用于通过书面形式发出的信息。[①]笔者同意这一观点,因为人们可以从本条列举的传递风险即"如果它们在传递过程中发生延误或错误,或未能送达"中得出这一结论。口头方式通常是指"面对面"的交流方式,在合同双方当事人采用这一方式发出通知或提出要求时,一般不可能发生"延误或错误"或"未能送达"的情形。可见,本条的适用对象仅仅限于书面信息传递形式,[②]而不包括口头传递方式。同理,本条也不适用于与口头方式类似的电话、视频等信息传递方式。

---

① UNCITRAL, *Digest of Case Law on the United Nations Convention on the International Sale of Goods*, 2016, p. 120; Schlechtriem/Schroeter, *Kommentar zum Einheitlichen UN-Kaufrecht—CISG*, 7. Aufl. 2019, S. 632.

② 关于"书面"等内涵参见本书第 13 条中之论述。

2.2 反面限定适用范围

尽管本条规定原则上适用于合同签订以后一方给另一方发出的所有信息,但是,本条也对这一原则设置了例外。这一例外规定在本条开头这句话即"除非《公约》本部分条款另有明文规定"中。据此,如果本部分的条款对某些信息的传递明确规定了"送达生效原则",那么本条规定的"发送生效原则"便不适用于这些信息的传递。那么,本部分哪些条款明确规定了送达生效原则呢?它们分别为第47条第2款第1句规定的"声称他将不在上述宽限期内履行义务的通知",第48条第2款、第3款结合第4款规定的卖方表示为买方设置额外履约宽限期并要求对方在特定时间内答复的通知;除此以外,还有一方当事人根据第63条第2款、第65条第1款和第2款、第79条第4款规定发出的通知。对这些条款提及的通知的送达均适用"送达生效原则"。

3. 信息生效的时间与传递失误风险的承担

如上所述,本条解决的核心问题是:合同签订后一方当事人向另一方发出的信息于何时生效? 本条基本上确认了"发送生效原则",不仅如此,它也同时确认了由信息收受者承担信息传递失误风险的规则。

3.1 发送生效原则

一方当事人根据本条规定发送的信息究竟在哪一时刻生效呢? 本条对这一问题没有进行明确规定,但学界和实务界一致认为:本条规定了"发送生效原则",即相关的信息于发送时生效。[①]这一观点是成立的,这一原则隐含在"如果它们在传递过程中发生延误或错误,或未能到达,这并不剥夺该当事人基于对上述通知的信赖而产生的权利"这一表述中。因为如果本条没有确定"发送生效原则",那么,在发送的信息因为各种原因未能送达或延迟送达对方当事人时,它们便不产生法律效力,信息发送者便无权依据这些信息而主张权利;反之,只有在本条

---

① UNCITRAL, *Digest of Case Law on the United Nations Convention on the International Sale of Goods*, 2016, p. 120; Schlechtriem/Schroeter, *Kommentar zum Einheitlichen UN-Kaufrecht—CISG*, 7. Aufl. 2019, S. 629.

确认"发送生效原则"时,无论是没有送达还是延迟送达均不影响这些信息的效力,相关的当事人才依然可以据此主张权利。所以,本条规定无疑确认了"发送生效原则"。

当然,尽管有上述规定,根据《公约》第 6 条规定的意思自治原则,当事人可以自行约定某一具体的通知究竟采用"发送生效原则"还是"送达生效原则"。如果存在着此种约定,则直接适用该约定,而不适用《公约》的规定。

3.2 信息收受者承担信息传递失误的风险

"如果它们在传递过程中发生延误或错误,或未能到达,这并不剥夺该当事人基于对上述通知的信赖而产生的权利"这句话不仅确定了"发送生效原则",而且确定了信息收受者必须承担信息在传递过程中因故而发生的延误、丢失或其他错误风险,换句话说,信息发出者本人不必为信息的未准时、准确送达或没有送达承担任何法律责任。

这一风险分配规则是十分合理的。因为与合同签订过程中的意思表示不同,在合同履行过程中,信息发送者的利益更加需要得到法律的保护,因为在这里一方给另一方发出的信息通常与另一方当事人的违约行为有关。例如,在买方发现货物数量少于合同规定或存在质量瑕疵时,或者卖方发现买方未及时支付货款时,必然会向对方发出相应的通知;如果这里依然采用"到达生效原则",那么假如通知因故未能送达对方当事人,上述通知不发生效力,这实际上剥夺了卖方或买方根据合同或《公约》本应享有的权利[①];反之,如果适用"发送生效原则",那么即使通知没有送达,买方依然有权要求卖方补交货物,卖方依然有权要求买方支付货款。由此可见,本条在本质上解决了双方当事人对于意思表示在传递过程中丢失、延迟或错误送达的风险的承担问题。

4. 信息发送者免于承担传递风险的前提条件

由上可知,根据本条规定,信息发送者无需承担信息传递失误的法

---

① 参见张玉卿:《国际货物买卖统一法——联合国货物买卖合同公约释义》,第181 页。

律风险。但是发送者并不是在任何情况下都不必承担此类风险的。本条不仅确认了发送者免于承担传递失误风险的规则,而且规定了他免于承担此类风险的前提条件。根据本条规定,这些条件主要是以"适当的传递方式""发送"信息。

4.1 发送给对方当事人

信息发出者免于承担上述风险的第一前提条件是:他必须将相关的信息发送给另一方当事人。本条"一方当事人……**向对方当事人发送**任何通知、要求或其他通讯"中的"发送"两字表明了这一点。"发送"两字不仅是指当事人应该将其意思表示写在纸张等载体上,而且必须将它交付给邮局或快递公司,委托邮局或快递公司将相关的信息投递给对方当事人。如果他采用其他传递方式,他也必须完成"发送"这一程序。例如,在他选择通过电子邮件传递信息时,他不仅必须将其意思表示载入附件,而且必须将该邮件发送出去。如果他仅仅将该邮件存入草稿箱,则不符合本项条件。

4.2 适当的传递方式

信息发送者不仅必须将相关的信息发送给对方当事人,而且他必须采用适当的方式进行发送。本条"一方当事人……以**适合当时情况的传递方式**向对方当事人发送任何通知、要求或其他通讯"中"适合的传递方式"即表明了这一点。至于何谓"适合当时情况的传递方式",本条没有对此进行明确的规定。所以,原则上当事人在选定传递方式方面享有很大的选择权,他既可以选择邮寄、快递,也可以选择电话、传真等。本条设置的唯一限制是"适合当时情况的"。所用的方式是否"适合当时情况",应该综合考虑信息的内容、发出地、收受者所在地的情况来进行分析判断。[①]例如,如果在信息发出地发生邮局或快递公司员工罢工,邮寄或快递方式便不是适当的传递方式;同样,如果发信人知道信息收受人所属国的邮局或快递公司员工正在进行罢工,那么,他依然

---

① Schlechtriem/Schroeter, *Kommentar zum Einheitlichen UN-Kaufrecht—CISG*, 7. Aufl. 2019, S. 634.

选择邮寄或快递便不是恰当的传递方式。在德国卡塞尔地方法院审理的一起意大利卖方和德国买方之间的大理石瓷砖销售合同争议案中，德国买方发现大理石瓷砖不符合合同的规定，于是拒绝支付货款，并声称已经通过电话将瑕疵的性质状况告知了一位独立的第三方，该第三方为双方订立合同的牵线人；而意大利卖方则声称他从未收到相关的信息；德国上述法院据此判定：德国买方将货物瑕疵信息告知一个独立的第三者，而且该经纪人并不是意大利卖方的代理人，这便不是合适的传递方式。①

通知所使用的语言是否会对送达方式的"适合"性产生影响呢？本条没有对此进行明确规定。但德国哈姆高等地区法院认为会产生影响，在相关的案件中，一名意大利卖方和德国买方订立了袜子销售合同，合同是用意大利语写的；卖方将该合同下的货款支付请求权转让给了某银行，并用英文和法文撰写书面信件将上述转让通知了买方；但买方没有向银行支付价款，理由是他不懂英语或法语，故没有收到卖方的通知。对于卖方发出的通知是否有效这一问题，上述法院判定：应该根据《公约》第 8 条第 2 款和第 3 款规定结合国际贸易中的惯例和习惯做法从一个通情达理的第三者角度来分析；卖方在其发出的通知中使用了与合同文本不同的语言本身并不妨碍通知的生效，如果通知使用的语言是相关的国际贸易领域中通常使用的语言，便是如此；即使不是常用语言，德国买方应该要求卖方提供解释或翻译，这样通知依然是有效的。预期德国买方进行此种询问也是合理的，但德国买方没有提出此类要求，故应该承担不利的后果。②

可见，《公约》对于所采用的通知方式是否构成"适合"这一问题，并没有作出统一的规定。在司法实践中，人们应该根据个案中的具体情况予以具体判定。

---

① Landgericht Kassel，Germany，15 February 1996，www.unilex.info/cisg/case/203,访问时间：2022 年 1 月 20 日。

② Oberlandesgericht Hamm，Germany，8 February 1995，www.unilex.info/cisg/case/133,访问时间：2022 年 1 月 20 日。

5. 法律后果

如果信息发送者发出的信息符合上述条件,那么根据本条规定,即使相关的信息"在传递过程中发生延误或错误,或者未能送达",它依然于发送时产生法律效力。但德国有部分学者和司法判例对此观点持不同意见,他们依据德国《商法典》第 377 条第 4 款的规定认为送达是《公约》第 27 条意义中信息生效的一个必不可少的前提条件。[①]这一观点显然是难以成立的。因为无论是本条的字面意义还是本条的产生历史都不支持这一观点。当然,如果送达延误或没有送达是信息发送者自己的原因造成的,那么,它并没有在发送时产生法律效力,即使本条规定中并没有规定这一点,人们也可以从《公约》第 7 条第 1 款规定的诚信原则中推导出这一结论。

第 28 条 实际履行请求权

Article 28

If, in accordance with the provisions of this Convention, one party is entitled to require performance of any obligation by the other party, a court is not bound to enter a judgment for specific performance unless the court would do so under its own law in respect of similar contracts of sale not governed by this Convention.

译文

如果按照本《公约》的规定一方当事人有权要求另一方当事人履行某一义务,法院没有义务作出此种要求实际履行义务的判决,除非按照法院地本身的法律规定,针对那些不属《公约》调整的、与销售合同类似的合同争议,法院也可以作出此类判决(原译文为:"法院没有义务做出

---

① Schlechtriem/Schroeter, *Kommentar zum Einheitlichen UN-Kaufrecht—CISG*, 7. Aufl. 2019, S. 636.

判决,要求具体履行此一义务,除非法院依照其本身的法律对不属本公约范围的类似销售合同愿意这样做")。

目录

正文

1. 调整对象及历史渊源

在一方当事人的行为构成违约时,《公约》主要规定了两种救济方式:第 45 条第 1 款和第 2 款、第 61 条第 1 款和第 2 款等确定的损害赔偿和第 46 条第 1 款和第 62 条规范的实际履行(specific performance)。实际履行是指:在一方当事人没有履行合同义务时,对方当事人可以通过法院判决迫使违约方按照合同规定履行其合同义务。本条的调整对象是合同的实际履行这一救济方式的适用条件,它规范的问题是:法院应该在哪些前提条件下应守约方的要求作出要求违约方实际履行的判决。本条确定的规则是:法院应该原则上支持采用损害赔偿这一救济方式,但在例外情形下则确认实际履行救济方式。

本条对于实际履行采用"原则和例外"的处理方式也是大陆法系和英美法系不同法律传统碰撞的结果。[①]如果一方当事人没有履行合同义务,在大陆法系看来,要求对方当事人实际履行合同义务,是天经地

---

① UNCITRAL, *Digest of Case Law on the United Nations Convention on the International Sale of Goods*, 2016, p. 122.

义的事,这本身也是"pacta sunt servanda"(契约必须遵守)原则的体现。所以,《公约》第46条第1款和第62条的规定就采纳了大陆法系的立法传统。但是,根据英美法系的原则,一方违约仅仅赋予对方当事人损害赔偿请求权;只有在少数例外情形下,例如在支付货款的诉讼中,才可以要求对方当事人实际履行其合同义务。英美法系之所以习惯上坚持这种救济方式有多方面的理由:其一,在多数情况下,实际履行会给强制执行带来许多困难;其二,给予违约者在承担责任方式方面一定的选择自由;其三,主要是为了保护守约者的经济利益。基于以上几方面的考虑,英美法系对实际履行原则持谨慎的态度,也就是理所当然的了。①

为促使大陆法系国家和英美法系国家均能接受《公约》文本,《公约》起草者在本条中考虑到大陆法系和英美法系的不同规定,并将它们融入本条规定中,即原则上不支持当事人的实际履行请求,但例外情形下予以支持,而且将是否构成例外情形的判断标准确定为审理争议法院所在国的法律。这在实际上没有改变大陆法系和英美法系国内法的规定和习惯。对于这样的规定,无论是大陆法系国家还是英美法系国家均没有拒绝接受的理由。

2. 实际履行和损害赔偿的选择

如上所述,本条的规范对象仅仅是实际履行,也即争议审理机构法院是否应该支持一方当事人提出的要求对方当事人实际履行合同义务的请求。本条的字面意思明确表明了这一点。但实际上本条也提供了实际履行和损害赔偿两种救济方式,并对法院对这两种方式的选择权进行了限制。这主要体现在以下两个方面:首先,《公约》同时确认了实际履行和损害赔偿这两种救济方式。如上所述,第46条第1款和第62条便确认了实际履行救济方式,而第45条第1款和第2款、第61条第1款和第2款则确认了损害赔偿方式。其次,它体现在"法院没有义务

---

① Schlechtriem/Schroeter, *Kommentar zum Einheitlichen UN-Kaufrecht—CISG*, 7. Aufl. 2019,S. 641—642.

作出此种要求实际履行义务的判决"这一句中。因为本句蕴含的意思是：法院的判决不应该支持当事人提出的实际履行请求，但应该支持其损害赔偿请求。最后，本条产生过程中大陆法系和英美法系之间的妥协史也表明了这一点。

可见，尽管在本条的文字中没有一处提到损害赔偿，但它依然蕴含了这一救济方式，从而提供了实际履行和损害赔偿两种救济方式；此外，它还确定了两者之间的选择标准；这选择标准便是法院判决实际履行的前提条件。

3. 法院作出实际履行判决的前提条件

如上所述，本条原则上确定了损害赔偿救济方式。这一原则具体体现在"如果一方当事人按照本《公约》的规定有权要求另一方当事人履行某一义务，法院没有义务作出此种要求履行具体义务的判决"这一规定中。根据这一规定，在正常情况下，即使一方当事人可以根据《公约》的规定要求对方当事人实际履行其合同义务，法院也不必支持该当事人的诉讼请求。但本条后半句规定了允许适用实际履行救济方式的例外情形及其适用条件。据此分析，在具备下列前提条件时，法院应该支持一方当事人提出的实际履行的诉讼请求：一方当事人有要求对方实际履行的权利；法院地所在国法律允许采取实际履行这一救济方式；类似的货物销售合同。

3.1 一方当事人有要求对方实际履行的权利

例外适用的第一个条件是"一方当事人有要求对方实际履行的权利"，而且这一权利是根据《公约》规定享有的。这一条件具体体现在"如果一方当事人按照本《公约》的规定有权要求另一方当事人履行某一义务"中。那么，《公约》哪些条款赋予当事人要求对方实际履行的权利呢？仔细分析，《公约》通过不同的条款分别赋予买方和卖方此类权利。第一，买方拥有的实际履行请求权。在卖方违约时，买方可以行使的《公约》第 31 条下交付货物请求权、第 34 条下交付文件请求权、第 30 条下的移交货物和文件所有权请求权；除此以外，在卖方交付的货物与合同不符时，第 46 条赋予买方要求交付替代货物或修理货物的权利等。第二，卖方拥有的实际履行请求权。在买方违约时，《公约》也赋予了卖方实际履行请求权。例如，第53条赋予卖方要求对方支付货款的权利、第53条和第60条规定的要求对方接收货物请求权等。

但是，本条仅仅适用于《公约》赋予的、要求对方实际履行合同义务的权利，而与实际履行合同无关的权利，不受本条调整。例如，根据《公约》第81条规定，在一方宣告合同无效时，他有权要求对方当事人退还货物或货款。由于这一权利与实际履行合同无关，所以，不适用本条规定。

3.2 在类似的合同纠纷中法院地法允许实际履行

允许例外情形下判定采用实际履行救济方式还必须具备另一个前提条件，即"除非按照法院地本身的法律规定，针对那些不属《公约》调整的、与销售合同类似的合同争议，法院也可以作出此类判决"。这一条件在实际上要求审理争议的法院在考虑是否作出实际履行的判决时，首先应该将正在审理的合同争议和一个与销售合同类似的合同争议进行比较，然后以本国法律规定为依据审查在该与销售合同类似的合同争议中是否允许采用实际履行救济方式；只有在本国法允许采用实际履行时，法院才可以作出要求违约方实际履行合同义务的判决。仔细分析，这一条件蕴含"不受《公约》调整的、与销售合同类似的合同争议"和"法院地法允许实际履行"两个要件。下文分别就此进行论述。

（1）"不受《公约》调整的、与销售合同类似的合同争议"

如上所述，这首先要求法院找出一个与其正在审理的销售合同争议相类似的合同争议，同时它又对法院的选择范围从两个方面进行了限制。首先，所选的争议必须与正在审理的争议具有相似性。判断是否具有类似性的首要标准是拟用来比较的争议是否属于销售合同争议，如果用来比较的合同争议属于委托合同争议或承揽合同争议，则显然不具有相似性。次要判断标准是用来比较的合同争议的内容是否与法院正在审理的争议内容相似，例如，它们都涉及货物的交付或货款的支付、履行合同义务的地点或时间或者货物质量瑕疵，那么便具备本条要求的相似性。①如果拟用来比较的争议既符合主要判断标准，又满足次要判断标准，即具备了相似性。其次，所选的争议必须不受《公约》调整。不具备《公约》第1条规定的适用条件的合同争议自然属于这一范围；另外，合同当事人约定不适用《公约》的合同争议也属于此。

(2)"法院地法允许实际履行"

这是指在上述类似的争议中，"法院地本身的法律规定"必须允许采取实际履行这一救济方式。这里值得探究的问题是：如何理解"法院地本身的法律规定"(a court … under its own law)？它是指法院地所在国的法律，还是指根据法院地的国际私法规则指引所应适用的法律？学界的一致观点是：它是指法院地所在国的实体法，而不是指根据法院地的国际私法规则指引所应适用的法律。②这一观点是正确的。由上可知，这一条款本身是两大法系不同规定碰撞的产物。"法院地本身的法律规定"是这一妥协的具体结果，它进一步要求：在采用实际履行这一救济方式时，必须分别尊重大陆法系和英美法系两种不同的立法传统。这一要求本身就排除了国际私法规则在这里的适用，因为如果本条中的"法律规定"包括根据法院地所在国国际私法规则指引所应适用的准据法，就可能产生这样的结果：英国的法院在审理国际贸易合同纠纷时最终适用德国法的规定，相反，法国法院受理类似的争议时，有可能导致适用美国法的赔偿救济措施。而这些正是《公约》希望通过本条规定避免的。正因此，美国、瑞士等国的法院在其审理案件中也应该直接根据其本国实体法来确定是否允许作出实际履行的判决。③所以，这里的"法院地本身的法律规定"是指法院地所在国的实体法律。

3.3　"法院"概念的扩大解释

根据本条的字面意义，本条的义务主体仅仅是"法院"。这是否意

---

① Schlechtriem/Schroeter, *Kommentar zum Einheitlichen UN-Kaufrecht—CISG*, 7. Aufl. 2019, S. 648.

② Enderlein/Maskow/Strohbach, Art. 28 Anm. 5; Honnold, Rn. 195.

③ UNCITRAL, *Digest of Case Law on the United Nations Convention on the International Sale of Goods*, 2016, p. 122.

味着:某一商事仲裁庭在受理国际货物销售合同纠纷时,就不受本条规定约束呢? 对于这一点不存在任何争议,学界和实务界一致认为:仲裁庭在审理国际货物销售合同纠纷时,同样受本条规定的约束,因为没有任何理由表明:应该给国际商事仲裁中的合同违约者提供特殊的优惠待遇。因此,如果仲裁庭受理国际商事合同纠纷,应该比照本条规定适用仲裁庭所在国的实体法来审查是否应该作出要求违约方实际履行合同义务的裁决。

4. 适用本条的法律后果

适用本条的结果是:法院或仲裁庭在审理某一国际货物销售合同争议时,必须首先审查在相关的合同争议中是否具备以上条件。如果同时具备这些条件,那么法院可以作出要求一方当事人实际履行合同义务的判决;否则法院没有作出此类判决的义务。应该指出的是:即使在具备上述条件的情况下,法院也不是必须作出实际履行的判决。本条"法院也可以作出此类判决"中的"可以"一词表明:法院或仲裁机构享有比较大的自由裁量权;据此,它们既可以作出要求违约方实际履行合同义务的判决,也可以裁定驳回一方提出实际履行的诉讼请求,并判定违约方必须承担损害赔偿责任。

第 29 条 合同的修改或终止

Article 29

(1) A contract may be modified or terminated by the mere agreement of the parties.

(2) A contract in writing which contains a provision requiring any modification or termination by agreement to be in writing may not be otherwise modified or terminated by agreement. However, a party may be precluded by his conduct from asserting such a provision to the extent that the other party has relied on that conduct.

译文

（1）仅需经过双方当事人的协议，便可修改或终止合同（原译文为："合同只需双方当事人协议，就可更改或终止"）。

（2）如果书面合同中有条款规定：对合同进行的任何修改或终止均必须以书面协议的方式进行，那么，不得以任何其他方式修改或终止合同。但是，如果一方当事人的行为表明他不会引用这一条款，而且对方当事人信赖其行为，那么，该当事人便不得主张该条款（原译文为："规定任何更改或根据协议终止必须以书面做出的书面合同，不得以任何其他方式更改或根据协议终止。但是，一方当事人的行为，如经另一方当事人寄以信赖，就不得坚持此项规定"）。

目录

正文

1. 调整对象

在合同签订后，双方当事人履行合同过程中，基于各种原因，比如要求推迟交货或降价等，一方当事人会要求对合同的部分条款进行修改，有时甚至会要求终止合同，本条的调整对象便是修改或终止合同的形式。本条第 1 款不仅确定了协议修改或终止合同原则，而且确定了协议形式自由原则；而第 2 款第 1 句则确定了上述原则的例外：如果相关的国际货物销售合同已经规定必须采用书面形式修改或终止合同，那么必须采用书面方式;但在确定书面形式的基础上,第2款第2句又进一步规定了书面形式原则的例外,适用这一例外情形的条件是:一方当事人通过其行为表明他不会引用合同中有关书面形式要求的这一条款,而且对方当事人也信赖其行为。

在《公约》文本起草过程中,与会国家专家对于本条的两个问题进行了激烈的争议。其一,合同的修改是否必须以"对价"为前提条件。在英美法系国家,这是毫无疑问的,即使双方当事人一致同意通过修改仅仅增加或减少一方当事人的义务,但如果缺少相应的"对价",这种修改没有法律效力。①英美法专家主张将英美法的习惯作为本条的基础;但是在实际上,《公约》制定者最终放弃了英美法中的"对价"原则,转而采纳了大陆法系国家的习惯,即原则上双方当事人可以通过协议修改或终止其合同。②其二,本条究竟应该放在《公约》的第二部分还是第三部分。从本条内容与《公约》整体结构的关系来看,本条应该放在第二部分中,因为对合同进行修改本质上等同于双方重新签订合同,所以,很多专家主张本条应该放在第二部分中;但最终与会代表决定将它纳入第三部分中,其重要原因是努力扩大本条的地域适用范围,即让本条也适用于那些对《公约》第二部分作出保留的成员国。③

2. 修改或终止合同协议形式自由原则(第1款)

本条第1款对合同的修改或终止作了原则性的规定。据此,只要双方当事人达成协议,他们既可以对合同的任何内容进行修改,也可以终止合同。

2.1　合同修改或终止的概念

本款的修改是广义的,它不仅包括变更交货日期、交货地点、付款方式或付款日期等技术性修改,也包括降低或提高货物价格、提高货物

---

①　参见李巍:《联合国国际货物销售合同公约评释》,第144页。

②　UNCITRAL, *Digest of Case Law on the United Nations Convention on the International Sale of Goods*, 2016, p. 123.

③　Schlechtriem/Schroeter, *Kommentar zum Einheitlichen UN-Kaufrecht—CISG*, 7. Aufl. 2019, S. 654.

质量等涉及改变一方当事人义务的修改。

本款意义上的合同终止是指合同签订后,双方当事人约定使合同确立的权利义务关系归于消灭的行为。

2.2　协议形式自由原则及其适用边界

根据本条第 1 款的规定,双方当事人可以通过协议形式对合同进行修改或终止;本款没有对协议形式作出特别规定。所以,《公约》第 11 条有关合同形式的规定同样适用于双方当事人达成的修改或终止合同的协议。由此可见,当事人原则上可以通过口头、书面或其他形式来达成有关修改或终止合同的协议。不仅如此,从司法判例看,当事人不仅可以通过明示的协议修改或终止合同,他们同样可以通过默示的协议进行修改或终止。

但是,从《公约》的整体看,本条第 1 款确定的协议形式自由原则的适用范围并不是不受限制的;相反,《公约》的其他三个条款一起确定了其适用边界:其一,《公约》第 12 条和第 96 条允许成员国对第 11 条、第 29 条进行保留,如果一缔约国据此对这两条行使了保留权,那么,营业地位于保留国的当事人就不得通过口头形式来达成有关修改或终止合同的协议。俄罗斯高等法院就判定,如果一方当事人营业地所在国行使了上述保留权,那么当事人通过口头方式达成的修改合同的协议便无效。①其二,《公约》第 6 条确定了当事人意思自治原则,如果双方当事人根据这一原则明确约定了修改或终止协议的形式,那么,就必须采用这一协议形式,否则相关的修改或终止协议无效。其三,本条第 2 款也限定了协议形式自由原则的适用范围,在具备本条第 2 款规定的适用条件下,不适用协议形式自由原则。

2.3　判断修改或终止协议成立与否的依据

由于修改或终止合同的协议也是一种协议,而且与货物销售合同有关,所以,学界和司法实务界一致认为:《公约》第二部分中第 14—24

---

① UNCITRAL, *Digest of Case Law on the United Nations Convention on the International Sale of Goods*, 2016, p. 123.

条也是用来判断双方当事人之间是否达成了修改或终止合同的协议的依据。与此相适应,一方提出的修改或终止合同的建议、相关建议生效、撤回及其撤销必须根据第 14—17 条的规定来判断,而对方当事人的回复是否构成承诺等则应该适用第 18—22 条规定来判断。①

就像《公约》第 18 条规定的那样,一方当事人发出的表示同意修改或终止合同的承诺不仅可以通过书面方式作出,也可以通过行为作出。中国国际经济贸易仲裁委员会在其于 1997 年裁决的案件中裁定,当事人可以以行为来表示承诺。在该案中,买方表示要推迟支付货款的时间,并开出了与此相应的汇票;卖方对此没有作出明确的回复,但接受该汇票,而且接受该汇票时没有提出任何异议。仲裁委员会认为卖方接受汇票,这行为本身意味着卖方已经默示同意将原合同规定的付款日期推迟到汇票到期日支付。②另外,在其于 2003 年仲裁的玻璃纤维销售合同纠纷中,卖方实际交付货物的数量与价格均与合同规定不相符;证据表明:在每次发货前,卖方均向买方通知了实际发货时间、数量和价格,买方从未提出异议,相反,他接受了所交付的货物,并按要求支付了货款,后来买方对卖方交付的货物数量和价格提出异议。中国仲裁庭根据以上事实裁定:卖方在发货前通知买方发货数量和价格,而且该数量和价格与合同规定不符,这等同于卖方向买方提出了修改合同的建议,在买方发现卖方交付货物数量和价格与合同规定不符时,依然没有提出任何异议便接受这些货物、支付货款,这便用行为同意了卖方的修改建议。由此双方已经就货物的数量和价格达成了修改协议。③

同样根据《公约》第 18 条第 1 款的规定,缄默或不作为本身并不构

① Schlechtriem/Schroeter, *Kommentar zum Einheitlichen UN-Kaufrecht—CISG*, 7. Aufl. 2019, S. 655.

② China International Economic and Trade Arbtiration Commission, People's Republic of China, 19 December 1997, https://iicl. law. pace. edu/cisg/case/19-december-1997-china-international-economic-trade-arbitration-commission-cietac-prc,访问时间:2022 年 1 月 21 日。

③ 中国国际经济贸易仲裁委员会:《〈联合国国际货物销售合同公约〉在中国仲裁的适用》,第 62 页。

成对修改或终止合同建议的承诺。德国、瑞士和比利时的司法判决也确认了这一原则,但该三国的法院同时确定:在特定条件下,缄默也能构成承诺。德国科隆高等法院于 1994 年审结的案件中确认了这一原则。在该案中,买方以收到的货物与合同规定不相符为由拒绝支付货款,卖方随后向买方表示自己将另行出售该货物,买方对此没有作出任何回复。尽管如此,法院依然判定,由于买方此前拒绝支付货款,其对卖方另行销售货物建议的缄默已经构成了同意终止合同的承诺。①

对于双方达成修改或终止合同协议的时间,应该适用《公约》第 23 条规定来判断。中国国际经济贸易仲裁委员会在其于 1997 年裁决的案件中,根据第 23 条规定裁定:在买方宣告合同无效时,合同于卖方接受该宣告时终止。②而《公约》第 24 条则是判断修改或终止合同的建议、对此表示的承诺何时送达对方当事人的法律依据。

3. 协议形式自由原则的例外——书面协议修改或终止合同(第 2 款)

如上所述,本条第 2 款确定了协议形式自由原则的适用边界,在具备本款规定的前提条件时,不适用协议形式自由原则,而必须采用本款规定的协议形式。第 2 款包括两句。其中第 1 句不仅规定了本款的适用条件,也规定了在具备适用条件时应该采用的协议形式;而第 2 句则确定了"禁止滥用书面协议约定条款"规则。

3.1 例外情形下书面修改或终止合同协议(第 2 款第 1 句)

第 2 款第 1 句由前后两个半句构成,其中前半句规定了本款的适用条件,而后半句则确定在具备规定的前提条件下,应该采用的修改或终止合同的协议形式。

---

① UNCITRAL, *Digest of Case Law on the United Nations Convention on the International Sale of Goods*, 2016, p. 123.

② China International Economic and Trade Arbitration Commission, People's Republic of China, 19 December 1997, https://iicl. law. pace. edu/cisg/case/19-december-1997-china-international-economic-trade-arbitration-commission-cietac-prc,访问时间:2022 年 1 月 21 日。

（1）适用条件

本条第 2 款第 1 句规定："如果书面合同中有条款规定：对合同进行的任何修改或终止均**必须以书面协议的方式**进行，那么，……"由此可见，适用本款规定应该具备两方面的前提条件：其一，双方当事人拟修改或终止的原合同必须是书面的；其二，原合同中存在着"必须**以书面协议**方式"修改或终止原合同的条款。《公约》在这一点上采纳了英美法的习惯做法，这在英国判例法中称为"非口头修改条款"或"书面修改条款"（a "no oral modification" clause or "written modification" clause)。这里的"书面"与《公约》第 13 条中"书面"同义，它既包括传统的纸质载体，又包括现代化的电传、传真等通讯手段。①

（2）书面协议修改或终止合同

在具备上述适用条件时，应该采用何种形式的协议来修改或终止合同呢？本款第 1 句后半句对此作出回复，即双方当事人"……不得以任何其他方式修改或终止合同"；这一表述似乎不是十分明确，但结合前半句的规定，这显然是指：双方只能以书面协议形式修改或终止合同。

可见，本款第 1 句无疑是本条第 1 款确定的"协议形式自由原则"的限制，即在具备本款第 1 句规定的前提条件下，当事人失去了自由选择协议形式的权利，即他们只能采用书面形式来修改或终止合同。

3.2　"禁止滥用书面协议约定条款"规则(第 2 款第 2 句)

第 2 款第 2 句同样属于典型的法规用语模式，即前半句规定了前提条件，后半句规定了相应的法律后果。

（1）适用前提条件

根据本句的字面意思，这里规定"一方当事人的行为表明放弃引用原合同中的书面协议条款"和"行为引起对方当事人的信赖"两个前提条件。下文就此分别进行论述。

第一，"一方当事人的行为表明放弃引用原合同中的书面协议条

---

①　详见第 13 条中之论述。

款"。这一条件要求合同的一方当事人必须作出一定的行为,而且该行为必须表明:他将不引用原书面合同中规定的"必须通过书面形式修改或终止合同的条款"。这一条件蕴含在"如果一方当事人的行为表明他不会引用这一条款"这一表述中。那么,在什么条件下,一方当事人的行为才表达了这一意思呢?《公约》没有明确规定。一般认为它既可以是一方当事人所发出的要求修改合同的口头声明,也可以是毫不迟疑地履行对方当事人口头提出的修改合同建议的行为。[①]例如,根据甲和乙之间签订的书面销售合同,乙方将在两年内分批向甲方销售其生产的运动服,该合同中规定双方只能通过书面方式修改合同。在乙方交付首批运动服后,甲方电话通知乙方,要求对运动服的外观设计做微小的修改,如果不做修改,他将拒收此后交付的货物并拒付货款。乙方没有回复甲方,但根据甲方的要求对运动服的外观设计做了调整,甲方也接受了乙方此后分六批发送的货物。但在收到第六批货物以后,甲方以货物与原书面合同规定不符为由拒绝接受。

在以上事例中,甲方口头提出的修改服装设计的要求,已经构成了本句意义上的"行为",而且这一行为表明:甲方不会引用原合同中规定的"只能通过书面方式修改合同"的条款,因为如果他引用原合同中的这一条款,他就会通过书面形式提出修改服装设计的要求,而且他也十分强调此口头修改建议的严肃性,其口头通知中"如果不做修改,他将拒收此后交付的货物并拒付货款"这一表述十分清楚地表明了这一点。

第二,"行为引起对方当事人的信赖"。这是指一方当事人的上述行为必须引起对方当事人的信赖,本款中"对方当事人也信赖其行为"这一表述隐含了这一条件。这一条件实际上要求:对方当事人必须相信前者的行为。换句话说,他不仅相信对方通过口头提出的修改合同的建议,而且相信对方坚持要求通过其他途径来修改或终止合同。为了构成本句中的信赖,仅仅被动的"信任"是不够的,即对方当事人必须

---

① Schlechtriem/Schroeter, *Kommentar zum Einheitlichen UN-Kaufrecht—CISG*, 7. Aufl. 2019, S. 669.

通过一定的方式将其信赖表达出来。①在上述事例中,甲方的行为已经
"引起对方当事人的信赖"。这一信赖体现在乙方根据甲方的口头要求
对服装设计进行了修改,而且按照该修改后设计"生产"并"发送"运动
服。此外,甲方接受乙方按照修改后的设计生产的运动服,更加让乙方
相信:甲方同意以书面以外的其他方式修改合同。

客观分析,以上两个适用条件实际上意味着:尽管原合同规定只能
通过书面方式修改或终止合同,但双方当事人已经在事实上通过非书
面方式修改或终止原合同。在这种情况下,如果首先通过非书面方式
提出修改或终止意见的当事人对此种修改表示反悔,本句规定才会
适用。

(2) 法律后果

在具备上述条件时,会产生什么样的法律后果呢? 本句后半句"该
当事人便不得主张该条款"回答了这一问题。结合本款第1句的规定,
这里禁止该当事人主张的条款显然是第1句中提到的"原合同中规定
的必须通过书面协议形式修改或终止合同的条款"。据此分析,这一禁
令实际上规定:在具备上述前提条件时,建议采用非书面方式修改或终
止合同的当事人不得以原书面合同中存在着相关的约定为由对抗上述
修改。在奥地利维也纳联邦商会国际仲裁院审理的奥地利卖方和德国
买方之间的轧制金属板的销售合同争议案中,合同规定卖方分批交货,
买方在收到前两批货物后,立即将货物转售给其客户,其客户发现货物
有缺陷,并拒绝接受其余货物;在收到德国买方发出的不符合要求的通
知后,奥地利卖方拒绝支付赔偿金,声称德国买方没有按照合同规定在
接受货物后立即对货物进行检验,在发现瑕疵后应该毫不延迟地通知
卖方,瑕疵通知最晚不得晚于收到货物后两个月。仲裁庭驳回了奥地
利卖方的主张,因为证据表明:卖方收到德国买方延迟发出的瑕疵通知
后,并没有对此表示异议;相反,不停地询问其客户对产品的意见,并且

① Schlechtriem/Schroeter, *Kommentar zum Einheitlichen UN-Kaufrecht—CISG*, 7. Aufl. 2019, S. 670.

努力达成一个解决瑕疵问题的协议,这些行为均使得德国买方相信:奥地利卖方不会引用合同中规定的"发现瑕疵时及时通知"条款。所以,仲裁庭最终裁定卖方不得引用合同中的以上条款进行辩护,卖方必须赔偿对方因货物瑕疵而造成的损失。[①]

可见,这在实际上确认了"禁止滥用书面协议约定条款原则"。[②]本句确认这一滥用禁令,也是十分合理的。因为在具备上述适用条件时,如果允许该当事人以原合同中存在的约定为由来推翻通过口头协商达成的新合同,这就等于支持该当事人的不断反悔行为,这不仅违反传统合同法中的"禁止反言原则(Estoppel)",而且会给国际贸易交易带来很大的不确定性。从立法渊源上考察,本句规定的"禁止滥用书面协议约定条款原则"是受德国法影响的结果,因为根据德国的司法判例,合同当事人也可以通过口头约定对书面合同进行修改。[③]

[①] Internationales Schiedsgericht der Bundeskammer der gewerblichen Wirtschaft-Wien, Austria, 15 June 1994, www.unilex.info/cisg/case/56,访问时间:2022 年 1 月 22 日。

[②] UNCITRAL, *Digest of Case Law on the United Nations Convention on the International Sale of Goods*, 2016, p. 123; Schlechtriem/Schroeter, *Kommentar zum Einheitlichen UN-Kaufrecht—CISG*, 7. Aufl. 2019, S. 668.

[③] Achilles, Art. 29 Rn. 6, 7; Enderlein/Maskow/Strohbach, Art. 29 Anm. 5.1.

第二章 卖方的义务

概 论

本章的标题是"卖方的义务",顾名思义,本章主要规范卖方在国际货物销售合同中所应当承担的义务。实际上,《公约》制定者将所有规范卖方义务的条款均纳入本章中。本章始于第 30 条,终于第 52 条,共包括 23 个条款。《公约》制定者又将本章内容分成"货物交付和单据移交""货物与合同的相符性和第三方权利"和"卖方违约时的救济措施"三节,并根据每一条特殊的规范对象而将它们分别纳入这三节中。第 30 条作为本章的第一条,它概要地列举了卖方的总的义务,所以它并不属于上述任何一节。对于卖方而言,其最重要的义务自然是交付货物,所以《公约》将"货物交付和单据移交"作为本章的第一节,而且通过 4 条(第 31—34 条)从不同的方面对这一义务进行调整。第二节"货物与合同的相符性和第三方权利"由 10 条(第 35—44 条)组成。从该节标题看,这些条款主要规范了卖方对其交付的货物所应当承担的义务,即这些货物不仅必须与合同的规定相符,而且不得侵犯第三者的权利。第三节共包括 8 条(第 45—52 条),这些条款详细规范了卖方违约时买方所能采取的救济措施,所以该节的标题为"卖方违约时的救济措施"。

第 30 条 卖方的义务

Article 30

The seller must deliver the goods, hand over any documents relating to them and transfer the property in the goods, as required by the contract and this Convention.

译文

卖方必须按照合同和《公约》的规定交付货物,移交一切与货物有关的单据并转移货物所有权。

目录

正文

1. 调整对象

本条确定并概括了卖方所要承担的主要义务。与此对应的条款是《公约》第 53 条,该条确定并概括了买方应履行的主要义务。这两条共同界定了"销售"的内涵。根据本条的规定,卖方的主要义务有交付货物、移交与货物有关的单据以及转移货物所有权三项。但是,根据本条的字面意思,判断卖方是否履行上述义务的首要依据并不是《公约》,而是双方当事人的约定,在本条"按照合同和《公约》的规定"的这一表述中,合同被放在《公约》之前清楚地表明了这一点。客观地说,这并不奇怪,因为这与《公约》第 6 条规定的"意思自治原则"是一脉相承的。除了合同规定以外,学界和司法实务界还认为:惯例和双方当事人之间业已形成的习惯做法也是判断卖方是否履行上述义务的标准。[①]这一观点是成立的。当然,惯例和习惯做法只有在《公约》第 9 条规定的范围内,才对双方有约束力。那么,本章规范卖方义务的规定究竟何时发挥作用呢? 只有在合同或双方约定的惯例、习惯做法对卖方的义务没有作出规定时,才能补充适用第 30 条等条款的规定。

2. 交付货物

根据本条规定,卖方的首要义务是"交付货物"。下文将从交付的定义和价格术语两个方面对这一义务进行简要论述。

2.1 "交付"的定义

卖方怎样才算将合同下的货物"交付"给买方呢?《公约》没有对"交付"这一概念进行定义。在《公约》语境下,交付并不是指卖方将合同下的货物交付到买方的手中,而是指卖方为了让买方占有合同项下的货物而采取相应的行为。换句话说,如果买方通过卖方的行为能够占有合同下的货物,便可以视为卖方已经履行了其交付义务。本条并没有详细规范"交付义务"的具体内容。相反,它们规范在《公约》第 31 条至第 33 条中,其中第 31 条规定了交付义务的内容和交付的地点。第 32 条则又在第 31 条基础上补充规定发送装运通知、签订运输和保险合同义务,而第 33 条则规定了交付的时间。

2.2 价格术语

在国际贸易实务中,绝大多数当事人通常更倾向于自己确定卖方

---

① UNCITRAL, *Digest of Case Law on the United Nations Convention on the International Sale of Goods*, 2016, p. 126; Schlechtriem/Luechinger, *Kommentar zum Einheitlichen UN-Kaufrecht—CISG*, 7. Aufl. 2019, S. 676.

履行其交货义务的内容和方式,而不是适用《公约》的规定。当事人最常用的确定方式是直接在合同中约定适用《国际贸易术语解释通则》(以下称 Incoterms)2020 中的某一价格术语。价格术语又称贸易条件,它由三个字母组成,用来表明在某一具体的国际货物销售合同中货物的价格构成、买卖双方各自应负担的义务、费用和风险分担及货物所有权转移的方式。常用的价格术语有:"船上交货(FOB)""货交承运人(FCA)""装运港船边交货(FAS)""成本加运费(CFR)""到岸价格(CIF)""运费付至……指定目的地(CPR)""运费保险费付至……指定目的地(CIP)""进口国完税后交货(DDP)"等。采用的价格术语不同,卖方所承担的交货义务也随之不同。比如在 FOB 这一价格术语下,卖方必须在合同规定的装运期内在指定的装运港将货物交至买方指定的船上,并负担此前的一切费用,承担此前的所有风险;而在 DDP 这一价格术语下,卖方将货物运至进口国指定地点,并把尚在运输工具上的货物交付给买方,卖方负责办理进口报关手续,缴纳相应进口税费。应指出的是:价格术语不仅确认了卖方的交货义务,还确定了买卖双方在完成一桩国际货物交易过程中的其他义务。

　　Incoterms 是国际商会(ICC)对最普遍使用的贸易术语进行编纂后提供的一套统一解释的国际规则,其目的是避免因各国不同解释而给国际贸易带来不确定性。Incoterms 最早公布于 1936 年,故简称为 Incoterms 1936。此后,国际商会根据国际贸易和交通运输技术的发展而对 Incoterms 进行不定期的修改,并形成了不同版本的 Incoterms,例如 Incoterms 1953、Incoterms 1967、Incoterms 1976 以及 Incoterms 2010 等,目前最新的修订版本为 Incoterms 2020。[①]在不同版本的 Incoterms 中,双方当事人的义务会有所不同,所以当事人在引用 Incoterms 时,应当指明是哪个版本的 Incoterms。除此以外,在实践中有一定影响力的还有国际法协会制定并颁布的《华沙—牛津规则》

---

　　①　Https://incodocs. com/blog/incoterms-2020-explained-the-complete-guide/,访问时间:2020 年 5 月 25 日。

(Warsaw—Oxford Rules 1932),这一规则专门规范了在 CIF 价格术语中双方当事人的权利和义务。

3. 交付单据

"移交一切与货物有关的单据"也是本条规定的卖方必须履行的另一项重要义务。卖方究竟应当交付哪些单据?这里的单据一般包括提单、发票、商检证明、产品原产地证明、出口许可证等,但双方可以在合同中规定卖方应当交付的单据名称和数量。如果双方在合同中采用了某一价格术语,那么,就应根据该价格术语来确定应当交付的单据。①另外,《公约》第 34 条对卖方交付单据的时间和地点作了更加明确的规定。

4. 转移货物所有权

4.1 所有权转移

尽管根据《公约》第 4 条的规定,《公约》并不规范货物所有权的转移,但根据本条规定,卖方的另一项重要义务是"转移货物所有权"。据此,卖方必须采取一切必要措施,以便使货物的所有权转移给买方。这是否意味着这两条之间存在着矛盾呢?答案是否定的。因为本条仅仅将转移货物所有权规定为卖方的一项义务,至于卖方如何将货物的所有权转移给买方,转移是否完成或有效,本条并没有对此进行规定,相反应根据法院地所在国的国际私法规则所指引适用的法律来判断。法院地所在国的国际私法规则指引的法律通常是物之所在地法(lex rei sitae)、合同签订地法、合同履行地法等。可见,在《公约》的这两条之间并不存在冲突。另外,《公约》规定卖方这一义务是十分必要的,因为在国际货物销售中,除了买方直接在卖方所在地提取货物,或卖方亲自将货物运至进口国买方所在地以外,通常需要承运人将货物从出口国运至进口国,这意味着在卖方将货物交付给承运人以后,买方并未获得货物的占有权和处置权。为保证买方能够获得货物,卖方就必须将货物

---

① Schlechtriem/Luechinger, *Kommentar zum Einheitlichen UN-Kaufrecht—CISG*, 7. Aufl. 2019, S. 678.

的所有权转移给买方。

除此之外,规范提单的国际公约在这里也起着重要的作用,相关的国际公约有 1931 年生效的《海牙规则》(Hague Rules)、1977 年生效的《海牙—维斯比规则》(Visby Rules)。根据这些公约的规定,提单是货物所有权的凭证,只要卖方将提单转让给买方,他就完成了转移货物所有权的义务。

4.2 所有权保留

在国际货物销售中,卖方为了保证能够及时收到货款,有时会对合同项下的货物行使保留权。与货物所有权转移一样,《公约》同样没有对货物所有权保留问题进行规范。所以,对此应当同样适用法院地所在国的国际私法规则所指引适用的实体法。[①]应当指出:此处"没有规范"是指《公约》没有规范双方约定的货物所有权保留条款的效力。客观地分析,《公约》本身是允许卖方对货物所有权进行保留的,因为第 58 条第 1 款第 2 句明确规定,"卖方可以将支付货款作为交付货物或单据的条件",这实际上就是允许卖方保留货物的所有权,并将它作为要求买方支付货款的一个前提条件。所以,《公约》仅仅没有规范货物所有权保留条款的效力。由此可见,买卖双方是否达成了此种保留条款,或者一方当事人引用保留条款行使保留权的行为是否构成了违约,还是应当根据《公约》的相关规定来进行判断。澳大利亚联邦法院也持这种看法。在其审理的德国卖方和澳大利亚买方之间的铝制帐篷及其配件的销售合同纠纷中,德国卖方已经交付了货物,但澳大利亚买方延迟支付了货款,卖方提起法律诉讼要求买方退还货物并赔偿因其扣留货物所造成的一切损失,因为合同的所有权保留条款规定:在全部货款付清之前,卖方将保留对所售货物的所有权。而澳大利亚买方则否认这一条款的存在。澳大利亚上述法院判定:尽管根据《公约》第 4 条和第 7 条第 2 款的规定,有关所有

---

① UNCITRAL, *Digest of Case Law on the United Nations Convention on the International Sale of Goods*, 2016, p. 126.

权保留条款是否有效的问题,应当根据法院地所在国的国际私法规则所指引的准据法来进行分析判断,但双方当事人是否就所有权保留条款达成约定,依然适用《公约》条款进行判断。在分析双方的谈判过程和书证以后,结合《公约》第8条、第11条、第15条、第18条等条款的规定,法院得出结论:双方达成了如上的所有权保留条款,从而支持了德国卖方的主张。①

5. 结语

除了上述义务,卖方还必须承担《公约》通过其他条款规定的义务,这些义务规定在第71条至第88条中,它们规定了买卖双方必须共同承担的义务。当然,根据《公约》确认的"意思自治"原则,双方当事人有充分的自由,在合同中约定卖方必须履行的其他义务。如果卖方没有履行上述义务,他必须承担第45条及以下条款规定的法律责任。

第一节 交付货物和移交单据

概 述

本节共有四条,它们更加详细地规范了第30条中已经提及的、卖方必须承担的交付货物义务和移交单据义务。在这四条中,前三条涉及货物的交付义务,它们分别确定了交付货物的地点(第31条)、涉及货物运输时卖方应当承担的辅助性义务(第31条)和交付货物的时间(第33条)。本节最后一条(第34条)涉及单据的移交义务,它具体确定了移交单据的时间、地点、单据的形式和移交瑕疵的弥补。卖方承担的其他

---

① Federal Court of Australia,Australia,28 April 1995,www.unilex.info/cisg/case/197,访问时间:2022年1月22日。

义务如货物的"相符性"义务等,都是由本章第二节中的条款调整的。

本节条款与《公约》其他部分规定有着密切的联系。首先,它们与本部分第三章"买方义务"第一节"支付货款"(第54—59条)和第二节"接受货物"(第60条)构成相对应的条款;其次,它们与本部分第四章"风险转移条款"(第66—70条)密切相关,因为在卖方履行交货义务时,风险何时发生转移必须适用该章的条款进行判断。此外,本节的条款不仅仅适用于卖方的上述义务,在买方将相关的货物退回给卖方时,这些条款同样适用。最后,在不适用《公约》时,本节的条款还影响着合同准据法的确定,因为货物的交付地是国际私法规则用来确定争议合同准据法的一个重要连结点。

尽管本节条款对卖方交付货物和移交单据的义务有着详尽的规定,但当事人依然可以偏离本节规定而另行作出约定,这是《公约》第6条赋予双方当事人的权利。

第31条　卖方的交货义务和交付货物的地点

Article 31

If the seller is not bound to deliver the goods at any other particular place, his obligation to deliver consists:

(a) if the contract of sale involves carriage of the goods—in handing the goods over to the first carrier for transmission to the buyer;

(b) if, in cases not within the preceding subparagraph, the contract relates to specific goods, or unidentified goods to be drawn from a specific stock or to be manufactured or produced, and at the time of the conclusion of the contract the parties knew that the goods were at, or were to be manufactured or produced at, a particular place—in placing the goods at the buyer's disposal at that place;

(c) in other cases—in placing the goods at the buyer's disposal at the place where the seller had his place of business at the time of the conclusion of the contract.

译文

如果卖方无须（原译文为："没有义务"）在任何其他特定地点交付货物，其交货义务包括（原译文为："如下"）：

（a）在销售合同涉及货物运输时（原译文为："如果"），卖方应把货物移交给第一承运人，以便其将货物运送给买方（原译文为："以运交给买方"）；

（b）在不属上一项规定调整时，如果合同指明了特定的货物，或指出货物还未特定化而且有待于从特定仓库中提取，或者尚待制造或生产（原译文为："如果合同指的是特定货物或从特定存货中提取的或尚待制造或生产的未经特定化的货物"），而双方当事人在订立合同时已知道这些货物存在于某一特定地点，或将在某一特定地点制造或生产，卖方应在该地点把货物交给买方处置；

（c）在其他情况下，卖方应在其签订合同时的营业地将货物交由买方处置。

目录

6.2 卖方未按规定履行交货义务时的法律后果

正文

1. 调整对象

本条的调整对象是卖方交货义务的内容和交货地点。其解决的问题是:卖方究竟应当在哪里交付货物? 为完成这一义务,他究竟应做什么? 本条针对国际贸易实务中存在的四种不同情形:在约定的地点交货、货交承运人、在签约时双方知道的地点交货、在签约时卖方的营业地交货,分别制定了不同的适用规则。本条规定不仅构成了判断卖方是否履行交货义务的标准,也构成了判断卖方的交货行为是否违约的依据,而且它还构成了买方根据《公约》第45条等规定主张采取救济措施的起点。下文将分别就此进行论述。

2. 在约定的地点交货

本条首先允许合同当事人自行约定交货地点。尽管本条没有明确规定这一点,但开头第一句"如果卖方无须在任何其他特定地点交付货物"就已经蕴含了这一交货地点。事实上,双方可以约定在卖方的营业地交货,也可以约定在制造货物的工厂所在地交货。或者约定在买方营业地交货。如果存在这样的约定,那么卖方就必须在该地点将货物交付给买方。即使约定地点和本条规定的其他交付地点不一致,卖方也必须在该约定地点交货。

由于交货是卖方的首要义务,所以,这里有必要首先查明"交货"这一概念的内涵。《公约》对这一概念没有进行明确的定义。从相关的英文定义中,我们可以推定其内涵。与"交货"相对应的英文概念是"deliver"或"delivery"。在本条 b 项和 c 项规定的同一位置,该两项分别使用了"交由买方处置"(place the goods at the buyer's disposal),Incoterms 对这一概念同样解释为"交由买方处置"。由此可见,"交货"义务最基本的内容是:卖方应当采取一切措施,以便使货物最终能够处于买方处置之下。"使货物能够最终处于买方处置之下",实际上就是让买方占有货物。那么,这里的一个关键问题是:"交付"是否意味着买方必须实际占有卖方交付的货物？德国学者施莱希特里姆对此问题的答复是:买方不必实际占有。[①]笔者认同这一观点。《公约》第69条第1款有关风险转移时间的规定十分清楚地说明了这一点。据此,风险转移的时间为"自买方提取货物之时"或者"若他未按时提取货物,则自货物交由他处置时"。这里的将货物"……自货物交由他处置时"显然等同于本条中"交付",此时买方显然还没有"实际占有",但在买方"提取"货物时,他无疑已经对货物拥有了实际占有权。可见,"交付"并不必要求买方实际占有货物,只要卖方已经采取了相应的措施,使得买方能够处置合同下的货物时,卖方便已经履行了其交货义务。当然,这里的"买方"不仅包括买方本人,而且包括买方指定的承运人或其代理人。[②]

3. 货交第一承运人(a项)

本条a项只有一句话,其中前半句确定了本项规定的适用情形,即它仅仅适用于"涉及货物运输的"销售合同,本项"在销售合同涉及货物运输时"这一表述十分清楚地阐明了这一点。这表明:如果销售合同没有"涉及货物运输",便不适用本项规定。本项的后半句规定了卖方的义务,即他"应把货物移交给第一承运人,以便其将货物运送给买方"。下文分别论述本项规定的适用条件和具备规定条件时卖方的义务。

3.1 适用条件:销售合同涉及货物运输

由上可知,决定本项规定是否适用的一个重要前提条件是:"销售合同涉及货物运输。"这一条件的法律含义是指:买卖合同规定卖方应当在约定地点将货物交付给一位独立的承运人,该承运人在收到货物时向卖方签发提单,然后将货物运至目的地,并将货物交付给提单持有人。司法实务界也认同以上定义。例如,荷兰法院将"销售合同涉及货

[①] Schlechtriem/Luechinger, *Kommentar zum Einheitlichen UN-Kaufrecht——CISG*, 7. Aufl. 2019, S. 684.

[②] 高旭军:《〈联合国国际货物销售合同公约〉适用评释》,第一版,第175页;李巍:《联合国国际货物销售合同公约评释》,第149页。

物运输"定义为:合同双方当事人计划委托独立第三者将货物从卖方运送至买方。[1]这一定义是正确的,因为本条后半句"卖方应把货物移交给第一承运人,以便其将货物运送给买方"这一规定也十分清楚地说明了这一点。据此分析,如果合同规定买方应当自己在卖方的营业地、货物存放地或其他特定地点提取货物,并安排货物运输,这便不构成本款意义上的"涉及货物运输"。以 Incoterms 2020 中的价格术语为例,如果合同约定采用"工厂交货"(EXW),便是如此。如果合同中达成此类条款,卖方已经在工厂所在地点交付了货物,便已经完成了其合同义务,与此相对应,安排货物运输、办理出关手续等均是买方自己的事项。除此之外,如果合同中约定卖方应当在进口国特定地点交付货物,例如,约定采用 Incoterms 2020 中的"目的地交货"(DAP)、"卸货地交货"(DPU)和"完税后交货"(DDP),也是如此。因为根据这些价格术语,卖方有义务安排货物运输,将货物运送至上述特定的地点,并将货物交付给买方处置。

3.2 卖方的义务:货交第一承运人

在满足上述条件时,卖方"应把货物移交给第一承运人,以便其将货物运送给买方"。在这一义务性规定中,核心的概念有"移交""第一承运人"和"运送给买方",这是判断卖方是否履行其义务的关键。

(1)"移交"

这里的"移交"是指什么呢? 界定其内涵是非常必要的,因为它关系到卖方是否履行了本项义务的问题。与本条第1句中的"交货"不同,这里的"移交"是指:卖方将货物的物理占有权交付给承运人。换句话说,卖方履行"移交"行为的结果是:卖方失去对货物的占有权,而承运人获得了该项权利。[2]如果承运人自己到卖方营业地提取货物,那么,卖方在承运人在场时将货物装到运送货物的车辆上,便完成了"移

---

① Hoge Raad, the Netherlands, 26 September 1997, www.unilex.info/cisg/case/319,访问时间:2022 年 1 月 22 日。

② UNCITRAL, *Digest of Case Law on the United Nations Convention on the International Sale of Goods*, 2016, p. 128.

交"义务。如果装车时承运人不在场,那么,卖方还必须将装好货的车辆交给承运人,否则,卖方便没有完全履行这里的"移交"义务。[①]这表明:如果卖方仅仅将货物装车待运,还不足以构成本项意义下的"移交";如果卖方仅仅将与货物相关的文件交给承运人,也同样如此。[②]

(2)"第一承运人"

卖方应当将合同下的货物交给"第一承运人"。国际学术界和实务界一致认为:这里的"第一承运人"必须是一个法律上独立的第三者,它既可以是自然人,也可以是公司。[③]正因为它是一个独立人,卖方或买方才可能与承运人签订运输合同。这表明:无论是隶属于卖方还是买方的专业从事运输业务的企业部门,都不构成本项意义上的承运人。而此处的"第一承运人"则是在几个接力将合同项下的货物从卖方处运送到买方处的不同承运人中,那个从卖方处提取货物并启程将它们送往目的地的承运人。这在国际贸易实务中是时常发生的。以上文中提到的将中国新疆吐鲁番葡萄干运到德国康斯坦茨的案例为例,如果由独立的运输公司承担这一任务,就可能涉及几个不同的承运人:中国国内的某运输企业负责将吐鲁番的葡萄干运至上海港,然后再由从事国际运输业务的企业将货物从上海港运送至德国汉堡港,最后再由某家德国运输公司将货物通过莱茵河运至康斯坦茨。在这三家企业中,负责将货物从吐鲁番运送至上海港的企业便是本款意义上的"第一承运人"。根据本项规定,卖方应当让第一承运人提取货物,并使该承运人完全取得对货物的占有权。

---

① Schlechtriem/Luechinger, *Kommentar zum Einheitlichen UN-Kaufrecht——CISG*, 7. Aufl. 2019, S. 691.

② Article 31:Secretariat Commentary(Closest Counterpart to an Official Commentary), https://iicl. law. pace. edu/cisg/page/article-31-secretariat-commentary-closest-counterpart-official-commentary,访问时间:2022 年 1 月 22 日。

③ Schlechtriem/Luechinger, *Kommentar zum Einheitlichen UN-Kaufrecht——CISG*, 7. Aufl. 2019, S. 688.

（3）"运送给买方"

根据本项规定，卖方仅仅将"货物移交给第一承运人"，仍没有完成本项下的义务。因为本项还明确规定，卖方有义务"以便其将货物运送给买方"。根据上下文的文义，这里的"其"无疑是指"第一承运人"。这意味着卖方应促使该承运人将货物运送给买方。

促使承运人履行这一任务的方式是与承运人签订货物运输合同，并在合同中规定承运人将货物运送至买方的义务。德国学者认为，根据本项规定，签订此种运输合同是卖方的义务。①笔者并不认同这一观点。因为买方同样可以跟承运人签订运输合同，并让承运人承担将货物运送给买方的义务。究竟由谁负责与承运人签订运输合同，取决于销售合同中的约定。如果双方在销售合同中约定采用 FOB 这一价格术语，那么，买方便承担着签订运输合同的义务；反之，如果约定采用 CIF 这一价格术语，则由卖方承担这一义务。

无论由哪一方签订运输合同，合同中都应规定承运人应当将货物"运送给买方"。但也有学者认为：这里的"买方"不仅仅包括"买方"本身，也包括"买方"指定的第三者。②这一观点是成立的，因为在国际贸易实务中，多数"买方"并不是货物的直接使用者，而是一个贸易中间商。因此，"买方"通常会要求承运人直接将货物运送至实际需要货物的客户手中。但究竟是运送给"买方"，还是他指定的"第三者"，这依然取决于买卖双方签订的销售合同。如果合同中约定应当将货物运送给买方，而卖方却指令承运人将货物运送给某第三者，那么，卖方便没有履行本项所规定的交货义务。但卖方如果是根据买方事后发出的指令要求承运人将货物运送给该第三者，他便履行了本条规定的交货义务。当然，这属于双方对原合同中的交货地点进行修改并达成了新的协议。

可见，只要卖方的交付行为满足上述三点要求，他便履行了本条 a

----

① Schlechtriem/Luechinger, *Kommentar zum Einheitlichen UN-Kaufrecht—CISG*, 7. Aufl. 2019，S. 691.

② Schlechtriem/Luechinger, *Kommentar zum Einheitlichen UN-Kaufrecht—CISG*, 7. Aufl. 2019，S. 691.

项规定的义务。换句话说，根据本项规定，卖方无需将货物的占有权直接交付给买方。

4. 在双方知道的特定地点交货（b 项）

如果合同中既没有约定交货地点，也未约定委托第三者运送货物，卖方应当在哪里履行其交货义务呢？这时就应分别适用本条 b 项或 c 项的规定来确定这一点。下文首先分析 b 项规定。与 a 项规定一样，b 项也是一条典型的"条件—结果"法律条文句型。前半句确定了适用本项规定的前提条件，后半句则规定了具备前述条件时卖方应当承担的法律义务。

4.1 适用 b 项规定的前提条件

根据 b 项规定前半句的字面意思，适用本项规定应同时具备以下三个条件：

（1）销售合同没有涉及货物运输

该前半句中"在不属上一项规定调整时"这一表述十分清晰地规定了这一条件。这里的"上一项规定"显然是指本条 a 项规定。这一条件在实质上是指：双方当事人在签订的买卖合同中没有规定由独立第三者负责货物运输。如果合同中存在着此种约定，便应适用本条 a 项规定。除此之外，双方还没有约定具体的交货地点。如果存在此种约定，则适用本条第 1 句的规定。

（2）特定货物或尚未特定化的货物

适用本项规定的另外一个条件是合同涉及的货物必须是特定货物或尚未特定化的货物。这一条件蕴含在本项"……如果合同指明了特定的货物，或指出货物还未特定化而且有待于从特定仓库中提取，或者尚待制造或生产，……"这一规定中。仔细分析，本项列举了四种不同类型的货物。

第一，已经被"特定化"的货物。它反映在本项"合同指明了特定的货物"这一段话中。此处被"特定化"不仅指买卖标的物究竟是什么已明确，它还指双方当事人在签订合同时已经知道这些货物所处的地点。

第二，位于某一特定仓库、尚未特定化的货物。它反映在本项"指出货物还未特定化而且有待于从特定仓库中提取"这一段文字中。据此分析,这一类型的货物具有以下三方面的特征:首先,它位于某一"特定仓库中";其次,销售合同中规定了卖方应当交付的货物数量;最后,合同下的货物还没有被特定化。此处"没有被特定化"是指:双方没有通过合同条款或提货单等文件对销售给买方的货物进行标示,卖方也没有将它们与仓库中的其他货物分离开来。比较常见的情形有:卖方在位于某地的油库中共有1 000万吨汽油,但仅需向买方交付其中的100吨汽油,应当交付的100吨汽油依然与其他汽油混同在一起;再如,甲方在某地的煤矿中共有1亿吨一级煤,其中的10万吨煤应交付给乙方,但该10万吨煤并没有与其他煤相分离。

第三,"在某一特定地点尚待制造的货物"。这是指双方在合同中约定,买方购买的货物并不是已经出厂的产品,而是将由某一特定工厂制造的产品。该工厂有可能是卖方自己的,也可能是属于第三者的。无论工厂属于谁,此处的关键是在签订合同时,双方当事人均知道该工厂的地址。

第四,"在某一特定地点尚待生产的货物"。与上述"尚待制造的货物"不同,"尚待生产的货物"通常是指需要经过一定生长期才能成熟的农副产品,例如,棉花、苹果、葡萄、麦子或木材等。与上述"尚待制造的货物"一样,此处的"货物"并不是指已经成熟待收购的农副产品,而是指仍在生长过程中的产品。另外,在签订合同时,双方当事人必须知道上述产品的生长地点。

(3) 签订合同时双方当事人已经知道货物所处的位置

适用本项规定的另一重要条件是双方必须在签订合同时知道"这些货物存于某一特定地点,或者将在某一特定地点制造或生产"。尽管这里使用"双方"一词,但毫无疑问,重要的是买方必须知道这一地点。卖方无疑知道合同下的货物所处的位置,而且该地址是买方提取货物的地址。另外,应强调的是:双方必须在签订合同时就知道上述地址。如果买方在签订合同后才知道上述地点,那么就不适用本项规定。在这种情况下,双方当事人应就交货地点达成一个补充协议;如果没有达成补充协议，那么，卖方就应根据本条 c 项确定的交货地点履行交货义务。①

4.2 卖方的义务

本项后半句规定了在同时具备上述三个条件时的法律后果："卖方必须在上述地点将货物交由买方处置"。这里的"交由买方处置"是指卖方应当采取所有必要的措施，以便买方能够提取货物。德国法院进一步认为：根据这一义务，卖方不仅应当将合同下的货物放置于上述地点，而且应当采取一切适合当时情形的必要措施，例如对货物进行标示、对它们进行适合运输的包装，或安排人员负责货物的移交等。总之，卖方应当采取一切措施，以便买方无需履行任何其他义务便可以直接提取货物。②

可见，根据本款规定，卖方的义务仅仅是在合同规定的时间内，在上述特定的地点"将货物交由买方处置"，提取货物并将它们运往目的地则属于买方的义务。如果卖方在规定的时间和特定的地点履行了本项规定的义务，但买方没有及时提取货物，由此产生的问题则由《公约》第 33 条调整。

5. 在签约时卖方营业地交货(c 项)

本条 c 项规定是一个兜底条款。如果不具备适用本条 a 项或 b 项规定的条件，那么，就适用 c 项规定，即卖方应该在签订合同时的营业地将货物交由买方处置。如果卖方有多个营业地或者没有营业地，那么就应该根据《公约》第 10 条的规定来确定卖方的交货地点。如果卖方在签订合同后迁移了其营业地，那么，原则上卖方必须将货物运至原营业地履行其交货义务。同样，根据《公约》第 7 条第 2 款规定的诚信原则，如果卖方向买方提出了在其新营业地交付货物的要求，买方也应当同意此要求。当然，卖方必须承担由此而产生的运输费或其

---

① Schlechtriem/Luechinger, *Kommentar zum Einheitlichen UN-Kaufrecht—CISG*, 7. Aufl. 2019, S. 696.

② Oberlandesgericht Hamm, Germany, 23 June 1998, www.unilex.info/cisg/case/448,访问时间：2022 年 1 月 22 日。

他费用。①

6. 与履行交货义务相关的法律后果

交付货物是卖方承担的一项核心义务。卖方履行或者未按照规定履行这一义务,均会产生相应的法律后果。

6.1 卖方按规定履行交货义务时的法律后果

卖方如果在合同规定的期限内、按照本条规定交付了货物,无论是在特定的地点将货物交付给第一承运人,还是在双方都知道的特定地点或卖方的营业地所在地将货物交由买方处置,他都履行了本条规定的交货义务,由此会产生以下法律后果:其一,卖方可以根据《公约》第58条第1款第1句的规定请求买方支付货款。其二,卖方不再对已经交付的货物承担任何责任。如果在交付后,货物发生损坏或灭失,卖方无需对此负责,相反,买方应当自己承担此种风险,除非这种损坏或灭失是由卖方原因造成的。②其三,卖方也不对货物的延迟送达负责。如果货物因为各种原因未能及时送到目的地,卖方无需对此承担责任,买方也无权据此对卖方提起损害赔偿请求。在瑞士苏黎世州商业法院审理的意大利卖方和瑞士买方之间的书籍、目录打印装订销售合同纠纷中,意大利卖方已经在合同规定的时间将书籍和目录交付给了第一承运人,但承运人未将货物按时运送至目的地,瑞士买方要求意大利卖方承担赔偿责任。瑞士上述法院根据《公约》第31条规定,判定意大利卖方已经按照合同规定履行了第31条下的交付义务,他无需对第一承运人的行为承担责任。③

6.2 卖方未按规定履行交货义务时的法律后果

如果卖方没有按照规定履行交货义务,将会产生哪些法律后果呢?

---

① Schlechtriem/Luechinger, *Kommentar zum Einheitlichen UN-Kaufrecht—CISG*, 7. Aufl. 2019, S. 696.

② 《公约》第67条、第68条和第69条详细规定了货物风险的转移,详见本书相关条款的论述。

③ Handelsgericht des Kantons Zürich, Switzerland, 10 February 1999, www.unilex.info/cisg/case/484,访问时间:2022年1月24日。

为此,首先应该对"未按规定履行交货义务"这一概念进行界定。这一概念的内涵十分丰富,它不仅包括卖方根本没有交付货物,而且还包括交付部分货物,或者卖方交付了错误的货物、有瑕疵的货物,此外还包括瑕疵包装、将货物送往错误的地点等。[①]如果出现此种没有履行合同义务的情形,卖方应当承担《公约》规定的法律责任。他可能不仅须应买方根据第 45 条至第 52 条规定提出的要求继续履行合同,还要承担第 74 条至第 77 条规定的赔偿责任。卖方究竟应承担何种法律责任,应当根据其未履行交货义务的性质和程度结合《公约》第 45 条至第 52 条、第 74 条至第 77 条的规定来分析。

第 32 条　与货物运输相关的义务

Article 32

(1) If the seller, in accordance with the contract or this Convention, hands the goods over to a carrier and if the goods are not clearly identified to the contract by markings on the goods, by shipping documents or otherwise, the seller must give the buyer notice of the consignment specifying the goods.

(2) If the seller is bound to arrange for carriage of the goods, he must make such contracts as are necessary for carriage to the place fixed by means of transportation appropriate in the circumstances and according to the usual terms for such transportation.

(3) If the seller is not bound to effect insurance in respect of the carriage of the goods, he must, at the buyer's request, provide him with all available information necessary to enable him to effect such insurance.

---

① Schlechtriem/Luechinger, *Kommentar zum Einheitlichen UN-Kaufrecht—CISG*, 7. Aufl. 2019, S. 692—693.

译文

(1) 如果卖方按照合同或本《公约》的规定应将货物交付给承运人,却没有通过在货物上或在装运单据上加注标记的方式或通过其他方式清楚地注明这些属于其合同项下的货物(原译文为:"但货物没有以货物上加标记、或以装运单据或其他方式清楚地注明有关合同"),卖方必须向买方发出列明货物的发货通知。

(2) 如果卖方有义务安排货物运输,他必须选用适合的运输方式并按照通常的运输条件签订必要的运输合同(原译文为:"他必须订立必要的合同,以按照通常运输条件,用适合情况的运输工具"),以便将货物运到指定地点。

(3) 如果卖方没有义务为货物运输办理保险,他必须在买方要求时向其提供一切其拥有的(原译文为:"现有的")、必要的资料,以便买方能够签订这种保险合同(原译文为:"使他能够办理这种保险")。

目录

正文

1. 调整对象

在国际贸易实务中,买卖双方签订货物销售合同后,卖方的一项重要义务便是将货物交付给买方，并通过独立承运人将货物运送给买方，这是最常见的交付方式。本条的调整对象便是约定通过独立承运人运送货物时所产生的法律问题，例如，应当由谁与承运人签订运输合同？在卖方将货物交付给承运人后，卖方是否负有向买方发送通知的义务？谁应当为运输中的货物签订保险合同？如果买方签订保险合同，卖方是否应当向买方提供签订保险合同所需的信息？本条共包括三款，它们从不同方面规范了上述问题。其中第 1 款规定了卖方的通知义务，第 2 款规定了卖方签订运输合同的义务，而第 3 款规定了卖方在买方签订保险合同时承担的提供信息义务。

本条是对第 31 条的一个补充，因为它规定了卖方应承担的、而第 31 条没有规定的义务。

2. 发货通知（第 1 款）

根据第 1 款的字面意思，本款主要规范了卖方是否应当承担通知义务以及在什么前提条件下他应承担这一义务的两个问题。换句话说，它规范了适用本款的前提条件，以及在具备这些前提条件时的法律后果。

2.1 适用本款的前提条件

根据本款的规定，适用本款必须具备以下两方面的前提条件：向承运人交付货物和缺乏货物属于合同的明确标示。

（1）向承运人交付货物

本款"如果卖方按照合同或本《公约》的规定应将货物交付给承运人"这一表述明确规定了这一条件。这一条件实际上也确定了卖方履行义务的方式：将货物交付给独立的承运人，并由该承运人将货物运送给买方。如果双方在合同中约定采用 Incoterms 中的 FOB、CIF、DES 等价格术语，便具备了本款规定的适用条件。在这些价格术语中，卖方都必须在特定的地点将合同项下的货物交给独立的承运人，并由该承运人将货物运送到目的地交给买方。当然，如果双方在合同中没有约定采用上述价格术语，但同样约定通过独立承运人进行货物运输、卖方将货物在特定地点交付给该承运人时，同样如此。应当强调的是：本款并不仅仅适用于由卖方签订运输合同的情形，即使运输合同是由买方负责签订的，本款规定同样适用。根据"如果卖方按照合同或本《公约》的规定应将货物交付给承运人"这一规定的字面意思，由谁签订运输合同并不重要，重要的是合同规定了货物通过独立的承运人运送给买方。

由此可见，这一款与第 31 条 a 项的规定相对应。该项恰恰规定了合同涉及货物运输时卖方的交货义务——将货物交付给第一承运人。这进一步表明：如果货物销售合同中约定了第 31 条 b 项或 c 项规定的卖方履行其交货义务的方式，那么本款规定便不再适用。

（2）缺乏货物属于合同的明确标示

这是指在卖方将货物交付给承运人时没有明确地标示：所交付的货物是交付给买方的。本款中"没有通过在货物上或在装运单据上加注标记的方式或其他方式清楚地注明这些属于其合同项下的货物"这一规定，蕴含了这一适用条件。那么，卖方如何才能完成符合本款规定的标示呢？通常情况下，卖方必须在货物上或其包装上写明买方的姓名和地址，或者他必须在运输合同或托运单中载明上述内容。除此之外，他还可以要求承运人出具装运单据，该单据必须以买方为货物收受人。[①]由此可见，如果在运输合同、托运单或提单等单据上没有将买方列为收货人，仅仅将承运人或卖方或其背书人列为收货人时，卖方就没有完成本款所要求的标示。

必须同时具备以上两个条件，本款规定才能予以适用，本款中连接以上两个条件的"却"字表明了这一点。这表明：缺乏以上任何一个条件，都不能适用本款规定。

2.2　具备适用条件时的法律后果

在具备上述适用条件时，将会产生哪些法律后果呢？下文将从卖方承担通知义务和未履行通知义务时的法律后果两个方面来加以分析。

---

① Secretariat commentary on Article 32 of Draft Convention，见 http://www.cisg. law.pace.edu/cisg/text/secomm/secomm-32.html，访问时间：2015-01-26。

（1）卖方承担通知义务

直接产生的一个法律后果是"卖方**必须**向买方发出列明货物的发货通知"。"必须"两字表明：向买方发出通知是卖方的义务。这里涉及两个问题：该通知中必须包括哪些内容？卖方最晚必须在何时发出上述通知？

① 通知内容。这是指在卖方发出的通知中应包括的内容。本款对通知的内容作了原则性的规定：它必须为"列明货物的发货通知"。这一规定对通知的内容作了两方面的规定。一方面，它必须"列明货物"。这通常要求：卖方应在通知中载明货物的名称、数量或重量、规格、包装状况（袋装、纸箱还是散装）、袋或箱的编号等。另一方面，它必须说明已经"发货"。这要求卖方必须告知买方货物已经交付给承运人，尤其应在通知中载明承运人的名称；在通过船舶运输时，还必须告知对方船名、预计到达目的地的时间。[①]对于通知的形式，《公约》没有进行规定。承运人在收到卖方交付的货物时一般会出具提单或装运清单，卖方可以直接将该提单寄送给买方。《公约》对通知内容作出以上要求是十分必要的，因为这样买方才能知道他应该向哪个承运人提取货物、在该承运人运送的所有货物中哪些货物属于买方。

② 通知时间。对于卖方发出通知的时间，本款没有作出明确的规定。一般认为：卖方必须根据《公约》第7条第2款的规定，在其将货物交付给承运人后的一段合理时间内，向买方发出本款所要求的通知。只要卖方以适当的方式发出了通知，他就履行了本款规定的义务。根据《公约》第27条的规定，卖方不承担通知是否能够送达或及时送达对方当事人的风险，相反，此种风险应由买方承担。[②]

（2）未履行通知义务时的法律后果

在具备本款规定的条件时，如果卖方没有履行上述通知义务，将会

---

① Pilz，*Internationales Kaufrecht*，§4 Rn. 104；Witz/Salger/Loranz/Salger，Art. 32，Rn. 2.

② Pilz，*Internationales Kaufrecht*，§4 Rn. 105；Witz/Salger/Loranz/Salger，Art. 32，Rn. 5.

产生以下三个方面的间接法律后果：

① 它决定着货物风险是否发生转移。《公约》第 67 条第 2 款明确规定了这一点,据此,从卖方向买方发出通知的这一时刻起,货物风险便立即从卖方转移给了买方。这意味着:卖方仅对发出通知前货物的损毁或灭失等风险负责,而对于发出通知后货物发生的损毁、灭失等风险,卖方不再负责,相反,买方必须对此负责。当然,如果买方收到货物后发现货物已经损坏,而卖方认为损坏是在其发出通知后发生的,那么,他必须提供证据证明这一点。①与此相对应,如果卖方没有履行本款项下的通知义务,他又没有明确而清晰地向买方标明合同项下的货物,那么货物损毁或灭失等的风险就没有转移给买方。由此,如果货物在运输过程中发生损毁或灭失,买方无需对此承担任何责任,相反,卖方必须对此负责。可见,本款规定的通知义务,不仅仅是为了买方能够及时获得货物已经发送的信息,而且也是为了卖方自己的利益。但上述法律后果的规则仅仅适用于合同中没有约定采用 Incoterms 的情形。如果合同中约定了采用价格术语,那么,有关风险转移的规则就应根据引用的价格术语予以确定。

② 卖方的行为可能构成《公约》第 25 条意义上的根本违约。如此一来,买方便可以根据《公约》第 25 条结合第 49 条第 1 款的规定宣告合同无效,并要求卖方承担相应的赔偿责任。当然,卖方未按规定履行通知义务的行为是否构成根本违约,必须根据《公约》第 25 条的规定进行分析判断。

③ 它还可能引发《公约》第 45 条第 1 款 b 项规定的损害赔偿责任。如果因为卖方没有及时发出上述通知义务,以至于买方没有及时到目的港提取货物,并因此而向港口支付了滞港费和仓储费,由于这些费用是因卖方延迟履行本款规定的通知义务而造成的,买方可以根据《公

---

① Schlechtriem/Luechinger, *Kommentar zum Einheitlichen UN-Kaufrecht—CISG*, 7. Aufl. 2019, S. 724.

约》第 45 条第 1 款 b 项规定要求卖方赔偿其因此所受的损失。[①]

3. 签订运输合同(第 2 款)

与本条第 1 款一样,本款前半句规定了适用条件,后半句规定了具备适用条件时的法律后果,下文将分别对它们进行论述。

3.1 适用本款的前提条件

根据本条第 2 款字面意思,适用本款规定的一个重要前提是:"卖方有义务安排货物运输"。这里的"有义务安排货物运输"究竟是指什么意思呢?《公约》没有对此进行定义。德国学者卢钦格(Luechinger)认为它是指《公约》第 31 条 a 项下"销售合同涉及货物运输"这一情形。[②]这一观点并不完全正确。第 31 条 a 项下"销售合同涉及货物运输"既包括卖方签订运输合同的情形,也包括买方负责签订运输合同的情形。但本款下的"有义务安排货物运输"显然仅仅包括前者,而不包括后者,本款后半句规定的"卖方签订运输合同义务"明确表明了这一点。但这一观点也有正确的一面:"有义务安排货物运输"应当是指卖方应通过独立承运人将货物运送给买方,而《公约》第 31 条 a 项下"销售合同涉及货物运输"也是如此。基于以上分析,我们可以得出这样的结论:"有义务安排货物运输"是指,根据买卖双方签订的销售合同中的约定,卖方应寻找合适的独立承运人,与他签订运输合同,并委托该承运人将货物运送给买方。

价格术语是买卖双方通常用来确定包括签订运输合同等义务的贸易惯例。如果合同中约定采用 Incoterms 下的 CIF、CFR 等价格术语,那么,卖方便"有义务安排货物运输"。在这些价格术语中,卖方不仅负有与独立承运人签订运输合同的义务,而且必须将货物交给独立的承运人。应当注意的是:并非 Incoterms 中的所有价格术语都让卖方承担这一义务;如果合同中约定了 FOB、FCA 价格术语,便是如此。在

---

① Bamberger/Roth/Saenger,Art. 32,Rn. 6.

② Schlechtriem/Luechinger, *Kommentar zum Einheitlichen UN-Kaufrecht—CISG*, 7. Aufl. 2019,S. 726.

这些术语中,卖方并不承担签订运输合同的义务。这也进一步意味着:"有义务安排货物运输"并不包括卖方自己承担义务将货物运送至目的地的情形。即使为了完成这一义务,卖方自己委托了一家独立的运输公司、与其签订运输合同,也是如此。在这种情况下,该承运人是卖方聘请的、帮助其履行交货义务的助手,卖方将货物交付该承运人时,他还没有履行第 31 条 a 项下的交货义务,只有在该承运人将货物运到目的地并交由买方处置时,他才履行了其交货义务。如果合同中约定采用 Incoterms 中的 DDP 术语,便属于这种情形。

3.2 具备适用条件时的法律后果

在具备上述条件下,会产生哪些法律后果呢? 下文依然从法定义务和未履行本款义务时的法律责任两个方面对此进行分析。

(1) 卖方的法定义务

在具备上述条件时,直接的法律后果是"他必须**选用适合的运输方式并按照通常的运输条件签订必要的运输合同,以便将货物运到指定地点**"。在这一直接义务中,应当澄清的有:"适合的运输方式""与承运人签订运输合同""按照通常的运输条件"和"将货物运到指定地点"。

① "适合的运输方式"。根据本款规定,在卖方安排货物运输时,他承担着多重义务。其中的第一义务是:必须选择"适合的运输方式"。对于这一义务,主要讨论以下几个问题:

首先,"运输方式"的内涵。为方便查明卖方是否履行了这一义务,有必要首先确定本款中"运输方式"的内涵。这里的运输方式包括运输工具和航线两个方面的内容。①就运输工具而言,它不仅包括空运、陆路运输和海运三种类型,而且还包括同一类运输工具中的不同类别。比如,在卡车中,有散装卡车、集装箱卡车,有 10 吨卡车、5 吨卡车。就航线而言,它是指在货物始发地至目的地之间有几条可供选择的不同的航线,有的航线较长、有的航线较短,有的航线比较安全,而有的则会

---

① Schlechtriem/Luechinger, *Kommentar zum Einheitlichen UN-Kaufrecht—CISG*, 7. Aufl. 2019, S. 727.

因途经战争或冲突地区而增加风险。

其次,卖方选择权和意思自治之间的关系。根据本款规定,在以上不同的可能性中,卖方应当选择"适合的运输方式"。据此,卖方拥有绝对的选择权。但在合同中已经确定运输方式时,卖方是否依然拥有这一选择权呢?答案是否定的。根据《公约》第6条规定的"意思自治"原则,当事人可以约定采用特定的运输方式。在存在此种约定情况下,卖方不能独自选择运输方式,而只能选择双方约定的运输方式。如果双方当事人对于是否存在此种约定有争议,那么,买方必须提供证据证明这一点。如果买方不能证明这一点,卖方便可以自行选择适当的运输方法。瑞士一家法院便是这样判定的。①

再次,"适合"对卖方选择权的限制。即使在合同中对运输方式没有进行规定的情况下,卖方也不能任意选择运输方式,本款明确规定卖方只能选择"适合"的运输方式。那么"适合"这两字又对卖方的选择权作出了哪些限制呢?卖方应当根据货物的特点、合同规定的交货期限的长短来挑选运输工具和航线。例如,如果货物容易腐烂变质,而且交货期也很短,那么,卖方就应当选择带冷藏设备的、速度较快的运输工具,并选择最短的航线。如果是煤炭、铁矿石等大宗货物,而且交货期也较长,那么,卖方可以选择价格比较优惠的散装货轮,走较长的航线。一般情况下,卖方应尽量避免转运,尽量避开存在战争或罢工等的危险地区。②

②"与承运人签订运输合同"。本款明确规定,在具备上述适用条件时,卖方不仅应当选择"适合的运输方式",而且应当与承运人签订相应的运输合同。通常情况下,买卖双方已经在他们签订的销售合同中规定了究竟由谁负责签订运输合同。例如,如果双方在合同中约定CFR或CIF价格术语,卖方便承担了签订运输合同的义务。③在国际贸

---

① Bezirksgericht der Sanne, Switzerland, 20 February 1997, www. unilex. info/cisg/case/403,访问时间:2022年1月24日。

② Enderlein/Maskow/Strohbach, Art. 32 Anm. 7.

③ UNCITRAL, *Digest of Case Law on the United Nations Convention on the International Sale of Goods*, 2016, p. 132.

易实务中,卖方通常会有两种选择:其一,直接与运输公司签订将货物运往约定目的地的合同;其二,与货运代理人签订货运代理合同,委托该货运代理人办理与货物运输相关的事项。在选择第一种方式时,卖方无疑履行了本款项下的义务。在采用第二种方式时,对此则有两种不同的看法。部分学者认为,卖方已经履行本款规定的义务;而另外一部分学者则并不认同这一观点,他们认为,在这种情况下,卖方本质上是将其承担的本款规定的义务委托给了货运代理人,只有在该受托货运代理人与承运人签订运输合同后,卖方才履行了本款项下的义务。①究竟哪种观点是成立的呢?为回答这一问题,首先应澄清货运代理人在完成一起国际货物运输过程中所起的作用。根据经营范围的不同,大致上存在着两类货运代理人:一类货运代理人本身不直接负责货物运输,而仅仅为托运人安排货物运输服务,例如接收货物、为货物进行包装、订船、报关、签订运输合同等。而另外一类货运代理人,不仅提供上述服务,自己还直接从事运输业务,而且负责托运货物的全部或部分运程。如果卖方仅仅与上述第一类货运代理人签订货运代理合同,并将货物交付给该代理人,那么,卖方仅仅履行了《公约》第 31 条 a 项的交货义务,而没有履行本款下的义务。因为根据本款规定,卖方的一项义务是与承运人签订运输合同,在卖方将货物交付给代理人并与其签订代理合同时,货物运输合同还没有签订。由此可见,针对这种情形,上述第一种观点是不成立的,而第二种观点显然符合本款规定。换句话说,如果该货运代理人没有及时与承运人签订运输合同,并导致货物延迟送达目的地,卖方必须对此承担责任。反之,如果卖方与第二类货运代理人签订了服务合同,并将货物交付给该代理人,那么,他不仅履行了第 31 条 a 项下的交货义务,而且履行了本款要求的签订运输合同义务。因为根据该合同,该代理人有义务独自或与他人联合将货物运送至目的地。由此可见,针对这种情形,上述第二种观点是成立的。

---

①　Schlechtriem/Luechinger, *Kommentar zum Einheitlichen UN-Kaufrecht—CISG*, 7. Aufl. 2019, S. 728.

③ "按照通常的运输条件"。除了上述两项义务,根据本款的字面意思,卖方承担着另一义务,即在其与承运人签订运输合同时,该合同必须按照"通常的运输条件"签订。这一义务显然限制了卖方在签订运输合同时的选择空间。那么,究竟何为本款中的"通常的运输条件"呢?一般认为,它主要是指运费和承运人的责任。[①]在运费方面,如果承运人根据其公布的既定费率收取运费,卖方自然没有谈判的空间。如果有几位不同的承运人同时竞争这一运输合同,卖方应该就价格与承运人进行谈判。但是,这一义务并不是要求卖方必须选择运费最低的承运人,而且他无权作出这样的决定,即使由他自己支付运费。相反,这一义务的核心要求是他应当选择最可靠的承运人、并按照双方商定的运费签订运输合同。《公约》并不规范承运人的责任,相反,相应的国际公约如 1931 年生效的《海牙规则》(Hague Rules)、1977 年生效的《海牙—维斯比规则》(Visby Rules)、1982 年生效的《汉堡规则》对承运人的责任有着明确的规定。此外,各国国内海商法同样规范了这一问题,例如我国《海商法》便是如此。这里的一个重要问题是:卖方是否可以决定在合同中免除承运人本应承担的责任? 在实务中,卖方的免除空间十分有限:一方面,在相关的《公约》或国内法中均对承运人责任作了强制性的规定,它们并不是通过意思自治原则就可以排除适用的;另一方面,承运人通常备有格式合同或带有格式条款的标准合同,卖方就此进行谈判的空间很少。当然,这种格式合同或格式条款核心内容通常也是免除承运人责任。因此,如果卖方接受这种格式条款,也应视为满足了本项规定的按照"通常的运输条件"签订运输合同的要求。[②]除了上述情况,根据本款规定,卖方不得随意免除承运人本应承担的责任。

④ "将货物运到指定地点"。本款规定的卖方最后一项义务是他必须指令承运人将"货物运到指定地点"。运输合同中一般明确规定了

---

① Widmer Luechinger in Schlechtriem/Luechinger, *Kommentar zum Einheitlichen UN-Kaufrecht—CISG*, 7. Aufl. 2019, S. 727.

② Herber/Czerwenka, Art. 32 Rn. 7.

货物应运至的目的地,例如 CIF 东京,这时卖方有义务将货物运至东京。但在特殊情况下,卖方可以指令承运人将货物运至另一个合适的地点。例如,如果合同指定的货运目的地为日本长崎,但该港口工人正在进行罢工,那么可以安排将货物运至福冈。如果合同中没有指定目的地,那么卖方应当安排将货物运至买方的营业地。

以上四个方面的义务既是相互独立的,又是密切相关的,缺少任何一样,均会影响卖方"安排货物运输"义务的履行。我国慈溪法院便在 2001 年 7 月 18 日作出的判决中确定:卖方如果应当指令承运人将货物运送至买方营业地,却没有告知承运人正确的买方营业地地址,卖方便没有履行本款规定的"安排货物运输义务"。①

在签订运输合同时,卖方是否有义务支付运费、为所运送的货物购买保险,是否应当听从买方的指示,本款没有明确规定。在通常情况下,双方已经在货物销售合同中约定了相应的价格条款,如 CIF 或 FOB,这些价格条款则比较详细地规定了上述义务的承担方。

(2) 未履行本款义务时的法律责任

如果卖方违反了本款规定的义务,那么他应当承担《公约》第45条第1款下的法律责任。如果其违反义务的行为导致货物根本没有送达买方,那么,他就根本没有履行交货义务。在这种情况下,买方可以根据第46条第1款的规定要求卖方实际履行合同义务。当然,他还可以根据第49条第1款的规定为卖方设定一个供其履约的额外宽限期。如果卖方在此宽限期内依然没有履行交货义务,则买方可以宣告合同无效。如果卖方的违约行为导致货物在运输过程中受到损坏,那么他必须根据第36条第2款的规定承担赔偿责任。如果卖方的违约行为导致货物延迟送达目的地,根据延迟到达的严重程度不同,他应当承担不同的法律责任。通常情况下,他应当承担第45条第1款 b 项下的损

---

① China 18 July 2001 Zhejiang Cixi People's Court〔District Court〕(Carl Hill v. Cixi Old Furniture Trade Co., Ltd.), http://cisgw3.law.pace.edu/cases/010718c1.html, 访问时间:2020 年 6 月 26 日。

害赔偿责任。在延迟送达构成第 25 条结合第 49 条第 1 款 a 项下的根本违约时,他便应当承担合同被宣告无效时的不利后果。

4. 提供签订运输保险合同所需的信息(第 3 款)

本条第 3 款的调整对象与上述两款有着明显的不同,它规范了在买方负责为运送货物签订保险合同时卖方向买方提供相应信息的义务。同时,本款的调整对象又与以上两款的调整对象有着密切的关系。由于国际货物运输中蕴含着巨大的风险,在安排国际货物运输时,卖方通常会签订保险合同。根据合同规定的不同,也有可能由买方负责签订这一合同。但这时货物依然处在卖方的控制之下,故买方并不十分清楚有关货物的详细信息,而签订保险合同必须向保险公司提供相应的信息。为防止双方在提供此种信息时发生纠纷,本款规定了卖方提供相关信息的义务。与本条前两款一样,本款前半句规定了适用本款规定的前提条件,后半句规定了具备前提条件时的法律后果。

4.1 适用本款的前提条件

根据本款前半句的规定,适用本款的前提条件是"卖方没有义务为货物运输办理保险"。在买卖双方签订的货物销售合同中,一般均规定应当由哪一方为合同下的货物签订保险合同。即使合同中没有对此作出明确规定,若合同约定采用了 Incoterms 中的某一价格术语,相关的价格术语一般同样确定了究竟应当由谁签订保险合同。如果合同约定采用 FOB(装运港船上交货)、CFR(成本加运费)、FCA(货交承运人)价格术语,则由买方负责签订保险合同;而如果约定采用 CIP(运费、保险费付至指定目的地)、CIF(成本加保险费、运费)价格术语,则由卖方负责签订保险合同。所以,究竟由卖方还是买方负责为货物办理保险,完全取决于合同的约定。

4.2 具备适用条件时的法律后果

在具备本款适用条件时,将会产生哪些法律后果呢? 本款后半句明确规定了这一点,即卖方"必须在买方要求时向其提供一切其拥有的、必要的资料,以便买方能够签订这种保险合同"。由此可见,这句话不仅规定了卖方应当承担的义务,同时对这一义务进行了一定的限制。

（1）卖方承担的提供信息义务

本款首先规定了卖方负担的信息提供义务，即他必须立即向买方提供其所掌握的、签订保险合同所需的一切资料、信息。应当强调的是：他必须在收到买方的要求后立即提供相应的信息。换句话说，如果买方没有提出此类要求，卖方就没有必要主动履行这一义务。

（2）违反这一义务时的法律责任

如果卖方违反了这一义务，那么他必须承担《公约》第 45 条等条款下的法律责任。部分学者认为，违反这一义务的行为甚至有可能构成第 25 条或第 49 条第 1 款 a 项下的根本违约，并因此承担相应的法律责任。[①]这一观点是成立的。因为在买方签订保险合同时，通常由他承担运输风险。如果卖方不提供相关的信息，这就实际上剥夺了买方为运输货物签订保险合同的机会，卖方必须承担货物损毁或灭失等风险。但在具体的案件中，卖方未提供相关信息的行为究竟是否构成根本违约，应根据具体案件中的具体情况并结合第 25 条的规定予以分析判断。如果构成了该条规定的根本违约，卖方自然应当承担相应的法律责任。

第 33 条　交货时间

Article 33

The seller must deliver the goods：

（a) if a date is fixed by or determinable from the contract, on that date；

（b) if a period of time is fixed by or determinable from the contract, at any time within that period unless circumstances indicate that the buyer is to choose a date; or

---

① Schlechtriem/Luechinger, *Kommentar zum Einheitlichen UN-Kaufrecht—CISG*, 7. Aufl. 2019, S. 731.

(c) in any other case，within a reasonable time after the conclusion of the contract.

译文

卖方必须按下列条款规定的日期（原译文为："按以下规定的日期"）交付货物：

（a）如果合同规定了日期，或从合同中可以确定日期，应在该日期交货；

（b）如果合同规定了一段交货期限，或从合同中可以确定这一期限，应在该期限内的任何时候交货，但情况表明应由买方选定交货日期者除外（语序调整）；或者

（c）在其他情况下，应在订立合同后的一段合理期限内交货。

目录

正文

1. 调整对象

根据字面意思，本条的规范对象显然是卖方应当何时履行《公约》第 31 条规定的交货义务。与第 6 条规定的意思自治原则相适应，首先，本条 a 项和 b 项允许双方当事人通过合同约定交货时间。c 项则设置了兜底规则，即在合同没有约定交货时间时，卖方应当在签订合同后的合理期限内交付货物。本条规定有三方面的功能：其一，规定了卖方履行交货义务的时间；其二，决定了买方可以行使法定救济手段的时

间,即在卖方没有根据本规定交付货物时,买方根据第 45 条、第 49 条、第 74 条的规定享有救济请求权;其三,暗示了买方接收货物的义务。如果卖方是在规定的期限内交付货物的,买方必须接收;但如果卖方是提前交付的,买方不必履行这一义务。

尽管本条规定仅仅规范了卖方履行交货义务的时间,但实际上,本条确定的原则也同样适用于卖方履行其他义务的时间期限:首先应按照合同约定的时间履行其义务。在合同中缺乏此种约定时,卖方必须在合理的时间内履行其义务。[①]

2. 合同规定交货时间(a 项和 b 项)

买卖双方当事人通常会在合同中约定交货的时间。从国际贸易实践看,合同一般会采取两种方式确定这一时间:约定了固定的交货日期或一个交货期限。

2.1　规定固定的交货日期

本条 a 项规定了上述第一种方式,据此,"如果合同规定了日期,或从合同中可以确定日期",卖方应在"该日期交货"。仔细分析,本项将"合同规定了日期"和"从合同中可以确定日期"均视为要求卖方在固定日期交付货物。属于"合同规定了日期"的情形有:合同中明确规定卖方应该在某一天如 6 月 1 日交付货物,或者规定"今天交货"或者"立即交货"。属于"从合同中可以确定日期"的情形有:合同中没有规定具体的交货日期,但规定了确认该日期的方式,例如卖方应在"接到要求交货通知的当天交货"、2019 年复活节前 15 天交付货物,或收到货款之日的当天交货。[②]意大利的一家法院在 2009 年的一份判决中判定:在合同中约定卖方应当在买方开出信用证后交付货物,同样属于这一情形。[③]

---

① UNCITRAL, *Digest of Case Law on the United Nations Convention on the International Sale of Goods*, 2016, p. 133.

② Schlechtriem/Luechinger, *Kommentar zum Einheitlichen UN-Kaufrecht—CISG*, 7. Aufl. 2019, S. 736.

③ UNCITRAL, *Digest of Case Law on the United Nations Convention on the International Sale of Goods*, 2016, p. 133.

可见,司法实践对"从合同中可以确定日期"采用比较宽松的解释,只要从合同文字中能够确定交货的日期,便符合这一条件。

2.2　规定交货期限

本条 b 项规范了合同约定一个"交货期限"的情形。据此,"如果合同规定了一段交货期限,或从合同中可以确定这一期限"便属于这种情形。在这种情形下,卖方"应在该期限内的任何时候交货,但情况表明应由买方选定交货日期者除外"。下文主要论述"交货期限"和"交货日期的选择权"两方面的问题:

(1)"交货期限"

本项为"交货期限"设定了两种情形:"合同规定了一段交货期限"和"从合同中可以确定这一期限"。这两种情形的一个共同特点是:它们包括几天时间,卖方应当在其中的某一天交付货物。它们之间的不同点在于:前者明确规定了这一期限,例如"在 10 月 1 日至 15 日之间交货""自合同签订之日起至 12 月末之前""在 2016 年至 2017 年之间交货"或"2020 年春季交货";而后者仅仅规定了这一期限的确定方式,例如"收到信用证之日后的 10 天内交货""复活节后的 1 个月内交货"或"最晚于检测样品后 15 天内交货"等。

如果合同中规定了上述交货期限,那么,卖方就应当在上述期限内交货。以"在 2016 年第四季度交货"为例,卖方应在 2016 年 10 月 1 日至 2016 年 12 月 31 日之间履行第 31 条规定的交货义务。与上文论述的一样,在这里卖方同样既不能早于这一期限交付货物,也不能晚于这一期限履行交货义务:早交面临着买方拒收的风险,晚交则构成违约。

(2)"交货日期的选择权"

由上可知,"交货期限"至少包括几天,多则长达数月,甚至更长。那么,卖方究竟应该在合同规定的这一期限内的哪一天交付货物呢?谁可以选择交付日期呢?本项后半句规定回答了这一问题。据此,卖方"应在该期限内的任何时候交货,但情况表明应由买方选定交货日期者除外"。这一规定实际上确立了"正常情况+例外规则",即在正常情况下,由卖方选择交货日期,他有权选择该期限内的任何一天交付货物,买方不得拒绝接收,或将货物退回。在例外情况下,则由买方选择。

问题是,属于买方行使选择权的例外情形有哪些? 本项中的"但书"规范了这一问题,即"但情况表明应由买方选定交货日期者除外"。那么,哪些情况能够表明应当由买方行使选择权呢? 首先,它是指合同中有明示约定的情形。德国汉姆高等法院在 1998 年审结的案件中就判定:如果授予买方选择交付货物日期的权利,则在合同中必须对此有相应的规定。①其次,它还包括合同中有默示规定的情形,本项中"情况表明……"表明了这一点。属于这种默示规定的情形有:合同中约定采用"EXW""FOB""FCA"或"FAS"等价格术语。在这种情形下,由买方选择承运人,并与他签订运输合同,因为买方知道承运人货轮到达装运港的时间,因此拥有交付日期的选择权也是合情合理的。当然,买方在行使选择权时,他应当根据《公约》第 60 条 a 项的规定将其选择的交货日期、货轮到达装运港的时间提前通知卖方,以便卖方备好货物准备装运。

3. 合同没有规定交货日期(c 项)

在国际贸易实务中,买卖双方当事人出于各种原因可能没有在其合同中规定交货期限。这时卖方应在何时交付货物呢? 本条 c 项对此作了规定。据此,"在其他情况下,应在订立合同后的一段合理期限内交货"。

c 项前半句确定了本项规定的适用范围。"在其他情况下"这一表述表明它适用于 a 项和 b 项规定之外的情形。换句话说,只有在双方既没有在合同中规定具体的交货日期,也没有约定交货期限时,才适用本项规定。可见,本项规定是对本条前两项规定的补充。

本项后半句规定了卖方的交货时间,即他"应在订立合同后的一段合理期限内交货"。这里的关键问题在于,"合理期限"究竟有多长? 订

---

① UNCITRAL, *Digest of Case Law on the United Nations Convention on the International Sale of Goods*, 2016, p. 133.

立合同后的一天、一周、或一个月内？对这一概念，《公约》没有进行定义。一般认为，应当在个案中由法院根据具体案情来作出具体的认定。法院在判断"合理期限"的长度时，不仅应综合考虑双方当事人的利益，而且应考虑公平原则。[1]具体而言，法院应当根据第8条第3款的规定考虑双方当事人的谈判、交易习惯等各种相关的因素。但从西方国家的司法判例看，它们更倾向于将"合理期限"的判断标准界定为：在具体的案情中，卖方是否有足够的时间履行其交付义务。而且"合理期限"的长度不一。在国际商事仲裁院于1998年3月作出的裁决中，卖方收到首笔货款后的两周内才交付推土机，仲裁庭裁定这依然属于在"合理期限"内履行其交货义务；而德国汉姆高等法院在1998年审结的案件中则判定：如果合同中约定对旧装载机进行返修更新可能需要120天至180天时，那么，卖方在签订合同后的10个月内交货，依然没有超出本项规定的"合理期限"。[2]这也进一步表明：对"合理期限"的长度没有统一的标准，应由法院在个案中根据具体的案情予以分析判断。

4. 法律后果

如果在合同中规定了交货日期或期限，那么卖方必须在该日期或期限内交付货物。卖方既不得在固定日期或期限到来之前交付货物，也不得晚于这一日期或期限交付货物。如果卖方提前交付货物，根据《公约》第52条第1款的规定，买方可以拒收货物。如果卖方晚于上述日期交货，根据第45条第1款的规定，卖方的行为构成了违约，并应当承担相应的法律责任。即使合同对交货日期或期限没有规定，买方也必须在签订合同后的"合理期限"内履行交货义务，他同样不得晚于该"合理期限"交付货物，否则也构成违约。

从西方国家的司法实践看，判断是否构成延迟交付的依据是本条规定的几个时间点，而不是谈判过程中约定的交货日期。美国宾夕法

---

① Widmer Luechinger in Schlechtriem/Luechinger, *Kommentar zum Einheitlichen UN-Kaufrecht—CISG*, 7. Aufl. 2019, S. 740.

② UNCITRAL, *Digest of Case Law on the United Nations Convention on the International Sale of Goods*, 2016, p. 133.

尼亚州地方法院在 2008 年 7 月 25 日所审理的案件中判定：当双方在谈判过程中约定了一个交货日期，而在此后签订的合同中并没有确定这一日期，而卖方最终晚于该约定日期交付货物，并且双方当事人对是否构成延迟交货发生争议时，法院认为，由于合同中没有规定交货日期或期限，故应当适用本条 c 项的规定。卖方应在合同签订后的"合理时间"内交货，而不是在合同签订前约定的日期交货。①

如果按时交付货物对于合同尤其对于买方极其重要，那么延迟交货可能构成《公约》第 25 条和第 49 条第 1 款 a 项下的根本违约，买方可以据此宣告合同无效并要求卖方承担相应的法律责任。当然，国际商事仲裁院在 1997 年 1 月的一起仲裁案中裁定，双方当事人可以在合同中约定：任何延迟交付都构成第 25 条项下的根本违约。②但如果延迟交货的时间很短，便不构成根本违约。德国奥尔登堡地方法院在 1996 年 3 月 27 日作出判决：在合同明确规定了具体的交货日期时，如果卖方仅仅晚交了一小部分货物，而且较合同规定日期仅仅晚交了一天时间，这并不构成根本违约。③同样，在适用本条 b 项规定时，如果合同规定，买方在约定的交货期限内有权选择交货的具体日期，但他却没有选择交货日期，那么，他便违反了第 60 条 a 项规定的接收货物义务。如果买方没有选择交货日期的行为具备了第 25 条规定的构成要件，同样可能构成根本违约，卖方据此可以行使第 61 条及以下条款规定的救济权。而且在这种情况下，卖方无需主动向买方交付货物，他也无此义务。

---

① United States District Court for the Western District of Pennsylvania *Norfolk Southern Railway Company*, *Plaintiff*, *v. Power Source Supply*, *Inc.*, *Defendant* Civil Action No. 06-58 J, http://cisgw3.law.pace.edu/cases/080725u1.html, http://cisgw3.law.pace.edu/cases/960327g1.html,访问时间：2020 年 6 月 28 日。

② ICC Arbitration Award Case No. 8786 of January 1997, http://cisgw3.law.pace.edu/cases/978786i1.html,访问时间：2020 年 6 月 28 日。

③ District Court (Landgericht) Oldenburg, 27 March 1996 [12 O 2541/95], http://cisgw3.law.pace.edu/cases/960327g1.html,访问时间：2020 年 6 月 28 日。

第34条 单据移交义务

Article 34

If the seller is bound to hand over documents relating to the goods, he must hand them over at the time and place and in the form required by the contract. If the seller has handed over documents before that time, he may, up to that time, cure any lack of conformity in the documents, if the exercise of this right does not cause the buyer unreasonable inconvenience or unreasonable expense. However, the buyer retains any right to claim damages as provided for in this Convention.

译文

如果卖方有义务移交与货物有关的单据,他必须按照合同规定的时间、地点和方式移交这些单据。如果卖方在合同规定的时间到来之前已移交这些单据,他可以在该时间到来之前纠正移交单据中任何不符合合同规定的情形,但是,卖方行使这一权利不得给买方造成(原译文为:"使买方遭受")任何不合理的不便或引发(原译文为:"承担")不合理的开支。然而,买方保留根据本《公约》规定提起损害赔偿诉求(原译文为:"本公约所规定的要求损害赔偿")的任何权利。

目录

3. 提前交付时卖方的瑕疵纠正权(第 2 句)

 3.1 适用前提条件

 3.2 具备适用条件时的法律后果:卖方的"不相符性"消除权

4. 买方拥有的损害赔偿请求权(第 3 句)

 4.1 本句的适用对象及适用条件

 4.2 赔偿损害的范围

正文

1. 调整对象

 本条与《公约》第 31 条至第 33 条的规定有着明显的不同。前面三条分别规范了卖方交付货物的地点和时间、货物的运输,而本条则规范了单据的移交问题。这一规定十分必要,因为与"一手交钱、一手提货"的传统贸易不同,国际货物买卖的一大特点是:卖方交付货物时还没有收到货款,而买方在支付货款时也没有收到货物,而影响卖方能否及时收到货款、买方能否及时收到货物的重要因素就是提单、出口许可证、产品合格证等单据。本条则具体地规范了这些单据的移交问题,由三句组成,第 1 句确定了按照合同规定交付单证的时间、地点和方式的规则,第 2 句规范了在卖方提前交付单据时的瑕疵补救权,第 3 句则确认了在卖方行使补救权时买方拥有的损害赔偿请求权。

2. 按合同规定移交单据(第 1 句)

 本条第 1 句是典型的"条件＋后果型"法律条款。其前半句规定了适用条件,即"如果卖方有义务移交与货物有关的单据",而后半句则规定了相应的法律后果,即卖方"必须按照合同规定的时间、地点和方式移交这些单据"。下文分别讨论与此相关的法律问题。

 2.1 本句适用条件

 本句规定的适用条件比较简单,即仅仅在"卖方有义务移交与货物有关的单据时"。下文主要探究"移交单据"义务的来源及单据的内涵。

 (1)"移交单据"义务的来源

 根据本句的字面意思,本条并没有规定卖方必须承担"移交单据"

义务,而仅仅是假设卖方承担了这一义务,本句"如果卖方有义务……"中的"如果"两字表明了这一点。这就产生了一个问题:卖方这一义务来自何处? 毫无疑问,它来源于双方当事人订立的合同。如上所述,在卖方应当移交的单据中,包括作为物权凭证的提单、仓单等。如果不将这些单据交付给买方,买方便无法提取货物。所以合同中通常规定卖方必须将相关的单据交付给买方。当然,如果双方在合同中约定采用了贸易惯例或习惯做法,同样可能创设这一义务。

(2) 单据的内涵

本句尽管假设卖方应该承担"移交单据"义务,但它仅仅采用了"与货物有关的单据"这一表述,而没有对"单据"这一概念进行定义。实际上,没有必要通过《公约》对这一概念进行统一的定义。在国际贸易实务中,货物销售合同通常都会明确列举卖方应当交付的"单据"名称。比较常见的做法是:双方直接在合同中确定引用的 Incoterms 价格术语。因为每个价格术语都明确规定,卖方应当交付哪些单据。例如,在采用 FOB 价格术语时,卖方应交付提单和写明货物数量、价格的发票;而在采用 CIF 价格术语时,则卖方必须向买方提供表明载往约定目的港的运输单据、原产地证书和买方需要的其他文件。

那么,这里的"单据"一般应该包括哪些文件呢? 从国际贸易实务看,它一般包括以下几类:首先,具有流通功能的物权凭证,如提单(bills of lading)、仓单(warehouse receipts)和码头收据(dock receipts);其次,证明商品数量和价值的商业发票;再次,保险单;最后,还包括由政府机构颁布的进出口所需的文件,如原产地证书、品质证书等。[①]

2.2 具备以上适用条件时的法律后果

在具备上述前提条件时,根据本句的规定,卖方"必须按照合同规定的时间、地点和方式移交了这些单据"。下文主要论述卖方移交单据的时间、地点和方式。

---

① 参见张玉卿:《国际货物买卖统一法——联合国货物买卖合同公约释义》,第217页。

（1）移交的时间

尽管本句对交付单据的时间作了明确的规定，下文依然将客观情形分成"合同规定交付时间"和"合同无规定"两类，并分别予以论述。

① "合同规定交付时间"。在国际贸易实务中，销售合同中一般均规定了单据移交的时间。即使双方在合同中约定采用 Incoterms 下的某一价格术语如 FOB，同样如此，因为相关的价格术语通常也规定了单据交付的时间。①在这种情况下，根据本句规定，卖方必须按照合同或惯例中规定的时间交付相关的单据。仔细分析，人们可以将相关的合同条款分为明示规定和默示规定两类。

前者是指合同对于交付单据的时间作出了明确的规定，如"7月1日以前"或"签订合同后的一个月内"，便属于此类。后者则是指合同中没有明确规定单据交付日期，但却包含着暗示单据交付时间的条款，人们能够从这些条款中知道交付单据的时间。最典型的情形是合同中有关信用证有效期的规定：为了确保买方能够及时收到货物，销售合同中通常会约定买方必须在某一时间节点之前开出有固定有效期（如一个月）的信用证。那么，该信用证有效期的截止日期也间接暗示了卖方交付单据的最后时间，即最晚必须在信用证规定的有效期结束之前移交单据。②另外，如果合同中规定：卖方应当在某一特定的期限内将货物运送至某一地点，并在该地点将货物交由买方处置。这同样属于默示规定单据交付时间的情形，因为这意味着卖方必须在这一期限结束之前将相关单据交付给买方，以便买方能够及时提取货物。例如，法国某公司向中国某公司出口波尔多葡萄酒，双方在合同中约定：法国出口商必须在 2016 年 10 月 15 日之前将约定数量的葡萄酒运至中国上海港，并交由中方处置。那么该法国公司显然必须在上述日期到来的数天前便移交单据，以便买方能够在 10 月 15 日之前提取货物。

---

① UNCITRAL，*Digest of Case Law on the United Nations Convention on the International Sale of Goods*，2016，p. 136.

② 参见李巍：《联合国国际货物销售合同公约评释》，第 158 页。

②"合同无规定"。出于各种原因,买卖双方可能在合同中没有规定单据交付时间,也没有约定采用某一特定的价格术语。这时,卖方应在何时交付上述单据呢? 一般认为,此时应当根据《公约》第7条第2款规定的一般法律原则来查明移交单据的时间。而第33条 c 项规定的"合理期限内"便是查明卖方移交单据时间所依赖的一般法律原则。①这个"合理期限"应当包括货物被运送至目的地所需的时间以及货物在不产生额外费用情况下在目的地允许滞留的时间。只有这样,买方才能够在不承担额外费用的条件下凭卖方交付的单据向承运人提取货物、办理进口报关手续、在货物存在缺陷时向承运人或保险公司提出索赔。如果这一过程总共需要3周时间(从签订运输合同时算起),那么,卖方不仅必须在这一期限内将相关单据交付给买方,而且应当给买方保留足够完成提取货物等事项所需的时间,否则便构成延迟交付单据。

(2)移交的地点和方式

根据本条第1句的规定,卖方还"必须按照合同规定的地点和方式"移交单据。这里的合同规定包括合同约定采用的贸易惯例和双方之间业已存在的习惯做法。就方式而言,在国际贸易实务中存在着多种移交单据的方式,常见的有通过邮局、快递公司或银行寄送,也可以委托信使将单据直接交给买方指定的代为支付货款的银行或客户。

关于移交单据的地点,从国际货物销售合同的实践看,它通常与双方约定的货款支付方式密切相关:

第一,合同约定采用信用证方式付款。买方一般会委托开户行为其开出以卖方为受益人的信用证。这时,单据交付地一般是出具信用证银行的营业地,或该信用证中指定的银行分支机构所在地。当然,如果该开证行在卖方所在国指定了支付货款的代理银行,那么,卖方可以在该代理银行的营业地移交单据。

---

① Schlechtriem/Luechinger, *Kommentar zum Einheitlichen UN-Kaufrecht——CISG*, 7. Aufl. 2019, S. 746.

第二,合同约定采用 CAD(Cash Against Document)或 D/P(Document Against Payment)支付货款。在这种情况下,买方指定一家银行,并委托该银行代为支付货款。因此,单据交付地便是该银行营业地,即卖方应当在该地点移交单据,同时该银行向卖方支付货款。卖方将单据交付给该银行时,便视为已经将单据交付给了买方。实践中,卖方通常会将相关单据交付给其开户银行,并委托该银行向国外买方代收货款。在这种情况下,卖方将单据移交给上述银行,并没有因此而完成本条规定的移交义务,因为在这种情况下,卖方并没有在买方指定的代为支付货款的银行营业地向该银行交付单据。所以,只有在卖方指定的托收银行将单据移交给买方指定的银行后,卖方才成功履行了本条规定的移交义务。因为根据本条规定,卖方是移交义务的承担者,银行仅仅是第79条第2款意义上的履行义务的协助者。

2.3 移交过程中单据灭失的风险

如果合同中没有特别的约定,那么,卖方应当承担在移交过程中单据灭失或损坏的风险。因为根据本句规定,卖方是移交单据义务的承担者。这意味着:他承担着将单据安全及时送达买方的所有费用和风险。如果单据在这一过程中毁损、灭失或延迟送达,卖方必须承担相应的法律责任。正因为这一原因,卖方如果将单据交付其委托的托收行,在该托收行将单据移交买方之前,如果相关的单据灭失或延迟到达,卖方必须对买方承担相应的法律责任。[①]

2.4 不按规定履行单据移交义务的法律后果

如果卖方没有按照本句的规定移交约定的单据,这自然属于违约行为。具体分析,这又包括没有交付和延迟交付两种违约行为。无论针对哪种违约行为,买方都可以根据第47条第1款的规定设置一个额外的宽限期,要求卖方在该期限内履行交付单据义务。另外,由于卖方交付的核心单据如提单是货物的物权凭证,没有提单,买方便无法提取货物。所以,上述两种违约行为均可能构成根本违约。如果这样,买方

---

① Witz/Salger/Loranz/Witz, Art. 34, Rn. 6.

可以宣告合同无效。如果因此而遭受损害,买方还可以根据第45条等条款的规定追究卖方的损害赔偿责任。

3. 提前交付时卖方的瑕疵纠正权(第2句)

在国际贸易实务中,卖方有可能在约定的日期到来前就移交了单据,但其移交的单据却与合同规定的不符。这时该怎么办呢? 本条第2句专门规范了这一问题。据此,"如果卖方在合同规定的时间到来之前已移交这些单据,他可以在该时间到来之前纠正移交单据中任何不符合合同规定的情形,但是,卖方行使这一权利不得给买方造成任何不合理的不便或引发不合理的开支"。与本条第1句一样,本句不仅规定了其适用条件,而且确定了相应的法律后果。下文分别就此进行论述。

3.1 适用前提条件

根据本句的字面意思,适用本句应当同时具备两个前提条件,它们分别是"提前交付单据"和"交付了具有不相符性的单据"。

(1)"提前交付单据"

适用本句规定的第一个前提条件是卖方已经提前交付了单据,本句"如果卖方在合同规定的时间到来之前已移交这些单据"这一表述明确规定了这一点。由此可见,"提前交付单据"是指卖方早于合同规定的交付时间向买方移交了单据。例如,如果合同中约定卖方应在10月15日至20日之间向买方移交单据,而事实上卖方却已经在10月1日移交了单据,便属于此。

(2)"交付了具有不相符性的单据"

适用本句规定的第二个条件是"交付了具有不相符性的单据",本句"……纠正移交单据中任何不符合合同规定的情形"这一表述蕴含了这一条件。这一表述也间接界定"交付了具有不相符性的单据"这一概念的内涵,它是指卖方实际交付的单据不符合合同规定的情形。具体分析,它大致包括以下几种不相符的类型:

第一,提交的单据不完全:例如,合同规定应当交付5个文件,但实际上卖方仅仅提交了其中的3个或4个,缺少了合同要求的原产地证书或质量合同证书。

第二,提交了完备的单据,但单据的内容与合同规定不一致:例如,合同上载明货物为 1 万吨,每吨价格 1 000 美元,但发票上却写明货物 9 000 吨,每吨价格为 900 美元;合同中要求提交已装船清洁提单,但实际上卖方却交付了收货代运单或不清洁提单;合同中要求提交证明葡萄酒产自法国波尔多地区的原产地证书,但卖方提交的是表明葡萄酒产自意大利的原产地证书。另外,在卖方签订保险合同时,如果最终的保险条件与货物买卖合同中规定的保险条件不一致,也同样属于此。

第三,提交的单据中存在拼写错误:例如,卖方提供的商业发票中将商品的名称、买方的名称写错。

无论属于哪一种类型的"不相符"情形,如果不考虑合同规定的交付期还没有到来这一因素,卖方的上述行为都构成了违约,对此买方可采取相应的救济措施。①

3.2 具备适用条件时的法律后果:卖方的"不相符性"消除权

在具备上述适用条件时,本句也规定了相应的法律后果,即卖方"可以在该时间到来之前纠正移交单据中任何不符合合同规定的情形,但是,卖方行使这一权利不得给买方造成任何不合理的不便或引发不合理的开支"。据此分析,本句不仅授予卖方相应的瑕疵纠正权,同时又对卖方行使这一权利进行了一定的限制。

(1)卖方的"不相符性"消除权

本句后半句的一项重要内容便是授予卖方"不相符性"消除权,其中"卖方可以……纠正移交单据中任何不符合合同规定的情形"这一规定明确表明了这一点。纠正瑕疵的方式显然取决于"不相符性"的性质。如果瑕疵属于拼写错误,那么,就应该将拼写错误的货物名或价格等改正为正确的名称或价格;如果属于少交了部分文件,那么应该将缺少的文件补交给买方;等等。比较有效的补救方法是:收回此前已经交付的所有单据,重新向买方交付符合合同规定的单据。总之,通过行使

---

① UNCITRAL, *Digest of Case Law on the United Nations Convention on the International Sale of Goods*, 2016, p. 136.

瑕疵纠正权,卖方应当消除其提交的单据中存在的与合同规定不一致的地方。应当指出的是:根据本句规定,卖方有权单方面决定行使这一纠正权。换句话说,这一权利的行使没有必要得到买方的同意。

如上所述,交付不符合合同规定的单据属于违约行为,买方可以据此追究卖方相应的法律责任。为什么《公约》允许卖方自行采取纠正措施呢? 这是因为卖方进行的瑕疵交付行为属于"提前交付行为",即合同规定的单据交付时间尚未到来,所以,此时卖方交付单据的义务还没有产生。可见,在具备本句规定的适用条件时,卖方的行为还没有构成违约,这样卖方自然有权纠正其在提前交付过程中所犯的错误。

（2）对卖方行使纠正权的限制

尽管本句授予卖方瑕疵纠正权,但同时对卖方行使其权利进行了两方面的限制:纠正行为应当"在该时间到来之前"进行,且"不得给买方造成任何不合理的不便或引发不合理的开支"。

第一,"在该时间到来之前"。本句规定的第一个限制是:卖方必须"在该时间到来之前"纠正移交单据中存在的任何不符合合同规定的情形。这里的"在该时间到来之前"是指在合同规定的单据交付时间到来之前。这一限制具有两方面的作用,一方面它不仅要求卖方应当"在该时间到来之前"开始纠错行为,而且必须在此之前完成其纠正行为。另一方面,它表明:"在该时间到来"之后,卖方就失去了单方面决定采取纠正措施的权利。

第二,"不得给买方造成任何不合理的不便或引发不合理的开支"。除了上述时间限制之外,本句还规定了实质性的限制条件,即卖方采取的弥补措施"不得给买方造成任何不合理的不便或引发不合理的开支"。在卖方提前交付的货物中存在着不相符性时,《公约》第37条第1款也授予了卖方补救权,但该款也对卖方行使补救权设置了同样的限制。毫无疑问,《公约》制定者在这里直接复制了第37条第1款的规定。但这一复制没有任何现实意义,因为第37条第1款适用于交付的货物存在着数量短缺或质量缺陷的情形。如果卖方有意消除此种瑕

306

疵,自然会给买方带来不便,并可能产生费用;而补充移交单据本身显然不会给买方带来上述问题。①

无论如何,如果卖方有意行使本句规定的纠正权,消除提交单据中存在的"不符合性",他必须遵从上述两项限制性条件。否则,买方可以拒绝接受,也可以提出损害赔偿请求。

4. 买方拥有的损害赔偿请求权(第3句)

本条第3句规范了买方的损害赔偿请求权。这具体体现在"然而,买方保留根据本《公约》规定提起损害赔偿诉求的任何权利"一句中。与此相关的问题有:本句规定的损害赔偿权适用于哪些违约情形? 买方可以要求赔偿哪些损害?

4.1 本句的适用对象及适用条件

本句授予了买方损害赔偿请求权。问题是:买方可以针对卖方的哪些违约行为行使这一权利呢? 客观分析,在本条规定的适用范围内,可能涉及卖方的两类违约行为:其一,卖方根本没有履行本条第1句规定的交付义务,或者没有按照该句规定的要求交付单据;其二,卖方提前交付了单据,但交付的单据与合同的规定不一致。本条规定的买方损害赔偿请求权仅仅适用于上述第二种情形。本条第2句和第3句中的连词"然而"清楚地表明了这一点。

但如上所述,尽管卖方提交的单据与合同的规定不一致,但由于此事发生在合同规定的单据交付时间到来之前,所以,在这一时间到来之前,卖方的行为并不构成违约,买方也不能对此主张损害赔偿。那么,在何种情况下买方才能对卖方的上述行为行使本句规定的损害赔偿请求权呢? 一个重要的前提条件是:上述提前交付行为变成违约行为后。具体分析,卖方的上述行为可能演变成下列违约行为之一。

第一,卖方对其提前交付单据中存在的错误没有进行纠正,或没有及时进行纠正。换句话说,在合同规定的单据交付时间到来时,卖方交付的单据依然与合同的规定不相符。也就是说,在卖方实施完纠正措

---

① Staudinger/Magnus, Art. 34, Rn. 15.

施、消除交付单据与合同之间的不相符性时，已经超过了合同规定的交付时间。这在本质上构成了延迟交付单据。从国际贸易的实践来看，延迟交付单据通常意味着延迟交付货物。这些均属于违约行为。

第二，卖方对其交付单据中存在的错误进行了纠正，但纠正依然无法消除单据存在的与合同规定不符的情形。例如，合同中规定卖方必须交付已装船清洁提单，但卖方交付的却是收货代运单或不清洁提单。提单是由承运人签发的，如果承运人还没有收到货物，或者收到的货物确实存在着数量短缺或包装瑕疵，承运人也不可能签发清洁提单；再如，保险合同规定的保险条件与货物销售合同中规定的保险条件不一致，卖方除非按照合同中规定的保险条件重新购买一份新的保险，否则，难以更改现有保险合同中的保险条款。这显然属于瑕疵履行。

4.2　赔偿损害的范围

在卖方提前交付行为变成上述两种违约行为时，买方依然有权接受卖方移交的单据，并提取货物。但在这种情况下，买方依然可以行使本句规定的损害赔偿请求权。买方可以主张赔偿哪些损失呢？如果审查并寄回问题单据产生了相应的费用，买方显然可以主张赔偿。另外，如果由于卖方的纠正行为使单据延迟送达买方，并使买方无法及时提取已经送达目的地的货物，买方如果因此而支付了货物的滞港费、仓储费等，他自然也可以要求卖方予以补偿。当然，在上述情况下，根据《公约》第 77 条的规定，买方应当采取适当的措施，以减少损失。

第二节　货物的相符性和第三方的权利

概　述

本章第二节始于第 35 条，终于第 44 条，一共包括十条。这些条款共同规范了卖方的两个核心义务，即他交付的货物必须具备"相符性"，而且不得侵犯任何第三方的权利。其中第 35—40 条分别从不同角度调整了上述第一个义务：第 35 条直接确认"相符性"义务，即卖方交付货物的数量、质量、规格和包装均必须符合合同和《公约》的规定；由于货物中的"不相符性"也可能发生在卖方交货之后，所以第 36 条对第 35 条规定进行了补充，它规范了货物发生"不相符性"的时间以及买卖双方之间的责任分摊的关系；第 37 条也对第 35 条进行了补充，因为它调整了在提前交付不具备"相符性"的货物时卖方所能采取的补救措施。第 38—40 条同样起着补充作用：第 38 条的补充作用体现为它规定了买方的检查义务，其目的是查明货物中存在的"不相符性"是发生在买方接收货物之前还是之后；第 39 条规范了买方在发现"不相符性"时的通知义务；而第 40 条则规范了免除买方未履行通知义务时的责任及其前提条件。第 41—43 条的调整对象为卖方承担的上述第二个义务。其中第 41 条规范了卖方交付的货物不得侵犯第三方的除知识产权以外的任何其他权利的义务，而第 42 条确定了不得侵犯第三方知识产权义务。第 43 条则确定了买方在知悉侵犯第三方权利时的通知义务。第 44 条同时适用于卖方行为违反上述两类义务的情形，它主要减轻了买方未履行通知义务时的法律后果。

各国有关国际货物销售合同的司法诉讼实践证明：在《公约》的所有条款中，第 38 条和第 39 条是贸易合同争议中最常用的两个条款，也是争议最多的两个条款。

本节条款与《公约》其他章节尤其是本章第三节中的规定有着密切的关系，该节的第 45 至 52 条规范了买方的救济权，买方行使救济权的前提是卖方违反了本节规定的义务。此外，本节的某些条款还与《公约》其他章节中的规定存在着特殊关系，例如，本节中规范缺乏相符性时卖方责任的第 36 条与第三部分第四章中的第 66 至 70 条密切相关，后者规范了货物风险的转移；另外，本节第 37 条则是本章第三节中第 48 条的相对应条款，因为第 37 条的规范对象是在合同规定的交付日到来之前卖方对不相符性的纠正权，而第 48 条的调整对象则是在合同规定交付日到来之后卖方对不相符性的纠正权；不仅如此，第 37 条也与该节第 52 条第 1 款有着密切联系,因为该款规范了在卖方提前交付货物时买方拥有拒绝或接受货物的选择权。最后,本节第 39 条和第 43 条有关通知的条款也同样受第三部分第一章第 27 条确定的通知生效原则的约束。

第 35 条 货物与合同的相符性

Article 35

（1）The seller must deliver goods which are of the quantity, quality and description required by the contract and which are contained or packaged in the manner required by the contract.

（2）Except where the parties have agreed otherwise, the goods do not conform with the contract unless they:

（a）are fit for the purposes for which goods of the same description would ordinarily be used;

（b）are fit for any particular purpose expressly or impliedly made known to the seller at the time of the conclusion of the contract, except where the circumstances show that the buyer did not rely, or that it was unreasonable for him to rely, on the seller's skill and judgement;

（c）possess the qualities of goods which the seller has held out to the buyer as a sample or model;

（d）are contained or packaged in the manner usual for such goods or, where there is no such manner, in a manner adequate to preserve and protect the goods.

（3）The seller is not liable under subparagraphs（a）to（d）of the preceding paragraph for any lack of conformity of the goods if at the time of the conclusion of the contract the buyer knew or could not have been unaware of such lack of conformity.

译文

　　(1) 卖方交付的货物必须符合合同中有关数量、质量和规格的规定(语序调整)，并须按照合同规定方式进行装箱或包装。

　　(2) 除双方当事人业已另有约定(原译文为："协议")外，交付的货物必须符合以下规定，否则，即视为与合同规定不符(语序调整)：

　　(a) 货物适用于同一规格货物通常使用的目的；

　　(b) 货物适用于买方在订立合同时曾明示或默示地告知(原译文为："通知")卖方的任何特定目的，除非情况表明买方并不信赖(原译文为："依赖"，下同)卖方的技能和判断力，或者这种信赖对他是不合理的；

　　(c) 货物的质量与卖方向买方提供的货物样品或样式相同；

　　(d) 按照同类货物通用的方式对货物进行了装箱或包装(语序调整)，如果没有此种通用方式，则按照足以保存和保护货物的方式进行了装箱或包装。

　　(3) 如果买方在订立合同时知道或者不可能不知道在货物上存在任何不符合合同规定之处(原译文为："货物不符合同")，卖方就无须按上一款 a 项至 d 项的规定对此种不符合承担责任(原译文为："负有此种不符合同的责任")。

目录

正文

1. 调整对象

本条的调整对象是卖方承担的"相符性"义务以及是否履行了这一义务的判断标准。这里的"相符性"是指卖方交付的货物必须与合同的规定相一致,这种"相符性"并不限于货物本身,而且包括交付的数量、质量、规格和包装等均必须与合同规定相一致。只要交付的货物在数量、质量、规格或包装等方面与合同规定不一致,便构成了本款意义上的"不相符性",这也同时违反了本条规定的"相符性"义务;在卖方交付了不同于合同规定的货物时,同样如此。从另一个角度看,卖方交付的货物不具备相符性等同于瑕疵履行,买方可以根据《公约》第 39 条规定追究卖方的损害赔偿责任。[①]卖方销售的货物应该不存在任何权利瑕疵,例如,第三方对这些货物拥有所有权或抵押权,或这些货物侵犯第三方的知识产权,这些均属于会给买方带来麻烦的权利瑕疵。尽管卖方有义务保证其交付的货物不存在任何此类权利瑕疵,但是它们并不是本条的规范对象,相反,它们属于第 41 条和第 42 条的规范对象。

本条规定共有三款。其中前两款不仅规定了卖方承担的上述"相符性"义务,而且规定了卖方是否完成这一义务的判断标准。其中第 1 款确认了首要标准,第 2 款规定了次要标准。第 3 款则规范了卖方没有履行相符性义务时的免责情形。

2. 卖方的"相符性义务"及其衡量标准(第 1 款、第 2 款)

本条首先规定了卖方承担的"相符性义务",不仅本条第 1 款有关"卖方交付的货物必须符合合同中有关数量、质量和规格的规定,并须按照合同规定方式进行装箱或包装"的规定十分明确地规定了这一义务,第 2 款中"……交付的货物必须符合以下规定,否则,即视为与合同

---

① Bianca, in Bianca-Bonell Commentary on the International Sales Law, Giuffrè: Milan(1987) 268—283. Reproduced with permission of Dott. A Giuffrè Editore, S.p.A., http://www.cisg.law.pace.edu/cisg/biblio/bianca-bb35.html,访问时间:2020 年 7 月 4 日。

规定不符……"这一表述也体现了这一点。适用本条规定的一个重要
问题是：根据什么标准来判断卖方是否履行了这一义务，或者其交付的
货物具备了本条要求的"相符性"？仔细分析本条第 1 款和第 2 款的规
定就能够发现，这两款不仅规定了卖方应该承担的"相符性义务"，而且
分别规定了衡量卖方是否履行这一义务的两类不同的判断标准，其中
第 1 款将合同规定作为优先判断标准，而第 2 款则规定了在缺乏合同
规定时的替代判断标准。

2.1　合同规定作为优先判断标准（第 1 款）

本条第 1 款规定，"卖方交付的货物必须符合合同中有关数量、质
量和规格的规定，并须按照合同规定方式进行装箱或包装"。由此可
见，判断卖方是否履行"相符性义务"的首要标准是合同本身对货物在
数量、质量或性质等方面的规定。

合同中有关货物数量、质量、规格和包装等规定可以是明示的，也
可以是默示的。对于明示的规定比较容易理解，例如，双方明确约定：
卖方交付的产品必须符合欧盟 RoHS 指令规定的标准，[①]这便属于明
示的约定。什么是默示规定呢？这是指尽管在合同中没有直接明确地
规定货物的具体数量、质量、规格和包装等，但是合同条款已经表达了
这方面的内容和要求。默示规定数量判断标准的情形如：合同中约定
卖方应该将其 2020 年 6—7 月两个月内制造的所有手机卖给买方；默
示规定质量判断标准的情形则如：手机行业普遍适用的国际电联批准
的 4G 标准，或者某些行业习惯上适用国际标准化组织颁布的 ISO9000，
ISO9001 标准，那么，合同下的手机或货物便必须符合 4G 标准，或
ISO9000、ISO9001 标准。另外，在买方或卖方所提供的格式合同中、
卖方介绍货物的广告中有关货物品质、规格的描述等，均有可能成为默

---

①　RoHS 指令全称为《电子电气设备中限制使用某些有害物质指令》(The Restric-
tion of the use of certain Hazardous substances in Electrical and Electronic Equipment)，
也称 2002/95/EC 指令，由欧盟议会和欧盟理事会于 2003 年 1 月通过，2005 年欧盟又以
2005/618/EC 决议的形式对 2002/95/EC 指令进行了补充，主要规定了电子电器设备中
允许含有的六种有害物质的最大限量值。

示规定的货物品质的衡量标准。[1]根据本款规定,合同中明示或默示地规定货物品质的标准大致可以分为以下四类:

(1)有关交付约定货物的规定

毫无疑问,所有的国际货物销售合同都明确规定了合同的标的物,例如手机。但在国际贸易实务中,出于各种原因,可能发生这种情形,即合同规定的标的物为苹果,卖方实际交付的却是土豆,或者合同约定的货物是糖,交付的却是食盐。英国法院审查过这样一个案子,销售合同规定的标的物是冬季白菜,但卖方交付的是秋季白菜,而秋季白菜的价格远远低于冬季白菜。[2]这就产生了一个问题:卖方的行为是否违反本款规定的"相符性义务"? 对此存在着两种不同的看法,联合国国际贸易法委员会秘书处便认为,卖方的行为属于没有履行《公约》第 30 条规定的交付义务,故没有违反第 35 条第 1 款的规定;[3]但德国学者施温策(Schwenzer)和我国学者李巍等均不认同上述观点,他们认为这属于违反本款规定的行为。[4]表面上看,这仅仅是一个观点之争,因为无论是第 30 条意义上的未交付货物,还是第 35 条第 1 款下的履行瑕疵(交付了另外种类的货物),均属于违约行为,而且第 45 条及其以下条款对两者规定的救济措施也是一样的。但在实际上不同的定性对买方有着极为重要的现实意义,因为根据第 39 条规定,在交付货物不具备相符性,而且如果买方没有将缺乏相符性这一事实在合理的期限内通知卖方,买方便失去了据此提出损害赔偿的权利,而在卖方未履行交货义务时,买方不承担此类通知义务。那么,究竟哪种观点更符合本款规

---

[1] Bianca/Bonell/Bianca,Art. 35,Anm. 2.3.

[2] GUIDE TO CISG ARTICLE 31,Secretariat Commentary(closest counterpart to an Official Commentary),http://www.cisg.law.pace.edu/cisg/text/secomm/secomm-31.html,访问时间:2020 年 7 月 3 日。

[3] GUIDE TO CISG ARTICLE 31,Secretariat Commentary(closest counterpart to an Official Commentary),http://www.cisg.law.pace.edu/cisg/text/secomm/secomm-31.html,访问时间:2020 年 7 月 3 日。

[4] 李巍:《联合国国际货物销售合同公约评释》,第 161 页;Schlechtriem/Schwenzer,*Kommentar zum Einheitlichen UN-Kaufrecht—CISG*,7. Aufl. 2019,S. 761.

定的原意呢？基于以下几方面的原因，笔者认同后一观点。其一，从本款的字面意思来分析，"卖方交付了不同于合同规定的货物"应该属于本款意义的瑕疵履行行为，或交付的货物缺乏相符性，而不是未履行交付义务。因为在"卖方交付了不同于合同规定的货物"时，卖方确实已经交付了货物，由此卖方也已经履行了交付货物的义务；但由于其交付了不同于规定的货物，所以，其交付的货物缺乏本款规定的"相符性"，其履行行为也存在瑕疵。其二，本条的诞生历史也表明：第35条的规范对象包括"卖方交付了不同于合同规定的货物"在内的各种形式的交付货物不具备相符性情形，它们均被视为卖方的瑕疵履行行为。《公约》用"不相符性"这一概念来囊括所有的瑕疵履行行为，这相对于当时主要成员国国内法的规定而言是一种立法技术创新。因为在英美法中，将合同条款区分成"条件（condition）"和"保证（warranty）"，并将相应的违约行为分为违反条件和违反保证；[1]合同中规定"交付货物种类"条款的法律性质不明，这也使得难以区分交付不同种类货物究竟违反条件，还是违反保证。而奥地利、瑞士等国内法对于"错误交付"和"瑕疵履行"作了不同的规定；[2]而《公约》通过第35条的规定用统一的"不相符性"或瑕疵履行来取代部分成员国国内法中存在的这种不同规定。[3]最后，德国、西班牙等多国法院在相关的判决中判定"卖方交付了不同于合同规定的货物"属于本款规定的瑕疵履行。[4]由此可见，本款

---

① 英美合同法将所有合同条款区分为"条件（condition）"和"保证（warranty）"两类，其中重要的条款叫条件，而次要的条款叫保证；并规定违反不同的条款会带来不同的法律责任，在一方行为违反条件时，对方不仅有权解除合同，而且可以要求损害赔偿；而在一方违反保证时，对方仅仅可以要求损害赔偿。

② Schlechtriem/Schwenzer, *Kommentar zum Einheitlichen UN-Kaufrecht—CISG*, 7. Aufl. 2019, S. 761—762.

③ GUIDE TO CISG ARTICLE 31, Secretariat Commentary（closest counterpart to an Official Commentary）, http://www.cisg.law.pace.edu/cisg/text/secomm/secomm-31.html，访问时间：2020年7月3日。

④ UNCITRAL, *Digest of Case Law on the United Nations Convention on the International Sale of Goods*, 2016, p. 140.

规定的"相符性"要求卖方提供符合合同规定的货物,否则便违反了其承担的"相符性义务",其行为便构成了瑕疵履行。

(2)有关货物数量的标准

卖方实际交付的货物数量必须与合同约定的数量相一致。但这里的"相一致"并不排斥行业交易习惯所允许的误差或双方约定的误差,例如,德国的粮食行业交易习惯允许的误差率为5%,国际粮食协会(GAFTA100)交易习惯允许的数量误差为2%;当然,合同双方也可以在合同中约定允许的数量误差。在允许误差范围之内,无论是多于,还是少于,依然视为在数量方面符合合同的规定,不属于违反合同义务。①

如果不存在上述允许误差的习惯或约定,那么,卖方提供货物的数量必须与合同的规定相一致,既不得多于,也不得少于合同规定的数量。瑞士联邦法院在其于2004年7月7日审理的一起案件中便支持这一观点,在该案中合同规定:卖方应该向买方交付30个包裹的线路和电缆,总重量为6 115千克,价值为35 641.21瑞士法郎,在运送至目的地后的第三天买方进行了检验,但发现少了部分货物。瑞士上述法院据此判定:在卖方交付货物的数量少于合同规定时,便违反了第35条第1款规定。②不仅如此,如果提单、发票等单据中载明的货物数量多于或少于合同规定的数量,同样违反本款规定,德国斯托克地区高等法院在2002年9月25日审结的案件中就是这样判的。

(3)有关货物质量的标准

交付的货物同样必须符合合同中明示或默示规定的产品质量标准。何为货物的质量标准呢?它是指对货物的结构、规格、质量、检验方法所作的技术规定。广义的质量标准不仅包括产品的技术指标、生产标准,而且还包括良好制造规范(GMP)、原产地规定,甚至宗教生产

---

① Schlechtriem/Schwenzer, *Kommentar zum Einheitlichen UN-Kaufrecht—CISG*, 7. Aufl. 2019, S. 756.

② Bundesgericht, Switzerland, 7 July 2004, www.unilex.info/cisg/case/991,访问时间:2022年1月26日。

或制造习惯也属于此。①买卖双方通常在合同中约定了产品的质量标准,例如,在 2006 年 5 月中国买方和印度卖方订立的销售合同中规定:"卖方将 300 吨纯对苯二甲酸粉(PTA)出售给买方,颜色为白色至浅黄色,水分含量不超过 0.2%,并在印度制造。"②该合同中有关产品颜色、含水量和原产地的规定都属于质量标准,违反其中的任何一项,均构成违反本款规定。不论交付货物的质量高于还是低于合同规定的质量,都是如此。

从西方国家的司法实践看,质量标准不仅是指合同中有关产品性能、指标等约定,而且包括合同中规定的卖方应该交付的有关产品质量约定的书面文件。在瑞士圣加仑州商业法院于 2012 年 6 月 14 日审结的案件中,该法院判定:由于在合同中约定卖方不仅必须提供特定数量的果汁,而且必须提交由瑞士农民有机农产品协会出具的证书,那么,卖方没有交付给证书,这同样属于本款意义上的履行瑕疵。③

与数量标准一样,这里也不仅包括合同明确规定的质量标准,而且还包括默示质量标准。在 1996 年 3 月 21 日德国科隆高等法院审理的一起二手车买卖质量纠纷案件中,该法院判定:即使合同中没有明确约定,随车文件中记载的有关汽车获得行驶许可的记载、里程表中实际记载的里程,都是判断交付汽车是否具备本款规定相符性的标准,如果交易车辆获得行驶证的实际时间早于该车文件中记载的时间、汽车里程表没有正确反映该车行驶的实际里程,均属于违反本款规定的瑕疵履行。④但与数量标准相同,如果在行业习惯或合同中规定了允许存在的

---

① Schlechtriem/Schwenzer, *Kommentar zum Einheitlichen UN-Kaufrecht—CISG*, 7. Aufl. 2019, S. 759.

② China International Economic & Trade Arbitration Commission(CIETAC) Arbitration Award PTA powder(waste product) case[18 April 2008], http://cisgw3.law.pace.edu/cases/080418c1.html,访问时间:2020 年 7 月 2 日。

③ UNCITRAL, *Digest of Case Law on the United Nations Convention on the International Sale of Goods*, 2016, p. 140.

④ UNCITRAL, *Digest of Case Law on the United Nations Convention on the International Sale of Goods*, 2016, p. 140.

质量误差,而且交付的货物质量并没有超出这些误差,这便不属于违约行为。此外,卖方同意将货物储存在买方所在地的仓库中,并不意味着合同已经默示地同意了适用买方所在国的销售质量标准。

（4）有关包装或装箱的规定

合同中有关货物包装或装箱的约定同样属于判断交付货物是否具备相符性的一个重要标准。如果合同规定应该将货物装入纸箱,而卖方却将货物装入麻袋中,这也构成本款中的不具备相符性,因为违反本款的规定。在这里同样存在着明示或默示的包装约定。但是"采用以前同样的包装"并不等于此处的默示同意,也不剥夺买方对此包装提出异议的权利。德国萨布吕肯州高等法院在 2007 年 1 月 17 日审结的意大利卖方和德国买方之间的大理石销售合同纠纷案中便持这一观点:在买卖双方已有多年交易合作关系情况下,卖方应该向德国买方交付大理石。合同中没有专门的包装条款,在一批货物交付过程中发生了事故,从而大理石受到损坏,德国买方因此而要求卖方承担赔偿责任;卖方声称其对该批大理石采用了与此前交付批次大理石相同的包装,德国买方对此种包装从未提出过异议,这意味着双方已经默示同意了此种包装方式,所以,德国买方无权提起损害赔偿要求。但德国上述法院驳回了意大利卖方的以上主张,其理由是:意大利卖方未能提供证据证明卖方交付的该批次大理石与以前交付批次的大理石相同,因而没有证明双方已经对包装方式达成了默示的约定;另外,根据《公约》第35 条第 2 款的规定,在合同未作出规定时,卖方必须对货物提供足以保证其免受损害的包装。①双方是否就货物的包装或装箱达成了明示或默示的协议,应该根据《公约》第 7 条第 2 款的规定予以查明。

2.2 《公约》规定作为替代判断标准(第 2 款)

本条第 2 款规定:"除双方当事人业已另有约定外,交付的货物必须符合以下规定,否则,即视为与合同规定不符"。由此可见,本款规定

---

① Oberlandesgericht Saarbrücken, Germany, 17 January 2007, https://cisg-nline. org/files/cases/7561/abstractsFile/1642_91055520.pdf,访问时间:2022 年 1 月 26 日。

了另一组检查卖方交付货物是否具备"相符性"的审查标准。尽管本款列举的标准不是强制性的,但是《公约》制定者将这些标准视为销售合同的组成部分;换一种说法,在具备本款规定的适用条件下,即使双方当事人没有同意适用本款列举的标准,但它们依然对双方具有约束力。这就产生了以下几方面的问题:适用本款的前提条件是什么? 本款规定与第 1 款规定之间究竟存在着何种法律关系? 如何理解本款规定的四类判断标准?

(1) 适用条件:合同没有约定判断标准的情形

本款中"除双方当事人业已另有约定外"这一表述规定了本款的适用条件。但这一表述蕴含了何种适用条件? 存在着不同的看法。一种观点主张这里的适用条件应该是:双方当事人没有达成不适用本款判断标准的约定。德国学者佛莱西讷(Flechner)便认为:至少双方之间没有达成不适用第 35 条第 2 款的默示约定,本款规定才不适用。而相反的观点则认为:双方当事人没有根据第 35 条第 1 款规定就产品的质量等达成了判断标准的约定,就是本款的适用条件。①那么,究竟哪种观点符合本款的立法原意呢? 笔者认为:以上两种观点都是成立的。首先,从字面意思上进行分析,"除双方当事人业已另有约定外"这一表述应该既包括双方当事人约定不适用第 35 条第 2 款的情形,也包括根据第 35 条第 1 款自行约定相符性判断标准的情形。其次,它们之间在本质上并不矛盾,因为在双方当事人根据第 1 款规定自行约定判断标准时,这就意味着他们同时达成了排除第 2 款适用的约定。由此可见,适用本款规定的重要前提条件是:双方没有另外约定判断货物是否具备相符性的标准,或不存在排除本款适用的约定。

本款中的"另有约定"不仅包括明示的约定,但也包括默示的约定。2011 年 7 月 22 日新西兰惠灵顿上诉法院审理了一家澳大利亚公司(买方)与一家新西兰公司(卖方)之间的卡车销售合同纠纷,澳买方在新西

---

① Schlechtriem/Schwenzer, *Kommentar zum Einheitlichen UN-Kaufrecht—CISG*, 7. Aufl. 2019, S. 762.

兰购买了特定数量的卡车,并自己将这些卡车运至澳大利亚昆士兰;因为这些卡车在制造时没有按照澳大利亚法规的要求安装合规标签,故澳大利亚政府部门拒绝对这些卡车颁发营运证件,这些卡车无法投入使用。澳大利亚买方因此根据第35条第2款要求卖方承担赔偿责任,因为这些车辆无法在澳大利亚昆士兰使用,无疑违反了本款b项的规定,新西兰上述法院判定:由于卖方没有担保其交付的卡车肯定能在买方所在国获准注册,而且双方约定由买方承担卡车不能准许注册的风险,那么,双方当事人已经达成了排除本款适用的"另有约定"。①

由于本条第1款适用于双方约定了判断标准的情形,这就决定了本款与第1款的关系:双方之间存在着"优先适用标准和替代使用标准"的关系,即第1款规定了优先判断标准,而本款则规定了替代判断标准,它仅仅适用于不适用本条第1款规定的情形。这也符合《公约》第6条确定的"意思自治原则"。

(2)本款规定的相符性判断标准

在具备上述适用条件时,应该根据本款规定的四类检验标准来判断货物是否已经具备了相符性。在四类判断标准中,c项标准优先于b项,b项优先于a项,而由于d项规范的是包装或装箱标准,在不存在冲突时,它与前面三项是平行关系,所以可以在适用前面三项标准的同时适用d项规定。下文按照本款规定的顺序分别讨论四类判断标准。

① 适用于通常使用目的(a项)。根据本款a项规定,在没有另外约定时,卖方交付的货物必须"适用于同一规格货物通常使用的目的"。卖方的这一义务通常被视为等同于国内法默示规定的商人保证义务。②可见货物是否能够适用于本项规定的"通常使用的目的"是判断货物是否具备相符性的标准。这里至少存在着以下两个值得探究的问题:"同一规格货物通常使用的目的"究竟具有哪些内涵? 判断货物是

---

① Court of Appeal Wellington, New Zealand, 22 July 2011, www.unilex.info/cisg/case/1617,访问时间:2022年1月26日。

② GILLETTE/WALT, *The UN Convention on Contracts for the International Sale of Goods: Theory and Practice*, 2. Edition, p. 222.

否具备"通常使用目的"的依据是什么,是卖方所在国还是买方所在国的法律规定或其他规则?

第一,"同一规格货物通常使用的目的"标准的内涵和判断依据。《公约》没有对"同一规格货物通常使用的目的"这一标准的内涵进行界定。根据西方学者的研究和司法判例,它应该包括以下几方面的内容:

首先,它并不是指同一类货物所拥有的某一用途,而是指与争议货物同类的产品普遍拥有的基本用途。它实际上是将同类型货物通常拥有的基本用途和卖方交付货物所具备的用途进行比较,并将前者作为依据来判断卖方交付的货物是否符合本款规定的标准。同一类型货物都应该具备相同的基本功能,例如,所有手机应该具备通话、拍照、视频等功能,服装则应该具有穿戴、美观、保暖等功能,水果则不仅可以用来吃,而且可以用于加工成水果干或水果酱等;此外,所有货物还应该具有转售功能,因为买方通常仅仅是一个中介商,他购买货物的目的是将它们转售给他人。正因为同一类货物具有相同的普遍用途,所以,本项规定将是否拥有这些基本功能作为判断是否违反相符性义务的一个标准。如果卖方交付的手机不能用来打电话、视频,水果不能用来吃或加工,这便违反了本款的规定。从西方国家的司法和仲裁实践看,违反本款标准的情形很多,无论是"卖方交付的制冷装置在安装好后,在首次投入使用时即运转失灵",或者"在葡萄酒中注入 9% 的水,以至于所有的葡萄酒被政府没收和销毁","卖方交付的吸尘装置不仅不能吸尘,反而吹散灰尘,而且其控制器还经常导致该吸尘装置的过早关闭",还是"卖方交付的机械未能快速而可靠地生产出符合预期的产品","卖方在其交付的口袋烟灰缸上装饰了过于锋利和危险的刀片",都构成了本项规定中的不具备"同一规格货物通常使用的目的"。①

但是,如果卖方在其交付的设备中换掉了某一部件,从而使得该设备不具备同类产品基本功能,但他在签订合同时告知了买方,而买方依

---

① UNCITRAL, *Digest of Case Law on the United Nations Convention on the International Sale of Goods*, 2016, p. 141.

然接受该货物的,则卖方并没有违反本款规定的标准;这意味着如果卖方没有履行上述告知义务,他便违反了本款规定的标准。瑞典斯德哥尔摩商会仲裁院在 1998 年 6 月 5 日仲裁的案件中就是这样决定的。在该案中,美国卖方和中国买方签订了一份生产轻型卡车车架导轨的压力机销售合同,合同规定了 18 个月的保质期。该压力机由美国卖方设计和制造,在制造过程中,美国卖方没有使用设计规定的部件,反而使用了一个替代部件,而且美国卖方既没有告知中国买方,也没有指示买方的工程师如何安装该部件;然后,该压力机被拆开后被运送至中国买方工厂,并由买方的技术人员重新组装并投入使用;买方安全使用了3 年,此后压力机出现故障,导致压力机本身严重损坏;通过检查,买方发现压力机的一个部件被替换成了一个与卖方图纸不同的装置。中国买方据此提起仲裁,要求美国卖方承担赔偿责任。瑞典斯德哥尔摩商会仲裁院支持了中国买方的仲裁请求,其理由是:尽管故障发生在保质期届满以后,但卖方在其交付的机器中使用了一个替代零部件,而且其既没有将此告知买方,也没有告知其恰当的安装方法,以至于该机器在安装 3 年后便无法运行,这没有达到合同中规定的“长期、持续正常运行”的要求,因而也不符合本项“同一规格货物通常使用的目的”。①

其次,它还要求卖方提交约定或法定的文件或证书。除了将合同下货物的用途与同类货物的普通用途进行比较以外,德国学者施温策认为还存在着另外一个判断依据,即卖方是否提交了法律规定或合同约定的文件或证书。②这一观点有一定的道理,因为从国际贸易实践看,卖方是否能够获得并提交相关的文件,不仅是产品能否进入买方市场的先决条件,而且是货物是否具备特定品质的证明。以欧盟的 CE 认证标签为例,根据欧盟《技术协调与标准化新方法指令》等的规定,汽

---

① Stockholm Chamber of Commerce Arbitration Award of 5 June 1998(*Beijing Light Automobile Co. v. Connell*), www.unilex.info/cisg/case/338,访问时间:2020 年 7 月 9 日。

② Schlechtriem/Schwenzer, *Kommentar zum Einheitlichen UN-Kaufrecht—CISG*, 7. Aufl. 2019, S. 763.

车及其零部件等进入欧盟市场流通的一个前提条件是：相关的产品必须通过欧盟的安全性测试、通过 CE 认证，并在产品上贴上 CE 认证标签。①再以欧盟"生态标签（Eco-label）"为例，根据欧盟的相关规定，如果企业有意在其产品上贴上此种标签，必须提出认证申请，只有在使用原料、生产加工、企业管理、产品回收等各方面都符合相关规定的产品，才能获得使用生态标签的授权。②卖方是否能够为其出口产品获得此类证书或标签，显然会影响到其产品在进口国的正常使用和销售。以上述欧盟 CE 或生态标签为例，即使卖方交付的产品在实际上具备了同类产品的通常用途，但却没有通过 CE 认证，那么，其产品便不能进入欧盟市场；在没有获得生态标签时，产品虽然能够进入欧盟市场，但其销售价格显然要低于贴上生态标签的同类产品。从以上角度分析，德国学者施温策的以上观点是成立的。但这一观点也不是绝对正确的，因为此种进口方所在国所要求的证书或认证并不当然构成本项下"同一规格货物通常使用的目的"的认定标准，如果合同没有规定或者买方没有明确告知卖方必须提供此类证书或认证时，它们便不能构成判断交付货物是否符合本项质量规定的标准；换句话说，只有在合同对此有规定或者买方明确告知了卖方此类要求时，卖方是否提供了这些证书或认证才构成判断卖方是否履行了本项规定义务的判断标准。

再次，"合理质量"标准与国际统一私法协会颁布的《国际商事合同通则 2016》第 5.1.6 条规定相一致，据此，如果履约质量既非合同规定，也无法根据合同确定，那么，承担履约义务的一方当事人应该保证其履约的质量是合理的，且不低于当时的平均水平。从司法实践看，最近采用"合理质量"标准的司法和仲裁实践越来越多，德国、澳大利亚的法律

---

①　CE 标记是欧盟根据相关法律针对某些产品与产品安全性而颁布的标志。允许在相关产品上贴上 CE 标记，表明该产品符合相应的欧洲准则。CE 标记不是质量标志，但它是相关产品进入欧盟市场的先决条件，贴上这一标记的产品表明该产品符合欧盟《技术协调与标准化新方法指令》的基本要求。

②　https://ec.europa.eu/environment/ecolabel/products-groups-and-criteria.html，访问时间：2020 年 7 月 8 日。

都适用这一标准来判定：卖方交付的货物是否具备"同一规格货物通常使用的目的"。[①]

最后，"平均质量""适销性测试"（merchantability test）和"合理质量标准"。无论在学术界还是实务界，都将"平均质量"或"适销性测试"作为交付货物是否具备通常用途的评判标准。[②]所谓的"平均质量"标准是指，本项中的"同一规格货物通常使用的目的"应该是指卖方交付的货物在质量方面达到同类货物的平均水平，德国、瑞士和法国等大陆法系国家的国内法一般确认这一规则。而所谓的"适销性"标准（merchantability test）是指：如果在知道合同下货物的客观特征后，买方不会同意以合同规定的价款购买该货物，其他商人同样不会购买该货物，那么，该合同下的货物便不具备商品通常所应该具备的适销性；而本项规定中"同一规格货物通常使用的目的"便是指货物是否具备此种"适销性"。在英美法系国家中则通常适用"适销性"规则。[③]从《公约》的诞生历史看，以上两种观点均不成立。在维也纳外交会议上，加拿大代表曾经提出建议，应该将"平均质量"纳入第35条，但这一建议遭到了其他英美法系国家代表的强烈反对，反对的理由是对这一概念缺乏客观的定义，使用这一概念会带来严重的解释分歧和法律不安全性。因为大陆法系国家法官和美国法官通常会认为：只有交付了达到"平均质量"的货物，才符合相符性要求；而英国法官则会认为：即使交付的货物没有达到平均质量，但只要它们还能被用于销售，它们便符合了本条规定的相符性要求。[④]但英

---

① UNIDROIT PRINCIPLES OF INTERNATIONAL COMMERCIAL CONT-RACTS 2016，https://www.unidroit.org/wp-content/uploads/2021/06/Unidroit-Principles-2016-English-bl.pdf，访问时间：2024年3月1日。

② UNCITRAL，*Digest of Case Law on the United Nations Convention on the International Sale of Goods*，2016，p. 142；Schlechtriem/Schwenzer，*Kommentar zum Einheitlichen UN-Kaufrecht—CISG*，7. Aufl. 2019，S. 764f..

③ GILLETTE/WALT，*The UN Convention on Contracts for the International Sale of Goods：Theory and Practice*，2. Edition，p. 230.

④ Schlechtriem/Schwenzer，*Kommentar zum Einheitlichen UN-Kaufrecht—CISG*，7. Aufl. 2019，S. 765.

美法采用的"适销性"同样不够客观具体,会带来解释上的分歧,而且不符合第35条的起草历史。荷兰商事仲裁院便认为:无论是"平均质量"标准,还是"适销性"标准,它们均不能确保《公约》第7条第1款要求的统一解释和统一适用,而且用国内法中的规则来解释第35条第2款第1项规定的含义还违反了《公约》第7条第2款确定的立法空白填补规则。①

鉴于"平均质量""适销性"具有明显的国内法特征,最近国际仲裁实践中提出了"合理质量"标准(reasonable quality standard),即本项规定中"同一规格货物通常使用的目的"是指买方作为一个商人对合同下货物品质合理期待的质量。瑞典斯德哥尔摩商会仲裁院最早于1998年6月5日审理的上文提及的美国卖方和中国买方之间的生产轻型卡车车架导轨的压力机销售合同纠纷案中确立这一审查标准。尽管合同规定了18个月的保质期,但由于美国卖方私自使用了一个替代部件,而且没有告知中国买方,该设备在使用3年后严重受损,这违反了第35条第2款a项规定的"同一规格货物通常使用的目的"确定的"合理质量"标准。据此,仲裁院认定"买方对货物的一般和特殊用途均有着合理期待,合同中约定的保质期条款也不能减损买方对货物品质的此种合理期待"。②瑞典斯德哥尔摩商会仲裁院于2002年10月又根据"合理质量"标准审理了在荷兰大陆架近海勘探与生产石油和天然气的卖方与原油精炼和石油产品及天然气分销领域的一家主要国际公司(以下简称"买方")之间的长期凝析油销售合同纠纷。在该案中,卖方向买方提供与原油混合的凝析油,由买方负责提炼并出售给用户;但由于混合油中的汞含量增加,给买方一个最终用户带来了无法解决的加工问题,所以买方不仅在合同存续期间暂停接受卖方交付的石油,而且最终提前终止合同;卖方因此而不得不以比合同规定的价格低得多的

---

① Netherlands Arbitration Institute, the Netherlands, 15 October 2002 (*Condensate crude oil mix case*),访问时间:2020年7月9日。

② Stockholm Chamber of Commerce Arbitration Award of 5 June 1998 (*Beijing Light Automobile Co. v. Connell*), www.unilex.info/cisg/case/338,访问时间:2020年7月9日。

价格向第三方转售买方未接受的石油,后向买方提出了赔偿损失的要求。瑞典斯德哥尔摩商会仲裁院根据"合理质量"标准裁定:卖方交付的凝析油不具备"同一规格货物通常使用的目的",因为卖方交付凝析油中汞含量增加是在合同履行过程中发现的,也即在签订合同时并不存在这一问题;另外,卖方未能提供证据证明其交付的凝析油除了用于加工提炼还具有原油的其他用途,如果在签订合同时,买方知道卖方交付的凝析油具有以上特征,他是不会同意支付合同中约定的价格的。①当然,对于这一"合理质量"标准也有学者持批评态度,认为"合理质量"这一标准太模糊,双方当事人无法从这一标准中知道卖方是否已经履行了其合同义务;而且在仲裁实践中,尽管仲裁庭已经适用了"合理质量"标准,但它还是需要借助"商人"标准中的核心因素来判断卖方交付的货物是否达到了"合理质量"标准。②

由上可知,对于上述三个标准,学界和实务界还存在很大的争议。那么,究竟适用哪一标准更符合《公约》制定者的原意呢?客观分析,以上三个标准有一个共同的特点:都缺乏客观具体的判断标准,都需要法院或仲裁机构对它们各自的内容进行解释。尽管如此,基于以下几方面的理由,笔者更倾向于认可"合理质量"标准。首先,无论是"平均质量"标准还是"适销性"标准,都具有浓重国内法的色彩,所以,这两个标准显然不符合《公约》第7条第1款强调的国际性原则,而且不利于该款促进《公约》的统一解释和适用;而"合理质量"标准则更强调国际性;其次,"合理质量"标准也是第7条第2款意义上的构成《公约》存在基础的一般法律原则,因为《公约》许多条款都强调了这一原则,例如,第8条第2款、第3款和第25条中的"a reasonable person",第16条第2款b项等条款中的"reasonable",第18条第2款、第33条c项中的"a reasonable time",第34条和第35条第2款b项中的"unreasonable",

① Netherlands Arbitration Institute, the Netherlands, 15 October 2002(*Condensate crude oil mix case*),www.unilex.info/cisg/case/836,访问时间:2020年7月9日。

② GILLETTE/WALT, *The UN Convention on Contracts for the International Sale of Goods: Theory and Practice*, 2. Edition, p. 229.

等。这些条款均表明："合理性"是《公约》所确认的一般法律原则,而且学界和司法实务界已经对这一概念形成了比较一致的解释。从司法实践看,最近采用"合理质量"标准的司法和仲裁实践越来越多,德国、澳大利亚的法律都适用这一标准来判定卖方交付的货物是否具备"同一规格货物通常使用的目的"。[①]

第二,适用何地法规判断是否具备"通常使用的目的"。如上所述,除了货物本身所具备的用途以外,合同下货物是否符合相关的法律法规,也会影响到它是否具备"同一规格货物通常使用的目的"的判断。但在通常情况下,卖方所在国和货物使用地所在国的相关法律规定不同,这样就产生了一个问题:究竟应该适用何地——卖方所在国还是货物使用地所在国法律来判断卖方交付的货物是否达到上述目的?对这一问题,《公约》没有规定。学界则存在着不同看法。部分学者和判例认为应该适用卖方所在国法律,[②]而另有学者则认为应该适用货物使用地所在国法律。[③]笔者认为:对这一问题,没有绝对的、统一的答案。

那么,究竟适用哪国法律标准? 笔者认为原则上合同下的货物必须符合出口商所在国的产品质量、卫生标准或有效的行业标准,换句话说,卖方交付的货物不必符合货物使用地所在国的质量卫生标准或行业标准,因为卖方交付的货物通常同时在其营业地所在国境内销售,所以,它们必须符合该国的质量、卫生标准或行业标准。但是在例外情况下,卖方交付的货物必须符合货物使用地所在国的质量、卫生标准或行业标准。构成此种例外情形应该具备以下两个条件:其一,卖方知道或应该知道货物的最终使用地点;其二,买方应该明确将产品使用地所在国对产品在质量、卫生或行业标准方面的特殊要求告知卖方,并强调交付的货物必须符合产品使用地所在国的相关标准或规定。

[①]　UNCITRAL, *Digest of Case Law on the United Nations Convention on the International Sale of Goods*, 2016, pp. 142—146.

[②]　Pilz, Burghard, *Internationales Kaufrecht. Das UN-Kaufrecht*, Rn. 5—48.

[③]　Staudinger/Magnus, CISG Art. 35 Rn. 21.

尽管本项没有明确规定以上两个条件,但它们依然是合情合理的。首先,就第一个条件而言,鉴于大部分买方通常是贸易中间商,他们完全可能把合同下的货物转售给位于另外一个或几个国家的第三方,在这种情况下,由于卖方根本不知道合同下的货物最终销售给了位于哪一个国家的哪一客户,要求卖方保证其交付的货物符合这些国家的法律或标准,显然不合情理。其次,即使在签订合同时买方告知卖方货物最终销售地,这也不意味着卖方必须保证其交付的货物符合该所在国有关产品质量、卫生标准的规定。因为卖方通常并不知道该国上述规定,所以,除非买方不仅在签订合同时将货物最终使用地的特殊规定告知了卖方,而且明确要求:卖方交付的货物必须符合此种特殊要求,否则货物最终使用地所在国的特殊质量规定或标准不能成为判断交付货物是否符合"同一规格货物通常使用的目的"的标准。

多国的法院判决也确定了以上考虑因素。德国联邦最高法院在其于1995年3月审理的瑞士卖方和德国买方之间的新西兰贻贝销售合同争议案中,便肯定了以上观点。在该案中,买方拒绝支付货款,其理由是:贻贝的镉含量大大超过了德国联邦卫生局公布的建议镉含量,因而被宣布为"不完全安全";卖方则认为:其交付的贻贝符合合同规定的质量要求,要求德国买方支付货款并赔偿损失。德国联邦最高法院首先判定:贻贝符合合同规定,因为它们具备了第35条第2款a项规定的同一种类货物通常的用途;然后,论述了货物使用地所在国产品质量规则的特殊要求在例外情形下构成判断卖方交付货物是否具备第35条第2款a项规定中"同一规格货物通常使用的目的"标准的前提条件;卖方所在国也存在与进口国同样的规则;买方提请卖方注意这些规则的存在;由于"特殊情况"卖方知道或应该知道这些规则,此类特殊情况有:卖方在买方所在国有分支机构,或买卖双方有长期的业务关系,或者卖方经常向在买方所在国出口货物。①在上文提及的新西兰惠灵

---

① Bundesgerichtshof, Germany, 8 March 1995, www.unilex.info/cisg/case/108,访问时间:2021年1月27日。

顿上诉法院审理的一家澳大利亚公司(买方)与一家新西兰公司(卖方)之间的卡车销售合同纠纷一案中,法院同样肯定了以上观点。在该案中,由于新西兰卖方交付的卡车在制造时没有按照澳大利亚法规的要求安装合规标签,故澳大利亚政府部门拒绝对这些卡车颁发营运证件,这些卡车无法投入使用,澳大利亚买方因此根据第 35 条第 2 款要求卖方承担赔偿责任。新西兰上诉法院驳回了其主张,由于合同中缺乏明确的规定,而且卡车是在新西兰交付的,所以,这些卡车无须符合澳大利亚的强制性规定,除非在新西兰本国存在同样的规定,买方提请卖方注意进口国的某项规定,而且信赖卖方在了解进口国规定方面的专业知识,或卖方基于特殊情况而知道或应该知道进口国的相关规定,而在该案中不具备此种例外情形。①

实际上,上述根据进口国特殊情况考量卖方交付的货物是否具备了同一种类货物通常用途的判断标准,不仅适用于进口国的法律规定,而且可以同样适用于其他特殊要求。在 2000 年 5 月 9 日,德国达姆施塔特州法院审理了德国卖方和瑞士买方之间的电子产品销售合同争议,瑞士的买方指责:卖方仅仅为录像机提供了德语版的使用手册,而没有为瑞士以其他语种为母语的居民提供其他语言的使用手册,违反了《公约》第 35 条第 2 款 a 项的规定,应该承担损害赔偿责任。但法院驳回原告的诉求,理由是该录像机并不是专门为瑞士市场生产的,买方也没有要求提供其他语言版本的使用手册。②

② 适用于特定目的(b 项)。根据本款 b 项的规定,卖方交付的"货物适用于买方在订立合同时曾明示或默示地告知卖方的任何特定目的,除非情况表明买方并不信赖卖方的技能和判断力,或者这种信赖对他是不合理的"。本项主要规范这种现象:买方对货物的用途或功能有特定的要求,而卖方更熟悉产品质量及其适用性。所以,本项规定旨在

---

① Court of Appeal Wellington, New Zealand, 22 July 2011, www. unilex. info/cisg/case/1617,访问时间:2022 年 1 月 26 日。

② Landgericht Darmstadt, Germany, 9 May 2000, www. unilex. info/cisg/case/501,访问时间:2021 年 1 月 27 日。

鼓励买卖双方就货物的特定目的、质量和用途等进行充分的信息交换，以促进交易的顺利进行。根据本项规定的字面意思，本项不仅确定了卖方应该承担的义务，而且规定了卖方承担或免于承担这一义务的前提条件。

第一，"适用于特定目的"义务的内涵。根据本项规定，卖方承担着交付的货物必须"适用于特定目的"这一义务。《公约》本身并没有界定这一义务的内涵。所以，在判断卖方是否违反本项规定的义务时，必须首先查明本项义务的具体内涵。笔者认为，可以从以下几个方面进行查明：

首先，根据买方对货物的特殊要求来查明。这里的"特定目的"通常是指买方对货物的用途有着特殊的要求。所以在查明"特定目的"的内涵时，首先应该考虑买方的主观要求。例如，如果买方明确告知卖方购买的机器将用于极端寒冷的北极工作环境，就属于这种情形。美国纽约州地区法院在 2006 年 8 月 23 日作出的判决中判定，如果合同要求卖方提交的机器必须能够大量生产环保型、多功能磁带盒，但交付的机器实际上却只能快速或可靠地生产磁带盒，这便构成违反本项中的"特定目的"义务。①

其次，进口国国内法律对产品质量的强制性法律规定，也被认为构成"特定目的"的内容。但这种强制性法规作为判断标准的一个重要前提是：合同将进口国的规定作为质量判断标准，或者买方明确提醒卖方注意进口国的相关法规。美国、澳大利亚法院在不同的判决中确认：卖方根据本项承担的义务等同于进口国国内法要求卖方承担的义务。例如，在澳大利亚西澳大利亚州最高法院于 2003 年 1 月 17 日审理的新加坡卖方和澳大利亚买方之间的隐形眼镜溶液的销售合同争议中，合同明确规定：货物必须是无菌的，并按照澳大利亚治疗商品管理局

---

① Federal District Court[New York](*TeeVee Tunes*, *Inc. et al v. Gerhard Schubert GmbH*)，http://cisgw3.law.pace.edu/cases/060823u1.html，访问时间：2020 年 7 月 9 日。

(TGA)的规定制造。经 TGA 检查,发现新加坡卖方交付的货物被细菌污染,因此不是无菌的,买方据此而拒绝支付价款并要求卖方赔偿损失。澳大利亚上述法院支持了买方的主张,其理由是合同已经明确规定将 TGA 的规定作为判断货物是否具备《公约》第 35 条第 2 款 b 项下"特殊目的"的标准,而货物不符合 TGA 的规定,故买方不仅有权要求将货款降至零,而且有权要求赔偿损失。[①]

再次,双方自行约定适用的非强制性标准。如果双方在合同中约定将某一非强制性标准作为判断合同下货物质量的依据,那么相关标准的内容就成为卖方承担"适用于特定目的"义务的内涵。在 2007 年 4 月 19 日,奥地利法院在其审理的一起国际货物销售合同纠纷中就持这一观点。在该案中,一家法国钢架脚手架甲板生产商与奥地利买方签订了一份购买钢架脚手架甲板的销售合同,在谈判期间,卖方同意适用买方所在地的产品标准即"欧盟 HD1000 标准"。后来,卖方交付的货物发生质量问题。法院在本案中判定:既然卖方同意适用买方所在国产品质量安全标准,那么,该质量安全标准就构成判断卖方是否违反《公约》第 35 条第 2 款 b 项规定义务的标准,如果交付的产品不符合买方所在地的质量安全标准,卖方就违反了本项规定的义务。[②]

此外,德国学者施温策认为:买方所在国特别重视公平交易和伦理原则的实践也构成"特定目的"下卖方应该承担的义务。[③]

第二,卖方承担这一义务的前提条件。由上可知,卖方并不一定承担上述义务,只有在买方于"订立合同时曾明示或默示地告知卖方货物将用于任何特定目的"时,卖方才应该承担这一义务。据此分析,卖方

---

① Supreme Court of Western Australia,Australia,17 January 2003(Ginza Pty Ltd v. Vista Corporation Pty Ltd),www.unilex.info/cisg/case/961,访问时间:2021 年 1 月 27 日。

② Supreme Court (*Scaffold hooks case*),https://cisg-online. org/files/cases/6597/fullTextFile/654_35810360.pdf,访问时间:2021 年 1 月 10 日。

③ Schlechtriem/Schwenzer,*Kommentar zum Einheitlichen UN-Kaufrecht—CISG*,7. Aufl. 2019,S. 768.

承担这一义务必须同时具备以下两个前提条件:买方必须将货物的"特定目的"告知卖方,告知最晚必须在签订合同时发生。

首先,将"特定目的"告知卖方。从"告知"这两个词可以看出,卖方承担本项义务的前提并不是合同中必须规定货物的"特定目的",而是仅仅需要买方将其所需的"特定目的"告知卖方。而且,根据本项的字面意思,这里的告知不仅包括"明示"的,而且包括"默示"的。在双方对于买方是否进行了此种"告知"存在争议时,应该适用《公约》第8条下的"通情达理的人"标准,即一个"通情达理的人"处在同等情况下是否应该知道买方的"特定目的";如果该"通情达理的人"能够知道,那么,即使卖方宣称自己不知道,他也违反了本项规定的义务。德国慕尼黑地区法院(Landgericht München)在2002年2月27日审结了一起由发动机驱动的球体支架销售合同纠纷案。在该案中,买方在签订合同前已经明白无误地告知卖方,其向卖方购买巨大、沉重和昂贵的球体支架的目的是将该产品分别长期展示在其位于不同国家分支机构的展示厅里,并将该产品作为令人骄傲的展品介绍给其客户;但卖方交付的设备仅仅在安装好的几个月内就都发生故障,从而无法进行展示,双方由此发生纠纷。法院判定:卖方交付的货物未能满足本项规定的"特定目的",因为通过提供上述信息,买方已经默示地且十分清晰地告知卖方其"特定的目的":其购买设备的目的并不是为了短短几个月的推销,而是将这些设备作为其各地展示厅里的一个永久性的组成部分,至少要能够正常运作3年时间。[1]由于告知是卖方承担本项责任的一个前提条件,所以,如果买方没有将其需要的"特定目的"告知卖方,那么,卖方便不承担本项规定的义务。法国巴黎仲裁院在2007年裁定的一起案件中也持这一观点。[2]

---

[1] District Court München (*Globes case*), http://cisgw3.law.pace.edu/cases/020227g1.html,访问时间:2020年7月9日。

[2] France Arbitration Chamber of Paris Case No. 9926 of 2007 (*Chemical compound case*), http://cisgw3.law.pace.edu/cases/079926f1.html,访问时间:2020年7月9日。

其次，最晚于签订合同时告知。由上可知，卖方承担本项责任的另一前提条件是：买方最晚必须在签订合同时将其要求的"特定目的"告知卖方，本项规定中"***订立合同时*曒曾明示或默示地告知……**"这一表述十分清楚地表明了这一点。这意味着：如果买方在签订合同以后才告知卖方，那么，卖方就无需承担本项规定的义务。这一限制性条件是合情合理的。因为这一限制旨在保证卖方在签订合同时能够了解买方对于货物的特殊要求，以便他判断自己是否能够生产或买到与此相应的货物，进而决定是否签订这一合同。

最后，买方必须"信赖卖方的技能和判断力"。尽管本项条文中没有明确规定这一条件，本项中"除非情况表明买方并不信赖卖方的技能和判断力，或者这种信赖对他是不合理的"这一表述十分清楚地表明了这一点。根据这一句规定的字面意思，《公约》制定者实际上将"买方的不信赖或不能信赖"作为免除卖方承担这一义务的前提条件。但从另一个角度分析，"买方的信赖"也构成了卖方承担本项义务的一个条件。这里的核心问题是：如何来判断买方能够"信赖卖方的技能和判断力"，或"买方的不信赖或不能信赖"？笔者认为应该大致从以下两个方面进行分析判断：

其一，将哪一方更熟悉了解货物的质量、性能、指标等作为考量依据。如果卖方是生产或采购"适用于特定目的"产品的专家，而买方不是，这时卖方显然更熟悉货物的质量、性能等，所以买方应该可以"信赖卖方的技能和判断力"；反之，如果买方是合同下产品的专家，而卖方不是，那么买方显然更熟悉货物的质量、性能等，因而买方便不能信赖卖方，至少这种信赖是不合理的。西方国家的司法判例也持这种观点。德国科堡地区法院于 2006 年 12 月 12 日所作的判决很好地说明了这一点。在该案中，一家荷兰的专营树苗的公司与德国买方签订了购买树苗的合同，据此卖方应将特定种类和数量的树苗运送至买方在德国南部的特定地点；但合同下的树苗不适应交付地点的气候，因而没有存活。买方以此为由指控卖方违反了《公约》第 35 条第 2 款 b 项下的义务，因为保证交付的树苗在目的地存活，是卖方根据本项规定承担的义务。但法院没有支持买方的主张,尽管在该案中,卖方也确实知道树苗种植地的气候环境,也知道树苗不适合在该地生长;但买方自己专门从事园林设计和建造,而且也在合同下树苗的种植地开展经营活动;所以,买方应该与卖方同样熟悉该地的特殊环境,甚至应该比卖方更了解。在这种情况下,买方声称"信赖卖方的技能和判断力",这显然是不合理的。①

从双方谈判过程中的一些行为也能够判断出哪一方更加熟悉合同下产品的质量。例如,在购买货物之前,买方协助卖方挑选货物、对货物的生产加工程序提出了改进建议等,这表明买方更加熟悉合同下产品的质量。美国学者建议:如果买方明确要求购买特定的产品,则可以认定为不存在本项规定的"信赖",并将此作为一般法律原则。②这一观点是难以成立的,因为在多数情况下,买方并不是产品的最终用户,而仅仅是一个贸易中间商,他通常是为其客户寻找特定的产品。所以,哪一方更加熟悉产品的性能、质量,必须根据谈判前后的各种因素予以综合判断。

其二,上述哪一方更熟悉产品质量信息的原则还可类推适用于由进口国强制性法律中规定的构成"特别目的"的条款。由上可知,进口国通常制定有保护职工、环境、产品质量的强制性法律规定,如果合同下产品不符合这些法律规定中的质量要求,便不能进入进口国市场,因此这些法规中的质量标准便构成了本项中卖方承担的"适用于特别目的"义务的内容。但比较而言,买方显然比卖方更熟悉这些法规的要求,所以,在买方没有告知卖方上述法规中的要求时,买方不能"信赖""卖方的技能和判断力";即使信赖,这种信赖也是不合理的。德国、新西兰、法国等多国法院在其判决中肯定这一观点。③例如,德国法兰克

---

① District Court Coburg (*Plants case*), http://cisgw3. law. pace. edu/cases/061212g1.html,访问时间:2020 年 7 月 10 日。

② GILLETTE/WALT, *The UN Convention on Contracts for the International Sale of Goods: Theory and Practice*, 2. Edition, p. 236.

③ UNCITRAL, *Digest of Case Law on the United Nations Convention on the International Sale of Goods*, 2016, pp. 142—143.

福上诉法院曾审理了一起瑞士卖方和德国买方之间发生的青口贝镉超标的争议案,在该案中,卖方交付的青口贝中镉含量在事实上超过德国食品安全法规规定的标准,但法院判定这并不违反《公约》第35条第2款b项的规定,因为没有证据表明买方已经在签订合同前告知了卖方上述规定。①

③ 与样品或样式相符(c项)

本款c项确定了另外一种判定卖方交付的货物是否具备相符性的标准,即"货物的质量与卖方向买方提供的货物样品或样式相同"。据此分析,如果卖方交付货物的质量与"货物样品或样式"不同,那么,卖方便构成本条的"不相符性",因而也违反了本项规定的义务。在实务中,本项规定主要涉及两方面的问题:本款的适用范围究竟包括哪些?如何判断交付的货物的质量与"样品或样式"是否相同?

第一,本项规定的适用条件。根据本项规定的字面意思,适用本项规定应该具备以下几个前提条件:

其一,卖方向买方提供了"样品"和"样式",如果没有提供"样品"和"样式",则不适用本项规定。至于何为"样品"和"样式",《公约》没有对这两个概念进行定义。但学界和司法实务界一致认为:它们之间有着重要的区别,其中"样品"是指从交付的货物中提取的一个作为"代表"的货物,它本身也是合同的标的物;而"样式"则是指合同下货物的原型。以上区别在解决货物质量纠纷时十分重要,因为在判断货物实际质量是否与"样品或样式"不符时,与"样式"相比,人们通常会更加强调货物特征与"样品"特征的一致性。②在具体的案件中,法院会审查卖方交付的"样品"是否构成本项意义上的"样品"。在比利时法院于2006年4月19日审理的一起案件中,买方向卖方购买郁金香木,用于制造原木木门,并告知其要求:最终的正品门必须有着统一的原木颜色。卖

---

① UNCITRAL, *Digest of Case Law on the United Nations Convention on the International Sale of Goods*, 2016, p. 143.

② GILLETTE/WALT, *The UN Convention on Contracts for the International Sale of Goods: Theory and Practice*, 2. Edition, p. 236.

方向买方提供了一段有着统一颜色的郁金香木作为"样品",该"样品"得到了买方的认可。但卖方最终交付的原木木门有着不同的颜色,因为它是由几块不同的郁金香木加工而成的。买方对这种有着明显色差的原木持有异议,认为卖方交付货物的品质不符合"样品"的要求,由此发生争议。法院审理后得出结论:卖方提供的郁金香木不能被视为本项规定中的"样品"。因为"样品"太小,显然不能用一段郁金香木制作一扇门,故不能将该段郁金香木视为本项规定中的"样品",自然也不能将它作为衡量交付的门是否具备相符性的依据。[①]

其二,"样品"和"样式"必须由卖方向买方提供,而不是由买方向卖方提供。在国际贸易实务中,经常会出现买方向卖方提供"货物样品或样式"的情形,并要求卖方提供与此相同的货物。根据本项的字面意思,这不属于本项规定的调整范围,故不适用本项规定。《公约》将这种情形排除在其适用范围之外是有道理的,因为在由卖方提供"样品"和"样式"时,他显然十分熟悉产品的性能和质量,因而他能够生产或采购到符合"样品"和"样式"的货物;反之,在由买方提供"样品"和"样式"时,卖方不熟悉"样品"和"样式"特征和性质的可能性很大,因而其交付货物的质量更容易不符合"样品"和"样式"的规定,也更容易违反本项规定的义务。

但在买方提供"样品"和"样式"时,如果买方能够证明卖方同意其交付的货物质量与"货物样品或样式"相一致,而且这一要求也已经成为合同的一部分内容,那么便应该适用第 35 条第 1 款的规定。西方学界和司法判例均持这一观点。[②]这样在法律结果上没有本质的区别。

其三,上述提供必须发生在签订合同之前,最晚在合同签订之时。尽管本项没有规定这一点,但第 2 款 b 项中要求的时间限制也同样适

---

① Commercial Court Hasselt (*Brugen Deuren BVBA v. Top Deuren VOF*), http://cisgw3.law.pace.edu/cases/060419b1.html, 访问时间:2020 年 7 月 10 日。

② GILLETTE/WALT, *The UN Convention on Contracts for the International Sale of Goods: Theory and Practice*, 2. Edition, p. 238; Schlechtriem/Schwenzer, *Kommentar zum Einheitlichen UN-Kaufrecht—CISG*, 7. Aufl. 2019, S. 771.

用于此。因为本项规定将"样品"和"样式"作为判断货物是否具备"相符性"的标准,这就要求卖方在签订合同之前或之时进行上述提供,以便买方决定是否购买品质与此相同的货物。这也进一步表明本项规定仅仅适用于:双方在签订合同前便同意将"样品"和"样式"作为判断货物质量的情形;反之,如果在此时卖方仅仅向买方展示了某货物的"样品"和"样式",而并不承诺将它们作为判断合同下货物质量的依据,则不属于本项规定的调整范围。

如果在某一合同纠纷案件中同时具备以上三方面的要件,便适用本项规定。

第二,判断货物质量与"样品或样式"相同的标准。在具备上述条件下,就意味着在买卖双方同意卖方交付的货物必须符合"样品或样式"的特征。这样,这些"样品或样式"就成为判断货物是否具备"相符性"的标准。这意味着,如果交付的货物与"样品或样式"不符,这就构成了违约。问题是:如何才能认定交付货物的质量与"样品或样式"不符呢?

首先,比较合同中有关货物、样品或样式特征或品质的描述。在卖方交付样品或样式时,合同中也会对货物、样品或样式的特征进行描述;如果这样,那么就应该将卖方交付货物的特征和合同中描述的货物或样品特征、品质进行比较;如果它们之间没有差异,那么,卖方交付的货物就符合"样品或样式"的要求。

其次,直接将交付的货物与样品进行比较。如果合同中对货物和样品的特征没有明确的描述,就应该直接将货物和样品的特征进行比较。中国国际贸易仲裁委员会在 1996 年 9 月 18 日仲裁了一起农产品质量纠纷案。在该案中,中国湖南某集团公司与新西兰的进口商签订了农产品的销售合同,由湖南集团公司向新西兰进口商出口包括新鲜蘑菇在内的农产品。中方公司向新西兰公司交付了蘑菇作为样品,双方约定蘑菇的质量以交付的样品为准。仲裁庭裁定:样品是判断货物质量是否具有相符性的基准线;由于在本案中湖南公司最终交付的蘑菇既没有样品大,也没有样品厚,所以仲裁庭最终裁定:卖方交付的蘑菇不符合合同的要求。①

④ 常用包装或合适包装(d项)

本条第 1 款后半句"须按照合同规定方式进行装箱或包装"的规定表明:装箱或包装是否符合合同的规定也构成判断卖方的履约行为是否具备"相符性"的一个标准。本项规定是对第 1 款上述义务规定的一个补充,其补充作用体现在:如果双方没有按照本条第 1 款的规范在合同中对装箱或包装进行约定,那么便适用本项的规定,即卖方必须"按照同类货物通用的方式对货物进行了装箱或包装,如果没有此种通用方式,则按照足以保存和保护货物的方式进行了装箱或包装"。根据本项规定的字面意义,这里确定了两种判断卖方履约行为是否具有"相符性"的标准,即"通用方式"和"足以保存和保护货物的包装或装箱方式"。

第一,"通用方式"。根据本项规定,卖方首先必须按照"通用方式"对货物进行包装或装箱。那么,何为"通用方式"?《公约》没有对此进行规定。一般认为,这里的"通用方式"是指相同或类似行业中对同类货物所进行的包装或装箱习惯。②这一观点是成立的,例如,玻璃制品、电子产品、大宗农产品、大宗矿产品或新型水果等,它们分属不同的行业,也有着不同的包装或装箱习惯,而在相同的行业中对同类产品则通常有着相同的包装或装箱习惯。如果在同一行业中,各地的包装或装箱习惯并不相同,这时应该怎么办?有学者认为:应该适用国际贸易中通常适用的包装或装箱习惯,在没有此种习惯时,则适用卖方所在地常用的包装或装箱标准。③德国萨尔布吕肯高级地区法院在其于 2007 年

---

① CIETAC Arbitration proceeding(*Agricultural products case*),http://cisgw3. law. edu/cases/960918c2. html,访问时间:2020 年 7 月 10 日。

② Bianca/Bonell/Bianca, Art. 35, Anm. 2.7.2, http://www. cisg. law. pace. edu/ cisg/biblio/bianca-bb35. html,访问时间:2020 年 7 月 13 日;Schlechtriem/Schwenzer, *Kommentar zum Einheitlichen UN-Kaufrecht—CISG*, 7. Aufl. 2019, S. 772。

③ Bianca/Bonell/Bianca, Art. 35, Anm. 2.7.2, http://www. cisg. law. pace. edu/ cisg/biblio/bianca-bb35. html,访问时间:2020 年 7 月 13 日。

1月17日审理的一起案件中就认为应该适用卖方所在地的包装习惯或标准作为判断依据。[①]

　　但如果买方在签订合同前将其所在地强制性的包装规定告知了卖方,那么,便适用买方所在地或进口国标准。在一法国法院于1995年9月13日审理的一起案件中,一家法国进口商和一家意大利公司签订了买卖奶酪的合同,法国公司告知意大利公司奶酪将在法国市场上销售,并告知了法国法有关奶酪包装的要求;但是,由于意大利公司没有像法国法规要求的那样在交付奶酪的包装上标明奶酪的成分,奶酪无法销售,双方由此发生争议。在本案中,尽管奶酪本身没有质量问题,但法国法院依然判定:这属于违反《公约》第35条第2款d项的情形。[②]

　　第二,"足以保存和保护货物的包装或装箱方式"。本项还规定了"足以保存和保护货物的包装或装箱方式"。根据本项规定的字面意思,它仅仅适用于没有上述"通用方式"时,所以这种方式仅仅起着补充作用。通常情况下,如果销售合同涉及的是新产品或者专门为买方定制的特殊产品,就不存在上述"通用方式"。如何判断卖方用"足以保存和保护货物的方式"对货物进行了包装或装箱呢?对此没有统一的标准。原则上,人们必须根据货物的性质和种类,运输的种类和所需的工具、气候等因素来予以综合考虑。根据司法判例的实际,关键的考虑因素是:货物运送到目的地时是否受到了损坏?如果受到了损坏,通常就会审查卖方采用的包装或装箱方式是否足以保护货物。在上文提到的德国萨尔布吕肯地区高等法院于2007年1月17日审理的案件中,德国法院就是这样作出判决的。在该案中,德国买方向意大利卖方购买了一批大理石,合同中对包装方式没有进行规定,由独立承运人负责运输;在货物运至德国买方所在地时,大理石破损严重,德国买方拒绝付

---

　　① Appellate Court Saarbrücken (*Marble panel case*), http://cisgw3. law. pace. edu/cases/070117g1.html,访问时间:2020年7月13日。

　　② Appellate Court Grenoble (*Caito Roger v. Société française de factoring*),访问时间:2020年7月13日。

款,并由此引发争议。德国法院最终判定,由于意大利卖方没有根据《公约》第35条第2款d项的规定对大理石进行"足够"的包装,以保护它免受运输损坏,故违反了本项规定的义务。①

从司法判例看,"足以保存和保护货物的包装或装箱方式"是一个核心的判断标准,即使双方当事人约定了包装箱的样品,但如果最终货物发生损坏,法院依然会根据这一标准来审查卖方是否应该承担责任。在1996年4月29日墨西哥保护涉外贸易仲裁委员会仲裁的一起贸易纠纷中,就是如此。在该案中,一墨西哥进口商与一家阿根廷出口公司签订了购买8 490箱水果罐头的销售合同,墨西哥公司给阿根廷公司提交了一只纸箱作为包装样品,要求阿根廷公司按照该样品对水果罐头进行装箱。但在货物到达目的地时,墨西哥公司发现阿根廷公司采用的纸箱与样品不符,而且难以承受一般的冲击,导致罐头破损严重。仲裁庭最终裁定,阿根廷公司对水果罐头的包装不当,而且使用了与样品不同的包装箱,导致水果罐头受损,因而违反了《公约》第35条第2款d项的规定。②

"足以保存和保护货物的包装或装箱方式"不仅适用于由卖方安排货物运输的情形,即使买方自己在工厂所在地提取货物并安排货物运输,它也同样适用。在2006年12月14日德国科布伦茨上诉法院审理的一起葡萄酒瓶案中,法院就是这样判定的。在该案中,德国进口商向意大利公司购买葡萄酒瓶,双方约定工厂交货(Ex Factory),也即德国公司必须自己到意大利葡萄酒生产企业的工厂提取合同下葡萄酒瓶并用卡车将货物运回德国。在运到目的地后,德国公司发现几批葡萄酒瓶都存在严重的质量瑕疵,无法使用,故拒绝支付货款,并由此发生争议。法院最终判定:尽管买方承担运输期间的货物损坏等风险,但卖方没有为葡萄酒瓶提供充分的、保证其在卡车运输期间不受损坏的包装,

---

① Appellate Court Saarbrücken (*Marble panel case*), http://cisgw3.law.pace.edu/cases/070117g1.html,访问时间:2020年7月13日。

② Compromex Arbitration proceeding(*Conservas La Costeña v. Lanín*), http://cisgw3.law.pace.edu/cases/960429m1.html,访问时间:2020年7月13日。

故违反了《公约》第 25 条第 2 款 d 项下的义务。[1]

我们可以将上述四种义务统称为四类"相符性",如果卖方交付的货物不具备这四类"相符性",卖方的行为就构成违约。《公约》要求卖方承担此种义务是基于以下考虑:即使合同中对货物的质量没有明确的约定,卖方也应该保证货物具有这些"相符性",因为在通常的国际货物销售中,买方期望收到具有这些"相符性"品质的货物,这是买方的正当权益。

3. 免责例外(第 3 款)

本条第 3 款为第 2 款的例外,它规范了卖方免于承担第 2 款下责任的情形,据此,免除卖方责任的前提条件是"买方在订立合同时知道或者不可能不知道在货物上存在任何不符合合同规定之处"。这意味着:在具备本款规定的前提条件时,即使交付的货物存在第 2 款 a 项至 d 项提及的"不相符性",卖方也无需对此承担责任。可见,判断应否免除卖方上述责任的依据是:在相关的争议中是否具备了本款规定的免责条件。那么,本款规定了哪些免责条件呢? 根据本款前半句的字面意思,其中的一个条件是买方"知道"或"不可能不知道"第 2 款中所列明的不相符性,另一个条件是买方应该"在签订合同时"就已经"知道或者不可能不知道"。后一个条件比较简单,它意味着:如果买方是在签订合同以后"知道或者不可能不知道"此种不相符性的,卖方不得据此要求免除责任。下文重点讨论一下"买方知道"或"不可能不知道"这一条件。

3.1 "知道"或"不可能不知道"规则的内涵及其判断标准

对于"知道"这一概念,不存在着任何争议。那么,何为"不可能不知道"? 德国学者施温策认为:因买方本身存在"重大过失"而不知道。[2]在哪些情况下,买方才存在着此种"重大过失"呢? 在解决国际商

---

[1] Appellate Court Koblenz (*Bottles case*), http://cisgw3.law.pace.edu/cases/061214g1.html,访问时间:2020 年 7 月 13 日。

[2] Schlechtriem/Schwenzer, *Kommentar zum Einheitlichen UN-Kaufrecht—CISG*, 7. Aufl. 2019, S. 774.

事合同纠纷的实践中,国际上已经发展形成了以下三种比较客观、容易适用的判断标准。

第一,通过检查却没有发现"不相符性"。如果买方事前对货物进行了检查,而在货物中存在着肉眼就能发现的"不相符性",而买方却没有发现,这便构成了本款中的"不可能不知道"。在国际贸易的实务中,也存在着大量的"二手货"交易。如果销售合同的标的是二手汽车、服装等,有些瑕疵还是很容易用肉眼发现的。①

第二,通过专业检查却没有发现瑕疵。如果买方对交易的货物具有很强的专业知识,而且在交付货物之前也对货物进行了专门的检查,却没有发现货物中存在的瑕疵,这同样构成了本款中的"不可能不知道"。1997年10月28日,瑞士法院审理了一起意大利卖方和瑞士买方之间发生的购买二手推土机质量纠纷,根据合同约定,瑞士买方向意大利卖方购买若干批次的二手推土机;在交付货物之前,瑞士买方派专家对推土机进行了检查,并要求更换若干存在瑕疵的零部件,意大利公司根据要求进行了更换;但在瑞士买方收到推土机后,发现推土机还存在着其他缺陷,因而拒付货款。瑞士法院认为:在这里,由于买方对货物进行了事前检查,故他"不可能不知道"二手推土机中存在的瑕疵。

应该强调的是:尽管各国司法实践将"事前检查"作为判断构成"不可能不知道"的一个重要依据,但人们不能据此认为:买方承担事前检查货物的义务;如果买方没有履行这一检查义务,便构成了本款中的"不可能不知道"。学界和司法界的一致看法是:买方并不因本款中"不可能不知道"规则而承担对货物进行检查的义务。②但是,这并不排除买方可以在卖方交付货物前进行质量检查。

第三,买方挑选货物或卖方告知。如果买方自己挑选了合同下的货物,那么,他就应该发现货物中存在的"不相符"情形。如果他没有发

---

① Schlechtriem/Schwenzer, *Kommentar zum Einheitlichen UN-Kaufrecht——CISG*, 7. Aufl. 2019, S. 774.

② Honnold, Rn. 229; Staudinger/Magnus, Art. 35, Rn. 48.

现,这便构成了本款中的"不可能不知道"。①同样,如果在签订合同前,卖方已经发现货物存在着特定的瑕疵,并将此告知了买方。在这种情况下,即使买方确实没有注意到这些瑕疵,这同样构成了这里的"不可能不知道"。②

3.2　"不可能不知道"规则的适用边界

尽管在具备"不可能不知道"条件时,能够免除卖方本应承担的本条第 2 款下的责任。但其适用也不是没有边界的,其界限就在于卖方是否有恶意隐瞒的行为,在卖方恶意隐瞒时,便不适用这一规则。在 1996 年 3 月 21 日德国科隆上诉法院审理的一起案件中,买方自己是一个专门从事二手车交易的商人,他从卖方那里采购了一批二手车,并在交付前对该批二手车进行了检查,但后来发现该批二手车存在着严重的瑕疵。客观分析,这里已经具备了"不可能不知道"这一适用条件。但在该案中,法院判定卖方不得以"买方不可能不知道"为依据主张免责,因为卖方十分清楚:该批二手车实际投入营业的时间比随车文件上载明的时间要早两年,而且该批二手车实际行驶的公里数远远超过里程表上显示的数字,而卖方没有将这些信息在签订合同前告知买方。③

可见,对于"不可能不知道"没有统一的定义,必须根据个案中的具体情况予以分析确定。

在具备本款规定的免责条件时,卖方就不承担本条第 2 款下规定的保证货物相符性的责任。但应该指出的是第 3 款的免责规定仅仅适用于第 2 款列举的四种相符性要求,它不适用于本条第 1 款提及的合同对货物质量有明确规定的情形。另外,从司法实践看,如果卖方有意引用本款免除其承担的法律责任,他必须提供相应的证据证明已经具

---

①　UNCITRAL, *Digest of Case Law on the United Nations Convention on the International Sale of Goods*, 2016, p. 143.

②　Appellate Court Valais(*Second hand bulldozer case*), http://cisgw3.law.pace.edu/cases/971028s1.html,访问时间:2020 年 7 月 14 日。

③　UNCITRAL, *Digest of Case Law on the United Nations Convention on the International Sale of Goods*, 2016, p. 143.

备了本款规定的免责条件。①

4. 货物存在"不相符性"时的救济措施

如果卖方交付的货物不具备本条规定的"相符性",买方可以向卖方提出依约履行合同义务的要求。如果交付的货物发生数量短缺,买方可以根据《公约》第 51 条第 1 款结合第 46 条第 1 款的规定,要求卖方交付短缺部分货物。如果交付的货物存在着质量瑕疵,而由于存在此种瑕疵,卖方的履约行为已经构成了根本违约,则买方可以根据第 46 条第 2 款的规定要求卖方交付替代货物;如果并没有构成根本违约,而且可以修理的话,则可以根据第 46 条第 3 款的规定要求卖方进行修理。如果货物的"不相符性"构成了第 49 条第 1 款 a 项下的根本违约,买方还可以宣告合同无效。无论货物具备何种"不相符性",买方均可以根据第 50 条的规定要求降价,并根据第 74 条的规定提出损害赔偿请求。

第 36 条 卖方对"不相符性"的责任期限

Article 36

(1) The seller is liable in accordance with the contract and this Convention for any lack of conformity which exists at the time when the risk passes to the buyer, even though the lack of conformity becomes apparent only after that time.

(2) The seller is also liable for any lack of conformity which occurs after the time indicated in the preceding paragraph and which is due to a breach of any of his obligations, including a breach of any guarantee that for a period of time the goods will remain fit for their ordinary purpose or for some particular purpose or will retain specified qualities or

---

① UNCITRAL, *Digest of Case Law on the United Nations Convention on the International Sale of Goods*, 2016, p. 143.

characteristics.

译文

（1）卖方应按照合同和本《公约》的规定对风险移转给买方之时货物上业已存在的任何不符合同的情形承担（原译文为："负有"）责任，即使这种不符性（原译文为："不符合同情形"，下同）是在该时刻以后才变得明显的。

（2）卖方也应该对在上一款所述时间之后发生的任何不符合合同的情形承担责任，如果这种不相符性是由卖方的任何违反义务的行为引起的，包括违反其承担的任何担保义务，即保证货物能够在一段时间内适用于常用的目的或某种特定目的，或保持其特定的质量或性质（语序调整）。

目录

正文

1. 调整对象

由上可知，《公约》第 35 条规定了卖方承担的"相符性义务"，即他必须保证其交付的货物符合合同或《公约》的规定，否则，他必须对货物中存在的任何"不相符性"负责。在任何一起国际货物销售中，合同下的货物通常会经历以下几个不同的阶段：卖方准备货物，卖方将货物交付给独立的承运人或买方、承运人将货物从所在地运至约定的目的地，买方在目的地提取货物，买方使用货物或交付给最终消费者使用等阶段。客观地分析，在上述任何一个阶段，货物均能够出现第 35 条意义上的"不相符"情形；即使货物在卖方交付给承运人时完好无损，也可能因在运输过程中受损而不具备"相符性"，当然也可能在卖方交付货物之前就已经存在着某些隐性的瑕疵，直到最终用户使用该货物时才发现它。卖方是否必须对所有这些"不相符性"负责呢？第 35 条没有规范这一问题；而这正是第 36 条所要解决的问题。本条的调整对象是如何认定或判断在交付货物时是否已经存在着"不相符性"，进而确定谁应该对货物中存在的"不相符性"负责。本条包括两款，它们分别从不同角度规范了这一问题。其中第 1 款确定了一个基本原则：卖方应"对风险移转给买方之时货物上业已存在的"不相符性负责；第 2 款则延长了第 1 款确定的责任期限：在符合本款规定的条件下，卖方还必须对"风险移转给买方之后"发生的货物"不相符性"负责。

2. 风险转移时存在的不相符性（第 1 款）

本条第 1 款规定，"卖方应按照合同和本《公约》的规定对风险移转给买方之时货物上业已存在的任何不符合同的情形承担责任，即使这种不相符性是在该时刻以后才变得明显的"。据此分析，本款确定了一个分摊风险的基本原则：卖方应该对风险转移时业已存在的"不相符性"负责，而买方则对此后出现的"不相符性"负责。可见，本款规定对于判断卖方应否对货物中存在的"不相符性"承担责任非常重要。

2.1 "风险"及"风险转移"的内涵

由上可知，"风险转移"的时间点对于判断应否承担责任至关重要。但本款没有对"风险转移"这一概念进行界定。《公约》第 67 条至第 69 条中提及了"风险"及其"转移"这一概念。本条意义上的"风险"就是指合同项下的货物在买卖双方签订合同以后至买方收到货物之时或此后一段时间内基于各种不同的原因而出现的灭失、毁损或"不相符性"等情形。一个有着重要现实意义的问题是它是否包括因国家强制行政规定而给货物带来的风险呢？例如，某国颁布新的农药残留最低标准，禁止超过最低标准的农产品进入本国市场。传统的观点认为《公约》中的风险不包括上述由国家强制性法规所带来的风险,目前主流观点已经改变这种看法,认为此种风险也包括在《公约》内。[①]司法实践也肯定了这种看法。在 2002 年 2 月 18 日,比利时伊普尔商业法院审理了比利时卖方和法国买方之间的猪肉销售合同纠纷。在该案中比利时卖方已经交付了猪肉,但法国买方拒不支付货款,理由是交付的猪肉不符合合同规定,因为比利时卖方不能保证在比利时二噁英危机期间,这些肉没有被二噁英污染过,双方由此发生纠纷。比利时法院支持了卖方的诉求,因为在本案中,卖方不仅交付了货物,而且法国买方也已经接受了货物,经买方自己检查,合同下的猪肉也没有被发现二噁英。因为法国政府颁布了禁止进口比利时猪肉的法规而使得买方无法销售该猪肉,这一责任不应该由卖方承担,根据《公约》第 36 条第 1 款的规定,卖方仅仅对"风险转移"及交付前货物中的不相符性负责。[②]

风险转移又称"风险负担"的转移,它是指在国际货物买卖中,货物的上述风险在某一特定的时刻由卖方转移到买方。在风险转移给买方之前,如果货物发生遗失或损坏等风险,卖方必须承担由此而产生的损失;相反,如果这些风险发生在风险转移给买方之后,那么,买方就必须承担由此而产生的损失。这具体意味着,在风险转移之后,即使没有收到货物,或者收到的货物发生了严重的损坏,买方也必须支付约定的货款。至于风险于何时发生转移的问题,并不是本条规范的对象。根据国际贸易的实践,它既可以由双方约定,也可以直接适用《公约》第 67 条至第 69 条的规定或者 Incoterms 等国际贸易习惯的规定。

2.2 风险责任分摊原则

由上可知,本款确定了卖方应该对风险转移给买方时业已存在的"不相符性"负责的基本原则。在实际上,本款也将"风险转移给买方之时"这一时间点作为责任分担的分界线,进而确认了以下风险责任

---

① Schlechtriem/Schwenzer, *Kommentar zum Einheitlichen UN-Kaufrecht—CISG*, 7. Aufl. 2019, S. 1134.

② Rechtbank van Koophandel Ieper, Belgium, 18 February 2002, www.unilex.info/cisg/case/771,访问时间:2022 年 1 月 28 日。

分担原则:

其一,对于在这一时间点之前就已经存在的"不相符性"等风险,卖方必须对此承担责任,本款前半句"卖方应按照合同和本《公约》的规定对风险移转给买方之时货物上业已存在的任何不符合合同的情形承担责任",明确规定了这一点。各国法院基本上是根据本款规定来判断卖方是否应该对货物中"不相符性"承担责任的。例如,奥地利林茨地区高等法院于 2006 年 1 月审理的奥地利卖方和德国买方之间的汽车销售合同纠纷;在奥地利卖方交付汽车不久后,该车便被发现存在严重质量问题,经过多次修理依然无法解决,德国买方于是要求奥地利卖方换一辆新车,卖方拒绝,双方由此发生争议。奥地利上述法院最终支持了德国买方的主张,因为经过查证,发现争议汽车的质量问题在风险转移给买方之前便已经存在,而根据《公约》第 36 条第 1 款结合第 69 条的规定,对风险转移以前已经存在的质量瑕疵卖方必须负责。①

其二,对于那些在这一时间点以后才出现的"不相符性",卖方无需对此承担责任,相反,买方应该对此承担责任,本款前半句也蕴含着这一层意思。多国法院判决也肯定了这一点。在德国一家法院于 2019 年 4 月 13 日审理的案件中,德国买方从意大利一披萨盒生产商那里订购了若干数量的披萨盒,合同约定由独立承运人负责运输;在风险转移时即将披萨盒交付给承运人时,盒子完好无损,但在运输途中被损坏,买方据此拒付货款,由此发生争议。法院判定:根据《公约》第 36 条第 1 款的规定,意大利生产商不必对披萨盒的损坏负责,因为该损坏是在风险转移给买方后发生的。②另外,奥地利因斯布鲁克州高级法院在其审理的一起案件中同样确定了这一点。在该案中,一位于德国的花店主从丹麦某苗圃购买了一批雏菊苗,并将它们转售给了当地的客户,但许多客户向其抱怨雏菊未能开花;所以,该店主拒绝支付货款,理由是

---

① Oberlandesgericht Linz, Austria, 23 January 2006,www.unilex.info/cisg/case/1234,访问时间:2022 年 1 月 28 日。

② Lower Court Duisburg (*Pizza cartons case*), http://cisgw3.law.pace.edu/cases/000413g1.html,访问时间:2020 年 7 月 15 日。

交付的雏菊苗存在着不符合第35条规定的质量瑕疵。但法院没有支持其主张，因为他未能根据第36条第1款规定证明在风险转移给买方之前雏菊苗已经存在着"不相符性"，这表明：雏菊苗的瑕疵在风险转移给买方之后才产生。此外，他也未能证明卖方根据第36条第2款规定对雏菊苗的开花率提供了担保。①

其三，本款"……货物上业已*存在*的任何不符合同的情形……"中"存在"是指"不相符性"如质量瑕疵或数量短缺的客观存在，而不是指它们被发现。只要相关的"不相符性"在上述时间点之前已经存在，卖方便必须对此负责；即使它们是在该时间点以后才被发现的，也是如此。本款中后半句"即使这种不相符性是在该时刻以后才变得明显的"这一规定十分清晰地表明这一层意思。本款将"不相符性在风险转移前已经存在"作为判断卖方应否承担责任的依据是十分合理的。因为某些质量瑕疵只有在使用过程中才能发现；而且买方通常只有在目的地，即从承运人那里提取货物后才有机会检查货物。司法判决也持这一观点。一家瑞士法院在1998年1月15日审理的案件中表明了这一态度。在该案中，意大利买方从瑞士卖方购买了300吨加纳生产的可可豆，合同对咖啡豆的质量进行规定：其脂肪含量至少为45％，酸度不得超过7％。卖方根据合同的规定在可可豆装船之前委托独立的检测机构对可可豆进行检测，并向买方交付了该机构出具的合格证书；但在货物运至意大利后，买方再次对咖啡豆进行了检测，发现它不符合合同规定的质量指标；双方由此发生争议。法院认为，卖方在装运前对货物进行检验的目的是让买方开出信用证，它并不能证明在将货物交付给承运人时（风险转移时）咖啡豆不存在瑕疵，另外，卖方出具的检验证明并没有剥夺买方根据《公约》第38条规定在收到货物时对货物进行检验的权利；实际上，经过买方的检验，卖方交付的咖啡豆根本不能用于消费，所以，应该由买方举证说明：是因为在交付时咖啡豆中已经存在

---

① Oberlandesgericht Innsbruck, Austria, 1 July 1994，www.unilex.info/cisg/case/132,访问时间：2022年1月28日。

的隐性瑕疵导致后来的彻底变质。法院最终认同了买方提供的证据。检测机构进行检测之日与货物交付给承运人之日之间有三周的时间间隔，可可豆完全可能在这一期间发生变质；另外，卖方在将咖啡豆交付给承运人发送的信件中也暗示：咖啡豆在装运时已经存在着质量隐患，可能在运输过程中变质。但无论如何买方只有在收到货物时才能发现其质量瑕疵，所以，买方有权宣告解除合同，要求退还货款。①在1995年5月15日一家法国法院审理的一起案件中，法院更明确地确认了上述观点。在该案中，法国买方进口了美国卖方提供的安装了制冷机的卡车，但在美国卖方交付卡车后的15天后，卡车即不再制冷。法院判定：制冷机的质量瑕疵在风险转移时就已经存在，但在投入使用后才显示出来，所以，卖方必须根据《公约》第36条第1款的规定对此承担责任。②

3. 风险转移后出现的不相符性（第2款）

如上所述，根据第1款的规定，卖方仅仅对风险转移前已经存在的不相符性等风险承担责任，对此后产生的不相符性不再负责，相反它们应由买方负责。第2款为上述责任分担原则规定了一个例外：即在特定条件下，卖方的责任区间将延伸至在风险转移给买方之后才发生的不相符性，本款中"卖方也应该对在上一款所述时间之后发生的任何不符合合同的情形承担责任"这一表述明确表明了这一点。在确定这种例外情形的同时，本款还严格地限定了其适用条件，即"如果这种不相符性是由卖方的任何违反义务的行为引起的，包括违反其承担的任何担保义务，即保证货物能够在一段时间内适用于常用的目的或某种特定目的，或保持其特定的质量或性质"。以上限定是必要的，它显然可以防止无限制地扩大卖方的责任范围，进而防止风险分摊规则过分偏向买方。根据其字面意思，这里实际上确定了"卖方违反义务的行为"和"违反担保义务"两个不同的适用条件。

---

① Tribunale di Appello di Lugano，seconda camera civile(*Cocoa beans case*)，15.01.1998，www.unilex.info/cisg/case/368，访问时间：2022年1月15日。

② Appellate Court Grenoble(*Thermo King v. Cigna Insurance*)，http://cisgw3.law.pace.edu/cases/960515f1.html，访问时间：2020年7月15日。

3.1　卖方违反义务的行为

本款规定的第一种适用条件是风险转移以后发出的"不相符性"必须是"由卖方的任何违反义务的行为引起的"。仔细分析,这里包括三方面的要件:在风险转移后货物出现了第 35 条意义上的"不相符性"、卖方有违反义务的行为、在"不相符性"和"卖方有违反义务的行为"之间存在着因果关系。

"卖方有违反义务的行为"有很多,它通常是指卖方在签订货物销售合同以后所实施的违反合同义务的行为。这种行为既可能发生在风险转移以前,例如选择了没有资格的承运人、选择不足以保护货物的包装材料、使用手册中的说明存在着错误等;它也可能发生在风险转移以后,例如卖方在回收装运货物的集装箱时损坏了货物,或者卖方在承担安装机器义务时损坏了机器。卖方所有这些行为都导致交付的货物不符合合同或《公约》的规定。[①]有很多判例根据本款规定要求卖方承担责任。在 2006 年 12 月 14 日德国科布伦茨上诉法院就审理了一起此类案件:德国一个葡萄酒制造商从一家意大利葡萄酒瓶制造商那里购买了一批葡萄酒瓶,合同规定"工厂交货";所以,德国买方自己到意大利制造商的工厂门口提取了货物,并运回德国。但由于发现包装材料不合格致使葡萄酒瓶受严重损害,德国买方拒不付款,由此发生争议。法院最终判定,尽管风险在买方在工厂提取货物时已经发生了转移,但根据《公约》第 35 条第 2 款 d 项的规定,即使由买方承担运输风险,卖方也必须为货物提供适当的、足以防止受到损害的包装,而卖方显然违反了这一义务,而且由此导致葡萄酒瓶的破损,所以,卖方必须对风险转移以后所产生的"不相符性"负责。[②]

3.2　违反担保义务

本款规定的另一个适用条件是:卖方"违反其承担的任何担保义

[①]　Schlechtriem/Schwenzer, *Kommentar zum Einheitlichen UN-Kaufrecht—CISG*, 7. Aufl. 2019, S. 786.

[②]　Appellate Court Koblenz (*Bottles case*), http://cisgw3. law. pace. edu/cases/061214g1.html,访问时间:2020 年 7 月 15 日。

务，即保证货物能够在一段时间内适用于常用的目的或某种特定目的，或保持其特定的质量或性质"。那么，在什么条件下卖方才"违反其承担的任何担保义务？"笔者认为应该具备以下两个条件：其一，卖方对其交付的货物提供了质量担保。本款对"质量"或"担保义务"间接下了定义，即货物生产商或销售商"保证货物能够在一段时间内适用于常用的目的或某种特定目的，或保持其特定的质量或性质"。其二，在风险转移以后，货物在约定的保质期内出现了第35条意义上的"不相符性"。应该指出的是：这种质量担保仅仅适用于买方"正常使用"货物的情况下出现的不相符情形。如果这种不相符情形是由于买方的错误使用所致，卖方通常对此不负责。[①]在具备以上两个条件时，卖方必须承担第36条第2款下的法律责任。由此可见，判定卖方应否承担"违反其承担的任何担保义务"责任的关键因素是"质量担保"，下文就此展开论述。

（1）质量担保的种类

在国际贸易中存在着不同种类的质量担保，例如，国家强制性质量担保和企业自愿质量担保、明示质量担保和默示质量担保。本款意义上的"质量担保"是否包括所有这些种类的"质量担保"呢？

第一，国家强制性质量担保和企业自愿质量担保。所谓的国家强制性质量担保是指国家通过强制性法律法规规定的保质期；例如，我国于2010年颁布实施"三包"政策，它规定了18种商品如彩电、等离子电视机、液晶电视机的"三包"有效期，整机的保质期为一年，主要部件（主板、液晶屏、背光模组）为三年。在"三包"有效期内修理两次，仍不能正常使用的产品，消费者可凭修理记录和证明，调换同型号同规格的产品或按有关规定退货。而这里的企业自愿质量担保是指企业自愿为其客户提供的保质期。例如，在我国实施上述三包政策时，三星、索尼公司自己宣布将平板电视显示屏的保修期延长至三年。[②]无论属于哪一种

---

① Audit, Vente Internationale, S. 103; Honnold, Rn. 243.

② 王文郁：《三星、索尼宣布平板电视显示屏执行3年保修期》，2010年9月28日09:59《中国消费者报》；https://tech.qq.com/a/20100928/000304.htm，访问时间：2020年7月5日。

类，它们有着共同的功能：保证相关的产品在质保期内能够正常运作。在存在上述质量担保的情况下，如果相关的产品在保质期内出现了质量问题，卖方就违反了本款规定的担保义务，并据此承担责任。

第二，明示质量担保和默示质量担保。这里的"明示担保"通常是指产品生产者就产品性能所作的保证。例如空调生产者保证其空调能够正常工作两年。那么什么是"默示担保"？它通常是指由行业习惯所确定的保质期，例如食品行业或药品行业对某类食品或药品保质期的规定。此外，卖方在其就货物所作的销售广告中，也可能蕴含了这种默示担保。是否确实存在这种默示担保，必须分析广告的内容予以确定。①

第三，本款中的"质量担保"的内涵。它应该既包括国家强制性质量担保和企业自愿质量担保，也包括明示质量担保和默示质量担保。因为无论是国家强制性质量担保和企业自愿质量担保，它们均规定了保质期，产品生产者或经营者均保证其产品在该期限内维持正常的品质。就默示担保而言，在《公约》草案中本来采用的是"明示担保"这一概念，《公约》正式文本中则删去了"明示"这两个字。②这一修改表明，《公约》的制定者有意将本项规定的质量担保扩大至默示担保的范围。

（2）本款适用范围和第 35 条第 2 款适用范围之间的界限

但德国学者施温策对本款是否有独立的适用范围表示怀疑，他认为第 35 条第 2 款 a 项和 b 项已经规定：卖方交付的货物必须"适用于同一规格货物通常使用的目的"，或者"适用于买方在订立合同时曾明示或默示地告知卖方的任何特定目的"。在本质上，这两项规定均是对货物质量的要求，因而也属于质量担保。所以，他认为第 36 条第 2 款没有独立的适用范围，而仅仅起到举证责任倒置的作用。③笔者并不认

---

① Achilles，Art. 36 Rn. 5.

② Secretariat commentary on Article 36 of Draft Convention，见 http://www.cisg. law.pace.edu/cisg/text/secomm/secomm-36.html，访问时间：2015 年 2 月 6 日。

③ Schlechtriem/Schwenzer，*Kommentar zum Einheitlichen UN-Kaufrecht—CISG*，7. Aufl. 2019，S. 787.

同施温策的上述观点。因为本款中质量担保和第 35 条第 2 款质量要求还是有区别的,本款中的质量担保更加侧重"保质期",即在承诺的期限内,相关的货物必须维持承诺的品质;而第 35 条第 2 款则显然没有这一时间期限的要求。从西方国家的司法实践看,已有多起判决因为卖方提供的产品在其承诺的保质期内便发生质量事故而判定卖方必须对风险转移后发生的"不相符性"承担责任。①

(3)举证责任

在适用本款解决争议过程中,涉及的一个问题是:由谁举证卖方是否提供了担保。在国际商事诉讼中也同样适用"谁主张、谁举证"的原则。在奥地利一家法院于 1994 年 7 月 1 日审结的案件中,法院便判定:买方必须提供证据证明卖方对交付货物的质量作出了明示的担保,即保证其交付的植物能够在夏季生长开花;由于买方没有能够提供相应的证据,所以卖方不对植物没有在夏季生长开花的后果承担责任。②西班牙法院也持相同的观点,在 2007 年 5 月 15 日审理的一起案件中,西班牙法院要求买方提供证据证明卖方交付的货物违反了卖方自己承诺的五年保质期,否则卖方不承担第 36 条第 2 款下的责任。③

第 37 条　交货日截止前的补救权

Article 37

If the seller has delivered goods before the date for delivery, he may, up to that date, deliver any missing part or make up any deficiency in the quantity of the goods delivered, or deliver goods in replacement of

---

①　UNCITRAL, *Digest of Case Law on the United Nations Convention on the International Sale of Goods*, 2016, p. 152.

②　Oberlandesgericht Innsbruck, Austria, 1 July 1994, www. unilex. info/cisg/case/132,访问时间:2022 年 1 月 28 日。

③　Supreme Court(*Water apparatus case*), http://cisgw3. law. pace. edu/cases/070516s4.html,访问时间:2020 年 7 月 16 日。

any non-conforming goods delivered or remedy any lack of conformity in the goods delivered, provided that the exercise of this right does not cause the buyer unreasonable inconvenience or unreasonable expense. However, the buyer retains any right to claim damages as provided for in this Convention.

译文

　　如果卖方在交货日之前交付了货物,他可以在该日期到来之前补充交付任何缺漏的货物或任何数量短缺的货物,或交付替代货物,以替换那些不符合合同规定的货物,或消除已交付货物中存在的任何不符合合同规定的情形(原译文为:"交付任何缺漏部分或补足所交付货物的不足数量,或交付用以替换所交付不符合合同规定的货物,或对所交付货物中任何不符合合同规定的情形做出补救");但此种补救权的行使不得给买方造成(原译文为:"遭受")不合理的不便或引起(原译文为:"承担")不合理的开支。然而(原译文为:但是),买方保留根据本公约规定提起损害赔偿要求的任何权利。

目录

正文

1. 调整对象

　　在国际贸易中,出于各种原因,卖方有时会在合同约定的交货日期到来前就已经将货物交付给了买方，但之后却发现交付的货物中出现第 35 条列举的不相符情形。在这种情况下，解决问题的一种办法是赋予卖方采取补救措施的权利，消除交付货物中存在的不相符性。本条的规范对象正是这种卖方提前交付情况下行使补救权的情形。本条规定不仅赋予卖方以补救权，同时又对卖方行使这一权利进行了限制。本条由两句组成，其中第 1 句授予卖方在提前交付货物时采取补救措施的权利，为了平衡买卖双方的利益，《公约》制定者通过第 2 句赋予买方损害赔偿请求权。

与《公约》第 72 条相比，它们的调整对象有一定的重合之处，因为第 72 条规范了预期违约行为，所谓的预期违约行为显然是指：在合同规定的履行日期到来之前所进行的违约行为。而第 37 条规范的卖方提前交付具有不相符性货物的行为在客观上也属于预期违约行为，但两者的调整对象有着本质的区别：本条的调整对象仅仅是卖方进行的提前履行合同义务的行为，而且其中的违约行为并不构成根本违约，而第 72 条的调整对象为买卖双方当事人预期进行的、构成预期根本违约的行为。

2. 提前交货时卖方的补救权（第 1 句）

本条第 1 句规定"如果卖方在交货日之前交付了货物，他可以在该日期到来之前补充交付任何缺漏的货物或任何数量短缺的货物，或交付替代货物，以替换那些不符合合同规定的货物，或消除已交付货物中存在的任何不符合合同规定的情形"。由此可见，本句话不仅规定了本条的适用条件，而且规定了在具备适用条件时卖方拥有的补救权。

2.1 本条的适用条件

根据对本条第 1 句字面意思的分析，适用本条应该具有两方面的前提条件，即卖方提前交付了货物和交付的货物中存在着第 35 条列举的"不相符性"。

（1）提前交付货物

本句中"如果卖方在交货日之前交付了货物"表明了这一适用条件。《公约》第 33 条具体规定了卖方交货的时间；如果卖方在双方根据

第33条确定的日期之前交付了货物，便具备了这一适用条件。有关交付日期或期限的论述参见本书有关第33条的论述。

（2）交付的货物中存在着"不相符性"

这是指卖方提前交付的货物中存在着第35条列举的"不相符性"。本句授予卖方的补救权的规定中蕴含了这一适用条件，无论是本条有关"……补充交付任何缺漏的货物或任何数量短缺的货物"的表述，还是有关"以替换那些不符合合同规定的货物，或消除已交付货物中存在的任何不符合合同规定的情形"的规定，都是指第35条意义上的"不相符性"。

（3）在约定的交货日截止前完成补救

卖方必须在合同约定的交货日期截止之前采取上述补救措施，本条中有关"他可以在该日期到来之前补充交付任何缺漏的货物……"的表述，明确规定了这一点。这一时间限制不仅要求卖方在合同规定的交货日期届满之前采取补救措施，而且要求卖方必须在该日期结束之前彻底消除货物中存在的任何不相符性。如果卖方的补救行为延续到这一日期以后，那么卖方的补救行为就不再属于本条调整的交货日截止前的补救行为，而属于第35条规定的履行瑕疵行为。

（4）未"造成不合理的不便或引起不合理的开支"

卖方的补救行为除了受上述条件限制以外，还"不得给买方造成不合理的不便或引起不合理的开支"。本条第1句中的后半句明确规定了这一条件。问题是何谓"不合理的不便或不合理的开支"？

①"不合理的不便"。《公约》没有对这一概念进行定义。根据字面意思分析，卖方采取的补救措施是可以给买方带来不便的，这里禁止的仅仅是"不合理的不便"。那么判断"所带来不便""合理"与否的标准是什么呢？应该强调的是，对此没有统一的客观标准。但人们可以从以下几个因素来进行分析判断：首先，修理所需时间的长度。如果修理需要很长的时间，并由此影响了买方的正常生产和经营，便可以认定已经给买方带来了"不合理的不便"；其次，如果经过多次修理依然没有消除货物中存在的"不相符性"，或者没有经过事前沟通而突然要求上门

修理，也构成了上述"不便"；再次，如果卖方有意通过提交替代货物或零部件来消除"不相符性"，但卖方不愿意承担相应的运费，也可以认定已经给买方带来了"不合理的不便"。[①]当然，卖方的补救行为是否构成本条意义中的"不合理的不便"，应该在个案中根据具体情况予以具体分析。

② "不合理的开支"。卖方采取的补救行为应该会产生额外的费用。例如，在补充交付短缺的货物或交付替代货物时，均会产生额外运输费；在修理瑕疵过程中，可能需要购置零部件，需要聘请专家；此外，买方还可能因此而停工停产，所有这些均会产生额外的费用。这些费用显然是由卖方的补救行为而引起的，因而应该由卖方承担，即使买方垫付了这些费用，也是如此。如果卖方让买方预先支付高额的此类费用，而又不承诺偿付买方垫付的款项，这便构成了这里的"不合理的开支"。[②]

上述两个条件是选择性的，"不得给买方造成不合理的不便或引起不合理的开支"中的"或"字，表明了这一点。这表明：在具备上述任何一个条件时，买方均可以拒绝卖方的补救行为。这时，卖方也无权要求进行补救。反之，如果在不具备这两个条件的情况下，卖方则有权采取措施，买方也不得以任何借口拒绝卖方的要求。

2.2 卖方拥有的补救权

只有同时具备上述四个适用条件时，才适用本条规定，卖方也才能根据本条规定行使补救权。根据本条第1句的规定，卖方可以采取下列三类补救措施，以消除"不相符性"。

（1）补充交付缺少的货物

第37条首先规定的补救措施为："补充交付任何缺漏的货物"。这首先适用于卖方少交付了部分货物的情形。例如，卖方应该交付一整套生产汽车流水线的所有设备，但在交付的设备中却缺少了这批设备

---

① 高旭军：《联合国国际货物销售合同公约适用评释》，第一版，第175页；李巍：《联合国国际货物销售合同公约评释》，第214页。

② 高旭军：《联合国国际货物销售合同公约适用评释》，第一版，第175页；李巍：《联合国国际货物销售合同公约评释》，第214页。

中的部分零部件。此外,它还适用于交付的货物中存在数量短缺的情形。例如,卖方应该交付 10 万吨大米,结果他却仅仅交付了 9 万吨大米。在这两种情况下,卖方均有权将缺少的零部件或大米补充交付给买方。

（2）交付替代货物

本条明确规定的第二类救济措施为:"交付替代货物。"如果卖方提前交付的货物中存在质量缺陷或权利瑕疵,卖方有权采取这种办法。这里的质量瑕疵是指第 35 条中列举的"不相符性",而权利瑕疵则是指第 41 条和第 42 条规范的第三者对卖方交付的货物拥有所有权、质押权或卖方交付的货物侵犯第三者拥有的知识产权等情形。[①]在卖方交付替代货物时,通常可以要求买方退回已经交付的存在瑕疵的货物。[②]

（3）修复货物

根据本条规定,在货物存在质量缺陷的情况下,卖方还可以对它们进行修复。本条中有关"消除已交付货物中存在的任何不符合合同规定的情形"蕴含了这一权利。卖方可以自己委派专家进行修复,也可以委托专业的维修公司进行修复。这种修复既可以在买方所在地进行,也可以将货物运回后在卖方所在地进行。当然,卖方必须自己承担因为修复而产生的所有费用。

尽管本条仅仅列举了上述三类补救方式,但是本条的列举并不是穷尽的,卖方应该可以采取其他补救方法,消除货物中存在的瑕疵。从另一个角度分析,卖方根据本条规定所能够采取的补救措施与第 46 条第 3 款规定的在货物具有"不相符性"时买方有权要求卖方采取相应的补救措施,以消除此种"不相符性",是两个相对应的概念,两者的内涵也相同。当然,卖方行使上述补救权必须符合本条规定的限制性条件。

---

① 详见本书第 41 条中之论述。
② Herber/Czerwenka，Art. 37，Rn. 7.

3. 法律后果(第 2 句)

在卖方有权根据本条第 1 句的规定采取补救措施,消除货物中的瑕疵或其他不相符性时,会产生哪些法律后果呢? 本条第 2 句"然而,买方保留根据本公约规定提起损害赔偿要求的任何权利"回答了这一问题。据此分析,将会产生以下法律后果:

3.1 损害赔偿请求权

无论卖方是否通过采取补救措施成功地消除了货物中存在的"不相符性",买方均拥有损害赔偿请求权。在成功消除瑕疵时,买方有权要求卖方赔偿其因补救行为而垫付如运费、零部件采购费、聘请的专家费用等,也包括因此而遭受的损失,如停工停产而产生的损失;在补救不成功时,买方同样可以根据第 74 条等结合本句的规定来计算其因为卖方瑕疵履行而受到的损失。西班牙一家法院甚至判定:补救失败是买方根据《公约》第 50 条规定要求降价的一个先决条件。[①]当然,买方必须提供证据证明:他因为卖方的补救措施而遭受了损失。

3.2 其他法律后果

除了上述法律后果以外,结合《公约》的其他规定,在适用本条时,根据不同的具体情况还会产生以下两种不同的法律后果:

(1) 行使补救权时排除第 45 条及以下条款的救济措施

在卖方根据本条第 1 句规定拥有补救权时,买方不得行使其根据第 45 条及以下条款享有的救济权,因为这些救济权仅仅适用于在合同规定的交货日期截止后货物依然存在瑕疵或不相符性的情形。

(2) 拒绝补救时失去赔偿请求权

在卖方根据本条规定要求行使补救权时被买方无理拒绝,这时会产生何种法律后果呢? 本条对此没有规定。但根据《公约》第 80 条规定,如果因为买方的拒绝使得卖方无法采取补救措施,买方便失去了主张货物不具备相符性的权利。

---

① UNCITRAL, *Digest of Case Law on the United Nations Convention on the International Sale of Goods*, 2016, p. 155.

第38条　买方检验货物的时间

Article 38

(1) The buyer must examine the goods, or cause them to be examined, within as short a period as is practicable in the circumstances.

(2) If the contract involves carriage of the goods, examination may be deferred until after the goods have arrived at their destination.

(3) If the goods are redirected in transit or redispatched by the buyer without a reasonable opportunity for examination by him and at the time of the conclusion of the contract the seller knew or ought to have known of the possibility of such redirection or redispatch, examination may be deferred until after the goods have arrived at the new destination.

译文

(1) 买方必须在实际情况允许的（原译文为："在按情况实际可行的"）最短时间内检验或委托他人检验货物。

(2) 如果合同涉及货物运输，检验可推迟到货物到达目的地后进行。

(3) 如果货物在运输途中改运他地或买方将货物转运他人，不仅买方因此而（新增）没有对货物进行检验的合理机会，而且卖方在订立合同时已知道或理应知道有可能进行这种改运或转运（原译文为："这种改运或再发运的可能性"），则检验可推迟至货物到达新目的地后进行。

目录

正文

1. 调整对象

　　第 38 条的调整对象是买方的检验货物义务，本条第 1 款"买方必须在实际情况允许的最短时间内检验或委托他人检验货物"十分清晰地表达了这一义务；不仅如此，本条还规范了买方履行检验义务的时间。本条共包括三款。实际上，该三款针对三种不同的情形分别确定了买方履行检验义务的不同时间点。其中第 1 款确定了买方履行其检验义务时间的一般性规则，即应该"在实际情况允许的最短时间内"进行检验。在国际贸易实务中通常由承运人负责货物运输，针对此种情形本条第 2 款专门规定"检验可推迟到货物到达目的地后进行"。而第三款则针对国际贸易实务中时常出现的"改运或转运"这一种特殊情形而专门规定了检验时间，即"则检验可推迟至货物到达新目的地后进行"。

　　本条规定买方在特定期限内履行检验义务是十分必要的，因为它对于分清责任、顺利解决国际货物销售合同争议有着重要的作用。首先，它是判断卖方是否恰当地履行合同义务的重要标准。如果买方通过检验没有发现货物中存在着第35条规定的"不相符性",这便表明卖方恰当地履行了其合同义务。其次,它也有利于解决双方因交付货物中存在的"不相符性"而产生的争议。在国际贸易实务中,交付货物中存在着第35条列举的"不相符性"是引发合同争议的一个最重要的原因。但这种"不相符性"可能在不同的阶段产生,它既可能在卖方交付货物之前就已经存在,也可能是产生于运输过程中,或者买方或客户使用过程中。如果买方通过检验发现货物中已经存在着种种"不相符性",便基本上可以认为这与买方无关,同时卖方通常应该对此负责。

2. 一般情形下的检验时间(第1款)

本条第1款规定,"买方必须在实际情况允许的最短时间内检验或委托他人检验货物"。根据其字面意思,本款主要通过确定"检验对象""检验时间"和"检验方式"来规范买方的检验义务,下文就此分别进行探讨。

2.1 检验对象

根据本款规定,买方检验的对象是货物,本款最后四个字"检验货物"明确表明了这一点。这里的"货物"是指卖方为履行合同义务而应该交付的所有货物。所以,在卖方交付的部分货物存在着瑕疵时,它不仅包括卖方首次交付的货物,而且包括卖方因为瑕疵履行而事后补充交付的货物。[①]

买方应该检验货物中的什么东西呢?如上所述,是检查货物中是否存在着第35条列举的"不相符性",它既包括数量差异,也包括质量瑕疵。如果双方当事人偏离了《公约》第35条的规定而对货物的"相符性"另外进行约定,那么,买方就应该检查货物中是否存在着偏离合同规定的"不相符性"。由此可见,判断是否存在"不相符性"的依据有很多,首先是合同中有关货物数量、品质、特征、规格和包装等的约定,合同中要求卖方必须提交的货物技术指标说明书或用户手册等文件;其

[①] UNCITRAL, *Digest of Case Law on the United Nations Convention on the International Sale of Goods*, 2016, p. 156.

次是《公约》第 35 条的规定。除此之外,如笔者在第 35 条评析中所言,还包括卖方或制造者对货物所作的质量担保以及在买方提出明确要求时,还包括进口国实施的有关货物质量、卫生等的强制性规定和行业惯例等。①

2.2 检验时间

根据第 1 款的规定,买方必须"在实际情况允许的最短时间内"对货物进行检验。从这一规定中,我们可以得出以下两个不会存在争议的结论:其一,《公约》没有给检验时间作一个统一的、僵硬的规定,而是作了一个原则性的、有弹性的规定,当事人可以根据具体情况在几天或几周,甚至几个月之间进行选择。这一规定是十分科学的,因为国际贸易涉及的货物有成千上万不同的种类,既有容易腐烂变质的新鲜蔬果,又有煤矿石、铁矿石等大宗商品,还有数控机床等精密仪器等,对这些不同的货物进行检验需要的时间确实不同。其二,《公约》要求买方"尽快"对货物进行检验,本款中的"……最短时间内"表明了这一点。这表明买方不得拖延检验的时间,因为如上所述,买方越早通过检验确定货物中是否存在着"不相符性",便可以越早地确定此种"不相符性"是否与买方无关。

(1) 判断实际检验时间是否在本款要求的"最短时间内"的客观因素

尽管《公约》没有为检验时间的长度作一个客观的、统一的、明确的规定,而仅仅规定了"在实际情况允许的最短时间内"这一弹性的时间限制,但人们还是应该根据一些客观因素来判断:实际检验的时间是否超出了本款规定的时间限制。本款中"在实际情况允许的"这一规定也表明:本款中"最短时间内"不是主观的,而是客观的。"在实际情况允许的"通常是指与货物及其检验相关的各种客观因素,它通常包括交货时货物的种类和性质、所处的地点、包装的种类和方式。②从国际司法

---

① 详见本书第 35 条中之论述。

② Schlechtriem/Schwenzer,*Kommentar zum Einheitlichen UN-Kaufrecht—CISG*,7. Aufl. 2019,S. 806.

判例和仲裁实践看,法院和仲裁庭主要考虑以下因素:货物的种类、复杂性、检验的难度、易腐烂性、是否属于季节性货物、需要检验的货物数量、买方公司的规模、买方对货物的专业性、买方是否拥有进行检验的必要设施、买方为进行检验而需要付出努力的多少、买方预期使用或转售货物的时间、卖方急需了解货物是否缺乏"相符性"而且买方是否知道这一点、货物是否通过了交货前的检查、在交付前是否已经存在着"不相符性"、在检验期间是否有非营业日及其天数、买方要求卖方尽快发货的急迫程度、缺乏"相符性"的明显程度、除非立即进行检验,货物与其他货物混合的风险、"文化差异"、检查货物时是否需要进行拆卸或拆除包装、货物是否会出现重大的价格波动等。但买方忙或者检查能力有限,不属于上述应该考虑的因素。在买方收到卖方新交付的货物时,如果买方仍忙于检验同一卖方交付的上一批货物,这并不会延长本款中的"在实际情况允许的最短时间"的长度,因为法院认为:在国际贸易背景下,勤奋是所有贸易参与方的首要职责。[①]

(2)"最短时间内"的通常长度

在人们根据上述客观因素进行判断时,本款中"最短时间内"究竟是指多长呢?对这一问题,同样没有客观的、统一的答案;但是,学界和实务界根据不同的货物种类和性质,形成了以下几个得到普遍认同的观点:

第一,容易腐烂变质的货物。买方必须在卖方交付货物后立即对此进行检验。根据一般的国际贸易惯例,相关期限分别为几小时或几天。在美国伊利诺伊州北部地区法院审理的美国卖方和加拿大买方之间冷冻猪肉排骨销售合同纠纷案中,买方在收到货物后的第9天开始对排骨进行加工时才发现排骨已经变质。但美国法院认为买方应该能够在更早的时间发现,因为只要买方在收到货物时打开一些装有冷冻排骨的箱子,就可以发现冷冻排骨已经变质;所以,收到货物后第9天

---

① UNCITRAL, *Digest of Case Law on the United Nations Convention on the International Sale of Goods*, 2016, p. 156.

进行检验已经超出了本款要求的"最短时间"。[①]在德国一家法院审理的意大利卖方和德国买方之间的火腿销售合同纠纷中，德国买方以交付的货物已经变质为由拒绝支付全部价款，双方由此发生纠纷。德国法院驳回了买方的主张，理由是：火腿变质很容易发生，而德国买方在卖方交货后20天才发现，这超出了本款规定的"最短时间"；法院进一步发现，买方最晚应该在交付货物后的3天内进行检验，并再用3天时间发出通知，所以买方不得以火腿变质为由拒绝支付货款。[②]这一期限也适用于季节性很强的货物。

第二，必须与其他卖方提供的货物进行混合的货物。如果合同下的货物将与其他卖方供应的货物进行混合，那么，买方必须在进行混合前进行检验。例如，合同项下的货物为石油，买方购买石油的目的是将它加工成航空汽油，为了进行此种加工，他必须在石油中加入其他化学制剂。为了检验卖方交付的石油是否符合合同规定，他最晚必须在进行上述混合以前完成检验。

第三，对于通过加工而改变货物性质的货物，则最晚必须在对货物进行加工前进行检查。例如，麦子将被加工成面粉，面粉将被加工成面包，铁矿将被冶炼成铁锭等，均属于此类情形。

第四，对于不属于容易腐烂变质的耐久性货物，则一般根据检验项目的不同而对期限有不同的要求。如果检查货物的数量和种类，买方通常必须立即进行检验，这同样适用于通过目测就能发现的货物缺陷；但对于货物的质量问题，尤其是那些必须通过试用才能发现的质量瑕疵，或通过专家利用专门检测设备进行检测的货物，检验期一般比较长，从几星期到几个月不等。[③]在国际商事仲裁院于1989年仲裁的一

① U.S. District Court, North. District, Illinois, East. Div., 21-05-2004, www.unilex.info/cisg/case/974，访问时间：2022年1月29日。

② Amtsgericht Riedlingen, Germany, 21-10-1994, www.unilex.info/cisg/case/116，访问时间：2022年1月29日。

③ UNCITRAL, *Digest of Case Law on the United Nations Convention on the International Sale of Goods*, 2016, p. 157; Schlechtriem/Schwenzer, *Kommentar zum Einheitlichen UN-Kaufrecht—CISG*, 7. Aufl. 2019, S. 807.

起产品质量纠纷案中,买方聘请专家对货物进行检验,而且买方在货物被运送至目的地之前就已经安排专家准备检测,但买方难以确定该专家需要多长时间完成检测。国际商事仲裁院认为:买方的检验并没有超过《公约》第 38 条第 1 款规定的"在实际情况允许的最短时间内"。[①]

第五,双方约定的检验期。双方可以在合同中约定买方进行检验的期限,如果存在着此种约定,买方通常应该在该期限内进行检验,否认它便失去了基于"不相符性"而主张赔偿的权利。但在例外情形下,买方可以在该约定的检验期之外进行检验。例如,奥地利最高法院审理了一个德国卖方和奥地利买方之间的冷却系统销售合同纠纷案。根据合同规定,该系统将被送到买方在奥地利的场所进行测试,但最终将被安装在德国的一个尚未建成的水厂里;另外,卖方提供的格式条款规定:买方有义务在交货后立即检查货物,并在交货后 8 天内向卖方发出任何明显不符合要求的书面通知;由卖方通过修理货物或交付替代货物来补救任何不符合要求的情况。由于买卖双方之间有着多年的合作关系,买方知道这些格式条款的内容。由于卖方本身延迟交货,冷却系统最终不得不直接运送到施工现场;通过表面检查,买方发现了腐蚀、光洁度差等瑕疵,并立即通知了卖方;在安装好系统进行测试过程中又发现了更多的技术缺陷:效能过低、噪声过高。买方立即通知了卖方。此时已经远远超过了卖方格式条款中规定的 8 天期限,但卖方不仅没有对此通知提出任何异议,而且还同意修复这些缺陷。但修复并不成功,买方要求交付替代系统,卖方以格式条款中的 8 天限制和《公约》第 38 条、第 39 条的规定为由,予以拒绝。奥地利最高法院未支持德国卖方的主张,其理由是尽管买方进行检验的时间超过了合同规定的期限,而且买方可能超出了第 39 条"合理时间内"的限制发出瑕疵通知,但卖方无权据此进行抗辩,因为他在收到通知后的行为表明他放弃了这种权利。[②]

---

① ICC Arbitration Case No. 5713 of 1989, http://cisgw3. law. pace. edu/cases/895713i1.html,访问时间:2020 年 7 月 22 日。

② Oberster Gerichtshof, Austria,14-01-2002,www.unilex.info/cisg/case/858,访问时间:2022 年 1 月 29 日。

由上可知,司法判例和仲裁裁决对于本款中"在实际情况允许的最短时间内"有着不同的认定。这也进一步表明:对于这一概念没有统一的规定,必须根据具体案件中的"实际情况"予以分析判断。

(3)检验时间的起算日期

由上可知,本款中"在实际情况允许的最短时间内"可能是几天、几周或几个月。这不仅意味着买方必须在这些期限内对货物进行检验,而且应该完成检验。这里的一个关键问题是:这一期限于何时起算?本款对此没有明确规定。但学界一般认为:本款中的检验时间期限的起算始于卖方交货之日。①这一观点是成立的,这一观点符合《公约》其他条款的规定。第 31 条规定了交付货物的地点,第 33 条规范了交付的时间,第 36 条则调整了货物风险的转移时间。根据这些条款的规定,货物风险于卖方交付货物时由卖方转移给买方,而卖方也必须对风险转移前货物中存在的"不相符性"承担责任。可见,将交货日期作为本款中检验时间期限的起算日期,与第 36 条第 1 款中规定的卖方对"不相符性"的责任区间是相一致的。2007 年 1 月 27 日,比利时法院在审理一起比利时买方和法国卖方的货物质量争议所作的判决中也持这一看法。②

如果卖方按照合同规定分批交付了货物,那么,买方通常应该对每一次交付的货物进行分批检验,检验时间期限的起算日期则为每批货物的交付之日。如果买方购买货物的目的是用来生产新的产品,而卖方首次交付的货物还不足以使买方能够生产完整的产品,那么,可以将检验的开始时间推迟到卖方已经交付了足够买方用来生产的货物之时。如果卖方有义务安装货物,那么,检验时间期限的起算日则为卖方完成安装之日。③

---

① Schlechtriem/Schwenzer, *Kommentar zum Einheitlichen UN-Kaufrecht—CISG*, 7. Aufl. 2019, S. 809.

② Appellate Court Antwerp(*B.V.B.A. I.T.M. v. S.A. Montanier*), http://cisgw3.law.pace.edu/cases/070122b2.html,访问时间:2020 年 7 月 23 日。

③ UNCITRAL, *Digest of Case Law on the United Nations Convention on the International Sale of Goods*, 2016, p. 158.

2.3 检验方式

这里的检验方式包括多层意思,它既包括由谁负责检验,也包括是抽检还是全面检验,或者用肉眼进行检查,还是用技术设备进行检验等。对于检验方式首先适用第6条规定的意思自治原则,即双方当事人可以自行约定检验方式,如果合同中对此有规定,买方必须按照约定的方式进行检验。但在合同没有规定的情况下,则适用本款规定的方式。客观地分析,本款检验方式仅仅作了十分宽松的规定。据此,买方既可以自己检验,也可以"委托他人检验货物"。下文将从"检验人"、抽检或全面检验两个方面对检验方式进行论述。

(1)检验人

根据本款的字面意思,本款仅仅规定买方有义务对卖方交付的货物进行检验;从另一角度分析,这也表明本款授予买方全面负责货物的检验的权利。但买方究竟请谁进行检验,这完全是买方职权范围内的事。他既可以安排自己的员工、工程师等对货物进行检验;也可以委托"他人"负责检验,这里的"他人"既可以是买方自己的客户,也可以是中立的检验机构。他既可以单独进行检验,也可以与卖方进行联合检验。[1]各国的司法和仲裁实践也持相同的看法。[2]

(2)不同检验方式之间的选择

如上所述,买方在选择检验人方面有充分的自决权。在选定检验人后,检验人究竟可以采用何种具体的检验方式进行检验呢?

首先,买方拥有检测方式的选择权。我们大致可以将所有检验方式分成以下两组:感官检验和设备检验、抽检和全面检验。所谓的感官检验是检验人通过眼看、鼻闻、嘴尝、手摸等人体感觉器官对货物的品质、种类和数量进行检验;而设备检验是检验人借助化验等技术设备对货物的成分、内在质量进行检查。所谓的抽检是指在大量货物中随意

① Enderlein/Maskow/Strohbach,Art. 38 Anm. 1.

② UNCITRAL,*Digest of Case Law on the United Nations Convention on the International Sale of Goods*,2016,p. 157.

或按照一定的比例抽出特定的货物并对此进行质量检验,而全面检验显然是指对卖方交付的所有货物进行检验。本款并没有规定买方究竟应该采取何种检验方式,但由于本款授予买方全面负责货物检验的权利,这等于默示规定:买方可以根据实际情况需要自由决定采取抽检、感官检验、设备检验或其认为合适的方式对货物进行检验。

其次,对买方选择权的限制。尽管买方拥有检验方式的选择权,但是一般认为买方在行使这一选择权时还是受到一定的限制,即其选择的方式受到"合理性原则"的限制。所谓"合理性原则"包括三方面的意思:其一,所采用的方式适合于用来发现货物中存在的"不相符性";其二,支付的检验费是合理的,如果所作的检验十分奢侈,费用十分昂贵,便是不合理的;其三,尽量减少对货物的损坏或其他影响。为了检验货物的质量,有些需要打开罐头、溶解通过冷冻保鲜的食物、拆卸机器、打开包装箱等。这些检验措施可能会损坏相关的货物,并使这些货物无法销售或使用,为了检查货物的质量,采取这些措施是必要的;但是在这种情况下,买方显然只能采取抽检方式,必须限制检测货物的数量,否则就可能违反上述"合理性原则"。例如,瑞士法院于1998年1月27日审结的一起货物质量纠纷案中就判定:买方应该根据行业惯例结合货物的特性对货物进行"合理的"检验,如果货物涉及批量生产的产品,仅需要随机抽样;并且只有在货物某些特征难以检查,尤其是在必须确定货物的技术功能时,买方才能聘请专家;否则便属于不合理的。①

2.4 检验费用

如果合同中对检验费没有明确的约定,通常由买方自己承担检验所产生的费用。如果合同由于卖方的过失而被宣告无效,或者卖方补充交付了货物因此必须对货物进行新的检验,买方应该垫付检验费,但买方可以通过提起损害赔偿之诉来要求卖方予以补偿。

---

① District Court Schaffhausen(*Model locomotives case*), http://cisgw3.law.pace. edu/cases/040127s1.html,访问时间:2020年7月23日。

3. 涉及货物运输时的检验时间(第 2 款)

由上可知,第 1 款规定了通常情况下买方检验货物的时间期限,即他应该自卖方交货之日起"在实际情况允许的最短时间内"对货物进行检验。这意味着买方应该在卖方履行交货义务的地点对货物进行检验。根据本书在第 31 条的论述,卖方的交货地点首先是合同中约定的交货地点,如仓库所在地,或第 31 条列举的地点。本款规定了第 1 款的例外情形,即买方无需在卖方交货地点进行检验。本款规定,"如果合同涉及货物运输,检验可推迟到货物到达目的地后进行"。可见,本款前半句规定了其适用条件,后半句则规定了相应的法律后果。

3.1　适用条件:涉及货物运输

适用本款的一个重要前提条件是"合同涉及货物运输"。这一概念与第 31 条 a 项中"合同涉及货物运输"是一致的,它们均是指合同约定由独立的第三方负责将货物从货物所在地运至目的地,它既包括由卖方签订运输合同的情况,也包括由买方负责安排货物运输的情形。无论哪一种情形,卖方交货地点均是卖方将货物交付给承运人的地点。在《公约》的意义上,卖方将货物交付给承运人视同为交付给买方。①

3.2　法律后果:到达目的地后的"最短时间内"检验

在具备上述前提条件时,便出现了与第 1 款不一样的法律后果,即买方不是在卖方交付货物时检验货物,而是在货物运送至目的地后进行检验,本款后半句"检验可推迟到货物到达目的地后进行"明确表明了这一点。本款这样规定是十分公平合理的,因为在卖方将货物交给承运人时,买方不仅不方便对货物进行检验,而且实际上也没有可能进行检验。正因此,本款将检验时间推迟到货物到达目的地之后,这也是为了使买方有机会对货物的"相符性"进行仔细检查。

尽管检验的时间推迟,但在货物被运送至目的地以后,买方还是必须如本条第 1 款所述的"在实际情况允许的最短时间内"对货物进行检

---

①　UNCITRAL, *Digest of Case Law on the United Nations Convention on the International Sale of Goods*, 2016, p. 159.

验;与此相适应,买方的检验时间期限也从"货物到达目的地"时起算。

3.3　不适用第2款规定的例外情形

有时在具备本款规定的上述适用条件时,也不会适用本款的规定。从各国司法和仲裁实践看,主要有以下两种情形:

(1) 双方当事人在合同中约定的时间和地点检验货物

与《公约》的其他条款一样,第38条不是强制性的,所以,即使在符合本款适用条件的情况下双方当事人也可以在合同中另行规定检验地点。如果这样,自然不适用第38条的规定,而适用合同中的约定;而且这种约定既可以是明示的,也可以是默示的。1993年1月8日德国杜塞尔多夫上诉法院审理了土耳其卖方和德国买方之间发生的黄瓜质量纠纷案。在黄瓜被送至德国目的地后,买方发现黄瓜已经发生变质,无法用来加工成酸黄瓜,因而拒绝支付货款。在该案中,合同规定:卖方交付货物的地点是土耳其境内的装货地点,卖方负责在该地点将黄瓜装上冷藏卡车,买方的代表T先生确认交货时在该地点支付货款。德国法院根据这一合同条款中判定:合同条款已经约定在将黄瓜装车时进行检验,而买方的代表T先生则是已经在该时进行了检验的证人。①

(2) 在约定由承运人负责货物运输时在交付货物的地点检验货物

在双方约定由独立承运人负责货物运输时,便具备不适用第38条第2款规定的前提条件。在这种情况下,即使合同没有明确规定检验货物的地点,买方应该在卖方交付货物的地点对货物进行检验,并承认在交货地点的检验结果,而不得主张在货物运至目的地后再次对货物进行检验。在2008年1月17日,西班牙高等法院审理了一起西班牙卖方和德国买方之间二手摩托车质量纠纷案。在该案中,买方委托其在西班牙的代理人对卖方交付的二手摩托车进行了检验,发现摩托车有瑕疵,如刮擦的痕迹,另外还缺少几个零件,这已经构成违反合同第

---

① Appellate Court Düsseldorf (*Tinned cucumbers case*), www.unilex.info/cisg/case/17,访问时间:2022年1月24日。

九条规定的情形。但这些车辆完全处于可以驾驶的状态,且事先未发生任何事故,该代理人将上述检验结果通知了买方。但在车辆被运送至目的地后,德国买方又进行了检查,并发现了更多瑕疵,买方因此而决定拒绝支付货款。但法院最终判定:由于买方已经在交货地点检查了货物,故不得依据《公约》第38条第2款的规定在货物运至目的地后再次进行检验,尽管买方在实际上进行了再次检验,但法院不承认后一检验结果的效力。根据第一次检验结果,虽然货物存在着瑕疵,但买方知道这些瑕疵的存在,并同意接受这些货物。故摩托车并不存在第35条意义上的"不相符性",买方必须支付货款。①芬兰和德国等也有类似的判决。②

3.4　买方检验和承运人检验的关系

在卖方将货物交付给承运人时,承运人也会对货物的外观或外包装状态进行一般性的检查,并将外观或外包装上的瑕疵载入提单。如果提单中载明了这些瑕疵,买方收到提单后,应该立即根据第39条规定向卖方发出异议通知,但买方行使这一异议权并不影响他根据第38条第2款拥有的检验权。

4. 涉及货物改运或转运时的检验时间(第3款)

本条第3款规范了改运或转运货物的检验时间。据此,"如果货物在运输途中改运他地或买方将货物转运他人,不仅买方因此而没有对货物进行检验的合理机会,而且卖方在订立合同时已知道或理应知道有可能进行这种改运或转运,则检验可推迟至货物到达新目的地后进行"。根据对本条字面意思的分析,与本条第2款一样,本款前半句规定了本款的适用条件,而后半句规范了相应的法律后果。

4.1　适用条件

本条前半句规定了"改运或转运""卖方知情"和"无合理的检验机

----

① Supreme Court(*Used automobiles case*),http://cisgw3.law.pace.edu/cases/080117s4.html,访问时间:2020年7月24日。

② UNCITRAL, *Digest of Case Law on the United Nations Convention on the International Sale of Goods*, 2016, p. 159.

会"三方面的适用条件，下文分别进行论述。

（1）"改运或转运"

适用本款规定的第一个条件是货物被"改运或转运"，本款"如果货物在运输途中改运他地或买方将货物转运他人"这一句明确规定了这一条件。在本款中"改运"和"转运"是两个不同的内涵。前者是指在货物运输途中，即被运送至原定目的地之前被要求送往新的目的地，无论是买方还是买方的客户均可以向承运人发出上述"改运"指示。"改运"在国际贸易实务中并不少见，由于"提单"是物权凭证，在买方支付货款拿到提单时，相关的货物可能依然在运输途中，这时他完全可以将提单下的货物转售给位于另一地点的另一位买方，出售提单的买方就会指示承运人将货物运送至新的目的地。而所谓"转运"则是指买方或其客户在目的地接收货物后再将货物运送给位于新的目的地的下一位买方。①如果买方是一个中介的批发商，便通常会安排此类"转运"，他在收到货物以后通常会转运给其分散在不同的地点的客户。

（2）"卖方知情"

另外一个适用条件是"卖方在订立合同时已知道或理应知道有可能进行这种改运或转运"。如果买方已经在签订合同时明确告知卖方货物将会被"改运"或"转运"至某一新的目的地，卖方无疑已经知道改运或转运的可能性。②如果卖方知道买方是一个专门从事国际贸易业务的中间贸易公司，也知道该买方没有设施来接收、保管或运输这些货物，那么，卖方也应该知道改运或转运的可能性；因为这种贸易公司显然不是货物的最终用户，货物显然会被转卖给新的客户，这就有可能发生货物的"改运"或"转运"。美国伊利诺伊州北部地区法院在其审理的美国卖方和加拿大买方之间的冷冻猪排销售合同纠纷案中便持这一观点。在该案中，货物在卖方交付 9 天后才被检验，而且被发现彻底变质

---

① Schlechtriem/Schwenzer, *Kommentar zum Einheitlichen UN-Kaufrecht—CISG*, 7. Aufl. 2019, S. 810.

② Oberlandesgericht Köln, Germany, 22 February 1994, www.unilex.info/cisg/case/54, 访问时间：2022 年 1 月 29 日。

并被责令销毁。卖方认为买方私自进行了转运因而延迟了检验时间，但美国上述法院判定：卖方知道或应该知道排骨会被转送或重新发送，因为他知道买方只是一家"贸易公司"，它不拥有任何设施、砖瓦或卡车；因此，根据《公约》第 38 条第 3 款的规定，买方有权在冷冻猪排被运送至新的目的地以后进行检验。①应该指出的是：无论是"改运"还是"转运"，均无需得到卖方的同意。②

（3）"无合理的检验机会"

适用本款的另一个前提条件是"买方因此而没有对货物进行检验的合理机会"。在涉及货物"改运"时，买方显然没有合理的检验机会，因为在合同下的货物进行"改运"时，货物仍然处于运输途中，仍在承运人的控制之下，买方根本没有机会对货物进行检验。但涉及货物"转运"时，如上文所言，买方接收了货物，这意味着他也控制了货物，他应该有机会对货物进行检验。在这里的关键问题是：买方是否有"合理的"检验机会？对此应该在本条第 1 款规定的框架内考虑影响检验的各种因素，例如，货物的性质、检验的方式、货物的包装、买方接收货物至"转运"之间的时间长度等。美国一家法院在一起相关的判例中认为：如果买方仅仅有机会对货物进行简单的目测，这同样构成此处的"没有合理的机会"。③总之，没有一个客观的、统一的判断标准；相反，应该在个案中，根据具体的情况分析、判断买方是否有"合理的检验机会"。

在双方对是否具备上述条件发生争议时，买方应该提供证据证明：在具体的案件中已经具备了以上三个条件；尤其是他必须证明：卖方已经知情，而且在货物转运或改运之前，买方没有合理的机会对货物进行

---

① U.S. District Court，Northern District of Illinois，United States，21 May 2004，www.unilex.info/cisg/case/974，访问时间：2022 年 1 月 29 日。

② Schlechtriem/Schwenzer，*Kommentar zum Einheitlichen UN-Kaufrecht—CISG*，7. Aufl. 2019，S. 811.

③ Federal District Court（*Chicago Prime Packers，Inc. v. Northam Food Trading Co.，et al*），http://cisgw3.law.pace.edu/cases/040521u1.html，访问时间：2020 年 7 月 24 日。

检验。众多司法判例肯定这一观点。①

4.2 法律后果：到达新目的地后检验

在具备上述条件时，本款最后一句规定"则检验可推迟至货物到达新目的地后进行"。这表明本款并没有取消买方检验义务，而仅仅将其履行这一义务的时间点再次向后推迟。在推迟后，买方依然必须在第1款规定的"在实际情况允许的最短时间内"对货物进行检验，这一期限的起算时间点为：货物被运送至新的目的地之日。

5. 本条和《公约》第 39 条等的关系

由上可知，本条不仅确定买方的检验义务，而且规定了买方履行这一义务的时间。根据这一调整对象，本条规定与《公约》第 39 条有着十分密切的联系。因为本条下买方履行检验义务是第 39 条第 1 款中买方"发现和应该发现"货物中存在"不相符性"的前提条件，而且也是买方履行第 39 条第 1 款下通知义务的前提。所以，如果买方不履行第 38 条的检验义务，将会带来严重的法律后果：他便因此而无法发现货物中存在的"不相符性"，进而无法履行第 39 条规定的通知义务，这样就基本上失去了因货物中的"不相符性"而享有的救济权。可见，本条的规定十分重要，因为确定买方检验货物的时间，实际上也就确定了买方应该发现货物瑕疵的时间。最后应该指出的是：本条与第 58 条第 3 款有着本质的区别，本条确定了买方检验货物的义务，而后者赋予了买方在支付货款以前检验货物的权利。②

第 39 条　发出货物品质瑕疵通知的义务

Article 39

(1) The buyer loses the right to rely on a lack of conformity of the

---

① UNCITRAL, *Digest of Case Law on the United Nations Convention on the International Sale of Goods*, 2016, p. 160.

② 详见第 58 条第 3 款中之论述。

goods if he does not give notice to the seller specifying the nature of the lack of conformity within a reasonable time after he has discovered it or ought to have discovered it.

(2) In any event, the buyer loses the right to rely on a lack of conformity of the goods if he does not give the seller notice thereof at the latest within a period of two years from the date on which the goods were actually handed over to the buyer, unless this time-limit is inconsistent with a contractual period of guarantee.

译文

(1) 如果买方未能在发现或应该发现货物缺乏相符性以后的一段合理时间内通知卖方,说明缺乏相符性的性质,他就失去了援引此种缺乏相符性的权利(语序调整)。

(2) 如果买方最晚没有在实际收到货物之日起两年内将货物缺乏相符性的情形通知卖方,他无论如何失去了援引此种缺乏相符性的权利,除非这一时限与合同规定的保证期限不符(语序调整)。

目录

4.2　例外

正文

1. 调整对象

本条的规范对象是在买方主张货物中存在着"不相符性"时他所承担的通知义务以及不履行这一义务时的法律后果。本条是对《公约》第38条规定的逻辑延伸。由上可知，第38条规定了买方在限定时间内的检验义务，检验的目的是发现卖方交付的货物中是否存在着第35条的"不相符性"；在买方通过检验发现了此种"不相符性"时，他理应通知卖方，这是要求卖方对"不相符性"承担责任的必经步骤。而买方的通知义务便是本条的规范对象。本条解决的实际问题是：在国际贸易实务中，在买方发现上述"不相符性"时，他应该采取哪些措施，才能保证其本应享受的救济权不受影响。

本条共包括两款，它们分别从两个不同的方面规范了上述问题。其中第1款规范了一般情形下买方应该采取的措施：他应该在发现或理应发现"不相符性"后的一段合理时间内将此"不相符性"通知卖方；而第2款规范了例外情形下买方应该采取的措施：买方应该"在实际收到货物之日起两年内将货物缺乏相符性的情形通知卖方"。如果买方未能采取本条两款的措施，未能履行相应的通知义务，则买方便会面临相同的法律后果，即"他就失去了援引此种缺乏相符性的权利"。由于本条两款规定的法律后果相同，所以下文首先分别论述本条两款的适用条件，然后再探究该两款共同的法律后果。

2. 第1款的适用条件

本条第1款是要解决什么样的法律问题呢？本款前半句即"如果买方未能在发现或应该发现货物缺乏相符性以后的一段合理时间内通知卖方，说明缺乏相符性的性质"回答了这一问题。据此分析，本款所要解决的实务问题是：如果买方收到货物以后对货物进行了检验，通过检验发现货物中存在着数量短缺、质量瑕疵等"不相符性"问题，但买方没有将这一检验结果及时告知卖方，或者检验时没有发现潜在的质量瑕疵,但在以后使用该货物过程中发现了瑕疵的存在,然后再告知卖方。在这种情况下,买方是否依然有权对货物中的"不相符性"提出异议? 这是关系到买卖双方利益的实际问题。如果因此而剥夺买方的权利,显然过分维护卖方的利益,因为买方只能接受瑕疵货物而得不到任何补偿;反之,如果买方可以拖延很久才通知卖方,这显然过分维护买方的利益,而忽视了卖方利益,因为这实际上影响甚至剥夺了卖方基于这些瑕疵而对其供应商寻求补救措施的机会。

本款前半句不仅蕴含了本款所要解决的实际问题,它也蕴含了本款的适用条件。根据本款的字面意义,适用本款的一个重要条件是买方"未在合理的时间内履行通知义务"。为论述方便,笔者将这一条件分解成"未履行通知义务"和"在合理期限内"两个具体的适用条件。这一拆分应该是符合本款的原意的,因为本款不仅规定了买方的"通知义务",而且规定了买方必须在"合理期限"内履行这一义务。下文分别就此进行论述。

2.1　通知义务

由上可知,"未履行通知义务"构成了本款适用条件的一个组成部分。通知义务是指买方必须将其通过检验发现的货物中存在的"不相符性"通知卖方。那么,根据本款规定,买方是否应承担这一通知义务呢? 答案似乎是否定的,因为本款中并无"应该"或"必须"此类表达义务的用词。尽管如此,笔者依然认为这是买方的一项义务,因为在法律法规中责任与义务是一对孪生兄弟,如果某一法条中规定了不履行某行为时的法律责任,那么,可以反过来推定:履行特定的法律行为也是该主体应该承担的法律义务。本款规定就属于这一情形,本款前半句要求买方就其发现的"不相符性"发出通知,后半句规定了不通知卖方时应该承担的法律责任。荷兰、德国的司法判决和瑞典斯德哥尔摩国际商事仲裁院也均持这一观点。当然,买方承担这一义务的前提条件是:通过检验发现了货物中存在着第 38 条列举的或合同规定的"不相符性"。[①]与这

---

　　① UNCITRAL, *Digest of Case Law on the United Nations Convention on the International Sale of Goods*, 2016, p. 171.

一义务相关的问题还有:通知中应该包括哪些内容？买方可以采用何种通知形式？通知应该发给谁？

(1)通知内容

这里的通知内容是指:买方发出的通知中包括哪些内容时,他才履行了本款规定的通知义务？对于这一点,本款仅仅作了原则性的规定,即通知必须"说明缺乏相符性的性质"。那么,通知应该包括哪些内容,才算"说明缺乏相符性的性质"呢？《公约》没有规定。下文将从一般性的定义、通知内容符合本款要求的司法判例和通知内容不符合本款要求的司法判例三个方面对这一问题进行论述。

第一,一般性界定。学界和实务界一般认为:通知不仅应该详细、具体地说明不相符性的类型、性质,而且应该表明买方对此不满的意思。从另一个角度分析,通知的内容必须足够详尽具体,一旦卖方看到通知,他就明白货物中究竟存在何种不相符性,他应该采取哪些补救措施。例如,他是应该补充交付货物,还是交付替代货物,抑或是对货物进行修理。①国际司法实践的观点大致与此相同。通知中有仅仅说明货物中存在着"瑕疵",这是不够的,它必须具体而准确地描述"不相符性"的性质和程度,以便卖方能够采取相应的补救措施。那么,通知中对"不相符性"的性质和种类等描述究竟要多具体、准确,才符合本款的要求呢？对此,没有统一的答案。

第二,通知内容符合本款要求的司法判例。适用本款规定解决买卖双方有关货物质量纠纷的案例很多。在法院或仲裁机构适用本款过程中涉及的一个问题便是买方发出的通知是否满足了本款对内容具体性的要求。相关的法院和仲裁庭认为,下列通知符合本款的要求:通知中附上照片,而且照片中清晰地显示鞋子(货物)上的缺陷;在信件中明确说明"右侧靴子侧面鞋底有缝隙,皮革用料不足,左侧靴子前部皮革凸起,走路时硌脚,右侧鞋底有缝隙,用料不足,无法修理";或者"冷冻

---

① Schlechtriem/Schwenzer, *Kommentar zum Einheitlichen UN-Kaufrecht—CISG*, 7. Aufl. 2019, S. 818.

辣椒片是黄色和玻璃状的,百分之三十六的辣椒片已经被弄碎了,长度还比合同规定的短了 3 厘米,而且辣椒片已经发黏且结冰";"货物(机器)无法正常工作";等等。

第三,通知内容不符合本款要求的司法判例。也有许多法院或仲裁庭在其审理的案件中判定买方发出通知的内容不够具体,从而不符合本款的要求。被判定不符合本款要求的通知有:通知中仅仅说明合同下的商品即罂粟种子被香菜污染了,而实际上它是被小白菊污染的;通知仅仅提醒卖方机器设备尚未安装,所以它还没有处于可以随时投入使用的状况;通知仅仅表达了"不正确""特征不明显""交货错误""质量差""设计结构差"或者"不符合我们的期望"等一般性不满,或者在电话通知中买方仅仅向卖方订购新货物,同时简单地提及货物已遭损坏;或者仅仅在通知中一般性地抱怨缺少了货物,没有准确指出缺少哪些货物;或者仅仅在通知中简单地转告了其客户的抱怨,但却没有说明具体情形。[1]在德国一家法院审理的一起案件中,买方在其发送的通知中指出"加工粗糙、安装不恰当";法院认为这一通知的内容不够具体、明确,没有达到本款规定的"说明缺乏相符性的性质"的要求[2]。由此可知,尽管法院或仲裁机构拒绝承认通知内容符合本款规定的具体原因各不相同,但买方确实没有把通过检验发现的"不相符性"的种类和性质详细而准确地告知卖方,卖方收到此种通知后也不知道应该采取哪些补救措施。

(2)通知形式

本款没有明确规定通知的形式。根据《公约》第 6 条规定的意思自治原则,当事人可以自行约定通知的形式;如果存在着此种约定,那么买方必须采用约定的形式发出通知,书面形式是实践中经常约定采用的通知形式。在这种情况下,无论电报、电传、传真,还是邮件都属于有

---

[1] UNCITRAL, *Digest of Case Law on the United Nations Convention on the International Sale of Goods*, 2016, p. 175.

[2] Landgericht Muenchen I of 3 July 1989, www.unilex.info/cisg/case/6,访问时间:2022 年 1 月 29 日。

效的书面形式。[1]在没有约定的情况下，买方可以采用包括书面形式在内的任何方式通知卖方。为了提供有效的证据，即使买方在发出口头或电话通知后，也应该再向卖方发出一份书面通知。因为在国际实务界已经存在着这样一个共识：本条已经默示规定买方必须提供证据证明他已经在本条规定的期限内向卖方发出了通知。因此，如果买方主张已经通过电话向卖方发出了本款规定的通知，他就必须证明：何时打的电话、告知了哪些内容。如果买方不能证明这些内容，那么，就被推定他没有按照本款的规定发出通知。[2]在上文提及的美国伊利诺伊州北部地区法院审理的美国卖方和加拿大买方之间的冷冻猪排销售合同纠纷案中，法院便持这一观点。在该案中，货物在卖方交付9天后才被检验，被发现彻底变质并被责令销毁。卖方认为买方不仅没有及时对货物进行检验，而且没有在本款规定的期限内发出通知，故认为买方无权对猪排的变质提出赔偿主张。美国上述法院支持了卖方的主张，其理由是：如果买方主张及时对货物进行了检验，而且根据本条规定向卖方发出了通知，他必须提供证据证明这一点，但是他未能提供相关的证据。[3]

（3）通知对象

通知对象无疑是卖方，本款中"如果买方……以后的一段合理时间内通知**卖方**"这一规定十分清楚地表明了这一点。在国际贸易实务中，卖方通常是一个法人，谁有权代表卖方来收受本款意义上的通知呢？换句话说，具体接受买方通知的人是否有权代表卖方呢？《公约》没有规范这一问题，这个问题应该根据法院地所在国国际私法规则所指引适用的准据法予以解决。从司法判例和仲裁实践看，无论是买方和其客户之间进行的有关货物瑕疵方面的沟通信息，或者是买方直接向货

---

[1] 详见本书第13条中之论述。

[2] UNCITRAL, *Digest of Case Law on the United Nations Convention on the International Sale of Goods*, 2016, p. 172.

[3] U.S. District Court, Northern District of Illinois, United States, 21 May 2004, www.unilex.info/cisg/case/974, 访问时间：2022年1月29日。

物制造者发出的、告知其货物中存在"不相符性"的信息,还是买方向其与卖方中间人发出的告知货物瑕疵的通知,并不一定会均被认定为没有根据本款规定向卖方发出了通知。关键是看,上述信息收受者是否得到了卖方的授权,即他是否有权代表卖方接受此类通知。在德国波鸿地区法院于1996年1月24日审理的一起案件中,买方将货物存在瑕疵的信息告知了一个没有得到卖方授权的、无权处理此类信件的卖方员工,而且该员工也明确告知买方:自己仅仅是一个无权处理此类信息的销售人员,但买方依然向他发出了通知,该员工也保证会将相关信息通知转告卖方,但该员工实际上没有转告。本案中的一个争议点是瑕疵通知是否已经送达卖方,法院依然判定:买方没有履行本款规定的通知义务,因为卖方的员工并没有得到卖方的授权,他因此仅仅是买方聘用的信使,买方未能证明该信使已经将相关信息转告给了卖方本人。①当然,如果买方将通知寄送给了卖方的授权代理人,则满足了本款的要求。

（4）通知未被送达的风险

如果买方在本款规定的期限内向卖方发出了通知,他就履行了本款规定的通知义务。至于通知是否被按时送达卖方,买方的权利不受影响。因为本条意义上的通知属于《公约》第27条列举的"以适合当时情况的传递方式向对方当事人发出任何通知、要求或其他信件"。根据第27条的规定,只要买方能够证明他已经按照本款的要求向卖方发送了通知,他便履行了本款规定的通知义务。对于通知是否能够被按时送达卖方,或者是否被送达卖方,他无需负责。相反,卖方必须承担通知被延迟送达或没有被送达的法律风险。奥地利最高法院于2005年5月审理了罗马尼亚卖方和奥地利买方之间的研磨材料销售合同纠纷案,在该案中,买方拒绝支付价款,声称货物受到污染因而不符合合同

---

① Landgericht Bochum, Germany, 24-01-1996, https://www.unilex.info/cisg/case/194,访问时间:2024年6月22日。Oberster Gerichtshof, Austria, 24-05-2005, www.unilex.info/cisg/case/1050,访问时间:2022年1月30日。

的规定,并将此告知卖方,而卖方声称没有收到买方的上述通知。奥地利最高法院支持了买方的主张,因为买方已提出证据证明其在发现"不符合性"的合理时间内**向卖方发出通知**,从而履行了本款规定的通知义务。根据《公约》第 27 条规定,延迟或送达失败的风险由收件人承担,所以,买方有权拒绝支付货款。①

2.2　合理期限

由上可知,"发出通知"仅仅是适用本款的一个条件,除此之外,还应该具备"合理期限"这一条件。这一条件是指:买方应该在"合理期限"内向卖方发出通知,本款前半句"如果买方未能在发现或应该发现货物缺乏相符性以后的一段合理时间内通知卖方"这一表述中蕴含了这一条件。与此相关,至少存在着两个值得探究的问题:本款中的合理期限究竟有多长？合理期限应该从哪一天起算？

(1) 合理期限的长度

这是指本款中的合理期限究竟有多长时间？几小时、几天,还是几周？这一问题关系到买方是否有权主张货物中存在"不相符性",因为根据本款的规定,如果买方没有在"合理期限"内发出通知,"他就失去了援引此种缺乏相符性的权利"。《公约》并没有为本款中的"合理期限的长度"规定一个统一的标准,所以,它应该由审理争议的机构在个案中根据具体的案情予以确定。尽管如此,在确定"合理期限的长度"时,应该考虑平衡买卖双方的利益:既不能授予买方一个过长的期限,从而牺牲卖方的利益,也不能给买方限定一个极短的期限,从而剥夺了买方正当的异议权。在这一原则下,结合国际商事合同界的理论和实务界的判例,在具体案件中考量买方是否在"合理期限"内发出通知时,首先应适用合同中的规定;如果合同对此没有规定,则通常应该考虑以下与合同及其履行相关的因素:

第一,有效的贸易惯例或交易习惯。法院或仲裁机构应该查明在

---

① Supreme Court(*Grinding stock case*),www.unilex.info/cisg/case/1050,访问时间:2022 年 1 月 30 日。

双方当事人之间是否适用特定的贸易惯例或交易习惯，或者审查在与合同货物相关的贸易行业中或在买卖双方所在的地区是否存在着相关的贸易惯例或习惯做法；如果存在着此类惯例和习惯做法，而且它们对买方发现货物"不相符性"时的通知期限有相应的规定，那么应该按照规定来确定买方是否在本款规定的"合理期限内"发出了通知。德国、奥地利等多国法院根据此类惯例来确定本款中"合理期限"的长度。例如，奥地利最高法院于 2000 年 3 月审理了德国卖方和奥地利买方之间的木材销售合同纠纷，在该案中，奥地利买方宣称：德国卖方交付了不同种类的木材，因而构成违约，并拒绝支付货款；而德国买方则主张：根据德国木材交易惯例，买方应该在交货后的 14 天内告知卖方"不相符性"的性质，买方没有在 14 天内履行这一通知义务，所以无权基于木材的"不相符性"而对卖方提出任何权利主张。奥地利最高法院支持了德国卖方的主张，因为根据《公约》第 9 条第 2 款的规定，即使不是国际性的惯例，只要它在当地进行的国际贸易中广为人所知，而且经常被人们所遵从，地区性的贸易惯例也对双方当事人有约束力；德国木材交易中存在的惯例符合第 9 条第 2 款的规定，因而对双方有约束力。①

　　第二，货物的种类和性质。具体而言，如果双方交易的是属于易腐烂变质的货物或季节性很强的货物，那么，"合理期限"就很短，可能只有几小时，最长只有几天，多国司法判例认同这一观点。例如，德国慕尼黑地区法院审理了一起荷兰卖方和德国买方之间的鲜花销售合同纠纷。在 2005 年 4 月至 12 月之间，双方一直存在着持续的合作关系，其间，德国买方通过电话向荷兰卖方订购鲜花，荷兰卖方在每次发送鲜花后出具相应的发货单，根据约定买方应该在出具发货单后的 45 天内支付货款。但买方仅仅支付了部分货款，故荷兰卖方向德国上述法院起诉，要求德国买方支付剩余的货款，但德国买方主张：拖欠货款涉及的鲜花质量存在着严重的瑕疵，故拒绝支付该部分货款。德国上述法院

---

① Oberster Gerichtshof Austria，21-03-2000，www.unilex.info/cisg/case/478，访问时间：2022 年 1 月 30 日。

驳回了买方的主张,其理由是:在货物容易腐败变质时,买方应该在交货后的几个小时内,无论如何都必须在几天内告知卖方"不相符性"的性质;由于本案中的货物是鲜花,买方必须在尽可能短的时间内对鲜花的质量进行检验,并以尽可能快的速度向卖方发出相应的通知,但买方未能证明他向卖方发出了这一通知。法院据此认为,买方没有在"合理时间"内履行通知义务①。对于不属于上述种类的耐用物品,"合理期限"显然要比上述时间更长,但各国司法实践对此并无统一的认知,最短的为几周,最长的则为数月。②德国、瑞士法院最近的司法判决倾向于采取"中庸之道",即本款的"合理期限"原则上是指一个月。③

第三,买方方面的因素。为了维护买方的利益,在确定"合理期限的长度"时,应该考虑买方的诉求和困难等因素。在诉求方面,主要应该考虑买方将要采取的救济措施。如果买方有意保留货物,而仅仅要求损害赔偿或降价,那么,"合理期限的长度"便应该长一些;反之,如果买方有意退货,那么,该期限便应该很短,或者说买方必须迅速向卖方发出通知,因为这样卖方可以有时间考虑是否能够采取相应的补救措施,或者安排将货物运回事宜。在困难方面,主要应该考虑买方收集和检查证据所需的时间。在通常情况下买方是一个贸易中间商,他很可能在检验货物前就已经将货物转卖给了其客户,这时他需要其客户向其提供有关货物中存在着的"不相符性"的信息,并需要对这些信息进行验证。如果这样,"合理期限"就应该比买方自己为货物用户时更长。

第四,卖方方面的因素。为了保护卖方的权益,在确定"合理期限"的长度时,还需要考虑卖方的因素,尤其应该考虑到拟确定的"合理期限长度"是否使卖方有机会采取相应的补救措施。如果卖方还能够通

---

① Landgericht München I(District Court Munich I),Germany,18 May 2009,https://cisg-online.org/files/cases/7915/fullTextFile/1998_19469543.pdf,访问时间:2022年1月30日。

② Staudinger/Magnus,Art. 39,Rn. 43.

③ Schlechtriem/Schwenzer,*Kommentar zum Einheitlichen UN-Kaufrecht—CISG*,7. Aufl. 2019,S. 826.

过交付替代货物或维修来消除货物中存在的"不相符性",而且买方也同意接受此种补救办法,那么,"合理期限的长度"便可以长些;反之,则应该短些。此外,还应该考虑到卖方自己是不是货物的直接生产者或制造者;在卖方仅仅是贸易中间商时,本条中"合理期限的长度"应该短些,因为这样可以保证卖方有时间向其供应商要求采取相应的救济措施,反之,则可以稍长。

总之,在具体的案件中,法院或仲裁机构应该考虑各种因素确定"合理期限的长度"。

(2)"合理期限"的起算

在"合理期限的长度"确定后,就应该探究"合理期限"从哪一天开始起算?这也是一个关系到买方是否在"合理期限"内发出瑕疵通知的问题。对这一问题,本款已经作了明确的规定,即自"买方**发现**或**应该发现**货物缺乏相符性"这一时刻起。

①"买方发现"之时

买方是否发现了货物中的"不相符性",一个重要的判断标准是他是否履行了第38条规定的检验义务。针对不同性质的"不相符性",买方发现的时间也不相同。

首先,卖方履行交货义务时发现。有关货物数量短缺、外包装损坏等仅仅凭感官就能发现的"不相符性",卖方按照合同或《公约》的规定交付货物的时间,通常便是买方的发现时间;即使对相关货物的质量检验还没有结束,也是如此。但适用这一起算时间点离不开一个前提条件,即双方约定买方派人在卖方交货时对交货过程进行监督。从国际商事合同法的司法实践看,这里的买方不仅是指买方本人,而且包括买方的授权委托人。2007年1月17日,德国萨尔布吕肯上诉法院审理了意大利卖方和德国买方之间发生的天然大理石纠纷案。在该案中,德国买方向意大利卖方购买了特定数量的天然大理石,最后由于大理石数量短缺而发生纠纷。合同约定卖方在其大理石加工厂交货;在卖方交付货物时,买方委派了其授权代表进行现场监督,由此买方应该在当时便发现大理石数量的短缺;但由于其授权代表的疏忽,买方实际上在较晚的时候才发现这一点。法院依然判定：本款意义上的"合理期限"从买方代理人在交货现场检验交货时起算，因此买方没有在本款规定的"合理期限"内向卖方发出通知。①

其次，买方履行《公约》第 38 条检验义务时发现。如笔者在第 38 条部分所言，买方必须按照合同或《公约》的规定对货物进行检验，上述检验结束的时间，便是买方发现"不相符性"的时间。芬兰图尔库上诉法院于 2005 年 5 月审理了西班牙卖方和芬兰买方之间的 40 吨红辣椒粉销售合同纠纷。合同规定这些粉末需要经过蒸汽处理以降低其中的微生物含量，但在卖方交货后，买方委托的实验室对货物样品进行测试，发现红辣椒粉粉末是用辐射而不是用蒸汽进行处理的。根据适用于芬兰和西班牙的欧盟指令，所有经过辐射处理的消费品都必须在商品包装上标明这一点。本案争议的焦点问题是：卖方用辐射处理辣椒粉粉末是否构成《公约》第 35 条意义上的"不相符性"？在构成"不相符性"时，买方是否在第 39 条规定的"合理期限"内履行了通知义务？芬兰上述法院判定：尽管合同没有明确排除辐射处理方法，但由于买卖双方均在这一领域拥有丰富经验，均熟知欧盟指令的相关规定，所以，西班牙卖方没有使用合同规定的方法处理辣椒粉粉末构成了"不相符性"。而且买方在获悉国家实验室的检验结果后立即将"不相符性"的性质通知了卖方，所以，他已经在第 39 条规定的期限内履行了通知义务。因此买方可以据此对卖方提起损害赔偿之诉。②

最后，转售时以买方客户发现瑕疵时为准。上述确定买方知道时间的原则也适用于转售或转运的货物。因为在买方将货物转售他人时，他通常没有时间对货物进行检验，所以，应该将其客户发现瑕疵的时间视为买方发现的时间。2006 年 9 月 13 日，德国柏林地区法院（District

---

① Appellate Court Saarbrücken(*Marble panel case*)，17 January 2007，https://cisg-online.org/files/cases/7561/abstractsFile/1642_91055520.pdf，访问时间：2022 年 1 月 28 日。

② Hoviokeus/hovrätt Turku, Finland, 24 May 2005, www.unilex.info/cisg/case/2019，访问时间：2022 年 1 月 30 日。

Court)审理了此类案件。在该案中,德国买方于 2004 年 5 月 14 日以 9.4 万欧元的价格从意大利卖方那里购买了一辆二手车。销售合同规定的该车的初始注册日期为 2004 年 1 月 16 日,里程为 8 700 千米。德国买方于 5 月 15 日将该车转售给一位法国客户,2004 年 9 月 17 日该客户将该车进行登记时发现该车的初始注册日期为 2002 年 11 月 10 日。该客户因此而产生不满,并将该车退回给买方。尽管卖方主张在其于 2004 年 5 月 19 日寄给德国买方的发票中已经显示该车的交付日为 2002 年 11 月 10 日,其于 2004 年 6 月 15 日寄给买方的购车合同中也明确显示了这一日期。但法院依然判定:由于在本案中买方将二手车转卖给了法国客户,所以,应该将该客户发现瑕疵的日期即 2004 年 9 月 17 日视为买方知道的时间,而不是 2004 年 5 月 19 日,由此,买方在《公约》第 39 条第 1 款规定的"合理期限"内向卖方发出了通知。①

②"买方应该发现"之时

在哪一时刻为"买方应该发现"之时呢? 从国际商事合同法界主流观点和实务界的判例看,主要判断标准同样为买方根据《公约》第 38 条承担的检查义务,但具体应该考虑以下几个不同的因素:

首先,"不相符性"是否能够通过人的感官初步检验发现。如果通过买方的感官的初步检验应该能够发现"不相符性",即使买方在实际上没有发现,买方完成初始检验的时间也会被视为"买方应该发现"之时。上文提及的德国萨尔布吕肯上诉法院于 2007 年审理的意大利卖方和德国买方之间发生的天然大理石纠纷案便是一个很好的例子。在该案中,德国买方主张意大利卖方交付的大理石数量少于合同的规定,但德国法院没有支持其主张,因为买方授权代表根据合同约定已经在卖方交付大理石的地点对卖方的交货行为进行了检查,他应该在此时发现数量短缺并提出异议,但他没有在当时发现并提出这一点,因此买方在这一时间点之后发现的数量短缺不能成为支持其主

①　District Court Berlin(*Aston Martin automobile case*),http://cisgw3.law.pace. edu/cases/060913g1.html,访问时间:2020 年 7 月 28 日。

张的依据。①

其次,"不相符性"是否能够通过专业的检验机构发现。如果委托专业机构进行检测,该机构也应该能够发现质量瑕疵,那么,该机构完成检测的日期便是"买方应该发现"之时。2003 年 6 月 11 日,美国联邦上诉法院在其审理的一起美国卖方和厄瓜多尔买方之间的汽油质量纠纷案中便持这一观点。在该案中,美国卖方向厄瓜多尔买方销售了 14 万桶无铅汽油,合同约定由买方指定的第三方检测机构对汽油质量在卖方交付货物前进行检测;但该检测机构在检查时没有发现任何质量问题,买方在收到货后发现质量不符合合同的规定。但美国联邦上诉法院在本案中判定:尽管该检测机构在事实上没有发现这一瑕疵,这里已经构成了本款中的"应该知道";因为该检测机构是一个专业机构,而发现汽油质量瑕疵并不需要复杂的技术,该机构应该能够发现汽油中存在的质量瑕疵,故其完成检测的时间便是"合理期限"起算的日期。②

再次,"不相符性"是否属于通过常规检测难以发现的潜在的、隐性质量瑕疵。如果属于此类瑕疵,则专业检测机构或用户实际发现此类瑕疵的时间为"买方应该知道"的日期。德国萨尔布吕肯地方法院在其于 6 月 1 日审结的一起案件中便肯定了这一观点。在该案中,波兰的卖方与德国的买方签订了购买二手欧洲货物托架的销售合同,合同规定该欧洲托架的原产地为波兰,至少在波兰修理。卖方于 2000 年 3 月至 2001 年 12 月分四批向买方交付了货物,2002 年 1 月 29 日买方委托海关检测机构对货物进行检验,2002 年 6 月 3 日买方收到了检测机构寄来的检查报告,称货物的原产地并不是波兰,也不是在波兰进行修理的。6 月 18 日买方将该检测结果通知了卖方。买方据此要求损害赔偿,卖方以买方没

---

① Appellate Court Saarbrücken(*Marble panel case*),17 January 2007,https://cisg-online.org/files/cases/7561/abstractsFile/1642_91055520.pdf,访问时间:2022 年 1 月 28 日。

② Federal Appellate Court[5th Circuit](*BP Oil International v. Empresa Estatal Petroleos de Ecuador*),http://cisgw3.law.pace.edu/cases/030611u1.html,访问时间:2020 年 7 月 28 日。

有在本款规定的"合理期限"内发出通知为由予以拒绝。但法院判定:欧洲货物托架的原产地是由铁路企业标记的,通过感官检查根本无法发现,所以"买方应该知道"的时间为德国海关检测机构出具报告的日期,所以,买方依然在本条规定的"合理期限"内履行了通知义务。①

最后,应该指出的是:本款中"合理期限"的起算日期仅仅为"买方发现或应该发现货物中不相符性"之日。在这一日期之前,相关的"不相符性"是否给买方造成损失并不重要,即使没有给买方造成任何损失,该"合理期限"也自此日开始计算。

2.3　与《公约》第 49 条第 2 款中"合理期限"的关系

《公约》第 49 条第 2 款也规定了"合理期限",据此如果买方没有在"知道或应该知道"卖方违约行为后的"合理期限内"宣告合同无效,便失去了宣告合同无效的权利。这里两个"合理期限"的起始时间是否相同呢? 多数司法判决认为:本款中"合理期限"不同于第 49 条第 2 款中的"合理期限",即后一"合理期限的起始时间点"要晚于本款中的"合理期限"的起始时间点,买方完全可以在本款中的"合理期限"结束后再通知卖方其将要采取的救济措施。但个别法院持不同的看法。②笔者认同司法实务界的主流观点,因为第 39 条第 1 款下通知义务是为了让买方发现"不相符性"以后及时通知卖方,以便双方能够及时协商并采取消除"不相符性"的办法,而第 49 条第 2 款设置这一期限的目的是在双方协商无果以后对买方行使合同解除权进行限制,因为解除合同是一种对合同关系最重要的损害。

3. 第 2 款的适用条件

那么,本条第 2 款所要解决的又是什么问题呢? 根据本款"如果买方最晚没有在实际收到货物之日起两年内将货物缺乏相符性的情形通知卖方,他无论如何失去了援引此种缺乏相符性的权利,除非这一时限

---

① District Court Saarbrücken(*Pallets case*), http://cisgw3.law.pace.edu/cases/040601g1.html,访问时间:2020 年 7 月 28 日。

② UNCITRAL, *Digest of Case Law on the United Nations Convention on the International Sale of Goods*, 2016, p. 176.

与合同规定的保证期限不符"这一规定的字面意思，本款所要解决的问题应该是国际贸易中存在的一种特殊现象，即有些货物中存在着一些潜在的隐性瑕疵，买方通过一般性检验也难以发现它们，通常只能在使用此种货物过程中发现；例如在货物为机械设备时，就存在着这种可能性，这很可能意味着买方接受货物几个月或者几年后才发现瑕疵，也只能在几个月或几年后将其发现的"不相符性"通知卖方。在这种现象中隐藏着一个重要的法律问题：是买方还是卖方应该为此种质量瑕疵买单？这显然不是本条第1款规范的问题，因为适用第1款的前提条件是买方必须在"合理期限内"向卖方发出质量异议通知，而且该"合理期限"的时间起始点便是第38条下的买方完成检验的时间点。显然，上述现象及其相关的法律问题是本款所要规范的问题。对于此种难以发现的质量瑕疵，不加限制地让任何一方当事人买单，都对该当事人不公平。为了较好地平衡双方当事人的利益，本款规定了其适用条件，并规定在具备这些适用条件时，由买方对货物存在的"不相符性"买单，反之则由卖方承担责任。那么，适用本条第2款规定应该具备哪些前提条件呢？根据对本款前半句字面意义的分析，适用本款应该具备以下两方面的前提条件："买方未在两年内发出通知"和"不存在着与两年期限相矛盾的保质期条款"。下文就此进行分析论述。

3.1 "买方未在两年内发出通知"

适用本款的一个重要前提条件是"买方未在两年内发出通知"，本款前半句"如果买方最晚没有在实际收到货物之日起两年内将货物缺乏相符性的情形通知卖方"这一规定中蕴含了这一条件。与本条第1款规定的适用条件相比，两者既有不同点，也有共同点。它们之间的不同点在于发出通知的时间：在第1款中买方应该"在发现或应该发现货物缺乏相符性以后的一段合理时间内"发出通知，而在本款中则为"在实际收到货物之日起两年内"。它们的共同点在于，无论是根据第1款还是本款的适用条件，在发现货物中存在着第35条列举的"不相符性"时买方均承担着向卖方发出通知的义务。如果我们进行更进一步的分析，就能发现"买方未在两年内发出通知"这一条件又包括"两年期限内"和"未发通知"两个要素。

（1）两年期限内

本款首先规定了一个两年的期限。本款也十分明确地规定了该两年期限的起止日期，即始于买方"实际收到货物之日"，止于该日期起的"两年"届满之时。这里的"实际收到货物"是指卖方在物理上将货物交付给买方，所以，在卖方根据《公约》第 31 条的规定将货物交付给独立承运人时，这并不构成本款意义上的买方"实际收到货物"；由此类推，无论是货物风险在一个更早的时间点发生转移，还是买方在此前已经获得提单等物权凭证，这些都不属于买方"实际收到货物"。此处的"实际收到货物"是指：买方从承运人或者卖方手中实际上获得了货物控制权和处置权。如果货物是由卖方直接寄送给买方的客户的，那么，承运人将货物交付给该客户的时间便是买方"实际收到货物之日"。

那么，本款中的"两年期限"是否可以暂停计算呢？ 一般认为：这是一个绝对期限，即不会因为某些特殊原因而暂时中止计算。[①]奥地利法院在其于 2007 年 9 月 24 日所作的判决中也持这一态度。[②]

对于"两年期限"的截止日期，本款仅仅作了原则性规定，即"在实际收到货物之日起两年内"，而没有对此作出具体而明确的规定。德国学者施温策认为：《公约》的其他条款中也没有规定确定这一日期的方法，故主张适用法院所在国的国际私法规则所指引适用的国内法来解决。[③]但笔者并不同意这一观点。影响本款中"两年期限"截止的最大因素应该是：截止日刚好是节假日。例如西方国家的圣诞节、我国的春节，在此类节假日期限，买方自然无法发出瑕疵异议通知，所以，是否应该将相关的截止日顺延至节假日之后？ 尽管本款对此没有规定，但《公

---

① Schlechtriem/Schwenzer, *Kommentar zum Einheitlichen UN-Kaufrecht—CISG*, 7. Aufl. 2019, S. 828.

② *Oberlandesgericht*［Appellate Court］Linz（*Laminated glass case*），http://cis-gw3.law.pace.edu/cases/070924a3.html，访问时间：2007 年 7 月 31 日。

③ Schlechtriem/Schwenzer, *Kommentar zum Einheitlichen UN-Kaufrecht—CISG*, 7. Aufl. 2019, S. 828.

约》第20条第2款对此已有明确的规定,据此,"在计算承诺期限时,应将承诺期限内的正式假日或非营业日计算在内。但是,如果因为承诺期限的最后1天在要约人营业地是正式假日或非营业日,承诺通知因此而未能在该天送到要约人地址,则承诺期限应顺延至下一个营业日"。本款仅仅是规定了承诺期截止日期的计算,但它也是《公约》第7条第2款意义上作为《公约》基础的一般基本原则。所以,我们完全可以比照适用这一原则来计算本款中"两年期限"的截止日期。

(2)未发通知

由上可知,本款还规定了另外一个因素,即在上述两年期限内买方"未发通知"。

买方向卖方发出通知的原因是多种多样的,它既包括买方在"两年期限"内通过专业检查也不能发现的,而且在此后也不能发现或确认的质量瑕疵,也包括买方已经发现的、但有《公约》第44条意义上的正当理由而没有通知卖方的质量瑕疵。另外,这里的"未发通知"不仅包括买方在上述期限在客观上没有向卖方发出瑕疵异议的通知,而且包括买方在事实上向卖方发出了通知,但通知内容不符合本条第1款对通知内容具体性和确定性的要求。根据本款的字面意义,本款对通知内容没有作出任何规定,但本条第1款却明确要求买方发出的通知必须"说明缺乏相符性的性质"。基于本条两款不仅有着相同的调整对象,而且有着相同的目的,所以,第1款中对通知内容的要求也同样适用于买方根据本款发出的通知。这一要求的实际意义在于:在买方根据本款规定发出通知时,如果通知内容不符合第1款的规定,那么,便视为买方没有发出通知,自然他也无权对货物质量瑕疵提起赔偿请求。

瑞士法院于2007年4月27日[①]和德国法院于1995年12月12日所作的司法判决[②]都确认以上观点。在后一案例中,意大利卖方于

[①] Canton Appellate Court Valais(*Oven case*),http://cisgw3.law.pace.edu/cases/070427s1.html,访问时间:2020年7月30日。

[②] District Court Marburg(*Agricultural machine case*),www.unilex.info/cisg/case/148,访问时间:2022年1月30日。

1992 年 6 月 26 日将合同货物——数台农业机械交付给了德国买方,德国买方又于同年的 7 月 22 日转售给了其客户。但该客户发现其中一台机械存在着瑕疵,所以,将它退还给了德国买方。德国买方因此分别于 1992 年 8 月 14 日和 31 日向意大利卖方发出通知,告知机器存在缺陷,但意大利卖方没有理睬。德国买方于 1994 年 6 月向德国法院提起上诉,拒绝支付货款,要求退回瑕疵设备。但德国法院最终拒绝了德国买方的诉讼请求,理由是:且不论该设备是否确实存在着"不相符性",买方发出通知的内容不够具体,因为该通知既没有说明该机械的序列号,也没有说明交付日期和存在着何种缺陷,故该通知没有达到《公约》第 39 条第 1 款规定的具体性要求,由此德国买方没有发出符合第 39 条第 2 款规定的通知。

3.2　"不存在着与两年期限相矛盾的保质期条款"

除了上述"两年期限"这一限制外,本款还设置了保质期这一限制性条件。这一限制体现在最后半句的规定中,即"除非这一时限与合同规定的保证期限不符"。《公约》加入这一条件,一方面是因为在国际贸易实践中,买卖双方当事人通常会在合同中加入一个"保质期条款",据此,卖方承诺对货物在特定期限内出现的质量问题承担修理、替换等责任;另一方面,这也是《公约》尊重"意思自治"原则的又一体现。但一般认为本款中的"保证期限"是指合同明确规定的、有效的"保质期",它不包括默示规定的"保质期"。[①]

(1) 排除两年期限规则的适用

本款中通过"除非……"规定的这一例外条件究竟有什么实际作用呢? 它对买卖双方当事人的权益还是有着重大的影响的,因为它决定着本款前半句中规定的"两年期限"规则是否能够适用的问题。如果合同中明确规定了"保质期"条款,而且该合同条款与本款规定的"两年期

---

① Joseph Lookofsky: The 1980 United Nations Convention on Contracts for the International Sale of Goods, Kluwer Law International, The Hague, 2000, http://www.cisg.law.pace.edu/cisg/biblio/loo39.html,访问时间:2020 年 7 月 31 日。

限"不相符,那么,便适用合同规定的条款,而不适用本款前半句中规定的"两年期限"规则。换句话说,无论合同中规定的保质期是超过两年,还是少于两年,都适用合同的规定。可见,合同约定具有延长或缩短本款前半句规定的"两年期限"的作用。所以,是否适用本款规定的"两年期限"规则的关键是:在合同中是否存在着与本款规定"不相符的"保质期条款。这也是法院或仲裁机构应该审查的核心问题。

(2) 存在保质期条款时的通知时间

如果合同中存在着与本款规定不同的保质期条款,买方究竟是否应该在发现或应该发现瑕疵后的合理期限内向卖方发出通知? 还是买方可以等到规定的保质期届满时再向卖方发出通知? 对于这些问题,《公约》没有明确规定,但根据意思自治原则,双方当事人完全可以通过保质期条款对此进行约定。如果存在着此种约定,则买方应该按照合同的规定发出通知。如果合同中对此没有规定,那么,买方应该按照第39条第1款的规定在其发现或应该发现"不相符性"后的合理期限内向卖方发出通知。对于那些通过正常专业检查不能发现的、只有通过使用才能暴露的质量瑕疵,买方无论如何必须在合同规定的保质期结束前通知卖方;如果质量瑕疵是在保质期之前发现的,但买方在保质期届满后才向卖方发出通知,那么,买方便没有履行本款规定的通知义务。

3.3 两年期限与国内法中诉讼时效规定的关系

涉及本项适用的另一个问题是:在本款中有关"两年期限"的规定和成员国国内法中有关违约诉讼时效的规定之间存在着何种法律关系? 这一问题是值得关注的,这一方面是因为每个国家的国内法对一方当事人的违约行为均规定了诉讼时效,例如我国《民法典》第594条规定,因国际货物买卖合同和技术进出口合同争议提起诉讼或者申请仲裁的时效期为四年;① 另一方面,国内法规定的诉讼时效通常与本款

---

① 《中华人民共和国民法典》,2020年5月28日第十三届全国人民代表大会第三次会议通过,http://he.people.com.cn/BIG5/n2/2020/0602/c192235-34058026.html,访问时间:2020年7月31日。

规定的两年期限并不一致,我国《民法典》第594条的规定就是一个例证。这时就产生这样一个问题:究竟应该适用《公约》还是国内法的规定? 为此有必要辩证地探究两者之间的关系。

(1) 两者的调整对象不同

首先应该强调的是:本款与国内法中有关诉讼时效的规定之间有着本质的不同。具体地说,前者的规范对象是买方就货物中存在的"不相符性"发出通知的最长期限,而后者的规范对象是买方能够对特定违约行为提起损害赔偿之诉的最长期限。所以,我们不能将两者混同。此外,《公约》本身没有涉及诉讼时效问题,对特定违约行为的诉讼时效究竟有多长,必须根据《联合国国际货物买卖时效期限公约》(简称《时效公约》①)或根据法院所在国的国际私法规则所指引适用的国内法律来确定。

(2) 两者之间存在冲突的可能性

尽管两者的调整对象不同,但在它们之间还是有可能产生冲突。如果国际私法规则所指引所适用的准据法或《时效公约》规定的诉讼期限长于两年,这便不会产生任何摩擦,因为在本款规定的两年期限届满时,还没有超过国内法或《时效公约》规定的诉讼时效期限,买方依然可以据此提起损害赔偿之诉。实际上,《时效公约》有关诉讼时效的规定确实和本款没有冲突,因为根据《时效公约》第8条的规定,诉讼时效为4年,根据第10条第2款的规定,诉讼时效于卖方在实际上将货物交付给买方时起算。《民法典》第594条有关诉讼时效的规定也是如此。

如果根据国际私法规则所指引所适用的国内法规定的诉讼时效少于两年,如一年,这就会产生问题:根据本款的规定,如果买方在实际收

---

① UNITED NATIONS COMMISSION ON INTERNATIONAL TRADE LAW: "United Nations Convention on the Limitation Period in the International Sale of Goods", UNITED NATIONS, New York, 2012. 该《公约》于1974年6月14日通过,于1998年8月1日生效,到目前为止,美国、比利时、挪威、蒙古国、波兰、埃及和墨西哥等30个国家已经成为《公约》的缔约国,我国没有加入该《公约》。

到货物之日起的两年届满以前发现了质量瑕疵,并向卖方发出了通知,买方有权提起赔偿之诉;但此时,按照上述国内法有关一年诉讼时效的规定,买方对质量瑕疵违约行为提起诉讼的时效已经届满,买方也因此而失去了索赔的权利。这时究竟应该适用《公约》,还是国内法规定呢?学界的观点认为在这种情况下不应该适用期限较短的国内法的规定。①瑞士联邦法院于2013年1月修改国内法之前审理的案件中便持这一观点。②而瑞士地区法院在更早审理的一起案件中则对这一问题采取回避的态度,在伯尔尼商事法院于2002年1月17日审理的瑞士卖方和德国买方销售合同纠纷案中,该法院认为国内法中规定的诉讼时效不得比本条第1款规定的期限更短,因此,瑞士法规定的一年诉讼时效并不是像瑞士法规定的那样从交付货物时起算,而应该像本条规定的那样从买方向卖方发出及时的异议通知时起算。③

可见,在国内法规定的诉讼时效短于本款规定的两年期限时,对于如何解决两者之间的冲突,学界和司法实务还有不同的看法和做法,从而也存在着一定的法律不确定性。从根本上解决这一问题的有效办法是修改国内法中有关诉讼时效的规定,将它延迟至与本款规定的期限一样或更长。瑞士、德国和其他欧盟国家原来规定的诉讼时效便少于两年,但这些国家均修改了国内法的规定,将诉讼时效延迟至两年。④如果不修改国内法的规定,合同当事人可以采取的可行办法是:双方通过合同约定不适用本款,因为根据意思自治原则,双方当事人可以排除《公约》或其条款的适用,但国内有关诉讼时效的规定属于强制性法规,它不是通过当事人的约定可以排除的。

---

① Schlechtriem/Schwenzer, *Kommentar zum Einheitlichen UN-Kaufrecht—CISG*, 7. Aufl. 2019, S. 830.

② *Bundesgericht*(*Packaging machine case*),http://cisgw3.law.pace.edu/cases/090518s1.html,访问时间:2020年7月31日。

③ Commercial Court Bern(*Grapefruit seed extract case*),http://cisgw3.law.pace.edu/cases/020117s1.html,访问时间:2020年7月31日。

④ Schlechtriem/Schwenzer, *Kommentar zum Einheitlichen UN-Kaufrecht—CISG*, 7. Aufl. 2019, S. 830.

4. 共同法律后果

在具备上述适用第 1 款和第 2 款的前提条件时,将产生相同的法律后果,即买方都"失去了援引此种缺乏相符性的权利",本条两款后半句明确规定了这一点。尽管第 2 款中使用了"无论如何"四个字,它仅仅加重了该句语气,而并没有从本质上改变上述法律后果。

4.1 失去法定救济权

那么,"失去了援引此种缺乏相符性的权利"究竟意味着什么呢?这意味着买方因此而失去了其根据《公约》第 45 条规定本应享有的所有救济权。具体而言,失去了以下权利:要求卖方履行合同义务的权利、交付替代货物权利、宣告合同无效的权利、要求赔偿损失或减价的权利等。不仅如此,在卖方要求其支付货款时,也无权以货物存在质量瑕疵为由而拒绝支付货款。瑞士、德国等法院在相关的判决中都认同上述看法。[①]2007 年 8 月 30 日,瑞士法院在审理法国卖方和瑞士买方的合同纠纷中十分明确地判定:在具备第 30 条第 1 款或第 2 款规定的前提条件下,买方必须履行合同下的所有义务,包括接受瑕疵货物,支付货款。[②]如果卖方交付的货物多于合同规定的数量,而买方没有根据本条规定对货物的数量提出任何异议,那么,他必须根据《公约》第 52 条第 2 款第 2 句向卖方支付其多收部分货物的货款。

4.2 例外

本条没有明确规定不产生上述法律后果的例外情形。但结合《公约》其他条款的规定分析,《公约》还是规定了例外情况。在下列情况下,即使已经具备了适用本条第 1 款或第 2 款的前提条件,也即买方没有按照该两款的规范向卖方发出履行瑕疵通知,他依然享有行使第 45 条规定的救济措施的权利。

第一,卖方恶意隐瞒货物瑕疵的事实。第 40 条规定了这一例外,

---

① UNCITRAL, *Digest of Case Law on the United Nations Convention on the International Sale of Goods*, 2016, p. 171.

② District Court Zug(*GMS modules case*), http://cisgw3.law.pace.edu/cases/070830s1.html,访问日期:2020 年 8 月 1 日。

即:如果卖方知道或者不可能不知道货物缺乏相符性的事实,而且卖方没有将这些事实告知买方,那么,买方根据第45条所拥有的救济权便不受影响。

第二,有合理的理由未发出异议通知。第44条规定了这一例外。据此,尽管买方没有根据本条规定发出异议通知,但他有不发通知的充分的合理理由。①这时,他虽然无权要求卖方赔偿其利润损失,但依然可以要求卖方降价,并赔偿其因货物存在不相符性而遭受的除利润以外的其他损失。买方行使上述救济权依然受本条第2款规定的两年期限的约束。

第三,卖方放弃。卖方可以明示放弃引用本条第1款或第2款中规定,即在买方没有及时向其发出通知时卖方明确表示认同买方逾期发出通知的效力;卖方甚至可以默示放弃其上述权利。如果卖方毫无异议地承认货物中存在的不相符性,接受买方提出退货的要求或交付替代货物,或者对瑕疵货物进行修理,这些均意味着卖方放弃了本条赋予卖方的权利。但是,如果卖方仅仅同意就货物的不相符性开展谈判,或者答应进行修理却同时要求买方支付修理费,这些还不足以构成本部分意义上的放弃。②

第40条　卖方的恶意隐瞒

Article 40

The seller is not entitled to rely on the provisions of articles 38 and 39 if the lack of conformity relates to facts of which he knew or could not have been unaware and which he did not disclose to the buyer.

---

① 详见第44条之论述。

② Schlechtriem/Schwenzer, *Kommentar zum Einheitlichen UN-Kaufrecht—CISG*, 7. Aufl. 2019, S. 833.

译文

如果货物缺乏相符性与卖方知道或不可能不知道的事实相关,而且卖方没有将这些事实告知买方(原译文为:"如果货物不符合同规定指的是卖方已知道或不可能不知道而又没有告知买方的一些事实"),则卖方无权援引第38条和第39条的规定。

目录

正文

1. 调整对象

在国际贸易实务中,时常会出现这样的状况:卖方明知货物中存在质量瑕疵,却不告知买方。例如,在二手车交易中,卖方会隐瞒交易车辆曾发生重大事故的事实。这种现象便是本条的调整对象。本条所要解决的问题是:在这种情况下谁应该对货物中存在的"不相符性"负责?《公约》第38条和第39条没有规范这种现象。相反,根据这两条的规定,如果买方没有根据第38条的规定对货物检验,或通过检验没有发现上述"不相符性",或者买方在发现此种"不相符性"后没有在合理期限内通知卖方,卖方便无需对此种"不相符性"承担任何责任。可见,第38条和第39条对买方权益进行了一定程度的限制,并对卖方权益提供了一定的保护。如果《公约》不对卖方隐瞒货物瑕疵的行为予以限制,这不仅有违构成《公约》基础的诚信原则,而且本身也是对这种不诚信行为的一种鼓励。为了规范这种行为,《公约》制定者加入了本条规定;据此,在卖方隐瞒货物中的"不相符性"时,"卖方无权援引第38条和第39条的规定"。这意味着:即使买方没有对货物进行检验,或进行了检验却没有发现"不相符性",或者即使他发现了"不相符性"却没有履行第39条规定的通知义务,只要卖方有本条规定的隐瞒行为,卖方便无权引用第38条和第39条的规定来为自己进行开脱,他必须对货物中存在"不相符性"承担责任。本条规定不仅适用于买方没有履行《公约》规定的检验义务和通知义务的情形;即使买方没有履行双方当事人通过合同另行约定的检验义务和通知义务,只要具备本条规定的适用条件,买方依然可以根据本条的规定要求卖方对货物中存在的"不相符性"承担赔偿责任。国际司法界和仲裁界主流观点均确认了这一点。①如果说第38条和第39条倾向于保护卖方的利益,那么,第40条便是限制卖方的利益,而更注重保护买方的利益;因为在具备本条适用条件的情况下,它实际上免除了买方的检验义务和通知义务。所以,它也构成了第38条和第39条的一种例外情形。正因为此,瑞典斯德哥尔摩国际商事仲裁院认为:第40条规定喜剧性地削弱了卖方的地位,因为第38条和第39条给买方留下的检验时间和通知义务期限比较短,故它们在实质上是给卖方提供的一种保护,而本条规定则无疑使卖方失去了这一保护,并使他面临着买方可能提起损害赔偿的风险;为此,应该将本条的适用范围严格限制在本条规定的特殊情况下。②本条究竟适用于哪种特殊情形? 卖方无权援引第38条和第39条的规定又究竟意味着什么? 下文就此进行论述。

2. 适用本条的前提条件

本条前半句明确规定了其适用条件。根据其字面意思,"卖方知道或不可能不知道"与货物缺乏相符性相关的事实和"没有告知"是适用本条的前提条件,这两个条件也限定了本条能够适用的特殊情形。

---

① UNCITRAL, *Digest of Case Law on the United Nations Convention on the International Sale of Goods*, 2016, p. 198.

② UNCITRAL, *Digest of Case Law on the United Nations Convention on the International Sale of Goods*, 2016, p. 198.

2.1 "卖方知道"或"不可能不知道"

由上可知,适用本条规定的一个前提条件是卖方必须"知道"或"不可能不知道"与货物缺乏相符性相关的事实。仔细分析,这一条件中又蕴含着"知道"或"不可能不知道"和"与货物缺乏相符性相关的事实"两个要素。下文将分别论述这两个要素,此外还将讨论与此条件相关的举证责任。

(1)"卖方知道"或"不可能不知道"

构成本条一个适用条件的要素是:卖方必须"知道"或"不可能不知道"与货物缺乏相符性相关的事实。"知道"和"不可能不知道"并不是必须同时具备的因素,它们之间是相互替代关系,它们之间的"或"字清楚表明了这一点。为此,我们应该首先查明"卖方知道"或"不可能不知道"这两个概念的内涵。

①"卖方知道"

对于"知道"这一概念内涵不存在任何争议,但瑞典斯德哥尔摩国际商事仲裁院认为:这里的"知道"并不仅仅是指一般性知道,例如"知道其交付的货物不是最好的质量",或者"货物质量还是有进一步改进的空间";相反,它应该比此种一般性知道更多一点、更具体一点。德国法院则认为:如果卖方在货物"不相符性"方面有欺诈行为,或者缺乏"相符性"的事实十分明显或很容易被发现,这些均构成本款意义上的"知道"。①

②"不可能不知道"

那么,何为本条中的"不可能不知道"? 对此,没有统一的规定。在国际司法和仲裁实务界,对这一概念的内涵存在着两方面的争议。其一,卖方的"重大过失或一般过失"是否属于本条中"不可能不知道"的一个构成要件? 德国法院认为:如果卖方因为"重大过失或一般过失"而没有发现货物中的不相符性,这便构成了本条意义上的

---

① UNCITRAL, *Digest of Case Law on the United Nations Convention on the International Sale of Goods*, 2016, p. 199.

"不可能不知道"；①瑞典斯德哥尔摩国际商事仲裁院却认为：如果卖方仅仅因为"重大过失或一般过失"而没有发现货物中的不相符性，还不足以构成这里的"不可能不知道"，只有在因"故意或过失"而没有发现时，才满足本条中"不可能不知道"的要求。②其二，本条中的"不可能不知道"是否要求卖方承担检验义务？在国际司法实务界，对这一问题同样存在着两种不同的看法：瑞典斯德哥尔摩国际商事仲裁院认为本条中的"不可能不知道"并不要求卖方承担检验义务；③德国茨韦布吕肯高级地区法院则认为："不可能不知道"要求卖方不得忽视任何表明货物存在"不相符性"的线索，而且在发现此种线索时，他必须对货物进行检验。④

那么，在上述两种不同的观点中，究竟哪一种观点是成立的呢？笔者认为：如果卖方因为"故意过失"而没有发现"不相符性"，这毫无疑问已经构成了本条中的"不可能不知道"。但如果因为其"严重过失或一般过失"而没有发现货物中的瑕疵，这同样构成了这里的"不可能不知道"，当然，这里的"严重过失或一般过失"应该仅限于人们通过肉眼观察便能轻易观察到并发现的"不相符情形"⑤。那么，"不可能不知道"是否要求卖方承担检验义务呢？对此没有统一的答案，应该根据在具体案件中卖方的地位、货物的种类和"不相符性"的性质等因素来予以分析判断。如果货物中的"不相符性"属于数量差异、替代货物或质量

---

① Appellate Court Celle(*Commercial vehicles case*)，http://cisgw3.law.pace.edu/cases/040310g1.html，访问时间：2020 年 8 月 14 日。

② Stockholm Chamber of Commerce Arbitration Award of 5 June 1998(*Beijing Light Automobile Co. v. Connell*)，http://cisgw3.law.pace.edu/cases/980605s5.html，访问时间：2020 年 8 月 14 日。

③ Stockholm Chamber of Commerce Arbitration Award of 5 June 1998(*Beijing Light Automobile Co. v. Connell*)，http://cisgw3.law.pace.edu/cases/980605s5.html，访问时间：2020 年 8 月 14 日。

④ Appellate Court Zweibrücken(*Milling equipment case*)，http://cisgw3.law.pace.edu/cases/040202g1.html，访问时间：2020 年 8 月 14 日。

⑤ Schlechtriem/Schwenzer，*Kommentar zum Einheitlichen UN-Kaufrecht—CISG*，7. Aufl. 2019，S. 837.

瑕疵,而且卖方又是该货物的生产商或制造商,则他显然应该承担基本的检验义务;无论是通过目检或抽检,他都应该能够发现上述种类的"不相符性";如果他因未履行这一义务而没有发现这些"不相符性",可以认为已经构成了本条意义上的"不可能不知道"。如果卖方仅仅是一个中间商,商品完全是由制造商进行包装的,而且从交易过程看,卖方也没有机会对货物进行检验,那么,他便不承担这一义务;即使最终交付的货物数量与合同规定的不一致,这也不构成本条意义上的"不可能不知道";即使在替代货物或质量瑕疵方面,他也不应该承担检验义务,所以,人们不能从他没有履行这一义务这一事实中推定他"不可能不知道"。

应该指出的是:"不可能不知道"是《公约》经常采用的一个法律概念。它不仅出现于本条中,而且出现于第8条第1款、第35条第3款,第42条第1款和第2款中。无论在哪个条款中,它们的法律含义都是相同的。[①]

(2)"与货物缺乏相符性相关的事实"

构成本条适用条件的另一个要件是:"知道"或"不可能不知道"的对象必须是"与货物缺乏相符性相关的事实"。这一要素表明:卖方"知道"或"不可能不知道"的对象不必是货物中存在的"不相符性"本身,只要相关的事实与货物中的"不相符性"有关,便具备了这一要件。那么,哪些事实与货物中的"不相符性"有关呢?《公约》没有对此进行规范。笔者认为所有与货物中的"不相符性"存在内在联系的因素都构成了本条意义上的"与货物缺乏相符性相关的事实"。

国际商事合同仲裁和司法实践也证明了上述观点。在一起瑞典斯德哥尔摩国际商事仲裁院仲裁的合同纠纷案件中,美国的制造商与中国的一家合资企业签订了购买一台印刷机的销售合同;合同规定美方应该用"一流的工艺,全新的最佳材料制造打印机",并规定了18个月的保质期;但在制造过程中,美方用不同品牌的锁扣板代替了原设计中

---

① 参见张玉卿:《国际货物买卖统一法——联合国货物买卖合同公约释义》,第272页。

所要求的锁扣板,并且没有将这种替换及相关的安装方法通知中国公司;最终造成在打印机投入使用后的约四年时,锁扣板破裂,打印机损坏。中国公司立即通知美国公司并要求其承担赔偿责任。美国公司以中国公司没有在合理的期限内对货物进行检验和履行《公约》第 39 条规定的通知义务为由拒绝中国公司提出的仲裁请求。尽管已经过了合同规定的保质期,但仲裁庭依然驳回了美国公司的主张,因为美国公司知道在生产过程中使用了替代零部件,这最终导致了货物的质量瑕疵,而且没有将这一事实告知中国公司,所以美国公司失去了援引本条主张免责的权利。①

德国法院审理的案件与此十分类似。在该案中,一家伊朗公司与一家德国公司签订了一份销售合同,由德国公司向伊朗公司提供二手铣削设备,所有设备及其零配件必须由德国某制造商制造;但在德国公司最终交付的货物中,部分零部件是由一家俄罗斯公司制造的,部分"组件"则是由一家土耳其公司制造的,但德国公司没有将这些情况告知伊朗公司。伊朗公司在装运前对货物进行了检查,没有发现上述替换。设备投入使用仅仅三年,铣削设备因控制单元的不同部分不兼容而无法正常运转。由此伊朗公司向德国法院提起诉讼,要求德国公司偿还部分货款。德国公司以伊朗公司已经对货物进行检验、没有发现瑕疵为由而拒绝伊朗公司的诉讼请求。但德国法院最终判定:德国公司"知道"和"不可能不知道"使用部分替代部件,这属于本条意义上的"与货物缺乏相符性相关的事实"。因为使用该部分替代货物最终导致铣削设备的故障,故德国公司失去了援引本条规定主张免责的权利。②

以上两个案例更直接地表明:本条中"与货物缺乏相符性相关的事实"并不一定是指货物瑕疵本身,而是指与"不相符性"存在着内在密切

---

① Stockholm Chamber of Commerce Arbitration Award of 5 June 1998(*Beijing Light Automobile Co. v. Connell*), www.unilex.info/cisg/case/338,访问时间:2022 年 1 月 30 日。

② Appellate Court Zweibrücken (*Milling equipment case*), http://cisgw3.law.pace.edu/cases/040202g1.html,访问时间:2020 年 8 月 14 日。

联系的事实。

"与货物缺乏相符性相关的事实"这一要素在"卖方知道或不可能不知道"这一要素的基础上更进一步限制了本条的适用范围。它一方面要求：卖方"知道"或"不可能不知道"的对象必须与买方通过履行其检验义务而发现的第 35 条下"不相符性"有关；另一方面，它还必须与买方根据第 39 条规定应该通知卖方的"不相符性"密切相关。如果"卖方知道或不可能不知道"的事实与上述"不相符性"没有关系，那么本条规定也不适用。例如，根据合同规定，卖方应该交付的货物是希腊生产的甲级橄榄油，卖方知道该橄榄油是西班牙生产的，但买方客户最终发现该批橄榄油为乙级。在这种情况下，由于卖方知道的事实与买方客户提出的"不相符性"无关，所以，这并不免除买方的检验义务和通知义务，卖方也依然可以以买方未履行这两个义务为由而主张免责。

（3）举证责任

在司法和仲裁实践中，与这一适用条件相关的实际问题是：应该由谁提供证据证明"卖方知道或不可能不知道"与缺乏相符性相关的事实？对此，实务界至少有两种不同的做法。德国、法国、比利时等国家的部分法院认为：应该由买方提供相关的证据证明这一点。[1]但瑞典斯德哥尔摩国际商事仲裁院和德国联邦最高法院则认为：原则上应该由买方承担相应的举证责任，但在例外情形下可以适用举证倒置；相关的例外情形有：货物明显与合同要求不相符，而且导致不相符性的事实发生在卖方的控制区间内；或者根据"证据接近原则"，卖方明显地比买方更接近证据。[2]笔者认同后一观点，根据"谁主张，谁举证"的一般原则，如果买方认为卖方无权引用本条的规定主张免责，那么，他必须提供证

---

① UNCITRAL, *Digest of Case Law on the United Nations Convention on the International Sale of Goods*, 2016, p. 199.

② Stockholm Chamber of Commerce Arbitration Award of 5 June 1998(*Beijing Light Automobile Co. v. Connell*), www. unilex. info/cisg/case/338; Supreme Court (*Paprika case*), http://cisgw3.law.pace.edu/cases/040630g1.html,访问时间：2020 年 8 月 14 日。

据证明：卖方"知道"或"不可能不知道"与缺乏相符性相关的事实。但本条中的"不可能不知道"这几个字表明：在特定情况下应该通过适用举证倒置原则来减轻买方的举证责任。如果相关的事实发生在卖方控制期间，便属于此类特定情况；因为在这种情况下，卖方显然比买方更加清楚与"不相符性"相关的事实。德国法院和瑞典斯德哥尔摩国际商事仲裁院审理的两起案件也表明了这一点，最终的检查表明：已经投入运营的设备中使用了替代部件，而将替代部件安装在交付设备的其他部分中无疑是在卖方生产或采购设备过程中发生的。故在这里卖方必须证明他"不知道"或"不可能知道"与"不相符性"相关的事实，否则他不得援引本条规定主张免责，相反，他必须承担相应的赔偿责任。

2.2 没有告知买方

根据本条的字面意思，适用本条的另一前提条件是卖方没有将"与货物缺乏相符性相关的事实告知买方"。对于这一条件，学界和实务界无论在它是否构成卖方的告知义务方面，还是在告知的内容和时间期限方面，均存在着不同的看法。下文分别进行分析论述。

（1）卖方的告知义务

与适用本条密切相关的一个实际问题是：《公约》是否通过本条规定确定了卖方的告知义务？德国学者施温策对此持否定态度。其理由是这一观点与《公约》其他条款如第 35 条第 3 款的规定相矛盾。因为如果卖方承担这一义务，而且在签订合同时或之前履行了这一告知义务，那么，便没有适用本条的空间，因为第 35 条第 3 款明确免除了卖方的责任。如果卖方在合同签订后履行了这一告知义务，买方通常可以根据第 46 条等规定退回货物或接收货物。[①]笔者并不认同上述观点；笔者认为本条确立了卖方的告知义务。在法律中权利和义务是一对孪生兄弟。本条就是这样一条同时确定了卖方权利和义务的条款，本条不仅确定了卖方的告知义务，而且规定了卖方在履行这一义务时所享

---

① Schlechtriem/Schwenzer, *Kommentar zum Einheitlichen UN-Kaufrecht—CISG*, 7. Aufl. 2019, S. 839.

有的权利,即他有权援引《公约》第 38 条和第 39 条规定主张免责;否则,他便无此权利。另外,本条和第 35 条第 3 款的规定并不矛盾。这一方面是因为它们的调整对象并不完全相同。第 35 条第 3 款的调整对象仅仅是货物"不相符性"本身,而本条下告知对象则为"与货物缺乏相符性相关的事实"。另外,适用两个条款的结果相同。如果卖方将"与货物缺乏相符性相关的事实"告知了买方,而且买方在没有提出任何要求的条件下愿意接受相关的货物,根据第 35 条第 3 款卖方无需对货物中的"不相符性"承担责任,根据本条的规定,卖方可以援引第 38 条和第 39 条规定主张免责。

(2)履行告知义务的内容

在卖方履行本条规定的告知义务时,他究竟应该将什么告知买方?尽管本条中"与货物缺乏相符性相关的事实告知买方"这一表述对此已经作出了比较明确的规定,但学界和实务界对此依然存在着不同的看法。德国学者施温策认为是货物中存在的"不相符性",[①]而瑞典斯德哥尔摩国际商事仲裁院则认为是货物中存在的产生"不相符性"的风险。[②]笔者并不完全同意以上两种不同的观点,根据"与货物缺乏相符性相关的事实"的字面意思,它显然既不是指"不相符性",也不是指相应的风险。相反,根据本条的字面意思,卖方告知的客体便是他"知道"或"不可能不知道"的客体,本条中"与货物缺乏相符性相关的事实"并不一定是指货物瑕疵本身,而是指与"不相符性"存在着内在密切联系的事实,即它是所有与"不相符性"具有内在联系的各种因素。在上文提及的案例中,相关的事实便是:"使用其他牌子的锁扣板代替了原设计中所述的锁扣板","使用俄罗斯和土耳其生产的部件替代了德国生产的部件"。

---

① Schlechtriem/Schwenzer, *Kommentar zum Einheitlichen UN-Kaufrecht—CISG*, 7. Aufl. 2019, S. 839.

② Stockholm Chamber of Commerce Arbitration Award of 5 June 1998(*Beijing Light Automobile Co. v. Connell*), www.unilex.info/cisg/case/338,访问时间:2022 年 1 月 30 日。

(3)卖方履行告知义务的时间期限

与告知义务密切相关,还有另外一个重要的问题:卖方必须在哪一时间点履行这一义务? 本条对此没有进行规定。实务界对此有着不同的看法:法国一家法院认为在合同签订时;[①]而德国法院则认为应在卖方交付货物时;[②]奥地利法院则认为最晚应该在卖方将货物交付给买方时[③]。以上三个不同的观点究竟哪个是正确的呢? 笔者认为这里可以比照适用《公约》第 39 条第 1 款来确定卖方履行告知义务的时间期限,据此,卖方应该在其"知道"或"不可能不知道""与货物缺乏相符性相关的事实"之时起的合理期限内履行告知义务。据此分析,该合理期限的起点为卖方"知道"或"不可能不知道""与货物缺乏相符性相关的事实"之时。以德国法院和瑞典斯德哥尔摩仲裁院审理的两个案件为例,便是卖方知道适用替代部件这一时刻;卖方应该在哪一时间点"知道"或"不可能不知道"相关的事实呢? 通常应该在签订合同时,至少应该在卖方制造货物时或准备货物时,上文提及的两个案例也证明了这一点。至于"合理期限"的长度,同样没有统一的标准,应该根据相关的贸易惯例或交易习惯、货物的种类和性质、买卖双方自身的特性以及相关事实与货物"不相符性"的关联程度来予以判断。[④]《公约》规定卖方这一告知义务的目的是让买方及时了解有可能导致"不相符性"的所有事实,并采取合理的措施防止"不相符性"的出现。所以,如果在买方收到并安装货物时,卖方依然没有履行本条规定的告知义务,这无论如何都超出了"合理期限"的范围。这意味着:在这一时间点以后,即使卖方履行了告知义务,他依然无权引用第 38 条和第 39 条规定主张免责。

---

① Appellate Court Paris(*Computer motherboard case*),http://cisgw3.law.pace.edu/cases/050225f1.html,访问时间:2020 年 8 月 20 日。

② Appellate Court Düsseldorf(*Stainless steel plate case*),http://cisgw3.law.pace.edu/cases/040123g1.html,访问时间:2020 年 8 月 20 日。

③ Supreme Court(*Water-jet cutting machine case*),http://cisgw3.law.pace.edu/cases/061130a3.html,访问时间:2020 年 8 月 20 日。

④ 参见本书第 39 条相关部分之论述。

3. 适用本条的法律后果

在具备上述适用条件时,会产生哪些法律后果呢? 下文将从剥夺卖方的免责权和排除本条法律后果的约定两个方面对此进行论述。

3.1　剥夺卖方的免责权

本条后半句明确规定了相应的法律后果,据此卖方将"无权援引第38条和第39条的规定"。这具体意味着,即使买方没有履行《公约》第38条规定的检验义务和第39条规定的通知义务,卖方也不能以此为由而主张免除自己本应承担的损害赔偿责任。由于这里明确规定卖方无权引用第39条,所以,第39条第2款规定的"2年排除期限"同样不适用于具备适用条件的情形。不仅如此,即使双方当事人在合同中自行约定了买方的检验义务和通知义务,在具备本条适用条件时,无论买方是否履行了检验或通知义务,卖方都不得引用相关的合同条款主张免责。换句话说,他必须对货物中的"不相符性"承担赔偿责任。

3.2　排除本条法律后果的约定

一个与法律后果相关的问题是:买卖双方是否可以通过合同约定排除本条的适用或作出与此完全不同的约定。首先应该确认的是:根据第6条的规定,合同当事人的上述权利不受限制。尽管如此,国际学界的主流观点认为:当事人无权通过合同约定排除本条的适用,其理由是:不得免除当事人因恶意欺诈或重大过失而承担的法律责任,这是各国国内法的共同规则。[①]国外的仲裁和司法实践也支持上述观点。瑞典斯德哥尔摩国际商事仲裁院便认为:本条肯定了为许多国家国内法共同确认的"公平交易原则",这一原则也构成《公约》赖以生存的一个基本原则,所以,当事人不得作出偏离《公约》第35条、第38条和第39条规定的约定,从而间接约定不适用本条规定。[②]当然,如果当事人通

---

① Schlechtriem/Schwenzer, *Kommentar zum Einheitlichen UN-Kaufrecht—CISG*, 7. Aufl. 2019, S. 840.

② Stockholm Chamber of Commerce Arbitration Award of 5 June 1998(*Beijing Light Automobile Co. v. Connell*), www.unilex.info/cisg/case/338,访问时间:2022年1月30日。

过合同作出上述约定，其是否有效的问题根据《公约》第 4 条的规定不属于《公约》的调整范围，相反，应该根据法院地所在国国际私法规则所指引适用的法律来予以分析判断。

第 41 条 权利瑕疵担保

Article 41

The seller must deliver goods which are free from any right or claim of a third party, unless the buyer agreed to take the goods subject to that right or claim. However, if such right or claim is based on industrial property or other intellectual property, the seller's obligation is governed by article 42.

译文

卖方所交付的货物必须是第三方不能提出任何权利或要求的货物，除非买方同意在这种权利或要求的条件下收取货物。但是，如果这种权利或要求的依据是工业产权或其他知识产权（原译文为："如果这种权利或要求是以工业产权或其他知识产权为基础的"），卖方的义务应受第 42 条的调整。

目录

1. 调整对象
2. 卖方承担的一般性权利瑕疵担保责任
   2.1 "第三方"的范围
   2.2 第三方的权利
   2.3 第三方的要求
3. 一般性权利瑕疵担保责任的免除
   3.1 买方知情
   3.2 买方同意接受

3.3　买方未履行通知义务

4. 法律救济

正文

1. 调整对象

根据本条的字面意思,本条的规范对象是卖方承担的权利瑕疵担保责任,即他必须保证其交付的货物没有侵犯第三方的任何权利和要求。本条确定的这一责任对买方而言至关重要,因为只有卖方交付的货物没有侵犯第三方对货物拥有的任何权利和要求,买方才可能顺利地、不受干扰地处置其购买的货物,获得这些货物的所有权。本条共有两句。第1句的前半句即"卖方所交付的货物必须是第三方不能提出任何权利或要求的货物"这一规定确定了卖方的上述责任,这一义务性规定的主要目的在于保护买方利益,防止出现因为买方对货物没有所有权而出现"被剥夺了拥有货物权利"的情形。第1句后半句则规定了卖方承担的权利瑕疵担保的例外情形,即在具备后半句规定的前提条件下,卖方无需承担前半句确定的权利瑕疵担保责任。本条第2句则又将本条规范的权利瑕疵担保责任的内涵进行了进一步限制,即本条意义上的权利瑕疵担保责任并不包括合同下货物侵犯第三方的知识产权的情形,这一瑕疵担保责任由《公约》第42条规定调整。由此可见,本条第2句限缩了第1句的调整对象:将知识产权瑕疵担保责任从其他权利瑕疵担保责任分离出来,并将它交给第42条调整;这样本条的调整对象便仅仅限于除知识产权权利瑕疵担保责任以外的其他权利瑕疵担保责任。

由此可见,卖方这一责任的核心内容是:他必须保证买方对其交付的货物拥有没有任何瑕疵的所有权。[①]这就产生了一个问题,本条规定

---

① UNCITRAL, *Digest of Case Law on the United Nations Convention on the International Sale of Goods*, 2016, p. 207; Schlechtriem/Schwenzer, *Kommentar zum Einheitlichen UN-Kaufrecht—CISG*, 7. Aufl. 2019, S. 843.

是否突破了《公约》第 4 条 b 项规定的限制，将货物所有权的转移也作为《公约》的规范对象？笔者认为本条既没有突破第 4 条 b 项规定的限制，也不构成《公约》第 4 条 b 项规定的一种例外情形，因为《公约》第 4 条 b 项排除适用的仅仅是合同对货物所有权可能产生的影响，本条规定同样如此。但根据本条规定，卖方必须保证买方对货物有明确的财产权，这样才能保证买方不受第三方权利或索赔的影响。

2. 卖方承担的一般性权利瑕疵担保责任

如上所述，本条第 1 句确定了卖方承担的权利瑕疵担保责任，那么，在这一责任下，卖方应该具体承担哪些义务呢？本条第 1 句规范了这一问题，据此，"卖方所交付的货物必须是第三方不能提出任何权利或要求的货物"。那么，在什么情况下，第三方不能对货物提出任何"权利或要求"？根据一般法律规定分析，在卖方交付的货物没有侵犯第三方对该货物所拥有的"权利和要求"时，第三方便不能对该货物"提出任何权利或要求"。据此分析，本句下权利瑕疵担保责任应该具有两方面的内涵：其一，保证其交付的货物没有侵犯第三方对货物拥有的"权利"；其二，保证其交付的货物没有侵犯第三方对货物所拥有的"要求"。换句话说，只要卖方交付的货物侵犯了第三方对货物拥有的权利或要求，卖方出售的货物就存在权利瑕疵，他就违反了其承担的本条规定的担保责任。下文将进一步分析权利瑕疵担保责任的内涵。

2.1 "第三方"的范围

由上可知，卖方根据本条规定承担的一个义务便是：不得侵犯第三方对卖方交付货物所拥有的"权利和要求"。顾名思义，这里的"第三方"是指合同双方当事人以外的人，它无疑包括自然人、法人或其他与合同当事人具有平等法律地位的人。值得注意的问题是：它是否包括国家以及政府部门？因为政府部门通常会制定并颁布一些规范进出口的法规，例如，产品质量标准规则、环境保护法规，有时甚至会颁布进口禁令或出口禁令。两个分处不同国家的当事人签订的货物销售合同可能会违反这些规定，从而会"侵犯"颁布相关规则的政府部门的权利。在国际学术界对此有不同看法，尽管有国家代表在当时的联合国国际

贸易法委员会(UNCITRAL)第三次会议上提出了将国家颁布的限制
或禁止进出口的措施视为本条意义上的权利瑕疵的建议,但这一建议
并没有为会议所接受。但学界依然有人认为:如果卖方交付货物的行
为违反了公法性质的措施,也能构成本条意义上的权利瑕疵。例如,如
果卖方没有交付税款或关税,相关的政府部门扣留合同下的货物;或者
在合同下的货物属于偷盗赃物,政府没收货物;这样合同下的货物均存
在着权利瑕疵。①俄罗斯国际商事仲裁院在其于 1998 年 1 月 21 日所作
的裁决中也持这一观点。在该案中,一家波兰公司为参加俄罗斯举行
的国际展览会,而向俄罗斯出口了一辆公共汽车供其在国际展览会上
使用,俄罗斯海关为其办理了临时进口手续;据此,一旦展览会结束,该
波兰公司必须将该公共汽车带回波兰;但该波兰公司无视上述海关措
施,在展览会结束后,将该公共汽车卖给了俄罗斯买方。在交付给买方
后,该车被海关扣押。由此仲裁庭裁定,由于买方在订立合同时不知道
该货物属于临时进口货物,因此卖方违反了本条规定,侵犯了第三方任
何权利和要求,故必须向海关支付相应的罚款。②

2.2 第三方的权利

由上可知,卖方承担的权利瑕疵担保责任的一项内容便是:保证其
交付的货物没有侵犯第三方对货物拥有的权利。为了查明卖方是否违
反这一规定,就应该查明本条意义上的第三方"权利"究竟是指什么。
根据国际贸易法学界的主流观点,它一般包括以下几种情形:

第一,第三方对出售的货物拥有所有权。本条中"第三方的权利"
首先应该是指第三方对卖方所出售的货物拥有所有权,换句话说,卖方
出售了属于他人的货物。③这一解释是成立的。因为买方购买货物的
根本目的是获得货物的所有权,因为只有获得了货物的所有权,买方才

---

① Schlechtriem/Schwenzer, *Kommentar zum Einheitlichen UN-Kaufrecht—CISG*, 7. Aufl. 2019, S. 845—846.

② Arbitration proceeding 99/1997, http://cisgw3.law.pace.edu/cases/980121r1. html,访问时间:2020 年 9 月 13 日。

③ 高旭军:《〈联合国国际货物销售合同公约〉适用评释》,第一版,第 231 页。

有权进一步处分这些货物。如果卖方出售属于他人的货物，货物的所有者就可以要求买方归还其购买的货物，这自然限制了买方对这些货物的使用或处置。1990年9月1日，中国最高人民法院在其审理的一起案件中便支持了这一观点。在该案中，中国内地的两家公司与中国香港某公司签订了特定数量的购买标准橡胶和工业棕榈油的销售合同。马来西亚甲乙丙丁四家公司提供证据证明：香港公司出售给内地公司的上述产品是其从印度某公司采购的、但在运回马来西亚途中在风暴中失踪的货轮上的货物。中国最高人民法院最终判定：香港公司无权出售属于他人的货物，违反了本条的规定。①西方司法实践也持这一观点。德国弗莱堡地方法院和德累斯顿高等法院分别在两起不同的德国卖方和外国买方之间的二手汽车合同纠纷中判定：德国卖方交付的是盗来的汽车，而且最终导致买方购买的汽车被没收，故卖方的行为违反了本条的规定，因为其交付的货物侵犯了第三方的权利。②在卖方出售了他人货物的情况下，即使根据相关的国内法，买方能够善意取得这些货物的所有权，卖方依然必须根据本条第1句的规定承担责任。因为第三方可以根据其原来对货物拥有的所有权而直接对买方提起诉讼请求，这同样会影响买方对货物的使用和处置。

　　第二，第三方对于卖方交付的货物拥有物权或债权。第三方究竟应该拥有何种权利，通常根据物之所在地法查明确定；但在本条语境中，第三方的"权利"还包括相关第三方对货物拥有的、能够对卖方交付的货物产生影响的物权或债权，尤其那些能限制买方对货物的使用、处置的物权或债权；比较典型的此种权利是第三方对货物拥有的担保物

---

　　①　Supreme Court(PRC)(*Beijing Xingli Service Corp. et al. v. India National Trading Co. Ltd. et al.*), http://cisgw3.law.pace.edu/cases/900901c1.html,访问时间：2020年9月13日。

　　②　District Court Freiburg(*Automobile case*), http://cisgw3.law.pace.edu/cases/020822g1.htm, http://cisgw3.law.pace.edu/cases/020822g1.html; Appellate Court Dresden(*Stolen automobile case*), http://cisgw3.law.pace.edu/cases/070321g1.htm, http://cisgw3.law.pace.edu/cases/070321g1.html,访问时间：2020年9月12日。

权。比如,卖方已经将其生产的货物作为清偿担保物抵押给贷款银行,但在没有征得银行同意的情况下又将该货物出售并交付给了位于其他国家的买方,此后银行获悉此事,便根据其抵押权对买方提出权利主张,这无疑影响了该买方对货物的使用和处置。除了抵押物权以外,本条意义上的第三方权利还包括第三方对货物拥有的用益权、租赁权等。①

第三,第三方基于姓名权或肖像权而对交付的货物拥有权利。卖方交付的货物如果侵犯了第三人的姓名权或肖像权,在这种情况下,第三方能因此而对货物主张其权利,从而限制、妨碍买方对货物的使用或处置。②

2.3　第三方的要求

根据本条第 1 句的规定,如果第三方对卖方交付的货物拥有任何"要求",卖方则违反了其承担的一般性权利瑕疵担保义务,因而必须承担相应的责任。问题是:如何界定这里的"要求"?它通常是指第三方基于其与卖方之间存在的关系而对交付的货物提出的"要求";它并不一定以第三方对货物拥有上文提及的权利为依据,在《公约》的语境下,两者是可以相互独立存在的。③从司法实践看,本条中的"要求"包括卖方供应商基于其与卖方之间的约定而对货物提出的禁止在特定地区销售的要求。例如,奥地利高等法院在其于 1996 年 2 月 6 日审理的案件中便持这一态度。在该案中,德国的卖方与奥地利买方签订了丙烷气的销售合同,据此卖方将向买方供应特定数量的丙烷气,在签订该合同之前,奥地利买方也已经告知卖方:他将把合同下的丙烷气转售给比利时的某公司。但在货物交付前,德国卖方告知奥地利买方其供应商禁止其在荷兰、比利时、卢森堡销售丙烷气货物。故奥地利高等法院判定:德国卖方违反了其根据本条承担的义务。④这样的判决是成立的,

---

①　高旭军:《〈联合国国际货物销售合同公约〉适用评释》,第一版,第 231 页。

②　参见李巍:《联合国国际货物销售合同公约评释》,第 199 页。

③　Pilz, *Internationales Kaufrecht*, § 5 Rn. 97.

④　Oberster Gerichtshof, Austria, 06-02-1996 Supreme Court (*Propane case*), http://www.unilex.info/cisg/case/202,访问时间:2022 年 1 月 31 日。

因为德国卖方的供应商向其提出了不得在荷兰、比利时和卢森堡销售丙烷气的要求，导致卖方未能履行合同。此外，还包括第三方基于法院令而拥有的权利，例如第三方基于法院令而对货物拥有占有权。1995年法国国际商事仲裁庭仲裁了保加利亚卖方和德国买方之间的合同纠纷，在上述双方签订合同后，保加利亚卖方无法履行合同，因为其全资子公司基于法院颁发的临时措施令而被扣押了运装载货物的货轮，导致卖方无法交付货物。尽管如此，仲裁庭判定：卖方依然必须履行其交货义务，因为卖方对其子公司有着足够的影响力，其可以让子公司取消法院下达的临时措施令；由于卖方没有采取这样的措施，其未交付货物依然构成违约行为，并应承担相应的法律责任措施。①

本条之所以将第三方的"要求"列入一般性权利瑕疵担保的范围，是为了保证买方不受第三方各种要求的侵扰。而且这里的"第三方要求"不仅包括第三方提出的有事实依据和法律依据的要求，而且包括无中生有的、肆意编造的"要求"。这是因为买方很难判断第三方的要求是否有事实或法律依据；比较而言，卖方更清楚第三方的要求是否成立。所以，卖方必须担保其交付的货物不受第三方任何要求的侵扰。此外，这里的"要求"并不要求第三方必须直接通过诉讼向买方提起诉求，只要该第三方试图以某种方式提出此种要求，就足以认定：卖方交付的货物存在一般性权利瑕疵。

最后应该指出的是：本条规定仅仅适用于卖方交付货物以前第三方对货物拥有的各种权利和要求。如果第三方的上述权利和要求是基于买方自己的行为而产生的，则不受本条调整。

3. 一般性权利瑕疵担保责任的免除

原则上，卖方必须承担上述一般性权利瑕疵担保责任。本条第1句在确定这一原则的同时，也规定了免除卖方上述担保责任的例外情

---

① ICC Arbitration Case No. 8204 of 1995，https://iicl.law.pace.edu/cisg/case/1995-icc-arbitral-award-no-8204-1995，http://cisgw3.law.pace.edu/cases/958204i1.html，访问时间：2024年6月22日。

形。这一例外情形具体体现在"除非买方同意在这种权利或要求的条件下收取货物"这一规定中。从这一句中我们可以看出,卖方主张免责应该具备以下前提条件:

3.1 买方知情

买方知情是指买方必须知道卖方交付的货物存在着权利瑕疵。具体而言,他必须知道卖方交付的货物是属于第三方所拥有的货物,或者第三方对货物拥有物权/债权或其他权利。至于买方知情的途径或方式并不重要,无论是卖方告知,还是买方通过调查获悉,都构成了本条件下的知情。

3.2 买方同意接受

买方必须"同意接受"这种存在着权利瑕疵的货物。"同意接受"这一概念表明:如果买方仅仅知道第三方对货物存在权利和要求,这还不足以构成本条意义上的"同意",只有买方在知道存在上述第三方权利和要求的情况下,依然表示愿意接受货物,才构成本条意义上的"同意"。当然,与《公约》其他规定一样,买方的"同意"既可以以明示的方式表达,也可以以默示的方式表达。①买方最晚必须在签订合同时表示其"同意"。

3.3 买方未履行通知义务

根据本条规定,只要具备上述两个条件,卖方便无需对货物上存在的权利瑕疵承担担保责任,这意味着:如果第三方就合同下的货物对买方提出权利主张,买方必须自己承担责任。

但结合《公约》第43条第1款的规定,实际上还存在着另外一种免除卖方权利瑕疵担保责任的情形:在买方发现合同下的货物侵犯第三方权利时,他必须按照该规定将货物上存在的权利瑕疵的性质在合理的期限内通知卖方,如果他没有履行这一通知义务,买方就失去了因货物存在权利瑕疵而主张损害赔偿的权利,除非存在着第43条第2款和第44条规定列举的例外情形。

---

① Herber/Czerwenka,Art. 41 Rn. 9.

4. 法律救济

如果卖方违反了其承担的上述权利瑕疵担保责任，那么，买方可以根据《公约》第45条及其以下的规定采取补救措施。具体地说，买方可以根据第46条第1款的规定要求卖方交付不存在任何权利瑕疵的货物。如果卖方违反一般性权利瑕疵担保责任的行为十分严重，已经构成了第25条意义上的根本违约，那么，买方也可以根据第49条第1款a项的规定宣告合同无效。此外，如果第三方根据其对货物拥有的权利和要求而对买方提起诉讼，买方为应诉而支付了律师费和其他诉讼费用等，买方无论如何都可以根据第74条规定要求卖方补偿其因此而受到的损失。

第42条　知识产权瑕疵担保

Article 42

（1）The seller must deliver goods which are free from any right or claim of a third party based on industrial property or other intellectual property, of which at the time of the conclusion of the contract the seller knew or could not have been unaware, provided that the right or claim is based on industrial property or other intellectual property：

（a）under the law of the State where the goods will be resold or otherwise used, if it was contemplated by the parties at the time of the conclusion of the contract that the goods would be resold or otherwise used in that State; or

（b）in any other case, under the law of the State where the buyer has his place of business.

（2）The obligation of the seller under the preceding paragraph does not extend to cases where：

（a）at the time of the conclusion of the contract the buyer knew or could not have been unaware of the right or claim; or

(b) the right or claim results from the seller's compliance with technical drawings, designs, formulae or other such specifications furnished by the buyer.

译文

（1）如果第三方能够根据下列国家的法律以工业产权或其他知识产权为依据对卖方交付的货物提出任何权利或要求，则卖方必须交付不受任何此种权利或要求影响的货物，但以卖方在订立合同时已知道或不可能不知道存在此种权利或要求为限（语序调整）：

（a）如果双方当事人在订立合同时有意（原译文为："预期"）将货物在某一国境内转售或以其他方式在该国境内使用货物（原译文为："其它使用"，下同），则根据该转售或以其他方式使用地所在国的法律；或者

（b）在任何其他情况下，根据买方营业地所在国家的法律。

（2）卖方在上一款中的义务并不适用于下列情形：

（a）买方在订立合同时已知道或不可能不知道此项权利或要求；或者

（b）此项权利或要求是由于卖方遵从了（原译文为："要遵从"）买方所提供的技术图样、设计、方案或其他规格而产生的（原译文为"的发生"，语序调整）。

目录

3.3 买方未履行通知义务

3.4 小结

4. 救济措施

正文

1. 调整对象

由上可知,《公约》第41条规范了卖方承担的一般权利瑕疵担保责任;而本条则调整了卖方承担的知识产权权利瑕疵担保责任。《公约》将此两种责任分别放在第41条和本条中予以规范,这是十分正确的。尽管知识产权瑕疵担保也是权利瑕疵担保的一种,但是由于知识产权具有一般财产权所不具备的特点即地域性和时间性,这就决定了卖方交付的货物完全有可能侵犯第三方在货物销售地或使用地所拥有的知识产权或要求,因为这些国家完全有权基于该第三方的申请而独立地授予相应的知识产权。因为这一点,完全有必要通过本条对知识产权瑕疵担保予以专门规范。

本条的调整对象是卖方承担的知识产权瑕疵担保责任;更确切地说,本条旨在规范卖方承担的知识产权瑕疵担保责任的范围。本条共有两款,该两款从不同角度界定了这一责任的范围。其中第1款不仅确定了卖方必须承担的知识产权瑕疵担保责任,而且规定了卖方承担这一责任的前提条件;而第2款规定了免除卖方承担上述责任的情形及其前提条件,或规范了买方应该承担知识产权瑕疵担保责任的条件。由此可见,第1款倾向于保护买方的利益,而第2款更倾向于保护卖方的利益。《公约》试图在买卖双方之间寻求利益平衡,但这种平衡也会带来一些《公约》适用上的难题。

另外,本条仅仅调整买卖双方的法律关系。第三方是否对交付的货物拥有知识产权或类似的要求?如果拥有此种知识产权或要求,他可以对买方采取哪些法律措施?买方是否能够善意获得货物中蕴含的知识产权?《公约》没有涉及前述问题,这些问题应该根据相关国家的国内法来判定。

2. 卖方承担的知识产权瑕疵担保责任及其前提条件（第 1 款）

本条第 1 款不仅确定了卖方必须承担的知识产权瑕疵担保责任，而且规定了卖方承担这一责任的前提条件。

2.1　卖方承担的知识产权瑕疵担保责任

这里的知识产权瑕疵担保责任是指卖方必须保证其交付的货物没有侵犯第三方所拥有的知识产权或要求，本条第 1 款中"卖方必须交付不受任何此种权利或要求影响的货物"这一句表明了这一点。因为只有卖方交付的货物侵犯了第三方拥有的知识产权或要求时，该货物才会受到第三方知识产权或要求的影响，因而在这种货物上也就存在着知识产权瑕疵。为了查明卖方承担的知识产权瑕疵担保责任的内涵，有必要进一步探究何为本条意义上的第三方基于知识产权而提出的权利或要求。

（1）"知识产权"

在界定本条中"知识产权"这一概念的内涵之前，有必要首先澄清"工业产权"和"知识产权"这两个概念的关系，因为本款将它们作为可以相互替代的概念而并列使用。笔者认为"知识产权"是一个上位概念，工业产权无疑是知识产权的一个组成部分，因为知识产权一般包括专利权、著作权、商标权等，而工业产权则主要包括专利权、商标权等。正因此，本书仅仅界定"知识产权"这一概念的内容。那么，何为本款意义上的"知识产权"呢？由于 CISG 本身是一个国际公约，所以，我们应该根据相应的国际公约来界定"知识产权"的内涵。根据1967 年签订的《建立世界知识产权组织公约》和世界贸易组织的《与贸易有关的知识产权协议》（TRIPs）的规定，知识产权包括版权及相关权利、商标、专利、地理原产地标识、工业外观设计、集成电路布图设计、商业秘密七个方面的权利，因此，它通常是指法律赋予知识产品所有人在以上七个方面对其智力创造成果所享有的专有权利。一旦某人拥有以上知识产权，他便在该国法律规定的期限和地域内对此拥有独占性的排他使用权；除非得到该权利人同意，其他任何人不得享有或使用该项权利，否则便侵犯了该权利人所拥有的知识产权。①由此可见,本条规定的知识产权瑕疵担保责任中的一项义务是卖方应该保证其交付的产品没有侵犯第三方拥有的上述任何一项知识产权,否则,其交付的货物上便存在着知识产权瑕疵,从而违反了本款规定的担保义务。

在国际贸易实务中,还可能出现卖方交付的货物侵犯第三方姓名权、肖像权等人格权的情形。因为许多国家的法律都对自然人和法人的人格权进行保护。例如,中国《民法典》第 110 条规定,自然人享有生命权、身体权、健康权、姓名权、肖像权、名誉权、荣誉权、隐私权、婚姻自主权等权利;法人、非法人组织享有名称权、名誉权和荣誉权。如果卖方交付的货物侵犯了第三方的上述权利,这同样会影响到买方对货物的处置或使用。这显然也属于卖方承担的权利瑕疵担保责任的范围之内。争议的问题是:它究竟属于第 41 条下的一般权利瑕疵担保,还是本条下的知识产权瑕疵担保? 部分学者认为这属于前者,②而相反的意见则认为它属于后者。③尽管人格权不属于知识产权,笔者依然认同后一观点,因为在很多案件中,人们难以将侵犯知识产权和侵犯人格权进行区分。另外,还因为第 41 条下一般权利瑕疵担保责任的保护对象是指第三方所拥有的物权或债权,也即侵犯第三方对某一具体货物所拥有的物权或债权;而本条保护的是第三方所拥有的知识产权,即侵犯第三方在同一类货物上拥有的专利权或商标权等,这与货物侵犯第三方人格权相同。

(2)以"知识产权"为依据提出的"要求"

那么,何谓以"知识产权"为依据提出的"要求"? 国外有学者认为:这是指当出售的货物上使用了容易混淆的商标、工业设计或版权时,权利人所提出的要求。④笔者认为这一观点不够全面,卖方交付的货物上

---

① 高旭军:《〈联合国国际货物销售合同公约〉适用评释》,第一版,第 237 页。

② 李巍:《联合国国际货物销售合同公约评释》,第 199 页。

③ Schlechtriem/Schwenzer, *Kommentar zum Einheitlichen UN-Kaufrecht—CISG*, 7. Aufl. 2019, S. 858.

④ Schlechtriem/Schwenzer, *Kommentar zum Einheitlichen UN-Kaufrecht—CISG*, 7. Aufl. 2019, S. 859.

无论是使用了容易混淆的商标、工业设计或版权,还是直接使用了权利人的商标、工业设计或版权,权利人都会向买方提出相应的请求;通常情况下,权利人也会对争讼涉及的货物采取强制措施,因而都会影响、限制买方对货物的使用和处置。所以,笔者认为这里的以"知识产权"为依据提出的"要求"是指任何第三方以销售商品侵犯其知识产权为理由而提出的各种要求,即使第三方提出的侵权要求没有任何法律依据,也是如此。在奥地利高等法院于 2006 年 12 月 12 日审结的德国卖方和奥地利买方之间的 CD 光碟侵犯第三方知识产权案中,奥地利高等法院便明确判定:"如果第三方确实拥有相应的知识产权,卖方自然应该承担违反第 42 条第 1 款下义务的法律责任,即使第三方提出的侵犯知识产权主张没有任何法律和事实依据,在具备本条规定的其他条件下,卖方同样应该承担相应的责任。"①这也表明:本条第 1 款下的"要求"并不仅仅是指"第三方基于不实知识产权"而提出的主张,而是指第三方以侵犯其知识产权为名而提出的所有权利主张。此种"要求"或主张是各式各样的,既可能为没收合同项下的货物,也可能为对这些货物采取保全措施,或者要求买方承担赔偿责任等等。

可见,本款中提到了第三方"权利或要求"两个不同的概念,尽管表面上卖方必须保证其交付的货物不侵犯第三方的知识产权和要求,但实际上他必须保证其交付的货物没有侵犯任何第三方所拥有的知识产权和人格权。本款要求卖方承担这种瑕疵担保责任是十分合情合理的。因为与买方相比,卖方显然更加清楚货物的结构、功能和制造过程,同时也更加清楚制造或生产货物过程中是否使用了知识产权。

2.2 卖方承担知识产权瑕疵担保责任的前提条件

由上可知,根据本条第 1 款的规定,卖方应该承担上述知识产权瑕疵担保责任。从现实情况看,知识产权权利人通常会同时在不同的国家申请专利权、商标权等,他因此也可能在许多不同的国家同时拥有知

---

① Supreme Court(*CD media case*),http://cisgw3.law.pace.edu/cases/060912a3. html,访问时间:2020 年 9 月 17 日。

识产权。另外,与国内贸易不同,在国际贸易中侵犯知识产权的行为通常并不发生在卖方所在国,而是发生在其他国家。而且对于货物最终销往哪些国家,卖方不仅没有决定权,而且有可能并不知情。如果买方在签订合同后,又将将合同项下的货物转售到其他国家,便是如此。在这种情况下,卖方自然不可能比买方更加清楚合同项下的货物是否侵犯了第三方在这些国家所拥有的知识产权。①这就产生了一个问题:卖方是否必须对所有上述侵犯第三方知识产权的行为承担责任? 如果这样,卖方的责任风险显然太大,这也不利于国际贸易的顺利和稳定展开。为了限制卖方承担的不合理的风险,维护其合法权益,本条不仅确定了卖方的上述责任,而且同时规定了适用本款规定时所应该具备的前提条件。根据对本条款字面意义的分析,只有在具备下列条件时,才适用本款规定,卖方才应该据此承担知识产权瑕疵担保责任:

(1) 卖方交付的货物侵犯了第三方的知识产权

本条第 1 款前半句即"如果第三方能够根据下列国家的法律以工业产权或其他知识产权为依据对卖方交付的货物提出任何权利或要求"规定了适用本款规定的一个前提条件。根据这一规定的字面意思,相关的前提条件似乎应该是"第三方能够以……知识产权为依据对卖方交付的货物提出任何权利或要求",德国学者也持这一观点,而且他认为第三方能够提出的"任何权利"或"要求"是两个不同的适用条件②。但笔者并不完全认同这一点。

首先,适用本款规定的一个前提条件更应该是:卖方交付的货物侵犯了第三方的知识产权。客观地分析,《公约》第 42 条的上述规定包含两个要件:其一,第三方拥有特定的知识产权(详见上文论述);其二,卖方交付的货物侵犯了第三方所拥有的知识产权。只有同时具备这两个

---

① Article 42: Secretariat Commentary(Closest Counterpart to an Official Commentary), https://iicl. law. pace. edu/cisg/page/article-42-secretariat-commentary-closest-counterpart-official-commentary,访问时间:2022 年 1 月 31 日。

② Schlechtriem/Schwenzer, *Kommentar zum Einheitlichen UN-Kaufrecht—CISG*, 7. Aufl. 2019, S. 857.

要件,第三方才能对卖方交付的货物以"知识产权"为依据提出"任何权利或要求"。可见,卖方交付的货物侵犯了第三方的知识产权是第三方以知识产权为依据提出"任何权利或要求"的基础。

其次,尽管本款也提及第三方以知识产权为依据而提出的"要求",但这并不构成一个独立的前提条件,相反,它是在具备"卖方交付的货物侵犯了第三方的知识产权"这一条件时所产生的一个必然结果。在通常情况下,只有在交付货物侵犯第三方拥有的知识产权时,第三方才会提出扣押货物、赔偿损失等要求。

最后,本款中"第三方"概念的范围。这里一个相关的问题是"卖方"是否属于本条意义上的"第三方"? 有德国学者对此持肯定态度,因为他认为:卖方自己能够基于知识产权而对其交付的货物提出任何权利和要求,这也是卖方承担本条意义下知识产权瑕疵担保责任的一个前提条件。[①]这一观点是难以成立的。首先,本款意义上的"第三方"显然是指买卖双方当事人以外的人,因此,卖方无论如何都不能成为本条意义上的第三方。其次,卖方自己交付的货物或许有可能侵犯其自己的知识产权,如果这样,这应该不属于本条的调整范围。因为第 42 条第 1 款的根本目的是保护与侵犯第三方知识产权没有关系的买方的利益,即卖方自己应该对交付货物侵犯第三方知识产权的行为负责。在卖方交付的货物侵犯自己知识产权时,他难以引用本条第 1 款的规定要求自己对此负责。如果因为货物侵犯第三方的知识产权而造成卖方延迟交付货物或没有交付货物,那么卖方行为便构成违约,卖方应该根据合同或《公约》的其他规定向买方承担违约责任,而不是本条。

可见,卖方承担本条规定的知识产权瑕疵担保责任的第一前提条件是:卖方交付的货物侵犯了第三方的知识产权。

（2）卖方知情

除此之外,追究卖方知识产权瑕疵担保责任的另外一个前提条件

[①]　Schlechtriem/Schwenzer, *Kommentar zum Einheitlichen UN-Kaufrecht—CISG*, 7. Aufl. 2019, S. 860.

是"卖方知情"。这是指：卖方知道货物侵犯了第三方的知识产权。这一条件蕴含在本款后半句即"以卖方在订立合同时已知道或不可能不知道存在此种权利或要求为限"这一规定中。但在这一条件中还蕴含着三个影响着本款适用的重要概念，即知情的时间、知情的方式和知情的内容。笔者就此进行论述：

第一，知情的时间：签订合同之时。根据本款的字面意思，"以卖方在订立合同时已知道或不可能不知道存在此种权利或要求为限"这一句规定了一个重要的时间点即"在订立合同时"。这一时间限定表明：如果卖方在签订合同时对货物侵犯了第三方拥有的知识产权并不知情，他便无需承担上述瑕疵担保责任。但这也产生另外一个问题：如果卖方在"在订立合同之前"便已经知情或"之后"才知情，卖方是否还需要承担本条规定的瑕疵担保责任呢？对此本款没有明确规定。但在本条的规范对象中蕴含了这一问题的答案。由上可知，本条规范的是卖方的知识产权瑕疵担保责任，但是从本条两款的关系看，本条在实际上需要解决这样一个问题：究竟是卖方还是买方应该对货物中存在的知识产权瑕疵承担责任？而本条确定了谁应该承担责任的一个基本标准：谁知情。由此分析，本款中的"订立合同时"应该是指卖方知情的最晚时间点。这样，如果卖方在签订合同之前的任何时间内已经知情，他便应该承担瑕疵担保责任；反之，如果他在签订合同之后才获知相关的信息，那么，他便无需承担这一责任。

第二，知情的方式：初步调查义务。由上可知，这里的"卖方知情"是指：卖方"已知道或不可能不知道存在此种权利或要求为限"。对于"知道"这一概念，很容易理解，也不存在争议。比较难以理解的是何谓"不可能不知道"？对于这一概念的内涵，联合国国际贸易法委员会秘书处认为：如果第三方在相关的国家拥有着专利，而且这些专利已经被公开发布，那么，这就构成了本款中的"不可能不知道"[1]。中国学者也

---

[1] Article 42：Secretariat Commentary(Closest Counterpart to an Official Commentary)，https://iicl. law. pace. edu/cisg/page/article-42-secretariat-commentary-closest-counterpart-official-commentary，访问时间：2022 年 1 月 31 日。

认同这一点。①这一观点是成立的。一方面,如果卖方自己是货物的制造者或生产者,他应该知道在生产合同项下货物的过程中使用了哪些专利权;即使他仅仅是一个贸易中间商,他也能够向卖方索要相关的信息。另一方面,由于专利具有公开性,通过查阅,卖方应该能够知道第三方在相关的国家是否拥有此种专利权。因此,只要他进行了必要的查询,他就"不可能不知道"其交付的货物是否侵犯了第三方在该国拥有的专利权。从以上论述中,我们可以推导出判断是否具备"不可能不知道"要件的两项要素:①卖方负有初步的调查义务。②因为即使属于公开的知识产权,也只有在进行初步调查之后,卖方才能知道这些人在特定的国家是否拥有生产货物所采用的知识产权;②卖方的调查义务仅仅限于那些通过公开途径能够获悉的知识产权。通过公开途径能够查明的知识产权有专利、商标、版权等,因为它们均具有公开性。一旦权利人获得了此类知识产权,卖方便可以检索到相关的知识产权及其权利人③;卖方无需查明第三方通过特许协议获得的专利使用权、专有技术、商业秘密等,因为它们不具有公开性。

由此我们可以得出这样的结论:如果第三方在相关的国家拥有已经公开的知识产权,卖方就应该履行初步调查义务;此时,他便应该知道第三方是否拥有某一知识产权。如果通过初步调查他没有发现该第三方拥有的此类知识产权,这便构成本款意义上的"不可能不知道";如果他因为没有履行这一初步调查义务而没有发现上述知识产权,这同样构成本款意义上的"不可能不知道"。在这两种情况下,他都应该承担由此给他带来的不利后果。要求卖方承担这样的调查义务,在通常情况下是合情合理的。因为与买方相比,卖方是商品的生产者,即使不是生产者,他也比买方更了解商品的生产过程和特性,也更了解在商品的生产过程中是否使用了相应的知识产权。所以,在保护第三方所拥

---

① 参见李巍:《联合国国际货物销售合同公约评释》,第 202 页。
② Staudinger/Magnus,Art. 42,Rn. 22.
③ 参见李巍:《联合国国际货物销售合同公约评释》,第 202 页。

有的知识产权方面，他应该比买方承担更大的责任。

第三，知情的地域限制：第三方在特定国家所拥有的知识产权。卖方知情的对象是第三方所拥有的"此种权利或要求"，本款"已知道或不可能不知道存在此种权利或要求为限"这一规定表明了这一点。虽然本款没有对"此种权利或要求"这一概念进行定义，但它应该是指卖方交付的货物使用了第三方在相关国家所拥有的知识产权；因为只有在这种情况下，第三方才能以此为据向买方提出"此种权利或要求"；另外本款前半句"如果第三方能够根据下列国家的法律以工业产权或其他知识产权为依据对卖方交付的货物提出任何权利或要求"这一规定的字面意思十分清晰地表达了这一点。但是由于知识产权的特殊性质，同一第三方可能在许多不同的国家均拥有知识产权。而买方也可能会将卖方交付的货物在卖方不知情的情况下转售到许多不同的国家，这样卖方交付的货物可能同时侵犯第三方在许多不同国家的知识产权。如果要求卖方对所有上述侵犯知识产权的行为都承担担保责任，这显然不尽合理，而且卖方也由此承担了过大的法律风险。为限制卖方的风险、在一定程度上维护卖方的权益，本款还分别通过第1项和第2项规定对卖方知情的地域范围进行了限制，即他仅需了解：第三方在签订合同时已确定的货物使用地所在国所拥有的知识产权（a项），或者第三方在买方营业地所在国所拥有的知识产权（b项）。

① 知悉货物使用了第三方在约定货物使用地所在国所拥有的知识产权

本款a项规定："如果双方当事人在订立合同时有意将货物在某一国境内转售或以其他方式在该国境内使用货物，则根据该转售或以其他方式使用所在国的法律。"由此分析，a项实际上从两个方面对卖方知情的地域范围进行了限制：卖方不仅在签订合同时便知悉该货物将在哪一国使用；而且还知晓货物使用了第三方在该国所拥有的知识产权。首先，卖方应该在签订合同时便知悉该货物将在哪一国使用。由上可见，本项规定采用了"双方当事人在订立合同时有意将货物在某一国境内转售或以其他方式在该国境内使用货物"这一表述。这一表述究竟是什么意思呢？《公约》对此没有进行明确的规定。一般认为：这并不要求买卖双方必须对货物的使用国进行明确的约定；只要卖方能够从签订合同时的情况中知晓货物有可能被售往某一国家，这就足以构成这里的"订立合同时有意"①。可见，它实际上意味着卖方应该知道货物的使用地点，因为在货物交付给买方后，买方有权决定在哪一个国家销售或使用货物，他自然知道货物在哪一国家使用。所以，这里的"双方……有意……"在本质上是指卖方应该知道货物将在哪一个国家使用，这同样意味着买方应该将上述地点告知卖方。②从国际贸易的实务看，根据卖方是否承担安排货物运输任务，也确实存在着卖方知道或不知道货物使用地两种不同的情形。如果双方约定采用 CIF 这一价格术语，则由卖方负责安排货物的运输，并将货物运送至目的地。在这种情况下，买方自然必须将货物使用国告知卖方。但如果双方约定采用 FOB 或 EXW 价格术语，那么，卖方便不负责货物的运输，这样买方便没有义务将货物销售地告知卖方，卖方对此自然也不知情。另外，如果在签订合同时买方告知卖方将货物售往 A 国，但买方提取货物后又独自决定将货物销往 B 国和 C 国，卖方同样不知情。这一限制具体意味着：卖方承担本条担保责任的地域范围仅仅限于其在签订合同时已经知悉的货物使用地，如果他当时不知道这一点，他便无需承担本条规定的瑕疵担保责任；即使他事后知道了这一地点，也是如此。其次，货物侵犯了第三方在上述国家所拥有的知识产权。这一条件具体蕴含在本款"如果第三方能够根据下列国家的法律以工业产权或其他知识产权为依据对卖方交付的货物提出任何权利或要求"和本项有关"根据该转售或以其他方式使用地所在国的法律"这一表述中。据此，卖方所交付的货物不得侵犯第三方在货物"使用地所在国"所拥有的知识产权。这里的"使用地所在国"不仅包括货物转售行为发生地所在国，而且包括以其他方式使用货物时该使用地所在国。这里的以其他方式使用货物

---

① 　Staudinger/Magnus，Art. 42，Rn. 17.

② 　高旭军：《〈联合国国际货物销售合同公约〉适用评释》，第一版，第 239 页。

是指：买方自己使用或消费这些货物，或者批发、零售这些货物，还包括对货物进行加工等等。这一限制具体意味着卖方承担本条担保责任的地域范围仅仅限于：转售行为发生地所在国或以其他方式使用该货物时该使用行为发生地所在国。承担这一责任的前提条件是：卖方交付的货物侵犯了第三方在上述两类国家所拥有的知识产权。如果没有侵犯第三方在以上两类国家所拥有的知识产权，而是侵犯了第三方在上述两类国家以外的其他国家拥有的知识产权，则卖方无需承担担保责任。[①]由上可知，本款 a 项规定的两个适用条件大大限缩了卖方承担的知识产权瑕疵担保责任的地域范围，它主要是以卖方"在签订合同时已经知悉货物的使用地"和"其交付的货物将侵犯第三方在以上地区的知识产权"作为承担责任的前提条件的；如果卖方在签订合同时不知道或"不可能知道"货物的上述使用地，则卖方无需承担本款规定的担保责任。

② 第三方在买方营业地所在国所拥有的知识产权

除了上述限制性条件以外，本款 b 项规定了另一项补充性限定条件：卖方交付的货物不得侵犯第三方"根据买方营业地所在国家的法律"而在该国拥有的知识产权。但是这一条件仅仅起着补充作用，即只有在买卖双方签订合同时没有约定将货物销往其他国家的情况下（指买方营业地所在国以外的国家），才补充适用这一限制性条件。本款 b 项中的"在任何其他情况下"这一表述，表明了这一点。这也表明：b 项和 a 项的规定是选择性的。因此，只要具备了本款两项规定中的任何一项条件，那么，卖方就可能违反了其承担的知识产权瑕疵担保责任。

（3）不存在本条第 2 款规定的免责情形

本条第 2 款规定了免除卖方上述担保责任的情形，据此，卖方免于承担责任的情形有：(a)买方在订立合同时已知道或不可能不知道此项权利或要求；或者(b)此项权利或要求是由于卖方遵从了买方所提供的技术图样、设计、方案或其他规格而产生的。国际司法实务界认为：在

[①] 高旭军：《〈联合国国际货物销售合同公约〉适用评释》，第一版，第 239 页。

具体的案件中不存在本条第 2 款 a/b 两项所规定的情形,也是卖方承担知识产权瑕疵担保责任的一个重要前提条件。①尽管第 42 条第 1 款中没有规定这一条件,这一观点依然是成立的。因为从第 42 条第 1 款和第 2 款之间的关系看,第 1 款规定了卖方承担知识产权瑕疵担保责任的条件,而第 2 款则规定了免除卖方上述责任的情形。但从追究卖方知识产权瑕疵担保责任角度来说,在相关的案件中必须不存在第 2 款规定的免责情形;否则便无从要求卖方承担本条第 1 款规定的担保责任。

（4）小结

由上可知,卖方承担本款规定的知识产权瑕疵担保责任,应该同时具备以下三个条件:"卖方交付的货物侵犯了第三方的知识产权""卖方知情"和"不存在第 2 款规定的免责情形"。如果不存在上述任何一个条件,他便无需承担这一责任。通过上述限制性条件,本条大大缩小了卖方承担的知识产权瑕疵担保责任的地域范围。这种限制是十分必要的。因为在国际贸易中,买卖双方可以在签订合同时通过明示或默示的方式约定货物的使用地,但是,货物最终销往哪一国家、在哪一国家使用,卖方对此没有任何影响的可能性,它完全是由买方决定的。既然如此,卖方也只应该保证其交付的货物不侵犯第三方在约定使用地所在国或买方营业地所在国的知识产权;而不能保证货物不侵犯第三方在任何上述国家以外的国家所拥有的知识产权。因为在卖方知道货物最终使用地的情况下,卖方可以进行必要的查询;而在卖方不知晓的情况下,卖方根本无法查证第三方是否拥有相关的知识产权。当然,司法实际中,如果买方要求卖方承担这一责任,他必须提供证据证明在相关的案件中已经具备了以上三个条件。

3. 卖方知识产权担保责任的免除（第 2 款）

如上所述,本条第 1 款不仅确定了卖方承担的知识产权瑕疵担保

---

① UNCITRAL, *Digest of Case Law on the United Nations Convention on the International Sale of Goods*, 2016, p. 209.

责任,而且设定了卖方承担这一责任的前提条件。这些前提条件的确定在很大程度上限定了卖方承担的知识产权瑕疵担保责任的范围,保护了卖方的利益。在此基础上,本条第 2 款又为卖方提供了进一步的保护。因为根据本款规定,即使具备了本条第 1 款规定的适用条件,但只要具备本条第 2 款规定的条件,卖方依然无需承担本条第 1 款规定的担保责任;本款中"卖方在上一款中的义务并不适用于下列情形"这一表述,明确了这一责任的豁免情形。根据对本款字面意思的分析,如果卖方有意主张本款规定的免责待遇,应该具备下列条件:

3.1 买方知情

"买方知情"是指买方知道货物侵犯了第三方在货物使用地所在国所拥有的知识产权。本款 a 项"买方在订立合同时已知道或不可能不知道此项权利或要求"这一表述明确规定了这一条件。本项采取了"知道或不可能不知道"这一与第 1 款一样的表述。这就产生了一个重要的问题,即本款中的"不可能不知道"究竟是什么意思? 它是否也意味着买方应该承担初步的调查义务? 如果它也蕴含着初步调查义务,那么,这是否会造成本条第 1 款和第 2 款的冲突? 下文就此进行论述。

(1) 本款中"不可能不知道"的内涵

对于本款中"不可能不知道"是否蕴含着"初步调查义务"这一问题,存在三种不同的看法。一种观点认为:由于本款采用了与第 1 款中同样的表述,所以买卖双方承担同样的初步查询义务,"不管是卖方还是买方都有知晓已公开的知识产权的义务"[1]。另一种观点则认为:相同的措辞并不意味相同的调查责任,究竟哪一方更应该承担调查义务,应该根据谁处于更有利的位置来决定。[2]最后一种观点则认为:买方仅在双方存在约定时承担初步调查义务。[3]在以上三种观点中,究竟哪个

---

① 王家德:《论国际货物贸易中卖方的知识产权权利担保义务问题》,《焦作大学学报》2013 年第 3 期。

② 参见李巍:《联合国国际货物销售合同公约评释》,第 205 页;Schlechtriem/Schwenzer, *Kommentar zum Einheitlichen UN-Kaufrecht—CISG*, 7. Aufl. 2019, S. 864。

③ 高旭军:《〈联合国国际货物销售合同公约〉适用评释》,第一版,第 239 页。

更加符合《公约》制定者的本意呢？最后一种观点无疑是成立的，因为如果合同约定应该由买方负责调查合同下的货物是否侵犯了第三方在货物使用地所在国的知识产权，他自然应该履行这一义务；这不仅是因为这是其承担的合同义务，而且是因为此种合同约定也符合第 6 条规定的"意思自治原则"。那么，在不存在此类合同约定时，以上两种观点哪种更符合立法者的原意呢？基于以下几方面的因素，笔者倾向于上述第二种观点。

首先，上述第一种观点显然是难以成立的。因为如果买卖双方均承担初步的调查义务，那么，在司法实践中就会出现买卖双方均引用这一条款主张免责，而将调查责任推向对方的情形。举例来说，在进行合同谈判时，买方要求卖方将货物运往买方营业地所在国。如果卖方交付的货物最终侵犯了第三方在买方营业地所在国拥有的知识产权并被提起了损害赔偿诉讼请求，这时卖方可以根据本条第 2 款的规定主张免责。因为货物的使用地为买方营业地所在国，根据本条第 2 款的规定，买方具有初步的查询义务；而且由于货物使用地在买方本国境内，所以买方应该比卖方更方便进行查询。只要买方履行了这一义务，他就"不可能不知道"合同项下的货物会侵犯第三方的知识产权。同样，买方可以引用本条第 1 款的规定主张免责。因为在这里也完全具备了该款规定的卖方承担担保责任的前提条件。这样，在同一案件中就出现了谁都应该承担责任或都不承担责任的荒唐局面。可见，认为两款中的"不可能不知道"具有相同内涵的观点，不仅会导致本条两款之间的逻辑混乱，而且会导致司法实践中难解的困局。这显然不符合《公约》制定者的本意。

其次，上述"处于更有利的一方承担初步的调查义务"的观点是成立的，因为本条两款已经默示地确认了这一原则。尽管本条第 1 款规定：在签订合同时卖方已经知道货物使用地时卖方承担着初步调查义务。但它实际上同时确定：如果卖方在上述时间点不知道货物使用地，则买方应该承担初步调查义务。否则，在货物侵犯第三方在该国拥有的知识产权时，应该由买方自己承担相应的法律后果。这一划分便是基于"谁处于更有利位置"原则确定的。在卖方知道货物销售地或使用地时，由于他通常更熟悉合同下货物的具体特征、其产品的生产过程和技术特性；所以，他应该知道在生产货物过程中是否使用了第三方拥有的专利、商标或其他知识产权，显然他应该承担初步的调查义务；反之，当卖方不知道货物的销售地或使用地时，即使他熟悉产品的技术性能，他也无法调查货物是否侵犯了第三方在使用地所在国所拥有的知识产权；相反，买方则有此可能性。所以，本条第 1 款暗示规定：在卖方不知道货物的使用地时，卖方不承担知识产权瑕疵担保责任。因为在这种情况下，买方更方便调查第三方在该国是否拥有知识产权。除此之外，本条第 2 款也确认以上原则，该款 b 项列举的根据买方提供的图纸设计生产货物便很好地说明了这一点。在这种情况下，买方显然比卖方更清楚使用何种技术制造了货物，它是否侵犯了第三方的知识产权。所以，本款规定买方应该承担初步的调查责任，否则便构成"不可能不知道"。那么，在什么情形下，买方才比卖方处于更加有利的地位，因而承担初步调查义务呢？笔者认为大致有以下几种情形：

① 在买方对合同下的货物拥有比卖方更广泛的专业知识时，买方应该承担初步的调查义务。这里的专业程度是相对的，如果卖方仅仅是一个贸易中间商，或者一个小型地方性生产企业，而买方则是一个长期专门经销特定产品的专业公司，便属于此种情形。西方国家的司法判例支持这一观点。法国最高法院在 2002 年审理的一起案件中便持这一观点。在该案中，卖方是西班牙的一家皮鞋生产企业，买方是法国的一家专门经销皮鞋业务的专业公司，双方签订了一个皮鞋买卖合同，由西班牙企业向法国公司提供特定数量的皮鞋；在该公司销售合同下的皮鞋后，第三方发现该皮鞋的鞋带侵犯了其商标权。在买方向该第三方支付赔偿金后，他引用本条第 1 款的规定要求卖方补偿其因此而受到的损失。法国最高法院驳回了买方的这一诉请，其理由是买方是在这一领域中经营多年的专业公司，他"不可能不知道"卖方交付的鞋带侵犯了第三方的商标权，所以，买方在完全知情的情况下购买并销售了侵犯第三方商标权的皮鞋，根据本条第 2 款 a 项的规定，他无权依据

本条第 1 款的规定要求卖方弥补其损失。①

　　法国一地区法院在 2004 年审理的西班牙家具供应商和法国家具经销商之间的赔偿金补偿案中也持同样的观点。在该案中，西班牙卖家是一家贸易公司，而法国买方则是一家专门从事家具经销业务的专业公司；卖方交付的家具最终被证实属于冒牌产品，侵犯了第三方的商标权。在买方对第三方承担赔偿责任后，他要求卖方赔偿其损失。但法院没有支持其诉讼请求，因为法院认为在上述两家公司签订家具买卖合同时，买方十分清楚某特定系列家具的制造商，而且他也定期向专业的室内装修人士进行咨询，这样，他"不可能不知道"西班牙卖方交付的是冒牌家具。②

　　② 在买卖的货物涉及侵犯第三方拥有的国际知名商标或发明专利时，这同样构成了本款意义上的"不可能不知道"。③这一观点也是成立的。尽管在涉及侵犯国际知名商标或品牌时，卖方也"不可能不知道"这一点。但鉴于买方是商品的销售者，是他购买并在使用国销售这些仿冒产品，所以，他更应该承担"不可能不知道"的法律后果。在法国最高法院于 2002 年 3 月审理的西班牙卖方和法国买方之间的皮鞋销售合同纠纷中，皮鞋侵犯了第三方在法国拥有的商标权，法国买方据此要求卖方承担赔偿责任。但法国最高法院驳回了法国买方的主张，其理由是：第三方拥有的是国际知名商标，在签订销售合同时买方不可能不知道合同下皮鞋使用了该第三方的知名商标，所以，根据本条第 2 款 a 项的规定，买方无权根据本条第 1 款的规定要求卖方承担赔偿责任。④

---

　　① Supreme Court(*Footware case*)，http://cisgw3. law. pace. edu/cases/020319f1. html，访问时间：2020 年 9 月。

　　② District Court Versailles(*Counterfeit furniture case*)，http://cisgw3. law. pace. edu/cases/041123f1. html，访问时间：2020 年 9 月 23 日。

　　③ Schlechtriem/Schwenzer，*Kommentar zum Einheitlichen UN-Kaufrecht—CISG*，7. Aufl. 2019，S. 864.

　　④ Cour de Cassation，France，19-03-2002，www. unilex. info/cisg/case/758，访问时间：2022 年 1 月 31 日。

③ 在签订合同时卖方不知道或"不可能知道"货物的使用地。这是指:在签订合同时卖方不知道也"不可能知道"货物将销往哪一国家。如上所述,根据本条第1款的规定,卖方承担知识产权瑕疵担保责任的一个前提条件是:他在签订合同时应该知道货物的使用地点。如果他不知道,也"不可能知道"货物的使用地,那么,买方便比卖方处于更有利的地位。

应该说明的是:买方承担初步"调查义务"并不局限于上述三种情形。只要与卖方相比,买方处于更加有利的地位,买方就应该承担初步的调查责任,并承受不进行初步调查的法律后果。他是否处于更加有利的地位,必须在个案中根据具体的情况进行具体的分析。

(2) 本条两款中"不可能不知道"规定的关系问题

由上可知,本书将本条第1款中的"不可能不知道"界定为"初步的调查义务"实际上是基于卖方处于更有利的位置而确定的。因为在具备该款适用条件时,卖方确实处于比买方更有利的地位,而且应该承担初步调查义务。第2款中的这一表述同样如此。可见,这并没有违背"同一法规中同一概念相同解释的原则"。另外,这并不影响对第三方的保护。在第三方的知识产权受到侵害时,买方必须首先承担清偿责任,因为是买方销售的货物侵犯了第三方的知识产权。当然,买方和第三方之间的侵权关系并不是由《公约》调整的,而是根据侵权行为发生地即货物使用地所在国的知识产权法。这也表明:本条两款在实质上仅仅调整买卖双方的法律关系,即在买方向第三方支付完赔偿款后,卖方是否应该赔偿买方因此而受到的损失。在这种情况下,买方通常会根据本条第1款要求卖方承担赔偿责任,而卖方则会根据本条第2款主张免责。正因此,在买方处于更加有利的地位时,买方就应该承担初步的调查义务;在他没有履行这一义务时,应该视为他知道货物侵犯了第三方的知识产权。

3.2 遵从买方的指示

除了上述"买方知情"以外,本条第2款还在b项中规定了另一项免责情形,即第三方所拥有的"此项权利或要求是由于卖方遵从了买方所提供的技术图样、设计、方案或其他规格而产生的"。这一免责条件反映了国际贸易中的一种习惯做法,即买方通常会将货物的规格、设计图纸甚至商标交付给卖方,要求卖方按照其提供的资料生产或制造货物。在这种情况下,如果卖方交付的货物最终侵犯了第三方在货物使用地所在国所拥有的知识产权,这自然不应该是卖方的过错,而无疑应该是买方自己的过错。与此相适应,免除卖方此时的知识产权瑕疵担保责任,让买方自己承担相关的风险,这是合情合理的。

(1)构成"指示"的要件

如果对本项规定进行仔细研读,就能发现:构成具有免责作用的"指示"应该具有"具体性"和"强制性"两个要件:

第一,具体性。这里"买方指示"应该十分详细具体,即指示应该说明货物的形状、组成部分、生产流程、质量规定等,本项列举的"技术图样、设计、方案或其他规格"实例均具备上述特征。这说明:如果买方仅仅对合同下的货物作了一般性的描述或提出了原则性要求,却缺乏具体的说明,这便不构成本项规定意义上的指示。

第二,强制性。这是指卖方必须按照指示的内容生产或采购货物,违反这一点,便构成了违约,买方可以拒收相关的货物。本项规定中的"遵从"一词表明了这一点。所以,如果买方仅仅提出了参考性的要求,卖方可以自行考虑是否接受。这同样不构成本项规定意义上的"指示"。

可见,构成本项规定意义上的"指示"必须同时具备以上两个要件,缺乏其中任何一个,均难以成为具有免责功能的"指示"。

(2)适用本条第 2 款 b 项的案例

在国际司法实践中,有法院基于本条第 2 款 b 项的规定驳回买方提出的要求卖方补偿其向第三方支付赔偿金的案例。1993 年以色列高等法院审理的一起案件就属于其中之一。在该案中,卖家交付的商品侵犯第三方的驰名商标,因为在该商品上打印了该商标的标记。在买方赔偿第三方损失后,以本条第 1 款的规定为依据要求卖方赔偿其向第三方支付的赔偿金。但法院认定卖方不对买方承担责任,其理由是买方自己在产品的设计中加进了这一标记，并要求卖方按照这一设计生产货物，所以，买方"不可能不知道"合同下的货物将会侵犯第三方的知识产权。[1]

（3）卖方知情时的适用限制

本款 b 项规定的适用，除了受上述两个构成要件的限制以外，还受卖方知情的限制，即它仅仅适用于卖方不知道根据买方提供的"技术图样、设计、方案或其他规格"生产的货物会侵犯第三方知识产权的情形。如果他知道这一后果，那么根据诚信原则，他必须将此风险通知买方。如果他没有履行这一通知义务，那么，他就不得引用本条第 2 款 b 项规定主张免除自己的担保责任。[2]

最后应该指出的是：本项规定的免责条件与本款 a 项规定的免责条件之间并不是并列的关系，而是选择性关系，两项规定之间的"或者"表明了这一点。这意味着：在某一具体的争议中，只要具备了上述两项条件中的任何一项，卖方就可以主张免责。

3.3　买方未履行通知义务

在买方发现货物侵犯第三方在货物使用地所在国所拥有的知识产权时，他还必须将其发现及时通知卖方，不论他是通过其调查发现的，还是因为第三方向其提出侵权赔偿之诉而发现的，他都必须履行上述通知义务。否则，他无权要求卖方承担赔偿责任。这一通知义务没有规定在本条中，而是规定在《公约》第 43 条第 1 款中。根据该条款规定，只要他未履行这一通知义务，而且又不属于第 43 条第 2 款和第 44 条规定的例外情形，他便失去了基于货物侵犯第三方知识产权而要求卖方承担相应的赔偿责任的权利。[3]

3.4　小结

在具备上述任何一个条件时，买方都必须单方面承担货物侵犯第

---

① UNCITRAL, *Digest of Case Law on the United Nations Convention on the International Sale of Goods*, 2016, pp. 209—210.

② Reinhard, Art. 42, Rn. 6；Staudinger/Magnus, Art. 42, Rn. 31.

③ 详见第 43 条之论述。

三方知识产权的法律后果,这同时意味着免除了卖方根据本条第 1 款规定应承担的赔偿责任。这样的法律风险分摊也是公平合理的。因为在本款规定的情况下,买方已经知道或应该知道货物侵犯了第三方的知识产权,在这种情况下,他依然采购并销售这些产品,自然应该承担相应的法律责任。

4. 救济措施

如果卖方交付的货物侵犯了第三方在货物使用地所在国所拥有的知识产权,买方不仅会因为向第三方支付赔偿款而遭受损失,他还会蒙受其他损失。例如,货物还被扣押或者销毁,这样其签订合同的目的便会落空。这时,买方究竟应该根据本条第 1 款还是根据《公约》第 46 条要求卖方承担赔偿责任? 对此有两种不同的观点。一种观点认为:《公约》中有关卖方交付"不相符性"货物的救济条款不适用于存在知识产权权利瑕疵的情形,因为无论从本条的字面意思、其与《公约》其他条款的关系,或者本条的产生历史看,都说明了这一点。[①]但另外一种观点认为:可以适用《公约》的规定,在货物侵犯第三方知识产权的情况下,对买方最有力的保护是根据第 46 条的规定要求卖方履行合同义务。[②]笔者认为:上述争论没有任何实际意义。从《公约》的体系看,第二章第二节(第 35 条至第 44 条)主要规范货物的相符性义务,第三节(第 45条至第 52 条)则规范了在货物不具备相符性时买方可以采取的救济措施;而第三节中列举的救济措施不仅可以适用于第 35 条意义上数量、质量、包装等方面的"不相符性",而且适用于第 41 条意义上的一般性"权利瑕疵"和本条意义上的"知识产权瑕疵"。换句话说,《公约》并没有规定部分救济措施仅仅适用于货物缺乏相符性的情形,而另一部分救济措施只能适用于货物存在着权利瑕疵的情形。就卖方交付的货物侵犯第三方所拥有的知识产权而言,根据不同国家的司法实践,涉案货

---

① Schlechtriem/Schwenzer, *Kommentar zum Einheitlichen UN-Kaufrecht—CISG*, 7. Aufl. 2019, S. 866.

② John O. Honnold, *Uniform Law for International Sales under the 1980 United Nations Convention*, 3rd ed. (1999), p. 296.

物通常会被所在国政府没收、扣押甚至销毁;在这种情况下,买方的损失并不限于没有收到合同下的货物,而且可能包括逾期利润损失、违约损失等。如果他愿意,他自然可以根据本条第1款和第46条的规定要求卖方交付没有侵犯第三方知识产权的货物,同时要求卖方承担第74条等条款下的损害赔偿责任。

第 43 条　存在权利瑕疵时通知义务

Article 43

(1) The buyer loses the right to rely on the provisions of article 41 or article 42 if he does not give notice to the seller specifying the nature of the right or claim of the third party within a reasonable time after he has become aware or ought to have become aware of the right or claim.

(2) The seller is not entitled to rely on the provisions of the preceding paragraph if he knew of the right or claim of the third party and the nature of it.

译文

(1) 如果买方没有在已知道或理应知道第三方的权利或要求后的一段合理时间内将此一权利或要求的性质通知卖方,他就丧失援引第41条或第42条规定的权利(语序调整)。

(2) 如果卖方知道第三方的权利或要求及其性质,他就无权援引上一款规定(语序调整)。

目录

3. 免除的例外(第2款)

   3.1　构成例外的前提条件

   3.2　具备前提条件时的法律后果

正文

1. 调整对象

根据《公约》第39条规定,在买方发现货物具有第35条列举的不相符性时,他必须在合理的时间内将"不相符性"的具体情形及其性质通知卖方,否则他便失去了向卖方主张赔偿的权利。本条的规范对象是在发现货中存在着第41条和第42条规定的权利瑕疵时买方的通知义务。与第39条相似,本条也包括两款。第1款首先考虑了卖方的利益,据此,在买方知道货物侵犯第三方权利或要求的情况下,他必须通知卖方;否则,他无权以此为由主张损害赔偿。在此基础上,第2款侧重考虑买方的利益,据此,如果卖方知道上述侵权事实,他无权引用本条第1款的规定来反驳买方的诉求。可见,与贯穿《公约》均衡考虑买卖双方利益这一基本精神相一致,本条两款也秉承了这一精神。下文分别对该两款的内容进行分析。

2. 卖方权利瑕疵担保责任的免除(第1款)

本条第1款规定了上述担保责任的免责情形,这一规定蕴含在本条第1款后半句买方"就丧失援引第41条或第42条规定的权利"这一表述中。尽管这一段文字没有直接明确免除卖方承担的权利瑕疵担保责任,但其真实意思便是:买方不得根据上述两条规定要求卖方承担瑕疵担保责任;换句话说,买方必须自己承担货物侵犯第三方权利所产生的后果。这一免责规定无疑对卖方十分有利;正因此,本款同时规定了卖方主张免责的前提条件。这些条件规定在本款前半句"如果买方没有在已知道或理应知道第三方的权利或要求后的一段合理时间内将此一权利或要求的性质通知卖方"中。据此分析,适用免责条款时必须具备"买方知情"和"未履行通知义务"两方面的前提条件。下文就此进行分析:

2.1 买方知情

买方应该了解卖方交付的货物侵犯了第三方所拥有的一般性权利和知识产权。这一条件不仅体现在《公约》第41条和第42条第2款中,也体现在本款"在已知道或理应知道第三方的权利或要求后的一段合理时间内"这一表述中。本款采用的相关表述与第42条的规定有些不同,即这里采用的表述为"知道或理应知道",而第42条中采用了"知道或不可能不知道"这一表述。但笔者认为:尽管两者在用词上有所差异,但是它们的含义相同。由于上文对"不可能不知道"这一概念的内涵已有分析论述,这里不再重复。①德国德累斯顿地区高等法院在其审理的案件中也确认了这一条件。②

2.2 买方未履行通知义务

仅仅"买方知情",还不足以免除卖方根据第41条和第42条承担的权利瑕疵担保责任。在"买方知情"这一条件下,买方还必须未履行"通知义务",这一条件规定在"如果买方没有……的一段合理时间内将此一权利或要求的性质通知卖方"这一规定中。这一条件表明:只要买方没有履行本款规定的通知义务,即使货物确实侵犯了第三方的权利,而且买方也对第三方赔偿了损失,卖方也没有必要承担第41条和第42条下的瑕疵担保责任,买方也无权要求卖方赔偿因此而受到的损失。反之,如果买方履行了本款规定向卖方发出了相应的通知,卖方便必须承担上述瑕疵担保责任。可见,决定是否免除卖方权利瑕疵担保责任的前提条件是:买方是否履行了本款规定的通知义务。仔细分析这一规定,在这一免责条件中蕴含着"通知内容""发送通知的时间"和"通知的生效"三方面的因素。

(1)通知的内容

如上所述,在货物中存在着侵犯第三方权利的情况时买方承担着

---

① 高旭军:《〈联合国国际货物销售合同公约〉适用评释》,第一版,第248页。

② UNCITRAL, *Digest of Case Law on the United Nations Convention on the International Sale of Goods*, 2016, p. 211.

通知义务。问题是通知应该包括哪些内容在内？根据本款规定，通知中应该说明第三方的"权利或要求的性质"。这表明买方必须在通知中详细说明：货物侵犯了哪个第三方何种"权利或要求"。具体地说，通知中至少应该包括以下内容：第三方的名称、该第三方主张的权利、要求及其已经采取的措施。德国联邦最高法院在其审理的一起二手车交易纠纷案中便持这一观点。买方仅仅告知卖方其交付的车辆被指控为失窃，这是不够的；通知中必须说明第三方的名称、其诉求和其已经或将要采取的措施；这样卖方才能采取相应的应对措施。[①]这表明：通知必须包括特定的内容，否则，即使买方已经在事实上向卖方发出了通知，依然可能被法院或仲裁机构基于通知内容不够具体详细而视为没有发出通知。在德国德累斯顿上诉法院审理的德国卖方和白俄罗斯买方之间汽车交易合同纠纷中，德国卖方交付的汽车属于偷盗物品，在白俄罗斯买方将该车销售给客户后，被警方查获并没收。在被没收后的七天后，买方亲自拜访了德国卖方，并告知卖方由于卖方交付的汽车属于被盗物品，已经于七天前被警方没收。德国法院判定，这样的口头通知已经符合了本款对通知内容要求的规定。[②]

有学者认为：通知中必须具备上述内容，这是为了让卖方知晓第三方的主张，以便他能够针对第三方的主张而采取相应的应对措施。[③]笔者并不认同这一点。笔者认为：通知内容必须足够具体详细，这并不直接是为了卖方利益，相反是为了买方自己的利益。因为从法律关系角度分析，相对于权利受到损害的第三方而言，是买方销售的产品损害了其知识产权，所以，他只能直接向买方提起侵权赔偿之诉；但买方通常不是十分了解产品的生产过程，所以，难以判断第三方的主张是否成

---

① Supreme Court(*Automobile case*)，http://cisgw3.law.pace.edu/cases/060111g1.html，访问时间：2020 年 9 月 26 日。

② Appellate Court Dresden(*Stolen automobile case*)，http://cisgw3.law.pace.edu/cases/070321g1.html，访问时间：2020 年 9 月 26 日。

③ Schlechtriem/Schwenzer，*Kommentar zum Einheitlichen UN-Kaufrecht—CISG*，7. Aufl. 2019，S. 870.

立。所以,买方必须向卖方发出内容足够详细具体的通知,这样,卖方才能向买方提供相应的证据资料。

(2)发送通知的时间

除了通知的内容以外,另外一个影响卖方是否享受免责待遇的因素是买方发出上述通知的时间。本款前半句"如果买方**没有在**已知道或理应知道第三方的权利或要求后的一段**合理时间内**通知卖方"对买方发出通知的时间有着比较明确的规定。这一规定确定了两个时间要素:其一,买方应该在"合理时间内"向卖方发出通知;其二,"合理时间"的起算时间点是买方"已知道或理应知道第三方的权利或要求"之时。

第一,"合理时间"的长度。由上可知,本款规定要求:买方必须将货物上存在的权利瑕疵在"合理时间内"通知卖方。这一要求的法律意思是:如果买方没有在"合理时间内"通知卖方,即使他在事实上发出了通知,也将被视为没有履行这一通知义务。正因此,一个关键的问题是本款中"合理时间"究竟有多长? 对此问题显然没有统一的答案;相反,应该在具体案件中根据具体案情予以分析判定。影响"合理时间"长度的因素有:在第三方向买方提出权利主张后,买方需要时间向律师进行咨询,以便了解第三方主张的法律状况;此外,买方需要时间弄清第三方主张的货物中存在的权利瑕疵的种类,以及第三方已经采取了哪些措施。所以法院和仲裁庭应根据具体案件中的具体情况来判断"合理时间"的长度。[①]这一合理时间可能很短,如果卖方交付的货物已经被扣押或没收,那么,"合理时间"的长度就应该很短,最多不能超过几天,因为买方需要在卖方的帮助下迅速采取行动。反之,如果第三方仅仅要求支付专利许可费,"合理时间"的长度就可能比较长,因为买方无需采取应急行动。从司法判例看,也确实如此。在上述德国德累斯顿上诉法院审理的德国卖方和白俄罗斯买方之间的汽车合同纠纷中,买方在获悉汽车因为属于被盗物品而被没收后的第七天即向卖方通报了相

---

① Reinhard, Art. 43, Rn. 2.

关信息,法院判定:买方依然在"合理时间"履行了通知义务。[1]在德国联邦最高法院于2006年1月11日审理的德国卖方和荷兰买方之间的二手汽车销售合同纠纷中,荷兰买方购买了德国卖方提供的一辆二手汽车。但荷兰警方发现在双方签订合同之前,该车已经报失,故扣押该车。在该车被扣押两个月后,买方才将此事通知卖方,并要求卖方承担《公约》第41条下的瑕疵担保责任。德国法院没有支持其主张,认为他没有在本条规定的"合理时间内"将权利瑕疵通知卖方。[2]

只要买方在"合理的时间"向卖方发出上述通知,买方就履行了本款规定的通知义务,这也就同时剥夺了卖方根据本条规定主张免责的可能性。相反,如果买方没有在上述期限内发出通知,换句话说,他是在"合理时间"期限结束后,才向卖方发出通知的,那么买方就失去了援引第41条或第42条规定的要求卖方承担责任的权利,这也同时免除了卖方根据上述两个条款承担的权利瑕疵担保责任。

第二,"合理时间"的起算点。本款规定的"合理时间"应该从哪一时间点起算? 这是影响买方是否履行本款规定的通知义务的另一个重要因素。本款对此作了明确的规定,即这一起算时间点为买方"在已知道或理应知道第三方的权利或要求"之时。在国际贸易实务中,买方"知道"货物存在着权利瑕疵并不困难。因为在通常情况下,第三方会对侵犯其权利的货物采取具体的行动。例如交付的货物属于盗窃赃物时,第三方会报警,并要求警察扣押被盗车辆;在货物侵犯第三方知识产权时,第三方也会要求当地执法机构查封货物,并对买方提出赔偿要求。在这种情况下,买方自然"已知道第三方的权利或要求"。何为这里的"理应知道"呢? 这是否意味着买方承担调查义务呢? 应该肯定的是:买方没有调查义务。奥地利最高法院在其于2006年9月12日审

---

① Appellate Court Dresden (*Stolen automobile case*), http://cisgw3.law.pace. edu/cases/070321g1.html,访问时间:2020年9月26日。

② Supreme Court (*Automobile case*), http://cisgw3.law.pace.edu/cases/060111g1. html,访问时间:2020年9月26日。

理的德国卖方和奥地利买方之间的多媒体 CD 专利许可侵犯案中便持这一观点。在该案中,卖方的母公司获得生产和销售多媒体 CD 的专利许可,然后交由卖方出售给买方;但卖方及其母公司与专利权许可人发生了持续的纠纷。买方可能早在 2000 年 10 月 18 日就知道许可人试图终止与卖方母公司的许可合同,但他不知道卖方扣留了应该支付的许可费。直到 2000 年 12 月初,买方才知悉这一事实。买方在 2000 年 12 月 3 日发给卖方的一份传真中告知其担忧:许可人会直接向买方的客户收取许可费。于是,卖方提起诉讼要求买方支付扣留部分的货款,买方以卖方违反了《公约》第 42 条为由进行抗辩。德国上述法院判定:买方于 12 月 3 日向卖方发出的通知是在本条第 1 款规定的“合理期限内”发出的,因为买方没有义务调查卖方母公司与专利许可人签订的许可合同是否依然有效。①那么,这里的“理应知道”究竟是指什么呢? 如果买方对货物的处置权或使用权已经因为第三方的措施而受到限制,那么便构成了这里的“应该知道”。在上文提及的德国卖方和荷兰买方案件中,德国联邦最高法院认为:在警方扣押买方的汽车之后,买方就应该从被扣押这一事实中知道卖方交付的二手车属于盗窃车辆,便应该履行相应的通知义务,而不是等到两个月以后。②

（3）通知的生效

买方根据本款向卖方发出的通知于何时产生法律效力呢? 根据第 27 条的规定,一方当事人根据本部分规定发出的通知,即使在传递过程中发生延误或者未能送达,也并不能剥夺该当事人引用该项通知的权利。这一规定的实际意思是:通知于发出时生效,即卖方必须承担此种通知不能送达或延迟送到的风险。

综上所述,如果买方按照本款规定向卖方通知,那么,卖方就必须承担《公约》第 41 条和第 42 条下规定的权利瑕疵责任;反之则无需承

---

① Supreme Court(*CD media case*), http://cisgw3.law.pace.edu/cases/060912a3. html,访问时间:2020 年 9 月 26 日。

② Supreme Court(*Automobile case*), http://cisgw3.law.pace.edu/cases/060111g1. html,访问时间:2020 年 9 月 26 日。

担这一责任。

3. 免除的例外（第2款）

如上所述,本条第1款通过设定条件规定了无需卖方承担权利瑕疵担保责任的情形;第2款则规定了这一免责的例外。据此,"如果卖方知道第三方的权利或要求及其性质,他就无权援引上一款规定"。仔细分析,本款前半句规定了构成例外的前提条件,后半句则确定了相应的法律后果。

3.1　构成例外的前提条件

本款前半句规定了构成例外的前提条件,即"卖方知道第三方的权利或要求及其性质"。这里的"知道"仅仅是指卖方必须确实知道,它不包括"不应该不知道"情形。就"知道"的对象而言,根据本款规定应为"第三方的**权利或要求及其性质**";这表明卖方不仅应该知道第三方的权利或要求,而且应该知道这些权利或要求的种类和性质。这一条件不要求卖方知道第三方将会采取的措施。本款并没有对卖方知道的时间进行限定,这意味着无论卖方是在签订合同前、签订合同时还是之后知道第三方"权利或要求及其性质",都构成了本款意义上的"知道"。

3.2　具备前提条件时的法律后果

本条后半句规定了具备例外条件时的法律后果,即"他就无权援引上一款规定"。这里的上一款无疑是指本条第1款。由上可知,本条第1款规定了卖方的免责情形。他"无权援引上一款规定"意味着:即使已经具备了本条第1款规定的适用条件,卖方也无权依据该款而主张免责,相反,他依然必须承担上述两款规定的权利瑕疵担保责任。

第44条　未通知的理由

Article 44

Notwithstanding the provisions of paragraph(1) of article 39 and paragraph(1) of article 43, the buyer may reduce the price in accordance with article 50 or claim damages, except for loss of profit, if he has a reasonable excuse for his failure to give the required notice.

译文

尽管有第 39 条第 1 款和第 43 条第 1 款的规定,如果买方没有根据上述规定发出通知,但他对此有合理的理由(原译文为:"买方如果对他未发出所需的通知具备合理的理由"),他仍可按照第 50 条规定减低价格,或要求卖方赔偿除利润损失以外的损害。

目录

正文

1. 调整对象

由上可知,根据《公约》第 39 条第 1 款和第 43 条第 1 款的规定,如果买方没有履行规定的通知义务,便无权采用《公约》规定的救济措施,要求卖方对货物中存在的瑕疵承担赔偿责任。这对买方而言无疑是一种十分严厉的"惩处",因为即使货物中存在的瑕疵已经构成了根本违约,买方也无权宣告根本违约,要求卖方履行合同,或要求卖方承担赔偿责任。换句话说,买方必须独自承担由货物瑕疵带来的损害。本条规定则柔化了第 39 条第 1 款和第 43 条第 1 款确定的上述严厉"惩处"。据此规定,如果买方有"合理的理由"没有履行上述通知义务,那么,便可恢复买方本来可以享有的部分救济权,例如要求降价或赔偿部分损失,但并没有恢复其在履行通知义务时的所有救济权。从《公约》

的起草背景看,本条是为了照顾发展中国家的利益而纳入《公约》的;因为在发展中国家看来,第 39 条第 1 款和第 43 条第 1 款规定的未履行通知义务的后果对于买方而言过于苛刻,纳入本条可以照顾位于发展中国家的买方的利益。①但从《公约》的适用实践看,不仅发展中国家的买方可以援引这一条款,西方发达国家的买方同样可以引用这一条款。笔者认为在《公约》中纳入本条规定,也是合情合理的,因为在有些情况下,买方没有及时发出通知,是有客观的、难以克服的理由的;在这种情况下,依然完全剥夺买方本应拥有的救济权是不合理的。所以,本条是《公约》制定者在第 39 条第 1 款和第 43 条第 1 款基础上对买卖双方进行的再平衡。应该指出的是:本条规定的救济措施仅仅适用于买方没有履行第 39 条第 1 款和第 43 条第 1 款下通知义务的情形,而不适用于买方没有根据第 39 条第 2 款规定最晚在收到货物起的两年内履行通知义务的情形,本条"尽管有第 39 条第 1 款和第 43 条第 1 款的规定"这一句话十分明确地限定了本条的适用范围。这表明:如果买方没有履行第 39 条第 2 款下的通知义务,即使他有"合理的理由",他也无权引用本条规定提出降价或赔偿损失的要求。本条属于典型的法律规范句式,其前半句规定了本条的适用条件,后半句则规定了相应的法律后果。

2. 适用本条的前提条件

本条前半句规定:"……如果买方没有根据上述规定发出通知,但他对此有合理的理由"。据此分析,适用本条规定应该具备"买方没有发出符合要求的通知"和有"合理的理由"两方面的前提条件。下文分别就此进行论述。

2.1 "买方没有发出符合要求的通知"

本书已经分别在第 39 条和第 43 条的评释中对"买方没有发出通知"这一条件进行了分析,这里仅仅说明"没有发出符合要求的通知"不

---

① Schlechtriem/Schwenzer, *Kommentar zum Einheitlichen UN-Kaufrecht—CISG*, 7. Aufl. 2019, S. 875.

仅是指买方根本没有发出通知的情形,它还包括买方没有在上述两个规定的期限内发出通知或者尽管按期发出了通知,但通知内容不符合要求的情形。

2.2 有"合理的理由"

导致"买方没有发出符合要求的通知"的原因有很多。客观分析,它既包括买方无法控制的客观因素,也包括买方主观过失方面的因素。前者如货物存在海关的保税仓库里,买方无法对货物进行检验,需要专业的检测机构进行检验,但相关的检验机构很忙,无法及时安排检测;后者如买方忘了对货物进行检验、因检测不仔细而没有发现瑕疵、发现瑕疵后忘了通知等。在以上因素中,究竟哪些能成为本款意义上的"合理的理由"的构成要件呢? 这一问题十分重要。买方是否能够行使本条确定的救济权的决定性关键因素是:他不发通知是否有"合理的理由"。

(1) 理论界对"合理的理由"的阐释

对于"合理的理由"的内涵,《公约》没有进行统一的界定。国际商事合同法理论界对此也没有一个统一的认识。德国有学者认为:应该从"公平"角度来定义"合理的理由"。如果在个案中的具体情况表明:尽管买方没有发出通知是不符合规定的、错误的,但是基于当时的客观情况,还是应该给予一定程度的理解和谅解,可以认为这已经构成了"合理的理由"。在分析是否应该予以理解和谅解时,应该权衡买卖双方因此所受的影响。对卖方而言,如果买方没有履行规定的通知义务,他可能会遭受以下两方面的损害:一方面,他可能会因为没有及时收到通知而失去了收集并保存证据的机会,进而失去了向其供货商提起赔偿要求的可能性;另一方面,他还可能因为失去处理瑕疵货物的机会而遭受损失,因为存在瑕疵的货物也并不是完全没有价值的。对买方而言,根据第 39 条第 1 款和第 43 条第 1 款规定,买方将被剥夺本来可以享有的所有救济权,他显然必须独自承受货物瑕疵所带来的损失,尽管本来卖方应该对这些瑕疵负责。反之,如果适用本条规定,则买方还可以享有要求降价等部分救济权。这样,买卖双方便在一定程度上共同承担因货物瑕疵而引发的不利后果。①客观分析,这一观点具有很大合理性,但是缺乏客观的评判标准。

(2) 实务界有关"合理的理由"内涵的界定

在西方国家的司法和仲裁实践中,在货物存在瑕疵,而买方又没有按规定履行通知义务时,依然有许多买方根据本条规定要求卖方承担一定责任的案件,相关的司法机构也对此作出了相应的判决或裁决。在这些判决或裁决中,一般均对本款中"合理的理由"这一概念进行了相应的界定;比较而言,这些界定既有共同点,又有不同点。

① 不同国家审理机构有关"合理的理由"界定的共同点

不同国家审理机构在界定买方未按规定发出通知是否具备"合理的理由"时,尽管相关的表述不尽相同,但是具有以下共同之处:

第一,尽管买方进行了积极的努力,但他依然没有在合同或《公约》规定的时间内发出符合要求的通知。这里包括两方面的因素:其一,为按照上述规定发出通知,买方应该已经进行了积极的努力。其二,买方依然未能发出通知或者没有在规定的时间内发出通知。同时具备这两个要素在国际贸易实务中也是比较常见的。例如,德国萨尔布吕肯地区高等地区法院在其于 2007 年审理的意大利卖方和德国买方之间的大理石质量纠纷案中便持这一观点。在该案中,德国公司从意大利卖方那里购买了天然大理石面板,合同中没有特别约定包装条款,由卖方负责委托他人将货物运送至买方营业地。在运输过程中,发生了一起意外事故,损坏了大理石面板。买方要求卖方承担相应的赔偿责任,因为卖方未能根据《销售公约》第 35 条第 2 款规定以适当的方式装载和包装面板,从而导致货物不合格。卖方提出异议,认为买方未能在合理时间内向卖方发出通知。双方由此而发生了争议,德国上述法院确定:买方最晚应该在收到货物之日即 1999 年 2 月 26 日起的合理时间内向卖方发出符合要求的通知,但买方实际发出通知的时间为 1999 年 5 月

---

① Schlechtriem/Schwenzer, *Kommentar zum Einheitlichen UN-Kaufrecht—CISG*, 7. Aufl. 2019, S. 876.

8日，这显然超出了《公约》第39条第1款规定的"合理的时间"。尽管如此，买方还是采取了积极的措施。一方面，德国买方发现大理石板材损坏后即于1999年2月26日向承运人及意大利公司发信，要求确定确切的损失；另一方面，在本案中，卖方购买了货物运输险，保险公司有权安排专家对货物损坏的原因和程度进行调查和评估，保险公司专家出具评估报告需要一定的时间，买方对此没有影响；再一方面，买方于1999年5月3日才收到评估专家的报告，便随即于5月8日将报告的内容通知给了卖方。①所以，德国法院认为：尽管买方延迟履行了通知义务，但已经采取了积极的措施。

法国国际商事仲裁院在其于1999年6月仲裁的焦炭燃料纠纷案中也持这一态度。在该案件中，德国的买方与中国卖方因为合同货物焦炭燃料质量问题而发生纠纷。在将焦炭交付给承运人时，双方共同委托独立的检验员对交付的焦炭进行了检查，该检查员签发了合格证书。但是，当买方收到货物时，发现货物的数量和质量均与证书中记载的不一致，于是买方便将其发现的问题通知了卖方，并要求卖方承担《公约》第36条第1款下的赔偿责任。在该案中，仲裁庭裁定：虽然买方应该在货交承运人之日起的合理时间内向卖方发出通知，在收到货物并检验后再发出通知应该超出了合理时间的范围，但是买方还是采取了积极的措施。在交货点与卖方一起共同委托了独立检验员对货物进行了检验，按照该检验报告该货物没有任何瑕疵；另外，买方不应该为独立检验机构出具的错误检验报告负责。所以，在本案中，仲裁庭认为买方也采取了积极的措施以履行其通知义务。②

俄罗斯国际商事仲裁院在其于2000年1月24日审理的美国买方和俄罗斯卖方之间的合同纠纷案中同样持这一观点。在该案中，双方签订的买卖合同确定了FCA这一价格术语，即卖方在其营业地交付货

---

① Appellate Court Saarbrücken(*Marble panel case*)：http://cisgw3. law. pace. edu/cases/070117g1.html，访问时间：2020年9月29日。

② ICC Arbitration Case No. 9187 of June 1999(*Coke case*)：www.unilex.info/cisg/case/466，访问时间：2022年2月1日。

物。此外,买方应该在货物装运地对货物进行检验,而且买方应该在承运人出具提单之日起的 50 天内将货物中存在的瑕疵通知卖方。但由于技术原因,买方根本无法在装运地对货物进行检验,故在货物运送至目的地之后,买方才对货物进行检验,并发现货物中存在严重的质量瑕疵。尽管买方立即根据《公约》第 39 条第 1 款的规定向卖方发出了通知,但已经超过了合同中规定的 50 天期限。双方对于买方是否及时发出通知,是否能够要求卖方承担责任发生争议。俄罗斯国际商事仲裁院裁定:尽管买方没有在合同规定的时间发出通知,但买方已经为及时发出通知采取了积极的措施,他试图在装运地对货物进行检验。但证据表明:在该地进行检验不仅没有技术上的可行性,而且也没有经济上的合理性;另外,他在收到货物后立即对货物进行了检验,并在发现瑕疵后立即发出了通知。①

第二,存在着某些买方难以克服的客观因素,而且这些因素最终导致了买方没有履行或延迟履行通知义务。这是指买方没有按照规定履行通知义务是由一些难以克服的客观因素造成的。这样的客观因素有:买方因为技术障碍等不能在合同规定的地点对货物进行检验,因而只能将检验推迟到较晚的时间进行;或者由第三方进行检验在客观上需要较长的时间等。在上述德国萨尔布吕肯地区高等法院在其于 2007 年审理的意大利卖方和德国买方之间的大理石质量纠纷案中,德国法院认定存在着这样的客观原因。货物损坏是在运输过程中发生的,按照购买货物运送险的保险合同规定,如果合同下的货物在运输过程中发生损坏,承保的保险公司有权委派专家对发生损坏的原因和程度进行调查和评估。在该专家出具最终的评估报告之前,买方不可能向卖方发出符合规定的通知。买方于 1999 年 5 月 3 日收到评估专家出具的报告,在 1999 年 5 月 8 日的信中对所遭受的损害提出具体索赔。②这些

---

① Russia 24 January 2000 Arbitration proceeding 54/1999,http://cisgw3.law.pace.edu/cases/000124r1.html,访问时间:2020 年 9 月 29 日。

② Appellate Court Saarbrücken(*Marble panel case*):http://cisgw3.law.pace.edu/cases/070117g1.html,访问时间:2020 年 9 月 29 日。

客观因素使得买方根本无法在收到货物时发出符合规定的通知。

法国国际商事仲裁院在其审理的上述案件中认为在该案中也存在着此类客观原因。在货物交付给承运人时,买卖双方共同委托了一个独立专家对合同下的货物焦炭进行了检验,该检验员出具了一份错误的检验报告;而在买方收到货物并自己对货物进行检验之前,他不可能发现货物中存在的数量和质量方面的瑕疵。所以,买方不可能在货交承运人时便向卖方发出相应的通知。①

在上述俄罗斯国际商事仲裁院于 2000 年 1 月 24 日审理的美国买方和俄罗斯卖方之间的合同纠纷案中,仲裁院认为在装运港没有必要的检验设备使得买方根本不可能在该港对货物进行检验,这也是造成买方延迟发出通知的客观原因。②基于以上因素,德国法院、法国国际商事仲裁院和俄罗斯国际商事仲裁院均裁定:在相关的案件中,尽管买方延迟发出通知,但他们均有着合理的理由,故买方有权行使本条规定的救济权。

但是如果是买方自己的决定导致其未能在第 33 条第 1 款规定的期限内发出通知的,这便不构成"难以克服的客观因素"。荷兰法院在其于 1997 年 12 月 15 日审理的案件中便持这一观点。在该案中,法院认为在买方将货物销售给其客户前,他完全可以聘请专家对货物进行抽样检查,并由此发现瑕疵;所以买方未经检验便将货物销售给其客户,并不构成难以克服的客观因素,因而也不构成本条意义上的"合理的理由"。③德国茨韦布吕肯州高等法院在其于 2004 年 2 月 2 日审结的案件中也认同以上观点。如果买方自己决定在对货物进行加工前先将货物存放几年,由此耽搁了发现瑕疵和履行通知义务的时间同样不具备难以克服的客观因素;因为这是买方自己的决定造成的,而且买方没

① ICC Arbitration Case No. 9187 of June 1999(*Coke case*),www.unilex.info/cisg/case/466,访问时间:2022 年 2 月 1 日。

② Russia 24 January 2000 Arbitration proceeding 54/1999,www.unilex.info/cisg/case/841,访问时间:2022 年 2 月 1 日。

③ Gerechtshof's Hertogenbosch, Netherlands, 15-12-1997, www. unilex. info/cisg/case/352,访问时间:2022 年 2 月 1 日。

有在谈判时将此决定通知卖方。①

　　另外,买方较小的规模和缺乏专业性也可能构成"难以克服的客观因素"。德国慕尼黑高等法院认为:《公约》第 44 条尤其适用于下列买方,他是一位零售者、工匠、农民或自由职业者。②瑞士法院也认为:如果买方规模很小,他根本无力聘请一个专门负责货物检测的员工,这有可能构成买方延迟履行通知义务的"合理的理由"。③但到目前为止,还没有一起案例中买方仅仅以规模小和专业能力差为由而被认定已经具备"难以克服的客观因素"。

　　当然,在具体的案件中,买方必须提供证据证明:在客观上存在着一些难以克服的事实,而且这些事实致使他未能在第 43 条第 1 款规定的合理期限内发出通知。否则,其主张难以得到法院的支持。德国科布伦茨地区高等法院在其于 1998 年 9 月 11 日审结的案件中便持这一观点。在该案中,摩洛哥一家生产塑料管的公司于 1992 年底从德国 K 有限责任公司购买了一台用于生产 PVC 管的二手机器(于 1974 年制造),此后又向德国卖方购买了 55 吨用于生产压制 PVC 管的原材料。该原材料于 1992 年 12 月 15 日被送达卡萨布兰卡港口;买方于 1993 年 1 月 18 日开始试生产 PVC 管,但没有成功。由此,买方在其向卖方发出的通知中认为卖方提供的原材料有缺陷,并要求赔偿损失。卖方则认为其提供的原材料没有瑕疵,买方未能生产出合格的 PVC 管是因为使用了二手机器,而且买方没有及时履行《公约》第 39 条第 1 款规定的通知义务,故拒绝赔偿。买方则认为他没有及时履行通知义务是有难以克服的客观因素的,即原材料被存放在目的港的海关仓库里,而安

---

　　①　Germany 2 February 2004 Appellate Court Zweibrücken(*Milling equipment case*),http://cisgw3.law.pace.edu/cases/040202g1.html,访问时间:2020 年 10 月 7 日。

　　②　Germany 8 February 1995 Appellate Court München[7 U 3758/94](*Plastic granulate case*),http://cisgw3.law.pace.edu/cases/950208g2.html,访问时间:2020 年 10 月 7 日。

　　③　Switzerland 8 January 1997 Appellate Court Luzern(*Blood infusion devices case*),http://cisgw3.law.pace.edu/cases/970108s1.html,访问时间:2020 年 10 月 7 日。

装加工生产 PVC 管的二手机器需要时间，在安装好该机器之前，无法发现原材料的瑕疵。但德国法院认为：尽管原材料存在海关仓库里、安装机器需要时间确实是导致买方延迟发出通知的客观因素，但买方不仅未能提供证据证明他无法进入海关仓库对原材料进行检验，也未能证明延迟安装机器不是由他自己的原因造成的。所以，德国上述法院驳回了买方的主张。①

② 不同国家审理机构有关"合理的理由"界定的不同点

除了上述共同点以外，不同国家审理机构对有关"合理的理由"的界定也有不同之处，其中一项重要的不同点便是：未通知本身没有给卖方造成重大的损失是否可以作为"合理的理由"的一个构成要件。

部分法院判决持上述看法。在上文提及的德国萨尔布吕肯地区高等法院审理的意大利卖方和德国买方之间的大理石质量纠纷案中，法院便持这一观点。②在该案中，主审法官除了认为买方已经采取了积极的措施和有客观的因素致使买方延迟发出通知以外，他还认为买方延迟通知并没有给卖方带来特别的不利影响；所以，在这里已经具备了"合理的理由"，故买方依然可以行使第 44 条规定的救济权。③但其他审理机构均没有将"没有给卖方带来特别的损失"作为判定是否构成"合理的理由"的一个要件。无论是上文于 1999 年 6 月仲裁焦炭燃料纠纷案的法国国际商事仲裁院④，还是俄罗斯国际商事仲裁院⑤都是如此。

那么，在上述司法实践中存在的两种不同观点中，究竟哪种是成立

---

① Germany 11 September 1998 Appellate Court Koblenz（*Chemical substance case*），www.unilex.info/cisg/case/300，访问时间：2022 年 2 月 1 日。

② Appellate Court Saarbrücken（*Marble panel case*）：http://cisgw3.law.pace.edu/cases/070117g1.html，访问时间：2020 年 9 月 29 日。

③ Appellate Court Saarbrücken（*Marble panel case*）：http://cisgw3.law.pace.edu/cases/070117g1.html，访问时间：2020 年 9 月 29 日。

④ ICC Arbitration Case No. 9187 of June 1999（*Coke case*）：www.unilex.info/cisg/case/466，访问时间：2022 年 2 月 1 日。

⑤ Russia 24 January 2000 Arbitration proceeding 54/1999，www.unilex.info/cisg/case/841，访问时间：2022 年 2 月 1 日。

的呢？笔者并不认同德国法院的观点，笔者认为卖方是否因为买方未履行或延迟履行通知义务而受到特别的损失不应该成为判断是否存在"合理的理由"的一个依据。因为德国法院的这一观点不符合本条规定的字面意思。从本条后半句"如果买方没有根据上述规定发出通知，但他对此有合理的理由"的字面意思分析，这里的"合理的理由"应该是指致使"买方没有根据上述规定发出通知"的一种客观存在；未按规定发通知"给卖方造成的特别损失"则属于未来有可能发生的存在，而且即使它真的发生也不会阻碍买方发出上述通知。所以，德国法院的上述观点并不成立。

根据以上论述，本款下的"合理的理由"应该具有以下几个构成要件：买方在发现货物瑕疵后必须采取了必要的以便于按时履行通知义务的积极措施、存在着一些致使买方未能发出或未能及时发出通知的难以克服的客观障碍。基于以上要件，便很容易判断在国际贸易实务中经常出现的影响买方及时发出《公约》第 39 条第 1 款或第 43 条第 1 款下通知的障碍是否属于难以克服的客观因素。总之，笔者认为构成本条意义上的"合理的理由"必须同时具备以上两个要件，缺一不可。

3. 具备例外条件的法律后果

在具备上述适用条件时，将会产生哪些法律后果呢？本条后半句规定了这一点，据此"他仍可按照第 50 条规定降低价格，或要求卖方提供除利润损失以外的损害赔偿"。据此分析，尽管在这种情况下，买方不可以根据《公约》第 46 条规定要求卖方履行合同或交付替代货物，也不可以根据第 49 条和第 73 条、第 75 条至第 76 条的规定宣告合同无效；但是，他拥有要求卖方降价的权利或赔偿损害的权利。

3.1 减价要求

买方可以根据《公约》第 50 条的规定要求降低货物的价格。在上文提及的俄罗斯国际商事仲裁院于 2000 年 1 月 24 日裁决的案件中，仲裁院便支持买方提出的降价仲裁请求。由于卖方交货的货物有质量瑕疵，而且买方有着"合理的理由"延迟发出通知，故买方有权要求降价，即买方仅需按销售合同中约定的价格和买方与最终消费者之间商定的价格之间的差额的 50％向卖方支付货款。①

在买方提出降价要求时，卖方能否援引《公约》第 77 条的规定提出相反要求，对此国际学术界存在不同的看法。一种观点认为，卖方无权引用这一规定对抗买方的降价要求。②但相反的观点则认为卖方引用第 77 条规定对抗买方诉求的权利不受影响。③笔者认同后一观点，因为买方没有履行通知义务也会给卖方造成损害。例如，卖方因此而失去了采取措施减少损失的机会，他还可能同时失去了要求供货商提供替代货物的机会。卖方受到的损失是由于买方的行为造成的，他完全可以要求在确定降价幅度时首先应该扣除卖方的损失，法院也应该支持卖方的这一要求。在上文提及的仲裁案件中，俄罗斯国际商事仲裁院也是适用第 77 条规定对买方提出的减价要求进行了相应的限制。

3.2 损害赔偿要求

除了上述降价权利以外，买方还有权要求卖方"赔偿除利润损失以外的损害"。在上文提及的法国国际商事仲裁院作出的裁决中，仲裁院便支持了买方提出的赔偿请求。④该损害赔偿的数额必须根据《公约》第 74 条的规定计算，但应该扣除其中的利润损失。这里的利润损失是指：买方在交付的货物不存在任何瑕疵并顺利出售这些货物时所能获得的利润。如何根据第 74 条的规定计算可以要求的损害赔偿数额，参见下文第 74 条中的论述，这里不再重复。在买方提出损害赔偿要求时，卖方同样可以引用第 77 条的规定进行对抗，要求从根据第 74 条规定计算得出的赔偿数额中减去卖方因为买方未通知而受到的损失。

---

① Russia 24 January 2000 Arbitration proceeding 54/1999，www.unilex.info/cisg/case/841，访问时间：2022 年 2 月 1 日。

② Schlechtriem/Schwenzer，*Kommentar zum Einheitlichen UN-Kaufrecht—CISG*，S. 501.

③ Sono，in Bianca-Bonell Commentary on the International Sales Law，Giuffrè，Milan(1987)，p. 327. 见 http://www.cisg.law.pace.edu/cisg/biblio/sono-bb44.html. 访问时间：2015 年 3 月 16 日。

④ ICC Arbitration Case No. 9187 of June 1999(*Coke case*)，http://cisgw3.law.pace.edu/cases/999187i1.html，访问时间：2020 年 10 月 7 日。

第三节　卖方违约时买方所能采取的救济措施

概　述

本节始于第 45 条,终于第 52 条,共八条。它们从不同的角度规范了在卖方违约时买方所能采取的救济措施。其中第 45 条系统地列举了买方所能采取的所有救济措施,第 46 条规范了买方的实际履行请求权和要求卖方交付替代货物或修理瑕疵货物的权利,第 47 条授予买方设置一个供卖方履行义务宽限期的权利,第 48 条规范了卖方自行采取补救措施消除其瑕疵履行或未履行合同义务的权利,第 49 条规范了买方宣告合同无效的权利,第 50 条规范了买方的减价请求权,第 51 条规范了卖方仅仅履行部分合同义务时买方所能采取的救济措施,而第 52 条规范了卖方提前履行合同义务或者交付货物的数量多于合同规定的数量时买方所拥有的权利。

违约救济是任何法律体系中一个不可或缺的组成部分,并在其中起着重要作用。在《公约》体系内,本节规定同样如此。正因此,它与《公约》其他章节中的条款有着密切的联系。

第一,它与本部分前面几章中的条款有着密切的联系。具体体现在以下几个方面:首先,本节规定的救济措施均是针对本章第一节和第二节条款中规定的卖方应该履行的义务规定的,即只有在卖方没有按上述规定履行其法定义务时,买方才可采取本节规定的救济措施。例如,第 49 条与本章第一节中的第 25 条、第 26 条规定有着密切的联系,因为第 49 条授予买方宣告合同无效的权利,而第 25 条和第 26 条分别从定义和通知两个方面规范了买方行使这一权利的前提条件;第 48 条允许卖方在交货期结束后自行采取措施纠正其违约行为,这是对第二节中第 37 条规定的一种补充,因为该条允许卖方在约定的交货日期到来之前自行采取补救措施、纠正其违约行为。其次，本节与第一章第28条有着密切联系，因为第46条授予买方实际履行请求权，但司法机构在考虑是否应该支持买方请求时，还应该考虑第28条中规定的限制。

第二，本节中的第49条与本部分后几章中的下列条款之间也同样存在着密切的联系。首先，它与第五章第一节第72条和第73条之间存在着补充关系，如上所述，第49条授予买方宣告合同无效的权利，而第72条和第73条则规范了在某些特殊情形下一方当事人宣告合同无效的权利。其次，它与第五章第二节中第75条和第76条之间同样存在着补充关系，因为这两条补充规范了在合同被宣告无效时的损害赔偿事项。再次，它与《公约》第三部分第五章第五节的第81条至第84条之间也存在着补充关系，这几条规范了宣告合同无效所产生的影响的问题。最后，它与第五章第六节中第86条至第88条也存在着补充关系，因为这几条规范了买方有意拒收货物时应该承担的保存货物义务。此外，第45条第1款a项与第三部分第五章第二节的规定之间也有着特别的联系，因为前者授予受到损害的买方主张损害赔偿的权利，而该节的第74条至第77条规范了损害的计算规则。

第三，本节规定的买方补救措施与《公约》本部分第三章第三节规定相对应。该节始于第61条，终于第65条，它们规范了买方违约时卖方能采取的救济措施。所以，本节中的部分条款也与第三章第三节中的相关条款完全对应。例如，第45条罗列了买方所能采取的补救措施，与此相对应，第61条则罗列了卖方所能采取的补救措施；第46条授予买方要求卖方实际履行合同义务的权利，而第62条则授予卖方要求买方实际履行合同义务的权利；第47条允许买方设置一个供卖方履行合同义务的额外宽限期，而第63条则允许卖方设置供买方履行合同义务的额外宽限期；第49条规范了买方宣告合同无效的事项，而第64条则规范了卖方宣告合同无效的事项。

第 45 条　买方能采取的救济措施

Article 45

（1）If the seller fails to perform any of his obligations under the contract or this Convention，the buyer may：

（a）exercise the rights provided in articles 46 to 52；

（b）claim damages as provided in articles 74 to 77.

（2）The buyer is not deprived of any right he may have to claim damages by exercising his right to other remedies.

（3）No period of grace may be granted to the seller by a court or arbitral tribunal when the buyer resorts to a remedy for breach of contract.

译文

（1）如果卖方未履行其（原译文为："他"）在合同和《公约》中承担的任何义务，买方可以：

（a）行使第 46 条至第 52 条所规定的权利；

（b）根据第 74 条至第 77 条的规定要求损害赔偿。

（2）买方行使采取其他补救办法的权利，并不使他失去其可能享有的要求损害赔偿的权利（语序调整）。

（3）如果买方对卖方的违约行为采取某一补救办法，法院或仲裁庭不得给卖方提供一个额外的宽限期（原译文为："给予卖方宽限期"）。

目录

正文

1. 调整对象

本条罗列了《公约》中规范卖方未履行义务时买方所能采取的主要救济措施。其中第 1 款 a 项通过直接指引第 46 条至第 52 条罗列了买方所享有的救济权,这些条款也分别规范了买方行使相应救济权的前提条件;而第 1 款 b 项则通过指引第 74 条至第 77 条罗列了买方所享有的损害赔偿请求权,这几个条款均是买方行使其损害赔偿请求权的法律基础。本条第 2 款则规范了损害赔偿请求权和其他救济权之间的关系,而第 3 款则对争议审理机构在授予卖方额外履约宽限期方面的权限进行了限制。由此可见,本条主要起到了索引作用。通过本条规定,人们可以十分方便地查到买方所能采用的救济措施及其法律依据。

应该指出的是:本条第 1 款并没有穷尽地列举卖方违约时买方所能采取的所有救济措施。因为《公约》的其他条款同样规范了买方所能采取的救济措施,例如第 71 条规范了在特定条件下一方当事人可以行使中止履行合同义务的权利;第 72 条规范了在一方行为构成预期根本违约时,对方宣告合同无效的权利;第 73 条则规范了分批交货时宣告合同无效的权利;第 78 条则规范了一方延迟支付货款或其他款项时另一方就延迟支付款项主张利息的权利;第 84 条第 1 款规范买方要求卖方支付利息的权利。①《公约》之所以没有将第 71 条及其后列举的救济

---

① 参见张玉卿:《国际货物买卖统一法——联合国货物买卖合同公约释义》,第 296 页。

措施纳入本条,是因为后面这些条款规范的救济措施是中性的,它们既适用于买方,也适用于卖方。从另一角度分析,本条罗列的救济措施可以说是穷尽的,因为它排除了买方援引国内法规定的救济措施的可能性,因为根据《公约》第 7 条的规定,只要《公约》规定了相应的救济办法,这便排除了国内法的适用。

2. 买方行使救济权的前提条件

尽管本条主要规范了买方所能采取的救济措施,但是本条第 1 款前半句还是规定了买方行使救济权的前提条件,即卖方必须"未履行其在合同和《公约》中承担的任何义务"。为论述方便,笔者将这一条件细分为"任何义务"和"未履行"两个要件。下文分别分析这两个要件的内涵。

2.1 "任何义务"的内涵

这里的"任何义务"应该包括卖方根据合同或《公约》承担的包括主要义务和次要义务在内的所有义务。具体分析,它首先包括《公约》条款规定的卖方义务。例如,第 30 条和第 31 条中规定的交付货物义务、第 30 条和第 35 条规定的货物"相符性"义务、第 30 条规范的保证转让货物所有权义务、第 41 条和第 42 条规定的保证货物不侵犯第三方权利(含知识产权)义务、第 30 条和第 34 条规定的交付约定单据和文件义务、第 85 条规定的在买方延迟接收货物时卖方承担照看货物的义务和第 88 条第 2 款规定的再次出售货物的义务。其次,它还包括《公约》没有规定的、但合同中规范的卖方应该履行的其他义务,例如卖方应该请求其开户银行出具以买方为受益人的担保,或者卖方必须在买方所在地为买方安装和调试机器设备。除此之外,它还包括适用于双方交易的贸易惯例和双方习惯做法中规定的卖方应该履行的义务。[①]总之,本条意义上的"任何义务"既是指卖方根据合同或《公约》规定应该履行的所有义务,也是指其中的任何一项义务。

---

① UNCITRAL, *Digest of Case Law on the United Nations Convention on the International Sale of Goods*, 2016, p. 218.

2.2 "未履行"的内涵

构成本条适用条件的另一要件是卖方"未履行"其合同义务。何为本条意义上的"未履行"？一般认为,应该从广义的角度来理解和界定本款意义上的"未履行"。具体地分析,它包括两方面的内容:其一,卖方根本没有履行其义务;其二,卖方履行了其义务,但履行不符合合同或《公约》的规定。以《公约》第31条等条款规定的交货义务为例,"未履行"交货义务不仅包括卖方根本没有交付货物,也包括延迟交付货物,或者交付的货物发生数量差错、质量缺陷或权利瑕疵等。由此可见,这里的"未履行"与违约行为同义。

应该强调的是:卖方违约行为的严重程度不影响其构成本条意义上的"未履行……任何义务"。无论是可以导致宣告合同无效的根本违约,还是轻微违约,都构成这里的"未履行任何义务"。当然,违约行为的严重程度会对买方所能采取的救济措施产生影响。例如,只有卖方实施了构成根本违约的严重违约行为,买方才能采取宣告合同无效这一救济措施,而在卖方行为仅仅构成轻微违约时,买方不得行使这一救济权。在通常情况下,在判断是否具备"未履行……任何义务"这一条件时,导致卖方违约的原因并不重要,无论此种原因是卖方故意还是过失,均无关紧要;即使违约行为是由于第79条列举的不可抗力引发的,它同样属于本款意义上的"未履行……任何义务"。①

2.3 买方的通知义务

除了必须具备上述条件以外,在某些情况下,买方还必须向卖方发出相应的通知,告知卖方违约行为的性质。尽管本条没有规定这一条件,但《公约》第39条第1款和第43条第1款规定了买方的这一通知义务,据此,买方必须就瑕疵履行的性质等通知卖方,否则,买方便失去了向卖方主张赔偿的权利。②由此可见,在第39条第1款和第43条第1款下的履行瑕疵属于本条意义上的"未履行……任何义务"时,买方

---

① Honnold, Rn. 276.

② 高旭军:《〈联合国国际货物销售合同公约〉适用评释》,第一版,第257页。

还必须履行通知义务。

3. 买方享有的救济权(第 1 款)

在具备上述前提条件的情况下,根据本条第 1 款的规定,买方不仅可以采取第 46 条至第 52 条列举的救济措施(第 1 款 a 项),还可以根据第 74 条至第 77 条的规定向卖方提出损害赔偿要求(第 1 款 b 项)。

3.1 《公约》第 46 条至第 52 条中规定的救济措施(第 1 款 a 项)

根据本款 a 项规定,买方可以采取第 46 条至第 52 条中规定的救济措施。这些条款规定的救济措施主要有:要求卖方实际履行合同(第 46 条)、宣告合同无效(第 49 条)和降低货物的价格(第 50 条)。第 47 条则授予买方自行设置一个供卖方履行合同义务的额外宽限期的权利,第 48 条则赋予了卖方自行采取措施、消除履行瑕疵的权利,第 51 条规范了在卖方部分履行义务时买方可以采取的救济措施,第 52 条则规范了卖方提前交付货物以及交付过多货物时买方的权利。仔细分析这些条款的规定,还是能发现:《公约》根据违约种类不同而规定了不同的救济措施。例如,第 46 条第 2 款规定了交付替代货物这一救济措施,第 49 条第 1 款 a 项和第 51 条第 2 款均规定买方宣告合同无效的救济权,买方行使此两类救济措施的前提条件是:卖方的"未履行义务"行为已经构成了根本违约;而第 49 条第 1 款 b 项则规定了设置额外的履约宽限期这一补救措施,但它仅仅适用于卖方的"未交货"违约行为,而第 50 条规定的减价救济措施则适用于卖方交付的货物不具备"相符性"的情形。

这里应该探究的问题是:买方可否自由选择这些不同条款规定的不同的救济措施? 毫无疑问,买方拥有这一选择权,但其选择还是受这些条款规定的限制,因为每一条款在授予买方某项救济权的同时也规定了相应的适用条件;换言之,只有在某一案件中具备了特定条款的适用条件时,买方才能行使该条规定的救济权。那么,买方是否可以同时采取几种不同的救济措施呢? 这取决于在买方拟采取的救济措施之间是否存在着矛盾,例如,买方显然不能一方面根据第 46 条规定要求卖方履行合同,另一方面又根据第 49 条的规定宣告合同无效①。

3.2 损害赔偿请求权(第 1 款 b 项)

本款 b 项规定,在卖方"未履行……任何义务"时,买方还可以"根据第 74 条至第 77 条的规定要求损害赔偿"。应该强调的是:授予买方损害赔偿请求权的条款是第 45 条第 1 款 b 项规定,而不是第 74 条至第 77 条,因为后者仅仅规定了损害赔偿金的计算方法。第 74 条规范了合同没有被宣告无效时损害赔偿金的计算规则,第 75 条规范了合同被宣告无效时,守约方进行了替代采购时损害赔偿金的计算方法,第 76 条则规范了合同被宣告无效、守约方没有进行替代采购,而存在时价(current price)时损害赔偿金的计算方法;而第 77 条则规范了在违约方应该支付的赔偿金中是否需要扣除守约方未采取减损措施而产生的损失的问题。

在事实上,如果卖方交付的货物有瑕疵,买方因此而遭受了损失,则买方可以要求卖方赔偿其损失;而且即使买方自己通过修理消除了瑕疵,由此产生的修理费用也可以要求卖方赔偿。德国联邦最高法院在其于 2014 年 9 月 24 日审理的一起案件中便作出了此种判决;当然,德国联邦最高法院也判定了卖方承担赔偿责任的前提条件:卖方自己没有进行修理,而且买方支付的修理费金额是合理的。②另外,如果卖方提前告知买方他将不能按照合同规定的日期交货,这显然属于预期违约,如果这种预期违约给买方造成损失,买方同样有权要求卖方承担赔偿责任。总之,如果卖方有本条第 1 款规定的"未履行……任何义务"的行为,而且这给买方造成损失,买方均可以要求卖方支付赔偿金,卖方也应该承担相应的赔偿责任。但《公约》为卖方的赔偿责任设置了以下三个例外:其一,买方没有根据《公约》第 39 条第 1 款和第 43 条第 1 款的规定履行其通知义务。法国和德国法院在多起相关销售合同纠

---

① 高旭军:《〈联合国国际货物销售合同公约〉适用评释》,第一版,第 258 页。

② Bundesgerichshof Germany,24-09-2014,www.unilex.info/cisg/case/1938,访问时间:2022 年 2 月 2 日。

纷的判决中确定了这一例外;①其二,卖方"未履行……任何义务"行为是由第 79 条意义上的不可抗力因素引起的;其三,卖方的"未履行……任何义务"是由第 80 条意义上的买方行为引起的。在以上三种例外情况下,即使卖方的行为给买方造成了损失,卖方也无需承担本项规定的赔偿义务。值得注意的是第 74 条至第 77 条规定并不是买方向卖方提出赔偿要求的法律依据,因为这些条款主要规定了计算损害赔偿金数额的原则、方法。

4. 损害赔偿请求权和采取救济措施之间的关系(第 2 款)

由上可知,第 45 条第 1 款 a、b 两项赋予买方两种不同的救济权。根据 a 项规定,买方可以要求卖方交付符合合同规定的货物或宣告合同无效或要求减价等;而根据 b 项规定,买方可以向卖方提出损害赔偿要求。这就产生了一个问题:这两款之间究竟存在何种关系? 它们之间是否存在相互排斥的关系? 本条第 2 款规范了这一问题,"买方行使采取其他补救办法的权利,并不使他失去其可能享有的要求损害赔偿的权利"。本款中的"行使采取其他补救办法的权利"是指本条第 1 款 a 项中列举的补救办法;可见,买方可以同时行使本条第 1 款 a 和 b 项规定的两类不同的救济权。当然,在这种情况下,买方主张损害赔偿请求权的前提条件是:卖方的违约行为给买方造成了损失,而且他必须提供相应的证据证明这一点。中国国际经济贸易仲裁委员会在其于 2007 年 7 月 24 日所作的裁决中便持这一观点。②

5. 法官无额外履约宽限期决定权(第 3 款)

根据本条第 3 款规定,"如果买方对卖方的违约行为采取某一补救办法,法院或仲裁庭不得给卖方提供一个额外的宽限期"。实际上,本款禁止法官、仲裁员在买方行使第 1 款规定的救济权时,通过其职权赋

---

① UNCITRAL, *Digest of Case Law on the United Nations Convention on the International Sale of Goods*, 2016, p. 219.

② CIETAC Arbitration proceeding(*Hammer mill case*), http://cisgw3.law.pace.edu/cases/070500c1.html,访问时间:2020 年 10 月 13 日。

予卖方一个额外的宽限期,从而延长卖方履行合同义务的期限;如果法官或仲裁员有这样的决定权,这样显然推迟了买方采取救济措施维护其权益的时间。《公约》之所以加入这一款,是因为有些国家的国内法(如法国法)规定:法官和仲裁员有这种权限。①这种国内法的规定显然与国际货物销售合同的国际性不相符。尽管从形式上看,设置额外的宽限期应该属于程序规则,但《公约》明确排除了这一点。但本款的义务主体仅仅是审理争议的法院或仲裁机构,而不是合同的当事人。相反,买方设置此类宽限期的权利不受本条规定的影响,不仅如此,《公约》第47条还明确授予买方设置此类额外履约宽限期的权利。

第46条 要求卖方实际履行或补充履行合同义务的权利

Article 46

(1) The buyer may require performance by the seller of his obligations unless the buyer has resorted to a remedy which is inconsistent with this requirement.

(2) If the goods do not conform with the contract, the buyer may require delivery of substitute goods only if the lack of conformity constitutes a fundamental breach of contract and a request for substitute goods is made either in conjunction with notice given under article 39 or within a reasonable time thereafter.

(3) If the goods do not conform with the contract, the buyer may require the seller to remedy the lack of conformity by repair, unless this is unreasonable having regard to all the circumstances. A request for repair must be made either in conjunction with notice given under article 39 or within a reasonable time thereafter.

---

① Schlechtriem/Mueller-Chen, *Kommentar zum Einheitlichen UN-Kaufrecht—CISG*, 7. Aufl. 2019, S. 893.

译文

（1）除非买方已采取与实际履行义务相抵触的补救办法，买方可以要求卖方实际履行合同义务（语序调整）。

（2）如果货物不符合合同规定，只有在此种不符构成根本违约时，而且买方按照第39条在向卖方发出通知的同时提出交付替代货物的要求，或者在该项通知发出后的一段合理时间内提出此要求时，买方才可以要求交付替代货物（语序调整）。

（3）如果货物不符合合同规定（原译文无"规定"），买方可以要求卖方通过修理消除此种不符（原译文为："对不符合同之处做出补救"），除非在考虑各种情况后认为：此种要求（原译文为："认为这样做"）是不合理的。买方必须在其依照第39条规定发出通知的同时向卖方提出修理要求，或者在该通知发出后的一段合理时间内提出此要求（语序调整）。

目录

正文

1. 调整对象

本条规范了在卖方没有按照合同的规定履行其义务时，买方有要求卖方履行合同义务的权利。本条共包括三款，分别从三个方面规范了买方救济权。其中第 1 款授予买方一般性要求卖方履行合同义务的请求权，而第 2 款授予了买方要求卖方交付替代货物的权利，第 3 款则授予买方提出修理要求的权利。本条三款规定的三种救济权是大陆法和普通法妥协的产物，实际履行合同义务优先原则体现了大陆法的规则，后两种则反映了普通法国家的实践。[1]

如上所述，《公约》第 46 条至第 52 条为买方规定了几种不同的救济权。《公约》将第 46 条确定的实际履行合同义务请求权放在这几种不同救济权的首位，这表明《公约》确定了"合同必须信守"作为优先适用的救济原则，而将"宣告合同无效"作为最后的救济手段；《公约》第 49 条将行使"宣告合同无效权"严格限制在卖方严重违约、继续履行合同难以实现的情形，第 62 条和第 64 条也同样限制了买方行为构成严重违约和卖方行使宣告合同无效权的情形，上述条款均表明《公约》制定者的这一理念。另外，《公约》优先确认买方的实际履约请求权有其合理性，因为与诉讼和仲裁等解决争议的方式相比，这是一种最经济、有效的方式。无论是提起司法诉讼还是仲裁程序，均需要买卖双方投入相当长的时间和费用；而如果通过买方行使实际履行请求权，便可解决双方的冲突，则可以节约双方的时间和费用，而且这还有利于维护双方之间良好的合作关系。

尽管《公约》制定者通过上述规定鼓励争议中的买方优先行使第 46 条规定的救济权，但买方并不受这一立法理念的约束，他可以根据自己的意愿采取合适的救济措施。从国际商事合同纠纷解决的实践看，买方要求卖方实际履行合同义务的案例不多，相反，买方更倾向于

---

[1] Schlechtriem/Mueller-Chen, *Kommentar zum Einheitlichen UN-Kaufrecht—CISG*, S. 901.

采取其他救济措施,尤其喜欢行使损害赔偿请求权。①根据《公约》第 6 条规定的意思自治原则,双方也可以在合同中明确约定排除任何一方当事人行使实际履约请求权。

2. 一般性实际履约请求权(第 1 款)

本条第 1 款规范了买方行使一般性实际履约请求权时涉及的事项。本款明确规定:"除非买方已采取与实际履行义务相抵触的补救办法,买方可以要求卖方实际履行合同义务。"可见,此处不仅规定适用本条规定的前提条件,而且规定了具备这一前提条件时买方可以行使的权利,下文将分别对这两项法律问题进行论述。

2.1　适用本款规定的前提条件

根据本条第 1 款的规定,适用本款规定,应该具备以下几方面的前提条件:卖方有不履行合同义务的行为、买方不得采取与实际履约相抵触的措施、买方必须将其要求明确通知对方。

(1) 卖方有不履行合同义务的行为

尽管本款没有明确规定这一适用条件,但本款中"买方可以**要求卖方实际履行合同义务**"这一表述蕴含了这一条件。本款中的"卖方有不履行合同义务的行为"与《公约》第 45 条第 1 款中的"未履行任何义务"行为同义,它不仅包括没有在规定期限内交付货物(第 30 条、第 31 条和第 33 条),也包括没有移交合同或惯例规定的文件(第 30 条、第 34 条),或者没有履行合同规定的其他义务。例如,卖方应该请求其开户银行出具以买方为受益人的担保,或者卖方必须在买方所在地为买方安装和调试机器设备。除此之外,它还包括适用于双方交易的贸易惯例和双方习惯做法中规定的卖方应该履行的义务。②总之,本条意义上的"任何义务"既是指卖方根据合同或《公约》规定应该履行的所有义务,也是指其中的任何一项义务。如果卖方交付了货物却违反了第 35

---

① UNCITRAL, *Digest of Case Law on the United Nations Convention on the International Sale of Goods*, 2016, p. 221.

② UNCITRAL, *Digest of Case Law on the United Nations Convention on the International Sale of Goods*, 2016, p. 218.

条规定的"相符性义务"，则不受本款规定约束，相反，应该适用本条第2款或第3款的规定。

（2）不与其采取的其他补救办法相冲突

本条第1款前半句即"除非买方已采取与实际履行义务相抵触的补救办法"明确规定这一适用条件，据此，适用本款规定的一个前提条件是："买方不得采取与实际履行义务相抵触的补救办法"；如果他已经采取了此种办法，他便无权要求卖方实际履行合同义务。那么，哪些补救办法与要求实际履约相抵触呢？一般认为：根据《公约》第49条的规定宣告合同无效或者根据第50条的规定要求降价便是与本项救济权相矛盾的措施。①这一观点无疑是成立的，因为如果买方已经宣告合同无效，他便应该将货物退还给卖方；如果他已经向卖方提出降价要求，这表明他实际上已经接收卖方提交的货物。所以，在这两种情况下，买方都不得要求再次履行交货义务。如果《公约》制定者不设置本款的上述限制，实际上就允许买方同时向卖方提出两种自相矛盾的主张，这显然是不合情理的。行使损害赔偿的请求权与要求实际履约并不矛盾，②因为即使卖方根据买方的要求实际履行了其合同义务，这也无疑晚于合同规定的履约日期，从而构成延迟履行，如果由此给买方带来损失，买方自然可以向卖方提出损害赔偿的主张。

（3）在"合理的期限"内通知卖方

适用本款规定的另一个前提条件是：买方必须将其有关实际履行的要求通知卖方。本款没有明确规定这一条件，但本款后半句"买方可以**要求**卖方实际履行合同义务"中的"要求"两字蕴含了这一条件。这两个字蕴含着两层意思：其一，买方必须十分清晰地向卖方提出其要求；其二，买方必须将其要求通知卖方。另外，将上述通知义务作为适

---

① Article 45：Secretariat Commentary（Closest Counterpart to an Official Commentary），https://iicl. law. pace. edu/cisg/page/article-45-secretariat-commentary-closest-counterpart-official-commentary，访问时间：2022年2月2日。

② UNCITRAL，*Digest of Case Law on the United Nations Convention on the International Sale of Goods*，2016，p. 221.

用本款规定的一个前提条件也是合理的,因为买方只有将其相应的要求告知卖方,卖方才能了解买方的要求,也才能决定是否满足其要求。

　　一个相关的问题是:买方是否应该在一定的期限内向卖方发出上述通知? 对此本款没有作出明确的规定。国际商事合同实务界认为:这是《公约》中存在的一个立法漏洞,应该根据《公约》第 7 条第 2 款的规定适用国际私法所指引适用的准据法来弥补这一法律漏洞。[①]这毫无疑问属于一个立法漏洞,但笔者认为这里应该优先适用第 7 条第 2 款提及的作为《公约》基础的"一般法律原则"。这一方面是因为《公约》确实存在着有关履行通知义务的一般法律原则:在获悉卖方未履行合同义务后的一个"合理期限"内发出通知;另一方面是因为:这一一般法律原则也已经成为《公约》得以存在的法律基础。以下两个因素表明了这一点:首先,《公约》第 39 条第 1 款、第 43 条第 1 款、本条第 2 款和第 3 款均为买方履行通知义务设置"合理的期限内"这一限制;其次,本条第 2 款和第 3 款为买方行使另外两个救济权规定了"合理的期限"这一限制。由此可以推定:买方行使本条第 1 款的救济权时同样受这一时间期限的限制。因为这一款的立法目的与第 2 款和第 3 款相同,均是保护买方,而且它给卖方带来的责任并不比其他两款尤其第 2 款更重。

　　以上三个是必须同时具备的条件;如果在一起争议中,同时具备了以上三个条件,便可以适用本条第 1 款的规定。

　　2.2　具备适用条件时买方可以行使的权利

　　在具备以上适用条件时,买方可以行使哪些权利呢? 本款后半句规定了这一点。据此,买方可以"要求卖方实际履行合同义务"。学界和实务界通常把买方的这一权利称为"一般性实际履约请求权",它是指除了第 2 款规定的"交付替代货物"和第 3 款规定的"要求修理货物消除瑕疵"以外的所有要求卖方履行合同义务的权利。[②]这一权利的具

---

①　UNCITRAL,*Digest of Case Law on the United Nations Convention on the International Sale of Goods*,2016,p. 222.

②　UNCITRAL,*Digest of Case Law on the United Nations Convention on the International Sale of Goods*,2016,p. 221.

体内容是由卖方违反合同义务的种类和内容决定的。如果卖方根本没有交付任何货物，那么，买方的权利便是要求卖方交付合同项下的所有货物；如果卖方交付的货物数量少于合同的规定，那么，买方有权要求补充交付短缺的货物；如果交付货物的质量不符合合同的规定，那么，买方的权利便是要求卖方交付没有缺陷的货物。从西方国家的司法实践看，买方还可以要求卖方"遵守某一特别的合同义务"。例如，德国法院审理了一起德国买方和意大利卖方之间的皮鞋销售合同纠纷案，在该案中，德国一皮鞋经销商委托一家意大利公司按照其设计的图样生产130双皮鞋样品，以便其后续订购；合同约定卖方不得擅自生产此种皮鞋，也不得将此种皮鞋用于参加任何鞋展。但卖方违反合同规定用此鞋参加了某鞋展；德国法院判定买方有权要求卖方履行上述合同义务，并支付相应的赔偿金。①埃及仲裁庭在其于1995年10月3日所作的裁决中裁定：根据双方合同中的规定，买方根据本条第1款拥有的权利还包括要求卖方延长银行担保中约定的担保期。②总之，这里的"要求卖方实际履行合同义务"的权利，是指买方有权要求交付完全符合合同规定的货物。除了行使本款规定的权利以外，买方还可以根据《公约》第45条第2款的规定要求卖方赔偿因其违约行为所遭受的损失。③

2.3　审理机构作出决定时应该考虑的因素

根据本条规定，在具备上述两个前提条件时，买方便有权行使实际履行请求权。但在这种情况下，法院或仲裁机构并不是必须作出支持买方主张的决定。审理机构作出此种决定还取决于以下三个因素：

（1）卖方有实际履行合同义务的可能性

只有在卖方能够实际履行合同义务时，买方才可以行使本款规定的请求权。如果卖方根本无法实际履行合同义务，买方就不得行使此

---

① Appellate Court Frankfurt（*Shoes case*），http://cisgw3. law. pace. edu/cases/910917g1.html，访问时间：2020年10月15日。

② Egypt Arbitration Award of 3 October 1995（CRCICA, Cairo），www.unilex.info/cisg/case/427，访问时间：2022年4月15日。

③ 详见上文第45条中之论述。

项权利。导致卖方不能实际履行合同的原因很多,除了第 79 条列举的卖方所不能控制的不可抗力因素之外,无论是卖方本身的原因还是其他原因造成卖方的不能履行,都符合这一条件。例如,合同标的物是独一无二的古董、某一画家的画作,那么,在该古董或画作被盗窃、损坏或毁灭时,卖方自然无法再交付该货物。[1]另外,如果战争使得卖方无法履行交货义务,同样如此。美国纽约南区地区法院在审理的西班牙卖方和伊拉克买方之间的腈纶纱线销售合同纠纷中便持这一观点,在该案中,西班牙卖方于 2000 年成功竞标了联合国的一份"石油换食品计划"合同,据此向伊拉克一家国有企业提供腈纶纱线。西班牙卖方向该国有企业提供了几批腈纶纱线,但由于伊拉克战争爆发、联合国的"石油换食品计划"人员的撤离,西班牙卖方无法继续交付合同下的货物。美国上述法院判定:西班牙卖方因为战争而无法交付货物,买方无权要求卖方继续履行合同义务。[2]

(2) 卖方未履行合同义务与买方无关

除了以上适用条件以外,适用本款规定还应该具备另外一个条件,即卖方未履行合同义务的行为不是由买方的行为引起的。尽管本条没有规定这一条件,但《公约》第 80 条规定中蕴含了这一条件,该条规定"一方当事人因其行为或不行为而使得另一方当事人不履行义务时,不得声称该另一方当事人不履行义务"。据此分析,如果卖方的未履行合同义务行为是由买方的行为或不行为引起的,买方便不得以卖方未履行合同义务为由而提出赔偿主张。[3]

(3) 法院地法允许实际履行

《公约》第 28 条规定了这一考量因素,据此,在一方当事人有权要求对方实际履行合同时,法院没有义务作出支持买方主张的决定,除非法院地所在国的法律允许在类似的国内货物销售合同中主张此种实际

---

[1] Staudinger/Magnus，Art. 46，Rn. 26.

[2] U.S. District Court，Southern District of New York，United States，20 August 2008，www.unilex.info/cisg/case/1465,访问时间:2022 年 2 月 2 日。

[3] 详见下文第 80 条中之论述。

履行。可见,审理机构在考虑是否作出支持买方主张的决定时,要查明其本国法在类似的合同争议中是否禁止实际履行合同这种救济方式;如果本国法禁止这种救济方式,那么,即使具备上述的适用条件,法院还是可以作出驳回买方主张的决定。①

在买方根据本款规定向卖方提出实际履约要求时,法院或仲裁机构应该从以上三个方面审查是否应该支持买方的主张,如果不具备以上三个因素中的任何一个,那么,便不应该支持买方的要求。当然,驳回买方提出的实际履约要求,并不等同于不支持买方其他诉求。

3. "交付替代货物"请求权(第2款)

与本条第1款相似,本款不仅规范了"交付替代货物"这一救济措施,而且规定了适用这一条款的前提条件。下文分别进行论述。

3.1 授予买方"交付替代货物"请求权

本款规定了"交付替代货物"这一救济措施,它具体体现在本款后半句"……买方才可以要求交付替代货物"中。这里"交付替代货物"是指卖方再次向买方交付合同项下的货物,以取代已经交付的、但不具备《公约》第35条意义上"相符性"的货物。这表明:"交付替代货物"这一救济措施仅仅适用于卖方已经交付了货物、但货物中存在着第35条规定的"不相符性"的情形;而不适用于下列情形:在卖方发货以前买方已经发现货物瑕疵,并因此向卖方发出声明拒绝接受这批货物、同时要求卖方重新提供一批不存在质量瑕疵的货物。因为在后一情形下,卖方还没有履行其交货义务。

3.2 适用本款规定的前提条件

那么,在哪些前提条件下可以适用本款规定呢? 这一问题的答案蕴含在本款前半句即"如果货物不符合合同规定,只有在此种不符构成根本违约时,而且买方按照第39条在向卖方发出通知的同时提出交付替代货物的要求,或者在该项通知发出后的一段合理时间内提出此要求时"中。据此分析,适用本款规定的前提条件有:卖方交付的货物

---

① 详见上文第28条中之论述。

"不符合合同规定""此种不符构成根本违约""买方按照第39条规定在向卖方发出通知的同时提出交付替代货物的要求"或者"在该项通知发出后的一段合理时间内提出此要求"。下文分别对这些条件进行分析。

(1)"货物不符合合同规定"

适用本款的第一个条件是:卖方交付的货物必须"不符合合同规定"。货物是否与合同规定不符,应该适用《公约》第35条的规定来进行分析判断。换句话说,如果卖方交付的货物中存在着第35条界定的"不相符性",它便"不符合合同规定"。举例来说,无论是交付的货物有质量瑕疵,还是数量短缺,或者包装不当,都构成本款的"不符合合同规定"。此外,如果卖方交付了与合同规定的货物不同的货物,例如合同约定的货物是苹果,卖方交付的却是梨,也属于此。①

(2)"此种不符必须构成根本违约"

买方能否要求卖方交付替代货物,还取决于上述"货物不符合合同规定"是否已经构成了根本违约,本款"只有在此种不符构成根本违约时"的表述,明确表明了这一点。这意味着:如果"货物不符合合同规定"并不构成根本违约,买方便无权向卖方提出交付替代货物的要求。本款规定设置这一限制性条件不仅是十分必要的,而且是十分合理的。因为在买方要求卖方交付替代货物时,他通常必须将其已经收到的货物退回给卖方;不仅如此,卖方还必须再发一批货物给买方。所有这些均会给卖方带来相当大的成本和费用,有时这些成本和费用可能会高于买方因接受瑕疵货物所造成的损失。增加了"构成根本违约"这一限制,这就大大限制了"交付替代货物请求权"的适用范围,使得买方在货物仅仅存在轻微的不相符时,不得提出此种要求。这也在一定程度上保护了卖方的利益。至于在何种情况下,"货物不符合合同规定"才构成根本违约,应该适用《公约》第25条的规定予以分析判断。在"货物不符合合同规定"属于质量瑕疵时,实务界存在着以下几种不同判断标准:

---

① 详见上文第35条中之论述。

第一,质量瑕疵是否给买方的使用或转售带来不合理的不便,如果没有,便并不构成根本违约;货物是否能够降价销售,如果能,便不构成根本违约;反之则构成。中国国际经济贸易仲裁委员会在其于 2006 年仲裁的设备销售合同争议中便持这一观点。在该案中,合同货物是一种肉类微波解冻设备,买方以冷冻肉块大小不均匀时该设备不能均匀解冻为由而主张宣告合同无效,中国仲裁庭最终裁定:尽管确实存在着解冻不均匀性问题,但如果买方将冷冻肉块切成一样大小,便能解决以上问题。所以,尽管合同目的未能完全实现,但大部分目的已经得到实现,故不构成《公约》第 25 条意义上的根本违约。①瑞士联邦最高法院在其于 1998 年 10 月 28 日审理的德国卖方和瑞士买方的猪肉销售合同纠纷案中认定卖方交付的冻肉含有的脂肪和水分高于合同的规定,故其价值与合同规定的质量相比少了 25.5%;尽管如此,瑞士联邦最高法院依然判定:这并不构成根本违约,因为买方依然能够降价出售它们,或用其他方式对它们进行加工。②德国联邦最高法院在其于 1995 年 3 月审理的瑞士卖方和德国买方的新西兰贻贝销售合同争议中也持这一观点。在该案中,德国买方宣告解除合同,拒绝支付货款,因为货物的镉含量大大超过了德国联邦卫生局公布的建议镉含量,因而被宣布为"不完全安全"。但德国联邦最高法院没有支持德国买方的主张,因为卖方交付的贻贝符合合同规定的质量要求,另外也符合《公约》第 35 条第 2 款 a 项有关"同一规格货物通常的使用目的"的规定。另外,德国联邦卫生局公布的建议镉含量或许会影响到合同项下货物的销售,但在双方签订合同时德国买方没有提醒卖方注意这一建议,所以,卖方的行为不构成《公约》第 25 条和第 49 条第 1 款 a 项上的根本违约。③

---

① 中国国际经济贸易仲裁委员会:《〈联合国国际货物销售合同公约〉在中国仲裁的适用》,第 67 页。

② Switzerland 28 October 1998 Supreme Court(*Meat case*),www.unilex.info/cisg/case/382,访问时间:2022 年 2 月 3 日。

③ Bundesgerichtsh of Germany,08-03-1995,www.unilex.info/cisg/case/108,访问时间:2022 年 2 月 3 日。

第二,将货物瑕疵是否能通过修理消除作为判断标准;如果不能,便构成根本违约。例如,丹麦哥本哈根地区法院于 2007 年 10 月审理了一起竞赛小马驹销售合同纠纷,合同规定买方购买的是用于参加竞赛的小马驹,但卖方交付的小马驹患有无法治愈的瘫痪症,故丹麦上述法院据此判定此瑕疵已经构成根本违约。①瑞士联邦最高法院于 2009 年 5 月审理了一起瑞士卖方和西班牙买方之间的生产包装箱的机器设备销售合同纠纷,在该案中,卖方交付的设备存在严重的质量瑕疵,经过几次修理,产能也仅仅达成合同规定的 1/3,瑞士上述法院据此判定这已经构成了根本违约。②

反之,如果瑕疵能通过修理消除,便不构成根本违约。瑞士苏黎世州商业法院于 1995 年 4 月审理了一起瑞士卖方和德国买方之间的浮动养生平台销售和安装合同纠纷,平台交货后的第四周,买方发现平台水箱漏水,损坏了其建在平台上的房舍,故宣布合同无效,要求退货,并赔偿损害。但瑞士上述法院驳回了买方的主张,其理由是水箱漏水很容易修理,不构成根本违约。③在法国格勒诺布尔上诉法院于 1995 年 4 月审理的法国卖方和葡萄牙买方之间的旧飞机库拆除和销售合同纠纷中,葡萄牙买方已经按照合同规定支付了两批货款,但拒绝支付第三批货款,并宣告合同无效,要求退还货款并赔偿损失;其理由是一些旧金属部件不符合要求,不能用于重新组装机库。但法国上述法院驳回了买方的主张,其理由是:仅仅一部分零部件存在瑕疵,而且卖方已经修复了有缺陷的部件;所以这不构成《公约》第 25 条意义上的根本违约。④中国国际经济贸易仲裁委员会在其于 2002 年审理的制造软磁盘

---

① UNCITRAL, *Digest of Case Law on the United Nations Convention on the International Sale of Goods*, 2016, p. 115.

② Bundesgericht, Switzerland, 18 May 2009, www.unilex.info/cisg/case/1460,访问时间:2022 年 2 月 3 日。

③ Handelsgericht des Kantons Zürich, Switzerland, 26 April 1995, www.unilex.info/cisg/case/166,访问时间:2022 年 2 月 3 日。

④ Cour d'appel, Grenoble, France, 26 April 1995, www.unilex.info/cisg/case/109,访问时间:2022 年 2 月 3 日。

盘芯设备销售合同纠纷中也持同样的看法。卖方交付了一套用于生产软磁盘盘芯设备的成套设备,在安装过程和调试过程中出现了质量问题,双方由此发生纠纷。仲裁庭最终裁定:尽管设备依然存在着某些缺陷,但这并不构成根本违约,因为事实表明:经过调试过程中的修理,设备基本上满足设计要求。①

第三,将买方毫无正当理由拒绝卖方提出的合理补救措施作为不构成根本违约的一个判断标准。德国科布伦茨地区高等法院于1997年1月审理了荷兰卖方和德国买方之间的纺织品销售合同纠纷。在荷兰卖方交货四天后,德国买方便通知卖方货物不仅数量短缺,而且质量不符合合同的规定,故宣告合同无效,并拒绝支付货款。德国上述法院拒绝支持德国买方的主张,理由是:在收到德国买方的通知后,卖方立即表示可以通过提供替代货物来消除货物中存在的"不相符性",但德国买方毫无理由地拒绝了卖方的这一建议,故卖方的履约瑕疵不构成根本违约。②

第四,将货物是否违反进口国强制性食品安全标准作为判断标准,如果在签订合同时买方已经提醒卖方注意进口国的食品安全标准,而卖方交付的货物依然不符合此类标准,那么这便构成根本违约,反之,则不构成。荷兰海牙上诉法院在其于2003年4月审理的荷兰面粉出口商和比利时进口商之间的小麦粉销售合同纠纷中便持这一观点。在该案中,荷兰卖方在小麦粉中添加了含有溴酸钾(potassium bromate)的面包增强剂,以延长面粉的保质期;使用这种添加剂不仅为荷兰和欧盟法律所禁止,而且不符合国际标准。荷兰上述法院最终判定,卖方的行为构成了根本违约,因为作为专业的面粉出口商其应该知道其本国、欧盟的标准和相关的国际标准,而卖方交付的货物违反合同规定以及国家标准,人们食用用这种面粉做成的面包后健康会受到

---

① 中国国际经济贸易仲裁委员会,《〈联合国国际货物销售合同公约〉在中国仲裁的适用》,第69页。

② Oberlandesgericht Koblenz,Germany,31 January 1997,www.unilex.info/cisg/case/223,访问时间:2022年2月3日。

极大的危害。①

更多有关卖方履约行为构成根本违约的分析参见本书第 49 条中之论述。如果"货物不符合合同规定"并不构成根本违约,买方就失去了要求交付替代货物的权利。那么,此时买方还有权采取哪些救济措施呢? 具体分析,他可以根据本条第 3 款的规定要求卖方对货物进行修理,或者根据《公约》第 45 条第 1 款 b 项的规定要求赔偿其损失,或者根据第 50 条的规定要求降价。

(3) 在合理的期间内行使交付替代货物请求权

除了上述两项条件以外,买方还必须在合理的期间内向卖方提出交付替代货物的请求,否则,他便失去了行使这一请求权的机会。这一条件体现在"买方按照第 39 条在*向卖方发出通知的同时*提出交付替代货物的要求"或者"*在该项通知发出后*的一段合理时间内提出此要求"中。这里涉及两个问题:合理期限的长度和起算时间点。关于合理期限的长度,本书已经在第 39 条中作了较为详细的论述,这里不再重复。这里重点讨论一下合理期限的起算时间点。就起始时间点而言,本款已经明确规定了这一点,即以买方*向卖方发出告知其"不相符性"性质的通知时*这一时刻为起算点,本款中提及的两个时间限制均十分明确地表明了这一点。所以,如果买方在某年 9 月 1 日向卖方发出了告知瑕疵性质的通知,而且假定合理期限的长度为一周,那么,该期限便是9 月 1 日至 7 日。当然,最好的办法是:买方可以在其按照《公约》第 39条规定向卖方发出的通知中提出交付替代货物的要求。根据第 27 条的规定,买方根据本款规定发出的通知在发出时即发生法律效力,所以,卖方必须承担通知能否按时送达或是否送达的风险。

(4) 退回存在瑕疵的货物

除了必须具备上述条件以外,买方还必须能够而且愿意退回存在

---

① Netherlands 24 April 2003 Appellate Court's-Gravenhage(*Rynpoort Trading v. Meneba Meel*): https://iicl.law.pace.edu/cisg/case/netherlands-april-24-2003-gerechtshof-appellate-court-rynpoort-trading-transport-nv-et-al,访问时间:2022 年 1 月 4 日。

瑕疵的货物。如果买方无法退回这些货物,那么,他就失去了要求交付替代货物的权利。尽管本条没有规定这一点,但《公约》第 82 条第 1 款规定了这一条件。据此,除非属于第 82 条第 2 款列举的例外情形,买方必须退回已经收到的存在瑕疵的货物。一旦买方提出交付替代货物的要求,买方就有义务将货物退回给卖方。买方是否有权要求卖方首先交付替代货物,并将此作为其退回瑕疵货物的前提条件,《公约》对此没有规定。一般认为,买方无此权利。①这一观点是成立的,因为在这种情况下也必须考虑卖方迅速收回瑕疵货物的利益。这样,卖方可以及时处理这些瑕疵货物,减少损失。

(5) 具备本条第 1 款规定的条件

除了必须具备以上条件外,德国学者施莱希特里姆认为:本条第 1 款规定的买方行使实际履行请求权的前提条件同样适用于此。这意味着,买方不得采取与要求交付替代货物相抵触的其他补救办法,例如宣告合同无效;受理争议的法院所在国法认同"要求交付替代货物"这一救济办法(《公约》第 28 条);交付替代货物具有可能性以及买方对货物不符合合同规定不负责任。②这一观点是正确的。以宣告合同无效为例,这自然是一种与要求交付替代货物相矛盾的措施,如果买方宣告合同无效,他就不得再要求卖方交付替代货物。

由上可知,只有在同时具备以上五方面的条件时,买方才可以要求卖方交付替代货物。此种要求也会得到法院或仲裁庭的支持。当然,在现实合同纠纷中,即使卖方交付的货物不存在构成根本违约的瑕疵,如果他愿意,他依然可以交付替代货物。例如,德国哈姆地区高级法院审理了一起德国买方和意大利卖方之间的玻璃窗户销售合同纠纷。在该案中,这些窗户被安装在建筑物中后,买方发现其中一些玻璃窗户有缺陷;在告知卖方缺陷后,卖方交付了新的玻璃窗户,买方自费进行重

---

① Herber/Czerwenka,Art. 46 Rn. 7.

② Schlechtriem/Mueller-Chen,*Kommentar zum Einheitlichen UN-Kaufrecht—CISG*,2019,7. Aufl. S. 902.

新安装,德国买方因此扣留部分货款,以抵销瑕疵窗户的重新安装费用;意大利卖方提起诉讼要求买方支付剩余的货款。德国法院最终支持了德国买方的主张,其理由是:本案中究竟适用《公约》第 46 条第 2 款还是第 3 款无关紧要,因为意大利卖方在事实上交付了替代货物,由此也消除了货物中的不相符性,买方产生的重新安装费用理应由意大利卖方承担。①

4. 修理请求权(第 3 款)

本条第 3 款规范了通过修理消除瑕疵这一措施。与本条第 2 款一样,本款不仅确认了买方的修理请求权,还规定了买方行使这一请求权的前提条件。下文分别就此进行分析。

4.1　此项权利的内涵

毫无疑问,本款赋予了买方修理请求权,即买方享有的可以要求卖方通过修理消除瑕疵或不相符性的权利。它具体体现在"买方可以要求卖方通过修理消除此种不符"这一规定中。如果买方提出了这一要求,而且卖方也愿意进行修理,那么,卖方便有权决定采取何种方式对货物进行修理。他既可以自己派人进行修理,也可以委托第三方代为修理;他可以通过更换部分有缺陷的零部件进行修理,也可以通过安装缺少的部件进行修理。

4.2　适用本款规定的前提条件

在确认买方拥有修理请求权的同时,本款还明确了买方行使这一请求权的前提条件。它们分别是:货物中存在"不符合合同规定"的情形,修理要求是"合理的","在合理的期限内向卖方发出相应的通知"。有关"货物不符合合同规定"②"在合理的期限内向卖方发出相应的通知"③这两个条款,在上文中已经多次论及,故这里不再重复,这里主要讨论修理要求的合理性问题。客观地分析,买方提出的修理要求必须

---

① Oberlandesgericht Hamm, Germany, 9 June 1995,www.unilex.info/cisg/case/130,访问时间:2022 年 1 月 4 日。

② 详见上文第 35 条中之论述。

③ 详见上文第 39 条中之论述。

是合理的,本款中"除非在考虑各种情况后认为:此种要求是不合理的"这一规定,蕴含了这一要求。据此分析,如果修理要求是不合理的,一方面买方不得提出此项要求;另一方面即使买方提出这一要求,卖方也可以予以拒绝。这样,关键的问题便是:在何种情况下,买方提出的修理要求才是合理的? 国际学术界和实务界认为有以下三个不同的考量因素:

第一,修理费用与交付替代货物所需费用的比较。卖方对瑕疵货物进行修理,自然必须支付相应的更换零部件、人工等费用。一般认为:如果卖方可能支付的修理费用远远高于卖方交付替代货物所需的费用,那么买方提出的要求便是不合理的;否则,便是合理的。[①]据此,判定买方修理要求是否具有合理性的因素并不仅仅是卖方修理成本的高低,而是将该费用与交付替代货物的成本进行比较,如果前者高于甚至远远高于后者,那么,买方的要求便是不合理的。这一观点是成立的,因为本款规定"合理性"要求便是为了平衡买卖双方的利益。而将修理成本和交付替代货物的成本进行比较,恰好照顾到了买方的修理要求和卖方修理成本之间的不同利益需要。因为这一观点并不是简单地拒绝买方的要求,而是允许卖方通过交付替代货物来满足买方的要求。

第二,瑕疵修复的难易程度。对于判断买方提出的修复要求是否合理,国际商事合同法学界认为还存在着一种考虑因素,即瑕疵修复的难易程度,尤其是能否通过修理消除瑕疵。如果无法修理,那么,买方的要求便是不合理的,反之便是合理的。在上文提及的法国格勒诺布尔上诉法院于 1995 年 4 月审理的法国卖方和葡萄牙买方之间的旧飞机库拆除和销售合同纠纷中,尽管买方拆下的一些旧金属部件不符合要求,不能用于重新组装机库;但法国上述法院驳回了买方提出的要求卖方交付新的零部件的主张,其理由是:仅仅一部分零部件存在

[①] Schlechtriem/Mueller-Chen, *Kommentar zum Einheitlichen UN-Kaufrecht— CISG*, 2019, 7. Aufl. S. 913.

瑕疵,这些瑕疵是能够修复的,而且卖方在事实上已经修复了有缺陷的部件。①

第三,将买方自己是否能够修复作为判断标准。如果买方自己便能通过修理消除瑕疵,那么,提出要求卖方修理的请求便是不合理的;反之则是合理的。②这一观点是成立的。在特定情况下,卖方并不一定比买方更有能力通过修理消除质量瑕疵。如果卖方仅仅是一个中间商,他既无专业技术人员,也不熟悉这方面的技术;而买方却拥有专门的技术人员,便是如此。德国的司法判例也认为:如果买方自己能够十分容易地通过修理消除质量瑕疵,那么,买方提出的修理要求便是不合理的。③当然,如果买方自己进行了修理,相关的费用依然必须由卖方承担。德国科隆地区法院在其 2003 年 3 月 25 日作出的判决中也持这一观点。在该案中,丹麦卖方与德国买方之间的合同规定:丹麦卖方必须在 10 月 30 日之前交付能够立即用于比赛的赛车,以便买方能够参加在 10 月 30 日和 31 日举行的 24 小时循环赛。卖方虽然在 10 月 26 日进行了交付,但交付的赛车并没有完全完成安装,即必须对车辆进行重要的安装和修理,赛车才能投入比赛。在这种情况下,由于离比赛只有 4 天时间,在告知卖方后买方即自行对赛车进行了安装和修理,事后要求卖方承担相应的修理费;法院以本款中的修理权为依据支持了买方的诉求。④

在通常情况下,对货物进行修理不会成为一个很大的问题。因为在合同标的物为机器设备时,生产厂商或贸易公司通常会对货物的品质提供一个保质期。在保质期内,卖方必须承担修理责任。

---

① Cour d'appel, Grenoble, France, 26 April 1995, www. unilex. info/cisg/case/109,访问时间:2022 年 2 月 3 日。

② Schlechtriem/Mueller-Chen, *Kommentar zum Einheitlichen UN-Kaufrecht— CISG*, 2019, 7. Aufl. S. 913.

③ UNCITRAL, *Digest of Case Law on the United Nations Convention on the International Sale of Goods*, 2016, p. 222.

④ Germany 25 March 2003 District Court Köln (*Racing carts case*), http://cisgw3. law. pace. edu/cases/030325g1. html,访问时间:2020 年 11 月 19 日。

4.3　判断成功修理的标准

如果卖方应买方的要求对瑕疵货物进行了修理,如何来判断该修理是否成功呢? 这也是经常会引发买卖双方争议的一个问题。法国法院通过其判决对此作出了明确的回答,即如果通过修理,货物已经能够正常用于约定的用途,那么修理便是成功的。[①]如果修理好的货物再次出现瑕疵,那么,买方必须再次向卖方发出通知,告知其瑕疵的性质。《公约》对此类通知发出的时间没有规定,但国际司法界一般认为:在这里可以比照适用《公约》第 39 条规定来判断买方是否在规定的时间期限里发出通知。

相关的修理费用,无论是由谁负责修理的,都应该由卖方承担。但是,根据《公约》第 77 条的规定,卖方仅需支付合理的修理费用。

4.4　未履行修理义务的法律责任

如果卖方没有进行修理,或修理不成功,那么,根据瑕疵严重程度的不同,买方拥有不同的救济权。如果瑕疵十分严重,已经构成了根本违约,那么买方可以根据《公约》第 49 条第 1 款 a 项的规定宣告合同无效,或者根据本条第 2 款的规定要求卖方交付替代货物,并根据第 45 条第 1 款 b 项规定要求损害赔偿;如果瑕疵不是很严重,那么买方可以根据第 45 条第 1 款 b 项的规定要求卖方赔偿其损失,并根据第 50 条的规定要求降价。

第 47 条　宽限期

Article 47

(1) The buyer may fix an additional period of time of reasonable length for performance by the seller of his obligations.

(2) Unless the buyer has received notice from the seller that he

---

① UNCITRAL, *Digest of Case Law on the United Nations Convention on the International Sale of Goods*, 2016, p. 222.

will not perform within the period so fixed，the buyer may not，during that period，resort to any remedy for breach of contract. However，the buyer is not deprived thereby of any right he may have to claim damages for delay in performance.

译文

（1）买方可以为卖方履行合同义务而额外规定一个合理的宽限期（原译文为："买方可以规定一段合理时限的额外时间，让卖方履行其义务"）。

（2）除非买方收到了卖方发出的、声称他将不在上述宽限期内履行义务的通知，否则他不得在该宽限期内对违约行为采取任何补救办法（语序调整）。但是，他并不因此丧失因为卖方（原译文为："他对"）迟延履行义务而可能享有的提出损害赔偿要求的任何权利。

目录

正文

1. 调整对象

本条的调整对象是在卖方没有按规定履行合同义务时买方设置额外宽限期的问题。这是《公约》遵从"合同优先原则"（favor contractus）的一个具体体现；由此《公约》也将"宣告合同无效"作为最后的救济手段。[1]为此,授予买方设置额外宽限期的权利便十分重要,因为当卖方没有在合同规定的期限内履行其合同义务时,为促使卖方履行合同义务,唯一可行的办法便是在原合同规定的履行期以外另行规定履行期限。本条共分两款,其中第 1 款主要赋予了买方设置额外宽限期的权利,第 2 款则规范了这一宽限期对买方自己的约束力问题。

从《公约》整体角度来分析,本条第 1 款是《公约》对第 46 条第 1 款所作的一个补充性规定,因为第 46 条第 1 款赋予买方要求卖方实际履行合同义务的权利,但该款没有规定卖方应该在何时履行合同义务。另外,本款规定与第 49 条第 1 款 b 项规定也存在着密切的联系,因为据此规定,卖方没有在额外宽限期内履行合同义务是买方宣告合同无效的一个前提条件;因此,设置一个宽限期为买方宣告合同无效铺平了道路。客观地分析,本款规定适用于任何形式的卖方违约行为。无论是没有履行交货义务,还是没有履行交付单据义务;无论卖方违反的是主要义务,还是附属义务;无论它们是否构成《公约》第 25 条意义上的根本违约,买方都可以为此设置一个或多个额外的宽限期,这是买方的权利和自由。但是,根据《公约》第 49 条第 1 款 b 项规定,为宣告合同无效而设置的额外宽限期仅仅适用于卖方没有履行交货义务这种情况下;在卖方交付的货物不具备第 35 条规定的"相符性"时,买方能否宣告合同无效,仅仅取决于卖方的违约行为是否构成第 25 条意义上的根本违约(第 49 条第 1 款 a 项);在这种情况下,设置额外的宽限期并不能帮助买方获得宣告合同无效的权利。本条第 2 款规范了买方设置的额外宽限期对买方自己的约束力问题,即他不得采取与要求卖方实际履行合同义务相矛盾的救济措施。《公约》设置这一限制旨在保护卖方的利益,因为在卖方有意在该额外宽限期内履行合同义务时,他可能需要采购货物,或者采购原材料并生产货物,为此他显然需要支付必要的

---

[1] Schlechtriem/Mueller-Chen, *Kommentar zum Einheitlichen UN-Kaufrecht—CISG*, 2019, 7. Aufl. S. 928.

开支,同时希望买方能够接受他交付的货物。①本款规定就是为了促使买方能够接受卖方的履行行为。但本款并不限制买方采取除宣告合同无效以外的其他救济措施,例如第 50 条规定的减价请求权、第 45 条第 1 款 b 项规定的损害赔偿请求权。

2. 设置额外的宽限期(第 1 款)

本条第 1 款是一个授权性条款,即它授予买方设置一个额外宽限期的权利,本款"买方**可以**为卖方履行合同义务而额外规定一个合理的宽限期"这一规定明确表明了这一点。"可以"两字表明:设置额外的宽限期是买方的权利,而不是买方的义务,即在具备本款适用条件时,买方也可以决定不行使这一权利。设置额外的宽限期对买方自身也有诸多的好处:如果卖方在该期限里履行了合同义务,买方依然可以实现其合同目的;假定卖方没有在该期限里履行其合同义务,那么,买方便无需证明卖方的行为是否构成根本违约,相反,他可以根据《公约》第 49 条第 1 款 b 项的规定直接宣告合同无效。德国科隆上诉法院在其审理的木材销售合同纠纷中便持这一观点。在该案中,在发现卖方交付的木材存在瑕疵后,德国买方随即通知卖方,卖方表示愿意协商解决这一问题,但协商未能成功,德国买方宣告合同无效。德国上述法院没有支持买方的这一主张,理由是买方未根据本款规定为卖方设置一个额外的宽限期,因此他便无权宣告合同无效。②在适用本款规定时,应该澄清本款的适用条件、设置额外宽限期的方式、宽限期的长度等问题;下文分别就此进行讨论:

2.1　买方行使设置权的前提条件

在什么条件下买方能为卖方设置一个供其履行合同义务的额外宽限期呢? 本款没有明确规定这一点,但根据本款的字面意思可以推定:

---

① UNCITRAL, *Digest of Case Law on the United Nations Convention on the International Sale of Goods*, 2016, p. 225.

② Germany 22 February 1994 Appellate Court Köln(*Rare hard wood case*), www.unilex.info/cisg/case/54,访问时间:2022 年 2 月 4 日。

买方行使这一权利的前提条件是卖方没有在合同规定的期限里履行其合同义务。这一分析显然是符合本款规定的原意的,因为如果卖方已经在合同规定的期限里履行了其合同义务,买方也就没有设置额外宽限期的必要。如上所述,这里的未履行的合同义务是指包括主要义务和附属义务在内的各种义务;另外,在卖方已经按合同规定交付了大部分货物,但还有一部分货物依然没有交付的情况下,本款规定依然适用。德国杜塞尔多夫上诉法院在其于 1997 年 4 月 24 日作出的判决中便持这一观点,在该案中,意大利皮鞋制造商和德国进口商之间签订了销售合同,但意大利皮鞋制造商在合同规定的期限里仅仅交付了部分皮鞋,法院认为德国进口商有权引用本款规定要求卖方在额外的宽限期内交付剩余部分皮鞋。①

2.2　发出设置额外宽限期的通知

在具备上述条件时,买方应该通过向卖方发出通知的方式为卖方设置一个供其履行合同义务的额外宽限期。尽管本款没有明确规定这一适用条件,但它蕴含在本款的文字中,因为本款授予买方设置额外履约宽限期的目的是让卖方能够在该期限内履行合同义务,只有在买方将此通知卖方时,卖方才能知道自己可以在该宽限期内履行义务。为了保证其通知符合本款的要求,尤其是起到在卖方拒绝在该宽限期内履行合同义务时买方有权宣告合同无效的效果,买方应该注意以下几个事项。

(1)"规定一个截止期"

买方必须在其通知中十分明确地说明卖方履行合同义务的最后期限,例如,最终交付日期为"2020 年 10 月 30 日"。如果买方仅仅在通知中对卖方进行发货催告,而没有设置一个明确的日期,便不符合本款的要求,即使买方要求卖方"立即""尽快""马上"交付货物,同样如此。②

---

① Germany 24 April 1997 Appellate Court Düsseldorf(*Shoes case*),www.unilex.info/cisg/case/292,访问时间:2022 年 2 月 4 日。

② Bianca/Bonell/Will,Art. 47,Anm. 2.1.3.1;Staudinger/Magnus,Art. 47,Rn. 17.

德国杜塞尔多夫上诉法院在其于 1997 年 4 月 24 日作出的判决中也认为：如果买方仅仅在通知中批评卖方的延迟交付行为，而没有额外设置供卖方履行交付货物的截止期限，还不足以构成本款意义上的"规定一个截止期"。[①]在国际贸易实务中，在卖方延迟交付货物时，他通常会主动建议一个新的交货日期，买方则会表示接受卖方的建议。这是否也构成本款意义上的买方"规定一个截止期"呢？答案应该是肯定的，因为新的交货日期由谁提出并不重要，关键是买方最终同意该日期。德国汉堡上诉法院对此也持肯定态度。1994 年 10 月，英国买方和德国卖方签订了铁钼销售合同，合同明确规定，德国卖方将从中国采购铁钼，并将它们转售给英国的买方。但由于中国制造商没有按时向德国卖方交货，所以德国卖方明确告知英国买方，他不能按时交付货物；在这种情况下，英国买方无奈为其确定了一个新的交货截止日期，同时告知德国卖方：如果不能在该日期前交付货物，他将进行替代采购；德国卖方同意了买方的建议。德国汉堡上诉法院认为在这种情况下，这等同于买方设置了一个额外的宽限期。[②]法国法院持同样的看法，它认为如果买方数次同意卖方提出的延长交货期的要求，这同样构成本款意义上的设置额外宽限期。[③]买方同意卖方提出的延长交付日期的建议，并不一定是明示的，即使买方对卖方提出在某一新日期交货的建议保持沉默，但他只要事实上在该日期接收了卖方交付货物，其接收货物的行为就同样构成了其对卖方建议的同意。

（2）"明确在宽限期内履行合同义务的要求"

这是指买方应该十分清晰地向卖方提出明确的要求：他必须在该期限内交付符合合同规定的货物。那么，在什么情况下才构成此类"明

[①] Germany 24 April 1997 Appellate Court Düsseldorf(*Shoes case*)，www.unilex. info/cisg/case/292，访问时间：2022 年 2 月 4 日。

[②] Germany 28 February 1997 Appellate Court Hamburg (*Iron molybdenum case*)，www.unilex.info/cisg/case/291，访问时间：2022 年 2 月 4 日。

[③] UNCITRAL，*Digest of Case Law on the United Nations Convention on the International Sale of Goods*，2016，p. 226.

确要求"呢?《公约》对此没有明确规定。一般认为:如果在通知中写明"我为你方确定的新的交货截止日期为2020年10月30日",这已经具备了本款规定的"明确要求"。相反,如果采用"尽管贵方已经延迟交付货物,但我方真诚希望货物能在2020年10月30日以前运抵目的港"此类客套性的表达,则被认为不具备本款规定的"明确要求",因为此类表达会被理解成同意卖方推迟发货。[1]如果在通知中加上威胁性的语言,例如,"如果不在2020年10月30日之前交付货物,我方将进行替代采购"或"我方将宣告合同无效",这无疑强化上述"明确要求",但学界认为这并不是必需的。

（3）"长度合理的额外宽限期"

第47条第1款不仅对买方发出的设置额外宽限期的通知有着内容上的要求,它对该宽限期的长度同样有着特定的要求,即其长度必须是"合理的",本款中有关买方可以为卖方履行合同义务而额外规定一个"合理的宽限期"的表述蕴含了这一要求。这意味着,如果宽限期过分"短促",以至于卖方根本无法在这一期限内履行其合同义务,那么,买方设置额外宽限期的行为便没有起到应有的法律效果。换句话说,尽管这一期限对买方本人有法律约束力,但在这一期限结束时,买方无权援引《公约》第49条第1款b项的规定宣告合同无效。那么,该额外宽限期究竟应该多长,才具备本款要求的合理性呢?

对此并不存在一个统一的、普遍适用的评判标准,必须根据具体案件中的具体情况予以确定。事实上确实如此,不同的争议解决机构在具体的个案中对买方设定额外宽限期长度的合理性作出了不同的认定。德国策勒地区高等法院于1995年审理了埃及进口商和德国出口商之间的二手印刷机销售合同争议。在该案中,德国出口商按合同规定的日期交付了部分印刷机,但还有三台印刷机没有按时交付,埃及进口商根据《公约》第47条第1款的规定为卖方设置了一个为期两周的

---

[1] Schlechtriem/Mueller-Chen, *Kommentar zum Einheitlichen UN-Kaufrecht—CISG*, 2019, 7. Aufl. S. 920.

宽限期。但法院认为,由于合同规定的交货地点在埃及,故两周的额外宽限期太短,七周时间则是合理的。①德国瑙姆堡地区高等法院在其于 1999 年 4 月 27 日审理的丹麦卖方和德国买方之间的汽车销售合同纠纷案中则认为买方另外为卖方设置的 3—4 周的额外宽限期是合理的。②而俄罗斯联邦工商总会的国际商事仲裁法院则认为:如果生产合同下的货物需要 8 个月时间,那么,买方额外设置的为期 10 天的宽限期便是不合理的。③

当然,在判断买方设定的宽限期是否合理时,不应仅仅根据某一因素进行考量,相反,应该综合考虑相关案件中的各种因素,相关的因素有:双方当事人的行为、双方当事人进行的谈判和交易习惯、原合同中规定的交货期限、签订合同时买方向卖方表达的对迅速交货意愿的强烈程度、卖方交付货物的方式和数量、卖方未能履行义务的原因、所采用的运输方式、运输所需的时间,等等。总之,受理争议的法院或仲裁机构必须综合考虑上述因素,然后确定宽限期的长度是否合理。

总之,为设定一个符合本款要求的宽限期,买方必须向卖方发出相应的通知,在该通知中,买方不仅必须"规定一个长度合理的宽限期",而且必须"提出履行合同义务的明确要求"。缺少任何一项,均可能使买方设置额外宽限期的行为起不到应有的法律作用。至于通知的形式,尽管本条对此没有明确规定,但《公约》第 11 条规定的合同形式自由原则同样适用于本款下的通知,即买方可以采用书面、口头或信使等形式向卖方发出本款下的通知;而且根据第 27 条的规定,一旦发出此种通知,它即产生法律效力,通知延迟送达或未送达的风险由卖方承担。在诉讼中,如果双方当事人对买方是否设置额外宽限期有争议,买

---

① Germany 24 May 1995 Appellate Court Celle(*Used printing press case*), www.unilex.info/cisg/case/122,访问时间:2022 年 2 月 4 日。

② Germany 27 April 1999 Appellate Court Naumburg(*Automobile case*), www.unilex.info/cisg/case/510,访问时间:2022 年 2 月 4 日。

③ UNCITRAL, *Digest of Case Law on the United Nations Convention on the International Sale of Goods*, 2016, p. 225.

方必须提供证据证明他已经采用适当的方式向卖方发出了相应的通知。

3. 宽限期对买方的约束力(第 2 款)

如上所述,本条第 1 款规定赋予买方额外宽限期设置权,这显然对卖方有利,因为他由此获得了履行其合同义务的机会。除此之外,买方设置额外宽限期的行为还将产生哪些法律效果呢?这是本条第 2 款所要解决的问题。本款首先确定了买方设置行为对其本人的约束力;此外,为了平衡买卖双方当事人的利益,本款同时规范了买方不受其设置行为约束的条件和买方的损害赔偿请求权。下面分别就此进行简要论述。

3.1 设置行为对买方本人的约束力

如上所述,如果买方根据本条第 1 款的规定为卖方额外设置了一个履约宽限期,那么,该行为对买方拥有强制性的约束力,本款中"……否则他不得在该宽限期内对违约行为采取任何补救办法"这一句明确表明了这一点。仔细分析,这一约束力对买方而言意味着两方面的义务:

(1) 不得采取《公约》第 45 条第 1 款列举的措施

具体来说,在卖方行为已经构成根本违约的情况下,买方不得根据《公约》第 49 条第 1 款 a 项的规定宣告合同无效,并无权要求损害赔偿;在卖方交付的货物存在瑕疵,而买方设置了一个供卖方修理或交付替代产品的额外宽限期时,买方不得根据第 50 条的规定要求减价,或者买方自行对瑕疵货物进行修理,然后根据第 45 条第 1 款 b 项要求卖方赔偿修理费。总之,他不得采取第 45 条第 1 款列举的救济措施。

应该强调的是:上述约束力仅仅存在于买方设置的额外履约宽限期内。一旦该宽限期结束,买方便可以采取相应的补救措施。另外,本款规定的限制仅仅适用于买方设定宽限期以前卖方的违约行为。对于那些卖方在额外宽限期以内进行的履约行为,如果该行为又存在着违反合同规定的情形,那么,买方便不受上述限制的约束,即使买方设定的宽限期没有结束,他依然可以采取其认为合适的救济措施。①

---

① Enderlein/Maskow/Strohbach,Art. 47 Anm. 5.

（2）接受卖方的履行行为

如果在买方设置的额外履约宽限期内，卖方按照合同的规定履行了合同义务，买方必须接受卖方的履行行为，无论是卖方交付了延迟交付的货物，还是修理了瑕疵货物，或是交付了替代货物，都是如此。

在买方根据本条第1款设置额外宽限期时，买方必须承担以上两方面的义务。这两个不同的义务是同一块奖牌的两个不同面，缺一不可。当然，如果卖方在设置的额外宽限期内没有履行其合同义务，则买方不受上述限制的约束，即他可以采取《公约》第45条规定的救济措施。

3.2　买方不受其设置行为约束的例外情形

如上所述，本款不仅规定了设置宽限期行为对买方自己的约束力，也规范了买方不受其设置行为约束的例外情形，本款"除非买方收到了卖方发出的、声称他将不在上述宽限期内履行义务的通知，否则他不得在该宽限期内对违约行为采取任何补救办法"这一句十分清晰地表明了这一点。据此分析，在具备本款规定的前提条件下，即使买方设置的额外宽限期还没有结束，买方依然可以采取《公约》第45条第1款规定的宣告合同无效、减价、损害赔偿等救济措施。那么，在哪些情形下，买方可以免受其设置行为的约束呢？本款"除非……通知"这一句也回答了这一问题。根据这一规定的字面意思，免除设置行为对买方的约束力应该具备以下两方面的条件：

（1）卖方向买方发出了拒绝履约的通知

卖方必须向买方发出相应的通知，而且在该通知中，卖方必须明确表明"他将不在上述宽限期内履行义务"。卖方发出的拒绝履行合同义务的通知既可以是明示的，也可以是暗示的。明示的拒绝是指：卖方在通知中明确表明他不愿或不能在规定的额外宽限期内履行合同义务。德国汉堡友好仲裁院在其于1998年12月29日裁决的案件中便持这一观点，在该案中，德国买方和捷克卖方签订了奶酪销售合同，据此，捷克卖方应该分15批交付约定数量的奶酪。但卖方没有交付第二批次的奶酪。在裁决中，仲裁庭认为：在卖方没有交付货物的情况下，只有在卖方声明他将不在额外宽限期内交货时,买方才能宣告合同无效。[1]而默示拒绝则是指:卖方没有明确表示他将不在宽限期内履行合同义务,但以其他方式表述他不会接受买方的要求,例如,卖方声称宽限期太短,或者回复说:只有在买方同意其提出的合同没有规定的新条件时,他才会在该期限内交付货物。这些均属于默示拒绝。如果卖方在回复中表明:他愿意在一个更长的宽限期内履行其义务,这同样构成默示拒绝,但它同时构成了卖方根据《公约》第48条第1款规定主动提出的采取救济措施消除瑕疵履行的建议,对于该宽限期的法律作用应该适用第48条第2款和第3款来进行分析。

(2)该通知送达买方

本款中"除非买方**收到了**……"中的"收到了"三字十分清晰地表明了这一点。如上所述,《公约》第27条为一方当事人根据第三部分条款发出的任何通知或要求规定了投邮生效原则,但该条也规定了"除非《公约》本部分另有明文规定"这一例外情形,在这种例外情形下,则适用"送达生效原则"。卖方根据本款规定向买方发出的拒绝履行合同义务的通知便属于这种例外情形。这种例外的结果是:卖方发出的通知于该通知到达买方时产生法律效力,如果该通知于宽限期结束后才被送达,或者基于各种不明的原因根本没有被送达买方,那么,卖方必须承担由此产生的法律风险。

3.3　损害赔偿请求权

除了规定设置行为对买方的约束力及其例外情形以外,本款还授予买方损害赔偿请求权。本款第2句"但是,他并不因此丧失因为卖方迟延履行义务而可能享有的提出损害赔偿要求的任何权利"规定了这一点。这意味着:即使卖方在该额外宽限期内履行了合同义务,买方依然拥有向卖方提出损害赔偿要求的权利。这一规定也是合理的。因为一方面,从国际贸易实务角度分析,即使卖方在额外宽限期内履行了合

---

[1]　Germany 29 December 1998 Hamburg Arbitration proceeding(*Cheese case*),www.unilex.info/cisg/case/394,访问时间:2022年2月4日。

同义务,其实际履行合同义务的时间点显然晚于原合同规定的时间点,故从原合同规定角度分析,依然属于延迟履行。另一方面,尽管本条授权买方设置额外宽限期的权利,但它并没有将此定性为"推迟履行合同义务";相反,它尊重客观事实将此定位为"延迟履行",本款中"因为卖方**迟延履行义务**而……"中的"延迟履行义务"这几个字明确表明了这一定性;在这种情况下,如果买方由此遭受损害,他自然有权要求卖方承担赔偿责任。

如果卖方的违约行为在买方设置额外宽限期以前已经给买方造成了损失,买方自然可以要求卖方承担赔偿责任,但不是依据本条规定,而是《公约》第45条第1款b项。那么,在这种情况下,如果合同中规定了违约金,买方是否可以在该宽限期内要求卖方支付违约金呢? 从理论上分析,买方有此权利。因为如上所述,卖方的行为在设置宽限期以前已经属于违约行为,而由上可知,买方设置额外宽限期的行为并没有改变卖方行为的性质,所以,买方要求支付违约金的权利并没有受到本条规定的影响。[1]而且,违约金不属于《公约》调整的事项,合同中相关约定的效力应该根据审理争议的机构所在国国际私法规则所指引适用的法律予以确定。

第48条　卖方瑕疵履行时的补救权

Article 48

(1) Subject to article 49, the seller may, even after the date for delivery, remedy at his own expense any failure to perform his obligations, if he can do so without unreasonable delay and without causing the buyer unreasonable inconvenience or uncertainty of reimbursement by the seller of expenses advanced by the buyer. However, the buyer retains any right to claim damages as provided for in this Convention.

---

[1]　Staudinger/Magnus, Art. 47, Rn. 23.

（2）If the seller requests the buyer to make known whether he will accept performance and the buyer does not comply with the request within a reasonable time，the seller may perform within the time indicated in his request. The buyer may not，during that period of time，resort to any remedy which is inconsistent with performance by the seller.

（3）A notice by the seller that he will perform within a specified period of time is assumed to include a request，under the preceding paragraph，that the buyer make known his decision.

（4）A request or notice by the seller under paragraph （2） or （3） of this article is not effective unless received by the buyer.

译文

（1）在第49条规定条件的限制(增加"限制"两字)下，即使在规定的交货日期届满后，卖方仍可自己承担费用对其任何未履行义务行为进行(原译文为："做出")补救，但这种补救不得造成不合理的迟延，也不得给买方带来(原译文为："遭受")不合理的不便，或不得给买方留下自己有可能不偿付买方预付款项的印象(原译文为："或无法确定卖方是否将偿付买方预付的费用")。但买方保留本《公约》所规定的有关要求损害赔偿的任何权利。

（2）如果卖方要求买方表明他是否接受卖方履行义务的态度(原译文中没有"的态度")，而买方没有(原译文为："不")在一段合理时间内对此要求作出答复，则卖方可以在要求中所标明的期限内履行义务。在该期限内，买方不得采取任何与卖方履行义务相抵触的补救办法(语序调整)。

（3）卖方向买方发出通知，表明他将在某一特定期限内履行义务(语序调整)，应视为在该通知中已经包含了上一款规定提及的要买方表明态度的要求(原译文为："应视为包括根据上一款规定要买方表明决定的要求在内")。

（4）只有在买方收到卖方根据本条第2款和第3款规定提出的要

求或发出的通知后,该要求或通知才发生效力(语序调整)。

目录

正文

1. 调整对象

在国际贸易实务中经常会出现这种现象:在合同规定的交货期届满时,卖方依然没有交付货物,或者货物存在着其他瑕疵,而卖方愿意自己采取措施消除这些瑕疵。卖方是否有权采取此类救济措施呢? 如果他有此权利,对其权利的行使是否应该进行必要的限制呢? 这些问题均是本条的调整对象,也是本条所要解决的法律问题。本条共包括四款。该四款均是围绕以上调整对象展开的。其中第 1 款赋予了卖方对其履行瑕疵进行救济的权利,并设定了卖方行使这一权利的前提条件。由于存在瑕疵的货物已经交付给买方,所以,卖方采取补救措施必须得到买方的同意;可见,如果卖方单方面采取补救措施,有可能被买方拒绝,因而具有很大的不确定性。本条后三款的规定则试图消除此种不确定性。其中第 2 款规定了买方的立即拒绝义务,即他在不接受卖方救济建议时应该立即拒绝卖方的建议,第 3 款则规定了卖方的发出一次通知义务,即卖方仅需向买方发出表明其愿意在一个特定的时间内自行采取补救措施的通知,而不必另行向买方发出要求其表明是否接受补救建议的通知。而第 4 款则规定了卖方根据第 2 款或第 3 款规定发出的通知的生效时间,即送到买方时产生法律效力。可见,本条四款均是围绕卖方自己行使救济权而设计的,它们构成一个完整的体系。

本条规定与《公约》的其他条款也有着密切的联系。首先,它与第 34 条和第 37 条相呼应,第 34 条规定了卖方提前交付了不符合合同规定的单据时其所能采取的补救措施,第 37 条规范了在卖方提前交付"不相符"货物时其拥有的采取救济措施权;而本条则规范了在合同规定的交货期届满时卖方对其履行瑕疵采取补救措施问题。其次,本条还与第 46 条和第 47 条相对应,本条规范了在存在履行瑕疵时卖方自行采取补救措施的问题,而第 46 条和第 47 条则规范了相同情况下买方要求卖方履行合同义务的问题。

2. 卖方瑕疵履行时的补救权(第 1 款)

本条第 1 款不仅授予卖方对其履行瑕疵采取补救措施的权利,而且设置了其行使补救权的前提条件。下文就此分别进行论述:

2.1 卖方的补救权

如上所述,本条第 1 款授予卖方对其履行瑕疵采取补救措施的权利,这一授权具体体现在本款"卖方仍可自己承担费用*对其任何未履行义务行为进行补救*"中。至于卖方应该采取何种具体的方式进行补救,本款没有规定。实际上,《公约》也没法进行更为详细的规定,因为它主要取决于卖方违反合同义务的具体内容。例如,如果卖方交付的货物数量存在着短缺,那么,就应该补充交付短缺部分货物;如果交付的货物质量存在着瑕疵,则卖方可以对此进行修理或替代交付质量完好的货物;如果少交了单据,则可以补充交付未交的单据。总之,卖方应根据违约的内容和性质来采取相应的补救措施。判断卖方采取补救措施成功与否的关键因素是:是否通过这些措施彻底消除了履行瑕疵。换句话说,通过卖方采取的措施,他必须使其履约行为完全符合合同或《公约》的规定。其采取的救济措施必须符合本款规定的前提条件。

2.2 卖方行使补救权的前提条件

本款规定:"在第49条规定条件的限制下,即使在规定的交货日期届满后,卖方仍可自己承担费用对其任何未履行义务行为进行补救,但这种补救不得造成不合理的迟延,也不得给买方带来不合理的不便,或不得给买方留下自己有可能不偿付买方预付款项的印象。但买方保留本《公约》所规定的有关要求损害赔偿的任何权利。"根据对本款字面意思的分析,本款不仅授予卖方采取相应补救措施的权利,而且也同时设置了卖方行使这一权利的前提条件,它们分别为:卖方有"任何未履行义务行为"、"受第49条规定条件的限制"、"卖方自己承担费用"、"不得造成不合理的迟延"、"不得给买方带来不合理的不便"或"不得给买方留下自己有可能不偿付买方预付款项的印象"。下文将分别对这些条件作进一步的分析。

(1)"在合同规定的履约期限内有任何未履行义务行为"

卖方行使其补救权的一个前提条件是卖方"在合同规定的履约期限内有任何未履行义务行为"。为了论述方便,也为了采用国际商事合同法学界通用的术语,本书将"任何未履行义务行为"这一概念等同于"履行瑕疵"。那么,何为这里的履行瑕疵呢?它实际上是指卖方发生的任何种类的违约行为。它不仅包括交付的货物缺乏《公约》第35条等规定的"相符性"情形、第41条和第42条规定的货物侵犯第三方权利的情形,还包括卖方违反第33条规定延迟交付货物的情形,违反第31条规定将货物交付至错误地点或错误承运人的情形。另外,如果卖方的履行行为构成了第51条意义上的"交付部分货物"或仅仅部分货物具备第35条规定的"相符性",也属于此。总之,只要卖方的履行行为不符合合同和《公约》的规定,不论它体现为何种形式,即使仅仅违反次要义务,例如,交付的单据或对货物的包装与合同规定不符,或没有按照合同规定提供银行担保或对机器进行安装等,都属于这里的"履行瑕疵"。[1]同样,这里的履行瑕疵还包括程度不同的各种违约行为;具体

---

① Herber/Czerwenka,Art. 48 Rn. 2.

地说，它既包括一般性违约，又包括根本违约。这意味着在卖方的履行瑕疵构成了根本违约时，卖方依然可以根据本款规定采取补救措施，消除货物中存在的瑕疵，但根据本款规定，在这种情况下卖方行使本款的补救权还受《公约》第49条的限制。

（2）"受第49条规定条件的限制"

除了必须存在履行瑕疵以外，卖方行使补救权还受"在第49条规定条件的限制下"这一条件的限制。这一救济限制是什么意思？国际商事合同法学界和司法实务界对此有着不同的看法。主流观点认为：在买方宣告合同无效权和卖方补救权之间，"在第49条规定条件的限制下"赋予前者优先地位，即买方根据《公约》第49条享有的宣告合同无效权优先于卖方根据第38条第1款规定享有的补救权，买方宣告合同无效的行为也因此剥夺了卖方采取补救措施的权利。①但实务界也存在着相反的看法：如果买方没有首先赋予卖方采取补救措施的机会，买方便无权宣告合同无效。②瑞士阿尔高州商业法院在其于2002年11月审理的德国买方和瑞士卖方之间的三个充气的凯旋门销售合同纠纷中便据此驳回了买方提出的宣告合同无效的主张。在该案中，德国买方为其赞助的一个赛车活动订购了三个充气的凯旋门，这些凯旋门上印有宣传广告；但在比赛的第一天，其中的一个凯旋门因漏气而倒塌，因此比赛组织者坚持拆除所有三个凯旋门。德国买方立即通知了卖方，两周后德国买方宣告合同无效。但是瑞士上述法院驳回了德国买方的诉求请求，其理由是充气凯旋门漏气不构成根本违约，买方无权根据《公约》第49条第1款宣告合同无效，在这种情况下买方只能根据第49条第2款解除合同，但买方据此解除合同的前提条件是他必须首先设定一个额外的履约宽限期，而买方没有为卖方设置此种

---

① UNCITRAL, *Digest of Case Law on the United Nations Convention on the International Sale of Goods*, 2016, p. 228; Mueller-Chen, Schlechtriem/Mueller-Chen, *Kommentar zum Einheitlichen UN-Kaufrecht—CISG*, 2019, 7. Aufl. S. 931.

② UNCITRAL, *Digest of Case Law on the United Nations Convention on the International Sale of Goods*, 2016, p. 228.

宽限期。①另外,德国雷根斯堡地区法院在其于 1998 年 9 月作出的判决中也强调:卖方根据《公约》第 48 条拥有的补救权优先于买方根据第 49 条拥有的宣告合同无效权。在该案中,德国买方向意大利卖方订购了用于生产裙子的面料,但是卖方交付的面料不仅质量有瑕疵,尺寸也存在问题,买方于是要求卖方在 14 天内交付"无异议面料"。随后卖方发送了另一种面料的样品,并要求买方提供有关首批交付面料质量瑕疵问题的详细信息;但买方拒绝接受新交付的样品并宣告合同无效,且拒绝支付货款。德国法院驳回了买方的诉讼请求,因为卖方交付的货物适合于同类规格货物常用的目的,因而不构成根本违约;即使货物不具备第 35 条下的相符性,买方发出的通知也没有说明"不相符性"的性质,因而其发出的通知不符合第 39 条第 1 款的规定;另外,买方在没有说明"不相符性"性质的情况下仅仅设置了 14 天的额外宽限期,这剥夺了卖方根据第 48 条拥有的采取补救措施的权利。所以,德国法院最终作出判决,买方无权根据第 49 条第 2 款 b 项第 2 目和第 3 目的规定宣告合同无效。②

　　在以上两种观点中,究竟哪一观点是成立的呢? 笔者认同以上第一种观点,第二种观点没有法律依据。"在第 49 条规定条件的限制下"的实际法律含义是:如果买方宣告合同无效符合《公约》第 49 条规定的条件,那么,卖方便失去了根据第 48 条采取补救措施的权利。客观分析,第 49 条为买方宣告合同无效规定了两类前提条件:第 49 条第 1 款 a 项规定了卖方的行为必须构成根本违约和卖方没有在买方根据第 49 条第 1 款 b 项、第 2 款 b 项第 2 目设置的额外履约宽限期内采取补救措施或履行合同义务。根据后一前提条件,在卖方存在违约行为时,买方应该首先给卖方提供补救的机会,只有在卖方没有利用该机会时,买

---

①　Handelsgericht des Kantons Aargau, Switzerland, 5 November 2002, https://cisg-online.org/files/cases/6653/abstractsFile/715_31560984.pdf,访问时间:2022 年 2 月 4 日。

②　Landgericht Regensburg, Germany, 24 September 1998(*Cloth case*),www.unilex.info/cisg/case/507,访问时间:2022 年 2 月 4 日。

方才能行使合同解除权。可见,在卖方的违约行为没有构成根本违约时,优先给卖方提供采取补救措施的机会也是第49条第2款本身的要求。所以,瑞士和德国法院的以上两个驳回买方宣告合同无效主张的判决本身没有错误,但人们也不能因此而得出结论:卖方根据第48条拥有的补救权优先于买方根据第49条拥有的宣告合同无效权。另外,第49条第2款b项第3目十分清晰地界定了第48条下卖方补救权和第49条下买方宣告合同无效权之间的关系,根据"在卖方根据第48条第2款规定设置的任何额外期限届满后,或**在买方声明他将不接受卖方提供的补救行为后**"这一规定,即使卖方根据第48条第2款规定行使补救权,买方也有权表示拒绝,在表示拒绝后,买方依然可以宣告合同无效。

本款中"在第49条规定条件的限制下"旨在平衡第48条下卖方补救权和第49条下买方宣告合同无效权,而由于第49条本身已经考虑到了卖方采取补救措施的权利,只要买方宣告合同无效的行为符合第49条的规定,那么,买方的这一权利便优先于卖方根据第48条拥有的补救权。换言之,在买方根据第49条拥有的宣告合同无效权和卖方根据第48条拥有的补救权之间,《公约》赋予前者优先地位。[①]当然,基于《公约》第6条规定的意思自治原则,双方当事人完全可以另行约定卖方补救权和买方宣告合同无效权之间的关系。

(3)"卖方自己承担费用"

卖方行使补救权的另一个前提条件是:他必须自己承担相应的费用。这一条件十分明确地体现在"卖方仍可**自己承担费用**对其任何未履行义务行为进行补救"这一规定中。具体分析,这里的"费用"主要包括两个方面:首先,因为卖方行使补救权而额外产生的费用。这些费用包括:交付替代货物的运费、安装费、瑕疵货物的修理费或运回瑕疵货物的费用等。其次,因为卖方的补救行为而使买方产生的额外费用。

---

① Article 48:Secretariat Commentary, https://iicl.law.pace.edu/cisg/page/annotated-text-cisg-article-48,访问时间:2022年2月4日。

这里费用不仅包括卖方委托买方寄回瑕疵货物、进行修理或采购替代零部件而直接开支的费用,而且包括为进行修理而导致的生产暂时中止等所造成的损失;当然,在这种情况下,卖方承担买方开支的费用或遭受损失数额是有一定限制的,即仅以买方为顺利完成修理而必须开支的费用或停工为限。①如果买方仅仅一周完成了修理,却停产了一个月,那么,卖方仅仅需要补偿买方因停产一周而遭受的损失。但是只要相关的开支是进行修理所必需的,无论这些费用或损失多高,卖方都必须向买方承担这一补偿义务。司法实践也支持这一观点。德国哈姆上诉法院在其审理的意大利卖方和德国买方之间的支付货款合同争议案件中便表明了这一态度。在该案中,德国买方从意大利卖方那里购买并安装了 19 套窗户元件,但买方发现部分密封窗格有瑕疵;在收到买方的通知后,卖方交付了新玻璃窗格;该玻璃窗格由买方本人安装,双方对买方提出卖方应该补偿其 6 194.16 马克的安装费的诉求产生争议。法院支持了买方的诉请,其理由是不仅根据《公约》第 48 条第 1款,卖方必须承担替代商品的交付或修理费用,而且根据第 45 条第 1款 b 项和第 2 款的规定,如果卖方首次交付的货物不具备相符性而且由此给买方造成了损失,卖方必须对此承担赔偿责任,这些损失同样包括因买方自己更换密封玻璃窗格而产生的成本开支。②让卖方承担上述费用也是合情合理的。这不仅是因为这些费用的产生是因为卖方的履约瑕疵行为,如果卖方按照合同规定履行了合同义务,就不会产生这些额外的费用;而且是因为在签订合同时买方也没有预计到这部分费用。所以,即使是买方自己采取相应的补救措施,例如上述案例中的安装玻璃窗格的行为,卖方同样必须补偿买方为此而支付的费用;因为买方自己安装、更换这些玻璃窗格,也需要投入人力和时间,也需要开支相关的费用。

---

① Schlechtriem/Mueller-Chen, *Kommentar zum Einheitlichen UN-Kaufrecht——CISG*, 2019, 7. Aufl. S. 930.

② Germany 9 June 1995 Appellate Court Hamm(*Window elements case*), www.unilex.info/cisg/case/130,访问时间:2022 年 1 月 6 日。

（4）"不得造成不合理的迟延"

卖方行使本款规定的补救权时，还必须具备另一个条件，即"不得造成不合理的迟延"。尽管这里强调"补救不得造成不合理的迟延"，但它实际上要求卖方必须在"合理的期限内"采取补救措施，消除相关的履行瑕疵，本条件相对应的英文"if he can do so without unreasonable delay"十分清晰地表明了这一点。这一条件不仅要求卖方在该"合理的期限内"采取补救措施、完成补救，而且要使其履行恢复到没有瑕疵时的状态。那么，这里的"合理的期限内"究竟应该是多长呢？对此没有统一的规定。但在实务中这一般不会成为一个问题。因为卖方通常会在其提出的修理建议中提出期限，如果买方同意，这便构成本款意义上的"合理的期限"；如果买方不同意卖方提出的修理期限，他也可以反过来提出一个更长或更短的期限，如果卖方没有对此提出异议，这同样构成本款意义上的"合理的期限"。①如果卖方在这一"期限"内通过采取补救措施消除了瑕疵，那么，这便没有造成不合理的延迟；否则，便造成了不合理的延迟。

（5）"不得给买方带来不合理的不便"或"不得给买方留下自己有可能不偿付买方预付款项的印象"

这是本款为卖方行使补救权规定的另外两个前提条件。

第一，上述第一个条件要求：卖方采取的补救措施"不得给买方带来不合理的不便"。判断是否具备这一条件的关键是必须首先查明构成"不合理的不便"的判断标准。对此国际学术界有三种不同的看法：其一，将完成修理时需要进入买方营业地的次数作为判断标准。如果为了消除履行瑕疵，卖方需要多次进入买方的营业地，这便构成了本款意义上的"给买方带来不合理的不便"。联合国国际贸易法委员会秘书处便持这一观点。②其二，将卖方委托修理人员的专业性作为评判依

---

① 有关《公约》第 47 条第 1 款意义上"长度合理的额外宽限期"的论述参见本书第 47 条中之论述。

② Secretariat commentary on Article 48 of Draft Convention，http://www.cisg.law.pace.edu/cisg/text/secomm/secomm48.html，访问时间：2020 年 12 月 13 日。

据。如果卖方进行的修理不专业，因而导致反复修理，这也属于本款意义上的"不合理的不便"。[①]其三，将修理措施给买方正常生产可能造成的影响程度作为判断标准。如果由于采取相应的修理措施，买方的工厂必须停工较长的时间，或者其正常的生产受到了持续的影响，或者买方面临着其客户提出的损害赔偿请求威胁，这便构成了本款意义上的"给买方带来不合理的不便"。[②]

在这三种不同观点中，笔者更倾向于认同最后一个观点。首先，联合国国际贸易法委员会秘书处的界定标准不够科学，因为卖方修理人员进入买方营业地的次数多，并不一定会给买方造成不利影响，因为或许每次进去很短时间就能解决问题；如果这样，这并没有给买方带来不合理的不便。其次，上述第二个观点有一定的合理性。因为客观分析，如果卖方需要对同一瑕疵进行反复修理，这显然会影响买方对合同下货物的正常使用，进而会影响买方的正常生产；但它依然是片面的，因为本条的调整对象是：在卖方瑕疵履行合同义务时，卖方主动提出的一个供买方斟酌决定的"补救方案"。所以，本款规定提及的补救行为是卖方"补救方案"中计划采取的补救措施，而不是卖方实际采用的补救行为；而上述观点显然将"卖方实际采用的补救行为"作为评判实施"补救方案"是否会"给买方带来不合理的不便"的判断标准，这显然缺乏合理性。从另一个角度分析，卖方也不可能在其"补救方案"中写明：他将派遣不专业的人员负责修理。所以，这一观点不仅是片面的，而且也不符合本款规定的立法原意。最后，上述最后一种观点中蕴含的界定标准则不仅是科学的，而且易于适用。因为如果修理需要停工一个月，这通常会造成买方延迟完成生产计划，并可能使买方不能按时完成其与客户约定的交货任务。这不仅给买方带来较为严重的经济损失，而且使买方面临众多的法律风险。这些属于本款意义上的"不合理的不

---

① Achilles, Art. 48 Rn. 4；高旭军：《〈联合国国际货物销售合同公约〉适用评释》，第一版，第279页。

② Schlechtriem/Mueller-Chen, *Kommentar zum Einheitlichen UN-Kaufrecht——CISG*, 2019, 7. Aufl. S. 930—931.

便"。可见,本款中"不得给买方带来不合理的不便"是指卖方所计划采取的补救措施不得给买方的生产和经营带来严重的不利影响,尤其不能造成严重经济损失。

第二,"不得给买方留下自己有可能不偿付买方预付款项的印象"是本款为卖方行使补救权规定的另外一个前提条件。这一条件的真实法律含义是什么呢?根据其字面意思,它应该是指:如果买方应卖方要求采取本款意义上的补救措施,而且这将会让买方预先支付相应的费用,那么,卖方必须明确表明:他将会补偿买方预付的费用。如果卖方在面对买方有关"是否会补偿预付的修理费"的询问时避而不答,便属于"给买方留下自己有可能不偿付买方预付款项的印象"。在这种情况下,买方可以拒绝接受卖方的事后补救措施,或者在卖方提供预付修理款项的担保后,才同意接受卖方的补救措施。①

如上所述,本款已经将"卖方承担费用"作为其行使本款补救权的一个前提条件。尽管如此,本款将"不得给买方留下自己有可能不偿付买方预付款项的印象"作为卖方行使事后补救权的另外一个条件,这也是必要的。一方面,如上所述,在这一过程中,买方确实会预付相应的费用。例如,在买方主动将瑕疵货物运送给卖方时,或在买方自行进行修理或聘请第三方对瑕疵货物进行修理时,均会产生直接的费用;在生产经营活动因为修理而停止时,买方还会遭受相应的损失,等等。另一方面,《公约》第6条确认了意思自治原则。尽管本款已经设置了"卖方承担费用"这一条件,但这也不排除双方达成相反的约定;而本款在"卖方承担费用"这一条件之外增设"不得给买方留下自己有可能不偿付买方预付款项的印象"这一限制,显然是有利于买方在就补救费用与卖方进行的谈判中向卖方提出偿付预付费用的要求,从而避免双方在这些费用的分摊方面发生争议。应该指出的是:本部分中论述的两个前提条件即"不得给买方带来不合理的不便"和"不得给买方留下自己有可

---

① Schlechtriem/Mueller-Chen, *Kommentar zum Einheitlichen UN-Kaufrecht—CISG*, 2019, 7. Aufl. S. 930—931.

能不偿付买方预付款项的印象"并不是必须同时具备的,而仅需具备其中一个条件,它们之间的"或"字十分明确地表明了这一点。

（6）小结

综上,本条第 1 款为卖方行使其事后补救权规定了以上五个限制条件,只有同时具备此五个条件,卖方才有可能采取相应的事后补救措施。但卖方对其事后补救权的行使还受本条其他款项规定的限制。

3. 卖方实施事后补救措施时买卖双方之间的合作关系（第 2 款）

本条第 2 款规定:"如果卖方要求买方表明他是否接受卖方履行义务的态度而买方没有在一段合理时间内对此要求作出答复,则卖方可以在要求中所标明的期限内履行义务。在该期限内,买方不得采取任何与卖方履行义务相抵触的补救办法。"本款的调整对象是什么呢？根据对本款字面意思的分析,本款的调整对象应该是在卖方有意实施事后补救措施时,其和买方之间的合作关系。从国际贸易实务角度分析,卖方事后补救计划实施显然有赖于买方的配合,无论是卖方有意派遣专家对已经安装好的瑕疵机器进行修理,还是卖方有意交付替代货物,都需要与买方进行沟通,并得到其同意。离开买方的配合,卖方的补救计划便难以成功实施。由此可见,本款的实际功能在于解决卖方实施事后补救措施过程中可能产生的相关问题。例如,在卖方征求买方是否同意接受其提出的补救方案时,如果买方没有回复,卖方应该怎么办？在卖方实施其事后补救措施期间,买方的行为是否应该受到一定的限制？本款依然是通过规范其适用条件及具备适用条件时的法律后果来解决这些问题的。下文将从这两个方面对本款的适用问题进行探究。在论述这些问题之前,有必要首先查明本条第 1 款和第 2 款的关系。

3.1　第 1 款和第 2 款之间的关系

由上可知,本条第 1 款授予卖方在特定前提条件下采取事后补救措施的权利,而第 2 款则规范了在卖方实施事后补救措施时买卖双方之间的合作关系。这就产生了一个问题:第 1 款和第 2 款之间究竟存在着怎样的关系？德国学者认为:第 1 款和第 2 款分别确认了两种不同的供卖方选择的补救途径,它们之间相互独立,同时又存在着某种替代关系,即当不具备适用第1款的条件时,第2款为卖方提供了第二种补救渠道;《公约》设置第2款救济渠道的理念是:只有对那些具有合作性而且给卖方提供公平机会的买方,法律才会提供相应的保护。[1]笔者并不认同这一观点。首先,这一观点存在着根本性缺陷:它认为在行使第1款规定的补救权时卖方无需征得买方的同意,只要具备第1款规定的前提条件,卖方便有权实施其救济方案,即使买方反对,也是如此。这显然违反了作为《公约》法律基础的意思自治原则和协商一致原则。其次,这一观点也有违《公约》制定者设置第2款的立法目的。在获悉买方发出的货物存在不相符性的通知后,卖方处于十分不确定性状态,因为他不知道买方是否会接受其补充交付的货物或提供的修理服务,买方是否会引用《公约》第49条规定而宣告合同无效;而本条第2款通过赋予卖方询问权等措施则可以在一定程度上消除此种不确定性状态,以防止卖方进行徒劳的补救。[2]由此可见,上述有关第1款和第2款关系的观点是不成立的。不仅如此,我们还可以从上文有关第2款立法目的的分析中,得出这样的结论:在第1款和第2款之间存在着相互补充的关系,第2款规范的法律机制是为了保证卖方能够顺利实施其依据第1款拥有的补救权。

3.2 适用本款的前提条件

根据本款"如果卖方要求买方表明他是否接受卖方履行义务的态度而买方没有在一段合理时间内对此要求作出答复"这一规定,适用本款规定应该具有以下两个前提条件:即"卖方要求买方表明态度"和"买方没有在合理的期限内答复"。

---

① Will, in Bianca-Bonell Commentary on the International Sales Law, Giuffrè: Milan(1987) 347—358. Reproduced with permission of Dott. A Giuffrè Editore, S.p.A., https://www.cisg.law.pace.edu/cisg/biblio/will-bb48.html,访问时间:2020 年 12 月 13 日。

② Schlechtriem/Mueller-Chen, *Kommentar zum Einheitlichen UN-Kaufrecht—CISG*, 2019,7. Aufl. S. 935.

（1）"卖方要求买方表明态度"

这是指如果卖方有意通过采取事后补救措施消除履行瑕疵，那么他必须事前告知买方并要求买方表明其态度。这一适用条件表明：卖方必须在实施其事后补救措施前征求买方的意见，如果他没有征求买方的意见，那么，本款规定便不能适用。关于这一条件，这里重点讨论这一条件的构成要件及其法律性质。

第一，构成要件。"卖方要求买方表明态度"是适用本款的一个前提条件。那么，应该具备哪些要件才构成这一适用条件呢？客观分析，应该具备以下两个要件：首先，卖方应该向买方发出一个通知。尽管本款文义中没有提到"发出通知"四个字，而仅仅采用了"要求买方表明……态度"的表述，但在这一规定中显然蕴含了这一意思。一方面，从操作层面分析，卖方将其事后补救计划"通知"买方是买方作出同意与否决定的前提，如果卖方不告知其补救计划，买方无从表态。另一方面，本条第 3 款中有关"卖方表明他将在某一特定时间内履行义务的通知"的规定也表明了这一点。这是很明确地表明：卖方有向买方发出通知的义务。其次，该通知中至少包括以下内容：告知买方其拟采取的补救措施、实施补救措施的期限，并要求买方回复是否接受其补救方案。《公约》的制定历史也表明：如果通知中没有设立这样一个期限，那么，它便不符合本款规定的要求，因而便不构成本款意义上的通知。[①]另外，关于通知中的前一部分内容，本条第 3 款前半句即"卖方表明他将在某一特定时间内履行义务的通知"十分清晰地表明了这一点；关于后一部分内容，本款中有关"如果卖方要求买方表明他是否接受卖方履行义务的态度"表明了这一点。如果同时具备以上两方面的要件，那么，便具备了适用本款规定的第一个条件。

第二，法律性质。这里的法律性质是指："卖方要求买方表明态度"究竟是卖方的权利还是义务？对于这一问题，本款没有作出明确规定。

---

① UNCITRAL, *Digest of Case Law on the United Nations Convention on the International Sale of Goods*, 2016, p. 229.

从本款"如果卖方要求买方表明他……"这一规定看,这似乎是卖方的权利,据此分析,卖方有权决定是否向买方提出这样的要求。尽管如此,笔者依然认为:在这一条件中蕴含着"卖方必须征求买方意见的义务";但这一义务仅仅存在于卖方有意通过事后补救消除其履行瑕疵时;如果卖方根本没有这样的计划,那么他便无需履行这一义务。《公约》制定者采用"如果卖方要求买方表明他……"的表述也恰恰证明了这一点。这样的规定也是合理的,因为在卖方获悉买方发出的延迟交货或其他瑕疵履行通知后,卖方并不承担必须进行事后补救的义务。根据本条第 1 款的规定,这也是《公约》赋予卖方的一项权利。但如果卖方行使第 1 款规定赋予其的权利,那么,征求买方意见便成了卖方的义务。可见,如果卖方有意引用本款规定,保证其实施事后补救措施的安全性,那么,卖方必须事前向买方发出通知,并据以征求买方的意见。

(2)"买方没有在合理的期限内答复"

适用本款的另外一个前提条件是:对于卖方征求买方意见的通知,"买方没有在一段合理时间内对此要求作出答复"。这具体意味着:如果买方在合理的时间内对卖方的询问作出了答复,不管答复是何内容,均不适用本款规定。这一限制是十分合理的,因为如果买方拒绝了卖方的计划,卖方便不能实施其补救计划;如果买方对卖方的计划提出了修改,那么,卖方便不能实施其通知中提交的补救方案,而必须就买方的修改意见与买方进行协商。但就这一适用条件而言,还有两个应该予以查明的问题:

第一,在买方接受卖方补救建议时是否适用本款规定。在买方收到卖方的询问后,买方完全可能在合理的时间内作出同意的回答。如果这样,是否依然适用本款规定呢? 按照"买方没有在一段合理时间内对此要求作出答复"这一适用条件,本款规定依然不适用。那么,应该适用哪一条款来规范买卖双方在卖方实施事后补救措施过程中的合作关系呢?《公约》没有明确规范这一问题。可以考虑的是适用《公约》第 46 条第 1 款的规定,因为可以将买方的同意理解成"买方主动要求卖方事后补充履行合同义务",而这正是第 46 条第 1 款的规范对象。据此,买方有权要求卖方履行合同义务,但他不得采取与这一要求相抵触的补救办法。从实际效果角度分析,这与适用本款没有本质的区别,因为在适用本款规定时,买方的行为受到同样限制。

第二,"一段合理时间"的长度。这是指:本款中"合理的时间"究竟有多长? 它是指一周还是两周,或更长的时间。这一问题十分重要,因为它同样决定着本款的适用问题:如果买方对卖方的询问作出了回复,但却没有在"合理的时间内"作出,这同样排除了本款规定的适用。对于"合理的时间"的长度,《公约》没有作出明确的规定。那么,它究竟有多长呢? 为了论述方便,我们应该区分卖方在通知中指明的"采取补救措施的期限"和本款提及的供买方回复的"合理时间"。无论是根据本条第 2 款还是第 3 款的规定,卖方都应该在其向买方发出的通知中"表明他将**在某一特定时间内**履行义务"。问题是:本款意义上供买方回复的"一段合理时间"究竟是短于还是长于上述卖方通知中指明的"采取补救措施的期限"? 笔者认为前者应该短于后者,否则,卖方便无法行使本款规定的授权,即"按其要求中所指明的时间履行义务"。德国的司法判例证明了这一点。德国法院于 1994 年审理了意大利卖方和德国买方之间的皮鞋销售合同纠纷。在该案中,合同对于卖方交付皮鞋的时间仅仅规定"不承诺""应该在假期之前,而不是之后",这样的表述意味着卖方必须在 8 月份之前交付货物。事实上卖方于 1993 年 8 月 5 日将第一批货物寄给买方;买方于 1993 年 11 月 30 日支付了相应的货款。卖方又于 1993 年 9 月 24 日发出第二批货物。1993 年 9 月 28 日,买方通过传真宣布合同无效。双方由此发生争议,德国法院最终驳回了德国买方的主张。因为意大利卖方在 8 月 5 日便向德国买方发出通知,告知其将在 9 月 10 日左右发送第二批货物,但德国买方在此期间从未对此提出异议;因此意大利卖方有权根据本款的规定交付皮鞋,德国买方无权宣告合同无效。①从这一判例中,我们可以得出这样一个

①　Amtsgericht Nordhorn, Germany, 14 June 1994, www.unilex.info/cisg/case/114,访问时间:2022 年 2 月 6 日。

结论:在卖方在通知中已经明确设置了一个"采取补救措施的时间期限"时,如果买方依然没有在卖方采取补救措施之日之前表明其态度,便可以认定他未在本款规定的"合理的时间"内提出异议。

可见,如果在一个争议案件中,卖方向买方发出了通知,并要求买方在特定的期限内表明其态度,但"买方没有在合理的时间内"回复卖方,那么,便具备了适用本款的前提条件。

3.3 具备本款适用条件时的法律后果

在具备上述前提条件时,将会产生哪些法律后果呢?本款后半句规范了这一问题,据此将产生两方面的法律后果:其一,卖方可以实施其补救计划;其二,禁止买方采取与卖方补救行为相抵触的补救办法。

（1）卖方有权实施其事后补救计划

卖方有权实施其事后补救计划,这一授权具体体现在"卖方可以按其要求中所指明的时间履行义务"中。有学者认为:在具备本款规定的两个适用条件下,即使不具备本条第1款规定的适用条件,卖方依然有实施其补救计划的权利。[①]这一观点是成立的。因为在这种情况下,尽管不具备第1款规定的适用条件,但卖方已经根据本款规定征求了买方的意见,如果买方不同意,他完全可以拒绝卖方的补救建议。如果他没有拒绝或通过任何其他行为表示反对,那么,便可以将此视为同意。这属于法律规定的将缄默或不作为视为同意的一种例外情形。应该注意的是:卖方只能在其"要求中所指明的时间"内采取补救行为,消除履行瑕疵。如果在这一时间届满时,卖方依然没有完成其补救行为,则又构成新的违约,他便无权要求继续实施救济措施。

（2）禁止买方采取与卖方补救行为相抵触的补救办法

本款规定的另一法律后果是:禁止买方采取与卖方补救行为相抵触的补救办法,本款最后一句话即"买方不得在该段时间内采取与卖方履行义务相抵触的任何补救办法"明确规定了这一点。属于此类的补

---

① Schlechtriem/Mueller-Chen, *Kommentar zum Einheitlichen UN-Kaufrecht—CISG*, 2019, 7. Aufl. S. 936.

救办法有:宣告合同无效、要求减价、要求交付替代货物、提起损害赔偿请求。但这一禁令仅仅存在于卖方设定的"采取补救措施的期限"内。如果卖方没有在这一期限内完成其救济行为,买方便不受这一禁令的约束,他便有权根据违约情况采取《公约》第45条列举的各种救济措施。即使卖方采取的救济措施十分成功,买方依然可以根据第45条第1款规定向卖方提出损害赔偿的要求,因为消除履约瑕疵并没有彻底消除买方的损失,例如因卖方延迟交付而给买方带来的停工停产损失、致使买方违约的损失、存在产品质量瑕疵时所产生的检查费或其他附带损失。

4. "表明愿意提供补救计划的通知"和"要买方表明态度的要求"(第3款)

由上可知,本条第2款的调整对象是在卖方实施其补救计划过程中买卖双方当事人之间的合作关系。那么,第3款的调整对象又是什么呢?本款中涉及的"表明愿意提供补救计划的通知"和"要买方表明态度的要求"之间的关系便是本款的调整对象。《公约》通过本款规定调整它们之间的关系十分必要。因为根据上文分析,在卖方采取补救措施之前,他必须首先向买方发出通知,借以表明其愿意通过采取事后补救措施来消除履行瑕疵的意愿。另外,本条第2款也明文规定:卖方应该要求买方表明其对补救计划的态度,即他是否同意卖方的计划。这就产生了一个问题:为了实施事后补救计划,卖方是否应该分别向买方发出两个不同的通知呢?其中的一个表达提供补救的意愿并介绍相应的计划,而另一个则征求买方的意见、要求其表明态度。这也是本款所要解决的问题。本款明文规定:"卖方向买方发出通知,表明他将在某一特定期限内履行义务,应视为在该通知中已经包含了上一款规定提及的要买方表明态度的要求。"根据本款的字面意思,卖方没有必要向买方分别发送两个不同的通知,而仅需发送上述第一个通知。另外,本款还对第一个通知的内容作出了特定的要求,即除了表明意愿、介绍补救计划以外,还必须设定履行补救义务的"时间期限"。只要通知中载明了这些内容,便推定:卖方已经十分明确地要求买方表明态度,即使在上述通知中根本没有写明这一要求,也是如此。反之,如果在其发出的通知中不包括这些内容,尤其没有设定一个供其实施补救计划的期限,那么,便视为卖方没有根据本条第 2 款规定要求买方表明其态度。①

5. 卖方通知的生效时间(第 4 款)

本条第 4 款解决何种问题呢? 根据本款"卖方按照本条第 2 款和第 3 款规定提出的要求或发出的通知不发生效力,除非买方收到了该要求或通知"这一规定的字面意思,它解决的应该是:卖方根据本条第 2 款和第 3 款发出的"要求或通知"何时生效问题。据此,本款为此种"要求或通知"规定了"送达生效原则",即只有在它们被送达买方时,才产生法律效力。这意味着卖方自己必须承担没有送达或延迟送达的风险。这构成《公约》第 27 条规定的例外情形,因为根据第 27 条规定,除非本部分条款另有不同的规定,一方当事人根据第二部分规定发出的通知于发出时生效。本款确定与第 27 条不同的通知生效原则和风险分担原则,也是合情合理的。因为在一般情况下,一方当事人根据本部分规定发出的通知均是告知对方当事人其履约行为存在着瑕疵,也即发出通知的当事人通常是守约方,而第 27 条确认发送生效原则有利于保护守约方的利益;因为如果采用送达生效原则,在通知延迟送达或没有送达时,守约方的利益便无法得到法律的保护。而在本条的框架内,是违约的卖方向守约的买方发出通知,本条第 4 款确认送达生效原则有利于保护守约方的利益。因为守约方收到卖方的事后补救计划后,他可以决定是否接受;反之,如果采用发送生效原则,那么,很可能在买方不知道卖方补救计划的具体内容时,其便必须接受卖方的建议,这便从根本上剥夺了买方对卖方补救计划的同意权。这显然是不合理的。

需要特别注意的是:本款规定的"送达生效原则"仅仅适用于卖方根据第 2 款或第 3 款规定向买方发出的"要求或通知",而不适用于买

---

① UNCITRAL, *Digest of Case Law on the United Nations Convention on the International Sale of Goods*, 2016, p. 229.

方在收到上述"要求或通知"后对卖方发出的回复信件。对于后者依然适用第 27 条规定的"发送生效原则",因为本款明确规定"送达生效原则"仅仅适用于卖方向买方发出的"要求或通知",而没有将这一原则的适用范围扩大至买方的回复通知。这一规定也是合理的,因为在本条的框架内,买方是守约方,基于应该优先保护守约方的原则,让卖方承担延迟送达或未送达的风险也是合理。

第 49 条　买方宣告合同无效的权利

Article 49

(1) The buyer may declare the contract avoided:

(a) if the failure by the seller to perform any of his obligations under the contract or this Convention amounts to a fundamental breach of contract; or

(b) in case of non-delivery, if the seller does not deliver the goods within the additional period of time fixed by the buyer in accordance with paragraph (1) of article 47 or declares that he will not deliver within the period so fixed.

(2) However, in cases where the seller has delivered the goods, the buyer loses the right to declare the contract avoided unless he does so:

(a) in respect of late delivery, within a reasonable time after he has become aware that delivery has been made;

(b) in respect of any breach other than late delivery, within a reasonable time:

(i) after he knew or ought to have known of the breach;

(ii) after the expiration of any additional period of time fixed by the buyer in accordance with paragraph (1) of article 47, or after the seller has declared that he will not perform his obligations within such an additional period; or

(iii) after the expiration of any additional period of time indicated by the seller in accordance with paragraph (2) of article 48, or after the buyer has declared that he will not accept performance.

译文

(1) 买方在下列(原译文为:"以下")情况下可以宣告合同无效:

(a) 卖方不履行其合同或《公约》任何义务的行为(原译文中无"的行为")已经构成了(原译文为:"等于",下同)根本违约(原译文为:"根本违反合同",下同);或

(b) 在不交付货物时,卖方没有在买方根据第47条第1款规定设置的额外宽期限内(原译文为:"额外时间内")交付货物,或他声明将不在上述期限内(原译文为:"所规定的时间内")交付货物。

(2) 然而,在卖方已交付货物的情况下,买方便失去了宣告合同无效的权利,如果:

(a) 在迟延交货的情形下,他没有在知道交货后的一段合理期限内宣告合同无效(原译文为:"对于迟延交货,他在知道交货后一段合理时间内这样做",下同);

(b) 在除了迟延交货以外的任何其他违约情形下,他没有在下列时间点后的一段合理期限内宣告合同无效(原译文为:"对于迟延交货以外的任何违反合同事情",语序调整):

(i) 在知道或理应知道这种违约行为(原译文为:"违反合同")后(语序调整);或

(ii) 在根据第47条第1款规定的任何额外宽限期限届满后,或在卖方声明他将不在上述期限内履行义务后宣告合同无效后(语序调整);或

(iii) 在卖方根据第48条第2款规定设置的任何额外期限届满后,或在买方声明他将不接受卖方提供的补救行为后(语序调整)。

目录

正文

1. 调整对象

本条是《公约》中的一个重要条款,因为它规范了买方宣告合同无效的权利。宣告合同无效会给合同双方当事人带来重大的影响。一方面,在合同被宣布无效后,他们无需继续履行尚未履行的合同义务;另一方面,对于已经履行的合同义务,双方当事人也必须将它们恢复到履行之前的状态。正因为此,国际商事合同法学界和实务界均将宣告合同无效作为一种最后的救济手段,只有在根本没有希望继续履行合同时,守约方才可以引用本条宣告合同无效。[①]也正因为此,本条通过两款来规范买方的这一权利。其中第 1 款从正面授予了买方宣告合同无效的权利,并规定了买方行使这一权利的前提条件;而第 2 款则从反面

---

① UNCITRAL, *Digest of Case Law on the United Nations Convention on the International Sale of Goods*, 2016, p. 230; Staudinger/Magnus, Art. 49, Rn. 4.

确定了买方无权宣告合同无效的情形,并又对此作出了明确的限制。总之,只有在具备本条两款规定的条件下,买方才能获得宣告合同无效的权利,其宣告行为本身才会产生法律效力。

宣告合同无效是守约方进行的单方面的法律行为。一旦买方发出宣告合同无效的声明,合同便解除。但是,只有买方在拥有宣告合同无效的法定权利时,他才能有效行使这一救济权。当然,本条并不是唯一规范买方这一权利的条款,《公约》中还有其他条款规范着这一点。首先是第25条,因为第25条规范了根本违约的构成要件,而根据本条第1款a项规定,只有在卖方的履约行为构成根本违约时,买方才可以宣告合同无效。其次是第47条,因为根据第47条规定,在卖方没有按期履行交货义务时,买方必须为卖方额外设定供其履行交货义务的宽限期;而根据本条第1款b项规定,只有在卖方依然没有在该期限内交付货物或者宣布不在该期限内交付货物时,买方才可以解除合同。再次是第82条,因为根据该条规定,如果买方根本无法退还已经收到的货物,那么,他也无权宣告合同无效。除此之外,还有第26条,该条规范了一方当事人宣告合同无效的形式,即必须发出相应的通知。依法宣告合同无效仅仅是买方行使救济权的第一步。如果买方宣告合同无效的行为合法有效,这还将引发诸多附带法律效果:第一,买方可以根据第75条、第76条的规定要求卖方赔偿损失,第二,买方还可以根据第81条第2款的规定要求退还已付货款;此时如果买方已经收到货物,那么,他也必须将货物退回给卖方。

与本条相对应的是《公约》第64条,因为该条规范了卖方宣告合同无效的权利。有关卖方行使宣告合同无效权的前提条件等问题将在本书第64条部分进行详细论述。下文将分别论述本条第1款和第2款适用过程中的问题。

2. 买方拥有的宣告合同无效权(第1款)

本条第1款授予了买方宣告合同无效的权利,这具体体现在"买方在下列情况下可以宣告合同无效"这一表述中;同时,本款还通过a、b两项规定分别规范了买方行使这一权利的前提条件,下文分别论述买方的这一权利及其前提条件。

2.1 买方宣告合同无效权的行使

如上所述,本款授予了买方宣告合同无效权。但在买方拥有这一权利时,合同并不会自动终止,他必须通过给卖方发出通知的方式宣告合同无效。如笔者在本书第 26 条部分所述,《公约》本身对买方发出的宣告合同无效通知的形式没有任何要求,无论是通过传真还是口头或者信使发出,都是有效的形式。德国法院甚至认为:在特定条件下,即使买方没有发出宣告合同无效的声明,也可以终止合同;这些条件是:卖方的行为已经构成严重违约,买方无意继续合同的态度也十分明确。慕尼黑地区高等法院便持这一观点,在其于 2004 年 9 月审理的意大利卖方和德国买方之间的合同争议中,意大利公司交付了部分货物,德国买方也支付了部分货款。意大利卖方皮革公司起诉德国皮革家具制造商,要求其支付已经于 2000 年夏交付的皮革的剩余货款。德国买方提起反诉,要求卖方赔偿其因为卖方少交部分货物而进行替代采购所遭受的损失,但德国买方并未宣告合同无效。其中的一个争议焦点是:在买方没有根据本条第 1 款发出宣告合同无效的声明时,他是否有权宣告合同无效,并提出相应的赔偿要求? 德国法院支持了德国买方的主张,其理由是:在本案中意大利卖方拒绝交付货物的态度十分明确坚决,同时买方不坚持履行合同的态度也已经十分清楚,故没有必要要求买方一定首先根据本条第 1 款的规定发出一个宣告合同无效的声明;因为在这种情况下,要求买方发出此种形式声明,不仅会损害法律安全性,而且会导致一种不公正的结果。[①]原则上,笔者认同慕尼黑地区高等法院在该案中的以上判决结果,但并不认同其"有关在特定情况下买方无需发出宣告合同无效声明"的观点。因为如本书第 26 条部分所言,宣告合同无效的形式是多种多样的,买方向法院提起赔偿之诉这一行为本身便表明了买方有意解除合同的态度。

---

① Germany 15 September 2004 Appellate Court München (*Furniture leather case*), www.unilex.info/cisg/case/1088,访问时间:2022 年 2 月 6 日。

2.2 本款规定的行使宣告合同无效权的前提条件

本款不仅授予买方宣告合同无效的权利，而且通过 a、b 两项规定限定了买方行使其权利的条件。下文便结合 a、b 两项规定分别对该两项限定条件进行详细的论述。

（1）卖方行为构成根本违约的典型案例类型（第 1 款 a 项）

本款规定的第一个条件是：卖方行为必须构成根本违约，本款 a 项"卖方不履行其合同或《公约》任何义务的行为已经构成了根本违约"这一表述十分清楚地规定了这一条件。具体分析，本款规定的适用条件又包括卖方的行为构成"第 45 条第 1 款意义上的不履行义务行为"和"这种不履行行为已经构成了第 25 条意义上的根本违约"。

无论是对于"不履行义务行为"，还是对于"根本违约"，本书已经在上文有关第 45 条和第 25 条的分析中对这两个概念和要件进行了比较详细的论述，这里不再复述。但由于本款规定仅仅限于卖方"不履行义务行为"构成根本违约的情形，而第 25 条规范的则是中性的"根本违约"情形，所以，这里有必要对卖方"不履行义务行为"构成根本违约的典型案例类型进行大致的梳理：

第一，未交付货物。如果卖方不仅没有在合同规定的交货期限内向买方交付货物，而且他在交货期结束前没有任何合法理由而拒绝履行其交付货物的义务，这便构成了根本违约。在这类案例中，重要的判断要素有"没有交货"和"拒绝交货"两个，缺一不可。因为如果仅仅具备第一个要素，而不具备第二个要素，它便不属于 a 项的规范对象，而属于本款 b 项的调整对象。应该指出的是：这里的"拒绝"并不必须是明示的，它也包括以非法理由为依据拒不履行交货义务的行为。属于后者的情形有：在毫无法律和事实依据的情况下，卖方以合同无效、买方违约、不可抗力、合同货价太低等理由为借口拒绝交付货物。法国法院便持这一观点，在其审理的西班牙皮鞋制造商和法国皮鞋经销商的合同纠纷中，法国皮鞋经销商向其多年的合作伙伴西班牙制造商订购了 8 651 双鞋，西班牙制造商以未收到任何订单为由拒绝交货，后买方进行了替代采购，并因此遭受了损失；法国公司随后起诉西班牙公司要求其赔偿损失。由于西班牙公司未能证明其没有收到法国公司的订单,而且根据两家公司以往的交易习惯,西班牙公司均是在没有作出回复的情况下直接生产法国公司订购的皮鞋,故法院最终判定:西班牙公司以没有收到订单为由拒绝履行合同义务,没有任何法律依据,这已经构成了《公约》第 25 条意义上的根本违约。①

应该强调:这里的"未交付货物"是指卖方没有交付全部货物。如果卖方仅仅未交付一小部分货物,例如按照合同规定,卖方应该分数批次交付货物,但仅仅没有交付其中的一个批次的货物,则一般情况下并不构成根本违约;但如果在卖方并没有按照合同的规定交付第一批次货物时,买方有理由相信,卖方不会交付以后批次的货物,此时,这会被认定为构成根本违约。瑞士一家法院就是这样判决的。但在这种情形下,买方宣告合同无效的依据是《公约》第 73 条第 3 款,而不是本条。②

第二,延迟交货。延迟交货也属于《公约》第 45 条第 1 款意义下的"未履行义务行为"。③在通常情况下并不构成根本违约,只有在少数例外情形下,它才能构成根本违约。属于这种例外的情形有:定期交易(Fixgeschaeft)④、即时交易(just-in-time Geschaeft)⑤,或者合同标的物是季节性货物。⑥由此可见,如果从双方谈判过程或合同规定中可以看出买方特别强调准时交付货物,那么,晚于该日期交付货物的行为便构

---

① France 21 October 1999 Appellate Court Grenoble (*Calzados Magnanni v. Shoes General International*):www. unilex. info/cisg/case/415,访问时间:2022 年 2 月 6 日。

② Handelsgericht des Kantons Zürich, Switzerland, 5 February 1997, www. unilex.info/cisg/case/305,访问时间:2022 年 2 月 6 日。

③ 高旭军:《〈联合国国际货物销售合同公约〉适用评释》,第一版,第 257 页。

④ 指如果债务人没有在规定的日期履行合同义务,债权人便失去了继续维持合同关系的兴趣。

⑤ 指合同中不仅明确规定了履行合同义务的时间,而且规定了不按时履行合同义务的法律后果。

⑥ Schlechtriem/Mueller-Chen, *Kommentar zum Einheitlichen UN-Kaufrecht— CISG*, 2019, 7. Aufl. S. 943.

成根本违约。但是,在近年的仲裁和司法实践中又出现了即使在谈判或合同中买方并没有对准时交付表示出强烈的兴趣也构成根本违约的两种典型案例类型:首先,延迟期限相当长。乌克兰国际商事仲裁庭在2004年11月仲裁的一个案件中便持这一观点,在该案中,乌克兰卖方和捷克买方签订了购买特定机器设备的合同,根据合同,卖方应该在合同生效并收到买方支付货款后的90天内交付货物;买方已经在2003年1月25日支付了货款,但到买方提起诉讼时,卖方已经延迟了15个月且依然没有交付货物。据此,乌克兰国际商事仲裁庭裁定:延迟交付时间如此之长,这已经构成了根本违约。①其次,延迟交付+其他违约行为。在2005年7月5日乌克兰国际商事仲裁庭裁定的一个案件中,卖方仅仅延迟交付货物12天,但除此之外,他还有其他违约行为。例如卖方单方面将合同中规定的空运改成海运,也没有按照合同规定的时间交付运输单据、保险单和质量合格证书,这使得买方无法办理进口报关手续,也无法接收这些货物,基于以上事实,乌克兰国际商事仲裁庭裁定卖方的行为同样构成根本违约。②奥地利格拉茨上诉法院于2000年9月28日审理了德国卖方和奥地利买方之间的电话卡销售合同争议案。在该案中,双方在合同中除了约定德国卖方承诺将在特定的日期将其开发的电话卡交付给奥地利买方,还规定卖方必须继续开发使用该电话卡的软件并交付给买方;但卖方不仅延期交付了电话卡,而且拒绝履行开发相关软件的合同义务。奥地利法院支持买方的诉求,判断卖方的行为构成了根本违约。③

笔者认同以上仲裁裁决和司法判决。因为根据《公约》第25条规定,构成根本违约应该具备"违约行为"、"实质性损害"、"违约行为"和

①　Ukraine 18 November 2004 Arbitration proceeding(*Manufactured articles*),http://cisgw3.law.pace.edu/cases/041118u5.html,访问时间:2020年12月20日。

②　Ukraine 5 July 2005 Arbitration proceeding(*Medical equipment case*),http://cisgw3.law.pace.edu/cases/050705u5.html,访问时间:2020年12月20日。

③　Austria 28 September 2000 Appellate Court Graz(*Computer telephone board case*),http://cisgw3.law.pace.edu/cases/000928a3.html,访问时间:2020年12月20日。

"严重的损害"之间的因果关系、"可预期性"几个要件,在以上几个案例中,应该均具备了这四个要件。以延迟 15 个月仍然未完成交付义务为例,延迟交付本身是一种违约行为;延迟 15 个月依然没有交付货物,这显然使买方无法按时利用这些机器进行生产,也使他无法履行其与下家签订的销售合同中的交货义务;这不仅给买方造成了严重的损害,而且此种损害也是由卖方的延迟交付行为引起。这种损害后果也是违约方或通情达理的第三者能够预见到的。

当然,在卖方延迟交付货物时,买方还可以为卖方设置一个额外宽限期;如果在该宽限期届满时,卖方依然没有履行交货义务,买方便可以根据本条第 1 款 b 项规定宣告合同无效。

第三,货物数量短缺。数量短缺是指卖方交付货物的数量少于合同规定的数量。货物数量短缺通常不构成根本违约,但在少数例外情况下也构成根本违约。构成此种例外情形应该具备以下条件:交付全部货物对于买方实现其合同利益具有重大影响;而且合同条款也明确地表明买方十分强调、重视卖方一次性交付全部货物,或者在签订合同前已经告知卖方。[①]例如,买方在订购货物前已经明确告知对方,为完成某一招标项目,他急需卖方提供 1 000 吨特种水泥,而且从市场上他也买不到同样品质的水泥。如果卖方最后仅仅提供了 900 吨,而且这导致买方最终无法完成招标项目的建设。那么,这里交货数量的短缺便构成了根本违约。

第四,交付瑕疵单据。如果卖方交付的单据存在着瑕疵,只要此种瑕疵很容易消除,或者并不影响货物在当地的销售或使用,那么,它便不构成根本违约;反之,如果此类瑕疵很难消除,而且导致买方无法销售或以其他方式使用或处理这些货物,这便构成根本违约。德国联邦最高法院在其于 1996 年审理的荷兰卖方和德国买方之间的硫酸钴销售合同纠纷中便持这一观点。在该案中,合同规定该货物的原产地

---

① Schlechtriem/Mueller-Chen, *Kommentar zum Einheitlichen UN-Kaufrecht—CISG*, 7. Aufl. 2019, S. 594.

应为英国,原告应提供原产地证书和质量证明,卖方应交付货物和相应的文件。但德国买方发现硫酸钴是在南非生产的,原产地证书却载明是英国生产的,故宣告合同无效。但德国最高法院没有支持其主张,因为该买方未能证明交付的原产地证明使得买方不能在德国销售该货物,而且买方很容易获得没有瑕疵的原产地证书。[1]

第五,权利瑕疵。这里的权利瑕疵是指卖方交付的货物侵犯了第三方对货物根据《公约》第 41 条和第 42 条下拥有的包括知识产权在内的权利和要求。[2]一般认为:如果卖方交付的货物侵犯了第三方此类权利,而且在合理的宽限期内也无法消除这种侵权,那么就构成了根本违约。

从表面上看,各国法院判定构成根本违约的案例各不相同,但仔细分析上述案例,我们还是能发现在这些案例中存在着共同的特征,即一方的违约行为已经给对方造成了严重的损害;因为在这些案例中买方均无法实现其合同利益。[3]

(2) 没有或不愿在宽限期内履行交货义务(第 1 款 b 项)

本款 b 项规定了买方可以宣告合同无效的另外一个条件,即"在不交付货物时,卖方没有在买方根据第 47 条第 1 款规定设置的额外宽期限内交付货物,或他声明将不在上述期限内交付货物"。那么,根据本款 b 项规定,在具备哪些前提条件下,卖方可以宣告合同无效呢? 客观分析,应该具备下列几方面的前提条件:

第一,不交付货物。

适用本款 b 项的第一个条件是"不交付货物",本款 b 项有关"在不交付货物时"这一时间状语明确表明了这一点。顾名思义,它是指卖方没有在合同规定的交货期结束前交付合同项下的所有货物。尽管如此,对于这一概念内涵的界定依然存在着一些需要讨论的问题。

---

① Germany 3 April 1996 Supreme Court(*Cobalt sulphate case*):http://cisgw3. law.pace.edu/cases/960403g1.html,访问时间:2020 年 12 月 20 日。

② 详见本书第 41 条和第 42 条部分中之论述。

③ 有关"货物不符合同规定"的质量瑕疵是否构成根本违约的分析,参见本书第 46 条中 3.3 之 2(2)部分之详细论述。

首先,它是否包括"未交付部分货物"? 在国际贸易实务中,经常会出现这种现象:在原合同规定的履行期内,卖方仅仅交付了部分货物,而没有交付另外一部分货物。那么,这是否构成本款 b 项意义上的"不交付货物"呢? 答案应该是否定的;根据"不交付货物"的字面意思,这显然应该是指卖方没有交付全部货物,而不是指"不交付部分货物"。因为只有在不交付全部货物情况下,而且在买方额外设定的宽限期内,卖方又没有履行交付义务时,买方行使宣告合同无效权才符合法理;反之,如果卖方已经交付了部分货物,即使存在部分货物没有交付而且在上述额外宽限期内依然没有交付的情形,但如果授予买方合同解除权,这便会造成不合理的结果。例如,合同规定卖方应该在 2020 年 10 月 1 日前交付 100 吨甲级苹果,但卖方实际上在上述日期届满前交付了 99 吨苹果,即还有 1 吨苹果未交付。尽管如此,这并不影响买方对 99 吨苹果的销售或以其他方式的使用。所以,不应该将"未交付 1 吨苹果"等同于本款 b 项中"未交付货物"。另外,从《公约》的体系角度来分析,本款 b 项中"不交付货物"也不可能包括"未交付部分货物",因为第 51 条专门规范了卖方仅仅交付"部分货物"或仅仅部分货物具备"相符性"的情形。既然如此,本款 b 项中的"不交付货物"只能是指"未交付全部货物"。

其次,交付具备"不相符性"的货物是否构成这里的"不交付货物"? 在国际贸易实务中,也会经常出现这样一种情形:卖方在合同规定的时间内交付了货物,但货物中存在着《公约》第 35 条的"不相符性",如严重的质量瑕疵。这是否构成本款 b 项意义上的"未交付部分货物"呢? 国外学者认为:通常情况下,这并不属于"未交付部分货物",但在特定条件下,它例外地等同于"未交付部分货物"。这种例外情形是:卖方按照合同规定的时间发送了货物,但在发送货物前发现货物存在质量瑕疵,买方因此拒绝接受,并因此使卖方在合同规定的交货期届满时依然没有交付货物。这便属于本款 b 项意义上的"不交付货物"。[1]

---

[1] Schlechtriem/Mueller-Chen, *Kommentar zum Einheitlichen UN-Kaufrecht—CISG*, 2019, 7. Aufl. S. 948.

笔者并不完全同意上述解释。首先,上述有关通常情况下交付了具有"不相符性"的货物并不构成本款 b 项意义上的"不交付货物"的观点是成立的,因为本款 b 项意义上的"不交付货物"的真实含义是卖方没有履行交付货物义务;而在交付货物存在瑕疵情况下,卖方显然已经履行了其合同义务,只是其履约行为存在着瑕疵。其次,笔者认为上述有关例外情形的观点并不成立。因为无论从国际贸易的习惯做法还是根据《公约》规定看,均是卖方履行交货义务在先,买方进行检验在后,最早在卖方履行交付义务时。在国际贸易实务中存在着许多交易习惯,最常用的是 Incoterms,在 Incoterms 列举的所有价格术语中,卖方交货的时间点最早的术语便是 Ex Works。在这一术语下,只要卖方在规定的日期将合同下的货物与工厂中的其他货物分离出来,并做上相关的标记,卖方便履行了其交货义务,即使买方没有在这一天接收货物,也是如此;在这种情况下,买方也只能对分离后的货物进行检验,即使买方通过检验发现了货物瑕疵并据此拒绝接收货物,也不改变卖方已经履行了交付义务的性质。从《公约》规定看,第 31 条至第 34 条规定了判断卖方是否履行"交付"义务的标准,即按照规定的时间将货物运至特定的地点,将货物交付给买方或承运人处置。第 38 条规范了买方的检验义务以及履行这一义务的时间点,即买方应该在情况允许的最短时间内对货物进行检验,这里的"最短时间内"的起点应该是卖方完成交付行为时。综上所述,由于卖方交付货物在前,买方检验货物在后,所以即使在买方以货物存在"不相符性"为由拒绝接收时,卖方也已履行了其交货义务,这些均属于履行瑕疵。所以,无论买方在何时拒绝接收货物,均不构成本款意义上的"不交付货物"。

再次,是否包括因没有及时交付单据而造成"不交付货物"? 在国际贸易中还存在这样一种贸易形态,即在买卖双方签订销售合同时,货物已经贮存在某一仓库里或已经处在运输途中;但卖方却没有在合同规定的时间内将提取货物的提单或仓单等交付给买方,这使得买方无法按时提取货物。这是否属于本款 b 项意义上的"不交付货物"呢? 德

国学者对此持肯定态度。①笔者认同这一观点,因为根据《公约》第 30
条的规定,卖方的义务不仅仅限于交付货物,而且包括交付与货物相关
的单据和转移货物所有权;由于仓单、提单等单据是货物的物权凭证,
如果卖方不交付这些单据,买方不仅不能提取货物,而且无法获得货物
的所有权。正因为此,如果卖方没有在合同规定的期限里向买方交付
提单或仓单,这便等同于"不交付货物"。但是,这仅仅限于不交付提单
和仓单此种具有物权性质的单据,如果卖方没有在规定的期限里交付
保单、原产地证书等不具有物权性质的单据,则并不构成本款 b 项意义
上的"不交付货物"。

　　最后,延迟交付了货物是否构成本款 b 项意义上的"不交付货物"?
这是否也应该成为适用本款的一个前提条件呢? 之所以应该讨论这一
问题,是因为"延迟交付货物"和"未交付货物"是一对孪生姐妹。卖方
没有在合同规定的期限内交付货物,这便属于"未交付货物";如果卖方
在合同规定的期限结束后交付货物,便属于"延迟交付货物"。由于在
后一情况下卖方已经交付了货物,故显然不适用本款规定,相反应该适
用本条第 2 款的规定。据此,如果卖方的延迟交付行为构成了根本违
约,买方便可以宣告合同无效。

　　可见,本款 b 项意义上的"不交付货物"是指卖方没有履行交付货物
义务,或交付了货物而没有交付仓单或提单,它不包括一般性履约瑕疵。

　　第二,卖方没有在额外宽限期内交付货物或拒绝在宽限期内交付
货物。

　　本款 b 项除了规定"卖方未交付货物"这一条件以外,还规定了另
外的前提条件,即"卖方没有在买方根据第 47 条第 1 款规定设置的额
外宽限期内交付货物,或他声明将不在上述期限内交付货物"。仔细分
析,这里又包括以下两个不同的前提条件,但它们并不是必须同时具备
的,而是可以相互替代的,两个条件中的连词"或"表明了这一点。

---

　　①　Schlechtriem/Mueller-Chen, *Kommentar zum Einheitlichen UN-Kaufrecht—CISG*, 2019, 7. Aufl. S. 948.

首先，卖方没有在额外宽限期内交付货物。这一条件蕴含在本款b项"卖方没有在买方根据第47条第1款规定设置的额外宽限期限内交付货物"这一规定中。据此分析，在卖方没有履行交货义务时，买方应该首先根据《公约》第47条第1款的规定为卖方设定一个额外的、长度合理的宽限期，供卖方履行其合同义务。①如果卖方有意交付货物，但觉得买方设定的宽限期不尽合理、太短，那么他应该建议一个期限更长的宽限期，并将这一意见马上告知买方；买方应该马上向卖方表明其态度，如果买方没有立即拒绝，那么，根据第48条第2款和第3款的规定，买方设定的宽限期的终止日期便延迟至卖方建议的日期。卖方最晚必须在该宽限期的最后一天履行交付义务；如果卖方在该期限内没有履行这一义务，那么，买方便获得宣告合同无效的权利。

其次，卖方宣告将不在该额外宽限期内履行义务。这是适用b项规定的另一前提条件，本款"……或他声明将不在上述期限内交付货物"这一规定表明了这一点。根据b项规定的字面意思，这应该是指：在卖方收到买方发出的有关设定额外宽限期的通知后，在该宽限期结束之前，卖方即向买方表明他拒绝在该宽限期内交付货物。这里的拒绝不仅包括明示的，而且包括暗示的。所谓暗示拒绝是指：卖方表示愿意在宽限期内交付货物，但却将交付货物与其他条件捆绑在一起，即只有买方答应其条件，卖方才会交付货物。瑞士联邦最高法院在2006年12月审理的案件中便持这一观点。在该案中，瑞士某股份有限公司与第三国的买方签订了分批交付机器设备的销售合同，买方支付了预付款，卖方交付了首批机器；但在合同规定的期限内卖方没有交付剩余的机器；此后，买方设定一个宽限期，要求卖方在该期限内交付货物，卖方答应交货，但前提是买方同意支付更多的货款。买方于是宣告合同无效。瑞士联邦最高法院作出支持买方诉求的判决，其理由是：卖方将交付剩余机器与买方支付更高的货款捆绑在一起，而且卖方的要求没有

---

① 关于设立额外宽限期的方式和长度等问题，参见本书第47条第1款部分中之详细论述。

任何法律和事实依据,所以,已经具备了本款 b 项规定的前提条件。①
卖方发出的拒绝通知何时产生法律效力呢? 于送达买方时。《公约》第
47 条第 2 款有关"除非买方收到了卖方发出的拒绝通知……"这一规
定表明了这一点。

(3) 本款 a、b 两项规定之间的关系

由上可知,本条第 1 款分别规定了 a、b 两项不同的适用条件,但
它们并不是必须同时具备的条件,而是选择性的,连接两项的"或"字清
楚地表明了这一点。这意味着:在具体的案件中,只要具备其中任何一
项条件,买方便有权宣告合同无效。从表面上看,a、b 两项规定的适用
条件有着本质的区别,但笔者认为本条两款之间的区别仅仅体现在它
们的外在形式上,它们在实质上是一致的,即在这两项下的卖方的违约
行为均已经构成了根本违约。以 b 项下卖方"声明将不在上述期限内
交付货物"为例,在这种情况下,卖方的行为显然会给买方造成严重的
损失,而且这种损失是任何人都能预见到的。"卖方没有在买方根据第
47 条第 1 款规定设置的额外宽限期内交付货物"同样如此,因为根据
上文分析,在买方特别强调准时交付货物时,卖方的延迟交货行为也构
成根本违约。而在本款规范的上述情形下,买方通过设定额外宽限期
已经明确表明了他十分重视卖方在该期限内履行其交付货物义务,如
果卖方没有在该期限内交付货物,这便满足了构成根本违约的要件,何
况这在本质上属于卖方的第二次延迟交货。当然,《公约》之所以通过
本款 b 项规定买方据以宣告合同无效的另一种情形,是因为这一方面
是在国际贸易实务中确实存在着买方通过设置额外宽限期、供卖方履
行合同义务的实践,另一方面,这也使得判断买方宣告合同无效行为是
否具备合法性的方式更加简单方便。

2.3 行使宣告合同无效权的其他条件

在具备 a、b 两项规定的前提条件下,买方还不能直接宣告合同无

---

① Switzerland 20 December 2006 Federal Supreme Court(*Machines case*),www.
unilex.info/cisg/case/1353,访问时间:2022 年 2 月 7 日。

效。因为买方行使这一权利还受《公约》其他条款的限制。

(1)发现"不相符性"或权利瑕疵时的通知义务

在卖方交付的货物具有《公约》第 35 条"不相符性"或第 41 条和第 42 条权利瑕疵的情况下,买方宣告合同无效权还受第 39 条和第 43 条第 1 款的约束。据此,买方必须在发现"不相符性"或权利瑕疵后的合理时间内向卖方发出通知,告知其"不相符性"或权利瑕疵的性质。如果买方没有履行这一通知义务,除非出现第 40 条或第 43 条规定的免除其通知义务的情形,否则他便无权宣告合同无效。在 1995 年 4 月瑞士苏黎世商事法院审理的瑞士卖方和德国买方之间的浮动康复平台销售合同纠纷中,买方因为卖方交付的浮动平台漏水而要求解除合同,但法院以德国买方没有在发现漏水现象后的合理期限内将这一瑕疵通知卖方为由,判定德国买方无权宣告合同无效。①

如上所述,在具备本款 b 项适用条件时,买方也应该向卖方发出一个通知,借以设定一个额外的供卖方履行合同义务的宽限期。涉及 b 项规定的第二个条件时,还有另外一个有待澄清的问题:在卖方拒绝履行交货义务时,买方是否必须等其设定的宽限期届满后才可以宣告合同无效呢? 答案是否定的,因为尽管《公约》第 47 条第 2 款原则上规定,在买方自己设定的额外宽限期内,他不得采取与要求卖方履行合同义务相冲突的措施,但该款也为上述原则规定了一个例外,即在买方收到卖方表示将不会在上述期限内交付货物的通知时,其行为不受上述限制的约束。②瑞士法院在其于 2009 年 12 月份作出的判决中也持这一观点。③

(2)能够按收到货物时的原状归还货物

买方宣告合同无效权的行使还受《公约》第 82 条的约束,据此,买

---

① Switzerland 26 April 1995 Commercial Court Zürich(*Saltwater isolation tank case*),www.unilex.info/cisg/case/166,访问时间:2022 年 2 月 7 日。

② 详见本书第 49 条部分中之论述。

③ UNCITRAL, *Digest of Case Law on the United Nations Convention on the International Sale of Goods*,2016,p. 232.

方必须以收到货物时的原状退还货物,否则他便失去了这一权利。①

3. 对买方行使宣告合同无效权的限制(第2款)

在第1款的基础上,本条又通过第2款对一种典型卖方违约情形下的买方宣告合同无效权进行了专门的规定。根据本款规定的字面意思,这种典型卖方违约情形有以下两个典型特征:其一,卖方已交付了货物,本款引言部分有关"在卖方已交付货物的情况下"表明了这一点;其二,卖方的交付行为构成"迟延交货"或者构成除此之外的"其他违约情形",本款a项有关"在迟延交货的情形下"和b项有关"在除了迟延交货以外的任何其他违约情形下"的规定显示了这些特征。本款所要解决的问题是:在这种情形下,买方是否依然可以行使其宣告合同无效权?下文将结合本款a、b两项规定进行分析。

3.1　买方无权宣告合同无效原则

在卖方已经交付货物的情况下,本款首先确认了买方无权宣告合同无效原则,本款引言部分"……,买方便失去了宣告合同无效的权利"这一规定十分清楚地肯定了这一原则。《公约》通过本款对买方在这种情形下的合同解除权进行一定的限制是合理的,因为宣告合同无效将对合同下货物的处理及违约方的责任产生重要的影响。在卖方已经交付货物的情况下,货物可能已经被运送至目的港,如果此时买方解除合同,便会产生许多额外的费用,如滞港费和仓储费,其间货物还容易受到损坏且存在被盗等风险,价格也可能急剧下跌。反之,如果取消了买方的合同解除权,那么,买方便必须接收这些延迟送达的货物,这样便可以避免产生上述费用和风险。由于卖方的上述行为本身已经构成了违约,单方面剥夺买方的合同解除权并不十分公平,所以,本款a、b两项对本款引言中确定的禁令作了例外规定,即允许买方在特定条件下解除合同。总体而言,本款规定还是较好地平衡了买卖双方在这种典型违约情形下的利益。

---

① 　Australia 28 April 1995 Federal Dist. Ct., Adelaide(*Roder v. Rosedown*),www.unilex.info/cisg/case/197,访问时间:2022年2月7日。

3.2　无权宣告合同无效原则例外之一:在延迟交货时(第2款a项)

在卖方已经交付货物时,其行为也可能构成违约。如果卖方延迟交付了货物,或者交付的货物存在不相符性,便是如此。本款因此将此种违约行为又进一步细分为"延迟交付"和"其他违约行为"两类,并分别通过a、b两项规范在这两类违约情形下买方的合同解除权。其中a项规定则规范了在卖方延迟交货时买方的合同解除权及其行使条件。

(1)适用a项规定的前提条件

本项规定的前半句规定了其适用条件,即"在卖方已交付货物的情况下"。这里"迟延交货"显然是指卖方在合同规定的交货期届满以后才向买方交付货物。它既包括延迟交付全部货物,也包括延迟交付部分货物。这一适用条件与本款引言中规定的"卖方已经交付货物时"并不矛盾,因为在这里的"迟延交货"条件下,卖方同样"已经交付货物"。

(2)买方的合同解除权及其行使条件

在具备上述适用条件时,a项规定不仅授予买方例外地拥有宣告合同无效的权利,而且进一步规范了买方行使这一权利的条件。这一授予和限制均蕴含在"……买方便失去了宣告合同无效的权利,如果在迟延交货的情形下,他没有在知道交货后的一段合理期限内宣告合同无效"这一规定中。

第一,对买方的授权。根据本项规定的字面意思,它应该是限制了买方宣告合同无效的权利,但在这一限制的背后蕴含着对买方的授权,因为只要符合本项规定的条件,他便有权宣告合同无效,这一授权具体体现在"如果……,他没有在知道交货后的一段合理期限内宣告合同无效"。国际学术界和实务界均认同:在本款a项规定下买方有权宣告合同无效。①

第二,行使合同解除权的条件。如上所述,本项"如果……他没有

---

① Schlechtriem/Mueller-Chen, *Kommentar zum Einheitlichen UN-Kaufrecht—CISG*, 2019, 7. Aufl. S. 954; UNCITRAL, *Digest of Case Law on the United Nations Convention on the International Sale of Goods*, 2016, p. 233.

在知道交货后的一段合理期限内宣告合同无效"也蕴含着授予买方行使其解除合同权的前提条件。据此分析,这里至少规定了"发出宣告合同无效的声明"和"声明在合理的期限内发出"两方面的行权条件。上文对"发出宣告合同无效的声明"的内涵进行了讨论,这里不再赘述。故这里重点探究"声明在合理的期限内发出"这一条件。为了查明买方是否在"合理期限内"发出声明,必须首先探究以下两个问题:本项意义上的"合理期限"应该从哪天开始起算? 它究竟有多长?

首先,"合理期限"的起算时间点。a 项十分明确地规定了这一期限的起算时间点,即买方"知道"卖方延迟交付货物这一事实时。买方可以通过不同的途径知道这一事实,例如,他收到了发货通知、提单,或者货物本身。在诉讼过程中,卖方必须提供证据证明买方已经知道了延迟发货这一事实。

其次,"合理期限"的长度。查明"合理期限"的长度十分重要,因为它关系到买方发出的宣告合同无效声明的效力问题。如果买方是在这一期限内发出其声明的,买方的声明便有效,反之则属无效。那么,本项中的期限多长才属于"合理"?《公约》对此没有统一的规定,审理争议的机构应该根据具体的案情作出相应的决定。西方学者认为:本项意义上的"合理期限"应该比较短,原则上以两天为宜。①笔者认同这一观点,因为本项规定的立法目的决定了这一点。本项规定设置合理期限这一限制条件的目的显然是保护卖方的利益,因为在买方宣告合同无效时,卖方必须及时处理合同项下的货物,例如将货物运回或转售他人;这样,卖方自然会急切想知道买方的态度。在货物容易变质或具有很强的季节性时,更是如此。相反,从买方角度分析,由于延迟交货的事实非常明确,如果他有意解除合同,就应该立即将其决定通知卖方;因此,法律没有必要赋予他很长的考虑时间。西班牙上诉法院在其于1997 年 11 月审理的德国卖方和西班牙买方之间合同纠纷案中也认同

---

① Schlechtriem/Mueller-Chen, *Kommentar zum Einheitlichen UN-Kaufrecht—CISG*, 2019, 7. Aufl. S. 954.

这一点。在该案中,西班牙买方从德国卖方订购产品部件用于其生产,双方为此签订了分批交付合同,并明确规定了每批部件的交付时间;但德国卖方从未准时交付货物,其中前三批货物的交付时间均比合同的规定晚四到八周;这严重影响了买方的正常生产。在这种情况下,西班牙买方在卖方延迟交付第三批货物之时起的 48 小时内解除了剩余批次货物的买卖合同。德国卖方认为 48 小时超过了本项规定的合理期限的范围,因而买方的解除行为无效,但西班牙法院支持了西班牙买方的主张,认为 48 小时依然在本项规定的合理期限范围内。①

3.3 无权宣告合同无效原则例外之二:有其他违约情形时(第 2 款 b 项)

第 2 款 b 项规范了不适用无合同解除权原则的另外一种例外情形,在符合本项规定的条件下,即使卖方已经交付了货物,买方依然有权解除合同。对于买方的这一授权具体体现在本款 b 项引言部分,即"除了迟延交货以外的任何其他违约情形下,他没有在下列时间点后的一段合理期限内宣告合同无效"这一规定中。由上可知,本项规定虽然对买方行使合同解除权进行了限制,但也蕴含着对买方的授权,即允许买方在具备本项规定的条件下行使合同解除权。由于上文已经对授权的原理进行了分析,这里重点讨论"任何其他违约情形"的内涵以及买方行使合同解除权的前提条件。

(1)"任何其他违约情形"的内涵

b 项中"在除了迟延交货以外的**_任何其他违约情形_**下"这一句话限定了本项规定的调整对象,根据本项规定和 a 项规定的关系,此处"任何其他违约情形"涵盖除"延迟交货行为"以外的所有卖方违约情形,当然,它不包括本条第 1 款规范了的两种违约情形。客观地分析,它主要包括:交付的货物不符合合同规定,货物侵犯了第三方的知识产权或其他权利,未能向买方交付合同规定的单据和文件,以及违反合同中约定

---

① Spain 3 November 1997 Appellate Court Barcelona(*Rolled steel case*),http://cisgw3.law.pace.edu/cases/971103s4.html,访问时间:2021 年 1 月 1 日。

的其他义务如设备安装义务等。

（2）买方行使解除权的前提条件

b 项引言部分即"在除了迟延交货以外的任何其他违约情形下，他没有在下列时间点后的一段合理期限内宣告合同无效"这一句规定中蕴含了买方行权的前提条件。据此分析，本项确定的行权条件与 a 项规定相类似，即买方必须在"一段合理期限内"发出解除合同的声明，否则，他便失去了这一权利。就这一条件而言，也涉及与 a 项同样的问题，即"期限"究竟多长才构成此处的合理呢？该期限应该从哪一天开始计算？下文分别就此进行讨论。

第一，"合理期限"的长度。《公约》对于本项下"合理期限"的长度同样没有进行统一的规定。由上可知，本款 a 项下"合理期限"很短，一般为两天。那么，本项下的"合理期限"是否与 a 项下的同样短呢？西方学界一般认为：本项规定中的"合理期限"的长度比 a 项规定中的要长。[①]从表面上看，这一观点是难以成立的，因为同一款中两个不同项中的相同概念，其内涵也应该相同。尽管如此，笔者也认同这一观点。因为本款两项规定的适用条件不同，前者是卖方延迟交货，而后者是除延迟交货以外的其他违约行为。两者相比，在发生后一类违约行为时，买方确实需要更多的时间来考虑是否作出宣告合同无效的决定；因为此时除了需要考虑货物的性质、市场价格的波动幅度等因素以外，还必须考虑到买方需要根据《公约》第 38 条对货物进行必要的检验，买方在发现货物存在"不相符性"或权利瑕疵时还需要根据第 39 条第 1 款或第 43 条第 1 款的规定向卖方发出相应的通知、在收到买方发出的告知其"不相符性"性质的通知后卖方也需要时间考虑是否进行修理等，所有这些都需要时间。所以，本项规定下"合理期限"的长度长于 a 项中的这一期限也是应该的。许多国家的法院或仲裁机构也肯定了以上观点。但不同国家法院认定的合理期限的长度并不相同，其中最短的合

---

① Schlechtriem/Mueller-Chen, *Kommentar zum Einheitlichen UN-Kaufrecht—CISG*, 2019, 7. Aufl. S. 955.

理期限为 6 天,最长的则为两年。最短的合理期限认定是由俄罗斯最高仲裁法院于 2009 年 10 月作出的。在该案中,俄罗斯买方和奥地利卖方之间签订了机器设备采购合同,卖方不仅负责提供机器,而且负责设备安装、交付技术资料、技术人员培训。俄罗斯买方已经支付了货款,但奥地利卖方没有在合同规定的期限里交付技术文件和进行安装。2008 年 7 月 1 日,奥地利卖方写信通知俄罗斯买方:他已经全部履行了合同规定的交付设备和技术文件义务,最后未签署验收证书是由卖方无法控制的原因造成的,因此货物的保证期已经届满。但买方以卖方拒绝安装设备和提供文件和培训为由于 7 月 7 日宣告合同无效,并要求卖方赔偿相应的损失。最终俄罗斯最高仲裁法院判定:买方在收到通知后的 6 天内发出宣告合同无效的通知没有超出本项规定的合理期限。①上述最长的合理期限认定则是由法国杜埃上诉法院于 2014 年 2 月作出的,该案涉及法国买方和瑞士卖方之间的压榨机销售合同纠纷。在该案中,在买方使用该机器过程中出现了一些缺陷,双方试图通过协商解决纠纷,但没有成功;法国买方在通知卖方瑕疵后的第 13 个月要求终止合同,并要求卖方赔偿损失。法国上述法院判定:根据案例,买方在获悉不相符性后两年内有权宣告合同无效,在本案中,买方在获悉瑕疵后的第 13 个月宣告解除合同,考虑到双方在这期间进行的协商努力,故这依然没有超过本款规定的“合理期限”。②瑞士、德国两国的法院在其所作的判决中认为,如果买方在获悉履行瑕疵后的一个月内、五周内或“一至两个月”内宣告合同无效,均没有超出本项规定的合理期限。③当然也存在着相反的司法判例,即法院或仲裁机构判定买方没有

---

① Russia 15 October 2009 Supreme Arbitration Court (or Presidium of Supreme Arbitration Court) of the Russian Federation, https://iicl.law.pace.edu/cisg/case/russian-federation-october-15-2009-high-arbitration-court-vysshi-arbitrazhnyi-sud,访问时间:2022 年 1 月 4 日。

② Cour d'appel de Douai, France, 6 February 2014, www.unilex.info/cisg/case/1998,访问时间:2022 年 2 月 7 日。

③ UNCITRAL, *Digest of Case Law on the United Nations Convention on the International Sale of Goods*, 2016, p. 236(第 75 个脚注)。

在本项规定的"合理期限"内发出解除合同通知,德国、法国、俄罗斯的法院或仲裁机构均在其判决或裁决中确定了这一点,被认为超过"合理期限"的时间长度分别为 5 个月、8 周和 8 个月。①

尽管各国判定的"合理期限"的长度各不相同,但原则上可以将两个月视为"合理期限"的分界线,即如果买方在其知情后的两个月内宣告解除合同,那么,便没有超出本项规定的"合理期限"的范围;反之,如果在两个月后才进行上述解除,那么,便超过了这一范围。德国和瑞士两国法院所作的两个判决都肯定了这一原则。在德国科布伦茨上诉法院于 1997 年 1 月审理的荷兰卖方和德国买方之间的合同纠纷中,荷兰卖方已经交付了货物;但买方以荷兰卖方违反了双方之间签订的独家经销协议为由宣告合同无效。法院没有支持德国公司的主张,其理由是:德国买方已经在 1993 年 12 月 3 日知道荷兰卖方以更低的价格将相同的产品交付给了德国的其他客户的行为,但直到 1994 年 1 月 28 日依然没有发出解除合同的通知,本项下的"合理期限"到这一天时已经届满;事实上在这一天德国买方、荷兰卖方和西班牙制造商进行了见面,但德国买方依然没有将其解除决定通知卖方。②瑞士联邦最高法院在其于 2009 年 5 月审理的一起案件中也认为:如果买方在知悉违约行为后的 1—2 个月内解除合同,并没有超过本项规定的合理期间。在该案中,瑞士卖方和西班牙买方于 2000 年 12 月 12 日签订了购买生产包装机器的合同。根据合同规定,瑞士卖方不仅负责交付设备,而且负责安装并调试;完成调试的设备必须能够每分钟生产 180 瓶产品。尽管卖方经过多次调试,但一直没有解决这一问题,于是西班牙买方于 2003 年 3 月 23 日宣告解除合同,并要求瑞士卖方退回货款并赔偿其他损失。卖方认为西班牙买方失去了宣告合同无效的权利,因为他没有在本项规定的"合理期限"内行使这一权利。但瑞士法院没有支持瑞士

---

① UNCITRAL, *Digest of Case Law on the United Nations Convention on the International Sale of Goods*, 2016, p. 233.

② Germany 31 January 1997 Appellate Court Koblenz(*Acrylic blankets case*), http://cisgw3.law.pace.edu/cases/970131g1.html,访问时间:2021 年 1 月 5 日。

卖方的主张,其理由是:在 2003 年 2 月 14 日瑞士卖方才向买方提出解决争议的和解方案,即买方最早也只能在这一天得知卖方的违约行为,所以,西班牙买方行使合同解除权并没有超过本项规定的"合理期限"。①

综上所述,对于本项规定中"合理期限"的长度,国际上没有统一的界定标准,相反,仲裁机构或法院应该根据具体案件中的具体情况结合本项规定的目的来进行查明;在确定这一期间的长度时,除了必须考虑商品的性质和卖方违约行为的性质、影响程度和范围以外,还应考虑在收到买方发出的通知后卖方的反应、征求的律师意见和与对方谈判的结果等因素。一般来说,这需要一至两个月的时间,除非在具体案件中存在着需要延长或缩短这一期限的特殊理由。

第二,"合理期限"的起算时间点。决定买方是否在超出"合理期限"以后才发出宣告合同无效通知的另一个重要因素便是:"合理期限"的起算时间点。对此,本项针对三种不同的情形作了不同的规定。

首先,"知道或理应知道"违约事实的存在之时。针对通常情形,本项第 1 目规定了"知道或理应知道"这一起算时间点。这里指的通常情形是:买方没有根据《公约》第 47 条第 1 款的规定设定额外履约宽限期或卖方没有根据第 48 条第 2 款的规定设定额外宽限期。何为这里的"知道"? 它是指:买方不仅知道卖方履行行为有违反合同规定的事实,而且了解违约的范围及其影响;如果在买方发现质量瑕疵后,卖方还对货物进行了修理,那么,买方不仅应该"知道"货物存在瑕疵这一事实,而且应该"知道"修理后的结果。总之,他应该掌握了有关违约行为的具体情况,这样他才能判断:卖方的行为是否构成了根本违约。②

那么,何为这里的"理应知道"? 它是指买方应该知道卖方的违约事实,但因自己的过失而不知道这一事实。例如,根据《公约》第 38 条

---

① Switzerland 18 May 2009 *Bundesgericht*［Federal Supreme Court］(*Packaging machine case*), www.unilex.info/cisg/case/1460,访问时间:2022 年 2 月 7 日。

② Switzerland 18 May 2009 *Bundesgericht*［Federal Supreme Court］(*Packaging machine case*), www.unilex.info/cisg/case/1460,访问时间:2022 年 2 月 7 日。

或合同规定,买方必须在某一特定的时间点对货物进行检验,而且通过检验便应该能够发现货物存在质量瑕疵或数量短缺;但买方由于自己的原因没有对货物检验,或者通过检验却没有发现相关的质量瑕疵或数量短缺。此时,尽管买方在客观上不知道履行瑕疵,但已经构成了本款中的"理应知道"。在诉讼或仲裁过程中,卖方必须提供证据证明:买方已经"知道或理应知道"了相关的违约行为。

其次,"根据第47条第1款规定的额外宽限期限届满"。这一起算点规定在本项第2目中:买方"没有在根据第47条第1款规定的任何额外宽限期限届满后,或在卖方声明他将不在上述限内履行义务后宣告合同无效"这一规定中。根据本目规定的字面意思,适用这一规定应该具有两方面的前提条件:一方面,在卖方交付的货物中存在着《公约》第35条规定的"不相符性"时,买方可以根据第47条规定额外设置一个宽限期,并要求卖方在这一期限内继续履行合同义务;即使在卖方的违约行为构成根本违约时,或者属于延迟交货时,买方也有这一权利。①具体分析,他不仅可以要求卖方交付替代货物、对瑕疵货物进行修理,还可以要求卖方交付少交的货物等。另一方面,在买方设置的上述宽限期内,如果卖方没有应买方的要求履行其合同义务,或者他宣告将不在这一期限里履行其义务。那么,本项中的"合理期限"便在上述额外宽限期限届满时起算。

最后,"根据第48条第2款规定设置的额外期限届满后"。这一起算点规定在本项第3目即"他没有在卖方根据第48条第2款规定设置的任何额外期限届满后,或在买方声明他将不接受卖方提供的补救行为后宣告合同无效"中。适用这一起算点,同样必须具备两个适用条件,即"卖方根据第48条第2款的规定设定了一个供自己采取补救计划的宽限期"和"卖方没有在这一期限里实施补救计划"或者"买方声明拒绝接受卖方的补救计划"。在具备以上两个条件下,本条第2款b项中的"合理期限"在这一宽限期结束时起算。

---

① 有关设置额外宽限期问题详见本书第47条中之论述。

4. 宣告合同无效的法律后果

由上可知,无论是本条第 1 款还是第 2 款,都授予买方宣告合同无效权,同时规范了买方行使这一权利的前提条件。换言之,以是否具备本条两款规定的前提条件为标准,可以将买方的行为区分为有效宣告和无效宣告两种,它们引发的法律后果有着本质的区别。

4.1 有效宣告合同无效的行为

所谓有效宣告合同无效是指在买方宣告解除合同时已经具备了本条第 1 款或第 2 款规定的条件,而且也根据本条规定发出了相应的解除合同的通知。该通知被送达卖方后即产生法律效力。在这种情况下,就产生了《公约》第 81 条规定的法律后果。①只要具备规定的前提条件,即使卖方的不履行行为有着客观的、合理的理由,例如是由于不可抗力等因素引起的,也是如此;因为根据第 79 条第 5 款的规定,第 79 条仅仅对一方当事人拥有的损害赔偿请求权进行了限制,他根据本《公约》享有的其他救济权则不受影响。该款规定的宣告合同无效措施仅仅是《公约》规定的一个救济措施,除此之外,买方还可以根据具体情况要求减价、主张损害赔偿。在具备几种不同的救济措施时,买方可以自由选择采取其中任何一种。德国科布伦茨地区高等法院也持这一观点。②

4.2 无效宣告合同无效的行为

所谓无效解除是指:在不具备本条第 1 款和第 2 款规定的前提条件下,买方发出了宣告合同无效的声明。在这种情况下,买方的宣告行为能否产生《公约》第 81 条规定的法律效果,主要取决于卖方的态度。如果卖方同意买方发出的宣告合同无效的声明,那么合同便被解除,并产生第 81 条规定的法律后果;但还有一个例外,即如果买方不能以收到货物时的原状退还货物,而且卖方也不知道这一点,那么卖方便不受

---

① 详见下文第 81 条中之论述。

② UNCITRAL, *Digest of Case Law on the United Nations Convention on the International Sale of Goods*, 2016, p. 233.

其同意解除声明的约束,此时解除声明便不产生法律效力。相反,如果卖方不同意买方发出的声明,那么,合同便依然有效,因而对双方仍具有约束力。卖方无需专门发出一份不同意买方解除声明的通知,只要卖方没有对买方的声明表示认同,他自己也没有发出宣告合同无效的声明,那么该合同依然有效。①当然,在这种情况下,由于卖方本身存在着违约行为,而买方宣告合同无效的行为表明他无意继续履行合同,实际上无论是卖方或者法院都无法迫使买方维持合同关系。而且买方通过宣告合同无效而表明了拒绝履行合同的态度,由于其无权解除,这也使得其拒绝履行行为变成一个违约行为;受理争议的机构应该根据违约的性质和状况对守约方提供相应的保护。

第 50 条 减 价

Article 50

If the goods do not conform with the contract and whether or not the price has already been paid, the buyer may reduce the price in the same proportion as the value that the goods actually delivered had at the time of the delivery bears to the value that conforming goods would have had at that time. However, if the seller remedies any failure to perform his obligations in accordance with article 37 or article 48 or if the buyer refuses to accept performance by the seller in accordance with those articles, the buyer may not reduce the price.

译文

如果货物不符合合同的约定,无论买方是否已经支付了价款,都可以减低价格;他可以按照下列比例来计算减价,即交货时所交货物的实

---

① Schlechtriem/Mueller-Chen, *Kommentar zum Einheitlichen UN-Kaufrecht—CISG*, 2019, 7. Aufl. S. 960.

际价值在货物符合合同规定情况下交货时应有的价值中所占的比例（原译文为："减价按实际交付的货物在交货时的价值与符合合同的货物在当时的价值两者之间的比例计算"）。但是，如果卖方采取第 37 条或第 48 条规定的补救措施，以消除任何不履行义务的行为（原译文为："对任何不履行义务做出补救"），或者买方拒绝接受（原译文为："承诺"）卖方根据该两条规定采取的补救行为，则买方不得减价。

目录

正文

1. 调整对象

在国际贸易实务中，时常发生的一种现象是：卖方交付的货物不符合合同的规定。例如合同规定卖方应该交付一级大豆油，但在买方收到货时，发现货物实际等级为三级；尽管如此，买方依然愿意接收货物。这时，如果要求买方按照合同规定支付货款，显然不符合情理。那么应该怎么办呢？本条的调整对象便是在这种情况下买方所能采取的一种补救措施：减价。它不仅规范了买方采取这一补救措施的前提条件，而且确定了计算减价数额的规则。在维也纳外交会议讨论本条草案时，大陆法国家和普通法国家代表有着不同的看法，因为减价是大陆法国家、社会主义法制国家和第三世界国家中常用的补救措施，而普通法国家中则没有这一机制，相应的救济措施则是损害赔偿请求权。经过协商，最终的妥协结果是：本条确认"减价"为一种补救措施，同时要求卖方承担无过错赔偿责任。①《公约》通过本条确认减价这一救济措施，是十分合理的。因为合同中规定的价格是针对合格的货物确定的；而如果货物不符合合同规定，其价值就会受到影响，因而就应该通过降低价格来调整合同中原先确定的价格。应该指出的是：降价仅仅是调整合同中的价格条款，它既不是请求损害赔偿，也不是宣告部分合同无效。所以，在买方行使减价权后，合同依然有效。②下文将讨论在适用本条规定解决纠纷过程中涉及的问题。

2. 行使减价权的前提条件

本条授予买方要求减价的权利，这一授权具体体现在本条"如果货物不符合合同的规定……，**_都可以减低价格_**"这一规定中。根据这一授权，在符合本条规定的条件下，买方可以以低于合同规定货款的价格支付价款。在进行上述授权的同时，本条也规定了买方行使这一权利的前提条件。根据对本条字面意思的分析，只有在具备下列前提条件下，买方才可行使这一权利：

2.1　买方收下了货物

买方行使减价权的一个前提条件是：买方已经收下了卖方交付的货物。尽管本条没有明确规定这一条件，但其文字间蕴含了这一条件，因为只有买方对货物进行检验后，才会发现货物中存在的"不相符性"；根据《公约》第 38 条规定，买方最早能够在卖方交付货物时进行检验，在合同涉及运输时，通常应该在货物运送至目的地后进行检验。无论

---

① 　Bianca/Bonell/Will：*Commentary on the International Sales of law*，Miland：Giufre（1987），p. 368；Mueller-Chen，Schlechtriem/Mueller-Chen，*Kommentar zum Einheitlichen UN-Kaufrecht—CISG*，2019，7. Aufl. S. 964.

② 　Staudinger/Magnus，Art. 50，Rn. 9.

在哪种情形下,买方均在获得了货物的处置权后才能进行检验。

2.2 "货物不符合合同规定"

买方行使减价权的首要前提条件是:卖方交付的货物"不符合合同的规定"。何为"不符合合同的规定"? 笔者将从正反两个方面来讨论这一问题。

从正面来分析,本条中的"不符合合同的规定"就是指《公约》第35条下的"不相符性"。①由此可见,它不仅包括"交付的货物在数量、质量、规格方面与合同或《公约》的规定不符"的情形,而且包括"没有按照合同规定的方式对货物进行包装或装箱"的情形;如果交付的货物没有满足第35条第2款a项至d项规定的要求,同样如此。②除此之外,如果卖方提供的与货物有关的单据存在着缺陷,也被视为存在"不相符性"。③德国联邦最高法院便持这一观点。在其于1996年4月审理的荷兰卖方和德国买方公司之间的硫酸钴销售合同中,合同规定,该货物的原产地必须为英国,卖方应提供相应的原产地和质量证明。但买方在收到文件后,发现货物的原产地为南非,原产地证明书也是错误的,于是拒绝付款并宣告解除合同。但德国联邦最高法院认为,这种情况还不足以让买方解除合同,他可以采取减价或要求损害赔偿等其他救济措施。④

从反面来分析,在下列情况下,即使卖方的履约行为存在着瑕疵,也不属于本条意义上的"货物不符合合同规定":其一,卖方交付的货物侵犯了第三方所拥有的权利(《公约》第41条)和知识产权的情形(第42条)。因为在这种情况下,合同下的货物通常会被扣押、没收甚至销

---

① UNCITRAL, *Digest of Case Law on the United Nations Convention on the International Sale of Goods*, 2016, p. 237.

② 详见上文第35条中之论述。

③ UNCITRAL, *Digest of Case Law on the United Nations Convention on the International Sale of Goods*, 2016, p. 237.

④ Germany 3 April 1996 Supreme Court(*Cobalt sulphate case*);www.unilex.info/cisg/case/182,访问时间:2022年2月7日。

毁,而且第45条第1款b项已经给买方提供了充分的保护①。其二,延迟交付不属于本款意义上的"货物不符合合同的规定"的情形②。因为根据字面意思分析,"货物不符合合同的规定"是指已经送达买方的货物不符合合同规定。而在"延迟交付"情况下,虽然卖方晚于合同规定的时间交付货物,但这并不等于这些货物存在着第35条意义上的"不相符性"。

应该指出的是:只要货物存在着上述"不相符性",无论它是否构成《公约》第25条意义上的根本违约,也不论卖方是否有过错,或者卖方是否可以根据第79条规定主张免责,均使买方具备了行使减价权的一个前提条件。在具备第79条适用条件的情况下,免除的仅仅是卖方的赔偿责任,因此买方依然有权要求减价。另外,并非所有的"货物不符合合同的规定"的瑕疵均须由卖方承担责任,因为根据第36条的规定,卖方原则上仅仅对风险转移以前存在的"不相符性"承担责任。所以,如果瑕疵是在风险转移以后才产生的,那么买方就无权要求减价。③

2.3　发出告知瑕疵性质的通知

在买方通过检验发现货物中存在的"不相符性"时,他还必须根据《公约》第39条的规定及时向卖方发出告知"不相符性"性质的通知④。奥地利联邦法院在其于2008年10月审结的案件中判定:只有在买方按照第39条的规定及时通知卖方货物瑕疵的性质时,买方才拥有单方面降低货物价格的权利。⑤瑞士法院在其于2007年审理的一起案件中

---

①　Article 50：Secretariat Commentary，https：//iicl. law. pace. edu/cisg/page/article-50-secretariat-commentary-closest-counterpart-official-commentary，访问时间：2022年2月7日。

②　参见李巍:《联合国国际货物销售合同公约评释》,第234页。

③　Schlechtriem/Mueller-Chen, *Kommentar zum Einheitlichen UN-Kaufrecht——CISG*，2019，7. Aufl. S. 965.

④　详见上文第39条中之论述。

⑤　Australia 24 October 2008 Federal Court 〔South Australia District〕(*Hannaford v Australian Farmlink Pty Ltd*)，www.unilex.info/cisg/case/1367,访问时间:2022年2月7日。

持相同观点，它认为：如果买方没有根据第39条第1款规定发出告知货物瑕疵性质的通知，那么，便失去了采取减价等补救措施的权利，而且还必须履行合同下的所有义务，即接收瑕疵货物，并交付合同规定的货款。①当然，《公约》第44条规定了免除上述通知义务的例外情形，第40条则规定了卖方无权引用第39条的情况，②除非属于这两个条款规范的例外情形，否则，买方必须履行这一通知义务。

2.4 发出减价声明

减价是买方单独拥有的一种救济权；只要具备本条规定的前提条件，买方就可以在不征得对方同意的情况下单方面降低货物的价格。③为了行使这一权利，买方必须发出一个减价声明。尽管本条没有明确规定这一点，但这是买方行使减价权的另外一个前提条件。德国慕尼黑上诉法院也持这一观点。在该案中，瑞典卖方和德国买方签订了一份煤炭销售合同，后来，德国买方将卖方交付的煤炭转售给了一家南斯拉夫公司，但南斯拉夫公司发现煤炭质量不符合合同约定，故拒绝向德国买方支付价款；德国买方在收到南斯拉夫公司投诉后的第五天向卖方转达了这些投诉，同时拒绝支付价款，并要求减价。但德国上述法院没有支持买方的这一请求，因为他没有发出要求减价的声明。④《公约》对声明的形式没有特别要求，所以，买方可以通过口头、书面或其他方式发出这一声明。买方也不一定要在发出告知瑕疵性质的通知之外，再向卖方发出一个告知其减价决定的通知，他完全可以在告知瑕疵性质的通知中告知其减价的决定。至于声明的内容，虽然通知并不一定必须写明减价的数额，但它必须十分清楚地表明买方将降低货物价格。如果买方在声明中没有提及"减价"两字，但表明了拒绝支付货款的态

---

① Switzerland 30 August 2007 District Court Zug(*GMS modules case*)，http：//cisgw3.law.pace.edu/cases/070830s1.html，访问时间：2021年1月14日。

② 详见上文第40条、第44条中之论述。

③ Enderlein/Maskow/Strohbach，Art. 50，Anm. 2.

④ Germany 2 March 1994 Appellate Court München(*Coke case*)，www.unilex.info/cisg/case/51，访问时间：2022年2月7日。

度,这也构成了本条意义上的通知。德国科布伦茨上诉法院便持这一观点。在其于 2006 年 12 月审理的一起案件中,买方向卖方发出了通知,通知中指出卖方交付的瓶子存在着严重质量瑕疵,并表示拒绝支付货款。法院认为"拒绝支付货款"已经明确表明了买方减价的决定,即将货款降至零。①相反,当买方根据《公约》第 39 条的规定向卖方发出了指出货物"不相符性"性质的通知,同时又向卖方少付了一部分货款时,这并不一定能够构成本款意义上的减价声明;因为从这一行为中,人们仅仅知道买方暂时扣留了部分货款,却不十分清楚他究竟计划采取哪一种救济手段。同理,付清所有货款并不等于买方放弃了其减价权,因为本条第 1 句明确规定"无论买方是否已经支付了价款,都可以减低价格"。

本条没有规定买方发出减价声明的期限。尽管如此,买方还是应该及时发出这一声明。如果买方根据《公约》第 47 条的规定为卖方设定了一个供其采取补救措施的期限,那么,在这一期限内,买方不得提出减价要求,也不得发出相应的声明。根据第 27 条规定,买方根据本条发出的声明于发出时生效。

2.5 卖方未采取补救措施或买方未拒绝卖方提出的补救建议

除了上述条件以外,本条第 2 句即"如果卖方采取第 37 条或第 48 条规定的补救措施,以消除任何不履行义务的行为,或者买方拒绝接受卖方根据该两条规定采取的补救行为,则买方不得减低价格"还为买方行使减价权规定了额外的前提条件。这一条件便是:卖方没有采取《公约》第 37 条或第 48 条规定的补救措施,或者买方没有拒绝卖方提出的补救要求。仔细分析,这一规定实际上为买方提供了两种不同的补救方式:一是第 37 条(提前交货时)和第 48 条(按时交货后)规定的补救措施,二是减价。在这两者之间,买方只能选择其中的一种;如果他接受了卖方提出的上述补救方案,他便不得减价;不

---

① Germany 14 December 2006 Appellate Court Koblenz(*Bottles case*), www.unilex.info/cisg/case/1165,访问时间:2022 年 2 月 7 日。

仅如此,如果买方拒绝了卖方提出的上述补救措施,买方也失去了减价权。德国科布伦茨上诉法院在其于 1997 年 1 月作出的判决中便持这一观点。①这表明:在这两种不同的补救方式之间,《公约》将前者放在优先地位。这也反映了《公约》的履行合同优先原则。当然,这就产生了一个问题:当买方在根据第 39 条发出的告知货物瑕疵性质的通知中表明行使减价权时,卖方是否必须接受买方的要求呢? 答案是否定的。在这种情况下,卖方依然可以根据第 37 条或第 48 条规定提出相应的补救计划;这时买方便拥有着相应的选择权,即他可以决定接受或拒绝卖方提出的补救方案。但无论他作出何种决定,根据本条第 2 句规定的条件,他都失去了行使减价权的机会。由此可见,只有在卖方没有根据第 37 条或第 48 条规定提出补救计划时,或者在卖方提出并实施了上述补救计划,但补救并没有消除瑕疵时,买方才能行使减价权。

综上所述,买方行使本条下的减价权时,必须同时具备以上五方面的条件。否则,其主张便没有充分的法律依据。买方必须提供证据证明案件已经具备了这些条件。

3. 减价计算方法

在具备上述前提条件,而且买方有意行使减价权时,买方究竟可以减少多少合同里规定的货价? 买方可以不受限制地随意降低货价吗? 本条第 1 句回答了这一问题:"他可以按照下列比例来计算减价,即交货时所交货物的实际价值在货物符合合同规定时(交货时)应有的价值中所占的比例。"由此可见,买方不可以随意决定减价数额,相反,他必须根据本句规定的计算方法来计算减价数额。

3.1 计算规则涉及的三个核心概念

那么,本句确定了怎样的计算方法呢? 为了弄清这一问题,有必要首先澄清本句涉及的三个核心概念的内涵:"减价后的货款""交货时所

---

① Germany 31 January 1997 Appellate Court Koblenz(*Acrylic blankets case*),www.unilex.info/cisg/case/223,访问时间:2022 年 2 月 7 日。

交货物的实际价值"和"在货物符合合同规定时(交货时)应有的价值"。
"减价后的货款"是指在买方行使本条规定的减价权时,合同中规定的
货款减去因货物瑕疵而少付的部分价款后买方所应该支付的货款。而
"交货时所交货物的实际价值"是指:那些不符合合同规定的货物在交
付时所实际拥有的价值;由于这些货物存在各种各样的瑕疵,它们的实
际价值一般低于合同中约定的货款。"在货物符合合同规定时(交货
时)应有的价值"是指:如果交付的货物不存在不符合合同规定的瑕疵,
它在交付时所能实现的市场价值。所以,它并不是指合同中规定的价
格,而是虚拟的价值。[①]

　　通过以上分析,我们能够发现:在选择以哪一时间点的价格来计算
瑕疵货物的价值问题上,《公约》没有选择合同签订时,而是选择了卖方
交付货物时。这一选择是合理的,以下事例表明了这一点。假定合同
规定卖方应该交付 1 号玉米,但实际上卖方却交付了 3 号玉米。在签
订合同时,买方仅仅打算接受 1 号玉米,所以,当时他根本不关心 3 号
玉米的价值。只有在卖方实际上交付了 3 号玉米,而且买方发现了这
一事实时,3 号玉米的市场价格才变得有意义。也只有在这一刻,买方
才能决定选择减价或其他补救措施。而在买方作出其选择决定时,他
考虑的主要因素应该是:这些瑕疵货物当时的实际价值是多少? 它们
是否便于销售? 至于签订合同时,瑕疵货物的市场价值有多少,买方显
然不感兴趣。

3.2　计算公式

　　从这一句确定计算方法的规定中,我们还可以发现:《公约》没有简
单地采用"相符性"货物和瑕疵货物之间的绝对差价来计算减价数额,
而是根据估计降低的价值或进行修理时所需支付的修理费以及由此而
导致的价值贬损来估算买方应该支付的价款。即使在估算减价数额时
没有其他应予考虑的客观因素,也应该根据瑕疵货物在当时的实际价
值来计算减价的数额,也即买方应该支付的货款。根据以上因素,国际

---

① 　高旭军:《〈联合国国际货物销售合同公约〉适用评释》,第一版,第 299 页。

上一般采用以下公式来计算减价后买方向卖方所应支付的货款:①

$$\frac{减价后货款}{合同价格} = \frac{交货时"不相符性"货物应有价值}{交货时合格货物的实际价值}$$

$$因此,减价后货款 = \frac{交货时"不相符性"货物应有价值 \times 合同价格}{交货时合格货物的实际价值}$$

通过以上计算方法来计算减价数额也是合理的,因为卖方交付的货物存在瑕疵,合同中原来约定的价款已经不能反映货物的价值,所以,需要对货物的价款通过上述计算方式进行调整。经过调整的价款也能够恰当地反映货物质量和价值之间的关系。

4. 法律后果

在具备了本条规定的前提条件时,买方就可以通过上述计算方式计算降价数额和降价后应该支付的货款。所以,本条规定给予了买方十分有力的保护。因为根据本条规定,如果买方愿意接收具有"不相符性"的货物,那么,他不必与卖方进行商量,相反,他可以单方面决定调整合同规定的货款;而且,他仅需发出一个减价声明,其行为便产生了法律效力;由于《公约》第27条规定了发出生效原则,即使其减价声明没有送达卖方,也是如此。当然,如果卖方不同意买方提出的减价数额,买方也可以依据本条规定请求法院或仲裁机构支持其降价主张。如果买方在发出减价声明时已经支付了货款,他可以根据本条规定要求卖方退回其多支付的货款。不仅如此,对于这部分多支付的货款,买方还可以根据第78条的规定要求卖方支付相应的利息,利息的起算日为卖方收到多支付货款之日。如果卖方已经提起了支付货款之诉,那么买方可以通过行使本条规定的权利来对抗卖方的诉讼请求。如果卖方拒不或延迟退回多支付的货款及其利息,买方可以根据第45条第1款b项的规定提起损害赔偿之诉。

---

① Schlechtriem/Mueller-Chen, *Kommentar zum Einheitlichen UN-Kaufrecht— CISG*, 2019, 7. Aufl. S. 967; Bianca/Bonell/Will, *Commentary on the International Sales Law*, Giuffrè; Milan(1987), p. 371.

5. 与其他补救措施之间的关系

在买方行使减价权时,他是否可以同时采取其他补救措施呢?针对不同的补救措施,《公约》作了不同的规定。首先,买方可以同时根据第45条第1款b项的规定要求卖方承担损害赔偿责任。例如,为了检验货物的质量,买方聘请了专业机构或人员进行检验,为此而支付的费用便是买方的损失。其次,他不得同时采取与降价相冲突的补救措施,这类措施有:宣告合同无效、交付替代货物、修理货物等。

第51条　卖方部分违约时买方的救济措施

Article 51

(1) If the seller delivers only a part of the goods or if only a part of the goods delivered is in conformity with the contract, articles 46 to 50 apply in respect of the part which is missing or which does not conform.

(2) The buyer may declare the contract avoided in its entirety only if the failure to make delivery completely or in conformity with the contract amounts to a fundamental breach of the contract.

译文

(1) 如果卖方仅交付一部分货物,或者交付的货物中只有一部分符合合同规定,则第46条至第50条规定仅仅适用于该未交付(原译文为"缺漏")部分货物或不符合合同规定部分货物。

(2) 只有在该不完全交付或该不符合合同规定的交付(原译文为"完全不交付货物或不按照合同规定交付货物")构成根本违约时,买方才可以宣告整个合同无效。

目录

2. 适用本条的前提条件

   2.1 卖方仅交付一部分货物

   2.2 部分货物具备《公约》第35条意义上的不相符性

   2.3 货物的独立性、可分次交付性

3. 第1款下的救济措施

   3.1 通知义务

   3.2 未交付部分货物时买方的救济权

   3.3 部分货物具有《公约》第35条意义上的"不相符性"时的救济措施

   3.4 本款救济措施与其他救济措施之间的关系

4. 第2款下的救济权:宣告整个合同无效

   4.1 买方行使宣告合同无效权的前提条件

   4.2 部分违约行为构成根本违约的案例类型

正文

1. 调整对象

在国际贸易实务中,除了卖方没有按照合同规定履行其所有义务外,还时常出现另外一种现象:卖方已经交付了货物,但仍有部分履约行为不符合合同的规定。这又可分为两种不同的情况:其一,卖方仅仅交付了部分货物;例如,根据合同规定,卖方应该交付1 000吨一级大米,但实际上卖方仅仅交付了800吨一级大米。其二,在卖方交付所有货物时,仅有部分货物符合合同的规定;例如,卖方按照合同规定交付了1 000吨大米,但其中只有800吨达到了一级标准,其余的200吨仅仅为三级。本条的调整对象正是此种卖方部分履行行为符合合同规定、而另一部分不符合合同规定的情形。本条所要规范的问题是:在这种情形下,买方能够采取哪些补救措施。本条包括两款规定,《公约》又为这两款分别规定了不同的调整对象:第1款允许买方采取第46条至第50条规定的包括宣告合同无效在内的所有补救措施,但仅仅适用于那些不符合合同规定的部分履约行为;而第2款允许买方采取宣告合同无效这一救济措施,而且它适用于整个合同。

2. 适用本条的前提条件

本条第 1 款前半句明确规定了适用本条的前提条件:"卖方仅交付一部分货物,或者交付的货物中只有一部分符合合同规定。"应该强调的是:这不仅仅是本条第 1 款的适用条件,它同样是第 2 款的适用条件,因为该款前半句"只有**在该不完全交付或该不符合合同规定的交付**构成根本违约时"这一规定表明了这一点。据此分析,适用本条规定的前提条件有:

2.1 卖方仅交付一部分货物

顾名思义,"卖方仅交付一部分货物"是指卖方交付货物的数量少于合同的规定。例如,合同规定卖方应该交付 100 吨大米,但卖方实际上仅仅交付了 90 吨;或者合同规定卖方应该交付 1 000 台电视机,但卖方仅仅交付了其中的 900 台。总之,在合同规定的交货期届满时,如果卖方在事实上仅仅交付了一部分货物,那么另外一部分货物则构成了"没有交付"。至于已交付部分和未交付部分的比例关系则无关紧要,在通常情况下,即使卖方还有 1% 的货物没有交付,依然具备了适用本条规定的前提条件。不仅如此,这一条件不仅包括卖方应该交付一定数量的相同货物,但卖方仅仅交付其中部分货物的情形,而且包括卖方应该交付数种不同货物而没有交付其中一种的情形。法国国际商事仲裁院便持这一态度。1994 年该仲裁院受理了一起捷克买方和意大利卖方之间的合同纠纷案。在该案中,根据合同,意大利卖方必须向买方交付生产电池所需的整套自动流水线上的所有设备,但意大利卖方只交付了该组装线上的部分设备,还有部分设备没有交付。仲裁院依然裁定:这构成了本条意义上的"未交付部分货物"。[①]此外,这里的货物不仅仅指有形的货物,而且包括与有形货物相结合的无形货物如软件。奥地利最高法院于 2005 年审理了一起软件销售合同纠纷案,在该案

---

① ICC Arbitration Case No. 7660 of 23 August 1994(*Battery machinery case*),www.unilex.info/cisg/case/48,访问时间:2022 年 2 月 7 日。

中,奥地利买方和德国卖方于 2000 年 11 月 16 日签订了一份框架合同;在合同中,奥地利买方授予德国卖方在奥地利境内销售 G 软件的许可证;根据该框架合同,奥地利买方于 2003 年 1 月 15 日向德国卖方购买了特定数量的储存有 G 软件的 CD-ROM;随后德国卖方按照合同规定的数量交付了 CD-ROM,但在这些 CD-ROM 中仅仅储存了运行 G 软件所需的部分程序模块,还缺少两个程序模块。奥地利最高法院判定:储存在物理载体上的软件也构成了《公约》意义上的货物,缺乏其中的部分程序模块也构成了本条第 1 款意义的"少交了部分货物"。①

但是如果合同仅仅通过所谓的"大约条款(circa-klausel)"对货物数量进行了大约规定,或者根据《公约》第 9 条第 1 款意义上的贸易惯例作出了规定,那么卖方实际交付货物的数量可以偏离合同规定的数量,只要少交的数量没有超出许可的范围,那么便不属于本条意义上的"少交付货物"。

2.2　部分货物具备《公约》第 35 条意义上的不相符性

适用本条规定的另一前提条件是"仅有部分货物具备《公约》第 35 条意义上的相符性"。本条"交付的货物中*只有一部分符合合同规定*"这一句蕴含了这一条件。一般认为这里的"符合合同规定"是指《公约》第 35 条意义上的"相符性",换句话说,这一适用条件的实质意思是:卖方已经在合同规定的期限内交付了所有货物,但在这些货物中,仅有一部分具有第 35 条意义上的"相符性",而另一部分货物则具备"不相符性"。德国杜塞尔多夫上诉法院在审理德国买方和意大利卖方之间的纺织品销售合同纠纷案中十分明确地确认了这一点。在该案中,德国买方提供证据证明意大利卖方交付的部分纺织品的颜色与合同规定的不符,卖方行为构成了本条意义上的"交付的货物中只有一部分符合合同规定";所以,德国买方有权引用第 50 条规定进行降价。②由于第 35

---

①　Austria 21 June 2005 Supreme Court(*Software case*), www.unilex.info/cisg/case/1047,访问时间:2022 年 2 月 7 日。

②　Germany 10 February 1994 Appellate Court Düsseldorf[6 U 119/93] (*Fabrics case*): http://cisgw3.law.pace.edu/cases/940210g2.html,访问时间:2021 年 1 月 23 日。

条意义上的"不相符性"包括卖方少交货物的情形,所以,这里的"不相符性"应该是指除了数量短缺以外的其他履行瑕疵。[①]

　　应该强调的是:"卖方仅交付一部分货物"和"部分货物具备《公约》第35条意义上的不相符性"并不是必须同时具备的条件,而仅需具有其中之一,"该不完全交付或该不符合合同规定的交付"中间的"或"字表明了这一点。另外,尽管在这两种前提条件下,卖方违约行为的表现形式并不相同,但它们也有着共同点:在卖方的所有履约行为中仅仅部分行为违反了合同的规定。

2.3　货物的独立性、可分次交付性

　　国际学术界还认为适用本条离不开以下条件:卖方交付的货物必须同时具备独立性和可分次交付性这两个特征。所谓的"独立性"是指同一合同下的不同货物无论在物理上还是在经济上均相互独立;所谓的"可分次交付性"是指可以将同一合同中的货物分别交付给不同客户。[②]司法实务界也持类似的观点,即所交付的货物必须由不同的部分组成,而且每一部分可以独立地使用。[③]这一观点是否成立呢? 笔者认为应该从两方面对这一观点进行评析。一方面,它是成立的,因为它符合本条第1款"卖方仅交付一部分货物,或者交付的货物中只有一部分符合合同规定"这一规定的本意。"卖方仅交付一部分货物"这一规定本身意味着:卖方至少分两次交付合同下的货物,这已经具备了"可分次交付性";另外,这也意味着即使缺少了"未交付部分货物",已交付部分货物也能够独立使用,因而合同下每一部分货物均已经具备了上述"独立性"。在"交付的货物中只有一部分符合合同规定"这一条件中同样也蕴含着这两个要素。一方面,这一条件表明:在一部分货物具有"不相符性"时,这并不会影响另一部分货物的"相符性",因而合同中不同部分货

---

① 有关"不相符性"的论述详见本书第35条中之论述。

② Schlechtriem/Mueller-Chen, *Kommentar zum Einheitlichen UN-Kaufrecht—CISG*, 2019, 7. Aufl. S. 975.

③ UNCITRAL, *Digest of Case Law on the United Nations Convention on the International Sale of Goods*, 2016, p. 240.

物均是具备"独立性"的；在这种情况下，买方可以要求卖方交付具备"相符性"的货物，或者对该部分货物进行修理；这也进一步意味着这些货物具有"可分次交付性"。在国际贸易实务中，绝大部分货物均具备这两个特征，无论是大米、大豆、苹果、电脑、手机，还是整套设备均是如此。另一方面，上述观点也不完全成立。根据以上论述，"货物的独立性、可分次交付性"并不是一个完全独立的适用条件，它完全蕴含在"卖方仅交付一部分货物"或"部分货物具备《公约》第35条意义上的不相符性"这两个适用条件中，或者说，是这两个适用条件的另外一种表达方式。

在具备上述前提条件下，买方便可以行使本条两款规定的救济权。当然，该两款又分别规定了各自的行使救济权的前提条件。

3. 第1款下的救济措施

在具备上述适用条件时，根据本条第1款的规定，买方可以采用"第46条至第50条规定"的救济措施，但这些救济措施"仅仅适用于该未交付部分货物或不符合同规定部分货物"。但在买方采取这些救济措施之前，他还必须履行相应的通知义务。

3.1 通知义务

在买方发现卖方少交付部分货物或者部分货物存在着《公约》第35条下的"不相符性"时，买方必须首先根据第39条规定向卖方发出通知，告知相关的履行瑕疵并指出瑕疵的性质。履行这一通知义务不仅是强制性的，而且影响到买方自身的权利问题。因为根据第39条规定，如果买方不履行这一通知义务，那么，他便失去了援引本条等条款规定的采取救济措施的权利；不仅如此，买方还必须全额支付货款。只有在存在着适用第40条规定的情形时，买方未履行这一通知义务才不会对其采取救济措施产生影响。①

3.2 未交付部分货物时买方的救济权

如果卖方交付货物数量少于合同规定，买方可以保留已交付部分货物，同时针对还没有交付的部分货物，他可以采取以下救济措施：

---

① 详见本书第39条中之论述。

第一,可以根据本条和《公约》第46条第1款的规定要求卖方交付短缺的部分货物。第46条第2款规定的交付替代货物和第3款规定的要求卖方进行修理不适用于此,因为采取这两种救济措施的前提条件是卖方已经交付了货物,而在卖方未交付部分货物时显然不具备这一条件。

第二,可以根据《公约》第47条的规定为卖方设定一个额外的宽限期,要求卖方在该期限内交付该部分尚未交付的货物。[①]

第三,买方可以接受卖方根据《公约》第48条规定主动提出的补充交付缺失部分货物的建议。根据第48条规定,在履约期届满后,卖方也可以要求在特定条件下补充交付尚未交付的那一部分货物。在卖方提出这一要求时,买方当然有权决定是否接受这一建议。[②]

第四,宣告部分合同无效。当卖方没有在买方根据《公约》第47条规定设置的宽限期内交付缺失部分货物时,买方可以根据第49条第1款的规定宣告合同无效。但这一宣告的效力仅仅限于卖方未交付部分货物的合同,而不适用于整个合同。在上文提及的法国国际商事仲裁院裁定的捷克买方和意大利卖方之间的合同纠纷案中,仲裁院便认为:在卖方未交付部分货物时,买方可以根据本款规定宣告部分合同无效。[③]此外,在该部分合同被宣告无效后,买方可以根据未交付部分货物数量在合同货物总量中所占的比例相应地减少应该支付的货款。当然,如果卖方的上述"不履行部分合同义务"的行为本身已经构成了根本违约,那么,买方宣告合同无效的权利便不受第47条规定的宽限期的限制,相反可以直接根据本条第2款结合第25条规定宣告合同无效。

3.3 部分货物具有《公约》第35条意义上的"不相符性"时的救济措施

在卖方交付的部分货物具有《公约》第35条意义上的"不相符性"

---

① 与第47条相关的适用问题,详见本书第47条中之论述。

② 与第48条相关的适用问题,详见本书第48条中之论述。

③ ICC Arbitration Case No. 7660 of 23 August 1994(*Battery machinery case*),http://cisgw3.law.pace.edu/cases/947660i1.html,访问时间:2021年1月23日。

时，买方有权保留那些具备"相符性"的货物；针对该部分不具备"相符性"的货物，买方同样可以采取第46条至第50条规定的救济措施：

第一，可以根据本条结合《公约》第46条第2款的规定要求卖方交付替代货物。例如卖方交付了1 000台电脑，但其中的100台电脑存在严重的质量问题，而且该质量瑕疵已经构成了根本违约；那么，买方既可以根据本条第1款规定要求卖方交付另外的100台电脑，也可以根据第49条第1款结合本条第1款宣告该部分合同无效，并相应地减少货款。

第二，可以根据本条结合《公约》第46条第3款的规定要求卖方对具备"不相符性"的货物进行修理。如果通过修理消除了"不相符性"，买方还可以根据第74条规定要求损害赔偿。如果修理未能消除"不相符性"，买方可以宣告该部分合同无效，并相应地减少货款。

此外，买方同样可以根据《公约》第47条的规定为卖方设定一个额外的宽限期，要求卖方在该期限内采取措施消除货物中存在的"不相符性"，或者接受卖方根据第48条规定主动提出的消除瑕疵履行的建议；当然，他同样可以宣告部分合同无效。

3.4 本款救济措施与其他救济措施之间的关系

由上可知，本款仅仅赋予买方采取《公约》第46条至第50条下补救措施的权利。但第45条第1款b项授予了买方损害赔偿请求权。本款的规定是否意味着剥夺了买方主张损害赔偿的权利呢？答案是否定的。买方完全可以在行使第46条至第50条下救济权的同时，根据第45条第1款b项的规定要求卖方赔偿其损失，他也可以仅仅行使损害赔偿请求权。即使由于时间耽搁买方失去了宣告部分合同无效的权利，他依然有权采取45条第1款b项规定的救济措施。在上文提及的德国杜塞尔多夫上诉法院审理的德国买方和意大利卖方之间的纺织品销售合同纠纷中，意大利卖方交付的部分纺织品的颜色与合同规定不符，但由于德国买方没有根据第47条规定为卖方设置一个额外的宽限期，所以，根据第39条、第47条第2款和第49条第1款b项规定，买方失去了第46条至第50条规定的救济权；尽管如此，德国上述法院依然判定买方有权要求卖方承担损害赔偿责任。①

4. 第2款下的救济权:宣告整个合同无效

本条第2款明确规定:"只有在该不完全交付或该不符合合同规定的交付构成根本违约时,买方才可以宣告整个合同无效。"由此可见,本款后半句明确授予买方宣告整个合同无效的权利,而前半句则规定了买方行使这一权利的前提条件。当然,在买方宣告整个合同无效时,他还可以采取《公约》第45条规定的其他救济措施,但其行为受第82条规定的限制。

4.1 买方行使宣告合同无效权的前提条件

根据本款前半句的字面意思,买方行使宣告合同无效权应该具备以下两方面的前提条件:

(1)卖方有部分违约行为

行使宣告合同无效权的一个前提条件是:卖方有部分违约行为。这里的部分违约行为就是指本条第1款中的卖方未交付部分货物或部分货物存在着《公约》第35条意义上的"不相符性"。本款前半句中"只有**在该不完全交付或该不符合合同规定的交付**……时"这一表述十分清楚地表明了这一点。这一前提条件决定了本款的调整对象与本条第1款的调整对象有重合之处:在合同规定的履行期限内卖方均仅仅交付了一部分货物,还有另一部分货物则没有交付,或者虽然交付了所有的货物,但其中有一部分货物存在着第35条意义上的"不相符性"。

(2)部分违约行为构成根本违约

买方行使宣告合同解除权的另一前提条件是:本款中的"未交付部分货物"或具备"不相符性"的部分货物已经构成了《公约》第25条意义上的根本违约。这是决定本款调整对象不同于本条第1款调整对象的关键因素,因为在本条第1款中,此两类部分违约行为还没有构成根本违约。当然,卖方的"未交付部分货物"或具备"不相符性"的部分货物

---

① Germany 10 February 1994 Appellate Court Düsseldorf[6 U 119/93](*Fabrics case*),http://cisgw3.law.pace.edu/cases/940210g2.html,访问时间:2021年1月24日。

是否构成根本违约,并不是根据本款规定决定的,而是应该根据第 25 条的规定进行分析评断。应该强调的是:这里的根本违约不仅仅限于上述两类部分违约行为本身,而且是指整个合同,即卖方的部分违约行为从根本上剥夺了买方实现其合同预期目的的权利。为行使这一权利,买方必须履行第 39 条下的通知义务,必须发出宣告合同无效的通知。

4.2 部分违约行为构成根本违约的案例类型

在国际贸易实务中,卖方的部分违约行为是有可能构成根本违约的。比较典型的案例类型有以下几种:

第一,整套设备销售合同。在国际贸易实务中,比较常见的一种合同类型是整套设备销售合同,例如,汽车流水线成套设备、饮料生产线成套设备销售合同等。在履行此类合同过程中,卖方有可能分批交付同一流水线中的不同设备,这时便可能出现"仅交付一部分设备"或"部分设备具备《公约》第 35 条意义上的不相符性"的情形。以汽车流水线整套设备为例,整套设备中有些部件为电力控制系统、有些则是用于安装特定的汽车部件如发动机,有的则是用于喷漆等等;如果卖方少交付其中任何一个设备或其中任何一个设备出现无法修理的瑕疵,都会使得该整套设备无法有效运作,从而使得买方无法实现其预期利益,因而构成根本违约。

第二,组合家具销售合同。这也是国际贸易实务中比较常见的一种合同类型。在买卖组合家具时,同一套组合家具由数件独立的家具组成;但如果合同下的组合家具是定制独立设计的,那么,在卖方仅仅交付其中的一部分家具,或尽管交付了所有的家具但其中的一部分具备"不相符性"时,均会使得整套组合家具无法使用,从而也构成了根本违约。

第三,混合合同。在涉及《公约》第 3 条规范的混合合同情况下,如果卖方仅仅履行了交付货物义务,而没有履行安装义务,这同样可以构成根本违约。德国汉堡上诉法院于 2008 年审理了一起西班牙买方和荷兰卖方之间的制冰设备销售合同纠纷。按照合同规定,卖方有义务在合同规定的期限内交付并安装所有制冰设备,以便买方能够使用该设备制造冰咖啡所需的冰块。荷兰卖方按照合同规定交付并安装了所有的设备,但设备未能正常工作;买方给予卖方更多安装和调试时间,但卖方依然未能调试好该设备;买方最终宣布放弃合同。德国法院判定由于荷兰卖方已经交付了合同下的所有设备,故买方无权根据《公约》第 49 条第 1 款 a 项规定宣告合同无效,但是如果卖方未履行安装义务影响到了买方对制冰设备的使用,则买方可以比照本款规定宣告合同无效。[①]

第四,卖方交付的同一类货物中一部分货物具备"不相符性"。如果合同下的货物属于同一种类别,例如,均是大米、皮鞋、苹果等,在卖方少交付了一部分货物或仅仅部分已交付的货物具有《公约》第 35 条意义上的"不相符性"时,这通常难以构成第 25 条意义上的根本违约。中国国际经济贸易仲裁委员会认为:在卖方已经交付了将近一半货物时,买方无权引用本款的规定宣告合同无效,因为未交付一半货物本身并不构成根本违约。[②]只有在少数例外情形下,才能构成根本违约。德国科布伦茨上诉法院在其审结的案件中裁定:在卖方交付的所有皮鞋中,80%的皮鞋具有质量瑕疵,而且这使得买方难以正常推销剩余的没有瑕疵的皮鞋,这构成了根本违约。[③]法国国际商事仲裁院则在其于 1994 年审理的中国卖方和奥地利买方之间的脚手架配件销售合同纠纷中裁定:虽然中国卖方交付了所有的脚手架配件,但其中部分配件存在着瑕疵,且由于瑕疵并不十分明显,人们难以将瑕疵配件和合格配件进行区分。这时买方可以根据本款规定宣布整个合同无效。[④]

[①] Germany 25 January 2008 Appellate Court Hamburg(*Café inventory case*),http://cisgw3.law.pace.edu/cases/080125g1.html,访问时间:2021 年 1 月 24 日。

[②] China 19 December 1997 CIETAC Arbitration proceeding(*Steel case*),http://cisgw3.law.pace.edu/cases/971219c1.html,访问时间:2021 年 1 月 24 日。

[③] Schlechtriem/Mueller-Chen, *Kommentar zum Einheitlichen UN-Kaufrecht—CISG*, 2019, 7. Aufl. S. 978.

[④] ICC Arbitration Case No. 7531 of 1994(*Scaffold fittings case*),http://cisgw3.law.pace.edu/cases/947531i1.html,访问时间:2021 年 1 月 24 日。

第 52 条　卖方提前交货或多交付货物时的救济措施

Article 52

（1）If the seller delivers the goods before the date fixed，the buyer may take delivery or refuse to take delivery.

（2）If the seller delivers a quantity of goods greater than that provided for in the contract，the buyer may take delivery or refuse to take delivery of the excess quantity. If the buyer takes delivery of all or part of the excess quantity，he must pay for it at the contract rate.

译文

（1）如果卖方在约定日期之前交付货物，买方可以收取货物，也可以拒绝收取货物。

（2）如果卖方交付货物的数量多于合同的规定，买方可以接收所有的货物，也可以拒绝接收该多出部分的货物。如果买方接收了该多出部分的全部或部分货物（语序调整），他必须按合同规定支付相应的货款。

目录

正文

1. 调整对象

在国际贸易实践中,经常会出现以下两种现象:卖方提前交付了货物,或卖方交付货物的数量多于合同的规定。这两种现象正是本条的规范对象。根据本条规定,除非合同或国际贸易惯例另有不同的规定,卖方无权提前交付货物或多交付货物;不仅如此,如果提前交货或多交付货物,还属于违约行为。将这两种现象定性为违约行为是合理的。因为在提前交付货物时,买方在通常情况下还未做好接收货物的准备;为了接收这些提前交付的货物,买方不仅必须临时安排人力、交通工具收取货物,而且必须临时租赁仓库存放这些货物。如果在接收货物时必须支付货款,那么,买方还必须提前筹措货款,这显然会增加买方的利息开支。而卖方多交付货物也会给买方带来麻烦,例如在自用情形下,买方自己在短期内使用不了卖方多交付的货物,而且又没有仓库等设备存放这些货物;在销售情形下,则可能无法为多交付的这部分货物找到相应的客户。但是,这些显然属于轻微的违约行为,因而《公约》第52条没有赋予买方宣告合同无效的权利,而仅仅赋予买方"拒绝接收"或者"接收"的选择权。[①]本条共有两款,其中第1款规范了提前交货时的救济规则;而第2款则确定了卖方多交付货物时的救济措施。下文分别对该两款的适用问题进行讨论。

2. 提前交货时的救济措施(第1款)

本条第1款规范了"卖方提前交货"这一现象。据此,"如果卖方在约定日期之前交付货物,买方可以收取货物,也可以拒绝收取货物"。根据本款字面意思,本款前半句确定了本款的适用条件,后半句规定了相应的救济措施。

2.1 适用条件:提前交货

适用本条第1款的前提条件是卖方"提前交货"。这一条件规定在本款前半句即"如果卖方在约定日期之前交付货物"中。仔细分析,这

[①] 高旭军:《〈联合国国际货物销售合同公约〉适用评释》,第一版,第306页。

一条件由"合同规定了交货时间"和"卖方在该时间之前交付货物"两个要件组成。"合同规定了交货时间"既包括规定了具体交付日期如8月1日，也包括规定了交货期间如8月1日至8月30日。如果没有规定这一点，便不适用本款规定；在这种情况下应该适用《公约》第33条c项规定来确定卖方交付货物的时间。所谓的"提前交货"是指：卖方在约定的时间之前交付了货物。例如合同规定卖方应该在10月30日之前交付货物，那么，即使他已经在8月份交付了货物，这也符合合同规定，不属于本款意义上的"提前交货"。具体地分析，"提前交付了货物"又包括以下几种不同的情形：

第一，卖方实际交货时间早于合同约定的交货日期。例如合同规定，卖方必须在2020年10月30日交付货物，但卖方却在10月10日交付了货物。

第二，卖方实际交货时间早于合同规定的交货期限。例如，合同规定卖方应该在"2019年6月份"或"2020年5月10日至6月10日之间"交付货物，但卖方却在5月份或5月1日交付了货物。

第三，卖方在买方提出交付要求之前交付了货物。西方学者认为：即使合同中没有明确规定交付货物的日期或期限，但如果规定了卖方应该在收到买方向其发出的交货通知后再交付货物；那么，在这种情况下，如果卖方在没有收到买方的发货通知以前交付了货物，便属于本款意义上的"提前交货"。[1]这一观点是成立的，因为尽管合同没有提及卖方应该在某年某月某日交付货物，但"收到买方的发货通知"之日也是可以确定的具体日期。

尽管根据本款的字面意思，本款规定仅仅适用于卖方"提前交货"情形，但一般认为：如果卖方提前交付了与货物有关的单据，本款规定可以类比适用。[2]

---

[1] Schlechtriem/Mueller-Chen, *Kommentar zum Einheitlichen UN-Kaufrecht—CISG*, 2019, 7. Aufl. S. 981.

[2] UNCITRAL, *Digest of Case Law on the United Nations Convention on the International Sale of Goods*, 2016, p. 243.

2.2　买方可以采取的救济措施

在具备上述适用条件时会产生哪些法律后果呢? 本款后半句规范了这一点,据此"买方可以收取货物,也可以拒绝收取货物"。由此可见,本款规范了"收取货物"或"拒绝收取货物"两种不同的救济措施,并授予买方完全自主的选择权,即他可以决定采取哪一种救济措施。《公约》授予买方选择权是为了买方利益,防止因卖方提前交货而使买方处于一个比卖方按时交货更加不利的境地。如果买方只能接收货物,这可能会给他带来不便,产生更多的费用,因为他要提前安排货物的储存,并支付更多的储存费。另外,根据作为《公约》基础的诚信原则,买方相信卖方会按照合同规定的日期交付货物。所以,授予买方选择权是合理的。

(1) 拒绝收取货物

本款规定的第一个救济措施是"买方可以拒绝收取货物"。在采用这一救济措施时,还产生两个值得讨论的适用问题:在买方行使这一救济权时,他是否还受到其他规定的限制? 它将引发哪些法律后果?

首先,拒绝权的行使。一般认为,买方行使本款下的拒绝权不受任何其他条件的限制,只要卖方提前交付了货物,买方便可以直接引用本款规定拒绝接收货物,而且在他拒绝时,他无需说明理由。[1]西方学者认为:买方行使拒绝权应该受《公约》第 86 条规定的限制。[2]笔者在本书第一版中也持相同的观点,因为根据第 86 条的规定,如果买方有意退还货物,他必须根据当时情况采取合理的措施,保全货物,甚至暂时提取货物。[3]但在深入探究本条和第 86 条的调整对象后,笔者改变了原来的看法:第 86 条的规范对象与本条的完全不同,第 86 条的规范对象是"买方已收到的货物"(第 1 款)或"已送达目的地并交给买方处置的货

---

[1]　Herber/Czerwenka,Art. 52 Rn. 3.

[2]　Schlechtriem/Mueller-Chen,*Kommentar zum Einheitlichen UN-Kaufrecht— CISG*,2019,7. Aufl. S. 981; UNCITRAL,*Digest of Case Law on the United Nations Convention on the International Sale of Goods*,2016,p. 243.

[3]　高旭军:《〈联合国国际货物销售合同公约〉适用评释》,第一版,第 307 页。

物"(第2款),而本条第1款意义上的"提前交付"是第30条意义上的"交付",在卖方提前交付时,相关的货物既没有被"买方收到",也没有被"送达目的地并交给买方处置",因此,买方行使本款下的拒绝权,不受第86条规定的约束。实际上,买方完全可以在收到卖方提前发货通知后,在其接收货物或货物被送至目的地之前,向卖方发出拒绝通知。

其次,行使拒绝权的法律后果。在买方依据本款规定拒绝接收卖方提前交付的货物时,将产生以下法律后果:首先,卖方必须自负费用将货物运回;其次,他必须在合同约定的交货日期或期限内重新交付货物。买方无权以卖方提前交付货物为由宣告解除合同,当然也不能将此作为拒绝履行其合同义务的借口。中国国际经济贸易仲裁委在其于2005年5月仲裁的案件中便持这一观点。[1]

(2)收取货物

在卖方提前交货时,买方当然可以选择收取货物。这时他当然必须支付合同规定的货款。俄罗斯联邦工商仲裁院也持这一观点。在其于1994年审理的瑞士卖方和俄罗斯买方之间的巧克力糖果销售合同纠纷中,瑞士卖方交付了巧克力糖果,但俄罗斯买方拒绝支付货款,理由是瑞士卖方违反合同规定,在俄罗斯买方提交银行保单前便交付了货物。俄罗斯工商仲裁院没有支持俄罗斯买方的主张,并裁定他必须支付货款,因为他已经接收了货物。[2]

那么,买方提前接收货物是否会引发其他问题呢？例如买方是否可以要求卖方承担由此而多产生的费用？买方是否必须提前检验货物、支付货款？对这些问题本条没有明确规定。但根据《公约》第29条的规定,合同是可以修改的。根据这一规定,笔者将提前接收货物分为"修改合同下的提前接收"和"未修改合同下的提前接收"两类,并分别

---

[1] China 25 May 2005 CIETAC Arbitration proceeding(*Iron ore case*), https://iicl.law.pace.edu/cisg/case/china-may-25-2005-translation-available,访问时间:2022年2月8日。

[2] Russia 25 April 1995 Arbitration proceeding 200/1994(*Chocolate products case*), www.unilex.info/cisg/case/215,访问时间:2022年2月8日。

予以分析论述。

第一,"修改合同下的提前接收"。这是指:买卖双方修改了原合同中的交货时间条款,并将交货时间提前至卖方实际交付的日期。在这种情况下,卖方"提前交货"行为并不属于违约行为,因为他是按照修改后的日期交付货物的;既然如此,自然应该由买方独自承担由此而产生的费用,买方也必须按照合同或《公约》第 38 条规定对货物进行检验。在发现第 35 条意义下的"不相符性"时,买方要根据第 39 条规定履行通知义务;他同样必须在接收货物时支付货款。但除了明示同意修改以外,还存在着默示同意修改,那么,"买方接收卖方提前交货"这一行为本身是否意味着他默示同意修改原合同的交货日期呢? 答案是否定的,因为根据《公约》第 86 条的规定,在买方已经收到货物时,他同样可以拒绝接收货物,所以,不能将买方收下货物视为其默示接收货物。所以,我们同样不应该将买方"接收卖方提前交货"行为视为买方默示同意修改合同中交货时间的条款。所以,构成默示同意修改,还必须有其他因素予以支持。[1]为了避免误解,建议买方在提前收取货物时明确表明他拒绝接收货物的态度。

第二,"未修改合同下的提前接收"。这是指:买卖双方并没有对原合同中规范交货时间的条款进行修改,但买方依然接收了卖方提前交付的货物。在这种情况下,买方提前收取货物并不改变卖方提前交付行为违反合同规定的性质。基于这一前提,如果提前收取货物增加了买方的费用开支例如仓储费,买方便可以根据《公约》第 45 条第 1 款 b 项的规定要求卖方补偿其损失。[2]不仅如此,买方也不必提前对货物进行第 38 条意义上的检验,即使提前进行检验,也无需提前履行第 39 条下的通知义务。[3]此外,他也没有必要提前支付货款。当然,在支付货

---

① 详见本书第 29 条中之论述。

② Herber/Czerwenka, Art. 52 Rn. 4; UNCITRAL, *Digest of Case Law on the United Nations Convention on the International Sale of Goods*, 2016, p. 243.

③ Schlechtriem/Mueller-Chen, *Kommentar zum Einheitlichen UN-Kaufrecht—CISG*, 2019, 7. Aufl. S. 982。

款的时间问题上,国际学界主流观点认为:买方必须在提前接收货物时立即支付货款。①尽管如此,笔者依然坚持自己的观点,这不仅是因为提前交货属于违约行为,既然如此,便不能让卖方从违约行为中获得利益:提前收取货款;而且是因为买方通常仅仅为在合同规定的日期支付货款而筹措资金,换句话说,他没有为提前支付做相应的准备,所以,他无法进行提前支付。

3. 多交付货物时救济措施(第 2 款)

与本条第 1 款一样,本条第 2 款前半句确定了适用条件,即"如果卖方交付货物的数量大于合同规定的数量",而后半句则确定了具备条件时的救济措施:"买方可以接收所有货物,也可以拒绝接收该多出部分的货物"。

3.1 适用条件:多交付货物

适用本款规定的前提是:卖方多交付货物。它具体是指"卖方交付货物的数量大于合同规定的数量"。由此可见,卖方是否多交付了货物的判断标准是合同。因此,无论是卖方实际交付货物的数量、重量还是个数超过了合同的规定,均构成本款意义上的"多交付货物"。但如果合同中规定了允许的数量误差,那么,只要卖方实际交付货物的数量没有超过这一误差限制,便不属于本款意义上的多交付货物。加拿大安大略省高级法院在其于 1999 年审结的案件中便持这一观点。在该案中,合同规定意大利卖方向加拿大买方出售特定数量的相框装饰条。后来双方对于合同的履行发生了争议,买方拒绝支付货款,其中的一个理由是:意大利卖方交货数量多于合同的规定。但法院查明:双方同意卖方实际交付的货物数量与订购数量之间有 10% 的误差,而意大利卖方交付的货物数量并没有超过这一误差。所以根据本款的规定驳回了买方的诉请。②即使合同中没有约定误差的幅度,但如果在相关的国际

---

① Enderlein/Maskow/Strohbach,Art. 52 Anm. 2.

② Canada 31 August 1999 Ontario Superior Court of Justice(*La San Giuseppe v. Forti Moulding Ltd*.),http://cisgw3. law. pace. edu/cases/990831c4. html,访问时间:2021 年 1 月 27 日。

贸易惯例中允许这样的误差,那么,只要卖方实际交付的货物数量没有超出国际惯例允许的误差幅度,同样不属于本款意义上的多交付货物。国际惯例在数量方面允许的误差幅度为±5％或±10％。①

3.2　买方可以采取的救济措施

与本条第 1 款的规定相同,在卖方多交付货物时,本款后半句原则上确认了与第 1 款相同的救济措施,"买方可以接收所有货物,也可以拒绝接收该多出部分的货物"。由此可见,买方也拥有充分的选择权。《公约》作出如此规定的机理也是:多交付货物行为违反了合同的规定,这是一种违约行为,所以,应该优先保护买方的利益。

(1)收取货物

由上可知,本款规定的第一个选择是:"买方可以选择接收所有货物"。这意味着:在买方收下符合合同规定数量部分货物的同时,还可以收下交付的多于合同规定数量的那一部分货物。买方既可以通过发出明示的同意接收通知来表达其同意,也可以默示表达其同意。如果买方接收了多交付的货物,而又没有根据《公约》第 39 条规定向卖方发出告知其"不相符性"性质的通知,这便构成了默示的同意。

在买方选择接收卖方多交付的货物时,他必须为这部分多交付的货物支付货款,货款的数额并不是根据交货时的市场价格计算,而是根据合同规定的价格计算。在上文提及的意大利卖方和加拿大买方之间的相框装饰条案件中,加拿大安大略省高级法院便作出了这样的判决。②在买方选择接收时,一般认为买方无权向卖方提起损害赔偿请求。这一观点是成立的,因为买方是自愿选择接收卖方多交付的货物的,所以,这等于双方默示同意对合同中的数量条款进行了修改。

(2)拒绝收取货物

本款授予买方的另一选择是:"拒绝接收该多出部分的货物"。在

---

①　参见张玉卿:《国际货物买卖统一法——联合国货物买卖合同公约释义》,第345 页。

②　Canada 31 August 1999 Ontario Superior Court of Justice(*La San Giuseppe v. Forti Moulding Ltd.*),访问时间:2022 年 2 月 8 日。

买方行使这一拒绝权时，也会遇到以下两个特殊的适用问题：

第一，货物无法分离时拒绝权的行使。根据本款规定的字面意思，买方的拒绝权仅仅及于卖方多交付的那一部分货物。例如，合同规定的货物数量为 1 000 吨，但卖方实际交付的数量为 1 020 吨，那么，买方有权退回的仅仅是 20 吨。但是在国际贸易实务中，经常出现由于技术原因而无法将货物进行分离的情形。例如，合同约定卖方应该采用 CIF 价格术语交付 1 000 万吨大米，但卖方实际交付了 1 050 万吨大米；承运人出具的提单也载明了 1 050 万吨大米。在货物运至目的地后，按照提单规则，买方要么提取所有货物，要么拒绝提取所有货物；他显然无法仅仅提取 1 000 万吨大米，而将剩余的 50 万吨大米留给承运人。在这种情况下，只有在卖方多交付货物的行为构成根本违约时，买方才能宣告整个合同无效，并拒绝接收所有货物。否则，他必须收取所有的大米。

在买方成功地行使了其拒绝权时，他必须按照合同规定支付货款。如果因未能行使拒绝权而接收了所有的货物，那么，他应对于那一部分多接收的货物按照原合同规定的价格支付相应的货款。如果买方因为接收所有的大米而遭受了损失，而且他履行了《公约》第 39 条下的通知义务，那么他可以要求卖方承担损害赔偿责任。①

第二，行使拒绝权的前提条件。尽管本款没有明确规定买方行使拒绝权的条件，但本款是《公约》这一规则系统中的一个条款，所以，这一权利的行使也受《公约》其他规定的约束。结合《公约》其他条款的规定，为了有效行使本款授予的拒绝权，他必须履行《公约》其他条款的义务：

首先，通知义务。在买方有意拒绝卖方多交付的货物时，他必须根据《公约》第 39 条第 1 款的规定在合理的期限内向卖方发出相应的通知，这是因为"多交付货物"也构成第 35 条意义上的"不相符性"；如果

---

① UNCITRAL, *Digest of Case Law on the United Nations Convention on the International Sale of Goods*, 2016, p. 243.

买方有意据此维护其权益,他必须履行该通知义务,除非在相关的案件中具备了第 40 条规定的免除买方通知义务的情形。①德国法院也判定:在买方没有履行上述通知义务时,他失去了拒绝接收卖方多交付部分货物的权利。②

其次,妥善保管义务。如果卖方交付的货物已经置于买方的控制之下,那么,在买方发出表明瑕疵履行性质和拒绝接收的通知后,对于其拒绝接收的部分货物,他还必须根据《公约》第 86 条和第 87 条的规定采取必要的保管措施,保存并维护这些货物;③如果买方在采取上述措施的过程中遭受任何损失,他可以根据第 45 条第 1 款 b 项结合第 74 条和第 77 条规定要求卖方承担赔偿责任。

---

① 详见本书第 39 条和第 40 条中之论述。

② Germany 25 September 2002 Appellate Court Rostock (*Frozen food case*), www.unilex.info/cisg/case/867,访问时间:2022 年 2 月 8 日。

③ UNCITRAL, *Digest of Case Law on the United Nations Convention on the International Sale of Goods*, 2016, p. 243.

第三章　买方义务

概　述

由上可知,第三部分第二章(第 39—52 条)主要规范了卖方的义务。与此相对应,第三章则主要规范了买方的义务。本章分三节,共有 13 条,始于第 53 条,终于第 65 条。其中第 53 条概要地列举了买方的基本义务,此后的第一节则详细地规范了买方的支付货款义务(第 54—59 条);第二节只有第 60 条这一条,它规范了买方的"收取货物义务";而第三节则确定了买方违约时卖方所拥有的救济权(第 61—65 条)。

第 53 条　买方的基本义务(支付货款和收取货物)

Article 53

The buyer must pay the price for the goods and take delivery of them as required by the contract and this Convention.

译文

买方必须按照合同及《公约》的规定支付货款和收取货物。

目录

1. 调整对象

2.买方义务
　　2.1　本条下的买方义务
　　2.2　合同下的买方其他义务
3.买方违约时的补救措施

正文

1. 调整对象

　　本条规范了买方在国际货物销售合同中承担的最基本义务,即支付货款和接收货物,由此它也介绍了本章的基本内容。本条规定与《公约》第 30 条相对应,后者规范了卖方的基本义务,即交付货物、单据和转让货物的所有权。《公约》的核心规范对象是"货物销售合同",但《公约》没有对这一概念进行定义;而第 30 条和第 53 条一起大致界定了这一概念的基本内涵。本条强调买方必须"***按照合同及《公约》的规定***"支付货款和收取货物。将"合同"放置于"公约"之前,这也表明:如果合同中有关买方支付货款、收取货物义务的规定与《公约》的规定不同,那么,必须优先适用合同的规定。这也是第 6 条规定的意思自治原则在这里的具体体现。

2. 买方义务

　　根据本条规定,买方必须承担支付货款和接收货物两方面的义务。应当指出:本条仅仅对买方的最基本义务作出了原则性的规定,本章的其他条款还对买方的义务作了更加详细的规定。其中《公约》第 54 条至第 59 条从不同的角度对买方支付货款相关的义务作了补充规定,而第 60 条则补充规范了买方接收货物的义务;第 61 条至第 64 条规定了买方违约时卖方可以采取的补救措施,第 65 条规范了买方承担的明确货物规格义务。所以,在查明买方是否履行本条规定的义务时,还必须结合本章其他条款的规定予以分析。另外,如上所述,双方当事人还可以偏离《公约》规定另外约定买方应当承担的义务。如果合同中存在着这样的约定,买方同样必须履行。下文主要论述买方根据本条规定必须履行的义务和合同约定的义务,其他条款规范的义务将在下文分别进行讨论。

2.1　本条下的买方义务

根据本条的文义,买方履行"支付货款"和"接收货物"两项义务。

(1) 支付货款

支付货款是买方承担的首要义务。在履行这一义务过程中,涉及以下相关问题:货款的确定、支付货款的货币、支付货款的方式、支付货款的地点和时间、支付费用的承担问题。

第一,货款的确定。由于价格是构成要约内容确定性的一个要素,所以合同中通常明确规定了货物的价格,或者规定了确定货物价格的方式。买方必须按照合同中规定的货物价格将货款支付给卖方。如果合同中对货物的价格没有约定,便应当适用《公约》第55条的规定根据市场价格来确定货物的价格。[①]支付货款是买方必须履行的义务,只有在出现第79条规定的免责情形时,买方才无需支付货款。

第二,支付货款的货币。在通常情况下合同中会对支付货款的货币作出明确的规定。如果没有明确规定,应当适用《公约》第9条提及的国际商业惯例或习惯做法来查明。即使当事人之间没有明确约定适用某种国际商业惯例,或者没有形成习惯做法,也应该考虑他们是否已经默示同意适用某一国际商业惯例来确定用以支付货款的货币。在国际贸易实务中,也确实存在着此种国际贸易惯例。例如,在国际原材料大宗商品交易中,美元在习惯上被视为交易货币,不仅美国境内的原材料交易所用美元来进行标价,美国境外的原材料交易所如伦敦金属交易所(LME)也是如此。[②]是否构成默示同意必须根据第9条的规定予以分析认定。

第三,支付货款的方式。与支付货款相关的另外一个问题是支付货款的方式。对买卖双方而言,不同的支付方式蕴含着不同的风险。

---

① 详见本书第55条中之论述。

② Schlechtriem/Mohs, *Kommentar zum Einheitlichen UN-Kaufrecht—CISG*, 2019,7. Aufl. S. 990.

在国际贸易实务中,主要有汇付、信用证付款、托收付款三种方式。

首先,汇付又称汇款(Remittance)。它是指买方委托其开户银行将特定款项支付给在特定汇入行开户的卖方。汇付又分为信汇(M/T)、票汇(D/D)和电汇(T/T)这三种不同的方式。所谓的信汇是指:买方将应付的款项交给其开户行,并由该银行开出付款委托书,通过当地邮局寄交给卖方的开户银行(汇入行),委托其解付相应的款项给卖方;电汇的付款流程与信汇类似,唯一的区别是:在开户行收到买方的付款申请后,采取电报或电传形式将付款委托通知卖方所在国的汇入行,委托其将汇款支付给卖方;票汇则是指,汇出行应买方申请,代开以汇入行为付款人的汇票,并将该汇票寄给卖方,卖方凭该汇票向汇入行领取汇款。这三种方式的区别是:信汇和票汇速度较慢,费用较低;而电汇的速度较快,费用稍贵。

其次,信用证付款(L/C)。信用证是银行有条件地保证代替买方支付货款的证书,是国际贸易中常见的一种结算方式。按照这种结算方式,买方先将货款存入开证行并向该银行提出开立信用证的申请,开证行开立信用证后通知卖方的开户银行,卖方向其开户银行提交合同和信用证规定的所有单据,该银行审核卖方所提供的单据,在"单单一致,单证一致"时,银行接受单据、支付货款。信用证付款方式可以进一步分为不同的种类,其中最重要的是不可撤销信用证(Irrevocable L/C)和可撤销信用证(Revocable L/C)。前者是指:信用证一经开出,在有效期内,未经受益人及有关当事人的同意,开证行不能片面修改和撤销,只要受益人提供的单据符合信用证规定,开证行必须履行付款义务。而后者则是指:开证行不必征得受益人或有关当事人同意,有权随时撤销的信用证,应在信用证上注明"可撤销"字样。在信用证付款中,银行信用取代了商业信用,且银行提供了一定的融资服务,所以费用比汇付高。另外,"单证相符"是银行的支付条件,故存在着拒付的风险。

最后,托收付款(Collection)。这是指卖方为向位于进口国的买方收取货款而开具汇票,并委托其开户行通过其在进口国的合作银行向买方收取货款的一种支付方式。它又分为光票托收(Clean Collections)和跟单托收(Documentary Collection)两种。前者是指卖方委托其开户银行仅仅以汇票、本票、支票向买方收取货款;而后者是指卖方根据合同备货出运后,将跟单汇票或不带汇票的货运单据签送托收银行,委托其代收货款的一种托收结算方式。而跟单托收又分为"付款交单"(D/P)和"承兑交单"(D/A)。前者是指买方只有在支付货款后才能取得提单等单据凭证,提取货物,这一方式的基本特点是先付款后提货;而后者是指:在买方承诺到期付款后,货款代收行即将提单等单据交付给买方。由此可见,承兑交单的基本特点为"远期付款"。

以上三种方式各有特点,也各有自己的风险。究竟采用哪种方式应由双方在合同中予以明确约定,买方也应当根据合同规定的方式来支付货款。如果合同规定买方应当以信用证方式支付货款,若届时没有开出信用证,这便构成根本违约。韩国首尔中央地方法院于 2008 年 12 月审理的一起案件中便持这一观点。在该案中,一家新加坡公司与一家韩国公司于 2004 年 3 月 1 日签订了原油买卖合同,前者必须为后者提供原油,而后者必须在特定的期限内开出以前者为受益人的信用证(L/C)。但韩国公司没有开出信用证,新加坡公司宣布解除合同,并将石油转售给第三方,由此蒙受了损失,故要求韩国公司赔偿其损失。法院支持了新加坡公司的主张。①

第四,支付货款的地点和时间。《公约》第 57 条和第 58 条分别规范了买方履行支付义务的地点和时间。②

第五,支付费用的承担。由上可知,在国际贸易中,买方并不直接将货款交付给卖方,而且银行通常在这一过程中提供了某种服务。银行自然会为这种服务收取相应的费用。那么,究竟应当由谁承担此种费用呢?《公约》对此没有明确规定。根据意思自治原则,当事人可以通过合同约定由谁承担支付费用。如果合同中没有就此作出相应的约

---

① Republic of Korea 19 December 2008 Seoul Central District Court (*Crude oil case*), http://cisgw3.law.pace.edu/cases/081219k3.html,访问时间:2021 年 2 月 5 日。

② 相关分析详见本书第 57 条和第 58 条中之论述。

定,则应当比照适用第 57 条的规定来确定支付费用的分摊。尽管第
57 条仅仅规范了买方应当履行支付义务的地点,但它也间接确认了支
付费用的分摊规则:即买方应当保证在该条规定的支付货款地点将足
额的货款交付给卖方,在此以前产生的相关费用必须由买方承担,而此
后的费用则由卖方承担。以第 57 条第 1 款 a 项规定为例,该条规定买
方应当在卖方的营业地支付货款,那么,不管是采用信用证方式支付货
款,还是电汇支付方式,也不管为完成在上述地点支付货款而产生了多
少费用,只要这些费用产生在完成支付义务之前,均由买方承担。

支付货款是买方的一项最基本义务,在买方不履行这一义务时,必
然会引起双方的纠纷。所以,本条规定也是国际货物销售合同诉讼或
仲裁中最为经常引用的一个条款。

(2) 收取货物

本条规定,买方的另一项义务是收取货物。在通常情况下,收取货
物是买方的权利。《公约》将它定义为义务,这是十分必要的。因为如
果这仅仅是买方的权利,那么,买方可以放弃这一权利,拒不接受货物。
如果这样,便会在国际贸易中带来一系列问题,例如,他是否还需要支
付货款? 谁承担货物在目的港产生的仓储费或运回费用? 而《公约》将
收取货物定义为买方的义务,这就在原则上确定了解决相关问题的基
本原则:通常情形下买方应当承担因不履行这一义务所产生的法律
后果。

应指出的是:买方支付货款的时间和地点与其收取货物的时间和
地点并不一致。双方当事人应在合同中另行对买方接收货物的时间和
地点进行明确的规定。在实务中,双方通常会在合同中通过约定采用
某一国际贸易术语(Incoterms)来界定买卖双方应该承担的义务。根
据 Incoterms 所编撰的不同价格术语可以看出,买方的收取货物义务
不仅仅是指亲自提取并占有卖方交付的货物,而且还包括独立承运人
接收卖方交付的货物。例如,在合同中约定采用"FOB 上海"时,买方
的提取货物义务包括两方面的内容:首先,买方必须与承运人签订运输
合同,并委托该承运人在合同约定的时间点到上海港运载货物;买方如

果没有派遣承运人在合同规定的时间内到上海港提取货物，他便没有履行提取货物义务。

本条仅仅对买方收取货物义务作了原则性的规定。《公约》还通过第 60 条对买方这一义务的内涵和履行这一义务的方式作了进一步的具体规定。除此以外，《公约》还在第 62 条规定了买方未能履行这一义务时卖方所拥有的权利。

2.2 合同下的买方其他义务

除了上述支付货款义务和收取货物义务以外，为了保证买方能够完成这两项义务，合同还可以约定买方必须履行的其他义务。从国际贸易的实践看，通过合同规定的其他义务有：

第一，提供生产货物所需的部分原材料义务。根据《公约》第 3 条第 1 款的规定，如果在货物销售合同中规定，买方应提供生产或制造货物所需的部分原材料，此类合同也属于《公约》管辖。因此，如果在买卖合同中规定了买方的此种义务，而买方没有按照合同的规定提供相关的原材料，那么，其行为便构成违约。

第二，提供支付担保义务。在卖方对买方的支付能力存在怀疑时，可以要求买方提供支付担保。如果买方同意卖方的这一要求，并在合同中规定买方提供支付担保的义务，那么，买方不履行这一义务便构成违约。

第三，告知产品形式、尺寸等格式的义务。由于合同下的货物是买方购买的，他通常对产品的形式、尺寸、颜色等规格有特殊的要求。如果是这样，他必须根据《公约》第 65 条的规定告知卖方。合同中也可以明确规定买方应当承担这一义务以及履行这一义务的时间期限。

第四，在限定的地点销售货物。买卖双方也可以对货物的销售地点进行限定。如果存在这样的限定，买方便只能将其购买的货物在合同约定的地点进行销售，否则便构成违约。法国格勒诺布尔地区上诉法院便持这一看法。在其于 1995 年 2 月审理的法国卖方和美国买方之间的牛仔裤销售合同纠纷案中，合同规定牛仔裤只能在南美洲和非洲销售，但有证据表明买方将货物在西班牙销售。故法国卖方宣告解除合同，并要求美国买方承担赔偿责任。法国法院支持了法国卖方的诉求。[①]

3. 买方违约时的补救措施

买方在没有履行支付货款、收取货物义务或其他义务时,他当然应当承担相应的违约责任。在这种情况下,卖方可以采取《公约》第 61 条至第 65 条规定的救济措施。[②]在双方对买方是否履行上述义务发生争议时,卖方必须提供证据证明买方应当支付的货款总额和尚未支付的价款金额,或尚未收取的货物数量。

第一节 支付货款

概 述

本章第一节始于第 54 条,终于第 59 条,其核心调整对象为买方的支付货款义务。由上可知,第 53 条已经从原则上规范了买方的付款义务,在此基础上,本节通过六条从不同方面更加具体地规范了买方的这一义务。其中第 54 条规范了买方为成功支付货款而必须进行的准备行为,第 55 条确定了合同没有明示或默示规定价格时确定货价的基本规则,第 56 条规定了在合同规定根据货物的重量计算货款时的计价方式,第 57 条和第 58 条分别规范了买方支付货款的地点和时间,第 59 条则进一步确定了"无条件自动付款规则"。

本节六条与《公约》中其他章节的条款有着密切的联系。与买方付款义务相对应的是卖方交付货物和单据义务。所以,在《公约》的结构上,本节的规定与第二章第一节的规定相对应,因为该节第 31 条至第

---

① France 22 February 1995 Appellate Court Grenoble(BRI Production "Bonaventure" v. Pan African Export), http://cisgw3.law.pace.edu/cases/950222f1.html,访问时间:2021 年 2 月 5 日。

② 详见本书相关条款下之论述。

34 条规范了卖方的交付货物和单据义务。事实上也确实如此,例如,第 31 条规范了卖方履行交付义务的地点,第 33 条则规范了履行这一义务的时间;而本节的第 57 条和第 58 条则分别规范了买方履行货款义务的地点和时间。本节的第 55 条与第 14 条第 1 款有着密切的联系,因为根据该款规定,构成要约的一个要件是明示或默示地标明了货物的价格或确定价格的方式,而第 55 条则规范了合同没有明示或默示标明价格或确定价格方式且合同有效订立时查明价格的规则。此外,本节条款与本章第三节中第 62 条至第 65 条、第 74 条至第 78 条等条款有着密切的联系,因为这些条款规范了买方未履行付款义务或履行义务不符合合同约定或《公约》规定时卖方所能采取的救济措施。换句话说,如果买方没有按合同约定或本节规定履行其付款义务,卖方可以引用第三节的相关规定来维护自己的权利。

第 54 条　支付货款准备义务

Article 54

The buyer's obligation to pay the price includes taking such steps and complying with such formalities as may be required under the contract or any laws and regulations to enable payment to be made.

译文

买方支付货款的义务包括根据合同或任何法律和规章的规定采取这样的措施和办理这样的手续(原译文中无"这样的"),以便能够(原译文中无"能够")进行支付。

目录

正文

1. 调整对象

本条的调整对象依然是买方的付款义务。但与《公约》第 53 条有所不同,第 53 条直接规范了买方的"付款义务",而本条的调整对象仅仅为:买方为了履行其付款义务而应当采取的准备措施,此种措施既包括合同规定的、买方应采取的措施,也包括法律法规规定的买方应履行的手续。前者如出具信用证、提供付款担保、接受对方开出的支票;后者如买方所在国法律规定的用汇申请、外汇汇出审批手续等。①由此可见,采取此种准备措施也构成了买方付款义务的一个组成部分。这一规定也是十分合理的,因为在国际贸易实务中,买方通常并不亲自将货款交付给卖方,相反,通过委托银行协助支付货款。此外,在多数情况下需要使用外汇进行支付,而许多国家对外汇的使用或汇出都作了限制性规定。可见,履行本条意义上的支付准备义务是买方成功支付货款的一个有机组成部分,两者是不可分割的。正因为此,在解决国际商事合同争议的司法实践中,本条也经常为不同国家的法院和仲裁机构所引用,中国国际经济贸易仲裁委员会、法国国际商事仲裁院(ICC)、

---

①　UNCITRAL, *Digest of Case Law on the United Nations Convention on the International Sale of Goods*, 2016, p. 256.

澳大利亚、瑞士、匈牙利和俄罗斯仲裁机构等就曾分别在其作出的判决或裁决中引用了本条规定。但是,不同国家法院对于本条适用条件的看法并不一致:部分国家法院认为它仅仅适用于买方没有履行本条规定的准备义务时;而另一些国家的法院或仲裁机构则认为,即使双方当事人对于买方是否履行本条规定的支付准备义务没有争议,只要买方没有支付货款,本条依然适用。此外,这些法院引用的《公约》的条款并不完全相同,部分判决同时引用第53条和第54条,而部分判决仅仅引用第54条。[1]根据本条规定的字面意思,买方承担准备义务的前提条件是"合同中规定了相关的措施或手续"或"法律和规章中规定了此类措施或手续",下文也将从这两个方面探究本条的适用问题。

2."合同规定的相关措施或手续"

由上可知,买方承担本条下支付准备义务的一个前提条件是"合同中规定了相关的措施或手续"。这一表述从两个方面对买方的付款准备义务进行了限定。其一,限定了买方承担付款准备义务的条件:即双方当事人签订的合同中必须对买方应当履行的准备行为有明确的规定。如果合同中没有此类规定,即使某一行为是买方履行其付款义务所必需的,也不构成本条意义上的违反付款准备义务的行为;其二,限定了买方的付款准备义务的内涵。它具体体现为"进行付款"所必需的相关"措施或手续"。何为这里的"措施或手续"?《公约》对此没有进行界定。理论界和实务界对此的理解并不完全相同。联合国国际贸易法委员会秘书处认为,这里的"措施或手续"包括:要求银行开出信用证、将合同在相应的政府部门或银行进行登记、获取足额外汇。[2]《公约》成员国法院和仲裁机构并不完全认同这一观点,认为:本条中的"措施或手续"除了包括开出信用证以外,还包括提供银行付款担保,接受卖方

---

[1] UNCITRAL, *Digest of Case Law on the United Nations Convention on the International Sale of Goods*, 2016, p. 256.

[2] https://iicl. law. pace. edu/cisg/page/article-54-secretariat-commentary-closest-counterpart-official-commentary,访问时间:2021年6月22日。

开出的汇票。①究竟哪一观点是成立的呢？下文就此进行讨论。

2.1 要求银行开出信用证

由上可知，理论界和实务界一致认为：本条中的"措施或手续"首先是指买方应当要求其开户银行开出有效的信用证。这一观点是十分正确的，两方面的因素决定了这一点：一方面，在国际货物销售中，信用证是合同规定的最常见的付款方式；另一方面，买方在请求银行开出信用证时，确实还没有支付货款。如上所述，只有卖方将合同和信用证要求的单据交付给付款银行，付款银行审查这些单证没有发现任何瑕疵时，该银行才会将货款支付给卖方。可见，请求银行开出有效的信用证确实是买方支付货款所必需的准备行为。

在实务中，国际货物销售合同均规定了价格条款，多数价格条款会从两个方面对信用证付款方式进行规范：一方面，限定买方开出信用证的时间期限，例如"买方应当在出具提单之日起的 90 天内开出不可撤销的信用证"；另一方面，限定通过信用证付款的最低金额，即信用证中注明的付款金额不得低于合同中规定的货款总额。如果买方没有按照合同的规定请求银行开出符合合同规定的信用证，那么，买方的行为便构成了本条意义上的违反付款准备义务，应当承担相应的违约责任。中国国际经济贸易仲裁委员会在 2002 年 2 月审理的中国买方和新加坡卖方之间的货物销售合同争议中便是这样裁定的。在该案中，合同规定买方应当在 2001 年 2 月 18 日开出有效的信用证，但买方没有履行这一义务，仲裁庭裁定买方违反了本条规定。②应指出的是：如果买方仅仅向卖方提交了一份由其银行出具的承诺函，并在该函中声称：在货物检验合格后再开出信用证，买方依然被视为未履行本条规定的准备义务。德国卡塞尔地区法院便持这一观点。在其于 1995 年 9 月审

---

① UNCITRAL, *Digest of Case Law on the United Nations Convention on the International Sale of Goods*, 2016, p. 256.

② China February 4, 2002, CIETAC, CISG/2002/03, https://iicl.law.pace.edu/cisg/case/china-february-4-2002-translation-available,访问时间：2021 年 6 月 17 日。

理的德国卖方和美国买方签订的木质电线杆销售合同纠纷中,合同规定卖方分批向美国买方交付特定数量的木质电线杆,其中的价格条款规定:在双方签订合同后,买方开户银行将向卖方确认,在每次检验完货物的数量后,它应当开出与检验数量相应的信用证,卖方应出具相应的发票,并通过传真发送给买方的开户银行,银行应在每次检验的货物交付前开具与该批货物有关的信用证。在该案中,买方并没有向卖方提交其开户银行出具的确认函。德国法院认为:即使提交了此确认函,买方依然没有履行本条规定的进行付款准备行为义务,因为该确认函既不是付款保证,也与开出不可撤销信用证无关。①

2.2 提供付款担保

联合国国际贸易法委员会秘书处并没有将提供付款担保视为一种合同规定的付款准备行为,但部分成员国法院、仲裁机构却对此持肯定态度。俄罗斯联邦工商总会国际商事仲裁法院在其于 2008 年 5 月审理的俄罗斯卖方和巴哈马买方之间的销售合同纠纷案件中便作出了以上的裁决。在该案中,合同规定卖方应当分批交付货物,买方应当向卖方提供银行出具的付款担保函。在卖方交付了几个批次的货物以后,买方从未向卖方提供上述担保函。俄罗斯仲裁法院据此裁定:买方违反了本条规定的准备义务。②那么,提供付款担保究竟是否属于本条意义上的付款准备行为呢? 答案应该是肯定的,这主要是因为在国际货物销售合同中经常会规定这一义务。在买卖双方第一次进行交易时,由于双方还没有建立起信任基础,在卖方的要求下,合同中通常会规定此种义务,其中最常见的付款担保就是由买方开户行出具的付款担保。

---

① Landgericht[Regional Court], September 21, 1995(11 O 4261/94), https://iicl.law.pace.edu/cisg/case/germany-lg-aachen-lg-landgericht-district-court-german-case-citations-do-not-identify-114,访问时间:2021 年 6 月 20 日。

② The International Commercial Arbitration Court at the Russian Federation Chamber of Commerce and Industry, May 25, 1998, https://iicl.law.pace.edu/case/25-may-1998-tribunal-international-commercial-arbitration-russian-federation-chamber,访问时间:2021 年 6 月 18 日。

另外,买方根据合同规定向卖方提供付款担保,这本身并不是付款行为,而是保证买方能够支付货款的一种准备行为。

2.3　未采取促使银行代为支付货款的措施

在国际货物销售中,付款通常是由买方的开户银行代为进行的。为了履行本条意义上的付款准备义务,买方不仅应该向其开户银行发出代为支付货款的指示,而且应该采取其他措施,例如保证其账户上有足够的用以支付货款的外币。如果他仅仅向其开户银行发出付款指令,要求银行将货款汇付入卖方的账户上,而没有采取其他保证银行能够成功支付货款的措施,那么,他依然构成违反本条意义上的付款准备义务。俄罗斯联邦工商总会国际商事仲裁法院在其审理的德国卖方和俄罗斯买方之间的设备销售合同纠纷案中便持这一观点。在该案中,德国卖方已经将设备交付给了买方,买方也已给其开户银行发出了付款指令。但由于该银行没有足够的外汇,故没有将货款支付至德国卖方的账户。俄罗斯仲裁院最终裁定:尽管俄罗斯买方向其开户银行发出了通知,但他没有采取任何措施确保银行实际支付货款,例如,其账户上既没有足够的外币,他也没有向国家主管部门申请支付货款用的外币,故买方依然违反了本条规定的付款准备义务。①

总之,只要国际货物销售合同中规定了相应的支付货款准备义务,买方便应当采取相应的措施,否则,便违反了本条规定的付款准备义务。在合同约定用某一外币支付货款时,买方的准备义务自然而然包括筹措足够数额的外汇,这不是其开户银行的义务。

3. "法律和规章规定的相关措施或手续"

由上可知,买方不仅应当按照合同规定采取相应的付款准备措施,而且还应当进行"任何法律和规章规定的相关措施或手续"。这里存在着两个应予以澄清的问题:此处的"任何法律和规章"究竟是指什么?此处的"相关措施或手续"又包括哪些内容?下文分别就其进行讨论。

---

① Tribunal of Int'l Commercial Arbitration at the Russian Federation Chamber of Commerce,17-10-1995,www.unilex.info/cisg/case/216,访问时间:2022 年 2 月 8 日。

3.1 "任何法律和规章"的内涵

对于本条中"任何法律和规章"的内涵有两种不同的理解。一种观点认为：它们是指对买方完成支付货款行为产生影响的所有法律法规；另一种观点则认为：它们仅仅是指根据国际私法规则指引应当适用的法律法规。①在这两种观点中，笔者认同第一种观点。此处仅仅采用了"任何法律和规章"这种一般性的表述，而没有采用"应当予以适用的国内法"。后者通常是根据国际私法规定确定应当适用的准据法的另外一种表达方式。从国际贸易实务看，本条中"任何法律和规章"主要包括以下内容：

其一，买方营业地所在国规范外币兑换和汇出的法律法规。许多国家对外币的兑换和汇出依然实施管制，例如我国颁布了《外汇管理条例》，②国家外汇管理局还颁布了《经常项目外汇业务指引（2020年版）》③。这两个法规对外贸企业购买外汇、外汇的汇出、外汇收入的管理有着明确的规定，我国出口企业必须首先办理《经常项目外汇业务指引（2020年版）》第二节规定的手续，例如该节第9条规定，应按照"谁出口谁收汇、谁进口谁付汇"原则办理货物贸易外汇收支业务，然后才能实现货款支付。④

其二，卖方营业地所在国规范外汇收支的法律法规。除了买方营业地所在国规范外汇收支的法律法规以外，本条意义上的"任何法律和规

---

① Schlechtriem/Mohs, *Kommentar zum Einheitlichen UN-Kaufrecht——CISG*, 2019, 7. Aufl. S. 1008.

② 1996年1月29日中华人民共和国国务院令第193号发布，根据1997年1月14日《国务院关于修改〈中华人民共和国外汇管理条例〉的决定》修订，2008年8月1日国务院第20次常务会议修订通过，http://www.gov.cn/zwgk/2008-08/06/content_1066085.htm，访问时间：2021年6月25日。

③ 《国家外汇管理局关于印发〈经常项目外汇业务指引（2020年版）〉的通知》，http://www.safe.gov.cn/safe/2020/0831/17002.html，访问时间：2021年6月25日。

④ 《经常项目外汇业务指引（2020年版）》，http://www.safe.gov.cn/safe/file/file/20200831/f0127756271c43ef9b3908d5d157bd91.pdf? n = 1.% E7% BB% 8F% E5% B8% B8%E9%A1%B9%E7%9B%AE%E5%A4%96%E6%B1%87%E4%B8%9A%E5%8A%A1%E6%8C%87%E5%BC%95%EF%BC%882020%E5%B9%B4%E7%89%88），访问时间：2021年6月25日。

章"还包括卖方所在国规范外汇收支的法律法规。因为进口国的此类法规同样会对买方的货款支付产生影响。例如,我国《外汇管理条例》第 12 条规定,经常项目外汇收入,可以按照国家有关规定保留或者卖给经营结汇、售汇业务的金融机构。再如,上述《经常项目外汇业务指引(2020年版)》第 10 条规定,企业办理货物贸易外汇收入,可自主决定是否开立出口收入待核查账户。企业货物贸易外汇收入可先进入出口收入待核查账户,也可进入企业经常项目外汇结算账户或结汇。[1]据此,在买方为外国公司时,该公司是否能够成功支付货款取决于我国卖方是否开设了上述"收入待核查账户"或"经常项目外汇结算账户"。但是,客观地分析,卖方所在国规范外汇收支法律规定的准备行为原则上必须由卖方实施。另外,卖方应该将这些规范的具体规定告知买方,并对买方提出的询问或要求予以配合。卖方承担上述告知义务的基础是买卖双方之间存在的一般性合作义务。[2]如果卖方没有履行上述告知义务,根据《公约》第 80 条规定,他便不承担因为履行支付义务而产生的法律责任。

3.2　"相关措施或手续"的内涵

对于法律、法规规定的"相关措施或手续"的内涵,《公约》没有规定。但由上可知,此类措施或手续包括买卖双方营业地所在国外汇管理法规规定的相关手续,它们具体包括开设外汇账户、将已经签订的买卖合同向相关的银行或管理机构办理登记手续、申请办理购汇手续、委托银行付款等。其中最重要的准备行为包括以下两项:

其一,获得足额的支付货款所需的外币。国际货物销售合同通常会对支付货款所用的货币作出明确的规定。如果买方营业地所在国的

---

[1]　《经常项目外汇业务指引(2020 年版)》,http://www.safe.gov.cn/safe/file/file/20200831/f0127756271c43ef9b3908d5d157bd91.pdf? n = 1.％ E7％ BB％ 8F％ E5％ B8％ B8％ E9％ A1％ B9％ E7％ 9B％ AE％ E5％ A4％ 96％ E6％ B1％ 87％ E4％ B8％ 9A％ E5％ 8A％ A1％ E6％ 8C％ 87％ E5％ BC％ 95％ EF％ BC％ 882020％ E5％ B9％ B4％ E7％ 89％ 88),访问时间:2021 年 6 月 25 日。

[2]　Schlechtriem/Mohs, *Kommentar zum Einheitlichen UN-Kaufrecht—CISG*, 2019, 7. Aufl. S. 1008.

法定支付货币与合同规定的支付货币不同，而且该国是一个实行外汇管制的国家，那么，买方便必须按照该国的外汇管理法的规定购买足额的支付货款所需的外币。联合国国际贸易法委员会秘书处也持这一观点。[①]这一观点无疑是正确的，因为在合同规定用某一外币支付货款，而且买方所在国又实施外汇管制的情况下，购买足够的外币，显然是买方应尽的一个准备义务，否则他根本无法履行支付货款义务。国际商事仲裁裁决也肯定了这一点。俄罗斯联邦工商总会国际商事仲裁法院于 1995 年 10 月 5 日审理了德国卖方和俄罗斯买方之间的销售合同纠纷案。在该案中，双方于 1989 年 6 月 28 日签订了某设备销售合同，货物的总价为 701 783.00 德国马克。德国卖方已经于 1990 年 4 月 27 日交付了合同的设备，并向买方交付了发票。买方承认收到了货物和发票，同时他也已经向苏维埃对外经济银行发出指令，要求该银行将发票中注明的金额转入德方账户，但该银行以当时苏联没有外币为由拒绝执行这一指令，买方也因此没有支付货款。德国卖方指控买方没有履行本条规定的准备行为义务，而买方则否认这一点，因为他已经向银行发出了支付指令，所以已履行了本条下的付款准备义务。俄罗斯仲裁法院最终支持了德国卖方的诉讼请求，其理由是：买方除了向银行发出通知要求银行将合同规定的货款转至德方账户以外，既没有设法购得相关的外币，也没有采取任何能够保证其履行付款以外的措施或步骤，苏联没有足够的外汇储备并不构成买方的免责事由，因而买方的行为违反了本条下的付款准备义务，并应承担相应的赔偿责任。[②]

其二，向所在国主管部门提出将货款汇出申请。在实施外汇管制

---

① Article 54：Secretariat Commentary，https://iicl.law.pace.edu/cisg/page/article-54-secretariat-commentary-closest-counterpart-official-commentary，访问时间：2021 年 6 月 22 日。

② The International Commercial Arbitration Court at the Russian Federation Chamber of Commerce and Industry，October 17，1995，https://iicl.law.pace.edu/cisg/case/17-october-1995-tribunal-international-commercial-arbitration-russian-federation-chamber，访问时间：2022 年 2 月 9 日。

的国家中,向第三国汇出任何外币都必须得到批准。所以,向所在国主管部门提出将货款汇出国外的申请也构成本条中"任何法律和规章中准备行为"的一项内容。①这一准备行为具体包括:将买卖合同、发票、进口报关单、进出境备案清单、运输单据、保税核注清单等有效凭证和商业单据交付给银行或审核部门等,并提出将货款汇出境外的申请。

4. 买方履行准备行为义务的界限及其相关的法律责任

根据上文分析,买方必须履行合同或法律法规规定的付款准备义务,以便他最终能够成功地向卖方支付货款。但这里存在着两个相互的问题:即买方是否必须保证其采取的准备措施会产生相应的法律后果? 如果不承担这一担保责任,那么,在买方已经采取了本条规定的准备措施,但依然没有支付货款时,买方是否应当承担相应的责任?

4.1 买方的担保责任

买方是否应当担保其采取的准备措施一定会取得相应的效果? 这一问题关系到买方是否应当对其准备行为没有取得应有效果承担法律责任。举例来说,在合同规定买方应当向卖方提供银行出具的付款担保函时,买方在事实上已经向银行提出了相关的申请,但银行依然可以作出拒绝决定;同样,在买方向主管机构或银行提出购汇或汇款申请时,其申请也可能被拒绝;上述情形自然会进一步影响货款的支付问题。对这一问题,学界和实务界有着不同的看法,联合国国际贸易法委员会秘书处认为:买方并不保证其要求银行出具信用证、向国家主管机构申请使用外汇的努力一定会取得成功。②而实务界则认为,应当根据是合同还是法律规定的准备措施而予以区别对待。如果属于合同规定的准备义务,买方应当保证其成功;如果属于法律规定的措施,买方并

---

① Article 54:Secretariat Commentary, https://iicl. law. pace. edu/cisg/page/article-54-secretariat-commentary-closest-counterpart-official-commentary,访问时间:2021 年 6 月 22 日。

② Article 54:Secretariat Commentary, https://iicl. law. pace. edu/cisg/page/article-54-secretariat-commentary-closest-counterpart-official-commentary,访问时间:2021 年 6 月 22 日。

不担保其努力会取得成功。①以上两种观点均是不成立的。如果买方无需保证其采取的准备措施会取得成功,便意味着:只要他采取了相应的准备措施,即使最终未能支付货款,这也不属于违约行为,买方无需对此责任。这些显然与《公约》第53条等规定的买方义务和第61条等规定的违约责任不相符。

4.2 买方采取的措施未产生应有效果时的法律责任

由上可知,买方对其采取的措施承担着担保成功的责任。既然如此,在买方已经要求银行出具支付担保,或向主管部门提出用汇申请,但其申请没有得到银行或主管部门的批准时,他便应当承担相应的法律责任。由于这通常意味着买方未能在合同规定的期间里支付货款,他无疑应当根据《公约》第61条等规定承担相应的法律责任。俄罗斯联邦工商总会国际商事仲裁法院在上述德国卖方和俄罗斯买方之间的设备销售合同纠纷案中也裁:根据本条规定,只要买方没有支付货款,不论这是由何种原因造成的,买方都应当承担相应的法律责任,除非在相关的案件中具备了《公约》第79条规定的免责条件。②

5. 本条和《公约》第53条的关系

就买方的支付义务而言,《公约》第53条和本条有着完全不同的调整对象。前者的调整对象是支付货款义务本身,而后者的规范对象是与履行支付货款义务相关的准备行为,而且履行这些准备行为是支付货款的前提条件。但是,就违约责任而言,违反这两条所产生的法律责任并无差异。即使买方仅仅没有采取本条意义上的付款准备措施,从而违反该条规定,也并不被认为仅仅构成《公约》第71条至第73条意义上的预期违约,相反,国际学界认为这在本质上已经构成了第53条

---

① UNCITRAL, *Digest of Case Law on the United Nations Convention on the International Sale of Goods*, 2016, p. 256.

② The International Commercial Arbitration Court at the Russian Federation Chamber of Commerce and Industry, October 17, 1995, https://iicl.law.pace.edu/cisg/case/17-october-1995-tribunal-international-commercial-arbitration-russian-federation-chamber, 访问时间:2022年2月9日。

未履行支付货款义务。[①]这一观点是成立的。尽管本条规定了独立的义务要件,但是,在买方没有履行该条规定的义务或履行行为没有产生相应的法律效果时,其引发的法律后果与买方没有履行第 53 条下的支付货款义务相同。所以,在这两种情况下,卖方均可以采取第 61 条至第 64 条规定的救济措施。

国际商事合同法界的司法或仲裁实践也证明了这一点。在因买方未履行本条规定的付款准备义务而导致买方没有支付货款的合同纠纷中,有许多法院单独引用本条规定判定买方应当承担相应的法律责任,也有许多法院、仲裁机构同时引用《公约》第 53 条和本条规定作出上述判决;还有部分法院甚至判定,在买方没有支付货款时,即使双方当事人对买方是否采取本条意义上的付款准备措施没有争议,它们依然会引用本条的规定要求买方承担没有支付货款的法律责任。这表明,无论是违反第 53 条下的货款支付规定,还是不履行本条下的采取付款准备措施义务,它们的法律结果相同。

第 55 条 价格的确定

Article 55

Where a contract has been validly concluded but does not expressly or implicitly fix or make provision for determining the price, the parties are considered, in the absence of any indication to the contrary, to have impliedly made reference to the price generally charged at the time of the conclusion of the contract for such goods sold under comparable circumstances in the trade concerned.

---

① Schlechtriem/Mohs, *Kommentar zum Einheitlichen UN-Kaufrecht—CISG*, 2019, 7. Aufl. S. 1010. Article 54: Secretariat Commentary, https://iicl.law.pace.edu/cisg/page/article-54-secretariat-commentary-closest-counterpart-official-commentary, 访问时间:2021 年 6 月 22 日。

译文

如果一合同已有效地订立,却没有明示或暗示地确定货物的价格,或者明示或暗示地规定确定价格的方法(原译文为:"规定如何确定价格"),应视为双方当事人已默示地引用了在订立合同时此种货物在类似的贸易环境中通常应该支付的价格(语序调整),但存在任何相反的意思表示者除外。

目录

正文

1. 调整对象

本条的调整对象是在合同已经有效签订但没有约定货物价格时查明货物价格的方法。通过本条的规定,《公约》制定者也规范了以下两个问题:其一,在合同双方对货物价格没有达成合意时,合同是否有效订立? 本条对这一问题也给出了一个简明的答案:是的。实际上合同已经有效订立也是适用本条规定的一个前提条件。其二,在此类合同有效订立时,如何查明买方应当支付的价格? 下文将分别讨论在适用本条过程中遇见的合同订立时"没有明示或暗示地确定货物的价格""此类合同的效力"和"确定价格的方法"。但在进行相关讨论前,有必要论述本条与《公约》第 14 条的关系及其产生背景,纳入本条的必要性,以便读者对本条的立法目的有更全面的理解。

2.《公约》第 14 条第 1 款与本条的关系

由上可知,《公约》第 14 条第 1 款已经明确规定:要约中必须明示或默示规定货物的价格。这就引发了本条和第 14 条第 1 款的关系问题,下文将从三个方面讨论这两个条款之间的关系。

2.1 设置本条的必要性

根据《公约》第 14 条第 1 款的规定,构成要约的一个前提条件是订立合同建议的内容必须足够明确具体,尤其必须明示或暗示地确定了货物的价格或明示或者暗示地规定了确定价格的方法。这意味着:订立合同的建议中如果没有标明价格,或者没有规定确定价格的方法,它便不是《公约》意义上的要约。即使对方对此表示"承诺",双方之间也不可能产生合同。据此分析,根本不可能出现在没有约定价格情况下订立了合同的情况。由此看来,本条规定是多余的。

尽管如此,《公约》设置本条依然是十分必要的。尽管在国际贸易实务中,大多数合同中均明确规定了价格,或规定了确定价格的方法,但还是经常存在着一些没有提及价格的例外情况。从《公约》第二部分"合同的订立"的条款看,《公约》仅仅规范了双方当事人通过"要约"和"承诺"这种签订合同的方式:即在签订合同过程中,双方当事人进行了信息沟通,如果其中一份信息符合了《公约》第 14 条的规定,它便构成了"要约";如果另一份信息具备了第 18 条第 1 款或第 19 条第 2 款规定的要件,它便构成了"承诺"。在国际贸易实务中,虽然这是一种常见的订立合同方式,但是,还存在着大量其他订立合同方式:例如,买卖双方当事人约定在东京某酒店见面,并通过面对面的谈判直接商定合同条款;或者双方当事人通过来往的信件签订了合同,但人们无法确定哪个信息是要约、哪个是承诺。以上方式有着一个共同的特征:合同已经订立,但不存在《公约》意义上的要约和承诺。如果《公约》第二部分条款并没有规范此类订立合同的方式,显然不能根据该部分规定来裁定合同是否订立的问题。①另外,从国际贸易的实务看,也确实存在着双方已经开始履行合同义务但合同却没有确定货款的实例,而本条则弥补了上述《公约》缺陷。

2.2 与第 14 条第 1 款的冲突及其产生背景

上文的论述也表明在《公约》第 14 条第 1 款和本条之间应该存在着一定的冲突。因为根据第 14 条第 1 款的规定,订立合同的建议中如果没有标明价格,或者没有规定确定价格的方法,它便不是要约,因此也不可能出现合同;而根据本条规定,即使"没有明示或暗示地确定货物的价格,或者明示或暗示地规定确定价格的方法",合同依然可以有效订立,本条中"如果一合同已有效地订立"这一表述十分清楚地表明了这一点。由此可见,在第 14 条第 1 款和本条之间存在着冲突。

那么,为什么在维也纳外交会议上的与会代表会将此两条相互矛盾的条款纳入同一《公约》中呢? 除了国际贸易实务对这两个条款存在着客观的现实需要以外,另一个重要原因是主要成员国国内法对以下问题作出了不同的规定:在合同双方对货物价格没有达成明示或默示协定时,合同是否有效订立? 法国《民法典》第 1583Cc 条规定,买卖双方对货物的价格达成协议,这是合同有效订立的一个前提条件。由于受法国法的影响,西班牙法和墨西哥法也继受了法国《民法典》的上述规定。而德国法和斯堪的纳维亚国家的法律却规定,在这种情况下卖方有权决定货物的价格;包括英国、美国在内的普通法和瑞士法的规定则比较灵活:在这种情况下视为双方默示适用适当的价格或市场价格。②可见,在《公约》中设置本条是不同国家的不同国内法规定之间妥协的结果。

---

① John O. Honnold, *Uniform Law for International Sales under the 1980 United Nations Convention* 3rd edition(1999), p. 167/319, https://iicl.law.pace.edu/sites/default/files/bibliography/honnold_0.pdf,访问时间:2021 年 6 月 27 日。

② Schlechtriem/Mohs, *Kommentar zum Einheitlichen UN-Kaufrecht—CISG*, 2019, 7. Aufl. S. 1013.

2.3　第 14 条和本条的优先适用问题

第 14 条和本条之间的冲突不仅是一个单纯的理论问题,它也会带来在《公约》适用上的困惑。即在合同中没有明示或默示规定价格时,究竟应当优先适用哪个条款:第 14 条第 1 款还是本条? 国际贸易法学界对此有不同看法。一种观点认为本条应当优先适用,其理由是:第14 条第 1 款规范的是要约,而本条调整的是合同,在合同没有涉及价格而依然订立时,便应当适用本条。①另一种观点认为:第 14 条第 1 款应当优先适用。②究竟哪种观点是成立的呢? 笔者认为没有一个绝对的答案,而应该根据具体情况予以具体分析。影响优先适用哪一个条款有多种因素,主要因素有以下两个:

第一,成员国是否承认《公约》第二部分规定。在加入《公约》时,部分成员国表明它们不承认第二部分条款的效力。丹麦、芬兰、冰岛、挪威和瑞典便声明,如果一方当事人的营业地在这些国家境内,《公约》不适用于该当事人签订的销售合同的订立。③据此分析,如果合同一方当事人在以上国家设有营业地,而且该当事人订立的合同中没有明示或默示确定货物的价格,那么,便不应适用第 14 条,因为这些国家不承认《公约》第二部分条款。相反,应优先适用位于第三部分的本条。

第二,成员国国内法是否承认:在合同中没有明示或默示确定价格或规定确定价格的方法时,此类买卖合同是否有效? 根据《公约》第 4条的规定,《公约》并不规范合同的效力,这样便应由相关国家的国内法来进行分析判断。由上可知,英美普通法国家均承认此类合同的效力。我国国内法同样如此。我国《民法典》第 511 条第 2 款明确规定,在价款或者报酬不明确时,按照订立合同时履行地的市场价格履行;依法应当执行政府定价或者政府指导价的,依照规定履行。如果合同一方当

---

①　Bianca/Bonell/Eörsi, *Commentary on the International Sales of Law*, p. 407.

②　Schlechtriem/Mohs, *Kommentar zum Einheitlichen UN-Kaufrecht—CISG*, 2019, 7. Aufl. S. 1015.

③　https://uncitral. un. org/en/texts/salegoods/conventions/sale _ of _ goods/cisg/status,访问时间:2021 年 6 月 29 日。

事人的营业地在我国或普通法国家,由于这些国家国内法承认此类合同的效力,那么,应当优先适用本条规定。联合国国际贸易法委员会秘书处也持这一观点。①如果根据国际私法规则将上述国家的法律作为解决争议的法律,那么,同样优先适用本条规定。反之,对于那些不承认此类合同效力的国家,自然应当优先适用《公约》第14条第1款的规定。

可见,对于究竟应当优先适用哪个条款,没有统一的标准答案,应该在具体的个案中根据具体的情况予以具体分析。

3. 本条的适用条件

适用本条应当同时具备两个前提条件。根据本条前半句的规定,这两个前提条件分别是"合同已经有效地订立"和"没有明示或暗示地确定货物的价格"。下文分别就此展开进一步的分析。

3.1 合同已经有效订立

适用本条的一个前提条件是"合同已经有效订立",本条"如果一合同已经有效地订立"这一表述明确表明了这一条件。瑞士商事法院在2005年12月22日和捷克共和国最高法院在2008年6月25日分别作出的判决中均肯定了这一点。②这表明:如果双方当事人之间没有订立有效的合同,那么,本条便不适用。这一解释是符合本条的立法原意的,因为本条的调整对象并不是合同是否经"有效订立",而是在已经"有效订立"时查明货物价格的方法。正因为本条的一个适用条件是"合同已经有效订立",由此产生了十分重要的问题:即判断合同是否"已经有效订立"的依据是什么? 这是一个必须澄清的问题。只有首先查明合同是否"已经有效订立"后,才能考虑是否要适用本条查明货物的价格。

---

① Article 55:Secretariat Commentary,https://iicl. law. pace. edu/cisg/page/article-55-secretariat-commentary-closest-counterpart-official-commentary,访问时间:2021年6月29日。

② UNCITRAL, *Digest of Case Law on the United Nations Convention on the International Sale of Goods*, 2016, p. 261.

（1）学界和实务界的观点

对于究竟应该依据《公约》还是国内法来查明"合同的有效订立"，国际商事合同法学界和实务界有以下两种对立的观点：

第一，以《公约》作为判断依据。这一观点认为：应适用《公约》尤其应该适用第 14 条规定来分析判断，其理由是《公约》在第 14 条基础上增加的本条的规定已经排除了国内法的适用。这一观点的代表性人物是德国学者莫司。①司法实务界的主流观点认为应当适用《公约》规定来审查合同的有效订立问题。瑞士、德国、俄罗斯、奥地利等国法院，法国国际商事仲裁院等都在其作出的判决或裁决中持这一观点。②尽管司法实务界的主流均认为应当将《公约》第 14 条、第 18 条等条款作为判断依据，但仔细分析，它们的判决结果也有本质的区别：

首先，在价格不明时依然适用《公约》第 14 条、第 18 条等规定分析合同的有效订立，适用本条规定的方法查明价格。2007 年 4 月 27 日，瑞士上诉法院审理了意大利卖方和瑞士买方之间的厨房设备销售合同纠纷案。在该案中，买卖双方当事人已经存在着业务合作关系。2002 年 3 月 8 日（星期五），买方酒店厨房用的烤箱发生故障，因为正值业务旺季，买方于是紧急求助卖方，在没有提到价格的情况下请他提供一个新烤箱。卖方向买方告知了烤箱的牌子和型号，但未提到价格。买方表示接受，并要求卖方尽快交货。3 月 9 日，卖方交付了烤箱，但由于烤箱体积较大、厨房门较小，当天未能搬进厨房。双方于是同意推迟安装，并将烤箱存放在酒店中，3 月 31 日，酒店的员工设法将烤箱搬进厨房，安装好烤箱，但在这一过程中，损坏了烤箱的手柄杆。数天后，卖方才修理好手柄杆，烤箱才投入正常使用。此后卖方要求买方支付 10 000 多欧元的货款及延迟付款的利息，而买方则要求卖方承担延迟和修理损坏部件的费用，双方由此发生争议。瑞士法院最终作出判决：

---

① Schlechtriem/Mohs, *Kommentar zum Einheitlichen UN-Kaufrecht—CISG*, 2019, 7. Aufl. S. 1017.

② UNCITRAL, *Digest of Case Law on the United Nations Convention on the International Sale of Goods*, 2016, pp. 261—262.

尽管在双方的交流过程中,均没有提及烤箱的价格,但根据《公约》的规定,这并不影响合同的有效订立。一方面是因为双方已经订立的合同:买方在没有提及价格便要求卖方供应货物,这构成了要约邀请;卖方同意在价格不确定的条件下交付货物的行为则构成了要约;买方接受并使用交付的货物则构成了承诺。另一方面是因为在这种情况下可以根据本条规定查明该货物的价格,它通常是指在签订合同时卖方所在国在类似情况下销售此类货物所应当支付的价格。①瑞士上诉法院的这一观点得到许多其他法院的支持,德国新布朗登堡州地区法院、瑞士圣加仑地区法院、奥地利格拉茨地区民事法院、奥地利最高法院也持类似的观点。②

其次,在价格不明时,法院便根据《公约》第14条的规定判定买卖双方之间因为没有有效的要约没有订立合同,进而根本没有适用本条的空间。匈牙利布达佩斯最高法院在审理美国卖方和匈牙利买方之间的飞机发动机销售合同纠纷案中便持这一观点。在该案中,双方经过长期的谈判,签订了合作意向书。意向书表明:匈牙利买方有意向美国卖方购买两台飞机发动机以替换其飞机上的旧发动机。但无论在卖方向买方发出的信件中,还是买方向卖方回复的信件中,均没有提及发动机的价格。所以,针对美国卖方提起的要求匈牙利买方履行合同义务的诉讼请求,匈牙利上述法院驳回了美国卖方的诉讼请求:尽管双方交流的信件中列明了供买方选择的飞机发动机型号,但没有表明价格,所以不具备第14条意义上的要约,因而双方没有签订合同。③

第二,以国内法作为判断依据。这一观点认为:可以适用相关国家

① Switzerland April 27, 2007 Tribunal Cantonal〔Appellate Court〕(Kitchen Equipment Case),https://iicl.law.pace.edu/cisg/case/switzerland-tribunal-cantonal-appellate-court-du-jura-16,访问时间:2021年6月30日。

② UNCITRAL, *Digest of Case Law on the United Nations Convention on the International Sale of Goods*, 2016, pp. 261—262.

③ Supreme Court Hungary September 25, 1992,https://iicl.law.pace.edu/cisg/case/hungary-legfelsobb-b％C3％ADr％C3％B3s％C3％A1g-supreme-court-united-technologies-international-inc-pratt-and,访问时间:2021年6月30日。

的国内法来进行分析判断。美国学者约翰·霍诺德认为：偏离《公约》规定适用国内法来确定合同是否有效订立，这虽然是不幸的，但是可以接受的。因为本条的修改历史表明：进行相关的修改是为了方便适用国际私法规则指引适用的国内法，以便确定合同的效力。①俄罗斯联邦工商总会国际商事仲裁法院也支持这一看法：只有首先根据国际私法规则指引适用的国内法查明当事人是否可以订立没有确定价格的合同，在他们有权订立此类合同时，才应该适用本条规定查明买方应当支付的价格。②

（2）对学界和司法实务界观点的评析

在上述不同的观点中，究竟哪种是成立的呢？要回答这一问题，必须首先分析本条"合同已经有效订立"这一表述的语义，而且要系统分析《公约》第 14 条等条款以及它们之间的关系。

第一，"合同已经有效订立"的内涵。根据这一表述的字面意思，它应该包括以下两方面的内容：即合同是否订立和订立的合同是否有效。在国内法中，这是两个不同的问题：前者是指双方当事人就合同的主要条款达成合意，这标志着合同的成立；后者是指已经订立的合同是否对当事人产生法律约束力。合同的订立并不一定等于合同有效。例如，我国《民法典》第 502 条第 1 款明确规定："依法成立的合同，自成立时生效，但是法律另有规定或者当事人另有约定的除外。"据此分析，在通常情况下，合同于成立时生效，但例外情形下，合同在成立时并不生效。根据我国《民法典》的相关规定，此种例外情形有：法律、法规规定合同应该办理批准等手续的（《民法典》第 502 条第 2 款）、当事人的行为"违反法律、行政法规的强制性规定，违背公序良俗"（《民法典》第 143 条）、当事人无行为能力（《民法典》第 144 条）、当事人意思表示不真实（《民

---

① John O. Honnold, Uniform Law for International Sales under the 1980 United Nations Convention 3rd edition(1999)，p. 168/319，https://iicl.law.pace.edu/sites/default/files/bibliography/honnold_0.pdf，访问时间：2021 年 6 月 27 日。

② UNCITRAL, *Digest of Case Law on the United Nations Convention on the International Sale of Goods*，2016，pp. 261—262.

法典》第146条）等。①其他国家的国内法中也有类似的规定。由此可见，在国内法的语境下，合同的订立和合同的生效是两个不同的问题，合同的订立不等于合同的生效。

第二，在《公约》语境中，合同订立和合同效力也分属两个不同的问题，而且它们并非都属于《公约》的规范对象。首先，《公约》第4条已经将合同的订立与合同的效力区分开来。因为该条第1句明确规定，《公约》仅仅规范合同的订立；而且其第2句进一步规定，除非本《公约》另有明确的规定，《公约》不涉及合同及其条款效力问题。由此可见，《公约》本身也将合同订立和合同效力视为两个不同的问题。其次，《公约》第4条也区分了《公约》和国内法的规范对象：即《公约》规范合同的订立问题，而国内法则规范已订立合同的有效性问题，第4条两句的字面意思十分清晰地表明了这一点。

第三，《公约》中规范合同订立的条款。《公约》中规范合同订立的条款位于其第二部分，即从第14条至第24条。其中对明示或默示表明价格的要求规定在第14条中。根据对第14条及该部分其他条款的分析，如果双方当事人没有明示或默示约定价格，合同不能订立。但根据《公约》的体系在分析合同是否订立时，除了分析第14条等条款以外，还应当考虑《公约》第6条的规定：该条授权当事人可以减损第14条的效力。这意味着当事人完全可以偏离第14条的规定，在不明示或默示约定价格情形下订立合同。

第四，没有确定价格的合同有效性问题。根据上文分析，合同订立后，其是否有效，这并不是《公约》的规范对象，而应当根据有关国家的国内法来进行审查。就没有明示或默示规定货物价格的此类合同是否有效这一问题，成员国对此的规定并不相同。究竟适用哪个国家的国

---

① 《中华人民共和国民法典》已由中华人民共和国第十三届全国人民代表大会第三次会议于2020年5月28日通过，现予公布，自2021年1月1日起施行，https://www.pkulaw.com/chl/aa00daaeb5a4fe4ebdfb.html？keyword＝《民法典》，访问时间：2021年7月2日。

内法作为审查标准,应当根据相关的冲突法规则予以查明。

根据以上分析,我们可以得出这样一个结论:上述学界和实务界中的主流观点虽有一定的道理,但是依然存在一定的片面性:其根据《公约》第 14 条等条款来审查合同的订立是成立的,但其根据同样的条款来判断合同的效力是不符合《公约》第 4 条的规定的。

3.2　没有明示或暗示地确定货物的价格①

适用本条的另一个前提条件是已经订立的合同中"没有明示或暗示地确定货物的价格,或者明示或暗示地规定确定价格的方法"。这不仅指合同中没有明确规定货物价款或查明价格方法的情形,还包括没有暗示地规定货物价格或查明价格方法的情形。从司法实践看,即使合同中没有明确规定确定价格的方法,而仅仅约定由双方当事人在未来某一时间点约定价格,也属于本条意义上的"没有明示或暗示地确定货物的价格"。例如,德国诺伊布兰登堡州法院在其于 2005 年 8 月审判的德国买方和比利时卖方之间的水果和蔬菜销售合同纠纷中便持这一观点。在该案中,经过双方口头谈判,卖方致函买方称确认买方提出以"樱桃上市季节时确定的价格"条件购买 40 万罐去核酸樱桃的建议。其间德国买方以卖方建议的季价购买了特定数量的樱桃,后来比利时卖方要求德国买方接受剩余的樱桃,德国买方以没有约定价格为由拒绝。德国上述法院支持了比利时卖方的主张。尽管"樱桃上市季节时的价格"没有确定货物的价格,但这并不妨碍合同的有效订立,在这种情况下应当适用本条的规定查明:卖方的樱桃上市季节价格究竟是多少。②

3.3　小结

在具备以上两方面的条件时,便适用本条规定。当然,由上可知,在合同没有明示或暗示规定货物价格时,有些法院或仲裁机构判定合同已经订立,而有些则判定合同没有订立。但仔细分析,还有一个重要

---

①　参见本书第 14 条中之论述。

②　LG Neubrandenburg 3. 8. 2005,www.unilex.info/cisg/case/1097,访问时间:2022 年 2 月 9 日。

的规律：如果在这种情况下双方已经履行合同义务，而且在履行之前，任何一方对合同的订立表示异议，那么，法院或仲裁机构通常会判定争议的合同已经有效订立。无论是上文提到的瑞士上诉法院于 2007 年 4 月 27 日审理的意大利卖方和瑞士买方之间的厨房设备销售合同纠纷案，还是德国诺伊布兰登堡州法院于 2005 年 8 月审理的德国买方和比利时卖方之间的水果和蔬菜销售合同纠纷，均是如此。在瑞士上诉法院审理的案件中，合同已经得到了完全的履行，双方对于支付货款的数额无法达成协议；在德国法院审理的案件中，德国买方已经接受了比利时卖方交付的部分货物而且就该部分货物支付了相应的货款。反之，如果合同还没有履行，或者说在履行前双方已经对合同是否有效订立发生了争议，那么，法院或仲裁机构则通常会判定合同还未有效订立，在上文提及的匈牙利最高法院审理的美国卖方和匈牙利买方之间的飞机发动机销售合同纠纷中，便是如此。在合同已经得到履行或部分履行时，判定合同已经有效订立，无疑是成立的，因为《公约》允许订立没有确定价格的合同，而且规定了这种情况下查明价格的方式。另外，在这种情况下，也通常不具备宣告合同无效的条件，因为合同当事人一般难以履行《公约》第 82 条规定的按照收到货物时的原状退还货物义务。由于没有确定价格，双方当事人对合同是否订立发生争议，此时法院判定合同未有效订立也符合《公约》规定——这表明：双方在是否签订一个没有标明价格的合同方面不存在合意。

4. 确定价格的方法

在具备本条规定的上述适用条件下，会产生何种法律后果呢？本条后半句回答了这一问题：其法律后果便是"应视为双方当事人已默示地引用了在订立合同时此种货物在类似的贸易环境中通常应该支付的价格，但存在任何相反的意思表示者除外"。据此分析，该句实际上规定了两种查明价格的方法，即通常方法和例外方法。下文将分别对此进行论述。

4.1 通常方法

"通常方法"是指在同类情形下通常采用的方法，"应视为双方当事人已默示地引用了在订立合同时此种货物在类似的贸易环境中通常应该支付的价格"这句话中确定了这一方法。从这一规定的文义中,我们可以得出以下结论:首先,这里要查明的是一个"虚拟交易,而不是真实交易"的价格,"此种货物在类似的贸易环境中通常应该支付的价格"表明了这一点。这一规定也提出一个客观要求,即"虚拟交易"应当与争议合同蕴含的真实交易相似;其次,为了保证"虚拟交易"与"真实交易"的相似性,本条又规定了查明"虚拟交易"货价时所应考虑的三个客观要素:同类货物要件、时间要件和类似贸易环境要件;最后,本句中"应该支付的价格"只是进行"虚拟交易"所应该支付的市场价格,这一价格并不是由任何一方当事人单方面决定的,而是依据上述客观要素查明的市场价格决定的。《公约》设定以上客观要素的目的是保护买方利益,防止卖方单方面确定价格,进而要求买方支付过高的价格。当然这一限制也有对买方不利的一面:如果卖方愿意以低于市场价格出售产品时,上述客观要素也限制了这种可能性。[①]为了更好地理解本条规定的常用方法,也为了保证查明市场价格的客观性和公正性,有必要详细讨论本条规定的查明价格时所应参考的三个客观要素:

(1) 同类货物要件

这是指应当找一个与争议合同下相同货物的市场价格作为参考价。本条中"此种货物……通常应该支付的价格"这一表述表明了这客观要素。仔细分析,这一要素涉及了既有区别又密切相关的不同方面:首先,应当寻找与合同交易标的同类货物。例如,如果争议合同的标的是一级棉花,那么,就应寻找同样属于一级的棉花,而不能是二级棉花,更不能是棉花籽或土豆。其次,需要查明该相同货物的市场价格。由此产生了一个相关问题:何地的市场价格? 是卖方营业地的市场价格,还是货物交付地的市场价格? 对于这一问题存在着两种不同的看法。司法实务界的主流观点认为:应当参考卖方营业地的市场价格;[②]学界则

---

①　Schlechtriem/Mohs, *Kommentar zum Einheitlichen UN-Kaufrecht—CISG*, 2019, 7. Aufl. S. 1018.

②　UNCITRAL, *Digest of Case Law on the United Nations Convention on the International Sale of Goods*, 2016, p. 261.

认同另一种观点:应当引用《公约》第76条第2款的规定优先参考卖方应该履行交货义务地的市场价格。只有在该"应该交货地"没有相应市场价格时,才可以考虑其他替代地点的市场价格。[①]在以上两种观点中,究竟哪种观点是成立的呢? 这两种观点均有其合理性,也有其不合理性。就第一种观点而言,如果卖方的营业地和其实际交货地一致,则这一观点是合理的,因为他通常在该地采购货物。反之,如果他并不是货物的生产者或制造者,而是向位于其他地区的公司购买货物,并将这些货物转售给买方,这样卖方营业地的市场价格并不能真实反映该货物的实际市场价格,所以,这一观点便是不合理的。就上述第二个观点而言,也有其合理的一面:在卖方实际交货地点和合同规定的交货地点不一致时,实际交货地点同类货物的市场价格更能客观反映合同下货物的价格;但它允许卖方单方面改变交货地点,这一观点便不合理。它过分考虑了卖方的利益,而忽视了买方的利益。有鉴于此,笔者认为:在卖方营业地与交货地点一致时,应当参照卖方营业地的市场价格。如果两者不一致时,应当参照合同规定的交货地点的市场价格。

最后,在查明相同货物在特定地点的市场价格时,通常不会遇到特别的困难,因为在该地均有现实的市场,例如,农副产品批发市场、小商品市场。除此之外,许多地方还有特定的货物交易所。例如,在我国,知名的商品交易所有:郑州商品交易所、大连商品交易所、上海期货交易所;国际上著名的交易所有:伦敦金属交易所(LME)、新加坡商品交易所(Singapore Commodity Exchange Limited,SICOM)、东京商品交易所(TOCOM)和马来西亚衍生品交易所(MDEX)等。如果卖方的营业地或合同规定的交货地有此类市场,则查明争议货物的市场价格没有任何问题。但并不是所有货物均有此类市场。如果买卖的货物属于工业制成品,便是如此。这时应如何查明合同货物的市场价格呢? 在这种情况下,司法实务界通常会参考卖方价目表中的价格。在上文提

[①] Schlechtriem/Mohs, *Kommentar zum Einheitlichen UN-Kaufrecht—CISG*, 2019,7. Aufl. S. 1018.

及的瑞士上诉法院审理的意大利卖方和瑞士买方之间的厨房设备销售合同纠纷案中,瑞士上诉法院便持这一态度。①德国罗斯托克地区高等法院在其于 2001 年 10 月审理的法国卖方和德国买方之间的冷冻食品销售合同纠纷中,也将卖方提供的价目表中的价格作为市场价格,其理由是:在双方当事人此前进行的交易中,均是以卖方提供的价目表中的标价作为交易价格的。尽管争议合同没有约定价格,但可以认为双方已经默示同意适用卖方价格表中的价格。②

（2）时间要件

这是指:在查明相同货物的市场价格时,必须以该货物在特定时间的市场价格作为参考依据。本条明确规定了这一特定时间为"在订立合同时",本条"**在订立合同时**此种货物在类似的贸易环境中通常应该支付的价格"这一句规定明确地表明了这一点。这一限定是十分科学合理的,以下几方面的因素决定了这一点:首先,同一合同从签订到履行结束通常需要经过数周、数月的时间,有的甚至超过一年。其次,同一货物在上述这段时间内的市场价格会发生变化,甚至巨大的变化。而买卖双方当事人之所以能够签订合同,其中的一个主要因素是双方对当时的价格达成了合意。换句话说,相同货物在合同签订后的价格走势对合同的签订没有影响。

（3）类似贸易环境要件

除了上述两个要件以外,本条还规定了"类似贸易环境要件",它具体体现在本条"此种货物**在类似贸易环境中**通常应该支付的价格"这一规定中。此处这一环境要件究竟是什么意思呢? 国际贸易法学界和司法实务界的主流观点认为:这里的环境要件是指合同中规定的交货条件和支付条件,它具体包括合同中规定的包装方式、FOB 或 CIF 等价

---

① Switzerland April 27，2007 Tribunal Cantonal（Kitchen Equipment Case），https://iicl. law. pace. edu/cisg/case/switzerland-tribunal-cantonal-appellate-court-du-jura-16,访问时间:2021 年 6 月 2 日。

② Oberlandesgericht Rostock，Germany October 10，2001,访问时间:2021 年 6 月 2 日。

格术语、运输方式、交付地点、回扣等等。而类似贸易环境要件则是指在查明相同货物的市场价格时，必要考虑争议合同中规定的交货条件和支付条件。①这一观点是成立的，因为不同的交易条件显然会影响货物的价格。以《国际贸易术语解释通则》为例，在合同约定采用 FOB 价格术语时，货物的价格显然要低于约定采用 CIF 价格术语时。如果争议合同中约定了 CIF 价格术语，那么，在查明相同货物的市场价格时，就应当考虑 CIF 价格术语，而不是 FOB。

4.2 例外方法

本条也规定了不能采用"通常方法"的情形，本条但书部分即"但存在任何相反的意思表示者除外"表明了这一点。那么，在什么情况下才存在着"任何相反的意思表示"呢？它显然不是指合同默示确定货物价格的情形，因为本条的前半句已经明确排除了这一可能性。西方学者认为：它是指买方根据卖方寄送的"价目表"（price-list）购买货物的情形。②这一观点有些勉强。因为买方在收到卖方寄送的价格表后，如果没有与卖方进行讨价还价就签订了合同，这虽然并不意味着买方明确同意接受价格表中的价格，但至少可以推定买方默示接受这一价格。所以，上述观点没有说服力。司法实务界还没有适用例外方法查明货物市场价格的判例。所以，本条意义上的"例外方法"究竟是指什么，还有待于国际商事合同法学界的进一步研究和实务界的拓展。

第 56 条 按重量确定价格

Article 56

If the price is fixed according to the weight of the goods, in case of

---

① Bianca/Bonell/Eörsi, *Commentary on the International Sales of Law*, p. 408; UNCITRAL, *Digest of Case Law on the United Nations Convention on the International Sale of Goods*, 2016, p. 261; Schlechtriem/Mohs, *Kommentar zum Einheitlichen UN-Kaufrecht—CISG*, 2019, 7. Aufl. S. 1019.

② Bianca/Bonell/Eörsi, *Commentary on the International Sales of Law*, p. 408.

doubt it is to be determined by the net weight.

译文

如果价格是根据货物的重量确定的,在有疑问时(原译文为:"如有疑问"),应根据货物的净重确定价格。

目录

正文

1. 调整对象

在国际货物销售合同中,为了明确卖方的交货义务,也为了方便计价,通常会根据不同的商品种类而约定不同的计量单位。常见的计量单位有:(1)按重量:克、公斤、公吨、长吨、短吨、磅、克拉;(2)按个数:件、双、套、打、桶、箱、卷;等等。其中,按重量计算货物数量和计价又是一种最常见的确定买卖双方权利和义务的方式。本条专门规范了按重量计价时可能发生的一种特殊现象:即双方已经在销售合同中规定了根据货物的重量计价,但又没有具体标明这里的"重量"究竟是指净重还是指毛重。这时就产生了一个问题,应当以毛重还是净重作为计价的依据? 由于涉及支付货款的多少,双方当事人自然会就此产生争议。针对这种现象,本条明确规定了一个对此类合同条款的解释规则:即将此类合同条款视为"以净重作为计价依据"。从国际司法仲裁的实践看,法院引用这一条款进行判决的判例极少,到 2016 年为止,只有三起。[①]这

---

① UNCITRAL, *Digest of Case Law on the United Nations Convention on the International Sale of Goods*, 2016, p. 264.

说明:本条的现实意义不是很大。

2. 本条的适用条件

"如果价格是根据货物的重量确定的,在有疑问时"这一句规定了本条的适用条件。据此分析,适用本条规定应当同时具备以下两个前提条件。

2.1　合同约定了"根据重量计算"的计价方式

适用本条的一个条件是,合同必须明确规定:货价是根据货物重量来计算的。尽管本条中没有明确提到这一点,但本条"如果价格是根据货物的重量确定的"这一表述蕴含了这一条件。在国际贸易实务中存在着两种"根据重量计价"的方式:一种为合同中规定了卖方交付货物的总重量,并标明了买方应当支付的总价;另一种为合同标明了每一单位的重量,仅仅规定了每一重量单位的价格。这就产生了一个问题:本条指的"根据重量计价"究竟是指什么呢?学界主流观点认为它仅仅是指:根据卖方所交付货物的总重量计算得出的总价。据此,如果合同仅仅规定了每一单位重量的价格,即使它也标明了每一单位的重量,本条规定也不适用。①这一观点具有两面性。首先,它是成立的,因为本条规定的目的旨在帮助买卖双方查明:买方应当支付货款的数量。在合同中标明了卖方应当交付货物的总重量时,自然能够查明买方应该支付的总货款。其次,它也有较大的片面性,因为它排除了本条在合同规定了货物每一单位的重量及其价格时的适用,而且这种排除没有任何合理的理由。只要在合同中规定了货物每一单位的重量及其价格的同时标明了货物的总重量,本条依然适用。因为在这种情况下,依然能够根据合同的规定查明买方应当支付的货款总额。当然,如果合同中没有标明卖方货物的总重量,则本条便不能适用。

这一条件也进一步表明:本条规定仅仅起着补充适用的作用。如

---

① Schlechtriem/Mohs, *Kommentar zum Einheitlichen UN-Kaufrecht—CISG*, 2019, 7. Aufl. S. 1022.

果合同中对重量和货价的计算有着明确规定,或者在双方当事人之间已经存在着确定货物重量的贸易惯例或习惯做法,本条规定不能适用。[①]

2.2　合同有关"根据重量计价"的约定不明确

适用本条的另一前提条件是:合同有关"根据重量计价"的约定不明确,本句中"在有疑问时"这一表述十分清楚地表明了这一条件。那么,此处的"在有疑问时"究竟是什么意思呢? 在国际贸易实务中,至少存在两种标明货物重量的方式:即毛重和净重。所谓的毛重(Gross Weight)是指货物加包装的总重,而净重(Net Weight)是指去掉包装重量后货物本身的重量。在合同中有关"根据重量计价"的约定没有明确标明这里的重量是毛重还是净重时,自然便会产生本条意义上的"疑问"。所以,这里的"在有疑问时"应当是指:合同中没有明确标明测量货物重量的具体方式。

3. 法律后果:净重计价

本条后半句规定了具备上述前提条件时的法律后果,即"应根据货物的净重确定价格"。在这里还有一个有待澄清的问题:即这里的净重是指卖方根据《公约》第 31 条规定交付货物时的净重,还是第 67 条至第 69 条货物风险转移给买方时的净重? 在合同约定委托承运人运送货物时,两者并无本质的区别,因为货物交付地点与风险转移地点是一致的:都指卖方将货物交付给第一承运人这一地点。如果没有采取上述运送方法,那么,应当以第 31 条下的交付地点为准。因为在该地点,卖方已经将货物交付给买方,自然应以该地点的货物净重作为计价依据。[②]

---

① UNCITRAL, *Digest of Case Law on the United Nations Convention on the International Sale of Goods*, 2016, p. 264.

② 高旭军:《〈联合国国际货物销售合同公约〉适用评释》,第一版,第 323 页。

第 57 条　支付地点

Article 57

(1) If the buyer is not bound to pay the price at any other particular place，he must pay it to the seller：

(a) at the seller's place of business；or

(b) if the payment is to be made against the handing over of the goods or of documents，at the place where the handing over takes place.

(2) The seller must bear any increases in the expenses incidental to payment which is caused by a change in his place of business subsequent to the conclusion of the contract.

译文

(1) 如果买方没有义务在任何其他特定地点支付货款(原译文为："价款",下同),他必须在以下地点支付货款:

(a) 卖方的营业地;或者

(b) 如在交付货物或单据时支付货款,则在货物或单据的交付地点(原译文为:"如凭移交货物或单据支付价款,则为移交货物或单据的地点")。

(2) 如果卖方的营业地在订立合同后发生了变动,他必须承担因此变动而增加的、与付款有关的任何费用(语序调整)。

目录

3. 因营业地变更而增加费用的支付(第 2 款)

　　3.1　第 2 款的适用条件

　　3.2　第 2 款下的付款规则

4. 本条扩大适用于损害赔偿金的支付

正文

1. 调整对象

　　在国际货物销售合同履行过程中,一个经常发生争议的事项是:买方究竟应当在哪一地点支付货款,而这正是本条的调整对象。本条共由两款组成,两款从两个不同方面规定了这一问题。其中第 1 款直接规定了三个不同的支付地:即约定的地点、卖方营业地和交付行为发生地。第 2 款则规范了因签约后卖方营业地改变而增加的付款费用的承担问题。我国《民法典》第 627 条与本条规定相同,也确定了约定地点、卖方营业地和交付地三个不同的货款支付地。[①]

　　与支付地点紧密相关的是买方履行付款义务的时间。后一事项是由《公约》第 58 条予以规范的,所以本条和第 58 条一起共同规范了买方的付款义务。本条在国际贸易实务上起着重要作用,因为它决定着买方是否已经履行了支付货款义务。正因为此,本条也是司法或仲裁实践中引用最为频繁的一个条款。除此之外,本条也间接规定了另外两个相关的问题:即如果买方用以支付货款的资金丢失,或延迟支付货款,谁应当承担相应的风险。[②]下文分别论述本条涉及的具体适用问题。

2. 买方支付货款的地点(第 1 款)

　　本条第 1 款明确规定了三个不同的买方履行支付货款义务的地

---

　　① 中国《民法典》第 627 条:"买受人应当按照约定的地点支付价款。对支付地点没有约定或者约定不明确,依据本法第五百一十条的规定仍不能确定的,买受人应当在出卖人的营业地支付;但是,约定支付价款以交付标的物或者交付提取标的物单证为条件的,在交付标的物或者交付提取标的物单证的所在地支付。"

　　② UNCITRAL, *Digest of Case Law on the United Nations Convention on the International Sale of Goods*, 2016, p. 265.

点:它们分别是约定地点、卖方营业地或交付行为发生地。下文分别讨论这三个付款地以及它们之间的相互关系。

2.1 约定地点(第 1 款导语)

买方首先应当在双方约定的地点支付货款。本条第 1 款导语"如果买方没有义务在任何其他特定地点支付货款"这一句规定了这一地点。这一表述有两层法律含义:其一,买方如果有义务在"任何其他特定地点"支付货款,那么,他就必须在该地点付款;其二,只有买方不承担上述义务时,他才应当在本款 a 项和 b 项规定的地点付款。根据国际贸易法学界和实务界的一致看法,这里的"任何其他特定地点"是指:买卖双方约定的地点。①从国际贸易的实务看,国际货物销售合同中通常包含规定货款支付地的条款。这样的条款既可以是明示的,也可以是默示的。

明示约定是指合同中明确规定了货款支付地点的情形。如果合同中直接标明了卖方开户银行的账户,而且规定买方应当将货款汇付入该银行账户,便属于明示的约定。在这种情况下,上述卖方开户银行的住址通常位于卖方营业地所在国以外的其他国家,约定将货款支付入指定银行的账户,就意味着买方必须在银行所在地履行支付义务;如果合同约定由买方开户银行直接从买方账户上将货款汇付给卖方,也属于明示约定。在这种情况下,约定的支付地便是买方开户银行营业地所在地。②

与明示约定相反,默示约定显然是指合同中没有明示规定支付地点,但合同中规定的支付条款间接规定了支付地点。例如,在合同中约定"货到付款"(cash against delivery, cash on delivery),这便意味着买

---

① UNCITRAL, *Digest of Case Law on the United Nations Convention on the International Sale of Goods*, 2016, p. 265;潮见佳男、中田帮博、松岗九和主编:《联合国国际货物销售合同公约精解》,韩世远译校,人民法院出版社 2021 年版,第 155 页;Schlechtriem/Mohs, *Kommentar zum Einheitlichen UN-Kaufrecht—CISG*, 2019, 7. Aufl. S. 1026。

② Schlechtriem/Mohs, *Kommentar zum Einheitlichen UN-Kaufrecht—CISG*, 2019, 7. Aufl. S. 1026。

方必须在交货地点支付货款;如果约定采用凭单付款(D/P)、交单付款(D/A),那么付款地便为交付单据的地点;如果双方约定采用现款支付(net cash)、交货前付款(CBD)、凭发票付款(cash against invoice),这就意味着支付地为卖方的营业地所在地。① 此种默示约定也可能存在于双方长期形成的习惯做法或遵守的贸易惯例。例如在以往的合同交易中,习惯上由卖方承担所有的支付费用。那么,这就暗示着:付款地点为买方营业地所在地,因为卖方必须自负费用将货款汇到其在本国银行开设的账户上。

当然,在不存在上述明示或默示约定情况下,卖方在其向买方开出的发票中写明了其开户银行的名称和账号,并要求买方将货款汇付入上述银行账户,这是否构成默示约定呢? 学界和实务界的主流观点认为:买方如果指示其银行将货款汇付入该账户,那么,他便默示同意在该银行营业地支付货款,这构成了双方对支付地达成了《公约》第 29 条意义上的修改。② 这一观点是否成立是值得怀疑的。因为这里的关键是:买方是否有权拒绝将货款汇入该账户。如果买方没有这一权利,那么,上述观点便是成立的;反之,如果买方有此权利,那么,它并不构成双方对支付地点的默示约定,相反,它仅仅构成卖方单方面向买方进行的授权,即买方可以将货款汇入该账户。③

当然,是否存在着暗示的约定,必须在综合考虑分析合同条款或双方当事人的交易关系和习惯做法后,才能予以确定。

2.2　卖方营业地(第 1 款 a 项)

本条第 1 款 a 项规定了这一支付地点。据此,"如果买方没有义务

---

① Schlechtriem/Mohs, *Kommentar zum Einheitlichen UN-Kaufrecht—CISG*, 2019, 7. Aufl. S. 1026.

② UNCITRAL, *Digest of Case Law on the United Nations Convention on the International Sale of Goods*, 2016, p. 265; Schlechtriem/Mohs, *Kommentar zum Einheitlichen UN-Kaufrecht—CISG*, 2019, 7. Aufl. S. 1026.

③ UNCITRAL, *Digest of Case Law on the United Nations Convention on the International Sale of Goods*, 2016, p. 265.

在任何其他特定地点支付货款",他必须在"卖方的营业地"履行支付义务。尽管本款规定相当具体明确,但依然有必要讨论本条的适用条件和买方的责任范围。

(1) 适用条件

在卖方营业地支付货款也是国际贸易实务中常见的付款实践。本款导语明确规定了 a 项规定的适用前提条件,即"双方当事人没有就支付地点达成约定"。但学界认为,除此之外,还存在着另外一个条件,即一方当事人必须首先履行合同义务,另一方可以在另一时间履行义务。①这一观点是成立,因为与"一方先履行义务"相对应的是"双方同时履行义务"。而在后一情况下,买方显然必须在货物交付地点支付货款。只有在一种例外情形下,买方才会在卖方的营业地支付货款:即卖方在其营业地交付货物。反之,如果按照约定卖方必须提前将货物交付给承运人,买方则应当在货交承运人之日起的 90 内支付货款。这便要求买方必须在卖方的营业地履行支付义务。奥地利最高法院在其于 2001 年 10 月 21 日所作的判决中也持这一观点。德国弗莱堡地区法院于 2002 年 4 月、德国克雷菲尔德地区法院于 2006 年 9 月、瑞士联邦法院于 1996 年 1 月分别在其审理案件中判定:如果卖方必须首先交付全部或部分货物,然后才有权要求买方支付货款,同样适用本款 a 项规定。②

这一适用条件也客观地反映了国际贸易实务中几种常见的支付方式:卖方首先交付货物,然后向买方开出收取货款的发票。常见的此类收款方式有:收到货后支付现金(cash after receipt of the goods)、凭收款发票支付现金(cash against open invoice)、收到货后在约定期限内支付现金(cash a certain period after receipt of the goods)等③。

---

① Schlechtriem/Mohs, *Kommentar zum Einheitlichen UN-Kaufrecht—CISG*, 2019, 7. Aufl. S. 1026.

② UNCITRAL, *Digest of Case Law on the United Nations Convention on the International Sale of Goods*, 2016, pp. 265, 268.

③ Bianca/Bonell/Maskow, *Commentary on the International Sales of Law*, p. 413.

（2）买方的责任范围

采用在卖方营业地支付货款的方式,对买方而言既有好处又有不利。其好处在于卖方必须首先交付货物,这对于买方及时收到货物而言无疑是一个重要的保障。而其不利在于买方承担着较大的风险。仔细分析,买方承担着以下几项风险:第一,他必须给其开户银行发出付款指令,以便货款在规定的期限内汇付到卖方营业地所在地的账户。这意味着,除非存在着第 79 条或第 80 条规定的免责事由,他必须承担延迟支付的风险;第二,在这一过程中,买方不仅要遵守其本国有关外汇管理的规定,还必须考虑到卖方营业地所在国的相关规定。如果买方所在国使用的货币并不是国际通用货币,而且买方所在国还是一个实施外汇管制的国家,那么,买方是否能够准时将货款支付到卖方账户上,有着相当的不确定性;第三,由于买方通常是委托银行进行付款的,在银行提供此类服务时,自然会收取相应的费用,买方必须承担支付货款所产生的所有费用。第四,买方还承担将款项安全汇付到指定账户的风险。如果买方通过支票进行付款,但该支票在送达卖方营业地之前丢失,买方必须再次寄送一张新支票。如果买方委托其开户银行支付货款,但在完成支付前该银行破产,买方则必须委托一个新的银行支付货款。[①]

2.3　交付行为发生地(第 1 款 b 项)

本款规定的另一个支付地点是"货物或单据的交付地点"。由于根据《公约》的规定,卖方的交付义务包括交付货物(第 31 条至第 33 条)或交付单据(第 34 条),而且交付货物的地点通常与交付单据的地点并不一致,故本书将该两地统称为"交付行为发生地"。这一地点规定在本款 b 项"如在交付货物或单据时支付货款,则在货物或单据的交付地点"这一表述中。根据本项规定的字面意思,它实际上确认了"一手交

---

① Article 57: Secretariat Commentary, https://iicl.law.pace.edu/cisg/page/article-57-secretariat-commentary-closest-counterpart-official-commentary,访问时间:2021 年 7 月 5 日。

货，一手交钱"或"双方同时履行合同义务"的原则，"在交付货物或单据时支付货款"十分清楚地确定了这一原则。①那么，在什么情况下，买方必须在交付货物或单据时支付货款呢？

（1）在合同没有规定其他付款地点和时间时

b 项本身仅仅规定了"在交付货物或单据时支付货款"这一适用条件，而没有提及"如果买方没有义务在任何其他特定地点支付货款"这一条件。尽管如此，由于 b 项本身是第 1 款的一个组成部分，故该款导语部分规定的这一条件同样也构成了本款 b 项的一个适用条件。根据第 6 条规定的意思自治原则，如果在合同中存在着此种约定，买方自然应当在该约定的地点支付货款。上文已经对该适用条件的内涵进行了详细的论述，这里不再赘述。

（2）必须"在交付货物或单据时支付货款"

适用 b 项规定的另一条件是买方必须"在交付货物或单据时支付货款"。本项前半句十分明确地规定了这一点。如上所述，这一条件在实质上要求双方"一手交货，一手交钱"或"同时履行合同义务"。这进一步说明：如果一方可以先于另一方履行其合同义务，那么，本项规定便不适用。西方国家的司法判例也支持这一观点。在瑞士联邦法院于 1996 年 1 月 18 日审理的一起案件中，瑞士卖方和意大利买方签订了一个废气净化工厂的销售合同，瑞士卖方必须为意大利买方建造上述工厂并将它出售给意大利买方。该合同规定：在双方签订合同时，意方必须首先支付 30％的货款；在开始修建该工厂时，买方必须再付 30％的货款；建造完工时付 30％，工厂投产时支付最后的 10％。由于一方当事人履行合同义务在先，而另一方履行合同义务在后，故瑞士联邦法院判定：本项不能适用于该案争议。②瑞士巴塞尔-斯塔德州的民事法院也认为：如果合同允许买方在收到提单后 30 天内支付货款，则不适用

① 高旭军：《〈联合国国际货物销售合同公约〉适用评释》，第一版，第 327 页。

② Case 194：CISG 57(1)；58(1)(2) Switzerland：Bundesgericht 18 January 1996，https://documents-dds-ny.un.org/doc/UNDOC/GEN/V98/506/26/PDF/V9850626.pdf? OpenElement，访问时间：2021 年 7 月 6 日。

本条规定。①

那么,在什么情形下买方必须"在交付货物或单据时支付货款"呢?在具备了《公约》第 58 条第 1 款规定的适用条件时,②该款明确规定买方"必须在卖方根据合同和《公约》规定将货物或控制货物处置权的单据交给其处置时支付货款"。这表明:如果合同直接规定买方应当在卖方交付货物或单据时支付货款,那么,买方便应当在卖方履行交付行为的同时支付货款;另外,在合同中没有规定付款地点和时间时,双方应当根据《公约》第 31 条、第 34 条、本条和第 58 条规定的时间和地点同时履行各自的合同义务。实践中比较常见的"在交付货物或单据时支付货款"的结算方式有以下几种:

第一,"货到付款"(cash against delivery)或(cash on delivery)。它们均要求买方在交付货物时支付货款。

第二,凭单付款(cash against documents)。所谓的凭单付款,又称交货付现、交单付现、付现交单。其法律含义是指:买方付款后,卖方交付单据。在采用这种结算方式时,卖方必须首先将货物交付给承运人,并接受承运人签发的提单。在买方的营业地或买方开户银行的营业地,买方支付货款,然后获取提单等单据。规范凭单付款的主要国际法规有国际商会的《统一托收规则》(the Uniform Rules for Collections Publication no. 322 of the International Chamber of Commerce)。

第三,信用证结算(LC Payment Terms)。这是指买方委托其开户银行开出以卖方为受益人的信用证,在卖方于信用证规定的期限内向开证或托收行提交符合信用证条款的单据时,银行支付货款。这也是国际贸易中的一种主要付款方式,其最大的优点是以银行信用做担保支付。采用这种结算方式时,单据交付地和货款支付地均为卖方或

---

① CLOUT case No. 221[Zivilgericht des Kantons Basel-Stadt,Switzerland,3 December 1997],www.cisg.law.pace.edu,访问时间:2021 年 7 月 6 日。

② UNCITRAL,*Digest of Case Law on the United Nations Convention on the International Sale of Goods*,2016,p. 266;Schlechtriem/Mohs,*Kommentar zum Einheitlichen UN-Kaufrecht—CISG*,2019,7. Aufl. S. 1028.

托收银行营业地。规范此种结算方式的国际惯例有国际商会制定的《商业跟单信用证统一惯例》(Uniform Customs and Practice for Commercial Documentary Credits)、《国际备用信用证惯例》,此外还有 1995 年 12 月 11 日联合国大会通过的、2000 年 1 月 1 日起生效的《联合国独立保函和备用信用证公约》(United Nations Convention on Independent Guarantees and Stand-by Letters of Credit)。

从上述几类常见的国际贸易结算方式中,可以看出"在交付货物或单据时支付货款"的优点:它比较均衡地照顾了买卖双方的利益,因为它确认了买卖双方同时履行合同义务的原则。

3. 因营业地变更而增加费用的支付(第 2 款)

本条第 2 款主要规范了国际贸易实务中的一个特殊问题:在双方签订买卖合同后、买方支付货款前,卖方的营业地可能会发生变化。一方面,卖方可能出于业务发展的需要将其营业地从一个城市迁移到另外一个城市,甚至从一个国家迁移至另一个国家;另一方面,为了融资的目的,卖方也经常会在这一期间将买卖合同中的债权转让给第三者,而该第三者的营业地通常与卖方的营业地不在同一地方。无论在上述哪一种情形下,如果买方应当在卖方营业地支付货款,便会产生"买方究竟应该在哪一营业地付款"这一问题。本款没有明确规范这一问题,相反,本款仅仅规定,如果买方应当在该新的营业地支付货款,则卖方"必须承担因此变动而增加的、与付款有关的任何费用"。下文讨论适用条件和本款确定的解决问题的规则。

3.1 第 2 款的适用条件

根据本款规定,适用本款应当同时具备"在签订合同后卖方的营业地发生了变化"和"卖方履行了通知义务"两个前提条件。下文就此进行深入论述。

(1) 在签订合同后卖方的营业地发生了变化

适用本款应当具备的第一个条件是:"卖方的营业地在订立合同后发生了变动。"对于"变动"这一概念《公约》没有进行定义,但它通常是指从一个城市迁移到另一个城市,或从一个国家迁移至另一个国家。

但是并不是所有的上述"变动"都构成本款的适用条件,因为本款对"变动"的范围进行了进一步的限定:它必须是"在合同签订后"发生的"变动"。加上这一限制性条件是必要的,在签订合同后发生的变动,不仅出乎买方的意料,而且有可能增加买方的支付成本。学界和司法实务界认为,本款中的"变动"还受另外一个条件的约束:它必须发生在买方支付货款之前。①本款中没有规定这些限制。尽管如此,笔者认同这一观点。如果卖方营业地的"变动"发生在买方支付货款以后,这对买方也不会产生任何不利的影响。

除此之外,本款中的"营业地发生了变化"不仅包括卖方因业务需要而迁移其营业地,而且还包括卖方将其在买卖合同中拥有的债权(收取货款权)转让给第三者的情形。西方国家的司法实践也证明了这一点。德国策勒地区高级法院在1998年11月11日审理了一个案件。在该案中,葡萄牙的卖方与荷兰的买方签订了出售浓缩苹果汁的销售合同。在葡萄牙卖方履行了交付浓缩果汁义务后,他将该合同下的债权转让给了一家德国有限责任公司,在荷兰公司拒绝支付货款后,德国提起诉讼要求荷兰买方支付相应的货款。德国策勒地区高级法院引用本款的规定支持了德国原告的诉讼请求。②

(2)卖方履行了通知义务

西方学者和司法判例还认为适用本款还有另一个条件,即"卖方必须将其营业地的变动及时通知买方"。③本款规定中显然并不包括这一条件。尽管如此,这一观点仍成立。卖方承担这一通知义务的法律基础是买卖双方之间的一般性合作义务和信息义务,这是《公约》第7条

---

① UNCITRAL, *Digest of Case Law on the United Nations Convention on the International Sale of Goods*, 2016, p. 266; Schlechtriem/Mohs, *Kommentar zum Einheitlichen UN-Kaufrecht—CISG*, 2019, 7. Aufl. S. 1031.

② CLOUT case No. 274〔Oberlandesgericht Celle, Germany, 11 November 1998〕, http://www.cisg-online.ch/content/api/cisg/display.cfm?test=507,访问时间:2021年7月7日。

③ UNCITRAL, *Digest of Case Law on the United Nations Convention on the International Sale of Goods*, 2016, p. 266; Pilz, *Internationales Kaufrecht*, Rn. 4—142.

第 2 款意义上的构成《公约》存在基础的一般法律原则。另外，将这一点作为本款规定的一个适用条件也是合情合理的。如果卖方没有通知买方，买方自然不知道卖方营业地已经发生变化，所以，卖方也无权要求他在新的营业地支付货款。那么，谁应当承担通知延迟送达或未能送达的法律风险呢？由于本款规定通知生效的时间没有作出特别规定，所以，根据《公约》第 27 条规定，通知应当在发出时生效，上述风险应由买方承担。尽管如此，笔者认为应当由卖方承担通知延迟送达或未能送达的法律风险。卖方迁移其营业地是其单方面的行为，而买方对此没有任何影响力，所以，应由卖方承担因营业地改变而带来的不利风险。国际学界的主流观点也认同这一点①，这一风险分摊规则的现实意义在于：如果买方因为没有收到上述通知而依然向变更前的营业地支付货款，由此带来的延迟支付货款等风险必须由卖方承担。

3.2 第 2 款下的付款规则

在具备上述适用条件时，买方究竟应当在哪一营业地支付货款呢？本款并没有直接回答这一问题，因为本款后半句仅仅规定：卖方"必须承担因此变动而增加的、与付款有关的任何费用"。但仔细分析这一规定的字面意思，我们可以发现它确定了以下付款规则：

（1）在新营业地支付货款

尽管本款没有明确规定这一法律后果，但本款字面意思中却蕴含着买方在该新营业地支付货款的义务。如果买方依然应当在变化前的营业地支付货款，付款费用便通常不会增加，即使增加也与卖方无关，故应该由买方自己承担。但本款明确要求卖方"必须承担因此变动而增加的、与付款有关的任何费用"，这默示地要求：买方必须在该新营业地支付货款。联合国国际贸易法委员会秘书处也持这一观点。②不仅如此，买方还应采取《公约》第 54 条意义上的所有措施或步骤，以便他

① Bianca/Bonell/Maskow, *Commentary on the International Sales of Law*, p. 413.
② https://iicl. law. pace. edu/cisg/page/article-57-secretariat-commentary-closest-counterpart-official-commentary，访问时间：2021 年 7 月 7 日。

能够在该新地点支付货款。

应当强调的是：在卖方及时履行了上述通知义务的情况下，买方必须在该新地点支付货款，他不得以营业地发生变动为由而拒绝在该新地点支付货款。如果他因为自己的原因而延迟支付了货款，他还必须承担相应的法律责任。

(2) 卖方承担因在新营业地付款而增加的费用

本款确定的另一个付款规则是：卖方必须承担因在新营业地付款而增加的费用。该规则十分具体地体现在本款"他必须承担因此变动而增加的、与付款有关的任何费用"这一规定中。这一规定是十分合理的，因为在该新地点支付货款是由于卖方的原因造成，由此而增加的任何费用自然应当由卖方承担。那么，这里"与付款有关的任何费用"具体包括哪些内容呢？一般认为，它包括以下几项：多支付的利息、承受的汇率损失或其他银行服务，前提条件是这些多增加的开支是由于卖方营业地发生变化而引起的。

4. 本条扩大适用于损害赔偿金的支付

由上可知，本条的规范对象是货款的支付地，即买方应当在哪一地点将货款支付给卖方。但在合同履行过程中，经常会涉及其他款项的支付问题。例如，根据《公约》第 74 条至第 77 条规定，在一方当事人的行为构成违约时，可以请求对方支付损害赔偿金；根据第 81 条第 2 款的规定，在宣告合同无效，而且买方已经支付了所有或部分货款时，他可以要求卖方退回全部或部分货款。这就产生了一个相关的问题，即是否将本条确定的确定支付地原则类比适用于上述款项的支付？

西方学者和司法判例认为可以将本条规定类比适用于此类款项的支付。[①]这一观点是成立的，两方面的原因说明了这一点。一方面，《公约》第 74 条至第 77 条等并没有明确规定损害赔偿金等款项的支付地

---

① UNCITRAL, *Digest of Case Law on the United Nations Convention on the International Sale of Goods*, 2016, p. 267; Schlechtriem/Mohs, *Kommentar zum Einheitlichen UN-Kaufrecht—CISG*, 2019, 7. Aufl. S. 1037.

点,故在这方面《公约》的相关规定存在一定的缺陷;另一方面,本条第1款规定的卖方营业地履行支付义务的规定也蕴含着第7条第2款意义上的一般法律原则:债务人应当在债权人的营业地支付损害赔偿金。①因此,在买方因违约而支付损害赔偿金时,该违约金的支付地自然应当为卖方营业地。另外,根据本条第2款确定的买方应当在交付货物或单据所在地支付货款的原则,也可以推定出违约方应该在违约行为发生地支付损害赔偿金。

第 58 条　付款时间

Article 58

（1）If the buyer is not bound to pay the price at any other specific time, he must pay it when the seller places either the goods or documents controlling their disposition at the buyer's disposal in accordance with the contract and this Convention. The seller may make such payment a condition for handing over the goods or documents.

（2）If the contract involves carriage of the goods, the seller may dispatch the goods on terms whereby the goods, or documents controlling their disposition, will not be handed over to the buyer except against payment of the price.

（3）The buyer is not bound to pay the price until he has had an opportunity to examine the goods, unless the procedures for delivery or payment agreed upon by the parties are inconsistent with his having such an opportunity.

---

① Oberlandesgericht Düsseldorf, Germany, 02-Jul-1993, CISG-online 74, http://www.cisg-online.ch/content/api/cisg/display.cfm?test=74; CLOUT case No. 361[Oberlandesgericht Braunschweig, Germany, 28 October 1999], http://www.cisg-online.ch/content/api/cisg/display.cfm?test=510,访问时间:2021 年 7 月 8 日。

译文

(1) 如果买方没有义务在任何其他特定时刻(原译文为:"时间内")支付货款,他必须在卖方根据合同和《公约》规定将货物或控制货物处置权的单据交给其处置时支付货款。卖方可以将支付货款作为交付货物或单据的条件。

(2) 如果合同涉及到货物运输,卖方可以在下列条件下发运货物,即只有在买方支付货款时,他才将货物或控制货物处置权单据交付给买方(原译文为:"卖方可以在支付价款后方可把货物或控制货物处置权的单据移交给买方作为发运货物的条件")。

(3) 在买方有机会检验货物以前,他无须支付货款;但双方当事人约定的交货或支付程序与此相抵触者除外(语序调整)。

目录

正文

1. 调整对象

由上可知,《公约》第57条调整了买方支付货款的地点。与付款地点密切相关的是买方支付货款的时间,这便是本条的主要规范对象。本条包括三个条款,它们分别规范了国际贸易中常见的、买卖双方十分关切的三个问题:在履行国际货物销售合同过程中,买方必须在哪一时间点支付货款? 如果销售合同中涉及货物运输,买方是否必须遵循本条第1款规定的货款支付时间规则? 买方是否必须在对货物进行检验前付款? 针对上述问题,第1款确立了双方"同时履行合同义务"或"一手交钱、一手交货"的结算规则,"在卖方将货物或控制货物处置权的单据交给其处置时支付货款"在本质上等同于"一手交钱、一手交货"。这也对买卖双方当事人最公平合理,因为它均衡地照顾了买卖双方的利益。第2款则规范了将第1款确定的"一手交钱、一手交货"结算规则适用于合同涉及货物运输时的货款支付。在卖方将货物交付给第一承运人时,买方没有收到货物,卖方也没有收到货款,此后货物已经处在承运人的实际控制下。为了平衡买卖双方的利益,本款创设了一个特殊的结算规则,即允许双方在合同中约定:"在买方支付货款时,卖方才将货物或控制货物处置权单据交付给买方。"第3款则确立了一个一般性规则:在买方有机会对货物进行检验之前,他无需付款。这意味着,卖方有义务在买方付款之前安排买方对货物进行检验。比较而言,《公约》的上述规定与我国《民法典》第628条的规定基本一致,该条确认了在优先适用意思自治原则下的双方同时履行合同义务规则。

从另一角度分析,本条三款的规定均是围绕"双方同时履行合同义务"或"一手交钱、一手交货"这一原则来展开的。本条第1款第1句明确规定了这一付款规则。在此基础上,第1款第2句和第2款对上述规则作了补充性规定,即如果买方不能在《公约》规定的时间付款,卖方可以行使留置权。这同样是为了保证上述"同时履行合同义务"结算规则能够得到双方的尊重。而本条第3款则通过赋予买方付款前的货物检验权对上述结算规则进行了进一步的补充。[①]在法律上,本条规定具

---

① UNCITRAL, *Digest of Case Law on the United Nations Convention on the International Sale of Goods*, 2016, p. 271.

有双重功能：即它不仅决定了买方履行付款义务的时间点，还同时决定了《公约》第78条规定的在延迟付款时应付利息的起算时间点。正因为此，本条也经常在司法实践中被引用，下文分别从约定时间付款、交付行为发生时付款、涉及运输时付款的时间和买方的优先检验权四个方面论述本条的适用问题。

2. 在约定时间付款（第1款）

如上所述，第57条第1款导语部分确定了意思自治原则。据此，买方应当在约定地点支付货款。与此相对应地，本条第1款前半句"如果买方没有义务在任何其他特定时间内支付货款"同样确认了这一原则。尽管该句主要规定了本条的适用条件，但它同时表明：如果合同中规定了另外的付款时间，买方必须在该时间付款。只有在合同有相应的规定时，在某一特定的时间付款才能构成买方的义务。

双方有关付款时间的约定可以是明示的。所谓的"明示方式"是指在合同中直接规定买方应当支付货款的具体日期或期限，前者如"买方应于10月15日支付货款"，后者如"买方应在10月1日至20日期间支付货款"，"买方应不迟于5月1日将100％的货款付入卖方的账户"；所谓的"默示方式"是指：合同中虽然没有明确规定具体的付款日期或期限，但根据合同的条款依然可以确定卖方付款的日期或期限。例如，"买方凭卖方开具的即期跟单汇票，于第一次见票时立即付款"，"买方应……出具提单后的90天内开立并送达卖方不可撤销的即期信用证，有效期至装运完成后15天在上海议付"。实际上，国际贸易实务中常用的结算条款都明示或默示规定了付款时间。如果合同中约定了"货到付款"（cash against delivery），这便意味着：买方应当在卖方将货物交付给买方时支付货款；如果约定凭单付款（cash against documents），它便默示买方应当在卖方将合同规定的单据交付给买方指定银行处置时支付货款；如果双方约定凭票付款（cash against invoice）、发票日期10天后付款（Net 10），这意味着，买方不必在卖方交货时付款，而是以卖方向买方寄送发票作为付款的前提条件。在国际贸易实务中有各种不同的结算方式，买方究竟必须在哪一时间支付货款，应该根据双方约定的结算方式来确定。

3. 交付行为发生时付款(第1款)

由此可知,本条第1款确认了"同时履行合同义务"或"一手交钱、一手交货"的结算规则,同时规定了这一结算规则的适用条件。

3.1 适用条件

本款第1句前半句规定了本款的适用条件,即"如果买方没有义务在任何其他特定时刻支付货款"。这一条件要求:合同中没有明示或默示地规定买方可以在其他时间支付货款。[①]换句话说,如果合同中规定了付款时间,那么,买方只能在该规定的时间点支付货款;只有在合同中没有规定其他的付款时间时,本款规定才能适用。

3.2 同时履行合同义务原则

在具备上述适用条件下,便能够适用本款规定的结算规则,即买方"必须在卖方根据合同和《公约》规定将货物或控制货物处置权的单据交给其处置时支付货款。卖方可以将支付货款作为交付货物或单据的条件"。如上所述,这实际上确认了"双方同时履行合同义务"或"一手交钱、一手交货"的结算规则,要求买方在卖方"将货物或控制货物处置权的单据交给其处置时支付货款"在本质上就是要求买卖双方同时履行各自的合同义务。而本款第2句同样确认了这一结算规则:虽然允许卖方"将支付货款作为交付货物或单据的条件",但赋予卖方在买方不支付货款时拥有留置权;如果买方能够在交付货物或单据时支付货款,卖方便没有留置货物或单据的权利。所以,本款第2句同样确认了"双方同时履行合同义务"或"一手交钱、一手交货"的结算规则。

根据本款第1句的字面意思,买方支付货款的时间是"根据合同和《公约》规定将货物或控制货物处置权的单据交给其处置时"。那么,它究竟是指什么时间呢? 这一表述已经明确规定了两种界定方式:其一"根据合同……的规定"。从国际贸易的实践看,合同中通常有两种规定卖方履行其交付义务的方式:即合同中明确规定了卖方交付货物或

---

①   Bianca/Bonell/Maskow, *Commentary on the International Sales of Law*, p. 420.

单据的时间点,或者从合同约定的国际贸易术语(Incoterms)推定出卖方履行交付义务的时间点。其二"根据《公约》……的规定",学界和实务界一致认为,本款中的《公约》规定是指卖方根据《公约》第 31 条规定在特定地点交付货物时。①当然,只有在合同对买方的付款时间没有作出约定时,才可以适用第 31 条规定查明买方支付货款的时间。由于本款要求买方"必须在卖方根据合同和《公约》规定将货物或控制货物处置权的单据交给其处置时支付货款",下文主要根据第 31 条规定论述买卖双方同时履行合同义务的几种主要情形。

(1) 在合同涉及货物运输时买方付款的时间

根据《公约》第 31 条 a 项规定,在销售合同涉及货物运输情况下,卖方的基本义务是将货物交付给第一承运人,以便其将货物运送给买方时,他便完成了交付货物义务。但是根据本条第 1 款的规定,买方"必须在卖方根据合同和《公约》规定将货物或控制货物处置权的单据交给其处置时支付货款"。可见,根据本款规定,交付货物与交付单据具有相同的法律效果。无论卖方将货物还是单据交付给买方,买方都应当在上述交付行为发生时支付货款。应指出:卖方交付货物和交付单据的时间并不一样。

第一,在承运人将货物交给买方时支付货款。何时才构成本款意义上的交付货物? 是卖方将货物交付给第一承运人时? 还是承运人将货物交付给买方时? 根据本款规定的一般规则,它无疑是指后一时间点,即承运人将货物交给买方处置时。②换句话说,在承运人将货物交给买方处置之前,买方无需支付货款。反之,卖方也无权将买方提前支付货款作为其将货物交给承运人的一个前提条件,但双方另有约定的除外。

第二,在卖方交付单据时支付货款。由上可知,本款规定的买方支

① 　Bianca/Bonell/Maskow, *Commentary on the International Sales of Law*, p. 421; Schlechtriem/Mohs, *Kommentar zum Einheitlichen UN-Kaufrecht—CISG*, 2019, 7. Aufl. S. 1044.

② 　UNCITRAL, *Digest of Case Law on the United Nations Convention on the International Sale of Goods*, 2016, p. 272.

付货款的另一时间点是:卖方将"控制货物处置权的单据交给其处置时"。在合同中约定采用"凭单付款"(cash against documents)结算方式时,买方便应当在卖方将单据交付给买方处置时支付货款。应指出:此处的"将单据交付给买方处置时"并不一定是交付给买方本人。如本书在第57条中所言,买方通常委托银行代为支付货款。在这种情况下,在卖方将单据交付给买方的受托银行时,买方便必须支付货款。当然,在采用"凭单付款"结算方式时,由于买方支付货款在前,提取货物在后,而本条第3款又规定买方有权在支付货款前对货物进行检验,故双方需要对货物的检验进行特别的约定。

在实务中容易引起争议的是何为"控制货物处置权的单据"。例如在德国联邦最高法院审理的荷兰卖方和德国买方之间硫酸钴销售合同纠纷中,合同规定了"凭单据支付现金"(Kasse gegen Dokumente 或CAD)的支付条款。在荷兰卖方交付货物后,买方宣告合同无效,其中的一个理由是:卖方交付的单据不符合合同的规定。合同要求卖方必须提供货物于英国生产的原产地证书,但卖方实际上提供的原产地证书表明货物生产于南非,而荷兰卖方则认为原产地证书不属于本款意义上的"控制货物处置权的单据"。①那么,"控制货物处置权的单据"究竟包括哪些文件呢?它不包括原产地证书、质量合格证书。因为它们与控制货物的处置权没有关系。如果合同没有作出特别的规定,它通常仅仅是指"提单"(Konnosssement,bill of lading)或"仓单"(Lagerschein,Warehouse receipts)。实务界的主流观点也认为,本款中"控制货物处置权的单据"的内涵要窄于《公约》第34条中的"与货物有关的单据",②它仅仅是提单或仓单。原产地证书、质量合格证书、海关文书都不属于本条第1款和第2款意义上的"控制货物处置权的单据"。③

① Bundesgerichtshof,Germany,3 April 1996,www.unilex.info/cisg/case/182,访问时间:2022年2月11日。

② "与货物有关的单据"的内涵参见本书第34条中之论述。

③ UNCITRAL,*Digest of Case Law on the United Nations Convention on the International Sale of Goods*,2016,p. 272.

正因为此,买方不得以卖方未交付后者为由而拒绝支付货款。在上述案件中,德国联邦最高法院便是这样判定的。

(2)《公约》第 31 条 b 项下卖方在某一特定地点交付货物时

《公约》第 31 条 b 项规定了卖方应当在特定地点交付货物的义务。根据该项规定,这一特定地点是指:双方当事人"在订立合同时已知道"合同下货物的存放地点或制造或生产地点。这里地点可能是生产该货物的工厂所在地,如果约定采用 Incoterms 中的工厂交货(EXW)价格术语便是如此;这一特定地点也可能是出口国边境某一指定地点,如果采用边境交货(DAF)便属于这些类型;此外,还可能是指进口国境内的某一指定地点。根据 Incoterms 2020,在特定地点交货的价格术语还有 DAP(目的地交货)、DPU(卸货地交货)和 DDP(完税后交货)。[1]尽管在采用上述价格术语时,买方或卖方会与承运人签订运输合同、安排货物运输,但这已经成为买方或卖方单方面的事项,故不构成第 31 条 a 项和本条第 2 款意义上的"合同涉及货物运输"。[2]除此之外,如果货物已经存在于第三方位于某一特定地点的仓库里,也构成本项意义上的"特定地点",不同的是卖方应当指令该第三者将货物交付给买方处置。

无论在上述哪一地点交付货物,结合第 31 条 b 项和本条第 1 款地点规定,在卖方将货物在上述地点交付给买方处置时,买方必须履行支付货款义务。当然,适用第 31 条 b 项规定确认交付地点或付款时间时,必须具备适用该项规定的前提条件。[3]

(3)在卖方营业地交货时的付款时间

第 31 条 c 项规定了交货地点为"卖方营业地"。适用 c 项的前提条件是:在相关的案件中,既不具备适用第 31 条 a 项规定的条件,也不具备适用第 31 条 b 项规定的条件;[4]此时,卖方应在其签订合同时的

---

① https://haynesintl.com/docs/default-source/pdfs/csi34564a4546ba62e18cdfff0000376e70.pdf?sfvrsn=8dec28d4_4,访问时间:2021 年 7 月 11 日。

② 详见本书第 31 条中之论述。

③ 详见本书有关第 31 条 b 项规定的论述。

④ 详见本书有关第 31 条 c 项规定的论述。

营业地将货物交由买方处置。结合第 31 条 c 项和第 58 条第 1 款规定,买方应当在卖方将货物交付给其处置时支付货款。

(4) 收到交付通知后的合理时间内付款

无论卖方在以上哪个地点交付货物,卖方必须事先向买方发出通知,告知买方货物或控制货物的单据送达交付地点的时间。①卖方承担这一义务的法律依据是《公约》第 32 条第 1 款的规定和第 7 条第 2 款意义上构成一般法律原则的"诚信合同和通知义务"。卖方履行这一通知义务是十分必要的,如果不向买方发出上述通知,即使卖方已经将货物或单据送达上述交付地时,买方也无从知道,故他也不可能在规定的时间内前往上述地点支付货款,收取货物或提单。这就产生了一个现实问题:买方是否必须在通知送达之时支付货款? 如果买方的付款义务始于这一时刻,那么,晚于这一时刻付款,便属于延迟履行支付义务,卖方可以要求他支付违约金。一般认为:即使货物或单据已经在事实上送达交付地点,买方的付款义务也并非始于其收到相关的通知时,而是始于其收到上述通知后的一个合理期限届满时。②这一观点是成立的,根据《公约》第 7 条规定的诚信原则,买方有权要求给予一定的准备期,以便他筹措付款资金,并准备提取货物。但准备期限究竟有多长,《公约》并没有对此作出统一的规定,人们应该根据交易的具体情况,尤其根据货款的多少和货物的数量在个案中予以确定。西方国家在司法判决也承认这一准备期。2013 年 3 月 5 日,瑞士楚格州高级法院在其审理的意大利卖方和瑞士买方有关大理石板销售合同纠纷案中,判定买方无需在其收到提货通知时立即履行支付货款义务。因为必须给买方一个提货付款的准备期,买方的付款义务始于该期限结束时。③

① Schlechtriem/Mohs, *Kommentar zum Einheitlichen UN-Kaufrecht—CISG*, 2019, 7. Aufl. S. 1046.

② Bianca/Bonell/Maskow, *Commentary on the International Sales of Law*, p. 421.

③ Obergericht Kanton Zug, Switzerland, 5 March 2013, CISG-online No. 2471, http://www.cisg-online.ch/content/api/cisg/urteile/2471.pdf, 访问时间:2021 年 7 月 11 日。

3.3　买卖双方的留置权

由上可知,本条第 1 款第 1 句在本质上确定了"同时履行合同义务原则"或"一手交钱,一手交货"原则。为保证这一原则得以实施,本款第 2 句规定"卖方可以将支付货款作为交付货物或单据的条件"。根据本句的字面意思,它实际上赋予了卖方留置权:在买方支付货款前,卖方有权留置货物或控制货物的单据。但是卖方行使本句下的留置权受到本条第 3 款的限制,他必须首先赋予买方检验货物的机会。尽管从字面上分析,本条仅仅赋予卖方留置权,而买方不享有这一权利,但是,联合国国际贸易法委员会秘书处认为:本句也赋予买方此种权利。即在卖方于上述地点履行其交付义务,并允许买方对货物检验以前,买方也可以拒绝支付货款。这一观点是成立,因为本条第 1 句确立了"同时履行合同义务原则"。既然在这一原则基础上,卖方拥有留置权,那么,买方应该同样也拥有这一权利。

4. 涉及运输时货款的支付(第 2 款)

由上可知,本条第 1 款规范了在合同没有特别约定买方付款时间时买方在通常情况下履行付款义务的时间。客观分析,它既适用于合同不涉及货物运输的情形,也同样适用于合同涉及货物运输的情形。但是,在后一情形下,对卖方而言存在着特殊的风险:在卖方将货物交付给第一承运人时,根据第 31 条 a 项规定卖方已经履行了其交货义务。但此后尤其在货物被运送至目的地以后,买方会要求卖方首先交付货物或控制货物处置权的单据,然后他才支付货款,这显然对卖方蕴含着巨大的法律风险,一方面谁先履行合同义务的争论不仅会大幅度提高履约成本,而且带来哪一方违约的不确定性;另一方面,这还会大幅度提高买方最终不支付货款的概率。因为在哪一方先履行合同义务不清时,合同下货物市场价格的涨跌显然会影响买方支付货款的意愿。为了能够在一定程度上控制卖方的风险,本款对合同涉及运输时货款的支付时间作了特别的规定。

本款规定仅仅适用于"合同中涉及货物运输"时。关于"合同中涉及货物运输"这一概念,本书已经在第 31 条中对此有较为详细的论述,它是指合同约定由独立承运人负责货物运输的情形。为了控制卖方上述风险,本款采取了以下两方面的措施:即"提出双方同时履行合同义务的要求"和"将买方接受这一要求作为发送货物的前提条件"。

4.1 提出双方同时履行合同义务的要求

这是指卖方有权要求买方同意双方应当同时履行合同义务。这一授权具体体现在本款"……**只有在买方支付货款时,他才将货物或控制货物处置权单据交付给买方**"这一规定中。尽管本款中的这一表述与第1款中的买方"必须在卖方根据合同和《公约》规定将货物或控制货物处置权的单据交给其处置时支付货款"稍有不同,但它们的意思是一致的,均确定了买卖双方"同时履行合同义务"原则;有所不同的是,第1款直接规定了这一原则,而第2款授予卖方向买方提出这一要求的权利。

4.2 将买方接受这一要求作为发送货物的前提条件

除了上述授权义务,本款还规定卖方可以将买方接受双方同时履行合同义务原则作为其向第一承运人交付货物的前提条件,这一授权具体体现在本款"**卖方可以在下列条件下发运货物**,……"这一规定中。这里的"发运货物"是指卖方根据《公约》第31条a项的规定将货物交付给独立的第一承运人。这一授权具体意味着:如果买方不同意卖方提出的上述要求,卖方不仅可以暂时不履行"发运货物义务",甚至可以拒绝履行交货义务,而且这种拒绝并不构成《公约》意义上的违约行为。

学界和实务界对本款授予卖方何种权利也有着不同的理解。他们认为,本款仅仅授权卖方在买方不同意其要求时,有权要求承运人拒绝将货物交付给买方,即使买方已经持有提单,也是如此。[①]这一观点是值得怀疑的,以下两个因素决定了这一点:首先,根据本款中"卖方……**发运(dispatch)货物**"的字面意思,它无疑是指卖方将货物交付给第一

---

① Bianca/Bonell/Maskow, *Commentary on the International Sales of Law*, p. 423; UNCITRAL, *Digest of Case Law on the United Nations Convention on the International Sale of Goods*, 2016, p. 272.

承运人,而不是承运人将货物交由买方处置。其次,如果这一观点成立,那么,本款的授权在本质上便完全与本条第 1 款第 2 句的内容重复;而由于本条第 1 款的调整对象也包括涉及货物运输的买卖合同,而该款第 2 句已经授予卖方留置权,故根本没有必要在本款中重复第 1 款的规定,再次授予卖方相同的权利。由此可见,上述观点是难以成立的。

即使买方同意卖方提出的同时履行合同义务的要求,但他依然可以要求首先对货物进行检验,然后再支付货款。换句话说,在合同涉及货物运输时,双方的结算规定同样受本条第 3 款规定的约束,除非双方的约定与首先检验规定相抵触。[1]

5. 买方的优先货物检验权及其排除(第 3 款)

由上可知,本条第 1 款确定了买卖双方同时履行合同义务原则,而且第 1 款第 2 句和第 2 款授予卖方在特定条件下可以行使留置权:除非买方同意同时履行合同义务原则,否则他可以不交付货物或相应的单据。但这里依然存在一个的问题:买方是否有权首先对货物进行检验,然后再付款? 本条前两款也没有涉及这一问题;《公约》第 38 条仅仅规范了买方检验货物的义务,但同样没有规范这一问题。而这是本条第 3 款的调整对象。该款从两个方面规范了这一问题:一方面,它赋予买方优先检验权,另一方面,又规定此种检验权的例外。

5.1　买方的优先检验权

本条第 3 款授予买方优先检验权,这一授权具体体现在本款"在买方有机会检验货物以前,他无须支付货款"这一规定中。这意味着:如果买卖双方根据本条第 1 款和第 2 款规定的结算规则应当同时履行合同义务,但买方均可以要求首先对货物进行检验。如果卖方没给买方提供这一机会,买方可以据此拒绝支付货款。

在买方行使本款下的检验权时,涉及的一个问题是:买方有权检验

---

[1]　UNCITRAL, *Digest of Case Law on the United Nations Convention on the International Sale of Goods*, 2016, p. 272.

什么？与此相关的问题是这里的"检验权"的内涵是否与《公约》第38条下买方检验义务的内容相同？国际贸易法学界的主流观点认为：两者的内涵并不相同。本款中的"检验权"仅仅是指对货物进行表面的、初步的检查，在多数情况下主要检验交付货物的数量和表面瑕疵；而买方在根据第38条规定进行检验时，则应当对货物进行全面的、深入的品质检查。①这一观点是成立的。因为在本条第3款的背景下，买方拥有的可以用于检验的时间通常很短。根据本条第1款或第2款的规定，双方应当同时履行合同义务时，更是如此；而第38条下的检验则是指买方应当在合理的期限内对货物是否具备第35条意义上的"相符性"进行全面的检查，尤其检查货物的质量。为了发现货物的质量瑕疵，通常需要专门的仪器设备，甚至必要的实验条件。②由此可见，本条下检验权主要是指检查货物中是否存在着通过目测便能发现的数量短缺或其他表面瑕疵问题；而第38条下的检验义务则不仅包括发现货物中存在的数量等表面性瑕疵，还包括内在质量问题。

由于上述两条款中检验权的内涵不同，这就引出另外一个问题：如果买方没有行使本条第3款下的检验权，或行使了这一权利但却没有发现任何数量等瑕疵，买方是否还可以根据第38条规定对货物检验？答案是肯定的，这不仅是因为两者的内涵不同，还因为买方进行检验的时间也不同。根据本条第3款的规定，买方必须在付款之前行使这一权限，而第38条则没有规定这一限制，即买方在支付货款以后依然有权对货物进行检验。这进一步表明：如果买方通过行使第38条第3款的检验权而没有发现任何货物不相符性，也并没有剥夺他在收到货物以后再次对货物进行检验的权利。

西方国家的司法实践也没有将第38条和第58条第3款的规定对立起来，相反认为在它们之间存在着密切的补充关系。德国斯滕达尔

---

① Bianca/Bonell/Maskow, *Commentary on the International Sales of Law*, p. 424；Schlechtriem/Mohs, *Kommentar zum Einheitlichen UN-Kaufrecht—CISG*, 2019, 7. Aufl. S. 1054.

② 详见本书第38条下之论述。

地区法院在2000年10月12日审理了意大利卖方和德国买方之间的天然石材销售合同纠纷案。在该案中,合同没有规定付款时间,故法院根据本条第1款的规定,双方应当同时履行合同义务。根据卖方发票,天然石材是在1996年10月29日前交付的,卖方要求从12月30日起支付利息,其间有两个月的时间,这意味着买方根据本条第3款有合理的时间检查货物。考虑到《公约》第38条第1款要求买方应当在尽可能短的时间内检验货物,两个月的时间显然满足买方完成本条第3款下检验时的时间要求。①

5.2　买方优先检验权的排除

尽管本条第3款授予买方检验权,但这并不是买方拥有的绝对权。相反在特定情况下,买方并不享有这一权限,本条第3款后半句"但双方当事人约定的交货或支付程序与此相抵触者除外"明确规定了这一限制。据此分析,在具备本句规定的条件下,买方便失去了要求对货物进行检验的权利,他也无权以没有进行检验为由拒绝支付货款。适用本句规定的条件便是:"如果约定的交货或支付程序与此相抵触者。"这里的"交货或支付程序"便是上文提到的国际贸易"结算方式";而此处的"……与此相抵触者"是指:由于约定采用特定的结算方式,买方无法在支付货款前进行验货。这样的结算方式有:"凭单付款"(cash against documents)、"凭发货通知付款"(cash against delivery note)和"信用证付款"。②上述方式有以下两个共同特征:其一,买方必须在对方交付单据时支付货款;其二,它们均剥夺了本条第3款赋予买方的检验权。

不存在上述冲突的结算方式有"送达目的地时交货付款"(payment against handing over goods on their arrival)。也有同时存在两种可能性

---

① Landgericht Stendal,Germany,12-Oct-2000,CISG-online 592,22 S 234/99 https://cisg-online.org/files/cases/6555/translationFile/592_20453410.pdf,访问时间:2021年7月14日。

② Schlechtriem/Mohs, *Kommentar zum Einheitlichen UN-Kaufrecht—CISG*, 2019,7. Aufl. S. 1056.

的结算方式,比较典型的是"凭发票付款"(cash against invoice)。如果货物与发票同时送达买方,便不存在上述冲突,买方可以在支付货款前检验货物;反之,如果发票先于货物送达买方,买方的检验权便与此结算方式的支付时间相冲突。当然,由于此时货物仍然处在运输途中,买方也无法对货物进行检验。①

但具体的合同纠纷中,买方是否可以行使本条第 3 款下的检验权,取决于双方在合同中究竟约定了何种结算方式。如果约定采用"凭单付款""凭发货通知付款"或"信用证付款",买方便失去了检验权;如约定采用"送达目的地时交货付款",则买方的检验权不受影响。这也是《公约》第 6 条下意思自治原则在本条第 3 款中的具体体现。

5.3 发现不相符性时的补救措施

买方如果通过行使本款下的检验权发现货物中存在不相符性,此时拥有何种权利?尤其是买方在根据《公约》第 39 条规定履行了相应的通知义务时,是否可以拒绝支付全部或部分货款?《公约》对这一问题没有进行统一的规定。学界有两种不同的观点。一种观点认为:买方可以据此拒绝支付货款,这也是本款赋予买方付款前检验权的立法本意;但相反的观点认为:买方无权扣留货款。②司法实务界倾向于支持前一观点,奥地利最高法院认为:买方有权暂定扣留货物,③德国联邦最高法院也持这一看法:该法院在 2015 年 1 月 21 日审理了一起中国卖方和德国买方之间的 X 光射线管销售合同纠纷。中方公司交付了货物,要求对方支付合同规定的货款。德国买方在付款前进行验货发现严重的质量瑕疵,于是以此为由要求卖方赔偿损失,而且提出赔偿数额超过了合同规定的货款数额。双方由此发生争议,中方公司向德国法院起诉,要求德方支付货款,而德方公司则提起反诉,要求用损害赔偿金抵消货款。德国联邦最高法院支持了德国买方的诉求:在买方

---

① Bianca/Bonell/Maskow, *Commentary on the International Sales of Law*, p. 426.

② Bianca/Bonell/Maskow, *Commentary on the International Sales of Law*, p. 426.

③ Oberster Gerichtshof, Austria, 8 November 2005, http://www.cisg-online.ch/content/api/cisg/urteile/1156.pdf,访问时间:2021 年 7 月 14 日。

发现卖方交付货物存在严重缺陷时,买方有权提出抵消请求,否则,买方便得不到任何保护。①德国联邦最高法院的判决是成立的,因为货物的质量瑕疵已经构成了根本违约,故买方自然可以宣告合同无效,拒绝支付货款。

但上述两种观点究竟哪一种符合本款规定,没有统一答案。笔者认为应当根据具体案件中的具体情形来判定。如果通过行使本款下的检验权发现了货物中存在着严重的已经构成根本违约的"不相符性",那么,买方可以拒绝支付货款,甚至宣告合同无效,并要求损害赔偿;如果相关的"不相符性"并不十分严重,买方还是应该接受货物,并支付货款,但少支付一部分货款。除此之外,还应当考虑双方当事人是否存在着继续履行合同的意愿。

第 59 条　无条件付款

Article 59

The buyer must pay the price on the date fixed by or determinable from the contract and this Convention without the need for any request or compliance with any formality on the part of the seller.

译文

无须经由卖方提出任何要求或办理任何手续,买方必须在合同和《公约》规定的日期或从合同和《公约》中可以确定的日期支付货款(语序调整)。

目录

1. 调整对象

---

① Bundesgerichtshof,Germany,21 January 2015,http://www.cisg-online.ch/content/api/cisg/urteile/2596.pdf,访问时间:2021 年 7 月 14 日。

2. 本条的适用条件

    2.1 确定的货款数额

    2.2 确定的付款日期

    2.3 已到规定的付款日期

3. 无条件自动付款规则

    3.1 无条件自动支付货款

    3.2 无条件自动付款规则的例外

    3.3 将无条件自动付款规则比照适用于其他款项的支付

4. 不按本条规定履行付款义务的法律后果

正文

  1. 调整对象

    《公约》第 57 条规范了买方付款的地点,而第 58 条则调整了买方履行付款义务的时间。本条的调整对象依然为买方付款日期,并规定无论卖方是否进行了催缴,买方都"必须在合同和《公约》规定的日期或从合同和《公约》中可以确定的日期主动支付货款"。《公约》之所以加入这一条,是因为部分成员国国内法对买方履行付款义务有程序上的要求。例如,在合同规定的付款日已经到期时,买方依然无需支付货款,因为只有在收到卖方向其发出正式付款通知时,买方才应付款。德国法和瑞士法便有类似的规定,它们要求卖方必须向买方发出付款通知,提醒买方在何时付款。如果卖方没有发出此类通知,即使约定的付款日已经到期,买方也无需支付。[①]可见,本条的立法目的是为了防止上述国家将其国内法的规定适用于国际贸易合同,进而统一国际贸易合同领域的货款支付实践。本条规定在解决国际贸易合同争议中也起着十分重要的作用,法院或仲裁庭不仅引用本条规定判定买方是否按时履行了支付货款义务,还可以据此查明卖方是否遭受了第 61 条第 1

---

    ①   Schlechtriem/Mohs, *Kommentar zum Einheitlichen UN-Kaufrecht—CISG*, 2019, 7. Aufl. S. 1058.

款 b 项和第 74 条规定下的损害、第 78 条意义上的损失（汇率损失或利息损失）。所以，这是《公约》中经常为司法仲裁机构引用的一个条款。①

2. 本条的适用条件

在何种情况下可以适用本条规定来判定买方是否履行了付款义务？本条中"在合同和《公约》规定的日期或从合同和《公约》中可以确定的日期主动支付货款"这一表述规定了本条的适用条件。据此分析，适用本条应当具备以下三个条件：即不仅货款数额是确定的，而且付款日期也是确定的，此外，已经到了付款日期。

2.1 确定的货款数额

适用本条规定的第一个条件是：合同中必须明确规定了货款的具体数额。尽管本条没有明确规定这一点，但"主动支付货款"这一表述已经蕴含了这一要求。这表明：如果合同中没有明确规定买方应当支付货款的具体数额，便不能适用本条规定。西方学者和司法判例也持这一观点。德国学者莫斯认为：如果合同中没有明确规定货款的具体数额，相反，而是由卖方决定应当支付的货款数额，那么，便不适用本条规定的支付规则。②德国慕尼黑地区高等法院于 1997 年 7 月 9 日审理了德国 A 公司和法国 B 公司之间的运动器材销售框架合同纠纷。合同规定：A 公司应当分批交付货物并规定了交货的时间，并根据每批发送货物的数量向买方开出发票。A 公司已经交付了约定的运动器材，但 B 公司仍然没有支付相应的货款。A 公司要求买方于收到运动器材之日支付货款，而 B 公司反对，双方由此发生争议。德国法院最终判定：由于 B 公司在合同规定的货款支付日依然不知道货款的具体数额，所以，他无需在该日支付货款；相反，只有当卖方在诉讼过程中向买方

---

① UNCITRAL, *Digest of Case Law on the United Nations Convention on the International Sale of Goods*, 2016, p. 276.

② Schlechtriem/Mohs, *Kommentar zum Einheitlichen UN-Kaufrecht—CISG*, 2019, 7. Aufl. S. 1058.

交付发票时，买方才应当支付货款。①

由此可见，适用本条规定的一个前提条件是：合同中已经明确规定了货款的具体数额。

2.2　确定的付款日期

适用本条规定的另一个条件是买方支付货款的日期也必须是确定的，本条"买方必须**在合同和《公约》规定的日期或从合同和《公约》中可以确定的日期** 主动支付货款"这一表述十分明确地规定了这一条件。据此分析，买方究竟应当在哪一天支付货款，既可以是明示规定的，也可以是默示确定的。所谓的明示规定了付款日期是指：双方通常会在合同中明确规定了买方支付货款的日期，例如，买方应当在 10 月 10 日支付货款。而所谓的默示规定是指：合同中没有明确规定具体的付款日期，但"从合同和《公约》中可以确定的日期"。从合同中可以确定该日期是国际贸易实践中常见的做法，例如"买方应当在合同签订之日起的十日内支付货款"，"买方应当在卖方交货前 2 周付款"或者"买方于货物装船前 30 天通过某银行开出以卖方为受益人的不可撤销信用证"，"买方在出具提单日后 60 日内凭本合同第 20 条所列的单据在开证行议付货款"，均属于此。《公约》第 58 条也属于默示确定付款日期的方式，因为该条仅仅规定了确定买方付款日期的规则，所谓买方应当在"卖方将货物或控制货物处置权的单据交给买方处置时"付款，在本质上是指：如果卖方在 9 月 1 日"将货物或控制货物处置权的单据交给买方处置"，那么，买方应当在该日付款。

2.3　已到规定的付款日期

这是适用本条规定的第三个条件，本条"买方**必须在合同和《公约》规定的日期或从合同和《公约》中可以确定的日期**"这一表述明确规定了这一条件。如果合同规定的付款日期为 10 月 10 日，那么，在现实中

---

① CLOUT case No. 273〔Oberlandesgericht München，Germany，9 July 1997，http://www.cisg-online.ch/content/api/cisg/display.cfm?test=281，访问时间：2021 年 7 月 15 日。

也必须确实到了 10 月 10 日;如果合同规定一个付款期限,如"10 月 10 日至 15 日期间",那么,必须已经确实到达了这一期间;如果这样,买方可以选择在这一期限中的任何一天付款,除非合同中有相反的规定。

以上三个条件是必须同时具备的,缺失任何一个,便不适用本条规定的付款规则。

3. 无条件自动付款规则

本条不仅规定了上述适用条件,也明确规定了具备上述条件时的"无条件自动支付货款",默示规定了适用该付款规则的例外。

3.1 无条件自动支付货款

这是指:在具备上述适用条件下,买方便应当主动自行支付货款。这一规则明确规定在"无须经由卖方提出任何要求或办理任何手续,买方必须在合同和《公约》规定的日期或从合同和《公约》中可以确定的日期主动支付货款"。由此可见,这里的"无条件自动支付货款"是指:在具备上述三个条件时,卖方既没有必要向买方发出通知进行催缴,也没有必要办理任何其他手续,买方必须立即自动支付货款。

3.2 无条件自动付款规则的例外

但是即使在具备上述适用条件下时,有时也存在着不适用无条件自动付款规则的例外情形。如果在合同中约定了另外的支付货款条件时,便构成了此种例外情形。例如,双方约定买方在收到卖方开出的发票时才应支付货款。这也是国际贸易中的惯常做法。在这种情形下,即使已经具备了本条规定的三个适用条件,也不适用上述"无条件自动付款规则",相反,只有在买方收到卖方开出的发票时,买方才必须履行付款义务。[1]德国科隆地区高等法院也持这一观点。它在 2006 年 4 月 3 日审理了一起荷兰 M 公司和德国 N 公司之间的草莓苗销售合同纠纷案。本案中,德国 N 公司口头向 M 公司订购了 25 万株草莓苗,在履行合同过程中,双方同意改成 15 万株草莓苗,最后又改成 10 万株,但由于最后交付的秧苗质量很好,所以原约定的价格没有变动。买方应

---

[1] Bianca/Bonell/Maskow, *Commentary on the International Sales of Law*, p. 434.

当分两次支付货款,在签订合同时支付总货款的 25％,剩余的 75％的货款则应当在卖方首次交付秧苗两周前支付。在双方于 2004 年 1 月初签订合同后,荷兰公司随即于 1 月 18 日开出两张发票,其中一张要求德国 N 公司在 1 月份支付 25％的预付款,而第 2 张发票则要求德国 N 公司在 5 月份支付剩余的 75％的货款和 6％增值税。德国公司已经按约定支付了第一笔货款,但拒绝在 2004 年 5 月份支付第二笔货款,理由是本合同下的买卖属于出口交易,德国公司不在荷兰境内消费,故没有义务承担该笔税款,发票中的货物数量有误,双方由此发生争议。德国科隆地区高等法院最终判定:尽管合同规定第一笔货款支付期限应在 2004 年 5 月到期,但由于双方约定买方在收到发票后支付货款,这就等于修改了原合同中有关付款时间的规定,所以,买方支付剩余款项的时间应为卖方将载明正确货物数量的发票寄交给买方时。①

由此可见,如果合同中明确规定了付款时间,双方同时约定"凭票付款",那么,在合同规定的付款时间和买方收到发票的时间不一致时,以后一时间点作为付款日期届满之时。同理,如果发票已经送达买方,但发票中载明的货物或价款有误,那么买方的付款义务始于买方收到更正后的新发票之时。将"凭票付款"作为无条件自动付款规则的例外是必要的,即使合同双方对于发票没有做出明确的规定,由于"凭票付款"在国际贸易中的广泛采用,可以将它视为《公约》第 9 条第 2 款意义上的贸易惯例。另外,各国国内税法也一般将发票作为公司财务合规管理的一个重要依据。

3.3　将无条件自动付款规则比照适用于其他款项的支付

根据本条的字面意思,它仅仅适用于货款的支付。但是,在《公约》的框架内,除了支付货款义务,还会产生其他货币支付义务。例如,在

①　Oberlandesgericht Köln Germany，03-Apr-2006，CISG-online 1218，16 U 65/05，http://www.cisg-online.ch/content/api/cisg/urteile/1218.pdf，访问时间：2021 年 7月 16 日。

一方违约行为给另一方造成损害时,该另一方当事人可以根据第 45 条第 1 款 b 项或第 61 条第 1 款 b 项和第 74 条规定要求对方承担损害赔偿责任。如果一方延迟履行支付义务,对方还可以根据第 78 条要求对方赔偿利息等损失。那么,本条确定的无条件自动付款规则是否可以比照适用于此类款项的支付呢? 答案是肯定的。本条中确定的无条件自动付款规则也是《公约》第 7 条第 2 款意义上的作为《公约》存在基础的一般法律原则。因为如果无条件自动付款规则仅仅适用于货款支付,而不适用于其他款项的支付,这便意味着:在涉及上述损害赔偿金的支付时,它便受国内法中有关债权人事前通知义务规定的约束,这样的解释显然与当事人根据《公约》规定承担的主要义务和拥有的救济措施相矛盾。德国学者莫斯也持这一观点。[①]成员国的法院和仲裁机构同样认同这一点。它们认为本条规定无条件自动付款规则除了适用于上述款项的支付以外,还适用于第 81 条第 2 款和第 84 条第 2 款规定的合同宣告无效时货款的返还以及相应利息或其他收益的支付、第 50 条规定的已付货款和减价货款之间差额的返还、第 85 条和第 86 条规定的货物保管费用的偿还等。[②]

当然,尽管本条规定的付款规则可以类比适用于其他款项的支付,但比照适用的前提条件依然是:在相关的案件中也应当具备本条规定的三个适用条件。

4. 不按本条规定履行付款义务的法律后果

如果买方未按照本条规定的规则支付货款,那么,便构成了未履行付款义务或延迟履行付款义务。卖方既可以根据《公约》第 61 条第 1 款 a、b 项结合第 62 条至第 65 条和第 74 条至第 77 条的规定要求买方履行合同,或者宣告合同无效。无论卖方采取何种救济手段,他都可以要求买方承担相应的赔偿责任。

---

① Schlechtriem/Mohs, *Kommentar zum Einheitlichen UN-Kaufrecht—CISG*, 2019, 7. Aufl. S. 1058.

② UNCITRAL, *Digest of Case Law on the United Nations Convention on the International Sale of Goods*, 2016, p. 276.

第二节　收取货物

概　述

本章第二节只有第 60 条一个条款,本条详细规范了买方收取货物义务的基本内涵。

从《公约》的系统性角度来分析,本条与《公约》的许多其他条款都有着密切的联系。首先,它与本章第 53 条存在着补充关系,因为该条仅仅在原则上确定了买方的"收取货物义务",而没有对这一义务的构成要件进行界定;而本条则恰恰起到了界定作用。此外,它与第二章第一节第 31 条和第 33 条也存在着对应关系,因为本条并没有具体规范买方提取货物的地点和时间,而第 31 条和第 33 条则分别规范了卖方履行交货义务的地点和时间,由于买卖双方权利义务的相对性,这也默示地规范了买方履行提取货物义务的地点和时间。

第 60 条　收取货物的概念

Article 60

The buyer's obligation to take delivery consists：

(a) in doing all the acts which could reasonably be expected of him in order to enable the seller to make delivery；and

(b) in taking over the goods.

译文

买方收取货物的义务包括:

(a) 为了能够使卖方交付货物,应采取一切人们期待他所能进行

的、合理的行动(语序调整);

(b) 提取货物。

目录

正文

1. 调整对象

如上所述,《公约》第 53 条仅仅原则上规范了买方的"提取货物义务",但并没有界定这一义务的具体内涵,由此也留下了一些悬而未决的现实问题:例如,由谁安排货物运输? 由谁办理出口手续或进口手续? 等等。尽管《公约》第 31 条等条款规范了卖方的交付义务,但并没有明确规范以上问题,而以上问题不解决,便根本谈不上买方履行第 53 条下的"提取货物义务"。而本条通过界定"提取货物义务"内涵十分明确地规范了以上问题。根据本条的定义,买方的"提取货物义务"由两方面的要件构成:其一,采取合理的能使卖方履行交付义务的行动;其二,提取货物。

应该强调的是:买方根据本条规定提取货物的地点和时间并不一定与第 31 条和第 33 条规范的卖方交货的地点和时间相一致。它们有可能是一致的,如果约定采用工厂地交货(EXW)、目的地指定地点交货(DAP)、目的地未完税交货(DPU)、目的地完税后交货(DDP),那么,卖方的交货地点和时间便是买方提取货物的地点和时间;相反,如果约定采用离岸价(FOB)、成本加运费价(CFR)、成本加保险费和运费价(CIF),那么,卖方的交付地点和时间便与后者不同。

2. 接收货物义务的内涵

由上可知,本条的核心功能在于界定第 53 条下"接收货物义务"的内容。根据本条的定义,这一义务由"合作义务"和"提取货物义务"两部分组成,下文分别就此进行论述。

2.1 合作义务

本条首先确定了买方的"合作义务"。本条 a 项"为了能够使卖方交付货物,应采取一切人们期待他所能进行的、合理的行动"这一句话明确规定了这一义务。本项规定这一"合作义务"在实务中有着重要的法律意义:它关系到在买方违反约定没有履行这一义务时卖方可以采取何种救济手段。如果买方没有履行这一义务,那么,卖方可以根据《公约》第 63 条第 1 款的规定设定一个宽限期,并要求买方在该宽限期内履行上述义务;在买方没有在该宽限期内履行这一义务时,卖方还可以按照第 64 条第 1 款 b 项的规定宣告合同无效。反之,如果买方没有进行的行为并不构成本项规定意义上的"合作义务",他仅仅未履行其他辅助性义务。在这种情况下卖方无权宣告合同无效,而只能采取《公约》规定的其他救济措施。为了进一步明确这一义务的内涵,本条又为此规定了两个限制性要件:其一,与卖方履行交货义务有关;其二,合理期待。只有在同时具备这两个要件时,买方应该进行的行为才构成本项意义上的"合作义务"。

(1) 与卖方履行交货义务有关

顾名思义,买方开展相关行动的目的是使卖方能够按照合同的规定顺利交付货物。那么,究竟哪些"行动"符合这一要求呢? 如果双方当事人通过在合同中明示或默示的约定要求买方开展某些"合作行为",这无疑满足了这一要求。例如,合同常见的此类约定有:买方必须在装运前对货物进行检验,在未发现瑕疵时,签发产品合格证书。同样,如双方约定采用 Incoterms 中的某一价格术语,则该价格术语中确定的应该由买方履行的义务也满足了上述条件。例如,在约定采用离岸价格(FOB)术语时,买方应该采取以下合作行动:"与承运人签订运输合同","要求承运人在合同规定的交货日期到达装运港","买方必须给卖方及时发出通知,告知卖方承运人的名称、船名、装船地点和具体的装货时间等","指令承运人在约定的时间和地点承运卖方交付的货物","办理进口报关手续"和"如需要,申领进口许可证或其他官方许可"等。

但对于某些合同约定的买方义务,例如,合同中规定买方应该向卖方提供制造货物所需的图纸、数据等文件,或者在特定的期限内将货物的形式、尺寸或其他特征告知卖方,对于这是否属于本条 a 项中的"为了能够使卖方交付货物",实务界存在着不同看法。有的法院认为:这不可能构成本条意义上的"合作行动",因为它与卖方的交付货物义务相距太远,而有的法院却认为可以适用本条 a 项规定。①美国纽约南区法院在 2002 年 5 月 10 日审理的一起案件中,便持这一观点。在该案中,合同规定买方应该向卖方提供制造药品所需的"计划或数据",卖方认为买方履行这一义务不仅是买方承担的合作的一部分,其是否履行这一义务也关系到卖方能否履行交付义务;虽然买方否认这一点,但法院最终支持了卖方的主张。②美国法院的以上判决是成立的,尽管买方不履行这一义务与卖方的交付义务有些远,但不能否认:无论是买方不履行这一义务,还是不按时履行这一义务,均会影响到卖方及时履行其交付货物义务。当然,卖方根据买方提供的图纸、数据等制造或生产产品是一种常见的国际贸易方式,《公约》第 42 条第 2 款 b 项也间接确定了这一点,因为它规定:如果产品侵犯第三者的知识产权是"由于卖方要遵照买方所提供的技术图样、图案、程式或其他规格"引起的,则卖方无需对此承担责任。

(2)合理期待

所谓的"合理期待"要件是指:要求买方进行的行为必须是"人们期

---

①　UNCITRAL, *Digest of Case Law on the United Nations Convention on the International Sale of Goods*, 2016, p. 280.

②　CLOUT case No. 579[U. S. District Court, Southern District of New York, United States, 10 May 2002], http://www.cisg-online.ch/content/api/cisg/display.cfm? test=653,访问时间:2021 年 7 月 19 日。

待他所能进行的合理的行动",否则便不能成为买方的"合作义务"。那么,在什么情况下,买方应该进行的"合作义务"才属于本项意义上的"人们期待他所能进行的合理的行动"呢?

如果合同中明示或默示约定了买方应该采取的措施,这无疑已经满足这一"合理期待"要件。因为既然在合同中已经对买方应该采取的措施作出了规定,那么买方按要求进行此类行动不仅是人们可以"期待"的,此种期待也是"合理的"。由此推论,如果要求买方进行合同中没有规定的行为,这便不属于"合理期待"。1996年2月6日,奥地利最高法院审理了一起奥地利A公司和德国B公司之间丙烷气销售合同纠纷案;在该案中奥地利A公司应该向德国B公司出售特定数量的丙烷气,并由B公司负责合同下丙烷气的继续销售,此后德国B公司又与一家比利时公司签订了转售合同,将合同下的丙烷气转售给该比利时公司。但由于奥地利A公司的供应商禁止丙烷气在比利时的销售,奥地利A公司没有交付货物,德国B公司没有支付货款,双方由此发生争议。其中第一争议点是:德国B公司没有履行本条a项下"合作义务"销售合同下的产品,由此奥地利A公司认为德国B公司的行为违反了本条a项的规定,而德国B公司则持相反的意见。法院最终支持了德国B公司的主张,因为在本案中,德国B公司已经履行了合同下货物的销售义务,它已经与比利时公司签订了销售合同便是有力的证明。由于禁止合同下产品在比利时的销售是奥地利A公司的供应商的规定,在这种情况下,卖方有义务事前告知德国B公司其供货商的相关销售限制的规定。反之,期待买方自行了解此类限制,保证不存在此种出口限制,这是"不合理"的。①

(3)司法实践中认可的"合作义务"

从各国的司法和仲裁实践看,认为符合以上两个条件的"合作义

---

① CLOUT case No. 176〔Oberster Gerichtshof, Austria, 6 February 1996〕,http://www.cisg-online.ch/content/api/cisg/urteile/224.pdf,访问时间:2021年7月19日。

务"很多,例如,买方在装运前对货物进行检验并签发产品合格证书、申领进口许可证(少数情况下申请出口许可证)、签订运输合同、通知装运货物船舶的船名,在根据买方要求交付货物时买方应在合理的期间内向卖方发出相应的通知。此外,如果卖方有义务在买方的营业地交付货物,那么,买方必须采取相应的措施以便卖方能够进入其仓库或工厂;如果卖方还承担安装设备的义务,那么,买方有义务提供安装设备的场所。[①]当然,司法机构作出以上认定的依据依然是合同或交易习惯中已经对买方进行相关的"行动"作出了明示或默示的规定。

2.2 提取货物义务

根据本条 b 项规定,买方的接收义务还包括提取货物。这里的"提取货物"在实质上包括领受货物和单据两方面的内容。

(1)领受货物

它是指买方在物理上获得货物的控制权和处置权。买方首先应该根据合同规定的时间和地点提取货物,在合同没有规定时,则按照《公约》第 31 条规定的卖方交付货物规则提取货物。例如,根据第 31 条 b 项规定,卖方应该在特定的工厂或仓库将货物交由买方处置,那么,买方便应该在约定的时间自行前往该工厂或仓库地点领受货物。当然,买方也可以委托第三者前往该地点领受货物。

(2)提取单据

"提取货物"不仅包括领受货物,而且还包括接收卖方根据《公约》第 30 条和第 34 条规定向买方交付的单据。在合同涉及货物运输时,买方便同时承担领受货物和单据的义务。例如,如果合同约定采用 FOB 价格术语时,买方便应该首先接收卖方根据第 34 条交付的单据,然后在约定目的地凭提单向承运人领受货物。

应该强调的是,买方提取货物或单据本身并不意味着无条件地接

---

① UNCITRAL, *Digest of Case Law on the United Nations Convention on the International Sale of Goods*, 2016, p. 280.

受了卖方交付的货物。①换句话说,即使在提取货物或单据后,如果发现货物存在瑕疵或其他不符合合同规定的情形,买方依然有权根据《公约》第 39 条第 1 款的规定向卖方发出通知,并采取相应的救济措施。

3. 未履行接收货物义务的法律后果

由上可知,本条仅仅规范了买方应该履行的"合作义务"。那么,买方是否可以在特定条件下拒绝提取卖方交付的货物呢? 本条显然没有规定这一点,但《公约》的其他条款规范了这一问题:如果卖方提前交付货物,那么买方可以根据《公约》第 52 条第 1 款的规定,拒收卖方交付的货物;如果卖方交付货物的数量多于合同的规定,那么,买方可以根据第 52 条第 2 款的规定拒收多于合同规定那部分货物。对于卖方的其他违约行为,如延迟交付货物或交付具有"不相符性"的货物,买方是否可以行使拒绝权,对此没有统一的答案。日本学者认为:买方无权拒绝,而必须收取货物,并予以保全。②笔者认为:这首先取决于卖方的违约行为是否构成根本违约,如果具备这一条件,则买方有权根据第 49 条第 1 款 a 项规定宣告合同无效;当然,此时他也可以选择根据第 46 条第 2 款的规定要求交付替代货物;其次,取决于卖方是否在买方根据第 47 条规定设定的宽限期内履行了合同规定的交付义务,如果未能做到这一点,买方也有权宣告合同无效,并拒绝收取货物。③如果买方在没有任何法律依据情况下拒绝提取货物,那么,便构成没有履行本条规定的违法行为。在这种情况下,卖方可以根据第 63 条第 1 款的规定设定一个宽限期,并要求买方在该宽限期内履行上述义务;在买方没有在

---

① CLOUT case No. 892〔Kantonsgericht Schaffhausen, Switzerland, 27 January 2004〕, http://www.cisg-online.ch/content/api/cisg/urteile/960.pdf,访问时间:2021 年 7 月 20 日。

② 潮见佳男、中田帮博、松冈九和主编:《联合国国际货物销售合同公约精解》,韩世远译校,第 167 页。

③ CLOUT case No. 79〔Oberlandesgericht Frankfurt a.M., Germany, 18 January 1994〕, http://www.cisg-online.ch/content/api/cisg/display.cfm? test=123,访问时间:2021 年 7 月 20 日。Schlechtriem/Mohs, *Kommentar zum Einheitlichen UN-Kaufrecht—CISG*, 2019,7. Aufl. S. 1066.

该宽限期内履行这一义务时,卖方还可以根据第 64 条第 1 款 b 项的规定宣告合同无效。此外,他还能根据第 74 条至第 77 条规定主张损害赔偿。

第三节　买方违反合同时的补救办法

概　述

本节规范了买方违约时卖方所能采用的救济措施。本节共有五条,始于第 61 条,终于第 65 条,它们共同规范了上述事项。其中第 61 条具有索引功能,列举了买方违约时卖方所能采取的主要补救措施。本节的其他条款则是对第 61 条列举的措施作了补充性规定,其中第 62 条规范了卖方要求买方继续履行合同义务的权利,第 63 条则确认了卖方有权设定额外履约宽限期的救济措施,第 64 条和第 65 条分别规定了卖方可以采取的宣告合同无效权和自行确定货物规格的权利。

就《公约》的系统性而言,本节规定的救济措施与《公约》的其他条款有着密切的联系。首先,它与本章第一节和第二节的条款存在着因果关系。因为该两节第 53 条至第 60 条明确规定了买方的义务,只有买方的履约行为违反这些规定时,卖方才可以采取本节规定的救济措施。其次,本节规定与第三部分第二章第三节"卖方违约时买方所拥有的救济措施"相对应(第 45 条至第 52 条),本节的许多条款也与第三部分第二章第三节的相关条款相对应。例如,第 61 条与第 45 条相对应,因为它们均起到了索引作用;第 62 条则与第 46 条相对应,因为它们都赋予守约者要求违约者履行合同义务的权利;第 63 条则与第 47 条相对应,这两个条款均赋予守约者设定额外履约宽限期的权利;而第 64 条的姐妹条款则为第 49 条,因为两者均赋予守约者宣告合同无效的权利。

第 61 条　买方违约时卖方可采取的救济措施

Article 61

（1）If the buyer fails to perform any of his obligations under the contract or this Convention，the seller may：

（a）exercise the rights provided in articles 62 to 65；

（b）claim damages as provided in articles 74 to 77.

（2）The seller is not deprived of any right he may have to claim damages by exercising his right to other remedies.

（3）No period of grace may be granted to the buyer by a court or arbitral tribunal when the seller resorts to a remedy for breach of contract.

译文

（1）如果买方未履行其在合同和《公约》中应承担(新增)的任何义务,卖方可以:

（a）行使第 62 条至第 65 条所规定的权利;

（b）按照第 74 条至第 77 条的规定,要求损害赔偿。

（2）卖方行使其他补救权,这并不使他因此丧失他所能享有的任何损害赔偿请求权(语序调整)。

（3）如果卖方对违约行为(原译文为:"违反合同")采取某种补救办法,法院或仲裁庭不得给予买方宽限期。

目录

3. 第 1 款 a 项下救济权和 b 项下救济措施之间的关系(第 2 款)
4. 争议解决机构无额外履约宽限期设定权(第 3 款)

正文

1. 调整对象

由上可知,本条与《公约》第 45 条相对应,因为它也像索引一样列举了买方未履行义务时卖方所能采取的主要救济措施以及采取此类措施所依据的条款。严格地说,本条并没有直接规范卖方所能采取的救济措施,而仅仅指明了规范此类救济措施的条款,例如,本条第 1 款 a 项规定,卖方可以"行使第 62 条至第 65 条所规定的权利";但这也直接授予卖方采取这些条款中规定的救济措施的权利。本条共有三款,分别从不同角度规范了上述事项。其中第 1 款规范了"消除履行瑕疵请求权和宣告合同无效权"和"损害赔偿请求权"两类不同救济权并指明其依据的条款,第 2 款则规范了这两类救济措施之间的法律关系,第 3 款对法院和仲裁机构进行裁决的权限进行了限定。

应该强调的是,本条第 1 款并没有穷尽地列举买方违约时卖方所能采用的所有救济措施,因为《公约》第 71 条至第 73 条、第 78 条和第 88 条同样规范了守约方所能采取的救济措施,所以,在买方的行为具备这些条款规定的适用条件时,卖方同样可以采用这些条款规定的救济措施。第 58 条第 1 款和第 2 款确定的"同时履行合同义务原则"也同样适用于卖方,据此,在买方支付货款前,卖方可以扣留货物,拒绝将它们交付给买方。

就本条第 1 款 a、b 两项规范的救济权而言,除了它们授予的救济权不同以外,在它们之间还存在着以下细微的区别:a 项规定仅仅指引了"第 62 条至第 65 条所规定的权利",换句话说,被指引的条款分别授权卖方可以采取相应的消除履行瑕疵的措施;而 b 项规定则是一条直接的授权条款,因为"第 74 条至第 77 条"仅仅规定了损害赔偿数额的计算方法。这一区别的实际意义在于:在法院或仲裁机构判定一方有权采用"第 62 条至第 65 条"规定的救济措施时,可以直接单独引用第 62 条或

第 63 条等,而在判定一方当事人有权主张损害赔偿时,应该引用本条 b 项,而不能仅仅是第 74 条或第 77 条。这也是国际实务界的主流观点。①

2. 买方未履行义务时卖方拥有的救济权(第1款)

本条第 1 款只有一句话,其前半句规范了本款的适用条件,后半句则确定了具备适用条件时卖方拥有的救济权。

2.1　第 1 款的适用条件

本款前半句规定"如果买方未履行其在合同和《公约》中应承担的任何义务,……"。据此分析,适用本款规定,应该具备"未履行"和"任何义务"两个条件。

(1)"任何义务"的内涵

这里的"任何义务"应该包括买方根据"合同和《公约》"承担的所有义务。据此分析,这里的"任何义务"包括两类义务。一类为合同中规定的买方义务。在事实上,国际货物销售合同中均十分具体地规定了买方应该履行的各种义务。只要合同中规定买方应该承担特定的义务,买方毫无疑问必须履行这些义务。另一类为《公约》中规定的买方义务。《公约》的许多条款均规定了买方义务,如第 53 条规定了接收货物或单据、支付货款义务,第 54 条和第 60 条确定的与承运人签订运输合同、委托银行开出信用证、给卖方发出相应通知等辅助义务,第 57 条、第 58 条和第 59 条则规定了买方应该在特定的地点和时间履行支付货款、接收货物义务。此外,第 86 条还规定了在买方有意拒收货物时应该承担保全货物或暂时提取货物的义务。

"合同规定的买方义务"和"《公约》规定的义务"并不冲突,在两者规定不一致,买方必须首先履行合同义务;只有在合同没有规定时,才补充适用《公约》中规定的义务。

(2)"未履行"的内涵

适用本条第 1 款规定的另一要件是卖方"未履行"上述"任何义

---

①　UNCITRAL, *Digest of Case Law on the United Nations Convention on the International Sale of Goods*, 2016, pp. 284—285.

务"。何为本条意义上的"未履行"? 与第 45 条第 1 款中的"未履行"相同,本款中"未履行"也包括两层意思:其一,买方根本没有履行其义务,例如买方完全没有支付货款、接收卖方交付的货物;其二,买方履行了其义务,但其履约行为不符合合同或《公约》的规定,例如,买方虽然提取了货物,但提取时间晚于合同的规定,或是虽然支付了货款,但支付的数额少于合同规定。由此可见,这里的"未履行"与违约同义。需要指出的是:买方违约的严重程度不影响其构成本条意义上的"未履行"。以买方延迟提取货物为例,无论是延迟一天,还是一个月,都构成这里的"未履行"。当然,违约严重程度的不同会影响到卖方所能采取的救济措施。

(3)"过错"应否作为适用条件?

由上可知,根据本条第 1 款规定的字面意思,适用本条的一个重要前提是"买方未履行其在合同和《公约》中应承担的任何义务"。问题是:适用本款规定是否以买方的"过错"作为前提条件呢? 如果这样,那么,在买方仅仅未履行任何义务时,还不足以适用本款规定,只有在买方未履行上述义务有过错时,才能适用本款规定。西方学界认为:当事人的过错并不是适用本款规定的前提,因为与国内法不同,《公约》本身并没有将"过错"作为其制定基础。[①]这一观点是正确的,因为从本款规定的字面意思分析,本款没有在任何地方要求在买方未履行其义务时必须有主观过错。德国科布伦茨地区高级法院在其于 1993 年 9 月 17日审理的一起案件中也认为适用本款的规定无需以买方的过错为前提条件。[②]由此可见,在具体的争议中,如果卖方能够证明:买方没有履行合同义务和《公约》义务,他便能根据本款规定要求买方承担赔偿责任,他无需证明买方的履行是由其过错造成的。而且在这种情况下,除非存在着《公约》第 79 条和第 80 条规定的情形,买方必须承担相应的法

---

① Schlechtriem/Mohs, *Kommentar zum Einheitlichen UN-Kaufrecht—CISG*, 2019, 7. Aufl. S. 1072.

② Germany Oberlandesgericht Koblenz, 17-Sep-1993, www.unilex.info/cisg/case/64,访问时间:2022 年 2 月 12 日。

律责任。

2.2　卖方拥有的救济权

在具备上述适用条件的情况下，本款后半句 a、b 两项分别规定两类不同的救济权，其中 a 项授予卖方"消除履行瑕疵请求权和宣告合同无效权"，而 b 项则授予卖方"损害赔偿请求权"。

（1）消除履行瑕疵请求权和宣告合同无效权

本款 a 项授予卖方可以"行使第 62 条至第 65 条所规定的权利"。笔者将这些条款授予卖方的救济权概括为"消除履行瑕疵请求权和宣告合同无效权"，事实上也确实如此。因为《公约》第 62 条授予卖方要求买方支付货款、接收货物的权利，第 63 条则授权卖方可以为买方额外设定一个履约宽限期，而根据第 65 条规定卖方有权在特定条件下自己订明货物规格。可见，这三条有一个共同特点：授权卖方采取一定的措施，借以消除买方没有履行或延迟履行义务的瑕疵。而第 64 条与以上三条完全不同，它赋予卖方在特定情况下宣告合同无效的权利。

在以上几种不同的救济权中，在具备这些条款各自规定的适用条件时，卖方有权选择上述任何一种或两种救济措施。例如，他可以根据《公约》第 62 条规定要求买方实际履行合同义务，同时根据第 63 条规定为他设定一个额外的履约宽限期。但是卖方的选择也受到以下几方面的限制：其一，如果他选择要求买方实际履行合同义务，其选择能否得到法院的支持受第 28 条的限制。其二，他不能选择两种自相矛盾的救济措施。例如，他不能一方面根据第 62 条规定要求买方继续履行合同义务，另一方面又依据第 64 条的规定宣告合同无效。其三，他应该根据买方违约的程度选择相应的救济措施。具体地说，在买方不履行合同义务构成根本违约时，他可以行使第 64 条的权利；如果买方不构成根本违约，他便无权行使上述救济权，而只能行使第 62 条、第 63 条中列举的救济权。

（2）损害赔偿请求权

本款 b 项则授予卖方另一类救济权，据此，卖方可以"按照第 74 条至第 77 条的规定要求损害赔偿"。如上文所述，授予卖方损害赔偿请求权的条款是《公约》第 61 条第 1 款 b 项规定,而不是第 74 条至第 77 条,因为后者仅仅规定了损害赔偿金的计算方法。事实上也确实如此,第 74 条规范了合同没有被宣告无效时损害赔偿金的计算规则;第 75 条规范了合同被宣告无效而且守约方进行了替代采购时损害赔偿金的计算方法;第 76 条则规范了合同被宣告无效、守约方没有进行替代采购、而存在时价(current price)时损害赔偿金的计算方式;而第 77 条则规范了在违约方应该支付的赔偿金中是否需要扣除守约方未采取减损措施时而产生的损失。

3. 第 1 款 a 项下救济权和 b 项下救济措施之间的关系(第 2 款)

由上可知,本条第 1 款 a、b 两项分别规定了两类不同的救济权。这就产生了一个问题,在买方未履行义务时,卖方是否可以同时行使 a、b 两项中规定的救济权,还是只能采取其中一类救济权?《公约》第 61 条第 2 款规范了这一问题:"卖方行使其他补救权,这并不使他因此丧失他所能享有的任何损害赔偿请求权。"一般认为:本款中的"其他补救权"是指第 1 款 a 项下列举的救济措施;而本款中的"任何损害赔偿请求权"则是指第 1 款 b 项规范的救济权。[①]这意味着,在卖方采取 a 项的补救措施时,也可以同时要求对方赔偿其损失。这样的规定有重要的现实意义,因为在买方的行为构成根本违约时,卖方既可以行使 a 项指引的第 64 条的规定宣告合同无效,也可以同时根据 b 项中的规定主张损害赔偿。这是十分必要的,因为买方最常见的根本违约行为是"不支付货款、不提取货物",这自然会给卖方造成损失,即使买方延迟付款,也会损害卖方的权利。所以,本款同时授予卖方行使 a、b 两项下的救济权,是十分符合现实需要的。

4. 争议解决机构无额外履约宽限期设定权(第 3 款)

根据本条第 3 款规定,"如果卖方对违约行为采取某种补救办法,法院或仲裁庭不得给予买方宽限期"。本款中"采取某种补救办法"不

---

① Schlechtriem/Mohs, *Kommentar zum Einheitlichen UN-Kaufrecht—CISG*, 2019, 7. Aufl. S. 1073.

仅仅是指本条第 1 款中列举的措施,而且包括《公约》其他条款如第 71 条至第 73 条、第 78 条和第 88 条等条款中规定的补救办法,此外还包括合同中规定的救济措施;而本款后半句明文剥夺了在卖方采取以上救济措施时法院或仲裁庭单方面为买方设置履约宽限期的权限。《公约》之所以设置本款规定,一是因为欧洲大陆国家、中亚和南美受法国法影响的国家的国内法均规定:在一方违约,另一方采取救济措施时,法院均有权规定一个供违约方履行合同义务的宽限期;①而《公约》中设置本款规定旨在排除这些国家国内法上述规范在国际商事合同争议解决中的适用。二是因为如果授予法院或仲裁庭此类决定权,法院或仲裁机构便拥有较为宽松的自由裁量权;如果它们判定给予一个较长的宽限期,这未必有利于合同的履行,反而让争议的解决面临着更多的不确定性。这也是《公约》制定者没有吸收欧洲大陆国家国内法经验的原因。

根据本条第 1 款 a 项和本款规定,我们可以得出以下结论:其一,卖方有权根据《公约》第 63 条规定单方面决定为买方额外设定一个履约宽限期;比利时哈瑟尔特商业法院于 2004 年 2 月 25 日审理的比利时卖方和荷兰买方之间的合同纠纷中便肯定了这一点。②其二,法院或仲裁庭无此类权利,但如果双方当事人授予法院或仲裁庭这一权利,它们自然有此权利。③另外,学界的主流观点还认为:在某一成员国的国内程序法、强制执行法或破产法适用于国际货物销售合同时,如果此类法规中授予法院或仲裁机构设置一个额外宽限期,那么,《公约》并不排除此类规定的适用。④美国纽约南区法院在其 1997 年 7 月 21 日审理的

---

① Schlechtriem/Mohs, *Kommentar zum Einheitlichen UN-Kaufrecht—CISG*, 2019, 7. Aufl. S. 1075.

② Rechtbank van Koophandel Hasselt, Belgium, 25 February 2004,访问时间: 2021 年 7 月 24 日。

③ Joseph Lookofsky, J. Herbots editor/R. Blanpain general editor, *International Encyclopaedia of Laws-Contracts*, Suppl. 29(December 2000), p. 135.

④ Schlechtriem/Mohs, *Kommentar zum Einheitlichen UN-Kaufrecht—CISG*, 2019, 7. Aufl. S. 1076.

案件中便持这一观点:在合同一方当事人破产时,而且法院地适用的国内破产法规定法院可以设定供债务人履行清偿义务的宽限期,那么,优先适用国内法的此类规定。①

第 62 条 要求买方实际履行合同义务

Article 62

The seller may require the buyer to pay the price, take delivery or perform his other obligations, unless the seller has resorted to a remedy which is inconsistent with this requirement.

译文

卖方可以要求买方支付货款、收取货物或履行其他义务,但卖方已采取与此要求相抵触的某种救济办法者除外。

目录

1. 调整对象
2. 本条的适用条件
3. 卖方的实际履约请求权
    3.1 要求买方支付货款
    3.2 要求买方接收货物
    3.3 要求买方履行其他义务
    3.4 本条下"实际履约请求权"和《公约》第 63 条下"实际履约请求权"之间的区别

---

① U.S. District Court, Southern District of New York, United States, 21 July 1997, http://www. cisg-online. ch/content/api/cisg/display. cfm? test = 297,访问时间: 2021 年 7 月 24 日。

4. 对卖方实际履约请求权的限制
  4.1 不得与其采取其他救济措施相矛盾
  4.2 法院地国内法对实际履行请求权的限制

正文

1. 调整对象

  本条专门规范了在买方未履行上述义务时卖方有要求对方实际履行上述义务的权利,同时对卖方的这一权利进行了一定的限制。从《公约》的体系看,本条有多重作用。首先,它是对《公约》第53条至第60条规定的一个必然回应,因为这些条款规范了买方应该履行的合同义务,而本条则规范了买方未履行这些条款规定的义务时卖方拥有的救济权;其次,它也是对第61条第1款a项救济权的一个补充,因为该项仅仅提及"行使第62条所规定的权利",而本条具体列明了卖方所拥有的救济权——要求对方实际履行合同义务;最后,本条规定也较好地平衡了买卖双方的救济权,《公约》第46条授予买方在卖方未履行合同义务时实际履行合同义务请求权,而本条则授予卖方在同样条件下拥有同样的权利。从实务角度分析,本条在解决国际商事合同纠纷中也起着重要作用,因为在合同签订后,买方出于各种原因经常拒绝支付货款,或拒绝提取货物,而本条规定的实际履行合同义务请求权对卖方无疑是一种最有效和经济的救济方式。所以,各成员国法院或仲裁机构在审理纠纷时经常引用本条规定,借以判定买方履行支付货款义务。[①]

  本条赋予卖方实际履行请求权与世界主要国家国内法确定的"契约精神"相吻合,"契约精神"的核心内容便是:任何一方当事人必须兑现其合同承诺。但是,不同的法系确认这一"契约精神"的方式不同。大陆法国家的国内法均规定:在买方未履行其义务时,卖方有权要求买方支付货款或履行其他合同义务;而英美法国家的国内法则均规定:在

---

  ① UNCITRAL, *Digest of Case Law on the United Nations Convention on the International Sale of Goods*, 2016, pp. 287—288.

买方延迟接收货物或拒绝接收货物、支付货款时,卖方则有权要求买方支付损害赔偿金。①正因如此,本条规定的实际履约请求权这一救济措施在大陆法和普通法国家的适用状况有着很大的不同:大陆法国家的法院和仲裁机构基本上在其审理的案件中都确认卖方的这一请求权,而普通法国家的法院和仲裁机构则仅仅在少数例外情形下才确认卖方的实际履行请求权。

2. 本条的适用条件

本条只有"卖方可以要求买方支付货款、收取货物或履行其他义务,但卖方已采取与此要求相抵触的某种救济办法者除外"一句话。十分明显,本条并没有明确规定其自身的适用条件。那么,究竟在什么条件下可以适用本条规定呢? 适用本条规定的条件应该是:买方没有履行任何合同和《公约》中规定的义务。以下几方面的因素说明了这一点。首先,第61条第1款有关"如果买方没有履行合同和《公约》中的任何义务,卖方可以采取本条中规定的救济措施"的规定也表明了这一点。其次,就《公约》而言,第53条至第60条主要规范了买方支付货款、接收货物的义务以及与此相关的辅助义务,例如,第54条规范的付款准备义务和第60条a项规定的接收货物合作义务。从本条前半句对卖方授权中,可以看出上述有关本条适用条件的分析是成立的,只有在买方没有履行第53条至第60条规定的义务,卖方才"可以要求买方支付货款、收取货物或履行其他义务"。司法判定也认为:本条规定适用于买方因没有履行其任何义务而构成了的违约行为,违约行为的性质和程度并不影响本条规定的适用。②

3. 卖方的实际履约请求权

在具备上述前提条件下,本条前半句授予买方实际履约请求权,这一权利具体体现在本条前半句"卖方可以要求买方支付货款、收取货物

---

① Schlechtriem/Mohs, *Kommentar zum Einheitlichen UN-Kaufrecht—CISG*, 2019, 7. Aufl. S. 1080.

② UNCITRAL, *Digest of Case Law on the United Nations Convention on the International Sale of Goods*, 2016, p. 287.

或履行其他义务"这一规定中，下文分别据此讨论本条的以上三项授权。

3.1 要求买方支付货款

在国际货物销售中，卖方最重要的利益在于通过销售获得货款，支付货款也是合同和《公约》规定的买方的最核心义务。如果买方没有履行这一义务，根据本条规定，卖方便有权要求买方履行这一义务。当然，卖方行使这一请求权时，除了买方没有履行这一义务以外，还受其他条件的限制，例如货款的数额必须是具体的、确定的，至少是能够确定的，而且付款日期已经到期；如果双方必须同时履行合同义务，那么，只有在卖方交付货物或单据时，才产生买方的付款义务；也只有在这一时刻，卖方才可以要求买方支付货款。

3.2 要求买方接收货物

本条规定授予卖方的另一项救济权是：要求买方接收货物。就《公约》的体现而言，这一请求权是针对第 53 条和第 60 条规范的接收货物和单据义务设计的。尽管本条规定仅仅提及"货物"，在本条中的"货物"包括了合同涉及货物运输中的"提单"等单据。所以，在买方拒绝接收单据时，卖方也有权要求买方接收单据。卖方既可以通知要求买方支付货款、接收货物，也可以单独要求买方接收货物或提单，卖方甚至可以要求买方暂时提取货物，以便能够暂时保全合同下的货物。

要求买方接收货物仅仅是《公约》予以卖方的一项救济权。同时《公约》第 88 条还赋予卖方在特定情形下自行出售货物的权利。所以，在买方未履行接收货物义务时，卖方可以自行决定选择哪一种救济权。从国际贸易的实务看，在买方拒绝接收货物时，卖方通常会选择后一种，同时宣告合同无效，并要求买方赔偿其损失。①

3.3 要求买方履行其他义务

本条还授予卖方要求买方履行其他义务的权利。这里的其他义务

---

① UNCITRAL, *Digest of Case Law on the United Nations Convention on the International Sale of Goods*, 2016, p. 287.

是指什么呢？在国际贸易实务中,支付货款和接收货物是买方承担的
主要义务;为了完成这两个主要义务,买方通常还会承担一些附属义
务。《公约》本身也规定了此类次要义务,例如第 65 条规范了买方确定
货物规格的义务,如果买方没有在合同规定的时间内确定货物的规格
并告知卖方,卖方便可以根据本条的规定要求买方告知货物的规格。
同样,如果合同中约定采用 CIF 价格术语,买方有义务在特定期限内与
承运人签订运输合同,并委托该承运人运送货物。如果买方没有履行
这一义务,那么,卖方可以根据本条规定要求买方履行这一辅助义务。
其他辅助义务还有"将承运船舶的船名以及到达装运港的日期告知卖
方,办理进口许可证和进口报关手续"等。①

　　3.4　本条下"实际履约请求权"和《公约》第 63 条下"实际履约请
求权"之间的区别

　　由上可知,本条授权卖方向买方提出以上实际履行义务的权利,而
《公约》第 63 条则授予卖方设定一个额外履约宽限期的权利。从本质上
分析,第 63 条的授权在客观上也是一种实际履约请求权,即卖方可以据
此要求买方在其设定的宽限期内实际履行合同义务。由此就产生了这
样一个问题:本条和第 63 条中的"实际履约请求权"究竟有何差异？两
者的区别便在于:卖方是否设定了一个额外的履约宽限期。在适用本条
时,卖方没有设置一个此类宽限期,所以卖方可以要求买方无条件地、毫
不延迟地即时履行合同义务;而在适用第 63 条时卖方则设置了一个此
类宽限期,买方据此应该在该期限内的任何时间点履行合同义务。②

　　4. 对卖方实际履约请求权的限制

　　尽管本条前半句授予卖方实际履约请求权,但本条后半句"但卖方
已采取与此要求相抵触的某种救济办法者除外"这一规定对这一授权
进行了限制。这一限制也决定着:在卖方行使实际履约请求权时,法院

---

① 　详见第 54 条规定。

② 　UNCITRAL, *Digest of Case Law on the United Nations Convention on the International Sale of Goods*, 2016, p. 287.

或仲裁机构是否应该作出支持卖方相关请求的决定。根据本条和《公约》其他条款的规定,卖方行使本条下实际履约请求权受到以下几方面的限制:

4.1 不得与其采取其他救济措施相矛盾

本条后半句明文规定了这一限制。这一限制的意思是:卖方不得同时要求买方采取与实际履行合同义务相抵触的救济措施。那么,哪些救济措施可能与实际履约请求权相冲突呢? 学界和实务界均认为:以下救济措施与本条下的实际履约请求权相冲突。

首先,《公约》第 63 条下的额外宽限期设定权。根据该款规定,在买方未履行合同义务时卖方可以额外设定一个供买方履约的宽限期;如果卖方行使了这一权利,那么,他便不得引用本条规定要求买方无条件地即时履行合同义务。因为如上所述,本条和第 63 条规定了两种不同类型的"实际履约请求权",而且它们不可能同时行使。

其次,《公约》第 64 条第 1 款下宣告合同无效权。这无疑也与本条下的"实际履行请求权"相冲突,因为根据第 81 条的规定,宣告合同无效的一个法律后果是免除了双方当事人继续履行合同的义务,所以,卖方不得在宣告合同无效的同时要求买方实际履行合同。

再次,《公约》第 88 条下的货物自行处置权。这同样是与本条下实际履约请求权相矛盾的一种救济权,因为在卖方根据第 88 条规定自行销售买方拒绝接收的货物时,他自然不能同时要求买方接收货物。

最后,《公约》第 61 条第 1 款 b 项下的损害赔偿请求权。部分学者认为:第 61 条第 1 款 b 项下的损害赔偿请求权也与本条下的实际履约请求权相冲突,其理由是提起损害赔偿通常以根本违约、宣告合同无效为前提条件,如果同时要求买方实际履行合同义务,这显然是与本条规定相冲突。[①]笔者也认为:本条下的"实际履约请求权"与第 61 条第 1 款 b 项下的损害赔偿请求权相冲突,但主要理由是第 63 条第 2 款的规

---

① Schlechtriem/Mohs, *Kommentar zum Einheitlichen UN-Kaufrecht—CISG*, 2019, 7. Aufl. S. 1083.

定;根据该款规定:在卖方自己设定的宽限期内他不得对买方的违约行为采取任何补救措施,这里"任何补救措施"显然包括第 61 条第 1 款 b 项下的损害赔偿请求权。如上所述,本条和第 63 条都赋予卖方"实际履约请求权",它们之间的区别在于:根据本条的授权,卖方可以要求买方立即无条件地履行合同义务,而根据后者的授权,卖方有权要求买方在特定时间内履行义务。这样,我们完全可以将第 63 条下的一个法意比照适用于本条:在卖方要求买方即时履行义务时,他不得同时提出损害赔偿要求。但这并不排除在其实际履约请求权被买方拒绝后,行使第 61 条第 1 款 b 项下的损害赔偿请求权。

4.2　法院地国内法对实际履行请求权的限制

除了受以上条款的限制外,卖方的实际履行请求权还受到审理争议的法院或仲裁机构所在国国内法的限制。《公约》第 28 条规定了此类限制。据此,除非法院地所在国法律允许法院作出此种实际履行的判决,否则,法院没有义务作出要求某一方当事人实际履行合同义务的判决。①这意味着,即使卖方有权提出实际履行合同义务的要求,而且这一要求与其采取的其他救济措施并不矛盾,但是如果法院地所在国国内法禁止法院在类似合同争议中作出强制一方当事人实际履行合同义务的判决,那么,法院便可以作出拒绝卖方的诉求的判决。

第 63 条　规定额外的履约宽限期

Article 63

(1) The seller may fix an additional period of time of reasonable length for performance by the buyer of his obligations.

(2) Unless the seller has received notice from the buyer that he will not perform within the period so fixed, the seller may not, during that period, resort to any remedy for breach of contract. However, the

---

① 详见本书第 28 条中之论述。

seller is not deprived thereby of any right he may have to claim damages for delay in performance.

译文

(1) 卖方可以为买方额外规定一个长度合理的、供其履行义务的宽限期(原译文为:"一段合理时限的额外时间,让买方履行义务")。

(2) 除非卖方收到买方发出的、声称他将不在确定的宽限期内履行义务的通知,卖方不得在此宽限期内对买方的违约行为采取任何补救措施。但是,卖方并不因此丧失其基于买方迟延履行义务行为而可能享有的提出损害赔偿要求的任何权利(语序调整)。

目录

正文

1. 调整对象

本条授予卖方设置一个额外的供买方履行义务宽限期的权利,同时规范了此种设置的法律效力问题。本条的授权对于卖方行使宣告合同无效权十分重要,因为根据《公约》第 64 条第 1 款 a 项结合第 25 条的规定,只有在买方的违约行为构成根本违约时,卖方才有权宣告解除合同;但在实务中,卖方有时难以证明买方的违约行为已经构成根本违约;而本条的授权则大大减轻了卖方证明负担,因为根据第 64 条第 1 款 b 项的规定,只要买方没有在上述宽限期内履行合同义务,这时卖方便可据此宣告合同无效。本条共有两款。其中第 1 款授予了卖方设置额外履约宽限期的权利,而第 2 款规范设置此类宽限期的法律效果,据此卖方不得在其设定的宽限期内对买方的违约行为采取任何救济措施,然而他依然对因买方延迟履约造成的损害拥有赔偿请求权。第 2 款的规定旨在平衡买卖双方当事人在卖方设置宽限期时的利益。一方面,它保护了买方的预期利益,即在买方有意在该宽限期内履行合同义务时,他有权要求卖方接受其履约行为;换句话说,卖方不得宣告合同无效。另一方面,它也保护了卖方的利益,即使买方在该宽限期内支付了货款、接收了货物,这也属于逾期履约行为,这通常会给卖方带来损害,所以本款授予了卖方损害赔偿请求权。

从《公约》的系统性角度进行分析,本条规定与第 47 条规定相对应。本条无论在内容上还是结构上均与第 47 条相似。两条均由两款组成,其中第 1 款都授予守约者在对方未履行义务时设定额外宽限期的权利,而第 2 款均规范了设置宽限期对守约者的约束力:即在该宽限期内他不得对违约行为采取救济措施;该款同时确定了守约者对延迟履约行为拥有损害赔偿请求权。唯一的不同点是:第 47 条授予买方额外宽限期设置权,而本条则授予卖方相同的权利。这也表明《公约》十分公平地考虑买卖双方的利益。

2. 适用本条规定的前提条件

根据本条的字面意思,本条主要授予卖方额外设置一个供买方履行义务的宽限期的权利。可见,本条并没有规定其适用条件。那么,在哪些前提条件下,卖方可以行使这一权利呢? 根据本条和《公约》其他条款分析,应该具备以下前提条件:

2.1 履约日期已经届满

这是指合同或《公约》规定的履约日期已经届满。举例来说,如果合同规定的提货日期为 6 月 10 日至 20 日之间,那么,6 月 20 日必须已经过去。这意味着在 6 月 20 日或此前的任何一天,卖方无权以买方仍然没有履行义务为由额外设置一个宽限期。这一条件是必要的,因为在这一期限届满以前,即使买方没有接收货物、支付货款,其行为并不构成违约行为。反之,则已构成。实务界的主流观点对此也持肯定态度。德国勃兰登堡州地区高等法院在其于 2008 年 11 月 18 日审结的德国 A 公司和比利时 B 公司的啤酒销售合同纠纷中,德国 A 公司作为卖方向比利时 B 公司开出了收取货款的发票,发票上标明的付款日期为 2005 年 1 月 31 日;在 2005 年 1 月 20 日,德国 A 公司便向比利时 B 公司发出催缴通知,并在该通知中确定买方最晚必须在 2005 年 3 月 2 日前支付。德国勃兰登堡州地区高等法院判定:德国 A 公司通过 2005 年 1 月 20 日通知确定的最晚付款日期并不构成本条意义上的"设置额外宽限期",因为德国 A 公司是在发票中标明的付款日期届满前发出通知的,即使通知中确定的最晚付款日期是在发票中标明的付款日期届满以后,也是如此。①意大利帕多瓦地区法院(Tribunale di Padova)在其于 2004 年 3 月 31 日审结的案件中持相同的态度;在该案中,合同没有明确规定买方应该支付货款的时间,所以,根据《公约》第 58 条的规定,买方应该在卖方交付货物时支付货款;卖方于 2001 年 4 月 10 日向承运人交付了货物,同时卖方向买方出具了一张发票,发票上标明的付款日期为同年 5 月 30 日;双方对于卖方出具的发票是否构成本条意义上的设置额外宽限期发生争议;法院在判决中判定:这不构成本条意义上的设置宽限期;因为适用本条的一个基本条件是:买方的行为已经构成违约,而在 4 月 10 日那天买方依然可以支付货款,买方的行为并没

---

① Oberlandesgericht Brandenburg, Germany, 18 November 2008, CLOUT no. 0, http://www.cisg-online.ch/content/api/cisg/urteile/1734.pdf, 访问时间: 2021 年 7 月 27 日。

有构成违约,而卖方却在这一天向买方出具了发票,所以,尽管发票中标明了一个更晚的付款日期,但这并不属于本条意义的设定宽限期。①但是德国慕尼黑地区高等法院则持不同意见,在其于 2006 年 10 月 19 日审结的德国卖方和新加坡买方之间的宝马汽车销售合同纠纷中,合同规定:买方应该支付货款的日期为卖方告知其准备发货和汽车底盘号码之日;德国卖方于 2003 年 4 月 8 日向对方发出通知,告知合同下车辆已经备好并告知了汽车底盘号码,同时要求新加坡公司在 2003 年 4 月 17 日前支付购车款;也就是说:德国公司在支付货款日期届满这一天,向新加坡发出了设置宽限期的通知。双方对于德国公司于 4 月 8 日发出的通知是否构成本条意义上的设置额外宽限期产生争议。法院最终判定:在本案中如果一定要求卖方发出两个不同的通知,一个告知买方付款日期,另一个确定额外宽限期,而且后一个通知必须在付款日期届满以后才能发出,这显然是一种典型的形式主义要求。所以,卖方可以在同一通知中设置供买方履约的宽限期。②但笔者不认同德国慕尼黑地区高等法院的上述观点,该法院并没有否定卖方设置宽限期的一个前提条件是:在合同或《公约》规定的履约日期届满以后,换句话说,在履约期届满之前卖方无此权利;但该法院以卖方为此需发出两份通知构成形式主义为由而忽略这一法律条件,其观点和论据是难以成立的;另外,"形式主义"在某种程度上也是《公约》的要求。

在国际贸易实务中,买卖双方之所以对卖方发出的确定最晚付款日期的通知是否构成本条第 1 款意义的设置宽限期产生争议,是因为它关系到卖方是否可以根据《公约》第 64 条第 1 款 b 项的规定宣告合同无效;在它构成本条第 1 款意义的设置宽限期时,卖方便可以引用后

---

① CLOUT case No. 649〔Tribunale di Padova, Italy, 31 March 2004〕, https://iicl. law. pace. edu/cisg/case/italy-march-31-2004-tribunale-district-court-scatolificio-la-perla-snc-di-aldrigo-stefano,访问时间:2021 年 7 月 27 日。

② Oberlandesgericht München, Germany, 19 October 2006, CLOUT no. 826, http://www.cisg-online.ch/content/api/cisg/urteile/1394.pdf,访问时间:2021 年 7 月 28 日。

一条款宣告合同无效,反之则无此权利。

2.2 买方未履行其义务

这是指在规定的履约期届满时,买方依然没有履行其义务。这里的义务可以是合同规定的义务,也可以是《公约》第 53 条至第 60 条规定的义务;此外,买方既可以未履行所有义务,如未支付货款和未提取货物,也可以未履行所有义务中的某一个义务,例如,提取了货物,但没有支付货款;此外,买方既可以是未履行主要义务,也可以是未履行次要义务。但是,这里的义务仅限于直接基于合同规定而产生的义务,而不包括因买方违约行为产生的次级义务。所谓的次级义务是指:基于此类违约行为,买方应该根据《公约》第 61 条第 1 款 b 项规定向卖方承担损害赔偿义务,或根据第 81 条规定承担退回货物义务,等等。毫无疑问,在买方承担上述义务时,卖方同样可以设定一个宽限期,要求买方在该期限内履行相关的义务,但在这种情况下并不适用本条。

2.3 不得采取与设置宽限期相冲突的救济措施

卖方不得采取与设置宽限期相冲突的救济措施。德国学者莫斯持这一观点。①尽管在本条的字面意思中,我们难以发现支持这一观点的任何论据,但笔者认为这一观点依然是成立的。一方面,就《公约》第 61 条第 1 款 a、b 两项规定的救济措施而言,它们之间确实存在着冲突,例如第 64 条下的宣告合同无效和本条下额外设置一个供买方履行合同义务的宽限期,便是如此。另外第 62 条中的"除外"条款明确规定:卖方不得采取与要求买方履行义务相抵触的救济措施。如笔者在第 62 条中所述,第 62 条和本条在本质上都赋予卖方"实际履约请求权"。有鉴于此,第 62 条"除外"条款中规定的限制应该比照适用于本条。

只有在同时具备以上条件时,才适用本条规定,卖方才可以据此设置一个供买方履行义务的宽限期。

---

① Schlechtriem/Mohs, *Kommentar zum Einheitlichen UN-Kaufrecht—CISG*, 2019, 7. Aufl. S. 1090.

3. 设置额外的履约宽限期(第 1 款)

在具备以上条件时,本款授予卖方设定额外宽限期的权利。应该强调的是:设定额外宽限期仅仅是本款赋予卖方的一种权利,而不是卖方的一种义务。本款中的**"*可以*"**两字也表明:即使在具备上述适用条件时,卖方也可决定不采用本条规定的救济措施,转而选择采取其他救济途径。虽然也有少数法院持相反的观点,但多数法院和仲裁机构认同这一观点。①那么,卖方行使本款救济权时应该注意哪些问题呢?下文将结合本款"卖方可以为买方额外规定一个长度合理的、供其履行义务的宽限期"的规定从形式和内容两个方面论述本款的适用问题。

3.1 向买方发出通知

为履行本款下的授权,卖方必须向买方发出一个告知其履约宽限期的通知。本款规定中蕴含了这一要求。因为如果卖方不发出这一通知,设置宽限期仅仅是卖方内心的意愿,买方不可能知道卖方内心的想法,其内心的想法对买方没有约束力;反之,只有在卖方通过发出通知的方式将设置履约宽限期的决定告知买方时,它才会产生法律效力。塞尔维亚商会对外贸易仲裁法庭在其于 2008 年仲裁的瑞士卖方和塞尔维亚买方之间的牛奶包装设备销售合同纠纷案便裁定:卖方必须通过向买方发出通知的方式设置本款下的宽限期。②

对于通知的形式《公约》没有特定的要求,《公约》第 11 条确定的合同形式自由原则是《公约》存在基础的一般法律原则,它同样适用于在履行合同过程中一方当事人给另一方发出的通知。所以,卖方可以书面、口头等形式发出上述通知。从国际贸易实务看,有的通知形式为卖

---

① UNCITRAL, *Digest of Case Law on the United Nations Convention on the International Sale of Goods*, 2016, p. 291.

② Foreign Trade Court of Arbitration at the Serbian Chamber of Commerce, Serbia, 15 July 2008, CLOUT case No. 1021, https://iicl.law.pace.edu/cisg/case/foreign-trade-court-arbitration-attached-serbian-chamber-commerce-21,访问时间:2021 年 7 月 28 日。

方为此目的而发出的催缴信,有的则表现在卖方出具的付款发票中。由于卖方是在履约过程中向买方发出上述通知的,所以,该通知受《公约》第 27 条的约束。据此,该通知于发出时生效,卖方必须承担该通知延迟到达或不能送达的风险。[①]

3.2 通知应该具备的内容

如上所述,为行使本款的权利,卖方必须向买方发出通知。但是并非卖方向买方发出的所有信件都构成本款意义上的"通知";只有符合本款对内容要求的信件,才构成本款意义上的"通知"。根据本款的规定,构成本款意义上的"通知"必须具备"设定供买方履约的宽限期"和"宽限期的长度具有合理性"两个要件。

(1) 设定供买方履约的宽限期

这是指卖方必须在信件中明确地告知买方:他必须最晚在某一特定的日期或某一特定的期限内履行义务,本款"为买方额外规定一个……供其履行义务的宽限期"表明了这一要求。仔细分析,卖方发出的通知中必须表明两点意思:首先,额外确定一个具体履约期限,该期限既可以为某一时间期限,如收到通知之日起的 30 天内,也可以是未来某一特定的日期,例如 9 月 5 日之前;其次,告知买方最晚必须在上述日期到来或期限届满时履行其义务。如果通知中仅仅说明:买方必须立即履行其义务。这便不符合本条的要求。[②]那么,是否一定要在信件中说明:如果买方在宽限期届满以后才履行义务,卖方将拒绝接受呢? 这是没有必要的,德国慕尼黑地区高等法院在其于 2006 年 10 月 19 日所作判决中也肯定了这一点。[③]

---

① 详见本书第 27 条中之论述。

② Article 63: Secretariat Commentary, https://iicl. law. pace. edu/cisg/page/article-63-secretariat-commentary-closest-counterpart-official-commentary,访问时间:2021 年 7 月 28 日。

③ Oberlandesgericht München, Germany, 19 October 2006, CLOUT no. 826, http://www. cisg-online. ch/content/api/cisg/urteile/1394. pdf,访问时间:2021 年 7 月 28 日。

（2）宽限期的长度具有合理性

这是指卖方设定的宽限期必须达到一定的长度，本款中"一个长度合理的履约宽限期"这一表述明确表明了这一点。在这里存在着两个应予探究的问题：即人们应该根据哪些因素来判断宽限期的长度的"合理性"？如果不具备合理性，将会产生何种法律后果？下文就此进行讨论。

第一，判断宽限期长度合理性的考量因素。那么，宽限期究竟多长才符合"合理性"的要求呢？《公约》没有对此作出定义。国际贸易法学界的主流观点认为，国际上没有一个统一的衡量标准，相反，应该根据个案中的具体情况予以确定；从各成员国的司法判例看，被各法院或仲裁机构认定为"合理"的宽限期的长度也各不相同、长短不一。

就卖方为支付货款而设定的宽限期而言，被认定为合理的期间有4 个月、20 天、10 天、9 天、7 天等；其中最长的为 4 个月，塞尔维亚商会外贸仲裁法院在其于 2008 年 7 月 15 日裁定的瑞士卖方和塞尔维亚买方之间的牛奶包装设备销售合同纠纷仲裁案中，卖方设定的供买方履行付款义务的 4 个月的宽限期，已经达到了本款中的"合理性"要求。[1]最短宽限期仅仅为 2 天，如奥地利格拉茨高等法院在 2002 年 1 月 24日审理了德国卖方和奥地利买方之间的挖掘机销售合同纠纷案，在该案中双方约定奥地利买方应该在 1998 年 10 月 7 日支付货款；但在买方的要求下，该付款日期被多次推迟，最后卖方设定了 2 天的付款宽限期，奥地利格拉茨高等法院依然判定该 2 天的宽限期是合理的，由于此前已经多次推迟，所以依然符合本条的合理性要求。[2]但德国卡尔斯鲁

---

[1]　Foreign Trade Court of Arbitration at the Serbian Chamber of Commerce，Serbia，15 July 2008，CLOUT case No. 1021，https://iicl.law.pace.edu/cisg/case/foreign-trade-court-arbitration-attached-serbian-chamber-commerce-21，访问时间：2021 年 7 月28 日。

[2]　Graz Oberlandesgericht[Appellate Court]，January 24，2002，https://iicl.law.pace.edu/cisg/case/austria-oberlandesgericht-wien-appellate-court-austrian-case-citations-do-not-generally-14，访问时间：2021 年 7 月 28 日。

厄地区高等法院 2008 年 2 月 14 日审理的一个案件中,买方拒绝支付部分货款,卖方设定了 7 天付款宽限期,法院判定:该 7 天的宽限期太短,判定了一个为期 2 周的宽限期。[①]在另外一个案件中,卖方设定一个宽限期,要求买方在 3 天内提供银行出具信用证的承诺函,德国卡塞尔州法院判定,根据该合同履行过程的具体情况,3 天的期限太短,不合理。[②]

就卖方设置的接收货物的宽限期而言,成员国司法机构判定为合理的期限的长度同样各不相同:比较短的期限为 29 天,要求买方必须在这一期限内提取 200 吨熏肉;长的为两个半月,买方必须在这一期限内提取打印机。但也有法院判定卖方设定的 1 个月零 7 天的期限不合理:在该案中,买卖双方签订了 1 600 吨废旧阴极射线管的销售合同后,卖方单方面要求买方应该在一个月内提取货物,在一个月期限届满后,卖方又设定了 7 天的宽限期,法院最终判定该宽限期的长度是不合理的,因为运走 1 600 吨废旧阴极射线管,需要 110 辆卡车。[③]

以上判决进一步表明:在判定卖方设定的宽限期是否合理时,国际上没有统一的标准,而是应该由法院或仲裁机构在具体的案件中根据具体的情形予以分析判断。在衡量合理性时,应该综合考虑下列因素:适用的国际贸易惯例,双方当事人间存在的习惯做法,买方在履行合同义务方面是否存在着明显的障碍,合同下货物市场价格在当时的变动状况,买方未接收货物所产生的仓储费和支付仓储费用的状况,卖方需要销售货物、收取货款的紧急程度等。[④]当然,由于提取货物过程远比

---

① Germany Appellate Court(Oberlandesgericht) Karlsruhe,14 February 2008[9 U 46/07], https://iicl. law. pace. edu/cisg/case/germany-oberlandesgericht-hamburg-oberlandesgericht-olg-provincial-court-appeal-german-198,访问时间:2021 年 7 月 29 日。

② Germany Landgericht[Regional Court],September 21,1995,https://iicl.law. pace. edu/cisg/case/germany-lg-aachen-lg-landgericht-district-court-german-case-citations-do-not-identify-114,访问时间:2021 年 7 月 29 日。

③ UNCITRAL,*Digest of Case Law on the United Nations Convention on the International Sale of Goods*,2016,p. 291.

④ Enderlein/Maskow/Strohbach,Art. 63 Anm. 3.

支付货款复杂,所以卖方为履行付款义务而设定的宽限期可以比较短,而为履行接收货物义务设定的宽限期应该稍许长一些。

第二,卖方设定的宽限期不具备合理性时的法律后果。如果卖方设定的宽限期不合理,将会产生何种法律后果呢?《公约》没有明文规定这一点。尽管如此,我们可以认定:此类不合理的宽限期不构成本款意义上的"宽限期",故在该宽限期届满时,卖方无权要求买方履行合同义务;取而代之,可以重新设定一个长度合理的宽限期。国际学界和司法实务界也持相同的观点。①例如,德国卡尔斯鲁厄地区高等法院于2008 年 2 月审理了一起甲国买方和乙国卖方之间的 1953 年捷豹 C 型古董跑车的销售协议纠纷案。在该案中,在买方支付了部分货款后卖方交付了跑车;在买方以更高的价格转售了该车后通知卖方,它将不支付剩余的货款;卖方随后于 2006 年 4 月 13 日通知买方最后的付款日期为 4 月 20 日,5 月 2 日卖方发出通知宣告合同无效。德国上述法院判定:卖方于 4 月 13 日通知中设定的宽限期太短,相反设立两周的宽限期比较合理,卖方可以在两周的宽限期届满时宣告合同无效。②同理,如果卖方故意设置一个期限很短的宽限期,而且在该期限内买方根本没有履行其义务的机会,或者如果卖方在很长时期内对买方逾期未履行其义务的行为没有提出任何警告或催缴,却突然设置一个时间很短的宽限期,都应该被认定为不具备"合理性",因而不构成本款意义上的"长度合理的宽限期"。

3.3 设定履约宽限期行为的法律性质

在国际仲裁实践中,双方当事人经常会对于卖方设定履约宽限期这一行为的法律性质存在着争议:卖方通常认为这属于本款意义上的

---

① Schlechtriem/Mohs, *Kommentar zum Einheitlichen UN-Kaufrecht—CISG*, 2019, 7. Aufl. S. 1092; https://iicl.law.pace.edu/cisg/case/germany-oberlandesgericht-hamburg-oberlandesgericht-olg-provincial-court-appeal-german-198,访问时间:2021 年 7 月 29 日。

② Germany Oberlandesgericht Karlsruhe, 14 February 2008, www.unilex.info/cisg/case/1336,访问时间:2021 年 7 月 29 日。

设置宽限期，而买方则认为这属于《公约》第 29 条意义上对原合同中支付条款的修改。例如，在中国国际经济贸易仲裁委员会于 2009 年受理的儿童帐篷销售合同纠纷中，便产生了这样的争议。这一争议的实质：如果设立宽限期的行为的法律性质为本条意义上的"设立供买方履约的宽限期"，那么，在买方到期依然没有支付货款或接收货物时，卖方不仅可以宣告合同无效，而且可以要求买方赔偿其损失；反之，如果将卖方此种行为定性为第 29 条意义上对原合同的修改，那么卖方便既无权宣告解除合同，也无权提出损害赔偿要求。对于卖方设置行为的法律性质，中国国际经济贸易仲裁委员会认为：这不构成对原合同的修改，卖方仅仅是在行使本款授予的权利。[①]这一观点是成立的，因为根据第 29 条的规定，只有通过双方的合意才能对原合同中的条款进行修改，而设定宽限期是卖方单方面的行权行为，这自然不构成对原合同的修改。而且，即使买方在卖方设定的宽限期内按要求履行了其义务，双方当事人似乎在表面上就履约时间上达成了新的协议；但在《公约》的体系内，这依然不构成第 29 条意义上的修改。因为如果它构成了对原合同的修改，那么，买方便无需承担任何赔偿责任；而本条第 2 款第 2 句明确规定：买方在宽限期内履行义务并不剥夺卖方因买方延迟履约而拥有的损害赔偿请求权。《公约》作出此类规定的法理基础是：卖方设定履约宽限期的前提条件是买方有违约行为，买方在宽限期内履行其义务，这并不能改变买方此前已有违约行为的事实，而且买方在宽限期内履约也已经属于延迟履行，故应该承担相应的赔偿责任。

4. 设置额外履约宽限期的效力（第 2 款）

在具备本条规定的适用条件下，如果卖方行使了上述宽限期设置权，其设置行为会产生何种法律效力呢？本条第 2 款规范了这一问题。据此，"除非卖方收到买方发出的、声称他将不在确定的宽限期内履行义务的通知，卖方不得在此宽限期内对买方的违约行为采取任何补救

---

① 中国国际经济贸易仲裁委员会：《〈联合国国际货物销售合同公约〉在中国仲裁的适用》，第 120 页。

措施。但是,卖方并不因此丧失其基于买方迟延履行义务行为而可能享有的提出损害赔偿要求的任何权利"。根据本款的字面意思,本款不仅剥夺卖方在宽限期内采取救济措施的权利,而且确定了不受本款"禁令"约束的例外情形。

4.1 剥夺卖方在宽限期内采取救济措施权利

本款首先明确规定"卖方不得在此宽限期内对买方的违约行为采取任何补救措施"。这在本质上为卖方规定了一种"禁令",该"禁令"剥夺了卖方在宽限期内对买方违约行为采取任何补救措施。本款中的"任何补救措施"包括合同和《公约》第 61 条第 1 款 a、b 两项规定的所有救济措施。《公约》规定这一"禁令"的目的是保护有意在该宽限期内履行义务的买方,因为履行合同义务会产生相当大的费用。①换句话说,卖方既不能引用第 62 条的规定要求买方无条件地立即履行义务,也不能根据第 61 条和第 64 条第 1 款的规定宣告合同无效,即使买方的违约行为已经构成了根本违约,也是如此;此外,他也无权根据第 88 条的规定自行处置合同下的货物;或者根据第 65 条规定自行确定货物的规格。

本款第 2 句规定"卖方并不因此丧失其基于买方迟延履行义务行为而可能享有的提出损害赔偿要求的任何权利",这就产生了这样一个问题:卖方是否可以在其设置的宽限期内根据第 61 条 1 款 b 项规定向买方提出损害赔偿要求呢?德国学者莫斯认为,基于本款第 2 句的规定,卖方依然有此权利。②这一观点是不成立的,综合考虑《公约》的条款,在宽限期内卖方应该无此权利,但在该宽限期届满以后,卖方提出损害赔偿的权利则不受任何影响。首先,本款第 1 句规定得十分明确,"卖方不得在此宽限期内对买方的违约行为采取任何补救措施",这里

---

① Article 63: Secretariat Commentary, https://iicl. law. pace. edu/cisg/page/article-63-secretariat-commentary-closest-counterpart-official-commentary, 访问时间: 2021 年 7 月 31 日。

② Schlechtriem/Mohs, *Kommentar zum Einheitlichen UN-Kaufrecht—CISG*, 2019, 7. Aufl. S. 1093.

的"任何补救措施"显然包括"损害赔偿请求权"。其次,第 62 条同样授予卖方要求买方实际履行合同义务的权利,但同时禁止卖方采用与实际履行合同义务相矛盾的救济措施,而如上述分析,损害赔偿请求权也是与实际履行相矛盾的救济措施。如上文所说,第 62 条中"禁止卖方采取与实际履行合同请求相矛盾的救济措施"原则应该比照适用于本条,所以,在卖方设置的宽限期内,卖方无权提出损害赔偿请求;最后,从实务角度分析,只有在卖方提供证据证明买方有何种具体的违约行为时,才能提出具体的损害赔偿请求,而在卖方设置的宽限期内,在买方履行其合同义务之前,卖方还不能证明买方的违约行为是属于"不履行"还是"延迟履行",所以,卖方也不可能提出相应的赔偿要求。所以,卖方的设置行为剥夺了其在该宽限期内提出损害赔偿请求的权利。

4.2 不受本款"禁令"约束的例外情形

在设置上述"禁令"的同时,本款还规定了卖方不受上述"禁令"约束的例外情形。仔细分析,本款规定的例外情形有:

第一,卖方设置的宽限期已经届满。上述"禁令"的约束力仅仅存在于卖方设置的宽限期存续期间,本款"卖方不得**在此宽限期内**对买方的违约行为采取任何补救措施"这一句蕴含了这一例外。这意味着:一旦宽限期届满结束,卖方便不受上述"禁令"的约束,它便可以采取合同或《公约》规定的"任何救济措施"。

第二,收到了买方拒绝履行义务的通知。这是指:在卖方设置宽限期后,收到了买方发出的拒绝在宽限期内履行合同义务的通知。本款"除非卖方收到买方发出的、声称他将不在确定的宽限期内履行义务的通知"明确规定了这一例外情形。如果在卖方设置宽限期后收到了买方的上述通知,卖方便可以根据买方的违约行为而采取相应的救济措施。对于买方发出的通知何时生效问题,不适用《公约》第 27 条规定的"发送生效"原则,因为本款明确规定了"送达生效原则",本款中"卖方收到买方发出的……"这一表述,明确表明了这一点。

第三,买方在宽限期内履行了义务。如果买方在宽限期内履行了义务,即使该宽限期还没有结束,此时卖方也不受本款规定的"禁令"的约束。例如,卖方设定了一个月的宽限期,要求买方在此期限内支付货款;买方在该宽限期开始后的第10天便支付了货款,那么,卖方便可以在买方支付货款后采取相应的补救措施。尽管本款没有明确规定这种例外情形,但这也是一种不适用上述"禁令"的例外情形,以下因素决定了这一点:首先,设置上述"禁令"的目的是防止卖方采取与实际履行义务要求相冲突的措施,既然买方已经实际履行了义务,那么此时卖方便无需采取与实际履行请求相冲突的救济措施;其次,这种例外情形与"收到了买方拒绝履行义务的通知"例外情形在本质上相似。在卖方收到上述通知时,买方的违约事实已经十分清楚:即买方将不会履行义务,所以《公约》允许其在宽限期届满前采用补救措施,这显然是为了提高解决合同争议的效率;在买方已经在宽限期内履行义务时,买方的违约事实也十分清楚:即买方延迟履行了义务;所以,完全可以将本款明确规定的"收到买方拒绝履行通知时"规定比照适用于此,因为没有任何理由要求这里必须在宽限期届满以后卖方才能采取相应的救济措施。

4.3　不受"禁令"影响的损害赔偿请求权

在本款第1句规定的基础上,本款第2句又进一步规定:"卖方并不因此丧失其基于买方迟延履行义务行为而可能享有的提出损害赔偿要求的任何权利。"仔细分析,本句规定主要适用于以下两种情形:即买方在宽限期内按要求履行了合同义务、买方没有在宽限期内履行合同义务。根据本句规定,无论在哪一种情形下卖方均拥有损害赔偿请求权。这一规定本身是十分合理的。无论买方是否在宽限期内履行合同义务,通常均会给卖方造成损失,在该宽限期内履行了其义务,也是如此。因为在这种情况下,这已经构成了本句规定中的"迟延履行义务行为"。而此种延迟履约行为通常会给卖方造成多种多样的损失,如果买方延迟支付货款,可能会造成卖方的汇率损失、利息损失;如果延迟提取货物,可能会让卖方支付更多的滞港费、仓储费等。如果买方在宽限期届满时依然没有履行合同义务,卖方显然会遭受更大的损失。

值得探究的问题是:本款第1句仅仅禁止卖方在宽限期内采取包

括损害赔偿请求权在内的任何救济措施，并不禁止卖方在宽限期届满后提出损害赔偿的请求，为什么《公约》又在本款第 2 句中规定"卖方并不因此丧失其基于买方迟延履行义务行为而可能享有的提出损害赔偿要求的任何权利"？其中的原因应该是本款第 1 句没有明确规定：如果买方在宽限期内履行其义务，卖方是否拥有损害赔偿请求。而本句十分明确规定在这种情况下卖方损害赔偿请求权不受影响，因为本句中"基于买方迟延履行义务行为"就是指买方应要求在宽限期内履行义务的情形。可见，《公约》有意通过本句规定强调：无论是卖方设定宽限期的行为，还是买方在宽限期内进行的履约行为，都不剥夺卖方在宽限期届满后行使的损害赔偿请求权。由此分析，这里也蕴含着一条构成《公约》第 7 条第 2 款意义上的一般法律原则：卖方有权要求买方通过承担损害赔偿责任补偿其通过买方在宽限期内采取的补救措施而未能消除的任何损失。①

第 64 条　宣告合同无效

Article 64

(1) The seller may declare the contract avoided：

(a) if the failure by the buyer to perform any of his obligations under the contract or this Convention amounts to a fundamental breach of contract; or

(b) if the buyer does not, within the additional period of time fixed by the seller in accordance with paragraph (1) of article 63, perform his obligation to pay the price or take delivery of the goods, or if he declares that he will not do so within the period so fixed.

(2) However, in cases where the buyer has paid the price, the seller loses the right to declare the contract avoided unless he does so：

---

① Staudinger/Magnus, Art. 63, Rn. 23.

(a) in respect of late performance by the buyer, before the seller has become aware that performance has been rendered; or

(b) in respect of any breach other than late performance by the buyer, within a reasonable time:

(i) after the seller knew or ought to have known of the breach; or

(ii) after the expiration of any additional period of time fixed by the seller in accordance with paragraph (1) of article 63, or after the buyer has declared that he will not perform his obligations within such an additional period.

译文

(1) 在下列情形下,卖方可以宣告合同无效(语序调整):

(a) 买方未履行其任何合同或《公约》义务的行为构成了根本违约;或

(b) 买方没有在卖方根据第 63 条第 1 款规定所额外确定的履约宽限期内履行支付价款或接收货物的义务,或买方声明他将不在这一宽限期内履行这些义务(原译文为:"这样做")。

(2) 然而,如果买方已经支付货款,卖方就失去了(原译文为:"丧失")宣告合同无效的权利,但在下列情形下宣告合同无效者除外:

(a) 对于买方迟延履行义务,他在知道买方履行义务前已经作出此种宣告;或

(b) 对于除了买方迟延履行义务之外的任何其他违约行为(原译文为:"违反合同事情"):

(i) 在已知道或理应知道这种违约行为后的一段合理时间内,他作出此种宣告;或

(ii) 在卖方根据第 63 条第 1 款规定确定的任何宽限期届满后或在买方声明他将不在这一宽限期内履行义务后的一段合理时间内作出此种宣告。

目录

正文

1. 调整对象

本条规范了卖方宣告合同无效的权利以及卖方行使这一权利的前提条件。赋予卖方这一权利是必要的,因为出于各种原因买方经常会延迟支付货款;这时卖方所能采取的措施便是暂不交付货物,直到买方支付货款;但如果买方依然不支付货款,对卖方的有效救济办法便是宣告合同无效。但宣告合同无效将会产生严重的法律后果,因为根据《公约》第81条规定,它不仅免除了双方当事人继续履行合同的义务,而且会产生第61条第1款b项规定的损害赔偿责任。所以《公约》将它作为对卖方提供的最后一种救济措施,只有在卖方不能指望继续履行合同时,才能行使这一救济权。①本条包括两款,其中第1款规定了卖方可以宣告合同无效的两种情形:买方的行为构成根本违约,或者买方没有在卖方根据第63条第1款设定的宽限期内履行支付货款义务或接收货物义务;第2款则在此基础上对买方已经支付货款时卖方行使宣

---

① Oberlandesgericht Brandenburg, Germany, 18 November 2008, http://www.cisg-online.ch/content/api/cisg/display.cfm?test=1734,访问时间:2021年7月31日。

告无效权作了进一步的规范。

在《公约》的体系内,本条与许多其他条款都有着紧密的联系。首先,它与《公约》第 26 条是密切相关的,因为合同并不能在具备本条规定的适用条件时自动宣告无效,相反卖方必须根据第 26 条规定向买方发出宣告合同无效的通知。其次,本条与第 81 条至第 84 条规定的关系同样十分密切。这些条款规范了卖方宣告合同无效时的法律效果。再次,本条与第 61 条第 1 款 b 项、第 74 条至第 77 条也有联系,因为在卖方宣告合同无效时,通常会向买方提出损害赔偿请求,而这些条款不仅授予卖方损害赔偿请求权,而且规范了赔偿金额的计算方式,而第 76 条和第 77 条更是直接规范了合同宣告无效时清算双方利益关系的规则。最后,本条与第 49 条相对应,第 49 条规范了卖方有违约行为时买方宣告合同无效的权利及其行使这一权利的前提条件,而且该两条在内容和结构上都非常相似:它们都由两款组成,第 1 款都授予守约方在对方行为构成根本违约或在设定的宽限期内没有履行义务时宣告合同无效的权利,而第 2 款则规范了在违约方已经交付货物或支付货款时,如果守约者不在规定的时间内行使本款授予的解除权,他便原则上失去了宣告合同无效的权利。

2. 卖方宣告合同无效的前提条件(第 1 款)

本条第 1 款赋予卖方宣告合同无效的权利,本款中"卖方可以宣告合同无效"这一表述表明了这一点;不仅如此,本条还设定了卖方宣告合同无效的前提条件,本款中"在下列情形下"卖方才可行使这一权利显示了这一点。本款共有 a、b 两项,它们分别规定了两个不同的前提条件,即买方未履约行为构成了根本违约或买方未在卖方设定的宽限期内支付货款或接收货物。下文分别详细论述这两个条件。

2.1　买方的未履约行为构成根本违约(第 1 款 a 项)

本款 a 项规定了卖方据以宣告合同无效的第一个前提条件即"买方未履行其任何合同或《公约》义务的行为构成了根本违约"。根据这一规定的字面意思,该条件由两个要件组成:其一,买方有"未履约行为",这一要件蕴含在"买方未履行其任何合同或《公约》义务的行为"这一表述中;其二,买方的"未履约行为"构成了根本违约。一般认为,这里的买方"未履约行为"不仅仅包括买方不支付货款、不接收货物,而且包括延迟支付货款、延迟接收货物和不履行与此相关的其他义务的行为。那么,在什么条件下,买方进行的此类"未履约行为"才构成根本违约呢? 本条没有规定;相反《公约》第 25 条规范了这一问题。当然第 25 条是一个具有高度抽象性和概括性的条款,因为它同时界定了在何种条件下买卖双方的违约行为构成根本违约:即一方的违约行为如此严重地损害了对方当事人的利益,以至于剥夺了他根据合同规定预期可以获得的权益。买方最主要的合同义务是支付货款和接收货物。下文结合成员国的司法实践,讨论买方行为构成根本违约的典型案例类型。

(1) 不支付货款

如上所述,买方的最主要义务显然是支付货款,如果买方最终没有履行这一义务,那么,这无疑构成根本违约;而且在买方没有支付大部分货款时,同样如此。美国、瑞士、俄罗斯、德国和中国等国法院和仲裁机构都确定了这一点。[1]例如美国纽约南区地区法院于 2009 年 5 月审理韩国卖方和美国买方之间的品牌女装销售合同纠纷案,在该案中卖方先后向后者在纽约的营业地运送约 50 万件女装,但美国买方总共支付了总货款的 20%,在经过韩国卖方多次催缴后美国买方依然没有支付剩余的货款;美国上述法院判定:由于美国买方仅仅支付了一小部分货物,这依然构成了《公约》第 25 条意义上的根本违约,卖方可以据此宣告合同无效。[2]

在实务中,双方当事人通常会对买方是否存在着"不支付货款"这一违约行为存在着争议,所以,相关的问题是:如何证明买方有这一违

---

① UNCITRAL, *Digest of Case Law on the United Nations Convention on the International Sale of Goods*, 2016, pp. 295, 297.

② U.S. District Court, Southern District of New York, United States, 29 May 2009(Doolim Corp. v. R Doll, LLC et al.), www.unilex.info/cisg/case/1451,访问时间:2022 年 2 月 13 日。

约行为？但国际上并不存在着统一的"不支付货款"的认定标准。从司法或仲裁实践看，主要有以下三种：

第一，合同表明卖方十分重视准时支付货款，而买方没有在合同中明确规定的支付日期前履行支付义务。中国国际经济贸易仲裁委员会便持这一观点。该仲裁委员会于 2007 年 8 月 9 日审理了一起钢材销售合同纠纷案，在该案中，合同约定"见下述文件 30 天支付。卖方必须在 2003 年 12 月 26 日之前收到完全可以接受的信用证……如果开证延迟或开出的信用证不可接受，卖方就不再有义务交货，也无须就延迟交货或不交换承担任何罚金"。买方于 12 月 24 日开出了以卖方为受益人的不可撤销信用证，但在该信用证存在着与合同规定相冲突的 8 个不符点，在买方对信用证进行 3 次修改后，仍然存在着不符点，此时已经超过了合同规定的 12 月 26 日这一付款日期，故卖方宣告合同无效。仲裁庭支持了卖方的主张，因为由于信用证中存在着不符点，这已经构成了合同规定的"不可接受"的信用证，而且买方未能在合同规定的付款日期支付货款，这构成了根本违约。①

第二，买方声明他将不支付货款。在双方签订销售合同后，如果买方向卖方发出了通知，并在通知中明确告知他将拒绝支付货款，这无疑属于本款意义上的"不支付货款"。瑞士和德国法院在其审理的案件中都作出了此类判决。②而且，即使买方是在合同规定的付款日期届满以前发出上述通知的，也都是如此。当然，如果买方是在付款日期届满以前发出上述通知，这属于预期根本违约，卖方可以根据《公约》第 72 条第 1 款的规定宣告合同无效；如果是在上述日期之后发出此类通知，则卖方可以根据本款规定宣告合同无效。

第三，买方已经被置于破产管理人控制之下，因此而不能支付货款。除了以上两种情形以外，如果有其他迹象能够证明买方将不能支

---

① 中国国际经济贸易仲裁委员会：《〈联合国国际货物销售合同公约〉在中国仲裁的适用》，第 122 页。

② UNCITRAL, *Digest of Case Law on the United Nations Convention on the International Sale of Goods*, 2016, pp. 295, 297.

付货款,同样构成本款意义上的"不支付货款"。比较典型的迹象是已经对买方启动破产程序,并将买方的资产置于破产管理人的监管之下。澳大利亚联邦法院便持这一观点。在澳大利亚联邦法院审理的一起案件中,德国一家大型帐篷制造商与澳大利亚的一个买方签订了大型帐篷采购合同,合同中约定在买方付清全部货款之前,德国公司对交付的货物依然拥有所有权。德国公司交付了货物,澳大利亚买方因面临严重的财务困难而拖欠了货款,随后,买方进入破产程序,其资产也置于破产管理人的监管之下。德国公司基于合同中的所有权保留条款要求买方以及破产管理人退还帐篷并要求赔偿损失,破产管理人拒绝;澳大利亚联邦法院最终判定:对公司宣告破产并将公司资产置于管理之下,买方已经无法支付货款,这已经构成了《公约》第 25 条和本条意义上的根本违约,因为这不仅基本上剥夺了卖方从合同中获得预期价款的权益,而且管理者拒绝承认合同中的所有权保留条款,这更使卖方蒙受更加严重的损失。[①]

(2)不接收货物

如果买方最终不接收卖方交付的货物,这同样属于构成根本违约的违约行为。中国、法国、瑞士等国的法院和仲裁机构均肯定了这一点。[②]在实践中存在着证明难的问题,即使买方在合同规定的期限内没有接收货物,也难以确定买方是否拒不履行接收货物这一义务?从国际司法实践和仲裁实践看,也同样存在不同的认定标准。

第一,买方向卖方发出通知,并告知卖方他拒绝接收货物。不论买方是在合同规定的提取货物期限之前还是之后发出上述通知,具有同样的法律效果,它均表明买方将不履行接收货物义务,因而也构成了根本违约。中国国际经济贸易仲裁委员会于 2001 年 3 月 22 日审理了中

---

① Australia 28 April 1995 Federal Dist. Ct., Adelaide(*Roder v. Rosedown*): http://cisgw3.law.pace.edu/cases/950428a2.html,访问时间:2020 年 12 月 20 日。

② UNCITRAL, *Digest of Case Law on the United Nations Convention on the International Sale of Goods*, 2016, pp. 295,297.

国卖方和瑞士买方之间的绿豆销售合同纠纷案,合同约定采用离岸价格于 1999 年 5 月 25 日在中国天津港(FOB Tianjin China)交货,绿豆的质量由中国进出口商品检验局检验并出具相应的合格证书。卖方提交了合同要求的所有单价和质量合格证书,买方于 5 月 12 日委托其开户银行开出以卖方为受益人的信用证,5 月 24 日卖方通知买方已经备好了合同项下的货物,要求买方在 5 月 30 日之前派船来提取货物,并告知船名。6 月 24 日,买方以货物质量存在瑕疵为由告知卖方拒绝派船前往天津港提货。中国国际经济贸易仲裁委员会裁定:买方未能证明货物质量存在瑕疵,买方在合同规定的提货日期届满后发出的上述通知证明买方拒不履行接收货物义务,这构成了根本违约,卖方可以宣告合同无效。①

　　第二,买方退回卖方交付的货物或单据。如果卖方已经按照合同或《公约》的规定履行了交付货物义务,并且向买方交付了相关的单据;如果买方在收到货物或单据后,不仅拒绝接受,而且要求退还这些货物或单据,这也足以证明买方拒不履行接收货物义务。德国汉堡-阿尔托纳地方法院在其于 2000 年 12 月审理的案件中也持这一观点,在该案中,法国卖方和德国买方签订了服装销售合同,德国买方以服装质量存在瑕疵为由,退回合同下的货物,但并未提供相应的证据,德国法院认为德国买方的上述主张不能成立,其行为已经构成拒不履行接收货物义务,故已经构成根本违约。②当然,在买方拒不接收货物时,通常同时拒绝支付货款;如果买方毫无理由同时拒绝履行该两个义务,这自然属于根本违约。③

---

① China International Economic and Trade Arbitration Commission, People's Republic of China, 22 March 2001, https://iicl. law. pace. edu/cisg/case/china-march-22-2001-translation-available,访问时间:2021 年 8 月 1 日。

② Amtsgericht Hamburg-Altona(317 C 472/00),14-Dec-2000, http://www. cisg-online.ch/content/api/cisg/display.cfm?test=692,访问时间:2021 年 8 月 1 日。

③ UNCITRAL, *Digest of Case Law on the United Nations Convention on the International Sale of Goods*, 2016, p. 115.

（3）延迟支付货款

延迟支付货款是指买方在合同规定的付款日期届满以后支付货款。一般认为，买方延迟支付货款在通常情况下并不一定构成根本违约，但在特殊的例外情形下它也可能构成根本违约。这样的例外情形有：为了防止汇率大幅度变动的风险或其他原因，双方在签订合同时十分明确地强调买方必须准时在某天支付货款，换句话说：买方及时履行支付货款义务是合同的一个核心内容。[①]同样的规则也同样适用于延迟开出信用证，除非具备上述例外条件，它通常也不构成根本违约。中国国际经济贸易仲裁委员会于 2008 年 5 月 19 日仲裁的案件中便持这一观点，在该案中，买卖双方于 2006 年 10 月 5 日签订了澳大利亚羊毛销售合同，买方没有在合同规定的付款日期即 11 月 30 日之前开出信用证，但双方就开出信用证问题一直进行沟通；卖方在 12 月 8 日（周五）下午传真通知买方"已经安排船期，要求买方尽快开出信用证"；买方于 12 月 11 日向其开户银行提出开证申请，银行于 12 月 13 日开出以卖方为受益人的信用证；但在卖方收到买方开出信用证的信息后的同一天，卖方突然通知买方宣告合同无效。买卖双方当事人对买方延迟开出信用证是否构成根本违约产生争议。仲裁庭裁定：在本案中，买方的延迟开证行为并不构成根本违约，因为合同中并没有特别强调买方必须准时开证，而且在买方逾期未开证时双方还就开证问题进行了协商，卖方在 12 月 8 日发出的通知中"要求买方尽快开出信用证"，这实际上为买方设置了一个履约宽限期，除去周末，买方实际上在收到通知后的第 2 天就开出信用证，没有超出"尽快"蕴含的期限。所以，买方的行为并不构成根本违约，卖方无权宣告合同无效。[②]

（4）延迟接收货物

稍许延迟几天接收货物通常也不构成根本违约。但在例外情形

[①]　Schlechtriem/Mohs，*Kommentar zum Einheitlichen UN-Kaufrecht—CISG*，7. Aufl. 2019，S. 609.

[②]　中国国际经济贸易仲裁委员会：《〈联合国国际货物销售合同公约〉在中国仲裁的适用》，第 123 页。

下,此类延迟也构成根本违约。构成例外的前提条件是:合同中十分强调买方必须准时提取货物,如果合同下的货物容易变质,或季节性很强,或者买方只能在特定的期限内进入存放货物的仓库;合同中通常会十分强调买方的准时提货义务。①在外贸实践中,因为延迟接收货物而导致根本违约的情形比较少见。因为在买方愿意或已经支付货款的情况下,其延迟接收货物的行为只会对他自己产生不利影响,他必须承担延迟接收货物所产生的额外费用。

(5)**违反附带义务的行为**

除了交付货物、支付货款等这些核心义务之外,合同中还会约定一些次要义务,例如,买方必须提供进口国有关产品安全规格的规定、进口许可证等。如果买方违反这样的义务,这是否会构成根本违约? 回答这一问题的答案依然是:必须考察此类未履行附带义务是否剥夺了卖方应得的合同利益。所以,既有认为违反附带义务构成根本违约的判例,也有相反的案例。

首先,认定构成根本违约的判例。中国仲裁机构及奥地利、德国、法国和瑞士的法院均在相关的案件中,认定在买方未履行附带义务时其行为也能构成根本违约。例如,中国国际经济贸易仲裁委员会则在 2001年裁决的案件中便作出了这样的裁定,如果在合同中规定采用 FOB 价格术语,买方却拒不签订租船合同,从而使得卖方根本无法交付货物,这同样属于根本违约。②再如,法国格勒诺布尔上诉法院于 1995 年 2 月22 日审理的一起案件中,合同要求买方必须提供证据证明:他将合同下的货物转口销售到非洲和南美并不违反转口贸易禁令,但买方未能提供这一证明,法院据此判定买方的行为已经构成了根本违约。③此

---

①　UNCITRAL, *Digest of Case Law on the United Nations Convention on the International Sale of Goods*, 2016, pp. 115, 296.

②　UNCITRAL, *Digest of Case Law on the United Nations Convention on the International Sale of Goods*, 2016, p. 115.

③　CLOUT case No. 154[Cour d'appel de Grenoble, France, 22 February 1995], https://iicl.law.pace.edu/cisg/case/france-february-22-1995-cour-dappel-court-appeals-sarl-bri-production-bonaventure-v,访问时间:2021 年 8 月 1 日。

外，如果买方不正当地拒绝承认合同中规定的货物留置条款的效力，并拒绝承认卖方对货物的留置权，或者在买方接受卖方提交的样品后，拒绝承认合同的效力，这便构成根本违约，奥地利和法国的法院便作出了此种判决。

其次，认定不构成根本违约的判例。德国联邦最高法院在其于1996年审理的案件中判定：卖方交付错误的原产地证书并不构成根本违约，因为这并不影响该产品的销售，而且买方也很容易在卖方承担费用的条件下获得正确的原产地证书。中国国际经济贸易仲裁委员会在其于1999年仲裁的一起案件中判定：提单上的印刷错误（将1998年印成1999年）不构成根本违约，因为这并不影响买方提取货物，实现其合同利益，故买方无权拒绝支付货款。

可见，从各国的司法和仲裁实践看，违反合同的附带义务也可能构成根本违约，判断是否构成根本违约的决定性标准是《公约》第25条规定。

2.2　买方未在卖方设定的宽限期内支付货款或接收货物（第1款b项）

本款b项规定了另一项卖方可以据以宣告合同无效的前提条件，即"买方没有在卖方根据第63条第1款规定所额外确定的履约宽限期内履行支付价款或接收货物的义务，或买方声明他将不在这一宽限期内履行这些义务"。下文将根据本项规定，进一步分析本项规定中蕴含的宣告合同无效的子条件，讨论本项规定的立法作用。

（1）宣告合同无效时应该具备的具体条件

如果卖方有意引用本项宣告合同无效，那么，买方不仅应该有"在原约定的履约期限内不履行支付价款或不接收货物的义务"的违约行为，而且在卖方设置的宽限期内他依然未履行上述义务。

第一，仅限于"不履行支付价款或不接收货物的义务"的违约行为。这是指买方在合同或《公约》规定的期限内没有履行支付货款或接收货物义务。根据合同和《公约》的规定，买方可能承担着各种不同的义务，除了支付货款和接收货物以外，有时还有义务与承运人签订运输合同，将船期和船名告知卖方,办理出口报关手续等。但是本项规定仅仅适用于买方的"拒绝履行支付价款或接收货物义务"的违约行为,而不适用于买方的其他违约行为。尽管本项文字中没有明确提到这一条件,但"买方没有……履约宽限期内**_履行支付价款或接收货物的义务_**"这一规定中已经暗示了这一点。在通常情况下,对于买方未履行支付价款或接收货物行为的认定不会产生争议,但《公约》第 54 条还规定了买方应该承担支付货款准备义务,例如,要求其开户银行出具信用证或提供付款担保,向所在国外汇管理部门申请用汇许可,等等。尽管这些本身还不属于支付义务,但司法实践通常将此类义务视为付款义务的一个组成部分,故如果买方未履行此类义务,依然被认为构成"拒绝履行支付价款"。同样,如果合同约定采用 FOB 价格术语,那么,买方就承担着与承运人签订运输合同的义务。尽管这些义务本身并不等同于"接收货物",但它同样是这一义务的一个组成部分,所以,未签订运输合同同样被视为拒绝接收货物。

第二,在卖方设置的宽限期内依然未履行支付价款或接收货物的义务。在买方没有履行上述义务时,卖方可以根据《公约》第 63 条第 1 款的规定为买方确定一个供其履行上述两类义务的额外宽限期,[①]并要求买方在该期限内支付货款或接收货物。适用本项规定的一个重要前提是:在卖方设定的履约宽限期届满时,买方依然没有"履行支付价款或接收货物"的义务;或在该宽限期结束前,"买方声明他将不在这一宽限期内履行这些义务"。根据《公约》第 27 条规定,买方发出的上述声明于其发出时生效。这意味着在适用后一项规定时,在买方发出表明他将不履行上述义务的声明后,卖方即可以宣告合同无效;否则卖方必须等到宽限期届满后才能行使这一合同解除权。

(2) 本项法规的立法作用

本项规定是对本款 a 项规定所作的一个重要补充。因为适用 a 项规定的一个前提条件是:买方的行为已经构成了根本违约。尽管《公

---

① 设定额外宽限期时应注意的事项参见本书第 63 条中之论述。

约》第 25 条对根本违约进行了界定，但在司法实践中，卖方也面临着如何证明买方的行为已经具备了第 25 条规定的构成根本违约的要件问题。如果卖方以此为由解除合同，但其主张又没有被法院或仲裁机构认可，那么，卖方宣告合同无效的行为便没有法律依据。不仅如此，其行为本身将会被认为构成了根本违约。所以，卖方引用本款 a 项规定具有很大的法律风险。而本项规定并不要求：买方的未支付货款或未接收货物行为已经构成了根本违约，无论它是否构成根本违约，只要具备本项规定的条件，卖方便可宣告合同无效。可见，本项规定为卖方提供了有效规避上述法律风险、安全解除合同的有效途径。

另外，尽管本项规定了另一种解除合同的前提，但它在本质上依然确定了本款 a 项所确定的根本违约这一宣告合同无效条件。因为如果在卖方额外设定的宽限期内买方依然没有拒绝支付货款或接收货物义务，或者声明拒绝履行此类义务，这也足以构成《公约》第 25 条意义上的根本违约。

3. 对买方行使宣告合同无效权的时间限制（第 2 款）

由上可知，本条第 1 款授予卖方在特定条件下可以行使宣告合同无效的权利；本条第 2 款包括引语和 a、b 两项规定，其中引语部分确定了本款的适用范围，而 a、b 两项则分别限定了卖方行使宣告合同无效权的时间。

3.1　本款的适用范围（引语部分）

本款救济适用于何种情形呢？本款引语部分"然而，**_如果买方已经支付货款_**，卖方就失去了宣告合同无效的权利"这一表述规定了本款的适用范围。据此分析，适用本款规定，应该同时具备以下两个条件：买方已经支付了货款，但同时存在着构成根本违约的违约行为。

（1）买方已经支付货款

"买方已经支付货款"应该是指买方在合同或《公约》规定的期限里履行了付款义务，但不包括延迟付款的情形。这是适用本款规定的一个重要前提。这表明：如果买方没有履行这一义务，便不适用本款规定；相反，应该适用本条第 1 款的规定。问题是"已经支付了货款"是否仅仅是指买方支付了全部货款？根据本款规定的字面意思，它应该仅仅指买方已经支付了全部货款，而不包括支付部分货款的情形；即使合同规定了分期付款的方式，买方也必须付清了每期所应该支付的所有货款；在买方已经支付部分货款情况下，卖方宣告合同无效的权利不受本款规定的限制。①奥地利格拉茨地区高等法院在其于 2002 年 5 月审理的瑞士买方和罗马尼亚卖方之间的木材销售合同纠纷中便持这一观点。根据合同规定，瑞士买方订购了 500 立方米的木材，在木材经过买方的检验和确认后，买方应支付 70％的价款，剩余部分在交货时支付；但瑞士买方在对木材进行检查和确认后，仅仅购买了 200 立方米的木材，并命令其开户银行转账支付了与此相应的 70％的预付款；但罗马尼亚卖方拒绝交付 200 立方米木材，坚持要求按照合同中规定的原始条件履行合同，并将所有木材低价卖给另一客户。瑞士买方要求返还预付款，罗马尼亚卖方扣留预付款，用以抵消降价销售造成的损失。奥地利上述法院最终支持了罗马尼亚卖方的主张，理由是本款仅仅适用于买方已经支付了全部货款的情形，而在本案中买方仅仅支付了一小部分货物的部分货款，所以，卖方可以在任何时候宣告合同无效。②

（2）买方有违约行为

除了上述适用条件以下，本款还规定了另外一个条件即买方有"违约行为"，本款 a 项中的"**迟延履行义务**"和 b 项中的"……**任何其他违约行为**"十分清晰地表明了这一点。值得讨论的问题是：本款中的买方"违约行为"是否必须构成《公约》第 25 条意义上的"根本违约"？本款没有明确规定这一点，笔者认为答案应该是肯定的，以下两方面的理由

---

① Article 64：Secretariat Commentary，https://iicl. law. pace. edu/cisg/page/article-64-secretariat-commentary-closest-counterpart-official-commentary，访问时间：2022 年 2 月 14 日；Schlechtriem/Mohs, *Kommentar zum Einheitlichen UN-Kaufrecht—CISG*, 7. Aufl. 2019, S. 1106.

② Oberlandesgericht Graz, Austria, 31 May 2002，https://cisg-online.org/files/cases/7120/translationFile/1197_74098050.pdf，访问时间：2022 年 2 月 13 日。

说明了这一点。①

　　首先,根据《公约》第25条、第49条第1款和本条第1款规定的基本理念,只有一方当事人的履约行为已经构成了根本违约,对方当事人才可以宣告合同无效;据此推理,本款下买方进行的违约行为也必须是根本违约行为,因为虽然本款对卖方宣告合同无效的时间进行了限制,但它依然授予卖方解除合同权。

　　其次,本款开头部分的"然而"两字表明买方在本款中的违约行为依然属于根本违约行为,"然而"两字表明了本款的调整对象也是本条第1款的调整对象。唯一的区别是:第1款的规范对象包括买方没有支付货款等违约行为,而本款的调整对象是在买方已经支付货款时所进行的其他违约行为。而根据上述论述,本条第1款下的买方违约行为都属于根本违约行为,即使根据该款b项的规定,买方原本的违约行为不符合《公约》第25条规定的要件,但如果他在卖方根据第63条第1款设定的额外履约宽限期内依然不履行或宣告将不履行时,这同样构成了根本违约。由此可见,本款下规范的买方违约行为同样属于根本违约行为。

　　将本款下买方的违约行为限定为根本违约行为,也是合理的,因为如上所述,根据《公约》的基本理念,只有一方当事人的履约行为已经构成了根本违约,对方当事人才可以宣告合同无效;那么,在买方已经支付货款情况下,支付货款无疑已经满足了卖方最关切的利益诉求;此时即使买方还有根本违约行为,也应该对卖方行使宣告合同无效权进行限制。

　　在具备以上两个前提条件下,适用本款规定。本款将买方的违约行为分为"延迟履行义务"和"任何其他违约行为",并通过a、b两项对卖方宣告合同无效权进行了不同的限制。

　　3.2　买方延迟履行义务时卖方行使合同解除权的时间期限(a项)

　　本款a项规定,"对于买方迟延履行义务,他在知道买方履行义务

---

　　①　高旭军:《〈联合国国际货物销售合同公约〉适用评释》,第1版,第360页。

前已经作出此种宣告"。据此分析,本项前半句确定了适用条件,后半句规范了卖方行使解除权的时间限制。

（1）a 项规定的适用条件

结合本款引语部分的规定,适用本项规定的一个基本前提是:买方已经支付了货款。在此基础上,还应该具备本项规定的另外一个条件:即"买方迟延履行义务"。顾名思义,这里的"迟延履行义务"有多层法律含义。首先,它是指买方在规定的履约期限届满以后才履行其义务。其次,由于买方已经支付了货款,所以它主要是指买方延迟在目的地接收货物、延迟与承运人签订运输合同、延迟派船前往装运港装运货物、延迟将产品的规格通知卖方、延迟申请进口许可证等等违约行为。最后,它不仅包括买方晚于合同规定的履约期限履行其义务,而且还包括晚于卖方根据《公约》第 63 条第 1 款设置的额外宽限期履行其义务的行为。总之,只要他延迟履行合同或《公约》规定的义务,都构成本款意义上的"迟延履行义务"。如上所述,只有在买方的"迟延履行义务"已经构成了第 25 条意义上的根本违约时,卖方才可以根据本项规定宣告解除合同。

（2）卖方行使宣告合同无效权的时间限制

在具备上述条件下,根据本项后半句规定:卖方必须"在知道买方履行义务前已经作出此种宣告"。这一规定一方面对卖方进行了宣告合同无效的授权,又对卖方行使这一权利的时间进行了限制;即他必须在其知道买方进行延迟履约行为之前作出宣告合同无效的声明,否则,他便失去了这一权利。那么,卖方如何才能知道买方有意延迟履行其义务呢? 他只能通过买方向其发出通知的方式获得相关的信息。[①]这表明在买方着手履行义务之前,他必须向卖方发出相应的通知。在双方对卖方是否在其"知道买方履行义务前"发出宣告合同无效声明存在争议时,买方必须证明:卖方已经知道其延迟履行义务的行为。

---

① Schlechtriem/Mohs, *Kommentar zum Einheitlichen UN-Kaufrecht—CISG*, 7. Aufl. 2019, S. 1108.

3.3 第 2 款 b 项规定的限制

本款 b 项专门规范了买方有"除了迟延履行义务之外的任何其他违约行为"时卖方宣告合同无效的时间期限。下文也从适用条件、卖方行使解除权的时间限制两个方面对本项规定的适用问题进行分析论述。

(1) b 项规定的适用条件

与 a 项规定相同,第 2 款引语部分规定"买方已经支付了货款"同样适用于 b 项规定,即适用本项规定的一个前提条件是"买方已经支付了货款"。除此以外,还应该具备本项引语部分规定的适用条件即买方有"除了买方迟延履行义务之外的任何其他**违约行为**"。

那么,这里的"任何其他违约行为"究竟是什么呢?《公约》没有对这一概念进行定义。但我们可以通过排除法来限定这一概念的内涵。首先,它不包括"买方迟延履行义务"行为。其次,它也不包括"未履行支付货款"的违约行为,因为这属于本条第 1 款的调整对象,而且第 1 款没有限定卖方在此种情形下行使宣告合同无效权利的时间。[①]最后,它也不应该包括买方"不接收货物"的违约行为。对此德国学者莫斯持不同观点,他认为这里的"任何其他违约行为"包括买方不接收货物。[②]笔者并不认同这一观点。因为买方未履行接收货物义务同样属于本条第 1 款的调整对象,这不仅是因为未履行这一义务不仅有可能构成本条第 1 款 a 项中的根本违约行为,而且该款 b 项还明确提及买方没有在"设定的宽限期内履行接收货物义务"。基于以上分析,这里的"任何其他违约行为"是指除了"延迟履约行为""未履行支付货款""未接收货物"以外的其他违约行为,此类违约行为大致有:买方没有任何正当理由而没有办理进口许可证、未履行合同规定的建立分销商网点义务和

---

① John O. Honnold, *Uniform Law for International Sales under the 1980 United Nations Convention 3rd edition*(1999), p. 389, https://iicl.law.pace.edu/sites/default/files/bibliography/honnold_0.pdf,访问时间:2021 年 8 月 2 日。

② Schlechtriem/Mohs, *Kommentar zum Einheitlichen UN-Kaufrecht—CISG*, 7. Aufl. 2019, S. 1109。

制订促进货物销售计划的义务、未履行合同规定转口销售合同下货物时的地区限制规定。当然,这里的"任何其他违约行为"也必须已经构成根本违约。[①]

（2）卖方行使解除权的时间限制

在具备以上适用条件时,本项又通过第 1 目和第 2 目分别限定了卖方行使宣告合同无效权的时间期限。

第一,在已知道或理应知道这种违约行为后的一段合理时间内行使解除权。本项第 1 目规定了这一限制,据此卖方必须"在已知道或理应知道这种违约行为后的一段合理时间内"宣告解除合同;如果他没有在上述期限内宣告解除合同,他便失去了这一权利。

适用本目规定涉及以下两个问题:其一,这里的"合理时间"究竟有多长? 对此没有统一的标准,相反应该根据具体案件中的具体情况予以确定。可以考虑的因素有:合同货物是否属于季节性货物、是否容易腐烂变质等。具体地说,如果属于季节性货物,或容易腐烂变质的货物,那么,"合理时间"应该比较短;反之,则应该比较长。另外,其长度应该足以让一个通情达理的第三者有足够的时间予以考虑并作出相应的决定。其二,本目规定的"合理时间"的起点为卖方"已知道或理应知道……"。如何理解这里的"已知道或理应知道……"。这里的"知道"是指买方已经告知卖方其相关的违约行为;而"理应知道……"则是指尽管卖方没有收到具体的通知,但他已经掌握了一些表明买方已有"其他违约行为"的某些具体迹象。[②]

第二,在卖方设定宽限期届满后或收到买方拒绝履行通知后的一段合理时间内行使解除权。本项第 2 目规定了这一限制。据此,"在卖方根据第 63 条第 1 款规定确定的任何宽限期届满后或在买方声明他

[①]　John O. Honnold, Uniform Law for International Sales under the 1980 United Nations Convention 3rd edition(1999), p. 388, https://iicl. law. pace. edu/sites/default/files/bibliography/honnold_0.pdf,访问时间:2021 年 8 月 2 日。

[②]　Schlechtriem/Mohs, *Kommentar zum Einheitlichen UN-Kaufrecht—CISG*, 7. Aufl. 2019, S. 1109.

将不在这一宽限期内履行义务后的一段合理时间内作出此种宣告"。可见，本目同样要求卖方必须在从某一特定时间点起的"合理时间"内宣告解除合同，否则，他便失去了这一解除权。与本项第1目规定相比，本目规定的"合理时间"起算时间点不同，本目结合《公约》第63条第1款规定了两个"合理时间"的起算点，它们分别是"在卖方根据第63条第1款规定确定的任何宽限期届满"之时，或在卖方收到买方发出的"声明他将不在这一宽限期内履行义务"的通知之时。

4. 宣告合同无效的法律效果

无论在具备本条第1款规定的适用条件时，还是在具备第2款规定的适用条件时，卖方都可以立即解除合同。但是，合同并不会在具备条件时自行解除，相反，根据《公约》第26条规定，为行使这一权利，卖方必须向买方发出宣告合同无效的通知，通知于卖方发出时生效①，由此便产生了第81条和第84条规定的法律效力问题。对于卖方本人而言，他不仅不必再向买方交付货物，即使他已经交付了货物，卖方也有权要求买方退回。除此以外，卖方还有权根据第61条第1款b项结合第74条至第77条的规定向买方提出损害赔偿的要求，买方也应该承担赔偿责任。②

第65条　卖方自行确定货物的规格

Article 65

(1) If under the contract the buyer is to specify the form, measurement or other features of the goods and he fails to make such specification either on the date agreed upon or within a reasonable time after receipt of a request from the seller, the seller may, without prejudice to

---

① 有关通知的内容和形式、延迟送达的风险等参见本书第26条和第27条中之论述。

② 详见本书中相关条款中之论述。

any other rights he may have, make the specification himself in accordance with the requirements of the buyer that may be known to him.

(2) If the seller makes the specification himself, he must inform the buyer of the details thereof and must fix a reasonable time within which the buyer may make a different specification. If, after receipt of such a communication, the buyer fails to do so within the time so fixed, the specification made by the seller is binding.

译文

（1）如果根据合同规定买方应该明确订明货物的式样、尺寸或其他特征，而且他在约定的日期内或在收到卖方要求后的一段合理期限内，没有明确订明上述规格，则卖方可以根据其所知道的买方要求，自己订明货物的规格；卖方的这一行为并不损害其可能享有的任何其他权利（语序调整）。

（2）如果卖方自己订明规格，他必须将其订明规格的详情告知买方，而且必须规定一段合理的期限，供买方（原译文为："让买方可以"）在该期限内订明不同的规格。买方在收到这种通知后，如果他没有在该期限内提出自己的规格，卖方所订的规格便具有约束力（语序调整）。

目录

正文

1. 调整对象

在国际贸易实务中时常会出现这样一种特殊情形：即在双方签订合同时，由于卖方还不知道其客户对于产品式样、大小等规格等具体要求，所以，合同中不会详细规定产品的具体规格，而是规定由买方在签订合同后的某一时间内将产品的具体规格通知卖方。这样，如果买方届时不履行其通知义务，合同中便存在着一个漏洞。如果不弥补这一漏洞，合同便难以履行。本条便是规范弥补这一漏洞的条款。本条共有两款，其中第 1 款主要规范了卖方自行确定货物规格的前提条件，第 2 款则规定了卖方行使这一权利的限制性条件。

从《公约》的系统性角度分析，本条应该是对《公约》第 14 条的补充。中国国际经济贸易仲裁委员会在 1997 年 4 月 23 日审理的德国卖方和中国买方签订的帕萨特汽车销售合同案中便认为：虽然合同第 1 款仅仅规定购买的产品为"GL 2.0，1996 型帕萨特乘用车"，确定了购买的数量和价格；但是由于当时双方对汽车的颜色和内置设备未能达成一致意见，故双方约定未来将签订补充协议来解决这些问题。后来，买方已经支付了 10% 的预付款，双方也就补充协议进行了多次协商，均无结果，双方由此产生争议。其中的一个争议焦点便是双方之间是否已经订立了合同。中国仲裁庭最终裁定：尽管双方没有就汽车的颜色或内置设备达成协议，但双方沟通中已经就汽车的牌子、型号、数量、价格达成了共识，这已经构成了《公约》第 14 条第 1 款的要约，合同也因此已经成立；即使合同没有约定汽车的颜色和内置设备，也是如此。本条也没有规定：在双方未能就汽车颜色和内置设备达成协议时合同不能订立。①

此外，本条与《公约》第 74 条和第 75 条也有着密切的关系。因为

---

① China International Economic and Trade Arbitration Commission，People's Republic of China，23 April 1997（Arbitral award No. CISG/1997/08），https://iicl.law. pace.edu/cisg/case/china-april-231997-translation-available，访问时间：2021 年 8 月 3 日。

本条不仅规范了防止买方通过拒绝告知产品规格而逃避合同义务的方法,而且由于本条授予卖方确定货物规格的权利,卖方依然可以生产或制造合同下的货物。这样在买方拒绝履行接收义务时,卖方便可以根据第74条的规定计算其遭受的损失;在卖方向第三方转售这些货物时,则可以根据第75条规定要求买方赔偿原合同价格和转售合同价格之间的差价。

2. 卖方自行确定货物规格的权利(第1款)

本条第1款主要赋予卖方自行确定货物规格的权利,同时规范了卖方行使这一权利的条件,下文分别就此进行论述。

2.1 卖方行使本款授权的前提条件

由于买方是合同下产品的购买者,他也比卖方更了解客户的需求,所以,在通常情况下,应该由买方来确定货物的规格。为了保证买方的这一权利,必须对卖方代替买方确定货物规格的权利进行严格的限制,将它严格限制在少数必要的、合理的例外情形下。本条第1款的一个重要规范对象便是明确而具体地规范了卖方行使这一权利的两个前提条件:即买方有义务订明货物规格,买方未履行其义务。

(1)买方承担订明货物规格的义务

买方承担订明货物规格的义务。本款"如果根据合同规定买方应该明确订明货物的式样、尺寸或其他特征"这一句话十分明确地规定了这一义务。一般认为:"订明货物的式样、尺寸或其他特征"是买方承担的一项合同义务。[①]当然,这也是买方拥有的一项合同权利,但这无关紧要。仔细分析,在这一条件中存在着以下两个核心要素:其一,合同中已经确定了买卖的货物,但没有具体规定货物的"式样、尺寸或其他特征"。如果合同已对货物的式样等规格作了明确而具体的规定,那么,本条规定便不能适用。其二,合同必须明确规定买方有义务"订明货物的式样、尺寸或其他特征"。根据这一规定的字面意思,"订明"货

---

① Schlechtriem/Mohs, *Kommentar zum Einheitlichen UN-Kaufrecht—CISG*, 7. Aufl. 2019, S. 1118.

物规格显然是买方单方面拥有的权利;所以,如果合同直接授权卖方自行确定货物的规格,则同样不适用本款规定。另外,应该强调这里的"订明"不仅仅是买方自己确定货物的式样、尺寸等规格,而且必须将其确定的规格通知卖方。由于本款对买方发出"通知"的生效时间没有特别的规定,故应该根据《公约》第27条规定的一般生效原则,即于买方发出告知通知时生效,卖方也因此承担通知延迟送达或未送达的风险。所以,一旦买方发出上述通知,卖方便受通知内容的约束,卖方便应该按照通知的要求订购或订制货物。不仅如此,买方在通知中"订明"货物的规格也构成了判断卖方交付的货物是否具备第35条意义上"相符性"的依据。

基于以上两个要素,德国学者莫斯认为:在合同已经明确规定货物的格式时,如果同时授权买方可以在特定期限内单方面改变货物的规格,便不适用本款规定。[1]这一观点是成立的。因为在这种情况下,即使买方没有订明货物的规格,也应该适用合同中规定的货物规格。换句话说,卖方无权代替买方行使规格确定权。另外一个有意思的问题是:在合同没有具体订明货物的规格,却规定由双方协商确定时,是否适用本款规定? 在上文提及的德国卖方和中国买方之间的帕萨特汽车销售合同仲裁案中,中国国际经济贸易仲裁委员会便裁定:在这里不适用本款规定,因为本款仅仅授予买方单方面货物规格的确定权,而不是双方。[2]

(2)买方未履行订明货物规格的义务

除了以上条件以外,本款还规定了另外一个适用条件,即买方未履行订明货物规格的义务。这一义务具体体现在本款"在约定的日期内或在收到卖方要求后的一段合理期限内,没有明确订明上述规格"这一

---

① Schlechtriem/Mohs, *Kommentar zum Einheitlichen UN-Kaufrecht—CISG*, 7. Aufl. 2019, S. 1118.

② China International Economic and Trade Arbitration Commission, People's Republic of China, 23 April 1997 (Arbitral award No. CISG/1997/08), https://iicl.law. pace.edu/cisg/case/china-april-231997-translation-available,访问时间:2021年8月3日。

规定中。据此分析,这一条件又包括两种不同的情形:

第一,买方未在"在约定的日期内"订明货物的规格。这种情形是指双方已经在合同中明确规定了买方"订明"货物式样、尺寸等规格的时间期限,例如买方应该在 10 月 16 日之前将货物的规格告知卖方,但在 10 月 16 日买方依然没有履行这一义务。

第二,买方未"在收到卖方要求后的一段合理期限内"订明货物的规格。如果合同中仅仅规定买方有订明货物规格的义务,却没有规定相应的期限。那么,根据本款的规定,卖方有权利要求买方订明货物的规格。为此,卖方必须向对方发出相应的通知。与《公约》第 27 条规定的"发送生效原则"不同,本通知于送达买方时生效,"在收到卖方要求后"这一限制表明了这一点。在该通知中,卖方可以设定供买方履行"订明"规格义务的时间期限,卖方也可以不设定期限。在前者情况下,适用本项规定的前提是买方未在卖方设定的宽限期内履行"订明"义务;而在后者情形下,适用条件则为买方在收到卖方通知后的一段合理期限内未履行上述义务;但此时,卖方无权根据第 64 条第 1款 b 项的规定宣告合同无效,而只能根据本款的授权自行"订明"货物的规格,除非出现了本条第 2 款规定的卖方不能自行订明货物规格的例外情形。

"买方有义务订明货物规格"和"买方未履行其义务"是两个必须同时具备的条件,缺少任何一个条件,便不适用本款规定,本款中"如果根据合同规定买方应该明确订明货物……"和"他在约定的日期内或……"两句中间的"而且"这一关联词十分清楚地表明了这一点。

2.2　卖方有权自行确定货物的规格

在具备上述两个条件下,本款进一步规定:"卖方可以根据其所知道的买方要求,自己订明货物的规格;卖方的这一行为并不损害其可能享有的任何其他权利。"可见,这一条款一方面对卖方进行了授权,同时又对卖方权利的行使进行了一定的限制;此外,还规范了自行确定货物规格权和其他权利的关系。下文将仅仅论述本款对卖方的授权和卖方自行确定货物规格行为与其他权利之间的关系,本款对卖方自行"订明"行为的限制将统一放在下一部分论述。

(1) 卖方有权在规定的时间内自行确定货物的规格

本款对卖方进行了授权,这一授权体现在卖方可以"自己订明货物的规格"这一规定中;据此,卖方可以自行确定货物的式样、尺寸、颜色或其他特征。卖方何时可以行使这一权利呢? 本款实际上针对两种不同的情形而作了不同的规范:其一,在合同中规定了买方订明货物规格的时间期限时,那么,一旦该期限届满,而且买方还没有履行其义务,卖方便可以行使本款的授权。其二,在合同没有规定期限而且卖方向买方发出要求其履行"订明"货物规格义务的通知时,根据卖方发出通知内容的不同,卖方可以在以下不同的时间点行使本款的授权:其一,在买方收到上述通知之日起的"一段合理期限"届满时;其二,如果卖方在其通知中设定宽限期,那么在该宽限期届满时;其三,如果卖方在其发出的通知中设定宽限期,而且买方在收到卖方通知后表明其将不在宽限期内履行这一义务,那么在买方发出上述通知时。

应该强调的是,本条仅仅是对卖方的一种授权,但卖方没有义务必须行使这一权利,本授权条款中的"可以"十分明确地表明了这一点。从另一角度分析,买方拒绝提供货物规格信息的行为是一种严重的违约行为,卖方完全可以直接采取其他救济措施,如宣告合同无效。[①]

(2) 确定货物规格权和其他权利的关系

如果卖方行使了本款的授权,自行"订明"了货物的规格。这对卖方行使其他救济措施有何影响呢? 本款最后一句"卖方的这一行为并不损害其可能享有的任何其他权利"规范了这一问题。据此分析,在卖方自行"订明"了货物的规格时,卖方依然可以行使《公约》第 61条规定的所有救济措施。这一规定是合理的,因为买方没有按照合

---

① John O. Honnold, Uniform Law for International Sales under the 1980 United Nations Convention 3rd edition(1999), p. 392, https://iicl.law.pace.edu/sites/default/files/bibliography/honnold_0.pdf,访问时间:2021 年 8 月 2 日。

同的规定"订明"货物的规格,这无疑是一种违约行为。所以,他可以以第 62 条规定为依据要求买方实际履行"订明"货物规格义务,或者根据第 63 条第 1 款的规定设置一个宽限期,并要求买方在该期限内履行这一义务。

值得注意的是,在这种情况下,卖方不享有哪些救济权?本款没有明确规范这一点。但他显然不能采取与自己确定货物规格相矛盾的措施,如宣告合同无效;此外,在行使自行确定权时,他也不能向买方提出损害赔偿请求,因为这也属于与卖方行使"订明"权相冲突的措施。但这并不妨碍此后向买方提出损害赔偿请求,因为在这种情况下,即使买方最终支付了货款、接收了货物,这也通常构成了延迟履约。

3. 卖方行使货物规格确定权的边界(第 1 款和第 2 款)

授权卖方自行确定货物规格权,这在实际上是剥夺了本来属于买方的权利;所以,为平衡买卖双方在这一过程中的利益,本条第 1 款和第 2 款对卖方行使这一权利进行了多方面的限制,第 2 款还同时规范了在符合限制性条件时卖方自行确定规格行为的法律效果。具体的限制措施有以下几类。

3.1　对卖方行使货物规格确定权的限制(第 1 款和第 2 款)

具体分析,本条第 1 款和第 2 款总共规范以下三方面的限制。卖方自行"订明"货物规格的行为必须同时满足该三项限制中蕴含的要求,否则,便失去了应有的法律效果。

(1) 根据已知的买方要求确定货物规格(第 1 款)

在卖方自行"订明"货物规格过程中,遇到第一问题是:他是否可以随意确定货物的样式、尺寸、颜色等规格?本条第 1 款中"卖方可以根据其所知道的买方要求,自己订明货物的规格"这一句规范了这一问题。仔细分析,这一句规定蕴含着以下两层意思:第一,在卖方已经知道买方对货物规格的要求时,卖方必须根据其知道的买方要求来确定货物的规格。这同时意味着:卖方不能任意武断地确定货物的规格。这一要求是强制性的。所以,如果卖方知道买方的要求,却没有据此确定货物的规格,那么,卖方确定的规格便对买方没有约束力,它也不能成为判断货物"相符性"的标准。①第二,本款中"其所知道的买方要求"是否意味着卖方有义务查明买方的要求?尽管本款没有明确规定这一点,但结合本条第2款的规定,卖方应该承担着这一义务,因为第2款明确要求,在卖方自行确定货物规格时,必须征询买方的意见,这自然意味着卖方有义务查明买方对货物规格的要求。

在双方对卖方是否已经"知道的买方要求"发生争议时,应该适用《公约》第8条第3款的规定予以查明,调查时应该综合考虑具体案件中的具体情况、双方谈判过程、双方当事人之间适用的贸易惯例或习惯做法,或签订合同时买方透露的信息等。当然,如果买方认为卖方知道其对货物规格的要求,他必须提供证据证明这一点。

(2)通知买方(第2款第1句)

本条第2款还规定了卖方行使本条授权的另外一个前提条件,即"他必须将其订明规格的详情告知买方"。在这一通知中,至少应该具备以下两方面的内容:其一,说明卖方有意自己确定货物的规格;其二,详细介绍其确定的货物规格的细节,如样式、大小、颜色或其他技术数据。《公约》之所以强调这一通知义务,是因为卖方标明的规格将成为判断货物是否具备第35条下"相符性"的合同约定的标准,所以必须让买方知情。这一"通知义务"是强制性的,本款中的"必须"两字表明了这一点。如果他不履行这一"通知义务",就相当于他没有自行确定货物的规格,但这并不剥夺卖方采取其他救济措施的权利。本款的通知于卖方发出时生效,这意味着买方必须承担延迟送达或未能送达的法律风险。

(3)设立一个长度合理的异议期(第2款第1句)

在卖方履行上述"通知义务"时,本款还设置了另外一个限制,即卖方在通知中"必须规定一段合理的期限,供买方在该期限内订明不同的

---

① Secretariat commentary on Article 64 of Draft Convention,见 https://iicl.law. pace. edu/cisg/page/article-65-secretariat-commentary-closest-counterpart-official-commentary,访问时间:2021年8月5日。

规格"。那么,卖方设置的期限究竟多长是属于"合理"的? 与《公约》其他条款中提到的这一概念相同,必须根据具体案件中的具体情形来予以分析判断;无论如何,卖方设置的期限必须足够长,让买方有时间了解卖方提出的货物式样、尺寸或其他特征,在买方不同意卖方的建议时,他还有时间提出不同的规格,并将此通知卖方。

这一要求也是强制性的,本款中"必须"两字表明了这一点。这就产生了这样一个问题:如果卖方没有设置"异议期"或设置的"异议期"太短,因而不具备本款要求的"合理性",这会产生何种法律问题呢? 对此问题有两种不同的看法。主流观点认为:如果卖方在其通知中没有设置异议期或设置的期限太短,那么就自动适用本款规定的"合理的期限",①但德国学者并不同意在卖方没有设置宽限期时自动适用"合理的期限"这一点。②笔者认同国际上的主流观点。因为无论是卖方设置的宽限期太短还是没有设置宽限期,那么,其设置行为均不符合本款规定,因而是无效的;而由于卖方本身有意履行合同义务,而且促进合同的履约也是《公约》的一个重要目的;自动适用本款的"合理的期限"规则显然有利于这一目的的实现。

3.2 卖方行使货物规格确定权的法律效果(第 2 款第 2 句)

上文讨论卖方自行"订明"货物规格时应该注意的几个要求,这几个要求具有强制性,所以,不满足任何一个要求,均会导致卖方"订明"行为的无效,卖方"订明"的规格对买方没有约束力。那么,在满足上述要求时,卖方的"订明"行为具有何种法律效力呢? 下文从三个角度对这一问题进行论述。

(1) 卖方确定的规格具有法律约束力

这是指卖方确定的规格对买方具有约束力;只要卖方交付的货物

---

① Staudinger/Magnus,Art. 65,Rn. 15. Secretariat commentary on Article 64 of Draft Convention, 见 https://iicl.law.pace.edu/cisg/page/article-65-secretariat-commentary-closest-counterpart-official-commentary,访问时间:2021 年 8 月 5 日。

② Schlechtriem/Mohs, *Kommentar zum Einheitlichen UN-Kaufrecht—CISG*,7. Aufl. 2019,S. 1120.

符合这些规格要求,买方便不得以货物不具备《公约》第35条规定的"相符性"为由而予以拒绝。但根据本句的字面意思,这一规定仅仅适用于"买方在收到这种通知后,如果他没有在该期限内提出自己的规格"的情形。

在收到卖方通知时,买方不外乎有以下几种不同的反应:同意、不表态、反对并提出了自己的规格要求、反对但没有提出自己的规格要求。仔细分析,买方"没有在该期限内提出自己的规格"这一表述应该既包括买方对卖方订立的规定表示"同意"或"不表态"两种情形。

(2)买方订立的规格取代卖方拟定的规格

这显然是指在卖方订立的规格和买方收到通知后提出的规格之间存在差异时,买方提出的规格将成为合同的规定,并成为判断卖方交付的货物是否具备"相符性"的依据。尽管本款"买方在收到这种通知后,如果他没有在该期限内提出自己的规格,卖方所订的规格便具有约束力"这一句没有明确规定这一点,但它无疑蕴含了这种情形。这一句规定也表明:它仅仅适用于买方"在该期限内提出自己的规格"的情形。这里的"自己的规格"应该是指不同于卖方通知中建议的货物规格。本句这一规定也是合理的,因为如上所述,订立货物规格本来是买方的权利,所以,在买卖双方订立的规格不同时,自然应该以买方提出的规格作为合同规定的规格。

当然,在买方订立与卖方不同的规格时,它必须向卖方发出相应的通知。根据《公约》第27条规定,由于本款对这一通知的生效时间没有作出特别的规定,所以,这一通知在买方发出时生效。

(3)卖方建议规格不具备法律约束力

这是指尽管卖方根据本条第2款的规定,将其拟采取的货物规格通知了买方,在买方收到通知后,买方明确表示反对该规格。即使买方在表示其反对意见时,并没有提出自己的规格,也是如此。尽管本款没有明确这一点,但笔者依然认为在这种情况下,卖方拟采用的规格不具备法律约束力。这一方面是因为根据本条第1款的规定,买方有单方面确定货物规格的权利,在买方没有在卖方设置的"合理期限"标明货物的规格,但又拒绝卖方建议规格时,虽然买方的行为已经构成了违反《公约》规定的行为,但买方单方面拥有的货物规格确定权并没有因此而转移给卖方。另一方面,也不具备本条第 2 款规定的货物规格确定权从买方转移给卖方的前提条件,本款规定的一个重要转移条件是买方"没有在该期限内提出自己的规格","提出自己的规格"无疑是对卖方建议规格的一种否认。那么,在买方没有"提出自己的规格"但明确拒绝卖方建议规格时,这同样不具备本款规定的货物规格确定权转移条件。当然,在这种情况下,买方的行为无疑已经构成了违约,卖方自然可以要求买方承担相应的法律责任。

4. 卖方行使货物规格确定权的法律风险

尽管本条授予卖方在特定条件下自行"订明"货物规格的权利,但在行使这一权利过程中也蕴含着多种法律风险。存在法律风险的原因是多种多样的,例如,卖方告知买方其自行订立规格的通知可能没有送达买方;如上所述,在这种情况下,卖方自行确定的规格不产生约束力;或者在收到卖方的通知后买方订了不同的规格,并发出了相应的通知,此时根据《公约》第 27 条规定,买方的通知已经生效,但卖方却没有收到该通知;无论在以上哪种情况下,如果卖方依然按照其订立的规格采购或生产货物,其交付的货物显然不符合第 35 条规定,因而买方便可以采取第 61 条规定的救济措施。

第四章　风险移转

概　述

本章专门规范了货物灭失、毁损风险何时从卖方转移到买方的问题。本章始于第 66 条,终于第 70 条,共有 5 条,分别从五个方面规范了以上问题,其中第 66 条规范了风险转移的法律效果,第 67 条调整了涉及货物运输时风险转移的时间,第 68 条、第 69 条和第 70 条则分别规范了销售已处在运输途中货物时的风险转移、其他情形下的风险转移、根本违约和风险转移问题。

一旦卖方按照合同的约定或《公约》第 31 条至第 34 条的规定履行了其交付货物和单据义务,他就不再承担货物的灭失或毁损风险。这是《公约》第三部分第二章第一节规定的一个基本法律原则。

缔约国国内法对于货物风险转移的规定有着很大的不同,法国法及受法国法影响的国家将风险转移与货物所有权转移挂钩,即货物的灭失和毁损风险由货物的所有者承担,而德国《民法典》、美国《统一商法典》基本上确认风险于卖方将货物交付给买方或承运人时转移的原则。[①]《公约》的风险转移规则基本上吸收了德国和美国的经验,即将风险转移与货物的交付时间紧密联系在一起。我国原《合同法》(1999

---

① Schlechtriem/Hachem, *Kommentar zum Einheitlichen UN-Kaufrecht—CISG*, 7. Aufl. 2019, S. 1128.

年)和《民法典》第 604 条同样如此,据此,"标的物毁损、灭失的风险,在标的物交付之前由出卖人承担,交付之后由买受人承担,但是法律另有规定或者当事人另有约定的除外"。可见,我国的法律也将货物交付时间作为在买卖双方之间分配货物风险的分界线。

第 66 条　风险转移的法律效果

Article 66

Loss of or damage to the goods after the risk has passed to the buyer does not discharge him from his obligation to pay the price, unless the loss or damage is due to an act or omission of the seller.

译文

　　在风险移转到买方后所发生的货物遗失或损坏并不免除买方承担的支付货款义务,但这种遗失或损坏是由卖方的作为或不作为造成者除外(语序调整)。

目录

5.2 "作为或不作为"的内涵

正文

1. 调整对象

在买卖双方签订货物销售合同以后,在履行合同过程中,时常会发生货物灭失或毁损的风险。例如,在中国甲公司与美国乙公司签订的电视机销售合同中,约定的价格条件为 FOB 上海港,中国甲公司在上海港将电视机交付给了特定运输公司,但在运输途中船舱进水,导致所有的电视机因遭水浸泡而损坏。这时就产生了一个问题:究竟应该由卖方还是由买方来承担电视机损坏的损失? 这便是本条规定所要规范解决的问题。本条为此确定了一个基本的风险分担原则:在风险转移以前发生的货物风险,通常由卖方承担;而在风险转移以后发生的货物风险,则通常由买方承担;但如果风险转移以后货物发生的灭失或毁损风险是由卖方的作为或不作为引起的,那么,相关的风险依然由卖方负责。或许有人会说,本条规定是多余的,因为在国际货物销售中,合同中一般均规定了保险条款,所以如果货物发生遗失或损坏风险,保险公司通常会负责赔偿。尽管如此,本条规定依然是必不可少的,因为本条确定的风险分担规则决定着:哪一方应该承担向保险公司提起索赔的责任,哪一方需要承受理赔等待期间所遭受的资金压力,哪一方有责任采取措施抢救受到损坏的货物。另外,如果没有为合同下的货物购买保险或购买的保险不足时,本条的规定便至关重要,因为其中的一方当事人必须承受遭遇风险时所带来的全部损失。

本条确定的风险分担原则与《公约》第 36 条的规定相一致,第 36 条第 1 款也规定,卖方仅仅对风险转移之前已经存在的"不相符性"负责,但该条第 2 款进一步规定,如果风险转移之后货物中存在的"不相符性"是由卖方的违约行为引起的,那么,卖方依然必须对此负责。

应该强调的是:本条并没有规定买方支付货款的义务,确立这一义务的依然是《公约》第 53 条；同样，本条也没有规范风险何时发生转移问题，本章第 67 条至第 70 条分别规范了这一问题。

2. "风险"的概念

由上可知，本条的调整对象是买卖双方在合同履行过程中货物可能遭遇的风险及其转移问题。本条"在风险移转到买方后"这一表述也十分清楚地表明了这一点。"风险"是本条中的一个关键概念，它显然影响着本条的适用问题。所以，在深入讨论本条的其他适用问题之前，有必要首先澄清这一概念的内涵。

2.1　列举式的定义

本条并没有对"风险"下一个概括性的定义，相反，它明确列举了"货物遗失或损坏"两类风险，这一列举蕴含在本条"在风险移转到买方后所发生的**货物遗失或损坏**"中。这样的列举并不是《公约》所独创，《2010 年国际贸易术语解释通则》（Incoterms 2010）和《2020 年国际贸易术语解释通则》（Incoterms 2020）也同样列举了"货物的灭失或毁损"两类。我国《民法典》第 604 条同样如此，该条也提及"标的物毁损、灭失的风险"。

2.2　广义理解本条中的"货物遗失或损坏"风险

一个相关的适用问题是：本条对于"风险"的列举是不是穷尽的？答案是否定，而且应该从广义角度对"货物遗失或损坏"进行解释，即它不仅包括货物被偷、承运人错误地将货物交给第三者，而且还包括货物遭到破坏、或因事故而损坏、货物重量缩水等。①国际商事实务界也持类似的看法，缔约国的法院或仲裁机构认为：本条中的"货物遗失"不仅包括"找不到合同下的货物"，而且包括"货物被盗"，或"运送给了其他人"；而这里的"货物损坏"则包括货物全部毁坏、物理损坏、变质和缩水。②中国国际经济贸易仲裁委员会也认为：这里的"风险"是指：由运

---

① Schlechtriem/Hachem, *Kommentar zum Einheitlichen UN-Kaufrecht—CISG*, 7. Aufl. 2019, S. 1134.

② UNCITRAL, *Digest of Case Law on the United Nations Convention on the International Sale of Goods*, 2016, p. 303.

输过程中发生的自然事故或海上意外事故而造成的货物灭失或毁损,而且还包括因承运船舶的不适航性而造成的延迟送到。①

2.3 影响合同履行的国家主权行为构成本条下的"风险"

如果在签订合同后,合同下的货物发生了以上风险,这不仅会影响卖方交付义务的履行,买方也难以收到符合合同规定的货物。国家采取的规范市场和进出口的法律法规有时也会产生同样的效果,例如没收因侵犯他人知识产权的货物,或禁止不符合质量或卫生标准的货物进口的禁令,这同样会使得卖方无法履行其交货义务。这样就产生了一个问题:国家采取的此类主权行为是否也属于本条意义上的"风险"?传统的观点否认这一点,其主要理由是保险公司不会对因国家主权行为而遭受的损失提供保险,另外,合同当事人也可能故意违反国家的法规,例如侵犯他人的知识产权、违反出口禁令等。近年来的主流观点已经发生了变化,认为:国家的主权行为也属于本条意义上的风险因素,当然,国家采取主权行为本身还不足以构成本条意义上的风险,只有在国家根据相关的法律法规采取直接的强制措施,进而影响卖方或买方对合同下的货物的处置时,才构成本条意义上的风险。②比利时根特上诉法院在其于 2004 年 6 月 16 日审理的比利时卖方和德国买方之间的猪肉销售合同纠纷案中判定:1999 年 6 月 4 日欧盟以比利时生产的猪肉中含有二噁英为由颁布了禁止从比利时进口猪肉的禁令,比利时卖方也因此无法提供其交付的猪肉不含有二噁英的证明,这同样构成本条意义上的风险。③

---

① China International Economic and Trade Arbitration Commission, People's Republic of China, 1 April 1997(Fishmeal case), https://iicl.law.pace.edu/cisg/case/china-april-1-1997-translation-available,访问时间:2021 年 8 月 11 日。

② Schlechtriem/Hachem, *Kommentar zum Einheitlichen UN-Kaufrecht—CISG*, 7. Aufl. 2019, S. 1135.

③ ex, affirmed on other grounds, Hof Arnhem, the Netherlands, 9 February 1999(CISG not applicable). 14 Hof van Beroep Ghent, Belgium, 16 June 2004, https://iicl.law.pace.edu/cisg/case/belgium-june-16-2004-hof-van-beroep-appellate-court-mermark-fleischhandelsgesellschaft-mbh,访问时间:2021 年 8 月 6 日。

3. 将风险转移时间作为分配风险的分界线

如果在买卖双方签订合同以后合同下的货物发生了以上灭失或毁损风险,究竟应该由谁承担呢? 本条从几个不同的方面来规范这一问题。本条采取的第一个途径是:将风险从卖方转移到买方的时间作为分配风险的基准线,这是指将风险发生转移的时间点作为判断相关的风险是由卖方还是买方承担的标准。

如果上述风险发生在风险转移之前,卖方必须承担由此而产生的所有损失;相反,如果此类风险是在风险转移之后发生的,那么,买方就必须承担由此而产生的损失。尽管本条没有明确规定这一基准线,但"**在风险移转到买方后**所发生的货物遗失或损坏并不免除买方承担的支付货款义务"已经暗示了这一点。本条并没有明确规定风险发生转移的时间点,相反《公约》第 67 条、第 68 条和第 69 条分别针对不同的货物交付情形规定了三种不同的风险转移时间点;其中第 67 条规范了货物涉及运输时风险转移的时间,第 68 条则规范了购买在途货物时风险转移的时间,而第 69 条则规范其他情形下的风险转移时间。

但根据《公约》第 6 条规定的意思自治原则,双方当事人可以自行约定风险转移的时间。实际上大多数国际贸易的参与者都会行使这一选择权,最常见的选择方式是直接在合同中规定采用国际商会编纂的某一具体的价格术语,因为每一价格术语都确定了风险转移的时间:例如,如果约定采用 FAS,那么,风险便在卖方将货物于船舶边交付给承运人支配时发生转移;如果采用 FOB、CFR、CIF,那么风险的转移时间便为在装运港将货物装上船之时;在约定采用 FCA 和 CPT 时,则转移时间为卖方在规定的地点和时间将货物交给承运人支配时;在采用 DPU 时,则相应的时间为卖方在指定目的地或目的港集散站卸货后将货物交给买方处置之时。[①]尽管国际商会颁布的贸易术语是国际上最常用的贸易惯例,但它并不因此而自动适用于每一具体的国际货物销

[①] 《2020 年国际贸易术语解释通则®》,https://www.dachser.in/downloads/Corporate/2021_Incoterms.pdf,访问时间:2021 年 8 月 6 日。

售合同;只有双方在合同中明确约定采用某一具体的价格术语时,它才对合同双方当事人产生约束力。

除此之外,双方当事人也通过它们之间业已存在的《公约》第9条第1款意义上的习惯做法来确定风险的转移时间。德国卡尔斯鲁厄地区高级法院于1992年11月20日审理了法国卖方和德国买方之间的冻鸡肉销售合同纠纷案,该案中的双方当事人已经存在着多年的业务合作关系,在风险转移时间方面存在着"买方营业地交货"(frei Haus)这样一个习惯做法,尽管该习惯做法没有规定在双方签订的合同中,但它也是合同的一个组成部分。法院判定:根据这一习惯做法,风险转移的时间点为"在该营业地将货物交付给买方时",卖方由此必须承担将货物运送至买方营业地并在该地将货物交付给买方之前所产生的一切风险。①

4. 买卖双方各自承担其风险责任区间的风险

本条采取的第二个规范途径是:在确定风险转移时间作为风险分担的依据基础上,本条又将从合同签订时起至合同履行完毕时为止这一时间区间分成两个风险责任时段,并规定买卖双方各自承担一个责任时段的风险,其中卖方承担责任时段为:从合同签订后起至风险转移给买方时为止;而买方承担的责任时段为:从风险转移给买方时起以后的时间。下文将结合本条规定就此进行分析。

4.1 风险转移给买方之前的风险由卖方承担

这是指:如果合同下的货物在风险转移给买方之前发生了灭失或毁损等风险,卖方必须对此负责。下文将根据本条规定分别探究卖方承担这一责任的法理依据和法律后果。

首先,卖方承担风险转移之前风险责任的法理依据。毫无疑问,本条没有明确规定卖方的上述责任,但本条"**在风险移转到买方后所发生的货物遗失或损坏并不免除买方承担的支付货款义务**"这一句规定

---

① CLOUT case No. 317 Oberlandesgericht Karlsruhe, Germany, http://www.cisg-online.ch/content/api/cisg/display.cfm?test=54,访问时间:2021年8月7日。

中蕴含着上述卖方责任期间,因为这一句话的字面意义是:如果货物在风险转移到买方之后发生灭失或毁损,那么,买方就必须承担由此而产生的损失。但这也同时意味着:如果货物的灭失或毁损发生在风险转移给买方之前,那么,卖方便必须承担相应的责任。另外,《公约》第 36条第 1 款的规定也间接为卖方承担上述责任提供了法理依据,因为该款规定:卖方必须对在风险转移给买方之时货物中已经存在的"不相符性"负责。第 36 条规范的是货物中存在的"不相符性",而本条调整的是"货物灭失或毁损风险",从这两个概念看,这两条有着完全不同的规范对象;但是这两个概念是可以相互转换的,如果货物在运输途中受潮或因运输工具发生事故而受到损坏,此时上述风险便变成了第 35 条和第 36 条下的"不相符性"。所以,既然卖方应该对风险转移之时已经存在的"不相符性"负责,那么,他同样应该对风险转移前已经发生的"货物灭失或毁损风险"负责。让卖方承担风险转移以前货物的灭失或毁损风险也是公平合理的,这一方面是因为买方承担风险转移以后货物的灭失和毁损风险,另一方面,在风险转移给买方之前,货物依然处在卖方的控制之下,他自然应该对这一期间发生的货物灭失或毁损风险负责。

其次,卖方承担风险转移之前风险责任的法律后果。由于卖方承担这一责任期间的法律风险,那么其法律后果也十分明确:如果在这一期间合同下的货物发生灭失或毁损,这并不免除卖方承担的交货义务;如果他因此未交付货物或仅仅交付了具备"不相符性"的货物,其行为便构成根本违约,买方可以据此而宣告合同无效,并要求卖方承担相应的损害赔偿责任。德国多家法院也持同样的观点:它们认为如果在风险转移给买方之前,货物灭失或损坏,那么,卖方便未履行《公约》第 30条的交付义务,或者违反第 35 条和第 36 条规定交付了不具有"相符性"的货物,买方因此可以根据第 49 条和第 81 条的规定宣告合同无效,或根据第 50 条的规定要求降价。[1]

---

① UNCITRAL, *Digest of Case Law on the United Nations Convention on the International Sale of Goods*, 2016, p. 307.

4.2　风险转移给买方之后的风险由买方承担

如果在风险转移给买方以后,货物发生灭失或毁损的风险,应该由谁承担相关的损害呢? 本条中**"在风险移转到买方后所发生的货物遗失或损坏并不免除买方承担的支付货款义务"**这一句间接规范了这一问题,据此分析,买方必须承担以下法律后果:首先,这并不免除买方继续履行合同义务的责任。一方面,他必须接受已遭遇了风险的货物,即使这些货物因遭遇风险而受到损坏或减少,而且不符合《公约》第 35 条的规定,也是如此。另一方面,他也必须按照合同的规定支付全部货款。其次,即使买方因上述风险没有收到货物或仅仅收到了具备"不相符性"的货物,卖方依然履行了其根据合同或《公约》第 30 条等规定的交货义务,所以,买方无权采用第 45 条规定的各项救济措施。[①]在德国弗伦斯堡地区法院于 1999 年 3 月 24 日审理的法国卖方和德国买方之间的猪肉销售合同纠纷案中,法国卖方已经按照合同规定的时间将符合合同质量规定的猪肉交付给了承运人,从而完成了其交付义务;后来德国买方的客户反映猪肉已经变质并退回给了德国买方,德国买方据此要求法国卖方承担责任;但德国上述法院拒绝了德国买方的诉讼请求,其理由是:根据第 36 条和第 66 条规定,在法国卖方将猪肉交付给承运人时风险已经发生了转移;由于在后来实际接受猪肉时买方没有对猪肉的质量提出任何异议,所以他必须证明:猪肉在卖方交付给承运人时已经变质,但德国买方未能证明这一点,因此,可以认定猪肉变质是在风险转移后发生的,所以,德国买方依然必须支付货款。[②]

这意味着买方必须独自承担这一期间合同项下的货物发生灭失或毁损风险。即使在这一期间货物被烧了、被抢了,或因为其他原因货物遗失或损坏了,也是如此。

---

① Nicholas, in Bianca/Bonell/knapp, *Commentary on the International Sales of Law*, p. 484.

② Landgericht Flensburg, Germany, 24 March 1999, https://cisg-online.org/files/cases/6657/fullTextFile/719_67512229.pdf,访问时间:2022 年 2 月 14 日。

5. 因卖方原因引起货物灭失或毁损时买方承担风险的例外

由上可知,本条确定的一个基本风险分担规则:买方承担"从风险转移给买方时起"货物所发生的灭失和毁损风险。但在确定这一原则的同时,本条规定了适用这一规则的例外情形,这一例外体现在本条"但这种遗失或损坏是由卖方的作为或不作为造成者除外"这一规定中。

5.1　例外情形下的法律责任

这一例外的实际法律含义是:即使货物是在风险转移给买方之后发生灭失或毁损等风险,但如果这种风险是由卖方的"作为或不作为"造成的,那么,买方便无需对此负责,相反,应该仍由卖方承担相应的责任。这样的规定是十分合理的,因为出现这种例外情形的直接结果是:货物因为此种风险而毁损,在货物毁灭时,买方没有收到货物,或货物损坏时,买方仅仅收到不具备"相符性"的货物,而由于此种风险是由卖方"作为或不作为"造成的,这便等于卖方没有履行《公约》第30条、第31条等规定的交付货物义务,或者没有履行第35条和第36条下的"相符性"义务,卖方的行为已经构成了违约。

5.2　"作为或不作为"的内涵

根据本条中"但书"部分规定,构成这种例外应该具有以下三个要件:即卖方有"作为或不作为"、合同下的货物在风险转移后发生了灭失或毁损等风险、在以上两个因素之间有因果关系。在以上三个要件中,最核心的要件是何为卖方的"作为或不作为"。《公约》没有对这一概念进行定义,下文将从两个方面对这一概念内容进行界定:

首先,包括违反合同规定行为和不违反合同规定的其他行为。本条中"作为或不作为"可以是卖方进行的违约行为,也可以是非违约行为。客观分析,这一定性是正确的,因为卖方进行的违反合同义务的行为显然会给货物带来各种风险,例如,在卖方使用不合格的原材料时,货物的质量便会受到影响;在使用了不合格的包装材料后,货物在运输途中便会受到损坏。卖方进行的没有违反合同规定的"作为或不作为"也能引发同样的后果,例如在合同约定采用FOB价格术语时,卖方在装运港将货物装上船时,风险便已经发生了转移;但如果合同下的货物对储存有特定的温度要求,但卖方没有将这一要求告知承运人,由此导致货物的变质损坏,这显然是由卖方的"不作为"引起的;在合同中没有规定这一通知义务时,卖方的"不作为"并没有违反合同规定。国外学者也认为这里的"作为或不作为"并不限于卖方进行的违反合同义务的行为;实际上在《公约》起草过程中曾经有代表团建议将本条中"作为或不作为"限定为违反合同规定的行为,但该建议没有被接受。①

其次,"合理性"标准。这是指卖方进行履约行为或其他行为必须是合理的;换句话说,将"合理性"作为判断卖方行为是否构成本条意义上的"作为或不作为"的一个判定标准:如果卖方进行的行为是合理的,那么,它们便不构成本条意义上的"作为或不作为",反之则构成。就卖方进行的违反合同规定的履约行为而言,将"合理性"作为一个判断标准是有着充分的法理依据的,因为它实际上也是构成《公约》存在基础的一个一般法律原则。以《公约》第 32 条第 2 款的规定为例,该款规定:在卖方有义务安排货物运输时,他必须根据这一原则选择"适合"当时情况的运输方式并按照通常的运输条件签订必要的运输合同。该条授予卖方自行选择运输方式和运输条件的权利,但其选择必须是"合理的","选择合适当时情况的……"的限制十分明确地表明了这一点。由此可以推定:在卖方选择不合适的运输方式,或者没有按照通常的运输条件签订运输合同,而且合同下的货物因此而受到毁损时,那么,其选择便不具有"合理性",因而构成本条意义上的"作为或不作为"。中国国际经济贸易仲裁委员会在其 1999 年仲裁的一起案件中也肯定了"合理性标准"。在该案中,合同约定了 CIF 价格术语,据此卖方应该签订运输合同,安排货物运输,合同下货物为一种化工产品,必须保存在冷藏设备中进行运输;但在卖方将货物交付给承运人时,并没有将运输过程中储存温度要求告知承运人,导致货物因融化、泄漏而损坏。中国国际经济贸易仲裁委员会最终裁定,在本案中,风险在货物交付给承运人

---

① Nicholas, in Bianca/Bonell/knapp, *Commentary on the International Sales of Law*, p. 485.

时已经发生转移,而且货物是在此后发生毁损的,但卖方没有给承运人发出货物储存指令,这是不合理的,故构成了本条中的"不作为",故买方无需支付货款。①那么,上述"合理性"标准是否应该同样适用于判断卖方进行的不违反合同规定的履约行为? 笔者对此持肯定态度,人们完全应该将"合理性"这——一般法律原则类比适用于卖方进行其他行为,因为《公约》确定"合理性"原则的目的是使卖方将符合合同要求的货物交付给买方,那么,如果卖方进行的其他行为也与实现这一目的有关,自然应该同样受"合理性"原则约束。德国石勒苏益格高等法院在其于 2002 年 8 月 22 日审理的德国卖方和丹麦买方之间的活羊销售合同纠纷案中便肯定了这一观点。在该案中,德国卖方已经将特定数量的活羊交付给了承运人,风险也由此转移给了买方,但买方在收到活羊时以羊太瘦为由不仅要求降价,而且向德国卖方提出损害赔偿请求;法院查明:活羊变瘦是由于过量装载所致,运送羊群的卡车额定装载量为400 只,但实际上却装载了 700 只,而过量装载是由于卖方指示的结果。在这一基础上,德国法院最终判定:尽管一般情况下卖方不对风险转移后的货物变质负责,合同中也没有规定一辆卡车中能够运载多少只羊,但卖方的行为导致活羊品质下降,所以,也构成了本条意义上的"作为或不作为",卖方必须对此负责。②

在诉讼过程中,如果买方认为,货物变质或损坏是由卖方的"作为或不作为"引起的,他必须提供证据证明这一点。

第 67 条 涉及货物运输时风险转移的时间

Article 67

(1) If the contract of sale involves carriage of the goods and the

---

① UNCITRAL, *Digest of Case Law on the United Nations Convention on the International Sale of Goods*, 2016, p. 307.

② Oberlandesgericht Schleswig, Germany, 22 August 2002 (Live sheep case), http://www.cisg-online.ch/content/api/cisg/urteile/710.pdf,访问时间:2021 年 8 月 8 日。

seller is not bound to hand them over at a particular place, the risk passes to the buyer when the goods are handed over to the first carrier for transmission to the buyer in accordance with the contract of sale. If the seller is bound to hand the goods over to a carrier at a particular place, the risk does not pass to the buyer until the goods are handed over to the carrier at that place. The fact that the seller is authorized to retain documents controlling the disposition of the goods does not affect the passage of the risk.

(2) Nevertheless, the risk does not pass to the buyer until the goods are clearly identified to the contract, whether by markings on the goods, by shipping documents, by notice given to the buyer or otherwise.

译文

（1）如果销售合同涉及货物运输，而且卖方没有义务在某一特定地点移交货物，自卖方根据销售合同将货物移交给第一承运人，以便其运送给买方时起，风险就从卖方转移到了买方。如果卖方有义务在某一特定地点将（原译文为"把"）货物移交给承运人，则在卖方于该地点将货物移交给承运人以前，风险并不移转给买方。卖方有权留置控制货物处置权的单据这一事实并不影响风险的移转（语序调整）。

（2）但是，在卖方清楚地标明属于合同项下的货物以前，风险不移转给买方；卖方可以通过在货物或装运单据上加标记、向买方发出通知或以其他方式进行上述标注（语序调整）。

目录

3. 在销售合同涉及货物运输时风险转移的时间(第 1 款)
　　3.1　在将货物移交给第一承运人时风险发生转移(第 1 句)
　　3.2　在特定地点将货物移交给承运人时风险发生转移(第 2 句)
　　3.3　留置单据与风险的转移(第 3 句)
4. 在货物未特定化时的风险转移问题(第 2 款)
　　4.1　第 2 款的特殊适用条件:货物未被特定化
　　4.2　风险于"货物被特定化"时转移
　　4.3　买方的证明风险

正文

1. 调整对象

　　几乎所有的国际货物销售合同都会涉及货物运输,当然,每一合同采取的运输方式会有所不同,这主要取决于合同涉及的货物和双方当事人的需求。但无论采用何种运输方式,货物都可能在运输过程中发生《公约》第 66 条意义上的灭失和毁损风险。由上可知,第 66 条规范了一个基本的风险分担原则:即风险转移前合同下货物发生的风险由卖方承担,风险转移后发生的风险则由买方承担。但切实落实这一原则的一个重要前提是:必须规范风险何时从卖方转移到买方;而这正是本条的调整对象。本条包括两款,其中第 1 款规定了确定风险转移时间的基本规则:在将货物移交给第一承运人时风险发生转移。第 2 款中规范了特殊情形下风险转移的时间,这种特殊情形是指在签订合同时货物尚未被特定化;如果是这样,风险便于签订合同后货物被特定化时发生转移。上述风险转移时间规则与转移时究竟是卖方还是买方拥有货物的所有权没有关系,无论谁拥有货物所有权,均并不影响风险在上述时刻发生转移。此外,他们与谁安排货物运输和保险也没有关系,无论是卖方还是买方签订运输合同、保险合同,都不会对上述风险转移时间发生影响。

　　本条仅仅适用于双方当事人没有在合同中对风险转移时间作出规定的情形。根据《公约》第 6 条确定的意思自治原则,双方当事人可以

727

自行约定风险转移的时间。这种约定可以是明示的,例如,风险于卖方在工厂将货物交付给承运人处置时发生转移;也可以是暗示的,如果合同中约定采用国际商会编纂的《国际贸易术语解释通则》中某一特定的价格术语,便属于此类暗示约定,因为国际商会编纂的每一价格术语均规定了风险转移的时间。①如果存在此种约定,根据第6条和第9条第2款的规定,其约定的效力便高于《公约》规定。中国国际经济贸易仲裁委员会在其于2009年审理的螺纹钢销售合同纠纷中,也肯定了这一观点。在该案中,合同规定的价格条款为"CFR FO CQD, Port C, Romania,风险转移按照2000年《国际贸易术语解释通则》确定";按照该通则CFR价格条款,卖方必须承担货物在装运港越过船舷之前的风险;中国国际经济贸易仲裁委员会据此认为在判断风险何时发生转移这一问题上,应该适用该通则的解释,并据此裁定:风险的转移时间为在装运港越过船舷时货物的风险从卖方转移给买方。②

2. "涉及货物运输"概念的界定(第1款)

本条第1款中"如果销售合同涉及货物运输"这一句话确定了该款的一个适用条件,实际上,从本条第2款开头的"但是"(Nevertheless)这一连词看,它同时也是适用第2款的一个前提条件;可见,"如果销售合同涉及货物运输"则是适用本条规定的一个总的条件。这意味着如果双方当事人签订的买卖合同不涉及货物运输,那么便不适用本条规定。对于"销售合同涉及货物运输"这一概念的内涵本书已在第31条中进行了论述,下文将从正反两个方面对这一概念的内容进行补充论述。

2.1 "销售合同涉及货物运输"的正面界定

这里"销售合同涉及货物运输"应该是指双方签订的货物销售合同规定一方当事人有义务与独立承运人签订运输合同,并委托该承运人

---

① 参见本书第66条中之论述。
② 中国国际经济贸易仲裁委员会:《〈联合国国际货物销售合同公约〉在中国仲裁的适用》,第126页。

将货物从所在地运至目的地。买卖合同可以明示规定货物将由某一方当事人安排运输,甚至还可以直接规定采用海运、空运或铁路运输,或者冷藏运输还是常温运输等具体的运输方式。实际中比较常见的方式为直接在买卖合同中规定采用《国际贸易术语解释通则》中的某一价格术语,因为每一个价格术语均已经标明了由哪一方当事人负责与承运人签订运输合同,安排货物运输。例如在约定采用 CIF 时,则由卖方负责安排货物运输,反之,如果采用 FOB 时,则由买方负责。

双方也可以在买卖合同中默示规定货物的运输。这是指合同中没有明确规定由谁负责签订运输合同,但却在实际上约定了安排货物运输的方式。德国班贝格地区法院在其于 2006 年 10 月 23 日审结的案件中便肯定了这种暗示方法。在该案中,意大利一苗圃商与德国一家园林公司签订了一份购买树苗的合同,合同规定"用卡车运输、免运费交付"。此后,德国公司与一家运输公司签订运输合同,并委托该运输公司将货物运送至其营业地,但运费则由意大利方面支付;承运人在德国公司营业地将树苗移交给买方时,买方发现大部分树苗损坏严重,故要求降价并提出赔偿请求,意大利公司不同意,并由此发生纠纷。德国法院判定:尽管合同中没有明确规定由谁负责货物运输,合同中"用卡车运输、免运费交付"表述已经暗示本合同"涉及货物运输",事实上,德国公司也与承运人签订运输合同,这已经构成了本款意义上"销售合同涉及货物运输",合同中提及的"免运费交付"并不表明卖方必须在德国公司营业地交付货物,相反它仅仅表明:德国公司不承担费用。①

另外,在判定是否构成"销售合同涉及货物运输"时,究竟是由卖方或者买方负责签订运输合同并不重要,多国法院均判定:无论是合同规定应该由卖方安排货物运输,还是由买方负责,都属于"销售合同涉及货物运输",因而都适用本条规定。②

---

① Landgericht Bamberg, Germany, 23 October 2006 (Plants case), http://www.cisg-online.ch/content/api/cisg/urteile/1400.pdf,访问时间:2021 年 8 月 8 日。

② UNCITRAL, *Digest of Case Law on the United Nations Convention on the International Sale of Goods*, 2016, p. 310.

2.2 "销售合同涉及货物运输"的反面界定

在国际货物销售中,总有一方当事人会负责货物的运输。但并非所有此类运输都构成本条意义上的"销售合同涉及货物运输"。具体地说,这一概念既不包括合同规定买方须在卖方营业地提取货物的情形,也不包括合同约定卖方应该在目的地交付货物的情形,尽管在这两种情况下,买卖双方都可能会与独立的承运人签订运输合同,以便将货物从所在地运送至目的地;[①]因为在前者情形下,卖方已经在其营业地将货物交付给了买方,货物风险也已经在将货物交给买方处置时发生了转移,所以,合同无需规定货物的运输事项;在后者情形下同样如此,因为在合同约定在目的地交付货物时,安排货物运输是卖方负责的事项,所以双方的销售合同不会涉及"货物的运输"问题,自然也不适用本款的规定;相反,在这两种情形下,应该适用《公约》第69条的规定。[②]瑞士伯尔尼上诉法院在其2004年2月11日审结的意大利卖方和瑞士买方之间的电缆销售合同纠纷案中也判定:尽管根据本款的规定,在卖方将货物移交给第一承运人时货物风险已经转移给了买方,但是由于双方当事人在合同中约定卖方应该在买方营业地交付货物,但无需缴纳进口关税,这样便不能根据本款的规定来确定风险转移的时间,因为在本案中,货物风险转移的时间为在卖方将货物于买方营业地移交给买方处置时。[③]

3. 在销售合同涉及货物运输时风险转移的时间(第1款)

本款共有3句,除了通过第1句前半句"如果销售合同涉及货物运输"确定了本条总的适用条件,还通过前两句确定了两个不同的货物风

[①] Nicholas, in Bianca/Bonell/knapp, *Commentary on the International Sales of Law*, p. 490.

[②] Schlechtriem/Hachem, *Kommentar zum Einheitlichen UN-Kaufrecht—CISG*, 7. Aufl. 2019, S. 1146.

[③] Appelationshof Bern, Switzerland, 11 February 2004(Wire and cable case), http://www.cisg-online.ch/content/api/cisg/urteile/1191.pdf,访问时间:2021年8月9日。

险转移时间:即在将货物移交给第一承运人时转移和在特定地点将货物移交给承运人时。而最后一句规范了单据留置与风险转移之间的关系。下文便分别探究该三句规定涉及的适用问题。

3.1 在将货物移交给第一承运人时风险发生转移(第 1 句)

如上所述,本款第 1 句规定确定了"在将货物移交给第一承运人时货物风险发生转移"的风险转移规则,这一规定具体体现在"而且卖方没有义务在某一特定地点移交货物,自卖方根据销售合同**将货物移交给第一承运人**,以便其运送给买方时起,风险就从卖方转移到了买方"。仔细分析,本句既规定了这一规则的适用条件,又规范了具备这些适用条件时的法律后果。

(1)适用本款第 1 句的前提条件

根据本句规定的字面意思,适用本句规定应该同时具备以下几个条件:即"销售合同涉及货物运输""卖方无需在某一特定地点交货""移交给第一承运人"和"运送给买方"。由于上文已经对"销售合同涉及货物运输"作了比较详细的论述,这里不再赘述。

第一,无需在特定地点移交货物。适用以上风险转移时间规则的一个条件是"卖方没有义务在某一特定地点移交货物"。这是指在双方当事人签订的合同中没有规定:卖方必须在某一特定地点履行交货义务。①本句规定与《公约》第 31 条 a 项规定相对应,因为该项也规范了卖方没有义务在某一特定地点移交货物的情形。事实上,也确实存在着买卖合同没有规定具体移交地点的情形。德国杜伊斯堡地方法院在其于 2000 年 4 月 13 日审理的案件中便属于此类案件,在该案中,德国一家披萨公司与意大利一家披萨盒制造企业有长期的合作关系,德国公司定期在该意大利公司订购披萨盒;在 1998 年 7 月德国公司又向意大利公司订购了两批披萨盒,意大利公司委托某运输公司将订购的披萨盒运送给德国公司,但在送达德国公司时披萨盒已经损坏,无法使用;德国公司因此要求意大利公司承担赔偿责任,其理由是意大利公司

---

① 详见本书第 31 条中"3"部分之论述。

应该在德国公司工厂所在地移交货物,在以往两次合同履行过程中,在德国公司收到瑕疵货物时,意大利公司支付了相应的赔偿款,这一习惯做法证明了上述移交地点,意大利公司不认同这一观点。德国法院最终支持了意大利公司的主张:即德国公司未能提供证据证明卖方必须在特定的地点即买方工厂地交货,以往的赔偿实践不能证明卖方承担以上义务;所以在该案中应该适用本款第1句的规定,在将货物移交给第一承运人时,风险发生转移。①

根据以上条件进行推论,我们可以得出这样的结论:如果合同中规定卖方必须在其营业地或仓库所在地或买方所在地或任何其他地点移交货物,便不适用本句规定。同样,如果合同中约定采用《国际贸易术语解释通则2020》下的某一价格术语,如 CFR、CIF、FOB,同样不适用本句规定;相反,在这种情况下应该适用本款第2句的规定,因为 Incoterms 中的每一价格术语都具体规定了卖方移交货物的地点。

第二,"移交给第一承运人"。适用本款第1句风险转移规则的另一个前提条件是"卖方根据销售合同将货物移交给第一承运人"。仔细分析,这里有包括"移交"和"第一承运人"两个要素。如本书第31条中所言,这里的"移交"是指卖方必须将对货物的实际处置权转移给承运人,通过"移交"这一行为,卖方失去了对货物的支配处置权,而承运人同时获得了这一权利。这也就在实际上要求:卖方必须负责货物的装载,他有义务将货物装载到承运人提供的运输工具上。德国班贝格地区法院在其于2006年10月23日审理的案件中也持这一观点,在该案中意大利卖方和德国买方签订了一个树苗销售合同,在树苗通过独立承运人运送至德方营业地时已经受到严重的损坏。法院认定:由于在该案中委托承运人进行货物运输,所以卖方必须按照本款第1句的规定履行"移交"任务,这里的"移交"是指卖方必须将合同下的货物放置

---

① CLOUT case No. 360〔Amtsgericht Duisburg, Germany, 13 April 2000〕, https://iicl.law.pace.edu/cisg/case/germany-ag-alsfeld-ag-amtsgericht-petty-district-court-german-case-citations-do-not-5,访问时间:2021年8月9日。

在承运人的实际控制下,这毫无疑问要求卖方将树苗装载到承运人的运输工具上,只有在这一装载过程完成时,卖方才完成本句规定的"移交"任务,货物风险也由此开始转移。[1]而这里"第一承运人"是指在销售合同规定货物需要通过"联运"或"多式联运"方式运送时从卖方那里接运货物的承运人,因为无论在"联运"还是在"多式联运"中,通常由两个以上不同的承运人相互接力共同将合同下的货物从卖方运送给买方。

据此分析,如果卖方委托港口进行装载,那么,在卖方将货物装到船上之前,卖方便没有完成"移交"任务,因为在装载过程中,货物依然在卖方的支配之下,只有在他将货物放到船上时,承运人才获得货物的支配权;同样,如果卖方仅仅将货物移交给港口设立的中介机构,他同样没有完成本句规定的"移交"任务,除非合同中有相反的规定。

第三,运送给买方。本款第 1 句还规定了另一个适用条件:即该"承运人必须将货物运送给买方",这一条件蕴含在本句"以便其运送给买方时起"这一表述中。如果在卖方将货物交给第一承运人后,承运人没有将货物运送给买方,而是将它们运送到其他地方,那么便不适用本句规定的风险转移规则。但如本书第 31 条部分所述,卖方并不承担着促使或保证"承运人将货物运送给买方"的义务,这一条件具体要求:根据买卖合同承担安排货物运输的一方当事人应该与承运人签订相应的运输合同,并在该运输合同中约定承运人必须将货物运送给买方。

(2)具备适用条件时的法律后果

在具备上述条件下,货物风险的转移时间为在"卖方将货物移交给第一承运人"之时,这时便应该根据《公约》第 66 条规定来确定买卖双方对货物灭失或毁损风险所应该承担的责任:如果在这一时间之前,货物发生灭失或毁损风险,卖方必须承担相应的法律责任;如果上述风险是在风险转移之后发生的,那么,卖方必须承担相应的责任;如果上述

---

[1] Landgericht Bamberg, Germany, 23 October 2006(Plants case),http://www.cisg-online.ch/content/api/cisg/urteile/1400.pdf,访问时间:2021 年 8 月 9 日。

风险虽然是在风险转移之后发生的,但这是由于卖方的"作为或不作为"引起,依然应该由卖方负责。①

由于在卖方将货物移交给承运人后,在承运人将货物在目的地移交给买方之前,货物均在承运人的控制之下,而且中间要经过装卸、运输等多个环节,在任何一个环节都可能发生货物灭失或损坏的风险,所以,确定相关的风险究竟发生在哪一环节,这是比较困难的。成功要求对方承担相应法律责任的关键是举证:如果卖方认为相关的货物风险是在风险转移之后发生的,他必须提供证据证明货物在其移交给承运人时是符合合同规定的;反之,如果买方认为货物风险在卖方将货物移交给承运人时已经存在,故卖方必须对此负责,那么,他必须提供相应的证据。在上文提及的德国班贝格地区法院在其于 2006 年 10 月 23 日审理的意大利卖方和德国买方之间树苗销售合同纠纷中,由于由一家独立承运人负责货物的运送,所以法院判定,树苗灭失和毁损的风险在卖方将货物移交给承运人时发生转移,如果卖方不想对送达买方营业地后发现的树苗毁损承担责任,他必须证明:在他将货物移交给承运人,并将树苗装载上卡车时,树苗的质量符合合同的规定,但意大利卖方未能证明这一点,而专家和证人均证明,树苗在装车时已经存在着瑕疵,而且不可能是由于运输途中的碰擦造成的。所以,卖方必须对此承担责任,法院也据此支持了买方的降价主张。②

3.2 在特定地点将货物移交给承运人时风险发生转移(第 2 句)

在国际贸易实务中,许多销售合同均约定卖方应该在某一特定的地点将货物交付给某一承运人。那么,在这种情况下,货物的风险则何时发生转移呢? 本款第 2 句专门规范了这一问题,据此"在卖方于该地点将货物移交给承运人以前,风险并不移转给买方"。仔细分析,这一句规定至少有两个不同的法律功能:首先,它确定了此种情况下货物风

---

① 详见本书第 66 条中之论述。

② Landgericht Bamberg, Germany, 23 October 2006(Plants case), http://www. cisg-online.ch/content/api/cisg/urteile/1400.pdf,访问时间:2021 年 8 月 9 日。

险转移的时间：即卖方在该特定地点将货物移交给承运人之时。其次，它决定了货物风险在买卖双方之间的分担规则，即根据《公约》第 66 条的规定来确定是卖方还是买方来承担货物的灭失或毁损风险。

本句的适用条件与本款第 1 句的条件基本相同，唯一的区别是：在本句中"卖方有义务在某一特定地点将货物移交给承运人"这一条件取代了第 1 句中的"卖方没有义务在某一特定地点移交货物"。一般认为：这里的"在某一特定地点"是指双方在合同中约定的具体的交付地点，例如，在某火车站、某飞机场、某港口。例如，中国的一家出口商与德国一家进口商签订了电视机销售合同，双方在合同中约定卖方必须在上海港交付货物，上海港便是本句意义上的特定交货地点。如果合同约定的交货地点并不十分明确，例如，合同中仅仅规定，"在中国东海沿岸港口交货"，这也并不一定排除了本句规定的适用，相反应该根据《公约》第 8 条和第 9 条规定的解释规则结合具体案件的具体情况，尤其是结合双方适用的贸易惯例或习惯做法来进行分析查明。但本句意义上的"特定交货地点"不包括"卖方的营业地""买方的营业地"或"目的地"；所以，如果合同约定的交付地为以上两个地点，那么，便不适用本句规定；同样，如果合同规定买方应该在某一具体的地点自行提取货物，这也不适用本句规定。[1]相反，此类情形下应该适用第 69 条规定。

如上所述，在国际贸易实践中，合同双方通常会直接约定采用 CIF、FOB 等价格术语；如果这样，这构成了本句意义上的约定了具体的交货地点，因为每一价格术语都规定了卖方交付货物的地点。尽管如此，在这种情况下依然不适用本句规定，因为每个价格术语中也均规定了货物风险转移的时间；此外，合同规定采用此类价格术语属于《公约》第 6 条意义上的行使"意思自治"权，故应该适用所选的价格术语来分析判断风险转移的时间。中国国际经济贸易仲裁委员会也持这一观

---

[1]　Article 67：Secretariat Commentary，https://iicl. law. pace. edu/cisg/page/article-67-secretariat-commentary-closest-counterpart-official-commentary，访问时间：2021 年 8 月 10 日。

点:在 2009 年仲裁的螺纹钢买卖合同案中,涉案合同第一条约定采用 "CFR FO CQD, Port C, Romania",其第 15 条规定按照 2000 年《国际贸易术语解释通则》确定;仲裁庭最终裁定:尽管合同中已经规定了交货地点即罗马尼亚港口,但这里不适用本款第 1 句的规定,而应该适用双方约定"CFR"来确定风险转移时间:即当货物在装运港越过船舷时,风险发生转移。①

3.3 留置单据与风险的转移(第 3 句)

如上所述,《公约》第 58 条原则上确认了双方同时履行合同义务的原则。那么,在卖方将货物交付给承运人后,货便不再处于其实际控制之下。为了保证买方能够支付货款,卖方通常会留置代表货物所有权的提单、仓单等单据。由此产生了一个问题:根据本款前两句的规定,在卖方将货物交付给第一承运人时,货物的风险已经发生了转移;那么,如果卖方对提单等单据行使了留置权,这是否会影响货物风险的转移呢?本款第 3 句主要规范了这一个问题:"卖方有权留置控制货物处置权的单据这一事实并不影响风险的移转"。据此分析:《公约》确认了卖方行使留置权不影响风险转移的原则,这里的"不影响"是指在本质上不妨碍风险的转移。一般认为,这里的"卖方有权留置控制货物处置权的单据"的事实,既包括卖方无权行使留置权,也包括有权行使留置权,即使根据相关国内法的规定,行使留置权会影响到货物所有权的转移,也是如此。②

由此可见,《公约》也确定了货物风险转移与货物所有权相分离的原则。换句话说,只要具备本款第 1 句或第 2 句规定的前提条件,货物的风险便发生了转移,无论谁拥有转移时货物的所有权,都不对风险的转移产生任何影响。当然,卖方行使本句下的留置权,也不是没有任何

---

① 中国国际经济贸易仲裁委员会:《〈联合国国际货物销售合同公约〉在中国仲裁的适用》,第 126 页。

② Article 67: Secretariat Commentary, https://iicl. law. pace. edu/cisg/page/article-67-secretariat-commentary-closest-counterpart-official-commentary,访问时间:2021 年 8 月 10 日。

法律风险:如果他因此而使买方未能在合同规定的时间内提取货物,便违反了《公约》第 34 条规定的按时交付单据义务,由此,他会被要求承担相应的责任。究竟应该承担何种责任应该根据具体案件中的违约情况及其影响予以分析。

4. 在货物未特定化时的风险转移问题(第 2 款)

在本条第 1 款规定的基础上,第 2 款又进一步规定:"但是,在卖方清楚地标明属于合同项下的货物以前,风险不移转给买方;卖方可以通过在货物或装运单据上加标记、向买方发出通知或以其他方式进行上述标注。"由此又产生以下三方面的问题:本款的适用条件是什么? 在具备此类条件时货物风险在哪一时间点发生转移? 买方将会遇到何种证明困境? 下文将分别针对以上三个问题结合本款规定进行讨论。

4.1 第 2 款的特殊适用条件:货物未被特定化

适用本款规定必须具备多个条件。首先,必须具备本条第 1 款第 1 句和第 2 句规定的适用条件,尽管本款没有明确规定这一点,但本款开头的"但是"两字表明:本款是第 1 款的延续,本款规范了第 1 款所没有涉及的一种特殊货运现象。这也暗示:第 1 款规定的适用条件同样构成了本款的适用条件。除此之外,本款又规定了一个特殊的适用条件:即"在卖方将货物交付给承运人时货物未被特定化",这一条件蕴含在"在卖方清楚地标明属于合同项下的货物以前"这一规定中。

那么,何为"货物未被特定化"? 这是指在卖方将货物移交给承运人之时,他并没有通过任何方式告知承运人或买方在其交付运输的众多货物中哪一部分是属于买方。进一步分析,它应该是指在同一卖方移交给同一承运人一批相同的货物,并委托该承运人将货物至少运送给两个不同的买方,但又没有标明哪一部分货物交给某一特定的买方。这种现象在国际贸易中尤其在传统的散装货物买卖中也是客观存在的。此类散装货主要为粮食、矿石、水泥、原油、废钢铁等块状、粒状、粉状以及液态的大宗货物;在卖方委托承运人运送此类货物时通常不对它们进行包装,散装货也因此得名。正因为如此,卖方也无法直接在货物上标明哪些属于哪个合同、应该交付给哪个买方。比如澳大利亚卖方与我国两家钢铁公司签订了买卖合同,据此,澳大利亚公司向我国两家公司出售品质相同的铁矿石,澳大利亚公司委托同一承运人运送该两份合同下的铁矿石,而承运人将这些铁矿石混装在同一船舱中。这便是本款所称的"在卖方将货物交付给承运人时货物未被特定化"。

4.2 风险于"货物被特定化"时转移

在具备上述条件下,货物风险于何时发生转移呢? 本款"在卖方清楚地标明属于合同项下的货物以前,风险不移转给买方"规范了这一问题。从这一规定中,我们可以推导出以下结论:首先,在卖方将货物交付给承运人时,风险不发生转移。这就构成了本条第1款风险转移规则的例外,因为根据前款的规范,货物风险于交付给第一承运人或在某一特定地点交付给承运人时转移;而本款规定明确否认了这一规则。其次,货物风险在卖方对合同下货物进行特定化处置时发生转移。这意味着:在卖方将货物交给承运人后,如果卖方不对货物进行特定化处理,那么,货物风险便一直由卖方承担,直至他对货物进行了特定化处理为止。《公约》没有规定卖方对货物进行特定化处置的时间,这意味着卖方可以自行决定对货物进行特定化处理的时间,但他最晚必须在承运人将货物运送至目的地之前完成这一程序,否则会致使承运人无法按时交付货物,如果这样,卖方显然应该承担由此而产生的法律责任。但无论卖方在哪一时间对货物进行特定化处置,其进行特定化处置的时间,便是风险转移之时。《公约》将对货物进行特定化处置作为货物风险转移的一个重要前提不仅是十分必要的,而且是十分合理的;因为只有通过特定化将相关的货物归属于每一具体的合同下,相关货物的风险才能完成从卖方到买方的转移;在没有确定哪些货物归属于某一合同下之前,根本不知道谁是这些货物的买方,它们的风险自然也不可能转移给买方。

由上可知,"货物未被特定化"是适用本款规定的一个特殊前提条件。那么何为"货物被特定化"呢? 这是指卖方必须标明:在数量众多的相同或类似货物中,哪些属于某一特定合同项下的出售给买方的货物。与此相关的问题是：如何对货物进行特定化处置？本款第 2 句规范了这一问题，据此"卖方可以通过在货物或装运单据上加标记、或向买方发出通知或以其他方式进行上述标注"。由此可见，本句仅仅对特定化的方式进行了列举，但这里的列举不是穷尽的，这句话中的"以其他方式"十分清楚地表明了这一点。事实上，卖方可以通过不同的方式来对货物进行特定化标注。对于散装货物而言，特定化的方式有：在货物上插上写明买方名称、数量、住址的标签、与其他合同下的同类货物隔开存放、在提单上作标注或单独向买方发出通知等；对于非散装货物而言，特定化方式有：在外包装上加注标志、刷上唛头、挂上标签等。①以上述澳大利亚卖方向我国公司出售铁矿石为例，如果澳大利亚卖方向承运人交付了 10 000 吨一级散装铁矿石，但其中的 6 000 吨交付给上海的某钢铁公司，另外 4 000 吨则交付给天津的某公司，这时卖方可以采取两种方式对货物进行特定化处理：其一，要求承运人出具两张提单，并在两张提单上分别标明两个买方的名称、住址和提取的数量；其二，分别给两个买方发出通知，告知其承运人的名称、船名、托运铁矿石的数量。

　　严格地说，无论在提单、仓单上进行标注，还是向买方发出相应的通知，都不是传统意义上的特定化，因为它们都无法像传统特定化方式那样直接在货物的外包装上标注买方的名称等信息，它们只能告知买方、承运人会将多少吨铁矿石或原油运送到目的地，但却无法告知买方在承运人承运的所有铁矿石或原油中哪一部分是属于哪一买方。当然，从另一角度分析，同一批大宗商品如铁矿石、原油，其品质通常相同，所以，在承运人承运所有铁矿石或原油中，究竟哪一个具体的部分属于哪一个具体的买方，并不十分重要。所以，在无法采用传统特定化方式的情况下，在提单、仓单上进行标注，或向买方发出通知，还是比较可取的特定化方式。德国法院认为：如果卖方在发货单（Lieferschein）

---

① 中国国际经济贸易仲裁委员会：《〈联合国国际货物销售合同公约〉在中国仲裁的适用》，第 127 页。

上标注了买方的名称和住址,则已经构成了本款意义上的特定化。①中国国际经济贸易仲裁委员会也认为:在堆放的散装货上插上标明买方名称、住址的标签,已经构成本款意义上的特定化,该堆散装货的实际数量超过买卖合同规定的数量并不影响本款意义上的特定化。②

4.3 买方的证明风险

如上所述,对货物进行特定化处置是货物风险从卖方转移到买方的前提,卖方应该对进行特定化处置之前已经存在的风险承担责任,而买方则应该对此后产生的风险承担责任。但在实务中,适用这一规则有相当的难度。在卖方对货物进行特定化处置时,货物已经处在承运人控制之下,更确切地说,已经处于运往目的地的途中;在海运过程中,最常见的风险为船舱渗水,货物受潮;而且只有在买方收到货物之后才能发现这一问题。如果买卖双方对受潮货物的赔偿问题发生争议,根据一般的举证规则,卖方必须证明:他于何时通过哪一方式已经对货物进行了特定化处置;这在实务中不是十分困难。鉴于买方根据《公约》第38条规定承担的检验义务,买方不仅必须证明:合同下的货物因受潮而损坏,而且必须证明:该受潮是在货物被特定化之前发生的。③客观地说,证明货物受潮并不难,但要证明货物受潮是在货物特定化之前或之后发生的,应该不是十分容易。可以考虑的解决以上困境的办法是双方可以根据第6条规定的"意思自治"原则对非特定化货物的风险转移时间进行约定,例如在卖方将货物移交给承运人时发生转移。

---

① Amtsgericht Duisburg, Germany,13 April 2000,https://iicl.law.pace.edu/cisg/case/germany-ag-alsfeld-ag-amtsgericht-petty-district-court-german-case-citations-do-not-5,访问时间:2021年8月10日。

② 中国国际经济贸易仲裁委员会:《〈联合国国际货物销售合同公约〉在中国仲裁的适用》,第127页。

③ Schlechtriem/Hachem, *Kommentar zum Einheitlichen UN-Kaufrecht—CISG*,7. Aufl. 2019,S. 1154.

第 68 条　运输途中货物销售时的风险转移

Article 68

The risk in respect of goods sold in transit passes to the buyer from the time of the conclusion of the contract. However, if the circumstances so indicate, the risk is assumed by the buyer from the time the goods were handed over to the carrier who issued the documents embodying the contract of carriage. Nevertheless, if at the time of the conclusion of the contract of sale the seller knew or ought to have known that the goods had been lost or damaged and did not disclose this to the buyer, the loss or damage is at the risk of the seller.

译文

对于已处在运输途中销售的货物,风险自合同订立之时起移转至买方(语序调整)。但是,如果情况表明(原译文中有"有此需要"):风险应该自货物交付给签发包括运输合同在内的单据的承运人之时起转移至买方(语序调整),风险便于该时起由买方承担。尽管如此,如果卖方在订立合同时已知道或理应知道货物已经遗失或损坏,而他又不将这一事实告知买方,则这种遗失或损坏的风险应由卖方承担。

目录

　3.2　具备适用条件时的法律后果
4. 卖方恶意时风险不发生转移(第3句)
　4.1　第3句规则与本条第1句和第2句的关系
　4.2　第3句的适用条件

正文

1. 调整对象

　　在国际贸易实务中还应该时常会出现"销售在途货物"这一特殊现象:卖方将其已经交付给某承运人的、仍处在运输途中的货物销售给买方。由于在承运人收到货物时会签发提单,而提单仅是一种物权凭证;所以,卖方在获得承运人签发的提单后完全可能将仍处在运输途中的货物销售给任何买家。这就产生了一个特殊的问题:在销售在途货物时,《公约》第66条意义上的货物风险究竟在什么时间发生转移?第67条没有规范这一问题,因为无论是第67条第1款还是第2款,它们的适用离不开一个基本的共同的前提条件:即在卖方将货物交付给承运人之前已经与买方签订了销售合同,而且负责安排货物运输的买方或卖方已经与该承运人签订了运输合同;而销售在途货物显然不具备以上适用条件。而本条则专门规范了这一问题。本条共有3句,它们分别从三个不同的角度规范了销售在途货物时的风险转移问题。其中第1句确定了于合同签订时风险发生转移的基本规则,第2句和第3句则分别规定了不适用这一基本规则的两种例外情形,即风险于货物交付给承运人时转移和风险不发生转移。下文分别就此进行详细论述。

2. 销售在途货物时风险转移的基本规则(第1句)

　　本条第1句规定"对于已处在运输途中销售的货物,风险自合同订立之时起移转至买方"。根据该句条文的文义,其前半句规范了其适用前提,后半句则确定具备适用条件时的风险转移时间。

　2.1　适用条件

　　适用本条规定离不开以下重要前提:即买卖双方通过签订销售合

同买卖的货物必须已经处在运输途中,这一前提蕴含在"对于已处在运输途中销售的货物"这一表述中。应该强调的是:这不仅是本条第 1 句规定的适用条件,而且是本条整体的适用条件。仔细分析,这一条件包括两方面的要素。首先,在买卖双方签订买卖合同时,合同下的货物必须已经交付了特定的承运人;如果还未交付给承运人,便不适用本条规定。应该从广义角度来理解此处的"已处在运输途中"这一概念,它不仅包括货物是否已经装载在运输工具上或者是否已经起运的情形,而且还包括已经交付给承运人但还没有装船或起运的情形。[①]其次,在买卖双方签订销售合同时,货物还没有送达目的地;如果已经送达目的地,同样不适用本条规定。至于在买卖双方签订合同后,出于某种原因是否可以要求承运人改变航线,将货物运送至新的目的地? 本条没有规范这一问题。但根据《公约》第 6 条规定的意思自治原则,买卖双方当事人自然有此权利,但更重要的是已经签订运输合同的卖方应该与承运人进行协商。

2.2　具备适用条件时风险转移的时间

在具备上述条件时,本条第 1 句确定了在途货物销售时的风险转移基本规则,即"风险自合同订立之时起移转至买方"。据此,即使在签订货物销售合同时货物已经处在运输途中,但风险便自签订合同这一时刻起转移给买方。中国国际经济贸易仲裁委员会在其 1997 年 4 月 1 日审理的买卖双方之间秘鲁鱼粉纠纷案中便根据这一规则作了相应的裁决。在该案中,卖方首先于 1996 年 1 月从一家美国公司以 CFR 为价格条件购买了 6 400 吨秘鲁鱼粉,并且已经于 1996 年 1 月 30 日在秘鲁奇卡马港将上述鱼粉装上了货轮。在 1996 年 2 月 12 日卖方与中国买方签订了销售合同,采用 CIF 中国东海某港,由于承运人使用的货轮不具备海运适航性,被美国海警扣押了若干月,使得承运货物晚了半年左右才被运送至目的港。买方以卖方未能提供具有适航状况的货轮

---

①　Schlechtriem/Hachem, *Kommentar zum Einheitlichen UN-Kaufrecht—CISG*, 7. Aufl. 2019, S. 1157.

为由宣告解除合同,并要求卖方赔偿损失。中国国际经济贸易仲裁委员会没有支持买方的主张,其理由是:本案涉及在途货物买卖,故应该适用本条规定,根据该条规定,在双方签订合同时货物的风险已经从卖方转移给了买方;而且在 CIF 价格术语下,提供具有海运适航性的货轮并不是卖方的义务,而且运送货物货轮的不适航性也不构成本条意义上的风险。所以,卖方并没有违反合同义务的行为。①

应该指出的是:《公约》的初稿中本条本来没有上述第 1 句,而只有后面两句,最终版本中加上第 1 句,是众多发展中国家努力的结果,因为大多数发展中国家主要为进口国,本条第 2 句规定的销售在途货物于交付给承运人时风险转移规则主要对出口国的卖方十分有利,而对进口国的买方十分不利,因为在签订销售合同时,货物已经在运输途中,而且可能已经发生了灭失或毁损风险,买方不可能在此时为已经发生的风险购买保险。目前的条款是发达国家代表和发展中国家代表妥协的结果。②

2.3 举证特别困难

尽管本条第 1 句规定"风险自合同订立之时起移转至买方"的规则,这一规则也对双方比较公平合理。但其实际作用还是比较有限,这主要是因为:在签订销售合同时,货物已经处于运输途中,买方根本没有机会对货物进行检验;换句话说,只有在他收到货物以后,才能发现合同下货物是否已经遭到灭失或毁坏;如果他要求卖方承担货物灭失或毁损的违约责任,他必须提供证据证明:货物的上述风险是在签订合同以前发生的。除非有确切的证据证明在签订合同前的某一天货轮发生了火灾、风暴、碰撞等事故,而且这些事故最终导致了货物的毁损,否则,买方难以根据本句规定的风险转移规则追究卖方的责任。

---

① China International Economic and Trade Arbitration Commission, People's Republic of China, 1 April 1997(Fishmeal case), https://iicl.law.pace.edu/cisg/case/china-april-1-1997-translation-available,访问时间:2021 年 8 月 11 日。

② John O. Honnold, *Uniform Law for International Sales under the 1980 United Nations Convention*, 3rd ed. (1999), p. 410.

3. 基本转移规则的例外：交付给承运人时转移(第2句)

本条第2句规定"但是,如果情况表明:风险应该自货物交付给签发包括运输合同在内的单据的承运人之时起转移至买方,风险便于该时起由买方承担"。据此分析,前半句规定了其适用条件,而后半句则规范了相应的法律后果。

3.1　适用第2句规定的前提条件

适用第2句规定离不开这样一个前提条件:即"如果情况表明:风险应该自货物交付给签发包括运输合同在内的单据的承运人之时起转移至买方"。在这一条件中,应该着重探究"情况表明"和"货物交付给签发包括运输合同在内的单据的承运人"这两个概念,因为如果不澄清它们的内涵,就会影响到本条蕴含的风险转移规则的适用问题。

(1)"情况表明"的内涵

本条对这一概念没有进行界定。没有争议的是:这里的"情况"仅仅是指那些"表明"了"风险应该自货物交付给签发包括运输合同在内的单据的承运人之时起转移至买方"的情况。那么究竟哪些情况具备了上述表明功能呢? 笔者认为大致存在着以下两种不同的情形:

首先,当事人之间存在着明示的约定:即在双方当事人就购买在途货物达成协定时同时在合同中明确规定,合同下的货物风险自买方交付给承运人时发生转移。

其次,当事人之间存在着默示的约定:即尽管在双方当事人之间不存在上述明示的约定,但只要他们之间都默示同意上述风险转移时间点,也构成本句意义上的"情况表明"。从文义上分析,"情况表明"不要求当事人直接有明示的约定,"默示同意"也足以构成这里的"情况表明"。那么,究竟有哪些情况能够构成"默示同意"呢? 学界和实务界一致认可的"默示同意"有:卖方在将货物交付给承运人时为这些货物购买了保险,在此后他与买方就在途货物签订了销售合同后,他将与该批货物相关的保险单与提单等单据一起交付给了买方。[①]这一观

---

① Bianca/Bonell/Nicholas, *Commentary on the International Sales of Law*, p. 498.

点是成立的,因为在为合同下货物购买保险情况下,保险公司的责任期间通常为自货物在起运港装上货轮开始,至在目的港卸下货轮为止;所以,卖方将保险单转让给买方,买方也接受了该保险单,这就在实际上表明:双方都同意将货物风险转移时间提前至将货物移交给承运人时。

(2)"货物交付给签发包括运输合同在内的单据的承运人"

影响本句规定适用的另一关键问题是:何为"货物交付给签发包括运输合同在内的单据的承运人"? 应该注意在第67条第1款相同的位置,《公约》使用了中"第一承运人"或"承运人",而这里却采用了"货物交付给签发包括运输合同在内的单据的承运人"这一表述。尽管如此,但笔者认为:这里的表述与第67条第1款的并没有本质的区别,这里之所以强调"签发包括运输合同在内的单据的承运人",是因为承运人签发提单等单据不仅是在卖方与承运人之间已经订立了运输合同的证明,而且是卖方已经将货物交付给承运人的凭证;而这些凭证是在卖方向买方销售在途货物过程中必不可少的,否则卖方难以向买方证明相关的货物已经处在运输途中。

3.2 具备适用条件时的法律后果

在具备以上条件下,"风险便于该时起由买方承担",这里的"该时"是指卖方将货物交付给签发单据的承运人之时;由于本条第1句规定了风险自双方签订买卖合同时发生转移,而本句规定了货物交付给承运人时转移,所以,本句构成了第1句规定的一个例外。

与第1句确定的风险转移规则相比,本句确定的风险转移规则延长了买方承担风险的责任区间。例如,卖方于9月1日将货物交付给承运人,9月10日卖方与买方签订货物销售合同,9月20日运至目的地。根据第1句规定的风险转移规则,风险于9月10日转移给买方,而根据第2句的规定,风险自9月1日起便转移给了买方。本句规定的风险转移规则对买方而言,有弊有利;其弊在于它延长买方承担风险的责任区间,他必须对在卖方将货物交付给承运人之时起发生的货物灭失或毁损风险负责;其利在于规避了在适用本条第1句规定时所面对的买方举证难问题,因为买方无需提供证据证明,货物发生的灭失等风险究竟是在签订合同之前还是之后发生的。

4. 卖方恶意时风险不发生转移(第3句)

本条第3句又规定了适用第1句风险转移规则的另外一种例外情形,该句规定"尽管如此,**如果卖方在订立合同时已知道或理应知道货物已经遗失或损坏,而他又不将这一事实告知买方,则这种遗失或损坏的风险应由卖方承担**"。本句十分清楚地规范了具备本句适用条件时的法律后果:即风险不发生转移,卖方自己必须对此种风险负责,"则这种遗失或损坏的风险应由卖方承担"这一句话表明了这一点。但是,在适用本句风险转移规则过程中,有必要首先探究以下两个问题:本句仅仅构成了本条第2句的例外,还是前两句的例外? 适用本句规则应该具备哪些前提条件?

4.1　第3句规则与本条第1句和第2句的关系

在本条第3句和前两句之间究竟存在着何种关系? 这是一个关系到本句规则的适用范围问题,即第3句仅仅构成第2句确定的风险转移规则的一种例外情形? 还是同时构成本条前两句确定的风险转移规则的例外? 这一问题也有着实际意义,因为如果它仅仅构成第2句转移规则的例外,那么,在适用本条第1句风险转移规则时,即使也存在着卖方恶意的情形,卖方也不必对此负责,相反,买方必须承担货物灭失损坏风险。对于这一问题,有两种不同的观点:一种观点认为:本条第3句规定的例外仅仅适用于第2句;[①]与此相反的观点则认为:它同时适用于前两句。[②]仔细分析,在这两种观点之间既有共同点,也有区别;它们之间的共同点在于:它们都认为第3句的例外应该适用于本条第2句的规定;它们之间的区别在于:第3句的例外是否应该同时适用于本条第1句的规定。笔者认同以上两种不同观点中的共识:即第2

---

① Schlechtriem/Hachem, *Kommentar zum Einheitlichen UN-Kaufrecht—CISG*, 7. Aufl. 2019, S. 1160.

② Bianca/Bonell/Nicholas, *Commentary on the International Sales of Law*, p. 500.

句规定的例外毫无疑问应该适用于第2句规定,以下两方面的因素表明了这一点:首先,本条第2句规定"风险在合同签订之前便已经发生转移",而根据《公约》的其他条款的规定,货物风险通常是在合同签订以后再发生转移的,从而确定了一个"非正常"的风险转移规则;其次,从本条规定的产生历史可以看出:在初期的版本中本条只有第2句和第3句规定,第1句是在众多发展中国家的提议下增加的。①这也表明,第3句中的例外最初就是针对第2句设计的。这样一来,关键的问题便是,第3句规定的例外是否也同样适用于第1句? 反对者的主要理由是,如果在签订合同时货物已经受到损坏,而且卖方也知道这一点,这就并不构成第66条意义上的风险,而仅仅构成第35条和第36条意义上的"不相符性",所以在这里根本没有适用本条的空间;另外,根据第36条规定,卖方对于货物中存在的"不相符性"的担保责任在风险转移给买方时终止,而本条第1句规定的货物风险于销售合同签订时发生转移,所以,本句规定与《公约》的其他条款存在着冲突。②笔者并不认同以上观点,其理由也是难以成立的,以下因素表明了这一点:首先,以上观点过分强调了第35条和第36条下的"不相符性"和第66条等条款下"风险"概念之间的区别,尽管这两个概念的内容有不同之处,但它们最终的表现状态则是相同的:即无论是货物在运输过程中受火灾、渗水、受热、海啸等影响,还是货物本来便存在着第35条和第36条下的"不相符性",其最终状态均是卖方交付货物数量、质量、规格和包装等均不符合合同的规定。其次,上述观点不仅不符合诚信原则这一《公约》的一般法律原则,而且违反《公约》规定本条第3句蕴含的"保护善意买方、惩罚恶意卖方"这一立法目的;如果将这一例外规则仅仅局限于本条第2句,而且将第1句排除其适用范围之外,这便等于鼓励在具备第1句适用条件时已经知道货物发生风险的卖方隐瞒事实真

---

① John O. Honnold, *Uniform Law for International Sales under the 1980 United Nations Convention*, 3rd ed. (1999), p. 410.

② Schlechtriem/Hachem, *Kommentar zum Einheitlichen UN-Kaufrecht—CISG*, 7. Aufl. 2019, S. 1161.

相。这样的观点显然是不成立的。因此,第 3 句确定的例外规则不仅适用于本条第 2 句规定,而且同样适用于第 1 句规定。

4.2 第 3 句的适用条件

那么,在什么条件下才适用本句的规定呢?根据本句前半句的规定,适用本句规定应有以下两个条件:即"订立合同时卖方知情或理应知情"和"卖方未履行告知义务"。

（1）订立合同时卖方知情或理应知情

这是指在买卖双方签订购买在途货物合同时,卖方"已知道或理应知道货物已经遗失或损坏"。就这一适用条件而言,至少存在着两个需要澄清的适用问题:如何界定这里的"已知道或理应知道"? 卖方"已知道或理应知道"的对象是什么?

第一,"已知道或理应知道"的界定。仔细分析,由于签订合同发生在卖方将货物交付给承运人之后,换句话说,在签订销售合同时,卖方也没有机会对已经处在运输途中的货物进行检查,那么,如何才能构成这里的"已知道或理应知道"?

在卖方将货物交付给承运人时,卖方是有可能"知道或理应知道"货物中存在《公约》第 35 条和第 36 条意义上的"不相符性"的,因为在通常情况下卖方会对货物进行检验。此外,承运人在收到卖方交付的货物时通常会对此进行必要的检查,如果他据此而发现了"不相符性",便会在提单上作出相应的标注,例如,数量短缺 100 箱或 50 吨、50 箱外包装受潮或有油迹、30 箱外包装受损等。在卖方收到此种提单时,他自然"已知道或理应知道"在其交付的货物中缺少了多少箱或吨,有多少箱货物很有可能存在着"不相符性"。即使货物在交付给承运人时没有任何"不相符性",如果在卖方与买方签订销售合同前,承运人已经告知卖方:在运输途中货轮上发生了火灾、漏水等事故,以至于所有的货物全部被烧毁或浸泡在水中,这自然构成了卖方的"知道";同样,如果卖方托运的货物需要存放在冷藏仓中,而且在签订合同前承运人已经知道货轮上的制冷机无法正常工作,并将此告知了卖方,那么,卖方就"理应知道"其交付的货物会受到损坏。

第二,"已知道或理应知道"对象的范围。这主要是指本句中"已知道或理应知道"是否仅仅限于在卖方将货物交付给承运人时已经获悉的货物中存在的"不相符性"? 或者它还包括签订销售合同以后发生的货物灭失或损坏风险? 这一概念不仅应该包括在卖方将货物交付给承运人时已经获悉的货物中存在的"不相符性",而且应该包括签订合同以后发生的货物灭失或毁损风险,①根据"如果卖方在订立合同时已知道或理应知道货物已经遗失或损坏"的字面意思,无论是在将货物交付给承运人时卖方获悉的货物中存在的"不相符性",还是在签订购买在途货物买卖合同前通过承运人告知而获得的货物风险,都属于这里的"在订立合同时已知道或理应知道货物已经遗失或损坏"。

(2)卖方未履行告知义务

除了上述条件以外,卖方还必须没有"将这一事实告知买方"。这意味着,如果卖方在签订合同时将货物中的上述风险告知了买方,那么,便不适用本句规定,货物的风险便仍然转移给了买方。这样的规定是合理的。在卖方履行了告知义务的情形下,买方可以自由决定是否购买已经发生相关风险的货物;如果他决定购买,他自然应该承担相应的风险。

正因为卖方明知合同下货物已经发生了这样或那样风险,却不告知买方,那便属于构成了恶意行为,而且主流观点认为:只要卖方有一般的过失,便构成这样的恶意,因为在《公约》的体系中"不可能不知道"是指"重大过失",而"应该知道"则是指"一般过失"。②在诉讼过程中,如果买方有意根据本句规定主张免责,他必须提供证据证明已经具备了以上两个适用条件。

---

① Bianca/Bonell/Nicholas, *Commentary on the International Sales of Law*, p. 499.

② Schlechtriem/Hachem, *Kommentar zum Einheitlichen UN-Kaufrecht—CISG*, 7. Aufl. 2019, S. 1162.

第 69 条 其他情形下的风险转移

Article 69

(1) In cases not within articles 67 and 68, the risk passes to the buyer when he takes over the goods or, if he does not do so in due time, from the time when the goods are placed at his disposal and he commits a breach of contract by failing to take delivery.

(2) However, if the buyer is bound to take over the goods at a place other than a place of business of the seller, the risk passes when delivery is due and the buyer is aware of the fact that the goods are placed at his disposal at that place.

(3) If the contract relates to goods not then identified, the goods are considered not to be placed at the disposal of the buyer until they are clearly identified to the contract.

译文

(1) 在不属于第 67 条和第 68 条规范的情况下,风险自买方提取货物之时起转移给买方,或如他未按时(原译文为:"在适当时间内")提取货物,则自货物交由他处置、但他因不提取货物而违反合同之时起移转给买方(语序调整)。

(2) 但是,如果买方必须(原译文为:"有义务")在卖方营业地以外的某一地点提取货物,则风险自交货时间已至且买方知道货物已在该地点交由其处置之时起移转(语序调整)。

(3) 如果合同项下的货物尚未被特定化(原译文为:"指的是当时未加识别的货物"),则在这些货物未被清楚地标明属于该(原译文为:"注明有关")合同以前,不得视为已交由买方处置。

目录

正文

1. 调整对象

    《公约》第67条规范了涉及货物运输时的风险转移问题,而第68条调整了在运途中销售货物时的风险转移问题。这两个条款有一个共同的特征,即销售合同中均规定一方当事人应该与独立承运人签订运输合同并委托承运人将货物运送至目的地。但是,在国际贸易实务中,还存在着另外一种合同履行模式:即合同规定买方应该自己从货物存放地提取货物并安排货物运输。这种合同履行模式的一个特点是:销售合同并不涉及货物运输,因为如何将货物运送至目的地是买方的事,他既可以用自己的运输工具运输货物,也可以委托独立承运人进行运输。在这种情况下,货物的风险从何时开始转移呢?无论是第67条还是第68条,它们显然没有规范这一问题;而这恰恰是本条的调整对象,可见,本条对前两条起到辅助补充作用,因为它弥补了前两条留下的立法空缺。本条共分三款,从三个不同层次规范了买方自行提取货物时的风险转移时间,其中第1款确定了买方在卖方营业地提取货物时的风险转移时间,第 2 款规范了买方在上述营业地以外的其他地方提取货物时的风险转移时间,第 3 款则确定了在货物尚未特定化时的风险时间。

货物风险转移给买方以后,这会给买方履行其义务带来何种影响?这并不是本条的调整对象,相反,应该适用《公约》第 66 条的规定予以分析;另外,本条也没有涉及卖方的根本违约行为究竟对风险转移产生何种影响的问题,这一问题是通过第 70 条进行规范的。

2. 在卖方营业地自行提取货物时风险转移的时间(第 1 款)

本条第 1 款主要规范了买方在卖方营业地自行提取货物时风险何时转移问题。在现实中这种提货方式也可能分成两种不同类型:即买方按时提取货物和延迟提取货物。正因为此,本款针对这两种不同的类型分别规定了不同的风险转移规则;应该指出这两个风险转移规则并不是同时适用的,而是分别适用于特定的情形,"风险自买方提取货物之时起转移给买方,或如他未按时提取货物……"中间的"或"字十分清楚地表明了这一点。当然,本款也分别规定了这两个风险转移时间规则的适用条件。

2.1 在卖方营业地买方按时提取货物时风险转移的时间

本款前半句"在不属于第 67 条和第 68 条规范的情况下,**风险自买方提取货物之时起转移给买方**"专门规范了在卖方营业地买方按时提取货物时风险转移的时间问题。具体地分析,它不仅规范了该句的适用条件,而且规范了具备适用条件时的风险转移规则。

(1)本款的适用条件

适用本款规定离不开以下两方面的条件:即"不属于第 67 条和第 68 条调整"和"买方在卖方营业地提取货物"。

第一,"不属于第 67 条和第 68 条调整"。本款"在不属于第 67 条和第 68 条规范的情况下"明确规定了这一条件。根据这一条件,如果在销售合同中已经规定了货物运输或买卖已经处在运输途中的货物,那么,便不适用本款规定。设定这一条件是必要的,因为如上所述,上述两种情形分别属于第 67 条和第 68 条的调整对象。应该强调的是

"不属于第 67 条和第 68 条调整"不仅是本款的适用条件,而且是本条的一个基本适用条件,因为从本条三款的内容看,它们均规范着买方自行在货物所在地提取货物时的风险转移问题。

第二,"买方在卖方营业地提取货物"。适用本款的另一个前提条件是:根据合同规定买方按时在卖方营业地自行提取货物。或许有人会怀疑这一观点,因为本款仅仅提到了"自买方提取货物之时",而没有提到"**按时**在卖方营业地提取货物"。尽管如此,这一观点依然是成立的。首先,这里的"买方提取货物"是指"买方在合同规定的时间按时提取了货物"。虽然本款没有明确规定这一点,但本款规定的第二个选择性风险转移规则的适用条件为"他未按时提取货物",这反过来表明:第一个选择性风险转移规则的适用条件为买方"按时提取货物"。其次,尽管这里没有明确规定买方提取货物的地点,但这一提货地点在实际上是指卖方的营业地。①因为本条第 2 款"如果买方必须在卖方营业地以外的某一地点提取货物"这一规定间接表明本条第 1 款和第 2 款在适用范围方面的区别,即第 1 款的调整对象是买方在卖方营业地提取货物的情形,而第 2 款则是买方"在卖方营业地以外的某一地点提取货物"的情形。②

本款规定的买方提货地点与《公约》第 31 条 c 项下的卖方交货地点相对应,根据该项规定,在任何其他情形下,卖方应该在其营业地将货物交付给买方处置;另外,它与国际商会颁布的 Incoterms 2020 版中的工厂地交货价格条件(Exworks)相似,因为在这条件下,卖方的责任仅限于卖方在特定的地点将货物交给买方处置,这里的指定地点可以是卖方的营业地或工厂所在地。③

---

① UNCITRAL, *Digest of Case Law on the United Nations Convention on the International Sale of Goods*, 2016, p. 313.

② Article 69: Secretariat Commentary, 见 https://iicl. law. pace. edu/cisg/page/article-69-secretariat-commentary-closest-counterpart-official-commentary, 访问时间: 2021 年 8 月 15 日。

③ https://www. incotermsexplained. com/the-incoterms-rules/the-eleven-rules-in-brief/ex-works/, 访问时间:2021 年 8 月 15 日。

另外,本款中的"买方"不仅仅是指其本人,它还包括受买方委托提取货物的人。因为"买方在卖方营业地提取货物"时,根据《公约》第31条 c 项的规定,只有卖方将合同下的货物存放在上述地点,并交由买方处置,卖方才完成了其合同义务,至于是买方自己提取货物,还是由第三者提取货物,均是买方自己的事,与卖方没有法律关系。德国石勒苏益格-荷尔斯泰因州地区高等法院在其于 2002 年 10 月 18 日审理的一起种马销售合同纠纷中便肯定以上观点。在该案中,买卖双方签订了种马销售合同,合同规定买方在卖方的马场所在地交付种马。10 月 28 日买方提取了种马,并委托某运输公司将该种马运送至买方住所地,但在运输途中,该种马死亡,原因不明。买方以种马一直处在运输公司的直接占有下,而自己仅仅拥有间接占有权为由,认为卖方没有履行其交付义务。但法院拒绝其主张,因为合同中约定由买方在马场提取货物,所以,根据本款规定,在买方委托运输公司在马场提取种马时,卖方已经完成了其交货义务,风险也在这一时间点发生了转移,买方没有自己提取种马,并不改变以上结果。①

（2）具备适用条件时的风险转移的时间

在具备上述条件下,货物风险于何时发生转移呢？本款明确规定"风险自买方提取货物之时起转移给买方"。由此可见,决定风险转移与否的关键时间点为:买方在卖方营业地"提取货物的时间点"。如果这一时间点之前货物已经发生了灭失或毁损,那么,根据《公约》第66条规定,卖方必须承担相应的法律责任,反之则由买方负责。

在适用这规则时,一个重要的问题是如何界定"提取"的内涵,尤其是它是否包括将货物装载到运输工具上,因为货物在装载过程中,尤其容易受到毁损。如果"提取"不包括装载,那么,买方就不承担装载过程中的货物毁损风险;反之,相关的风险便由买方承担。《公约》没有对这

---

① Oberlandesgericht Schleswig-Holstein, Germany, 29 October 2002, http://www.cisg-online.ch/content/api/cisg/display.cfm? test = 717,访问时间:2021 年 8 月15 日。

一概念进行定义。一般认为"提取"不仅包括买方在指定的地点领受货物,而且包括将货物装运上运输工具的行为。①基于以下两方面的因素,这一观点是成立的:首先,从买方承担的义务角度分析,买方基于"提取"而承担的义务与其基于本条第 2 款中"交由买方处置"而承担的义务相似,"交由买方处置"是指卖方应该在合同指定的地点将合同项下的货物与存在同一地点的其他货物分离出来单独堆放,按照合同的规定对货物进行了包装,以便买方可以不受限制地提取货物;而且他必须在合同规定的取货日期届满前完成此类准备工作。②其次,在《国际贸易术语解释通则 2020》中工厂交货价格条件(EXW)下,买方也负责货物的装载。

可见,本款中的"买方提取货物时"是指买方在卖方营业地开始将货物搬运到运输工具上之时。货物风险从买方或其授权人在上述地点"提取"时开始转移。当然,双方当事人可以约定由卖方负责将货物安装到运输工具上,如果这样,风险转移从卖方完成安装时开始转移。

2.2　在卖方营业地买方延迟提取货物时风险转移的时间

本款后半句"或如*他未按时提取货物*,则自货物交由他处置、但他因不提取货物而违反合同之时起移转给买方"规范了可以选择适用的风险转移规则的适用条件以及具备适用条件时的法律后果。

(1) 本款后半句的适用条件

适用本款后半句应该具有哪些条件呢? 根据该句的字面意思,应该具备以下三方面的适用条件:

首先,合同规定的提取货物日期已经届满。尽管本句规定中没有明确提到这一点,但"如他未按时提取货物"这一表述已经蕴含了这一条件。因为"未按时提取货物"本身就意味着合同规定的提货日期已经过去。例如,合同规定的提货日期为 5 月 16—20 日,但在 20 日这一

①　高旭军:《〈联合国国际货物销售合同公约〉适用评释》,第一版,第 385 页;Schlechtriem/Hachem, *Kommentar zum Einheitlichen UN-Kaufrecht—CISG*, 7. Aufl. 2019, S. 1166。

②　详见下文"4.1"中之论述。

天,买方依然没有提货。在这种情况下,合同规定的交货期毫无疑问已经届满。

其次,卖方已经在合同规定的交货时间内"将货物交由买方处置",本句中"则自货物交由他处置"这一表述暗示了这一条件。①所谓的"交由买方处置"是指卖方应该在合同指定的地点将合同项下的货物与存在同一地点的其他货物分离出来单独堆放,按照合同的规定对货物进行了包装,以便买方可以不受限制地提取货物。如果卖方没有将货物存放在合同规定的取货地点,而是将它存放在另外的地点,而且又没有通知买方,那么即使他也完成了上述"将货物交由买方处置"所需的所有准备工作,但他也没有履行这一义务。德国帕德博恩州法院在其于1997年审理的奥地利卖方和德国买方之间的家具销售合同纠纷案中便作出了这样的判决;在该案中,合同规定卖方应该将合同下的家具在工厂内装上车,供买方提取;但卖方却在合同规定的期限内将家具存放在其自己经营的仓库内,以至于买方未能提取家具;德国法院最后判定:尽管卖方将货物存在自己的仓库里,但卖方没有按照合同的规定在指定的工厂内将货物装上运输的卡车,故没有履行本款第二个选择下的"将货物交由买方处置"义务,故货物风险不发生转移,卖方应该对事后仓库中遗失的家具负责。②

最后,买方晚于合同规定的日期提取货物,本句中"如他未按时提取货物"表明了这一条件。③举例来说,合同规定的提取货物日期为5月16—20日期间。但他没有在这一期间提取货物,却在5月27日上

---

① 高旭军:《〈联合国国际货物销售合同公约〉适用评释》,第一版,第387页;Schlechtriem/Hachem, *Kommentar zum Einheitlichen UN-Kaufrecht—CISG*, 7. Aufl. 2019, S. 1167。

② Landgericht Paderborn, Germany, 10 June 1997 (Furniture case), http://www.cisg-online. ch/content/api/cisg/display. cfm? test = 523,访问时间:2021年8月16日。

③ 高旭军:《〈联合国国际货物销售合同公约〉适用评释》,第一版,第387页;UN-CITRAL, *Digest of Case Law on the United Nations Convention on the International Sale of Goods*, 2016, p. 313。

门提取了货物。

这三个条件必须同时具备，缺一不可。尽管本款中也提及"因不提取货物而违反合同"这一概念，但它并不是一个独立的条件。因为买方未按期提取货物，这一行为本身就已经构成了违反合同规定。

（2）具备适用条件时的风险转移时间

在具备本款后半句适用条件时，货物风险于何时发生转移呢？根据后半句"他因不提取货物而违反合同之时起移转给买方"这一规定，风险转移时间点并不是买方实际提取货物的时间点，而是其"应该提取货物的时间点"，该"应该提取货物的时间点"便是合同规定的取货时间。例如，合同约定买方应该在 5 月 16—20 日之间提取货物，但买方实际上在 5 月 27 日才提取货物；那么，由于买方于 27 日提取货物已经构成延迟履约，这显然属于"违反合同"规定的行为；而其"违约行为"并非始于 5 月 27 日，而是始于 5 月 20 日正常工作时间结束时；所以，货物风险便从这一时刻开始从卖方转移给买方。在实际上意味着：尽管买方实际提取货物的时间晚于合同规定的取货日期，但如果货物在合同规定的取货日期和实际取货时间之间发生变质或被火灾等彻底销毁，卖方无需对此负责，相反，应该由买方负责。这样的规定是合理的，首先，卖方已经按照合同的规定履行了交货义务；其次，如果买方依约提取货物，那么，就可能避免相关风险的发生；最后，因为买方的违约行为，货物才依然存放在卖方营业地。所以，自然应该由买方承担其违约行为引起的后果，而不能要求守约者承担相应的法律责任。

2.3　对第 1 款风险转移时间规则的评论

尽管本条第 2 款针对两种不同的买方自行提货情形规定了两种可供选择的风险转移规则，但从买卖双方利益平衡的角度分析，本款基本上确认了这样一个风险责任分担原则：即哪一方处在更有利于保护货物的位置，便应该承担更多的风险责任；由于本款仅仅适用于买方在卖方营业地提取货物的情形，而货物始终存放在卖方的营业地内，这样卖方便实际上占有并控制着货物，而且，即使发生灭失或毁损风险，卖方也更方便向引发风险责任人或保险人进行索赔。所以，只要合同规定的提货日期的最后一天还没有结束,卖方便必须承担保护货物的责任。反之,买方并不处于这样的有利位置。可见,本款的规定也是十分合理的。除此之外,本款还确认了"遵从合同约定原则",这主要体现在本款有关在买方延迟提取货物时风险依然在合同约定的交货时间转移的规定上。

3. 以其他地方作为交货地时的风险转移(第 2 款)

除了在卖方的营业地提取货物,合同也可能规定买方应该在卖方营业地以外的其他地方如第三方的仓库提取货物。在这种情况下,与买方相比,卖方并不处于更有利于位置,他既不比买方更能防止风险的发生,在风险发生以后,他也不比买方拥有更有利的索赔机会。有鉴于此,本款规定了与第 1 款不同的风险转移规则。下文同样从适用条件和具备适用条件时的法律后果两个方面论述本款的适用问题。

3.1　第 2 款的适用条件

在具备哪些前提条件下,可以适用本条第 2 款规定呢? 根据本款的字面意思,应该具备以下条件:"买方在卖方营业地以外的某一地点提取货物""卖方履行交货义务的期限已经届满""卖方已经在该地点将货物交由买方处置"和"买方已经知情"。

(1)"买方在卖方营业地以外的某一地点提取货物"

适用本款规定的第一个条件是:"买方必须在卖方营业地以外的某一地点提取货物"。一般认为:本款中"卖方营业地以外的某一地点"内涵十分广泛,它泛指:卖方营业地以外的所有其他交货地点。具体地分析,它不仅包括存放合同下货物的第三者的仓库所在地,或者卖方供货商的营业地所在地,而且还包括买方营业地所在地,或其他目的地。如果合同约定采用 Incoterms 2020 中的 D 组价格术语如 DAP(目的地交货)、DPU(目的地卸货地交货)和 DDP(目的地完税后交货),也属于"卖方营业地以外的某一地点"。[①]

---

① 　UNCITRAL, *Digest of Case Law on the United Nations Convention on the International Sale of Goods*, 2016, p. 313; Schlechtriem/Hachem, *Kommentar zum Einheitlichen UN-Kaufrecht—CISG*, 7. Aufl. 2019, S. 1169.

（2）"在合同规定的交货期限内在上述地点将货物交由买方处置"

这一条件中包含着两个要素。其一，必须"卖方已经在该地点将货物交由买方处置"，这一条件蕴含在本句"买方知道货物已在该地点交由其处置……"中。这一条件要求卖方必须在该指定的地点将销售给买方的货物与其他同类货物分离，并作出明确的标注，以便买方能够在合同规定的提货日期内随时提取货物。其二，合同规定的交货日期已至。本款"则风险自交货时间已至……"这一表述十分明确地规定了这一适用条件。这意味着：如果合同规定的交货日期还没有到，即使卖方在指定的地点已经将货物交由买方处置，那么，也不适用本款规定。这样的规定也是十分合理的，因为如果卖方在合同规定的交货日期到来之前交付货物，属于提前履行合同义务，这属于违约行为。德国帕德博恩地区法院在其于 1998 年 6 月审理的奥地利卖方和德国买方的家具销售纠纷案中便持这一观点：根据该案交货合同的规定，卖方应该在制造商的工厂里将合同下的家具装上火车车皮或买方提供的卡车上，买方在该工厂里提取家具；卖方履行了上述义务。但由于他不能证明合同规定的卖方交货期限已经到期，所以，德国法院认为根据本款的规定判定风险已经发生转移。[1]

（3）"买方知情"

"买方知情"是指卖方已经告知买方他已经将货物存放在指定的地点，并在该地将货物交给买方处置，本款"且买方知道货物已在该地点"这一规定表明了这一点。这一条件要求：卖方不仅必须将货物在指定的地点交给买方处置，而且必须将以上信息通知买方。对于该通知的生效时间，应该适用《公约》第 27 条的例外规定，即该通知于送达买方时生效，本款中"买方*知道*货物已在该地点"这一表述说明了这一点。这表明：如果通知延迟送达，或没有送达，卖方必须承担相应的风险。

---

[1] Landgericht Paderborn，Germany，10 June 1997（Furniture case），http://www.cisg-online.ch/content/api/cisg/display.cfm? test ＝ 434，访问时间：2021 年 8 月 16 日。

这还意味着：如果卖方没有发出通知，或通知因故没有送达买方，那么，便不适用本款规定，风险也不根据本款规定发生转移。如果在诉讼过程中双方当事人对"买方知情"这一条件发生争议，卖方必须提供证据：买方已经知悉上述事实。

上述三个条件是必须同时具备的，缺少其中任何一项，本款确定的规则便不适用。如果卖方认为货物风险已经根据本款规定转移给了买方，那么，他必须提供证据证明在相关的案件中已经具备了上述三个适用条件。

3.2 具备适用条件时的法律后果

在同时具备上述条件时，货物风险何时发生转移呢？根据本款规定，"风险自交货时间已至且买方知道货物已在该地点交由其处置之时起移转"。这具体意味着：在上述时间点风险转移给买方后，结合《公约》第 66 条规定，即使货物灭失或毁损，买方依然必须支付货款，而且，买方必须承担由此而发生的损失。德国奥尔登堡地区高等法院于1998 年 9 月审理了挪威卖方和德国买方之间的生鲜鱼销售合同纠纷。挪威卖方原本将生鲜鱼出售给一家丹麦公司，该丹麦公司将生鲜鱼加工成烟熏三文鱼出售给德国买方，在丹麦公司陷入财务困境时，经丹麦公司介绍，挪威卖方向德国买方发出了一份出售征询单，该征询单标明了生三文鱼运送到丹麦公司地址交付，德国买方在该订单上签署并通过丹麦公司将该订单交给了挪威卖方。此后，挪威卖方在丹麦公司地址交付了生鲜鱼，但因丹麦公司的破产，买方没有收到生鲜鱼，故拒绝支付购货款，挪威卖方起诉了德国买方要求支付货款，赔偿损失。德国上述法院支持了挪威卖方的请求，因为挪威卖方在合同规定的日期在指定的地址交付了货物，而且已经告知了买方，根据本条第 2 款结合第 66 条的规定，风险已经转移给了买方，买方必须独自承担此后没有收到货物的风险。①

---

① Oberlandesgericht Oldenburg, Germany, 22 September 1998, https://cisg-online.org/files/cases/6476/abstractsFile/508_81814139.pdf，访问时间：2022 年 2 月 15 日。

4. 货物尚未被特定化时的风险转移(第3款)

本条第3款规定,"如果合同项下的货物尚未被特定化,则在这些货物未被清楚地标明属于该合同以前,不得视为已交由买方处置"。可见,本款主要规范了"未被特定化的货物"何时才能视为交由买方处置问题。由上可知,《公约》第67条第2款也规范了"未被特定化的货物"问题,所以,有必要首先探究本款与第67条第2款的关系,然后再讨论本款的适用条件及其法律功能。

4.1 第3款的规范对象及其与《公约》第67条第2款的关系

本款有什么特别的调整对象呢? 由于《公约》第67条第2款也规范了货物未被特定化时的风险转移规则,所以笔者试图通过对这两款的比较,来说明本款特别的调整对象。

《公约》第67条第2款规定:在对货物进行特定化处理之前,风险不转移给买方。尽管本款使用的语言有所不同,但在本质上分析,它也确认了以上风险转移规则。可见第67条第2款的内容与本款的规定十分类似。这就产生了这样一个问题:第67条第2款和本款下的"货物未被特定化"或"货物被特定化"有何区别? 笔者认为在两款中以上两个概念的内涵本身没有本质的区别,所谓的"货物未被特定化"即是在众多的相同货物中卖方没有以任何方式标明哪一部分属于出售给买方的货物;而所谓的"货物被特定化"则是卖方通过在货物外包装上挂标签、在散装货上插标签或发通知等方式告知买方在众多的相同货物中哪些货物是属于出售给买方的货物。它们的区别在于:这两款的调整对象不同:第67条第2款的调整对象:卖方至少向两个不同的买方出售相同的货物,而且在没有将这些货物进行特定化处理情况下便交付给了同一承运人,委托该承运人将货物运送给两个不同的买方,简单来说,承运人收到了没有被特定化处置的货物;而本款的规范对象却是:在卖方营业地或其他地点均存在着许多相同的货物,出售给买方的货物仅仅是其中的一部分,所以有必要在交付日期届满前将交付给买方的货物进行特定化处理。尽管本条第1款没有明确规定这一点,但本条前两款的调整对象证明了这一点。本条第1款的调整对象是买方到卖方营业地提取货物的情形,而第 2 款规范的则是买方到除卖方营业地以外的任何其他指定地点提取货物的情形。在这两种情形下均可能存在着"货物未被特定化"的问题,但这两款都没有规范:当存在着"货物未被特定化"的问题时风险如何转移?而本款恰恰弥补了上述两款规定的这一漏洞,可见,本款是对本条第 1 款和第 2 款一种重要补充。

4.2 "货物被特定化"作为风险转移的前提条件

与《公约》第 67 条第 2 款相似,本款也将"货物被特定化"作为风险转移的一个前提条件,这一条件蕴含在"则在这些货物未被清楚地标明属于该合同以前,不得视为已交由买方处置"这一规定中。此处的"不得视为已交由买方处置"的实际含义是:风险不转移给买方,因为无论是本条第 1 款、第 2 款均将"货物已交由买方处置之时"视为风险从卖方转移给买方的时间点。可见,如果卖方有意将风险转移给买方,那么,必须在合同规定的交货日期届满以前对货物进行特定化处理。由于本款中的未被特定化的货物依然存放在卖方营业地或此外的任何指定地点,所以,特定化方式与第 67 条第 2 款中的并不完全一致,根据相关国家的司法判决和仲裁实践,卖方通常应该采取以下措施对货物进行特定化处理:

第一,将出售给买方的货物与存放在同一地点的其他相同货物分离。在同一存放地点通常存放着许多相同的货物。例如,在卖方的仓库中堆放着 100 万台电视机,而买方仅仅购买其中的 1 万台,那么卖方必须将该 1 万台与其他电视机分离,划出一个专门的地方存放该 1 万台电视机。即使销售货物为散装货,也是如此。

第二,对货物进行约定的包装。如果合同规定了包装方式,那么,卖方必须按照约定对货物进行包装。如果合同没有作出专门的规定,那么,根据《公约》第 32 条第 2 款的规定卖方也必须对货物进行必要的、足以防止货物在运输途中受到损坏的包装。

第三,对分离出来的货物进行标注。标注有两方面的要求:一是在货物的外包装上贴上标签,或在散装货上插上标签;二是必须在标签上写明买方的名称和住址等。标注的目的十分明确:在买方自行提取货物时,他很容易辨别在同一地点存在的众多相同货物中哪一部分是买方应该提取的。

第四,向买方发出通知。在做好上述准备工作以后,卖方还必须向买方发出通知,告知他已经在某地将货物交由买方处置,请买方按时到指定的地点提取货物。[①]

由此可见,本款的"货物特定化"包括分离、包装、标注和通知四方面的内容,这些内容均十分重要,缺一不可。因为缺少其中的任何一项,均会导致买方无法提取货物。从另一角度分析,卖方对货物进行特定化处理的过程,也是卖方将货物"交由买方处置"的过程,因为如果卖方没有对货物进行特定化处理,即使货物已经存放在合同规定的地点,买方也在合同规定的提取日期内到达该地点,他也无法提取货物,卖方也因此没有履行将货物"交由买方处置"的义务。

4.3 具备适用条件时的法律后果

在具备以上适用条件下,本款后半句规定了其法律后果,即"不得视为已交由买方处置"。如上所述,本款中"不得视为已交由买方处置"的实际含义是:风险不转移给买方;换句话说,即使在合同规定的履约期内,即使货物已经被存放在某一地点,但在卖方对于合同下货物进行特定化处理之前,货物风险不发生转移,风险在卖方对货物完成特定化处理完成之时发生转移,风险转移之前或之后发生的风险根据《公约》第66条规定的风险分配规则进行处理。

德国汉堡地区高等法院于1994年12月审理了甲国卖方和乙国买方之间的1.5万千克21%硫酸钴销售合同纠纷案。甲国卖方交付了货物,乙国买方以货物存在质量瑕疵等拒绝收取货物并支付货款,其中的一个理由是卖方在存放货物的仓库里没有对合同下的货物进行特定化处理,由于专家证言表明:在存放货物的仓库里,合同下的货物已经十

---

① Article 69:Secretariat Commentary,https://iicl. law. pace. edu/cisg/page/article-69-secretariat-commentary-closest-counterpart-official-commentary,访问时间:2021年8月17日。

分清晰地与仓库中的其他货物区分开来,所以,德国上述法院最终判定:卖方已经根据本款的规定对货物进行了特定化处理,风险自卖方完成特定化处理时转移给买方,买方必须接受货物、支付货款。①

第70条 根本违约和风险转移

Article 70

If the seller has committed a fundamental breach of contract, articles 67, 68 and 69 do not impair the remedies available to the buyer on account of the breach.

译文

如果卖方的行为已经构成根本违约,第67条、第68条和第69条的规定并不影响(原译文为"损害")买方基于此种违约行为而享有的各种补救办法。

目录

---

① Oberlandesgericht Hamburg, Germany, 14 December 1994 (Cobalt sulphate case), https://cisg-online.org/files/cases/6190/fullTextFile/216_52752346.pdf,访问时间:2021年8月17日。

正文

1. 调整对象

由上可知，根据《公约》第 69 条第 1 款的规定，买方未提取货物的违约行为并不影响风险的转移。与此相对应，本条主要调整了卖方的根本违约行为与风险转移之间的关系，尤其是在卖方的违约行为构成根本违约时风险转移与买方所拥有的救济措施之间的关系。这究竟有何法律意义呢？国际贸易实务中经常发生的下列实例可以充分地说明这一问题：中国甲公司卖方与巴西乙公司买方签订了 1 000 台电视机的销售合同，合同约定由甲公司安排货物运输；甲公司将电视机交给承运人后风险转移；在乙公司从承运人处提取货物时发现：买方发现其中的 600 台电视机有隐性制造缺陷，而且该 600 台电视机因受海水侵蚀而损坏。根据第 66 条和第 67 条第 1 款的规定，风险已经在卖方将电视机交付给承运人时发生转移，所以买方无权因为该 600 台电视机因受海水侵蚀而对卖方提出任何主张；但假定该 600 台电视机中存在的制造缺陷已经构成了根本性违约，那么，根据本条规定，买方拥有的救济权便不受影响。所以，本条解决的实际问题是：在卖方的履约行为已经构成根本违约，而且风险根据第 67 条、第 68 条和第 69 条已经发生转移时，合同下的货物又由于意外事故而遭受灭失、毁损时买方是否依然可以行使第 45 条所规定的救济措施？下文将结合本条规定讨论本条的适用问题。

2. 适用条件

适用本条规定应该具备哪些前提条件呢？结合本条规定，应该具备以下三方面的前提条件：卖方的履约行为已经构成根本违约、货物风险已经发生转移、货物在风险转移后发生灭失或毁损。

2.1 卖方有根本违约的行为

适用本条规定的一个基本条件是"卖方的行为已经构成根本违约"，本条前半句明确规定了这一点。这表明，如果卖方的行为没有构成根本违约，那么，便不适用本条规定。由上可知，《公约》第 25 条规定了根本违约的界定标准，故应该根据该条规定来判断卖方的行为是否构成了根本违约。根据本书第49条之论述,卖方的根本违约行为有不同的类型,未交付货物、延迟交付货物、交付的货物具有第35条意义上的"不相符性"等都有可能构成根本违约,但是由于"风险已经发生了转移"也是本条规定的一个适用条件,故即使"卖方未交付货物"已经构成根本违约行为,它也不成为本条的调整对象;相反,构成根本违约的"延迟交付货物"和"交付不相符货物"应该是本条意义上最常见的卖方违约类型,因为在这两种类型下,在风险转移后,货物依然能因为火灾、船舱进水、制冷设备故障等意外事故而发生灭失或毁损。

2.2　风险已经发生了转移

适用本条的另一前提条件是:货物的风险已经从卖方转移给了买方。本条没有明确规定这一点,但是"第67条、第68条和第69条的规定并不影响买方基于此种违约行为而享有的各种补救办法"这一规定暗示了这一条件。由上可知,第67条、第68条和第69条针对销售合同涉及货物运输、销售在途货物和买方在特定地点提取货物三种不同的情形确定了三种不同的风险转移时间。根据第66条规定,自风险转移之时起货物风险原则上由买方承担,买方也因此而失去了采取补救办法的权利,而本条依然授予买方行使"各种补救办法"的权利,自然意味着风险已经根据第67条、第68条和第69条发生了转移;从另一角度分析,如果货物在风险转移之前已经因某种事故而发生灭失或损坏,根据第66条规定,买方本就可以行使第49条规定的各种救济措施,要求卖方对此承担责任。可见,只有在风险已经发生转移情况下,才能适用本条规定。

2.3　在风险转移后发生了货物灭失或毁损风险

除了上述要件以外,适用本条还应该具备第三个要件,即在风险转移给买方后发生了货物灭失或毁损风险。我国学者李巍持这一观点。①尽管本条规定没有明确提到这一要件,这一观点依然是正确的。因为本条"第67条、第68条和第69条的规定并不影响……"这一规定

---

① 　参见李巍:《〈联合国国际货物销售合同〉公约评释》,第308页。

暗示了这一点。因为假定在风险转移给买方之后货物没有发生风险，那么，在卖方有根本违约行为时，即使没有本条的规定，买方本来也可以行使各种救济办法；反之，如果在风险转移后货物发生了风险，根据《公约》第66条规定，买方通常必须自己承担相应的责任，他也无权采取相应的救济措施，但由于卖方有根本违约的行为，所以，《公约》需要通过本条规定特别强调：买方的救济权不受限制。

但在这里还存在着一个重要的问题：上述货物灭失或毁损风险是否包括因卖方根本违约行为引起的货物灭失或毁损？本条没有明确规定这一点。德国学者哈切姆（Hachem）对此持否定态度，他认为本条仅仅适用于不是由卖方的根本违约行为导致的货物灭失或毁损情形。[①]这一观点是成立的，以下两方面的因素说明了这一点：首先，如果卖方的履行行为已经构成根本违约，而且它造成了风险转移以后的货物灭失或毁损，那么，根据第36条第1款、第45条的规定，卖方依然必须对此负责，买方自然可以采取任何救济方法。其次，第66条至第69条中的提交的货物灭失或毁损风险是指因火灾、水灾、偷盗等"意外事件或意外事故"引发的，卖方根本违约行为肯定不属于此种"意外事件或意外事故"。可见，第66条至第69条意义上的风险仅仅是指因"意外事件或意外事故"引发货物灭失或毁损，它不包括因卖方根本违约行为引发的此类风险。

那么，如果卖方交付的货物本身已经存在着重大瑕疵，而且此种瑕疵已经构成了根本违约，在风险转移以后又遇到"意外事件或意外事故"而使得货物彻底毁损，也即卖方的根本违约行为和风险转移以后的"意外事件或意外事故"同时造成了货物的灭失或损坏，那么，这是否属于本条的调整对象呢？这是毫无疑问的，因为在这里已经具备了适用本条规定的三个前提条件。

3. 在具备适用本条时的法律后果

在具备以上条件下，将会产生何种法律后果呢？本条后半句规范

① Schlechtriem/Hachem, *Kommentar zum Einheitlichen UN-Kaufrecht—CISG*, 7. Aufl. 2019, S. 1174.

了这一问题,据此,"第67条、第68条和第69条的规定并不影响买方基于此种违约行为而享有的各种补救办法"。具体分析,买方可以行使《公约》第45条列举的所有救济措施,如要求提供替代货物、对瑕疵货物进行修理、宣告合同无效、要求降价、提出损害赔偿请求等。由于卖方的行为已经构成根本违约,所以,买方通常会优先采用的救济办法是宣告合同无效或提供替代货物。但这里还存在以下值得探究的问题:买方能够针对哪些货物灭失或毁损采取救济措施? 买方行使宣告合同无效权或要求提供替代货物权是否不受任何限制? 下文就此进行讨论。

3.1　买方救济措施涵盖的范围

由上可知,在具备本条规定的适用条件下,尽管卖方已经交付了货物,但在货物被送达目的地时,它至少同时存在着两方面的问题:其一,货物存在着已经构成卖方根本违约的"不相符性";其二,货物因意外事件或意外事故而发生灭失或毁损。这就产生了这样一个问题:即买方究竟是采取《公约》第45条中列举的补救办法,还是适用第66条下的风险分配规则要求卖方承担责任? 对这一问题,没有统一的答案;下文将这一问题分为三种不同的类型并分别予以论述。

(1)《公约》第45条规定救济措施仅仅限于因卖方根本违约行为

首先应该强调的是:《公约》第45条规定的救济措施仅仅适用于因卖方根本违约行为而造成的损失。尽管本条没有明确规定这一点,但本条已经暗示:买方只能针对卖方的根本违约行为采取补救措施。因为《公约》针对以上两类问题规定了不同的解决方案:如果交付的货物根据第67条、第68条和第69条的规定在风险转移以后因为遭遇意外事件或意外事故而灭失或毁损,便应该适用《公约》第66条规定的解决方案:即在货物风险发生在风险转移前时由卖方承担此类风险,反之则由买方承担,他无权因此而对卖方提出任何权利要求。如果卖方的履约行为如货物存在重大的质量瑕疵已经构成根本违约,那么,买方可以采取第45条列举的救济措施,要求卖方承担责任。

(2)针对不同的货物损失/风险采用不同的救济规则

如果卖方已经履行了合同和规定的交付义务,如果其交付的部分货物存在着重大的隐性质量瑕疵,而且该瑕疵已经构成根本违约,而且另一部分货物因在运输途中受海水浸泡而受损,针对这两种问题,买方行使《公约》第45条的救济权是否会受到限制呢?答案是肯定的。根据上文论述,买方不能对上述两类不同的问题都行使第45条下的救济权,相反,他应该分别根据第45条和第66条规定采取不同的救济措施。以本条评释开头部分提及的电视机销售合同案件为例:在甲公司交付的1 000台电视机中,如果买方发现其中的700台电视机有制造缺陷,而且另外300台电视机因受海水侵蚀而损坏。假定700台电视机的制造缺陷已经构成根本违约,由于此种缺陷在卖方交付给承运人时便已经存在,所以,买方据此而根据第45条第1款a项和第46条第2款要求卖方提供替代货物,而对于在运输途中受到损害的300台电视机,根据第66条规定买方无权要求卖方赔偿损失,他只能根据运输合同或保险公司要求承运人或保险公司赔偿损失。

(3)双重原因导致货物灭失或毁损时采用的救济措施

在国际贸易实务中还存在着另外一种可能:即货物的毁损是由于卖方的根本违约行为和风险转移以后的意外事故双重原因造成的,再以本条评释开头部分的案件为例:在卖方交付的1 000台电视机中,如果600台存着构成根本违约的制造缺陷,同时在运输途中又被水浸泡,最终导致这些电视机彻底损坏。在这种情况下买方的救济权是否因为风险转移以后发生的意外事故而受到限制呢?答案是否定的,因为600台电视机的制造缺陷已经构成了根本违约,即使在运输途中没有发生意外事故,买方依然可以要求卖方交付替代货物或采取其他救济措施。

3.2 对买方行使宣告合同无效权的限制

在具备本条适用条件情况下,买方可以采取《公约》第45条等列举的任何救济办法,本条最重要的实际意义在于:买方可以基于卖方的根本违约行为而根据第46条或第47条规定要求卖方交付替代货物,或根据第45条第1款a项或b项和第49条第1款a项或b项的规定宣告合同无效。客观分析,要求交付替代货物对合同关系基本上没有影响,而宣告合同无效则是对合同关系带来深刻变化的一种救济措施,这里重点探究:在适用本条规定的背景下,买方行使这一权利是否受到《公约》其他条款的限制。

根据《公约》第 66 条至第 69 条规定,在风险转移以后,即使货物因偶然事故或意外风险而全部灭失或损坏,买方也必须支付货款,卖方无需对此负责。但是,根据本条规定,只要卖方有根本违约行为,例如所交付的所有货物中存在严重的质量瑕疵,即使货物因意外事故或偶然事件而全部灭失或损坏,买方依然可以宣告合同无效。可见,本条便构成了第 66 条至第 69 条的一个例外。但这一例外是否还适用于卖方部分履行行为构成根本违约情形呢?

以本条评释开头部分提及的案件为例,在甲公司已交付的 1 000 台电视机中,700 台存在着严重的制造缺陷,另外 300 台电视机在运输途中因受海水侵蚀而损坏。根据《公约》第 66 条和第 67 条第 1 款的规定,风险已经在卖方将电视机交付给承运人时发生转移,所以买方无权因为该 300 台电视机因受海水侵蚀而对卖方提出任何主张;但假定该 700 台电视机存在的严重制造缺陷已经构成了整个合同的根本违约,买方自然可以根据第 49 条第 1 款 a 项的规定宣告整个合同无效;即使该 700 台电视机的制造缺陷不构成整个合同的根本违约,买方也可以根据第 51 条第 1 款的规定宣告部分合同无效。①但无论是宣告整个合同无效,还是部分合同无效,买方的赔偿请求仅限于其根据违约行为涉及的货物,对于 300 台因受海水侵蚀而毁损的电视机,买方无权要求卖方承担赔偿责任。

---

① John O. Honnold, *Uniform Law for International Sales under the 1980 United Nations Convention*, 3rd ed. (1999), p. 420.

第五章　有关卖方和买方义务的一般规定

概　述

第五章是第三部分的最后一章,它始于第 71 条,终于第 88 条,共包括六节十八条,主要规定了买卖双方均应该承担的法律义务。具体分析,本章包括的六节分别为"预期违约和分批交货合同"(第一节)、"损害赔偿"(第二节)、"利息"(第三节)、"免责"(第四节)、"宣告合同无效的法律效果"(第五节)、"保全货物"(第六节)。

第一节　预期违约和分批交货合同

概　述

第五章第一节只有三条,从第 71 条到 73 条,它们主要规范了预期违约和分批交货合同。其中第 71 条规范了一方当事人有一般性预期违约行为时对方当事人可以中止履行合同,第 72 条则规范了一方当事人有预期根本违约行为时对方当事人宣告合同无效的权利,第 73 条的调整对象则是:在分批交货合同下,一方当事人对其中某一批货物有违约行为时,对方当事人就该批次货物和未来批次货物宣告合同无效的问题。《公约》将以上三条放在同一节中是十分科学合理的,以下两方面的因素决定了这一点:首先,这三条均规范了保护守约者免受还未发生的未来违约行为损害的防范措施,无论是第 71 条中的"一般性预期违约",还是第 72 条中的"预期根本违约",都不是已经发生的"违约行为",而是未来将会发生的违约行为;而第 73 条则规范了在分批交货合同中发生的同类问题。其次,本节三条规定同样适用于卖方和买方,因为在合同履行过程中,他们都可能有一般预期违约行为或预期根本违约的行为;在分批交货合同中,他们也都可能在履行某一批次合同义务的交付过程中有违约行为,卖方可能不发送某一批次的货物,或发送的货物存在严重的"不相符性",买方也可能不支付某一批次货物的货款。

第 71 条 预期违约及其救济措施

Article 71

(1) A party may suspend the performance of his obligations if, after the conclusion of the contract, it becomes apparent that the other party will not perform a substantial part of his obligations as a result of:

(a) a serious deficiency in his ability to perform or in his creditworthiness; or

(b) his conduct in preparing to perform or in performing the contract.

(2) If the seller has already dispatched the goods before the grounds described in the preceding paragraph become evident, he may prevent the handing over of the goods to the buyer even though the buyer holds a document which entitles him to obtain them. The present paragraph relates only to the rights in the goods as between the buyer and the seller.

(3) A party suspending performance, whether before or after dispatch of the goods, must immediately give notice of the suspension to

the other party and must continue with performance if the other party provides adequate assurance of his performance.

译文

（1）如果在（新增）订立合同后，另一方当事人由于下列原因明显将不履行其大部分重要的合同义务（原译文为："另一方当事人由于下列原因显然将不履行其大部分重要义务"），一方当事人可以中止履行其（新增）义务：(a)该当事人履行义务的能力或其信用有严重缺陷（原译文为："他履行义务的能力或他的信用有严重缺陷"）；或(b)该当事人准备履约或履约行为（原译文为："他在准备履行合同或履行合同中的行为"）。

（2）如果卖方在上一款所述的理由变得明显（原译文为："明显化"）以前已经发送了货物（原译文为："已将货物发运"），即使买方已经持有了有权获得货物的单据，他也可以阻止将货物交付给买方（原译文为："他可以阻止将货物交付给买方，即使买方持有其有权获得货物的单据"）。本款规定仅仅涉及买卖双方对货物的权利（原译文为："本款规定只与买方和卖方间对货物的权利有关"）。

（3）无论是在发送货物之前还是之后决定中止履行（原译文为："中止履行义务的一方当事人不论是在货物发运前还是发运后"），该当事人（新增）都必须立即通知另一方当事人；如该（原译文为："如经"）另一方当事人对履行义务提供充分保证，则他必须继续履行义务。

目录

3.2　具备适用条件时的法律后果——阻止承运人将货物交给买方

4. 行使中止履行合同义务权的程序性条件(第3款)

4.1　行使中止履行权一方当事人的通知义务

4.2　对方提供充分的履约保证时的继续履行义务

正文

1. 调整对象

本条调整的是在国际贸易实务中经常会出现的一种特殊违约现象:预期违约。这是指在合同签订后、开始履行前,种种迹象表明:一方当事人将不会履行其合同义务。换句话说,预期违约不是已经发生的违约行为,相反,它是一种在未来可能发生的违约行为。在这种情况下,对方当事人可以采取哪些救济措施呢?《公约》在本条前规定的救济办法仅仅适用于已经发生的违约行为,所以,按照第46条至第52条或第62条至第65条等条款的规范,该当事人必须等到合同规定的履约期届满后,或者等到预期违约行为变成现实违约行为以后,才能采取相应的补救措施。这样的救济安排显然有多种弊端:首先,大大延长了解决争议的时间。这是因为,允许在发现对方将会预期违约时立即采取救济措施,与必须等预期违约变成现实违约后才能采取救济措施相比,后一种情况下双方用于解决争议所需的时间显然更长。其次,大大增加了双方解决争议所需的费用。争议期越长,双方投入的费用便越高。为解决这一缺陷,第71条针对这种现象规范了一个更有效、更经济的救济途径,它授予守约者在面临对方当事人不履行其重要合同义务的威胁时宣告中止履行合同的权利。本条共分三款,分别从三个方面规范了这一问题。其中第1款在授予守约方宣告中止合同权的同时,又对这一权利的行使进行了一定的限制。第1款规定是中性的,它既适用于卖方"面临买方不支付货款威胁时",也适用于买方"面临卖方不交货威胁时";而第2款则专门规范了卖方在交付货物后"面临买方不支付货款威胁时"中止履行合同的权利;第3款则规范了宣告中止履行合同一方当事人承担的通知义务,以及在对方当事人提供履约担保时的继续履行合同义务。

本条的调整范围十分广泛,它不仅适用于《公约》第 58 条第 1 款规定的买卖双方同时履行合同义务的情形,而且适用于任何一方当事人首先履行合同义务的情形。本条确定如此大的适用范围,也是十分科学的。因为无论在何种情形下,只要一方当事人有预期违约的行为,都会给对方当事人的利益带来潜在的损害,因而有必要授予该当事人宣告中止履行合同的权利。

2. 合同义务的中止履行(第 1 款)

本条第 1 款规范了一方当事人有预期违约行为时对方当事人拥有的宣告中止履行合同的权利。如上所述,本条不仅适用于卖方有预期违约的行为,它同样适用于买方有预期违约的行为,因为本款中"另一方当事人"并没有特指买方或卖方。具体分析,本款前半句规定了其适用条件,后半句规定了具备适用条件时的法律后果。

2.1 适用条件——一般性预期违约

适用本条第 1 款应该具备哪些前提条件呢? 对于这一问题国际上存在着两种不同的看法。德国学者冯图拉基斯认为,适用本款规定应该具备"存在着违约威胁""违约威胁应该基于法定原因""签订合同后突显威胁"和"确有根据的预测"四方面的要件。[①]但中国国际经济贸易仲裁委员会则认为只有三个适用条件,即"另一方当事人预期不能履行义务""不能履行合同义务必须达到显然的程度""该当事人显然将不履行的是合同的大部分义务或主要义务"。[②]那么,究竟哪一种观点更符合《公约》的原意呢? 笔者更倾向于后一种观点,但这三个条件应该分别为"存在着不履行其大部分合同义务的威胁""合同签订后、履约期到来前突显不履行合同重要义务的威胁""确有根据的预测"。下文就此进行讨论。

---

① Schlechtriem/Fountoulakis, *Kommentar zum Einheitlichen UN-Kaufrecht—CISG*, 7. Aufl. 2019, S. 1187.

② 中国国际经济贸易仲裁委员会:《〈联合国国际货物销售合同公约〉在中国仲裁的适用》,第 173 页。

(1)"存在着不履行其大部分重要合同义务的威胁"

适用本款规定的第一个条件是:在相关的案件中必须"存在着其不履行大部分重要合同义务的威胁"。这一条件蕴含在本款"另一方当事人……将不履行其大部分重要的合同义务"这一规定中。仔细分析,这一条件又由以下几个要素组成。首先,一方当事人将会有违约行为,而且他将要进行的不是一般性违约,而是重大违约。本款中的"……**将**不履行其大部分重要的合同义务"十分明确地表明了这一要素。其次,它并不是指当事人已经进行的违约行为,而仅仅是指他未来将会进行的重大违约行为的威胁,上述表述中的"将"字十分清晰地表明:这是指一方当事人未来可能进行的重要违约行为。客观地分析,这一条件均得到了以上两种观点的认同,因为它不仅被包含在德国学者的"存在着违约威胁"条件中,而且也同样包括在中国国际经济贸易仲裁委员会的"另一方当事人预期不能履行义务"这一条件中。关于这一适用条件存在着一个值得探究的问题是:何谓这里的"不履行其大部分重要的合同义务"? 对于这一概念,《公约》没有进行明确的定义。但笔者认为:它还不足以构成第25条意义上的根本违约。第71条和第72条之间的不同调整对象说明了这一点。第71条的调整对象是一方当事人将会进行的、还不足以构成根本违约的**一般性预期违约行为**;而第72条的调整对象则是一方当事人将会进行的**构成根本违约的违约行为**。由此可见,本款意义上"不履行其大部分重要的合同义务"在违约的严重程度上要轻于根本违约。除此之外,要对这一概念下一个统一的定义是不可能的;相反,应该在具体的案件中根据合同的总体情况来予以分析判断:一方当事人将不履行的义务是否构成本款意义上的"大部分重要的合同义务"。尽管如此,人们还是可以从以下两个方面来进行分析判断:其一,违约者将不履行的义务是否是守约者期待对方必须履行的义务;其二,违约者是否也知道对方希望其履行相关的义务。是否具备以上两个要素,应该结合第8条第3款的规定综合考虑合同条款、双方当事人的谈判过程、他们之间存在的习惯做法等。从司法判例和仲裁实践看:无论是卖方的违约行为,还是买方的违约行为,均能构成本款意义上的"不履行其大部分重要合同义务的威胁"。

第一，卖方构成"不履行其大部分重要合同义务的威胁"的违约行为。就卖方而言，其多种违约行为均有可能被判定为本款意义上的"存在着不履行其大部分重要合同义务的威胁"。最常见的是卖方将不交付货物的行为，而且应该强调的是：即使卖方拒绝交付部分货物，也会被认定构成这里的"不履行其大部分重要合同义务的威胁"。德国柏林地区法院在其审理的意大利卖方和德国买方之间的皮鞋销售合同纠纷中判定：在该案中，德国买方根据意大利卖方提供的皮鞋模型订购了特定数量的皮鞋，意大利卖方向德国买方交付了首批皮鞋，但是德国买方以交付的皮鞋不符合合同规定的质量为由，拒绝支付全部货物货款；意大利卖方随即宣告拒绝交付剩余的皮鞋，并向德国柏林地区法院提起诉讼，要求德国买方支付全部货款及其利息。德国法院作出了对德国买方有利的判决，驳回了意大利卖方要求支付全部货款和利息的诉求。因为证据表明：部分皮鞋存在严重的质量瑕疵，在意大利卖方不仅拒绝承认这些瑕疵，而且宣告不交付剩余皮鞋时，这已经构成了本款"不履行其大部分重要合同义务的威胁"，所以，德国买方有权中止履行合同。荷兰仲裁机构则在其于 2002 年 10 月 15 日仲裁的案件中也持同样的观点。在该案中，卖方和买方签订了合同，并约定卖方分批交付不特定数量的一种叫"Rijn"的混合油，在卖方加工提炼后由买方出售给用户。但由于"Rijn"混合油中的汞含量超标给买方的一个用户带来了巨大的问题，于是买方通知卖方：在卖方找到解决问题的办法以前，他将不接受下一批"Rijn"的混合油，并将暂停接受任何其他批次交付的"Rijn"混合油。卖方表示反对。但仲裁庭最终支持了买方的主张，其理由是：卖方否认其交付的产品中有质量问题，这已充分地证明卖方很有可能再次交付存在着质量瑕疵的混合油，这便构成了本款意义上的卖方将"不履行其大部分重要合同义务"。①

---

① Netherlands Arbitration Institute, the Netherlands，15 October 2002（Arbitral award No. 2319），http://www.unilex.info/cisg/case/836，访问时间：2021 年 8 月 24 日。

第二，买方构成"不履行其大部分重要的合同义务威胁"的违约行为。买方的许多违约行为也能构成本款意义上的"不履行其大部分重要的合同义务威胁"。被缔约国法院和仲裁机构认定的此类违约行为有：买方拒不支付货款或者在分批交货合同中，对于已经履行的批次，买方没有支付货款或延迟支付货款、买方拒绝根据合同规定提供银行支付担保函。①买方将不会履行合同规定的保密义务也能构成本款意义上的"不履行其大部分重要的合同义务威胁"。中国国际经济贸易仲裁委员会在其于 2002 年 12 月 23 日审理的中国买方和瑞典卖方之间的医药生产设备销售合同纠纷案中便持这一观点。根据该合同，中国买方向瑞典卖方购买一台 NBF700 型设备，用于口服液的灌装和密封，总价为 40 万美元。履约过程中，双方发生争议。中国买方声称，在签署合同后，卖方未能按期交付货物，而且设备包装有缺陷；瑞典卖方通知中国买方：他不打算根据合同规定在当年 8 月按先前的计划交付第一批 NBF700 设备，因为担心中国买方会将该类型设备的专业知识透露给其竞争对手——一家德国公司，因为中国买方已从该德国公司购买了相关的设备。仲裁庭认为：双方都承认中国买方购买设备的目的是使其生产的口服液包装能够明显区别于其他国内制造商生产的包装，以避免仿冒产品。为此，双方均十分重视技术的保密。而中国买方购买了瑞典卖方提供的包装生产设备，同时将该设备用于德国竞争对手提供的灌装机上，这势必要将瑞典卖方的专有技术数据提供给德国竞争者，确实对卖方专业知识的保密构成威胁。由于中国买方没有告知将采取何种具体措施保密卖方的技术，这已经构成了将"不履行其大部分重要的合同义务威胁"，所以，卖方有权根据本款的规定拒绝交付设备。②

除此之外，无论是卖方还是买方，如果违反合同的规定未履行信息

① UNCITRAL, *Digest of Case Law on the United Nations Convention on the International Sale of Goods*, 2016, p. 321.

② CIETAC, China, 27-Dec-2002, https://iicl.law.pace.edu/cisg/case/china-december-27-2002-translation-available-0,访问时间：2022 年 2 月 16 日。

义务、谨慎义务、按时履行合同义务,或没有在合同规定的地点履行义务,都可能被认定为构成本款意义上的"不履行其大部分重要的合同义务威胁"。①

(2)"合同签订后履约期届满以前突显"不履行大部分重要合同义务的威胁

适用本款规定的另一个条件是:一方当事人"不履行大部分重要合同义务的威胁"必须在买卖合同签订后、履约期届满以前突显。仔细分析,在这一适用条件中蕴含着两个要素:即上述威胁的"突显"和突显的"时间区间"。

第一,上述威胁的"突显"。本款并没有明文规定"突显"这一要素,但本款中"另一方当事人……将**明显(apparent)**不会履行……"中"明显"一词暗示了这一点。这里的"突显"应该有两层意思:其一,已经存在着足以证明一方当事人"将不履行大部分重要合同义务"的客观迹象。这样的客观迹象很多,例如,在发生争议过程中宣布不交付货物或不支付货款的行为、一方当事人启动破产程序,或一方当事人没有采取任何准备履行合同义务的行为等等;实际上,本款列举的导致一方当事人不会履行其大部分重要合同义务的两项原因也属于此类客观迹象。其二,有意行使宣告合同履行中止权的当事人应该"知道"上述迹象。尽管这里的"知道"多少有一些主观因素,但仍应该从客观角度进行衡量分析。在对方当事人表示拒绝交付剩余的货款时,这自然具备了此处的"知道"要件;如果在一个较为特定的商业圈内某一事实或信息已经广为流传,那么同样也属于该商圈的合同当事人应该知道的范畴。在有争议时,应该适用《公约》第8条第2款的理性人标准来进行分析判断。

第二,突显的"时间区间"。与本款适用条件有关的另一个关键要素是上述威胁必须在"合同签订后、履约期届满以前"突显。本款明确

---

① Schlechtriem/Fountoulakis, *Kommentar zum Einheitlichen UN-Kaufrecht——CISG*, 7. Aufl. 2019, S. 1187.

规定了"合同签订后"这一时间要件,但却没有规定"履约期届满以前"这一要件。尽管如此,以上观点仍是成立的。如果一方当事人"不履行其大部分重要合同义务"的行为发生在履约期届满以后,那么,这便不是一种违约威胁,而是一种现实的违约。中国国际经济贸易仲裁委员会也持这一观点。在其于2005年仲裁的某货物买卖合同纠纷中,合同签订后,卖方于2003年5月13日将货物在中国某港交付给承运人,从而履行了其交付义务。但在货轮抵达俄罗斯某港后,卖方又指示货轮将货物运回出发港,理由是买方迟迟没有支付货款,故卖方有权行使本条的中止履行合同权;但买方则认为卖方擅自将货轮调回中国某港,构成根本违约。中国仲裁庭查明:卖方指示承运人运回货物的日期为7月12日,回到出发港的日期为7月21日。买方已经支付大部分货款,对于余款的支付,双方约定的最后付款日期为7月31日。中国仲裁庭最终裁定:买方的余款支付日尚未到期,故买方没有违约行为;而卖方没有提供任何证据证明买方已经没有能力支付余款,所以,卖方不得引用本条的规定宣告中止合同履行。①

(3)"确有根据的预测"

由上可知,"将不履行其大部分重要合同义务的威胁"并不是指正在或已经发生的违约行为,而是指未来将会发生的违约行为。从另一角度分析,此类"威胁"在本质上是一种预测。既然这样,随意的猜测也是一种预测。如果允许一方当事人基于随意的猜测便行使本款赋予的中止权,这显然有违《公约》制定者的本意。所以,适用本条还必须具备第三个条件,即"确有根据的预测",这一条件蕴含在本款"另一方当事人……明显将不履行……"的"明显"一词中。这一适用条件也就将那些随意的、毫无根据的预测排除在本款的调整范围之外。那么,何为"确有根据的预测"呢?这一方面是指,一方当事人预测的对方当事人"将不履行大部分重要合同义务的威胁"变成现实违约有相当高的可能

---

① 中国国际经济贸易仲裁委员会:《〈联合国国际货物销售合同公约〉在中国仲裁的适用》,第173页。

性;另一方面则是指,该当事人的预测必须以客观事实作为依据。在这两方面的因素中,后者因素更为关键,因为如果一方当事人的预测有客观事实作为依据,其预测的准确性自然比较高。那么,哪些客观事实能够表明一方当事人将不会履行其大部分重要合同义务呢?本款 a、b 两项列举了两类原因:即"(a)该当事人履行义务的能力或其信用有严重缺陷"和"(b)该当事人准备履约或履约行为"。下文将分别探究这两个客观原因的内涵。

其一,"履行义务的能力或其信用有严重缺陷"。本款 a 项列举的第一类原因为"该当事人履行义务的能力或其信用有严重缺陷"。仔细分析,该项又列举了两类客观现象。首先,是当事人的"履行义务的能力有严重缺陷"。一般认为,这一原因既包括因罢工、火灾、水灾或其他自然事件而引起的履约困难,也包括一般性法律障碍如出口禁令、爆发战争引发的履约不能。①但是,有关货物市场发展变化的信息,例如相同货物的市场价格变得更贵,即使它危及合同的履行,也不足以构成本款意义的"履行义务的能力有严重缺陷",因为这属于正常的商业风险。其次,当事人的"信用有严重缺陷"。何谓当事人的"信用有严重缺陷"呢?它本意是指当事人失去债务清偿能力,至少已经不具备足够的清偿能力。所以,如果合同一方当事人已经濒临破产或已经进行破产程序,这便足以表明该当事人的"信用有严重缺陷"。如果该当事人没有支付或暂停支付其他合同下的货款,也是如此。②当然,偶尔一次或两次延迟支付货款是否构成本款意义上的"信用有严重缺陷",必须根据整个合同的规定、双方的谈判过程等,结合《公约》第 80 条的规定予以分析判断。但是,有一点是可以肯定的:即一般性的延迟支付货款或延迟交付货物并不足以构成本款所要求的"履行义务的能力或其信用有严重缺陷"。在奥地利联邦高等法院审理的捷克卖方和奥地利买方之

---

① Schlechtriem/Fountoulakis, *Kommentar zum Einheitlichen UN-Kaufrecht—CISG*, 7. Aufl. 2019, S. 1188.

② Trevor Bennett, in Bianca/Bonell/knapp, *Commentary on the International Sales of Law*, p. 520.

间的雨伞销售合同纠纷中,合同规定了分批交付货物和支付货款。由于买方没有按时支付第一批交付货物的货款,故卖方暂停交付雨伞,并提起诉讼,要求买方支付货款。奥地利上述法院判定:只有在一方当事人进入破产程序,或者一方当事人完全停止支付或交付合同规定的货物时,才构成本款意义上的"信用有严重缺陷"。如本案中,买方仅仅没有支付一期货款,或者没有继续支付已经收到货物的货款,均还不足以构成"信用有严重缺陷"。①

其二,"准备履约或履约行为"。本款 b 项列举了这一导致一方当事人不会履行其大部分重要合同义务的原因。仔细分析,这又包括两个要素:即一方当事人在"准备履约或履约行为"过程中存在着瑕疵、这一瑕疵导致该当事人不会履行其大部分重要合同义务。以上两个要素共同组成了本款 b 项列举的第二类原因。那么,哪些"准备履约或履约行为"瑕疵有此种功能呢? 答案是很多。在卖方方面,它包括没有采购或没有及时采购生产货物所需的原材料,未申领或未及时申领进口许可证、出口许可证或其他类似的证件;此外,它还包括使用不合格或禁止性的原材料或零部件,使用不合格的运载工具,使用有缺陷的包装,委托一个没有资质的承运人运送货物,未提供使用说明书等。②在买方方面,此种瑕疵包括:未根据合同规定与承运人签订运输合同,未将船名、船期通知卖方,未办理进口许可证,未委托银行出具信用证,未及时接收货物等。

应当指出:上述两类原因既适用于卖方,又适用于买方。因为无论卖方还是买方,都可能存在履约能力缺陷或信用缺陷,他们的准备履约或履约行为也都会存在上述瑕疵。由于上述客观因素是导致一方当事人不能履行其大部分重要合同义务的原因,所以有意行使本款授权的当事人必须提供证据证明:另一方当事人的履约行为存在着以上任何

---

① OGH,Austria, 12. 2. 1998,www.unilex.info/cisg/case/385,访问时间:2022 年 2 月 16 日。

② Schlechtriem/Fountoulakis, *Kommentar zum Einheitlichen UN-Kaufrecht— CISG*,7. Aufl. 2019, S. 1189.

一种或几种瑕疵,而且在该瑕疵与另一方当事人不会履行其大部分重要合同义务之间存在着因果关系。

此处涉及的问题是:构成预期违约的"不会履行其大部分重要合同义务的威胁"是否仅限于由本款 a、b 两项原因引起的? 由除此以外的客观原因引起的此类"威胁"是否便不能构成预期违约? 如上所述,德国学者冯图拉基斯对此持肯定态度。①但这一观点是否成立是值得怀疑的。尽管本款文字仅仅列举了"(a)该当事人履行义务的能力或其信用有严重缺陷"和"(b)该当事人准备履约或履约行为"这两类原因,但因此而排除其他原因是不科学的。因为在判定一方当事人是否有预期违约行为时,重要的判断标准应当是:该当事人是否"将不会履行其大部分重要的合同义务的威胁"。造成这种威胁的原因无关紧要,因为不论是何种原因引起的,此类威胁给合同履行和对方当事人所带来的负面影响是相同的。另外,从司法和仲裁实践来看,用于证明是否存在此类威胁的原因也不限于本款列举的两类,一方当事人宣告拒绝履行合同义务的行为也构成本款意义上的"将不会履行其大部分重要合同义务的威胁"。

2.2 具备第 1 款适用条件时的法律后果——宣告中止履行义务

在具备以上适用条件时,本款也明确地规定了相应的法律后果:即"一方当事人可以中止履行其义务"。尽管如此,在这里依然存在四个有待澄清的法律问题:当事人如何行使本款规定的中止履行义务权? 有意引用本款规定的当事人究竟可以中止履行哪些义务? 行使这一授权的边界在哪里? 中止履行权的行使会带来哪些法律效果? 下面分别予以讨论。

(1) 中止履行义务权的行使

尽管本款对合同当事人进行了授权,但一个关键的问题是当事人如何才能行使本款的授权? 本款下的授权是一种形成权,即权利人必

---

① Schlechtriem/Fountoulakis, *Kommentar zum Einheitlichen UN-Kaufrecht—CISG*, 7. Aufl. 2019, S. 1187.

须通过单方面作出意思表示才能行使这一授权。本条第3款前半句"无论是在发送货物之前还是之后决定中止履行,该当事人都必须立即通知另一方当事人"十分明确地规定了这一行权方式。据此分析,如果当事人有意行使本款下的授权,必须经过以下两个步骤:其一,作出中止履行义务的决定;其二,立即将该决定通知对方当事人。①如果他没有采取以上措施,即使具备了本款的适用条件,合同也不会自动中止履行。如果他在没有发出通知的情况下行使了这一授权,这不仅会使其中止行为无效,而且如果由此导致了延迟履行合同义务或其他违约行为,他还需承担相应的法律责任。

(2) 中止履行义务权的内涵

在一方当事人行使本款的授权时,他可以中止履行哪些义务呢?本款并没有对中止履行义务的范围进行限制,所以,这里的授权包括当事人根据合同和《公约》规定的应该履行的所有义务。换句话说,当事人可以暂不采取履行其合同义务所需的措施,前提条件是此种暂不履行不会导致其最终无法履行合同义务。当然,买卖双方可以中止履行的义务是不同的。对卖方而言,他可以暂不履行《公约》第31条至第34条规定的交付货物义务;就买方而言,他可以暂不履行第54条至第59条规定的支付货款义务。②当然,一方当事人根据本款可以"中止履行其义务"并不限于《公约》的规定,也包括合同中规定的义务。

(3) 本款授权的边界

尽管本款对一方当事人进行了上述授权,但本款还是为该当事人行使这一授权设定了两方面的权利边界。其一,本款仅仅授权一方当事人暂不履行其义务,而没有授权该当事人采取其他补救措施。例如,卖方不得在中止履行交付货物义务的同时将合同下的货物销售给第三方,买方也不得在行使本款授权的同时进行替代采购。其二,当事人采

---

① 有关通知内容和形式等详见下文论述。

② John O. Honnold, *Uniform Law for International Sales under the 1980 United Nations Convention*, 3rd ed.(1999), p. 427.

取的中止履行义务措施是临时性的。尽管《公约》没有明确规定这一点，但英文版本中的"suspend"和中文版本中的"中止"一词均反映了这一点。此外，本条第3款中有关"如该另一方当事人对履行义务提供充分保证，则他必须继续履行义务"的规定，也表明了这一点。

（4）行使中止履行义务权的法律效果

在具备上述条件的情况下，如果一方当事人选择行使本款授予的中止履行义务权，会引发哪些法律效果呢？具体分析，这会产生以下几个方面的法律效果：

第一，推迟了合同原定的履行时间。在当事人宣告中止履行义务后，原合同规定的履约时间便将因此而顺延，顺延至权利人根据本条第3款规定而向对方发出的通知中设定的宽限期届满时为止。例如，原合同规定，买方的付款最后期限为10月10日。由于买方的信用存在严重的缺陷，所以，卖方在10月6日向买方发出中止履行义务的通知，同时要求买方在10月20日前提供履约担保。在这种情况下，卖方因行使本款的授权而没有在原合同规定的期限内交付货物，这不构成违约行为。如果买方最后于10月19日支付了货款，这显然晚于原合同规定付款日期，这同样不构成违约。换句话说，合同中原来规定的履行期限因为一方当事人行使中止履行合同义务的权利而相应地被推迟。

第二，在权利人行使中止履行权而设定的期限内，合同的履行处于不确定状态。这里的"不确定状态"并不是指合同的效力，而是指：双方当事人是否愿意继续履行合同的态度不明。这种不确定状况一直持续到权利人在其根据本条第3款规定向对方发出的通知中设定的期间届满时，或他收到对方发出的表明其态度的通知时为止。在以上两个时间点届满时，双方当事人对于是否继续履行合同义务的态度才趋于明确，此时，权利人才可以根据对方的态度采取相应的行动。

3. 在途货物的阻止交付（第2款）

国际货物销售合同的履行离不开独立的承运人，《公约》第31条a项、第38条第2款、第58条第2款也都涉及了货物的运输。在合同规定通过承运人运送货物时，从卖方将货物交付给承运人到承运人将货物交付给买方通常需要几周或更长的时间。在这一时间内,买方也可能遇到本条第1款提及的履约困难。本条第2款专门规范了在此类情形下卖方中止履行义务权的行使问题,据此,"即使买方已经持有了有权获得货物的单据,他也可以阻止将货物交付给买方"。由上可知,本条第1款既适用于卖方,也适用于买方。而本款则规范了卖方行使第1款授权过程中的一个特殊问题:在他将货物交付了承运人以后才发现买方有"不履行大部分重要合同义务的威胁"的情况下,如何才能行使中止履行权。下文依然从适用条件和法律后果两个方面来进行论述。

3.1 适用第2款规定的前提条件

适用本条第2款应当具备哪些前提条件呢? 根据本款前半句"如果卖方在上一款所述的理由变得明显以前已经发送了货物,即使买方已经持有了有权获得货物的单据"的规定,适用本款规定的前提条件有:"货物已经处于运输途中""买方出现了第1款提及的明显将不履行大部分重要合同义务状况""买方没有将提单出让给善意的第三人"。

(1)"货物已经处于运输途中"

适用本款规定的第一个条件是"货物已经处于运输途中",无论是本款第1句中"如果卖方……已经发送了货物"这一表述,还是"即使买方已经持有了有权获得货物的单据"这一规定,均表明了这一适用条件。从这一适用条件中,我们可以推导出以下要素:其一,买卖合同中必须涉及货物运输。换句话说,如果买方在卖方营业地或工厂所在地提取货物,或者卖方在买方营业地或其他目的地交付货物,即使在这一过程中买方或卖方也会委托承运人运送货物,但也不适用本款规定。其二,卖方已经将货物交付给了承运人,本款中的"已经发送了货物"暗示了这一要件。其三,承运人还没有将货物运送至目的地,尤其是还没有将货物交付买方。因为如果买方已经提取货物,那么,运程便已经结束,货物也已经不再处于运输途中。

(2)"买方有不履行大部分重要合同义务的明显威胁"

本款中"如果卖方在上一款所述的理由变得明显以前……"暗示了

这一适用条件。尽管这里的"在上一款所述的理由变得明显以前"没有提及买方,但它无疑是指"买方"将基于各种原因而明显"将不履行其大部分重要的合同义务",因为根据本款的文义,本款便是专门规范买方出现支付货款障碍的情形。至于何为"明显不会履行其大部分重要的合同义务"? 详见上文论述,这里不再重复。

(3)"买方没有将提单出让给善意的第三人"

在货物已经交付给承运人时,承运人通常会给卖方签发提单。这便产生一个相关的问题:"卖方已经不再持有提单"是不是适用本款的一个前提条件? 答案是否定的,本款中"**即使**卖方已经不再持有控制货物所有权的提单"这一表述十分清楚地回答了这一问题。据此分析,无论卖方是否持有提单,都不妨碍本款规定的适用。但是一般认为"买方没有将提单出让给善意的第三方"是适用本款规定的一个前提条件。[①]尽管本款没有明确规定这一要件,但这一观点是成立的,以下几个因素决定了这一点:首先,本款规定仅调整买卖双方当事人之间的法律关系,本款中"他也可以阻止将货物交付给买方"这一规定十分清楚地表明了这一点。如果买方已经将提单出让给了善意第三者,那么,就涉及卖方和第三者之间的法律关系,这便超出了本款的调整范围。其次,如上所述,提单是货物所有权的凭证,谁持有提单,谁便有权提取货物(记名提单除外)。如果善意第三者持有提单,他当然可以凭提单向承运人提取货物。当然,买方不支付货款而获取提单的机会很少,因为付款赎单是国际上的交割惯例,即买方只有在首先支付货款后,才能从银行那里获得提单,然后才能出让给第三人。

以上三个条件也是必须同时具备的,缺一不可。这意味着在具体的案件中,在审查是否适用本款规定时,必须首先查明在该案中是否已经具备上述三个条件。

[①] 高旭军:《〈联合国国际货物销售合同公约〉适用评释》,第一版,第 407 页;Article 71:Secretariat Commentary, https://iicl.law.pace.edu/cisg/page/article-71-secretariat-commentary-closest-counterpart-official-commentary,访问时间:2021 年 8 月 25 日。

3.2　具备适用条件时的法律后果——阻止承运人将货物交给买方

在具备上述适用条件下,将会产生何种法律后果呢? 本款也十分明确地规范了这一问题:据此,卖方"……可以阻止将货物交付给买方"。本款规定仅仅涉及买卖双方对货物的权利,但规范的法律后果并不十分清晰,因为它既授予卖方阻止承运人交付货物权,同时又对这一权利的行使进行了一定的限制。

(1) 授予卖方以阻止承运人交付货物权

本款第 1 句对卖方进行了相应的授权。据此,卖方有权对承运人发出指令,要求该承运人停止向买方交付货物,而且这一授权是十分明确的。因为本款规定,"即使买方已经持有了有权获得货物的单据",卖方依然可以阻止承运人交付货物。如果卖方成功阻止承运人将货物交付给买方,那么,合同是否继续履行便处于不确定状态;如果由此而导致双方当事人延期履行合同义务,这便不属于违约行为,买方也必须容忍卖方暂时扣留货物的行为。

与第 1 款的中止履行义务权一样,本款授予卖方的阻止承运人交付货物权也是一种形成权。这意味着,为了行使本款的授权,卖方必须根据本条第 3 款的规定向买方发出相应的通知,同时向承运人发出相应的指示。当然,本款下的阻止承运人交付货物也是暂时的。如果买方在收到卖方发出的通知后提供了充分的付款担保,或者支付能力基于其他原因得以恢复,那么,卖方便应当指示承运人将货物交付给买方。

(2) 卖方行使指示权的限制

尽管本款第 1 句十分清晰地授权卖方上述"指示权",该句规定依然有不清楚的地方,因为该句没有规定:承运人是否必须执行卖方的指示? 那么卖方的指示是否有强制约束力呢? 对此问题,国际学界有不同的看法。有学者认为:承运人没有义务听从卖方的指示,如果他这么做,这不仅违反国内法,而且违反国际法。[①]相反的观点则认为,尽管本款没有明

[①]　Trevor Bennett, in Bianca/Bonell/knapp, *Commentary on the International Sales of Law*, p. 517.

示规定,但本款的规定依然具有相当的强制性,因为本款强调"即使买方已经持有了有权获得货物的单据,他也可以阻止将货物交付给买方",不仅如此,承运人还必须将货物交付给卖方。①笔者认为上述观点均有一定的道理,但又有一定的片面性。笔者认为卖方的指示在通常情况下对承运人没有约束力,但在例外情形下,承运人必须执行卖方的指示。

第一,卖方的指示通常对承运人没有约束力。两方面的因素决定了这一点。首先,《公约》对承运人没有约束力,运输合同也不是《公约》的规范对象。规范运输合同的国际公约主要有《海牙规则》《维斯比规则》《汉堡规则》,缔约国的国内法如《海商法》也规范运输合同。这些国际公约和国内海商法通常规定:承运人应当将货物交付给提单持有人。据此分析,卖方的指令没有强制约束力,承运人也通常不会或不愿执行卖方发出的上述指令。因为如果他遵从卖方的指令没有将货物交付给已经持有提单的买方,那么,他便违反了公约或国内法的规定,他必须因此而承担相应的法律责任。其次,本款第2句明确规定"本款规定仅仅涉及买卖双方对货物的权利",而本款第1句授予卖方给承运人发出指令的指示权显然超过了第2句限定的调整范围。另外,从本款的产生历史看,《公约》制定者之所以增加该第2句,旨在削弱卖方给承运人发出指令的强制性,因为在原本的草案上没有该第2句,而只有第1句:"如果卖方在本条第1款所述的买方的经济状况变得明显之前已经发送了货物,他可以阻止将货物交给买方,即使后者持有使其有权获得货物的文件。"但当时有学者对这一规定提出了批判意见,认为这一规定让承运人承担了两种相互矛盾的义务,即《公约》下执行卖方指令的义务和其根据国内海商法和有关提单的国际公约下承担的义务。因为这一批判意见,所以增加该第2句"本款仅仅涉及买卖双方对货物的权利,它不影响承运人和其他人之间的义务"。②

---

① John O. Honnold, *Uniform Law for International Sales under the 1980 United Nations Convention*, 3rd ed.(1999), p. 433.

② Trevor Bennett, in Bianca/Bonell/knapp, *Commentary on the International Sales of Law*, p. 517.

　　第二,在例外情形下卖方的指示有约束力。如果运输合同中规定:卖方有权向承运人发出指令,指示他不能将货物交付给持有提单的买方,那么,卖方可以向承运人发出此类指令,承运人也应该执行该指示。尽管存在着规范国际货物运输合同的《海牙规则》等国际公约和国内法,但这些公约和国内法也确认"意思自治原则",允许自由商定运输合同的条款,规范托运人、承运人和收货人之间的关系。所以,在由卖方负责安排货物运输时,只要征得承运人同意,他便可能将其上述指示权写进运输合同。

　　如果合同中没有此类约定,对卖方而言,一个比较有效而安全的途径是:请求法院颁布临时措施,扣押承运人承运的货物,禁止已经持有提单的买方提取货物。

4. 行使中止履行合同义务权的程序性条件(第3款)

　　本条第1款赋予一方当事人在对方当事人有重要的履约障碍时中止履行义务的权利,第2款则赋予卖方在货物已经交付承运人而且买方有重要履约障碍时阻止承运人交付货物的权利。但是,在适用上述两款规定时还需要解决以下两个重要的问题:其一,在具备以上两款的适用条件时,一方当事人应该如何行使以上授权;其二,在一方当事人行使了中止履行权后,该当事人何时必须继续履行其合同义务?前两款都没有涉及以上两个问题,而它们恰恰是本条第3款的规范对象。正因如此,本款对前两款起着重要的补充作用。本款主要是通过规定"通知义务"和"对方提供充分的履约保证时的继续履行义务"来规范以上两个问题的。下文分别就此进行讨论。

4.1　行使中止履行权一方当事人的通知义务

　　本款前半句明确规定了通知义务,据此,"无论是在发送货物之前还是之后决定中止履行,该当事人都必须立即通知另一方当事人"。尽管这里没有明确表明这一规定的义务主体,但结合本条前两款的规定,它应该是指任何有意行使本条前两款授权的当事人;在适用第1款时,他既可以是卖方,也可以是买方;但在适用第2款时他仅仅是卖方。本款规定"通知"义务也是十分必要的。如上所述,在本条前两款规范的预期违约中，一方当事人未来可能不会履行其大部分重要合同义务，尽管有客观依据作为支撑，但这依然是一种"预测"；既然如此，"预测"也可能是错误的，而本款规定的"通知"义务便为一方当事人提供了澄清他能否履约合同义务的机会，显然有利于合同的顺利履行。

（1）通知的形式和内容

本款没有明确规定通知的形式和内容。《公约》第 11 条有关合同形式自由的规定同样适用于本款下的通知。西方国家法院对通知形式的认定也较为宽松。德国哈姆高等法院在其于 1998 年 6 月 23 日审理的奥地利卖方和德国买方之间的家具销售合同纠纷中判定：在签订销售合同后，德国买方发现奥地利卖方明显将不会履行大部分重要合同义务，因为奥地利卖方用来存放交付家具的仓库中没有任何家具，所以德国买方根据本条第 1 款的规定中止支付货款，而且口头通知对方双方必须同时履行合同义务。法院认为，德国买方口头告知对方"同时履行合同义务"已经构成本款意义上的通知。①但是应当明确指出的是：一方当事人实际上采取的拒绝履行合同义务行为本身不等于"通知"。在德国斯坦达尔州法院于 2000 年 10 月 12 日审理的意大利卖方和德国买方之间大理石销售合同纠纷案中，在卖方交付大理石以后，德国买方通知卖方货物不合格，意大利卖方于是交付了替代大理石，但德国买方依然没有支付货款，于是卖方提起诉讼要求德国买方支付货款。德国买方声称卖方交付的替代大理石也存在着严重的瑕疵，故宣告合同无效，同时表示卖方两次均没有交付合格的货物，怀疑卖方不能履行其交付合格货物的义务，故有权根据本条第 1 款的规定中止履行合同，双方由此发生争议。德国上述法院驳回了买方的主张，因为他未能证明卖方交付的替代货物也存在着严重的质量瑕疵。而且他也无权中止履行合同，因为他没有根据本款的规定向意大利卖方发出相应的通知，拒

---

① 41 CLOUT case No. 338，Oberlandesgericht Hamm，Germany，23 June 1998，http://www.cisg-online.ch/content/api/cisg/display.cfm?test＝434，访问时间：2021 年 8 月 26 日。

绝支付货款行为本身并不构成本款意义上的通知。①

对于通知的内容,本款也没有作出明确的规定。按常理分析,本款意义上的通知应该包括三方面的内容:告知对方自己已经作出了中止履行合同义务的决定,说明理由,并要求对方提供履约担保②。上述德国哈姆高等法院在其于1998年6月23日审理的奥地利卖方和德国买方之间的家具销售合同纠纷中就是如此判定的。在德国达姆施塔特地区法院于2001年5月29日审理的案件中,买方仅仅抱怨上一批次货物的质量瑕疵,却没有告知对方自己将暂停付款,该法院认为单纯指出瑕疵的信件不构成本款意义上的通知。③另外,通知中必须正确引用支持其中止履行义务的理由。如果通知中告知了对方自己将中止履行义务的决定,但引用的理由不正确,那么,这同样不构成本款意义上的"通知"。比利时根特上诉法院在2000年4月26日审理的新加坡卖方和比利时买方之间的塑料袋销售合同纠纷案中便作出了这样的判决。在该案中,买卖双方一共签订了两份塑料袋销售合同,双方已经按照合同约定完成了其中一份合同的履行,在第二份合同的履行过程中,买方担心卖方交付的货物将会有质量问题,故向卖方发出了书面通知,告知卖方其将暂停支付货款。但在通知中他错误引用了卖方根据已经履行完毕的合同交付的货物,事实上,这些货物质量没有任何瑕疵。比利时法院据此判定该书面信件同样不构成本款意义上的通知。④

(2)"立即"的内涵

根据本款规定,在当事人决定中止履行合同义务以后,他"必须立

---

① Landgericht Stendal, Germany, 12 October 2000, https://cisg-online.org/files/cases/6555/abstractsFile/592_17624889.pdf,访问时间:2022年2月17日。

② 详见下文本条4.2中之论述。

③ Landgericht, Darmstadt, Germany, 29 May 2001, http://www.cisg-online.ch/content/api/cisg/display.cfm?test=686,访问时间:2021年8月26日。

④ Hof van Beroep Gent, Belgium, 26 April 2000, https://iicl.law.pace.edu/cisg/case/belgium-april-26-2000-hof-van-beroep-appellate-court-bv-ba-jp-v-s-ltd-translation,访问时间:2021年8月26日。

即通知另一方当事人"。这里的"立即"究竟是多长时间？本款对此没有作出明确的规定。但它给予有意行使这一权利的当事人考虑的时间很短，一般应该不会超过 2—3 天，因为在他发现对方将会预期违约而决定暂时中止履行合同义务时，这并不是一个复杂的决定。司法实践也认为"立即"所蕴含的时间期间很短。在德国达姆施塔特地区法院于2001 年 5 月 29 日审理的瑞典卖方和德国买方之间的家具销售合同案中，买方于 1999 年 1 月 10 日告知卖方上批次交付的家具有质量瑕疵，卖方于 1998 年 12 月 27 日就上批次货物开出发票。德国法院首先判定买方于 1999 年 1 月 10 日发出告知质量瑕疵的信件不构成本款意义上的通知，同时法院进一步论述道：即使将它视为本款意义上的通知，它也发送得太晚，法院判定买方至少应该在 1998 年 12 月 27 日卖方出具发票后立即发出本款意义上的通知，13 天的时间超过了"立即"的范围。① 在比利时根特上诉法院于 2000 年 4 月 26 日审理的新加坡卖方和比利时买方之间的塑料袋销售合同纠纷案中，买方在收到上一批次交付货物的四或五个月后才发出本款意义上的通知，这也超过了本款"立即"所允许的时间范围。②

由于本款对于通知的生效时间没有作出特别的规定，故根据《公约》第 27 条的规定，本款下的通知于当事人发出时生效，延迟送达或未送达的风险由对方当事人承担。

（3）未"立即发出通知时"的法律后果

由上可知，本款前半句要求：在一方当事人决定行使第 1 款或第 2 款赋予的权利时，他必须"立即"通知对方当事人。那么，如果该当事人根本没有发出通知，或者虽然发出了，却超过了"立即"的界线，或者虽然"立即"发出了通知，但通知中没有包括必要的内容，从而不

---

① Landgericht, Darmstadt, Germany, 29 May 2001, http://www.cisg-online.ch/content/api/cisg/display.cfm?test=686,访问时间：2021 年 8 月 26 日。

② Hof van Beroep Gent, Belgium, 26 April 2000, https://iicl.law.pace.edu/cisg/case/belgium-april-26-2000-hof-van-beroep-appellate-court-bv-ba-jp-v-s-ltd-translation,访问时间：2021 年 8 月 26 日。

构成本款意义上的通知,这会产生何种法律后果呢? 本款没有对此进行明确规定。按照常理分析,无论在以上何种情形下,都应该视为该当事人没有发出通知,那么,该当事人也就无权采取中止履约的行为。中国国际经济贸易仲裁委员会也持这一观点。在该委员会于2012年受理的锆英砂销售合同争议案中,合同规定买方应该在2011年3月至5月首先分别开立3张即期信用证,然后卖方则在同一期间分三次交付货物。买方已经开出第一张信用证,卖方也已经交付了第一批货物。此后卖方要求涨价,但与买方的商讨没有任何结果。而后买方因担心卖方不会交付货物便没有开立第二张和第三张信用证,但并没有通知卖方。中国国际经济贸易仲裁委员会认为:买方没有提供证据证明卖方将不会履行大部分重要合同义务;即使他能证明这一点,他也没有向卖方发出中止合同的通知。所以,买方无权行使本款的授权,他必须开立合同规定的信用证。[①]如果该当事人依然采取了此类措施,并由此导致其延迟履约或未履行其合同义务,那么其行为便构成违约,对方当事人可以根据其违约的程度分别采取《公约》第45条或第61条等规定的补救措施,要求该当事人承担相应的违约责任。许多国家的法院和仲裁机构在其判决或仲裁裁决中也都持以上观点。[②]

4.2　对方提供充分的履约保证时的继续履行义务

第3款后半句规定:"如该另一方当事人对履行义务提供充分保证,则他必须继续履行义务。"本句中一个核心的问题是:何为"充分的履约保证"? 因为它关系到销售合同的存续问题。根据本句规定,如果另一方当事人提供了"充分的履约保证",那么,对方当事人便必须继续履行义务;反之则无需继续履行。所以,下文便重点探究何谓"充分的履约保证"及其引发的法律后果。

---

① 中国国际经济贸易仲裁委员会:《〈联合国国际货物销售合同公约〉在中国仲裁的适用》,第175页。

② UNCITRAL, *Digest of Case Law on the United Nations Convention on the International Sale of Goods*, 2016, p. 321.

（1）"充分的履约保证"

仔细分析，"充分的履约保证"由"履约保证"和"充分"两个要素构成。要明确"充分的履约保证"的内涵，就应该分别查明"履约保证"和"充分"这两个概念的法律含义。

第一，"履约保证"的内涵。根据本款规定，在收到一方当事人发出的告知其中止履行义务的通知以后，另一方当事人应该提供"履约保证"。本款对这一概念没有进行界定。但学界认为，它不仅包括狭义上的信用担保，如以自有资产提供的清偿抵押、银行担保，它还应该包括任何其他形式的、能够消除对方当事人履约担忧的措施。[1]这一观点是正确的。担保的形式并不重要，关键是能够消除对方当事人的怀疑和担忧。如果买方中止履约的理由是卖方的职工已经进行了相当长时间的罢工，那么，相应的担保措施便应该是：提供与职工达成的结束罢工的协议；如果其理由是卖方无法在规定的履约期限内提供合同下的货物，那么，他便应该提供证据证明他已经生产或采购了足以履行交货义务的货物。反之，如果卖方中止履约的原因是买方已经没有支付前几份合同下的货款，那么，相应的保证措施有：清偿前合同下的货款、让银行开出不可撤销信用证或提供付款担保。换句话说，不论何种措施，只要它们能够消除合同对方当事人对于自己履约能力的疑虑，便属于本款意义上的"履约保证"。

第二，"充分"的内涵。根据本款规定，在收到一方当事人发出的告知其中止履行义务的通知以后，另一方当事人不仅应该提供"履约保证"，而且其提供的"保证"必须是"充分"的。相关的问题是：提供多少"履约保证"才达到本款意义上的"充分"这一标准呢？对此有两种不同的看法：德国学者冯图拉基斯认为，提供的保证数量应该与其承担义务的数量相当，但不包括其不履行义务时可能给对方带来的损失；[2]但联

---

[1]　Schlechtriem/Fountoulakis, *Kommentar zum Einheitlichen UN-Kaufrecht—CISG*，7. Aufl. 2019，S. 1197.

[2]　Schlechtriem/Fountoulakis, *Kommentar zum Einheitlichen UN-Kaufrecht—CISG*，7. Aufl. 2019，S. 1197.

合国国际贸易法委员会秘书处则认为,它还包括不履行时可能给对方造成的损失。[1]笔者认同上述第一种观点,因为本款后半句规定的文义也表明了这一点。"如该另一方当事人对履行义务提供充分保证"这一规定表明:该当事人提供多少履约保证才符合本款的"充分"要求,应该以其承担的"履行义务"作为参考标准。换句话说,其提供的保证数量必须与其承担义务的数量相当。如果保证数量明显低于其承担的合同义务,那么,其提供的"保证"便是不"充分"的。由此可见,后种认为担保数量应该包括不履行义务时给对方造成损失的观点,超出了本款规范的范围,故没有法律依据。

如果双方当事人对一方提供的履约保证是否"充分"存在争议时,应该适用《公约》第8条第2款和第3款中的理性人标准综合考虑合同、谈判、交易习惯等因素予以分析判断。

(2) 提供"充分履约保证"时的法律后果

本款后半句不仅要求另一方当事人必须提供"充分履约保证",而且十分明确地规定了在提供了符合要求的保证时将产生的法律后果:即对方当事人"必须继续履行义务"。从这一规定中,我们还能推导出以下几方面的法律后果。

第一,合同不确定状态的终止。如上所述,在一方当事人依法行使本条第1款和第2款中的授权时,合同的履行处于不确定状态。但一旦另一方当事人提供了"充分履约保证",那么,这种不确定状态便随即消失。因为上述表述要求行使中止履行权的当事人必须继续履行其合同义务,如果他不履行其合同义务,那么,他的行为便构成违约,应承担相应的违约责任。

第二,未提供"充分履约保证"时的救济权。如果另一当事人没有提供"充分履约保证",这又会产生何种法律后果呢? 具体地说,宣告中止

---

[1] Article 71：Secretariat Commentary，https://iicl.law.pace.edu/cisg/page/article-71-secretariat-commentary-closest-counterpart-official-commentary,访问时间：2021 年 8 月 27 日。

履行的一方当事人是否可以宣告合同无效呢？本款没有直接规范这一问题。但从"如该另一方当事人对履行义务提供充分保证，则他必须继续履行义务"这一规定中，我们可以分析出以下几点：首先，行使中止履行权的一方当事人不必继续履行合同义务。这也是合情合理的，因为在对方当事人显然将不履行大部分重要合同义务时，又没有提供所规定的充分履约保证，这表明对方也不愿或不能履行其合同义务。其次，该当事人还可以根据《公约》第25条、第49条或第64条和第81条的规定宣告合同无效。而且，他没有必要等到合同规定的履约期届满以后才行使这一权利，相反，他可以立即行使这一权利。因为另一方当事人未能提供"充分履约保证"，这已经足以证明该当事人的行为已经构成第72条意义上的"预期根本违约"，这也就为宣告解除合同提供了法律依据。①

第72条　预期根本违约

Article 72

(1) If prior to the date for performance of the contract it is clear that one of the parties will commit a fundamental breach of contract, the other party may declare the contract avoided.

(2) If time allows, the party intending to declare the contract avoided must give reasonable notice to the other party in order to permit him to provide adequate assurance of his performance.

(3) The requirements of the preceding paragraph do not apply if the other party has declared that he will not perform his obligations.

译文

(1) 如果在履行合同日期到来之前已经十分明显一方当事人将根

---

① John O. Honnold, *Uniform Law for International Sales under the 1980 United Nations Convention*, 3rd ed.(1999), p. 436.

本违约(原译文为:"如果在履行合同日期之前,明显看出一方当事人将根本违反合同"),则(新增)另一方当事人可以宣告合同无效。

(2) 如果时间允许(原译文为:"时间许可"),有意(原译文为:"打算")宣告合同无效的一方当事人必须向另一方当事人发出合理的通知,以便(新增)使他能够(原译文为:"可以")为其履约义务提供充分保证。

(3) 如果另一方当事人已声明他将不履行其义务,则上一款规定并不适用。

目录

正文

1. 调整对象

如笔者在本书第71条评释中所述,在合同签订后、开始履行前,任何一方当事人可能会基于各种原因而无法履行其合同义务,这就是所谓的"预期违约"。仔细分析,《公约》将"预期违约"分成"一般性预期违约"(预期非根本违约)和"预期根本违约"两种。而所谓的"预期根本违约"是指一方当事人未来将要进行的违约行为已经具备了《公约》第25

条规定的根本违约的构成要件。由上可知，一般性违约和根本违约有着本质的区别，它们对合同对方当事人带来的损害也不同。所以，《公约》对这两类违约也规定了不同的救济手段。与此相类似，"一般性预期违约"和"预期根本违约"也有着本质的不同，第71条仅仅规范了一方当事人将会进行的"一般性预期违约"问题，而本条则专门规范了一方当事人将会进行的预期根本违约问题。本条共有三款，分别从三个方面规定了预期根本违约和宣告合同无效的关系问题。第1款原则上确认了在一方当事人有预期根本违约行为时对方当事人有权宣告合同无效；第2款对当事人宣告合同无效的权利进行了一定的限制，即在条件允许时，他必须通知对方当事人并允许对方提供履约担保；第3款则规范了第2款中限制性规定不适用的情形。由此可见，本条三款也较好地平衡了守约方和违约方的利益。因为它不仅授予守约方在对方有预期根本违约行为时宣告合同无效的权利，这显然有利于保护守约方的利益；还同时规定了守约方在时间允许时的通知义务，在违约方提供充分履约保证时继续履行合同义务，这显然是为了保护潜在违约方的利益。

　　本条与《公约》的其他条款之间存在着密切的关系。首先，它与第71条存在着补充关系。由上可知，第71条仅仅调整了"一般性预期违约"问题，没有规范"预期根本违约"问题，而本条恰恰将后者作为其调整对象。由此也决定了两条采取的救济措施也不同：第71条仅授予守约方中止履行合同的权利，而本条却授予他宣告合同无效的权利。守约方承担的通知义务也不同：在第71条下，"立即发出通知"是守约方行使中止履行权的必要前提条件，而在本条下，他仅需"在时间允许时"才承担这一义务。其次，本条也与《公约》第45条和第49条、第61条和第64条有着密切的联系。这四条规范了现实的、已经发生的根本违约行为问题。如果该当事人已经进行的履约行为构成了第25条意义上的根本违约，对方当事人可以根据上述条款宣告合同无效，而不能引用本条，因为本条仅仅规范预期根本违约行为。

2. 预期根本违约时宣告合同无效（第1款）

　　本条第1款明确规定，在"履行合同日期到来之前已经十分明显：

一方当事人将根本违约,则另一方当事人可以宣告合同无效"。据此分析,本款前半句规定了本款的适用条件,后半句则规范了具备适用条件时的法律后果。

2.1 第1款的适用条件

中国国际经济贸易委员会认为,适用本款规定应当具备以下三个条件:一方当事人有预期不能或不会履行义务的客观事实、上述事实必须达到"明显"的程度、预期违反合同的根本义务。①德国学者冯图拉基斯认为宣告合同无效应当具有以下五个条件:在合同履约期届满前已经变得十分明显、另一方当事人将根本违约、守约者应有时间并以适当的方式通知对方当事人、违约者没有提供充分的履行保证、宣告合同无效。②以上两个观点都有道理,两者涉及的概念不同,前者论及了适用本款的条件,而后者论及了宣告合同无效的前提条件。尽管如此,笔者认为适用本款规定应该具备以下两方面的条件:存在着一方当事人将根本违约的威胁、该威胁在合同签订后履约期到来前已经"十分明显"。

(1)存在着一方当事人将根本违约的威胁

本款中"一方当事人将根本违约"这一规定十分明确地表明了这一条件。仔细分析,这一条件由两方面的要素构成:即"一方当事人将有根本违约行为"和"该行为将在未来发生"。

第一,"一方当事人将有根本违约行为"。本款"一方当事人将根本违约"的概念首先表明:一方当事人不仅会有违约行为,而且该违约行为必须达到《公约》第25条规定的严重程度:即其违约行为如此严重地损害了对方当事人的利益,以至于在实际上剥夺了对方当事人根据合同本应获得的利益。可见,该当事人进行的违约行为是否构成根本违约,必须根据第25条的规定予以分析判断。另外,这里的"一方当事人"并不特指买方或卖方。相反,无论买方还是卖方,都可能构成本款

---

① 中国国际经济贸易仲裁委员会:《〈联合国国际货物销售合同公约〉在中国仲裁的适用》,第175页。

② Schlechtriem/Fountoulakis, *Kommentar zum Einheitlichen UN-Kaufrecht—CISG*, 7. Aufl. 2019, S. 1206.

意义上的"一方当事人"。

第二，"该行为将在未来发生"。本款"一方当事人**将**根本违约"的规定暗示了这一要素。"将"字表明，该当事人的根本违约行为尚未发生，但会在未来发生。除此之外，本款中的"履行合同日期到来之前已经十分明显"也清楚地表明了以上特征。

符合以上两个要素，本款下"一方当事人将根本违约"才属于"预期根本违约"，或者说，它才属于"存在着一方当事人将根本违约的威胁"。如果该当事人已经根本违约，那么，它便既不构成"预期"，也称不上"威胁"。

（2）该威胁在合同签订后、履约期到来前已经"十分明显"

适用本款的第二个条件是"一方当事人将根本违约的威胁"在合同签订后、履约期到来前已经"十分明显"，这一条件蕴含在本款"履行合同日期到来之前已经十分明显"这一规定中。在这一适用条件中，有两个核心要素：即"在合同签订后、履约期到来前"和"十分明显"。

第一，"在合同签订后、履约期到来前"。这是指"一方当事人将根本违约的威胁"必须产生在"在合同签订后、履约期到来前"这一时间区间里。尽管本款"履行合同日期到来之前已经十分明显……"仅仅提到"履约期到来前"这一时间限制，但"在合同签订后"这一时间限制也是必要的，因为在这一时间点之前，根本不存在合同。而"履约期到来前"这一时间限制更加重要，因为这是一个区分现实根本违约和预期根本违约的界线。如果上述威胁出现在这一时间点以前，这便可能成为本款意义上的"预期根本违约"；反之，便为现实的根本违约，那么，该行为便不受本款规定调整。

第二，"一方当事人将根本违约的威胁"应该在上述时间区间内已经"十分明显"。由于"预期根本违约"是一种未来将会发生的根本违约，如上所述，这在事实上依然是一种预测。但与第 71 条相比，本款授予守约方可以采取比中止履行更激烈的救济措施——即宣告合同无效。所以，为防止守约方滥用本款的授权，本款设置了"十分明显"这一限制性要素。下文重点探究"十分明显"这一概念的内涵及其判断要素。

首先,"十分明显"概念的内涵。在讨论这一概念的内涵之前,应该首先讨论"十分明显"这一中文翻译是否正确。相应的英文概念为"clear",现有官方中文版将此翻译成"明显",而将第 71 条"apparent"翻译成"显然"。①这样的翻译不是十分确切。因为在中文语境中,"显然"和"明显"在表达预期违约行为发生的确定性方面没有程度上的差异,而在《公约》英语版的语境中,在"clear"下违约行为发生的确定性无疑应该强于"apparent"。所以,笔者建议将"clear"译成"十分明显",以明确其与第 71 条下"显然"(apparent)的区别。②因为几乎所有《公约》的专家均认为:第 71 条英文版中的"apparent"(显然)与本条中的"clear"在确定性方面存在程度差异,即第 71 条的"apparent"仅仅要求一方当事人了解妨碍对方当事人履行合同义务的各种因素,但对"预期违约"发生的确定性并没有提出很高的要求。而本条第 1 款中的"clear"则不仅要求该当事人客观了解妨碍对方当事人履行合同义务的各种因素,而且要求他确认发生"预期根本违约"的概率很高。换句话说,确定发生本条第 1 款意义上"预期根本违约"的概率要远远高于发生第 71 条第 1 款意义上"一般性预期违约"的概率。③西方国家的司法判决也肯定了这一观点。德国柏林地区法院在 1992 年 9 月 30 日审理的意大利卖方和德国买方之间的皮鞋销售合同纠纷中便作出了这样的判决。在该案中,德国皮鞋零售公司和意大利皮鞋制造商有着多年的合作关系,德国买方于 1991 年 10 月向意大利卖方订购了一批皮鞋,约定合同签订之日起的四个月后在买方的营业地交货,买方应在卖方交货后之日起 60 天内付款。在约定的交付日到来之前,意大利卖方获悉:德国买

---

①　《联合国国际货物销售合同公约》,https://www.un.org/zh/documents/treaty/files/UNCITRAL-1980.shtml,访问时间:2021 年 8 月 29 日。

②　高旭军:《〈联合国国际货物销售合同公约〉适用评释》,第一版,第 416 页。

③　Bianca/Bonell/Bennett, *Commentary on the International Sales of Law*, p. 528; Schlechtriem/Fountoulakis, *Kommentar zum Einheitlichen UN-Kaufrecht—CISG*, 7. Aufl. 2019, S. 1208;高旭军:《〈联合国国际货物销售合同公约〉适用评释》,第一版,第 415 页。

方用以支付前两份合同拖欠的货款被冻结。意大利卖方因此对买方的偿付能力产生怀疑,并要求其在一周内提供有效的担保,否则,他将宣告解除合同。法院支持了意大利卖方的主张,判定虽然本条第 1 款对于"预期根本违约"行为发生的概率提出了比第 71 条更高的要求,但并没有高达 100%;相反,它只需要达到一个一般人都认同的较高的可能性。而德国买方用以支付其拖欠卖方的前两份合同下的货款被冻结,足以证明德国买方逾期根本违约的概率已经达到了本条下"十分明显"所要求的确定性。①

其次,"十分明显"的判断因素。根据上文分析,"十分明显"是指一方当事人进行"预期根本违约"行为的概率十分高。那么,在哪些情形下才能认定一方当事人的"预期根本违约"行为已经变得"十分明显"呢? 对此,本款没有作出统一的界定,它无疑是指当事人作出的上述预判必须有充分的客观事实作为判断的依据。由于买卖双方承担的义务有着本质的区别,所以,表明他们"十分明显"地将会"预期根本违约"的客观依据的表现形式也有所不同。

① 表明卖方"预期根本违约"的客观因素。从现有的司法判例和仲裁实践来看,表明卖方"预期违约"行为已经变得"十分明显"的典型客观依据有:在合同规定的履约期到来前,卖方明确告知对方将不履行合同义务,并表示将会把合同下的货物出售给第三方。美国伊利诺伊州北区地区法院在 1999 年 12 月 7 日审理的德国卖方和美国买方之间的钢条销售合同纠纷案中便持这一观点。在该案中,经过谈判,双方就购买钢条的数量、货款数额、付款方法、生产说明等达成了协议。双方约定了信用证付款的方式,买方已经开出了以德国卖方为受益人的信用证草案。德国卖方要求买方对信用证草案的内容作一些微小的修改,但美国买方拒绝修改,于是德国卖方威胁,将不履行其合同义务并将货物销售给其他人。买方就预期违约提起诉讼,要求卖方赔偿损失并实际履行义务。美国法院据此认为德国卖方明确作出以上表示,已

---

① Landgericht Berlin,Germany,30 September 1992,访问时间:2022 年 2 月 17 日。

经足以证明他将根本违约。①除此之外，还包括：卖方向买方提出了合同中没有规定的新要求，并将买方接受该要求作为其履行交付义务的前提条件；②卖方交付了不符合设计要求的样品，由此可以推导该卖方无法生产出符合要求的产品；在以往的合同中，卖方交付的货物存在着构成《公约》第25条根本违约的不相符性，在新合同下卖方依然从同一制造商处购买合同下的货物；③卖方未能按照其承诺降低售价，而且明确表示不能按时交付货物；卖方故意终止货物的交付；在销售合同规定由卖方负责安排货物运输时卖方根本没有努力与承运人签订运输合同；卖方拒绝在合同规定的交付日期交货，并建议买方接受替代货物；卖方声明他无法采购到合同下的货物，而且找到替代货物的可能性也很低；卖方提供了制造货物所需的有瑕疵的设计图纸，而且没有为改进图纸提供保证等。但是，如果因为买卖双方之间发生争议，卖方因此暂时停止交付货物，或者表示有意暂停交付货物并愿意就此与买方进行谈判，在这种情况下，瑞士法院和法国国际商事仲裁院认为：这没有"十分明显"地表明卖方将预期根本违反合同义务。④

　　② 表明买方"预期根本违约"的客观因素。能够"十分明显"地表明买方预期根本违约的客观依据有：在分批交货合同中买方未能支付以前批次的货款；买方未能在合同规定的期限内开出信用证；在销售合同规定买方应该签订运输合同安排货物运输时他没有与承运人签订运输合同；在对方要求提供履约保证时未能提供充分的履约保证；在合同

---

　　① U.S. District Court，Northern District of Illinois，United States，7 December 1999，访问时间：2021年8月29日。

　　② CLOUT case No. 293，Schiedsgericht der Hamburger freundschaftlichen Arbitrage，Germany，29 December 1998，https://iicl. law. pace. edu/cisg/case/germany-december-29-1998-translation-available，访问时间：2021年8月29日。

　　③ Schlechtriem/Fountoulakis，*Kommentar zum Einheitlichen UN-Kaufrecht—CISG*，7. Aufl. 2019，S. 1207.

　　④ UNCITRAL，*Digest of Case Law on the United Nations Convention on the International Sale of Goods*，2016，p. 321.

签订后买方毫无理由地试图单方面解除合同。①此外,在买方出具的信用证有错误,而且卖方要求买方予以更正时,买方不接受卖方的要求。②

从以上不同国家司法和仲裁实践对"预期根本违约"已经"十分明显"的界定可以看出,尽管它们理由并不相同,但有一个共同的特点:即一方当事人在履约期到期之前均明示或暗示地表达了拒绝履行合同义务的意思。这也进一步证明:本条下"十分明显"对于预期根本违约发生的确定性的强度要高于第 71 条下"显然"对预期违约发生的确定性的要求,因为第 71 条第 1 款 a 项和 b 项列举的原因并没有要求如此高的确定性。

除了上述客观因素以外,一个国家采取的限制性政策,例如实施贸易禁运或者外汇管制,也会引发一方当事人"十分明显"的预期根本违约行为。③

2.2 具备上述适用条件时的法律后果

在具备上述适用条件下,本款后半句十分清楚地规定了相应的法律后果:"则另一方当事人可以宣告合同无效。"为宣告合同无效,守约方必须根据《公约》第 26 条的规定向对方发出宣告合同无效的声明。④但该声明并不能像第 27 条规定的那样在发出时生效,因为本条第 2 款还规定了该声明的生效条件。这意味着:只有在满足本条第 2 款规定的条件时,一方当事人根据本条第 1 款发出的宣告合同无效的声明才能产生法律效力。

---

① UNCITRAL, *Digest of Case Law on the United Nations Convention on the International Sale of Goods*, 2016, p. 321.

② Schlechtriem/Fountoulakis, *Kommentar zum Einheitlichen UN-Kaufrecht—CISG*, 7. Aufl. 2019, S. 1207.

③ Article 72: Secretariat Commentary, https://iicl. law. pace. edu/cisg/page/article-72-secretariat-commentary-closest-counterpart-official-commentary,访问时间:2021 年 8 月 30 日。

④ 详见本书第 26 条下之论述。

3. 宣告合同无效声明的生效条件(第2款)

如上所述,本条第1款授予了一方当事人在特定条件下宣告合同无效的权利,在第1款的基础上,第2款则对一方当事人根据第1款拥有的权利进行了进一步的限制。根据"如果时间允许,有意宣告合同无效的一方当事人必须向另一方当事人发出合理的通知,以便使他能够为其履约义务提供充分保证"这一规定的字面意思,本款主要通过规定有意宣告合同无效一方当事人的通知义务和对方当事人是否提供履约担保来对行使宣告合同无效权进行限制,下文分别就此进行论述。

3.1　通知义务

根据本款有关"如果时间允许,……必须向另一方当事人发出合理的通知"的规定,《公约》规定了权利人必须承担通知义务和免于承担通知义务的两种情形。而是否承担这一义务的判断标准是"时间是否允许":在"时间允许"时,他才承担这一义务,本款中的"必须"两字十分清楚地表明了这一点;而在"时间不允许"时,他便免于承担这一义务。所以,根据本款规定,在"时间允许"时,权利人必须向对方发出相应的通知。如果他没有履行这一通知义务,即使已经具备了适用本条第1款的适用条件,他也失去了宣告合同无效的权利,或者发出的声明不产生法律效力。德国杜塞尔多夫地区高等法院在其审理的意大利卖方和德国买方之间的皮鞋销售合同纠纷中便持这一观点。①应当指出的是:这一通知仅仅适用于本条第1款规范的情形,而不适用于本条第3款规范的对方当事人明确拒绝履行合同义务的情形。由于"时间允许"的内涵关系到权利人是否承担本款要求的通知义务,所以,下文主要讨论"时间允许"的内涵以及通知的内容。

(1)"时间允许"的内涵

由上可知,是否具备"如果时间允许,……"这一条件不仅关系到权

---

① CLOUT case No. 130,Oberlandesgericht Düsseldorf, Germany,14 January 1994,http://www.cisg-online.ch/content/api/cisg/display.cfm? test=119,访问时间:2021年8月30日。

利人是否承担本款规定的通知义务,还关系到权利人发出的宣告合同无效声明是否有效的问题。所以,一个核心的适用问题便是:在什么情况下才构成本款意义上的"时间允许"?《公约》对此没有作出明确的规定。根据学界论述和司法实务界的判决或仲裁裁决,可以用来判断"时间是否允许"的因素有:"离合同约定履约日期的时间长短""合同下货物市场价格波动的幅度""货物是否容易变质或季节性是否很强""预期违约方资信能力的恶化程度"等。①据此分析,如果离合同约定的履行日期很短、货物市场价格波动幅度很大、货物很容易腐烂变质或季节性很强、对方资信恶化很快,那么,便构成了"时间不允许",权利人便不承担通知义务,反之,则承担通知义务。

(2)通知的内容

在时间允许时,权利人可以采取任何形式发出本款意义上的通知。本款对通知内容没有作出明确的规定,仅仅要求一方当事人发出的通知应该具有"合理性",本款"……一方当事人必须向另一方当事人发出**合理的**通知"这一规定中蕴含了这一要件。这一"合理性"要件在本质上也对通知的内容提出了最低要求:即通知中必须提供足够的信息,以便对方当事人能够据此决定是否"为其履行义务提供充分保证"②。这就要求:该当事人不仅应该在"通知"中告知对方其宣告合同无效的决定,而且还必须说明理由,并要求对方提供充分的履约保证;③此外,在该通知中还应该设定一个长度合理的供对方决定是否提供充分履约保证的回复期限。④设定的回复期限究竟多长才构成本款意义上的合理,没有统一的标准。应该根据个案中的具体情况予以分析判断。对于本款中通知何时生效问题,同时适用《公约》第27条的规定。

3.2 "对方未提供充分的履约保证"

本款规定的另一项限制是"对方未提供充分的履约保证",这一限

---

① Achilles,Art. 72 Rn. 4; Bamberger/Roth/Saenger,Art. 72,Rn. 9.

② Enderlein/Maskow/Strohbach,Art. 72 Anm. 5.

③ Bamberger/Roth/Saenger,Art. 72,Rn. 5.

④ Bianca/Bonell/Bennett,*Commentary on the International Sales of Law*,p. 530.

制隐含在"……以便使他能够为其履约义务提供充分保证"这一规定中。这一限制意味着:如果"对方未提供充分的履约保证",那么,权利人便有权宣告合同无效,相反他必须继续履行合同义务;只有在"对方未提供充分的履约保证"时,他才可以宣告合同无效。西方学者的主流观点均持这一观点,[①]而且这一观点也得到了成员国法院的肯定。[②]

本款中的"对方未提供充分的履约保证"与第71条第3款中的相同,由于笔者在本书有关第71条的阐述中对这一要件有详细论述,这里不再重复。故下文重点讨论"通知义务"。

4. 不适用第2款规定的例外情形(第3款)

由上可知,第2款规定了权利人承担通知义务的条件,同时又规范了其免于承担通知义务的情形。在这一规定的基础上,本款又规范了免除该当事人通知义务的另一种情形,"如果另一方当事人已声明他将不履行其义务,则上一款规定并不适用"。在《公约》中加入本款规定是受英美法预期违约制度的影响。在英美法预期违约制度中,如果债务人严肃、明确、毫无含糊地拒绝履行或否认其合同义务,那么,他便从根本上违反合同,这种拒绝履行使得合同失去了其存在基础。[③]由于本款后半句规定的法律后果十分清晰,下文主要讨论适用本款规定所应当具备的前提条件。根据"如果另一方当事人已声明他将不履行其义务"的规定,适用本款应该包括"一方当事人将不履行其义务""该当事人发出了相应的声明""没有撤回其声明"三个适用条件。

4.1　"一方当事人将不履行其义务"

这是指尽管买卖合同已经生效,但在合同规定的履约期到来前"另

---

① Bianca/Bonell/Bennett, *Commentary on the International Sales of Law*, p. 530; Schlechtriem/Fountoulakis, *Kommentar zum Einheitlichen UN-Kaufrecht—CISG*, 7. Aufl. 2019, S. 1212.

② U.S. District Court, Southern District of New York, United States, 29 May 2009, http://www.cisg-online.ch/content/api/cisg/display.cfm?test=1892,访问时间:2021年8月30日。

③ Schlechtriem/Fountoulakis, *Kommentar zum Einheitlichen UN-Kaufrecht—CISG*, 7. Aufl. 2019, S. 1214.

一方当事人"决定不履行其合同义务。这里的另一方当事人既可以是卖方，也可以是买方。这里的"不履行其义务"既包括《公约》第30条至第36条，或第53条至第60条等条款规定的义务，也包括合同中规定的特殊义务。但重要的是该当事人拒绝履行其义务的行为必须构成第25条意义上的根本违约。

4.2 "该当事人发出了相应的声明"

适用本款规定的第二个条件是：该当事人必须在合同规定的履约期到来之前发出了宣告其"将不履行其义务"的声明，本款"如果另一方当事人已声明他将不履行其义务"这一句规定中蕴含了这一条件。本款意义上的"声明"既可以是明示的，也可以是默示的。如果给对方发出一个书面或其他形式的通知，告知对方自己将不履行合同义务，这便属于明示的声明。反之，尽管没有明确告知对方上述内容，但却告知对方自己不会按时履行义务，也没有告知对方自己将会在哪一具体的日期履行义务，这便属于默示的声明。在实践中，默示的声明是多种多样的，例如毫无理由地宣布退出合同、无端要求涨价或降价、毫无根据地宣称有权单方面延迟履约期限或对合同进行其他修改、无端不开出信用证、提出合同中没有规定的新条件并将对方接受该条件作为其履行合同义务的前提。①但德国学者冯图拉基斯认为：如果对方当事人拒绝提供本条第2款意义上的足够的履约担保，也构成本款意义上的表示拒绝履行其合同义务的"声明"。②这一观点是难以成立的，尽管拒绝声明确实意味着他无意履行合同，但这依然不能构成本款意义上的"声明"，因为该当事人表示拒绝的前提条件是：权利人已经根据本条第2款的规定发出了通知，而根据本款规定，该权利人无需发出上述通知；在权利人没有根据第2款发出通知时，该另一方当事人也不可能作出拒绝提供担保的声明。该另一方当事人根据本款规定发出的声明于何

---

① Schlechtriem/Fountoulakis, *Kommentar zum Einheitlichen UN-Kaufrecht—CISG*, 7. Aufl. 2019, S. 1215.

② Schlechtriem/Fountoulakis, *Kommentar zum Einheitlichen UN-Kaufrecht—CISG*, 7. Aufl. 2019, S. 1215.

时产生法律效力？对此,应当适用《公约》第27条的规定,据此,声明于发出时产生法律效力。

4.3 "该当事人没有撤销其声明"

适用本款的第三个条件是:发出上述声明的当事人没有撤回其已经发出的上述声明。尽管本款没有规定这一点,但它应该也是适用本款规定的一个条件,因为《公约》第16条有关要约是可以撤销的规定也是构成《公约》存在基础的一个一般法律原则,它同样适用于一方当事人根据本款规定发出的声明。设定这一条件的目的是优先维持合同关系的稳定。在一方当事人根据本款规定发出了上述声明,而且在对方当事人采取应对不履行合同义务的措施之前,该当事人又撤销了其表示不履行合同义务的声明,表示愿意履行合同义务。这样便不存在着威胁合同履行的障碍。正因为此,将"该当事人没有撤销其声明"视为适用本款的第三个条件显然是有利于维护买卖双方当事人的利益。

以上三个适用条件必须同时具备,缺失任何一个,均导致本款规定的不适用。在诉讼或仲裁过程中,如果宣告合同无效一方当事人主张他无需向对方发出通知,那么,他必须提供证据证明在相关的案件中已经具备了以上三个适用条件。

第73条 分批交货合同及其效力的解除

Article 73

(1) In the case of a contract for delivery of goods by instalments, if the failure of one party to perform any of his obligations in respect of any instalment constitutes a fundamental breach of contract with respect to that instalment, the other party may declare the contract avoided with respect to that instalment.

(2) If one party's failure to perform any of his obligations in respect of any instalment gives the other party good grounds to conclude that a fundamental breach of contract will occur with respect to future

instalments, he may declare the contract avoided for the future, provided that he does so within a reasonable time.

(3) A buyer who declares the contract avoided in respect of any delivery may, at the same time, declare it avoided in respect of deliveries already made or of future deliveries if, by reason of their interdependence, those deliveries could not be used for the purpose contemplated by the parties at the time of the conclusion of the contract.

译文

(1) 在合同约定分批交付货物时,如果一方当事人未履行其在任何一批次中合同义务的行为构成了对该批次的根本违约(原译文为:"对于分批交付货物的合同,如果一方当事人不履行对任何一批货物的义务,便对该批货物构成根本违反合同"),另一方当事人可以针对该批货物的合同宣告无效(原译文为:"则另一方当事人可以宣告合同对该批货物无效")。

(2) 如果一方当事人未履行其在任何一批次货物中的义务(原译文为:"如果一方当事人不履行对任何一批货物的义务"),另一方当事人因此而有充分理由断定在未来各批次中他也将会根本违约(原译文为:"使另一方当事人有充分理由断定对今后各批货物将会发生根本违反合同"),该另一方当事人可以在一段合理时间内宣告该合同今后无效。

(3) 如果由于在各批次交付的货物之间存在相互依存关系,买方针对任何一批次宣告合同无效,可能导致已经交付的各批次的货物或未来将交付的各批次的货物不能用于双方当事人在订立合同时所设定的目的,那么,他可以同时针对已交付的或未来将交付的各批货物宣告合同无效(原译文为:"买方宣告合同对任何一批货物的交付为无效时,可以同时宣告合同对已交付的或今后交付的各批货物均为无效,如果各批货物是互相依存的,不能单独用于双方当事人在订立合同时所设想的目的")。

目录

正文

1. 调整对象

在国际贸易实务中,双方当事人经常会签订分批交货合同(an In-stalment Contract)。此类合同有以下特点:第一,合同规定的履约周期比较长,从若干月到数年不等;第二,在该履约期内,卖方通常应该分数次在不同的日期交付货物,买方也相应地分数次支付货款。这种合同比较受到买卖双方的欢迎,因为它对双方都有好处:对卖方而言,其产品获得了比较长期而稳定的销售渠道;而对买方而言,他无需一次性支付一大笔货款,因而可以在很大程度上减轻资金压力。但基于此类合同的上述特征,它也存在着一些特殊的问题:一方当事人在履行某一批次合同义务时的严重违约行为,不仅会对该批次合同义务的履约造成严重的影响,而且可能影响到未来批次合同义务的履行,甚至影响整个合同。例如甲乙双方签订了为期一年的国际货物销售合同,该合同规定,甲方应该分别于每一季度开始后的第一周向乙方交付一批货物,甲方于 1 月份交付了符合合同要求的货物,但于 4 月份交付的货物存在严重的质量瑕疵,这就产生了以下问题:乙方是否可以拒绝接受该批货物? 他是否还可以拒绝接受甲方计划于 7 月份、9 月份交付的货物?

他是否还可以同时将已经于1月份收下的货物退回给甲方?《公约》前面所有条款都没有规范以上问题,而本条专门规范了这一特殊问题。本条根据分批交货合同中一方当事人在履行某一批次中的根本违约行为的影响程度将此类违约行为分成三种不同的典型类型,并通过本条三款分别予以规范。其中,第1款规范了此类合同中一种最基本的根本违约类型:即一方当事人在履行某一批次合同义务时进行的根本违约行为仅仅对该批次义务的履行产生影响,本款赋予对方当事人宣告该批次合同无效的权利;第2款则规范了此类合同中另外一种典型的根本违约类型:即一方当事人在履行某一批次合同义务时有根本违约行为,该行为使得对方当事人有理由相信,他还会在履行未来批次合同义务时根本违约。针对此类违约行为,本款授予对方宣布未来批次合同无效的权利;第3款规范了此类合同中卖方进行的影响最严重的根本违约行为,即卖方在各批次交付的货物均无法用于合同规定的目的,本款授予买方宣告整个合同无效的权利。可见,本条规范的仅仅是一方当事人在履行分批交货合同过程中进行的根本违约行为。一方当事人进行的违约行为是否构成"根本违约",必须适用第25条规定进行分析判断。

本条与《公约》其他条款也有着密切的联系。首先,本条的立法理念与第51条相同,即将一方当事人的违约行为所带来负面影响尽量限制在必要的范围之内。第51条也规定,在卖方交付的货物中,如果仅仅一部分不具备第35条意义上的相符性,那么,对方通常只能对该部分货物采取第46条至50条中的救济措施,本条三款基本上也贯彻了这一理念。另外,本条也不排除《公约》其他条款的适用,即使在分批交货合同中一方当事人没有履行某一批次下的义务,对方当事人依然可以依据第47条或第64条规定设定一个额外宽限期,并在该宽限期届满而且违约方依然没有履行其义务时宣告合同无效。在一方当事人仅仅履行某些批次下的义务而且其履行行为构成违约时,那么,对方当事人可以采取第51条和本条下的救济措施;对于未来批次下的合同义务,对方当事人可以考虑选择第71条第1款下的中止履行救济措施,或者根据本条第2款宣告涉及未来批次的合同无效。

2. 针对某一批次的货物宣告合同无效(第 1 款)

本条第 1 款规定"在合同约定分批交付货物时,如果一方当事人未履行其在任何一批次中合同义务的行为构成了对该批次货物的根本违约,另一方当事人可以针对该批货物的合同宣告无效"。可见,本款前半句规定了其适用条件,后半句规定了相应的法律后果,下文将从适用条件和法律后果两方面来探究本款的适用问题。

2.1　第 1 款的适用条件

根据本款前半句的字面意思,适用本款应当同时具备以下两个条件:相关的合同必须属于分批交货合同、一方当事人在履行某一批次合同义务时有根本违约的行为。

(1)涉及分批交货合同

适用本款的第一个条件是争议涉及的合同必须属于本款意义上的"分批交货合同",本款"在合同约定分批交付货物时"这一句十分清楚地表明了这一点。对于何为"分批交货合同",本款没有进行界定。一般认为此类合同有以下两个特征:其一,当事人至少分两次履行其合同义务;其二,在该当事人两次履行义务之间必须存在着一定的时间间隔,即根据该时间间隔,可以将该当事人的履行行为分为本次履行和未来的履行。[1]这一观点是成立的。基于以上两个特征,相对于整个合同而言,每一批次合同义务的履行才具有相对独立性,人们才能根据《公约》规定对每一批次的履行行为进行单独的评估。最典型的分批交货合同通常规定:在较长的合同履约期内,买方有权定期或不定期要求卖方交付特定数量的货物,卖方也有权根据其交付货物的数量要求买方支付特定数量的货款。许多成员国的法院或仲裁机构则确认,分批交货合同的典型特征为:卖方应该分不同批次履行交货义务。[2]

在不同批次中交付相同的货物并不是分批交付合同一个必要判断

---

[1]　Schlechtriem/Fountoulakis, *Kommentar zum Einheitlichen UN-Kaufrecht—CISG*, 7. Aufl. 2019, S. 1223.

[2]　UNCITRAL, *Digest of Case Law on the United Nations Convention on the International Sale of Goods*, 2016, p. 327.

标准。卖方在每一批次中交付的货物可以完全不同，即使在本批次中卖方交付了男式羊皮大衣，而在下一批次中卖方却交付了女式时装，这也不影响相关的合同属于分批交货合同的性质。瑞士苏黎世商业法院也持这一观点。①另外，在合同中既没有必要明确规定卖方在每一批次中应当交付货物的具体数量，也没有必要规定卖方在每一批次中交付货物的数量必须相同，因为这些均不是判断相关合同是否构成分批交货合同的客观因素。②实际上，西方国家实务界对分批交货合同的界定比较宽松，即使双方当事人同时签订了两份购买相同货物的销售合同，在交付时间不同时，依然会将此认定为分批交付合同。在奥地利维也纳农产品证券交易所仲裁法院于1997年12月10日仲裁的案件中，奥地利卖方和波兰买方在同一天签订了两份购买奥地利夏季麦芽大麦的合同，该两份合同规定奥地利卖方应该在1月至6月之间分批交付。买方在收到1月份和2月份交付的两批货物后，以货物质量存在严重瑕疵为由，拒绝接受以后批次中交付的货物。由于在卖方设定的一个额外宽限期届满时波兰买方依然拒不履行合同义务，故卖方宣告合同无效，并提起仲裁，要求对方支付货款赔偿损失。奥地利上述仲裁法院判定：尽管在本案中存在着两份独立的合同，但因为销售的货物相同、交易条件相似，而且两份合同是在同一天签订的，所以，从经济角度分析，上述两份合同是整个交易的组成部分，故受本条约束。③尽管这一界定超过了严格意义上的"分批交货合同"内涵，但在结果上不会产生任何区别。由于买方明确表示拒绝接受卖方以后交付的货物，所以，即使卖方不根据本条规定宣告第二份合同无效，他同样可以根据《公约》

---

① CLOUT case No. 251, Handelsgericht des Kantons Zürich, Switzerland, 30 November 1998, http://www.cisg-online.ch/content/api/cisg/display.cfm?test=415,访问时间：2021年9月1日。

② CLOUT case No. 166, Schiedsgericht der Handelskammer Hamburg, 21 March, 21 June 1996，http://www.cisg-online.ch/content/api/cisg/display.cfm?test=465,访问时间：2021年9月1日。

③ Schiedsgericht der Börse für Landwirtschaftliche Produkte—Wien, Austria, 10 December 1997,访问时间：2021年9月1日。

第72条规定行使这一权利。

（2）一方当事人在履行某一批次合同义务时有根本违约的行为

这是指在一方当事人履行分批交货合同中某一批次的合同义务时，有构成《公约》第25条意义上的根本违约的行为。这一条件蕴含在"如果一方当事人未履行其在任何一批次中合同义务的行为构成了对该批次货物的根本违约"这一规定中。尽管这里采用了"未履行其在任何一批次中合同义务的行为"这一表述，但它不仅仅是指一方当事人没有履行合同义务的行为，还包括虽然履行了合同义务，但其履行行为存在着严重瑕疵的情形。中国国际经济贸易仲裁委员会在其于1999年4月5日审理的一起空调设备销售合同纠纷案中便持这一观点。在该案中，合同规定买方应分三批支付货款，并于签订合同后交付定金；在卖方交付了具备相符性的货物后，买方应当支付第二笔货款，最后一笔货款在试运行完成后支付。但由于卖方交付的空调设备存在着构成根本违约的严重瑕疵，故买方拒绝支付货款，并要求退货。仲裁委员会支持了买方的请求，理由是：卖方交付有严重质量瑕疵的货物构成了第25条意义上的根本违约，故买方有权根据本条第1款规定宣告该批次合同无效。①

可见，关键的因素是：在履行某一批次的合同义务时，一方当事人不仅有违约行为，而且其行为已经构成了《公约》第25条意义上的根本违约。但如果一方当事人在对方根据第49条第1款b项或第64条第1款b项设定的额外宽限期届满时依然未履行其合同义务，应将此视同为该当事人有根本违约行为。另外，应该强调的是本款中的"一方当事人"并不仅仅是指卖方，它也包括买方。中国国际经济贸易仲裁委员会在其于1996年9月18日审理的中国卖方和美国买方的金属材料买卖合同中便肯定了这一观点。该案涉及的合同规定，中国卖方应分五次交付货物，美国买方也应分五次通过出具信用证的方式支付货款。

---

① China International Economic and Trade Arbitration Commission, People's Republic of China, 5 April 1999, https://iicl.law.pace.edu/cisg/case/china-april-5-1999-translation-available,访问时间：2021年9月1日。

由于美国买方延迟开出了针对第一批次货物的信用证,中国卖方引用第71条第1款的规定拒绝履行合同下的义务,同时退回了信用证。中国国际经济贸易仲裁委员没有支持中国卖方的请求,理由是:虽然买方延迟为第一批次货物开出信用证,但中国卖方既未证明买方的延迟支付行为已对该批次的支付义务构成了根本违约,也未证明买方将不会履行以后批次下的支付义务。尽管如此,以上裁决也表明:在买方有本条第1款意义上的根本违约行为时,同样受本款规定约束。①

可见,适用本款的另一前提条件为:无论卖方还是买方,在履行某一批次合同义务时,他有构成根本违约的行为。②

2.2 适用第1款的法律后果

本款后半句规定了在具备上述条件下的法律后果:即"另一方当事人可以针对该批货物的合同宣告无效"。据此分析,守约方为行使本款下的授权,他必须进行宣告合同无效的行为。另外,其宣告行为的效力仅仅限于根本违约行为直接涉及的那一批次的合同。

(1)发出宣告合同无效的声明

为行使本款下的授权,守约方应该根据《公约》第26条的规定向违约方发出宣告合同无效的通知。通知中应该清楚地表明守约方就某一批次的货物交付宣告合同无效的决定并说明理由。③一个相关的问题是:守约方是否必须在规定的期限内发出这样的通知?对此本款没有明确规定。但是学界主流观点认为:他必须在知悉对方当事人在某一批次的合同中构成根本违约行为后的一段合理时间内发出以上声明。④这一观点是成立的,因为尽管第25条规范了根本违约的构成要件,但规范守

---

① China International Economic and Trade Arbitration Commission, People's Republic of China, 18 September 1996, https://iicl.law.pace.edu/cisg/case/china-september-18-1996-translation-available-0,访问时间:2021年9月1日。

② 有关根本违约的界定详见本书第25条之论述,有关买卖双方的根本违约行为分别见本书第49条和第64条中的详细论述。

③ 有关声明的行使和内容等详见本书第26条之论述。

④ Bamberger/Roth/Saenger, Art. 72, Rn. 15;Witz/Salger/Loranz/Lorenz, Art. 74,Rn.10.

约方行使宣告合同无效权的是第 49 条或第 64 条。第 49 条第 2 款或第 64 条第 2 款均规定:守约方应当在知悉对方违约行为后的一段合理时间内行使这一权利。该两款中有关行使期限的规定应该类比适用于此。

除了以上两个条款以外,在买方有意引用本款规定宣告合同无效时,他还应该注意《公约》第 38 条中规定的检验权、第 39 条规定的发现不相符性时告知义务、第 43 条规定的发现权利瑕疵时的通知义务。因为根据这些条款,如果守约方没有在规定的时间内发现货物中存在的不相符性或权利瑕疵,并告知对方当事人,他便失去了针对此类瑕疵采取救济措施的权利。①第 82 条第 1 款规定也对守约方行使本款下的授权有着重要的影响,因为该款规定如果守约方无法按照货物原状归还货物,他便失去了宣告合同无效的权利。②

(2) 宣告合同无效的效力限于发生根本违约的批次合同

一旦守约方发出宣告合同无效的通知,那么,其效力便仅仅限于发生根本违约的那一批次合同,本款"另一方当事人可以针对该批货物的合同宣告无效"这一规定十分清晰地表明了这一点。这一规定蕴含着以下两层意思:其一,针对发生根本违约的那一批次合同,产生了《公约》第 81 条下的法律效果,它将解除双方当事人在该批次合同中承担的义务。如果一方当事人已经履行了合同义务,那么他可以要求对方当事人退回其交付的货物或货款;如果一方当事人因违约行为而受到了损害,他可以要求对方进行赔偿。③其二,除非出现了本条第 2 款和第 3 款规定的适用条件,否则双方当事人根据分批交货合同规定在其他批次中享受的权利和承担的义务不受影响,即他们应当各自继续履行在其他批次合同中规定的义务。

3. 针对未来批次的货物宣告合同无效(第 2 款)

如上所述,本条第 2 款专门规范了分批交货合同另外一种典型的违

---

① 详见本书第 38 条、第 39 条和第 43 条中之论述。

② 详见下文有关第 82 条之评论。

③ 详见下文有关第 81 条之评论。

约行为——在履行某一批次合同义务过程中，一方当事人有违约行为，而且该违约行为显示：他完全有可能在未来批次合同义务的履行过程中根本违约。本款同样通过限定适用条件和法律后果两个方面对这一典型的分批交货合同的违约现象进行了规范。下文分别就此进行简要分析。

3.1　第 2 款的适用条件

根据第 2 款前半句，即"如果一方当事人未履行其在任何一批次货物中的义务，另一方当事人因此而有充分理由断定在未来各批次中他也将会根本违约"的字面意思，适用本款应该同时具备以下条件：一方当事人未履行某一批次下的合同义务、对方当事人据此相信他会在未来各批次合同履行过程中根本违约。

（1）一方当事人未履行某一批次下的合同义务

本款"一方当事人未履行其在任何一批次货物中的义务"这一规定十分清晰地表明了这一适用条件。这里的"未履行……义务"是中性的，一方面，它包括一方当事人根本没有履行其在某一批次中合同义务的违约行为，例如：尽管卖方已经接受了对方支付的货款却拒不交付货物、卖方未交付第一批次货物或宣告不再交付未来批次下的货物；还包括已经履行其合同义务，但却存在着履行瑕疵的违约行为。中国国际经济贸易仲裁委员会便持这一观点。在其于 2012 年审理的烧碱销售合同纠纷中，合同规定卖方应该分七个批次交付烧碱，烧碱的纯度不得低于 98％。卖方首批交付的烧碱纯度介于 17％—37％之间，远远低于合同规定。由于卖方发来的电子邮件表明未来批次下的烧碱也是由同一工厂提供的，买方由此断定卖方在未来批次中交付的烧碱也不会符合合同规定，故不仅根据本条第 1 款的规定宣告该批次合同无效，而且根据本条第 2 款规定宣告未来批次合同无效，中国仲裁庭支持了买方的上述仲裁请求。①另一方面，这里的"一方当事人"也是中性的，它既包括卖方，也包括买方。买方"不履行某一批次下的合同义务"而且

---

① 　中国国际经济贸易仲裁委员会：《〈联合国国际货物销售合同公约〉在中国仲裁的适用》，第 177 页。

对方因此而相信他会在未来批次中根本违约的行为有：没有任何理由拒绝出具信用证、宣告将不接受卖方在未来批次中交付的货物、买方继续违反合同中规定的禁止其在特定市场上销售合同下货物的义务等。①

但本款中的"一方当事人在履行某一批次合同义务中的违约行为"与本条第1款中的同一概念有着本质的区别，即在第一款中，该当事人的违约行为必须构成根本违约，而本款没有要求这一点，本款仅仅要求"一方当事人未履行其在任何一批次中的义务"。尽管如此，本款中一方当事人的"未履行其合同义务"的违约行为也应已经构成了根本违约，只有这样，对方当事人才有理由相信他也会在未来批次中根本违约。在中国国际经济贸易仲裁委员会仲裁的上述烧碱案中，卖方在本批次交付存在严重质量瑕疵的烧碱也已经构成了根本违约。

(2) 有充分的理由断定违约方将会在未来批次的交货过程中发生根本违约

这是指基于一方当事人进行的上述违约行为，"另一方当事人因此而有充分理由断定在未来各批次中他也将会根本违约"。这是适用本条第2款规定的另一必要条件。仔细分析，在这一条件中又蕴含着以下两个要件：存在着预期根本违约的威胁、发生预期根本违约的威胁必须确实"有充分的理由"。

第一，存在着预期根本违约的威胁。这是指当事人将会在履行未来批次合同义务过程中有根本违约的行为，本款"在未来各批次中他也将会根本违约"这一规定十分清晰地表明了这一要件。本款中的预期根本违约威胁与《公约》第72条第1款中的预期根本违约威胁相同，由于笔者在本书第72条的评释中对这一概念已有详细论述，这里不再重复。

第二，有关存在预期根本违约威胁的预判必须确有根据。本款中

---

① UNCITRAL, *Digest of Case Law on the United Nations Convention on the International Sale of Goods*, 2016, p. 328.

"另一方当事人因此而有充分理由断定"这一句强调了这一要件。与《公约》第72条第1款中的预期根本违约威胁一样,本款"在未来各批次中他也将会根本违约"也是一种预测。为了确保此种预测有较高的准确性,本款要求在一方当事人作出以上判断或预测时"有充分理由"。多数学者认为:这里的"有充分理由"的判断标准不仅比第71条下的"显然"和第72条下的"十分明显"更加宽松,而且更加主观。①但笔者认为此处的"有充分理由"通常是指一方当事人在以往批次中有比较严重的违约行为。现有的司法和仲裁实践也是从这一角度分析判断:一方当事人有关对方当事人是否将会在未来批次中有预期根本违约的观点是否有"有充分理由"。由上可知,只要卖方在履行任何一批次合同义务时有"接受了货款却不交付货物、宣布不交付第一批次下的货物、交付的货物质量很差"的行为,或者买方有"未开出信用证、或宣布他将不接受未来批次下的货物"的行为,法院或仲裁机构便可以认定对方当事人"有充分理由"相信他会在未来批次中根本违约。②这也进一步表明在已发生的违约行为与"有充分理由"断定存在着预期根本违约的威胁之间应当存在因果关系。

3.2 适用第2款的法律后果

在具备上述条件下,本款后半句十分清晰地规定了相应的法律后果:"该另一方当事人可以在一段合理时间内宣告该合同今后无效。"可见,本款规定授权守约方行使宣告合同无效的权利,据此,他需根据《公约》第26条规定向对方发出宣告合同无效的声明。但仔细分析,在守约方行使这一救济权时,他需注意以下问题。

(1)在一段合理时间内发出宣告合同无效的声明

根据本款后半句规定,守约方必须在"一段合理时间内"发出宣告合同无效的声明。这里涉及两个问题:合理时间于哪一时间点起算?

---

① John O. Honnold, *Uniform Law for International Sales under the 1980 United Nations Convention*, 3rd ed.(1999), p. 443.

② UNCITRAL, *Digest of Case Law on the United Nations Convention on the International Sale of Goods*, 2016, p. 328.

它究竟有多长？

"一段合理时间"的起算时间点。本款没有对此进行明确规定，但它应该始于守约方知道或应该知道违约方在履行以往或当下批次合同义务过程中产生了违约行为之时。至于其时间长度，也没有统一的标准，相反，应该在具体的案件中根据具体的情况予以分析判断。从成员国的司法判例看，也是如此。西班牙巴塞罗那省法院在其于1997年11月3日审理的德国卖方和西班牙买方之间的金属弹簧销售合同纠纷案中判定：在获悉卖方第三次延迟交货后的48小时内，买方发出了宣告合同无效的声明，这依然没有超过本款中"合理时间"的范围。①相反，在德国勃兰登堡州地区高级法院于2008年11月18日审结的德国卖方和比利时买方之间的啤酒销售合同案中，卖方未履行其在某一批次中的交货义务，但是买方直到在其获知这一信息的3个月之后才宣告合同无效。德国法院认为：尽管对于"合理时间"的长度没有统一的认定标准，但3个月的时间显然超出了这一时间期限的范围。②

（2）仅仅针对未来批次宣告合同无效

另一重要问题是：守约方是否仅仅只能针对分期交货合同中的未来批次下的义务宣告合同无效？"该另一方当事人可以……宣告该合同今后无效"这一规定十分清楚地表明只能针对未来批次宣告合同无效。这一规定也对守约人行使本款授权进行了两方面的限制：其一，他无权对以前已经履行完毕的批次，或正在履行的批次宣告合同无效，相反，他只能针对未来批次宣告合同无效；其二，在其发出的宣告合同无效的声明中必须说明：是宣告未来所有批次合同无效，还是宣告未来某一或某些批次合同无效。中国国际经济贸易仲裁委员会也持以上观

---

① 5 CLOUT case No. 246, Audiencia Provincial de Barcelona, Spain, 3 November 1997, http://www. cisg-online. ch/content/api/cisg/display. cfm? test＝442，访问时间：2021年9月3日。

② Oberlandesgericht Brandenburg, Germany, 18 November 2008(Beer case), http://www.cisg-online.ch/content/api/cisg/display.cfm?test＝1734，访问时间：2021年9月3日。

点。在其于 2012 年仲裁的烧碱货物销售合同争议案中,买方和卖方签订了分批交货合同,卖方已经交付了首批货物,但该首批货物的烧碱质量严重不符合合同的规定,此后卖方通知又发运了两批烧碱。鉴于对未来两批货物质量问题的担忧,买方首先通知卖方停止运送以上两批货物,此后根据本款,通知卖方宣告未来两批次合同无效。仲裁庭支持了买方的请求。[①]

那么,对于存在违约行为的、已经履行完毕或正在履行中的批次涉及的合同,守约方是否可以宣告合同无效呢？本款没有规定,对此应适用本条第 1 款的规定予以分析判断。如果该违约行为已经构成了根本违约,那么,守约方可以根据本条第 1 款的规定宣告合同无效。

4. 宣告合同无效的扩大适用（第 3 款）

本条第 3 款有着独特的调整对象:在同一分批交货合同下,尽管卖方应当分批交付货物,而且每一批次下的货物也具有相对独立性,但在各批次交付的货物之间存在密切的相互依存关系,缺乏其中任何一批次的货物,均会导致其他批次货物失去功效,从而无法用于合同规定的目的。该现象在现实生活中也十分常见。例如,我国某汽车制造公司进口生产某特定车型所需的成套设备,所有设备分三批次交付。卖方交付的第一批次和第二批次的设备均符合合同的品质要求,而第三批次却存在严重的质量缺陷,而且卖方又不能提供替代产品。与本条前两款一样,本款前半句规范了适用本款的前提条件,后半句则规定了具备适用条件时的法律后果,下文依然从这两个方面论述本款的适用问题。

4.1 第 3 款的适用条件

本款的适用条件规定在本款前半句即"如果由于在各批次交付的货物之间存在相互依存关系,买方针对任何一批次宣告合同无效,可能导致已经交付的各批次的货物或未来将交付的各批次的货物不能用于

---

① 中国国际经济贸易仲裁委员会:《〈联合国国际货物销售合同公约〉在中国仲裁的适用》,第 176 页。

双方当事人在订立合同时所设定的目的"中,据此分析,适用本款应该
具备以下两方面的条件:卖方在履行某一批次义务过程中有根本违约
行为、不同批次下的货物无法分割。

(1)卖方在履行某一批次义务过程中有根本违约行为

这是指卖方在履行合同规定的所有分批交货义务时,其在履行任
何某一批次交货义务时不仅有违约行为,而且该行为构成了根本违约。
确切地说,本款并没有明确规定这一适用条件,但本款"如果……买方
针对任何一批次宣告合同无效"这一规定蕴含了这一条件,因为只有在
卖方履行某一批次合同义务过程中有根本违约行为,买方才能"针对该
批次宣告合同无效"。由于本条第1款也授予了一方当事人针对对方
当事人在已往批次或当下批次的根本违约行为宣告相关批次合同无效
的权利,这实际上意味着:卖方有本条第1款意义上的根本违约行为。
这一规定也反映了本款规定和本条前两款规定的一个重要区别:在本
条第1款和第2款中,买卖双方都能成为该两款意义上的违约方,同
时,它们也都能行使该两款授予的合同解除权;而在本款中,违约方只
能是卖方。换句话说,它不适用于买方在履行某一批次合同义务时有
根本违约的行为。

(2)买方无法仅仅宣布某一批次合同无效

适用本款的另外一个条件是:买方无法仅仅宣布某一批次合同无
效。本款也没有明文规定这一条件,但从"如果由于在各批次交付的货
物之间存在相互依存关系,买方针对任何一批次货物宣告合同无效,可
能导致已经交付的各批次的货物或未来将交付的各批次的货物不能用
于双方当事人在订立合同时所设定的目的"这一规定我们能十分清楚
地推导出这一条件。据此分析,在"买方无法仅仅宣布某一批次合同无
效"这一适用条件中又蕴含着以下两个要件:即"在各批次下的货物之
间存在着密切的联系"和"单独宣布某一批次合同无效将导致其他批次
下的货物无法用于合同目的"。

第一,"在各批次下的货物之间存在着密切的联系"。本款没有对
这一要件进行定义。但从本款"……不能用于双方当事人在订立合同

时所设定的目的"这一规定中，可以看出，判断在不同批次交付的货物之间是否具有"密切的联系"的核心要素为：在合同中是否规定了各批次交付的货物必须用于同一目的。这里的"必须用于同一目的"并不是指：不同批次中交付的货物必须拥有相同的功能，实际上每一批次交付的货物可以拥有各自不同的功能，但是这些拥有不同功能的货物必须用于同一个目的。例如，分批交付合同的标的是生产某一特定车型的成套设备，分五批交付，第一批交付车架锻压设备，第二批交付的货物为流水线动力设备、第三批下的货物为安装发动机设备、第四批为喷漆设备，等等。可见，尽管每一批次交付的货物有着各自的功能，但它们均用于生产某一特定车型这一相同目的。从合同规定的这一要求中，我们还可以进一步推论：买卖双方必须在签订合同时都知道在不同批次之间存在着上述密切联系，如果仅仅一方当事人知道这一点，便不适用本款规定。①

第二，"单独宣布某一批次合同无效将导致其他批次下的货物无法用于合同目的"，本款"……不能用于双方当事人在订立合同时所设定的目的"这一规定也十分清晰地表明了这一要素。上述有关特定车型成套设备买卖合同的实例能够很好地说明这一问题，因为如果卖方交付的汽车喷漆设备存在着构成根本违约的质量瑕疵，买方因此而宣告涉及该批次的合同无效，那么，卖方在其他批次中交付的货物尽管没有质量问题，但由于缺失喷漆设备，其他设备也无法用来制造合同约定的车型。反之，如果分批交货合同规定卖方分数次向买方交付相同的货物如原油或汽车发动机，卖方交付的一个批次的原油或发动机有严重的质量瑕疵，而且买方也据此宣告该批次合同无效，但这并不影响买方在其他批次下接受的原油或发动机的使用。

由此可见，在"在各批次下的货物之间存在着密切的联系"和"单独

---

① 高旭军：《〈联合国国际货物销售合同公约〉适用评释》，第一版，第430页；UN-CITRAL, *Digest of Case Law on the United Nations Convention on the International Sale of Goods*, 2016, p. 331。

宣布某一批次合同无效将导致其他批次下的货物无法用于合同目的”这两个要件之间本身存在着密切的因果关系,两个因素合并在一起使得买方无法单独宣布某一批次合同无效。

4.2　适用第3款的法律后果

在具备上述条件时,本款后半句规定了相应的法律后果,即买方"可以同时针对已交付的或未来交付的各批货物宣告合同无效"。毫无疑问,本款授予买方宣告合同无效的权利,买方应根据本款结合《公约》第26条规定宣告相关批次合同无效。但在本款的上述规定中,还存在着以下待澄清的问题。

(1)本款中的"或"字是否限制了买方的权利

"可以同时针对已交付的**或**未来交付的各批货物宣告合同无效"中的"或"是否限制了买方行使宣告合同无效权的范围。按照"或"字的通常含义,买方只能行使其中一项授权,即他或者宣告已交付批次货物合同无效,或者只能宣告涉及未来批次的合同无效。换句话说,买方不得同时宣告以往批次和未来批次涉及的合同无效。笔者认为,从以上角度理解"或"字的内涵是片面的,它不符合本款的立法目的。本款的立法目的在于:在不同批次交付的货物之间存在"十分密切的相互依存关系",而且缺失某一批次货物就会导致其他批次下货物无法用于合同规定的目的时,买方可以同时宣告解除其他批次货物涉及的合同。所以,本款中"或"并没有限定买方行使合同解除权的范围。

(2)解除整个分批交货合同问题

本款仅仅授权买方"可以同时针对已交付的**或**未来交付的各批货物宣告合同无效",没有授予买方宣告存在根本违约行为的那一批次合同无效的权利。这并不意味着买方无权宣告该批次合同无效,但买方宣告该批次合同无效的法律依据不是本款,而是本条第1款。在荷兰仲裁院于2002年10月15日审理的荷兰卖方和英国买方之间的凝析油原油混合物销售合同纠纷中,荷兰仲裁院也认为,在该案中,买方应该引用本条第1款宣告存在根本违约行为的批次合同无效,同时根据本款宣告未来批次合同无效。①

(3) 解除合同无效的声明

如上所述,在买方根据本款的规定行使授权时,他必须根据《公约》第 26 条的规定发出宣告合同无效的声明,声明中不仅必须表明其解除合同的决定,而且应当说明其理由。但在本款声明方面存在着一个特殊问题:买方通常同时宣告两个批次合同无效,即"发生根本违约行为的批次"和"以往批次",甚至同时宣告三个批次合同无效,即在以上两个批次合同基础上再加上"未来批次"。这就产生了一个问题:即买方是否必须为涉及的每一批次分别发出一个宣告合同无效的声明? 对此,《公约》没有作出统一的规定。据此买方可以自行决定,是为每一批次分别发出一个声明,还是发出一个宣告所有批次无效的声明。如果采用后者,那么他必须在声明中表明涉及的批次;如果选择前者,那么,他必须分别针对存在根本违约的批次和其他批次发出宣告合同无效的声明,否则,没有发出声明的批次合同便依然有效。在上述荷兰仲裁院于 2002 年 10 月 15 日审理的荷兰卖方和英国买方之间的凝析油原油混合物销售合同纠纷中,买方有意针对存在根本违约批次和未来批次宣告合同无效,但他仅仅针对前者发出了宣告合同无效的声明,对于未来批次,他仅仅将其决定告知了一位第三者,荷兰仲裁庭据此认定:买方对未来批次没有发出宣告合同无效的声明,因此未来批次合同依然有效。②

如果买方根据本款规定宣告合同无效,将产生《公约》第 81 条规定的法律效力,但这一权利的行使也受第 82 条规定的约束。

---

① CLOUT case No. 720, Netherlands Arbitration Institute, the Netherlands, 15 October 2002, https://iicl.law.pace.edu/cisg/case/netherlands-october-15-2002-translation-available,访问时间:2021 年 9 月 4 日。

② CLOUT case No. 720, Netherlands Arbitration Institute, the Netherlands, 15 October 2002, https://iicl.law.pace.edu/cisg/case/netherlands-october-15-2002-translation-available,访问时间:2021 年 9 月 4 日。

第二节　损害赔偿

概　述

本节共有四条,始于第74条,终于第77条,它们共同规范了违约方应当承担损害赔偿责任时赔偿金的计算问题。本节四条是对《公约》第45条第1款b项和第61条第1款b项规定的一个回应,因为以上两项均规定:如果一方当事人未履行合同或《公约》的任何义务,便应该承担相应的赔偿责任。但它们并没有规定计算违约方应当支付赔偿数额的方法,而本节四条恰恰补充规范了这一问题。本节的规定是穷尽的,它排除了国内法中有关损害赔偿金计算规定的适用。

第74条规定了守约方有权得到损害赔偿时,计算对方应该支付损害赔偿金数额的一般计算规则,这一公式适用于守约方有权得到损害赔偿的所有情形。第75条和第76条则规范了特殊计算规则,其特殊性在于它们仅仅适用于合同被宣告无效时。但该两条的适用情形并不相同:第75条专门适用于守约方进行替代采购或替代销售的情形时,而第76条则适用于守约方没有进行替代采购或替代销售的情形。第77条则规范了守约方的减损义务以及未履行这一义务时违约方拥有减少支付赔偿数额的权利。在一般情况下,无论是根据第74条规定,还是根据第75条和第76条规定计算赔偿金数额时,都应当同时考虑第77条规定的减少支付赔偿金这一规则。

多国法院认为:本节以上条款也确定了第7条第2款意义的构成《公约》存在基础的一般法律原则。但对于这些条款究竟构成什么样的一般法律原则这一问题,不同的法院有不同的认识。奥地利最高法院认为:这一法律原则为违约者应当承担充分赔偿损失责任;①而德国汉堡地区高等法院则认为:《公约》更倾向于通过参考实际交易或损失来计算守约方所遭受的具体损害,而不是很想通过参考市场价格来抽象计算守约方所受的损失。②当然,《公约》规定违约方应当支付赔偿金的目的是使守约方处于就像违约方按照合同规定履行了其义务一样的一种经济状况,即违约方不仅应当支付对方因其违约行为所造成的损失,而且必须赔偿其预期利益。

本节四条与《公约》其他部分条款有着密切的联系。首先,《公约》第6条可以影响到本节条款的适用。如上所述,本款排除了国内法的适用。但是,根据《公约》第6条的规定,双方当事人可以减损《公约》或其任何条款的效力。所以,如果双方签订的销售合同中对赔偿数额有限制或其他不同于本节规定的限制,那么,这些条款的效力便高于本节的规定,法院或仲裁机构也会尊重合同中的规定。其次,第79条和第80条的规定对于守约方是否能够获得本节规定的赔偿金有着决定性的影响,因为根据此两条的规定,在满足其适用条件时,守约方可以免于承担赔偿责任。再次,第39条、第43条和第44条对于守约方损害赔偿请求权的实现也有着重要影响。因为根据第39条、第43条的规定,如果买方没有在合理的时间内发出货物中存在"不相符性"的通知,便失去了据此采取补救措施的权利。而根据第44条规定,买方如果未发出上述通知但有合理的理由,可以选择要求卖方赔偿除利润以外的损失。此外,在卖方交付的货物具备"不相符性"时,第50条则给买方提供了一种替代性的解决纠纷的方法,即买方可以选择根据第50条的规定接受存在"不相符性"的货物但同时要求按照该条规定的方式降低货物价格,或者选择根据本节的规定要求卖方提供损害赔偿。如果守约方有意根据本节第75条和第76条规定主张损害赔偿,那么,其权利

---

① Oberster Gerichtshof, Austria, 14 January 2002, www.unilex.info/cisg/case/858,访问时间:2021 年 9 月 6 日。

② Oberlandesgericht Hamburg, Germany, 26 November 1999, www.unilex.info/cisg/case/450,访问时间:2021 年 9 月 6 日。

的行使还受到第81条至第84条规定的约束。因为这些条款规范了宣告合同无效的法律后果,尤其是根据第81条第1款的规定。尽管宣告合同无效通常免除了双方当事人的合同义务,但守约方的损害赔偿请求权并不在免除范围之内。最后,第85条至第88条的规定也与本节规定有着一定的联系。因为这些条款不仅规定守约方有保管货物的义务,而且同时规定,在采取保管措施而产生费用时,守约方有权要求对方赔偿合理的开支。

第74条　损害赔偿的数额

Article 74

Damages for breach of contract by one party consist of a sum equal to the loss, including loss of profit, suffered by the other party as a consequence of the breach. Such damages may not exceed the loss which the party in breach foresaw or ought to have foreseen at the time of the conclusion of the contract, in the light of the facts and matters of which he then knew or ought to have known, as a possible consequence of the breach of contract.

译文

一方当事人违约时所应支付损害赔偿金的数额(原译文为:"一方当事人违反合同应负的损害赔偿数额"),应与另一方当事人因该违约行为(原译文为:"因他违反合同")而遭受的包括利润在内的损失数额(原译文为:"损失额")相等。这种损害赔偿不得超过违约方在订立合同时根据其当时知道的或理应知道的事实和情况,预见到或理应预见此种违约所能造成的损失(原译文为:"这种损害赔偿不得超过违反合同一方在订立合同时,依照他当时已知道或理应知道的事实和情况,对违反合同预料到或理应预料到的可能损失")。

目录

正文

1. 调整对象

本条规范了违约方应当承担赔偿责任时计算其应支付损害赔偿金数额的一般计算规则。本条由两句话组成，其中第 1 句确定了所有损失全额赔偿原则，即违约方应当赔偿对方当事人因其违约行为而遭受的包括利润在内的所有损失；而第 2 句则为第 1 句规定的赔偿数额设置了上限，即违约方最终赔偿的数额不得超过"违约方在订立合同时根据其当时知道的或理应知道"的损失。《公约》通过第 2 句规定相应的限制是十分必要的。如果不加限制，守约方要求赔偿的数额可能远远超过他实际遭受的损失和利润损失，这显然会损害对方当事人的利益。客观地分析，本条的两句规定较好地平衡了守约方和违约方的利益。本条第 1 句规定的全额赔偿原则更倾向于保护守约方的利益，但第 2 句规定则更倾向于维护违约方的合法权益。

2. 适用条件

适用本条规定应当具备以下三方面的前提条件：一方当事人有违约行为、对方当事人遭受到了损害、在违约行为和损害之间有因果关系。①下文将逐一讨论以下三个适用条件,此外,还将分析合同"未被宣告无效"是否也构成适用本条规定的一个前提条件。

2.1　一方当事人有违约行为

第一,"一方当事人有违约行为"的正面界定。适用本条规定的一个核心条件是"一方当事人有违约行为",本条"一方当事人违约时"这一规定十分清晰地表达了这一点。这里的"一方当事人"是一种中性表达,所以它既可以是卖方,也可以是买方。由此,这里的"违约行为"也包括买方或卖方违反合同规定的行为。但是,不仅如此,它还包括他们进行的违反《公约》规定的行为。《公约》第25条将违约行为分为一般性违约行为和根本违约行为,那么,本条中"违约行为"究竟是指哪种违约行为呢?首先,它应该是一般性违约行为。因为第45条第1款和第61条第1款意义上的违约行为本身便包括一般性违约行为和根本违约行为。客观分析,一方当事人进行的不构成根本违约的一般性违约行为也能给对方当事人造成损害,根本违约行为更是如此。那么,适用本条规定是否还取决于违约者在违约时有无过错呢?答案是否定的。奥地利林茨地区高等法院在其于2002年2月审结的奥地利卖方和德国买方之间的汽车安全带销售合同纠纷中便十分清楚地判定,适用本条规定的前提条件是:一方当事人有违约行为、对方当事人有损害,在违约行为和损害之间必须存在着因果关系,违约方的过错并不是本条规定的适用条件。②另外,守约者是否需要发出警告或设置宽限期,这些都无关紧要。重要的是,一方当事人在客观上有未按时履行其义务的行为,或者虽已履行但却存在瑕疵。根据以上分析,本条下的"一方当事人有违约行为"在本质上等同于第49条第1款和第61条第1款意义上的"未履行其合同或《公约》义务的行为"。

第二,"一方当事人有违约行为"的反面界定。这里的"违约"行为

---

① Victor Knapp, in Bianca/Bonell/knapp, *Commentary on the International Sales of Law*, p. 540.

② Oberlandesgericht Linz, Austria, 8 February 2012, http://www.cisg-online.ch/content/api/cisg/urteile/2444.pdf,访问时间:2021年9月7日。

并不包括一方当事人未履行其义务的行为。就《公约》而言,这里的义务主要是第 32 条第 1 款和第 3 款规定的卖方的通知义务和提供信息义务、第 38 条规定的买方检验义务、第 39 条下的买方通知义务。此外,还有第 77 条规定的减少损失义务。根据这些条款的规定,如果一方当事人违反上述规定未履行相应义务,并不会使该当事人承担损害赔偿责任,而仅仅使他失去采取部分救济措施的权利。

2.2 对方当事人遭受了损害

适用本条的另一个前提条件是:对方当事人遭受了损害,本条中"另一方当事人因该违约行为而遭受的**包括利润在内的损失**"表明了这一前提。这里损害的表现形式是多种多样的。就卖方的违约行为而言,在卖方交付的机器存在严重质量问题时,买方便无法将这些机器用于正常的生产或制造。如果交付的原材料不符合质量要求,买方的工厂便无法生产合格的产品,这些均会给买方造成损失。买方如果转售此种有瑕疵的货物,他也会因此而向其客户承担赔偿责任。就买方的违约行为而言,如果他拒绝支付货款,卖方则失去了本应收到的款项。如果他拒绝提取货物,这也使卖方不得不低价转售这些货物,或者必须将货物运回原地。这些也会给卖方带来相应的损害。

2.3 违约行为和损害之间的因果关系

本条"另一方当事人**因该违约行为而遭受**的包括利润在内的损失"这一规定中还蕴含着适用本条规定的另一个前提条件,即另一方当事人所遭受的损害必须是由一方当事人的违约行为引起的。如果违约方能够提供证据证明:对方当事人遭受的损害不是由其违约行为引起,而是由其他原因引起的,那么,便不适用本条规定。当然,在这方面还存在着一个问题:即这里的"因果关系"是否还包括"间接因果关系"? 换句话说,违约方是否还必须对由其违约行为间接引起的损失承担赔偿责任? 答案是肯定的。因为本条并没有明确规定必须将赔偿范围限定在由直接因果关系引发的损失内,所以,这里的"因违约行为而遭受的……损失"应当包括间接损失。①但有学者认为,应该将因"间接因

---

① 详见下文论述。

关系"而引发的损失控制在违约方在签订合同时便预见或应当预见的损失之内。①这一观点是成立的,因为本条第2句明确规定了这一限制性条件。

在诉讼过程中,守约方必须提供证据:在相关的案件中,已经具备了以上三个条件。

2.4　未宣告合同无效能否成为本条的一个适用条件?

《公约》第75条和第76条专门规范了在合同被宣告无效时损害赔偿金的计算方法,而第74条并没有明确将"宣告合同无效"作为一个适用条件。这就产生了一个问题:第74条是否仅仅适用于不适用第75条或第76条的情形? 对此有两种不同看法。一种观点认为:它仅仅适用于第75条和第76条不适用的情形。换句话说,在守约者宣告合同无效时,法院或仲裁机构只能根据第75条和第76条规定的规则计算违约方应当支付的损害赔偿金数额,而不能适用第74条。②但相反的观点则认为:适用第75条或第76条的规定,并不排除或妨碍第74条的适用。③在这两种观点中,究竟哪一观点是成立的呢? 基于两方面的理由,笔者认同后一观点:其一,第75条和第76条均规定不排除第74条的适用。"守约方有权要求赔偿原合同和替代交易价格(时价)之间的差额以及第74条规定的可以赔偿的任何其他损害赔偿金"这一规定已经暗示了适用第75条和第76条时依然可以适用第74条。其二,从国际货物销售合同的实务看,也确有需要同时适用以上三条规定的情形。例如,在甲国卖方和乙国买方签订了销售合同后,乙国买方又与丙国某公司签订销售合同,将合同下的货物以更高的价格出售给丙国公

---

① Victor Knapp, in Bianca/Bonell/Knapp, *Commentary on the International Sales of Law*, p. 540.

② Article 74: Secretariat Commentary, https://iicl. law. pace. edu/cisg/page/article-74-secretariat-commentary-closest-counterpart-official-commentary,访问时间:2021年9月7日。

③ UNCITRAL, *Digest of Case Law on the United Nations Convention on the International Sale of Goods*, 2016, p. 331; John O. Honnold, *Uniform Law for International Sales under the 1980 United Nations Convention*, 3rd ed. (1999), p. 446.

司。甲国卖方未履行交货义务,乙国买方也因此未能履行其与丙国公司之间的交付义务,乙国买方因此宣告合同无效。在这种情况下,根据第76条规定,买方只能要求卖方赔偿原合同价格和宣告合同无效时"时价"之间的差价,而不能要求他赔偿其本来通过转售而实现的利润。有关利润的赔偿请求只能依据第74条规定来实现。尽管联合国国际贸易法委员会秘书处原则上认为:第74条仅仅适用于不适用第75条或第76条的情形,但它同时认为在守约方宣告合同无效时,他首先应当根据第75条或第76条规定计算要求对方赔偿的数额。如果还有不属于该两条管辖的其他损害,他可以同时根据本条规定计算这些其他损害。①

3. 本条确定的损害赔偿金的一般计算规则

在具备以上条件下,应当适用本条确定的损害赔偿金的一般计算规则。根据本条规定的文义,这一计算规定由"全额赔偿原则"(principle of full compensation)和"可预见性损害赔偿原则"(principle of limitation of damage with rule of foreseeability)两部分组成,下文就此进行论述。

3.1 全额赔偿原则(第1句)

本条第1句规范了损害赔偿金的计算规则,即"一方当事人违约时所应支付损害赔偿的数额,**应与另一方当事人因该违约行为而遭受的包括利润在内的损失数额相等**"。从这一规则中,我们可以得出以下两点信息:其一,《公约》确定了"支付货币为常态、实际履行为例外"的赔偿原则。在通常情况下,违约方必须以支付货币的形式来赔偿对方受到的损失,但如果出现了第28条规定的例外情形,则可以采用"实际履行"的弥补方式。其二,《公约》确定了全额赔偿原则。因为违约方必须赔偿其违约行为给对方造成的全部损害,它具体包括"损失"和"利润"两个部分。由此可见,《公约》制定者采用这一赔偿原则的根本目的在

---

① Article 74:Secretariat Commentary,https://iicl.law.pace.edu/cisg/page/article-74-secretariat-commentary-closest-counterpart-official-commentary,访问时间:2021年9月7日。

于:通过支付赔偿金以便让守约方处于就像违约行为根本没有发生一样的状态。①根据这一原则,中国国际经济贸易仲裁委员会认为:守约方应当获得的赔偿数额等于合同正常履行时应有的状态与守约方现在所处的状态之间的差距。②本条第1句尽管规定了"损失＋利润"这一损害赔偿金的基本计算规则,但它并未对这两个概念进行进一步的界定,所以有必要进一步讨论它们的内涵。

（1）"损失"(loss)的内涵

根据本条规定,违约方应当赔偿对方当事人因其违约行为而遭受的损失,但本条并没有对"损失"这一概念进行定义。那么,这里的"损失"究竟包括哪些内容呢? 一般认为,它包括实际损失、间接损失和附带损失三方面的内容。下文将分别讨论这三个概念的内涵。此外,还将讨论违约行为造成的死亡、人身伤害和名誉损失是否构成本条意义上的"损失"问题。

第一,实际损失。所谓的"实际损失"是指一方当事人的违约行为给对方当事人带来的主要损失或直接损失。在买方支付货款而卖方没有交付货物时,买方的实际损失便是他没有得到与其支付货款等值的货物。在买方因此而宣告合同无效时,可以比照适用《公约》第75条或第76条的规定来计算买方的"实际损失",即计算买方可能进行替代采购时应付的价格或时价和合同价格之间的差额。如果替代采购价或时价高于原合同价,该高出部分便是买方所遭受的实际损失。在合同没有被宣告无效时,而且买方也进行了替代采购时,可以根据本条规定计算买方所遭受的实际损失。

在卖方交付的货物存在《公约》第35条意义上的"不相符性"时,买方的"实际损失"便是具有"不相符性"货物的实际价值与这些货物符合

---

① Article 74：Secretariat Commentary，https://iicl. law. pace. edu/cisg/page/article-74-secretariat-commentary-closest-counterpart-official-commentary，访问时间：2021年9月7日。

② 中国国际经济贸易仲裁委员会:《〈联合国国际货物销售合同公约〉在中国仲裁的适用》,第149页。

合同规定时应有的价值之间的差额。而且只要存在上述差额,买方无论是否已经通过转售这些瑕疵货物弥补了上述价差,他都可以要求卖方赔偿上述实际损失。①如果上述"不相符性"是可以通过补救措施消除的,那么,应该根据所采取补救措施实际产生的费用来计算买方的实际损失。即使买方在实际上没有采取弥补措施,也应当允许买方以虚拟的补救成本为基础来计算其实际损失。当然,如果卖方根据第 48 条规定通过采取事后修理消除了上述"不相符性",那么,便应该根据买方在这一过程中所支付的实际承担修理费的数量来计算其"实际损失"。另外,在计算买方实际支付的修理费用或虚拟产生的修复成本时,还应该考虑第 77 条规定的"合理性"原则。尽管根据该条规定,这一"合理性"原则仅仅适用于一方当事人采取措施、减少损害时,但一般认为它同样构成《公约》第 7 条第 2 款意义上的"一般法律原则"。

在一方当事人延迟履行合同义务时,则应该根据对方当事人所采取的应对措施及其所产生的费用来计算其所遭受的"实际损失"。在卖方延迟交付货物时,如果买方为了不影响其生产而在卖方的货物送达之前从第三方处采购了特定数量的货物,那么,应当根据该采购价格来计算买方的实际损失。如果买方因此租用第三者的设备来弥补卖方货物送达之前的空档,那么,其实际付出或应当付出的租金费用,也是买方的"实际损失";在买方延迟支付货款时,卖方便可能会因此缺少资金。为不影响其业务的顺利展开,卖方通常会向第三方临时拆借资金,人们可以通过所产生的费用来计算卖方的实际损失。卖方无论是否拆借了他人的资金,他都可以据此计算其实际损失。在卖方本来可以用货款进行某项投资时,也可以根据因没有及时收到货款而未能进行该项投资所产生的损害来计算。当然,卖方必须提供证据证明其失去了相应的投资机会或遭受了相应的利润损失。②

---

① Schwenzer, in Schlechtriem, *Kommentar zum Einheitlichen UN-Kaufrecht—CISG*, 7. Aufl. 2019, S. 1244.

② Schwenzer, in Schlechtriem, *Kommentar zum Einheitlichen UN-Kaufrecht—CISG*, 7. Aufl. 2019, S. 1245.

在买方延迟支付货款或没有支付货款时,如果由此给卖方带来汇率损失,在特定条件下,这也应当视为卖方的直接损失。这里的"特定条件"是指:合同规定支付货款的货币不是卖方的本国货币而是外币。此外,卖方本国货币与合同外币的汇率有变化,而且在买方及时支付货款时,卖方可以即时将外币货款兑换成本国货币。在瑞士瓦莱州法院于 2009 年 1 月 28 日审结的德国卖方和瑞士买方之间的玻璃纤维复合材料销售合同纠纷案中,卖方交付了货物,买方不仅延迟支付了货款,而且少交了货款(支付货币为欧元),双方由此发生纠纷。其中的一个争议点是:买方是否应当赔偿卖方因延迟支付货款和未交付部分货款所造成的汇率损失和利息损失。瑞士上述法院判定:本条下的损害包括卖方所遭受的汇率损失以及利息损失。①荷兰罗尔蒙德地区法院在其于 1993 年 5 月 6 日审理的意大利卖方和荷兰买方之间的热水壶销售合同纠纷所作出的判决中也持相同的看法。②

第二,间接损失。本条下的"损失"还包括由违约行为造成的间接损失。这里的间接损失是指:守约方所遭受的损失并不是直接由违约者的违约行为引起的,违约行为仅仅是引起损失的间接原因。例如,在买方将卖方交付的货物转售给第三者时,卖方无论延迟交付货物,还是交付瑕疵货物,通常都会导致买方对该第三者违约,并因此必须向该第三者支付损害赔偿金。买方向该第三者支付的损害赔偿金便是其遭受的间接损失。因为其支付该笔赔偿金的直接原因是他本人对该第三者有违约行为,而间接原因是卖方的违约行为。此外,间接损失还包括守约方聘请律师协助收取货款所支出的费用,或聘请经纪人协助收取货款时所产生的费用。许多法院和仲裁机构还将守约方聘请经纪人履行义务或聘请律师提起诉讼或仲裁所支付的费用视为间接损失。当然,

---

① Tribunal cantonal Valais, Switzerland, 28 January 2009, https://iicl.law.pace.edu/cisg/case/switzerland-tribunal-cantonal-appellate-court-du-jura-18,访问时间:2021年9月15日。

② Arrondissementsrechtbank Roermond, the Netherlands, 6 May 1993, http://www.cisg-online.ch/content/api/cisg/display.cfm?test=454,访问时间:2021年9月15日。

对于守约方聘请经纪人收取货款或律师提起诉讼或仲裁所开支的费用，也有法院和仲裁机构认为不属于本条下的间接损失，违约方无需赔偿。①

第三，附带损失。所谓附带损失是守约方为准备履行合同义务而开支的费用以及在对方有违约行为时为采取必要减损措施而开支的费用。在签订合同后，无论是卖方还是买方，都会实施必要的履约准备行为，并支付相应的费用。例如，卖方会与其供货商签订采购合同，为此可能需要支付相应的定金。如果买方拒不履行其合同义务，卖方便不需要该批货物，这样便会失去该笔定金。这便是卖方的附带损失；同样，买方为了筹措货款，可能会向银行申请贷款。如果卖方拒不履行交货义务，那么，买方便会有利息损失。这便是买方的附带损失。在一方当事人违约时，对方当事人总会采取相应的减损措施，由此该当事人会支付一定的费用。举例来说，在买方毫无理由拒收货物并拒绝付款时，卖方通常会将货物存放在某一仓库中，由此需要支付仓储费。他可能需要通过中介公司为该批货物寻找新的买方，因此需要支付中介费；反之，在卖方毫无理由拒不履行合同义务时，买方为了减少其损失，同样会采取类似的措施，他同样会产生必要的费用。所有这些均属于守约方的间接损失。尽管本条没有明确规定本条中的"损失"是否包括上述附带损失，但是基于本条确定了全额赔偿原则，我们可以认定附带损失也是本条"损失"的一个组成部分。

许多缔约国的司法和仲裁实践也确认了以上观点，守约方支付的下列费用通常被认定为构成"附带损失"：买方为检验货物"相符性"而支付的检验费用、储存和处理"不相符性"货物而产生的费用、退还货物时支付的运费和报关费用、在向第三方进行替代采购时所支付的运费、安装替代货物的费用、营销成本、佣金费用、再次委托银行汇付货款的

---

① UNCITRAL，*Digest of Case Law on the United Nations Convention on the International Sale of Goods*，2016，p. 336；中国国际经济贸易仲裁委员会：《〈联合国国际货物销售合同公约〉在中国仲裁的适用》，第 155 页。

费用开支、已经支付的增值税税费、雇用第三方处理货物的费用、获得贷款的利息费用、将"不相符性"货物运送给买方客户的费用以及运回的费用、买方因为货物具有"不相符性"而向其客户支付的补偿费用、从储存货物的仓库中搬出瑕疵货物的费用、在宣告合同无效时一方当事人因租用船舶运送货物而已经支付的费用、由于卖方没有按照合同规定一次性交付货物而在分批交付货物时买方所支付的额外的运费、瑕疵货物的安装费用和拆卸费用、一方当事人为挽救合同到对方当事人营业地进行协商而支付的旅费和相关费用。①

　　第四，人身死亡或伤害赔偿费。在国际贸易实务中，卖方交付的货物因各种原因造成他人死亡或伤害是常有的事，受害者通常会要求买方承担赔偿责任。这就产生了一个问题：买方在向该受害者支付了赔偿金后，是否可以根据《公约》规定要求卖方赔偿其损失？更具体地分析，买方对受害者支付的上述赔偿金是否也构成本条意义上的"损失"？答案是否定的。因为《公约》第 5 条明确规定：《公约》不适用于因使用货物而引发的人身死亡和伤害责任。但也有法院认为：本条规定适用于此类损失。比如，德国杜塞尔多夫地区高等法院在 1993 年 7 月 2 日审理的美国卖方和德国买方之间的维尼尔切割机销售合同纠纷中便持这一观点。在该案中，德国买方将美国卖方交付的机器转卖给一家俄罗斯企业，在该俄罗斯企业使用机器对木材进行加工切割过程中发生事故，致使一位工人死亡，另一位受伤。俄罗斯企业由此要求德国买方对机器设备进行改进，并赔偿其因人身死亡和伤害事故而支付的赔偿金，德国买方转而要求美国卖方赔偿其因此而受到的损失。德国上述法院判定：可以从《公约》第 45 条和本条中引申出一个一般法律原则。据此，美国卖方应该赔偿德国买方对其客户支付的赔偿金损失。②

---

　　①　UNCITRAL，*Digest of Case Law on the United Nations Convention on the International Sale of Goods*，2016，p. 336.

　　②　CLOUT case No. 49，Oberlandesgericht Düsseldorf，Germany，2 July 1993，http://www.cisg-online.ch/content/api/cisg/display.cfm?test＝74，访问时间：2021 年 9 月 16 日。

第五,财产损失。卖方交付的货物不仅能够引起人身死亡或伤害责任,它同样能够引起财产损失。此处的损失是否构成本条下的"损失"呢? 答案是肯定的。因为《公约》第 5 条排除的仅仅是因卖方交付货物引发的人身死亡和伤害责任,而没有排除其引发的财产损害责任。瑞士苏黎世州商事法院在其于 1995 年 4 月 26 日审理的瑞士卖方和德国买方之间的浮动养生平台销售合同纠纷案中肯定了这一点。在该案中,德国买方向瑞士卖方采购了一个浮动养生平台。根据合同规定,客户可以在该平台上建筑房屋,并将该平台放置在水面上。德国买方在其购买的平台上建造了房屋,但后来平台漏水,损坏其房屋,故买方根据本条规定要求卖方赔偿其损失。瑞士法院支持了德国买方的诉求。①

第六,非物质损害。这是指一方违约行为给另一方当事人造成的精神上或信誉上的损失。从国际贸易的实务看,一方的违约行为,除了会给对方当事人造成物质上的损害,而且还可能造成精神上、信誉上的非物质损害。例如,如果卖方拒绝履行交货义务,通常会导致买方无法履行其对下家的交货义务。买方因此会给其下家留下一个"不守信""不可靠"的印象,这无疑也是一种声誉损害。那么,本条下的"损失"是否包括一方违约行为给对方带来的声誉损失呢? 国际学界和实务界的主流观点认为:本条并不适用于此种非物质损失。②俄罗斯联邦商会国际商业仲裁法庭便持这一观点。但也有少数国家的法院持不同看法:芬兰、瑞士、西班牙的部分法院暗示守约方有权要求违约方赔偿其违约行为所带来的声誉损失。③

(2)"失去的利润"(profit)的内涵

根据本条规定,违约方不仅应当赔偿对方当事人因其违约行为而

---

① See CLOUT case No. 196, Handelsgericht des Kantons Zürich, Switzerland, 26 April 1995.

② UNCITRAL, *Digest of Case Law on the United Nations Convention on the International Sale of Goods*, 2016, p. 335.

③ UNCITRAL, *Digest of Case Law on the United Nations Convention on the International Sale of Goods*, 2016, p. 335.

遭受的损失，而且应当赔偿对方当事人因此而"失去的利润"。那么，本条中"失去的利润"又包括哪些内容呢？本条对此没有作出明确规定。笔者认为：这里的"失去的利润"是指守约方在签订合同时预计的、在合同得以正常履行时将能实现的、而因对方的违约行为而未能实现的收益。[①]国际上有关国际商事合同的司法和仲裁实践均承认此种利润损失。

第一，买方的利润损失。在卖方违约时，尤其在卖方没有交付货物时，买方因此而未能通过转售合同下货物而实现的收益，便是买方"失去的利润"。但由于具体案件的具体情况不同，不同法院通常采用不同的方法来计算买方的利润损失。德国杜塞尔多夫地区高等法院采用的方法为：原合同中规定的价款和合同下货物当时的市场价格之间的差额便是买方的利润损失。[②]瑞士联邦最高法院则根据买方在通常情况下的一般利润率来计算其利润损失。[③]而乌克兰商贸会国际商事仲裁院则根据买方原定转售价格来计算其利润损失。[④]

在卖方交付的货物存在着"不相符性"时，瑞士巴塞尔-斯塔德民事法院采取的方法为：计算买方使用有缺陷的机器生产产品的单位成本与其使用无缺陷机器生产产品时单位成本之间的差额。[⑤]除此之外，在卖方履行合同义务时，买方本来可以获得特定的佣金收益，而且卖方也知道买方的上述收益。那么，买方因为卖方的违约行为失去的上述佣金收入，也属于买方的利润损失。

---

① Schlechtriem, *Kommentar zum Einheitlichen UN-Kaufrecht—CISG*, S. 705.

② Oberlandesgericht Düsseldorf, Germany, 14 January 1994, http://www.cisg-online.ch/content/api/cisg/display.cfm?test=119,访问时间：2021 年 9 月 7 日。

③ Bundesgericht, Switzerland, 17 December 2009(Watches case), www.cisg-online.ch/content/api/cisg/urteile/2022.pdf,访问时间：2021 年 9 月 17 日。

④ UNCITRAL, *Digest of Case Law on the United Nations Convention on the International Sale of Goods*, 2016, p. 337.

⑤ Zivilgericht Basel-Stadt, Switzerland, 8 November 2006 (Packaging machine case), http://www.cisg-online.ch/content/api/cisg/urteile/1731.pdf,访问时间：2021 年 9 月 17 日。

第二,卖方的利润损失。在买方拒不履行其合同义务时,同样会造成卖方的利润损失。卖方本来可以通过双方履行合同义务而赚取的、而由于买方违约行为而没有实现的收益,便是卖方的利润损失。在买方毫无理由拒不支付货款时,其利润损失便为原合同价格和卖方后来重新出售合同下货物售价或当时市场价格之间的差额。但不同国家法院采取的计算方式并不相同。仔细分析,大致有以下几种:首先,以原合同规定的货物价款来计算卖方的利润损失。其理由是,如果卖方不与买方签订买卖合同,他完全可以按相同的价格将货物出售给其他人,而买方的违约行为使得卖方失去了将货物卖给其他人的机会。①其次,以卖方正常情况下的一般利润率为基础计算利润损失。奥地利最高法院便采用这一方法,在其于2000年4月28日审结的德国卖方和奥地利买方之间的珠宝销售合同纠纷案中,它便根据卖方通常情况下的一般利润率来计算卖方的利润损失。②再次,在卖方专门为买方生产定制货物时,又有两种不同的计算卖方利润损失的方法:其一,以原合同价款的10%为基数来计算卖方的利润损失。瑞士阿尔高州商事法院便采用这一方法,它认为考虑到为买方生产定制货物的复杂性,要十分明确地确定原合同销售价格和销售给第三方的价格之间的差额是比较困难的,但以原合同价款的10%为基础计算卖方的利润损失依然是客观的、正当的。③其二,中国国际经济贸易仲裁委员会认为:在卖方专门为买方制造专用设备时,如果买方拒不履行其合同义务,则应当"以合同价款"作为卖方的利润损失,因为该设备是专门为买方设计制造的,故无法进行替代销售,而且也没有时价。④最后,以合同价格和卖方支付

① UNCITRAL, *Digest of Case Law on the United Nations Convention on the International Sale of Goods*, 2016, p. 337.

② Oberster Gerichtshof, Austria, 28 April 2000, http://www.cisg-online.ch/content/api/cisg/urteile/581.pdf,访问时间:2021年9月17日。

③ Handelsgericht des Kantons Aargau, Switzerland, 26 September 1997, http://www.cisg-online.ch/content/api/cisg/urteile/329.pdf,访问时间:2021年9月17日。

④ 中国国际经济贸易仲裁委员会:《〈联合国国际货物销售合同公约〉在中国仲裁的适用》,第154页。

给其供货商的价格为基础进行计算。①值得注意的是：在计算一方当事人所遭受的利润损失时，并不减去固定的成本开支。

3.2　可预见性原则（第2句）

由上可知，本条第1句确定全额赔偿原则。在此基础上，本条第2句对违约方承担的赔偿责任进行了一定程度的限制，即"这种损害赔偿不得超过违约方在订立合同时根据其当时知道的或理应知道的事实和情况，预见到或理应预见此种违约所能造成的损失"。据此分析，由于守约方要求的赔偿数额以"违约方"能够预见的损害数额为限，如果守约方实际要求的赔偿数额超过上述可以预见的数额，对于该超出部分，违约方无需赔偿，法院或仲裁机构也不应该支持守约方的上述请求。可见，本句实际上确定了"可预见性原则"，并通过这一原则对违约方根据第1句规定应该承担赔偿责任的范围进行了一定的限制。那么，究竟应该如何判断哪些损害是违约方应当预见到的，哪些又是违约方不应该预见到的呢？下文将从本句文义和司法实践两个方面对此问题进行讨论。

（1）第2句规定的确定"可预见范围"的限制因素

本条第2句在实际上已经规定了可以用来限定"可预见范围"的因素。如果具备这些因素，相关的违约损害便是违约方应该预见到的，反之，便超出了其预见的范围。仔细分析本句文义，可以发现以下几个限制因素：

第一，"预见"的主体。在货物销售合同中有两个当事人，本句中预见主体仅限于其中的一方，还是必须包括双方？答案是十分明显的，它无疑是指违约方，本句"……不得超过**违约方**在订立合同时……预见到或理应预见……"十分清楚地表明了这一点。这意味着在确定违约方应当支付的赔偿数额时，守约方的"预见"无关紧要，关键是违约方能否

---

① Xiamen Intermediate People's Court, People's Republic of China, 31 December 1992, http://www.unilex.info/cisg/case/212, 访问时间：2021年9月17日。

预见到。但是,《公约》第 8 条意义上的"理性人"能否预见到同样十分重要。在买卖双方对于违约方能否预见到发生争议时,法官或仲裁员便可以根据"理性人"标准判定。即一个正常的通情达理的人处在与违约人同样的情形下,他能否预见到或理应预见到同样的违约行为将会引发哪些损害以及多大损害。①如果违约方声称预见到的损害数额远远低于后者,他们便可以据此对该数额予以相应的调整。

第二,"预见"的对象。这是指根据本句规定的"可预见性原则",违约方究竟应当预见到什么? 是预见到他本人是否会有违约行为,还是由其违约行为所产生的后果? 本句对此作了比较明确的规定,即"此种违约所能造成的损失"。一般认为,本条规定仅仅要求违约方能够预见到其违约行为是否会给对方带来损害以及损害的性质,它并不要求违约方预见自己是否会进行违约,或进行何种违约行为。②就违约行为的损害后果而言,本句规定并不要求违约方预见结果精确到其违约行为造成损害的具体数额或者损害的详细情形,而仅需预见到损害的性质。③中国国际经济贸易仲裁委员也持这一观点:损害赔偿的可预见性原则并不要求预见到损失的"量",而仅需预见到此种损失发生的可能性。④

第三,"预见"的时间 。在适用"可预见性原则"计算违约方应当赔偿的具体损害数额时,还涉及另一可能会影响到赔偿结果的重要问题:以违约方在哪一时刻的预见结果作为判断标准? 至少有两个不同的时间点可供考虑:签订合同时和进行违约行为时。对于以上问题,本句明确规定以前一时间点作为判断标准,本句"违约方**在订立合同时**……预

---

① Witz/Salger/Loranz/Lorenz,Art. 74,Rn. 28.

② UNCITRAL, *Digest of Case Law on the United Nations Convention on the International Sale of Goods*,2016,p. 337.

③ Oberster Gerichtshof,Austria,14 January 2002,http://www. unilex. info/cisg/case/858,访问时间:2021 年 9 月 20 日。

④ 中国国际经济贸易仲裁委员会:《〈联合国国际货物销售合同公约〉在中国仲裁的适用》,第 149 页。

见或理应预见"十分清楚地规定了这一时间标准。这意味着:如果一方当事人因对方违约行为而遭受了损害,但该损害是违约方在签订合同时所没有预见到的,那么,该违约方便无需承担赔偿责任。希腊法院在2009年审理的荷兰卖方和希腊买方的防弹背心销售合同纠纷案中,便持这一观点。在该案中,荷兰卖方和希腊买方签订一份由卖方供应制造防弹背心所需的原材料的合同,卖方根据合同规定分十批基本交付了所有原材料。买方接收了货物,但拒不支付最后四批货物的价款,并以此前交付的货物存在质量瑕疵为由要求卖方不再交付最后一批货物,双方由此发生争议。卖方随后起诉买方,要求其支付拖欠的货款,并支付最后一批货物的价款;买方则要求卖方赔偿其为修复瑕疵而支付的费用。此外,双方都认为:以后在两国报纸刊登公布本案的判决会损害各自的声誉,故要求对方赔偿自己精神损失。但希腊法院以违约方在签订合同时未能预见此种精神损失为由驳回了双方的这一请求。[①]

第四,"可预见结果"的客观性。这是指违约方的预见结果必须有客观的事实作为依据,本句中"……根据其当时知道的或理应知道的事实和情况,预见到或理应预见……"这一表述蕴含了这一限制。这具体意味着,违约方只有在声称其未预见或不应当预见到的后果有事实依据支持时,他才无需承担赔偿责任。否则,他便必须承担赔偿责任。这一限制具有双重作用:它不仅限制了违约方声称的无法预见的范围,而且同时限制了守约方主张损害赔偿的范围。可见,查明哪些信息属于违约方"根据其当时知道的或理应知道的事实和情况",对于确定违约方承担赔偿责任的范围十分重要。这里的"事实和情况"首先是指合同中包括的信息,如合同条款规定卖方必须将货物运送给买方指定的客户,这表明买方已经签订了转售合同。其次,它们包括双方谈判过程中或签订合同时一方当事人告知对方的信息,如卖方告知买方,其为了履

---

① Polimeles Protodikio Athinon, Greece, 2009(docket No. 4505/2009)(Bulletproof vest case), http://www.unilex.info/cisg/case/1507,访问时间:2021年9月20日。

行与买方签订的合同已经采购了生产合同下货物所需的原材料,或者已经与其供货商签订了采购合同等;买方也可能告知卖方,他已经与第三方签订了转售合同。司法判决也强调必须有客观证据提供相应的证明:违约方在签订合同时已经"预见到或理应预见"或没有预见到某一违约后果。澳大利亚联邦法院在 2011 年 4 月 20 日审理的日本卖方和澳大利亚买方之间的电器销售合同纠纷中便持这一观点。在该案中,日方与澳方签订某新型电器销售合同,由日方负责供货,由澳方负责销售。但该电器存在着重大质量瑕疵,故双方决定终止合同,但澳方要求日方赔偿所有因质量瑕疵而增加的成本和费用。由于日方供货商员工提供了证据证明:"在订立每一销售合同时,已经告知澳方供应产品可能会反复出现故障,因而会经常出现召回和延迟供应产品的替代品问题,从而减少澳方企业销售合同下产品的利润率。"法院据此判定:这足以证明违约方在签订合同时已经预见到了其违约行为的损害后果。[1]除此之外,在争议双方对违约方预见后果的客观性发生争议时,应当适用《公约》第 8 条第 2 款规定的"理性人"客观标准予以分析。奥地利最高法院在其于 2002 年 1 月审理的德国卖方和奥地利买方之间的冷却系统销售合同纠纷案中,在双方当事人对违约方的预见结果发生争议时,认为应当分析考察第 8 条第 2 款和第 3 款意义上的理性人处在相同情况下能够或应当在多大程度上预见到这些问题和费用,并以此作为判断标准。[2]

(2) 司法或仲裁实践判定的"可预见范围"

本句规定的"可预见性原则"不仅仅是一个理论问题,在司法或仲裁实践中,在确定违约方的赔偿范围时,它同样起着重要的作用。法院或仲裁机构通常会根据违约方是否能够预见相关的损害而对守约方主张的损害赔偿数额进行调整,尤其是在守约方主张的赔偿数额远远超

---

[1]　Federal Court of Australia(Full Court),Victoria District Registry,Australia,20 April 2011,http://www.unilex.info/cisg/case/1641,访问时间:2021 年 9 月 20 日。

[2]　Oberster Gerichtshof,Austria,14 January 2002,http://www.unilex.info/cisg/case/858,访问时间:2021 年 9 月 20 日。

过违约方的预见范围时，更是如此。那么，成员国的法院或仲裁机构是如何根据本原则确定违约方的"可预见范围"的呢？下文将从正反两个方面论述这一问题。

第一，正面确定相关损害属于"可预见范围"之内的判决或裁决。从司法和仲裁实践看，在下列情况下，违约的卖方在签订合同时应预见到相应的损害后果：卖方如果在签订合同时知道买方是一个零售商，那么，他便应当预见到其不交货的行为会影响到买方的转售；或者合同中明确规定"目的港为某国某港，最终用户为某公司"，或者如果双方在签订合同时对卖方供货的重要性进行了深入的交流，那么，卖方应当预见到其违约行为会导致买方不能履行其与客户签订的合同。[①]另外，在卖方因货物市场价格不断上涨而不能履行交货义务时，买方因此进行替代采购而遭受的损失，也是卖方在签订合同时应当预见到的。[②]在违约方为买方时，买方如果没有根据合同规定提前支付货款，那么他应当预见到在卖方因此转售合同下货物时便会损失其在正常情况下的一般利润率；在卖方为买方生产定制货物时，作为违约的买方应当能够预见到其不履行合同义务的行为将会给卖方造成合同货款 10% 的损失，这便是卖方因此而失去的一般利润率。此外，在卖方承担租船义务，且买方必须在限定期限内出具信用证时，买方如果没有按照合同规定出具信用证时，那么，他应当能够预见到其违约行为会导致卖方最终不需要租用货船，由此会造成卖方的租金损失。[③]

第二，反面确认超过"可预见范围"的判决或裁决。许多法院判决或仲裁裁决判定，下列损失是违约方不能预见到的：在卖方没有交付合同下货物时，买方客户因此而租用机器所产生的租金费用是违约方无

---

① 中国国际经济贸易仲裁委员会：《〈联合国国际货物销售合同公约〉在中国仲裁的适用》，第 150 页。

② 中国国际经济贸易仲裁委员会：《〈联合国国际货物销售合同公约〉在中国仲裁的适用》，第 150 页。

③ UNCITRAL, *Digest of Case Law on the United Nations Convention on the International Sale of Goods*, 2016, p. 337.

法预见到的；①在卖方延迟交付第三批货物时，买方因此而改变货物的加工地而增加的成本（将原计划在土耳其境内进行加工，因卖方延迟交货而改成在德国境内进行加工）；②支付了过高的运费。瑞典斯德哥尔摩国际商事仲裁院在其仲裁的案件中认为在卖方交付货物存在《公约》第35条意义上的"不相符性"时，买方因此而多支付的运费、保险费、关税费用、储存费、专家检验货物的费用以及这些费用的利息，都属于卖方应当能够预见到的。但是，买方给承运人支付了一笔数额特别巨大的运费，这无疑超出了违约方在签订合同时所能预见的范围，故仲裁庭最终裁定卖方仅需赔偿买方所主张运费的一半；同样，该仲裁庭还裁定：买方因此与其承运人之间发生运费争议并为此而支付的律师费，也超出了违约方所能预见的范围；③德国卖方交付的不锈钢丝有瑕疵，瑞士买方为使其磨床能够加工有瑕疵的不锈钢丝而对该磨床进行了改造，并要求德国卖方赔偿其因此而支付的改造费。德国联邦最高法院拒绝了瑞士买方的诉讼请求，因为其支付的改造费远远超过了德国卖方交付的不锈钢丝的价款，这是违约方在签订合同时所不能预见到的；④中国国际经济贸易仲裁委员会认为：在卖方未能履行其交货义务，并最终导致买方因不能履行其与客户签订的合同中的交货义务，并因此而支付违约金和律师费等时，如果买方未能证明：在买卖双方签订合同时卖方已经知道其与客户签订了转售合同，那么，其支付的违约金和律师费等则是卖方所不能预见到的；⑤俄罗斯联邦工商会国际商事

①　UNCITRAL, *Digest of Case Law on the United Nations Convention on the International Sale of Goods*, 2016, p. 337.

②　Oberlandesgericht Bamberg, Germany, 13 January 1999, http://www.unilex. info/cisg/case/504,访问时间：2021年9月20日。

③　Stockholm Chamber of Commerce, Sweden, 1998, http://www.unilex.info/ cisg/case/435,访问时间：2021年9月20日。

④　Bundesgerichtshof, Germany, 25 June 1997, http://www.unilex.info/cisg/ case/257,访问时间：2021年9月20日。

⑤　中国国际经济贸易仲裁委员会：《〈联合国国际货物销售合同公约〉在中国仲裁的适用》，第151页。

仲裁院持类似的观点,在其仲裁的俄罗斯卖方和英国买方之间合同纠纷案中裁定:买方如果已经与第三方签订转售合同,但并没有告知卖方转售合同中规定的交易条件,那么,在卖方未履行交货义务时,尽管转售合同规定了一个特别高的转售价格,但该特别高的价格也超出了卖方的预见能力,仲裁庭最终仅仅认定合同价格的10％为其利润损失,这是卖方能够预见到的损害。①此外,中国国际经济贸易仲裁委员会还认为:卖方为备货而向银行贷款融资所产生的利息等费用,也超出了违约方的所能预见的范围,因为这属于卖方开展生产经营活动所应当承担的经营成本。②一方当事人的违约行为给对方当事人造成的名誉损失以及使其失去客户,这通常也被认为不属于违约方能够预见的范围。

4. 违约金和损害赔偿金之间的关系

在国际贸易实务中,双方当事人通常会在合同中规定违约金。例如,某销售合同规定:卖方如果不能在合同规定的期限内交付货物,必须向买方支付违约金,违约金为合同总价款的20％。尽管《公约》没有专门规范违约金的条款,但根据《公约》第6条规定的意思自治原则,合同当事人完全可以将双方同意的条款写进合同,所以,这种约定并不违反《公约》规定。这就产生了一个问题:在合同中约定违约金时,违约金和损害赔偿金之间究竟存在着何种关系? 由于《公约》中并没有规定违约金的条款或一般法律原则,根据第7条第2款的规定,应当根据法院地国际私法所指引适用的国内法来分析这一问题。我国《民法典》第585条专门规范了违约金问题。据此,"当事人可以约定一方违约时应当根据违约情况向对方支付一定数额的违约金,也可以约定因违约产生的损失赔偿额的计算方法。约定的违约金低于造成的损失的,人民法院或者仲裁机构可以根据当事人的请求予以增加;约定的违约金过

---

① Tribunal of International Commercial Arbitration at the Russian Federation Chamber of Commerce and Industry, Russian Federation, 6 June 2000, www. unilex. info/cisg/case/842,访问时间:2021年9月20日。

② 中国国际经济贸易仲裁委员会:《〈联合国国际货物销售合同公约〉在中国仲裁的适用》,第151页。

分高于造成的损失的,人民法院或者仲裁机构可以根据当事人的请求予以适当减少。当事人就迟延履行约定违约金的,违约方支付违约金后,还应当履行债务"。假定适用的国内法为我国国内法,那么,在违约金和损害赔偿金之间便存在着如下法律关系:其一,违约金和损害赔偿金具有相同的功能,即都是为了赔偿因违约行为而给对方造成的损失。上述"约定的违约金低于造成的损失的,人民法院或者仲裁机构可以根据当事人的请求予以增加"这一句十分明确地表明了这一点;其二,守约方既可以单独要求违约方支付约定的违约金,也可以在主张违约金的同时要求违约方支付损害赔偿金;其三,约定违约金的数额不得超过违约行为给守约方造成的实际损失数额。上述条款赋予法院或仲裁机构对违约金或损害赔偿金数额的调整权十分明显地表明了这一点。当然,在违约金和损害赔偿金之间也存在着以下区别:在主张支付违约金时,守约方只需证明对方有合同约定的违约行为,便可以引用合同中的违约金条款要求对方支付违约金。换句话说,他无需证明该违约行为给自己造成了哪些实际损害;而在主张损害赔偿金时,他必须提供两方面的证据。

5. 举证责任

就举证责任而言,本条并没有具体规定举证责任的分配。但从国际商事合同的司法和仲裁实践看,守约方如果提出赔偿请求,他必须提供证据证明违约方的违约行为给其带来多少损失(包括利润损失),而且这些损失是违约方在签订合同时所能预见到的。违约方如果认为守约方的赔偿请求过高,那么,他必须提供相反的证据,证明相关的损害不是由其违约行为引起的,或者是他在签订合同时所不能预见到的。

第75条 宣告合同无效并进行替代交易时损害赔偿金的计算

Article 75

If the contract is avoided and if, in a reasonable manner and within a reasonable time after avoidance, the buyer has bought goods in replacement or the seller has resold the goods, the party claiming damages may recover the difference between the contract price and the price in the substitute transaction as well as any further damages recoverable under article 74.

译文

如果合同已（新增）被宣告无效，而在此（原译文为："宣告无效"）后的一段合理时间内，买方以合理方式购买了替代货物，或者卖方以合理方式转售了货物（原译文为："把货物转卖"），则有权主张损害赔偿的一方可以要求赔偿原合同价格和替代交易价格之间的差额，以及第74条规定的、可以赔偿的任何其他损害赔偿金（原译文为："可以取得合同价格和替代货物交易价格之间的差额以及按照第74条规定可以取得的任何其他损害赔偿"）。

目录

正文

1. 调整对象

在一方当事人的违约行为符合特定条件时，另外一方当事人通常会宣告合同无效，《公约》第49条和第64条授予了另一方当事人此种权利。为了减少对方违约行为给自己造成的损失，守约的买方通常还会进行替代采购,而卖方则会将原合同下的货物转售给第三方。但是,上述补救措施并不能完全消除违约行为给守约方造成的损害。本条的调整对象正是在这种情形下损害赔偿金的计算规则:即原合同价款和替代交易价款之间的差额便是违约方应当支付的赔偿金数额;如果还存在着其他损害,守约者还可以同时根据第74条的规定计算损害赔偿金。这一规则适用于卖方或买方主张损害赔偿的情形。本条中"买方以合理方式购买了替代货物,或者卖方以合理方式转售了货物"这一规定十分明确地表明了这一点。

本条是对第74条的补充,因为本条仅仅适用于合同被宣告无效和进行了替代交易这两种情况,而第74条的适用范围则不受以上适用条件的约束。另外,本条与第76条则是一种替代关系。《公约》总共规定了两种专门适用于合同宣告无效时损害赔偿金的计算方式,即本条和第76条,但它们的适用条件有所不同。其中,本条专门适用于进行了替代交易的情形,而第76条则适用于没有进行替代交易的情形。就本条而言,如果对本条内容进行仔细分析,就能发现本条前半句规定了适用条件,后半句规定了相应的法律后果,下文就此进行深入探究。

2. 适用条件

适用本条应当具备两方面的前提条件,它们分别是:宣告合同无效和进行了替代交易。

2.1　宣告合同无效

适用本条的一个重要条件是合同已经被宣告无效,本条中"如果合同已被宣告无效"这一表述明确表明了这一点。本条没有规定哪一方当事人有权宣告合同无效,这是没有必要的,因为根据《公约》第49条和第64条的规定,在具备法定解除合同的前提条件时,买方或卖方均可以宣告解除合同。①当然,如上所述,为行使这一授权,一方当事人还必须根据第26条规定向对方发出解除合同的通知。否则,即使已经具备了第49条或第64条规定的前提条件,合同也依然有效。多国法院

---

①　详见本书第49条和第64条下之论述。

的判决或仲裁机构的裁决都肯定了这一点。德国杜塞尔多夫地区高等法院在2004年7月22日审理的意大利卖方和德国买方之间的皮鞋销售合同纠纷中便肯定了以上观点。在该案中,由于买方在签订销售合同后没有支付货款,卖方低价销售了合同下的皮鞋,故要求买方赔偿原合同价款和替代销售价格之间的差价。法院没有支持卖方的诉讼请求,因为卖方未能证明:他已经根据第26条向买方发出了宣告合同无效的声明。①

2.2 守约方进行了替代交易

适用本条规定的另外一个条件是:宣告合同无效的一方当事人必须进行了替代交易,这一条件体现在"而在此后的一段合理时间内,**买方以合理方式购买了替代货物,或者卖方以合理方式转售了货物**"这一规定中。这一条件的法律意义在于:如果守约方进行的交易构成本条意义上的"替代交易",那么,该交易中的价格便可以用来计算守约者因对方违约行为所遭受的损失,反之,则不能。客观地分析,本句并没有对"替代交易"这一概念进行定义,但根据以上规定,它应当是指在一方当事人毫无理由拒不履行合同义务时,对方当事人为实现原合同下的目的而与第三人进行了的货物买卖交易。因为无论"买方以合理方式购买了替代货物,或者卖方以合理方式转售了货物",都是守约方为了实现原合同中规定的但因违约却未能实现的目的。但在适用这一条件过程中,不仅应当查明"进行了的替代交易"的内涵,而且应当探究如何才能判定守约方进行的交易属于本条件下的替代交易,以及明确判断守约方进行替代交易方式具有合理性的因素有哪些。下文将从以上三个方面探究本条件的适用问题。

(1)"进行了替代交易"的内涵

判断守约方进行的交易是否属于本款意义上的"替代交易"的一个衡量标准是:守约方已经进行了"替代交易",本条中"买方以合理方式

---

① Oberlandesgericht Düsseldorf, Germany, 22 July 2004(Shoes case), http://www.unilex.info/cisg/case/1002,访问时间:2021年9月22日。

购买了替代货物，或者卖方以合理方式**转售了**货物"这一规定十分明确地规定了这一要件。但是，此处存在着一个值得澄清的问题是：这里的"已经进行了"仅仅是指守约者签订了替代交易合同，还是指除了签订替代交易合同以外，还必须已经履行了该替代交易合同？部分德国学者认为：如果守约者已经签订了替代交易合同，这已经足以构成本条意义上的"已经进行了替代交易"，是否已经履行该合同无关紧要，①德国法兰克福地区高等法院在其审理的德国卖方和埃及买方之间的低碳锰铁销售合同纠纷中持同样的观点。②以上观点是否成立是值得商榷的。无论是本条中译本中的"购买了替代货物，或者……转售了货物"，还是英译本中的"... has bought goods or ... has resold the goods"，都不仅仅是指签订了替代交易合同，而应该是指已经完成了替代合同下的交易。可见，以上学者和法院判决中的观点不符合本条规定的原意。从其他适用本条的司法和仲裁实践看，一般不会涉及以上问题。因为在绝大多数涉及本条规定的合同纠纷中，守约方不仅已经签订了相关的替代交易合同，而且已经履行了该合同。这也从另一角度证明：构成本条意义上的"替代交易"的一个要件是相关的替代交易已经履行完毕。

（2）在守约方进行的交易与原合同之间具有密切关联性

判断守约方进行的交易是否构成本条意义上"替代交易"的一个判断标准是：在守约方实际进行的交易与原合同之间是否具有密切的关联性。如果具备了密切的关联性，便构成了本条意义上的"替代交易"，否则便不构成。本条"买方以合理方式购买了替代货物，或者卖方以合理方式转售了货物"这一表述也十分明确地规定了此种关联性。据此分析，这一"关联性"要件对于买卖双方有着不同的内涵。

第一，判断卖方转售行为与原合同之间关联性的考量因素：卖方是

---

① Schwenzer, in Schlechtriem, *Kommentar zum Einheitlichen UN-Kaufrecht—CISG*, 7. Aufl. 2019, S. 1266.

② Oberlandesgericht Frankfurt am Main, http://www.cisg-online.ch/content/api/cisg/urteile/2165.pdf, 访问时间：2021 年 9 月 23 日。

否将原合同下的货物转售给他人。在卖方宣告解除合同后进行了转售时,关键的考量因素是:卖方转售的货物是否属于原合同下的货物。如果是,便具备上述关联性,否则便不具备。澳大利亚昆士兰州最高法院在其于 2000 年 11 月 17 日审结的案件中便强调:在买方未开出信用证时,卖方将原合同下本来卖给马来西亚买方的废钢转售给其他买家,因而具备了上述关联性,他因此有权根据本条的规定要求买方赔偿原合同和转售合同之间的差价。①

在合同涉及未特定化货物时,判断卖方转售行为与原合同是否具备密切关联性的一个重要考量因素是:卖方是否对原合同下货物进行了特定化处理。卖方转售原合同下货物的一个前提条件是:卖方已经对原合同下的货物进行了特定化处置。如果卖方没有完成上述特定化处置,那么,卖方实际上进行的转售便会被认为与原合同缺乏上述关联性。中国国际经济贸易仲裁委员会便采用这一考量因素。在其于 2007 年 4 月仲裁的棉花销售合同争议案中,在买方拒绝履行合同义务后,卖方声称将原合同下的棉花转售给了第三方,但他同时承认:在买方违约时,他还没有将交付给买方的棉花进行特定化标注,即没有将交付给买方的棉花从仓库中的其他棉花中分离出来并进行相应的标注。此外,根据卖方提供的证据,原合同下棉花生长时间为"2004/2005",而转售合同下棉花的生长时间为"2002/2003/2004",据此,中国仲裁庭裁定:转售合同与原合同缺乏关联性,故不能支持卖方根据本条规定提出的赔偿请求。②

第二,判断买方替代采购与原合同之间关联性的考量因素。在守约方为买方时,由于他无法从卖方手中获得原合同下的货物,那么,这种关联性便是指:买方替代采购的货物应当与原合同下的货物具有可比性和替代性。从诉讼和仲裁实践看,大致根据以下两类因素来判断

---

① Supreme Court of Queensland, Australia, 17 November 2000, http://www.unilex.info/cisg/case/472,访问时间:2021 年 9 月 24 日。

② 中国国际经济贸易仲裁委员会:《〈联合国国际货物销售合同公约〉在中国仲裁的适用》,第 161 页。

买方实际进行采购交易和原合同之间是否存在着此种关联性:

其一,将原合同下货物和买方实际替代采购的货物从性质、品质、规格、产地等方面进行比较,以确认两者之间是否具有关联性。中国国际经济贸易仲裁委员会经常采用这一方法。在其于 2007 年仲裁的硬脂酸销售合同案中,由于卖方拒绝履行原合同下的交货义务,买方进行了替代采购,每吨的替代采购价比原合同价高 95 美元。卖方认为原合同下的货物和替代采购下的货物不属于同一级别,仲裁庭不应该支持买方的差价赔偿请求。仲裁庭在审查证据后发现:原合同下和替代采购中的硬脂酸品质略有差异,但大部分指标仍处在中国国家标准规定的范围之内,故裁定支持买方的仲裁请求:卖方必须根据本条规定赔偿买方因进行替代采购而遭受的差价损失。①在中国国际经济贸易仲裁委员会于 1997 年 11 月审理的橘子罐头案件中,原销售合同涉及卖方出口中国生产的橘子罐头;在卖方不能交货时,买方替代采购的是西班牙生产的橘子罐头,后者的价格远远高于前者。买方要求卖方赔偿两份合同之间的差价损失,双方由此发生争议。中国仲裁庭最终裁定:替代交易合同中采购的货物与原合同下货物在"货物的名称、数量、规格、产地和生产日期"等方面均不相同,所以,仲裁庭裁定不支持买方根据本条规定提出的赔偿差价的仲裁请求。②

其二,时间上的密切相关性。这是指替代交易必须在宣告原合同无效之后的一段合理时间内进行,本条"如果合同已被宣告无效,而在此后的一段合理时间内,……"十分明确地规定了这一要素。这一限制也有多重法律含义:

① 它意味着:如果替代交易在原合同被宣告无效之前进行的,便不具备时间上的密切关联性。美国上诉法院(第二巡回审判庭)在其审

---

① 中国国际经济贸易仲裁委员会:《〈联合国国际货物销售合同公约〉在中国仲裁的适用》,第 160 页。

② China International Economic and Trade Arbitration Commission, People's Republic of China, 30 November 1997(Canned oranges case), https://iicl.law.pace.edu/cisg/case/china-november-30-1997-translation-available,访问时间:2021 年 9 月 24 日。

理的美国卖方和意大利买方之间的空调压缩机销售合同纠纷中便持这一观点。在该案中,在美国卖方交付了部分货物后,意大利买方发现交付的货物不符合合同规定的质量标准,而且经过修理依然无法达到规定的质量标准,故解除了合同,并最终使用了在美国卖方违约前便从日本公司订购的压缩机。由于该采购行为发生在美国卖方违约之前,所以,美国上诉法院(第二巡回审判庭)判定:在原合同和替代采购之间不存在时间上的关联性,故从日本公司采购压缩机并不构成第 75 条意义上的替代交易。①国际商事仲裁院在其于 1996 年 9 月仲裁的一个案件中也持这一观点。在该案中,买卖双方当事人签订了一份金属矿长期供货合同。在双方履行合同义务两年后,卖方告知买方,由于市场条件发生了变化和不可抗力,自己无法再履行合同义务,并要求修改合同中的价格条款,双方就此进行谈判。但在双方就修改合同条款达成一致意见之前,买方签订了替代采购合同,同时要求卖方按原合同规定交付货物。此后,买方又宣告合同无效,并要求卖方承担本条下的赔偿责任。仲裁庭没有支持买方的仲裁请求:买方在宣告合同无效之前便进行了替代采购,故不适用本条规定。②

　　② 它还意味着:如果守约方进行的替代交易不是在本条规定的合理时间内进行,而是在这一期限之外进行,也不具备时间上的密切关联性。那么,本条中"一段合理时间内"究竟有多长呢?《公约》对此没有作出明确规定,实际上也不可能存在着统一的界定。相反,应当根据具体案件中货物的性质和其他具体情况予以决定。从国际商事合同诉讼和仲裁实践看,不同法院或仲裁机构认定的"一段合理时间内"的长度各不相同。

---

　　① 　U.S. Court of Appeals(2nd Circuit), United States, 6 December 1995, http://www.cisg-online.ch/content/api/cisg/display. cfm? test＝140,访问时间:2021 年 9 月 24 日。

　　② 　Arbitration Court of the International Chamber of Commerce, September 1996 (Arbitral award No. 8574), http://www.unilex.info/cisg/case/521,访问时间:2021 年 9 月 23 日。

　　首先,在宣告合同无效后六个月内进行的交易没有超出"一段合理时间内"的时间限制。从仲裁和司法实践看,如果守约方是在宣告合同无效后的六个月内进行交易,依然没有超出"一段合理时间内"的时间限制。中国国际经济贸易仲裁委员会在其于 2006 年 4 月所仲裁的案件中裁定:如果买方在宣告合同无效后的一个月内进行替代采购,依然属于本条规定的"一段合理时间内"。①德国杜塞尔多夫地区高等法院则判定:在原合同销售的货物是冬季皮鞋,那么,在宣告合同无效后的两个月内,卖方转售合同下的皮鞋依然在本条规定的"一段合理时间内",因为大部分潜在的客户应该已经购买了皮鞋。②澳大利亚昆士兰州最高法院也判定:在宣告合同无效后两个月内转售原合同下的废钢并没有超出本条要求的"合理时间内"。③意大利米兰上诉法院在其审理的案件中判定:在卖方根据《公约》第 63 条规定设定一个供买方履行其合同义务的宽限期届满后的六个月内,卖方将原合同下的印刷机器转售给他人,这依然没有超出本条要求的"合理时间内"。④

　　其次,宣告合同无效后一年内进行的交易超出了"一段合理时间内"。那么,在宣告合同无效后多长时间内进行的交易也属于超出了"一段合理时间内"的限制呢? 目前得到仲裁实践确认的最短合理时间期限为解除合同后"一年"。中国国际经济贸易仲裁委员会在其于 2014 年 1 月 9 日作出的裁决书中裁定:在进行转售行为的时间与解除合同的时间已经超过了一年时,显然超过了本条规定的"一段合理时间内"的范围。在该案中,买卖双方就原合同的修改谈判已经于 2012 年

　　① 中国国际经济贸易仲裁委员会:《〈联合国国际货物销售合同公约〉在中国仲裁的适用》,第 159 页。

　　② Oberlandesgericht Düsseldorf, Germany, 14 January 1994,http://www.unilex.info/cisg/case/84,访问时间:2021 年 9 月 23 日。

　　③ Supreme Court of Queensland, Australia, 17 November 2000,http://www.unilex.info/cisg/case/472,访问时间:2021 年 9 月 23 日。

　　④ Corte di Appello di Milano, Italy, 11 December 1998(Bielloni Castello S.p.A. v. EGO S.A.), http://www.unilex.info/cisg/case/359,访问时间:2021 年 9 月 23 日。

8月破裂,而卖方直到2013年9月才将原合同下的货物转售给他人。①另外,丹麦最高法院则判定:卖方在宣告合同无效后的大约五年内才转售原合同下的摩托车,已经超出了本条设定的时间期限。②

由上可知,"替代交易"是否在本条规定的"合理时间"期限内进行,关系到本条的适用问题,当然这还进一步关系到守约方损害赔偿的主张是否能得到法院或仲裁机构的支持问题。不同的法院或仲裁机构对"合理时间"有着不同的认定,这并不奇怪,因为每个案件中涉及的货物、市场环境等都不同。但可以肯定的是:该"一段合理时间内"的起算时间点是守约方发出宣告合同无效通知之时,本条"如果合同已被宣告无效,而在此后的一段合理时间内"这一规定蕴含了这一点。

(3)进行替代交易的方式必须具有合理性

除了以上衡量要素以外,本条还规定了另一判断守约方进行的交易是否构成本条意义上"替代交易"的要素,即守约方进行替代交易的方式必须是"合理的",这一要件体现在本条"买方**以合理方式**购买了替代货物,或者卖方**以合理方式**转售了货物"的规定中。那么,判断替代交易方式是否具备"合理性"的因素有哪些呢?对此《公约》没有进行统一的定义。笔者认为:这里的"合理性"要素要求:守约方在进行替代交易时必须像一个熟悉某一行业的商人那样,细心而谨慎地行事,并尽可能以与原合同一样的交易条件进行替代交易。法国国际商事仲裁院也认同这一界定标准。在其审理的奥地利卖方和瑞士买方之间的化肥销售合同纠纷中,奥地利卖方未交付化肥,瑞士买方因此从第三方那里以更高的价格进行了替代采购。对于买方是否以合理的方式采购了替代化肥,双方发生了争议。仲裁庭最终裁定,判断买方是否以合理方式进行了替代采购的基本原则是:买方是否像一个谨慎和细心的商人那样

① 中国国际经济贸易仲裁委员会:《〈联合国国际货物销售合同公约〉在中国仲裁的适用》,第160页。

② Højesteret, Denmark, 17 October 2007 (Zweirad Technik v. C. Reinhardt A/S), http://www.unilex.info/cisg/case/2015,访问时间:2021年9月23日。

进行了替代采购。①由于买卖双方进行替代交易的方式有着本质的区别,卖方是将原合同下的货物转售给第三方,而买方是向第三方购买能够替代原合同下货物的货物,所以,判断买卖双方替代交易方式是否具有合理性或是否像一个谨慎和细心的商人那样行事的考量标准并不完全相同。

第一,考察卖方进行替代销售方式是否具备合理性的因素。在买方拒不接受货物、支付货款时,卖方通常会宣告合同无效,并将原合同下的货物转售给第三者。从国际商事合同诉讼和仲裁实践看,判断卖方转售方式是否具备合理性的考量因素主要有:转售价格、转售地域范围结合价格。

其一,转售价格因素。所谓转售价格因素是指卖方转售原合同下货物是否有合理的依据。如果有合理的依据,其转售方式便是合理的,否则便是不合理的。目前被司法或仲裁实践认定的合理依据有:卖方采购合同下货物时所支付的价格和卖方进行转售时的市场价格。首先,卖方以采购价转售货物。如果卖方以其采购合同下货物所支付的价格进行转售,那么,其转售的方式便是合理的。奥地利格拉茨地区高等法院在其于 2002 年 1 月 24 日审理的德国卖方和奥地利买方之间的二手挖掘机销售合同纠纷案中便采用了这一考量因素,在该案中,在买方多次延迟履行合同义务后,德国卖方以其购买该二手挖掘机的原价将该二手挖掘机转售给了第三方,该转售价远远低于原合同价,故要求买方赔偿其差价损失,奥地利法院支持了卖方的诉讼请求。买方除了应根据《公约》第74条规定赔偿卖方因其违约行为而遭受的利润损失之外,还应当根据本条规定赔偿卖方遭受的差价损失,因为卖方以其采购该机器的原价进行转售是合理的。②其次,以市场价格进行转售。如

---

① Arbitration Court of the International Chamber of Commerce,1995(Arbitral award No. 8128),http://www.unilex.info/cisg/case/207,访问时间:2021 年 9 月 25 日。

② Oberlandesgericht Graz,Austria,24 January 2002(Excavator case),http://www.cisg-online.ch/content/api/cisg/display.cfm?test=801.pdf,访问时间:2021 年 9 月 26 日。

果卖方以进行替代销售时的市场价格转售了货物,那么,卖方进行替代销售的方式便是合理的。应当指出的是:这里的"以进行替代销售时的市场价格转售"是指以与当时的市场价格大致相当的价格进行转售。中国国际经济贸易仲裁委员会便持这一观点。在其仲裁的新加坡卖方和中国买方之间的漂白软木牛皮纸纸浆销售合同纠纷案件中,中国买方未能按照合同规定开出信用证,从而构成根本违约。新加坡买方在宣告解除合同后,将原合同下的货物以每吨比原合同低 480 美元的价格转售给了一位中国香港买家。由于该转售价格与当时的市场价格相差无几,中国仲裁庭肯定了转售方式的合理性。①澳大利亚昆士兰州最高法院同样认同上述考量因素。在其审理的澳大利亚卖方和马来西亚买方之间的废钢销售合同纠纷中,在买方没有按照合同规定出具信用证后,卖方宣告解除合同,同时将其原合同下 25 100 吨废钢以当时的市场价格售给了马来西亚的另一买家。昆士兰州最高法院最终判定,卖方以当时的市场价格转售原合同下的货物,并另外租船将货物运送至马来西亚买家的行为,是合理的,故可以适用本条规定。②

其二,以转售地域范围结合价格作为考量因素。这是指卖方不应当限制转售的地域范围,并努力以更高的价格进行转售。如果这样,其转售方式便是合理,否则便是不合理的。丹麦最高法院便采用了这一考量因素。在其于 2007 年审结的丹麦卖方和德国买方之间的摩托车销售合同纠纷案中,丹麦卖方从日本进口摩托车,并将这些摩托车卖给德国的买方。在丹麦卖方和德国买方履行部分合同义务后,德国买方要求降价并提供更多的折扣,卖方未能满足其要求,故德国买方取消已经生效的订单。丹麦卖方于是宣告合同无效,同时在丹麦境内以很低价格转售原合同下的摩托车,并据此要求买方赔偿转售价格和原合同

① China International Economic and Trade Arbitration Commission, People's Republic of China, 25 July 2006(Bleached softwood Kraft pulp case), https://iicl.law.pace.edu/cisg/case/china-july-25-2006-translation-available,访问时间:2021 年 9 月 24 日。

② Supreme Court of Queensland, Australia, 17 November 2000, http://www.unilex.info/cisg/case/472,访问时间:2021 年 9 月 25 日。

价格之间的差价损失。丹麦最高法院没有完全支持丹麦卖方的诉讼请求,其理由是:丹麦卖方仅仅将转售市场限制在丹麦境内,而丹麦摩托车售价本来就比德国低,所以他没有努力以足够高的价格转售原合同下的货物。①

第二,考察买方替代采购方式合理性的因素。在卖方的行为构成根本违约时,买方通常会宣告合同无效,并进行替代采购,由此,买方也会遭受原合同价和替代采购价之间的差价损失。不仅如此,在上述情形下,卖方的根本违约行为还会导致买方不能履行其对下家的交货义务。如果其下家进行了替代采购,并因此遭受了差价损失,他通常会根据本条规定要求买方赔偿其差价损失。这就产生两个问题:如何衡量买方替代采购方式的合理性? 买方下家进行的替代采购行为是否可以视为买方进行的合理的替代采购行为?

其一,原合同下货物与替代采购货物在种类、规则、品质等方面具有相似性。应当指出:上述"谨慎、细心的商人"标准同样适用买方进行的替代采购行为。那么,如何判断买方像一个"谨慎、细心的商人"那样进行了替代采购呢? 主要的考量因素为替代采购货物的种类、规格、质量等交易条件。即将原合同下货物的种类、规格、质量等交易条件与替代采购下的进行比较,如果两者具有很大的相似性,那么,买方进行的替代采购便是合理的,否则便是不合理的。在进行比较时,替代采购的价格并不是一个重要的考量因素。在其他因素具有可比性的前提下,即使买方支付的替代采购的价格高于原合同价格,也不影响替代采购的合理性。之所以应忽视价格因素,是因为卖方不履行交货义务的一个最重要和最常见原因是合同下货物的市场价格有较大幅度的上涨。另外,买方通常必须在很短的时间内完成替代采购,这样他才能及时履行与其客户签订的合同中的交货义务。法国国际商事仲裁院仲裁的奥地利卖方和瑞士买方之间的化肥销售合同纠纷中便认为,判断买方是否履行了

---

① Højesteret, Denmark, 17 October 2007 (Zweirad Technik v. C. Reinhardt A/S), http://www.unilex.info/cisg/case/2015,访问时间:2021 年 9 月 26 日。

"商人的谨慎、细心义务"的关键因素是:应当比较替代购买的货物与原合同下货物是否属于相同种类和相似的规格、质量。而且,两者在质量上存在的微小差异、替代采购价格高低并不是十分重要的考量因素。①

其二,买方客户进行的替代采购是否可以视为买方进行的合理的替代采购行为。对于这个问题,实务界有不同看法。法国国际商事仲裁院对此持否定态度。1999 年 12 月该仲裁院仲裁了德国卖方和南斯拉夫买方之间铜缆销售合同纠纷案。在该案中,卖方交付了合同下的货物,但买方仅支付了部分货款,因此卖方要求买方支付剩余的货款,而买方要求卖方赔偿其客户进行替代采购而遭受的差距损失。仲裁庭最终裁定:买方客户因卖方延迟交货而进行了替代采购,但由于该替代采购并不是由买方进行的,而是由其最终客户进行的,这超出了本条的管辖范围,故拒绝支持买方的仲裁请求。②但荷兰阿纳姆法院持相反的观点。在其于 2006 年 7 月审理的捷克卖方和荷兰买方之间的钢材销售合同纠纷案中,买卖双方已经签订了合同,但由于生产成本的上涨,卖方要求每吨涨价 5%。在买方拒绝后,卖方取消了买方的订单。由于买方已经与其客户签订了转售合同,而且无法交付原合同下的钢材,所以其客户进行了替代采购,采购的价格远高于原合同中的价格,故买方要求捷克卖方赔偿其支付给其客户的原合同和替代采购之间的差价等赔偿款。荷兰阿纳姆法院认为:只要该买方客户进行替代采购的方式是合理的,而且是在解除合同以后一段合理的时间内进行的,那么,同样可以适用本条规定。但由于买方未能提供其客户进行了替代采购的证据,法院最终没有支持荷兰买方的上述仲裁请求。③笔者认同荷兰

---

① Arbitration Court of the International Chamber of Commerce,1995(Arbitral award No. 8128),http://www.unilex.info/cisg/case/207,访问时间:2021 年 9 月 25 日。

② Arbitration Court of the International Chamber of Commerce,20 December 1999(Copper cable case),http://www. cisg-online. ch/content/api/cisg/urteile/1646. pdf,访问时间:2021 年 9 月 25 日。

③ Rechtbank Arnhem,the Netherlands,19 July 2006(Skoda Kovarny v. B. van Dijk Jr. Staalhandelmaatschappij B.V.),http://www.unilex.info/cisg/case/1436,访问时间:2021 年 9 月 25 日。

法院在以上判决中所持的观点，但支持卖方应当向买方承担赔偿责任的依据不是本条，而应是《公约》第74条规定。因为如果买方的客户进行了替代采购，而且其客户在替代采购中支付的货款高于买方向其转售的价格，这自然属于因买方违约行为而给其客户造成的损失。在买方向其支付了差额损失时，这构成了买方遭受的第74条意义上间接损失，他自然有权要求卖方赔偿该损失。

综上所述，本条规定了判断守约方进行的交易行为是否构成本条意义上"替代交易"的三个衡量要素。根据本款规定，它们是必须同时具备的，缺乏其中任何一个，均会影响到本条的适用。

3. 具备适用条件时的法律后果

本条后半句规定了在具备上述适用条件时的法律后果，即守约方"可以要求赔偿原合同价格和替代交易价格之间的差额，以及第74条规定的、可以赔偿的任何其他损害赔偿金"。可见，守约方主张的损害赔偿金由两部分组成：本条下的差价损失和《公约》第74条下的其他损失。

3.1　赔偿本条下差价损失

根据本条规定，守约方首先可以向违约方主张赔偿"原合同价格和替代交易价格之间的差额"。以下主要讨论本条中"差额"概念的内涵和对守约方请求赔偿差额损失的调整问题。

（1）"差额"概念的内涵

在国际贸易实务中存在着两种不同"差额"：转售价格低于原合同价格时的差额和转售价格高于原合同价格时的差额。而且，这种差额根据守约方身份的不同又分别体现为"损失"或"利润"：如果守约方为卖方时，其转售价格低于原合同价格时的差额便显示为"损失"，反之为"利润"；如果守约方为买方时，其转售价格高于原合同价格时的差额便显示为"利润"，反之则为"损失"。这就产生了一个问题：本条中的"差额"，仅仅是指"差额损失"，还是它包括以上两类差额？本条中的"差额"应当仅仅是"差额损失"，它不包括"差额利润"。尽管本条没有明确规定这一点，但本条"**赔偿**原合同价格和替代交易价格之间的差额"这一规定间接地表明了这一点,因为只有在守约方通过替代交易遭受损失时,才需要赔偿。如果他因此而获得利润,则根本谈不上赔偿。

可见,根据本条规定,无论是卖方还是买方,他们只要在作为守约方进行替代交易时遭受了上述差额损失,均有权要求违约方承担赔偿责任。

(2) 以替代交易方式的合理性为依据对守约方主张差额损失的调整

查明"原合同价格和替代交易价格之间的差额"十分简单,只要将两个价格进行比较,便能查明守约方因替代交易行为而遭受的具体损失数额。守约方也通常会要求违约方全额赔偿上述差额损失。问题是审理争议的机构是否有权对其主张的差额损失进行调整? 答案是肯定的,调整的依据便是本条规定的进行替代交易方式是否具有合理性。换句话说,如果守约者以不合理的方式进行了替代交易,审理的机构便会对守约方提出的全额赔偿请求进行调整。在上文提及的丹麦最高法院审理的丹麦卖方和德国买方之间的摩托车销售合同纠纷案中,丹麦卖方要求德国买方全额赔偿其因转售而遭受的差价损失,但由于丹麦卖方将其转售市场限制在丹麦境内,并没有谋求到销售价格更高的德国境内进行转售,故丹麦最高法院以转售方式不合理为由将丹麦卖方主张的差价数额削减了50%。[1]

3.2 赔偿《公约》第74条下的其他损失

根据本条规定,守约者除了可以要求对方赔偿上述差价损失以外,还可以要求对方赔偿其遭受的《公约》第74条意义上的"其他损失"。本条作出这一规定的目的是:第74条规定了全额赔偿原则,而且通过赔偿应使守约者处于这样的状态,就像合同完全得到履行一样;而仅仅赔偿替代交易价格和原合同价格之间的差额,很难使守约者恢复到上述状态。事实上也确实如此,守约方为了进行替代交易,通常还需支付

---

[1] Højesteret, Denmark, 17 October 2007 (Zweirad Technik v. C. Reinhardt A/S), http://www.unilex.info/cisg/case/2015,访问时间:2021年9月26日。

额外的费用,例如中介费、运费、保险费、报关费、仓储费等。这些费用显然不被包括在本条的差额损失中,故守约方只能通过引用第74条来提出赔偿请求。在上文提及的奥地利格拉茨高等法院审理的德国卖方和奥地利买方之间挖掘机销售合同纠纷中,奥地利法院也确认卖方不仅有权根据本条规定要求买方赔偿原合同价格和替代销售价格之间的差额,同时还可以根据第74条规定要求对方赔偿其他损失。当然,在计算第74条下的损失时应该考虑到相关的损失是否为违约方所能预见的。另外,守约方所遭受的利润损失通常不应当被计入第74条意义上的"损失"内,因为违约方根据本条支付了差价赔偿金,这便在实际上等于已经补偿了守约方的利润损失。①

3.3 根据《公约》第77条规定对守约方主张的损害赔偿金进行调整

除了《公约》第74条规定会对违约方根据本条规定承担的赔偿数额产生影响以外,第77条同样如此。第77条规定了守约方在对方违约时应当承担采取合理措施以减少损失的义务。如果他没有履行这一义务,那么便应该从违约方应该支付的损害赔偿数额中扣除在守约方采取减损措施时原本可以减少的损失数额。西班牙最高法院在其审理的荷兰卖方和西班牙买方之间的麻袋销售合同纠纷案中便根据第77条规定对荷兰卖方主张的差额赔偿进行了必要的扣除。在该案中,买卖双方签订了分批交付80万只麻袋的买卖合同。但在荷兰卖方交付了首批麻袋后,西班牙买方拒绝接受剩余的724 800只麻袋并拒绝支付相应的货款。但西班牙买方表示愿意以一个更低的价格购买剩余的麻袋,荷兰卖方表示拒绝。最终荷兰卖方以一个比西班牙买方建议价格更低的价格转售给的第三方,并根据本条规定要求西班牙买方全额赔偿原合同价格和转售价格之间的差价损失。西班牙最高法院拒绝了荷兰卖方的这一请求,其理由是根据第77条规定荷兰公司应当接受西

---

① Oberlandesgericht Graz, Austria, 24 January 2002(Excavator case),http://www.cisg-online.ch/content/api/cisg/urteile/1197.pdf,访问时间:2021年9月26日。

班牙买方的建议,这样可以减少损失。所以,西班牙最高法院最终判定:荷兰卖方只能要求买方赔偿原合同价格与买方建议价格之间的差额损失,并据此减少了卖方主张的利润损失。①

第 76 条　宣告合同无效而未进行替代交易时损害赔偿金的计算

Article 76

(1) If the contract is avoided and there is a current price for the goods, the party claiming damages may, if he has not made a purchase or resale under article 75, recover the difference between the price fixed by the contract and the current price at the time of avoidance as well as any further damages recoverable under article 74. If, however, the party claiming damages has avoided the contract after taking over the goods, the current price at the time of such taking over shall be applied instead of the current price at the time of avoidance.

(2) For the purposes of the preceding paragraph, the current price is the price prevailing at the place where delivery of the goods should have been made or, if there is no current price at that place, the price at such other place as serves as a reasonable substitute, making due allowance for differences in the cost of transporting the goods.

译文

(1) 如果合同被宣告无效,而且货物有时价,他又没有根据第 75 条规定进行替代购买或转售,那么,要求损害赔偿的一方当事人可以要求赔偿原合同价格和宣告合同无效时的时价之间的差额,以及根据第 74 条规定可以赔偿的任何其他损害(原译文为:"要求损害赔偿的一

---

① Tribunal Supremo, Spain, 28 January 2000, http://www.unilex.info/cisg/case/431,访问时间:2021 年 9 月 26 日。

方,如果没有根据第 75 条规定进行购买或转卖,则可以取得合同规定的价格和宣告合同无效时的时价之间的差额以及按照第 74 条规定可以取得的任何其他损害赔偿")。但是,如果该当事人(原译文为:"要求损害赔偿的一方")在接收货物之后宣告合同无效,则应适用接收货物时的时价,而不适用宣告合同无效时的时价。

(2) 为上一款的目的,时价是指货物在本应交货的地点的现行价格;如果该地点没有时价,则是指另一可以替代地点的现行价格,但该替代地点的确定应具有合理性,还应适当地考虑两地在货物运费方面的差额(原译文为:"则指另一合理替代地点的价格,但应适当地考虑货物运费的差额")。

目录

正文

1. 调整对象

由上可知,《公约》第 75 条适用于守约方不仅宣告合同无效,而且进行了替代交易的情形。但是在国际贸易实务中,在守约方宣告合同无效后,出于各种原因他没有进行替代交易。这时该如何计算其所遭受的损失呢? 这便是本条的规范对象。本条包括两款,第 1 款规定了在这种情形下损害赔偿金的计算规则;而第 2 款则对第 1 款中的一个核心概念"时价"进行了界定。

本条规定是对《公约》第 75 条的一种补充。因为《公约》通过第 75 条和本条规范了两种专门适用于宣告合同无效时损害赔偿金的计算规则,其中第 75 条专门适用于守约方进行了"替代交易时",而本条则专门适用于"有时价"且"未进行替代交易时"。本条也采用了第 75 条下的计算损害赔偿金的原理,即查明原合同价和时价之间的差额。因为这里的"时价"实际上是守约方在进行真实交易时可能采用的价格。从解决国际商事合同争议的实务看,有不少同时适用第 75 条和本条规定计算违约方应当支付的损害赔偿金数额的案例。在守约方为卖方时,如果他仅仅转售了原合同下的部分货物,而没有转售剩余货物,国际商事仲裁院、德国和奥地利法院在其审理的案件中均分别根据第 75 条规定计算转售部分货物的损害赔偿金,并根据本条规定计算未转售部分货物的损害赔偿金。[①]本条与第 74 条也存在着补充关系。因为本条第 1 款第 1 句最后部分还规定:守约方可以要求违约方赔偿其根据第 74 条规定计算出的其他损失。从国际司法和仲裁实践看,对于第 74 条和本条之间的补充关系又有着几种不同的看法。奥地利最高法院认为:在卖方没有进行转售时,即使在具备本条规定的适用条件时,也可以选择适用第 74 条规定,并据此计算对方应当支付的损害赔偿金。[②]俄罗斯联邦工商会国际商事仲裁院则认为:在具备本条规定的适用条件时,如果通过适用第 74 条规定已经全额赔偿了卖方的利润损失,那么,卖方无权再引用本条规定要求赔偿。[③]在根据本条规定计算违约方应当支付的损害赔偿数额时,还应考虑第 77 条规定。即如果守约方没有采取减损措施,那么,应从违约方应当支付的损害赔偿总额中扣除在采取

---

① UNCITRAL, *Digest of Case Law on the United Nations Convention on the International Sale of Goods*, 2016, p. 352.

② Oberster Gerichtshof, Austria, 28 April 2000, http://www.unilex.info/cisg/case/481,访问时间:2021 年 9 月 29 日。

③ Tribunal of International Commercial Arbitration at the Russian Federation Chamber of Commerce and Industry, Russian Federation, 5 March 1998(Arbitral award No. 160/1997), http://www.cisg-online.ch/content/api/cisg/urteile/1827.pdf,访问时间:2021 年 9 月 21 日。

减损措施时本来能够避免的损失数额。

2. 本条的适用条件(第 1 款)

本条第 1 款"如果合同被宣告无效,而且货物有时价,他又没有根据第 75 条规定进行替代购买或转售"这一句规定了适用条件。据此分析,适用本条规定,应当具备宣告合同无效、存在时价、未进行替代交易三方面的适用条件。

2.1 宣告合同无效(第 1 款第 1 句)

与《公约》第 75 条的规定相同,适用本条的第一个重要前提条件也是合同必须被宣告无效,"如果合同被宣告无效"这一表述明确规定了这一适用条件。这意味着,如果合同没有被宣告无效,那么,便不适用本条规定。中国国际经济贸易仲裁委员会①、俄罗斯联邦工商会国际商事仲裁院、德国慕尼黑地区高等法院、爱沙尼亚阿林纳地区法院均在其仲裁和审理的案件中确认过这一适用条件。②但也有法院认为:即使守约方没有宣告合同无效,依然可以根据本条规定主张损害赔偿。在德国慕尼黑地区高等法院于 2004 年 9 月审理的意大利卖方和德国买方的皮革销售合同纠纷中,意大利卖方要求买方支付货款,而德国买方则主张因为卖方未履行全部交货义务而进行了替代采购,故要求用剩余的货款抵扣其进行替代采购所遭受的损失。由于德国买方未发出宣告合同无效的声明,故意大利卖方坚持认为在该案中不具备适用本条规定的前提条件。但德国慕尼黑地区高等法院最终判定可以适用本条规定:在该案中,意大利卖方十分明确地告知买方他不会交付合同下剩余的货物。在这种情形下发出合同无效的声明仅仅是一个形式要件,不能因为缺少这一形式要件便牺牲法律的安全性。③

---

① 中国国际经济贸易仲裁委员会:《〈联合国国际货物销售合同公约〉在中国仲裁的适用》,第 162 页。

② UNCITRAL, *Digest of Case Law on the United Nations Convention on the International Sale of Goods*, 2016, pp. 352, 254.

③ Oberlandesgericht München, Germany, 15 September 2004, http://www.unilex.info/cisg/case/1088,访问时间:2021 年 10 月 1 日。

德国慕尼黑地区高等法院的上述观点并非没有道理。因为尽管《公约》第 26 条规定必须发出宣告合同无效的声明，但《公约》并没有规定该声明形式和内容，由此可以考虑适用法院地的准据法来确定是否存在着此种声明。假定适用我国《民法典》的规定，那么根据第 565 条第 2 款的规定，在当事人一方未给对方发出解除合同的通知时，可以"直接以提起诉讼或者申请仲裁的方式依法主张解除合同"。由此可见，守约方也可以在提起诉讼或申请仲裁时主张解除合同。

2.2 存在"时价"（第 1 款第 1 句）

适用本条规定还必须具备另一前提条件是"……货物有时价"。由此可以推论，如果合同下的货物没有"时价"，那么便不适用本条规定。可见，查明本条下货物的"时价"的内涵对于本条适用至关重要。但是，合同从签订到履行，通常需要几个月或更长的时间，其间货物的价格经常会发生很大的变动；另外，在通常情况下，同一类货物在卖方所在地的时价与在买方所在地或其他地方的时价也有很大差异。这就产生了以下问题：何为本条中的"时价"？它又是指何时何地的"时价"呢？如何查明"时价"？下文就此进行分析论述。

（1）"时价"的界定

顾名思义，本条下的"时价"是指在某一特定的时间和在某一特定市场上、以类似的交易条件采购合同下同类货物时通常所应该支付的"市场价格"。根据这一定义，在查明合同下货物"时价"时，应当注意以下几点：

其一，作为参照的货物必须与合同下货物属于同一种类。如果原合同项下的货物是小米，而查明小米时价时却参照了大米的时价，则该大米的时价并不构成本条下的"时价"。而且，即使属于同一种类的工业产品，如果品牌不同，其他品牌的同类工业产品的价格也不能构成本款意义上的"时价"。在德国策勒地区高等法院于 1998 年 9 月 2 日审结的荷兰卖方和德国买方的吸尘器销售合同纠纷中，买方因为不满意交付吸尘器的质量，故宣告解除合同，并拒绝支付货款，要求卖方承担本条的赔偿责任。但德国法院没有支持买方的这一请求：因为市场上销售的吸尘器均为品牌的吸尘器,而合同下的吸尘器属于"无名"吸尘器。而对于此类"无名"吸尘器,并不存在着本条意义上的市场价格,故买方不能根据本条的规定主张损害赔偿,只能根据《公约》第74条的规定求偿。①

其二,作为参照物的交易条件必须与原合同下所采用的交易条件相同或类似。在查明合同下货物的"时价"时,不仅要考虑到作为参照货物的市场价格,而且要考虑到双方当事人在原合同下所采用的交易条件。这里的交易条件不仅仅是指货物的数量、规格、等级、品质、产地、商标或品牌、包装,还包括价格术语等,因为所有以上因素都会影响到原合同下货物的价格。例如,如果原合同项下为一级小米,那么,作为参照的小米也必须为一级;如果作为参照的小米属于二级,则该小米的价格也不构成本条下的"时价"。法国国际商事仲裁院在其于1996年仲裁的煤炭销售合同纠纷案中便肯定了这一要件。在该案中,双方由于卖方交付的最后一批煤炭质量远远低于合同规定而发生纠纷,双方对于是否可以适用本条规定的规则计算赔偿金持不同意见。申请人认为:没有质量完全相同的煤炭,每批煤炭的成分均不同于其他批次,所以认为合同下的煤炭不可能有市场价格;而被申请人则认为:所有从事煤炭交易的人都知道煤炭行业的价格行情,而且行情市场价格也会定期公布。仲裁庭最终支持了申请人的观点:不适用本条规定,相反应根据《公约》第75条规定计算违约方应当支付的损害赔偿金数额。因为被申请人未能证明:原合同下的煤炭有市场价格。在事实上,普通煤炭的价格在6月与9月之间有大幅度的上涨。②

(2)将卖方交货时的市场价格作为确定"时价"的依据

同一货物在不同的时间有着不同的市场价格,而且从合同的签订

---

① Oberlandesgericht Celle, Germany, 2 September 1998, http://www.unilex.info/cisg/case/498,访问时间:2021年10月1日。

② Arbitration Court of the International Chamber of Commerce, October 1996 (Arbitral award No. 8740), http://www.unilex.info/cisg/case/462,访问时间:2021年10月1日。

到履行通常会经过几个月的时间。这就产生了一个问题，以哪一时间点的市场价格作为本款意义上的"时价"？对于这一问题，有两种不同的观点：部分学者认为应当主要参照卖方交付货物时的价格；[1]而另有学者则认为：应当参照守约方宣告合同无效时的价格。[2]究竟哪一观点是更符合《公约》的原意呢？本款规定已经回答了以上问题。仔细分析，本款中实际上规定了"宣告合同无效时"和"接受货物时"两个不同的时间点。

第一，"宣告合同无效时"（第 1 句）。这是指应当将守约方宣告合同无效时同类货物的市场价格作为合同下货物的"时价"。本款第 1 句后半句中"……要求赔偿原合同价格和**宣告合同无效时的时价**之间的差额"的规定十分明确表明了这一点。但适用这一时间标准还必须具备另外一个前提条件，即在买方还没有接收货物时一方当事人宣告合同无效。尽管本句没有明确规定这一点，但本款第 2 句"如果**该当事人在接收货物之后宣告合同无效**，则应适用接收货物时的时价，而不适用宣告合同无效时的时价"十分明确地规定了这一前提条件。中国国际经济贸易仲裁委员会也认同这一观点。无论在其于 2004 年仲裁的热轧钢销售合同争议案，还是在 2007 年仲裁的棉花销售合同争议案中，仲裁庭在原则上均以"宣告合同无效"时的市场价格作为本条意义上的"时价"。当然，由于争议双方当事人并非法律专家，在实务中通常并没有专门发出解除合同的通知，故中国仲裁庭会对解除合同的时间作了比较灵活的认定。例如，在 2004 年的热轧钢销售合同争议案中，将申请人向买方发出的警告性催付通知之日后一个月作为合同解除的时间；而在 2007 年的棉花销售合同争议案中，则将卖方最后一次向买方发出催付传真通知并将传真中设定最后付款期限届满后的后一天作为合同解除日。[3]

---

[1]　Schwenzer, in Schlechtriem, *Kommentar zum Einheitlichen UN-Kaufrecht—CISG*，7. Aufl. 2019，S. 1277.

[2]　高旭军：《〈联合国国际货物销售合同公约〉适用评释》，第一版，第 444 页。

[3]　中国国际经济贸易仲裁委员会：《〈联合国国际货物销售合同公约〉在中国仲裁的适用》，第 162 页。

　　第二,"接收货物时"(第 2 句)。这是指将买方"接受货物时"同类货物的市场价格作为本条意义上的时价。如上所述,本款第 2 句"**如果该当事人在接收货物之后宣告合同无效,则应适用接收货物时的时价**"十分明确地规定了这一时间点。据此分析,这一时间标准仅仅适用于以下情形:买方接收货物在前、宣告合同无效在后。在这种情形下,买方接收货物的时间和守约方宣告合同无效的时间属于两个不同的时间点,两者可能相差几个月或更长。此处的"接收货物"通常是指在货物被运送至目的地交由买方处置之时。这时,买方在实际上控制了货物,而行使宣告合同无效权通常发生在其根据《公约》第 38 条规定对货物进行了检验甚至使用之后。因为只有他发现了构成根本违约的严重瑕疵,他才能解除合同。在货物存在隐性瑕疵时,买方只有在使用过程中才能发现。

　　由于接收货物和宣告合同无效的时间不一致,本条规定以前一时间合同下同类货物的市场价格作为确定本条下"时价"的标准,这是合理的,因为导致宣告合同无效的原因在"接收货物"时便已经客观存在。中国国际经济贸易仲裁委员会在其于 2008 年 1 月仲裁的金属硅销售合同纠纷中也据此确定了合同货物的时价。在该案中,卖方应当分三批交付货物。在已经交付了两批货物后,在交付第三批前,卖方要求涨价,买方拒绝,并由此买方宣告解除合同。双方对于究竟应当以宣告合同无效时的时价还是以交付第三批货物时的时价作为查明金属硅时价的依据这一问题发生争议。中国国际经济贸易仲裁委员会最终根据本款第 2 句的规定,将卖方应当交付第三批货物时的市场价格作为确定本款下"时价"的依据。①

　　由上可知,根据本条第 1 款的规定,既可以宣告合同无效时合同货物的市场价格作为时价,也可以接收货物时的市场价格作为时价。但

---

　　①　China International Economic and Trade Arbitration Commission, People's Republic of China, 9 January 2008(Metallic silicon case), https://iicl.law.pace.edu/cisg/case/china-january-9-2008-translation-availabe,访问时间:2021 年 10 月 1 日。

如果一方当事人是在买方接收货物以后才宣告合同无效的,那么,只有以后者作为时价。

(3) 将交货地的市场价格作为确定"时价"的依据(第 2 款)

在同一国际货物销售合同下,买卖双方分处不同的国家,如果买方将合同下的货物转售到第三国,那么,同一合同便会涉及三个不同的国家。这样,便存在着三个不同的市场和市场价格。那么,这里的"时价"究竟是指哪一国家市场的价格呢? 对此,本条第 2 款规定了两个不同的地点:原则上优先适用约定的交付地的"时价"和例外情形下适用合理替代地点的"时价"。

第一,优先适用约定交付地的"时价"。本款中"时价是指货物在本应交货地点的现行价格"这一表述规定了上述地点。这里的"本应交货地点"显然是指双方约定的交货地点。例如,在双方约定采用 FOB、CIF 或 CRF 价格术语在出口国某一特定的港口交货时,那么,约定的出口国某港便是此处的"本应交货地点"。反之,如果约定采用 DAP、DPU 或 DDP 价格术语时,那么,此处的"本应交货地点"便是价格术语中约定的进口国某地。在这种情形下,便应当以上述交货地点同类货物的市场价格作为确定"时价"的依据。多国仲裁实践或法院判决也尊重以上规定。例如,中国国际经济贸易仲裁委员会在一起合同争议中认为,如果合同中规定"FOB 中国某港",那么,本款意义上的"时价"便是 2003 年 11 月 7 日(交货日)中国市场上同类货物的价格。[①]在爱沙尼亚塔林巡回法院于 2004 年 2 月 19 日审理的番茄酱销售合同纠纷案中,合同采用了"CIF 土耳其"价格术语,巡回法院据此判定以土耳其交货港番茄酱的市场价格作为确定本条下"时价"的参考。[②]

第二,例外情况下适用合理替代地点的"时价"。本条第 2 款还规

[①] 中国国际经济贸易仲裁委员会:《〈联合国国际货物销售合同公约〉在中国仲裁的适用》,第 164 页。

[②] Tallinna Ringkonnakohus, Estonia, 19 February 2004 (Novia Handelsgesellschaft mbH v. AS Maseko), http://www.unilex.info/cisg/case/1000,访问时间:2021 年 10 月 1 日。

定了在特定例外情形下应当适用另一替代地点的"时价"。本款"如果该地点没有时价,则是指另一可以替代地点的现行价格"这一句明确授权仲裁庭或法院可以指定其他地点的价格作为查明"时价"的依据。但是,在行使以上授权时,本款还对法院或仲裁机构的以上授权进行了两方面的限制:其一,只有在原交货地没有时价时,本款"如果该地点没有时价,……"这一表述蕴含了这一限制要件;其二,本款还规定,选择的替代地点"应具有合理性,还应适当地考虑两地在货物运费方面的差额"。一般认为,判断选定的替代地点是否具备合理性的因素有两个:其一,假定在该"替代地点"交付货物,所产生的运费应当与在本应交货地点交付货物时所产生的运输费相似;其二,它应当不会对承担赔偿义务的当事人产生很大的不利影响。根据这两个因素,最有可能成为替代地点的通常应是离原交货地点最近的市场。[1]

可见,"时价"是指合同下同类货物在某一特定市场上、在某一特定时间点的交易价格。至于查明此类"时价"的方法,《公约》没有作出统一规定,通常由双方当事人提供相应的资料作为证据。作为证据的资料也是多种多样的,它既可以是官方公布的价格,也可以是信息服务公司、行业网站等提供的价格信息,还可以是专家意见。[2]

2.3 未进行替代交易(第1款第1句)

除了以上两个条件以外,本款还规定了另外一个适用本条规定必备的前提条件,即宣告合同无效的一方当事人并没有进行替代交易,本条第1款中"他又没有根据第75条规定进行替代购买或转售"这一句十分清楚地规定了这一条件。这一适用条件也是十分必要的。如果该当事人进行了替代交易,那么,便应当适用《公约》第75条,而不是本条。

应指出的是:以上三个前提条件必须是同时具备的,本款第1句中

---

① Staudinger/Magnus，Art. 76，Rn. 19.

② 中国国际经济贸易仲裁委员会:《〈联合国国际货物销售合同公约〉在中国仲裁的适用》,第166页。

的"……,而且……,他又……"十分清晰地表明了这一点。可见,缺失其中一个均导致不能适用本条规定。

3. 适用本条的法律后果(第1款第1句)

在具备了上述适用条件时会产生哪些法律后果呢? 本条第1款第1句的后半句规范了这一问题。据此,宣告合同无效的一方当事人"可以要求赔偿原合同价格和宣告合同无效时的时价之间的差额以及根据第74条规定可以赔偿的任何其他损害"。

3.1 原合同价格和"时价"之间的差额

守约方首先可以要求违约方赔偿原合同价格和"时价"之间的差价。与《公约》第75条下进行替代交易时的差价赔偿一样,本款下的差价赔偿也仅仅是指差价损失,不包括差价利润。以卖方为守约方为例,只有在原合同价格高于宣告合同无效时的"时价",他才有差额损失,并提出赔偿要求;反之则只有利润收益。

由上可知,在通常情形下应当将原合同价格与宣告合同无效时的同类货物的时价相比。但若在宣告合同无效发生在买方接受货物之后,那么便应当将接收货物时同类货物的时价作为参照来计算违约方应当支付的赔偿金数额。

3.2 《公约》第74条下的其他损害

除了上述差价损失,宣告合同无效的一方当事人可能因为对方的违约行为而遭受了其他损害。根据本条第1款的规定,他还可以引用《公约》第74条的规定要求对方赔偿其此种损害。此种损害的形式和计算方法与上文第75条中有关"其他损害"的论述相同,故这里不再重复。但值得讨论的一个问题是,在根据本条计算违约方应当支付的赔偿金数额时,是否包括守约方因违约行为而遭受的利润损失? 由上可知,第75条下的计算规则不包括上述利润损失。因为如果守约方进行了替代交易,他便已经实现利润。但本条下规定的原合同价格和"时价"差额法在本质上是一种抽象的损害赔偿金计算方法,故它未必一定能够补偿守约方本能够实现的原合同下的全部利润损失。对于以上问题,学界的主流观点认为守约方可以在根据本条规定主张差额赔偿的同时引用第 74 条规定要求违约方赔偿其所受的利润损失。[①]这一观点是成立的。如果不允许守约方主张这一点,这显然不符合第 74 条确认的"全额赔偿原则"。

第 77 条　减少损失义务及其后果

Article 77

A party who relies on a breach of contract must take such measures as are reasonable in the circumstances to mitigate the loss, including loss of profit, resulting from the breach. If he fails to take such measures, the party in breach may claim a reduction in the damages in the amount by which the loss should have been mitigated.

译文

以对方违约为由而提出赔偿要求的一方当事人必须根据情况采取合理措施,以便减少因对方违约行为而引起的损失,包括利润损失(原译文为:"声称另一方违反合同的一方,必须按情况采取合理措施,减轻由于该另一方违反合同而引起的损失,包括利润方面的损失")。如果他未(原译文为:"不")采取这种措施,违约方(原译文为:"违反合同一方")可以要求从损害赔偿数额(新增)中扣除原可以减少的损失数额。

目录

---

① Schwenzer, in Schlechtriem, *Kommentar zum Einheitlichen UN-Kaufrecht— CISG*, 7. Aufl. 2019, S. 1280.

2.3　采取减损措施时的通知义务

3. 未采取合理减损措施的法律后果

正文

1. 调整对象

本条规范了一方违约时守约方的减少损失义务。本条从两个方面规定了守约方的这一义务。首先通过第1句规定了守约方应当承担上述义务，据此他必须采取必要的合理措施，以避免或减少损失；其次通过第2句确定了守约方不履行上述义务时的后果，即他本人必须承担由于其不履行减少损失义务而扩大的那一部分损失。可见，他是否履行这一义务会影响到其能够获得的损害赔偿金的数额。本条确定守约方的上述义务是十分必要的。合同下货物价格变化是导致一方违约的最常见原因，而此时如果守约方不采取替代交易等减损措施，那么，就会进一步扩大对方违约行为造成的损失；此类争议的解决通常需要数月时间，多则会超过一年，其间合同下货物的价格会发生急剧的变化，从而导致损失的大幅度扩大。这也符合国际商事界广为接受的"诚信原则"——这一作为《公约》存在基础的一般法律原则。[1]这一原则要求：守约方在知道只要自己采取某一措施便能减少因违约行为而造成的损失，并能相应地减轻违约方承担的赔偿责任时，他便应当采取相应的措施。下文将从减少损失义务及其法律后果方面来分析与本条相关的法律问题。

本条是《公约》第三部分第五章第二节"损害赔偿"中的最后一条，根据其内容，它并不是守约方在对方违约时可以采取的补救措施。尽管如此，它与本节的其他几个条款存在着密切的联系。首先，它与第74条存在着补充关系，本条第2句中"……违约方可以要求从**损害赔偿数额**中扣除原本可以**减少的损失数额**"十分明确地表明了这种关系。这里的"损害赔偿数额"便是违约方根据第74条规定应当支付的赔偿

---

[1]　Witz/Salger/Loranz/Lorenz，Art. 77，Rn.1.

金数额,而"可以减少的损失数额"则是守约方在采取了本条规定的减损措施后本来可以避免的损失数额。另外,在守约方根据本条规定采取减损措施时,其因此而产生的费用支出可以视为第74条意义上的损失。中国国际经济贸易委员会在1991年6月6日仲裁的"半胱氨酸盐酸盐"销售合同争议中,便肯定了这一观点。在该案中,卖方交付的货物不符合合同的规定,买方退还了货物,但并没有支付不合理的高额运费,而由于卖方拒绝配合运回而又产生了更多的费用。中国仲裁庭最终裁定:应当将退还的费用计入根据第74条计算的损害赔偿金,但其中不合理部分费用则由买卖双方分摊。①其次,它与本节第75条也有着互补关系。本条下的减损义务在实际上要求守约方根据第75条规定进行合理的替代交易。瑞士联邦法院在2009年12月审理的瑞士卖方和乌克兰买方之间的手表销售合同纠纷中也肯定了上述关系。在该案中,买卖双方签订了手表销售合同,但瑞士卖方最终以已经与另一家乌克兰公司签订了独家销售协议为由拒绝履行合同义务,乌克兰买方于是提起诉讼,要求卖方赔偿合同价格和零售价格之间的差额。瑞士法院最终拒绝了买方的上述请求,理由是:乌克兰买方完全可以从卖方在乌克兰的独家销售代理商那里进行替代采购,故他没有采取必要的减损措施。所以,法院最终判定:应当在乌克兰买方根据第74条规定能够主张的赔偿金数额中扣除因他未采取减损措施而未能避免的损失数额。②最后,本条与第85条至第88条也存在着互补关系,因为后面这些条款规范了一方当事人所应采取的保护货物的具体措施。俄罗斯联邦工商会国际商事仲裁院在其于2000年2月仲裁的巴基斯坦卖家和俄罗斯买家之间的销售合同纠纷案中也认同了上述关系。在该案中,卖方交付的首批货物存在着质量瑕疵,买方没有行使中止履行合同

---

① China International Economic and Trade Arbitration Commission, People's Republic of China, 6 June 1991, http://www.cisg-online.ch/content/api/cisg/display.cfm?test=845,访问时间:2021年10月2日。

② Bundesgericht, Switzerland, 17 December 2009(Watches case), www.unilex.info/cisg/case/1578,访问时间:2021年10月2日。

权,反而表示愿意接受第二批货物。但在卖方准备交付第二批货物时,买方拒绝接收该批货物,卖方没有采取转售措施,反而将该批货物存放在仓库里,导致该批货物很快变质。在卖方提出赔偿请求时,俄罗斯仲裁庭最终裁定:由于卖方既没有采取第75条下的转售措施,也没有采取第88条下的保护货物措施,所以将从根据第74条计算的应付损害赔偿金中扣除因为没有采取本条规定的减损措施而没有避免的损失金额。①

2. 减少损失义务

本条第1句确定了这一义务。据此,"以对方违约为由而提出赔偿要求的一方当事人必须根据情况采取合理措施,以便减少因对方违约行为而引起的损失,包括利润损失"。这一规定不仅确定了这一义务的主体,而且确定了这一义务的内涵。

2.1　义务主体

减少损失义务的承担主体是"以对方违约为由而提出赔偿要求的一方当事人"。换句话说,他是违约行为的受害者,是合同中的守约方。但这里的"一方当事人"一词是中性的,他既可能是卖方,也可能是买方。从国际商事合同的实践看,不论是卖方还是买方,均有可能成为违约者。这样,对方便是守约者。但在本条规定下,义务主体仅仅是守约者。

2.2　减损义务的内涵

本条规定了守约方的减损义务,而且根据这一义务,守约方"必须根据情况采取合理措施,以便减少因对方违约行为而引起的损失,包括利润损失"。为了进一步界定减损义务的内容,有必要探究以下两个问题:其一,构成本条意义上的能够减少损失的合理措施有哪些;其二,守约方应当何时采取上述措施。

---

① Tribunal of International Commercial Arbitration at the Russian Federation Chamber of Commerce and Industry, Russian Federation, 10 February 2000(Arbitral award No. 340/1999), http://www.unilex.info/cisg/case/876,访问时间:2021年10月2日。

　　(1) 合理的减损措施

　　尽管本条规定了守约方的减损义务,但本条同时规定,他仅仅需要"根据情况采取合理措施"。这表明:他无需采取"不合理"的减损措施。那么,判断措施"合理"与否的标准是什么呢? 对此没有一个统一的标准。相反,人们应当根据《公约》第9条规定的双方当事人之间可能存在的习惯做法或国际贸易习惯来进行分析判断。此外,还应当适用第8条第2款规定的"通情达理人"的标准:即如果一个"通情达理人"处在与守约方相同情况下他是否会采取相应的减损措施。①据此分析,如果拟将采取的减损措施将会产生非常高的成本费用,那么,这些措施便是不合理的。②下文将结合国际商事合同诉讼和仲裁实践,讨论本条下"合理的减损措施"的内涵。由于买卖双方采取的减损措施不同,所以,下文将分别讨论为国际司法和仲裁界认定双方应当采取的"合理的减损措施"。

　　第一,卖方采取的合理的减损措施。卖方采取的合理减损措施究竟包括哪些具体内容呢? 从国际商事合同司法和仲裁实践看,有些卖方采取的减损措施得到法院或仲裁机构的肯定,而有些则没有得到认同。从这些肯定和否认中,我们也能确定本款意义上合理减损措施的内涵。

　　其一,被实务界认定为合理的减损措施。这是指在国际商事合同争议中卖方采取的、被不同国家法院或仲裁机构认为具备合理性的减损措施。这样的措施主要有:将买方未接收的货物运送至仓库、存储保管时所产生的费用;将合同下货物转售给第三方时所产生的费用;将合同下货物以其采购该货物的原价转售给第三方时所产生的费用;等等。

　　其二,被实务界认定为应当采取而没有采取的合理减损措施。这是指在国际商事合同争议中卖方未采取的、但被不同国家法院或仲裁机构认为具备合理性的减损措施。此类措施主要有:卖方拒绝对包装

---

①　Witz/Salger/Loranz/Lorenz,Art. 77,Rn. 9.

②　Enderlein/Maskow/Strohbach,Art.77 Anm. 2.

不正确的货物进行重新测量；卖方未及时储存买方未提取的货物；卖方未能在合同被宣告无效后六个月内转售合同下的货物；卖方没有在货物腐烂变质前进行转售；卖方没有采取必要的管理措施，以避免外汇收益被罚款。在明知买方将不会履行合同义务时，卖方依然采购用以生产合同下货物的原材料；卖方在宣告解除合同前便提取了买方提供的履约保证金，且没有采取任何其他减损措施；在卖方不同意买方提出的降价要求时，买方拒绝履行合同，此后卖方又拒绝买方提出的新报价，却将原合同下的货物以比违约买方报价更低的价格转售给第三方。①

第二，买方应当采取的合理减损措施。与卖方应当采取的减损措施一样，实务界同样在相应的判决或裁决中判定：买方采取了合理的减损措施，或买方应当采取而事实上没有采取的合理的减损措施。

其一，被实务界认定为合理的减损措施。在卖方拒绝交货时，买方在宣告合同无效后的合理时间内以合理的价格进行替代采购或买方要求另一供应商加急发货；在卖方无法按时交货时，买方向第三方采购替代货物，或者暂时使用自己的煤炭库存进行过渡，或者买方承诺降价10%，以便其下家接受卖方延迟交付的货物；在卖方交付瑕疵货物时，买方同意卖方的降价建议并接受了货物，或买方继续使用存有瑕疵的纺织品并在上面进行打印；在既不能使用又无法转售卖方交付的瑕疵机器时，买方将该机器进行分拆并出售其零部件；在卖方拒绝退还其交付的、因有缺陷而取回进行修改的皮革加工机器时，买方委托第三方对皮革进行加工处理；在卖方交付的汽车为被盗汽车时，买方采取必要的、让保险公司取消扣押的措施；在卖方不能交付货物时，为说服卖方交付货物，买方向政府部门申请再出口许可证，以便在发现卖方交付的货物具有不相符性时，重新出口该货物，而且建议在进口前首先在自贸区对货物进行测试。

其二，被认定买方应采取而这事实上未采取的合理减损措施有：在

---

① UNCITRAL, *Digest of Case Law on the United Nations Convention on the International Sale of Goods*, 2016, p. 357.

卖方未履行交付义务时,买方未进行替代采购,或买方未在本地以外的其他市场进行替代采购,或买方未解除其与下家签订的转售合同;在卖方几次通知买方不能按时交付货物时,买方依然按照合同规定的日期租赁运货用的船只;买方未恰当地检验货物,却又以货物存在不相符性为由要求赔偿,或买方没有对合同下的氢氧化铝进行检验,便将合同下的氢氧化铝与其他氢氧化铝混合装船;在发现合同下的藤条蜡(vine wax)有瑕疵时未停止使用该货物;在买方知道卖方告知的制造工序有问题后依然没有停止使用该工序。①

(2) 守约方采取减损措施的时间

守约方采取减损措施的时间也会影响司法机构判断该措施是否具备合理性。尽管本款没有明确规定守约方采取相关措施的时间,但本条"以对方违约为由而提出赔偿要求的一方当事人必须根据情况采取合理措施"已经暗示:必须在一方当事人的行为构成违约之后。从司法实践看,守约方必须在合同被宣告无效之后的一段"合理时间"之内采取减损措施。对于这里"合理时间"的长度实务界有着不同的认识,有的认为两周是合理的。例如德国汉堡地区高等法院在于 1997 年 2 月审结的德国卖方和英国买方之间的铁-钼销售合同争议中判定"两周"的期限是合理的。在该案中,合同下货物的市场价格变化巨大。在签订合同后,德国卖方随即要求涨价,英国买方拒绝。德国卖方在买方额外设定的宽限期内也没有履行交货,买方随即宣告解除合同并在此后的两周内以更高的价格进行了替代采购。德国法院判定,尽管合同下货物价格上涨很快,但在宣告合同无效后的两周内进行替代采购,这依然属于合理的。②

有的法院则认为"两个月"依然是合理的。例如,德国杜塞尔多夫地区高等法院在其于 1994 年 1 月审理的意大利卖方和德国买方之间的皮鞋销售合同纠纷案中,德国买方延迟两个月未支付前一份合同下

①　UNCITRAL, *Digest of Case Law on the United Nations Convention on the International Sale of Goods*, 2016, pp. 366—357.

②　Oberlandesgericht Hamburg, Germany, 28 February 1997, http://www.unilex.info/cisg/case/291,访问时间:2021 年 10 月 3 日。

的货款,故意大利卖方通知买方应当立即支付拖欠的货款,并对目前合同下的货款提供支付担保。在德国买方未作出任何反应情况下,卖方宣告解除合同,并在此后的两个月内将合同下的货物转售给第三方,双方对于意大利卖方的转售行为是否属于合理的减损措施发生争议。法院认为:卖方在宣告合同无效后的两个月内进行转售,这是合理的。①

另有法院认为,如果在宣告合同无效后六个月才进行替代交易,则超出了上述"合理时间"的限度。例如,在比利时安特卫普上诉法院2006年4月审理的比利时卖方和德国买方之间的建筑材料销售合同中,在买方未能按照合同规定支付全部货款后,卖方通知买方应当立即支付货款,否则他将在七天内转售货物。但事实上,他在宣告合同无效后六个月后才进行替代销售。比利时法院判定:基于本案的情况,卖方在六个月后才采取减损措施,这已经超出了上述"合理时间"的要求,因而是不合理的。②

以上论述也表明:守约方在解除合同之前,没有义务采取减损措施。相关的判例也印证了以上观点。德国布伦瑞克地区高等法院在其1999年10月审理的德国卖方和比利时买方的冻肉销售合同纠纷中便判定:守约方在解除合同之前,没有义务采取减损措施。其理由是:在合同被解除之前,违约方依然可以要求卖方履行交付义务。如果卖方在此时转售货物,那么,在买方提出履约要求时,卖方便无法交付货物。③中国国际经济贸易仲裁委员会在其仲裁的中国卖方和德国买方之间的维生素C销售合同纠纷中也持相同的观点。④这也同样表明:如

---

① Oberlandesgericht Düsseldorf, Germany, 14 January 1994, http://www.unilex.info/cisg/case/84,访问时间:2021年10月3日。

② Hof van Beroep Antwerp, Belgium, 24 April 2006, http://www.unilex.info/cisg/case/1152,访问时间:2021年10月3日。

③ Oberlandesgericht Braunschweig, Germany, 28 October 1999, http://www.unilex.info/cisg/case/444,访问时间:2021年10月3日。

④ China International Economic and Trade Arbitration Commission, People's Republic of China, 18 August 1997 (Vitamin C case), http://iicl.law.pace.edu/cisg/case/china-august-18-1997-translation-available/,访问时间:2021年10月3日。

果守约方在宣告合同无效之前便采取相应的减损措施,那么该措施便是不合理的。

2.3 采取减损措施时的通知义务

在适用本条过程中,还涉及另一问题:即守约方在采取减损措施时是否必须将其拟采取的减损措施事前通知对方当事人?尤其是履行这一通知义务也是守约方要求违约方承担因采取减损措施而产生费用的一个前提条件?对此《公约》没有作出规定。基于《公约》确认的诚信原则,守约方应当承担上述通知义务。不仅如此,履行通知义务也是守约方要求对方承担相关费用的前提条件。因为在守约方告知对方当事人其拟采取的减损措施时,对方完全有可能提出一个更经济的解决问题的方案。国外的司法实践也认同以上观点,例如,德国达姆施塔特地区法院在其于2000年5月审结的德国卖方和瑞士买方电子产品销售合同纠纷案中便作出了此类判决。在该案中,买卖双方是多年的合作伙伴,而且签订了多份电子设备销售合同。在合同履行过程中,买方通知卖方约有4 000个电子产品有瑕疵,只有经过买方的修理后才能进行销售。双方同意从买方应当支付的货款中扣除特定的修理费用。此后卖方要求支付货款,但买方又提出新的扣款要求:卖方仅仅提供了德语版产品说明书,而没有提供法语版和意大利语版的产品说明书,所以他自己请人进行了翻译,并认为该费用必须由卖方承担。德国法院没有支持瑞士买方的上述请求,其理由是:在瑞士买方自己采取减损措施之前应当通知德国卖方,并要求卖方提供此类说明书。而由于买方没有通知对方,他便失去了引用本条规定要求对方承担因采取减损措施而产生费用的权利。①

3. 未采取合理减损措施的法律后果

本条第2句规定了守约方未采取合理减损措施时产生的法律后果。据此,"如果他未采取这种措施,违约方可以要求从损害赔偿数额

---

① Landgericht Darmstadt, Germany, 9 May 2000, http://www.unilex.info/cisg/case/501,访问时间:2021年10月4日。

中扣除原可以减少的损失数额"。多国的司法判例和仲裁实践也根据本句规定从违约方应当支付的赔偿总额中扣除了在守约方采取合理减损措施时本来可以免除的损失。例如,中国国际经济贸易仲裁委员会于2003年6月仲裁了苯二甲酸销售合同纠纷。国外卖方和中国买方签订了4 000吨苯二甲酸的采购合同,中国买方随即将这些货物以更高的价格转售给了其在国内的两个客户。买方在中国上海港收到货物后直接将它们转运给了其两个客户。该两个客户马上发现每箱货物的实际重量与包装上标示的重量不符,由此,他们解除了合同。于是,买方立即通知卖方解除合同,并要求卖方赔偿其损失。中国仲裁庭最终裁定:卖方交付的货物质量没有问题。如果买方对货物进行重新称重,便能解决包装箱标注重量与货物实际重量不符问题。由于买方没有采取这一减损措施,致使损失进一步扩大,所以,他应当承担因其未采取减损措施而造成的扩大的那一部分损失,即应当从违约方根据《公约》第74条规定计算的损害赔偿金中扣除该扩大部分的损失数额。①

如果守约方采取了合理的减损措施,那么,为采取上述减损措施所产生的费用属于本条意义上的损失,守约方既可以依据本条,也可以单独依据《公约》第74条要求违约方赔偿。

第三节　利　息

概　述

本节的名称为"利息",它只有第78条一个条款。该条规定了以逾

---

① China International Economic and Trade Arbitration Commission, People's Republic of China, 19 June 2003(PTA case), https://iicl. law. pace. edu/cisg/case/china-june-19-2003-translation-available,访问时间:2021年10月4日。

期未支付的货款和其他款项为基础计算违约方应该支付利息数额的规则。但客观分析,《公约》并没有将所有规范利息的条款都纳入本节中,实际上第五章第五节"宣告合同无效的效果"中的第84条第1款也规范了利息问题。但《公约》这样的安排是合理的,因为本节下的利息是因为一方当事人因为逾期支付货款和其他款项而向对方支付的,即此处利息的作用是弥补守约方因为对方延迟支付行为所遭受的损失,而第84条第1款中利息是卖方因为合同宣告无效而需要将货款退回买方时应该支付的,两者具有不同的法律性质。

第78条 应付款项的利息

Article 78

If a party fails to pay the price or any other sum that is in arrears, the other party is entitled to interest on it, without prejudice to any claim for damages recoverable under article 74.

译文

如果一方当事人没有支付货款或拖欠支付任何其他款项(原译文为:"或任何其它拖欠金额"),另一方当事人有权要求他就此支付利息,但这并不妨碍他根据第74条规定提出任何损害赔偿要求(原译文为:"另一方当事人有权对这些款额收取利息,但不妨碍要求按照第74条规定可以取得的损害赔偿")。

目录

1. 调整对象
2. 行使利息支付请求权的前提条件
  2.1 一方当事人"没有支付货款或拖欠支付任何其他款项"
  2.2 上述款项的支付日期已经届满
  2.3 发出催付通知是不是行使利息支付请求权的前提条件?

2.4　遭受利息损失是不是行使利息支付请求权的前提条件?

3. 利息支付请求权的行使

3.1　适用利率的确定

3.2　计算利息的期限

4. 本条下利息赔偿请求权与其他请求权的关系

4.1　与《公约》第74条下的损害赔偿请求权的关系

4.2　与《公约》第84条第1款下的利息支付请求权的关系

正文

1. 调整对象

在履行国际货物销售合同过程中,买方基于各种原因而拒绝支付货款是常有的事;除此之外,一方当事人也会在这一过程中为对方垫付某些款项,如仓储费、瑕疵货物修理费、退回瑕疵货物的运费等。在这种情况下,卖方通常会要求买方支付货款,垫付方通常也会要求对方偿还其垫付的费用。这就产生了一个问题:卖方或垫付方是否可以要求对方支付拖欠货款或其他款项的利息? 本条规范的正是这一问题。但是本条规定并不适用于在合同被宣告无效时卖方应当退回货款的情形,因为《公约》第84条第1款专门规范了这一问题。相对于本条而言,第84条第1款相当于特别法,而本条相当于一般法。在特别法有规定时,自然优先适用特别法的规定。本条规定十分必要,因为在世界经济高速发展的背景下,通货膨胀时常发生,利率起伏很大;而由于国际贸易涉及两个不同的国家,更是如此。在这种背景下,如果一方当事人延迟支付款项而不用承担任何责任,这自然会进一步扩大另一方当事人的损失;反之,如果延迟支付的一方当事人必须为其延迟支付而付出足够的代价,这不仅可以弥补对方当事人因此所遭受的损害,而且更可以鼓励国际贸易参与者更积极地自愿履行合同义务。

2. 行使利息支付请求权的前提条件

本条前半句"如果一方当事人没有支付货款或拖欠支付任何其他款项"规定了一方当事人行使利息支付请求权的前提条件。据此分析,这里明示规定了"没有支付货款"或"拖欠支付任何其他款项"这一条件，但同时暗示规定了上述款项"支付日期已经届满"这一条件。除了这两个条件以外，下文还将讨论守约方发出催付通知、实际遭受利息损失是不是行使利息支付请求权的前提条件问题。

2.1 一方当事人"没有支付货款或拖欠支付任何其他款项"

一方当事人行使利息支付请求权的一个前提条件是：对方当事人"没有支付货款或拖欠支付任何其他款项"。这里明确列举了两类应当支付利息的款项。

第一，为"货款"。尽管本条使用了"一方当事人"一词，但它无疑是指买方。因为在国际货物销售中，只有买方才承担支付货款的义务。另外，这里的"没有支付货款"不仅包括买方违约拒绝支付货款的情形，而且包括延迟支付货款的情形。[①]这一条件表明：如果买方按时支付了货款，对方便无权要求其支付利息。

第二，为"拖欠支付任何其他款项"。对于这一类款项，存在着两个问题：这里"拖欠其他款项"的主体究竟是谁？它具体包括哪些内容？对于前一个问题，尽管本条没有作出明确的规定，但它既可以是卖方，也可以是买方。因为在履行过程中，无论是卖方还是买方都可能拖欠对方某些款项。下文有关"其他款项"内涵的分析也表明了这一点。对于"其他款项"的内涵，《公约》同样没有作出具体的规定。一般认为，主要包括以下几类款项：其一，一方当事人为另一方当事人预先垫付的款项。例如，卖方为买方垫付的运费，在因卖方交付瑕疵货物时买方为修理而垫付的费用，或在无法修理而需要退货时买方支付的仓储费和运费；其二，一方当事人在对方违约时为保全货物而支付的费用；其三，一方当事人根据《公约》第75条规定进行替代交易时所产生的差价损失[②]；其四，买方根据第50条规定要求降低货物价格，卖方因此必须退

[①] 高旭军：《〈联合国国际货物销售合同公约〉适用评释》，第一版，第454页。

[②] 参见张玉卿：《国际货物买卖统一法——联合国货物买卖合同公约释义》，第501页。

还买方的一部分货款。①

对于违约方根据《公约》第 74 条规定应当支付的损害赔偿金是否属于本条下的"其他款项"问题，学界有不同的看法。部分学者反对将损害赔偿金视为"其他款项"，其理由是：本条仅仅适用于宽限数额确定的支付请求。无论是货款还是本条下的"其他款项"，它们的数额均是固定的；而损害赔偿金的数额通常是不固定的，因为赔偿数额是以损失价值为基础而计算的。②笔者并不认同以上观点，因为本条中的款项的数额并不是固定的，本条中的"其他款项"更是如此。例如一方当事人根据第 87 条规定为保全货物而支付的相关费用是固定的，但其垫付这笔费用是否得到全额补偿也是不确定的。根据该条规定，其采取的保全措施还必须具有"合理性"。如果相关的费用支出是不合理的，争议解决机构完全可以对其主张的补偿数额进行调整。另外，在相关法院作出的判决或裁决生效后，违约方应当支付的损害赔偿金的数额也是固定的，而且相关的判决或裁决均规定了违约方支付损害赔偿金的具体日期。如果违约方在上述日期届满后依然没有支付，那么，可以根据本条规定计算违约方应当支付的利息。但从司法实践看：本条规定同样适用于违约方应当支付的损害赔偿金。瑞士楚格州法院在其于1999 年 10 月审理的德国卖方和瑞士买方之间的塑料材料（PVC）销售合同纠纷中便持这一观点。在该案中，卖方在合同签订后拒绝交付货物，买方于是宣告解除合同，并要求卖方赔偿其损失以及与损害赔偿金相应的利息损失。尽管买方没有进行替代采购，法院最终支持了买方的诉讼请求：根据第 76 条规定以原合同价和时价之间的差额计算买方所遭受的损失，并根据本条计算买方因卖方拖欠支付该损害赔偿所遭受的利息损失。③

---

① Schlechtriem, *Kommentar zum Einheitlichen UN-Kaufrecht—CISG*, S. 736.

② Bacher, in Schlechtriem, *Kommentar zum Einheitlichen UN-Kaufrecht—CISG*, 7. Aufl. 2019, S. 1293.

③ Kantonsgericht des Kantons Zug, Switzerland, 21 October 1999, http://www.unilex.info/cisg/case/412, 访问时间：2021 年 10 月 8 日。

2.2 上述款项的支付日期已经届满

一方当事人行使利息支付请求权的另一个条件是:无论是买方没有支付的"货款",还是一方当事人拖欠的"其他款项",它们的支付日期必须已经届满。尽管本条没有明确规定这一点,但这一条件也蕴含在本条规定中。就货款而言,只有合同中规定的付款日期已经到期时,才产生买方的支付义务,卖方才有权要求买方履行支付义务;在此之前,买方无需支付货款。"拖欠支付任何其他款项"中的"拖欠"两字也同样表明:其他款项的支付日期必须已经届满。多国的司法和仲裁实践也证明了这一点。瑞士阿尔高州商业法院在其于 2008 年 11 月审理的德国卖方和瑞士买方之间的水果和蔬菜销售合同纠纷案中,由于买方没有支付货款,卖方因此要求瑞士买方支付货款及其利息。瑞士法院判定:只有在货款支付日期已经届满时才能要求支付相应的利息,计算利息的起始日为货款支付日期届满之时。货款支付何时届满,首先取决于合同的规定,在合同没有规定时,可以补充适用《公约》第 58 条的规定来确定。①即使本条的"其他款项"为损害赔偿金,其利息也是从该违约方应当支付该赔偿金之日起计算。在上文提及的德国卖方和瑞士买方之间的塑料材料销售合同纠纷中,瑞士法院也认同这一点。在该案中,瑞士法院判定守约方的损害赔偿请求权产生于 1994 年 11 月 8 日。因为尽管违约方在这一天收到了对方最后发出的履约警告,但他依然拒绝履行交付义务,而损害赔偿金的支付日期在其请求权产生之日便已经届满,故守约方可以要求从上述日期起以违约方应当支付的损害赔偿金为基数计算利息。②

2.3 发出催付通知是不是行使利息支付请求权的前提条件?

在适用本条规定过程中还存在这样的问题:即在一方当事人行使利息支付请求权之前,是否必须首先向对方发出催付通知? 换句话说,

---

① Handelsgericht des Kantons Aargau, http://www.cisg-online.ch/content/api/cisg/display.cfm?test=1739,访问时间:2021 年 10 月 8 日。

② Kantonsgericht des Kantons Zug, Switzerland, 21 October 1999, http://www.unilex.info/cisg/case/412,访问时间:2021 年 10 月 8 日。

事前发出催付通知是不是行使利息请求权的前提条件? 对于这一问题,本条没有作出明确的规定,但从本条规定中,我们可以推论:发出催付通知不应当成为提出支付利息请求的一个前提条件,因为本条已经对其前提条件作了穷尽性的规定。从国际商事合同的司法和仲裁实践看,多国法院或仲裁庭也认同以上观点。例如,上文提及的瑞士阿尔高州商业法院便持这一观点。在其于 2008 年 11 月审理的德国卖方和瑞士买方之间的水果和蔬菜销售合同纠纷案中,瑞士法院判定:在当事人对买方支付货款的时间没有特别约定时,根据《公约》第 58 条第 1 款和第 3 款结合第 59 条规定,在卖方已经将货物交付给买方处置,而且买方已经有机会对货物进行检验时,卖方无需再向买方发出催付通知或履行其他形式要求,买方便必须在此时支付货款,卖方也可以要求买方支付与货款相应的利息。①

但也有个别法院认为:守约方向违约方发出上述催付通知,是其行使利息请求权的前提条件。德国茨维考地区法院于 1999 年 3 月 19 日审理了一起美国卖方和荷兰买方之间的化学品销售合同纠纷。该案中,双方已经存在着多年的业务合作关系,荷兰买方有三笔货款没有支付,美国卖方于 1998 年 3 月 27 日向对方发出了催付拖欠货款的通知。法院判定:发出催付通知是卖方请求对方支付利息的前提条件,所以,自 1998 年 3 月 27 日起卖方可以要求买方对拖欠的货款支付利息。②但如上所述,德国法院的以上判决不符合本条规定的立法原意。

2.4 遭受利息损失是不是行使利息支付请求权的前提条件?

在诉讼或仲裁实践中经常出现争议的一个问题是:是否只有在证明一方的违约行为给对方造成了利息损失时,对方才可以要求其赔偿利息? 本条对此没有明确规定。尽管如此,答案应当是否定的。这不仅是因为本条并没有规定这一前提条件,而且多国的司法判决也证明

---

① Handelsgericht des Kantons Aargau,http://www.cisg-online.ch/content/api/cisg/display.cfm?test=1739,访问时间:2021 年 10 月 8 日。

② Landgericht Zwickau, Germany, 19 March 1999,http://www.cisg-online.ch/content/api/cisg/display.cfm?test=519,访问时间:2021 年 10 月 8 日。

了这一点。2009 年,希腊初审法院在其审理的荷兰卖方和希腊买方之间的防弹设备原材料销售合同纠纷案中便肯定了这一观点。在该案中,希腊法院判定,在守约方要求对方就其损失支付利息时,他既没有必要向对方发出催付通知,也没有必要证明自己遭受了利息损失。①德国法兰克福地区高等法院在 1994 年 1 月审理的意大利卖方和德国买方之间的女式皮鞋销售合同纠纷中也肯定了这一点。在该案中,德国买方以对方延迟交货和质量瑕疵为由拒绝支付部分货款,卖方起诉要求买方支付剩余货款,并支付该货款 13.5％的利息。法院最终判决:买方无权宣告合同无效,故他必须向卖方支付剩余的货款,并就该剩余的货款支付 10％的利息。法院没有支持卖方提出的 13.5％的利息请求,因为他未能证明自己向银行借用了贷款。②这表明:在对方违约时,守约方无需证明自己遭受了利息损失,违约方也应当支付守约方通常的利息;但如果能够证明自己遭受了更多的利息损失,那么便可要求对方赔偿实际所受的损失。综上所述,一方当事人行使利息支付请求权应当具备两个前提条件:即一方当事人"没有支付货款或拖欠支付任何其他款项"和"货物或其他款项的支付日期已经届满"。

3. 利息支付请求权的行使

在具备以上前提条件下,一方当事人可以行使利息支付请求权,本条"另一方当事人有权要求他就此支付利息"这一句十分明确地规定了这一点。那么,在该当事人行使这一请求权时,他可以要求对方支付多少利息呢? 要回答这一问题,必须首先查明据以计算利息的利率和期限。

3.1 适用利率的确定

要查明一方当事人可以要求对方支付多少利息,必须首先确定用

---

① Polimeles Protodikio Athinon, Greece, 2009(docket No. 4505/2009), https://iicl. law. pace. edu/cisg/case/greece-2009-polimeles-protodikio-multi-member-court-first-instance,访问时间:2021 年 10 月 8 日。

② Oberlandesgericht Frankfurt a. M., Germany, 18 January 1994, http://www.unilex.info/cisg/case/40,访问时间:2021 年 10 月 8 日。

以计算利息的利率。毫无疑问,本条没有明确规定这一点。之所以如此,是因为在讨论《公约》草案的维也纳外交会议上,尽管与会代表曾经试图就本条中应当适用的利率达成合意,但由于分歧太大,这一努力未能成功。一方面是因为各成员国的利率水平高低不一,有着很大的差异;另一方面是因为阿拉伯国家完全禁止支付利息,所以目前的条款是各成员国为了挽救《公约》免于失败而妥协的结果。①因此,在应当适用的利率方面,存在着《公约》没有规范的漏洞。那么,如何弥补这一立法漏洞呢? 学界对此存在着很大的争议,不同国家法院或仲裁机构采用的方法并不完全相同。下文将首先介绍国际上最常用的几种查明利率的方法,然后对此进行简要的评价。

(1) 国际实务界常用的查明利率的方法

如上所述,国际上采用的弥补《公约》立法漏洞的方法有很大的差异。仔细分析,最常用的查明利率的方式主要有六种,它们分别是:"适用约定利率法""适用国际贸易惯例法""适用一般法律原则法""适用法院地国际私法规则所适用的法律的方法""适用合理的利率法"和"适用支付货币所属国法律法"。

第一,适用约定利率法。

这是指适用双方当事人约定的利率来计算违约方应当支付的利息数额。在2001年1月比利时伊普尔商业法院审理的意大利卖方和比利时买方之间的冷藏设备销售合同纠纷中,比利时法院确定了约定利率的优先适用性。在该案中,卖方交付了货物,但买方以卖方交付的前一份合同下的货物存在瑕疵为由拒绝支付货款,卖方要求比利时买方支付货款及其相应的利息。比利时法院首先支持了意大利卖方的货款赔偿请求,因为比利时买方没有支付货款,而且由于比利时买方没有根据《公约》第38条第1款和第39条第1款的规定履行检验义务和通知义务,故失去了以货物存在瑕疵为由而主张赔偿的权利;同时还支持了

---

① Bacher, in Schlechtriem, *Kommentar zum Einheitlichen UN-Kaufrecht—CISG*, 7. Aufl. 2019, S. 1292.

意大利卖方的利息赔偿请求。对于在计算利息应当适用哪一利率问题,比利时法院认为:根据《公约》第6条规定的意思自治原则,在双方当事人存在利率约定时,应当首先适用当事人约定的利率。当然,在这一案件中,由于合同中并没有约定计算利息时所应采用的利率,故法院最终决定采用意大利法规定适用的利率。①在阿根廷布宜诺斯艾利斯初审法院于1994年10月审理的同一阿根廷买方与西班牙卖方和捷克卖方之间发生的销售合同纠纷中,则直接适用了双方约定的利率。在该案中,阿根廷买方未能支付货款,故两个卖方不仅要求买方支付货款,而且要求就此支付利息。阿根廷买方与其中一个卖方约定,在一方没有按时支付款项时,应当就该延迟支付的款项支付24%的利息。阿根廷法院肯定了这一约定,因为这符合《公约》第6条规定的意思自治原则。②

在实践中,卖方合同中的格式条款通常会规定一方违约时计算利息应当适用的利率,但此类格式条款中有关利率的规定并不一定构成合同的一个组成部分。它能否成为合同的一个组成部分的重要前提条件是卖方是否尽到了提醒义务,对方是否对此表示了同意。在比利时法院审理的意大利卖方和比利时买方之间的合同纠纷中,尽管卖方的格式条款中提及了应当适用的利率,但法院最终根据《公约》规定的订立合同的一般原则,尤其根据第19条的规定判定:该格式条款未能成为合同的一个组成部分。

第二,适用国际贸易惯例法。

这是指在双方当事人没有直接约定应当适用的利率时,却存在着双方均认可的相关国际贸易惯例时,则应适用该惯例。部分国家的法院或仲裁机构也确认了这种方法。例如,在上文提及的比利时伊普尔商业法院审理的意大利卖方和比利时买方之间的冷藏设备销售合同纠

---

① Rechtbank van Koophandel Ieper, Belgium, 29 January 2001, http://www.unilex.info/cisg/case/780,访问时间:2021年10月13日。

② Juzgado Nacional de Primera Instancia en lo Comercial n. 10, Buenos Aires, Argentina, 6 October 1994, http://www.unilex.info/cisg/case/178,访问时间:2021年10月13日。

纷案中,在查明应当适用的利率问题上,比利时法院认为:在双方当事人没有就此达成约定时,如果适用某一利率成为《公约》第9条意义上的国际贸易惯例或者双方当事人之间的习惯做法,那么,便应当适用该利率。①上文提及的阿根廷布宜诺斯艾利斯初审法院于1994年10月审理的同一阿根廷买方与西班牙卖方和捷克卖方之间的买卖合同纠纷案中,其中的一份合同中没有约定计算利息时所应适用的利率,因此阿根廷上述法院最终判定:在这种情况下应当适用12%的利率,因为这是在国际贸易实务中得到广为承认的利率。②

第三,适用一般法律原则法。

这是指在双方当事人没有对应当适用的利率作出约定时,则应适用作为《公约》存在基础的一般法律原则来查明应当适用的利率。不少国家的法院或仲裁裁决认为:应当根据《公约》所依据的一般法律原则来确定计算利息时应适用的利率。如果适用法院所在国国内法来确定利率,则会导致与《公约》目的相反的结果。那么,确定应当适用利率的一般法律原则究竟是什么呢?它是指适用债权人营业地的现行商业利率。由于债务人没有支付相应的款项,为弥补由此带来的资金短缺,债权人通常会向第三者借贷,并支付相应的利息。法国国际商会仲裁院便持这一观点。在其于1998年仲裁的意大利买方和南斯拉夫卖方之间的牛皮销售合同纠纷中,合同规定:如果意大利买方对牛皮的质量提出异议,必须在牛皮送达买方之日起的一个月内通知卖方。在货物送达买方后,经过买方的专家检验,货物质量存在严重的瑕疵,但买方没有在合同规定的时间内通知卖方,并拒绝支付货款,双方由此发生争议。国际商会仲裁院最终裁定:买方不仅应当支付货款,而且应就该货款支付利息,适用债权人所在国即南斯拉夫的有效的商业利率来计算

---

① Rechtbank van Koophandel Ieper, Belgium, 29 January 2001, http://www.unilex.info/cisg/case/780,访问时间:2021年10月13日。

② Juzgado Nacional de Primera Instancia en lo Comercial n. 10, Buenos Aires, Argentina, 6 October 1994, http://www.unilex.info/cisg/case/178,访问时间:2021年10月13日。

买方应支付的利息。①中国国际经济贸易仲裁委员会也确认以上观点。例如,在其于 2006 年仲裁的德国卖方和中国买方之间的转换器销售合同纠纷中,德国卖方交付了货物,但买方既没有对货物的质量提出异议,也没有支付剩余的 10% 的货款,德国卖方要求中国买方支付剩余货款并支付同期商业银行的利息。中国仲裁庭支持了卖方的请求,裁定:中国买方不仅应当支付尚未支付的 10% 的货款,并且就此支付利息,并根据卖方所在国的当时的贷款利率"支付剩余货款 73 800 欧元的利息"。②

第四,适用法院地国际私法规则所指引适用的法律的方法。

这是指在双方当事人不存在约定,而且不存在确定利率的惯例情况下,则应当适用争议审理机构所在国国际私法规则所指引的法律,并据此查明应当适用的利率。实际上大多数国家法院或仲裁机构均采用这一方法。仔细分析,又可以将此法区分为两种不同的类型:其一,根据法院地所在国国际私法规则所指引的国内法查明应当适用的利率,阿根廷、德国、法国、瑞士、荷兰、斯洛伐克、匈牙利、俄罗斯等国的法院或仲裁机构便是如此;其二,不考虑第 7 条第 2 款提及的国际私法规则,直接判定适用债权人营业地所在国的法律查明应当适用的利率,比利时和部分德国法院便采用这种做法。③

第五,适用合理的利率法。

这是指仲裁机构直接裁定适用一个其认为合理的利率。中国国际经济贸易仲裁委员会也持这一观点。在其仲裁庭于 2003 年 4 月仲裁的美国卖方和中国买方之间的脱硫试剂销售合同纠纷案中,卖方交付了合同下的全部货物,而买方仅仅支付了部分货款,对于剩余货款的支

---

① Court of Arbitration of the International Chamber of Commerce, 1994, http://www.unilex.info/cisg/case/140, 访问时间:2021 年 10 月 13 日。

② International Economic and Trade Arbitration Commission, People's Republic of China, 2005 (Arbitral award No. CISG/2006/19), https://iicl.law.pace.edu/cisg/case/china-december-2006-translation-available-0, 访问时间:2021 年 10 月 13 日。

③ UNCITRAL, *Digest of Case Law on the United Nations Convention on the International Sale of Goods*, 2016, pp. 365—372.

付问题双方发生了纠纷。卖方要求买方支付这部分货款,并支付以其在美国借贷利率 6.3‰/月利率为基础而计算的利息。中国仲裁庭拒绝了卖方的上述请求,其理由是美国卖方支付的贷款利率与买方没有关系,并直接根据合理利率方法裁定适用 3.4‰/月利率。①此外,中国国际经济贸易仲裁委员会、俄罗斯联邦工商会的国际商事仲裁院、法国国际商会仲裁院、塞尔维亚商会外贸仲裁院还将"伦敦银行间同业拆借利率"或"欧洲银行间同业拆借利率"视为"合理的利率"。②

第六,适用支付货币所属国法律法。

这是指根据合同规定的支付货款的货币所属国的法律来查明计算利息应适用的利率。如果合同规定支付货款的货币为欧元,便适用欧盟法查明计算利息应用的利率。在实务中,又可以将这种办法进一步划分为以下两种不同的类型:其一,合同规定的支付货币为合同一方当事人所在国的法定货币,故适用该当事人所在国的法律查明利率。瑞士伯尔尼商业法院在 2009 年 8 月审理西班牙卖方和瑞士买方之间的服装销售合同纠纷案中便采用了这一方法。在该案中,合同用欧元对货款进行了标示,同时规定瑞士买方可用与货款等值的瑞士法郎进行支付。卖方交付了货物,但买方延迟支付了货款,卖方因此要求买方赔偿因此造成的损失,并就此损失额支付 5% 利息。瑞士上述法院支持了卖方的诉讼请求,在确定计算利息所用的利率时,瑞士法院判定,尽管瑞士买方实际支付的货币为瑞士法郎,由于合同规定的标价的货币为欧元,故应当适用欧盟的《延迟支付指令》查明应适用的利率,卖方所要求的 5% 的利率符合该指令第 3 条的规定。③其二,合同规定用双方

① China International Economic and Trade Arbitration Commission, People's Republic of China, 18 April 2003, http://www.cisg-online.ch/content/api/cisg/urteile/1544.pdf,访问时间:2021 年 10 月 13 日。

② UNCITRAL, *Digest of Case Law on the United Nations Convention on the International Sale of Goods*, 2016, pp. 365, 369.

③ Handelsgericht des Kantons Bern, Switzerland, 17 August 2009, http://www.cisg-online.ch/content/api/cisg/urteile/1995.pdf,访问时间:2021 年 10 月 13 日。

当事人以外的第三国货币作为支付货币，故应当依据该第三国货币所属国的法律查明应适用的利率。法国国际商会仲裁院便采用了这一办法。在其于 1992 年仲裁的意大利卖方和芬兰买方之间的发泡板销售合同纠纷案中，由于买方没有在合同规定的时间内支付货款，故卖方宣告解除合同，要求买方支付合同规定的货款 30% 的违约金、其他损害赔偿金及其利息。法国国际商会仲裁院支持了卖方的上述请求。对于利息问题，仲裁庭认为可以考虑适用的利息有：合同准据法所属国的法律、债权人营业地法律以及诉讼机构所在国法律所规定的利息。但利息通常与特定的货币密切相关，由于合同约定支付货款的货币为马克，故应适用联邦德国马克的利息。[①]

（2）对国际常用的查明适用利率方法的评论

在上述六种不同的方式中，前四种毫无疑问是符合的《公约》规定的。首先，就直接适用双方当事人约定的利率而言，这应该是弥补《公约》立法漏洞的最好办法。因为《公约》第 6 条明确规定了意思自治原则，所以，只要双方当事人在合同中约定了计算利息的利率，便应当优先适用该利率。其次，"适用国际贸易惯例法"也是符合《公约》规定的，因为第 9 条十分明确地规定了双方当事人明示或默示约定的贸易惯例对双方当事人也有着约束力。但是，在国际贸易实务中是否存在着构成国际贸易惯例的利率，是值得讨论的。上文提及的采用这一方法的阿根廷布宜诺斯艾利斯初审法院并没有论证说明：为什么 12% 的利率构成了国际贸易惯例。再次，"适用一般法律原则法"查明利率也是第 7 条第 2款明确规定立法漏洞弥补办法，而将"适用债权人营业地的现行商业利率"作为第 7 条第 2 款意义上的"一般法律原则"也有其合理性。最后，适用法院地国际私法规则所指引的法律查明应当适用的利率，也符合第 7 条第 2 款的规定，因为该款明确规定：在不存在一般法律原则的情况

---

① ［Court of Arbitration of the International Chamber of Commerce，1992（Arbitral award No. 7585］，www.unilex.info/cisg/case/134，访问时间：2021 年 10 月11 日。

下,则应当适用争议审理机构所在国国际私法规则所指引的法律。但在适用这一方法过程中存在的问题是:相当数量的法院或仲裁机构并没有分析论证是否存在着"一般法律原则",便直接判定适用相关国家的国内法规定。"适用合理的利率法"和"适用支付货币所属国法律法"显然没有《公约》依据,但不能否认它们也是查明利率的有效方法。

3.2　计算利息的期限

计算利息的期限是指应该在哪一时间区间内对"没有支付货款或拖欠支付任何其他款项"计算利息。具体地说,可以从哪天开始对上述款项计算利息? 计息日期又到哪天结束?

(1)　计算利息的起始日

原则上,计算利息的起始日为相关款项支付日期届满之时,这对货款支付方面不存在任何问题。合同一般明确规定了买方应当支付货款的日期,在买方到期没有支付该货款,该日期便是计算利息的起始日。在上文提及的国际商会仲裁院仲裁的意大利卖方和芬兰买方的货物销售合同纠纷中,仲裁机构也裁定:货款利息的起算日期为合同规定买方必须支付货款的日期。[1]即使合同没有规定付款日期,也可以根据《公约》第 58 条等规定确定付款日。

至于本条下的"任何其他款项",《公约》没有规定计算此类款项的起算日期。一般认为:只要没有相反的依据,那么,计算起始日便是此类款项的实际发生日。[2]根据一方当事人拖欠"其他款项"种类的不同,计算利息的起算日期也不同。例如,在一方当事人为另一位当事人预先垫付款项时,垫付行为发生日便是该款项的利息计算起算日;在一方当事人因保全货物而支付费用时,那么,该支付保全费用的日期便是利息起算日;在一方当事人根据第 75 条规定进行替代交易而产生差价损失时,起算日便为替代交易发生日;在买方因为货物存在不相符性而根

---

[1]　Court of Arbitration of the International Chamber of Commerce,1992(Arbitral award No. 7585),www.unilex.info/cisg/case/134,访问时间:2021 年 10 月 11 日。

[2]　Herber/Czenwenka,2. Aufl. Art. 78,Rn. 10.

据第 50 条规定降价,而卖方必须退还买方一部分货款时,起算日不是货物瑕疵被发现之日,而是买方支付货款之日。[①]

(2)计算利息的终止日

计算利息的终止日为货款或拖欠支付的任何其他款项的实际支付日。在诉讼或仲裁过程中,债权人一般会明确提出计算货款或其他款项利息的终止日期,法院或仲裁机构通常会在其判决或裁决中确定该终止日期。在这种情况下,债务人便应当支付从起算日至终止日这一区间内的利息。一旦债务人付清了所有的货款或其他款项及其利息,其对于债权人的债务便归于消灭。当然,支付利息的请求权也可以基于其他原因而消灭。例如,买方基于卖方的违约行为而根据第 49 条的规定宣告合同无效,即使合同规定的支付货款日期已经到期,卖方也不得要求买方支付合同规定付款日起至宣告合同无效声明生效之日期间的货款利息。[②]

4. 本条下利息赔偿请求权与其他请求权的关系

如上所述,本条授予守约方利息赔偿请求权,但《公约》第 74 条也授予守约方损害赔偿请求权,此外,第 84 条第 1 款同样规定了利息赔偿请求权。那么,本条下的利息赔偿请求权究竟和以上两个请求权之间有何种关系呢?下文就此继续简要分析论述。

4.1 与《公约》第 74 条下的损害赔偿请求权的关系

对于本条和《公约》第 74 条下损害赔偿请求权的关系,本条最后一句"但这并不妨碍他根据第 74 条规定提出任何损害赔偿要求"十分明确地规范了这一问题。据此分析,在这两种请求权之间并不存在冲突关系。换句话说,守约方在行使第 74 条下的损害赔偿请求权的同时可以要求违约方支付利息。《公约》之所以通过本句规定强调守约方拥有利息赔偿请求权,是因为缔约国国内法对利息性质的认定不同:有些国家的国内法将守约方所遭受的利息损失视为第 74 条意义的损害,而另

[①] Enderlein/Maskow/Strohbach, Art. 78 Anm. 4.3.

[②] Pilz, Internationales Kaufrecht, § 5 Rn. 410.

外一些国家的国内法并不将利息损失视为损害。[1]

4.2　与《公约》第 84 条第 1 款下的利息支付请求权的关系

如上所述,《公约》第 84 条第 1 款规定卖方在有义务退还货款时,他必须就此支付利息。这一规定是十分必要的,因为在合同宣告无效时,卖方通常必须将其收到的货款退还给买方。这时也会涉及利息的计算问题。对于该款与本条的关系有三种不同的观点。一种观点认为:本条是一般法,而第 84 条第 1 款是特殊法,故在计算卖方退还货款应当支付的利息时,应适用第 84 条第 1 款的规定。[2]相反的观点则认为:应同时适用这两个条款规定。此外还有一种中立的观点,即应分别适用本条和第 84 条第 1 款的规定计算卖方应当支付的利息;在据此计算的结果不一致时,则应适用计算结果较小的计算方式。例如,若适用第 84 条第 1 款规定计算的利息比根据第 78 条规定计算的利息要少,则应适用第 84 条第 1 款的规定。[3]在以上三种意见中,笔者认同第一种观点;第三种观点根本不符合第 84 条第 1 款的字面意思;第二种观点不仅不符合第 84 条第 1 款的字面意思,而且会导致卖方的退款被双重计算利息的不公平结果。

第四节　免　责

概　述

本节的标题为"免责",仅包括第 79 条和第 80 条两条。该两条均

---

[1]　Barry Nicholas, in Bianca/Bonell/knapp, *Commentary on the International Sales of Law*, p. 570.

[2]　UNCITRAL, *Digest of Case Law on the United Nations Convention on the International Sale of Goods*, 2016, p. 364.

[3]　Bacher, in Schlechtriem, *Kommentar zum Einheitlichen UN-Kaufrecht—CISG*, 7. Aufl. 2019, S. 1307.

规定：在特定条件下，一方当事人无需对其未履行义务的行为承担全部或部分法律责任。其中，第79条在本质上规范了违约方在不可抗力下的免责情形：即在一方当事人的未履约行为是由于特定的履约障碍造成时，他无需为此承担损害赔偿责任；而第80条则规范了一方当事人的未履约行为是由另一方当事人的作为或不作为引起时的免责问题：即后者不得因此而要求前者承担赔偿责任。

本节的规定与《公约》其他章节的条款存在着密切的联系。首先，本节两条中的"未履行行为"不仅涉及本部分第二章规定的"卖方义务"，而且还涉及第三章规范的"买方义务"。因此，在查明本节两条中"未履行行为"的具体内涵时，应结合上述两节中的具体条款进行分析。其次，第79条与第45条第1款b项、第61条第1款b项、第74条至第77条也有着密不可分的关系：第79条中的"免责"是指免除一方当事人根据第45条第1款b项、第61条第1款b项、第74条至第77条等规定承担的责任。

第79条　不受人力所控制的履约障碍

Article 79

（1）A party is not liable for a failure to perform any of his obligations if he proves that the failure was due to an impediment beyond his control and that he could not reasonably be expected to have taken the impediment into account at the time of the conclusion of the contract or to have avoided or overcome it or its consequences.

（2）If the party's failure is due to the failure by a third person whom he has engaged to perform the whole or a part of the contract, that party is exempt from liability only if：

（a）he is exempt under the preceding paragraph；and

（b）the person whom he has so engaged would be so exempt if the provisions of that paragraph were applied to him.

（3）The exemption provided by this article has effect for the period during which the impediment exists.

（4）The party who fails to perform must give notice to the other party of the impediment and its effect on his ability to perform. If the notice is not received by the other party within a reasonable time after the party who fails to perform knew or ought to have known of the impediment，he is liable for damages resulting from such non-receipt.

（5）Nothing in this article prevents either party from exercising any right other than to claim damages under this Convention.

译文

（1）如果一方当事人没有履行任何义务，但他能证明此种不履行是由于某种非他所能控制的履约障碍造成的，而且没有任何合理的理由期待他能在签订合同时考虑到这一障碍，或能避免或克服它或其后果，那么，该当事人对该不履行不负责任（原译文为："当事人对不履行义务，不负责任，如果他能证明此种不履行义务，是由于某种非他所能控制的障碍，而且对于这种障碍，没有理由预期他在订立合同时能考虑到或能避免或克服它或它的后果"）。

（2）如果一方当事人不履行义务，而且该不履行是由他聘用履行全部或部分合同义务的第三方不履行义务所造成的，那么，只有在下列情况下，才能免除该当事人的责任（原译文为："如果当事人不履行义务是由于他所雇用履行合同的全部或一部分规定的第三方不履行义务所致，该当事人只有在以下情况下才能免除责任"）：

（a）根据上一款规定应免除他的责任（原译文为："他按照上一款的规定应免除责任"）；和

（b）假如该款的规定也适用于他聘用的人（原译文为："他所雇用的人"），也同样会免除该人的责任（原译文为："这个人也同样会免除责任"）。

（3）本条所规定免责适用于整个障碍存在期间（原译文为："对障碍存在的期间有效"）。

（4）未履行义务的一方当事人必须将履约障碍及其对履约（原译文有："义务"）能力的影响通知另一方当事人（新增）。如果在未履行义务的一方当事人已知道或理应知道此障碍后一段合理时间内，对方当事人依然没有收到此种通知（语序调整），则他应该对因未收到通知而造成的损害承担（原译文为："对由于另一方未收到通知而造成的损害应负"）赔偿责任。

（5）本条规定不妨碍任何一方当事人（原译文为："任一方"）行使本《公约》规定的除了损害赔偿要求以外的任何其他权利（原译文为："要求损害赔偿以外的任何权利"）。

目录

6.2 通知的法律后果

7. "履约障碍"与"不可抗力""情势变更""艰难情形"之间的关系

7.1 "履约障碍"与"不可抗力"

7.2 "履约障碍"与"情势变更"

7.3 "履约障碍"与"艰难情形"

7.4 "履约障碍"与"新冠疫情"

正文

1. 调整对象

在国际货物销售合同履行过程中,经常会出现一些影响合同履行的意外事件,它们不仅包括地震、台风、海啸、洪水、火灾等自然灾害,还包括战争、禁运、进出口禁止法规、防疫期间实施的禁止或限制生产政策、外汇管制等政府行为。这些事件的发生,通常会使得合同一方当事人无法履行其合同义务。例如,新冠疫情期间,许多国家政府强令受疫情影响地区的企业停工停产,禁止来自疫情地区的货船停泊、飞机停港等,这显然使得受以上政策影响的企业根本无法履行其合同义务。以上现象也会引发相应的法律问题:因为上述原因而未能履行合同义务的当事人是否必须因此而向对方当事人承担赔偿责任? 这一问题便是本条所调整对象。本条共包括五款,它们分别从不同的角度对这一问题进行了规范。其中第 1 款不仅确定了因上述原因而未履行合同义务的一方当事人无需承担违约责任的基本原则,同时限定了免责的前提条件。在此基础上,第 2 款将上述免责规定扩大适用到一方当事人委托第三人履行合同义务,而该第三人也因上述原因未能履行合同义务的情形;同时,第 2 款也限定了在这种情况下免除该当事人责任所应具备的前提条件。第 3 款则规范了临时性履约障碍及其免责区间问题。第 4 款则规范了未履约方的通知义务及其法律后果。第 5 款则规范了本条确定的免责原则和其他救济措施之间的关系。

本条在解决国际商事合同争议中起着十分重要的作用。未履行合同义务的一方当事人总试图引用本条规定主张免责,所以司法或仲裁实务界也经常在相关的案例中审查是否应该支持该当事人的免责主张。此外，理论界和实务界对本条是否适用于新冠疫情、情势变更或艰难情形（hardship）等问题还存在着不同的观点。下文将结合本条的规定分别论述相关的适用问题。

2. 本条的适用范围

本条规定适用于哪种情形呢？本条的适用范围究竟有多大？这两个问题的答案存在于本条第1款"如果一方当事人没有履行任何义务"这一表述中。国际商事合同界一致认为：尽管这是本条第1款规定的一个适用条件，但它也决定了本条的适用范围。①那么，这里"一方当事人没有履行任何义务"究竟包括哪些内容呢？仔细分析，上述表述由"一方当事人""没有履行""任何义务"这三个要素组成，故下文将分别从这三个方面分析讨论本条的适用范围。

2.1 人的范围

这里的"一方当事人"是一个中性表达，所以它既包括卖方，也包括买方。无论是在国外的司法诉讼或仲裁实践中，还是在我国的司法或仲裁实践中，均确认：卖方或买方违约时均有权引用本款规定主张免责。以我国的仲裁实践为例，在中国国际经济贸易仲裁委员会于2009年仲裁的化学品销售合同纠纷争议案中，卖方以"中国在2008年奥运会期间对进口危险化学品进行管制"构成本条第1款意义上的"履约障碍，致使卖方无法交货"为由主张免责；在其于2003年仲裁的澳大利亚羊毛销售合同争议案中，买方以"未能拿到进口配额"构成履约障碍为由，故引用本款规定对其未支付货款、接收货物的违约行为主张免责。尽管在这两个案件中，仲裁庭最终并没有支持当事人的免责请求，因为在前一案件中卖方未能提供充分的证据证明中国在奥运期间对所述产品实施进口管制，而在后一案件中仲裁庭则认定能否拿到配额属于正

---

① John O. Honnold, *Uniform Law for International Sales under the 1980 United Nations Convention*, 3rd ed. (1999), p. 473; Schwenzer, in Schlechtriem, *Kommentar zum Einheitlichen UN-Kaufrecht—CISG*, 7. Aufl. 2019, S. 1315.

常的商业风险,但在这两个案件中,中国仲裁庭均没有否认卖方或买方在有违约行为时引用本条主张免责的资格。①

2.2 "没有履行"的范围

那么何为此处的"没有履行"呢?学界认为:它不仅包括一方当事人根本没有履行义务,还包括履行义务不符合合同规定,而其中后者又包括"延迟履行"或"瑕疵履行"。②这一观点是否正确呢?尽管从字面意义分析,"没有履行"应仅仅指"根本没有履行任何义务",但笔者依然认同以上观点。从法律层面分析,应将"履行不符合合同规定"视为"没有履行"。以卖方交付瑕疵货物为例,在卖方交付货物存在严重瑕疵,买方因此而不能使用或转售货物时,这对买方的实际影响与卖方未交付货物相同。国内外的司法或仲裁实践也肯定,此处的"没有履行"包括"根本未履行""延迟履行"和"瑕疵履行"。

第一,"根本未履行"。这是指卖方没有交付货物、买方没有支付货款或接收货物。在美国伊利诺伊州北区地区法院于 2004 年 7 月 6 日审理的德国卖方和美国买方之间的二手俄罗斯铁轨轨道销售合同纠纷中,德国卖方因俄罗斯圣彼得堡港封锁港口,禁止所有船舶离港或进港而没有交付货物,故根据《公约》本款的规定而主张免责,美国上述法院支持了德国卖方的主张。③

同样,买方没有支付货款的违约行为也可能成为本条的规范对象。在比利时哥本哈根哈瑟尔特法院于 1995 年 5 月审理的智利卖方和比利时买方之间的冷冻草莓销售合同纠纷中,合同规定买方应当以信用证方式付款。但合同签订后,冷冻草莓价格大跌,故比利时买方拒绝开出信用证,并以价格大跌构成本条意义上的"履约障碍"为由主张免责。

---

① 中国国际经济贸易仲裁委员会:《〈联合国国际货物销售合同公约〉在中国仲裁的适用》,第 181—182 页。

② Schwenzer, in Schlechtriem, *Kommentar zum Einheitlichen UN-Kaufrecht—CISG*, 7. Aufl. 2019, S. 1315.

③ U.S. District Court, Northern District of Illinois, United States, 6 July 2004, http://www.unilex.info/cisg/case/987,访问时间:2021 年 10 月 29 日。

比利时法院驳回了比利时买方的主张,其理由是:价格波动是在签订合同时能够预见的。[1]即使买方已经支付了货款,但拒绝接收货物,也可以成为本款规定的调整对象。在 2004 年 6 月法国最高上诉法院审结的瑞士卖方和法国买方之间的货物销售合同纠纷中,根据合同规定,卖方应当根据买方最终客户的实际需求交付相应数量的货物。买方已经支付了货款,但后来因法国买方的最终客户要求降价,而瑞士卖方不同意,故法国买方拒绝接收已经支付货款的货物,并引用本条为其违约行为主张免责。法国商事法院以买方最终客户降价要求应该是在签订合同时可以预见的,故以不构成本款意义上的"履约障碍"为由而拒绝支持其诉讼请求。[2]尽管在后两个案件中,法院没有支持违约方的免责,只是因为"价格波动"或"降价要求"不构成买方不支付货款或接收货物的"履约障碍",法院并没有否认本款不能适用于此类违约行为。

第二,延迟履行。无论是卖方还是买方的延迟履约行为均属于本款的调整范围。在瑞士苏黎世州商业法院于 1999 年 2 月审理的一起瑞士买方和意大利卖方签订的关于印刷、装订和交付艺术书籍和目录销售合同纠纷案中,卖方按照合同规定的时间将货物交付给了承运人,但由于承运人的原因,货物延迟送达买方。买方据此而拒绝支付货款,并要求卖方承担赔偿责任,其理由是按照合同规定卖方应当安排货物运输;根据本条第 2 款规定,承运人的延迟送达应视为卖方的延迟送达。瑞士法院没有支持买方的诉讼请求:按照合同规定,卖方在按时将货物交付给承运人时,便完成了其合同义务,他无需为承运人的延迟承担责任。[3]买方延迟支付货款的违约行为同样属于本款的规范对象。德国夏洛滕堡法院于 1994 年 5 月审理了一起德国买方和意大利卖方

---

① Rechtbank van Koophandel Hasselt,Belgium,2 May 1995,http://www.unilex.info/cisg/case/263,访问时间:2021 年 10 月 30 日。

② Cour de cassation,France,30 June 2004(Société Romay AG v. SARL Behr France),http://www.unilex.info/cisg/case/981,访问时间:2021 年 10 月 30 日。

③ Handelsgericht des Kantons Zürich,Switzerland,10 February 1999,http://www.unilex.info/cisg/case/484,访问时间:2021 年 10 月 30 日。

之间的货物销售合同纠纷案。在该案中,意大利卖方已经交付了合同下的皮鞋,但德国买方以部分皮鞋存在质量瑕疵为由未按时支付货款。经过意大利卖方两次催缴以后,德国买方支付了货款,但从应付的货款中扣除了涉及瑕疵皮鞋部分的价款,卖方因此要求德国买方支付剩余的货款、利息和赔偿其损失。德国法院驳回了卖方的诉讼请求,其理由是:尽管德国买方延迟支付了货款,但根据本款的规定,买方无需为此种延迟付款负责。在卖方交付的皮鞋有瑕疵,而且双方未就此达成解决方案之前,人们不应该期待买方立即支付货款,更何况买方还履行了本条第 4 款下的通知义务,告知了其延迟支付的原因。①

　　第三,瑕疵履行。这里的瑕疵履行是指卖方交付了具有不相符性的货物。英美法系部分学者认为:交付不相符性货物不属于本条的调整范围。②但这种观点并不符合本款规定的立法原意。因为客观履约障碍也能使卖方交付的货物存在着不相符性。欧洲多国法院的判决肯定了本条可以适用于卖方交付瑕疵货物的情形。法国贝桑松商业法庭在其于 1998 年 1 月 19 日审理的法国卖方和瑞士买方之间的柔道服销售合同纠纷案中,双方均履行了合同义务,但瑞士买方的部分客户投诉:柔道服严重缩水,而且经过专家的检验也确实存在着瑕疵。瑞士买方于是宣告合同无效,同时要求卖方退还货款并赔偿其损失。但上述法院最终判定:由于本案中存在着法国卖方所不能控制的履约障碍,卖方交付的货物是由第三方生产的,而且也没有证据证明卖方存在着主观恶意,因此驳回了买方的所有诉讼请求。即买方既无权宣告合同无效,也无权要求对方退还货款并支付损害赔偿金,只仅仅允许买方降低支付货款的数量。③在德国茨韦布吕肯市地区高等法院于 1998 年 3 月

---

　　①　Amtsgericht Charlottenburg, Germany, 4 May 1994, https://cisg-online.org/files/cases/6358/fullTextFile/386_73419738.pdf,访问时间:2021 年 10 月 30 日。

　　②　Schwenzer, in Schlechtriem, *Kommentar zum Einheitlichen UN-Kaufrecht—CISG*, 7. Aufl. 2019, S. 1315.

　　③　Tribunal de Commerce de Besançon, France, 19 January 1998, http://www.unilex.info/cisg/case/416,访问时间,2021 年 10 月 24 日。

审理的奥地利卖方和德国买方之间的藤条蜡销售合同纠纷中,奥地利卖方向德国买方交付的藤条蜡出现严重的质量瑕疵,而且,卖方交付的藤条蜡是其委托另一家制造商生产的,由该生产商直接将货物运送给买方,卖方没有实际检查货物的机会。德国买方因此而要求卖方承担损害赔偿责任,而且认为卖方不得引用本条规定主张免责。德国法院最终支持了买方的请求。①德国联邦最高法院在对上述案件的终审判决中持相同看法。②尽管法国和德国法院在两个相似的案件中的判决不同,但它们均没有否认在具备条件时瑕疵履行依然受本条的调整。

2.3 "任何义务"的范围

那么,本款中"任何义务"又包括哪些内容呢? 客观分析,其内涵十分丰富。根据《公约》第 6 条规定的意思自治原则,"任何义务"首先包括合同中规定的买卖双方当事人各自应当履行的义务。它既包括双方承担的主要义务,如卖方交付符合合同规定的货物、买方接收货物和支付货款;也包括次要义务,如申领出口或进口许可证、在实施外汇管制的国家申请支付货款所需的外币等等。除此之外,"任何义务"还包括《公约》中规定的义务。具体分析,它既包括第 30 条至第 42 条规范的卖方义务和第 53 条至第 60 条规范的买方义务;也包括第 81 条至第 84 条规定的宣告合同无效时的退还货物义务和货款义务、第 85 条至第 88 条下的保全货物义务或采取其他减损措施义务。从另一个角度分析,《公约》也界定了此处"没有履行任何义务"的内涵,它应当等同于第 45 条第 1 款下的"卖方未履行任何义务"和第 61 条第 1 款下的"买方未履行任何义务"。由于前述第 45 条和第 61 条的评释中对以上两个概念进行了比较详细的论述,这里不再赘述。根据以上两款的规定,无论是买方还是卖方的未履行义务行为均会引发相应的法律责任。上文提及的案例也表明本款"任何义务"内涵十分丰富。但司法判决认为第

---

① Oberlandesgericht Zweibrücken, Germany, 31 March 1998, http://www.cisg-online.ch/content/api/cisg/display.cfm?test=481,访问时间:2021 年 10 月 30 日。

② Bundesgerichtshof, Germany, 24 March 1999, http://www.unilex.info/cisg/case/384,访问时间:2021 年 10 月 30 日。

78条规定的支付利息补救措施不属于本款中的"任何义务"的内涵。瑞士威利索地方法院在其于2004年3月审理的德国卖方和瑞士买方之间的木材销售合同纠纷中判定：一方当事人如果延迟支付货款或任何其他到期的款项，必须根据第78条规定向对方支付利息，而且无需经过债权人的催缴。即使援引本条，也不能免除该当事人支付利息的义务。因为本条免除的仅仅是损害赔偿责任，而且支付利息并不属于损害赔偿责任。①

综上所述，只要合同一方当事人有未履行义务的行为，便可以适用本条规定，而这里的"未履行"不仅包括狭义的"根本"未履行义务，而且包括履行行为不符合规定。

3. 免责及其前提条件（第1款）

在一方当事人有上述"没有履行任何义务"行为时，便可以适用本款规定。但适用本款规定并不等于一定能够免除该当事人的责任。根据本款"如果一方当事人……能证明此种不履行是由于某种非他所能控制的障碍造成的，而且没有任何合理的理由期待他能在签订合同时考虑到这一障碍，或能避免或克服它或其后果，那么，该当事人对该不履行不负责任"的规定，只有在具备本款规定的免责条件下，该当事人才能享受免责待遇。

3.1　免责条件

如上所述，本款前半句规定了免责条件。据此分析，免除违约方赔偿责任，应当具备以下两个条件：存在妨碍其履行合同义务的履约障碍、该障碍与违约方的未履行义务行为之间存在着因果关系。

（1）存在履约障碍

决定违约方是否能够享受免责待遇的第一条件是：是否存在着履约障碍。这一条件十分明确地蕴含在"……由于某种非他所能控制的障碍造成的"这一规定中。那么，何为"履约障碍"呢？本款并没有对这

---

① Amtegerich Willisau, Switzerland，12 March 2004（Wood case），http://www.cisg-online.ch/content/api/cisg/urteile/961.pdf，访问时间：2021年10月31日。

一概念进行定义。根据字面意思,它应当是指妨碍或阻碍一方当事人履行合同义务的各种外在客观因素。阻碍当事人履行合同义务的此类客观因素很多,无论是买方资金短缺,还是卖方用于生产货物的设备发生故障,或原材料价格上涨等,都能成为妨碍一方当事人履行合同义务的客观障碍。那么,是否所有这些客观因素都能成为本款意义上的"履约障碍"呢?答案是否定的。尽管本款没有对这一概念进行定义,但"……由于某种非他所能控制的履约障碍造成的,而且没有任何合理的理由期待他能在签订合同时考虑到这一障碍,或能避免或克服它或其后果"这一句却规定了构成这一障碍应当具备的"不可控制性""不能合理预见"和"不能避免性或不可克服性"三个要件。这具体意味着:只有在具备以上三个要件时,某妨碍一方当事人履行合同义务的客观因素才能构成本款意义上的"履约障碍",他才能享受免责待遇,否则,便不属于"履约障碍",他也不能享受免责待遇。由此可见,查明以上三个构成要件的内涵十分重要,下文分别就此进行论述。

① 不可控制性。这是指妨碍当事人履行合同义务的客观事由完全处在该当事人的影响范围之外,即使一方当事人采取了必要的防范措施,该妨碍其履约的客观因素依然会出现或发生。本款"由于某种**非他所能控制的履约障碍**造成的"蕴含了这一要件。一般认为具有"不可控制的"特征的客观因素既包括地震、洪水、风暴、火灾、闪电、霜冻、瘟疫等自然现象或自然灾害,还包括战争、禁运、政府颁布的外汇管制措施等社会现象等。①从不同国家的司法或仲裁实践看,对于某些外在客观因素具备"不可控制性"不存在任何争议,而有些则存在着争议,而有的直接判定不具备"不可控制性"。

其一,在"不可控制性"要件上不存在争议的外部客观因素。政府出于各种目的时常会颁布各种影响到合同履行的法规政策。例如,新冠肺炎疫情期间,许多政府均颁布了法令要求受感染企业停业或禁止来自疫情国家的船舶停靠码头。如果某企业恰好在这一期间必须履行

---

① 高旭军:《〈联合国国际货物销售合同公约〉适用评释》,第1版,第463页。

交付货物义务,那么,它显然因为上述措施而无法交付货物。对于此类政府措施,不同国家的司法或仲裁实践均视为具备了本款规定的"不可控制性"。中国国际经济贸易仲裁委员会便认为此类禁令是违约方所不能控制的。在上文提及化学品买卖合同纠纷争议案中,卖方以"中国在 2008 年奥运会期间对进口危险化学品进行管制"构成本款意义上的"履约障碍,致使卖方无法交货"为由主张免责,仲裁庭最终并没有支持卖方的仲裁请求。因为在该案中,卖方未能提供充分的证据证明中国在奥运期间对所述产品实施进口管制。但这也表明:只要卖方能够证明,中国政府实施了此类进口禁令,那么,它便具备了本款所要求的"不可控制性",违约方也可以据此要求免责。①俄罗斯联邦商会国际商事仲裁法庭持相同的观点。在其于 1997 年 1 月仲裁的德国卖方和俄罗斯买方之间的黄油销售合同纠纷中,买方已经支付了货款,但由于卖方交付的黄油含铅,被俄罗斯海关拒绝颁发合格证书,因而俄罗斯买方无法领取货物,并因此要求卖方赔偿损失。俄罗斯上述仲裁庭最终裁定买方未领取货物不构成违约,因为俄罗斯海关因产品不符合俄罗斯产品质量标准而作出拒绝进口的决定是俄罗斯买方所无法控制的。②

其二,在"不可控制性"要件上存在争议的外部客观因素。在国际贸易中,许多卖方仅仅是一个中间商,他们从第三者处采购货物,然后转售给位于另一国的买方。如果该第三者未履行交货义务,或者交付的货物不符合合同的规定,卖方显然也不能履行交付义务,或只能交付瑕疵货物,这也是引起买卖双方合同纠纷的一个重要原因。那么,第三者的上述违约行为是否属于"不可控制"的履约障碍?对于这一问题,目前不同国家的争议解决机构存在着不同的看法。例如,法国贝桑松商业法庭在上文提及的法国卖方和瑞士买方之间的柔道服销售合同争

---

① 中国国际经济贸易仲裁委员会:《〈联合国国际货物销售合同公约〉在中国仲裁的适用》,第 181 页。

② Tribunal of International Commercial Arbitration at the Russian Federation Chamber of Commerce, Russian Federation, 22 January 1997, http://www.unilex.info/cisg/case/376,访问时间:2021 年 10 月 1 日。

议案中便认为,在卖方供货商提供瑕疵产品导致卖方未能履行其合同义务时,只要没有证据证明卖方存在恶意,那么,由第三者制造并提供合同下的货物便属于卖方所不能控制的"履约障碍"。①与此相反,德国汉堡商会仲裁院持相反观点。在其于 1996 年 6 月仲裁的中国香港卖方和德国买方之间的独家代理销售中国货的销售合同争议中,中国香港卖方负责维护与中国内地制造商的关系,而德国买方则负责货物在欧洲大陆的销售。由于中国内地制造商遇到资金困难而未能向中国香港卖方交付订购的货物,致使相关卖方未能向德国买方履行交付义务,德国买方因此而要求中国香港卖方赔偿其因此而遭受的损失。德国汉堡商会仲裁庭裁定:中国内地供货商的资金困难属于中国香港卖方所能控制的范围,所以,其供货商未履行交货义务不构成本条意义上的"履约障碍"。②德国茨韦布吕肯市地区高等法院持相同的观点。在其于 1998 年 3 月审理的奥地利卖方和德国买方之间的藤条蜡销售合同纠纷中,奥地利卖方向德国买方交付藤条蜡出现严重的质量瑕疵,而且,卖方交付的藤条蜡是另一家公司根据其提供的样品生产的。不仅如此,藤条蜡由制造商直接运送给德国买方,卖方没有实际检查货物的机会,德国买方因此而要求卖方承担损害赔偿责任,而且认为卖方不得引用本条规定主张免责。尽管卖方没有检验货物的机会,德国法院依然驳回了卖方的请求,其理由是本款确定的重要免责依据是:履行障碍必须处于违约方的影响力范围之外。在卖方交付的货物存在着不相符性时,只有不相符性是由不受违约方控制的客观因素引起的,才能考虑免除违约方的责任。即使卖方是一个中间商,他也必须就产品的质量对买方负责。而且此时,只有通过仔细检查也难以发现产品瑕疵时,才可以考虑本条的免责规定。但在该案中,该第三者是根据卖方提供的

---

① Tribunal de Commerce de Besançon, France, 19 January 1998, http://www.unilex.info/cisg/case/416,访问时间:2021 年 11 月 1 日。

② Schiedsgericht der Handelskammer Hamburg, Germany, 21 March, 21 June 1996, https://iicl.law.pace.edu/cisg/case/germany-june-21-1996-translation-available,访问时间:2021 年 11 月 1 日。

样品生产的,所以,第三者交货产品的质量完全在其控制范围之内。①
德国联邦最高法院在对上述案件的终审判决中持相同看法。而且,无
论卖方是否违反了检验义务,只要其交付的货物存在质量瑕疵,均不构
成不受卖方控制的履约障碍。②

对于以上两种不同观点,德国法院的观点是成立的。《公约》第 30
条等条款规定了卖方的交付货物义务,第 35 条规定了卖方承担着保证
其交付的货物具备合同规定的品质的义务,这些规定并不仅仅适用于卖
方自己生产或制造的产品,它同样适用于卖方从第三方采购货物。所
以,《公约》并没有因为卖方从第三方采购货物而减轻其交货义务和相符
性保证义务。另外,在其从第三方处采购合同下货物时,第 38 条还规定
了其检验义务。如果认真履行了这一检验义务,那么,卖方通常应该能
发现货物中存在的瑕疵,进而防止将瑕疵货物交付给其买方。所以,从
《公约》的规定看,卖方应该能够控制其供货商的履行合同义务的行为。

其三,不具备“不可控制性”的外部客观因素。合同下的货物被盗
同样会影响甚至妨碍一方当事人履行其合同义务。这是否属于违约方
所不能控制的呢? 俄罗斯司法机构认为:它并不具备本款意义上的“不
可控制性”。在俄罗斯联邦高级仲裁法院于 1998 年 2 月审理的保加利
亚卖方和俄罗斯买方之间的货物销售合同纠纷案中,卖方以买方未支
付货款为由而要求俄罗斯买方赔偿损失,而买方声称已经支付了货款,
因为货款已根据口头修改的协议付入外国银行,而该货款在外国银行
被盗。但俄罗斯上述法院驳回了俄罗斯买方的上述请求,其理由是:俄
罗斯对《公约》第 11 条和第 29 条等条款作了保留,故口头修改协议无
效,而且货款被盗并不是买方所不能控制的履约障碍。③

---

① Oberlandesgericht Zweibrücken, Germany, 31 March 1998, http://www.cisg-online.ch/content/api/cisg/display.cfm?test=481,访问时间:2021 年 10 月 30 日。

② Bundesgerichtshof, Germany, 24 March 1999, http://www.unilex.info/cisg/case/384,访问时间:2021 年 10 月 30 日。

③ Information Letter No. 29 of the High Arbitration Court of the Russian Federation, Russian Federation, 16 February 1998, http://www.unilex.info/cisg/case/365,访问时间:2021 年 11 月 1 日。

② 不可预见性。"不可预见性"是指违约方在签订合同时无法预见到妨碍其履行合同义务的客观障碍的出现或发生,这是构成本款意义上"履约障碍"必须具备的另一要件,它具体体现在"而且***没有任何合理的理由期待他能在签订合同时考虑到这一障碍***"这一规定中。其中的"而且"两字表明:"不可控制性"和"不可预见性"是两个必须同时具备的要件,缺少任何一个,均使得违约方失去享受本款规定的免责待遇。而其中"不可预见性"这一表述又蕴含着两层法律含义:第一,违约方"在签订合同时"不能"预见"履约障碍发生;第二,人们不能合理地期待他能够预见上述障碍的出现。某一客观因素是否具备"不可预见性"对于合同双方当事人有着重要的现实意义。如果具备这一特征,它便有可能成为本款意义上的"履约障碍",违约方也可能享受本条规定的免责待遇,否则,他便必须承担赔偿责任。那么,人们应当根据什么依据来判断某些客观因素是否具备"不可预见性"这一特征呢?比较合理的标准是:在双方签订合同时,该外在因素是否已经出现或存在。如果该因素已经出现或存在,便不具备"不可预见性",反之则具备。这一考量标准是合理的,因为它们既然在签订合同时已经存在,人们自然可以合理地"期待他能够预见上述障碍的出现"。不同国家的司法判决和仲裁裁决也认同以上观点。下文首先介绍认同以上观点的司法或仲裁实践,然后论述被司法或仲裁实践一致认同不具备"不可预见性"典型案例类型。

其一,以影响合同履行的国家或国际机构管制措施在签订合同时是否存在作为判断标准,如果已经存在,便不具备"不可预见性",反之则具备。这一标准既适用于进口国或出口国颁布的法律法规,也同样适用于国际机构颁布的一些规范进口的法令。中国国际经济贸易仲裁委员会便持这一观点。在其于2003年仲裁的澳大利亚羊毛销售合同纠纷案中,进口国规定拿到进口配额才允许进口羊毛,卖方在其官方网站公布的交易流程中也明确规定仅仅与拿到进口配额的买方进行交易。但在双方签订合同后,买方最终没有拿到进口配额,故无法履行合同义务,主张引用本条进行免责,而卖方则要求买方承担赔偿责任,双方由此发生纠纷。中国仲裁庭驳回了买方的仲裁请求：买方在签订合同时已经知道其本国对羊毛进行进口实施配额管制措施，因而不具备本条第 1 款要求的"不可预见性"。①荷兰斯海尔托亨博斯区法院也持有相同的观点。该法院于 1998 年 10 月审理了荷兰卖方和新加坡买方之间的奶粉销售合同纠纷案。在本案中，新加坡法律禁止受放射性元素污染的奶粉进口，为满足这一要求，双方约定荷兰交付奶粉的放射性元素应当低于法定最低比例要求。但在合同签订后，卖方找不到符合合同质量要求的奶粉，故未能履行交付义务。买方要求损害赔偿，荷兰卖方以新加坡禁令构成本条第 1 款意义上的"履约障碍"为由主张免责。荷兰法院驳回了荷兰卖方的主张：在签订合同时，该卖方应当知道该禁令的存在，因而不具备"不可预见性"要件。②保加利亚工商会仲裁院同样认为：在双方签订合同时卖方国内已经实施了出口禁令，便不能免除卖方的违约责任，因为这些禁令在签订合同时违约方是能知晓的。③

其二，以签订合同时妨碍合同履行的自然现象是否已经存在作为判断标准，如果相关客观自然现象已经存在，便不具备"不可预见性"，反之则违约方应当能够预见到。除了政府颁布的禁令以外，地震、水灾、传染病等自然现象也会影响到合同的履行。中国国际经济贸易仲裁委员会便持这一观点。在其于 2005 年仲裁的赖氨酸销售合同纠纷案中，卖方主张 2003 年发生的洪水和 SARS（重症急性呼吸综合征）对其履行合同产生了严重影响，构成不可抗力，主张免责。但双方于 2003 年 6 月 20 日签订合同时，SARS 在 2002 年底已经在中国发生，中国仲裁庭据此裁定：在签订合同时，违约方对于 SARS 并不是不能预见

---

① 中国国际经济贸易仲裁委员会：《〈联合国国际货物销售合同公约〉在中国仲裁的适用》，第 182 页。

② Arrondissementsrechtsbank's-Hertogenbosch, the Netherlands, 2 October 1998, www.unilex.info/cisg/case/443,访问时间：2021 年 11 月 2 日。

③ Bulgarian Chamber of Commerce and Industry, Bulgaria, 24 April 1996, www.unilex.info/cisg/case/422,访问时间：2021 年 11 月 2 日。

的，而在实际上是知晓的；而且 2003 年 6 月 SARS 在中国已经得到了控制，所以，违约方完全应当预见 SARS 对合同履行的影响。所以，中国仲裁庭裁定：SARS 并不具备"不可预见性"要件，因而驳回了卖方的免责主张。同样，在中国国际经济贸易仲裁委员会于 2005 年仲裁的番茄酱销售合同争议案中，因 2003 年中国番茄产区高温多雨气候，番茄遭受腐病、早疫病、斑点病等多种病灾损害，致使番茄果实和番茄酱质量达不到合同的要求，中国卖方认为这属于不可抗力，主张免责。但仲裁庭驳回了卖方的请求：卖方是中国番茄酱的主要供应商，在 2003 年 7 月 29 日签订合同时，番茄已经进入收获季节，故卖方显然知道在中国番茄产区的异常气候及其对番茄生长的影响，因而不具备本款要求的"不可预见性"。①

其三，卖方供货商的未交货不构成"不可预见性"。如上所述，卖方供货商未履行交货义务是卖方违约的一个常见原因。那么这是否属于具有"不可预见性"的客观因素呢？目前的仲裁实践否认这一点。俄罗斯联邦工商总会商事仲裁院便持这一观点。在其于 1995 年 3 月仲裁的俄罗斯卖方和德国买方之间的化工产品销售合同纠纷中，俄罗斯卖方未按合同规定交付货物，在德国买方设定的履约宽限期内，依然没有交付货物，德国买方于是进行替代采购，并要求俄罗斯卖方赔偿损失。但俄罗斯卖方引用本条主张免责，理由是其供货商因紧急原因停止生产，这是其在签订合同时所不能合理预见到的。但俄罗斯仲裁院没有支持俄方的仲裁请求，因为在其与德国买方签订买卖合同时他应当了解其供应商的生产状况，所以，其供货商拒绝供货不能成为免责的理由。②

其四，货物市场价格的大幅度变动不具备"不可预见性"。在签订

---

① 中国国际经济贸易仲裁委员会：《〈联合国国际货物销售合同公约〉在中国仲裁的适用》，第 183 页。

② Tribunal of International Commercial Arbitration at the Russian Federation Chamber of Commerce and Industry, Russian Federation 16 March 1995（Arbitral award No. 155/1994），www.unilex.info/cisg/case/214，访问时间：2021 年 11 月 2 日。

合同后,合同下的货物价格时常会发生急剧的变动,这也是导致一方当事人不履行合同义务的另一重要原因。价格大幅度变动是否属于违约方在签订合同时不可预见的客观因素,从而构成本款意义上的"履约障碍"呢? 不同国家法院和仲裁机构对此均持否定态度。例如,在比利时哈瑟尔特商业法院于 1995 年 5 月审理的智利卖方和比利时买方之间的冷冻草莓销售合同纠纷中,由于合同签订后国际冷冻草莓市场价格大幅度下跌,比利时买方拒绝履行合同义务,并以价格大幅度下跌构成不可抗力为由主张免责。但比利时法院没有支持该买方的请求:即使在国际贸易中,价格波动也是可以预见的,而且这也属于正常的商业风险,所以签订合同后价格大跌根本不构成本条意义上的不可抗力。①同样,这也不构成免除卖方赔偿责任的"履约障碍"。法国科尔马上诉法院于 2001 年 6 月审理了瑞士卖方和法国买方之间的货物销售合同纠纷。根据合同规定,瑞士卖方应当在长达 8 年的时间内根据法国买方最终客户实际需求的数量持续交付货物。但由于法国买方的最终客户决定降低采购价,而瑞士卖方拒绝接受,故法国买方拒绝接受卖方交付的大部分货物,并以其客户降价构成本款意义上的"履约障碍"为由主张免责,双方由此发生争议。法国法院驳回了法国买方的上述主张,因为在法院看来:在签订合同时买方不仅应当能预见到其最终客户的降价要求,而且在签订此类长期供货合同时买方有责任设计一种适应市场情势变更的协商机制。②

③ 不可避免性或不可克服性。构成本款意义上的履约障碍还必须具备另一要件,即"不可避免性或不可克服性",它具体体现在本款"没有任何合理的理由期待他……能避免或克服它或其后果"这一表述中。相关的问题是:何谓"不可克服性"? 根据其字面意思,不可避免性

---

① 高旭军:《〈联合国国际货物销售合同公约〉适用评释》,第一版,第 465 页;Rechtbank van Koophandel Hasselt, Belgium, 2 May 1995, http://www.unilex.info/cisg/case/263,访问时间:2021 年 11 月 3 日。

② Cour d'appel Colmar, France, 12 June 2001, http://www.unilex.info/cisg/case/814,访问时间:2021 年 11 月 3 日。

和不可克服性显然有着不同的内涵。前者是指：一方当事人在采取合理的预防措施后，依然难以防止履约障碍的发生。例如，卖方已经在存放货物的仓库上安装了合格的避雷针，但该仓库依然遭到雷击而着火，并烧毁了全部用于交货的货物，这里的雷击事故便是不可避免的。而后者则是指：在当事人采取了合理的防范措施后，依然无法克服履约障碍所造成的不利后果。①而且判断"防范措施"合理与否的考量因素并不是指相关的措施是否会对违约方产生额外的费用或引发重大损失，而是看它们是否能够防止履约障碍的发生，或能否克服其不利后果。因此，即使采取相关的措施会对违约方带来额外的费用或损害，只要它能够避免或克服履行障碍，它便是合理的，影响合同履行的客观因素便不具备"不可克服性"；反之，则具备"不可克服性"。实际上，《公约》成员国法院或仲裁机构也是根据以上因素判断影响合同履行的客观因素是否具有"不可克服性"的。从现有司法判例和仲裁实践看，被认定某外在因素不具备"不可克服性"比较多，大致可以包括以下几类：

其一，政府颁发的有关申请进出口许可证的规定不具有"不可克服性"。为了强化对进出口的规范化管理，相当数量的国家会要求企业在进口或出口某类货物时申请进出口许可证。这不仅会增加进口商或出口商的交易成本，而且如果未申请许可证，那么相关企业便无法履行合同义务。这是否构成本款意义上的"不可克服性"？答案是否定的。因为只要进口商或出口商多支付部分额外的费用，依然能够履行其合同义务。中国国际经济仲裁委员会便持这一观点。例如，在其于2003年仲裁的氧化铝销售合同争议案中，中国买方认为中国对氧化铝进口政策进行了变更，导致买方无法履行合同义务，政策变更属于买方无法克服的履行障碍，故要求免责。中国仲裁庭没有支持买方的上述请求：中国政府虽然实施氧化铝进口新政策，但并没有禁止进口氧化铝，而仅仅要求进口方申领进口许可证。只是申领许可证需要时间，买方不可能

---

① Denis Tallon, in Bianca/Bonell/knapp, *Commentary on the International Sales of Law*, p. 581.

在短期内领到许可证,而等待期间买方需为到港货物每天支付货物总价万分之五的滞留费,这会给买方造成惨重的经济损失。可见,在承担以上额外的损失以后,买方依然可以履行合同义务。①

其二,在具有替代履行合同方式时不具有"不可克服性"。因政府禁令而不能履行合同时,只要存在着能够履行合同义务的替代方式,便不具备构成"履约障碍"所要求的"不可克服性"。美国的仲裁和司法实践肯定了这一点。在美国仲裁协会国际争端解决中心于2007年10月仲裁的美国卖方和罗马尼亚买方之间的鸡腿销售合同纠纷中,美国卖方在合同规定的交付期限内仅仅交付了约一半的鸡腿。其间因北美暴发禽流感,罗马尼亚政府颁布了新的禁令:禁止所有未在2006年6月7日之前获得认证的鸡肉进入罗马尼亚境内。由于美国卖方未能在上述禁令生效前交付另一半鸡腿,买方于是建议将交货地点改为格鲁吉亚,但遭到美国卖方拒绝。罗马尼亚买方随即提起仲裁,要求美国卖方承担损害赔偿责任,美国卖方则以罗马尼亚禁止没有获得认证的鸡腿禁令属于不可抗力,故主张免责。美国仲裁庭协会驳回了美国卖方的仲裁请求:尽管罗马尼亚颁发了禁令,但存在着替代履行交货义务的方法,所以,这一禁令的影响是可以克服的。②美国纽约南区地区法院肯定了美国仲裁协会的上述观点。③

其三,自然灾害造成的减产不具有"不可克服性"。自然灾害经常会造成农产品收成大幅度下降、相关农产品价格大幅度上涨,这自然也会影响到合同的履行。但这并不具备本款要求的具有"不可克服性",因为它并不使得当事人无法履行合同义务,相反,这是一个当事人能够

---

①　中国国际经济贸易仲裁委员会:《〈联合国国际货物销售合同公约〉在中国仲裁的适用》,第185页。

②　International Centre for Dispute Resolution of the American Arbitration Association, United States, 23 October 2007, http://www.cisg-online.ch/content/api/cisg/urteile/1645.pdf,访问时间:2021年11月4日。

③　U.S. District Court, Southern District of New York, United States, 16 April 2008, http://www.unilex.info/cisg/case/1303,访问时间:2021年11月4日。

克服的客观现象。许多国家法院或仲裁也确认这一点。例如,德国汉堡地区高等法院于 1997 年 7 月审理了法国卖方和德国买方的西红柿销售合同纠纷案。按照合同规定,法国卖方应当交付 20 卡车西红柿浓缩汁,但实际上他仅仅交付了一卡车。买方由此宣告合同无效,拒付货款,并要求卖方承担赔偿责任。而法国卖方主张免责:因为暴雨导致法国西红柿产量大幅度减产,市场价格大幅度上升,这是其难以克服的履约障碍。但德国法院驳回了法国卖方的上述主张:暴雨并没有毁灭西红柿的整个收成,所以卖方依然能够履行合同义务,收成下降、价格上涨也是他能够克服的困难。①

　　根据以上判例确定的替代交易原则,可以断定卖方供货商未交付货物或者交付瑕疵货物也不构成本款意义上的"履约障碍",因为它们也是能够被克服的。

　　④ "不可控制性""不可预见性"和"不可避免性或不可克服性"之间的关系。由上可知,本款规定了构成"履约障碍"的三个要件。问题是:在"不可控制性""不可预见性"和"不可避免性或不可克服性"这三个要件之间究竟存在着什么样的关系? 这也是一个关系到双方当事人利益的实际问题。如果必须同时具备此三个要件才构成本款中的"履约障碍",那么,缺少任何一个,违约方便不享有免责待遇;反之,如果它们之间的是相互替代的关系,具备任何一个要件,便构成了"履约障碍",这便对违约方十分有利。那么,在这三个要件中究竟存在着何种关系呢? 根据本款的字面意思,第一个要件和后两者之间显然是并列关系,也即必须同时具备的要件,本款"……由于某种非他所能控制的履约障碍造成的,**而且**……"中的而且两字十分清晰地表明了这一点;但在"不可避免性或不可克服性"与"不可预见性"之间应该是相互替代关系,因为"……,或能避免**或**克服它或其后果"这一规定中的"或"字十分清楚地表明了这一点。但学界和实务界的主流观点却认为:三者之

────────

① Oberlandesgericht Hamburg, Germany, 4 July 1997, http://www.unilex.info/cisg/case/438,访问时间:2021 年 11 月 3 日。

间是并存的关系,因为它们均将"不可控制性""不可预见性"和"不可避免性或不可克服性"视为必须同时具备的三个条件。①而中国国际经济贸易仲裁委员会更明确强调这种并存关系。②尽管这一观点并不符合本条字面意思,但笔者依然倾向于认同这一观点,主要原因在于设立"不可预见性"要件的目的。笔者认为,设立这一要件的目的不仅仅在于判断违约方在签订合同时是否能合理地预见到妨碍合同履行的某种外在因素,更在于人们可以据此判断在违约方可以预见到将会发生此类因素时他是否有可能通过采取合理的措施避免或克服这些因素带来的不利影响。这种目的分析法也符合合理的风险分摊原则,因为如果该当事人判断他不能克服,那么他便可以选择不签订合同;既然他选择签订合同,他自然应当承担相应的法律后果;如果允许他主张免责,这便对对方当事人不公平。

在双方当事人对是否存在上述三个要件发生争议时,应适用《公约》第 8 条第 2 款和第 3 款中"通情达理的人"原则。即如果一位通情达理的第三方处在与违约方相同的环境中,在签订合同时面对当时的具体情况,他能否控制、预见履行障碍的发生,在能够预见到时,他能否克服履约障碍带来的不利后果。③而且,在违约方的预见和"通情达理的人"的预见之间,后者更为关键。

(2)"履约障碍与不履约行为之间的因果关系

除了上述两个条件以外,违约方享有本款规定的免责待遇还必须具备另外一个条件,即在"存在履约障碍"和"未履行合同义务"之间必

---

① Article 79：Secretariat Commentary，https://iicl.law.pace.edu/cisg/page/article-79-secretariat-commentary-closest-counterpart-official-commentary,访问时间:2021 年 11 月 4 日；UNCITRAL，*Digest of Case Law on the United Nations Convention on the International Sale of Goods*，2016，p. 374；Schwenzer，in Schlechtriem，*Kommentar zum Einheitlichen UN-Kaufrecht—CISG*，7. Aufl. 2019，S. 1317。

② 中国国际经济贸易仲裁委员会:《〈联合国国际货物销售合同公约〉在中国仲裁的适用》,第 184 页。

③ Enderlein/Maskow/Strohbach，Art.79 Anm. 5.3；Witz/Salger/Loranz/Salger，Art. 79，Rn. 5.

须存在因果关系，本款中"他能证明此种不履行是由于某种非他所能控制的障碍造成的"这一规定十分清楚地表明了这一点。这一要求是十分合理的。如果"未履行合同义务"不是上述"履约障碍"引起的，而是由其他原因引起的，那么，这一障碍自然不能免除违约方的赔偿责任。那么，在什么情况下才存在本款所要求的"因果关系"？如果一方当事人"未履行合同义务"是除了上述"履约障碍"以外的其他原因引起的，那么，在障碍和不履行之间便不存在本款所要求的因果关系。例如，卖方没有按照合同规定的日期交付货物，此后发生了火灾并烧毁了货物，以致他无法履行合同义务。在这一事例中，在火灾和不履行交货义务之间，显然不存在直接的因果关系。因为如果卖方按时交付货物，货物就不会被烧毁，卖方还是可以履行其交货义务的。

争议解决机构也将是否具备因果关系视为违约方能否免责的一个前提条件，所以在双方当事人就违约方能否引用本条第 1 款主张免责时，是否具备上述因果关系也是争议解决机构进行调查的一个重点。中国国际经济贸易仲裁委员会便持这一观点。在其仲裁庭于 2003 年仲裁的氧化铝销售合同争议中，在合同履行过程中，买方没有根据合同规定开出支付货款的信用证，并以中国政府政策发生变化为由引用本条规定主张免责，卖方表示反对并要求买方赔偿，双方由此发生争议。仲裁庭查明后认为，中国政策变化与买方未开出信用证之间没有因果关系，故裁定：买方无权引用本条第 1 款规定主张免责，他必须赔偿卖方的损失。①

德国联邦最高法院在其于 1999 年 3 月 24 日审理的德国买方和奥地利卖方之间的藤条蜡销售合同纠纷中也持同样的观点。如上所述，在该案中，卖方让其供货商直接将合同下的货物运送给奥地利买方，即在交付货物之前，卖方既没有收到该货物，也没有对此进行检验。但其供货商交付的货物存在严重的质量瑕疵，不仅给买方本身，而且给其客

---

① 中国国际经济贸易仲裁委员会：《〈联合国国际货物销售合同公约〉在中国仲裁的适用》，第 185 页。

户带来严重的损失,买方因此而要求奥地利卖方承担损害赔偿责任。而卖方则引用本条规定主张免责:货物是由其供货商直接运送给买方的,他无法对其交付的货物进行质量检验,这构成了本条第2款意义上的"履约障碍"。但德国联邦最高法院没有支持卖方的主张,因为卖方未能证明:导致交付不合格产品的客观因素是其所不能控制的。本条规定并没有改变合同规定的风险分担规则,即卖方必须交付符合质量要求的货物。即使根据本条第2款,卖方也必须承担其供货商交付货物的不符合质量要求的风险,除非他能证明无论是他还是其供货商均不能控制该履约障碍,但德国卖方并没有提供证据证明这一点。由于卖方未能证明其交付瑕疵货物是由本条第1款意义上的"履约障碍"所造成的,故他无权主张免责。①

根据以上论述,我们可以得出这样的结论:本款中"因果关系"要件要求履约障碍必须是导致"未履行合同义务"的唯一原因。这意味着:如果有多种因素同时使得一方当事人未履行合同义务,而本款中的"履约障碍"仅仅是其中的一个原因,那么便不构成本款意义上的因果关系,违约方也因此而不享有免责待遇。客观地分析,在存在多重原因致使违约方不能履行合同义务时,如果该违约方能够证明其中某一部分具体的不履约行为是由"履约障碍"引起的,那么可以就该部分不履约行为免除该违约方的相应责任。

3.2 免责后果(第1款和第5款)

在具备本条第1款规定的上述条件下,将会产生何种法律后果呢?本条第1款后半句即"该当事人对该不履行不负责"回答了这一问题。此外,本条第5款也同样规范了这一问题,因为该款规定"本条规定不妨碍任何一方当事人行使本《公约》规定的除了损害赔偿要求以外的任何其他权利"。据此分析,在具备上述前提条件时,应当产生两方面的法律后果:其一,守约方失去要求损害赔偿的权利;其二,守约方有权采

---

① Oberlandesgericht Zweibrücken, Germany, 31 March 1998, www.unilex.info/cisg/case/384,访问时间:2021年11月13日。

取其他救济措施。下文分别就此进行探究。

(1)守约方失去要求损害赔偿的权利

其中的一个法律后果是:免除了违约者本来应该承担的损害赔偿责任,本条第1款"该当事人对该不履行不负责任"的字面意思十分清晰地表明了这点。从另一角度看,在具备上述适用条件时,守约方便失去要求违约方承担损害赔偿责任的权利,即使对方"不履行义务"行为给自己造成了损害,也是如此。这样的规定是十分合理的,以下两方面的因素决定了这一点。

第一,《公约》第45条第1款b项、第61条第1款b项间接确认了免责的范围。本条第1款是与第45条第1款b项、第61条第1款b项相对应的条款。该两款规定了违约方应当承担的损害赔偿责任,而本条第1款则免除了违约方根据该两款规定本应承担的损害赔偿责任。根据该两款的规定,只要一方当事人有任何"未履行义务"的违约行为,那么,对方当事人便有权要求该违约方承担损害赔偿责任,他无需证明该违约方是否有过错或违反了诚信原则,因为《公约》确认了不受"过错"要件影响的"保证责任原则"或"严格责任原则"。[1]进一步分析,这两项规定在本质上限定了违约方的责任范围,即如果一方当事人仅仅未履行一部分合同义务,那么,他仅需就该未履行部分义务承担损害赔偿责任,而且无需对其他已经履行的部分承担赔偿责任。根据本条第1款的规定,在具备本款规定的适用条件下,违约方无需承担上述损害赔偿责任。由此可见,由于第45条第1款b项、第61条第1款b项确定了违约方的责任范围,这也就间接确定了本条第1款下的免责范围。

第二,本条第5款也界定了违约方所能享有的免责范围。该款规定:"本条规定不妨碍任何一方当事人行使本《公约》规定的除了损害赔偿要求以外的任何其他权利。"可见,本款通过限定守约方可以行使的救济权进而限定了本条下的免责范围。本款中的"任何一方当事人"显

---

① Schwenzer, in Schlechtriem, *Kommentar zum Einheitlichen UN-Kaufrecht — CISG*, 7. Aufl. 2019, S. 1313.

然是指守约方,因为显然只有守约方才能行使《公约》规定的救济权。根据本款的文义,本款仅仅剥夺了守约方行使《公约》规定的损害赔偿请求权,而没有限制他采取其他救济措施的权利。

(2) 守约方依然可以行使的救济权

由上可知,本条第 5 款仅仅剥夺了守约方行使《公约》规定的损害赔偿请求权,而没有限制他采取其他救济措施的权利。那么,守约方还可以采取哪些救济权呢?《公约》第 45 条第 1 款 a 项、第 61 条第 1 款 a 项间接规范了这一问题。根据这两项规定所指引的第 46 条至第 52 条和第 62 条至第 65 条的规定,守约方可以采取的其他救济措施包括:要求对方履行合同义务权、宣告合同无效权、要求降价权、支付利息请求权等。国际商事合同学界的主流观点也认同以上观点。[1]如果守约方行使上述救济权成立,并得到了争议审理机构的支持,那么,违约方便应当承担相应的责任。

第一,守约方宣告合同无效,违约方必须接受这一后果。如果一方因为"履行障碍"引发的"不履行义务"行为已经构成了《公约》第 25 条意义上的根本违约,那么对方当事人可以根据第 45 条第 1 款、第 49 条、第 51 条、第 61 条第 1 款、第 64 条和本条第 5 款的规定宣告合同无效。中国国际经济贸易仲裁委员会也肯定了守约方的这一权利。[2]但个别司法判决对于守约方是否拥有宣告合同无效的权利持不同的看法。在法国贝桑松商业法庭于 1998 年 1 月 19 日审理的法国卖方和瑞士买方之间柔道服销售合同纠纷中,双方均履行了合同义务,但瑞士买方的部分客户投诉:柔道服严重缩水,而且经过专家的检验也确实存在着瑕疵,瑞士买方于是宣告合同无效,同时要求退还货款并赔偿其损失。但法国上述法院最终判定:在本案中存在着法国卖方所不能控制的履约障碍。因为卖方交付的货物是由第三方生产的,而且也没有证据证明卖

---

① Schwenzer, in Schlechtriem, *Kommentar zum Einheitlichen UN-Kaufrecht—CISG*, 7. Aufl. 2019, S. 1333.

② 中国国际经济贸易仲裁委员会:《〈联合国国际货物销售合同公约〉在中国仲裁的适用》,第 179 页。

方存在着主观恶意，因此驳回了买方的所有诉讼请求，即买方既无权宣告合同无效，也无权要求对方退回货款并支付损害赔偿金，仅仅允许买方降低支付货款的数量。①法国法院这一判决的总体思路依然是成立的，例如驳回买方无权宣告合同无效的请求。根据第 82 条的规定，宣告合同无效的一个前提条件是必须按照收到货物时的原则退还货物。而在该案中，瑞士买方已经将所有柔道服均销售给了不同的客户；另外，他也并没有提供证据证明所有的柔道服均存在着瑕疵。所以，他不可能退还所有的货物。另外，判定买方有权要求降价的判决也是合理的。在部分货物不符合合同质量时，买方自然有权根据第 50 条的规定主张降价。但引用本条第 1 款的规定判定卖方承担损害赔偿责任的观点值得商榷。如上所述，卖方供应商的不履行行为或瑕疵履约行为通常不构成本款意义上的履约障碍，除非存在着本条第 2 款规定的例外情形。

第二，守约方有权要求降价，违约方则必须接受降价要求。对方当事人可以根据《公约》第 50 条的规定要求降低货物的价格。争议解决机构也判定守约方有要求降价的权利，与此相适应，违约方也必须按照守约方的要求进行降价。由上可知，法国贝桑松商业法庭在其于 1998 年 1 月 19 日审理的法国卖方和瑞士买方之间柔道服销售合同纠纷中便确认违约方必须降低瑕疵货物的售价。

第三，守约方有权要求对方实际履行合同义务。根据《公约》第 46 条第 1 款和第 62 条等条款，在符合特定条件下，守约方有权要求违约方实际履行合同义务。由于实际履行合同义务请求权不属于损害赔偿，所以即使存在本条第 1 款下的"履约障碍"，守约方依然可以要求违约方履行其合同义务。在维也纳会议上，德国代表曾经提出一个建议：在长期存在不可控制的履约障碍时，应该剥夺对方当事人要求实际履行合同的权利，但这一建议并未被与会代表接受。②所以，虽然违约方

---

① Tribunal de Commerce de Besançon，France，19 January 1998，http://www.unilex.info/cisg/case/416，访问时间：2021 年 10 月 24 日。

② Schlechtriem, *Kommentar zum Einheitlichen UN-Kaufrecht—CISG*, S. 770.

根据本款规定享有免于承担损害赔偿责任的权利,守约方依然有权提出实际履行的要求。但只有在本款意义的履行障碍不再存在以后,守约方才可以行使这一补救权。另外,争议审理机构是否判定违约方必须实际履行合同义务,受第28条规定的约束,即争议审理机构所在国法律是否允许在类似情况下作出实际履行合同义务的判决。

第四,守约方有权要求支付利息。根据《公约》第78条规定,如果一方当事人未支付货款以及其他款项,对方当事人可以要求其支付利息。由于支付利息义务不属于损害赔偿的范围,所以,即使存在本条第1款意义上的"履约障碍",相关的当事人未支付货款或其他款项,对方当事人依然有权要求其支付利息,该违约方也必须应其要求履行利息支付义务。不同国家的法院或仲裁机构均支持守约方的利息支付请求。

4. 由第三方造成的"未履行"及其免责(第2款)

由上可知,本条第1款规范了一方当事人因"履约障碍"而未履行合同义务时的免责问题。但是,在国际贸易实务中,无论卖方还是买方均可能聘请第三方代为履行其全部或部分合同义务。例如,卖方通常会委托第三方提供合同下的货物,买方则通常会委托银行代为支付货款,卖方或买方还通常会委托独立的运输公司运送货物。在这种情况下,如果该第三方未能履行一方当事人委托的任务,这势必引起连锁反应,使得该合同当事人也不能履行合同义务。在这种情况下,合同当事人通常会以其违约行为是由第三人的行为引起的而主张免责。这就产生了这样一个问题:因第三者行为而致使一方当事人未履行其义务,是否能够免除该当事人的违约责任? 本条第2款专门规范了这一问题。本款前半句规定了其适用条件,后半句规定了免责条件,下文分别就此进行讨论。

4.1 第2款的适用条件

本款前半句即"如果一方当事人不履行义务,而且该不履行是由他聘用履行全部或部分合同义务的第三方不履行义务所造成的……"规定了本款的适用条件。据此分析,适用本款规定应当具备以下几个条件:其一,"一方当事人不履行义务";其二,一方当事人聘请第三方帮助自己履行全部或部分合同义务;其三,该第三方不履行义务;其四,在该第三方未履行行为与该当事人不履行义务行为之间存在着因果关系。在这四个条件中,笔者将重点讨论第二个适用条件,因为上述第一个适用条件也是适用第1款的前提条件,并且上文已经对"一方当事人不履行义务"这一概念进行了分析,故这里不再重复。同样不重复论述的还有第二个条件,即"该第三方不履行义务"中的"不履行义务"这一概念,因为它与第一个适用条件中"一方当事人**不履行义务**"完全相同。

所谓的"一方当事人聘请第三方帮助自己履行全部或部分合同义务",实际上是指:在签订买卖合同后,一方当事人又与"第三方"签订了"从合同",并据此要求该"第三方"代为履行全部或部分合同义务。例如,卖方可以与第三方签订"供货合同",要求该第三方向卖方提供合同下的货物;而买方则可以与银行签订服务合同,要求银行代为支付货款。可见,在这一条件中蕴藏着两个合同:即买卖双方当事人之间的"主合同"和一方当事人与第三方之间"从合同"。由于"从合同"是"第三方"代为履行全部或部分合同义务的依据,所以在这两个合同之间必须存在着密切的联系。这种密切的联系主要体现在一方当事人在"主合同"中的义务应当也是第三方在"从合同"中的义务,但它并不要求"从合同"也必须得到"主合同"另一方当事人的同意。因为根据"一方当事人聘请第三方帮助自己履行全部或部分合同义务"的字面意思,委托"第三方"代为履行合同义务是该当事人自身的事项。

在国际贸易实务中,协助合同一方当事人履行合同义务的人很多,无论是当事人的员工、卖方的供货商,还是负责货物运输的承运人、协助支付货款的银行,都在某种程度上协助该当事人履行合同义务。那么,他们是否属于本款意义上的"第三方"呢？这是一个有着重要现实意义的问题,它直接影响到本款的适用。如果他们不属于"第三方",便应当适用本条第1款的规定判定该当事人是否应该承担责任,反之,则应该适用本款的规定。此外,他们还关系到该当事人主张免责的难易程度。就本条第1款和第2款免责的难易程度比较而言,根据第1款规定成功主张免责会比本款要容易,因为本款规定的免责条件显然比第 1 款更加严格。为了查明在一方当事人聘请的履约协助者中哪些属于本款意义上的"第三方",下文将首先探究"第三方"的判定标准,然后讨论这一概念涵盖的范围。

(1)"第三方"的判断标准

本款没有对这一概念进行定义。因此,要在本款意义上的"第三方"和其他履约协助者之间划出一条明显的界限并非易事。但划出这一界线又十分重要,如上所述,它关系到在具体案件中是适用本条第 1 款还是本款的问题。如果履约协助者不属于本款意义上的"第三方",便应当将该协助者的行为视为一方当事人的行为。那么,在由于该协助者的原因而使得一方当事人未履行合同义务时,便直接适用本条第 1 款,反之则适用本款。根据本款规定的文义、学界和实务界的经验,应当综合考虑以下四个因素来判断一个履约协助者是否属于本款意义上的"第三方":

其一,在组织和管理关系上是否独立于一方当事人。该第三者如果在组织和管理关系上隶属于该当事人,而不是一个具有独立地位的法律主体,那么,他便不是本款意义上的"第三者",反之便是。这个标准是有法律依据的,根据一般的公司归责原则,无论是公司的员工还是机构,在其以公司的名义开展活动时,其行为的法律后果均应该由公司承担;反之,第三者如果是一个完全独立的法律主体,那么,他便应当自己对其行为负责。

其二,是否能够独立自主地完成一方当事人委托的事项。所谓独立自主是指:在协助履行合同义务过程中,该协助者是否能够独自决定采取何种方式履行合同义务,他是否必须听从一方当事人的指令。[1]如果他必须服从其指令,那么便不是"第三方",反之便是。这一标准在本质上是一个标准的延伸,因为在受托者隶属于一方当事人时,他便缺乏足够的独立性。即使他受托独立地完成某一采购任务,该当事人依然

---

[1]　Staudinger/Magnus,Art. 79,Rn. 39.

可以给他下达相应的指令;反之,他如果独立于一方当事人,虽然受委托合同条款的约束,但仍有权自行决定履行合同义务的具体方式和方法。

其三,是否能够在协助一方当事人履行合同义务期间决定与任何第三人开展业务合作关系。如果他具有这样的决定空间,便属于本款意义上的"第三方",反之便不是。客观分析,这也是从上述独立性标准中延伸出来的一个考量因素,但它依然是必要的。在经济活动中,有些法律主体具有独立的法律地位,但由于受合同条款的约束,其独立性受到很大的限制。例如,某专门从事装卸业务的有限公司是一个独立的法人,但受服务合同的约束,它只能为一方当事人进行装卸作业。此时,它根本无权独自决定是否接受其他客户的委托,因此它在事实上成为该当事人的一个附属机构,显然不是本款意义上"第三方"。

其四,是否在签订合同后才聘请该协助者。该人如果在签订合同之前已经聘用,则不属于第三方,反之则属于。[1]将此视为一个判断标准也是十分合理的。只有在一方当事人签订买卖合同之后,他才具体知道自己承担了哪些合同义务,他才能委托第三方代为履行合同义务。换句话说,他不可能在此之前委托某独立第三方代为履行尚不存在的合同义务。

可见,一方当事人的协助者是否属于本款意义上的"第三方",应当从以上四个角度进行综合分析考察,而不能仅仅从一个角度进行评判。

(2)"第三方"的范围

那么,本款中的"第三方"又具体包括哪些人呢?根据以上四个考量因素,一方当事人的员工显然不是本款意义上的"第三方",因为他不具备以上四个要素中的任何一个。即使他能够独自负责采购合同下的货物,也是如此。同样,专门为一方当事人提供服务的独立主体也不是本款意义上的"第三方",因为他无权独自决定接受其他客户的委托。

---

① UNCITRAL, *Digest of Case Law on the United Nations Convention on the International Sale of Goods*, 2016, p. 378.

反之,受托协助支付货款的银行则无疑属于本款意义上的"第三方",因为它符合以上四个考量因素。在实务中经常产生争议的是:卖方的供货商和负责货物运输的承运人是否属于"第三方"?

第一,卖方的供货商。许多卖方仅仅是一个贸易中间商,在签订合同以后,他通常会寻找制造商或生产商为他提供合同下的货物或提供生产货物所需的原材料。在卖方供货商与本款意义上的"第三方"这一概念之间存在着两个值得探究的问题:是否应该将卖方的供应商分为"通货供应商"和"特定货物供应商",并予以不同的定性? 卖方供应商是否属于本款意义上的"第三方"?

其一,"通货供应商"和"特定货物供应商"及其不同的定性。有学者认为,国际贸易实务中存在着两类供应商,即"通货供应商"和"特定货物供应商"。所谓的通货,是指人们生活中经常使用的货物,如标准规格的服装、计算机、土豆等;而所谓特定货物,是指根据买方特殊要求定制的产品。卖方供货商如果提供的是通货,那么,他便不是本款意义上的"第三方";他如果提供的是特定产品,则属于"第三方"。[①]这一观点是否成立呢? 笔者认为这值得怀疑。一方面,这一观点不符合本句中"……由他聘用履行全部或部分合同义务的第三方不履行义务……"这一规定的原意。根据这一规定,它绝对没有将卖方指定的供货商分成"通货供应商"和"特定货物供应商"的意思,更没有将这两类供货商分别定性的意思。另一方面,从本条的产生历史看,也找不到支持以上观点的依据。本款草案原本使用的是"分包商(subcontractor)"一词,但正式文本却采用了"第三方"取代前者,其理由是:部分国家国内法中"分包商"仅仅适用于建筑合同,但另一部分国内法中根本没有这一概念,而"第三方"这一概念则不会引起不同国家异议。从"第三方"一词的诞生历史可以看出,此处的"第三方"应当包括"分包商"。但人们无

---

① 　Denis Tallon, in Bianca/Bonell/Knapp, *Commentary on the International Sales of Law*, p. 584; John O. Honnold, *Uniform Law for International Sales under the 1980 United Nations Convention*, 3rd ed.(1999), pp. 486—487.

论如何也不能从中得出这样的结论:它仅仅是指"通货分包商",而不包括"特定货物分包商"。最后,各国的司法或仲裁实践也没有根据"通货"还是"特定货物"来对供应商进行分别定性。可见,上述将供货商分为"通货供应商"和"特定货物供应商"并予以不同定性的观点是不成立的。

其二,"供应商"与"第三方"。那么,卖方指定的"供应商"是否属于本款意义上的"第三方"呢? 学界的主流观点认为:卖方的供应商不属于"第三方"。[①]实务界的主流观点也肯定以上观点,[②]中国国际经济贸易仲裁委员会也持这一观点。无论是在 2002 年底黄磷销售合同争议中,还是在 2009 年的手扶拖拉机销售合同争议中,相关仲裁庭均认为:卖方的供应商不属于"第三方",故卖方不得以其供应商未提供货物或合格货物为由而引用本款主张免责。[③]德国茨韦布吕肯地区高等法院在其审理的奥地利卖方与德国买方之间的藤条蜡销售合同纠纷中持同样的观点。在该案中,双方签订销售合同后,奥地利卖方委托其供应商直接向德国买方发送货物,但其供应商发送的货物存在严重的质量瑕疵。奥地利卖方以第三方供货而且其没有机会对货物进行检验为由引用本款的规定主张免责。但德国上述法院判定:供货商不属于本款意义上的"第三方"。[④]德国汉堡商会仲裁院在其于 1996 年 6 月仲裁的中国香港卖方和德国买方之间的中国内地货物独家委托销售协议中也持以上观点。根据合同规定,中国香港卖方负责向中国内地的制造商采购货物,而德国买方则负责向德国和欧洲的客商销售货物。但中国内地制造商因资金短缺未向中国香港卖方交付货物,这进一步导致中国

[①] Schwenzer, in Schlechtriem, *Kommentar zum Einheitlichen UN-Kaufrecht—CISG*, 7. Aufl. 2019, S. 1327.

[②] UNCITRAL, *Digest of Case Law on the United Nations Convention on the International Sale of Goods*, 2016, p. 378.

[③] 中国国际经济贸易仲裁委员会:《〈联合国国际货物销售合同公约〉在中国仲裁的适用》,第 190 页。

[④] Oberlandesgericht Zweibrücken, Germany, 31 March 1998, http://www.cisg-online.ch/content/api/cisg/display.cfm?test=481,访问时间:2021 年 11 月 15 日。

香港卖方没有向德国买方交付货物,德国买方因此而终止合同并要求赔偿责任。中国香港卖方要求买方支付拖欠的货款,并以本款主张免责,因为其供货商因资金困难而未交付货物构成本条第 1 款意义上的"履行障碍"。汉堡商会仲裁院没有支持卖方的主张,它裁定:卖方必须为其制造商的资金困难和未交付行为负责。①

以上观点是成立的。在讨论《公约》草案的维也纳外交会议上,有些代表曾经提出将"第 79 条第 1 款规定的免责范围扩大适用于卖方因其供货商违约而没有履行义务的情形"的建议,但该建议被大会拒绝。②这表明上述观点符合制定者的本意。客观分析,虽然卖方指定的"供货商"符合以上确定的四个考量因素,但为什么《公约》制定者将他排除在本款"第三方"的范围之外呢? 有学者认为:供货商并不是为卖方履行合同义务,他仅仅为卖方履行合同义务创造条件或做好准备。③这一解释有一定的道理,但笔者认为真正的原因在于:无论是根据合同还是《公约》的规定,卖方均承担了按时按质交付货物的义务。这也蕴含着一个基本法律原则:即他必须为未能按时按质交付货物承担法律责任。卖方委托他人制造或提供货物,这是他个人的决定,而且并未改变上述责任承担原则。换句话说,卖方在委托他人履行合同义务时,他依然必须为其本身的不履约行为负责。另外,在卖方供货商因本条第1 款履约障碍而不能履行其对卖方承担的义务时,卖方完全可以通过进行替代采购来克服它。

第二,负责货物运送的快递公司或运输公司。履行国际贸易合同的一项重要任务是如何将货物运送给买方。合同可以规定由卖方负责邮寄,也可以规定由一方当事人负责安排货物运输。无论如何,一般均

---

① Schiedsgericht der Handelskammer[Hamburg], https://iicl.law.pace.edu/cisg/case/germany-june-21-1996-translation-available,访问时间:2021 年 11 月 17 日。

② John O. Honnold, *Uniform Law for International Sales under the 1980 United Nations Convention*, 3rd ed.(1999), p. 487.

③ Schwenzer, in Schlechtriem, *Kommentar zum Einheitlichen UN-Kaufrecht—CISG*, 7. Aufl. 2019, S. 1327.

由独立的运输公司或快递公司负责货物的运输。那么,受一方当事人委托负责货物运输的公司是否属于本款意义上的"第三方"呢? 对此有两种不同的看法。学界和实务界的主流观点对此持肯定态度。[①]但非主流观点则认为:根据《公约》第 31 条 a 项规定,只有在货物销售合同规定了货物运输时,负责运输的承运人才构成本款意义上的"第三方",否则便不构成。瑞士苏黎世州商业法院便持这一观点。在其于 1999 年 2 月审理的意大利卖方和瑞士买方之间的书籍、目录打印、装订和交付销售合同纠纷中,合同中没有涉及货物运输问题,双方后来通过口头协商确定了交付货物的时间和地点。意大利卖方已经按期将货物交付给了承运人,但部分货物没有在合同规定的时间内运送至指定的目的地,瑞士买方因此而拒绝支付全部货款。卖方则向瑞士买方提起赔偿之诉,而瑞士买方则声称卖方负责安排货物的运输,其委托的承运人延迟将货物运送至目的地,故要求卖方承担赔偿责任,但买方未能提供证据证明卖方负责安排货物的运输。瑞士上述法院最终判定:只有在双方根据第 31 条规定将委托承运人运送货物写入合同时,承运人才属于本条第 2 款意义上的"第三方"。在本案中,合同没有规定此类内容,所以,该承运人不是本条第 2 款意义上违约方的"第三方",意大利卖方无需为承运人的错误负责。因为根据第 31 条 a 项的规定,在卖方将货物交付给第一承运人时,他便已经履行了合同规定的交付义务。[②]

那么,在以上两种观点中,究竟哪一观点是成立的呢? 首先,笔者并不完全认同以上主流观点。根据笔者在前述第 31 条评释部分的论述,实务中负责货物运输的承运人可以分为两类:第一类为《公约》第 31 条 a 项提及的货物销售合同涉及货物运输时负责货物运输的承运

---

① Schwenzer, in Schlechtriem, *Kommentar zum Einheitlichen UN-Kaufrecht— CISG*, 7. Aufl. 2019, S. 1327; Tribunale d'appello Lugano, Cantone del Ticino, Switzerland, 29 October 2003, https://iicl.law.pace.edu/cisg/case/switzerland-october-29-2003-tribunale-dappello-appellate-court-n-p-v-h-sa-translation,访问时间:2021 年 11 月 15 日。

② Handelsgericht des Kantons Zürich, Switzerland, 10 February 1999, www.unilex.info/cisg/case/484,访问时间:2021 年 11 月 15 日。

人,如在合同约定采用 FOB、CFR、CIF 等价格术语时均会涉及承运人;第二类为由买方在卖方营业地/仓库所在地提取货物时、或卖方在目的地交付货物时委托运送货物的承运人,例如,在合同约定采用"工厂交货"(EXW)、"目的地交货"(DAP)或"卸货地交货"(DPU)也均会涉及承运人。基于以上两种不同的区分,笔者认为:本款意义上的"第三方"应当仅仅限于上述第二类承运人。因为在该第二类情形下,负责货物运输本来是买方或者卖方单方面的责任,如果他委托某承运人代为运输货物,这自然构成了本款意义"……由他聘用履行全部或部分合同义务……"。此外,本款意义上的"第三方"不包括上述第一类中提及的承运人,以下几方面的因素决定了这一点:其一,在适用第 31 条 a 项规定时,合同通常已经对货物运输作了规定,所以这并不完全符合本款有关由一方当事人"……聘用履行全部或部分合同义务……"的规定;其二,就上述第一类承运人而言,根据第 31 条 a 项、第 66 条和第 67 条的规定,在卖方将货物交付给第一承运人时风险已经发生转移。根据这些风险转移规则,卖方本来也无需对承运人的未能送达或延迟送达承担责任,即使此种未能送达或延迟送达是由本条意义上的"履约障碍"引起的。换句话说,第 31 条及其风险转移规则已经把第 31 条 a 项下的承运人排除在本条第 2 款的"第三方"范围之外。

根据以上分析,笔者认为瑞士苏黎世州商业法院的观点是不成立的。因为该观点将货物销售合同规定了货物运输作为适用本条第 2 款的一个前提条件,其实质含义便是:只有《公约》第 31 条 a 项下的承运人才构成本款意义上的"第三方"。在合同没有约定货物运输时,一方当事人单方面聘请来履行运送义务的承运人便不是此处的"第三方"。这样的观点显然违反本款"**一方当事人聘请**第三方帮助自己履行全部或部分合同义务"这一规定的字面意思。

总之,无论是独立的承运人,还是银行,或其他人,他们在协助一方当事人履行合同义务时,都能构成本款意义上的"第三方"。如上所述,在这种情况下还应当同时具备另外三个前提条件,才能适用本款规定。当然,这并不一定能够免除该方当事人的违约责任。能否免除,还取决于是否具备本款规定的免责条件。

4.2 违约方的免责条件

在具备上述适用条件时，并不一定能够免除该当事人的损害赔偿责任，因为本款后半句"那么，只有在下列情况下，才能免除该当事人的责任，(a)根据上一款规定应免除他的责任；和(b)假如该款的规定也适用于他聘用的人，也同样会免除该人的责任"还规定了具体的免责条件。根据这一规定的字面意思，它十分明确地规定了免除违约方责任所应具备的"双重免责条件"：即一方当事人根据本条第1款的规定可以享受免责待遇，为该当事人聘用协助履行合同义务的"第三方"同样可以根据这一规定享受免责待遇。可见，违约方能够享受本款规定的免责待遇，取决于该"当事人"和"第三方"是否都能享受本条第1款下的免责待遇，下文分别予以论述。

(1) 一方当事人应该免责

这是指违约方根据本条第1款本来应该免于承担赔偿责任。这也是本款"根据上一款规定应免除他的责任"的字面意思。换句话说，在一方当事人因其聘用的第三方未履行合同义务而导致其本身未履行合同义务时，他能否享有免责待遇，取决于在这种情况下是否具备了本条第1款规定的免责条件。

那么，在一方当事人聘用第三方履行合同义务时，什么是第1款中的"履约障碍"呢？由于该第三方不履行其在分合同中的义务是一方当事人不履行其在主合同中义务的唯一原因，所以，相对于该当事人而言，该第三方的不履行行为应当是该款意义上的"履约障碍"。但该第三方的不履行行为并不一定是上述"履约障碍"。根据该款规定，构成"履约障碍"还取决于第三方的不履行行为是否具备"不可控制性""不可预见性"和"不可避免性或不具可克服性"。在具体的争议中，第三方的不履行行为是一个客观事实。那么，该当事人怎么才能证明：第三方的不履行行为具有上述三性呢？一般认为，他必须证明：该第三方不仅有着良好履约记录，而且在业界具有良好的信誉。如果他不证明这一点，便可以认为：第三方的不履约行为不具备以上三个构成要件。①这样的考量因素是十分合理的。假如该第三方在以往的履约过程中因为违约而经常被诉,或者他已经无力履行合同义务,而一方当事人依然委托第三方代为履行其在主合同中的义务,那么,该第三方的不履行行为显然不具备本条第1款规定构成"履约障碍"的三个要件。因为该方当事人完全可以委托另一个更加可靠的第三方代为履行合同义务,在签订货物销售合同时他也应当预见到该第三方可能不会"代为"履行合同义务。另外,第三方的破产也不能免除一方当事人的责任。因为"破产"在客观上也不构成本条第1款意义上的"履约障碍",该当事人完全可以通过委托另一合格第三方提供货物或其他服务而克服第三方的破产。

由此可见,按照常理来分析,一方当事人通常难以证明:第三方的不履行行为能够构成本条第1款意义上的"履约障碍"。

(2)"第三方"应该免责

所谓"第三方"应该免责是指:如果将本条第1款适用于上述"第三方",该"第三方"也能够免于承担违约责任,本款 b 项十分明确地规定了这一条件。下文重点探究这一要件的适用条件及其内涵。

第一,《公约》适用于一方当事人与"第三方"之间的分合同作为适用条件?

由于本款 b 项规定"假如该款的规定也适用于*他聘用的人*,*也同样会免除该人的责任*",这是否意味着《公约》不仅应当适用于买卖双方之间的主合同,而且还应当同时适用于一方当事人和"第三者"之间的从合同,否则该一方当事人便无权引用本款主张免责?答案应该是否定的,以下两方面的因素决定了这一点:一方面,《公约》无意设置这样的条件。本款 b 项开头部分的"假如"两字表明一方当事人与第三方之间的"分合同"是否在事实上适用《公约》、该第三方是否能够引用本款的规定主张免责,并不重要,②重要的是假定本条适用于"分合同"时,

---

① Denis Tallon, in Bianca/Bonell/Knapp, *Commentary on the International Sales of Law*, p. 585.

② UNCITRAL, *Digest of Case Law on the United Nations Convention on the International Sale of Goods*, 2016, p. 378.

是否存在着导致该第三方不能履行合同义务的"履约障碍";另一方面,设置这样的条件不符合常理。在大多数情况下,一方当事人通常聘用营业地位于本国的"第三方"代为履行合同义务。卖方通常会委托本国的制造商生产并提供合同下的货物,买方一般也委托本国银行提供付款服务。可见,如果 b 项规定要求将《公约》同时适用于一方当事人和第三方之间的分合同,就从根本上剥夺了该方当事人引用本款的可能性。

由上可知,本款并没有将《公约》适用于一方当事人和第三方之间的分合同作为一方当事人引用本款规定主张免责的前提条件。实际上,买卖双方之间的主合同与一方当事人和其聘用的第三方之间的分合同分属两个独立的合同。在因该第三方未履行合同义务而导致该一方当事人未履行义务时,前后发生了两个不同的合同争议:就买卖双方之间的主合同争议而言,由于上述第三方并不是争议的一方当事人,负责审理主合同争议的机构并不在乎在分合同争议的解决过程中该第三方是否能够引用本款主张免责,或是否在事实上被授予免责待遇。因为这并不属于其审理的范围,他在乎的仅仅是:假定《公约》适用于分合同,第三方是否应当享受免责待遇。

第二,"第三方"应该免责的内涵。那么,"第三方"应该免责的法律含义又是什么呢? 根据 b 项"假如该款的规定也适用于他聘用的人,也同样会免除该人的责任"规定的字面意思,它应当是指:在"第三方"履行"分合同"义务过程中,存在着导致其不能履行合同义务的客观事件,而且该客观事件具备了本条第 1 款规定的"不可控制"等三个要件,从而构成该款意义上的"履约障碍"。无论从理论上还是客观事实上分析,"第三方"在履行分合同义务过程中完全可能遇到此类"履约障碍"。另外,在"第三方"为主合同下货物的制造商时,其工厂可能会被地震毁坏,或被洪水冲掉;在该"第三方"为承运人时,其运送货物的船舶可能遇到台风而沉没,也可能因进口国实施进港管制而不能交付货物,这些均属于本条第 1 款意义上"履约障碍"。由此,该"第三方"应当够享受该款规定的免责待遇,即他无需因此违约行为而对另一方当事人承担赔偿责任。这一条件意味着:如果一方当事人有意引用本款免责,他必须提供证据证明:在"第三方"履行"分合同"过程中,遇到了符合本条第1款要求的"履约障碍",并致使该"第三方"未能履行其在分合同中的义务。

应当强调的是:"一方当事人应该免责"和"第三方应该免责"是两个必须同时具备的免责条件,本款a、b两项之间的"和"字十分明确地表明了这一点。

4.3 适用第2款的法律后果及其实际适用状况

在具备上述适用条件和免责条件时,将会产生哪些法律后果呢?本款在实务中的适用状况究竟如何呢? 下文就此进行简要论述。

(1) 法律后果

本款后半句十分明确地规范了具备本款适用条件和免责条件时的法律后果,即该当事人可以免于承担损害赔偿责任,本款"才能免除该当事人的责任……"这一表述明确表明了这一点。在具体的争议中,该当事人必须提供证据证明无论在履行主合同还是在履行分合同过程中均存在着符合本条第1款规定要件的"履约障碍",否则,其免责主张便难以得到支持。

(2) 实际适用状况

在国际货物销售合同争议中,违约方通常会引用本款规定主张免责,但成功率很低,其中的原因是多方面的,主要有以下三点:

其一,本款规定了"双重免责条件"。这显然大大加重了一方当事人的举证责任和举证难度。而且,买卖双方之间的交易与一方当事人和第三方之间的交易分别属于两个相互独立的合同,在买卖双方之间的合同争议中,由于"第三方"不是主合同的一方当事人,所以他也并不处在涉及买卖双方之间的纠纷中,这无疑更加增加了该当事人的举证难度。

其二,卖方的供货商通常不属于本款意义上的"第三方"。但在实务中,供货商未按规则交付货物是导致卖方未履行其合同义务的最常见原因。由于实务界将卖方供货商排除在本款"第三方"范围之外,这自然大大影响了卖方引用本款规定主张免责的成功率。此外,如上所述，独立承运人在特定条件下也会被认为不属于"第三方"，这又进一步加大了成功引用本款主张免责的难度。①

其三，引用本条第 1 款和本款免责规定受合同规定的或《公约》第66 条至第 70 条风险分担规则的限制。多国法院判决和仲裁裁决都强调这一点。例如，德国联邦最高法院在上文提及的奥地利卖方和德国买方之间的藤条蜡销售合同纠纷中便十分明确地表明了这一态度。在该案中，奥地利卖方委托另一家公司生产合同下的货物，并让该生产商直接将货物运送给买方。由于该生产商交付的货物存在着严重的质量瑕疵，奥地利卖方以货物由第三方生产和直接交付构成本条第 1 款意义上的"履约障碍"为由主张免责。德国联邦最高法院驳回了卖方的上述主张，其理由是：本条并没有改变合同确定的风险分摊规则，即卖方必须交付符合合同规定的货物。即使根据本款，卖方也必须承担其供货商交付货物不符合合同规定的风险，除非卖方能够证明其货物中的不相符性是由他本人及其供货商本人所不能控制的"履约障碍"造成的，而卖方未能提供证据证明这一点。②匈牙利工商会仲裁院也持同样的观点。在其于 1996 年 12 月仲裁的南斯拉夫卖方和匈牙利买方之间鱼子酱销售合同争议中，合同规定：买方应当在卖方营业地提取货物，并运送至其在匈牙利的工厂，且应在卖方交付货物时支付部分货款，剩余货款应当在提取货物后两周内付清。卖方已经于 1992 年 5 月 28 日按照合同规定交付了货物，但由于联合国对南斯拉夫实施贸易禁运，货物未能办理出口通关手续，买方也未支付货款；在联合国取消贸易禁运以后，卖方要求买方承担赔偿责任，买方认为联合国实施禁运属于不可抗力，故引用本条主张免责。匈牙利仲裁庭拒绝了买方的主张：根据合同规定，卖方已经于 1992 年 5 月 28 日履行了交付货物义务，运输货物、办理出口报关手续均应由买方自己负责，由此应该由买方承担因联

---

① Handelsgericht des Kantons Zürich, Switzerland, 10 February 1999, http://www.unilex.info/cisg/case/484，访问时间：2021 年 10 月 30 日。

② Bundesgerichtshof, Germany, 24 March 1999, http://www.unilex.info/cisg/case/384，访问时间：2021 年 10 月 30 日。

合国禁运而造成的损失。根据第 66 条规定,只要风险已经转移给买方,买方即使因货物遭遇了灭失风险而没有收到货物,也依然必须支付货款,除非货物的此种灭失是由卖方的作为或不作为造成的,所以买方必须支付货物并赔偿卖方因联合国实施禁运而给卖方带来的损失。[①]如上所述,瑞士苏黎世州商业法院在其于 1999 年 2 月 10 日审理的意大利卖方和瑞士买方之间艺术书籍和目录印刷、装订和交付合同争议中也持相同观点。卖方按时将货物交付给了承运人,但部分艺术书籍和目录延迟送达目的地。买方声称:承运人是卖方履行交付义务的协助人,其延迟送达应当视为卖方的违约行为,所以要求卖方根据本款承担损害赔偿责任。瑞士法院没有支持买方的主张,其理由是:在合同没有规定货物运输安排时,根据第 31 条 a 项的规定,只要卖方将货物交付给第一承运人,他便完成了其承担的合同义务。根据第 67 条规定,货物的风险也于此时转移给买方,对于该承运人延迟送达,卖方无需承担责任,相反应当由买方承担此类风险。[②]实务界的上述观点是成立的,因为双方当事人可以通过合同约定风险分摊规则。即使合同没有规定,《公约》也已经就此作出了相应的规定,其中第 66 条确定了风险分担的基本规则,即以风险转移作为货物灭失责任的分界线:在风险转移给买方之前,货物的灭失风险由卖方承担;在风险转移给买方之后,货物的灭失风险由买方承担,即使买方因货物遭遇了灭失风险而没有收到货物,也是如此。但上述风险分担规则仅仅适用于不是由卖方作为或不作为引发的货物灭失风险。正因为此,第 66 条和本条的调整对象有一定的重合地方:如果货物灭失风险是由卖方所不能控制的、不能合理预见的"履约障碍"造成的,它便不仅受本条第 1 款的约束,它同样受第 66 条至第 70 条规定的调整。尽管如此,在这种情况下,仍应当优

[①] Arbitration Court attached to the Hungarian Chamber of Commerce and Industry, Hungary, 10 December 1996, https://iicl. law. pace. edu/cisg/case/hungary-december-10-1996-translation-available,访问时间:2021 年 11 月 25 日。

[②] Handelsgericht des Kantons Zürich, Switzerland, 10 February 1999, www. unilex.info/cisg/case/484,访问时间:2021 年 11 月 25 日。

先适用第 66 条至第 70 条规定。因为在风险已经转移给买方后，买方自然应当对此后货物发生的灭失、损坏风险负责。

5. 临时性履约障碍（第 3 款）

由上可知，根据本条第 1 款的规定，在存在该款意义上的"履约障碍"时，不仅免除一方当事人的履约义务，而且免除了该方的违约责任。但是，从现实情况下，大部分"履约障碍"都是暂时性，而不是永久性。例如，暴雨、地震及其影响通常仅仅延续几周时间，政府或机构实施的国际水道的封锁或贸易禁运措施也通常延续几个月或更长。这就产生了一个问题：在发生此类临时性的"履约障碍"时，本条第 1 款规定的免责是永久性，还是暂时性的？本条第 1 款没有规范这一问题，而这恰恰是本条第 3 款的规范对象。下文将根据本条的规定，分析由此产生的法律后果，同时讨论在暂时性"履约障碍"存续期间守约方的解除合同权问题。

5.1 免除违约方在临时性履约障碍存续期间的赔偿责任

根据"本条所规定免责适用于整个障碍存在期间"这一规定的字面意思，它应当蕴含着两方面的法律后果：一方面，在临时性"履约障碍"存在期间，违约方无需履行其合同义务，但一旦"履约障碍"消失，违约方便必须继续履行合同义务；另一方面，在上述障碍存在期间内，违约方无需对其不履行义务的违约行为承担赔偿责任，但对其上述期间外的违约行为，依然必须承担赔偿责任。在上文提及的匈牙利工商会仲裁院于 1996 年 12 月仲裁的南斯拉夫卖方和匈牙利买方之间鱼子酱销售合同争议中，仲裁法院便持以上观点：无论买方是否能够使用合同下的货物，他都必须支付货款。在 1992 年 6 月 3 日至 1995 年 11 月 22 日联合国对南斯拉夫实施贸易禁运期间，虽然禁运措施属于本条第 1 款意义上的"履约障碍"，匈牙利买方不必支付货款，但是在联合国撤销上述禁运措施后，买方必须履行其支付货款的义务；而且，匈牙利仲裁院根据买方的两笔货款是否构成违约的性质和对其是否承担联合国实施禁运期间损害赔偿责任作了不同规定。合同规定了匈牙利买方分两次支付货款的义务，其中第一次应当在卖方发送货物前支付，但买方没有按规定支付该笔货款,这本身构成违约行为。此后实施的贸易禁运也并没有改变这一性质,因为导致其未能支付该笔货款的直接原因是没有按照合同规定的日期进行支付,而不是贸易禁运。因此仲裁院裁定:匈牙利买方必须就该笔货款的延迟支付向卖方支付 8% 的利息损失,利息计算期限为合同规定的该笔款项支付日起至实际支付日为止,买方也必须就该笔款项在联合国实施禁运期间向卖方支付利息;而对于另一笔剩余的货款,合同规定买方应当在卖方交货后的两周内支付,但该两周期限届满以前,联合国实施的禁运措施已经生效,这也导致买方无法支付该部分货款。所以匈牙利仲裁院最终裁定:买方无需就该笔款项向卖方赔偿禁运措施实施期间利息的损失,相反,买方仅仅赔偿卖方因联合国撤销禁运措施以后至支付日这一期间的利息损失。①

5.2 守约方的合同解除权

一个有意思的问题是:在暂时性履行障碍存在期间,守约方是否有权解除合同? 本款没有明确规范这一问题,但根据本条第 5 款有关"任何一方当事人有权行使本《公约》规定的除了损害赔偿要求以外的任何其他权利"的规定,守约方解除合同的权利并不受本条第 1 款的影响。他是否能够宣告解除合同,主要取决于违约方的违约行为是否符合第 25 条规定的"根本违约"的构成要件,在具备该条规定的要件时,守约方便可根据第 49 条或第 64 条规定宣告合同无效。当然,一旦一方当事人未履行合同构成了根本违约,守约方也据此宣告了合同无效,那么,任何一方当事人再也不能要求对方履行合同义务,守约方也不能要求违约方承担损害赔偿责任。

5.3 暂时性"履约障碍"结束后违约方的履约义务

另一相关的问题是:如果暂时性"履约障碍"消除时构成合同基础

---

① Arbitration Court attached to the Hungarian Chamber of Commerce and Industry, Hungary, 10 December 1996, https://iicl.law.pace.edu/cisg/case/hungary-december-10-1996-translation-available,访问时间:2021 年 11 月 25 日。

的情势已经发生了根本变化，而且守约方没有宣告解除合同，这是否可以免除违约方的履约义务？本款没有明确规范这一问题。从《公约》的诞生历史看，答案是否定的。在讨论草案的维也纳外交会议上，挪威代表曾经提出一个建议，在本款中加上一句：如果在暂时性"履约障碍"存续期间，情况已经发生了剧烈的变化，让违约方继续履行合同义务已经显得不合情理，应当彻底免除违约方履行合同义务的责任，但该建议没有被采纳。①但目前情况已经发生了变化，如下文所述，《公约》咨询委员会已经建议将本条扩大适用于"情势变更"或"艰难情势"。所以，如果暂时性"履约障碍"结束后的情况急剧变化已经构成了"情势变更"或"艰难情势"，违约方依然可以根据本条第1款的规定主张免责，但这并没有免除违约方的履约义务。

6. 通知义务及其法律后果（第4款）

在具备本条第1款规定的免责条件时，是否会自动产生该款规定的免责后果呢？本条第4款规范了这一问题。本款不仅规定了违约方的通知义务，而且确定了未履行这一义务的法律后果，下文分别就此进行论述。

6.1 违约方的通知义务

如果违约方有意引用本条第1款或第2款主张免责，他"必须将履约障碍及其对履约能力的影响通知另一方当事人"。本句中的"必须"两字表明：这是违约方必须履行的义务。本款没有对通知的形式作出特别规定，所以，违约方可以采取任何形式发出本款意义上的通知。

（1）通知的内容

本款不仅规定了上述通知义务，而且对于通知的内容规定了最低要求。此处的"履约障碍和其对履行能力的影响"表明，通知至少应当说明以下事项：首先，履约障碍的种类。它是地震、台风、疫情等自然灾害，还是贸易禁运、外汇管制等政府措施或国际机构措施。其次，履约

---

① Schwenzer, in Schlechtriem, *Kommentar zum Einheitlichen UN-Kaufrecht—CISG*, 7. Aufl. 2019, S. 1329.

障碍对履行影响的严重程度。应当说明相关的障碍使他不能履行的是全部合同义务还是部分合同义务,相关的障碍是根本不能克服的还是有可能克服的。最后,履约障碍存续的时间期限。总之,违约方应当将履行障碍的具体情况,包括其采取的克服障碍的措施及其效果详细地告知对方当事人。该内容应当足够的详细具体,以便对方当事人收到通知后能够据此决定是宣告合同无效,还是自行采取过渡性救济措施。买卖双方之间必须紧密地合作,这也是构成《公约》存在基础的一个一般法律原则,而本款规定的通知义务又是"合作义务"的一个具体体现。

(2) 通知的送达期限及其生效

本款除了规范通知的内容,对于通知的发送时间、期间和生效时间也作了相应的规定。根据本款第 2 句"如果在未履行义务的一方当事**人已知道或理应知道此障碍后一段合理时间内,对方当事人依然没有收到此种通知,……**"的规定,违约方不仅应当从其"已知道或理应知道此障碍后一段合理时间内"向对方发出通知,而且应当保证将通知在上述期限内送达对方当事人。关于"合理时间"这一概念,本书已多次论述,这里不再赘述。本款第 2 句不仅规范了违约方发送通知的时间限期,它还确认了"送达生效原则"。"对方当事人依然没有收到此种通知……"暗示:违约方有责任将通知送达对方当事人。可见,本款中的通知同样构成了《公约》第 27 条规定的例外情形:该条确认了"发信生效原则"。只有在例外情形下,信息发送者通常应当承担延迟送达或未送达的风险。本款将此处的通知生效规则作为第 27 条的一个例外也是合理的。因为在违约方因本条意义上的"履约障碍"不能履行合同义务时,守约方的利益更加需要得到保护,而比较有效的保护方式显然是保证守约者对违约行为能够及时知情,以便他能够采取相应的减损措施,而采用"送达生效原则"显然更有利于保护守约方的利益。

6.2 通知的法律后果

本款不仅规定了违约方的上述通知义务,而且通过"在……,则**他应该对因未收到通知而造成的损害承担赔偿责任**"规定了相应的法律后果。由此分析，这里规范了两方面的法律后果：

第一，限定了违约方承担损害赔偿责任的条件，即违约方仅仅需要在通知没有送达守约方时承担相应的损害赔偿责任。一旦他按照本款规定将通知送达对方当事人，则他无需承担任何赔偿责任，即使对方遭受了损失，也是如此。

第二，限定了违约方承担赔偿责任的范围，即仅需赔偿对方的"信赖损害"。所谓的"他应该对因未收到通知而造成的损害承担赔偿责任"显然是指：守约方因为没有收到通知相信违约方会履行合同义务，从而未采取必要的减损措施所造成的损害。本款要求违约方赔偿此种损失也是合情合理的。以卖方因本条第 1 款的原因不能履行交付义务为例，如果他不发出通知、告知对方当事人，买方无疑相信卖方会按照合同规定发送货物，他便会因此与第三方签订转售合同。在卖方因履约障碍而最终未能交付货物时，买方也无法向第三方交付货物，由此他必须向该第三方承担相应的赔偿责任。除此之外，该买方还因此遭受了成功转售时的利润损失。反之，如果卖方发出了相应的通知，买方便可能不会与第三方签订转售合同。可见，在违约方履行通知义务时，守约方本来可以免于受到"信赖损害"。由于本款规定将违约方的损害赔偿责任限制在"信赖损害"的范围之内，这也间接表明：违约方在没有履行本款规定的通知义务时，虽然依然享有本条规定的免责权利，因为该句并没有剥夺他引用本条第 1 款或第 2 款主张免责的权利，但是他必须赔偿对方当事人因此而遭受的"信赖损害"。①

7. "履约障碍"与"不可抗力""情势变更""艰难情形"之间的关系

基于某种外在的客观因素而免除违约方的责任并非《公约》的专利。无论在国际统一法公约中，还是在许多国际国内法中，均有相同类似的规定，但它们采用的概念并不相同。例如国际统一私法协会（UNIDROIT）于 1994 年颁布的《国际商事合同通则》（PICC）第 7.1.7

① Schwenzer, in Schlechtriem, *Kommentar zum Einheitlichen UN-Kaufrecht——CISG*, 7. Aufl. 2019，S. 1330.

条采用了"不可抗力"(force Majeure)这一表述,①中国《民法典》第180条、第590条,法国《民法典》第1147条和第1148条等同样如此。此外,中国《民法典》第533条还规范了同样具有免责功能的"情势变更"(Change of circumstance),在德国《民法典》第313条、法国《民法典》第1147条也使用了同样的概念。②此外,也有学者将德国《民法典》第313条、意大利《民法典》第1467—1469条称为"艰难情形"(Hardship)。由上可知,本条第1款使用了"履约障碍"这一中性表达。这就产生了一个问题:即本条第1款中的"履约障碍"是否包括"不可抗力""情势变更"或"艰难情形"? 下文就此进行分析讨论。应当强调的是:此处的"履约障碍"是指已经具备了本条第1款规定的"不可控制性""不可预见性"和"不可克服性"三个要件的外部客观因素。

7.1 "履约障碍"与"不可抗力"

尽管缔约国国内法的免责规定以及国际习惯对本条免责规定的形成有着重要的影响,但是本条还是摆脱了成员国国内法免责理论和规则的影响。经过多年漫长的发展,《公约》终于形成了自己独特的免责规则,其独特性主要有两个标志:其一,没有采用缔约国国内法的"不可抗力""情势变更"或"履行不能"等概念;其二,没有区分"监管不能"和"本身不能",③相反,它采用了"履约障碍"这一独立于国内法类似概念的中性表达。那么,它是否涵盖"不可抗力"? 笔者认为答案是肯定的,以下几方面的因素说明了这一点。

第一,国际统一私法协会《国际商事合同通则》第7.1.7条第1款规定的构成"不可抗力"的三个要件与本条第1款规定的构成"履约障碍"

---

① Principles of International Commercial Contracts(《国际商事合同通则》),1994—UNIDROIT, https://www.jus.uio.no/lm/unidroit.international.commercial.contracts.principles.1994.commented/landscape.pdf,访问时间:2021年11月5日。

② Denis Tallon, in Bianca/Bonell/Knapp, *Commentary on the International Sales of Law*, p. 573.

③ Denis Tallon, in Bianca/Bonell/Knapp, *Commentary on the International Sales of Law*, p. 574.

的三个要件完全相同：即都必须是违约方所不能控制的、在签订合同时不能合理地预见的，或不能避免或克服的障碍及其后果。两者的唯一区别在于：本条第 1 款将此种导致未履行义务的客观因素称为"履约障碍"，而《国际商事合同通则》第 7.1.7 条第 1 款则将此称为"不可抗力"。①中国《民法典》第 180 条第 2 款同样将"不可抗力"定义为不能预见、不能避免且不能克服的客观情况。实际上，大陆法国家国内法和国际商会于 2000 年对"不可抗力"条款提出的最新建议与本条对"履约障碍"的定义相同。②

第二，不同国家的仲裁或司法实践也认为："不可抗力"构成本条第 1 款意义上的"履约障碍"。中国国际经济贸易仲裁委员会在 2016 年所作的相关裁决中裁定："能够构成免责事件的通常有两类：即台风、海啸、地震、洪水和火灾等自然现象和禁运、征用、进出口禁止、外汇管制等政府行为"，"障碍必须是无法控制的风险或完全意外的事件，如不可抗力、经济上不可能或负担过重"。它们必须在具备本条第 1 款规定的条件时，才能起到免责作用。③另外，如上所述，在 1996 年 12 月，匈牙利工商会仲裁院在其仲裁的南斯拉夫卖方和匈牙利买方之间的鱼子酱销售合同纠纷中便裁定：联合国对南斯拉夫实施的贸易禁运属于"不可抗力"，也属于本条第 1 款意义上的履约障碍。④

可见，本条第 1 款中的"履约障碍"已经包含了传统的"不可抗力"。

---

① Principles of International Commercial Contracts（《国际商事合同通则》），1994—UNIDROIT, https://www.jus.uio.no/lm/unidroit.international.commercial.contracts.principles.1994.commented/landscape.pdf, 访问时间：2021 年 11 月 5 日。

② "ICC Force Majeure and Hardship Clauses March 2020", ICC, p. 1, https://iccnorge.no/wp-content/uploads/1.-icc-forcemajeure-hardship-clauses-march2020.pdf, 访问时间：2021 年 11 月 6 日。

③ 中国国际经济贸易仲裁委员会：《〈联合国国际货物销售合同公约〉在中国仲裁的适用》，第 180 页。

④ Arbitration Court attached to the Hungarian Chamber of Commerce and Industry, Hungary, 10 December 1996, www.unilex.info/cisg/case/424, 访问时间：2021 年 11 月 5 日。

7.2 "履约障碍"与"情势变更"

除了"不可抗力"义务,同样具有免责功能的还有"情势变更"。中国《民法典》专门通过第533条规范了"情势变更",《欧洲合同法原则》第6.111条同样规范了"情势变更"。①那么,本条第1款中的"履约障碍"是否涵盖上述"情势变更"呢? 在探究这一问题之前,应当首先查明:即中国《民法典》和《欧洲合同法原则》下的"情势变更"是否具有相同的法律含义。

(1) 中国《民法典》和《欧洲合同法原则》中的"情势变更"

中国《民法典》和《欧洲合同法原则》中的"情势变更"是否具有相同的法律含义呢? 为此,有必要比较中国《民法典》第533条和《欧洲合同法原则》第6.111条的规定。②

第一,它们之间的共性。比较两个规定的字面意思,便能发现它们

---

① The Principles of European Contract Law 2002(Parts I, II, and III), Generated by SiSU, p. 21, http://www. transnational. deusto. es/emttl/documentos/Principles%20of%20European%20Contract%20Law.pdf,访问时间:2021年11月6日。

② PECL Article 6:111(ex art. 2.117)—Change of Circumstances (1) A party is bound to fulfil its obligations even if performance has become more onerous, whether because the cost of performance has increased or because the value of the performance it receives has diminished. (2) If, however, performance of the contract becomes excessively onerous because of a change of circumstances, the parties are bound to enter into negotiations with a view to adapting the contract or terminating it, provided that: (a) the change of circumstances occurred after the time of conclusion of the contract, 347 (b) the possibility of a change of circumstances was not one which could reasonably have 348 been taken into account at the time of conclusion of the contract, and (c) the risk of the change of circumstances is not one which, according to the contract, 349 the party affected should be required to bear. (3) If the parties fail to reach agreement within a reasonable period, the court may: 350 (a) terminate the contract at a date and on terms to be determined by the court; or 351 (b) adapt the contract in order to distribute between the parties in a just and equitable 352 manner the losses and gains resulting from the change of circumstances. In either case, the court may award damages for the loss suffered through a party refusing 353 to negotiate or breaking off negotiations contrary to good faith and fair dealing.

之间有着较多的共同点。其中最核心的共同点有以下两个:首先,均将"情势变更"界定为合同订立时无法预见的、签订合同后出现的改变合同基础的、导致履约负担急剧增加的外部客观事件;其次,两者规定了相同的救济措施。即在出现上述意外外部客观事件时均允许当事人重新调整合同内容,而且在当事人协商不成时均授权法院应当事人的要求决定调整合同内容或解除合同。

第二,两者之间的不同点。尽管在中国《民法典》第533条和《欧洲合同法原则》第6.111条的规定之间存在着以上共同点,但它们之间还是存在着一些差异。主要差异有以下两点:首先,《欧洲合同法原则》第6.111条第1款强调了出现意外困境条件下继续履行合同的原则。该款明确规定:即使因履约费用的增加或所获的履约价值下降而使得履约负担加重,合同当事人依然应当履行其合同义务,而中国《民法典》第533条没有明确规定这一点。其次,中国《民法典》第533条强调"继续履行合同对于当事人一方明显不公平的",而《欧洲合同法原则》第6.111条则没有采用这一表述,相反,它取而代之使用了"情势变更使得履约成本增加、所得履约价值的减少,并进而使得合同的履行变得过于沉重"这样的文字。

第三,形不同,实相同。深入比较中国《民法典》和《欧洲合同法原则》以上两个条款便能发现:以上两个区别仅仅是表面上的,它们在本质上并无差异。以下两方面的因素表明了这一点:一方面,尽管中国《民法典》第533条没有强调"继续履约原则",但它实际上也蕴含着这一层意思。因为根据该条规定,只有在合同的基础条件发生重大变化,而且使得继续履行合同对一方当事人显失公平时,才可以请求变更合同内容。这意味着:在合同基础发生了变化,但变化并没有达到该条规定的程度时,当事人依然有继续履行合同的义务。另一方面,中国《民法典》确实采用了"继续履行合同对于当事人一方明显不公平"的表述,而《欧洲合同法原则》则使用了"情势变更使得履约成本增加、所获得的履约价值的减少,并进而使得合同的履行变得过于沉重"的规定。但是《欧洲合同法原则》上述表述的实质意思与中国《民法典》相同,因为在履约成本大幅度增加、所获得的履约价格大幅度减少,履约负担过于沉重时,这自然对该履约方有失公平。

由此可见,中国《民法典》和《欧洲合同法原则》下的"情势变更"在本质上是一致的,它们都是指合同成立以后客观情况发生了当事人在订立合同时无法预见的、由非不可抗力因素造成的、不属于商业风险的重大变化,继续履行合同对于一方当事人明显不公平。

(2)"履约障碍"是否包括"情势变更"?

那么,本条第1款下的"履约障碍"是否涵盖"情势变更"呢? 对于这一问题,学界早期和近期的态度并不一致。在《公约》生效后的初期,国际学界一般认为:本条并不适用于"情势变更"。这一观点也是成立的,因为在讨论《公约》草案的维也纳外交会议上,挪威代表团曾经提出一个建议:如果在合同订立后构成合同基础的情势发生急剧变化时,应当免责违约方的赔偿责任。但该建议被大会拒绝。与此相适应,早期争议解决机构更倾向于拒绝将本条适用于"情势变更"。例如,在保加利亚工商会仲裁院于1998年2月仲裁的俄罗斯卖方和保加利亚买方之间的钢管销售合同纠纷中,卖方已经交付了第一批货物,但此后由于钢管价格下跌、买方货物库存增加、支付货币贬值、建筑行业贸易数量下降,买方以此为由要求卖方停止发货、同时拒绝支付剩余的货款,并引用本条规定主张免责。上述仲裁院驳回了买方的仲裁请求,认为上述事件是买方自己应当承担的正常商业风险,它们不构成本条第1款意义上的"履约障碍"。[①]但经过多年的发展,目前国际学界的主流观点认为:本条第1款下的"履约障碍"已经扩大适用于"情势变更"。[②]学界的上述观点也得到了实务界的认同。例如,在2009年6月比利时最高法院审理的荷兰买方和法国卖方之间的钢管销售合同纠纷案中,在合同订立后,钢管的市场价格上涨了70%,合同中也没有规定价格调整

---

① Bulgarian Chamber of Commerce and Industry, 12 Feb. 1998, www. unilex. info/cisg/case/420,访问时间:2021年11月8日。

② Ingeborg Schwenzer, Force Majeure and Hardship in International Sales Contracts, p. 713.

条款。法国卖方因此而要求根据本条的规定调整价格,而比利时买方则予以拒绝并要求法国卖方赔偿其损失,双方由此产生争议。比利时最高法院最终判定:本条虽然仅仅规定了不可抗力下的免责,但这并不表明该条默示排除了违约方在出现艰难情形时重新要求调整价格的权利。决定违约方能否拥有此种权利的关键是:是否出现了事前无法预见到的情势变更,而且此种变更是否实质性地改变了原合同中的利益均衡。在本案中,钢管价格上涨 70% 或许已经构成了此种情势变更;比利时最高法院进一步论述,尽管本条并没有明确规定它是否适用于情势变更情形,但根据《公约》第 7 条第 1 款和第 2 款的规定,在《公约》规定存在立法漏洞时应当补充适用构成《公约》存在基础的一般法律原则,而国际私法协会颁布的《国际商事合同通则》(《通则》)便是此种一般法律原则。根据《通则》第 6.2.1 条至第 6.2.3 条的规定,在情势变更根本地改变了合同的平衡性时,受到不利影响的当事人有权要求对合同进行重新谈判。所以,法院最终支持了法国卖方的诉讼请求。①中国国际经济贸易仲裁委员会也认为:在经济上不可能或负担过重时,应当考虑适用本条规定进行免责。②这里的"在经济上不可能或负担过重"在本质上就是指"情势变更"。

笔者也认为:应当将本条第 1 款中的"履约障碍"扩大适用于"情势变更"。两方面的因素说明了这一点:一方面,《公约》咨询委员会已经在 2007 年便发布了《CISG 下艰难情形的第 7 号意见》,该《意见》明确建议应当将本条适用于"情势变更"。该建议认为:尽管在制定《公约》的维也纳外交会议上拒绝了挪威的建议,但《公约》并没有十分明确地将"情势变更"从本条下的免责事件中排除。所以,在有关一方当事人因经济障碍或"艰难情形"而难以履行合同义务这一问题上,《公约》并不存在立法漏洞,这时也根本没有必要援引国内法的相关规定,相反可

---

① Hof van Cassatie, Belgium,19 June 2009(Scafom International BV v. Lorraine Tubes S.A.S.),www.unilex.info/cisg/case/1457,访问时间:2021 年 11 月 8 日。

② 中国国际经济贸易仲裁委员会:《〈联合国国际货物销售合同公约〉在中国仲裁的适用》,第 180 页。

以直接适用本条的规定。①另一方面,本条第 1 款规定的"履约障碍"的构成要件与中国《民法典》第 533 条或《欧洲合同法原则》第 6.111 条规定的"情势变更"的构成要件基本相同。根据前者,构成"履约障碍"的三个要件分别为"不可控制性""不可预见行"和"不可克服性",而根据后者构成"情势变更"应当具备两个条件:即存在着"导致合同基础条件发生重大变化的事件"和"继续履行合同对于当事人一方明显不公平"。尽管《欧洲合同法原则》第 6.111 条没有明确提到上述后一条件,但是其"意外事件从根本上改变了原合同的平衡性""继续履行给受到不利影响的当事人带来过于沉重的负担"等表述也从另一角度强调了这一条件。②另外,构成上述第一个条件又需要以下三个要件:即"相关事件必须在合同订立以后发生""应当是当事人在订立合同时无法预见的""不属于商业风险。中国《民法典》中有关动摇了"合同基础"的表述、《欧洲合同法原则》第 6.111 条中的以上表述也蕴含着这一含义。当然,不能否认,在本条与中国《民法典》第 533 条或《欧洲合同法原则》第 6.111 条规定之间也有区别。例如,本条没有明确将"障碍发生在合同订立之后"作为一个要件,但它实际上已经被包含在"签订合同时不能合理预见到"这一要件中。因为只有在订立合同时还未发生的事件,合同当事人才有可能不会"合理地预见到"。再如,中国《民法典》第 533 条或《欧洲合同法原则》第 6.111 条均没有将"不可控制性"作为要件,但实际上无论是合同货物市场价格的涨跌,或者货币的贬值等意外事件的发生,均是不受合同当事人控制的。两者的真正区别在于:第 79 条强调"不可克服性",而无论是中国《民法典》还是《欧洲合同法原则》的上述规定均没有提及这一要求。所谓的"不可克服性"是指:当事人

---

① "CISG Advisory Council Opinion 20 Hardship under the CISG", NJCL 2021/1 (*Nordic Journal of Commercial Law*, Vol. 2021, Issue 1), p. 16.

② 属对成员国没有强制约束力的软法,The Principles of European Contract Law 2002(Parts I, II, and III), Generated by SiSU, p. 21, http://www.transnational.deusto.es/emttl/documentos/Principles％20of％20European％20Contract％20Law.pdf,访问时间:2021 年 11 月 6 日。

应当不计成本采取所有能够克服"履约障碍"的措施以便履行其合同义务，只有在采取此类措施依然不能克服履约障碍时，才构成"不可克服性"。①而"情势变更"并不要求此类"不可克服性"，只要客观情势的变化使得继续履行对一方当事人不公平或对其带来过于沉重的负担时，便足以构成"情势变更"；另外一个重要区别是两者规定的救济措施不同。本条的救济措施是赋予违约者免责待遇，而中国《民法典》第533条或《欧洲合同法原则》第6.111条赋予违约者就变更合同进行重新谈判或者解除合同的权利。可见，在本条下"履约障碍"和中国《民法典》第533条或《欧洲合同法原则》第6.111条"强势变更"的构成要件之间仅仅存在着微小的区别，这一区别根本不足以将"情势变更"排除在本条的适用范围之外。况且，将本条下"履约障碍"扩大适用于"情势变更"并不是一个单纯的法律解释问题，它更应该是涉及法政治学的政治决定。

在将本条适用于"情势变更"过程中，应当注意问题是：不能以是否具备"不可克服性"作为评判标准，相反，应将只要客观情势的变化使得继续履行对一方当事人"不公平"或对其带来"过于沉重的负担"作为考量因素。究竟在何种条件下，客观情势的变化已经使得继续履行合同对一方当事人"不公平"或"负担过于沉重"，没有统一的评判标准，应当在具体的案件中予以具体分析。国际私法协会建议：如果由于"情势变更"使得履约成本增加了50％以上或者所得的履约价值缩减了50％以上，便已经达到了上述"不公平"或"负担过于沉重"标准；②也有学者建议应当将这一比例提高到100％。③比利时最高法院在其审理案件中已经判定：货物价格下降70％便已经构成"情势变更"中的"不公平"或

---

① 中国国际经济贸易仲裁委员会：《〈联合国国际货物销售合同公约〉在中国仲裁的适用》，第185页。

② https://www.unidroit.org/wp-content/uploads/2021/06/Unidroit-Principles-1994-English-i.pdf，访问时间：2021年11月7日。

③ Ingeborg Schwenzer, Force Majeure and Hardship in International Sales Contracts, p. 716.

"负担过于沉重"。①

7.3 "履约障碍"与"艰难情形"

除了"情势变更"以外,国际商事合同学界和实务界也经常使用"艰难情形"这一概念。例如,在瑞士学者施文策撰写的《国际销售合同中的不可抗力和艰难情形》一文中,②国际商会(ICC)于2020年3月发布的《不可抗力和艰难情形条款》报告中、③《公约》咨询委员会于2021年发布的《公约下艰难情形的第20号意见》中,均提到了这一概念。④这样就有必要探究本条第1款下"履约障碍"是否包括"艰难情形"这一问题。在探究这一问题之前,应当首先查明:在国际商事合同中,"情势变更"是否等同于"艰难情形"。如果两者相同,由于本条下的"履约障碍"已经涵盖了"情势变更",那么,它也自然囊括了"艰难情形"。那么,"情势变更"是否等同于"艰难情形"呢?答案应该是肯定的,至少它们是同一概念的两个不同面。下文便从两个方面就此进行论述。

(1)不加区分地混用"艰难情形"与"情势变更"这两个概念

西方学者将"艰难情形"与"情势变更"这两个概念不加区分地进行互换使用。在国际公约层面,这两个概念为两个不同公约用于对其条款的命名。《国际商事合同法通则》第二节的标题为"艰难情形",该节第6.2.1条至第6.2.3条均规定这一现象,而《欧洲合同法原则》第6.111条的标题则为"情势变更"。⑤尽管如此,瑞士学者在其《国际销售合同中的不可抗力和艰难情形》一文中将它们统称"情势变更"。实际上,该

---

① Hof van Cassatie, Belgium, 19 June 2009(Scafom International BV v. Lorraine Tubes S.A.S.), www.unilex.info/cisg/case/1457,访问时间:2021年11月8日。

② Ingeborg Schwenzer, Force Majeure and Hardship in International Sales Contracts, p. 709.

③ ICC: https://iccnorge.no/wp-content/uploads/1.-icc-forcemajeure-hardship-clauses-march2020.pdf,访问时间:2021年11月6日。

④ CISG Advisory Council Opinion 20 Hardship under the CISG(*Nordic Journal of Commercial Law*, Vol. 2021, Issue 1), pp. 1—44.

⑤ 详见下文论述。

文经常在不同的地方将"艰难情形"与"情势变更"进行相互替换使用。①有独无偶,智利学者也将以上两个条款称为"情势变更"。②实际上,《公约》咨询委员会本身也在其发布的《公约下艰难情形的第 20 号意见》中将以上两个条款统称为"艰难情形",③联合国国际贸易法委员会同样如此。例如,在上文提及的比利时最高法院审理的法国卖方和荷兰买方之间的钢管销售合同纠纷中,实际上涉及因货物价格急剧上涨而引发的"艰难情形",而联合国国际贸易法委员会将此称为"情势变更"。④由此可见,无论在学术界还是在国际贸易机构眼中,"艰难情形"与"情势变更"并无区别,它们是两个可以相互替代使用的概念。

(2)"艰难情形"与"情势变更"的法律内涵相同

学界、实务界将"艰难情形"与"情势变更"进行混同使用,也是有法律依据的。从国际公约层面进行分析,"情势变更"与"艰难情形"并无实质区别。尽管《国际商事合同法通则》第二节的标题为"艰难情形",⑤《欧洲合同法原则》第 6.111 条的标题则为"情势变更",⑥但它们本质上是相同的。这主要体现在以下几个方面:

第一,《国际商事合同法通则》第 6.2.1 条和《欧洲合同法原则》第 6.111 条第 1 款规定均规定了意外困境条件下继续履行合同原则。一

① Ingeborg Schwenzer, Force Majeure and Hardship in International Sales Contracts, p. 712.

② Rodrigo Momberg Uribe, Change of Circumstances in International Instruments of Contract Law. The Approach of the CISG, PICC, PECL and DCFR, p. 223.

③ "CISG Advisory Council Opinion 20 Hardship under the CISG", NJCL 2021/1, p. 8.

④ UNCITRAL, *Digest of Case Law on the United Nations Convention on the International Sale of Goods*, 2016, p. 374.

⑤ https://www. unidroit. org/wp-content/uploads/2021/06/Unidroit-Principles-1994-English-i.pdf,访问时间:2021 年 11 月 7 日。

⑥ 属对成员国没有强制约束力的软法,The Principles of European Contract Law 2002(Parts I, II, and III), Generated by SiSU, p. 21, http://www.transnational.deusto. es/emttl/documentos/Principles%20of%20European%20Contract%20Law. pdf,访问时间:2021 年 11 月 6 日。

方面,它们均规定即使在因履约费用的增加或所获的履约价值下降而使得履约负担加重,合同当事人依然应当履行其合同义务;另一方面,《国际商事合同法通则》第 6.2.2 条和《欧洲合同法原则》第 6.111 条第 2 款规定均规定了"继续履行原则"的例外及其前提条件,而且它们规定的例外条件基本相同,即均为:相关的意外事件必须是在合同签订后发生的、是受到影响的当事人在签订合同时不能合理地预见到该意外事件的发生;再一方面,两者规定的法律后果也基本相同,即均为:由意外事件引发的风险不应由受到此项风险影响的当事人承担,双方可以就合同的履行及其条件进行重新谈判。在双方当事人无法达成协议时,法院可以判定解除合同,或根据公平原则对合同的履行及其条件进行重新调整(《国际商事合同法通则》第 6.2.2 条结合第 6.2.3 条规定和《欧洲合同法原则》第 6.111 条第 2 款的规定)。当然,从表面上看,在例外条件方面,两者的规定有一定的差异。《国际商事合同法通则》第 6.2.2 条还规定了以下两个条件:即受到影响的当事人是在意外困境发生后才知道该事件,而且他不能控制该意外困境发生;而《欧洲合同法通则》没有提到这两个条件,但它也在实质上默示地确认了这两个条件。因为"在签订合同时不能合理地预见到该意外事件的发生"本身就意味着:在签订合同时,受到影响的当事人还不知道该意外事件。此外,增加履约成本或者所获履约价值下降的常见意外事件有:合同下货物市场价格的大幅度变动、支付货币的大幅度贬值、政府颁发需要申请进口或出口许可证规定等等,这些显然是合同当事人所无法控制的。可见,尽管《国际商事合同法通则》第 6.2.1 条等和《欧洲合同法原则》第 6.111 条使用了不同的名称,但这两个国际规则下"艰难情形"和"情势变更"在本质上均是相同的,它们均是指:在合同订立后某一意外事件的发生使得一方当事人履约负担过于沉重,或者该事件从根本上改变原合同中的平衡性时,双方可以就合同更改进行重新谈判,或可以解除合同。

　　第二,从国内层面分析,不同国家对于"情势变更"和"艰难情形"的规定在本质上也是一致的。一般认为,中国《民法典》第 533 条规范了

"情势变更",①而德国《民法典》(2013)第 313 条被视为大陆法中规范"艰难情形"的典型条款。②比较这两个条款的规定,便能发现它们是否具有相同内涵。

中国《民法典》第 533 条规定:"合同成立后,合同的基础条件发生了当事人在订立合同时无法预见的、不属于商业风险的重大变化,继续履行合同对于当事人一方明显不公平的,受不利影响的当事人可以与对方重新协商;在合理期限内无法达成协商时,人民法院或者仲裁机构应该应当事人的请求并结合案件的实际情况,根据公平原则变更或者解除合同"。据此分析,构成"情势变更"应当具备以下两个条件:存在着"导致合同基础条件发生重大变化的事件"和"继续履行合同对于当事人一方明显不公平"。构成上述第一个条件又需要以下三个要件:"事件发生产生的不利影响必须达到一定的严重程度",所谓的"动摇合同基础"便是这一含义。此外,"该事件必须在合同订立以后发生","该事件应当是当事人在订立合同时无法预见的","该事件的发生不属于商业风险"。

德国《民法典》第 313 条则采用了完全不同的表达方式。它规定:"如果在合同签订后构成合同基础的情势发生了重大变化,而且如果合同当事人在签订合同前预见到这种变化,他们便不会签订合同或者会签订另外内容的合同,而且如果考虑到具体案件的所有情况,特别是考虑到合同或法定的风险分配规则,不能合理地期望其中一方在不改变合同的情况下依然维持合同,则可以要求修改合同;如果发现已经成为合同基础的基本设想是不正确的,这便等同于情势发生了变更;如果不可能对合同内容进行调整,或者不能合理地预期对方会接受调整,处于不利地位的一方当事人可以撤销合同。在合同义务持续存在时,终止权取代了撤销权。"③

---

① 黄薇主编:《中华人民共和国民法典释义及适用指南》,中国民主法制出版社 2020 年版,第 806 页。

② Ingeborg Schwenzer, Force Majeure and Hardship in International Sales Contracts, p. 711.

③ BGB, http://www.gesetze-im-internet.de/englisch_bgb/englisch_bgb.html#p1146,访问时间:2021 年 11 月 7 日。

尽管表述不同,但德国法判断构成"艰难情形"条件与中国在本质上是相同的:也需要"发生了导致合同基础发生变更的意外事件"和"继续履行合同对于当事人一方明显不公平"两个条件。第一条件蕴含在德国《民法典》第313条"如果在合同签订后构成合同基础的情势发生了重大变化"这一规定中。而中国《民法典》第533条强调的"不公平性条件"则蕴含在该条"在签订合同前预见到这种变化,他们便不会签订合同或者会签订另外内容的合同,而且如果考虑到具体案例的所有情况,特别是考虑到合同或法定的风险分配规则,不能合理地期望其中一方在不改变合同的情况下依然维持合同"这一规定中。当事人之所以在预见该意外事件时不会签订合同,或不能期望其在不改变合同时继续履行合同,就是因为继续履行合同对该当事人不公平。此外,德国《民法典》第313条规定的构成"意外事件"的要件也与中国的规定基本相同,因为它同样要求:相关意外事件在合同订立之后发生,"订立合同时当事人不能预见到",而且,该意外事件产生的不利影响应当达到一定的严重程度。德国法中"如果合同当事人在签订合同前预见到这种变化,他们便不会签订合同或者会签订另外内容的合同"这一规定在实际上同时暗示地规定了以上这两个要件;最后,两者规定的救济方式也相同,即允许当事人协商修改合同或解除合同。两者的唯一不同是:中国《民法典》第533条强调相关的意外事件"不属于商业风险的重大变化",而德国《民法典》中没有提到这一点。但这一区别并不十分重要,因为根据中国原《民法通则》第153条规定,签订合同后价格急剧变化属于可以预见到的"商业风险",而且不构成"不可抗力"。在《民法典》颁布以后,中国学界和实务界认为:货币贬值、物价、汇率的异常波动等与经济直接相关的事实的变更也属于"情势变更"。①可见,尽管德国《民法典》中的相关条款被西方学者认为是典型的"艰难情形"条款,但

---

① 刘宇、魏萌:《民法典视野下的情势变更与不可抗力——新冠肺炎疫情下合同履行的视角》,《徐州审判》2020年第6期,http://xzzy.chinacourt.gov.cn/article/detail/2021/01/id/5761225.shtml,访问时间:2021年11月10日。

它在实质上等同于"情势变更"。

由上可知,无论在国际公约层面上,还是在不同国家的国内法层面上,"情势变更"和"艰难情形"在本质上一致。假如一定要对这两个概念进行区分,那么根据中文的字面意思,"情势变更"指的是客观情势的变化,而"艰难情形"是因"情势变更"而引发的使得合同履行十分困难的状态。《国际商事合同通则》本身对"艰难情势"这一定义的评论肯定了以上分析:"情势变更并不影响当事人履行合同义务,这是一个基本原则;除非变更从根本上改变了合同的平衡性,才可以根据艰难情势要求中止履行合同,并协商更改合同内容或解除合同"。①可见,由于"情势变更"和"艰难情形"在实质上相同,而本条第 1 款下的"履约障碍"已经涵盖了"情势变更",这样,它也就自然涵盖"艰难情形"。这也进一步表明:本条第 1 款采用"履约障碍"这一中性表达有其现实意义。因为这样它不仅仅可以涵盖"不可抗力",而且可以囊括其他国际公约或国内法意义上的"情势变更"或"艰难情形"。另外,根据《公约》第 6 条规定的意思自治原则,双方当事人完全可以自行约定构成"履约障碍"的范围。在存在此种合同约定时,即使其约定范围与学界或实务界确定的"履约障碍"不一致,依然优先适用合同约定。不仅中国国际经济贸易仲裁委员会确认这一点,②国外仲裁机构同样认同这一点。例如,在俄罗斯联邦工商会国际商事仲裁院于 1995 年 11 月仲裁的德国卖方和俄罗斯买方之间的黄油销售合同纠纷中,德国卖方已经交付了货物,俄罗斯买方未支付货款,并引用本条主张免责,其理由是:他已经指令银行向卖方支付货款,但银行没有执行其指令,因为它没有可以用以支付货款的可自由兑换货币,这构成了本条下的不可抗力。但俄罗斯仲裁院没有支持俄罗斯买方的仲裁请求:双方签订的买卖合同详细列举了构成不可抗力事项的清单,而且该列举是穷尽,而"没有外汇"未被列入

---

① https://www. unidroit. org/wp-content/uploads/2021/06/Unidroit-Principles-1994-English-i.pdf,访问时间:2021 年 11 月 7 日。

② 中国国际经济贸易仲裁委员会:《〈联合国国际货物销售合同公约〉在中国仲裁的适用》,第 180 页。

该清单中。①可见,合同的明确约定十分重要。

7.4 "履约障碍"与"新冠疫情"

此外,新冠疫情期间,许多国家政府采取了封闭性措施,疫情以及相应的政府措施使得许多企业无法履行合同义务,因此也引发了许多合同争议。在这种情况下,未履行合同义务的一方当事人是否可以引用本条规范主张免责呢? 这主要取决于新冠疫情以及政府采取的措施是否构成本条第 1 款意义上的"履约障碍",它们是否具备构成"履约障碍"的三要件,即"不可控制性""不可预见性"和"不可避免性或不可克服性"。

就"新冠疫情"而言,如果一方当事人刚好在 2019 年暴发前时签订买卖合同,并由于政府采取的防疫措施而不能履行合同义务,当时的疫情无疑具备了"不可控制性""不可预见性"和"不可避免性或不可克服性"这三个要件,因而也构成了本条第 1 款意义上的"履约障碍",该方当事人可以引用本条规定主张免责。但如果相关的买卖合同是在疫情暴发以后签订的,那么,无论是疫情本身还是政府采取的防控措施,便都不具备"不可预见性"这一要件,因而不足以构成第 1 款意义上的"履约障碍",违约方的免责主张便不应该得到法院或仲裁机构的支持。

第80条 由另一方引发的不履行

Article 80

A party may not rely on a failure of the other party to perform, to the extent that such failure was caused by the first party's act or omission.

---

① Tribunal of International Commercial Arbitration at the Russian Federation Chamber of Commerce and Industry, Russian Federation, 17 October 1995, www.unilex. info/cisg/case/216,访问时间:2021 年 11 月 14 日。

译文

如果另一方当事人的不履行是由一方当事人的作为或不作为引起的(原译文为:"一方当事人因其行为或不行为而使得另一方当事人不履行义务时"),那么该方当事人(新增)不得声称该另一方当事人不履行合同(新增)义务。

目录

正文

1. 调整对象

在国际贸易实务中经常出现这样的情形:买卖双方均存在不履行合同义务的违约行为,而且其中一方当事人的不履约行为引发了另一方当事人的不履行义务行为。例如,卖方交付的货物存在着质量瑕疵,买方因此而拒绝支付货款,或者买方延迟支付货款,卖方因此而拒绝交付货物。在这种情况下,是双方都必须承担违约责任呢,还是仅仅其中的一方应当承担责任呢? 本条规范了这一问题。本条剥夺了一方当事人以另一方违约为借口主张免责的权利,如果该另一方当事人的违约行为是由其本身的违约行为引起的。从另一角度分析,本条也免除了该另一方当事人对其违约行为本来应当承担的法律责任。由此可见,本条再次反映诚信原则这一构成《公约》存在基础的一般法律原则。不仅如此,它也反映了另外一个一般法律原则,即"在救济措施允许进行损失分配的情况下,每一方当事人应当自己承担由其本身行为造成的损失"。①

---

① UNCITRAL, *Digest of Case Law on the United Nations Convention on the International Sale of Goods*, 2016, p. 385.

后一原则不仅体现在本条中,它同样体现在《公约》第 77 条规定中,因为该条规定:在一方当事人违约时,如果守约方不采取相应的减损措施,他自己必须承担该部分本应减少而没有减少的损失。

本条与《公约》第 79 条也有着密切的联系,它们一起构成了"免责"这一节,进而构成了《公约》严格责任规则的例外。当然,本条与第 79 条也有着本质的区别。第 79 条仅仅适用于因存在人力所不能控制的"履约障碍"所引发的不履约行为,而本条则适用由一方当事人原因而引发的不履约行为。此外,两条的免责范围也不相同。第 79 条仅仅免除了违约方的损害赔偿责任,而本条则不仅免除了违约方的损害赔偿责任,而且剥夺了对方当事人行使其他救济措施的权利。在同时具备第 79 条与本条适用条件时,该两条规定可以同时适用。当然,由于本条具有更加广泛的免责范围,第 79 条的实际作用应该会十分有限。除此之外,本条与第 77 条有着密切的关系,因为它们均具有免除违约方责任的功能。当然,它们的适用对象并不相同。第 77 条适用于因守约方没有采取减损措施而致使损失扩大时,而本条适用于因一方当事人的原因致使另一方不能履行合同义务时。

本条对于解决买卖双方之间的合同纠纷十分重要,尤其在买卖双方均没有履行合同义务时,本条是用以查明哪一方当事人应当承担赔偿责任的唯一依据。下文重点探究本条的适用条件和法律后果。

2. 适用本条的前提条件

本条前半句即"如果另一方当事人的不履行是由一方当事人的作为或不作为引起的"明确规定了适用本条的前提条件。据此分析,适用本条应当具备以下两个条件,即在同一个案件中双方当事人均有违约行为、在该两个违约行为之间存在着因果关系。

2.1 甲乙双方均有违约行为

适用本条的第一个条件是在同一合同争议案件中"甲乙双方均有违约行为"。这一条件蕴含在"如果另一方当事人的不履行是由一方当事人的作为或不作为引起的"这一表述中。

第一,"甲方有违约行为"。本条中"另一方当事人的不履行"显然是指"甲方有违约行为"。甲方与本条中的"另一方当事人"一样,均是一种中性表达,他既可以是卖方,也可以是买方。而此处的"不履约行为"无疑是甲方进行的违约行为,而且它与《公约》第79条中提及的"未履行合同义务"同义。所以,它也有着广泛的内容,与第79条第1款中的"没有履行"一样,它也包括"根本未履行""延迟履行"和"瑕疵履行"。

第二,"乙方有违约行为"。那么,本条中的"一方当事人的作为或不作为"是什么意思呢?与上文中"另一方当事人"一样,此处的"一方当事人"同样既可能是指卖方,也可能是指买方,但他肯定是"不履行"当事方的相对方即乙方。那么,这里的"作为或不作为"是否仅指乙方的违约行为呢?对于这一问题,本条没有作出明确的规定,此处的"作为或不作为"本身是一个中性的表达。笔者认为:无论是"作为"或"不作为"均必须是违约行为,因为本条规定的法律后果间接表明了这一点。本条在实际上剥夺了乙方对甲方的不履行行为主张任何权利的机会。只有在乙方的"作为或不作为"本身就违反合同或《公约》规定时,上述后果才是公平的、合理的。学界也认为,此处的"作为或不作为"包括乙方违反其承担合同义务的行为。例如,买方没有根据合同或第65条规定告知卖方有关产品的详细规格,或者没有在该条规定的合理时间内告知卖方产品的详细规格。不仅如此,它还应当包括违反合同条款的侵权行为。①乙方既可以通过其"作为"违反合同或《公约》规定,例如,买方向承运人发出了错误的指示,买方向卖方提供了错误的样品或图纸,向银行发出了错误的支付指示,或卖方向产品生产企业发出错误的指示,或卖方采购了有瑕疵的原材料,制定并适用了错误的生产计划等,他也可以通过"不作为"违反合同或《公约》规定,例如,卖方没有按计划生产履行交货义务所需的货物,没有委托承运人将货物运至约定的交货地点,或买方没有按照合同规定提供样品或图纸,没有依约开出信用证,没有申领进口许可证,没有告知卖方货物的交付地点,没有接

---

① Denis Tallon, in Bianca/Bonell/Knapp, *Commentary on the International Sales of Law*, p. 597.

收货物,等等。

以上论述表明:甲乙双方均有违约行为是适用本条的一个必要条件。这进一步表明:如果只有一方当事人有违约行为,便不适用本条规定,违约方也无权引用本条规定主张免责。中国国际经济贸易仲裁委员会便持这一观点。在其仲裁庭于 2014 年仲裁的设备销售合同中,卖方已经交付了六套设备,买方支付了大部分货款,但拒绝支付这些设备 10%的尾款,双方由此发生争议。买方引用本条规定拒绝支付剩余的货款,因为卖方没有对其交付的机器进行安装调试,故不具备合同规定的支付尾款的条件。但仲裁庭拒绝了买方的请求:根据合同规定,支付尾款的前提条件是双方共同对已经交付的设备进行安装调试。而卖方在交付设备后,已经多次要求买方进行安装调试,但买方予以拒绝。所以,卖方没有违约行为,未进行安装调试是买方自己的违约行为所致,故无权引用本条规定主张免责。[①]国外法院和仲裁机构的主流观点也认为:只有在甲乙双方均有违约行为时,才能适用本条规定。[②]

2.2 在该甲乙双方违约行为之间存在着因果关系

适用本条规定的另一前提条件是:在该甲乙双方违约行为之间存在着因果关系。本条"如果另一方当事人的不履行**是由**一方当事人的作为或不作为**引起的**"中的"……是由……引起的"几个字十分清楚地表明了这一点。这具体意味着:在同一个国际货物销售合同纠纷中,即使甲乙双方均有违约行为,但如果在它们之间不存在因果关系,那么,便不适用本条规定,任何一方当事人也无权引用本条规定主张免责。

这里的"……是由……引起的"是否仅仅指直接因果关系,本条没有明确规定这一点。但根据其字面意思,它无疑包括直接因果关系。

---

① 中国国际经济贸易仲裁委员会:《〈联合国国际货物销售合同公约〉在中国仲裁的适用》,第 192 页。

② UNCITRAL, *Digest of Case Law on the United Nations Convention on the International Sale of Goods*, 2016, p. 385.

不仅如此，它还应当包括间接因果关系。[①]例如，合同规定买方应当向卖方提供生产货物所需的样品，但由于买方延迟交付样品，致使卖方延迟生产合同下的货物，其间因为政府颁布出口禁令致使卖方无法交付货物。由于该出口禁令是在合同规定的交货日之后颁布的，卖方无法引用《公约》第79条规定免责。但是，买方延迟交付样品间接造成了卖方的履约不能，所以，卖方便可以引用本条规定免责。那么，如果甲方的违约行为仅仅是造成乙方不履行义务的部分原因，这是否构成本条意义上的因果关系？尽管本条没有明确规定这一问题，但是如果甲方能够证明其违约行为仅仅造成乙方不履行义务的1/2原因，那么，应当认为在甲方违约行为和乙方的不履行行为之间依然存在着1/2的因果关系。

各国司法和仲裁机构也认为：在甲乙双方之间的违约行为之间必须存在因果关系，这是适用本条规定的另一前提条件，因而双方之间的违约行为是否具备因果关系，也是争议审理机构的一个审查重点。德国联邦最高法院在其于1995年2月审理的德国卖方和瑞士买方之间的钥匙制造机的销售合同争议案中，便以在买卖双方的违约行为之间不存在因果关系为由而拒绝了买方引用本条免责的主张。在该案中，销售合同中规定了所有权保留条款，据此在买方分四次付清全部价款之前，机器的所有权依然属于卖方。在买方按照合同规定支付了两次货款以后，卖方交付了机器，但买方拒绝支付剩余的货款，双方由此发生争议。卖方起诉要求买方支付货款，买方以其拒绝支付是因为卖方没有转让机器设备所有权为由而引用本条规定主张免责。德国联邦最高法院最终判定：在本案中已经具备了适用本条的条件，因为卖方没有在合同规定的时间内转让机器设备的所有权，买方没有付清剩余的货款，均属于违约行为。但买方无权引用本条规定主张免责，因为买方的未支付剩余货款的违约行为并不是由卖方的违约行为引起的。合同明

[①] Schwenzer, in Schlechtriem, *Kommentar zum Einheitlichen UN-Kaufrecht—CISG*, 7. Aufl. 2019, S. 1340.

确规定,在买方付清全部货款之前,卖方有权保留设备的所有权。①德国科布伦茨地区高等法院在其于 1997 年 1 月审理的荷兰卖方和德国买方之间的纺织品销售合同争议中持同样的观点。在该案中,荷兰卖方交付了纺织品,德国买方以交付的纺织品存在质量瑕疵为由拒绝支付货款。荷兰卖方建议交付符合质量要求的纺织品来替代存在瑕疵的货物,德国买方拒绝,荷兰卖方于是提起诉讼要求买方支付全部货款,德国买方则提起反诉,其中的一个请求便是根据本条规定主张免责,因为其不支付货款是由荷兰卖方交付瑕疵货物引起的。但是,科布伦茨地区高等法院驳回了买方的诉讼请求,其理由是:在买方的未支付货款和卖方交付了瑕疵货物之间没有因果关系,因为买方拒绝卖方交付替代货物的决定导致了卖方无法交付符合合同规定的货物。由此,买方未支付货款也不是由卖方的违约行为引起的,而是由其自己的拒绝决定引起的。②

由此可见,适用本条规定必须同时具备"甲乙双方均有违约行为"和两者之间存在因果关系两个前提条件,缺少其中任何一个,便不能适用本条规定。

3. 适用本条的法律后果

在具备上述适用条件的情况下,将会产生哪些法律后果呢? 本条后半句"该方当事人不得声称该另一方当事人不履行合同义务"规范了这一问题。根据这一句规定的字面意思,该方当事人不得以"另一方当事人不履行合同义务"为由提出任何权利要求。这意味着,与《公约》第79 条相比,适用本条引发的法律后果与前者有很大的不同:前者仅仅剥夺了对方当事人主张损害赔偿的权利,其宣告合同无效的权利、要求降价权、要求实际履行合同义务的权利、支付利息请求权则不受影响;

---

① Bundesgerichtshof, Germany, 15 February 1995, http://www.cisg-online.ch/content/api/cisg/display.cfm?test=149,访问时间:2021 年 11 月 28 日。

② Oberlandesgericht Koblenz, Germany, 31 January 1997, http://www.cisg-online.ch/content/api/cisg/display.cfm?test=256,访问时间:2021 年 11 月 28 日。

而根据本条规定,对方当事人将失去所有上述权利。多国法院的判决也肯定了以上观点。奥地利最高法院于 1996 年 2 月审理了德国卖方和奥地利买方之间的丙烷气销售合同纠纷。根据合同规定,德国卖方应当向奥地利买方提供丙烷气,奥地利买方则负责在比利时销售丙烷气。卖方应当告知买方装运港,买方应当通过信用证支付货款。合同签订后,奥地利买方几次催促德国卖方告知其装运港,否则他无法出具信用证。德国卖方回复道,由于其供应商不同意将丙烷气销售到比利时、荷兰等国,因而拒绝提供丙烷气。奥地利买方因此提起诉讼要求德国卖方赔偿其损失,德国卖方提起反诉,引用本条规定主张免责,因为买方违反合同规定没有出具信用证。但奥地利最高法院驳回了德国卖方的主张:尽管奥地利买方没有出具信用证的行为已经构成了违约,但这一违约行为是由卖方没有履行告知约定的装运港的名称引起的。德国卖方的这一"不作为"也是违约行为,所以,他无权对奥地利买方提出任何权利主张。相反,他必须赔偿因本身未履行交货义务而给对方造成的损失。①

第五节　宣告合同无效的法律后果

概　述

本节共有四条,标题为"宣告合同无效的法律后果"。尽管如此,并非本节四条都与该标题有关,其中只有第 81 条是专门规范这一问题的条款。据此,宣告合同无效免除了双方当事人继续履行合同的义务,已经履行义务的当事人可以要求对方当事人返还货物或货款。第 84 条部分内容涉及宣告合同无效的法律后果,该条第 1 款便是如此。因为

---

① Oberster Gerichtshof, Austria, 6 February 1996, www.unilex.info/cisg/case/202,访问时间:2021 年 11 月 28 日。

该款规定卖方在返还货款时,必须向买方支付该货款的利息。该条第2款第1项也与宣告合同无效的法律后果有关,据此,买方在向卖方退还货物时,他必须同时归还从这些货物中获得的利益。但该条第2款第2项的部分内容与宣告合同无效后果没有关系:该项同时规定,买方在没有宣告合同无效时可以根据第46条第2款的规定要求对方交付替代货物。本节的第82条和第83条则没有涉及宣告合同无效的法律后果。其中第82条对拥有合同解除权的买方设置了行使这一权利的限制,即他必须能够按照实际收到货物时的原状归还货物,否则他便失去了这一权利;而第83条则在第82条基础上对失去宣告合同无效权的买方进行一定的补偿:他可以要求卖方交付替代货物并采取其他补救措施。尽管第82条和第83条没有规范宣告合同无效的法律后果,但是它们也从某一角度规范了这一权利行使过程中涉及的问题,因此将它们纳入本节规定也是合理的。由此可见,宣告合同无效是一种形成权,它将原来的合同关系改变成恢复原状关系,也即从双方均应履行合同义务关系,转变成双方应当将关系恢复到没有订立合同时的状态。

本节的规定与《公约》其他条款有着密切的联系。它们首先与第49条和第64条有着直接的联系,因为这两条分别规范了买方和卖方行使合同解除权时所必须具备的实质性前提条件。换句话说,只有在具备该两条规定的条件时,一方当事人才拥有宣告合同无效的权利。此时才能根据本节规定分析该当事人的宣告行为能否产生第81条或第84条下的法律后果,或是否因为第82条的限制而不得行使合同解除权。其次,它们与第26条和第27条也有联系。在一方当事人根据第49条和第64条规定拥有合同解除权时,他必须根据第26条向对方发出宣告合同无效的声明,而声明也必须根据第27条产生法律效力。再次,本节与第46条第2款也有着联系,因为第82条、第83条和第84条第2款均涉及买方在特定条件下拥有的权利,即在卖方交付了不相符货物时,他可以要求卖方交付替代货物;而交付替代货物也正是第46条第2款的调整对象。除此之外,本节规定还与《公约》规范"风险转移"的第66条至第70条有着间接的联系。在合同被买方依法宣告无效后,根据第82条规定买方必须退还货物,在退货过程中货物可能会发生各种灭失毁损等风险,究竟由谁承担此种风险呢? 在这里应当适用第66条至第70条规定来进行分析判断。奥地利最高法院在其于1999年6月审理的德国卖方和奥地利买方之间的木板销售合同纠纷案中便持这一观点。在该案中,奥地利买方从德国卖方订购加工好的木板,德国卖方在其营业地交付货物,买方自行承担运输费用和风险;但后来奥地利买方发现卖方交付的木板是未经加工处理的木板,双方约定由奥地利买方退还该批木板,但卖方收到后发现木板在运输途中受损,卖方由此提起诉讼,要求买方赔偿其损失。奥地利最高法院认为:在本案中双方根据第29条通过约定解除合同,但《公约》没有任何条款规范合同解除后退还货物的交付地点问题,根据第7条第2款规定的立法漏洞弥补规则,应当优先适用《公约》所依据的一般法律原则,意思自治原则便是这样一个原则,据此,应该严格按照合同中规定的卖方交货地条款来确定退货过程中买方的交货地点。由于合同中约定的交货地点是卖方的营业地,那么,退货过程中的交货地点便应该是买方的营业地,这样便应该根据第66条至第69条确定的风险转移规则来确定究竟由哪一方当事人承担运输过程中的风险。据此,在买方将货物在其营业地交付给承运人时,货物风险便已经发生了转移,买方自然不必对运输途中的毁损负责,相反,这一责任应当由卖方承担。①

实际上,对于本节几条的作用,实务界有着不同的观点。德国杜塞尔多夫地区法院认为合同并不因为宣告无效而被彻底废止,相反,它将原来的合同履行关系改变成清算关系。②而奥地利最高法院则认为本节条款构成了撤销合同的框架,其核心在于构建了宣告合同无效后风险分担机制,在本质上规范此处风险分摊的规定与《公约》规范合同履行过程中的风险分担规则相同。笔者认为,以上两种观点都是成立的,

---

① Oberster Gerichtshof, Austria, 29 June 1999, http://www.cisg-online.ch/content/api/cisg/urteile/483.pdf,访问时间:2021年11月30日。

② Landgericht Düsseldorf, Germany, 11 October 1995, www.unilex.info/cisg/case/234,访问时间:2021年11月30日。

因为两个法院审查的争议不同,它们观察本节规定的视角也不同:在宣告合同无效后,如果买卖双方均承担着归还货物或货款义务,此时合同便是双方履行归还义务的依据,这便是德国法院眼中的"清算关系";如果货物在运回卖方途中发生了毁损风险,这时便应该比照适用第 66 条至第 69 条的规范来判断谁应当承担风险。

第 81 条 宣告合同无效的法律后果

Article 81

(1) Avoidance of the contract releases both parties from their obligations under it, subject to any damages which may be due. Avoidance does not affect any provision of the contract for the settlement of disputes or any other provision of the contract governing the rights and obligations of the parties consequent upon the avoidance of the contract.

(2) A party who has performed the contract either wholly or in part may claim restitution from the other party of whatever the first party has supplied or paid under the contract. If both parties are bound to make restitution, they must do so concurrently.

译文

(1) 宣告合同无效解除了双方当事人在合同中的义务,但其可能承担的任何损害赔偿责任除外(原译文为:"但应负责的任何损害赔偿仍应负责")。宣告合同无效不影响合同中任何有关解决争议条款的效力(原译文为:"规定",下同),也不影响合同中规范宣告合同无效后双方当事人权利和义务的任何其他条款的效力(语序调整)。

(2) 如果一方当事人已经全部或部分地履行其合同义务(原译文为:"已全部或局部履行合同的一方"),可以要求另一方归还其根据合同已经交付的货物或支付的货款。如果双方均须归还,他们必须同时履行这一归还义务。

目录

正文

1. 调整对象

在《公约》第49条第1款和第64条第1款规定的条件下,买方或卖方均获得了宣告合同无效的权利。如果他有意宣告合同无效,那么他必须根据第26条规定向对方发出宣告合同无效的声明。假定该声明有效,它会产生哪些法律后果呢? 本条两款专门规范了这一问题。其中第1款主要针对尚未履行的合同义务作出了规定,据此,宣告合同无效行为解除了合同双方当事人继续履行合同的义务;第2款则针对已经履行的合同义务作出了规定,据此,宣告合同无效后,合同当事人负有退还货物或货款的义务。①

合同通常由一方当事人宣告解除,本条适用于此种情形,这是没有争议的。但是,合同也可能通过双方当事人合意而宣告无效,本条规定是否适用于这种情形呢? 少数国家争议解决机构对此持否定态度。俄罗斯联邦工商会国际商事仲裁院在其于1997年3月仲裁的美国卖方和俄罗斯买方之间的食品销售合同纠纷案中便持这一观点。在该案中,买卖双方签订了两份合同,由于美国卖方交付的第一份合同下的食

---

① 高旭军:《〈联合国国际货物销售合同公约〉适用评释》,第1版,第480页。

品不符合合同的规定,尽管买方预付了第二份合同的部分货款,但依然无意接受第二份合同下的货物,所以买方要求美国卖方退回第二份合同下的预付款,而卖方以买方延迟提供合同规定的包装设计、已经向一家企业订购了合同下的包装箱为由扣除了相关的费用和预期损失,然后将剩余的预付款退还给了俄罗斯买方。俄罗斯仲裁庭裁定在该案中双方合意解除了合同,本条仅仅适用于一方当事人解除合同的情形,而不适用于双方合意解除合同的情形。①这一观点是否成立? 笔者认为是难以成立的,以下几方面的因素表明了这一点:首先,虽然《公约》第49 条和第 64 条规定合同可以由一方当事人宣告无效,但第 29 条同样明确规定:合同可以通过协商而终止。此处的"终止"的法律含义等同于"宣告合同无效"。其次,本条两款没有任何文字表明:它仅仅适用于由一方宣告合同无效的情形,而不适用于双方合意解除合同的情形。相反,"宣告合同无效解除了双方当事人在合同中的义务"这一中性表达表明它适用于以上两种情形。最后,其他国家的司法判例也肯定了这一观点。在上文提及的奥地利最高法院审理的德国卖方和奥地利买方之间的木板销售合同纠纷案中,在奥地利买方发现卖方交付的木板不符合合同规定后,双方约定解除合同,奥地利买方退还该批木板,但由于货物在运回卖方途中受损,双方由此发生争议。奥地利最高法院依然判定:在本案中,双方根据第 29 条通过约定解除合同,根据本条规定,双方无需继续履行合同义务,而且应当退回对方已经收到的货物或货款。②当然,如果双方在约定解除合同时,同时约定了宣告合同无效的法律后果,这时自然没有适用本条的空间。这本身也是符合《公约》规定的,根据第 6 条规定的意思自治原则,在双方当事人就解除合同的法律后果存在特别约定时,自然应当优先适用双方约定。

---

①　Tribunal of International Commercial Arbitration at the Russian Federation Chamber of Commerce and Industry,Russian Federation,3 March 1997,www.unilex.info/cisg/case/378,访问时间:2021 年 11 月 30 日。

②　Oberster Gerichtshof,Austria,29 June 1999,http://www.cisg-online.ch/content/api/cisg/urteile/483.pdf,访问时间:2021 年 11 月 30 日。

本条规范了宣告合同无效所产生的法律后果。客观分析，在合同被宣告无效后，涉及两方面的问题：其一，如何处理当事人尚未履行的那一部分义务？其二，对于那一部分已履行的义务，应该如何处理？本条两款分别规范了这两个问题。下文将结合本条两款规定围绕以上两个问题讨论宣告合同无效所产生的法律效果。应强调的是，本条仅仅涉及买卖双方当事人的法律关系，而不涉及第三方。

2. 宣告合同无效声明针对未来的效力（第 1 款）

在合同被宣告无效时，部分或全部合同义务可能还没有履行。对于这部分尚未履行的义务，宣告合同无效的声明会产生何种影响呢？本条第 1 款专门规范了宣告声明对未来的效力。具体分析，对于未来合同关系，它将产生以下两方面的法律后果：

2.1　免除当事人履行合同义务

宣告合同无效最重要的法律后果是"解除了双方当事人在合同中的义务"。换句话说，如果在合同被宣告无效时卖方还没有交付货物，买方还没有支付货款，那么，一旦合同被宣告无效，买卖双方都无需履行交付货物、支付货款义务。这里的"义务"既包括交付货物、支付货款等主要义务，也包括签订运输合同和保险合同、办理原产地证明或申领进出口许可证等辅助义务。应强调的是，这里的"解除"并不是暂时性的，而是永久性的。不同国家的法院或仲裁机构也肯定了此种法律后果。德国联邦最高法院便是如此，在其于 1997 年 6 月审理的德国卖方和瑞士买方之间的不锈钢丝销售合同争议中，德国卖方交付的部分原材料有瑕疵，不能用于加工生产，买方据此宣告与该瑕疵原材料相关的合同无效，并拒绝支付货款。德国联邦最高法院支持了买方的诉讼请求，其理由是相关的瑕疵已经构成了《公约》第 25 条意义上的根本违约，买方有权针对该瑕疵货物解除合同，而且根据本条第 1 款的规定买方无需支付相应的货款。①法国国际商会仲裁院在其仲裁的罗马尼亚

---

① Bundesgerichtshof，Germany，25 June 1997，www.unilex.info/cisg/case/257，访问时间：2021 年 12 月 1 日。

卖方和德国买方之间的化学品销售合同纠纷中也持相同的观点。由于卖方交付的货物存在严重的质量问题,买方拒绝接收货物并拒绝支付货款,罗马尼亚卖方于是宣告解除合同并要求买方支付货款。法国国际商会仲裁院支持了卖方的仲裁请求,裁定买方拒绝履行合同义务构成根本违约,卖方据此有权解除合同,解除也免除了双方当事人履行合同的义务。①

应当强调的是:只有在一方当事人根据《公约》第 49 条或第 64 条规定拥有解除权,而且在规定的期间里发出了解除通知时,才能产生上述免除效果。反之,即使一方当事人发出了解除合同的声明,合同依然有效,双方仍必须履行合同义务。无论是不具备解除合同的实体条件,还是没有发出适当的通知,均可能使宣告合同无效的声明失去法律效力。

2.2 合同作为清算双方权利义务关系的基础

根据本款规定,尽管宣告合同无效的声明解除了双方当事人继续履行合同的义务,但合同并没有因解除而彻底消除。相反,即使在合同解除以后,部分合同条款依然存在,它们也成为清算双方权利义务关系的基础。这具体反映在本款还规定:在合同被宣告无效后违约方依然有赔偿损失的义务、合同中的争议解决条款和规范宣告合同无效后双方当事人权利义务的条款依然有效的三个方面:

(1)违约方承担损害赔偿责任

宣告合同无效并没有免除违约方本应承担的赔偿责任,本款第 1 句的后半句"……其可能承担的任何损害赔偿责任除外"明确表明了这一点。《公约》作出这样的规定也是符合常理的,因为一方当事人进行的任何违约行为都会给对方造成损害,而据以宣告合同无效的违约行为显然会给对方造成更严重的损害,所以,宣告合同无效可以免除双方当事人的履约义务,但不能免除违约方的损害赔偿责任。司法实务界

---

① Arbitration Court of the International Chamber of Commerce, August 1999, www.unilex.info/cisg/case/469,访问时间:2021 年 12 月 1 日。

对此均持肯定态度。例如,在瑞士提契诺州上诉法院于 1998 年 1 月审
理的瑞士卖方和意大利买方之间的加纳可可豆销售合同纠纷案中,根
据合同规定,瑞士卖方销售加纳可可豆给意大利买方,卖方负责将货物
从加纳用船运到意大利。卖方向买方交付了货物,意大利买方支付了
全部货款。但收到货物后,经检验可可豆质量很差,买方要求卖方交付
替代货物,瑞士卖方拒绝,于是意大利买方宣告合同无效,同时要求退
还货款及其利息,并赔偿相应的损失。瑞士上述法院支持了意大利买
方的请求,判定瑞士卖方根据本款和《公约》第 74 条赔偿意大利买方所
遭受的损失。①中国国际经济贸易仲裁委员会也持同样的观点,在其仲
裁庭于 2018 年仲裁的 PVC 板材设备销售合同纠纷案中,卖方交付了
用于生产 PVC 板材的设备,买方也支付了全部货款。但由于卖方交付
的设备在生产调试过程中频繁出现故障,无法生产出合格的产品,经卖
方专家多次修理调试也无法解决问题,买方宣告解除合同并要求卖方
赔偿引进流水线所支出的成本等损失。中国仲裁庭支持了买方提出的
损害赔偿请求,但考虑到卖方支付违约金的数额,对买方主张的损害赔
偿金作了必要的调整。②

(2) 合同中争议解决条款依然有效

买卖双方通常在国际货物销售合同中约定解决争议的条款,如选
择仲裁机构的仲裁条款、约定适用法律的条款、违约金条款,等等。在
一方当事人宣告合同无效时,合同中的上述争议解决条款是否依然有
效呢? 本款第 1 句十分明确地规范了这一问题,据此宣告合同无效"不
影响合同中任何有关解决争议条款的效力"。由此可见,在合同已经被
宣告无效后,合同中上述争议解决条款依然有效。这也得到了不同国
家仲裁机构和法院的认同。中国国际经济贸易仲裁委员会便确认了这
一点。在上文提及其 2018 年仲裁的 PVC 板材设备销售合同纠纷案

① Cantone del Ticino Tribunale d'appello, Switzerland, 15 January 1998, www.
unilex.info/cisg/case/368,访问时间:2021 年 12 月 31 日。
② 中国国际经济贸易仲裁委员会:《〈联合国国际货物销售合同公约〉在中国仲裁
的适用》,第 78 页。

中,在卖方交付了不合格的 PVC 板材生产设备后,买方宣告合同无效,并依据合同中的仲裁条款向中国国际经济贸易仲裁委员会提出仲裁请求,要求卖方依照合同中的违约金条款支付违约金及其利息,相关的仲裁庭支持了买方的仲裁请求。[1]

(3) 合同中有关双方当事人权利和义务的条款依然有效

除了宣告合同无效不影响合同争议解决条款的效力以外,本款第 2 句还明确规定,它"也不影响合同中规范宣告合同无效后双方当事人权利和义务的任何其他条款的效力"。那么,哪些合同条款规范了"宣告合同无效后双方当事人权利和义务"呢?对此有两种不同的看法。一种观点认为:它们是指合同中确定违约方应当支付罚金、违约金的条款,或者限制或排除一方当事人责任的条款(格式合同或条款中经常会有此类条款)[2];另一种观点认为:它还包括《公约》第 86 条第 1 款规范的买方拒收货物时的照管义务和授予买方的拒收货物的权利。[3]那么,在这两种观点中,究竟哪种观点符合《公约》制定者的原意呢?首先,第一种观点应该是成立的。因为无论是罚金、违约金条款,还是限制或排除一方当事人责任的条款,都是双方当事人约定的合同条款,双方在合同中约定此类条款的目的也在于:规范一方当事人违约后"双方当事人的权利和义务"。其次,第二种观点是否成立呢?这取决于该观点中买方承担照看货物义务和享有拒收货物权利的依据是合同条款还是《公约》规定。如果是指合同条款,这一观点毫无疑问是成立的;反之,如果仅仅是《公约》条款,那么这一观点并不成立,因为本款规范的双方当事人权利和义务必须是"……合同中……条款",这里的"合同条款"显然

---

① 中国国际经济贸易仲裁委员会:《〈联合国国际货物销售合同公约〉在中国仲裁的适用》,第 78 页。

② Denis Tallon, in Bianca/Bonell/Knapp, *Commentary on the International Sales of Law*, p. 603.

③ 联合国际贸易发展委员会秘书处:Article 81 Secretariat Commentary, https://iicl.law.pace.edu/cisg/page/article-81-secretariat-commentary-closest-counterpart-official-commentary,访问时间:2021 年 12 月 2 日。

仅仅是指双方签订的买卖合同中的条款，《公约》条款不是合同条款，即使在《公约》适用于合同时，也是如此。

从国际商事仲裁实践看，仲裁机构均确认合同解除后合同中的罚金条款和违约金条款依然有效。[1]中国国际经济贸易仲裁委员会在上文提及的 PVC 板材设备销售合同纠纷案中，确认了合同解除后合同中违约金条款依然有效力。在该案合同中规定了违约金条款，据此，卖方在未履行交货义务，或交付设备存在严重瑕疵以至于不能用于正常生产时必须向买方支付特定数额违约金。虽然卖方交付了设备，但由于存在着无法解决的质量问题，买方宣告解除合同并提出要求卖方支付违约金等请求，中国仲裁庭最后支持了买方提出的卖方支付违约金及其利息的请求。[2]在法国国际商会仲裁院于 1999 年 3 月仲裁的一起货物销售合同纠纷中，合同规定在卖方不交付货物时必须支付货物总价款 2% 的罚金。买方支付了货款，但卖方没有交货。双方由此产生争议，买方宣告合同无效，并要求支付罚金、退还货款等。仲裁院引用本条第 1 款支持了买方的请求，因为宣告合同无效并不影响合同罚金条款的效力。[3]

本条第 1 款规定以上合同清理规则，不仅十分必要，而且十分合理。宣告合同无效，并不等于因一方违约行为引发的合同争议已经得到解决，相反，它通常意味着争议解决的开始。合同之所以被宣告无效是因为一方当事人有根本违约行为，此行为通常会给对方当事人造成严重的损害。在合同被宣告无效时，违约方并没有赔偿对方因其严重违约行为而造成的损害，所以，本款规定解除合同并不免除违约方的损害赔偿责任。在多数情况下，双方当事人会对赔偿数额，甚至是否存在

---

[1]　Cantone del Ticino Tribunale d'appello，Switzerland，15 January 1998，www.unilex.info/cisg/case/368，访问时间：2021 年 12 月 31 日。

[2]　中国国际经济贸易仲裁委员会：《〈联合国国际货物销售合同公约〉在中国仲裁的适用》，第 78 页。

[3]　Arbitration Court of the International Chamber of Commerce，March 1999，www.unilex.info/cisg/case/471，访问时间：2021 年 12 月 2 日。

根本违约行为发生争议,这时合同中的争议解决条款显然为双方争议的迅速解决提供了便利。所以,本款确定解除合同不影响这些条款的效力。不仅如此,本款的这一规定也与国内法的相关规定一致。绝大多数国内法一般均规定:在合同无效时,其中的争议解决条款依然有效。另外,根据《公约》第 4 条的规定,无论是罚金、违约金或其他限制一方当事人权利的条款都不属于其调整事项,相反属于国内法规范事项,所以,《公约》不能规定这些条款是否无效。

3. 归还义务(第 2 款)

如上所述,本条第 1 款规范了宣告合同对未来所产生的影响。在合同被宣告无效后,不仅存在需要进行规范的"未来问题",同样存在着需要予以规范的"历史问题",例如,卖方已经交付的货物、买方已经支付的货款等应该如何处理? 本条第 2 款通过赋予"单方归还请求权"和"同时履行归还义务原则"专门规范了这一问题。在详细讨论以上请求权之前,有必要首先讨论行使本款规定的"归还请求权"的前提条件。

3.1 宣告合同无效作为行使归还请求权的前提条件

守约方在什么前提条件下可以行使本条第 1 款规定的归还请求权呢? 本款没有明确规定这一点。在国际商事合同争议中,双方当事人经常发生争议的一个问题是:宣告合同无效是不是行使本款下"归还请求"的一个先决条件? 买卖双方通常有着不同的看法。根据本条两款规定的字面意思,宣告合同无效是行使本款下归还请求权的先决条件,中国、法国、德国、瑞士、俄罗斯、墨西哥等国司法机构和仲裁机构等均认同这一点,①而且它们分别从两个方面确定了这一点:一方面,在一方当事人拥有宣告合同无效的权利时,他有权行使归还请求权。德国兰茨胡特地区法院在其于 1995 年 4 月审理的德国卖方和瑞士买方之间的运动服销售合同纠纷案中,判定瑞士买方有权宣告合同无效。因为卖方交付货物的数量、质量和规格均不符合合同规定,而且这已经构

---

① UNCITRAL, *Digest of Case Law on the United Nations Convention on the International Sale of Goods*, 2016, pp. 391, 393.

成了《公约》第 25 条意义上的根本违约,由此买方也有权要求卖方退还其已经支付的货款。①另一方面,在合同未被宣告无效或未有效宣告合同无效时,则不得行使归还请求权。德国杜塞尔多夫地区法院于 1995 年审理了丹麦买方和德国卖家之间的帆船发电机以及备件销售合同纠纷案。在本案中,双方均履行了合同义务,但卖方交付的发电机无法启动船上的冷却设备,买方于是将发动机退回给德国卖方,同时要求退还货款并赔偿运费和安装损失,德国卖方则主张发动机质量符合合同要求,双方由此发生争议。德国上述法院没有支持买方的主张,其理由是:买方在第 45 条第 1 款和第 49 条规定的期限届满以前没有宣告合同无效,所以,卖方无需退回货款,因为根据本款的规定,宣告合同无效是行使归还权的前提条件。②

3.2 单方归还请求权

本条第 1 款首先赋予已经履约合同义务的一方当事人"单方归还请求权":本款第 1 句"如果一方当事人已经全部或部分地履行其合同义务,可以要求另一方归还其根据合同已经交付的货物或支付的货款"十分清楚地表明了这一点。本句规定适用于一方当事人先履行合同义务,而另一方当事人尚未履行其义务的情形。这一规定也是十分必要的,基于买卖双方在谈判中的地位不同,合同中规定卖方先交付货物或买方先支付货款的情形并不少见。本款中的"归还请求权"并不自动激活,已经履行合同义务的一方当事人必须通过向对方发出归还通知才激活这一请求权。在他激活"归还请求权"时,对方当事人便应当履行归还义务。本句规定"归还请求权"的目的是消除已经履行合同义务的行为所带来的影响。此处有权行使本款意义的"归还请求权"的"一方当事人"是一个中性表达:他既可以是买方,也可以是指卖方,既包括依法宣告合同无效的守约方,也包括违约方。中国国际经济贸易委员会

---

① Landgericht Landshut, Germany, 5 April 1995,www. unilex. info/cisg/case/ 121,访问时间:2021 年 12 月 5 日。

② Landgericht Düsseldorf, Germany, 11 October 1995, www. unilex. info/ case/234,访问时间:2021 年 12 月 5 日。

也在其于 1991 年 10 月仲裁的美国卖方和中国买方之间的合同纠纷中裁定:在买方有效宣告合同无效后,违约的卖方有权要求买方归还其已经交付的货物。①但买方和卖方在履行归还义务时,无论是履行这一义务的内涵还是方式均有着很大的不同。故下文分别予以论述。

(1)卖方的归还货物请求权/买方的退回货款请求权

在合同被宣告无效时,如果买方拒绝退还货物,卖方有权要求买方退还其收到的货物。如果此时卖方拒绝接受买方退还的货物,买方同样可以根据本款的规定要求卖方接受其退回的货物。在德国克雷菲尔德地区法院于 1992 年 11 月审理的意大利卖方和德国买方之间的皮鞋销售合同纠纷中,由于意大利卖方交付的皮鞋数量超过合同规定的数量,而且部分皮鞋存在着质量瑕疵,故买方要求卖方收回这部分皮鞋,在卖方拒绝买方要求时,买方拒绝支付货款,卖方于是提起诉讼。德国法院判定:在合同被宣告无效时,卖方必须接受买方退回的皮鞋。②在退还货物过程中存在以下几方面的问题:买方归还的是否必须是原物?买方在何时何地交付了归还货物,才可以视为履行了本款意义上的"归还义务"? 谁应该承担运送给卖方途中发生的货物损毁或灭失风险?

第一,是否必须原物归还? 买方是否必须将其收到的原物归还给卖方呢? 答案是肯定的,因为本款"可以要求另一方归还其根据合同已经交付的货物"这一规定表明:买方必须把他实际收到的原物归还给卖方;《公约》第 82 条第 1 款更加强化了买方的这一义务,因为它规定,"如果买方不能按实际收到货物时的基本状况归还货物,他就失去了宣告合同无效或要求卖方交付替代货物的权利"。这里的"按实际收到货物时的基本状况归还货物"不仅要求买方必须原物归还货物,而且要求所归还货物的质量状态必须与其实际收到货物时的质量状态一样。举

---

① China International Economic and Trade Arbitration Commission, People's Republic of China, 30 October 1991, http://www.cisg-online.ch/content/api/cisg/display.cfm?test=842,访问时间:2021 年 12 月 5 日。

② Landgericht Krefeld, Germany, 24 November 1992, www.unilex.info/cisg/case/81,访问时间:2021 年 12 月 5 日。

例来说,如果乙方实际收到的货物是一级苹果,但其归还的是一级梨或二级苹果,都不构成本款意义上的原物归还。以上规定表明:如果买方不能履行这一原物归还义务,原则上他便失去了宣告合同无效的权利。

第二,履行退货义务时买方交付货物的地点。在买方根据本款的规定将货物退还卖方时,那么,他在哪里交付了归还的货物才算履行了本款规定的退还义务呢? 在买方营业地所在地,还是卖方营业地所在地或者其他地点? 这一问题的答案直接关系到究竟应当由哪一方当事人承担退还过程的货物灭失风险。如果买方在其营业地将货物交付给承运人便视为已经履行了本规定的退货义务,那么,货物在运输过程中的毁损或灭失风险便由卖方承担;反之,如果买方必须在卖方营业地交付退还的货物,那么,上述风险便必须由买方承担。对退还货物的交付地点,《公约》没有进行规范,这也是《公约》存在的一个立法漏洞。如何弥补这一立法漏洞,无论在学术界还是在实务界都存在着不同的看法。一种观点认为,应该适用相关国家的国内法来弥补漏洞。上文提及的德国兰茨胡特地区法院在其于 1995 年 4 月审理的德国卖方和瑞士买方之间的运动服销售合同纠纷案中便持这一观点。在该案中,由于卖方交付合同货物的数量、质量和规格均不符合合同规定,已经构成了第 25 条意义上的根本违约,由此买方也有权要求卖方退还其已经支付的货款,同时卖方必须接受买方退还的货物。在买方应该于哪一地点履行归还义务这一问题上,德国上述法院认为《公约》没有明确规定买方履行归还义务的地点,也不能比照适用第 31 条规定,因为该条仅仅规范了卖方履行交货义务的地点,也不存在第 7 条第 2 款意义上构成《公约》存在基础的一般法律原则,所以应当适用法院地国国际私法所指引的国内法——德国法来确定该交付地点。① 与此相反的观点则认为:不应适用国内法,相反应该根据第 7 条第 2 款的规定来弥补这一立法漏洞,具体而言,可以比照适用第 31 条来确定买方履行

---

① Landgericht Landshut,Germany,5 April 1995,www.unilex.info/cisg/case/121,访问时间:2021 年 12 月 5 日。

归还义务的地点。①奥地利最高法院在上文提及的德国卖方和奥地利买方之间的木板销售合同纠纷案中便持这一观点。在该案中,德国卖方交付的不符合合同要求的木板,双方约定由买方将瑕疵木材退回给卖方,但卖方收到后发现木板在运输途中受损,卖方由此提起诉讼,要求买方赔偿其损失。奥地利最高法院认为:在合同约定解除后,买方应当根据本款的规定归还其收到的货物。由于《公约》没有任何条款规范合同解除后退还货物的交付地点问题,根据第7条第2款规定的立法漏洞弥补规定,应当优先适用《公约》意思自治原则这一一般法律原则来查明买方履行交付义务的地点,据此,应严格按照合同中规定的履约交货地条款来确定退货过程中的交货地点。由于合同中规定,正常履行合同过程中的交货地点是卖方营业地,那么,在退货过程中,买方交付归还货物的地点便应该是买方营业地。②

在以上两种不同的观点中,笔者认同第二种观点。因为意思自治原则确实是《公约》据以存在的一般法律原则,所以,只要双方当事人约定了买方履行这一归还义务的地点,那么,买方便必须在这一地点交付归还的货物;即使在合同中没有明确规定买方交付归还货物的地点,合同中规范卖方交付货物地点的条款也间接确定了双方履行归还义务过程中买方履行其交付归还义务的地点。例如,如果合同规定卖方在其营业地交货,那么,在履行归还货物义务过程中,买方便也在其营业地履行交付义务;反之,如果合同规定卖方在买方营业地交付货物,那么,买方也应在卖方的营业地交付货物。如果合同中没有规定卖方履行交货义务的地点,那么便应反向适用《公约》第31条规定来确定买方交付归还货物的地点。

第三,归还货物产生费用和风险的承担。在买方履行归还义务过

---

① Fountoulakis, in Schlechtriem, *Kommentar zum Einheitlichen UN-Kaufrecht—CISG*, 7. Aufl. 2019, S. 1359.

② Oberster Gerichtshof, Austria, 29 June 1999, http://www.cisg-online.ch/content/api/cisg/urteile/483.pdf,访问时间:2021年11月30日。

程中,不仅会产生相应的费用如运费、报关费等,而且货物也会在这一过程中损毁或灭失。那么,谁应承担此类费用和风险呢?《公约》同样没有规范这一问题。对此,也存在着两种不同点观点。一种观点认为,应当由违约方承担;[①]另一种观点则认为:应比照适用《公约》第 31 条和第 66 条至第 69 条来查明费用和风险的承担者。奥地利最高法院持后一观点:根据意思自治原则这一一般法律原则,买方应当严格按照合同中规定的履约交货地点条款来确定退货过程中的交货地点。由于合同中规定正常履行合同过程中的交货地点是卖方的营业地,那么,在退货过程中,买方交付退回货物的地点便是买方的营业地,卖方则必须支付将货物从买方营业地运回其营业地的费用,并根据第 66 条至第 69 条的规定承担运输过程中的风险。因为,在买方将货物在其营业地交付给承运人时,货物风险便已经发生了转移,买方自然不必对运输途中的毁损或灭失负责,相反,这一责任应当由卖方承担。[②]

在以上两种观点中,笔者认为上述第一个观点是成立的。因为在《公约》第 45 条第 1 款 b 项、第 61 条第 1 款 b 项和本条第 1 款的规定也蕴藏着一个第 7 条第 2 款意义上的一般法律原则,即违约者应当对对方当事人因其违约行为所遭受的损失承担赔偿责任,本款下的归还货物义务显然也是由于违约者的违约行为引起,由此产生的费用和风险显然应该由违约者承担。当然,在奥地利最高法院审理的上述案件中,由于违约方恰好是卖方,而买方交付归还货物的地点也恰好是买方的营业地,所以,根据第 66 条至第 69 条恰好由违约的卖方承担了归还货物的运费和风险。但单纯比照适用第 66 条至第 69 条的风险转移规则,有时也会让守约方承担相关的费用和风险。例如,假定在奥地利最高法院审理的上述案件中,德国卖方交付的货物符合合同规定,但买方拒不支付货款。若德国卖方宣告合同无效,买方也必须归还货物。这

---

① Denis Tallon, in Bianca/Bonell/knapp, *Commentary on the International Sales of Law*, p. 570.

② Oberster Gerichtshof, Austria, 29 June 1999, http://www.cisg-online.ch/content/api/cisg/urteile/483.pdf,访问时间:2021 年 11 月 30 日。

时比照适用意思自治原则和第 66 条至第 69 条的结果依然是由卖方支付相应的运费,承担相应的运输风险。这样的结果显然不符合违约方应当承担损害的一般法律原则。

（2）买方的货款归还请求权

根据本款的规定,如果买方在合同被宣告无效之前已经支付了货款,那么,他也拥有货款归还请求权。对此,各国法院和仲裁机构没有异议。德国兰茨胡特地区法院在上文提及的于 1995 年 4 月审理的德国卖方和瑞士买方之间的运动服销售合同纠纷案中便肯定了这一观点。在该案中,由于卖方交付货物的数量、质量和规格均不符合合同规定,已经构成了《公约》第 25 条意义上的根本违约,由此买方也有权要求卖方退还其已经支付的货款。①国际商会仲裁院在其于 1999 年 3 月仲裁的运动服买卖合同纠纷中也同样裁定:在买方已经支付货款,而卖方不交付货物时,买方不仅有权宣告合同无效,要求支付罚金,而且有权根据本款的规定要求卖方退还货款。②

3.3　"同时履行归还义务"原则

本款第 2 句规定:"如果双方均须归还,他们必须同时履行这一归还义务",由此确定了买卖双方同时履行归还义务的原则。在什么前提条件下,"双方均须归还"呢? 尽管本款没有明确规定这一点,但它应该是指:在合同被宣告无效时,双方均已经履行各自的合同义务。这是完全有可能的,一方面,《公约》第 58 条也确定了双方同时履行合同义务的原则;另一方面,国际货物销售合同是一种双务合同,在通常情况下双方当事人必须同时履行合同义务。在这种情况下,如果合同已经被宣告无效,他们自然必须同时履行归还义务。这一规定有着两方面的法律含义:其一,在对方拒绝履行归还义务时,一方当事人也可以暂停履行自己承担的归还义务;其二,在一方当事人要求对方履行归还义务,而自己不

① Landgericht Landshut，Germany，5 April 1995，www. unilex. info/cisg/case/121,访问时间:2021 年 12 月 5 日。

② Arbitration Court of the International Chamber of Commerce，March 1999，www.unilex.info/cisg/case/471,访问时间:2021 年 12 月 2 日。

履行退还义务时，对方当事人可以请求法院或仲裁机构判定双方必须同时履行归还义务。在中国国际经济贸易仲裁委员会于1991年仲裁的美国卖方和中国买方之间的轧制铝销售合同纠纷中，中国买方便请求仲裁庭裁定：双方必须同时履行归还义务；仲裁庭也根据本款的规定支持了买方的这一仲裁请求。①上述德国兰茨胡特地区法院在上文提及的案件中判定：在合同被守约的买方宣告合同无效时，在买方事实上同意退还货物之前，违约的卖方不履行退还货款义务，并没有违背其义务。因为在这种情况下，双方必须同时履行本款规定的归还义务。②

4. 本条和《公约》其他条款的关系

本条与《公约》第82条有着密切的联系。买方能否宣告合同无效和要求对方履行本条规定的归还义务，受第82条规定的限制，因为该条规定买方如果不可能按照实际收到货物时的基本状况归还货物，他就失去了宣告合同无效或要求卖方交付替代货物的权利。只有在属于第82条第2款规定的例外情形时，他宣告合同无效或要求归还货款的权利才不受影响。

此外，本条也与《公约》第84条有着密切的联系。本条仅仅规范了买卖双方归还货物或货款的义务；而第84条则规定，他们还必须将其从收到货物或货款中获得的利益全部归还给对方当事人。

第82条　不能按原状归还货物的法律后果

Article 82

(1) The buyer loses the right to declare the contract avoided or to

---

① China International Economic and Trade Arbitration Commission, People's Republic of China, 30 October 1991, UNCITRAL, Digest of Case Law on the United Nations Convention on Contracts for the International Sale of Goods, 2016 Edition, 访问时间：2021年12月2日。

② Landgericht Landshut, Germany, 5 April 1995, www. unilex. info/cisg/case/121, 访问时间：2021年12月5日。

require the seller to deliver substitute goods if it is impossible for him to make restitution of the goods substantially in the condition in which he received them.

(2) The preceding paragraph does not apply：

(a) if the impossibility of making restitution of the goods or of making restitution of the goods substantially in the condition in which the buyer received them is not due to his act or omission；

(b) if the goods or part of the goods have perished or deteriorated as a result of the examination provided for in article 38； or

(c) if the goods or part of the goods have been sold in the normal course of business or have been consumed or transformed by the buyer in the course of normal use before he discovered or ought to have discovered the lack of conformity.

译文

(1) 如果买方不能按实际收到货物时的基本状况(原译文为："原状")归还货物,他就失去了宣告合同无效或要求卖方交付替代货物的权利。

(2) 上一款规定并不适用于以下情形：

(a) 如果买方不能归还货物或不能按照实际收到货物时的基本状况(原译文为："原状")归还货物,并不是由其"作为"或"不作为"引起的(原译文为："造成")；或者

(b) 如果由于根据第 38 条规定对货物进行检验而导致全部或部分货物的毁灭或变坏(语序调整)；或者

(c) 如果在买方发现或理应发现货物中存在的不相符性以前,全部或部分货物已为买方在正常营业过程中售出,或在正常使用过程中消费或改变(语序调整)。

目录

正文

1. 调整对象

《公约》第 81 条第 2 款要求在合同被宣告无效时，双方当事人都应当退还其根据合同收到的货物或货款。比较而言，卖方退还货款较为简单，而买方退还货物因为需要安排运输等比较麻烦，甚至可能出于各种原因根本无法退回货物。无论是货物在交付后被毁损，还是已经被加工或出售，都使得买方无法将原物返回卖方。在这种情况下买方是否还可以宣告合同无效呢？本条专门规范了这一问题，它重点规范了买方不能"按照实际收到货物时的基本状况归还货物"时的法律后果。本条共包括两款，其中第 1 款规定了买方不能履行归还义务的法律后果：即买方原则上失去了宣告合同无效或者要求卖方交付替代货物的权利；而第 2 款则规范了适用第 1 款规定的例外情形。本条的调整对象也再次证明：宣告合同无效是一种形成权，它将合同履行关系转变成清算关系。

除了调整合同清算关系以外，本条也蕴含了规范买方归还货物过程中的风险转移关系的规则：即在卖方违约时，他必须承担这一过程中的所有风险。司法判决也确认了这一点，在卖方有违约行为的情况下，只要买方宣告合同无效的理由成立，他便不承担货物运回卖方途中的任何风险,因为无论是宣告合同无效,还是归还货物,相关的风险均是由卖方违约行为引起的。①

2. 不能按原状归还货物时的法律后果(第1款)

本条第1款规定:"如果买方不能按实际收到货物时的基本状况归还货物,他就失去了宣告合同无效或要求卖方交付替代货物的权利。"下文便据此分析本款的适用条件、法律后果以及确定的基本原则。

2.1　适用条件

根据本款的字面意思,适用本款的前提条件是"买方不能按实际收到货物时的基本状况归还货物",而且买方是否能够履行这一归还义务还关系到他是否能够行使本款规定的救济权问题。具体分析,它包括以下两种不同的类型:

(1)不能原物归还货物

"不能按照实际收到货物时的原状归还货物"首先是指买方不能"原物归还货物本身"。在买方已经转售了合同下的货物或者使用了合同下的货物时,买方显然不能归还货物的原物。中国国际经济贸易仲裁委员会便认同这一点。在其于2009年仲裁的螺纹钢销售合同争议中,双方均已履行了合同义务,但由于承运人在提单中对部分螺纹钢作了锈蚀的批注,双方对货物的相符性产生争议。11月12日买方要求解除合同并退回货款,11月30日买方将螺纹钢转售第三者,12月5日,买方通知卖方解除合同,并要求卖方退还货款,后来卖方提起仲裁申请,请求仲裁庭驳回买方的请求。中国仲裁庭支持了卖方的主张,因为根据本款买方已经无法归还货物原物。②德国科布伦茨地区高等法院持相同的观点,在其于1991年9月审理的意大利卖方和德国买方之间大理石板销售合同纠纷案中,双方均履行了合同义务。尽管意大利卖方交付的大理石板存在着瑕疵,但德国买方在收到货物后不久便对

---

① Oberster Gerichtshof, Austria, 29 June 1999, https://www.cisg-online.org/search-for-cases?cased=6451,访问时间:2013年6月6日。

② 中国国际经济贸易仲裁委员会:《〈联合国国际货物销售合同公约〉在中国仲裁的适用》,第80页。

大理石板进行了加工。后来德国买方以货物存在严重的质量瑕疵为由宣告解除合同，并要求意大利卖方退还货款。德国法院引用本款的规定驳回了德国买方的请求，因为德国买方根本不能原物归还货物。①由此可见，此处的"归还货物"是指归还卖方交付的货物本身。如果买方用其购买的同类货物进行替代，并将此归还给卖方，这便不构成此处的"归还货物"；同样，在货物灭失时如果买方试图向卖方支付赔偿金，这同样不构成此处的"归还货物"。造成不能原物归还的因素很多，只要不属于本条第 2 款列举的例外情形，如转售、使用、加工处理，货物被大火烧毁、遗失等，都会使买方不能履行原物归还义务。但货物市场价值的变动不能构成买方无法履行原物归还义务的原因。

值得注意的是：如果买方仅仅有转售的意图，或者宣称他将转售货物，这并不构成此处的"不能原物归还货物"，他也并不因此而失去宣告合同无效的权利。只有买方在宣告合同无效前在事实上转售了合同下的货物时，才构成了"不能原物归还货物"。②

（2）不能按实际收到货物时的基本状况归还货物

顾名思义，"买方不能按实际收到货物时的基本状况归还货物"显然不仅仅限于"不能原物交还"，它的内涵应该大于"不能原物交还"。那么，人们应该根据哪些标准来判定买方能否"按实际收到货物时的基本状况归还货物"呢？另外，应该在哪一时间点判断归还货物是否具备"实际收到货物时的基本状况"？由谁承担相应的举证责任呢？下文主要讨论以上三个问题。

第一，归还货物是否合格的判断标准。此处"按……**基本状况**归还货物"间接规定了买方归还货物必须符合的数量和品质判断标准：即买方归还的货物必须具备实际收到货物时的"基本状况"。此处的"基本状况"应该与《公约》第 35 条要求的"相符性"有一定的差异。第 35 条

---

① Oberlandesgericht Koblenz, Germany, 27 September 1991, www.unilex.info/cisg/case/128, 访问时间：2021 年 12 月 8 日。

② Amtsgericht Charlottenburg, Germany, 4 May 1994, http://www.cisg-online.ch/content/api/cisg/display.cfm?test=386, 访问时间：2021 年 12 月 9 日。

下的"相符性"要求卖方交付货物的数量、质量规格等完全与合同规定一致,而此处的"基本状况"却没有这么严格,即使买方归还的货物与其实际收到时的状况已经发生了轻微的变化,例如,归还的货物已经发生了轻微的损坏或损耗,依然符合"按照实际收到货物时的基本状况"的要求。①但对此还不存在一个统一的客观判断标准,相反,应根据具体案件中的具体情况予以分析判断。在实务中存在着以下几类考量因素:

首先,买方使用货物的时间是否达到一定的期限。如果买方使用货物没有超过特定的期限,那么,便应视为他能够"按……***基本状况***归还货物",反之则不然。在卖方交付的货物为机器设备时,合同中一般均规定了调试期。如果在这一期间内买方发现相关货物存在着构成根本违约的质量瑕疵,有意宣告合同无效并退回货物,该情况应视为货物依然具备实际收到货物时的"基本状况";反之,如果买方超过合同规定的调试期才发现此类瑕疵,则应视为不具备上述"基本状况"。在法国最高法院于 2009 年 12 月审理的德国卖方和法国买方之间的机械设备销售合同纠纷案中,德国卖方交付的设备最终被证明存在着严重的瑕疵,故法国买方宣告解除买卖合同,并要求卖方退还货款。但法国法院没有支持其主张,因为在买方宣告解除合同时,他已经使用设备长达五年时间,由此,买方已经不可能按照实际收到货物时的"基本状况"归还该设备。②

其次,是否对货物进行了加工改造。如果已经对收到的货物进行了加工改造,便可以认为买方不能"按……***基本状况***归还货物",反之,则能够。即使货物中存在着构成根本违约的严重瑕疵,也是如此。因为对货物进行加工改造已经改变了其性质和功能,所以,经加工改造的货物显然不具备实际收到货物时的"基本状况"。在上文提及的德国科

---

① Pilz, Internationales Kaufrecht, § 5 Rn. 168;另参见张玉卿:《国际货物买卖统一法——联合国货物买卖合同公约释义》,第 529 页。

② Cour de cassation, France, 3 November 2009, www. unilex. info/cisg/case/1491,访问时间:2021 年 12 月 9 日。

布伦茨地区高等法院审理的意大利卖方和德国买方之间大理石板销售合同纠纷中便是如此。意大利卖方交付的大理石板存在着瑕疵，但德国买方在收到货物后不久便对收到的大理石板进行了加工，德国法院引用本款的规定驳回德国买方的请求，因为德国买方根本不能原物归还货物。①

最后，指望卖方接受归还货物的要求是否具备"合理性"。如果按照当时货物的状态，指望卖方接受退还货物的要求是不合理的，那么，便可以认为买方不能"按……**基本状况**归还货物"，反之，则能够。这是瑞士联邦法院提出一个判断标准。在其审理的瑞士卖方和西班牙买方包装设备销售合同纠纷中，卖方交付的设备未能达到合同规定的产能，故买方宣告合同无效，并要求退货，瑞士卖方拒绝。瑞士联邦法院判定："不能按实际收到货物时的基本状况归还货物"是指，归还货物的状况发生了如此大的变化，指望卖方收回这些货物已经变得不合理。在该案中，由于卖方自己仍然对设备进行了调试，而且通过调试也未能解决其中的瑕疵，买方主张退回货物的这一要求具备上述"合理性"。②

以上三类不同的考量因素都是合理的。尽管瑞士联邦法院采用的"合理性"标准比较抽象，但它与前两个考量因素并不矛盾。因为如果要求卖方在买方使用货物数年以后或者对货物进行加工改造后依然接受退回的货物，这显然是不合理的。

第二，判断归还货物是否具备"实际收到货物时的基本状况"的时间点。本款要求买方归还货物必须具备"实际收到货物时的基本状况"。由于买方收到货物已经有一段时间，所以与"实际收到货物时的基本状况"这一要求相关的时间点至少有三个：买方交付退回货物时、买方发出宣告合同无效声明时、卖方收到退回货物时。本款究竟是以哪一时间点来判断买方退还的货物是否具备"实际收到货物时的基本

---

① Oberlandesgericht Koblenz, Germany, 27 September 1991，www.unilex.info/cisg/case/128，访问时间：2021 年 12 月 8 日。

② Bundesgericht，Switzerland，18 May 2009，www.unilex.info/cisg/case/1460，访问时间：2021 年 12 月 9 日。

状况"？应当以买方发出宣告合同无效声明之时的货物实际状态作为
考量标准。因为本款将在这一时间点归还货物是否具备此种"基本状
况"作为买方能否宣告合同无效的前提条件。这意味着，只要在宣告
合同无效时买方归还的货物具备上述"基本状况"，他的宣告合同无效权
便不受影响，即使货物在运回卖方途中受到损坏，也是如此。多国的司
法判决确认了这一点。①在德国卡尔斯鲁厄地区高等法院于2002年12
月审理的瑞士卖方和德国买方之间的冷却机械设备销售合同纠纷案中，
卖方交付的设备具有严重的"不相符性"，双方约定由卖方负责将设备运
回并进行修理，但运回途中设备受到了严重的损害，由此卖方拒绝对该
设备进行修理，买方则拒绝接受该设备，并宣告合同无效，要求卖方退回
货款。德国上述法院支持了买方的主张，其理由是：在卖方负责运回退
回货物时，买方仅需在其营业地将货物交由卖方处置，对运回途中发生
的货物损毁，他不负责，所以，买方的解除合同权不受本条的影响。②

第三，归还是否具备"实际收到货物时的基本状况"的举证责任。
在诉讼或仲裁实践中，究竟应当由哪一方提供证据证明买方归还的货
物是否具备"实际收到货物时的基本状况"？由于适用本款的争议通常
发生在买方宣告合同无效并要求卖方退还货款时，所以，卖方必须承担
以上举证责任。这意味着如果卖方不能证明：在买方宣告合同无效时
货物已经不具备其实际收到货物时的"基本状况"，那么，卖方应当接受
买方退还的货物，并退还相应的货款。学界和司法实务界也认同以上
观点。例如，在德国法兰克福地区高等法院于1991年9月审理的意大
利卖方和德国买方之间的皮鞋销售合同纠纷中，意大利卖方根据买方
提供的设计制造皮鞋，而且合同规定买方对该款皮鞋拥有独家经销权。
卖方在交付部分皮鞋后，未经买方同意擅自在某商品展销会上展出该
款皮鞋，而且拒绝了买方提出的退出展会的要求，于是买方宣告解除合

① UNCITRAL，*Digest of Case Law on the United Nations Convention on the International Sale of Goods*，2016，p. 395.

② Oberlandesgericht Karlsruhe，Germany 19 December 2002，www.unilex.info/cisg/case/909，访问时间：2021年12月9日。

同，并拒绝支付货款，双方由此产生争议。德国上述法院认为，意大利卖方违反合同约定擅自展出该款皮鞋的行为属于根本违约，买方有权宣告解除合同。卖方没有提供证据证明在本案中自己具备了本款规定剥夺买方宣告合同无效权的前提条件，所以，不能阻止买方行使合同解除权。①

2.2　具备适用条件时的法律后果

在具备以上条件下，将会产生哪些法律后果呢？本款后半句明确规定了这一点，据此，"他就失去了宣告合同无效或要求卖方交付替代货物的权利"。对于上述法律后果，学界和实务界均不存在争议，上文提及的案例也十分清楚地表明：在买方不能"按照实际收到货物时的基本状况"归还货物时，买方便失去了宣告合同无效的权利，即使他提出解除合同的请求，也不会得到法院或仲裁机构的支持。

但买方是否最终失去宣告合同无效权，不仅要分析本款的规定，而且要考虑是否存在本条第 2 款列举的例外情形。只有在既具备本款规定的适用条件，又同时不存在本条第 2 款列举的例外情形时，买方才最终失去宣告合同无效的权利或要求卖方交付替代货物的权利。在这种情况下，根据《公约》第 83 条规定，买方可以采取除解除合同、要求交付替代货物以外的其他救济措施，例如，引用第 46 条第 3 款的规定对瑕疵货物进行修理、引用第 50 条的规定要求降价，或根据第 74 条至第 77 条的规定要求损害赔偿。

2.3　"按照实际收取货物时的基本状况归还货物"原则

"按照实际收取货物时的基本状况归还货物"不仅是买方行使宣告合同无效权或要求交付替代货物的前提条件，而且是具备本款适用条件时的一个法律后果。尽管本款并没有正面直接规定这一原则，但"如果买方不能按实际收到货物时的基本状况归还货物"在实际上要求：买方必须"按照实际收取货物时的基本状况"履行归还义务。另外，第 81

---

① Oberlandesgericht Frankfurt a.M., Germany, 17 September 1991, www.unilex. info/cisg/case/8, 访问时间：2021 年 12 月 9 日。

条第 1 款同样确立了这一原则。当然,这一原则并不是《公约》的首创,它不仅为罗马法所确认,而且为众多国家的国内法《合同法》所肯定。①

3. 第 1 款规定法律后果的例外(第 2 款)

如上所述,根据本条第 1 款的规定,买方必须"按照实际收取货物时的基本状况归还货物",否则,他既无权宣告合同无效,也无权要求交付替代货物。本条第 2 款规定了不适用第 1 款规定的三种例外情形,只要属于本款列举的例外情形,即使买方不能履行第 1 款规定的归还义务,他依然可以宣告合同无效,或者要求卖方交付替代货物。下文将结合第 2 款的规定分别讨论三种例外情形。

3.1 不能归还并非由买方本身的"作为"或"不作为"所致

本款 a 项规定了一种例外情形,即"买方不能归还货物或不能按照实际收到货物时的基本状况归还货物,**并不是由其'作为'或'不作为'引起的**"。此处的"买方不能归还货物或不能按照实际收到货物时的基本状况归还货物"等同于买方不能履行第 1 款规定的归还货物义务。但仔细分析,本项"并不是由其'作为'或'不作为'引起的"这一规定蕴含着两层法律含义:其一,如果买方不能履行归还义务是由其本身的"作为"或"不作为"引起的,那么,买方依然既无权宣告合同无效,也无权要求交付替代货物;其二,只有在不能履行归还义务是由除买方"作为"或"不作为"以外的其他因素引起的时,才构成本项意义上的例外。

(1)导致"不能归还"的买方"作为"或"不作为"

买方收到货物后,无论其"作为"还是"不作为",都能使其不能履行本款规定的归还义务。此处的"作为"有多种形式,无论是买方转售合同下的货物,或者,对货物进行加工处理,还是直接使用货物,都会使得买方不能履行归还义务。在上文提及的中国国际经济贸易仲裁委员会于 2009 年仲裁的螺纹钢销售合同争议中,买方转售了存在瑕疵的螺纹钢;②

---

① John O. Honnold, *Uniform Law for International Sales under the 1980 United Nations Convention*, 3rd ed.(1999), p. 510.

② 中国国际经济贸易仲裁委员会:《〈联合国国际货物销售合同公约〉在中国仲裁的适用》,第 80 页。

在德国科布伦茨地区高等法院于 1991 年 9 月审理的意大利卖方和德国买方之间大理石板销售合同纠纷中，德国买方对存在瑕疵的大理石板进行了加工处理；①在法国上诉法院于 2009 年 12 月审理的德国卖方和法国买方之间的机械设备销售合同纠纷案中，买方使用存在瑕疵设备长达五年之久。②所有这些"行为"使得买方已经不可能按照实际收到货物时的"基本状况"归还该设备，这也成为法院判定买方无权解除合同的一个重要依据。

同样，买方的"不作为"也会造成其不能履行归还义务。例如，在买方收到了存在严重瑕疵的货物，并通知卖方退还该货物时，《公约》第 86 条规定他对货物承担了照看义务。如果他没有采取适当的保护措施，货物因此被盗，或被大雨淋湿变质，他自然不能履行本条规定的归还义务。在这种情况下，买方同样不得引用本项规定而主张宣告合同无效或要求交付替代货物。

但是，在因买方"作为"或"不作为"而使其不能履行归还义务时，买方是否最终被剥夺宣告合同无效权或要求交付替代货物权，不仅需要根据本项规定予以分析，而且需要同时结合本款第 3 项规定予以考察，因为该项规定也规范了这一问题。

（2）导致买方"不能归还"的其他因素

如果买方"不能归还"不是由买方的"作为"或"不作为"造成的，那么，显然是由其他因素造成的，此类其他因素究竟有哪几类呢？客观分析，导致买方"不能归还"的其他因素很多，大致可以分为以下几种不同的类别：

第一，因卖方交付的货物存在隐性瑕疵而造成的不能归还。这里的隐性瑕疵是指通过目测或初步检查难以发现的但却使得货物的品质

---

① Oberlandesgericht Koblenz, Germany, 27 September 1991, www. unilex. info/cisg/case/128，访问时间：2021 年 12 月 8 日。

② Cour de cassation, France, 3 November 2009, www. unilex. info/cisg/case/1491，访问时间：2021 年 12 月 9 日。

变得更差甚至毁损的缺陷。①例如，在苹果的内核刚刚出现变质时，其外表十分正常，但却会在买方收到后腐烂；在卖方交付汽车的制动装置质量存在隐患时，该车会因制动失灵而发生事故。

第二，在货物存有显性瑕疵时，因不可抗力或第三者的原因而造成的不能归还。这里所谓的"显性瑕疵"是指：在买方收到货物后已被发现的瑕疵。在这种情况下，如果此种瑕疵不构成根本违约，买方通常不会宣告合同无效，而是会要求卖方进行修理。假定在修理期间，发生了地震、洪水等不可抗力事件，而且导致货物在这些事件中损坏或灭失，买方自然不能归还。此外，买卖双方还可能约定：将货物运送回卖方营业地进行修理，货物在运回途中可能发生损坏，这同样使得买方不能"按照实际收到货物时的基本状况"归还货物。但这些均不是由买方的"作为"或"不作为"造成的，因为买方在其营业地将退还修理的货物货交承运人时，便已经完成了其归还交货义务，运输风险由卖方承担。②

第三，因侵犯第三方权利而造成的不能归还。如果卖方交付的货物侵犯了第三方的知识产权或财产权，那么，这些货物此后通常会被扣押或没收。在这种情况下，买方自然不能履行第 1 款规定的归还义务。

第四，因进口国管制措施而造成的不能归还。进口国通常会颁布各种各样的质量标准、检疫标准、或疫情防控标准等，如果合同下的货物不符合这些标准，例如，农产品药物残留超标、含有禁止性致癌或放射性元素等，相关的货物会被进口国没收或销毁，这同样会使买方不能履行归还义务。

根据本款 a 项结合第 1 款的规定，如果买方不能履行归还义务是由其自身"作为"或"不作为"引起的，那么，他便失去了宣告合同无效的权利，同时也失去了要求卖方交付替代货物的权利。反之，如果不能归还是由其"作为"或"不作为"以外的其他因素引发，那么，其上述权利便

---

① 　Enderlein/Maskow/Strohbach，Art. 82 Anm. 5 und 6.

② 　Oberster Gerichtshof，Austria，29 June 1999，http://www.cisg-online.ch/content/api/cisg/urteile/483.pdf，访问时间：2021 年 11 月 30 日。

不受影响。

3.2　检验所致

《公约》第 38 条规定了买方对货物的检验义务。由于此处的检验不仅仅限于目测,而且包括能够损害货物的物理或化学检测,所以,买方的检验完全能够导致其不能履行本条规定的归还义务。正因如此,本款将"由于根据第 38 条规定对货物进行检验而导致全部或部分货物的毁灭或变坏"列为第二种例外情形。据此分析,能够成为本项例外的,仅仅是指有损检验,例如,分析食品的化学成分,它并不包括无损检验,如目检。这意味着:买方必须根据货物的种类和性质采取适当的检验方式。如果在能通过无损检验方式便能实现检测目的时买方却采用了有损检验方式,并因此而损坏了货物,这便不能构成本项意义上的例外。另外,这里的"检验"不仅包括通过专门设备进行检测,还包括直接对货物进行加工。当然,只有在没有其他更合适的检测手段时,直接加工才能被视为本项意义上的检验。在 1997 年 6 月德国联邦法院审理的德国卖方和瑞士买方之间的不锈钢丝销售合同纠纷中,买方对收到部分不锈钢丝进行了加工,发现不锈钢丝有开裂、碎屑,不能用于生产产品,于是宣布该部分合同无效,并要求退货退款。德国卖方反对,因为买方是在对货物进行加工后才发现瑕疵的,而且买方不能归还该部分不锈钢丝。但德国联邦法院最终支持了瑞士买方的主张:因为在买方对不锈钢丝进行加工以前,他不可能发现里面存在的瑕疵,所以,"加工"导致买方不能履行本条的归还义务是由于检验所致,故买方依然有权解除合同。①但是,如果瑕疵是通过目检便能发现的,加工便不构成本项意义上的"检验"。在上文提及的德国科布伦茨地区高等法院审理的意大利卖方和德国买方之间大理石板销售合同纠纷中便是如此。德国买方收到大理石板后便发现存在着瑕疵,并通知了卖方,但随即对大理石板进行了切割加工。德国法院引用本条第 1 款的规定驳回了德国

---

① Bundesgerichtshof, Germany, 25 June 1997, https://www.unilex.info/cisg/case/257,访问时间:2021 年 12 月 8 日。

买方的请求,因为德国买方根本不能原物归还货物。①德国法院的以上判决是成立的,因为根据《公约》第49条第2款b项的规定,他应当在发现货物瑕疵以后的一段合理时间内宣告合同无效,而且,对货物进行切割加工也使得他无法履行归还义务。

总之,如果买方对货物进行了适当的检验,并由此造成了货物的毁损,他虽然因此不能履行归还义务,但依然有权解除合同,或要求卖方交付替代货物。

3.3　买方处置所致

本款c项列举了第三种例外情形:"在买方发现或理应发现货物中存在的不相符性以前,**全部或部分货物已为买方在正常营业过程中售出,或在正常使用过程中被消费或改变**。"下文将重点讨论本项例外的构成要件、本项例外与a项例外之间的关系。

(1) 构成c项例外应该具备的要件

构成c项的例外,应当具备哪些要件呢? 根据本项规定的字面意思,应当具备以下几方面的要件:第一,卖方交付的货物本身存在着瑕疵。本项中"在买方发现或理应发现货物中存在的不相符性以前"这一表述表明了这一点。货物中是否存在着"不相符"应根据合同和《公约》第35条和第36条规定来判定。第二,货物中存在的"不相符"必须是隐性的。所谓的"隐性"是指通过目检或通常的检验方法不能发现的瑕疵。与此相对的是"显性"瑕疵,即通过目检便能发现的瑕疵。本项中所指的"不相符"应当是隐性的,因为,尽管本项规定强调:买方应在出售或以其他方式使用之前"发现或理应发现货物中存在的不相符性",但在本质上它是指在"出售或以其他方式使用"之后才发现瑕疵,而这显然是指只能通过专门检测设备或加工才能发现的瑕疵。第三,买方必须在正常的营业过程中对货物进行了处置。本项规定提及的"售出,或在正常使用过程中被消费或改变",或者对货物进行加工处理,都属

---

① Oberlandesgericht Koblenz, Germany, 27 September 1991, www.unilex.info/cisg/case/128,访问时间:2021年12月8日。

于买方对货物的处置，而且正是由于买方的处置，使得他不能履行本款规定的归还义务。

根据以上三个要件可以推论出，本项规定同样蕴含着两层法律含义：其一，如果货物中的不相符性属于买方在销售或处置以后才发现的"隐性瑕疵"，那么，便构成本项规定的例外。其二，如果属于在销售或处置之前能发现的"显性瑕疵"，那么便不构成本项规定的例外。国际商事合同纠纷的判决也证明了以上观点。

第一，"隐性瑕疵"构成例外的案例。在德国埃尔旺根地区法院于1995年8月审理的西班牙卖方和德国买方之间的辣椒粉分批交货销售合同纠纷中，卖方交付了第一批货物，买方支付了首批货物的货款，并已将部分货物进行了转售。在卖方交付了第二批货物后，德国香料商协会正式通知买方，从西班牙进口的红辣椒粉中含有微量的乙氧胺，而且数量超过了德国法律所允许的水平，买方据此宣告合同无效，要求卖方赔偿损失，而卖方则提起反诉，认为买方无权宣告合同无效，并要求买方支付相应的货款。德国法院最终支持了买方的主张：因为卖方交付的辣椒粉含有乙氧胺不仅违反了合同的规定，而且违反了德国法律的规定，这已经构成了根本违约。尽管买方不能归还货物，但这是因为买方在其正常的营业过程中出售所致。而且，由于这一瑕疵并不是显性的，买方也不可能在转售前便发现这一点。[1]在上文提及的德国联邦法院审理的德国卖方和瑞士买方之间的不锈钢丝销售合同纠纷中，同样如此。在该案中，买方对收到的部分不锈钢丝进行了加工，发现不锈钢丝有开裂、碎屑，不能用于生产产品，于是宣布该部分合同无效，并要求退货退款，德国卖方反对。但德国联邦法院最终支持了瑞士买方的主张，因为在买方对不锈钢丝进行加工以前，不可能发现里面存在的瑕疵，虽然"加工"导致了买方的不能归还，但买方依然有权解除合同。

第二，"显性瑕疵"不构成例外的案例。德国杜塞尔多夫高等地区

---

① Landgericht Ellwangen，Germany，21 August 1995，www. unilex. info/cisg/case/164,访问时间：2021年12月11日。

法院在 1994 年 2 月审理了一家意大利卖方和一家德国买方之间的纺织品销售合同纠纷。合同规定卖方须交付两种不同图案的纺织品。买方收到货物后告知卖方货物不符合合同规格,因为其中一个图案与合同规定的图案不同,因此退回了该部分图案不符合要求的纺织品,出售了另外符合合同规定的纺织品,同时宣告合同无效,拒不支付不符合合同规定那一部分纺织品的价款。卖方提起诉讼,要求买方全额支付货款。德国法院驳回了买方的诉讼请求,其中一个理由是:买方已经发现一部分纺织品的图案与合同规定不符,但依然出售了一部分具有相符性的货物,由此他不能履行本条规定的归还义务。①上文提及的德国科布伦茨地区高等法院审理的意大利卖方和德国买方之间大理石板销售合同纠纷案同样如此。在该案中,德国买方在收到大理石板时已经发现了瑕疵,但依然对大理石板进行了切割加工,德国法院引用本条第 1款的规定驳回了德国买方的请求,因为德国买方根本不能原物归还货物。②

(2)c 项和 a 项规定的关系

在分析买方是否应根据 c 项规定承担责任时,不仅需要分析 c 项规定本身,而且应该同时考虑本款 a 项的规定,因为 a 项的规范对象是买方的"作为"或"不作为"引起了买方的不能归还。而 c 项同样如此,因为 c 项提及的"售出,或在正常使用过程中被消费或改变"显然都是买方的"作为"。这就产生了以下两个问题:c 项和 a 项规定的关系是什么? 两项规定之间的界线在哪里呢?

第一,原则和例外关系。就 c 项和 a 项规定的关系而言,a 项规定确定了原则:即买方通常需要对因其"作为"而引发不能归还负责;而 c项规定则又构成了 a 项的例外:即在具备 c 项要件时,买方无需对因其"作为"而引发的不能归还负责。

---

① Oberlandesgericht Düsseldorf, Germany, 10 February 1994,www.unilex.info/cisg/case/53,访问时间:2021 年 12 月 11 日。

② Oberlandesgericht Koblenz, Germany, 27 September 1991, www.unilex.info/cisg/case/128,访问时间:2021 年 12 月 8 日。

第二，两项规定之间的界线。适用 a、c 两项规定的界线有一个重要考量因素：即在买方收到的货物中是否存在通过目检难以发现而且只能通过正常经营加工过程的检验才能发现的瑕疵。如果属于此类隐性瑕疵，那么，便适用 c 项规定，买方依然拥有合同解除权、要求交付替代货物权；反之，如果属于显性瑕疵，则应适用 a 项规定，据此剥夺买方的上述权利。

第 83 条　其他救济权的保留

Article 83

A buyer who has lost the right to declare the contract avoided or to require the seller to deliver substitute goods in accordance with article 82 retains all other remedies under the contract and this Convention.

译文

在买方根据第 82 条规定失去（原译文为："丧失"）宣告合同无效或要求卖方交付替代货物权利时，他仍享有行使合同和《公约》规定的所有其他补救措施的权利。

目录

1. 调整对象
2. 其他救济权独立性原则
3. "其他救济权"的内涵
4. 本条的实际作用

正文

1. 调整对象

在卖方的行为构成违约或违反《公约》规定时，第 45 条赋予了买方多重救济权，要求卖方交付替代货物（第 45 条第 1 款 a 项结合第 46 条第 2 款），或宣告合同无效（第 45 条第 1 款 a 项结合第 49 条）是其中的两项救济权。如果买方根据第 82 条规定既失去了宣告合同无效的权利，也失去了要求卖方交付替代货物的权利，他是否还可以行使其他救济权维护自己的利益呢？本条规范了这一问题。本条前半句"在买方根据第 82 条规定失去宣告合同无效或要求卖方交付替代货物权利时"明确限定了这一调整对象，而后半句"他仍享有行使合同和《公约》规定的所有其他补救措施的权利"则明确规范了以上问题的答案。正因为此，本条规定是对第 82 条的一个重要补充，其目的在于明确界定失去宣告合同无效或要求交付替代货物权和其他救济权利的关系。

2. 其他救济权独立性原则

《公约》第 45 条列举了卖方违约时买方所享有的所有救济权，例如第 46 条下要求卖方实际履行交付义务权、要求卖方交付替代货物权或要求卖方对瑕疵货物进行修理的权利，或第 47 条设定额外宽限期的权利、第 49 条下宣告合同无效的权利，等等。尽管《公约》第 82 条直接规范的问题是买方在什么前提条件下失去宣告合同无效权和要求交付替代货物权，但在实际上它和本条一起将买方所享有的救济权分成两组：一组由宣告合同无效权和要求卖方交付替代货物权构成，另一组由其他救济权构成。而本条明确规范了这两组救济权之间的关系：其他救济权独立于宣告合同无效权和要求卖方交付替代货物权原则。本条规定的字面意思十分清楚地确认了这一原则，因为"在买方根据第 82 条规定失去宣告合同无效或要求卖方交付替代货物权利时，*他仍享有行使合同和《公约》规定的所有其他补救措施的权利*"这一规定十分清楚表明：买方根据《公约》和合同享有的其他救济权不受失去宣告合同无效权和要求替代货物权的影响。

3. "其他救济权"的内涵

根据本条规定，在买方根据第 82 条第 1 款的规定失去宣告合同无效或要求交付替代货物的权利时，他仍享有行使合同和《公约》规定的所有其他补救措施的权利。据此分析，买方可以行使以下两类不同的救济权。

（1）合同中约定的救济权

买方首先可以行使合同中规定的救济权。许多国际货物销售合同中通常规定违约方应当支付罚金或违约金,在这种情况下,当卖方违约时,买方自然可以要求卖方支付罚金或违约金。根据《公约》第 6 条规定的意思自治原则,双方当事人可以约定任何救济权,只有存在着此种约定,那么,买方便可以行使约定的救济权。

（2）《公约》规定的其他救济权

除了合同中约定的救济权以外,买方还可以行使《公约》规定的其他救济权。至于是哪些其他救济权,本条对此没有明确规定,但结合《公约》第 45 条、第 46 条至第 52 条和第 74 条至第 77 条规定,此处的其他救济权主要包括以下内容:第一,行使第 74 条至第 77 条规定的损害赔偿请求权。第二,行使第 50 条规定的减价权。第三,根据第 46 条第 1 款的规定要求对方实际履行合同,或根据第 3 款规定要求卖方对货物进行修理。[①]买方究竟能够采取何种救济措施,应当根据具体案件中的具体情形决定。

4. 本条的实际作用

在国际商事合同纠纷诉讼或仲裁中,本条所起的实际作用十分有限。到目前为止,还没有一个法院或仲裁机构单独引用本条规定审理案件。在多数案件中,法院或仲裁机构通常同时引用《公约》第 81 条至第 84 条规定。例如,在德国杜塞尔多夫地区法院于 1995 年 10 月审理的德国卖方和丹麦买方之间的游艇发动机销售合同纠纷中,卖方交付的发动机存在着瑕疵,买方宣告合同无效,退还发动机并要求卖方退款。德国上述法院同时引用上述四条,判定解除合同是一种形成权,买方必须通过行使这一解除权,才能将合同从履行关系转变成合同清算关系。[②]在奥地利最高法院于 1999 年 6 月审理的已加工木板销售合同

---

① 详见本书相关条款下之论述。

② Landgericht Düsseldorf, Germany, 11 October 1995, www.unilex.info/cisg/case/234,访问时间:2021 年 12 月 12 日。

纠纷案中,原合同规定了"工厂交货"(EXW),据此,买方应支付运费并承担相应的运输风险。由于卖方交付了未经加工的木板,木板在按照约定将运回卖方营业地的途中受到损坏。奥地利最高法院认为第 81 条至第 84 条规定暗示地确定了宣告合同无效后合同清算过程中的风险分担规则和买方交付归还货物的地点,即应反向适用第 31 条和第 66 条等条款的规定,据此买方在其营业地将退还修理的货物交给承运人时,便已经完成了其归还交货义务,运输风险由卖方承担。①

第 84 条 归还货物或货款时的利益返还

Article 84

(1) If the seller is bound to refund the price, he must also pay interest on it, from the date on which the price was paid.

(2) The buyer must account to the seller for all benefits which he has derived from the goods or part of them:

(a) if he must make restitution of the goods or part of them; or

(b) if it is impossible for him to make restitution of all or part of the goods or to make restitution of all or part of the goods substantially in the condition in which he received them, but he has nevertheless declared the contract avoided or required the seller to deliver substitute goods.

译文

(1) 如果卖方必须归还货款,他必须同时支付该货款的利息,利息的数额从支付货款之日起计算(语序调整)。

(2) 在以下情况下,买方必须向卖方返还(原译文为:"说明")其从

---

① Oberster Gerichtshof, Austria, 29 June 1999, http://www.cisg-online.ch/content/api/cisg/urteile/483.pdf,访问时间:2021 年 11 月 30 日。

全部或部分货物中获得(原译文为:"从货物或其中一部分得到")的一切利益:

(a) 如果他必须归还货物的全部或其中的一部分(原译文为:"全部或一部分货物");或者

(b) 如果他不能归还货物的全部或其中的一部分,或不可能按照实际收到货物时的基本状况归还货物的全部或其中的一部分,然而他却已宣告合同无效或已要求卖方交付替代货物。

目录

正文

1. 调整对象

《公约》第49条和第64条分别赋予买方和卖方在特定条件下宣告合同无效的权利。假定合同被依法宣告无效,第81条不仅免除了双方继续履行合同的义务,而且规定了双方的归还货物或货款义务。但卖方收到的货款一般会产生利息收益,买方收到货物时也会使用或处置相关的货物,这同样会给买方带来收益。在双方根据第81条规定归还货物或货款时,是否应当同时归还此类收益呢? 第81条并没有规范这一点,而本条则专门规范了这一问题,可见,本条也是对第81条的一个重要补充。本条共分两款,第1款规范了卖方归还货款及其利息所得的义务,第2款则规范了买方归还货物及其使用收益的义务。可见,本条设置收益归还义务的目的是让双方在经济上回归到双方均没有履行合同义务时的状态。正因为此,在双方履行本条意义上的收益归还义务时,用以归还的通常不是实物,而是货币。

应指出的是,尽管本条规定与《公约》第74条至第77条(损害赔偿条款)有重合的地方,但它仍独立于这些条款。这在实务中有着重要的现实意义:在计算违约方应当支付的赔偿款总额时,应当累计计算违约方根据第74条至第77条规定应支付的损害赔偿金和本条应归还的收益。另外,在存在第79条意义上的免责事由时,免除的仅仅是第74条至第77条下的损害赔偿责任,而不是本条下的收益归还义务。[①]

2. 适用范围

在本条的适用范围方面存在着两个有待澄清的问题:其一,它是否仅仅适用于由买方有效宣告合同无效的情形? 因为根据《公约》的规定,应该存在着三种不同类别的宣告合同无效情形:即双方根据第29条规定通过协商一致而解除合同、在卖方有违约行为时买方根据第49条规定宣告合同无效、在买方有违约行为时卖方根据第64条规定宣告合同无效。其二,它是否也适用于卖方应该归还保证金的情形? 在国际货物销售合同中,卖方为了保证自己的利益,不仅会要求买方支付部分预付款,而且会要求买方提供付款担保或付款保证金。在合同确认此类保证条款时,买方的开户银行通常会向卖方提供一定数额的保证金,卖方自然也会提前获得该项保证金。那么,在合同被宣告无效时,买方是否可以依据本条规定要求卖方支付该保证金的利息呢? 下文将

---

① Fountoulakis, in Schlechtriem, *Kommentar zum Einheitlichen UN-Kaufrecht—CISG*, 7. Aufl. 2019, S. 1385.

分别讨论以上两个问题：

2.1 适用于三类不同的宣告合同无效的情形

本条规定是否适用于以上三种不同类型宣告合同无效情形呢？对此有不同的观点，一种观点认为：本条规定仅仅适用于卖方有根本违约行为时，买方宣告合同无效的情形；[①]另一种观点则认为：本条规定不适用于双方协议解除合同的情形。[②]与此相反的观点认为：哪一方当事人有违约行为并不重要，本条适用于任何一方当事人有效宣告合同无效的情形。[③]以上哪一种观点是成立的呢？笔者认同最后一个观点。

第一，本条并没有明确规定只能适用于买方宣告合同无效的情形。本条第 1 款前半句"如果卖方必须归还货款"的规定限定了本条的适用范围。但我们从中并不能得出这样的结论：本条规定仅仅适用于买方宣告合同无效的情形。相反，它应适用于所有三类情形。因为无论在哪一类情形中，只要合同被有效解除，而且买方已经支付了货款，则"卖方必须归还货款"，即使在双方协商宣告合同无效时，也是如此。当然，如果在双方协商解除合同时，明确约定排除本条的适用，自然属于例外情形，这种约定本身也符合《公约》第 6 条规定的意思自治原则。

第二，不同国家的司法判决和仲裁实践也证明了这一点。中国、法国、瑞士、俄罗斯等国家的法院或仲裁机构均在相关的案件中确认：在买方因卖方的违约行为而有效解除合同时，卖方不仅必须根据《公约》第 81 条第 2 款规定归还货款，而且必须根据本条规定向买方支付货款的利息。[④]在

---

① Fountoulakis，in Schlechtriem，*Kommentar zum Einheitlichen UN-Kaufrecht—CISG*，7. Aufl. 2019，S. 1385.

② Fountoulakis，in Schlechtriem，*Kommentar zum Einheitlichen UN-Kaufrecht—CISG*，7. Aufl. 2019，S. 1386.

③ Article 84：Secretariat Commentary，https：//iicl. law. pace. edu/cisg/page/article-84-secretariat-commentary-closest-counterpart-official-commentary，访问时间：2021 年 12 月 12 日；John O. Honnold，*Uniform Law for International Sales under the 1980 United Nations Convention*，3rd ed.(1999)，p. 515。

④ UNCITRAL，*Digest of Case Law on the United Nations Convention on the International Sale of Goods*，2016，pp. 399，400.

卖方基于买方的违约行为而有效宣告合同无效时,卖方同样承担第 81 条第 2 款下的货款归还义务和本条下的支付利息义务。在瑞士桑内地区法院于 1997 年 2 月审理的奥地利买方与巴拿马卖方(由其在瑞士的分公司交付货物)之间的烈酒销售合同纠纷中,在签订合同后,买方支付了部分货款,但由于双方在运输方式和买方未能开出信用证问题上发生纠纷。卖方未交付货物,买方提起诉讼,要求卖方退回货款,卖方则提起反诉,宣告解除合同,并要求买方赔偿其损失。瑞士法院最终支持了卖方的请求,其理由是:买方没有按照合同规定出具信用证,从而构成了根本违约,故卖方有权宣告合同无效,根据第 81 条第 2 款和本条的规定,卖方必须退还已经收到的货款并支付相应的利息。当然,买方也应当赔偿卖方因其违约行为而产生的通信费和仓储费损失。①

2.2 适用于保证金或其他类似款项的归还

对于本条规定是否适用于保证金等其他类似款项的归还问题,本条没有明确规定。但笔者认为:《公约》第 81 条第 2 款和本条应比照适用于此类款项的归还,以下几方面的因素决定了这一点。首先,第三方应买方要求向卖方提供的保证金在本质上与买方支付的预付款具有相同的功能:均是由买方提供的一种履约担保,都是为了打消卖方对买方履行能力的疑虑。所以,在合同已经解除时,既然卖方应当归还其收到的货款(预付款),并就此支付利息,那么,在其归还收到的保证金时,他同样应当支付相应的利息。其次,根据第 81 条和本条的字面意思,虽然它们的规范对象仅仅是货款及其利息,但在这两个条款中也蕴含着构成《公约》第 7 条第 2 款意义的一般法律原则:即通过履行归还义务,将双方关系在经济上恢复到签订合同前的状态。既然如此,在买方委托第三方向卖方提供保证金时,也应当比照第 81 条和本条规定,要求卖方也应该退回保证金及其相应的利息收益,这样才能使得买卖双方的关系恢复到签订合同之前的状态,否则卖方便获得了不当的收益。

---

① Berzirksgericht der Sanne, Switzerland, 20 February 1997, www.unilex.info/cisg/case/403,访问时间:2021 年 12 月 13 日。

德国慕尼黑地区高等法院在其于 1995 年 2 月审理的德国卖方和意大利买方之间的汽车销售合同纠纷中便肯定了以上观点。该案的合同规定,买方应当向卖方提供银行保证金以保证其能履行支付义务。由于汇率变化,意大利买方拒绝接受货物,德国卖方也在实际上没有交付货物。德国法院判定:在合同被宣告无效时,尽管原则上买方要求归还保证金及其利息的权利应受国际私法所指引的国内法的调整,但第 81 条和本条第 1 款同样可以规范买方要求归还保证金及其利息的权利,因为它在本质上也属于买方要求卖方归还交易中提前支付给对方的款项。①

3. 卖方支付货款利息的义务(第 1 款)

本条第 1 款规定:"卖方必须归还货款,他必须同时支付该货款的利息,利息的数额从支付之日起计算。"可见,本款规范了在卖方归还货款时他必须就该货款支付利息的义务。不仅如此,本款还明确规定了计算利息的起算时间点。但为了确定卖方究竟应该支付多少利息,还存在着以下有待澄清的问题:计算利息的期限有多长? 应适用多高的利息率? 应用何种货币支付货款利息? 下文将分别论述这一问题。

3.1 计算货款利息的期限

为计算卖方应支付的利息数额,首先必须查明计算货款利息的期限,为此必须确定利息起算日和截止日这两个关键的日期。

(1) 利息起算日

本款明确规定了起算日期即"从支付之日起"。对于此处"支付日"的内涵,学界有两种不同的看法。一种观点认为它是指买方实际支付货款的那一天;②与此相反的观点则认为,它是指卖方实际收到货款那一天。③

① Oberlandesgericht München, Germany, 8 February 1995, www. unilex. info/cisg/case/118,访问时间:2021 年 12 月 13 日。

② Article 84: Secretariat Commentary, https://iicl. law. pace. edu/cisg/page/article-84-secretariat-commentary-closest-counterpart-official-commentary,访问时间:2021 年 12 月 14 日;参见李巍:《联合国国际货物销售合同公约评释》,第 395 页。

③ Fountoulakis, in Schlechtriem, *Kommentar zum Einheitlichen UN-Kaufrecht—CISG*, 7. Aufl. 2019, S. 1386,高旭军:《〈联合国国际货物销售合同公约〉适用评释》,第一版,第 495 页。

由于在国际贸易中货款支付均属于跨境支付,故买方支付货款的日期通常会早于卖方收到货款的日期;在通过信用证支付时,间隔的时间会更长。采取哪一起算日期自然会影响到卖方应该支付利息的数额。那么,以上哪一种观点是成立的呢? 第二种观点有一定的道理:本条的立法目的是获益者应归还从对方履约中获得的利益,在卖方还没有收到货款时,它根本无法从中获益。尽管如此,笔者依然认同上述第一种观点。因为"从支付之日起"的字面意思十分清楚地表明了:计算货款的利息是买方支付日,而不是卖方收款日。如果《公约》制定者有意将货款利息起算日规定为后一时间点,它完全可以将以上表述改为"从货款到账日起"。另外,本款规定并不完全是为了归还卖方从货款中获得的利益,相反,本款规定具有一定的赔偿性质。从本款"他必须同时支付该货款的利息"这一规定的文义看,卖方履行归还义务的前提条件并不是他通过利用该货款在事实上获得了利息收益。相反,即使他利用该货款没有获得任何收益,甚至遭受了损失,他依然必须向买方支付利息。

从司法或仲裁实践看,绝大多数判决或裁决将此处"支付日"认定为买方实际支付货款的日期。中国、德国、瑞士、法国、俄罗斯等多国的法院和仲裁机构在相关的案件中原则上均确认了上述起算时间点,[①]但在实务中又有两种不同的做法。

第一,买方支付货款的日期。例如,在瑞士苏黎世州商业法院于1997 年 2 月审理的法国卖方和德国买方之间的葵花籽油销售合同争议案中,合同规定法国卖方应每月交付特定数量的葵花籽油给德国买方在罗马尼亚的客户。德国买方支付了第一批货款,但法国卖方最终拒绝交付货物,买方因此要求卖方退回货款及其利息,并赔偿损失。瑞士法院依据本条第 1 款的规定支持了买方的诉讼请求,并判断应当从买方支付货款之日起计算卖方应该支付的利息数额。[②]

---

① UNCITRAL, *Digest of Case Law on the United Nations Convention on the International Sale of Goods*, 2016, pp. 399, 401.

② Handelsgericht des Kantons Zürich, Switzerland, 5 February 1997, www.unilex.info/cisg/case/305,访问时间:2021 年 2 月 14 日。

第二,以买方建议的晚于实际支付日的其他日期为起算日期。在实务中,买方提出的计算日期会晚于其实际支付货款的日期。由于这一建议有利于卖方,争议解决机构通常会同意买方的此类主张。例如,在中国国际经济贸易仲裁委员会于 2008 年 4 月仲裁的瑞士卖方和中国买方之间的 PAT 粉末销售合同争议中,由于卖方提供的粉末不符合合同规定的质量,且构成了根本违约,故买方宣告解除合同,并要求卖方归还货款并支付相应的利息。买方通过信用证方式支付货款,并分别于 2007 年 1 月 4 日或 4 月 27 日出具了两张信用证,买方于同年 8 月 10 日提起仲裁申请,并要求从该日起计算卖方应当支付的货款利息,中国仲裁庭支持了买方的主张。①

(2) 利息计算截止日

对于货款利息计算的截止日,《公约》没有作出明确的规定,但它无疑应该是指卖方将所有货款退回买方的那一天。各国的司法判决或仲裁裁决基本上确认了这一点,在上述瑞士卖方和中国买方的 PAT 粉末销售合同争议中,中国国际经济贸易仲裁委员会便是这么裁定的。

3.2 计算利息的利率

要计算卖方应当支付货款利息的数额,还必须确定用以计算利息的利率。为此,应当首先根据哪国法律来查明应该适用的利率? 对此《公约》没有作出统一的规定,学界和实务界则存在着以下两种不同的看法。

首先,一种观点认为:正如像根据《公约》第 78 条计算延迟支付货款的利息一样,应当根据第 7 条第 2 款规定,根据国际私法规则所指引适用的国内法来确定计算利息的利率。②当然,在这种情况下,争议解决机构通常根据冲突规范来确定应当适用的准据法,然后再确定应当

----

① China International Economic and Trade Arbitration Commission,People's Republic of China,18 April 2008,https://iicl.law.pace.edu/cisg/case/china-april-18-2008-translation-available,访问时间:2021 年 12 月 14 日。

② Fountoulakis, in Schlechtriem, *Kommentar zum Einheitlichen UN-Kaufrecht—CISG*,7. Aufl. 2019,S. 1388.

适用的利率。例如,在国际商会仲裁院于 1994 年仲裁的意大利卖方和捷克买方机器设备销售合同争议中,合同规定适用于争议解决的法律为奥地利法。由于卖方交付的货物不符合合同规定的质量,买方遂宣告解除合同,并要求卖方用买方支付货款的货币退还货款并支付利息,意大利卖方表示异议,双方由此发生争议。对于计算卖方支付货款利息应当适用的利率,仲裁院裁定:由于《公约》对此没有根据,仲裁院引用第 7 条第 2 款的规定最终适用了奥地利的法定利率,因为双方选择适用奥地利法。①

其次,另一种观点则认为:不适用国际私法规则所指引适用的国内法,直接适用《公约》规定来确定利率。但在这里存在着两种不同的做法:第一,直接适用买方所在地的官方利率。中国国际经济贸易仲裁委员会便持这一观点。在其于 2008 年 4 月仲裁的瑞士卖方和中国买方之间的 PAT 粉末销售合同争议中,由于卖方提供的粉末不符合合同规定的质量,且构成了根本违约,故买方宣告解除合同,要求卖方归还货款并支付相应的利息。中国仲裁庭引用本款的规定裁定:卖方必须归还货款并支付利息,适用买方所在地的官方利率即按照中国人民银行发布的同期人民币贷款逾期利率计算。②第二,适用卖方所在地利率。例如,在瑞士苏黎世州商业法院于 1997 年 2 月审理的法国卖方和德国买方之间的葵花籽油销售合同争议中,合同规定法国卖方应该每月交付特定数量的葵花籽油给德国买方在罗马尼亚的客户,德国买方支付了第一批货款,但法国卖方最终拒绝交付货物,买方因此要求卖方退回货款及其利息,并赔偿损失。瑞士法院依据本款的规定支持了买方的诉讼请求,并判断适用卖方所在地即法国的利率计算卖方应当支付的利息数额,因为法国是卖方能够使用货款获得投资收

---

① Arbitration Court of the International Chamber of Commerce,1994(Arbitral award No. 7660), www.unilex.info/cisg/case/48,访问时间:2021 年 12 月 14 日。

② China International Economic and Trade Arbitration Commission,People's Republic of China,18 April 2008, https://iicl.law.pace.edu/cisg/case/china-april-18-2008-translation-available,访问时间:2021 年 12 月 14 日。

益的地方。①

在以上不同的观点中，如果双方当事人约定了解决合同争议的法律，自然应当适用选择法律所指向国家的利率，因为从当事人明示选择的适用法中，可以默示推定当事人有意适用该国利率来计算利息。在当事人没有作出选择的情况下，笔者倾向于认同"适用买方营业地所在国的利率"。这主要是因为根据本款"利息的数额从支付之日起计算"这一规定，利息的起算日为"买方支付货款这一天"，既然应当从这一天起计算利息，自然也应当适用买方营业地所在国的利率；反之，如果适用卖方营业地利率，反而不符合本款规定的文义，因为在买方支付日卖方通常还没有收到货款。另外，本款的目的并不是要求卖方归还从收到货款中获得的收益，从本款的字面意思中也得不出这样的结论。相反，根据本款规定，卖方是否将货款用作投资、是否获得收益，都并不重要，只要他收到货款，他就必须支付相应的利息，学界和实务界对此没有任何异议。

3.3　归还货款和利息的货币和适用的汇率

在国际货物销售合同纠纷中，由于买卖双方分处两个不同的国家，该两国通常使用不同的货币，在合同被宣告无效后，双方有时会对卖方应使用何种货币履行货款归还义务和支付利息发生争议。对于这一问题，本条没有作出明确规定。但国际贸易销售合同中一般均规定应使用买方用以支付货款的货币。在这种情况下，即使合同中没有明确规定合同解除时卖方归还货款的货币，也应当视为合同中有关买方支付货款货币的规定同样适用于卖方的货款归还义务和利息支付义务。国际商会仲裁院也持相同的观点。在其仲裁的意大利卖方和捷克买方机器设备供应合同争议中，由于卖方交付的货物不符合合同规定的质量，买方遂宣告解除合同，并要求卖方用买方支付货款的货币退还货款并支付利息，意大利卖方表示异议。仲裁院最终支持了捷克买方的主张，

---

① Handelsgericht des Kantons Zürich，Switzerland，5 February 1997，www.unilex.info/cisg/case/305，访问时间：2021 年 2 月 14 日。

裁定意大利卖方必须用合同规定的支付货款的货币归还货款,并支付本款下的利息;同时以双方在合同中约定的汇率计算卖方应当归还货款和利息的数额。①

关于本款下卖方应支付利息数额的性质,笔者已经在前述第78条评释中有详细论述,这里不再赘述。

4. 买方返还从货物中获得利益的义务(第2款)

由上可知,本条第1款规范了卖方的支付货款利息义务。但是,在国际贸易实务中,在买方收到货物后,他可能已经出售或出租了货物,或以其他方式处置了货物,通过这些行为买方自然能够获得相应的利益。与本条第1款相对应,本条第2款规范了买方归还货物及处置收益的义务。本款不仅规范了买方的这一义务,而且规范了适用本款规定的前提条件,下文分别就此进行论述。

4.1　适用第2款规定的前提条件

本款通过a项和b项分别规定了两类不同的适用条件,应当指出的是:它们并不是同时具备的两个条件,两项规定之间的连词"或者"表明,只要具备任何一项条件,便会产生本款规定的法律后果。

(1) 在买方承担货物归还义务时(a项)

本款a项"如果他必须归还货物的全部或其中的一部分"这一表述明确地规定了本款的适用条件。据此分析,适用本款规定应具备以下两个条件:

第一,买方承担着货物归还义务。适用本款a项规定的一个前提条件是:买方"必须归还货物……"。那么,买方在什么条件下才须承担上述货物归还义务呢?《公约》第81条第2款规范了这一问题。据此,只要合同被宣告无效,买方就必须将其收到的货物退还给卖方。除此之外,第82条还进一步强化了买方的上述归还义务。该条规定原则上将买方能否"按照实际收到货物时的基本状况归还货物"作为其行使宣

---

① Arbitration Court of the International Chamber of Commerce,1994(Arbitral award No. 7660),www.unilex.info/cisg/case/48,访问时间:2021年12月14日。

告合同无效权或要求卖方交付替代货物权的先决条件，除非出现第 82 条第 2 款规定例外情形。当然，第 82 条规定主要是对买方的合同解除权进行了限制。

第二，买方在实际上履行了货物归还义务。适用本款 a 项规定的另一前提条件是，买方在实际上将其收到的货物归还给了卖方。①尽管 a 项规定的字面意思中并不明示规定这一适用条件，但本款 a、b 两项不同的调整对象暗示了这一条件。根据本款 b 项的规定，其调整对象为在合同已被宣告无效而买方却不能归还货物时承担的货物收益归还义务。由于 b 项规定适用于买方不能归还货物时，那么，a 项显然适用于买方能够履行这一义务时。

（2）在合同被宣告无效而买方又不能履行货物归还义务时（b 项）

b 项规定的适用条件与 a 项有着很大的不同。根据 b 项规定的字面意思，适用本项规定应具备以下几方面的前提条件：

第一，买方不能履行《公约》第 81 条第 2 款下的货物归还义务。这里的不能履行货物归还义务包括两层不同的法律含义：其一，他根本不能原物归还货物，本项"如果他不能归还货物的全部或其中的一部分"这一表述十分清楚地表明了这一点；其二，买方能够归还，但"不可能按照实际收到货物时的基本状况归还货物的全部或其中的一部分"。②

第二，合同已被宣告无效或已要求卖方交付替代货物。适用（b）规定的另一条件为："他却已宣告合同无效或已要求卖方交付替代货物"，可见，本句规定中蕴含了两个选择性的前提条件。

首先，第一个选择性适用条件是合同已被买方"宣告合同无效"。尽管《公约》第 82 条第 1 款的规定，如果买方不能"按照实际收到货物时的基本状况归还货物"，他便无权宣告合同无效，但第 82 条第 2 款列举了三种例外情形。只要属于此三种例外情形，即使买方无法履行第

① Tallon, in Bianca-Bonell, *Commentary on the International Sales Law*, Giuffrè: Milan(1987) 612.

② 对于这两个概念的内涵详见本书第 82 条中之论述。

81 条第 2 款下的货物归还义务，他依然有权宣告合同无效。值得探究的问题是：本项规定是否也适用于由卖方宣告合同无效或双方协议解除合同的情形？根据本项规定的字面意思，应该不适用，因为本项规定中"他却已宣告合同无效"仅仅是指买方。但是笔者认为：应将本项规定比照适用于不是由买方宣告合同无效的情形。因为在买方已经处置货物时，他同样可以进行足以使卖方解除合同的违约行为，例如拒绝支付货款，而在这种情况下买方同样能从其处置货物的行为中获得利益。如果本款规定的归还货物收益义务仅仅适用于买方宣告合同的情形，而不适用于卖方宣告合同无效的情形，这显然违反构成《公约》存在基础的"公平公正原则"。西方学者也认同以上观点，①司法判例同样如此。德国卡尔斯鲁厄地区高等法院在 2008 年 2 月审理了一起甲国买方和乙国卖方之间的 1953 年捷豹 C 型古董跑车销售合同纠纷。在买方支付了 1/3 左右的车价后，卖方交付了该车，买方随即以更高的价格转售了该车。此后不久，买方通知卖方，他将不支付剩余的购买价格。在催缴无果后，卖方宣告合同无效，要求买方退还汽车，并赔偿损失。德国上述法院比照第 64 条第 1 款 b 项的规定判定卖方有权解除合同，因为买方在卖方设定的宽限期内依然没有支付剩余的货款。同时比照适用本款的规定判定买方将转售汽车的收益及其利息归还卖方。

其次，另一个选择性适用条件是买方"已经要求卖方交付替代货物"。《公约》第 46 条第 2 款授予了买方要求卖方交付替代货物权，据此，只要卖方交付的货物存在着第 35 条意义上的"不相符性"，而且该"不相符性"已经构成了第 25 条意义上的根本违约，买方便可以要求卖方交付替代货物。

应当指出的是"宣告合同无效"和"已经要求卖方交付替代货物"并不是必须同时具备的两个条件。这两个概念中的"或"字表明，仅仅具

---

① Fountoulakis，in Schlechtriem，*Kommentar zum Einheitlichen UN-Kaufrecht—CISG*，7. Aufl. 2019，S. 1395；Oberlandesgericht Karlsruhe，Germany，14. 2. 2008，www.unilex.info/cisg/case/1336，访问时间：2021 年 12 月 15 日。

备其中之一,便足够了。事实上,"宣告合同无效"和"要求卖方交付替代货物"是两种相互矛盾的救济权,买方不能同时行使这两种救济权,而只能采取其中一种措施。

4.2 在具备上述前提条件时买方的归还义务

在具备以上适用条件下,将会产生何种法律后果呢?本款十分清楚地规定了这一点,即"买方必须向卖方返还其从全部或部分货物中获得的一切利益"。根据本款的结构,这一法律后果既适用本款 a 项规定,也同样适用本款 b 项规定。这也决定了此处的"一切利益"有着不同的内涵,据此买方返还的客体并不相同。

(1)在具备 a 项适用条件时买方的返还义务

由上可知,适用 a 项规定的一个前提条件是:买方在事实上归还了卖方交付的货物。这就产生了一个问题:在买方已经将货物归还卖方时,买方能够从卖方交付的货物中获得哪些"利益"呢?根据合同货物的不同,买方还是能够获得不同的"收益"的,大致可以区分为以下几类的收益:

第一,在合同标的为机器设备时,在合同被宣告无效前买方将此类机器设备用于生产制造,并生产制造出了相应的产品。买方出售此类产品的收入自然属于本项规定意义上的"收益"。

第二,在合同标的是活体动物时,动物的自然衍生幼崽也构成本项规定下的"收益"。例如,在交付的货物是母牛或母羊时,该母牛、母羊此后生产的小牛、小羊或牛奶、羊奶,都属于其应该归还的"收益"。

第三,买方以其他方式利用货物带来的好处。例如,买方出租货物而获得的租金收益。

(2)在具备 b 项适用条件时买方的返还义务

由上可知,适用 b 项规定的一个重要前提条件是买方无法归还货物。在国际贸易实务中,造成买方不能归还的最常见原因是买方转售了合同下的货物。在这种情况下,买方自然有转售收益。另外一个重要原因是买方对合同下的货物进行了加工处理,由此形成了新的产品。买方销售该新产品的所得,无论是转售收益还是加工销售新产品所得都是本项规定中的"收益"。

无论买方的所得是属于本款 a 项或 b 项下的,都构成本款意义上的"一切收益",根据本款规定,买方必须将上述收益返还给卖方。

4.3　举证责任

由上可知,在具备本款适用条件时,只要买方从其收到的货物中获得了利益,他便必须将该利益返还给卖方。但是,买方通常不会自愿履行这一返回义务,卖方如果有意要求买方履行这一义务,他必须提供证据证明买方从货物中获得了相应的收益。在德国奥尔登堡地区高等法院于 1995 年 2 月审理的一起奥地利卖方和德国买方之间的高端家具销售合同纠纷中,买方将收到的家具转售给了第三方,第三方指出该家具有瑕疵,奥地利卖方随即对此进行了修理,但修理并不成功,瑕疵依然存在,买方于是宣告解除合同,卖方则要求买方返还转售家具的收益。德国法院判定:根据《公约》第 49 条第 2 款 b 项的规定,买方有权在交付货物后的五周内宣告解除合同,因为这里还包括卖方尝试对家具进行修理的时间。尽管根据本款的规定,卖方有权要求买方返还转售家具的收益,但他必须提供确实的证据证明买方从转售中获得了收益,仅仅证明买方进行了转售,还不足以证明买方从转售中获得了收益。所以,德国法院没有支持卖方的这一主张。①

5. 结语

可见,在合同被宣告无效时,合同双方当事人都承担着归还义务,卖方必须归还货款并就此支付利息,而买方则必须归还货物及其收益。尽管本条的立法目的是要求双方各自返还其从对方履行行为中获得的利益,以便使双方的关系在经济上恢复到合同签订之前的状态。但是,仔细分析,本条两款的立法目的还是有些差异,这一差异便是:第 1 款具有一定的损害赔偿性质。无论是学界还是司法实务界均认为:买方无需证明卖方从该货款中获得了利息收益,卖方只要收到了货款,便必

---

① 　Oberlandesgericht Oldenburg, Germany, 1 February 1995, www. unilex. info/cisg/case/244,访问时间:2021 年 12 月 16 日。

须支付相应的利息。这样的观点是成立的，由于买方将货款支付给了卖方，他便失去了其本来能够获得的利息收益。而第 2 款则更具有恢复至合同订立前状态的功能，以防止买方不当得利。

第六节　保全货物

概　述

在合同履行过程中，在某些特定情况下，无论卖方还是买方均会发现，自己暂时地控制着对方的货物。例如，在买方收到货物时，如果发现货物存在着《公约》第 35 条意义上严重的"不相符性"，而且买方据此宣告合同无效时，那么，根据第 81 条第 2 款和第 82 条规定，他便应当将货物退回卖方。由于这些货物必须退还给卖方，它们自然属于卖方；而在买方收到货物之时至他将货物退还卖方之前，买方依然合法地控制着货物。同样的情况也会发生在买方延迟提取货物或拒绝支付货款时。因为假定合同规定买卖双方应同时履行交货义务和付款义务，那么，在合同规定的交货和付款时间点到来时，买方便应接受货物，货物也应处在他的控制之下。但在合同规定的交货和付款日届满后至买方实际支付货款之间，货物在实际上依然被卖方合法地占有着。在上述期间，如果控制货物的买方或卖方不采取相应的措施，货物便会遭到损坏。根据《公约》规定的促进国际贸易顺利进行的原则，《公约》制定者纳入了"保全货物"这一节。本节共有四条，其中第 85 条和第 86 条分别规范了卖方和买方在上述情形下采取必要措施保全货物的义务，同时赋予采取保全措施的一方当事人在对方当事人付清保全费用之前留置货物的权利。而第 87 条和第 88 条则分别规范了实践中两种常见的保全货物的方式：将货物存放在第三方的仓库中或出售货物。

本节的规定与《公约》其他章节的条款有着密切的联系。首先，它们与本章第五节(第 81 条至第 84 条)"宣告合同无效的效果"密切相关。在合同被有效宣告无效时,买方必须将依然在其控制下的货物退还给卖方。在履行这一义务之前,他必须根据本节规定采取相应的保全措施。当然,如果像第 85 条规定的那样,此时货物依然处在卖方控制之下,那么,宣告合同无效便免除了卖方的保全义务。其次,本节规定与第 46 条第 2 款有着联系。根据该款规定,买方有权要求卖方交付替代货物。而在买方提出这一要求时,他应当退还瑕疵货物,这样,他便应承担本节规定的货物保全义务。最后,本节规定也与第 74 条有着一定的联系。尽管本节每个条款均规定一方当事人为采取保全措施而支出的费用应由对方承担,但在司法和仲裁实践中,这些费用也均被视为第 74 条下的损失。

第85条　卖方控制货物时的保全货物义务

Article 85

If the buyer is in delay in taking delivery of the goods or, where payment of the price and delivery of the goods are to be made concurrently, if he fails to pay the price, and the seller is either in possession of the goods or otherwise able to control their disposition, the seller must take such steps as are reasonable in the circumstances to preserve them. He is entitled to retain them until he has been reimbursed his reasonable expenses by the buyer.

译文

如果买方延迟收取货物,或在支付货款和交付货物应同时进行(原译文为:"履行")时,买方没有支付货款,而卖方仍然占有这些货物或能够通过其他方式控制其处置权,那么卖方必须根据当时的情况(原译文为:"按情况")采取合理措施,保全货物。但在买方付清其为保全货物而合理支出的费用以前,他有权留置这些货物(语序调整)。

目录

正文

1. 调整对象

如上所述,在国际商事合同履行过程中,有时买方会延迟接收货物。此时,在买方最终提取货物之前,货物依然处在卖方的控制之下。在这种情况下,根据《公约》第 66 条、第 69 条的规定,货物的风险在合同规定的交付时间届满时从卖方转移给买方,那么卖方是否可以对依然在其控制下的货物丢弃不管呢?本条规范了这一问题。本条不仅规范了其适用条件,而且确定了具备适用条件时的法律后果。

2. 适用前提条件

根据本条第 1 句前半句的规定,适用本条规定应同时具备以下两个前提条件,即:"买方延迟收取货物"或"在应同时履行合同义务时买方没有支付货款""卖方拥有货物的处置权"。

    2.1 "买方延迟收取货物"或"在应同时履行合同义务时买方没有支付货款"

本条"如果买方延迟收取货物,或在支付货款和交付货物应同时进行时,买方没有支付货款"这一句规定了适用本条规定的第一组条件,这一组条件由以下两个替代性条件组成。

(1) 买方延迟收取货物

适用本条规定的第一个条件是"买方延迟收取货物"。此处的"买方延迟收取货物"包括两层法律含义。其一,买方晚于合同或《公约》规定的时间点接收了货物。例如,合同中约定了买方应于某年 10 月 20—30 日之间到卖方在某地的工厂提取货物,但买方直到 11 月 10 日才去提货;其二,买方非法拒绝接收货物。在本条的框架范围内,将买方非法拒绝接收货物视为"延迟收取货物",是合理的。买方非法拒绝收取货物,本质上是指在合同规定的收取货物日期届满后,买方依然拒绝接受卖方交付的货物,这样便会产生与延迟收取货物一样的后果:卖方已经在法律上履行了其交付义务,但货物依然处于其控制之下。这时便出现了卖方是否应采取措施照看货物的问题。多国法院的判决和国际商事仲裁裁决也确认了这一点。例如,在俄罗斯联邦工商会的国际商事仲裁院于 1995 年 4 月审理的捷克斯洛伐克卖方和俄罗斯买方之间的卡车销售合同纠纷中,双方签订合同后,卖方让制造商将合同下的卡车运送至某仓库中,此后买方通知卖方停止发货,并要求解除合同,卖方不同意,双方由此发生争议。俄罗斯国际商事仲裁院裁定:买方拒绝接收货物构成根本违约,合同可以解除。在合同签订后,卖方指示将合同下的货物运送至仓库,这是为了履行合同义务、保护货物而采取的合理保全措施。所以,根据本条规定,买方应该承担卖方为此而支付的运费和仓储费。①在卖方根据买方要求(第 46 条第 2 款)交付替代货物时,买方如果延迟收取卖方交付的替代货物或拒绝接收这些货物,也同样如此。

(2) "在支付货款和交付货物应同时进行时买方没有支付货款"

本条还规定了一个具有替代性的另一适用条件即"在支付货款和交付货物应同时进行时买方没有支付货款"。这在本质上是指:合同规

---

① The International Commercial Arbitration Court at the Russian Federation Chamber of Commerce and Industry, Russian Federation, 25 April 1995(Arbitral award No. 142/1994), https://iicl. law. pace. edu/cisg/case/25-april-1995-tribunal-international-commercial-arbitration-russian-federation-chamber,访问时间:2021 年 12 月 16 日。

定双方必须同时履行合同义务。在这样的情况下，如果买方拒不支付货款，卖方便可以暂时不交付货物，由此便产生了谁在争议解决期间负责照看货物的问题。应指出的是：此处的"没有支付货款"不仅仅包括买方没有支付货款本身，而且包括没有采取《公约》第54条意义上的支付准备措施，例如办理用汇手续、要求银行出具信用证等。此外，它不仅是指买方没有支付全部货款，而且还包括没有支付部分货款。法国国际商会国际商事仲裁院于1998年8月仲裁了一起机械设备销售合同纠纷。根据合同规定，买方必须首先支付总价20％的预付款，其余货款在转账银行收到卖方交付的提单等单据的10日内付清。买方支付了20％的预付款，但无力支付剩余的货款。在该案中，国际商事仲裁院根据本条规定裁定，卖方应将合同下的货物存放在某仓库中，以便保全货物。①

那么，如果合同规定买方必须首先支付货款，而买方届时没有履行这一支付义务时，这是否也受本条规定约束呢？根据本条规定的字面意思，这显然不属于本条的调整对象。但学界的主流观点认为：应将本条规定比照适用于此。②这一观点是成立的，因为它引发的后果与"双方同时履行合同义务时买方拒绝付款"相同，即卖方可以暂不交付货物但必须照看货物。

应当指出的是："买方延迟收取货物"和"在应同时履行合同义务时买方没有支付货款"并不是必须同时具备的两个条件，只要具备其中任何一个，便已经构成了本条规定的第一类适用条件。当然，如果同时具备这两个条件，更是如此。从国际贸易合同的实务来看，绝大多数情况下在买方拒不收取货物时，均会拒绝支付全部或部分货款。

2.2 卖方占有货物或控制货物的处置权

本条中"卖方仍然占有这些货物或能够通过其他方式控制其处置

---

① ICC Court of Arbitration，00-08-1998，访问时间：2021年12月17日。

② Bacher, in Schlechtriem, *Kommentar zum Einheitlichen UN-Kaufrecht—CISG*, 7. Aufl. 2019, S. 1395.

权"这一表述明确规定了适用本条规定的另一组前提条件:即占有货物或控制货物的处置权。

(1) 占有货物

对于"卖方占有货物"这一概念不存在任何争议,它是指卖方实际上依然占有合同下的货物。这在实务中也是经常发生的。只要双方约定了具体的交付时间和地点,如果买方没有在这一时间和地点提取货物,卖方便依然占有着合同下的货物。

(2) 控制货物的处置权

那么,何谓此处卖方"能够通过其他方式控制其处置权"? 这通常是指:尽管货物已经处在第三人的实际占有下,但卖方依然拥有对该第三人发布处置货物指示的权利,而且该第三人也有义务按照卖方的指令处置货物。在国际贸易实务中,卖方拥有此类处置权的典型情形有两种:其一,卖方已经将货物交付给了承运人,但依然拥有提单(bill of lading);其二,卖方已经将合同下的货物存放在他人的仓库中,但依然持有提取货物的仓单(Warehouse receipt)。无论是提单还是仓单,都是物权凭证。卖方可以凭单自行向承运人或仓库保管人提取货物,也可以将它们转让给任何其他人,受让人也有权凭单提取货物。

3. 法律后果

在具备上述两方面的适用条件时,本条"那么卖方必须根据当时的情况采取合理措施,保全货物。但在买方付清其为保全货物而合理支出的费用以前,他有权留置这些货物"这一句规定了相应的法律后果。据此分析,这会产生卖方的保全货物义务、要求买方支付保全费用的权利和留置货物的权利三方面的法律后果。

3.1 保全货物的义务

这是指:"卖方必须根据当时的情况采取合理措施,保全货物。"此处的"保全货物"是指:保护货物,防止发生货物灭失、损坏。常见的保全措施有:将货物存放在仓库中、将仍在运输途中的货物运送至某一地点存入仓库、根据货物的性质定期检查货物、在货物属于容易腐败变质情况下转售货物(《公约》第 88 条第 2 款)等。但是,本条规定还对卖方履行以上保全义务进行了一定的限制,即其所采取的措施必须是"根据当时的情况合理的"。这一限制要求有着实际法律意义,这意味着:如果采取的保全措施是不合理的,那么,卖方必须自己承担由此而产生的费用,本条最后一句中"在买方付清其为保全货物而合理支出的费用以前……"这一规定也表明了这一点。那么,判断保全措施是否合理的标准是什么呢? 对此《公约》仅仅作出了原则性的规定,即应当根据"根据当时的情况"予以分析判断。从国际商事诉讼和仲裁实践看,有两类切实可行的考量标准:

其一,支付的保全费用与保全措施所起的保护作用、货物价值是否维持在一个合理的比例上。如果支付保全费用超过保全措施所起的保护作用和货物价值,便可以认定相关的保全措施是不合理的,反之则是合理的。多国司法判决确认,只要支付的保全费用低于货物价值,无论是卖方将买方未及时提取的货物保存在仓库中,①还是进行转售,②都是合理的。

其二,卖方所采取保全措施的期限不得超过其能采取补救措施所需的期限。如果前者超过了后者,卖方超出后一期限所采取的补救措施便是不合理的,其为这一期限所支付的保全费用也是不合理的。在比利时安特卫普上诉法院于2006年4月24日审理的比利时卖方和德国买方之间的建筑材料销售合同纠纷中,由于买方仅仅接受一部分货物,也仅支付了一部分货款,而且没有任何理由拒绝履行剩余货物合同义务,卖方通知买方:如果买方不接受货物、支付货款,将在七日内转售货物。但实际上,卖方在发出上述通知后的六个月之后才转售了合同下的货物。在该六个月期间,卖方一直将合同下的货物存放在仓库中并为此购买了保险,在诉讼中卖方要求买方偿还该部分仓储费和保险费。比利时上述法院判定:根据本案的情形,在买方明确拒绝履行剩余

---

① Hof van Beroep Antwerpen, Belgium, 24 April 2006, www.unilex.info/cisg/case/1152,访问时间:2021年12月18日。

② Hof van Beroep, Gent, Belgium, 12 May 2003, unilex.info/cisg/case/946,访问时间:2021年12月18日。

合同义务的情况下,卖方进行转售所需的合理期限为三个月。所以,要求买方清偿这些货物前三个月的仓储费和保险费是合理的,另外三个月的仓储费和保险费则是不合理的,应当由卖方自行承担。

除此以外,还应考虑另外一个因素:即卖方为采取保全措施而支付的保全费是否明显高于当地同类仓库所收取的费用。当然,如果买方认为卖方采取的保全措施不合理,他必须提供证据证明这一点。

3.2 保全费用的承担

由上可知,为保证货物免受损害,卖方必须采取存放仓库、运输、检查或转售等措施,但采取这些措施均会产生相应的费用。除了此类仓库保管费、运输费以外,有时还会产生一定的货物维护费或报关费。这些费用应当由谁承担呢?本条最后一句"但在买方付清其为保全货物而合理支出的费用以前,他有权留置这些货物"规范了这一问题。据此分析,尽管卖方应首先垫付这些费用,但他有权要求买方清偿这些费用,而且买方也有义务偿还这些费用。当然,买方仅仅偿还卖方为保护货物所开支的那一部分"合理的"费用,超出"合理性"的那一部分费用,买方无需承担。判断卖方支付的保全费用是否"合理的"考量因素与判断采取保全措施"合理性"的因素相同,国际仲裁实践也确认了以上规则。俄罗斯联邦商会国际商事仲裁院于1995年9月仲裁了一起国际卡车销售合同纠纷。在卖方准备交付卡车时,买方要求暂停交货,后来拒绝接收货物,并宣告合同无效。为保护卡车免受损害,卖方将卡车存放在仓库里,并且委托专人对卡车进行维护,最后转售了货物。仲裁院最终裁定,卖方采取上述保全措施是合理的。如果不对卡车进行维护,它们便无法在市场进行销售,所以,买方必须偿还这些费用。①

对于这些买方必须补偿的费用,卖方还可以根据《公约》第78条的

---

① Tribunal of Int'l Commercial Arbitration at the Russian Federation Chamber of Commerce, Russian Federation,25-09-1995,www.unilex.info/cisg/case/251,访问时间:2021年12月18日。

规定要求买方支付利息。[①]

3.3 货物留置权

由上可知，卖方有权要求买方偿付其为采取保全措施而支付的费用。但如果买方拒绝支付该笔费用，怎么办？本条最后一句"但在买方付清其为保全货物而合理支出的费用以前，*他有权留置这些货物*"规范了这一问题。据此，卖方可以暂时留置合同下的货物。但本句也对卖方留置权的行使进行了一定的限制：即一旦买方清偿了保全费用（和货款）时，卖方便应当将货物交付给买方。

第 86 条　买方保全货物的义务

Article 86

（1）If the buyer has received the goods and intends to exercise any right under the contract or this Convention to reject them, he must take such steps to preserve them as are reasonable in the circumstances. He is entitled to retain them until he has been reimbursed his reasonable expenses by the seller.

（2）If goods dispatched to the buyer have been placed at his disposal at their destination and he exercises the right to reject them, he must take possession of them on behalf of the seller, provided that this can be done without payment of the price and without unreasonable inconvenience or unreasonable expense. This provision does not apply if the seller or a person authorized to take charge of the goods on his behalf is present at the destination. If the buyer takes possession of the goods under this paragraph, his rights and obligations are governed by the preceding paragraph.

---

① Bacher, in Schlechtriem, *Kommentar zum Einheitlichen UN-Kaufrecht—CISG*, 7. Aufl. 2019, S. 1406.

译文

（1）如果买方已收取货物，但有意（原译文为："打算"）行使合同或《公约》规定赋予其的任何权利，退还货物，那么，他必须根据当时的情况采取合理的措施，保全货物。但在卖方付清其为保管而合理支出的费用以前，他有权留置这些货物（语序调整）。

（2）如果交付的货物已在目的地交由买方处置，而买方有意行使退货权，拒绝收取货物（原译文中无此短语），则他必须为了卖方利益收取货物；但他必须首先支付货款，而且这会给他带来不合理的不便或产生不合理的费用者除外（语序调整）。如果卖方或其授权代为照看货物的代表（原译文为："受权代表他掌管货物的人"）已在目的地，则不适用本规定。如果买方根据本款规定收取了货物，其权利和义务受上一款规定的约束（原译文为："与上一款所规定的相同"）。

目录

正文

1. 调整对象

由上可知，《公约》第 85 条规范了卖方的保全货物义务。与此相对应地，本条规范了买方保全货物的义务。这是十分必要的，因为在国际贸易实务中，在买方收到货物时，买方可能出于各种原因有意拒收货物。然后，拒收显然会引起争议，即使没有争议，从其收到货物之时至将货物交付给负责运回的承运人之前，如果买方不采取相应的保管措施，货物便会处于无人看管的状态，这显然会扩大对货物的损害，进而损害对方当事人的利益。所以，基于构成《公约》基础的诚信合作这一一般法律原则，本条确认了买方的保全货物义务。本条共分两款，其中第 1 款适用于买方已经收到货物但有意退货的情形，第 2 款则适用于货物已经存放在约定目的地供买方处置但买方却有意退货的情形，下文分别就此进行论述。

2. 买方收到货物时货物保全的义务（第 1 款）

本条第 1 款规定"如果买方已收取货物，但**有意**行使合同或《公约》规定赋予其的任何权利，退还货物，那么，他必须根据当时的情况采取合理的措施，保全货物。但在卖方付清其为保管而合理支出的费用以前，他有权留置这些货物"。根据本款的文义，第 1 句前半句规定了其适用条件，其余部分规定了相应的法律后果。

2.1 第 1 款的适用条件

那么，适用本款规定应当具备哪些前提条件呢？ 根据第 1 句前半句的规定，应同时具备以下三个条件：

第一，买方已经收取货物。本款第 1 句中"如果买方已收到货物"这一表述表明了这一条件。这是指买方已经在物理上占有了合同下的货物。不论是在意大利福尔利法院于 2008 年审理的意大利卖方和斯洛文尼亚买方之间的皮鞋销售合同纠纷案中，①还是在德国卡尔斯鲁厄地区高等法院于 2002 年 12 月审理的瑞士卖方和德国买方之间的冷冻设备销售合同中，均认为：此处"收到货物"是指买方在实际上已经获得了货物。②这意味着：如果在交付提单等单据时买方便表示拒收货物，便不适用本款规定。因为在其表示拒绝接受货物时，货物仍在承运人的占有之下，即买方还没有收取货物。同样，如果合同规定买方必须

---

① Tribunale di Forlì, Italy, 11 December 2008，www.unilex.info/cisg/case/1368，访问时间：2022 年 3 月 1 日。

② Oberlandesgericht Karlsruhe，Germany 19 December 2002，www.unilex.info/cisg/case/909，访问时间：2022 年 3 月 1 日。

在目的地"付款交单"（交付提单），即使货物已经运送至目的地，在买方付款之前，也不构成本款意义上的"已经收取货物"。

第二，买方有意退还货物。这一适用条件蕴含在"但*有意*行使合同或《公约》规定赋予其的任何权利，*退还货物*"这一表述中。根据合同和《公约》的规定，至少存在着"有权退还"和"无权退还"两种不同性质的"退还货物"。所谓的"有权退还"是指：根据合同或《公约》的规定，买方有权退还已经收到的货物，反之，则属于"无权退还"。此处的"退还货物"究竟是指哪一种退还货物？客观地分析，它应仅限于有权退还，本款中"有意行使合同或《公约》规定赋予其的任何权利"这一规定表明了这一点。就《公约》的规定而言，许多条款均赋予了买方这一权利，例如，在具备第49条和第51条第2款规定的条件下，买方有权宣告解除合同，进而退还已经收到的货物；另外，在具备第72条和第73条规定的条件时，在买方根据第46条第2款要求卖方交付替代货物时，他同样有权退还货物。在买方没有任何法律依据退还已经收到的货物时，他也应当采取必要的措施保全货物，但此时他是为了自己的利益。因为根据第69条第1款的规定，自买方收取货物之时起，他必须自己承担货物损毁或灭失等风险。国际商事仲裁的实践也证明了这一点。例如，在保加利亚工商会仲裁院于1998年2月审理的俄罗斯卖方和保加利亚买方之间的钢管销售合同纠纷中，买方在收到第一批货物后多次通知俄罗斯卖方停止发货，他仅仅支付了部分货款，并拒绝支付剩余的货款。卖方于是宣告解除合同，而买方则提起反请求，要求卖方赔偿报关费、运费、仓储费等。但保加利亚仲裁院拒绝了买方的仲裁请求，因为他拒绝收货、退货均没有任何依据，故无权根据第74条、本条要求卖方赔偿其损失，清偿其支付的保全费用。[①]

第三，买方的通知义务。这是指买方必须将其退还货物的意愿及

---

① Bulgarian Chamber of Commerce and Industry，Bulgaria，12 February 1998（Arbitral award No. 11/1996），www.unilex.info/cisg/case/420，访问时间：2021年12月19日。

时告知卖方。客观地分析,本款中没有明文规定这一条件,西方学者依然将此视为适用本款规定的一个前提条件。[①]这一观点是成立的。根据本款第2句的规定,买方可以要求卖方清偿其为保全货物支付的合理费用,既然如此,买方自然应该将其退货意图、退货理由、拟采取的保全措施通知卖方。一个相关的问题是:买方是否必须在收到货物后立即将其退货意愿通知卖方? 部分西方学者对这一问题持肯定态度。[②]笔者认为这一观点是难以成立的。买方行使退货权的一个重要法定理由是:货物存在着构成根本违约的"不相符性"。买方通常根本无法在收到货物后立即发现此种"不相符性",在货物中存在隐性质量瑕疵时,更是如此。比较合理的是将《公约》第49条为买方规定的发出宣告合同无效声明的"合理时间"视为本款意义上买方发出上述通知的期间,因为该"合理时间"的计算起点是买方发现卖方此类违约行为之时。买方既然能在这一合理时间内发出宣告合同无效的声明,他自然应该能够发出本款意义上的"通知"。

2.2 具备适用条件时的法律后果

由此可见,本款在规定具备适用条件时的法律后果方面采用了与《公约》第85条同一部分完全相同的文字,这表明:在具备本款适用条件时,买方承担的保全义务与卖方根据第85条承担的义务完全相同。不仅如此,他也同样有权要求卖方清偿其垫付的合理的保全费用。在卖方偿还其垫付的保全费用之前,他也同样可以留置合同下的货物。[③]

3. 货物交由买方处置时的暂时收取货物义务(第2款)

在国际贸易实务中,也会经常出现这样的情况:尽管货物已被运送至目的地,但买方还未收取货物。如果合同中约定采用DAP、DPU或DDP(Incoterms 2020)价格术语时,便是如此。在这几种价格术语下,卖方仅需将货物运送至目的地交由买方处置,便完成其交货义务。而

---

① Bacher, in Schlechtriem, *Kommentar zum Einheitlichen UN-Kaufrecht—CISG*, 7. Aufl. 2019, S. 1410.

② Bamberger/Roth/Saenger, Art. 86, Rn. 3.2.

③ 有关这些义务和权利的内涵参见第85条中之论述。

在这一时刻,买方并不一定在物理上占有了货物,但他可以根据《公约》第 38 条第 2 款的规定对货物进行检验。如果发现货物存在着严重的"不相符性",他便可以根据第 46 条第 2 款的规定要求卖方交付替代货物,或者根据第 49 条规定宣告合同无效。而此时,货物仍然存放在承运船舶上或者目的地的码头上,而且买方还没有实际占有货物。那么应该如何保护这些货物呢? 本条第 1 款规定显然并不适用于上述情形,为了弥补第 1 款规定的不足,本条第 2 款规定专门规范了以上问题。本款不仅规范了买方收取货物的义务以及承担这一义务的前提条件,而且规范了买方免于承担这一义务的情形。下文分别就此进行论述:

3.1 买方的收取货物义务

本款第 1 句"如果交付的货物已在目的地交由买方处置,而买方有意行使退货权,拒绝收取货物,则他必须为了卖方利益收取货物"不仅规范了本款的适用条件,而且规范了相应的法律后果。

(1) 本款的适用条件

根据本款第 1 句的文义,适用本款规定应当具备以下几个条件:货物已经在目的地交由买方处置、买方有意行使退货权、无需支付货款、收取货物不会给他带来不合理的不便或产生不合理的费用。

第一,货物已经在目的地交由买方处置。本款"如果交付的货物已在目的地交由买方处置"明确规定了这一适用条件。这是指:卖方不仅已经将货物运送至约定的目的地,而且已经将货物的处置权无条件地转让给了买方。换句话说,买方可以不受任何限制地随时提取货物。如果买方已经获得提取货物的提单或仓单,便属于此种情形。国际学界认为:如果买方在货物运送至目的地之前,已经宣布他将拒绝收取货物,那么,他便无需承担本款规定的暂时收取货物的义务。①这一观点无疑是成立的,因为这根本不具备以上适用条件。另外,国外学者认

---

① Article 86: Secretariat Commentary, https://iicl. law. pace. edu/cisg/page/article-86-secretariat-commentary-closest-counterpart-official-commentary,访问时间:2021 年 12 月 19 日。

为：如果卖方将货物运送至错误的地点，并在那里交付了货物，同样具备这一适用条件。①这一观点显然是不成立的，因为上述条件中的"目的地"显然是指双方约定的交货地点，而错误的地点显然不是双方约定的目的地。同时，在该错误的地点交付时，买方也根本没有获得对货物的处置权。

第二，买方有意行使退货权。适用本款规定的另一前提条件是"买方有意行使退货权、拒绝接收货物"。与本条第1款中的"有意退货"相比，两者略有区别。第1款中的有意退货是买方将已经实际收到的货物退还给卖方，而本款中的"有意退货"是指买方将已经运送至目的地但还没有实际收到的货物退还给卖方。但本款中的这一概念与第1款中的同一概念也有相同的地方，即它们均仅指"有权退货"，最重要的行权基础是卖方有严重的违约行为。此类违约行为有：卖方违反《公约》第33条规定延迟交付货物、违反第34条规定未交付规定的重要单证文件、货物具有第35条规定的"不相符性"，或货物存在着第41条和第42条规定的"权利瑕疵"，等等。本款中"则他必须为了卖方利益收取货物"这一表述也暗示了这一点。因为买方只有在基于卖方的违约行为而决定退货时，他才是为了卖方的利益收取货物。另外，卖方的违约行为必须达到足够的严重程度。即如此严重，以至于符合合同或《公约》规定的宣告合同无效时，才构成本款中的"有权解除"。②

第三，发出退货通知。与本条第1款一样，适用本款规定的另外一个条件是：买方必须将其宣告合同无效、拒收退还货物的决定通知卖方，并说明理由。但与第1款下的通知义务稍有不同：在适用本款时，买方必须在货物运送至目的地交由其处置时立即发出上述通知；而在适用第1款时，买方应当在实际收取货物后的一段合理时间内发出退货通知。

---

① Jorge Barrera Graf, in Bianca/Bonell/knapp, *Commentary on the International Sales of Law*, p. 622.

② 详见上款中之论述。

（2）具备适用条件时的法律后果

根据本款规定,在具备以上适用条件时将会产生以下两方面的法律后果。

第一,收取货物。本款"则他必须为了卖方利益收取货物"规定了买方的这一义务。卖方在目的地将货物交由买方处置并不等于买方已经收取了货物;卖方在约定的时间内将货物运送至目的港或仓库,并通知买方凭提单或仓单在约定的时间内到约定的地点提取货物,这才满足了前述条件。而"收取货物"义务是指买方必须在约定的时间和地点实际上领取并占有货物,并将货物置于其控制之下。

第二,根据本条第 1 款的规定采取措施保全货物。在买方收取货物时,还会引发另外的法律后果,即买方有义务采取保全措施保护货物,本款最后一句"如果买方根据本款规定收取了货物,其权利和义务受上一款规定的约束"暗示地规定了这一点。此处的"上一款"显然是指本条第 1 款,而该款要求买方采取合理的保全措施保护合同下的货物,同时规定卖方有清偿买方垫付的合理保全费用的义务。在卖方不同意清偿时,则买方有权留置货物。

3.2 买方收取货物义务的免除

本款不仅规定了买方收取货物的义务,而且规范了买方免于承担上述义务的例外情形。根据本款规定,即使具备上述适用条件,但在下列两种情形下,买方便免于承担上述义务:

（1）买方暂时接受货物对买方十分不利

这是指:要求买方接受货物对买方本身十分不利。这种十分不利具体体现在本款规定的构成这一例外情形必须具备的以下两个要件中。

第一,买方必须首先支付货款。本款"但他必须首先支付货款"这一表述明确规定了构成例外的这一前提条件。这是指:如果合同规定买方必须首先支付货款,或者提供支付担保,然后才能收取货物,这时买方便无需履行收取货物义务,更无需采取措施保全货物。将这种情形作为一种免责例外也是十分合理的。如上所述,买方之所以拒收货物要求退货，是因为卖方有严重的违约行为。允许买方在实际收取货物之前退货，显然比要求买方支付货款、接收货物以后才行使退货权，更能防止双方扩大损失。

第二，收取货物会给买方带来不合理的不利。构成例外还应当具备另外一个要件：即收取货物会给买方带来不合理的不利，本款"而且这会给他带来不合理的不便或产生不合理的费用者除外"这一句明确规定了这一例外，此处的"不合理的不便"由两方面的内容构成。其一，这是指买方接收货物会给他带来"不合理的不便"。这通常是指买方为接收货物而必须付出的努力和应当完成的任务。至于付出多少努力、完成多少任务，才构成此处的"不合理的不便"，没有统一的标准，必须根据具体案件中的具体情况予以分析。其二，这是指接收货物会给买方产生"不合理的费用"。同样，买方支付多少费用才构成此处的"不合理的费用"，没有统一的规定，也是应根据具体案件中的具体情况予以分析判断。笔者认为判定本款中买方支付费用合理与否的标准应当与判断卖方根据《公约》第 85 条支付保全费用的标准相同，即应该综合考量三方面的因素：其一，买方为接收、保全货物而开支的费用是否高于货物的价值，如果前者高于后者，则已经构成了不合理性，反之，则不具备不合理性；其二，买方保全货物的时间长度是否超过必要的期限；其三，买方支付的保全费是否明显高于当地的平均收费标准。

（2）卖方或其授权代表已在目的地

免除买方接收货物义务的第二种例外情形是"卖方或其授权代表已在目的地"，本款"如果卖方或其授权代为照看货物的代表已在目的地，则不适用本规定"明确规定了这一例外情形。这是指：在卖方将货物送至目的地交给买方处置时，卖方或者其授权代表刚好也在该目的地。在这种情况下，买方如果有意退还货物，自然无需由他负责安排货物的退回事项。

4. 结语

综上所述，本款主要规范了货物已被运至约定的目的地，而且买方有意退还货物时，买卖双方当事人在这一过程中的权利义务关系。从各国的司法和仲裁实践看，本条的实际作用不是很大，引用本条规定尤其本条第 2 款规定解决争议的案件很少。

第 87 条 存入他人仓库及其费用

Article 87

A party who is bound to take steps to preserve the goods may deposit them in a warehouse of a third person at the expense of the other party provided that the expense incurred is not unreasonable.

译文

如果一方当事人有义务采取措施为对方保全货物，他可以将货物存入第三人的仓库；由此产生的费用由对方承担，但该费用不合理者除外（语序调整）。

目录

正文

1. 调整对象

由上可知，根据《公约》第 85 条和第 86 条的规定，买卖双方在特定条件下均有义务采取措施保全货物。本条规范双方履行这一保全义务的一种重要方式：将货物存放在第三人的仓库中。可见，本条规定是对第 85 条、第 86 条规定的一项重要补充。

2. 本条的适用条件

在哪一条件下才能适用本条规定呢？本条前半句"一方当事人有义务采取措施为对方保全货物"明确规定了这一条件。这里的"一方当事人"不仅指买方，也同样指卖方。《公约》第 85 条和第 86 条分别规范了卖方或买方承担货物保全义务的前提条件，详见前述在第 85 条和第 86 条评释中之论述。

3. 具备适用条件时的法律后果

具备以上适用条件时将会引发哪些法律后果呢？本条后半句规范了这一问题，据此"他可以将货物存入第三人的仓库；由此产生的费用由对方承担，但该费用不合理者除外"。

3.1 将货物存入第三人的仓库

"他可以将货物存入第三人的仓库"是在具备适用条件时产生的第一个法律后果。这里的"第三人"是广义的第三人，除了买卖双方之外，任何人都构成"第三人"，即使是买方的客户，也是如此。中国浙江省高级人民法院在其审理的一起国际货物销售合同纠纷中也肯定了这一观点。在该案中，买方已经将卖方交付的钢板转售给了其客户，但客户在使用过程中发现钢板存在着严重的瑕疵，买方由此解除合同，要求退货，并将钢板存放在其客户的仓库中。浙江省高院最终判定：买方的客户也属于本条中的"第三人"，将瑕疵钢板存放在其客户的仓库中也属于合理的保全措施。①

从本条中的"可以"两字可以看出：将货物存入第三人的仓库，这是《公约》赋予的一种权利，而不是义务。换句话说，在当地没有仓库或仓库不具备必要的条件时，当事人完全可以采取其他保全措施如存放入自己的仓库中，而不是必须将货物存入第三人的仓库里。如果当事人选择将货物存放在"第三人"的仓库中，那么，他便应当根据货物的性质选择合适的仓库。例如，如果属于需要冷藏的货物，他便应当选择带有

---

① UNCITRAL, *Digest of Case Law on the United Nations Convention on the International Sale of Goods*, 2016, p. 408.

冷藏设备的仓库;如果属于需要存入保险柜的贵重物品,那么,便需要选择一家带有此类设备的仓库。选择合适的仓库是当事人的义务,如果选择仓库不当,导致货物损坏,那么,该当事人便应当承担相应的赔偿责任,但如果因仓库保管方的过错而造成的损坏除外。应指出的是:选择哪一家仓库是承担保全义务一方当事人的权利,他无需征得对方当事人的同意。

3.2 对方承担仓库保管费用

在具备本条规定的适用条件时,引发的另一个法律后果是"由此产生的费用由对方承担,但该费用不合理者除外"。这一表述的内涵在本质上与《公约》第85条和第86条中的"在买方(卖方)付清其为保管而合理支出的费用以前"的相同,即采取保全措施的一方当事人有权要求对方当事人清偿其为保全货物而垫付的合理费用,超出合理部分的费用则由该当事人自行承担。上文已经论述了判断垫付保全费用是否合理的考量因素,这里不再重复。

4. 结语

可见,本条规定是对《公约》第85条和第86条的补充,它较好地规范了买卖双方在承担保全义务时一种最常见的保全措施即将货物存入第三人的仓库,以及费用的分摊问题。但在国际商事合同纠纷中,引用本条规定的判例不是很多,大多数引用本条规定的判决或裁决均旨在澄清这样一个问题:一方当事人是否应当偿还对方当事人为将货物存入第三方仓库而支付的保管费。[①]

第88条 保全货物的当事人出售货物

Article 88

(1) A party who is bound to preserve the goods in accordance with

---

① UNCITRAL, *Digest of Case Law on the United Nations Convention on the International Sale of Goods*, 2016, p. 408.

article 85 or 86 may sell them by any appropriate means if there has been an unreasonable delay by the other party in taking possession of the goods or in taking them back or in paying the price or the cost of preservation, provided that reasonable notice of the intention to sell has been given to the other party.

(2) If the goods are subject to rapid deterioration or their preservation would involve unreasonable expense, a party who is bound to preserve the goods in accordance with article 85 or 86 must take reasonable measures to sell them. To the extent possible he must give notice to the other party of his intention to sell.

(3) A party selling the goods has the right to retain out of the proceeds of sale an amount equal to the reasonable expenses of preserving the goods and of selling them. He must account to the other party for the balance.

译文

(1) 在一方当事人根据第 85 条或第 86 条规定保全货物时,如果另一方当事人在提取货物或收回货物或支付货款或保全费用方面有不合理的迟延,他可以采用适当的方式出售货物,但他必须在事前将其出售意向合理地通知对方当事人(语序调整)。

(2) 如果货物易于迅速变质(原译文为:"变坏"),或者采取保全措施将会产生(原译文为:"货物的保全牵涉到")不合理的费用,则根据第 85 条或第 86 条规定承担保全义务的一方当事人必须采取合理措施出售货物。他必须在可能的范围内将其出售意向(原译文为:"打算")通知另一方当事人(语序调整)。

(3) 出售货物的一方当事人有权从销售所得收入中扣除其为保全和销售货物而支付的合理费用(语序调整)。他必须将扣除后的余款归还给向另一方当事人(原译文为:"向另一方当事人说明所余款项")。

目录

正文

1. 调整对象

如上所述，《公约》第 85 条和第 86 条分别规范了卖方和买方在特定条件下的保全义务，本条规范了国际贸易实务中他们经常采用的另一保全方式：出售货物。本条共有三款，分别从不同角度规范了采用出售方式保全货物时所涉及的法律问题：第 1 款授予了保全方出售货物的权利以及行使这一权利的条件，第 2 款规范了保全方出售保全货物的义务以及承担这一义务的条件，第 3 款则规范了出售货物所得的处理问题。

本条与本节其余三条有着密切的联系。它不仅是《公约》对第 85 条和第 86 条规定所作的补充，因为前两条仅仅规范了买卖双方各自的保全义务，而没有规定具体的保全方式，而本条明确规定了"出售"这一常见的保全方式；本条也是对第 87 条的一个重要补充，因为有时将货物存放在仓库中还不足以保全货物，例如，在合同货物属于季节性很强的货物或容易腐败变质的货物时，便是如此，所以，本条规范了"出售"这一保全方式。下文将根据本条三款的文义讨论相关的适用问题。

2. 保全方出售保全货物的权利(第1款)

本条第1款不仅规范了保全方出售保全货物的前提条件,而且授予了其采取出售方式保全货物的权利。

2.1 保全方行使出售权的前提条件

那么,在具备哪些条件下,保全方才享有自行决定出售保全货物的权利的呢? 客观分析,本款规定了以下三方面的适用条件:即"一方当事人有义务保全货物""对方当事人不合理地延迟履行了特定的义务"和"事前向对方发出通知"。

(1) 一方当事人有义务保全货物

一方当事人有义务保全货物,本款"在一方当事人根据第85条或第86条规定保全货物时"这一句规定了这一前提条件。[1]

(2) 对方当事人不合理地延迟履行特定义务

适用本款的第1个前提条件是对方当事人延迟履行其法定义务。本款中"如果另一方当事人在提取货物或收回货物或支付货款或保全费用方面有不合理的迟延"这一表述确定了这一条件。仔细分析,这里又包括"对方当事人未及时履行特定义务"和"该当事人的履行延迟达到不合理的程度"两个要件。

第一,对方当事人未按时履行特定义务。根据本款规定的字面意思,如果对方当事人没有及时履行下列义务之一,便具备了构成"不合理地延迟履行特定义务"的一个要件:

其一,对方当事人"未及时提取货物"。这是指《公约》第85条提及的"买方延迟接收货物"违约行为。[2]第53条和第60条规定了买方按照合同和《公约》规定的时间接收货物的义务。如果买方延迟履行这一义务,根据第85条规定,卖方便获得留置货物的权利,同时承担保全货物的义务。此处的"未及时提取货物"包括买方未接收货物,国际商事

---

[1] 买卖双方在哪些条件下承担货物保全义务详见本书第85条和第86条中之论述。

[2] Jorge Barrera Graf, in Bianca/Bonell/knapp, *Commentary on the International Sales of Law*, p. 628.

合同判决已经证明了这一点。例如,在奥地利格拉茨地区高等法院于 2002 年 9 月审理的一起奥地利卖方和德国买方之间的服装销售合同纠纷中,奥地利卖方在约定的时间交付了货物,但德国买方没有按时接收货物,而且卖方通过传真和电话通知设定了 14 天取货期限,但买方依然没有接受货物,所以,卖方以较低的价格出售了合同下的货物。奥地利上述法院判定:在卖方通知的提货限期届满以后,买方依然没有接收货物,奥地利卖方有权根据本款的规定出售货物。①

其二,对方当事人"未及时收回货物"。这是指《公约》第 86 条规范的卖方没有及时接受买方退还货物的行为。②由上可知,第 86 条规范了买方退还货物的两种情形:①可以将已经收到的货物退还给卖方(第 1 款);②可以将已被运送至目的地交由买方处置的货物退货给卖方。无论在哪种情形下,卖方都应在规定的时间内接受买方退还的货物,否则便构成"未及时收回货物"。即使卖方明确拒绝接受买方退还的货物,同样构成此处的"未及时收回货物"。多国法院判决也肯定了这一观点。例如,在斯洛文尼亚卢布尔雅那高级法院于 2005 年 12 月审理的斯洛文尼亚卖方和德国买方之间的门和门框销售合同争议中,卖方交付的门和门框存在着严重的瑕疵,买方宣告合同无效,并试图将货物退还给卖方,但卖方拒绝接受。斯洛文尼亚上述法院根据本款规定判定,德国买方可以出售这些存在瑕疵的货物,以减少损失。③

其三,对方当事人"未及时支付货款"。这不仅包括买方延迟支付货款的情形,而且包括《公约》第 85 条提及的"买方未支付货款"的情形。④"延迟支付货款"和"未支付货款"是两个相对的概念,两者在特定

---

① Oberlandesgericht Graz, Austria, 16-09-2002, www. unilex. info/cisg/case/2025,访问时间:2021 年 12 月 21 日。

② Bacher, in Schlechtriem, *Kommentar zum Einheitlichen UN-Kaufrecht—CISG*, 7. Aufl. 2019, S. 1421.

③ Higher Court(Appellate Court) in Ljubljana, Slovenia, 14 December 2005, www.unilex.info/cisg/case/2029,访问时间:2021 年 12 月 21 日。

④ Bacher, in Schlechtriem, *Kommentar zum Einheitlichen UN-Kaufrecht—CISG*, 7. Aufl. 2019, S. 1421.

情况下可以相互转换。例如,在买方延迟支付货款时,卖方因此而有效解除合同,那么,"未及时支付货款"便成了"未支付货款"。第 53 条、第 58 条和第 59 条明确规定了买方按时支付货款的义务。如果买方没有在规定的时间内支付货款,便构成了此处的"未及时履行特定义务"。不仅如此,此处的"未及时支付货款"不仅仅包括买方没有支付全部货款,而且包括没有支付部分货款。中国上海市第二中级人民法院便持这一观点,在其于 1998 年 6 月审理的中国卖方和德国买方之间的农具销售合同纠纷案中,买方支付了约定的预付款,卖方交付了大部分货物,但德国买方拒绝支付剩余的货款、接收剩余的货物。在这种情况下,上海市第二中级人民法院判定:卖方有权根据本款的规定出售剩余的货物,以减少损失。[①]

其四,对方当事人"未及时支付保全费用"。这是指该当事人未及时支付另一方当事人根据《公约》第 85 条、第 86 条或第 87 条规定采取保全措施而支付的费用。根据以上三条规定,履行保全义务的当事人有权要求对方当事人清偿其支付的合理的保全费用。如果对方当事人延迟支付以上保全费用,同样构成了此处的"未及时履行特定义务"。

第二,对方当事人的履行延迟达到不合理的程度。这是指承担履行以上义务当事人的履行提取货物或收回货物或支付货款等义务时的"延迟"必须达到"不合理的程度"。如果达到了这一"不合理的程度",便触发了本款规定的法律后果,反之,便不引发任何法律后果。那么,判断延迟履行是否达到这一程度的标准是什么呢?《公约》对此没有进行明确规定,笔者认为应当根据第 85 条、第 86 条、第 87 条等条款的规定并结合具体的案情来分析判定,其中重要的考量因素有:货物是否属于季节性很强或容易腐败变质的货物。如果属于季节性很强或容易腐败变质的货物,那么,延迟履行的时间很短,而且也足以构成此处的"不

---

① Second Intermediate People's Court of Shanghai, People's Republic of China, 22 June 1998, https://iicl.law.pace.edu/cisg/case/china-june-22-1998-intermediate-peoples-court-china-yituo-group-company-v-germany-gerhard,访问时间:2021 年 12 月 21 日。

合理的程度";反之,则可以稍长一些。在考量延迟支付货款或保全费用是否构成"不合理的延迟"时,重点应考虑拖欠款项数额的大小、对方当事人对及时支付这些款项的急迫程度、支付方是否知道对方的急迫需求等因素。如果保全费用很高,而且对方明确表示拒绝清偿,那么,即使很短的延迟,也足以达到"不合理的程度";反之,则可以稍长一些。另外,如果买方根据第47条规定、卖方根据第63条规定设定了供对方履行义务的宽限期,那么,他们便受该宽限期的约束,不得在该宽限期内采取本款规定的救济措施。在国际贸易实务中,采取保全措施的当事人也通常会在通知中设置这样的期限。例如,在奥地利格拉茨地区高等法院于2002年9月审理的奥地利卖方和德国买方之间的服装销售合同纠纷中,在德国买方没有按时提取货物后,卖方通过传真和电话通知了卖方提取货物,并设定了14天的取货期限,但买方至14天期限届满依然没有接受货物。奥地利法院判定:14天的期限是合理的,买方在该期限届满后依然没有接收货物,奥地利卖方有权根据本款的规定出售货物。[1]

(3) 事前向对方发出通知

适用本款的另一个前提条件是"他必须在事前将其出售意向合理地通知对方当事人"。保全方可以采用任何方式发出这一通知,但根据以上规定,通知必须表明特定的内容:如果对方再不履行上述义务,自己将出售货物。《公约》规定通知义务目的是:给对方当事人再次提供履行相关义务的机会。如果对方在收到通知后表明愿意及时履行相应的义务,那么,该当事人便不得出售保全货物;反之,如果对方仅仅对出售保全货物提出异议,但对及时履约却没有提及任何保证措施,则不影响其实施出售保全货物的计划。

那么,保全方应在何时发出以上通知呢? 本款对此没有明确规定。笔者认为,一旦对方当事人延迟履行相关义务,便应当向对方发出以上通知,发出通知的时间最晚不得晚于对方当事人的延迟履行达到"不合

① Oberlandesgericht Graz, Austria, 16-09-2002, www. unilex. info/cisg/case/2025,访问时间:2021 年 12 月 21 日。

理的程度"之时。因为根据本款规定，一旦对方当事人的延迟履行达到"不合理的程度"，便可以出售保全货物，所以，保全方自然最晚应在这一时间点之前发出以上通知。

由于本款对于通知的生效时间没有作出特别规定，所以，根据《公约》第27条规定，本款中的通知于发出时生效，即由对方当事人承担通知延迟送达或未送达的法律风险。发出本款中的通知是一项义务，文中的"必须"两字表明了这一点。他只有在按照本款规定发出通知时，才能出售保全货物。国外的司法判例也确认了这一点，例如在上文提及的奥地利格拉茨地区高等法院于2002年9月审理的奥地利卖方和德国买方之间的服装销售合同纠纷案中，奥地利卖方在约定的时间交付了货物，但德国买方没有按时接收货物，而且卖方通过传真和电话通知了卖方并设定了14天取货期限，但买方至14天期限届满依然没有接受货物。奥地利上述法院判定：在卖方通知的提货限期届满以后，买方依然没有接收货物，奥地利卖方有权根据本款的规定出售货物。[1]如果保全方在未履行通知义务情况下依然出售保全货物，他则应当向对方承担损害赔偿责任，但赔偿的范围仅仅限于他在按规定发出通知时本来可以避免的损失。[2]

2.2 授予保全方通过出售保全货物的权利

在具备以上前提条件下，第1款明确授予了保全方通过出售货物履行保全义务的这一权利，具体体现在"他可以采用适当的方式出售货物"这一规定中。"可以采用"这几个字表明：这是对保全方的一种授予。这意味着：该当事人可以选择出售保全货物，也可以采取其他保全措施。[3]究竟采取何种保全货物的方式，该当事人可以自行决定。

在该当事人采取出售方式保全货物时，本款也设置了一定的限制：

---

① Oberlandesgericht Graz，Austria，16-09-2002，www.unilex.info/cisg/case/2025，访问时间：2021年12月21日。

② Enderlein/Maskow/Strohbach，Art. 88 Anm. 3.2.

③ John O. Honnold，*Uniform Law for International Sales under the 1980 United Nations Convention*，3rd ed.(1999)，p. 527.

即他必须"采用适当的方式"出售货物。至于哪种方式是"适当"的？《公约》没有统一规定，当事人可以通过拍卖、中介商或任何其他的方式出售货物。出售价格的高低也不影响争议解决机构对出售方式是否"具备适当性"的判断。总之，应当根据具体案件中具体情况判断出售方式的"适当性"。国际仲裁实践和司法判例也确认了这一原则。在俄罗斯联邦工商会国际商事仲裁院于 1995 年 4 月仲裁的机器设备销售合同纠纷案中，卖方已经准备交付货物，并让设备制造商将合同下的货物运送至自己的仓库，但此后不久便收到买方停止发送货物、宣告合同无效的通知。为保全货物，减少损失，卖方以市场价格出售了货物。仲裁院裁定：卖方以当地市场价格出售买方拒收的货物是符合本款规定的合理性要求的。①另外，在德国汉堡地区高等法院于 1999 年 11 月审理的巴西卖方和德国买方之间的牛仔裤销售合同纠纷中，巴西卖方交付的牛仔裤因被真菌感染而不符合合同规定的质量要求，德国买方通知巴西卖方退还货物，巴西卖方没有作出任何反应。在这种情况下，德国买方将该批货物作为次品以特别优惠的价格予以出售。德国法院判定：这也是符合本款规定的"适当的"出售方式。②当事人出售保全货物的所得应当根据本条第 3 款规定的规则予以处理。

3. 保全方出售保全货物的义务（第 2 款）

由上可知，本条第 1 款授予了保全方出售货物的权利。与第 1 款不同，本条第 2 款规定了保全方出售保全货物的义务。在结构上，本款与第 1 款相似，它不仅规范了保全方承担出售义务的前提条件，而且规范了相应的法律后果。

---

① Tribunal of International Commercial Arbitration at the Russian Federation Chamber of Commerce and Industry, Russian Federation, 25 April 1995, https://iicl.law.pace.edu/cisg/case/25-april-1995-tribunal-international-commercial-arbitration-russian-federation-chamber, 访问时间：2021 年 12 月 21 日。

② Oberlandesgericht Hamburg, Germany, 26 November 1999（Jeans case）, http://www.cisg-online.ch/content/api/cisg/display.cfm?test＝515, 访问时间：2021 年 12 月 21 日。

3.1 保全方承担出售保全货物义务的前提条件

根据本款规定的字面意思，只有在具备"货物易于迅速变质""采取保全措施将产生不合理的保全费用"和"发出通知"此三项条件下，保全方才承担出售保全货物的义务。

（1）货物易于迅速变质

本款"如果货物易于迅速变质"明确规定了这一条件。那么，究竟何为"货物易于迅速变质"呢？对此有两种不同的观点，一种观点认为：它仅仅是指新鲜水果、蔬菜、粮食等十分容易发生腐烂变质的情形。[1]相反的观点则认为，它包括因市场价格下跌而使货物迅速失去价值的情形。[2]笔者认同以上第一种观点。首先，从字面意思角度来分析，"货物易于迅速变质"只能是指货物的物理性能发生了改变，而货物失去价值则表现为货物价格变得便宜，但其物理性能并没有因为其价值的改变而发生改变。所以，这一概念不可能包括货物价格发生变动的情况。其次，从本款产生的历史过程来看，本款草案原来同时列举了"货物易于迅速变质"和"损失"（loss）。"损失"不仅是指货物的物理性质变坏或丧失，而且包括市场价格下降而遭受的损失，但在《公约》的最后文本中却删除了"损失"一词。[3]这一事实表明：《公约》制定者认为"损失"不应当成为保全方出售保全货物的理由。从一些国家的司法判例看，冷冻肉、机器设备均不属于"易于迅速变质"的货物，因而保全方无权根据本款规定出售货物。[4]

---

[1] Bacher, in Schlechtriem, *Kommentar zum Einheitlichen UN-Kaufrecht—CISG*, 7. Aufl. 2019, S. 1423; Achilles, Art. 88 Rn. 6; Bamberger/Roth/Saenger, Art. 88, Rn. 6; Pilz, Internationales Kaufrecht, § 4 Rn. 274.

[2] Jorge Barrera Graf, in Bianca/Bonell/knapp, *Commentary on the International Sales of Law*, p. 630.

[3] Article 88; Secretariat Commentary(Closest Counterpart to an Official Commentary), https://iicl.law.pace.edu/cisg/page/article-88-secretariat-commentary-closest-counterpart-official-commentary, 访问时间：2021 年 12 月 22 日。

[4] UNCITRAL, *Digest of Case Law on the United Nations Convention on the International Sale of Goods*, 2016, p. 410.

（2）采取保全措施将产生不合理的保全费用

保全方承担出售义务的另一前提条件是"**或者**采取保全措施将会产生不合理的费用"。那么，何谓此处的"采取保全措施将会产生不合理的费用"呢？由于保全方是根据《公约》第 85 条或第 86 条规定采取保全措施的，所以，判断支付保全费用合理与否的标准与前两条相同，即应从三个方面来进行分析判断：例如，所产生的保全费用是否高于货物本身的价值或者保全货物的期限是否过长。中国国际经济贸易仲裁委员会也认同以上两个因素。在其于 1991 年 6 月仲裁的中国卖方和墨西哥买方之间的化工产品销售合同纠纷中，卖方交付的货物不具备第 35 条意义上的"相符性"，经过协商双方同意将货物运回 A 地，卖方将再次发货。但买方将货物运送至 B 地，并存放在 B 地的仓库中长达三年之久，所支付的仓储费与买方应支付的货款相当。中国仲裁庭据此裁定：买方违反第 86 条和第 87 条规定采取了不合理的保全措施，所支付的保全费用也不合理，他应当根据本条规定出售货物，减少损失。①

应当指出的是，该条件并不是必须与"货物易于迅速变质"同时具备。本款规定中的"或者"表明：它与前提条件具有相互替代性，只要具备其中的任何一个条件，保全方就有义务出售保全货物。

（3）发出通知

在具备以上任何一个适用条件时，保全方是否可以立即出售保全货物呢？本款第 1 句"他必须在可能的范围内将其出售意向通知另一方当事人"规范了这一问题。由于本款也采用了"必须"（must）一词，这是否也与本条第 1 款一样，发出事前通知是保全方出售保全货物的一个先决条件呢？根据本款规定的字面意思，本款中的通知义务与第 1款中的有明显的不同。两者之间的区别主要体现在以下几个方面：

---

① China International Economic and Trade Arbitration Commission, People's Republic of China, 6 June 1991, https://iicl. law. pace. edu/cisg/case/china-international-economic-and-trade-arbitration-commission-cietac-prc-shenzhen-1, 访问时间：2021 年 12月 22 日。

第一，根据本条第 1 款的规定，保全方在出售货物前必须事前通知对方。而根据本款规定，保全方只有在"情况许可"时才须承担通知义务，如果"情况不许可"，他无需通知对方，本款中"在可能的范围内将其出售意向……"十分清楚地表明了这一点。

第二，根据第 1 款的规定，保全方必须在出售保全货物前发出通知，而本款没有强调这一点。这意味着保全方也可以先出售保全货物，然后才通知对方当事人。

《公约》将本款下的通知义务作出了有别于第 1 款的规定，也是十分必要的。本款主要适用于容易迅速腐败变质的货物，如果像第 1 款一样，将发出通知作为保全方出售保全货物的前提条件，那么，发出通知、对方回复均需要时间。即使保全方收到了对方同意出售的回复，此时货物可能已经腐败变质，或者保全方必须将这些货物存放在具有冷藏设备的仓库中。因此，在收到对方答复时，可能已经产生了不合理的保全费用。

和本条上一款中发出的通知一样，本款下的通知也适用"发送生效"原则，即一经发出，便产生法律效力。综上所述，只要合同下的"货物易于迅速变质"，或者"采取保全措施将会产生不合理的费用"，保全方便可根据本款规定出售保全货物。通知并不是履行出售义务的先决条件，但保全方应当在采取出售措施以后通知对方当事人。

3.2　具备条件时的法律后果——出售保全货物义务

在具备以上前提条件下，便产生了这样的法律后果：即保全方"必须采取合理措施出售货物"。对于何为"合理的措施"，本款没有规定。鉴于涉及容易腐败变质的货物，可以从两个方面理解这一概念：一方面，保全方应当为保全货物争取更好的交易条件，以较高的价格出售货物；另一方面，如果不采取紧急处理措施便会面临更高的损失，例如货物将彻底变质，他也应当以较低的价格出售保全货物，以减少损失。

4. 从出售货物所得扣除保全费等费用（第 3 款）

由上可知，保全方采取将货物存入仓库等保全措施，必然会支付相应的仓储费。在其采取出售保全措施时，也同样会支付一定的费用如运费、装卸费等等,当然他也会获得相应的销售所得。他该如何处置这笔所得呢? 本条第 3 款规范了这一问题,据此,他可以扣除合理的费用,但必须归还余款。

4.1　扣除合理费用

这是指保全方"有权从销售所得收入中扣除其为保全和销售货物而支付的合理费用"。根据以上规定的文字意思,直接从销售所得中扣除相关的费用是保全方的权利,因此,在进行扣除时,他可以自行作出扣除决定,无需征得对方当事人的同意。但本款对其扣除权进行了一定的限制:他仅仅可以扣除为保全和销售目的而支付的合理费用。如果支付的费用超过了"合理"的范围,那么,该不合理部分便不允许被扣除。在《公约》第 85 条、第 86 条等条款中均已经论述了保全费用的合理性问题,这里不再赘述。至于为出售货物而支付的费用,主要包括:装卸费、包装费、运输费、保险费、佣金等,判断这些费用是否合理的考量因素与判断保全费用合理性的相类似,主要看这些费用与货物价值的关系。如果销售费用已经达到或超过货物价值,显然是不合理的。伊朗—美国索赔仲裁庭于 1989 年 7 月审理了伊朗伊斯兰共和国和一家美国公司之间的电子通信设备和服务合同。在本案中,美国卖方交付了部分设备并提供了约定的服务,但伊朗买方未支付大部分约定的价款。为了减轻其损失,卖方在通知买方后将尚未交付的设备出售给第三方。仲裁庭比照本条第 1 款规定判定:由于买方不合理地拖欠支付到期价款,而没有保证将会及时支付剩余的价款,而且卖方也两次通知买方其出售意图,所以,美国卖方完全可以出售尚未交付的设备。此外,仲裁庭指出,卖方有权根据本款从出售所得中扣除其进行销售的合理费用,包括完成和改装设备的费用。①

相关的问题是:保全方是否可以从出售所得中扣除对方当事人尚未清偿的其他款项,例如货款、损害赔偿金? 这在本质上属于债权债务

---

① Iran-United States Claims Tribunal,28-07-1989,www.unilex.info/cisg/case/38,访问时间:2021 年 12 月 22 日。

抵消问题。应该说《公约》没有直接规范这一问题。但是,允许从同一合同中产生的两个相对的债权债务进行相互抵消,这应该是构成《公约》存在基础的一个一般法律原则。因为《公约》第58条第1款规定了买卖双方同时履行合同义务原则,第81条第2款规定了双方同时履行归还义务的原则。此外,第85条和第86条更是直接赋予了承担保全义务的当事人留置保全货物的权利,直至对方当事人将其为保全货物而支付的合理费用清偿为止。德国联邦最高法院也认为:从第58条第1款、第81条第2款、第84条第2款和本款的规定中,可以引申出以上一般法律原则。[①]

4.2　归还剩余款项

在扣除上述款项以后,保全方"必须将扣除后的余款归还给另一方当事人"。但实际上,它包括两方面的法律义务:

第一,该当事人必须将剩余的款项归还给对方当事人。

第二,该当事人应向对方当事人解释说明出售货物时的情形、出售过程、出售所得、出售费用的扣除等情况。

---

① Bacher, in Schlechtriem, *Kommentar zum Einheitlichen UN-Kaufrecht—CISG*, 7. Aufl. 2019, S. 1425.

第四部分　最后条款

概　述

　　第四部分共有十三条,是《公约》最后一部分内容。本部分的条款具有国际公法的性质,因为它们不仅规范了主权国家成为《公约》缔约国的事项,而且规范了《公约》和其他国际条款的关系。具体地分析,这些条款规范的事项有:《公约》的保管人(第 89 条)、《公约》与其他具有相同规范事项的国际公约之间的关系(第 90 条)、加入《公约》的程序(第 91 条)、有关不受《公约》第二部分或第三部分约束的保留声明(第 92 条)、缔约国(联邦制国家)所作的有关《公约》适用区域的声明(第 93 条)、缔约国国内销售规则与《公约》条款相似时排除《公约》适用的保留声明(第 94 条)、缔约国排除《公约》第 1 条第 1 款 b 项适用的保留声明(第 95 条)、缔约国所作的有关《公约》不要求书面形式的规定不适用于营业地位于保留国境内当事人的声明(第 96 条)、作出或撤回保留声明的程序及其生效(第 97 条)、保留限制(第 98 条)、《公约》对缔约国的生效的时间(第 99 条)、合同订立的时间和《公约》的适用(第 100 条)和《公约》的退出(第 101 条)。

第 89 条　《公约》保管人

Article 89

The Secretary-General of the United Nations is hereby designated as the depositary for this Convention.

译文

兹指定联合国秘书长为本《公约》保管人。

目录

1. 调整对象
2. 《公约》保管人的职责

正文

1. 调整对象

本条规范了谁是《公约》的保管人这一问题。根据本条规定,《公约》的保管人为联合国秘书长。这与联合国主持签订的其他国际公约一样,它们的保管人通常都是联合国秘书长。

2. 《公约》保管人的职责

本条没有明确规定保管人的职责。但《维也纳条约法公约》第 77 条第 1 款有关保管人职务的规定同样适用于此。据此,他必须履行以下职责:(1)保管条约约文之正本及任何送交保管机关之全权证书;(2)备就约文正本之正式副本及条约所规定之条约其他语文本,并将其分送当事国及有权成为条约当事国之国家;(3)接收条约之签署及接收并保管有关条约之文书,通知及公文;(4)审查条约之签署及有关条约之任何文书、通知或公文是否妥善,如有必要并将此事提请有关系国家注意;(5)将有关条约之行为、通知及公文转告条约当事国及有权成为条约当事国之国家;(6)于条约生效所需数目之签署或批准书、接受书、赞同书或加入书已收到或交存时,转告有权成为条约当事国之国家；(7)向联合国秘书处登记条约；等等。①

除此之外,《公约》第 91 条第 4 款、第 93 条第 2 款、第 97 条第 2 款和第 4 款、第 99 条第 2 款和第 6 款、第 101 条第 1 款和第 2 款也分别规范了保管人的职责。

保管人的保管职责在实际上由位于美国纽约州纽约市的联合国法律事务厅条约科负责落实。②

第 90 条 《公约》与其他竞争性国际协定的关系

Article 90

This Convention does not prevail over any international agreement which has already been or may be entered into and which contains provisions concerning the matters governed by this Convention, provided that the parties have their places of business in States parties to such agreement.

译文

本《公约》的效力并不高于业已缔结的或未来可能缔结的、其条款调整对象与本《公约》相同的、任何其他国际协定的效力（原译文为："不优于业已缔结或可以缔结并载有与属于本公约范围内事项有关的条款的任何国际协定"）,但以双方当事人的营业地均在这种协定的缔约国境内为限。

目录

---

① 《维也纳条约法公约》,https://www.un.org/zh/documents/treaty/files/ILC-1969-3.shtml,访问时间:2022 年 3 月 1 日。

② UNCITRAL, *Digest of Case Law on the United Nations Convention on the International Sale of Goods*, 2016, p. 416.

2. 本条的适用条件

2.1　同一国家同时为《公约》和竞争性国际协定的缔约国

2.2　双方当事人的营业地均在参加此类国际协定的缔约国境内

3. 具备条件时的法律后果:优先适用其他国际协定原则

正文

1. 调整对象

随着各国际机构推动国际法制一体化的努力,规范同一事项的国际公约会越来越多。以将国际货物销售作为调整对象的国际公约为例,除了《公约》以外,还有 1955 年的《海牙国际货物销售法律适用公约》(Convention on the Law Applicable to International Sales of Goods)、1964 年的《国际货物买卖统一法公约》(Convention on Uniform Law for the International Sale of Goods,下文简称《海牙第一公约》)、《国际货物买卖合同成立统一法公约》(简称《海牙第二公约》)、《1974 年国际货物买卖时效期限公约》、1986 年的《国际货物买卖合同法律适用公约》等。在这些不同的国际公约之间,它们的规定并不完全一致;同时,部分国家不仅加入了《公约》,而且参加了其他规范国际货物销售的公约。在这种情况下,如果营业地位于这些国家的当事人签订了国际货物销售合同,《公约》和其他公约有可能同时适用于该当事人签订的合同。这就产生了一个问题:究竟应当适用《公约》还是其他同样调整货物销售合同的公约? 本条专门规范了这一问题。本条确立了其他国际公约效力优先的原则。

正因为本条具有解决争议应该适用哪一公约这一问题的实际功能,所以,本条也多次被缔约国法院或仲裁机构所引用。[①]

2. 本条的适用条件

本条没有十分明确地规定本条的适用条件,但是根据本条文义,适

---

① UNCITRAL, *Digest of Case Law on the United Nations Convention on the International Sale of Goods*, 2016, p. 416.

用本条应该具备"同一国家同时为《公约》和竞争性国际协定的缔约国"与"双方当事人的营业地均在此类公约缔约国境内"两个条件。

2.1 同一国家同时为《公约》和竞争性国际协定的缔约国

这是指同一个国家必须首先是《公约》的缔约国。此外，它还必须是与《公约》具有竞争关系的国际协定的缔约国，本条"本《公约》的效力并不高于业已缔结的或未来可能缔结的、其条款调整对象与本《公约》相同的、任何其他国际协定的效力"这一规定暗示了这一适用条件。只有在一个国家同时参加《公约》和其他具有竞争性国际协定时，该国才同时受《公约》和其他国际协定的约束，才会产生究竟应该适用《公约》，还是其他国际协定这一问题。那么，何为此种"竞争性国际协定"呢？客观分析，构成"竞争性国际协定"，应该具备"相同的调整对象"和"不同的规定"两个要件。

第一，其他国际协定必须与《公约》拥有相同或类似调整对象。因为它们的调整对象相同或类似，所以才能产生究竟适用《公约》还是其他国际协定这一问题。这一定义也限定了"其他国际协定"的内涵，并将那些与《公约》具有不同调整对象的国际协定排除在这一概念之外。例如，1964 年《海牙第一公约》和《海牙第二公约》便与《公约》有着相同的调整对象，因而属于本条意义上的"竞争性国际协定"；反之，1954 年的《海牙公约》《关于发生武装冲突时保护文化财产的公约》（Convention for the Protection of Cultural Property in the Event of Armed Conflict）适用于两个缔约国之间的战争或武装冲突，其调整对象完全与《公约》不同，故便不属于本条意义上的"竞争性国际协定"。

第二，其他国际协定必须与《公约》在相同问题上有着不同的规定。因为这时适用《公约》还是适用其他国际协定，显然会导致不同的结果，所以，究竟适用哪个协定才显得十分重要。反之，如果《公约》和其他国际协定在内容上完全相同，这时将哪个作为解决争议的依据便无关紧要。国际司法实践也确定了这一点。例如，比利时布鲁塞尔商业法院已经确定：《公约》和 1955 年的《海牙国际货物销售法律适用公约》没有冲突。因为前者属于实体法，而后者属于确定法律冲突的程序法，所以没有必要分析优先适用哪个公约问题。另外，1980 年《关于合同义务适用法律的公约》(1980 Rome Convention on the Law Applicable to Contractual Obligations)也与《公约》不存在冲突，因为没有必要考察优先适用哪个的问题。

一个其他国际协定只要具备以上两个要件，便构成了"竞争性国际协定"。本条对于"国际协定"的形式没有任何限制，它既包括联合国主持签订的国际公约，也包括其他国际组织如国际私法协会主持签订的国际协定；它既包括多边国际协定也包括区域性的协定和双边协定。[①]另外，本条还明确规定，它不仅包括过去已经签订的国际协定，而且包括未来有可能签订的国际协定。

2.2　双方当事人的营业地均在参加此类国际协定的缔约国境内

这是指同一国际货物销售合同双方当事人的营业地必须均位于参加此类其他竞争性国际协定的国家境内，本条"但以双方当事人的营业地均在这种协定的缔约国境内为限"十分明确地规定了这一适用条件。这意味着，如果仅仅一方当事人的营业地在加入此类国际协议的缔约国境内，而另一方不在此类缔约国境内，便不适用本条规定，也不会产生本条规定的法律后果。例如，德国和比利时均是《公约》的缔约国，它们也曾均是《海牙第一公约》的缔约国，而且在这两个公约之间存在着冲突。那么，只有买卖双方的营业地均在德国和比利时境内时，才会发出本条引发的法律后果。如果卖方在德国，而买方的营业地位于中国，由于中国不是《海牙第一公约》的缔约国，便不会产生本条规范的法律后果。

3. 具备条件时的法律后果：优先适用其他国际协定原则

在具备以上适用条件下，将会产生何种法律后果呢？根据本条"本《公约》的效力并不高于业已缔结的或未来可能缔结的……效力"的规定，优先适用其他"竞争性国际协定"。《公约》的制定者通过本条确定其他国际协定优先适用原则，是一种十分高明的做法。制定者确立这

---

① Achilles，Art. 90，Rn. 1；Pilz，*Internationales Kaufrecht*，§ 2 Rn. 157；Witz/Salger/Loranz/Witz，Art. 90，Rn.2.

一原则的根本目的在于促使更多的国家签署《公约》，进而推动规范国际销售合同的不同规则的统一。如果在制定《公约》之初，制定者坚持《公约》的效力优先，那么已经加入其他竞争性国际协定的国家便不会十分乐意加入《公约》，这显然不利于上述目的的实现。而确定其他国际协定效力优先原则，就消除了这些国家加入《公约》的障碍，加入《公约》的国家便会越来越多。一个国家成为《公约》的缔约国之后，就会研究并适用《公约》的条款，这样反而有可能影响其国内合同法的发展，使它们接受《公约》的条款或向接近《公约》规定的方向发展。

第 91 条　加入《公约》的程序

Article 91

（1）This Convention is open for signature at the concluding meeting of the United Nations Conference on Contracts for the International Sale of Goods and will remain open for signature by all States at the Headquarters of the United Nations, New York until 30 September 1981.

（2）This Convention is subject to ratification, acceptance or approval by the signatory States.

（3）This Convention is open for accession by all States which are not signatory States as from the date it is open for signature.

（4）Instruments of ratification, acceptance, approval and accession are to be deposited with the Secretary-General of the United Nations.

译文

（1）本《公约》在联合国国际货物销售合同大会闭幕会议上开放签字，并在纽约联合国总部继续开放供各国签字，签字截止日为 1981 年 9 月 30 日。

（2）本《公约》须经签字国批准、接受或核准。

（3）本《公约》自开放签字之日起向所有非签字国开放，它们可签字加入公约（原译文为："本公约从开放签字之日起开放给所有非签字国加入"）。

（4）应将批准书、接受书、核准书和加入书送交联合国秘书长存放。

目录

正文

1. 调整对象

本条规范了一个主权国家加入《公约》的程序。具体分析，本条又规范了两种不同的加入程序，其一，那些在 1980 年联合国维也纳《公约》外交会议闭幕式上签字国的加入程序；其二，自《公约》开放签字之日起其他国家的加入程序。本条共包括四款，它们分别规范了以上两类国家的加入程序问题。

2. 签字国的加入程序（第 1 款、第 2 款）

2.1　"签字国"的特定内涵（第 1 款）

此处的"签字国"有着特定的内涵。它包括以下两类国家，其一，是指 1980 年在联合国维也纳《公约》外交会议闭幕式上在同意加入书上签字的国家；其二，是指那些于 1981 年 9 月 30 日以前在纽约联合国总部在同意加入《公约》书上签字的国家。属于这两类的、显然依然存在的国家有 18 个，它们分别是：奥地利、智利、中国、丹麦、芬兰、法国、德国、加纳、匈牙利、意大利、莱索托、荷兰、挪威、波兰、新加坡、瑞典、美利坚合众国和委内瑞拉；此外，民主德国、捷克斯洛伐克、南斯拉夫也属于以上"签字国"。

2.2 签字国的国内"批准、接受或核准"程序(第 2 款)

主权国授权代表在大会闭幕会议上或在纽约联合国总部在相关同意加入书签字,仅仅是这些国家加入《公约》的第一步。根据本条第 2 款有关"本《公约》须经签字国批准、接受或核准"的规定,这些国家的加入签字还必须经过该国法定权力机构的"批准、接受或核准",该国才能正式加入《公约》,成为其成员国。《公约》的这一规定是十分必要的,这是因为一个国家的国内法一般均会对加入国际公约的程序作出专门的规定。例如,中国《缔结条约程序法》第 7 条规定:"条约和重要协定签署后,由外交部或者国务院有关部门会同外交部,报请国务院审核;由国务院提请全国人民代表大会常务委员会决定批准;中华人民共和国主席根据全国人民代表大会常务委员会的决定予以批准。"其他国家也有类似的规定。[①]

在以上 18 个签字国中,除了加纳和委内瑞拉以外,其他国家后来均"批准、接受或核准"了《公约》,从而成为《公约》的正式缔约国。[②]

3. 非签字国的加入程序(第 3 款)

此处的"非签字国"是指那些没有在联合国维也纳《公约》大会闭幕会议上或 1981 年 9 月 30 日以前在纽约联合国总部签字的国家。根据本条第 3 款规定,这些国家可以"自本《公约》开放签字之日起"通过签字加入公约。但此类国家的加入签字同样必须通过其国内法定机构的"签字、批准、接受或核准",此后,该国才能成为《公约》的缔约国。除了以上 18 个签字国以外,绝大部分国家均是通过这一签订程序加入的。截至 2021 年,《公约》共有 94 个缔约国。[③]

---

① 高旭军:《〈联合国国际货物销售合同公约〉适用评释》,第一版,第 529 页。

② UNCITRAL, *Digest of Case Law on the United Nations Convention on the International Sale of Goods*, 2016, p. 419.

③ Status: United Nations Convention on Contracts for the International Sale of Goods(Vienna, 1980) (CISG), https://uncitral. un. org/en/texts/salegoods/conventions/sale_of_goods/cisg/status,访问时间:2021 年 12 月 24 日。

4. 加入文件的存放（第4款）

第4款规范了批准书、接受书、核准书和加入书的提交和存放问题。据此，这些文件应当"送交联合国秘书长存放"。

第92条 对《公约》第二部分或第三部分的保留

Article 92

(1) A Contracting State may declare at the time of signature, ratification, acceptance, approval or accession that it will not be bound by Part II of this Convention or that it will not be bound by Part III of this Convention.

(2) A Contracting State which makes a declaration in accordance with the preceding paragraph in respect of Part II or Part III of this Convention is not to be considered a Contracting State within paragraph (1) of article 1 of this Convention in respect of matters governed by the Part to which the declaration applies.

译文

(1) 缔约国在签字、批准、接受、核准或加入《公约》时，可以声明它将不受本《公约》第二部分或第三部分规定的约束（语序调整）。

(2) 对于（新增）根据上一款规定就本《公约》第二部分或第三部分规定作出声明的缔约国，在其声明涉及条款（原译文为："该声明适用的部分"）所规范的事项上，不得将该国（新增）视为本《公约》第1条第1款意义上的缔约国。

目录

1069

正文

1. 调整对象

本条的调整对象是一个国家在成为《公约》缔约国时,对第二部分或第三部分内容行使保留权的问题。本条共分两款。其中,第1款赋予成员国对上述内容享有保留权,第2款则具体确定了行使"保留权"的法律效果。《公约》之所以通过本条赋予缔约国以保留权,主要有以下三个原因:首先,《公约》本身是在1964年《海牙第一公约》和《海牙第二公约》的基础上制定的,而且这两个海牙公约的条款分别成为《公约》第二部分和第三部分的核心内容。其次,在《公约》供主权国家加入签字时,这两个《海牙公约》依然有效;其三,挪威、丹麦、芬兰、瑞典等《海牙公约》的缔约国希望能够在不退出《海牙公约》的前提下加入《公约》,但它们不可能同时加入两个内容存在冲突的国际协定。在这种情况下,基于斯堪的纳维亚国家的建议,联合国国际贸易法委员会于1978年作出决定,允许一个国家在成为《公约》缔约国时对该两部分规定进行保留。①这样,也就消除了《海牙公约》成员国成为《公约》缔约国的障碍。

2. 允许对《公约》第二部分或第三部分行使保留权(第1款)

根据本条第1款规定,"缔约国在签字、批准、接受、核准或加入《公约》时,可以声明它将不受本《公约》第二部分或第三部分规定的约束"。这里首先应当区分缔约国在签字时所作的保留和在"批准、接受、核准或加入"时所作的保留,两者在法律上具有不同的效力:一国在签字时所作的保留并不具有最终的法律效力,它仅仅起到宣告作用,因为该国还可以在"批准、接受、核准或加入"时放弃其保留;相反,一国在"批准、接受、核准或加入"时所作的保留,便根据《公约》第97条规定产生法律效力。在中国签字加入《公约》时,曾宣称对第三部分内容作出保留,但在正式加入《公约》时放弃了这一保留。这是因为中国在加入《公约》时,国内还没有专门调整货物销售合同

---

① Witz/Salger/Loranz/Witz, Art. 92, Rn.1.

的法律。①丹麦、芬兰、挪威、瑞典在批准、接受《公约》时行使了本款授予的保留权,它们声明:《公约》第二部分规定将不适用于营业地位于丹麦、芬兰、挪威、瑞典的双方当事人之间货物买卖合同及其订立。②其间,这四个国家的司法部均宣布它们正在考虑根据第97条第4款的规定撤回其保留。③

3. 行使保留权的法律效果(第2款)

第2款规范了行使保留权的法律效果。据此,"对于根据上一款规定就本《公约》第二部分或第三部分规定作出声明的缔约国,在其声明涉及条款所规范的事项上,不得将该国视为本《公约》第1条第1款意义上的缔约国"。根据《公约》第1条第1款的规定,适用《公约》的一个前提条件是合同双方当事人的营业地都必须在缔约国境内。既然本款规定,在其声明涉及条款所规范的事项上,行使保留权的国家将不再被视为本《公约》第1条第1款意义上的缔约国,那么,行使本条第1款下保留权的实际效果在于:它排除了《公约》对营业地位于保留国境内两个当事人签订的国际货物销售合同的适用。即使合同一方当事人营业地所在国行使本条第1款下的保留权,也是如此。根据本条第2款的规定,该保留国不再被视为《公约》第1条第1款意义上的缔约国,而根据《公约》第1条第1款a项的规定,双方当事人的营业地都必须在缔约国。《公约》是否可以根据第1条第1款b项的规定适用于国际货物销售合同,必须根据是否具备b项规定的其他适用条件来进行分析。④

---

① 参见张玉卿:《国际货物买卖统一法——联合国国际货物销售合同公约释义》,第563页。

② Status: United Nations Convention on Contracts for the International Sale of Goods(Vienna, 1980) (CISG), https://uncitral.un.org/en/texts/salegoods/conventions/sale_of_goods/cisg/status,访问时间:2021年12月24日。

③ UNCITRAL, *Digest of Case Law on the United Nations Convention on the International Sale of Goods*, 2016, p. 420.

④ 详见本书第1条之论述。

第 93 条 《公约》在联邦制国家的适用

Article 93

(1) If a Contracting State has two or more territorial units in which, according to its constitution, different systems of law are applicable in relation to the matters dealt with in this Convention, it may, at the time of signature, ratification, acceptance, approval or accession, declare that this Convention is to extend to all its territorial units or only to one or more of them, and may amend its declaration by submitting another declaration at any time.

(2) These declarations are to be notified to the depositary and are to state expressly the territorial units to which the Convention extends.

(3) If, by virtue of a declaration under this article, this Convention extends to one or more but not all of the territorial units of a Contracting State, and if the place of business of a party is located in that State, this place of business, for the purposes of this Convention, is considered not to be in a Contracting State, unless it is in a territorial unit to which the Convention extends.

(4) If a Contracting State makes no declaration under paragraph (1) of this article, the Convention is to extend to all territorial units of that State.

译文

(1) 如果一缔约国具有两个或两个以上的领土单位,而且根据该国宪法规定,各领土单位对本《公约》所涉事项适用不同的法律制度,则在该国签字、批准、接受、核准或加入时,它可以声明:本《公约》适用于其所有领土单位或仅仅适用于其一个或数个领土单位,并且它可以随时通过提交另一声明来对其所作的声明进行修改(语序调整)。

（2）应将此种声明通知保管人（语序调整），并且明确说明适用本《公约》的领土单位。

（3）如果根据一个缔约国按本条规定所作出的声明，本《公约》仅仅适用于该国的一个或数个领土单位，而不是所有领土单位，而且一方当事人的营业地位于该缔约国境内，则为本《公约》的目的，应将此视为：该当事人的营业地并不位于该缔约国境内；除非该营业地位于本《公约》适用的领土单位之内（语序调整）。

（4）如果一个缔约国没有根据本条第1款的规定作出声明，则本《公约》便适用于该国的所有领土单位。

目录

正文

1. 调整对象

在《公约》缔约国中，有些为联邦制国家，基于其国内宪法的规定，联邦和其下属州各自享有独立的立法权。这意味着：联邦政府无权迫使州接受其签署的国际协定。这就带来一个问题：在联邦政府以自己的名义加入《公约》时，部分州表示反对，怎么办？本条便专门规范了这一问题。本条授权缔约国可以自行限制《公约》在其领域内的适用范围，即缔约国在加入时可以自行声明：《公约》仅仅适用于哪些州，这便排除了《公约》

在其他州的适用。澳大利亚、加拿大、丹麦和新西兰均属于此类联邦制国家,它们在加入《公约》时均根据本条规定作了保留声明。①如果一个国家在加入时没有根据本条规定作出保留声明,那么,《公约》便适用于该国全部领域。本条共包括四款:第1款规定联邦制国家可以通过行使保留权来确定《公约》在其境内的适用范围,第2款则要求这些国家将保留声明交给保管人保存,第3款确定了当一方当事人的营业地位于此类国家境内时判断是否适用《公约》的基本原则,第4款则规定了相关国家没有根据本条作出保留声明时《公约》在该国的适用问题。

2. 通过作出保留声明限定《公约》的适用范围(第1款、第2款)

本条第1款不仅授予特定的国家通过行使保留权来限定《公约》在其境内的适用范围,而且规范了行使本款保留权国家所应当具备的条件,此外,还规定了行使保留权的程序。

2.1 赋予特定国家自行确定《公约》适用范围的保留权

根据本条第1款的授权,特定的国家可以在该国签字、批准、接受、核准或加入时"声明:本《公约》适用于其所有领土单位或仅仅适用于其一个或数个领土单位,并且它可以随时通过提交另一声明来对其所作的声明进行修改"。换句话说,在符合本款规定的条件下,一国在加入时可以自行确定:《公约》是适用于其所有领域,还是适用于其中的某一或某几个部分。

2.2 行使本条保留权国家所应当具备的条件

什么样的国家才可以行使以上保留权呢? 根据本条第1款的规定,行使本条保留权的国家,应当具备以上条件:

第一,它具有两个或两个以上的领土单位。这是指某缔约国应该具有一个以上的领土单位。这里"领土单位"既可以是指联邦国家的州,美国、澳大利亚、新西兰等都属于这样的国家,也可以是某一国家的省,例如加拿大的省。

---

① UNCITRAL, *Digest of Case Law on the United Nations Convention on the International Sale of Goods*, 2016, p. 422.

第二,根据该国宪法规定,在《公约》所涉事项方面,各领土单位可以适用不同的法律制度。这主要是指:同一国家的不同的州或省有着不同的规范国际货物销售合同的法律法规,而且这种不同是该国宪法确认的。

这是两个必须同时具备的条件,连接这两个条件之间的"而且"一词明确地表明了这一点。

2.3　行使保留权的程序(第1款和第2款)

在具备以上条件下,一个国家可以行使本条规定的保留权。如果一个国家有意行使本条下的保留权,那么,它必须按照以下程序行使这一权利:

第一,在签字、批准、接受、核准或加入时作出相应的保留声明。

第二,必须将其声明通知《公约》的保管人即联合国秘书长,并且其所作的声明必须明确表明《公约》将适用于其境内的哪些领土单位。

3. 作出保留所产生的法律效果(第3款和第4款)

本条从两个方面规范了保留声明所引发的法律效果。第3款规范了一个缔约国作出保留声明的法律效果,而第4款则明确了不作出保留声明时的法律效果。

3.1　作出保留声明时的法律效果(第3款)

如果一个缔约国在加入《公约》时引用本条规定作出了保留,根据本条第3款的规定,它将产生以下两方面的法律效果:

第一,《公约》仅仅适用于该保留国的"一个或数个领土单位",而不是所有领土单位。例如,澳大利亚所作的保留声明便明确限定了适用和不适用于公约的"领土单位":本公约适用于所有澳大利亚州和大陆领土以及所有外部领土,但圣诞岛、科科斯(基林)群岛、阿什莫尔和卡蒂尔群岛的领土除外。丹麦在批准《公约》时也声明,《公约》不适用于法罗群岛和格陵兰。①

---

① UNCITRAL, *Digest of Case Law on the United Nations Convention on the International Sale of Goods*, 2016, p. 423.

第二,将营业地位于该缔约国境内的合同当事人分成"位于该缔约国境内"和"不位于该缔约国境内"两类。本款"而且一方当事人的营业地位于该缔约国境内,则为本《公约》的目的,应将此视为:该当事人的营业地并不位于该缔约国境内;除非该营业地位于本《公约》适用的领土单位之内"这一句规定了此类划分。划分标准是该当事人的营业地是否位于该缔约国中适用《公约》那一部分的领域。如果是,便视为"位于该缔约国境内",反之,便视为"不位于该缔约国境内"。

以上规定的实际作用在于:它们决定了《公约》能否适用于相关当事人签订的国际货物买卖合同。因为《公约》第1条第1款a项将双方当事人的营业地位于《公约》缔约国境内作为适用《公约》的一个核心条件,所以,如果一方或双方当事人的营业地均位于根据本条作出保留的缔约国中不适用《公约》的那一部分"领土单位",那么,根据以上规定,便应当将此视为"不位于该缔约国境内",从而不具备《公约》第1条第1款a项的适用条件,除非具备第1条第1款b项规定的适用条件,否则,《公约》便不适用于该当事人签订的国际货物销售合同。

3.2　未作保留声明时的法律效果(第4款)

如果一个国家在加入《公约》时没有根据本条规定作出保留声明,这意味着什么呢? 第4款规范了这一问题。据此,"本《公约》便适用于该国的所有领土单位"。在讨论《公约》草案时,有国家代表认为:本款根本没有必要,因为本条第1款规定已经表明了这一点。但是,《公约》的最终版本中依然保留了这一款,因为有些联邦制国家坚持认为:基于其国内政策的原因,需要作出声明以将《公约》适用于其境内的所有领域。[①]

4. 中国行使本条的保留权

香港是中国的一个特别行政区,有着不同于中国其他地区的法律

[①]　Bianca/Bonell/Evans, *Commentary on the International Sales of Law*, p. 648.

制度。在中国于 1997 年 7 月 1 日对香港恢复行使主权以前,基于历史的原因,《公约》并不适用于香港;在对香港恢复行使主权时,中国向联合国秘书长提交了一份声明:声明明确罗列了 127 个中国已经加入的国际公约清单,并表明这些国际公约随后将同时适用于中国香港特别行政区,但中国政府并没有将《公约》列入该清单。①

　　但实务界对中国所作上述声明的作用有着不同的看法。法国、美国的法院和中国河北省高级人民法院均判决认为:中国政府所作的声明符合本条第 1 款规定的条件,但由于中国香港没有被列明为适用《公约》的地区,故《公约》不适用于营业地在中国香港的一方当事人和营业地位于另一缔约国的另一方当事人之间签订的货物销售合同。②中国浙江省高级人民法院也持相同的看法。在其于 2010 年 12 月审结的中国香港卖方和中国内地买方之间的橡胶销售合同纠纷中,由于买方仅仅支付了 10％的货款,而拒绝支付剩余的货款,卖方转售了合同下的货物并要求买方赔偿损失,双方由此发生纠纷。在是否适用《公约》解决纠纷问题上,浙江省高级人民法院判定:中国在加入《公约》时对第 1 条第 1 款 b 项规定作出了保留声明,中国香港从未正式加入过《公约》,中国政府也没有明确作出声明表明《公约》将在 1997 年 7 月 1 日以后适用于中国香港,所以,《公约》仍不适用于香港。③但也有美国部分法院持相反的看法。它们认为:结合本条第 1 款和第 4 款的规定,中国政府所作的上述声明并没有排除《公约》对营业地位于中国香港的当事人和其他缔约国当事人之间销售合同争议的适用。例如,在美国阿肯色州地区法院于 2009 年 12 月审理的美国特拉华州买方和中国香港卖方

---

① 中国国际经济贸易仲裁委员会:《〈联合国国际货物销售合同公约〉在中国仲裁的适用》,第 29 页。

② UNCITRAL, *Digest of Case Law on the United Nations Convention on the International Sale of Goods*, 2016, p. 423.

③ People's Republic of China: Zhejiang Provincial High People's Court, 15 December 2010, https://iicl.law.pace.edu/sites/default/files/abstracts/v1805699_0.pdf,访问时间:2021 年 12 月 27 日。

之间的电冰箱马达销售合同纠纷中,卖方交付的马达存在着严重的质量瑕疵,由此发生纠纷。美国阿肯色州地区法院便根据第1条第1款a项和本条第1款判定:无论中国还是中国香港地区均是《公约》的缔约方。①中国法院在相关判决中的观点给国际留下的印象是不愿将《公约》适用于中国香港地区。除了上述浙江省高院以外,河北省人民高院也作出了类似的拒绝将《公约》适用于中国香港当事人与营业地位于另一缔约方境内当事人之间的国际货物销售合同争议,而且拒绝的理由并不充分。②

那么,在中国提交了上述声明的情况下,《公约》究竟是否适用于中国香港特别行政区呢? 笔者认为是适用的。根据本条第1款的规定,在一个国家具有多个领土单位时,可以声明:《公约》仅仅适用于某一或数个领土单位,或适用于所有领土单位;而且本条第4款更加明确规定,如果一个缔约国没有根据本条第1款作出声明,那么《公约》便适用于该国所有领土单位。毫无疑问,中国于1997年所作的声明并没有明确限定《公约》在中国境内的适用范围,那么,根据本条第4款,在一个国家没有根据本条第1款发出保留声明时,《公约》适用于该国所有地区。当然,目前以上争议应该会很快得到平息。2021年9月,中国香港特区立法会通过了《货物销售(联合国公约)条例》[the Sale of Goods (United Nations Convention) Ordinance],该条例确定《公约》适用于香港地区。根据相应的程序,《公约》自2022年12月1日起在香港适用。③

---

① U.S. District Court, District of Arkansas, United States, 23 December 2009, www.unilex.info/cisg/case/1490,访问时间:2021年12月27日。

② UNCITRAL, *Digest of Case Law on the United Nations Convention on the International Sale of Goods*, 2016, p. 422, 423.

③ CISG And Hong Kong: Its Implications On Hong Kong Arbitration, https://hk-lawyer.org/content/cisg-and-hong-kong-its-implications-hong-kong-arbitration,访问时间:2022年3月1日。

第 94 条 国内销售规则与《公约》条款相似的缔约国的保留声明

Article 94

(1) Two or more Contracting States which have the same or closely related legal rules on matters governed by this Convention may at any time declare that the Convention is not to apply to contracts of sale or to their formation where the parties have their places of business in those States. Such declarations may be made jointly or by reciprocal unilateral declarations.

(2) A Contracting State which has the same or closely related legal rules on matters governed by this Convention as one or more non-Contracting States may at any time declare that the Convention is not to apply to contracts of sale or to their formation where the parties have their places of business in those States.

(3) If a State which is the object of a declaration under the preceding paragraph subsequently becomes a Contracting State, the declaration made will, as from the date on which the Convention enters into force in respect of the new Contracting State, have the effect of a declaration made under paragraph (1), provided that the new Contracting State joins in such declaration or makes a reciprocal unilateral declaration.

译文

(1) 如果两个或者两个以上的缔约国在本《公约》规范的事项上，其法律规定相同或非常相似（原译文为："对属于本公约范围的事项具有相同或非常近似的法律规则的两个或两个以上的缔约国"），它们可以随时声明本《公约》不适用于营业地在其境内的当事人之间签订的销售合同，也不适用于这些合同的订立。它们可以联合作出此种声明，也可以各自单独作出此种声明(语序调整)。

(2) 如果一个缔约国在有关本《公约》调整的事项上的法律规定,与一个或一个以上非缔约国的法律规定相同或非常相似(原译文为:"对属于本公约范围的事项具有与一个或一个以上非缔约国相同或非常近似的法律规则的缔约国"),它可随时声明本《公约》不适用于营业地在这些国家(原译文为:"非缔约国")境内当事人之间签订的销售合同或这些合同的订立(语序调整)。

(3) 如果一个国家本来是根据上一款所作声明的对象,但该国后来成为缔约国(原译文为:"作为根据上一款所做声明对象的国家如果后来成为缔约国"),这项声明从本《公约》对该新缔约国生效之日起,具有根据第 1 款所作声明的效力,但以该新缔约国加入此类声明(原译文为:"联合")或单独作出这项声明为限。

目录

正文

1. 调整对象

世界上有许多国家规范货物销售合同的法律十分相似,瑞典、挪威、丹麦等北欧国家便是如此。通过多年坚持不懈的一体化努力,它们之间的货物销售合同法一体化程度很高。①另外,在《公约》谈判签订时,由苏联和其他东欧社会主义国家建立的经互会(the Council for Mutual Economic Assistance)还依然存在,经互会为其成员国制定了专门调整贸易合同关系的《交货共同条件》(the General Conditions of Delivery of Goods),经互会各成员国在相互之间的贸易中必须适用《交货共同条件》。②由于这些国家规范国际货物销售合同的法律相同或相似,位于这些国家的合同当事人、法官、律师也熟悉这些法律法规,这些国家自然希望能够排除《公约》适用于这些国家当事人之间签订的国际货物销售合同。本条便是应这些国家的要求而诞生的一个条款。本条授予这些国家通过行使保留权排除《公约》适用的权利。本条共有三款,将上述法律相同的国家分为三类:这些国家均是《公约》缔约国、在这些国家中部分是缔约国而部分不是缔约国、在这些国家中某非缔约国后来成为缔约国,并分别规范了它们行使保留权的条件、程序和法律效果。

2. 在不同缔约国的合同法相同时对《公约》适用所作的保留(第1款)

本条第1款不仅规范了某缔约国行使本条下保留权的前提条件,而且规范了具备前提条件时的法律后果。

2.1 行使保留权的前提条件

本条第1款前半句规范了一缔约国行使本条保留权的前提条件。据此分析,该国只有在规范合同及其订立的法律与其他缔约国的规范合同及其订立的法律相同或非常相似时,才能行使本条下的保留权。《公约》主要规范的是合同的订立和合同的履行,所以,缔约国"在本《公约》规范的事项上"的法律规定显然是指规范合同订立和合同履行的法律法规。此外,本款"如果两个或者两个以上的缔约国……法律规定相

---

① John O. Honnold, *Uniform Law for International Sales under the 1980 United Nations Convention*, 3rd ed.(1999), p. 537.

② Bianca/Bonell/Evans, *Commentary on the International Sales of Law*, p. 650.

同或非常相似"则十分明确地表明:某缔约国规范合同及其订立的法律必须至少与另一缔约国同一法律在内容上相同,或至少非常相似。在什么条件下,这两个或更多国家的合同法相同或十分相似,由涉及的缔约国自行决定。①

2.2　具备前提条件时的法律后果

本款后半部分规范了相应的法律后果。据此分析,将会产生以下两方面的法律后果:

第一,相关的缔约国获得宣告排除《公约》适用的保留权,"它们可以随时声明本《公约》不适用于营业地在其境内的当事人之间签订的销售合同,也不适用于这些合同的订立"。"它们"两字表明:仅仅一个缔约国无权发出以上保留声明,须由两个或以上的缔约国才可行使本条下的保留权;"随时"两字则意味着:相关的国家不必在成为《公约》缔约国时便宣告本条下的保留权,即使在加入《公约》以后,它们同样有权行使这一权利。本款第2句还进一步规定了这些缔约国行使保留权的方式,即"它们可以联合作出此种声明,也可以各自单独作出此种声明"。

第二,排除《公约》的适用。如果相关缔约国确实根据本款授权行使了本款下的保留权,那么"《公约》不适用于营业地在其境内的当事人之间签订的销售合同,也不适用于这些合同的订立"。由于《公约》第二部分规范了合同的订立,而第三部分调整了货物的销售,所以,以上表述的实质是:《公约》第二部分或第三部分的规定将不适用于营业地位于这些保留国的当事人相互之间订立的国际货物销售合同。这进而意味着:应当适用这些保留国的国内法处理营业地位于这些保留国境内的当事人之间的合同纠纷。

3. 缔约国和非缔约国合同法相同时对《公约》适用所作的保留(第2款)

第2款与第1款有着不同的规范对象,所以,它也有着自己的适用

---

① Ferrari, in Schlechtriem, *Kommentar zum Einheitlichen UN-Kaufrecht—CISG*, 7. Aufl. 2019, S. 1359.

条件和法律后果。

3.1　第 2 款的适用条件

本款前半句"如果一个缔约国在有关本《公约》调整的事项上的法律规定,与一个或一个以上非缔约国的法律规定相同或非常相似"规范了本款的适用条件。据此分析,适用本款的前提条件是:某一个缔约国规范合同及其订立的法律与某一或某些非缔约国规范合同及其订立的法律"相同或非常相似"。与第 1 款下的"相同或非常相似"一样,某缔约国的合同法是否与某一或某些非缔约国的合同法"相同或非常相似",由相关的国家自行确定。

3.2　具备适用条件时的法律后果

本款后半句明确规定了具备以上适用条件时的法律后果。据此分析,将也会产生两方面的法律后果:

第一,相关的缔约国获得宣告排除《公约》适用的保留权。本款"它可随时声明本《公约》不适用于营业地在这些国家境内当事人之间签订的销售合同或这些合同的订立"十分明确地表明了这一点。本款中"它"仅指"缔约国",因此只有缔约国可以行使本款规定的保留权。本款中的"营业地在这些国家境内当事人之间签订……"是指该行使保留权的缔约国和保留声明中标明的非缔约国。

第二,适用保留国国内法。在该缔约国根据本款规定作出保留声明时,《公约》便不适用于营业地位于该行使保留权的缔约国境内的当事人和位于保留声明中标明的非缔约国境内另一当事人之间的销售合同及其订立。如果以上两个当事人之间发生争议,便适用保留国国内法。

4. 非缔约国成为缔约国时对《公约》适用所作的保留(第 3 款)

本款又有着不同于第 1 款和第 2 款的调整对象,本款规定的特殊适用条件决定了这一点。根据本款的文义,适用本款应当具备以下条件:

4.1　适用第 3 款的前提条件

第一,某特定非缔约国后来成为缔约国。本款"如果一个国家本来是根据上一款所作声明的对象,但该国后来成为缔约国"这一表述蕴含了以上适用条件。但此处的"某特定非缔约国"有着特定的含义:首先,它必须是某一缔约国根据本条第 2 款所作保留声明中指明的"非缔约国",而不是任何某一非缔约国;其次,该非缔约国后来正式加入了《公约》,从而自己也成为《公约》的缔约国。

第二,该新缔约国发表了加入某缔约国已经发出的保留声明或单独作出此类保留声明,本款"但以该新缔约国加入此类声明或单独作出这项声明为限"蕴含了这一要件。这一条件表明:尽管已经有其他缔约国发表了保留声明,据此《公约》将不适用于该保留国当事人和原非缔约国当事人之间订立的销售合同,但是由于原非缔约国现在已经成为《公约》的缔约国,所以,它必须就营业地位于其境内当事人所签订的合同是否受《公约》约束这一问题亲自表明态度。该国表明态度的方式有两种:其一,加入某缔约国根据本条第 2 款所作的保留声明;其二,单独发出内容与某缔约国根据本条第 2 款所作的保留声明一样的声明。如果该国没有根据本款规定作出以上声明,那么,便不会产生本款规定的法律后果。

4.2 具备第 3 款适用条件时所产生的法律后果

在具备以上适用条件时,将产生以下法律后果:从本《公约》对该新缔约国生效之日起,现有缔约国根据本条第 2 款所作声明对该新缔约国产生法律效力,而且所产生的法律效力与某缔约国根据本条第 1 款所作的保留声明相同。本款之所以强调"具有根据第 1 款所作声明的效力",是因为第 1 款所作的声明适用于若干具有相同或类似合同法的缔约国;而第 2 款所作的声明则适用某一缔约国与其他非缔约国具有相同合同法的情形。

5. 根据本条规定行使保留权的国家

到目前为止,丹麦、挪威、芬兰、瑞典和冰岛根据本条规定行使了保留权。例如,丹麦于 1989 年 2 月 14 日发表声明:根据本条第 1 款和第 3 款的规定,《公约》将不适用于营业地在丹麦、挪威、芬兰、瑞典的一方当事人和营业地在以上国家的另一方当事人之间签订的销售合同;根据本条第 2 款的规定,《公约》将不适用于营业地在丹麦、挪威、芬兰、瑞典的一方当事人和营业地位于冰岛的另一方当事人之间签订的销售合同。①迄今为止,还没有引用本条解决争议的案例。

第 95 条 对第 1 条第 1 款 b 项规定的保留声明

Article 95

Any State may declare at the time of the deposit of its instrument of ratification, acceptance, approval or accession that it will not be bound by subparagraph (1) (b) of article1 of this Convention.

译文

任何国家在交存其批准书、接受书、核准书或加入书时,可声明它不受本《公约》第 1 条第 1 款 b 项规定的约束。

目录

正文

1. 调整对象

如上所述,《公约》第 1 条第 1 款 b 项扩大了《公约》的适用范围。根据该项规定,即使合同双方或一方当事人营业地所在国不是缔约国,只要国际私法规则导致某一缔约国法律的适用,《公约》同样可以适用于此类合同。对于这一具有扩大《公约》适用范围的规定,在讨论《公

---

① UNCITRAL, *Digest of Case Law on the United Nations Convention on the International Sale of Goods*, 2016, p. 424.

约》草案中,大部分国家表示同意,但也有部分国家表达了反对意见。为弥合分歧,本条授予不同意这一规定的国家可以对此项规定行使保留权。

2. 对《公约》第 1 条第 1 款 b 项规定行使保留权及其法律效果

根据本条规定,任何国家在交存其批准书、接受书、核准书或加入书时,可通过发布声明行使其保留权,借此声明它不受本《公约》第 1 条第 1 款 b 项规定的约束。

根据本条规定发出保留声明,将产生以下两方面的法律效果:其一,对于发出保留声明的缔约国而言,《公约》仅仅适用于营业地均位于两个缔约国境内的当事人之间签订的合同;其二,如果一方当事人的营业地位于某保留国境内,而另一方当事人的营业地位于某一非缔约国境内,那么,《公约》便不再适用于它们之间的合同,相反,应当根据法院地或仲裁地所在国的国际私法规则来确定解决争议的法律。

多国司法判决或仲裁裁决已经确认了以上法律效果。例如,美国肯塔基州东部地区法院于 2011 年 2 月审理的美国卖方和英国买方之间的鱼子酱销售合同纠纷。在该案中,由于卖方交付的鱼子酱不符合欧盟质量标准而被英国买方退还,且美国卖方未能交付合格产品,所以英国买方只能以更高的价格进行了替代采购,并因此要求美国卖方赔偿损失。对于解决争议适用的法律,美国上述法院判定:由于美国根据本条对《公约》第 1 条第 1 款 b 项规定作出了保留声明,而且英国也不是《公约》的缔约国,所以应当适用肯塔基州的法律特别是美国《统一商法典》解决本案纠纷,而不是适用《公约》。[1]中国最高人民法院和中国国际经济贸易仲裁委员会在相关的案件中也确认了以上行使保留权的效果。[2]

3. 根据本条规定行使保留权的国家

根据本条规定行使保留权的国家不是很多,到目前为止只有 7 个,

---

[1] U.S. District Court, Eastern District of Kentucky, Central Division, 22-02-2011,访问时间:2021 年 12 月 28 日。

[2] UNCITRAL, *Digest of Case Law on the United Nations Convention on the International Sale of Goods*, 2016, p. 426.

它们分别是中国、亚美尼亚共和国、老挝、新加坡、文森特和格林纳丁斯、斯洛伐克和美国。①例如，新加坡的保留声明规定：《公约》第 1 条第 1 款 b 项规定在新加坡不具有法律效力。因此，《公约》仅仅适用于营业地位于不同国家的两个当事人之间签订的货物销售合同，而且这些国家必须均为《公约》的缔约国。②在批准《公约》时，德国作出声明：对于那些已声明不适用《公约》第 1 条第 1 款 b 项规定的国家，德国也不适用该项规定。③另外，加拿大在 1991 年加入《公约》时声明：其领土单位不列颠哥伦比亚省不受《公约》第 1 条第 1 款 b 项规定的约束，但加拿大已于 1992 年 7 月撤销这项声明。④

第 96 条　对非书面合同形式所作的保留声明

Article 96

A Contracting State whose legislation requires contracts of sale to be concluded in or evidenced by writing may at any time make a declaration in accordance with article 12 that any provision of article 11, article 29, or Part II of this Convention, that allows a contract of sale or its modification or termination by agreement or any offer, acceptance, or other indication of intention to be made in any form other than in writing, does not apply where any party has his place of business in that State.

---

① Status：United Nations Convention on Contracts for the International Sale of Goods(Vienna, 1980) (CISG)，https://uncitral. un. org/en/texts/salegoods/conventions/sale_of_goods/cisg/status,访问时间：2021 年 12 月 28 日。

② UNCITRAL，*Digest of Case Law on the United Nations Convention on the International Sale of Goods*，2016，p. 426.

③ Status：United Nations Convention on Contracts for the International Sale of Goods(Vienna, 1980) (CISG)，https://uncitral. un. org/en/texts/salegoods/conventions/sale_of_goods/cisg/status,访问时间：2021 年 12 月 28 日。

④ UNCITRAL，*Digest of Case Law on the United Nations Convention on the International Sale of Goods*，2016，p. 426.

译文

如果一个缔约国的法律规定销售合同必须以书面形式订立或证明（原译文为："本国法律规定销售合同必须以书面订立或书面证明的缔约国"），它可以随时根据第12条的规定声明：本《公约》第11条、第29条或第二部分中允许以任何协议方式签订、更改或终止销售合同的条款，或者允许以书面以外的任何形式发出任何要约、承诺或其他意思表示的任何条款，均不适用于任何一方当事人的营业地在该国境内之时（语序调整）。

目录

正文

1. 调整对象

在就《公约》草案进行谈判时，部分成员国国内法规定：无论是合同的签订还是修改或终止，都必须采用书面形式，甚至要求为签订合同而发出的要约、承诺或其他通信也必须采用书面形式。苏联的合同法、中国1981年《经济合同法》均强调了书面形式；而西方工业化国家早在1964年签订的《海牙第二公约》便确定了合同形式自由原则。为了调和这两类国家法律在合同形式规定方面的冲突，消除这些国家加入《公约》的障碍，《公约》制定者引入本条规定，借此授权那些国内法强调合同书面形式的缔约国对《公约》确定形式自由的条款宣告保留。本条规范了三个问题：哪些国家可以行使本条规定的保留权？相关的国家可以对《公约》中的哪些条款宣告保留？一国如何行使本条下保留权及其法律效果？下文分别论述以下三个问题。

2. 可以行使本条保留权的缔约国

根据本条前半句"如果一个缔约国的法律规定销售合同必须以书面形式订立或证明"规范了这一问题。据此,一缔约国是否可以行使本条保留权的唯一条件是:该国国内法律是否规定了"销售合同必须以书面形式订立或证明"。如果是,那么该缔约国便可以行使本条保留权;反之,则不得行使本条保留权。如上所述,部分国家国内法要求合同必须采用书面形式订立。中国 1981 年《经济合同法》第 3 条、1985 年的《涉外经济合同法》第 7 条和 1987 年的《技术合同法》第 9 条均作了这样的规定。

3. 行使保留权的对象

在某一缔约国根据本条规定拥有保留权时,它并不能对《公约》中的任何条款宣告保留。根据本条和第 12 条的规定,可以声明保留的对象仅仅是"本《公约》第 11 条、第 29 条或第二部分中允许以任何协议方式签订、更改或终止销售合同的条款,或者允许以书面以外的任何形式发出任何要约、承诺或其他意思表示的任何条款"。可见,第 12 条列举的这些条款有一个共同特征:均确定了形式自由原则。另外,它不仅涉及那些规范合同及其订立形式、通过协议对合同进行修改或终止的条款,而且涵盖了一方当事人根据《公约》规定所发出的所有通知或意思表示,本条中的"其他意思表示"表明了这一点。

4. 保留权的行使

只要具备本条规定的条件,一缔约国可以"随时"行使保留权。"随时"意味着相关的国家不仅可以在签字、批准或加入时行使本条保留权,还可以在其成为成员国以后行使这一权利。到目前为止,根据本条规定行使保留权的国家有 9 个,它们分别是阿根廷、亚美尼亚、白俄罗斯、智利、朝鲜、巴拉圭、俄罗斯、乌克兰和越南。[1]中国在加入《公约》时

---

① Status：United Nations Convention on Contracts for the International Sale of Goods(Vienna，1980)（CISG），https：//uncitral. un. org/en/texts/salegoods/conventions/sale_of_goods/cisg/status,访问时间:2021 年 12 月 28 日。

也根据本条规定行使了保留权,但中国政府已经于 2013 年正式通知联合国秘书长,撤回中国对《公约》所作"不受公约第十一条及与第十一条内容有关的规定的约束"的声明。

5. 行使保留权的法律效果

一旦某一缔约国行使了本条下的保留权,那么,《公约》第 11 条、第 29 条、第二部分中所有允许以任何协议方式签订、更改或终止销售合同的条款,或者允许以书面以外的任何形式发出任何要约、承诺或其他意思表示的任何条款,便不再适用于营业地位于该国境内的当事人签订的销售合同。比利时、奥地利、匈牙利等国法院和中国国际经济贸易仲裁委员会均确认了以上法律效果。①

但对于此后应当适用哪一国家法律的这一问题上,实务界有着不同的看法。一种观点认为:在一方当事人的营业地位于某保留国境内时,应当直接适用保留国的国内法。俄罗斯联邦高级仲裁法院,比利时、奥地利、美国法院、中国国际经济贸易仲裁委员会均持这一看法;但相反的观点则认为:在这种情况下,并不自然适用该保留国的国内法,相反,应当适用法院地所在国的国际私法规则所指引适用的法律。如果该国际私法规则指引适用了该保留国的国内法,那么,便应当适用该保留国的法律。反之,如果指引适用的是没有根据本条规定行使保留权的缔约国的法律,则依然可以适用《公约》第 11 条等条款确认的"形式自由原则"。荷兰、墨西哥、美国的司法机构持以上观点。②对于以上两种不同的观点,笔者认同以上第一种观点。第一种观点不仅尊重了保留国国内法的规定,而且符合《公约》通过本条规定设置保留权的目的。反之,第二种观点会使得《公约》设置保留权的目的无法实现。

---

① UNCITRAL, *Digest of Case Law on the United Nations Convention on the International Sale of Goods*, 2016, pp. 428, 429.

② UNCITRAL, *Digest of Case Law on the United Nations Convention on the International Sale of Goods*, 2016, pp. 428, 429.

第97条 保留声明的生效条件

Article 97

(1) Declarations made under this Convention at the time of signature are subject to confirmation upon ratification, acceptance or approval.

(2) Declarations and confirmations of declarations are to be in writing and be formally notified to the depositary.

(3) A declaration takes effect simultaneously with the entry into force of this Convention in respect of the State concerned. However, a declaration of which the depositary receives formal notification after such entry into force takes effect on the first day of the month following the expiration of six months after the date of its receipt by the depositary. Reciprocal unilateral declarations under article 94 take effect on the first day of the month following the expiration of six months after the receipt of the latest declaration by the depositary.

(4) Any State which makes a declaration under this Convention may withdraw it at any time by a formal notification in writing addressed to the depositary. Such withdrawal is to take effect on the first day of the month following the expiration of six months after the date of the receipt of the notification by the depositary.

(5) A withdrawal of a declaration made under article 94 renders inoperative, as from the date on which the withdrawal takes effect, any reciprocal declaration made by another State under that article.

译文

(1) 根据本《公约》规定在签字时作出的声明,须在批准、接受或核准时予以确认。

(2) 一国应以书面形式作出声明和声明确认函,并应将它们正式通知保管人（语序调整）。

（3）在本《公约》对有关国家开始生效时，声明同时对该国产生效力。但是，对于那种在已经生效后保管人才收到正式通知的声明，该声明应该自保管人收到声明之日的六个月后的第一个月第一天起生效。如果两个或几个国家根据第 94 条规定相互各自作出单方面的声明，则这些声明应该自保管人收到最后一份声明之日的六个月后的第一个月第一天起生效（语序调整）。

（4）根据本《公约》规定作出声明的任何国家可以随时通过书面方式正式通知保管人撤回其声明。此种撤回自保管人收到通知之日的六个月后的第一个月第一天起生效。

（5）如果一个成员国撤回其根据第 94 条所作的声明，那么自撤回声明生效之日起，另一国家根据第 94 条所作的与上述声明相关的声明也失去效力（原译文为："就会使另一国家根据该条所做的任何相互声明失效"）。

目录

正文

1. 调整对象

本条主要规范了各缔约国根据《公约》第 98 条授权对相关条款（即第 92 条至第 96 条）作出保留声明的程序。本条共有五款，它们分别规范了保留的国内程序、保留声明的形式和通知程序、保留声明的生效时间和保留的撤回问题。

2. 保留国的国内程序(第1款)

第1款规范了保留国的国内程序。据此,某缔约国仅仅在该国签字加入《公约》时作出了相应的保留声明,此种保留是无效的,该声明还必须得到该国权力机构的批准、接受或核准。

3. 保留声明的形式要件和通知义务(第2款)

第2款则规范了一缔约国所作保留声明的形式要件和通知义务。据此,"一国应以书面形式作出声明和声明确认函,并应将它们正式通知保管人",保管人的义务和职能由联合国法律事务厅条约处的保管科(Depositary Functions of the Treaty Section, Office of Legal Affairs, United Nations)履行,该科的地址为纽约州纽约市,10017。[①]

4. 保留声明的生效时间(第3款)

第3款将保留声明分成三种不同的类别并分别规定了不同的生效时间。第一类为某缔约国在决定加入、批准、接受或核准《公约》时同时发出的保留声明,此类声明与《公约》同时对该国产生法律效力;第二类为《公约》已经对某缔约国生效后该国才作出的保留声明,此类声明"自保管人收到声明之日的六个月后的第一个月第一天起生效";第三类为两个或几个国家根据《公约》第94条规定相互各自作出单方面的保留声明。由于这些国家发出声明的时间不同,保管人收到这些声明的时间显然也不同。尽管如此,本款仍为它们规定了一个统一的生效时间:即它们应当自保管人收到最后一份声明之日的六个月后的第一个月第一天起生效。

5. 保留的撤回(第4款、第5款)

在一个国家作出保留声明后,随着国内外政治经济形势的发展,有时会出现其所作的保留声明不再符合该国利益,因而需要撤回保留声明的情形。第4款恰恰授予缔约国这种权限。据此,保留国"可以随时通过书面方式"撤回其声明,但须将其撤回声明正式通知保管人,而且

---

① UNCITRAL, *Digest of Case Law on the United Nations Convention on the International Sale of Goods*, 2016, p. 430.

此种撤回声明"自保管人收到通知之日的六个月后的第一个月第一天起"生效。根据第 5 款的规定，即使是两个或几个国家根据《公约》第 94 条规定相互各自作出了保留声明，其中的一个缔约国也可以撤回其所作的声明，该撤回声明同样"自保管人收到通知之日的六个月后的第一个月第一天起"生效。由于此种撤回使未宣布撤回的缔约国也失去了原保留声明所指向的对应国，所以，本款规定："自该撤回声明生效之日起，另一国家根据第 94 条所作的与上述声明相关的声明也失去效力。"

6. 缔约国行使撤回权的情况

多个缔约国根据本条规定撤回了其所作的保留声明。例如，中国政府根据国内《合同法》（1999 年）放弃了原《经济合同法》《涉外经济合同法》《技术合同法》要求合同必须采用书面形式的强制性规定，并于 2013 年正式通知联合国秘书长：撤回我国加入时对《公约》所作"不受公约第十一条及与第十一条内容有关的规定的约束"的声明。加拿大政府也于 1992 年 7 月 31 日根据本条第 4 款规定撤回了其加入《公约》时为其不列颠哥伦比亚省所作的保留声明。此外，爱沙尼亚共和国也于 2004 年 3 月撤回了其于加入《公约》时根据第 12 条、第 96 条规定针对第 11 条、第 29 条等所作的保留。①

第 98 条　准许行使保留权的范围

Article 98

No reservations are permitted except those expressly authorized in this Convention.

译文

除本《公约》明文许可的保留外，不得对任何其他条款（增加"对任

---

① UNCITRAL, *Digest of Case Law on the United Nations Convention on the International Sale of Goods*, 2016, p. 430.

何其他条款")作保留。

目录
1. 调整对象
2. 对缔约国保留权的限制

正文

1. 调整对象
本条限定了缔约国行使保留权的范围。

2. 对缔约国保留权的限制
根据本条规定,一个缔约国只能对《公约》明文许可的条款行使保留权,这些条款分别是第 92 条、第 93 条、第 94 条、第 95 条和第 96 条。对除此以外的任何条款,缔约国不得声明保留。而第 97 条则规范了缔约国所作保留声明和撤回声明的管理程序。

第 99 条 生效的时间

Article 99

(1) This Convention enters into force, subject to the provisions of paragraph(6) of this article, on the first day of the month following the expiration of twelve months after the date of deposit of the tenth instrument of ratification, acceptance, approval or accession, including an instrument which contains a declaration made under article 92.

(2) When a State ratifies, accepts, approves or accedes to this Convention after the deposit of the tenth instrument of ratification, acceptance, approval or accession, this Convention, with the exception of the Part excluded, enters into force in respect of that State, subject to the provisions of paragraph(6) of this article, on the first day of the month following the expiration of twelve months after the date of the

deposit of its instrument of ratification, acceptance, approval or accession.

(3) A State which ratifies, accepts, approves or accedes to this Convention and is a party to either or both the Convention relating to a Uniform Law on the Formation of Contracts for the International Sale of Goods done at The Hague on 1 July 1964 (1964 Hague Formation Convention) and the Convention relating to a Uniform Law on the International Sale of Goods done at The Hague on 1 July 1964 (1964 Hague Sales Convention) shall at the same time denounce, as the case may be, either or both the 1964 Hague Sales Convention and the 1964 Hague Formation Convention by notifying the Government of the Netherlands to that effect.

(4) A State party to the 1964 Hague Sales Convention which ratifies, accepts, approves or accedes to the present Convention and declares or has declared under article 92 that it will not be bound by Part II of this Convention shall at the time of ratification, acceptance, approval or accession denounce the 1964 Hague Sales Convention by notifying the Government of the Netherlands to that effect.

(5) A State party to the 1964 Hague Formation Convention which ratifies, accepts, approves or accedes to the present Convention and declares or has declared under article 92 that it will not be bound by Part III of this Convention shall at the time of ratification, acceptance, approval or accession denounce the 1964 Hague Formation Convention by notifying the Government of the Netherlands to that effect.

(6) For the purpose of this article, ratifications, acceptances, approvals and accessions in respect of this Convention by States parties to the 1964 Hague Formation Convention or to the 1964 Hague Sales Convention shall not be effective until such denunciations as may be required on the part of those States in respect of the latter two Conventions have themselves become effective. The depositary of this Conven-

tion shall consult with the Government of the Netherlands，as the depositary of the 1964 Conventions，so as to ensure necessary co-ordination in this respect.

译文

（1）在本条第 6 款规定的条件下，本《公约》于第十件批准书、接受书、核准书或加入书、包括（原译文这里有"载有"两字）根据第 92 条的规定作出的声明文书交存之日起十二个月后的第一个月第一天生效。

（2）在本条第 6 款规定的条件下，如果一个国家在交存第十件批准书、接受书、核准书或加入书后才批准、接受、核准或加入本《公约》，那么，除了排除适用部分以外，本《公约》自该国交存其批准书、接受书、核准书或加入书之日的十二个月后的第一个月第一天起对该国生效（语序调整）。

（3）如果一个批准、接受、核准或加入本《公约》的国家是 1964 年 7 月 1 日在海牙签订的《国际货物买卖合同成立统一法公约》（原译文为："《关于国际货物销售合同的订立统一法公约》"）和 1964 年 7 月 1 日在海牙签订的《国际货物买卖统一法公约》（原译文为："《关于国际货物销售统一法的公约》"）的缔约国或其中一个公约的缔约国，那么它应当根据情况声明退出《国际货物买卖合同成立统一法公约》或《国际货物买卖统一法公约》，或退出该两公约，并将其声明通知荷兰政府（语序调整）。

（4）一个《国际货物买卖统一法公约》的缔约国批准、接受、核准或加入本《公约》时，而且它根据第 92 条的规定声明或业已声明不受本《公约》第二部分约束（原译文为："凡为《1964 年海牙货物销售公约》缔约国并批准、接受、核准或加入本公约和根据第九十二条规定声明或业已声明不受本公约第二部分约束的国家"），那么，在它批准、接受、核准或加入《公约》时，它应该声明退出《国际货物买卖统一法公约》，并将其声明通知荷兰政府（语序调整）。

（5）在一个《国际货物买卖合同成立统一法公约》缔约国批准、接受、核准或加入本《公约》时，而且它根据第 92 条的规定声明或业已声明不受本《公约》第三部分约束（原译文为"凡为《1964 年海牙订立合同公约》缔约国并批准、接受、核准或加入本公约和根据第九十二条规定声明或业已声明不受本公约第三部分约束的国家"），那么，在它批准、接受、核准或加入时，它应该声明退出《国际货物买卖合同成立统一法公约》，并将其声明通知荷兰政府（语序调整）。

（6）为本条规定的目的，在《国际货物买卖合同成立统一法公约》或《国际货物买卖统一法公约》的缔约国批准、接受、核准或加入本《公约》时，只有在这些国家按要求所作的退出上述两公约的声明生效后（原译文为："应在这些国家按照规定退出该两公约生效后"），其所提交的批准、接受、核准或加入文件方始生效。本《公约》的保管人应与 1964 年两个荷兰公约的保管人——荷兰政府进行协商，以确保必要的合作（原译文为"协调"）能够顺利进行。

目录

正文

1. 调整对象

本条主要规范了《公约》及其对成员国的生效时间问题以及《海牙公约》缔约国加入《公约》的程序及加入文件的生效问题。

2.《公约》的生效时间（第 1 款）

本款规定了《公约》本身以及对前 10 个缔约国的生效时间。据此，《公约》自第十件批准等文书交存保管人之日的十二个月后的第一个月第一天起生效。《公约》本身于 1980 年 4 月 11 日通过,中国属于第 10 个交存批准书的缔约国,交存时间为 1986 年 12 月 11 日,故《公约》已经于 1988 年 1 月 1 日生效。①

3.《公约》对其生效后加入国的生效时间(第 2 款)

如果一个国家在《公约》生效以后才加入《公约》,那么《公约》何时对该国产生法律效力呢?本条第 2 款回答了这一问题。据此,《公约》自该国交存其批准书、接受书、核准书或加入书之日的 12 个月后的第一个月第一天起对该国生效。到目前为止,《公约》已有 94 个缔约国。②

4.《海牙公约》缔约国加入《公约》的条件(第 3 款至第 5 款)

《海牙第一公约》和《海牙第二公约》均有约 13 个缔约国。例如,比利时、法国、德国、希腊、匈牙利、以色列、卢森堡、荷兰、英国等均同时参加了以上两个公约。③在什么样的条件下,这些国家才能成为《公约》的缔约国呢?本条第 3 款至第 5 款规范了这一问题。据此,在它们申请批准、接受、核准或加入《公约》时,它们必须声明退出以上一个或两个《海牙公约》。这是这些国家加入《公约》的前提条件。④

5.《公约》保管人和《海牙公约》保管人的合作义务(第 6 款)

在第 5 款的基础上,本条第 6 款进一步明确规定了《海牙第一公约》和《海牙第二公约》缔约国加入《公约》的前提条件:这些国家必须首先按规定退出以上两个或一个公约,并且在其所作的退出声明生效后,其所提交的批准、接受、核准或加入《公约》的文件才产生法律效力。为

---

① 高旭军:《〈联合国国际货物销售合同公约〉适用评释》,第一版,第 551 页。

② Status: United Nations Convention on Contracts for the International Sale of Goods(Vienna, 1980)(CISG), https://uncitral.un.org/en/texts/salegoods/conventions/sale_of_goods/cisg/status,访问时间:2021 年 12 月 28 日。

③ STATUS-CONVENTION RELATING TO A UNIFORM LAW ON THE IN-TERNATIONAL SALE OF GOODS(ULIS)(THE HAGUE, 1964), https://www.unidroit.org/instruments/international-sales/ulfc-1964/status/; https://www.unidroit.org/instruments/international-sales/ulfc-1964/status/,访问时间:2021 年 12 月 29 日。

④ 高旭军:《〈联合国国际货物销售合同公约〉适用评释》,第一版,第 551 页。

了满足以上条件,本款还规定:《公约》保管人应与"两个荷兰公约的保管人"即荷兰政府进行协商,以确保这些国家退出两个海牙公约和加入《公约》的程序能够顺利进行。到目前为止,比利时、德国、以色列、意大利、卢森堡和荷兰已经退出了《海牙第一公约》和《海牙第二公约》,并且加入《公约》。①

第 100 条 《公约》适用于合同及其订立的时间范围

Article 100

(1) This Convention applies to the formation of a contract only when the proposal for concluding the contract is made on or after the date when the Convention enters into force in respect of the Contracting States referred to in subparagraph (1) (a) or the Contracting State referred to in subparagraph (1) (b) of article 1.

(2) This Convention applies only to contracts concluded on or after the date when the Convention enters into force in respect of the Contracting States referred to in subparagraph (1) (a) or the Contracting State referred to in subparagraph (1) (b) of article 1.

译文

(1) 只有订立合同的建议是在本《公约》对第 1 条第 1 款 a 项所指缔约国或本款 b 项所指缔约国生效之日或其后作出的,本《公约》才适用于该合同的订立(语序调整)。

(2) 只有合同是在本《公约》对第 1 条第 1 款 a 项所指缔约国或本款 b 项所指缔约国生效之日或其后订立的,本《公约》才适用于该合同(语序调整)。

---

① UNCITRAL, *Digest of Case Law on the United Nations Convention on the International Sale of Goods*, 2016, p. 432.

目录

正文

1. 调整对象

除了最早加入《公约》的前 10 个缔约国以外,绝大多数缔约国加入《公约》的时间并不相同,所以,《公约》对这些缔约国生效的时间也不相同。这就产生了一个问题:《公约》何时适用于营业地位于这些国家境内的当事人订立的合同呢? 本条专门规范的这一问题。本条共包括两款,其中第 1 款规范了《公约》第二部分有关合同订立的条款何时可以适用于合同订立的问题;第 2 款则规范了《公约》第三部分规则何时可以适用于调整双方当事人权利与义务的问题。

2.《公约》第二部分条款适用的起始时间(第 1 款)

《公约》第二部分规范了合同订立问题。这部分条款在哪一时间点可以开始适用于某一具体案件中的合同订立呢? 根据《公约》第 14 条的规定,订立合同起始于一方当事人向另一方发出订立合同的建议。针对这一起始步骤,本条第 1 款规定"只有订立合同的建议是在本《公约》对第 1 条第 1 款 a 项所指缔约国或本款 b 项所指缔约国生效之日或其后作出的",《公约》才适用于该合同的订立。换言之,适用《公约》第二部分规定的先决条件是:相关的要约必须是在当事人营业地所在国成为《公约》第 1 条第 1 款 a 项或 b 项的缔约国以后发出的;反之,如果要约是在上述国家成为《公约》缔约国之前发出的,那么,《公约》便不适用该合同的订立。德国法兰克福地区高等法院于 1991 年 9 月审理了意大利卖方和德国买方之间的皮鞋销售合同纠纷。在该案中,买卖双方于 1988 年 1 月 1 日签订了合同,意大利也于同一天成为《公约》的缔约国,而《公约》于 1991 年 1 月 1 日才对德国生效。在双方发生争议后,德国法院判定:尽管在签订合同时,德国还不是《公约》的缔约国,但是根据德国国际私法规则的指引应当适用意大利法，而意大利在合同订立时已经成为《公约》的缔约国，故根据《公约》第1条第1款b项规定，应当适用《公约》规定审理该案的争议。①

3.《公约》适用于合同的起始时间（第2款）

《公约》第三部分规定从哪一时间点开始可以适用于某一合同，本条第2款专门规范了这一问题。据此，只有当一份国际货物销售合同是在《公约》对第1条第1款意义上的缔约国生效之日或之后签订的，《公约》第三部分规定才适用于该合同。这具体意味着：如果相关的合同是在《公约》对某一缔约国生效之前签订的，那么，该合同便不受《公约》第三部分规定的约束。国外司法机构和仲裁机构的主流观点也认为：如果营业地位于某一缔约国的当事人在《公约》对该国生效前签订了合同，则合同不受《公约》调整。荷兰、德国、比利时、瑞士、法国国际商会国际商事仲裁院、俄罗斯联邦工商会的国际商事仲裁院均在其判决或仲裁中持以上观点。②

第101条 《公约》的退出

Article 101

(1) A Contracting State may denounce this Convention, or Part II or Part III of the Convention, by a formal notification in writing addressed to the depositary.

(2) The denunciation takes effect on the first day of the month following the expiration of twelve months after the notification is received by the depositary. Where a longer period for the denunciation to take effect is specified in the notification, the denunciation takes effect upon

---

① Oberlandesgericht Frankfurt, Germany, 17 September 1991, www.unilex.info/cisg/case/8, 访问时间：2021年12月29日。

② UNCITRAL, *Digest of Case Law on the United Nations Convention on the International Sale of Goods*, 2016, pp. 434, 435.

the expiration of such longer period after the notification is received by the depositary.

译文

（1）缔约国可以通过书面形式正式通知保管人，声明退出本《公约》，或退出本《公约》第二部分或第三部分的规定。

（2）退出声明自保管人收到退出通知之日的十二个月后的第一个月第一天起生效。如果通知中订明一个更长的退出生效期，则退出声明自保管人收到通知后该段更长的生效期届满时起生效。

目录

正文

1. 调整对象

本条规范了缔约国退出《公约》的事项。本条共包括两款。第 1 款规范了缔约国退出《公约》的程序，第 2 款则规范了退出声明的生效时间。

2. 退出《公约》的程序（第 1 款）

根据本款规定，一个缔约国在决定退出《公约》时，它必须作出退出《公约》的决定，该决定必须以书面形式作出。此外，它还必须将该书面退出决定通知《公约》的保管人。但是，一个缔约国在决定退出《公约》时，它既可以决定退出整个《公约》，也可以决定仅仅退出《公约》的第二部分或第三部分。

3. 退出声明的生效时间（第 2 款）

本款规定了退出声明何时生效的问题。据此，"自保管人收到退出通知之日的十二个月后的第一个月第一天起"，退出声明产生法律效力。但是本款第 2 句还赋予了退出国自行决定退出声明何时生效的权利。据此，该国可以规定一个比上述期限更长的"退出生效期"，比如"十五个月"。如果退出国在通知中规定了一个更长的"退出生效期"，那么，只有在该期限届满时，其退出声明才产生法律效力。

DONE at Vienna, this day of eleventh day of April, one thousand nine hundred and eighty, in a single original, of which the Arabic, Chinese, English, French, Russian and Spanish texts are equally authentic.

IN WITNESS WHEREOF the undersigned plenipotentiaries, being duly authorized by their respective Governments, have signed this Convention.

1980 年 4 月 11 日订于维也纳，正本 1 份，其阿拉伯文本、中文本、英文本、法文本、俄文本和西班牙文本都具有同等法律效力。

下列全权代表，经各自政府正式授权，在本《公约》上签字，以资证明。

参考文献

一、论著

1. Achilles, Wilhelm Albrecht: *Kommentar zum UN-Kaufrechtsuebereinkommen(CISG)*, Neuwied Luchterhand, 2000(标注为 Bamberger/Roth);

2. Bamberger, Heinz/Roth, Herbert(Hrsg.): *Kommentar zum Buergerlichen Gesetzbuch*, Band 3, §§ 1297—2385, EGBGB, CISG, Muenchen: Beck 2003(标注为 Bamberger/Roth);

3. Bianca, Cesare Massimo/Bonell, Michael Joachim: *Commentary on the International Sales of Law*, Miland: Giufre(1987)(标注为: Bianca/Bonell/作者);

4. CISG Advisory Council Opinion 20 Hardship under the CISG, (*Nordic Journal of Commercial Law*), Vol. 2021, Issue 1;

5. CLAYTON P. GILLETTE, STEVEN D. WALT: *The UN Convention on Contracts for the International Sale of Goods: Theory and Practice*, 2. Edition, Cambridge University Press, 2016(标注为: GILLETTE/WALT);

6. C. M. Bianca(Author), Michael Joachim Bonell, *Bianca-Bonell Commentary on the International Sales Law: The 1980 Vienna Sales Convention*, Fred B Rothman & Co(1987);

7. Czerwenka, Beate: *Rechtsanwendungsprobleme im internation-*

alen Kaufrecht，Berlin：Duncker & Humbolt(1988)；

8. 潮见佳男、中田帮博、松岗九和主编:《联合国国际货物销售合同公约精解》,韩世远译校,人民法院出版社 2021 年版；

9. Enderlein，Fritz/Maskow，Dietrich/Strohbach，Heinz：*Internationales Kaufrecht*，Berlin：Haufe(1991)；

10. Farnsworth，E. Allan：*Damages and Specific Relief*，27. Am. J. Comp. L.(1979)；

11. Ferrari，Franco：*Zum vertraglichen Aussschluss des UN-Kaufrechts*，ZEuP 2002；

12. Herber，Rolf/Czerwenka，Beate：*Internationales Kaufrecht*，*Kommentar zu dem Uebereinkommen der Vereinten Nationen vom* 11. *April 1980 ueber den internationalen Warenkauf*，Muechen：Beck (1991)，2. Aufl；

13. Honnold，John O.：*Uniform Law for International Sales Under the 1980 United Convention*，3. Aufl.，The Hague：Kluwer International Law(1999)；

14. 黄薇主编:《中华人民共和国民法典释义及适用指南》,中国民主法制出版社 2020 年版；

15. Huber，Ulrich："Der UNCITRAL-Entwurf eines Uebereinkommens ueber internationale Warenkaufvertraege"，Rabels Z 43(1979)；

16. Huber，Peter：*Some Introductory Remarks on the CISG*，published by Sellier，Eruopean Law Publishers，2006；

17. Ingeborg Schwenzer：*Force Majeure and Hardship in International Sales Contracts*(austlii.edu.au)；

18. Joseph Lookofsky：*The 1980 United Nations Convention on Contracts for the International Sale of Goods*，Kluwer Law International，The Hague，2000；

19. Joseph Lookofsky，J. Herbots editor/R. Blanpain general editor：*International Encyclopaedia of Laws*：*Contracts*，Suppl. 29

(December 2000)，Kluwer Law International，The Hague；

20. Kritzer，Albert H：*Guide to Practical Application of the United Nations Convention on Contracts for the International Sale of Goods*，Deventer：Kluwer Law and Taxation(1989)；

21. 朗文：《当代高级英语辞典》，商务印书馆 1998 年版；

22. 联合国国际贸易法委员会：《联合国国际货物销售合同公约》，联合国，纽约，2010 年；

23. Mueller-Chen，Markus：Folgen der Vertragsverletzung，Zuerich：Schulthess(1999)；

24. 李巍：《联合国国际货物销售合同公约评释》，法律出版社 2009 年版；

25. 潘再平：《新德汉词典》(《德汉词典》修订本)，上海译文出版社 1999 年版；

26. Pilz，Burghard：*Internationales Kaufrecht. Das UN-Kaufrecht* (*Wiener Uebereinkommen von 1980*) *in praxis-orientierter Darstellung*，Muechen：Beck(2002)；

27. Pilz，Burghard：*Gestaltung von Exportvertraegen nach der Schuldrechtsreform*，IHR 1/2002；

28. Pilz，Burghard：*Vom EuGVUE zur Bruessel I-Verordnung*，NJW 2000；

29. Reimers-Zocher，Birgit：*Beweislastfragen im Haager une Wiener Kaufrecht* (Diss. Hamburg 1994)，Frankfurt a. M.：Lang (1995)；

30. Reinhard，Gert：*UN-Kaufrecht，Kommentar zum Ubereinkommen der Vereinten Nationenvon 11. April 1880 ueber Vertraege den internationalen Warenkauf*，Heidelberg，CF. Mueller，1991(标注为：Reinhard，Art.)；

31. Reinhard，Gert：*Zurueckbehaltungsrecht und Unsicherheitseinrede nach UN-Kaufrecht im Vergleich zu EKG und BGB*，in：

Schlechtriem(Hrsg.), *Einheitliches Kaufrecht und nationales Obligationenrecht*, Baden-Baden: Nomos(1987);

32. Rodrigo Momberg Uribe, *Change of Circumstances in International Instruments of Contract Law. The Approach of the CISG*, PICC, PECL and DCFR;

33. Schlechtriem, Peter/Magnus: *Internationale Rechtsprechung zu EKG und EAG*, Baden-Baden: Nomos(1987);

34. Schlechtriem, Peter: *Uniform Sales Law —The Experience with Uniform Sales Laws in the Federal Republic of Germany*, 3 JT (1991/92, 1—28);

35. Schlechtriem/Schwenzer: *Kommentar zum Einheitlichen UN-Kaufrecht—CISG*, 4. Auflage, C. H. Beck, 2004;

36. Schlechtriem/Schwenzer: *Kommentar zum Einheitlichen UN-Kaufrecht—CISG*, 7. Auflage, C. H. Beck, 2019;

37. Staudinger, Julius: *Julius von Staudingers Kommentar zum Buergerlichen Gesetzbuch mit Einfuiehrungsgesetz und Nebengesetzen*, Berlin: Sellier/de Gruyter(2015),(标注为 Staudinger/Magnus);

38. Stoll, Hans: *International privatrechtliche Fragen bei der landesrechtlichen Ergaenzung des Einheitlichen Kaufrechts*, in: Heldrich/Sonnerberger(Hrsg.), *Festschrift fuer Murad Ferid zum 80. Geburtstag*, Frankfurt a. M.: Verlag fuer Standesamtswesen(1988);

39. UNCITRAL, *Digest of Case Law on the United Nations Convention on the International Sale of Goods*, United Nations Publication, 2008;

40. UNCITRAL, *Digest of Case Law on the United Nations Convention on Contracts for the International Sale of Goods*, 2016 Edition;

41. *United Nations Conference on Contracts for the International Sale of Goods*, Vienna, 10 March-11 April 1980, Official Records, Documents of the Conference and Summary Records of the Plenary

Meetings and of the Meetings of the Main Committee，1981，17；

42. Winship，Peter：*The Scope of the Vienna Convention on International Sales Contract*，in：Galston/Smit(Hrsg.)，International Sales，New York：Matthew Bender(1984)，

43. Witz，Wolfgang/Salger，Hanns-Christian/Lorenz，Manuel：*International Einheitliches Kaufrecht*，Heidelberg：Verlag Recht und Wirtschaft(2000)；

44. 张玉卿：《国际货物买卖统一法——联合国国际货物买卖合同公约释义》，中国商务出版社 2009 年版；

45. 张维：《中国撤回对〈联合国国际货物销售合同公约〉第十一条的保留》，http://roll.sohu.com/20130507/n375043576.shtml，2014/12/8；

46. 中国国际经济贸易仲裁委员会：《〈联合国国际货物销售合同公约〉在中国仲裁的适用》，法律出版社 2021 年版。

47. Ziegel，Jacob S/Claude Samson：*Report to the Uniform Law Conference of Canada on Convention on Contracts for the International Sale of Goods*(1981)．

二、涉及的公约和法规

1. UNIDROIT：Principles of International Commercial Contracts，1994；

2. UNIDROIT：Principles of International Commercial Contracts，2016；

3. The Principles of European Contract Law 2002(Parts Ⅰ，Ⅱ，and Ⅲ)；

4. 中国《民法典》；

5. 德国《民法典》(BGB)，http://www.gesetze-im-internet.de/english_bgb/englisch_bgb.html♯p1146，访问时间：2021 https://www.unidroit.org/instruments/international-sales/ulfc-1964/status.

三、参阅数据库

1. https://iicl.law.pace.edu/cisg/page/annotated-text-cisg；

2. www.unilex.info/instrument/cisg；

3. https://uncitral.un.org/en/case_law；

4. https://cisg-online.org/home.

四、判例

1. AG Dursburg，13.04.2000，CISG-Online 659；

2. AG Frankfurt，a. M. 31. 01. 1991，CISG-Online 34；

3. AG Nordhorn，Germany，14 June 1994，available on the Internet at http://www.jura.uni-freiburg.de/ipr1/cisg/；

4. BGH，25. 9. 1991，WM 1991，2108；

5. BGH，9. 10. 2002，CISG-Online 651；

6. Bundesgericht，Switzerland，11 July 2000，available on the Internet at http://www.cisg.law.pace.edu/cisg/text/000711s1german.html；

7. Camara Nacional de los Apelaciones en lo Comercial，Argentina，14 October 1993，Unilex；

8. CLOUT case No. 47〔Landgericht Aachen，Germany，14 May 1993〕(see full text of the decision)；

9. CLOUT case No. 48〔Oberlandesgericht Düsseldorf，Germany，8 January 1993〕；

10. CLOUT case No. 54〔Tribunale Civile de Monza，Italy，14 January 1993〕；

11. CLOUT case No. 80〔Kammergericht Berlin，Germany，24 January 1994〕；

12. CLOUT case No. 84〔Oberlandesgericht Frankfurt am Main，Germany，20 April 1994〕(see full text of the decision)；

13. CLOUT case No. 92〔Arbitration—Ad hoc tribunal，19 April 1994〕；

14. CLOUT case No. 93〔Arbitration—Internationales Schiedsgericht

der Bundeskammer der gewerblichen Wirtschaft—Wien, 15 June 1994];

15. CLOUT case No. 97[handelsgericht des Kantons Zürich, Switzerland, 9 September 1993];

16. CLOUT case No. 103[Arbitration—International Chamber of Commerce no. 6653 1993];

17. CLOUT case No. 104[Arbitration—International Chamber of Commerce no. 7197 1993];

18. CLOUT case No. 122[Oberlandesgericht Köln, Germany, 26 August 1994];

19. CLOUT case No. 124[Bundesgerichtshof, Germany, 15 February 1995](see full text of the decision);

20. CLOUT case No. 125[Oberlandesgericht Hamm, Germany, 9 June 1995]; Landgericht Landshut, Germany, 5 April 1995, Unilex;

21. CLOUT case No. 136[Oberlandes- gericht Celle, Germany, 24 May 1995](see full text of the decision);

22. CLOUT case No. 152 [Cour d'appel Grenoble, France, 26 April 1995](see full text of the decision);

23. CLOUT case No. 167[Oberlandesgericht München, Germany, 8 February 1995](see full text of the decision);

24. CLOUT case No. 169[Oberlandesgericht Düsseldorf, Germany, 11 July 1996];

25. CLOUT case No. 189 [Oberster Gerichtshof, Austria, 20 March 1997](see full text of the decision);

26. CLOUT case No. 196 [handelsgericht des Kantons Zürich, Switzerland, 26 April 1995];

27. CLOUT case No. 206 [Cour de Cassation, France, 17 December 1996](see full text of the decision);

28. CLOUT case No. 214 [Handelsgericht des Kantons Zürich, Switzerland, 5 February 1997](see full text of the decision);

29. CLOUT case No. 220〔Kantonsgericht Nidwalden, Switzerland, 3 December 1997〕;

30. CLOUT case No. 226〔Oberlandesgericht Koblenz, Germany, 16 January 1992〕;

31. CLOUT case No. 229〔Bundesgerichtshof, Germany, 4 December 1996〕(see full text of the decision);

32. CLOUT case No. 230〔Oberlandesgericht Karlsruhe, Germany, 25 June 1997〕(see full text of the decision);

33. CLOUT case No. 232〔Oberlandesgericht München, Germany, 11 March 1998〕;

34. CLOUT case No. 236〔Bundesgerichtshof, Germany, 23 July 1997〕;

35. CLOUT case No. 251〔handelsgericht des Kantons Zürich, Switzerland, 30 November 1998〕(see full text of the decision);

36. CLOUT case No. 255〔Tribunal Cantonal du Valais, Switzerland, 30 June 1998〕;

37. CLOUT case No. 259〔Kantonsgericht Freiburg, Switzerland, 23 January 1998〕;

38. CLOUT case No. 261〔Berzirksgericht der Sanne, Switzerland, 20 February 1997〕;

39. CLOUT case No. 270〔Bundesgerichtshof, Germany, 25 November 1998〕;

40. CLOUT case No. 273〔Oberlandesgericht München, Germany, 9 July 1997〕(see full text of the deci- sion);

41. CLOUT case No. 275〔Oberlandesgericht Düsseldorf, Germany, 24 April 1997〕(see full text of the decision);

42. CLOUT case No. 287〔Oberlandesgericht München, Germany, 9 July 1997〕;

43. CLOUT case No. 289〔Oberlandesgericht Stuttgart, Germany,

21 August 1995];

44. CLOUT case No. 292[Oberlandesgericht Saarbrücken, Germany, 13 January 1993](see full text of the decision);

45. CLOUT case No. 297[Oberlandesgericht München, Germany, 21 January 1998](see full text of the decision);

46. CLOUT case No. 308[Federal Court of Australia, 28 April 1995];

47. CLOUT case No. 326[Kantonsgericht des Kantons Zug, Switzerland, 16 March 1995];

48. CLOUT case No. 331[Handelsgericht Kanton Zürich, 10 February 1999];

49. CLOUT case No. 333[Handelsgericht des Kantons Aargau, Switzerland, 11 June 1999](see full text of the decision);

50. CLOUT case No. 335[AG Tessin, Switzerland, 12 February 1996], also in *Schweizerische Zeitschrift für europäisches und internationales Recht*, 1996, 135 ff.;

51. CLOUT case No. 338[Oberlandesgericht hamm, Germany, 23 June 1998];

52. CLOUT case No. 345[Landgericht heilbronn, Germany, 15 September 1997];

53. CLOUT case No. 346[Landgericht Mainz, Germany, 26 November 1998];

54. CLOUT case No. 360[Amtsgericht Duisburg, Germany, 13 April 2000] also in *Internationales Handelsrecht*, 2001, 114 f.;

55. CLOUT case No. 378[Tribunale di Vigevano, Italy, 12 July 2000];

56. CLOUT case No. 380[Tribunale di Pavia, Italy, 29 December 1999];

57. CLOUT case No. 409[Landgericht Kassel, Germany, 15 Feb-

ruary 1996], also in *Neue Juristische Wochenschrift Rechtsprechungs-Report*, 1996, 1146 f.;

58. CLOUT case No. 428[Oberster Gerichtshof, Austria, 7 September 2000], also available on the Internet at http://www.cisg. at/8_2200v.htm;

59. CLOUT case No. 429[Oberlandesgericht Frankfurt, 30 August 2000], also available on the Internet at http://cisgw3.law.pace.edu/cisg/text/000830g1german.html;

60. CLOUT case No. 433[Federal] Northern District Court of California, 27 July 2001, available on the Internet at http://www.cisg. law.pace.edu/cisg/wais/db/cases2/010727u1.html;

61. CLOUT case No. 483[Audiencia Provincial de Alicante, Spain, 16 November 2000];

62. CLOUT case No. 541 Oberster Gerichtshof, Austria, 14 January 2002(see full text of the decision approving lower appeals court reasoning);

63. CLOUT Case No. 579[Federal] Southern District Court for New york, 10 May 2002, and on the Internet at http://cisgw3.law.pace.edu/cases/020510u1.html;

64. CLOUT case No. 605[Oberster Gerichtshof, Austria, 22 October 2001], also available on the Internet at http://www.cisg.at/1_7701g.htm;

65. CLOUT case No. 613[Federal] Northern District for Illinois, USA 28 March 2002, and on the Internet at http://cisgw3.law.pace.edu/cases/020328u1.html;

66. CLOUT case No. 630[Court of Arbitration of the International Chamber of Commerce, Zurich, Switzerland, July 1999](see full text of the decision);

67. CLOUT case No. 631[Supreme Court of Queensland, Austral-

ia，17 November 2000];

68. Cour d'Appel Colmar，France，26 September 1995，available on the Internet at：http：//witz. jura. uni-sb. de/cisg/decisions/260995. htm;

69. Cour de Cassation，France，26 June 2001，available on the Internet at http：//witz.jura.uni-sb.de/CISG/decisions/2606012v.htm;

70. *Foro padano*，1997，2 ff.，available on the Internet at http：//www.cisg.law.pace.edu/cgi-bin/isearch;

71. Geneva Pharmaceuticals Tech. Corp. v. Barr Labs. Inc.，U.S. Dist. CT，(S. D. N. Y.)，10. 5. 2002，CISG-Online 653;

72. Hof Arnhem，Netherlands，22 August 1995，*Nederlands Internationaal Privaatrecht*，1995，No. 514;

73. HGer Zuerich，5. 2. 1997，CISG-Online 327;

74. ICC，6653/1993，CISG-Online 71;

75. ICC，8324/1995，CISG-Online 569;

76. ICC，1.1.1995，CISG-Online 526;

77. ICC Court of Arbitration，award No. 8453，*ICC Court of Arbitration Bulletin*，2000，55;

78. ICC，8611/HV/JK，CISG-Online 236;

79. ICC Court of Arbitration，award No. 9187，available on the Internet at http：//www. unilex. info/case. cfm? pid＝1&do＝case&id＝466&step＝FullText;

80. Landgericht Berlin，24 March 1999，available on the Internet at http：//www. unilex. info/case. cfm?pid＝1&do＝case&id＝440&step＝FullText;

81. Landgericht Duisburg，Germany，17 April 1996，available on the Internet at http：//www.jura. uni-freiburg.de/ipr1/cisg/;

82. Landgericht hagen，Germany，15 October 1997，available on the Internet at http：//www.jura. uni-freiburg.de/ipr1/cisg/;

83. LG Hamburg, 26. 9. 1990, CISG-Online 21;

84. LG Ellwangen, 21. 8. 1995, CISG-Online 151;

85. Landgericht München, Germany, 29 May 1995, *Neue Juristische Wochenschrift*, 1996, 401 f.;

86. Landgericht München, Germany, 25 January 1996, available on the Internet at http://www.jura.uni-freiburg.de/ipr1/cisg/;

87. Landgericht München, Germany, 6 May 1997, available on the Internet at http://www. jura. uni-freiburg. de/ipr1/cisg/urteile/text/341.htm;

88. Oberlandesgericht Dresden, Germany, 27 December 1999, available on the Internet at http://www. jura. uni-freiburg. de/ipr1/cisg/urteile/text/511.htm;

89. Oberster Gerichtshof, Austria, 25 June 1998, *Zeitschrift für Rechtsvergleichung*, 2000, 77;

90. OGH, 10. 11. 1994, CISG-Online 117;

91. OGH, 6. 2. 1996, CISG-Online 224;

92. OGH, 7. 9. 2000, CISG-Online 642;

93. OGH, 12. 2. 1998, CISG-Online 349;

94. OGH, 22. 10. 2001, CISG-Online 613;

95. OLG Duesseldorf, 20. 1. 1993, in Schlechtriem/Magnus, Art. 94 EKG, Nr 1;

96. OLG Duesseldorf, 14. 1. 1994, CISG-Online 119;

97. OLG Hamburg, 28. 2. 1997, CISG-Online 261;

98. OLG Koeln, 8. 1. 1997, CISG-Online 217;

99. Oregon Court of Appeals, United States, 12 April 1995, 133 Or. App. 633(*GPL Treatment Ltd. v. Louisiana-Pacific Group*);

100. Rechtbank van Koophandel hasselt, 17 June 1998, available on the Internet at http://www. law. kuleuven. ac. be/int/tradelaw/WK/1998-06-17.htm;

101. Rechtbank Zutphen, Netherlands, 29 May 1997, *Nederlands Internationaal Privaatrecht*, 1998, No. 110;

102. Rechtbank van Koophandel Ieper, 29 January 2001, available on the Internet at http://www.law.kuleuven.ac.be/int/tradelaw/WK/2001-01-29.htm;

103. Schiedgericht der Ungarischen Handelskammer, 5. 12. 1994, CISG-Online 133;

104. Tribunal de Commerce Namur, Belgium, 15 January 2002, available on the Internet at http://www.law.kuleuven.ac.be/int/tradelaw/WK/2002-01-15.htm.

后　记

　　笔者于 2019 年 10 月动笔对第一版进行修改,于 2023 年 5 月完成全书的修订。根据 word 自动统计,正文部分字数已经多达 77 万,加上参考文献、目录等资料,全书总字数估计超过 80 万。2025 年 4 月上海人民出版社告知已经完成全书的审定,新版书应该能在 2025 年 8 月出版上市。听到这一消息,我再次坐在电脑前,一页页翻阅着电子书稿,许多感想从我心底慢慢浮起。

　　首先,本书修订版能够在不长的时间内顺利完成,与防控新冠疫情期间的特殊状态有关。写出一部能够经受时间考验具有说服力的学术著作并不像在电脑中敲入文字那么简单;相反需要作者阅读、分析大量的资料,并在此基础上进行反复思考,进而形成自己的想法;这就需要有大量的、能够排除各种干扰的独处时间。防控新冠疫情期间,居家办公成为一种常见的工作状态,这恰恰给我提供了足够的独处时间,使得我能够在相当长的时间内不受外界干扰,畅游在有关《公约》的中外文文献中,思考适用《公约》101 个条款过程中可能遇到的法律难题,寻找符合法理的解决方案。因此,如果没有疫情期间的居家办公,完成本书可能需要更长的时间。

　　其次,越是深入研究《公约》及国内外的相关案例,便越觉得国内公司、法律人应该关注探究《公约》。以下两方面的因素决定了这一点:一方面,它有助于我国企业和其国外客户迅速达成协议。影响我国企业与其国外客户顺利签订国际商事合同的一个重要因素是解决合同争议时应该适用哪一国的法律?在通常情况下,尤其在双方当事人的实力相当时,均会选择自己熟悉的本国法。如果双方不能妥善解决这一分歧,则合同难以签订,而《公约》具有中立性,故选择《公约》更容易为双方所接受;另一方面,研究《公约》,也有助于双方迅速解决争议,并在这一过程中更好地维护自己的利益。在进行国际商事交易过程中发生纠纷是常态,即使合同当事人均有意遵守合同,也经常会出现一些客观事件导致一方当事人不能按照合同规定履行合同义务,从而导致其违约,进而产生纠纷。换句话说,国际商事合同在许多情况下更容易受外部事件左右,而此类事件在当今动荡不安的国际社会中又时常发生。以2019 年 10 月至今这段时间为例,长度不足 6 年,但其间发生了许多重大的国际事件,例如 2019 年底暴发了新冠疫情,2022 年 2 月爆发了俄乌冲突,2025 年 1 月特朗普再次就任美国总统,4 月 2 日美国宣布对全球 180 个国家和地区征收所谓的"对等关税"。所有这些事件都会严重妨碍已签订合同的履行。疫情期间各国采取封控措施通常会导致卖方无法在合同规定的时间内履行交货义务,在俄乌冲突中,美国、欧盟等对俄罗斯采取制裁措施同样会使已经签订的国际货物销售合同无法履行,特朗普政府的关税措施改变了合同的交易条件,同样使得已经签订的合同难以履行。这自然会引发合同双方当事人发生争议。而此类争议同样也属于《公约》的调整对象。所有这些不仅表明《公约》具有广泛的适用性,而且表明我们应该更加关注研究《公约》。

再次,本书第一版由中国人民大学出版社出版,第二版将由上海人民出版社出版。之所以更换出版社,并不是因为中国人民大学出版社不够优秀,而是因为近年来与上海人民出版社合作比较多,我组织的"德国当代经济法学名著"译丛就是由上海人民出版社出版的,该译丛已经翻译出版了德国著名劳动法学者沃尔夫冈·多伊普勒(Wolfgang Daeubler)的《德国劳动法》(*Arbeitsrecht*)、马库斯·路德、格尔德·克里格尔和德克·菲尔泽(Marcus Lutter/Gerd Krieger/Dirk Verse)的《监事会的权利与义务》(*Rechte und Pflichten des Aufsichtsrats*)、托马斯·莱塞尔和吕迪格·法伊尔(Thomas Raier/Ruediger Veil)的《德国资合公司法》(*Recht der Kapitalgesllschaften*)和托马斯·莱塞尔的《法社会学导论》(*Grundlagen der Rechtssoziologie*)等。另外，由上海人民出版社负责本书的出版，也确实方便了编辑和我的沟通，我们随时可以沟通讨论出版社在编审本书过程中遇到的问题。

此外，我还要向上海高级人民法院海事及海商审判庭的黄鑫法官、上海第一中级人民法院国际商事法庭的彭浩法官表示诚挚的感谢，我们因第一版《〈联合国国际货物销售合同公约〉适用评释》而相识，作为有着丰富审理涉外商事合同案件的一线实务专家，他们不仅对本书第一版内容的专业性和实用性予以高度肯定，而且为本书修订版向读者撰写了精辟的推荐词。同时，我要感谢我的同事张韬略副教授，他同样十分肯定本书的内容，并为本书修订版写了有价值的推荐词。尽管他的研究领域是知识产权法，但他连续几年都是 CIETAC 贸仲杯英文模拟仲裁比赛同济大学法学院仲裁辩队的教练，在他的指导下，同济大学法学院仲裁辩队获得了第 15 届贸仲杯国际商事模拟仲裁庭辩论赛三等奖、第 16 届贸仲杯国际商事模拟仲裁庭辩论赛一等奖的好成绩，他成功指导的一个经验是：将《〈联合国国际货物销售合同公约〉适用评释》作为一个基础性的参考书，要求辩队成员仔细研读。

最后我要在这里对支持我的家人表达我的诚挚的谢意。我要感谢我的父母，自小家境困难，父母宁可自己省吃俭用也要支持我读书。还要感谢我的叔叔婶婶，他们不仅资助我读书，叔叔还亲自辅导我英语，由此帮我打下坚实的英语基础。当然我也要感谢我的妻子，因为她的任劳任怨，使得我能够安静地坐在书桌前与书为侣、与电脑为伴，由此我才能够在学术上取得一点点成就。此外，我要感谢我的学生，我的博士研究生黄昆及硕士研究生杨宇、李佳玲、李丹妮、熊小邑、翁祖望、翟雨彤、谷禹均参与了本书的校对。感谢同济大学法学院对本书出版的支持。最后，要感谢上海人民出版社的秦望，他认真、仔细的编辑工作给本书增色不少。

2025 年的春天祝大家安好。

高旭军

2025 年 5 月 8 日星期四

图书在版编目(CIP)数据

《联合国国际货物销售合同公约》适用评释 / 高旭
军著. -- 修订版. -- 上海 : 上海人民出版社,2025.
ISBN 978-7-208-19574-5

Ⅰ. F744

中国国家版本馆 CIP 数据核字第 2025A4K577 号

责任编辑　秦　堃
封面设计　夏　芳

《联合国国际货物销售合同公约》适用评释(修订版)
高旭军　著

出　　版　上海人民出版社
　　　　　　(201101　上海市闵行区号景路 159 弄 C 座)
发　　行　上海人民出版社发行中心
印　　刷　苏州工业园区美柯乐制版印务有限公司
开　　本　890×1240　1/32
印　　张　35.75
插　　页　5
字　　数　984,000
版　　次　2025 年 8 月第 1 版
印　　次　2025 年 8 月第 1 次印刷
ISBN 978 - 7 - 208 - 19574 - 5/D·4522
定　　价　248.00 元